中国非公组织党建年鉴

2014年

年鉴编委会

中共中央党校出版社
The Central Party School Publishing House

图书在版编目(CIP)数据

中国非公组织党建年鉴．2013～2014/《中国非公组织党建年鉴》编委会．—北京：中共中央党校出版社，2015.7
ISBN 978-7-5035-5598-5

Ⅰ．①中… Ⅱ．①中… Ⅲ．①中国共产党-非公有制-经济-经济组织-党的建设- 2013～2014 -年鉴 Ⅳ．①D267.1-54

中国版本图书馆 CIP 数据核字(2015)第 087489 号

中国非公组织党建年鉴

责任编辑 张克敏
版式设计 李 灵
责任校对 王明明
责任印制 宋二顺

出版发行 中共中央党校出版社
（北京市海淀区大有庄 100 号）
邮　　编 100091
网　　址 www.dxcbs.net
电　　话 （010）62805800（办公室）　（010）62805824（发行部）
经　　销 新华书店
印　　刷 北京富泰印刷有限责任公司
字　　数 1502 千字
版　　次 2015 年 7 月第 1 版　2015 年 7 月第 1 次印刷
开　　本 880 毫米×1230 毫米　1/16
印　　张 43.25
定　　价 480.00 元

《中国非公组织党建年鉴》

编辑委员会

编委会领导和编委名单

顾　问

张镜源　中央国家机关工委原副书记、国务院原副秘书长

杨正泉　中共中央外宣办原副主任、国务院新闻办原副主任

何济海　中国经济贸易促进会会长

王治国　全国工商联原副主席

程法光　国家税务总局原副局长

李殿仁　国防大学副政委、中将、教授

名誉主任

庄炎林　全国侨联原主席

主　任

李慎明　全国人大内务司法委员会副主任、中国社科院原副院长、全国党建研究会副会长

副主任

王伟华　中央党史研究室原副主任

王瑞璞　中央党校原校委委员

孙晓华　全国工商联党组成员、副主席

李晋有　全国政协民宗委副主任委员、国家民委原副主任

李家庆　中国国际科技促进会副会长

解思忠　国务院国有资产监督管理委员会国有企业监事会原主席

编　委

卫　宏　全国政协人口资源环境委员会巡视员
王改民　陕西省委原秘书长
王澍增　著名军旅作家、少将
王国泰　国务院新闻办国际局原局长
冯宗有　中共中央对外联络部主任
李清贤　全国政协机关党委副书记
李良栋　中央党校政法部原主任
朱启禄　中国人民公安党校原副校长
刘东文　全国政策科学研究会常务副会长
刘志林　民政部救灾司原专员
许　健　中国人民银行党校副校长
张克敏　中央党校出版社总编助理
陈　铭　中纪委巡视员
周福成　教育部原纪委书记　国家汉办顾问
段若鹏　中央党校研究生院原副院长
张希清　中华炎黄文化研究会常务副会长兼秘书长
张福俭　求是杂志研究所副所长兼秘书长
罗祖权　新华社机关党委副书记
苗作斌　求是杂志研究所副所长
赵洪俊　中共中央组织领导干部考评中心原主任
赵仲三　求是杂志社编审
姚　良　国务院秘书局原局长
徐友金　武警总部直工部原副部长
隋　后　原《新农村文选》编委会主任
黄佳君　中国共产党党徽胸章、党员证设计者
彭建国　国务院国资委经济研究中心副主任
蔡福金　中央社会主义学院副院长

总　　目

前言

Preface

自十八大以来，党中央对党建工作高度重视，陆续出台了一系列政策法规，完善了党组织和个人的规章制度，并倡导“反四风”和开展“三严三实”等活动，对广大党员干部进行廉洁自律和作风建设教育，并把这种教育活动推广到包括非公领域的全社会各个阶层中，起到了很好的效果。

对于党建工作来说，非公有经济组织和社会组织党的建设是基层党建工作的新领域，要推进非公组织党的建设工作，必须始终坚持实践探索与理论探索相结合，才能不断提高基层党的建设科学化水平。党中央一贯高度重视非公组织党建工作，并做出过许多重要的指示。习近平同志在全国非公有制企业党的建设工作会议讲话中突出强调要加强非公有制企业党建工作，中共中央办公厅印发的《关于加强和改进非公有制企业党的建设工作的意见（试行）》，也对非公有制组织党的建设工作指明了道路和发展方向。

为了响应党中央和习总书记的号召和指示精神，本编委会适时推出这本《中国非公组织党建年鉴》，目的在于进一步做好非公组织党建研究和实践成果的交流，推动实践探索与理论研究互动，加强和改进非公组织党的建设，宣传党的路线方针政策，宣传非公组织在贯彻执行党的政策中取得的最新成就和先进经验，以及涌现的先锋单位和个人典型，为非公领域的党建工作做好宣传辅助工作。

一、加强非公组织党建工作意义重大

加强非公有制企业党的建设，是新形势下以改革创新精神全面推进党的建设新的伟大工程的重要组成部分，是增强和巩固党的执政基础的必然要求，也是保证非公有制经济健康发展、全面建成小康社会的现实需要。改革开放 30 多年来，我国非公有制经济经历了从“有益补充”到“重要组成部分”的深刻转变，非公有制经济快速发展，占 GDP 的比重从 1979 年的不足千分之一，增长到目前的 2/3 左右，东部有的发达省份占比高达 80%。有效地开展非公有制经济组织的党建工作显得越来越重要。改革开放 30 多年来，党中央高度重视非公经济党建工作，坚持实事求是，与时俱进，从巩固党的执政基础的战略高度推进非公党建理论与实践创新。在改革创新精神的引领下，非公有制经济领域的党建工作从无到有、由点到面、由弱到强，其发展历程大体经历了起步探索、巩固提高、全面加强三个阶段。近年来，各级党委按照中央要求，不断加强对非公有制经济组织党建工作的领导和指导，非公有制经济组织党建工作日趋活跃，呈现良好发展态势。今年初，全国在非公有制企业中新建党组织 4100 个。截至目前，全国已在各类非公有制经济组织中建立党组织 4.4 万多个。

非公有制经济领域党建工作的开拓和发展，是改革开放 30 多年来党的建设创新发展的重要成果，也是改革开放 30 多年来以改革创新的精神全面推进新时期党的建设的生动体现。

当非公有制经济在国民经济中发挥越来越重要作用的同时，如何有效地开展非公有制经济组织的党建工作，成为新时期党的建设的一个重大而严峻的课题。

党中央十分重视在这一新的领域开展党建工作。在充分调查研究和总结各地实践经验的基础上，2000 年 9 月，经中央领导同志批准，中央组织部下发《关于在个体和私营等非公有制经济组织中加强党的建设工作的意见（试行）》。2012 年 5 月，中央办公厅印发《关于加强和改进非公有制企业党的建设工作的意见（试行）》，总结多年实践经验，明确了非公有制企业党建工作许多重大问题，推动非公有制企业党建工作不断取得新进步。

2012 年 3 月，在全国非公有制企业党建工作会议上，习近平同志强调指出：非公有制企业是发展社会主义市场经济的重要力量。非公有制企业的数量和作用决定了非公有制企业党建工作越来越重要，必须以更大的工作力度扎扎实实抓好。习近平同志指出，党的十六大以来，在以胡锦涛同志为总书记的党中央领导下，非公有制企业党的建设在探索中前进、在创新中加强，取得显著成绩。同时也要看到，非公有制企业仍属于党建工作新领域，新情况新问题多，工作基础薄弱，需要下大力气来抓。

习近平同志还强调指出，加强和改进非公有制企业党建工作，抓好“两个覆盖”、发挥好党组织“两个作用”、加强“两支队伍”建设很重要。抓好“两个覆盖”，就是要抓好党组织覆盖和党的工作覆盖，加大党员发展力度，做好流动党员管理服务和引进党员职工工作，不具备建立党组织条件的要采取多种方式积极开展党的工作，增强党的影响力。发挥好党组织“两个作用”，就是党组织要在职工群众中发挥政治核心作用，在企业发展中发挥政治引领作用，把贯彻党的路线方针政策、维护职工群众合法权益、引领建设先进企业文化、创先争优推动企业发展贯穿党组织活动始终。加强“两支队伍”建设，就是要加强党组织书记和党建工作指导员队伍建设，为开展非公有制企业党建工作提供组织保障。

二、非公组织党建呈现新形势和新特点

据了解，近年来全国非公有制经济组织党的建设主要有以下特点：一是非公经济党组织现在已经成为党组织的重要力量，据全国工商联统计，2012 年民营企业五百强当中，大都建立了党委和工会，设立党委的企业数量达到了 463 家，占到了 92.6%，全国非公有制经济中的党员已占全国党员总数的 6%；二是党组织的活动越来越丰富

多彩；三是党组织和党员的作用越来越凸显；四是领导管理体制越来越健全。

这些特点反映出，在抓非公有制经济党的建设中：

一是力度大。根据新形势新任务的需要，专门就非公有制经济组织党建工作，深入基层开展调研活动，提出具体指导措施。有的省、市党委要求各级党组织要像重视国有企业党的建设那样，认真抓好非公有制企业党的建设，明确提出“非公有制经济发展到哪里，党建工作就延伸到哪里”。许多地方党委建立了由组织部门牵头，宣传、统战、工会、共青团、劳动和社会保障、税务和工商等有关部门参加的联席会议制度，齐抓共管非公有制经济组织党建工作。

二是形式多。各地不断探索组建党组织的新途径，普遍采取企业单建、区域联建、村企合建、行业统建等多种方式，在符合条件的非公有制经济组织中建立党组织。党员人数少、暂不具备建立党组织条件的，抓紧把工会、共青团组织先建立起来，为建立党组织创造条件。

三是重实效。许多非公有制经济组织中的党组织能够坚持正确的指导思想，坚持从实际出发，努力做到党建工作为党员和广大职工所欢迎，为企业所有者、经营者所理解和支持。党组织卓有成效的工作，得到职工群众的拥护，也得到企业的支持。

党的十八大报告强调，加大非公有制经济组织党建工作力度，扩大党组织和党的工作覆盖面，充分发挥推动发展、服务群众、凝聚人心、促进和谐的作用。我们要按照党的十八大的部署，加强和改进非公有制企业党组织建设，努力探索和总结党组织在非公有制企业中发挥作用的有效实现途径。站在当前及长远发展趋势视角，从构建一套系统的党组织发挥作用的常态机制着眼，党组织应当在促进企业健康发展、促进党组织与企业主的和谐、企业与企业员工的和谐、企业与社会的和谐等方面充分发挥作用。

近些年来，中央及各级党组织加大了非公企业党建工作的力度，摸索了一些成功经验，也取得了一些成绩，但总的来看，这项工作还远未达到预期目的，远未收到应有效果，还存在着底数难摸清、口径难统一、业主难支持、活动难开展、管理难规范、党费难收缴、作用难发挥、经费难保障等八大难点，许多矛盾需要我们很好地加以研究，很好地加以解决。

三、竭尽全力做好非公组织党建宣传工作

对于这本行将付梓的书，编撰人员力求把书编好、把全国各地非公党建的热点难点问题找出来，力求深入基层，发现好的党建模式、传播好的典型案例，要让本书言之有物、真正能达到年鉴的标准，而且要达到一个较高的标准。为了达到这个目标，我们对自己提出了以下五点要求：

第一，正如执政党一定要把好意识形态的理论关一样，编书也一定要贯彻好党中央的政策和指示精神。编撰人员要多学马列主义和毛泽东思想，在此基础上来开展工

作，才不会说错话。中央的政策文件，我们特别推荐以下三篇：《关于加强和改进非公有制党的建设工作的意见（试行）》（2012年3月8日）、《关于加强基层服务型党组织建设的意见》（2014年5月29日）、《中国共产党发展党员工作细则》（2014年6月11日），以上文件不仅交代了中央对非公党建的重视，而且要求各级党组织的职能发生转变，发展党员也要与时俱进，这些都是时代的必然需要，应该加强学习，吃透精神，运用到编辑工作中去。

第二，围绕“两个覆盖”、“两支队伍”和“两种作用”这条非公党建主线来展开。当年，习近平同志提出了这三方面的建设问题，今天看来，也正是深化推进的时候，很多问题要进入“深水区”，就必须不折不扣地执行既定方针，做好理论宣传工作，不要空谈。

第三，要发扬实事求是的精神，要做到准确、及时、有效。讲到实事求是，这是我党的制胜法宝，也是党员个人的基本品格。编书就要有一种求实精神，务求准确反映各地党建情况，并且做到及时有效，以供组织部门参考和改正，这才是编书的目的所在。

第四，要有创新精神和实干作风，要做品牌而不是“豆腐渣”工程。年鉴在图书市场上一度泛滥，要做出点新意来不容易。因此，要有创新精神，扎实肯干，做出品牌来，决不能像很多地方的“形象工程”那样，不仅损害群众利益，而且损毁党的形象。

第五，要坚持党性原则，毫不动摇，为党多做贡献。编书也是一种很有价值的工作，本身也是一个学习的过程，我们要不断学习，永葆中国共产党党员的本色。

四、结　语

近几年各地非公党建的发展出现了不少新特点和新思维，出现了很多好的模式，体现了多样化的特点。比如，北京市、县、乡自上而下成立社会工委和社会工作党委，负责非公企业和社会组织党建工作；浙江依托组织部门在省、市、县三级建立“两新”工委，负责非公有制经济组织和社会组织党建工作；甘肃、山西依托工商管理部门成立非公企业党工委；天津、内蒙古、山东等省区市，依托统战部、工商联或者民政部门成立非公有制经济组织党工委。这表明各地党建部门善于灵活运用马克思主义的理论和策略，而不是千篇一律去照抄固定模式。至于以后的非公党建发展模式，有待于实践的进一步检验。

目前，全国的各地非公有组织党工委正在努力开展工作，已取得了较大的成绩，值得表彰和奖励。非公党建本来是党建工作的“软肋”，如今要强化它、促进它，作为宣传武器，希望本年鉴能起到桥梁和纽带作用。

编者

2015年5月8日

目　录

第一部分　党和国家领导人重要讲话

（一）2010年1月—2013年12月

（二）2014年1月—2014年12月

第二部分 部委和地方领导有关讲话

第三部分 中央有关文献

（一）2000年1月——2013年12月

(二) 2014年1月—2014年12月

第四部分　省级重要政策文件

(一) 2008年1月—2013年12月

(二) 2014年1月—2014年12月

第五部分　理论热点及难点探讨(一)

第六部分　理论热点及难点探讨（二）

第七部分　非公党建管理机构的创新

(一)

(二)

第八部分 非公企业党建创新模式

第九部分 非公党建的经验总结

（一）

(二)

(三)

第十部分 加强非公党建的体会（一）

第十一部分 加强非公党建的体会（二）

第十二部分　非公党建地方重要活动

（一）安徽省

（二）北京市

（三）重庆市

（四）福建省

（五）甘肃省

（六）广东省

（七）广西壮族自治区

(八) 贵州省

(九) 海南省

(十) 河北省

(十一) 河南省

(十二) 黑龙江省

(十三) 湖北省

(十四) 湖南省

(十五) 吉林省

(十六) 江苏省

(十七) 江西省

(十八) 辽宁省

(十九) 内蒙古自治区

(二十) 宁夏回族自治区

第一部分　党和国家领导人重要讲话

（一）2010年1月—2013年12月

领导干部要树立正确的世界观权力观事业观（节选）

习近平

树立正确的世界观权力观事业观，是领导干部加强党性修养和道德修养的基本要求。党的十七届四中全会强调要从政治品质和道德品行等方面完善干部正确的评价标准，其中就包括看干部是否确立正确的世界观权力观事业观。围绕领导干部树立正确的世界观权力观事业观，我谈一些认识和体会。

一、领导干部树立正确世界观权力观事业观的重要性

世界观是人们关于世界的总体的和根本的看法，决定着人生追求与价值取向，指导和支配着理想信念、思想境界、道德操守与行为准则，具有“总开关”、“总闸门”的作用。共产党人坚持辩证唯物主义和历史唯物主义的马克思主义世界观。

权力观是关于国家和社会权力的根本观点。马克思主义权力观，概括起来是两句话：权为民所赋，权为民所用。前一句话指明了权力的根本来源和基础，后一句话指明了权力的根本性质和归宿。全心全意为人民服务，是我们党的唯一宗旨，也是马克思主义权力观同资产阶级权力观的根本区别。

事业观主要是关于事业方向和事业道路的看法，决定着人们采取什么样的事业态度、遵循什么样的事业精神、追求什么样的事业目标。中国共产党人的事业观，就是为人民利益不懈奋斗，为中国特色社会主义事业不懈奋斗。

在现实生活中，我们面对两个方面的事实。一方面，像孔繁森、郑培民、牛玉儒、王瑛、沈浩等众多优秀干部，站在党和人民的立场上，焕发出积极进取、顽强拼搏的奋斗精神，为党和人民事业无私贡献了自己的一切。他们牢固树立和忠诚实践正确的世界观权力观事业观，言行一致地回答了什么是共产党员人生最高追求和最大价值这个根本问题。另一方面，确有一些党员干部在权力、金钱、美色的考验面前栽跟头、吃败仗，甚至堕落为腐败分子。之所以这样，归根到底是世界观权力观事业观出了问题。这两个方面的事实，是我们认识领导干部世界观权力观事业观重要性的活的教科书。

中国特色社会主义事业不断前进，新的形势和任务对领导干部不断提出新的要求，人民群众对我们有着更多更高的期待。长期执政、改革开放、发展社会主义市场经济、国际国内环境深刻变化，使领导干部面临的挑战和考验越来越大、越来越多。近年来出现的各种问题特别是一些严重腐败案件，警示我们必须把解决好世界观权力观事业观问题作为加强领导干部队伍思想政治建设的一项重要而紧迫的任务。

当前，干部队伍建设正处于重要时期。“50后”、“60后”干部中不少人已成为各级领导班子的骨干，“70后”、“80后”干部正在成长起来。现在在职的领导干部特别是年轻干部，大都学历层次较高，专业知识较好，思想活跃，视野开阔，富有开拓精神，给党和人民事业注入新的生机活力。同时也要看到，现在在职的领导干部相当一部分人没有直接参与新中国成立以后进行的社会主义革命和上世纪五六十年代的大规模社会主义建设，许多人没有“文化大革命”这样严重挫折的亲身经历，更年轻一些的干部也没有改革开放初期的工作经历。由于缺乏严格的党内生活锻炼和艰苦复杂环境的考验，一些干部的世界观权力观事业观还存在着这样那样的问题。主要是：政治上理想信念不坚定，是非观念模糊；思想上追求个人利益至

上，违背党的宗旨和纪律；组织上拉关系、找靠山、搞小圈子，个人凌驾于组织和群众之上；工作上为了个人所谓政绩做表面文章，搞形式主义，不惜劳民伤财；作风上丢掉了艰苦奋斗的传统，图享受、摆阔气，严重脱离群众；廉洁上对自己要求不严，用人民赋予的权力谋取私利，等等。这些情况说明，党的十七届四中全会提出要重点加强领导干部尤其是年轻干部的党性修养很有针对性，抓住了当前领导干部队伍建设的要害。

二、树立正确世界观，坚定崇高理想信念

思想理论的先进性，是马克思主义政党先进性的重要体现。马克思主义是关于自然、社会和思维发展规律的科学，是关于工人阶级和人民大众解放与发展的科学，是关于社会主义、共产主义的科学。它为人类社会提供了最科学、最完整、最严谨的世界观和方法论。中国共产党人把马克思主义作为指导自己思想的理论基础，认为只有牢固树立这样的世界观和方法论，才能始终坚持代表最广大人民根本利益的政治方向、政治立场、政治观点，增强政治敏锐性和政治鉴别力，在大是大非面前旗帜鲜明、毫不含糊；才能正确观察事物、判断形势、分析问题，从纷繁复杂的现象中看到事物的本质和主流，在诸多矛盾中抓住事物的主要矛盾和矛盾的主要方面，自觉按客观规律办事。领导干部加强党性修养和锻炼，第一位的任务就是在树立马克思主义世界观上下功夫。

树立正确的世界观，必须坚定共产主义理想和中国特色社会主义信念。理想信念，是世界观和政治信仰在奋斗目标上的具体体现。一个国家、一个民族、一个政党，任何时候任何情况下都必须树立和坚持明确的理想信念。如果没有或丧失理想信念，就会迷失奋斗目标和前进方向，就会像一盘散沙而形不成凝聚力，就会失去精神支柱而自我瓦解。我们党从成立那一天起，就在马克思主义世界观指导下把在中国实现社会主义、共产主义确立为自己的远大理想和奋斗目标，一代又一代中国共产党人确立了为之不懈奋斗的坚定信念。革命战争年代，革命先烈在生死考验面前所以能够赴汤蹈火、视死如归，就是因为他们对崇高的理想信念坚贞不渝、矢志不移。毛主席一家为革命牺牲6位亲人，徐海东大将家族牺牲70多人，贺龙元帅的贺氏宗亲中有名有姓的烈士就有2050人。革命前辈们为什么能够无私无畏地英勇献身？就是为了实现崇高的革命理想，为了坚守崇高的政治信仰，为了在中国彻底推翻黑暗的旧制度，为了实现民族独立和人民解放。我多次读方志敏烈士在狱中写下的《清贫》。那里面表达了老一辈共产党人的爱和憎，回答了什么是真正的穷和富，什么是人生最大的快乐，什么是革命者的伟大信仰，人到底怎样活着才有价值，每次读都受到启示、受到教育、受到鼓舞。同样，在和平建设和改革开放时期，许许多多共产党员所以能够在平凡的岗位上做出英雄壮举，也是因为他们具有崇高的理想信念。一些领导干部蜕化变质、堕落为腐败分子，根本原因在于放松了世界观改造和思想道德修养，背弃了共产党人的理想信念。无论社会怎么发展，无论经济怎么繁荣，如果放弃了对崇高理想信念的追求，我们的国家、我们的民族就不可能巍然屹立于世界。这个真理，各级领导干部要始终铭记。

世界观决定人生态度和人生追求。新中国成立初期，毛主席到哈尔滨，提出重温党的七届二中全会精神。他说："我们必须吃苦在前，只有把人民的事情办好了，我们共产党人才可以考虑办一办自己的事。如果我们党员队伍中出现了先为自己办事的人，那就要毫不客气地把他开除出革命队伍去！"坚持人民利益高于一切，是共产党人处理利益问题的根本原则。领导干部的人生追求和价值目标，应当融入为祖国富强、民族振兴、人民幸福的奋斗之中。真正按照这样的原则对待物质利益和个人追求，才能有正确的是非观念、爱憎观念、善恶观念、美丑观念、得失观念、苦乐观念、荣辱观念，才能使自己变得精神高尚、眼界开阔、胸怀坦荡、生活充实，也才能做到淡泊名利、克己奉公、无私无畏、勇往直前，毫无保留地为国家为民族为人民贡献自己的一切力量。

三、树立正确权力观，为人民掌好权用好权

我们共产党员和领导干部要树立马克思主义权力观，必须从理论上弄清楚和掌握几条：一是我们社会主义国家的一切权力，都是我们党领导全国各族人民经过新民主主义革命和社会主义革命取得和实现的，都是属于人民的；二是我们党作为执政党是代表工人阶级和全体人民在全国执掌政权，共产党员和领导干部手中的权力都是人民赋予的；三是我们所有党员和领导干部手中的权力，只能用来为人民谋利益，而绝不允许搞任何形式的以权谋私。

60年长期执政，历史条件和党的执政环境、执政方式都发生了重大变化，现在确有一些领导干部不能正确对待和使用权力。有的认为权力是上级给的，想问题、办事情不怕群众不满意，只怕领导不注意，逢迎拍马、唯上是从；有的认为权力来源于个人努力、个人奋斗，把"有权不用、过期作废"奉为信条，滥

用权力甚至以权谋私。这些思想和行为同马克思主义权力观背道而驰。如果奉行这样的权力观，不可能不出问题、不犯错误。

立党为公、执政为民是我们党的执政理念，是领导干部掌权用权的本质要求。领导干部无论官当多大、权有多重，都只有为人民服务的义务。而且官越大、权越重，为人民服务越应该作出成绩，越应该把人民群众利益放在行使权力的最高位置，把人民群众满意作为行使权力的根本标准。古人讲："居官守职以公正为先，公则不为私所惑，正则不为邪所媚。"就是说，公正是为官之本、用权之绳。现在领导干部出问题，很多是出在用权不公上，干部群众对一些领导干部用权不公也有不少意见。我们共产党人掌权用权，最重要的是要出于公心，做到公正处事、公道用人，坚持"五湖四海"，不搞亲亲疏疏，不拉帮结派，严格按照党的用人标准和政策办事。

权力的行使与责任的担当紧密相联，有权必有责。少数领导干部事业心、责任感不强。有的只要不出事，宁可不干事，对工作敷衍应付、得过且过；有的遇到矛盾绕道走、碰到困难往后退，该抓的不抓、该管的不管、该改的不改，满足于当四平八稳的"太平官"。戏剧《七品芝麻官》中有一句台词，叫做"当官不为民做主，不如回家卖红薯"。共产党干部的境界和责任感，总不能连一个封建社会的七品官还不如。看一个领导干部，很重要的是看有没有责任感，有没有担当精神。肯干事、干成事的干部越多，党和人民事业就越有希望。党组织把我们放在领导岗位上，给我们提供为人民服务的大舞台，这是对我们的信任，一定要珍惜使命、不负重托，在难题面前敢于开拓，在矛盾面前敢抓敢管，在风险面前敢担责任，尽心尽力干好工作。

有权力的地方必须有监督，没有监督的权力必然导致腐败。这种历史现象屡见不鲜。邓小平同志讲："共产党员谨小慎微不好，胆子太大了也不好。一怕党，二怕群众，三怕民主党派，总是好一些。谨慎总是好一些。"领导干部工作上要大胆开拓，用权上则要谨慎而行，常怀敬畏之心、戒惧之意，自觉接受纪律和法律的约束。有了监督，领导干部就可以在自律的同时再加上一把保险锁。不要以为组织监督、群众监督、舆论监督是对自己不信任，是跟自己过不去。如果排斥监督，一意孤行，出了问题，犯了错误，是谁跟谁过不去呢？还不是因为拒绝组织和群众的监督与帮助而自取其咎！在党内生活和党的工作中，领导干部要大力发扬民主，切实尊重和维护广大党员的知情权、参与权、选举权、监督权，鼓励广大党员讲真话、讲实话，坚决反对上下级和干部之间逢迎讨好、相互吹捧，坚决反对党内生活庸俗化，坚决反对搞"一言堂"、个人专断。"一把手"还要注意，不要把自己身边的人都搞成唯命是从的人。领导干部要敢于坚持原则，严肃地而不是敷衍地进行批评和自我批评，勇于坚持真理、修正错误，推动党内生活真正形成和保持是非功过分明和团结向上的风气。

四、树立正确事业观，殚精竭虑干好工作

我们党团结带领全国各族人民奋斗了近90年，所干的事业是不断发展变化的，从新民主主义革命到社会主义革命和社会主义建设，再到改革开放和社会主义现代化建设，都是党和人民的伟大事业。老一辈共产党员和领导干部，集中力量干了新民主主义革命和社会主义革命与社会主义建设事业，开创了改革开放和社会主义现代化事业。今天我们这一代共产党员和领导干部，就是要集中力量干好改革开放和社会主义现代化事业，在中国特色社会主义道路上实现中华民族伟大复兴。前进的道路上不会一帆风顺，事业顺利时要满怀信心、毫不动摇地为之奋斗，遇到曲折和挫折时同样要满怀信心、毫不动摇地为之奋斗。在现阶段，我们每个共产党员和领导干部不论在什么岗位上、不论做何种工作，都是为坚持和发展中国特色社会主义干事创业，都是必须做好的光荣事业。个人的追求和价值都应当体现在为党和人民事业奋斗之中，任何离开党和人民事业搞所谓"个人名利"、"个人奋斗"的行为和想法都是不可取的。

领导干部树立正确事业观，必须树立科学发展观。科学发展观是我国经济社会发展的重要指导方针。在发展观上出现盲区，往往会在事业观上陷入误区。有的领导干部天天讲科学发展，在实际工作中却往往偏离科学发展的轨道，做违背科学发展的事。领导干部都要懂得，不坚持科学发展，即使一时搞得轰轰烈烈，最终也干不出党和人民需要的事业来。对待政绩，要坚持实践观点，把求真务实作为实现政绩的基本途径；要坚持群众观点，把维护群众利益作为追求政绩的根本目的；要坚持历史观点，把科学发展作为衡量政绩的主要标准，做到立足当前、着眼长远、统筹兼顾。

领导干部现在都很忙。忙什么？绝大多数同志在忙改革发展稳定的大事、实事，忙保障和改善民生的急事、难事。也有一些同志在忙形式主义的会议、讲话，忙迎来送往的仪式，忙个人的事情。领导干部都要在干事业上下苦功夫，真正把精力和才干集中和用在所干的每一件工作上。为了干成事业，要夙兴夜寐地真干、实干、苦干、巧干。所谓真干，就是不弄虚

作假、不欺上瞒下，不做表面文章、不搞形式主义，真正诚心诚意、尽力尽责、一干到底。所谓实干，就是坚持一切从实际出发，察实情、讲实话，鼓实劲、出实招，办实事、求实效，扎扎实实把各项工作不断推向前进。所谓苦干，就是发扬艰苦奋斗的优良传统，知难而进，埋头苦干，把兢兢业业、吃苦耐劳的精神贯穿于各项工作之中。所谓巧干，就是尊重客观规律，讲究工作方法，坚持改革创新，以科学精神和科学态度努力工作，力求取得事半功倍的成效。

领导干部树立正确事业观，很重要的是对人民群众要充满感情，对工作对事业要富于激情。激情是一种可贵的工作状态和工作品质，往往能最大限度地发挥创造潜能。人是要有一点精神的，要始终保持那么一股劲，那么一股革命热情。作为领导干部，我们都要按照科学发展观的要求满怀激情投入工作，把干事创业作为自己的天职，努力创造出无愧于党、无愧于国家、无愧于人民的业绩。

当前正在基层党组织和广大党员中开展的创先争优活动，是推动干部树立正确世界观权力观事业观的有利契机，也是对干部世界观权力观事业观的重要检验。共产党员特别是党员领导干部的先进和优秀，首先要体现到树立正确的世界观权力观事业观上。这就需要各级党组织把树立正确的世界观权力观事业观作为党员干部创先争优的内在动力，教育他们带头学习提高、带头干事创业、带头服务群众、带头廉洁自律、带头弘扬正气，在改革发展稳定各项工作中充分发挥骨干作用。

…………

（本文是习近平同志2010年9月1日在中央党校2010年秋季学期开学典礼上讲话的一部分。）

关键在于落实 （节选）

习近平

胡锦涛同志在党的十七届五中全会上强调，全党同志特别是各级领导干部要发扬真抓实干精神，改进工作作风，建立健全抓工作、抓落实的责任制，切实把各项工作抓出成效。各级领导干部要认真贯彻胡锦涛同志关于狠抓落实的要求，进一步做好领导工作。

一、充分认识抓落实在党的领导工作中的重要意义

抓落实，从各级党委、政府和领导干部工作方面讲，就是抓党和国家各项方针政策、工作部署和措施要求的落实。落实到哪里去？就是落实到实践中去，落实到基层中去，落实到群众中去，使之成为广大党员、干部、群众的自觉行动，以确保党和国家确定的目标任务顺利实现。

我们党坚持以马克思主义为指导，善于把远大目标、奋斗纲领同脚踏实地、埋头苦干紧密结合起来。我们党建立已90年、新中国成立已60多年，在革命、建设、改革各个历史时期党和人民的事业之所以能够不断取得伟大的成就，在全国各族人民中我们党之所以能够享有崇高的威望，靠的就是把马克思主义基本原理同中国具体实际结合起来形成的正确的理论和路线方针政策，靠的就是全党同志团结带领人民群众一步一个脚印地把党的路线方针政策变成认识世界和改造世界的巨大精神力量与物质力量。我们的所有成就，都是干出来的。这里的关键，就是始终注重抓落实。如果落实工作抓得不好，再好的方针、政策、措施也会落空，再伟大的目标任务也实现不了。因此，抓落实是领导工作中一个极为重要的环节，是党的思想路线和群众路线的根本要求，也是衡量党员领导干部世界观正确与否和党性强不强的一个重要标志。

“空谈误国，实干兴邦”。这是千百年来人们从历史经验教训中总结出来的治国理政的一个重要结论。古人曰：“道虽迩，不行不至；事虽小，不为不成”，“为政贵在行”，“以实则治，以文则不治”。历史上有许多空谈误国的教训，比如战国时期的赵括，只会“纸上谈兵”，以致40万赵军全军覆没，赵国从此一蹶不振直至灭亡。此类误国之鉴，发人深省。

反对空谈、强调实干、注重落实，是我们党的一个优良传统。对于抓落实的极端重要性，我们党和党的主要领导同志先后都有过很多精辟的阐述。毛泽东同志要求共产党员一定要有“认真实干”的精神，强调“一件事不做则已，做则必做到底，做到最后胜利”，“什么东西只有抓得很紧，毫不放松，才能抓住。抓而不紧，等于不抓”。邓小平同志强调“少说空话、多干实事”，凡事都要“落在实处”，“开会、讲话都要解决问题”。江泽民同志强调“落实，落实，再落实，因为这是做好一切工作的关键环节”，“不要在层层表态、层层开会、层层造声势上做文章，而要在层层抓落实、层层抓解决问题上下功夫”。胡锦涛同志强调“要坚持发扬共产党人的革命精神和坚持科学求实态度的统一，脚踏实地，埋头苦干，坚决反对形式主义和官僚主义”。这些论述，把抓落实的重要意义和基本要求讲得很清楚很深刻，我们在领导工作中要始终遵循和认真贯彻。

抓落实，是我们党执政能力的重要展现，也是对各级领导干部工作能力的重要检验。当前，我国处于发展的重要战略机遇期，但社会矛盾也日益凸显，前进中遇到不少需要克服的困难和风险。只有攻坚克难，乘势而上，我们才能抓住和用好机遇，赢得未来发展的主动权；如果自满懈怠，心浮气躁，就不可能开创改革和发展的新局面，已经取得的成果也有可能丧失。党的十七届五中全会审议通过了关于制定国民经济和社会发展第十二个五年规划的建议，十一届全国人大四次会议将审议批准“十二五”规划纲要，中央部门和地方相继出台了一系列推进改革发展的具体思路、政策和措施。现在的关键就在于落实。

近年来，从中央到地方都加大了抓落实的工作力度，并已取得明显成效。特别是中央对重大决策、重大部署、重大举措，采取任务分解、明确责任、加强督查等措施，保证和促进了改革发展稳定各项任务的落实。但是也要看到，在有些地方、部门和单位，中央的一些方针政策和重大部署，口头上讲了、文件上也写了，而贯彻落实得却不好；一些中央三令五申、明令禁止的事情，依然我行我素、屡禁不止。不重视抓落实、不善于抓落实的问题仍然存在。认真贯彻胡锦涛同志关于狠抓落实的要求，切实解决好领导工作中存在的抓落实不够有力、不够有效的问题，对于推动“十二五”时期经济社会发展目标任务的实现，对于巩固党的执政地位、确保国家长治久安，具有十分重要的意义。

二、抓落实必须牢固树立党的宗旨意识和正确政绩观

抓落实，是把决策变为人们的实践行动、由认识世界到改造世界的过程，无疑需要克服主观和客观上的诸多障碍，需要付出艰辛的努力。只有深入贯彻落实科学发展观，牢固树立党的宗旨意识和正确政绩观，抓落实才能始终坚持正确的方向，才能始终弘扬脚踏实地、埋头苦干的精神，也才能使各项落实工作保持不竭的动力。

全心全意为人民服务是党的根本宗旨，党的各项工作都必须坚持以最广大人民的根本利益为出发点和落脚点。从这个意义上讲，是否抓落实直接反映着领导干部的宗旨意识和党性。各级领导干部不论职务高低，不论在什么岗位工作，都要身体力行党的宗旨，把以人为本、执政为民贯穿到各项工作的落实中去，努力为群众办实事办好事，切实做到权为民所用、情为民所系、利为民所谋。把握住这一点，就把握住了抓落实的根本，就能把全部心思和精力用到抓落实上。在其位，谋其政。我们党是为人民执政的，每个领导干部都要有执政为民的高度使命感和责任感。抓落实，也是对各级领导干部这种使命感和责任感的重要检验。现在有的领导干部工作不求进取，满足现状，只求过得去，不求过得硬，这样的精神状态怎么能抓好落实呢？每个领导干部都要懂得，党和人民把为人民服务的重担放在我们肩上，这是一种多大的信任和责任。要把这种信任和责任看得比泰山还重，始终以饱满的热情投身工作，永葆蓬勃朝气、昂扬锐气和浩然正气，自觉地盯着榜样找差距，对照先进学经验，努力争创一流业绩，不断开创各项工作新局面，真正做到“为官一任、造福一方”。

在抓落实过程中，不同的政绩观会有不同的抓法、不同的结果。什么叫政绩？顾名思义，就是为政之绩，即为政的成绩、功绩、实绩。我们做事情、干工作，如果做到了上有利于国家、下有利于人民；既符合国家和人民眼前利益的要求，又符合国家和人民长远利益的要求；既能促进经济社会发展，又能促进国家富强和人民幸福，那就做出了党和人民所需要的真正的政绩。一些领导干部落实工作抓得不好，很重要的是政绩观出了问题，个人主义思想在作祟。各级领导干部要牢固树立正确政绩观，把抓落实的出发点放到为党尽责、为民造福上，而不是树立自身形象、为自己升迁铺路；把抓落实的落脚点放到办实事、求实效上，而不是追求表面政绩，搞华而不实、劳民伤财的“形象工程”；把抓落实的重点放到立足现实、着眼长远、打好基础上，而不是盲目攀比、竭泽而渔。

领导干部在抓落实过程中，还要有“功成不必在我任期”的理念和境界，注意防止和纠正各种急功近利的行为，不贪一时之功、不图一时之名，多干打基础、利长远的事。说到这里，我想起了山西右玉县植树造林、改造山河的感人事迹。右玉地处毛乌素沙漠的天然风口地带，是一片风沙成患、山川贫瘠的不毛之地。解放之初，第一任县委书记带领全县人民开始治沙造林。60多年来，一张蓝图、一个目标，18任县委书记和县委、县政府一班人，一任接着一任、一届接着一届，率领全县干部群众坚持不懈，用心血和汗水绿化了沙丘和荒山，现在树木成荫、生态良好，年降雨量较之解放初期已显著增加。老百姓记着他们、感激他们，自发地为他们立碑纪念。正可谓“金杯银杯不如老百姓的口碑”。右玉的可贵之处，就在于始终发扬自力更生、艰苦创业、功在长远的实干精神，在于始终坚持为人民谋利益的政绩观。我们抓任何工作的落实，都应该这样去做。

三、抓落实必须具有知难而进、锲而不舍的奋斗精神

抓落实的过程，必然会遇到许多矛盾和问题，只有努力解决好各种矛盾和问题，才能把落实工作真正抓好、抓出成效。矛盾和问题是普遍存在的，问题也是矛盾。没有矛盾，就没有世界、没有发展。因此，我们在各项工作包括抓落实工作中，不要怕遇到矛盾和问题，而要敢于正视矛盾和问题。不要绕开矛盾和问题走，而要同群众一道千方百计地去求得矛盾和问题的及时正确解决。这是各级领导干部在抓落实及其全部工作中应该具有的根本态度。

当前，我们在改革和发展中遇到很多这样那样的矛盾和问题，有的还比较突出。比如，经济发展方式粗放、资源约束加剧、环境压力增大、自主创新能力不强、保障和改善民生任务繁重等矛盾和问题，正在日益显现出来。又比如，在对外开放中涉及的贸易摩擦、贸易保护主义、技术封锁问题，以及涉及国家主权、安全和长远发展的种种矛盾和斗争，也越来越多。再比如，随着世情、国情、党情的发展变化，对党员队伍教育和管理的难度增大，保持党的先进性面临许多新情况新问题。所有这些矛盾和问题，都要求各级领导干部以对党、对人民高度负责的精神，迎难而上，敢于面对并认真探索解决之策。如果眼中只有成绩和经验，看不到问题和困难；如果回避矛盾，遇到困难绕道走，见到难题就躲避；如果报喜不报忧，有了矛盾推责任，出了问题捂着拖着，那么抓落实就有落空的危险。有些地方、部门和单位积累的问题长期得不到解决，有多种原因，但很大程度上与这些地方、部门和单位领导班子和领导干部遇到矛盾畏难情绪占上风、解决问题不得力有直接关系。抓落实，还要求领导干部增强预见性，及时发现并尽早解决矛盾和问题，努力使简单矛盾不演化成复杂矛盾，小问题不延误成大问题。领导干部要多到矛盾突出的基层去，多到困难较多的一线去，多到难点焦点问题聚集的地方去，在克服困难、化解矛盾、解决问题中抓落实、促发展、出实绩。

抓落实，贵在持之以恒，也难在持之以恒。有些地方、部门和单位抓落实之所以成效不佳，往往与缺乏经常抓、反复抓、持久抓有关。如果抓一阵子松一阵子，热一阵子冷一阵子，不能一抓到底，那怎么能把工作落实好呢？抓落实，一定要防止虎头蛇尾。目标确定了，任务明确了，就要咬定青山不放松，不达目的不罢休。

抓落实能不能知难而进、锲而不舍，对领导干部的原则立场是一个现实的考验。坚持党的原则，怀着诚心诚意为人民谋利益的公心办事，这两条对抓好落实工作十分重要。如果不讲原则而讲关系，不讲纪律而讲人情，落实工作就必定做不好或者走样。各级领导干部要始终保持共产党人的高尚情怀和政治本色，正确看待个人的进退得失，正确对待金钱名利。唯有这样，才能做到“心底无私天地宽”，“岂因祸福避趋之”。

四、抓落实必须发扬求真务实、真抓实干的优良作风

求真务实、真抓实干的对立面，就是弄虚作假，搞形式主义。现在，大多数领导干部是能够做到求真务实、真抓实干的，但在有些领导干部中也确实存在着比较严重的形式主义，这必须引起高度重视。比如，在一些地方、部门和单位，规章制度应有尽有，却高高挂起、形同虚设；“文山会海”屡禁不止，习惯于靠会议落实会议、靠文件落实工作；各种检查评比考核过多过滥，催生“形象工程”、“政绩工程”；热衷于看风向、赶时髦，喊不着边际的空口号，提不切实际的高指标，求大轰大嗡的所谓“规模效应”；下基层走马观花、蜻蜓点水，不去深入了解群众真实的情况和要求，等等。这些形式主义的东西有一个共同特征，就是重形式轻内容，重口号轻行动，重数量轻质量，重眼前轻长远。搞形式主义，势必造成人力、物力、财力和时间的浪费，助长弄虚作假、投机取巧的心理和好大喜功的浮夸作风，严重损害党和政府的威信。有一副对联，上联是“你开会我开会大家都开会”，下联是“你发文我发文大家都发文”，横批是“谁来落实”，这是对“文山会海”的讽刺。开会是为了了解情况、倾听意见、集思广益，发现矛盾、分析矛盾、解决矛盾；制定文件，是为开展和落实各项工作提供遵循和依据。因此，开会和发文件是必要的，也是工作的重要环节。但是会议精神和文件再好，如果不落实，仍会劳而无功。各级领导机关和领导干部都要下个决心，坚决砍掉那些不必要的会议和文件，从“文山会海”中解脱出来，把精力投到抓落实中。

…………

五、抓落实必须树立正确的用人导向和形成完善的工作机制

抓好落实，具有良好的精神状态和优良的作风很重要，建立科学管用的制度和机制同样很重要。要制定强有力的组织措施、考核措施、激励措施，健全抓落实的工作机制。特别是要健全人人负责、层层负责、

环环相扣、科学合理、行之有效的工作责任制。有些地方、部门和单位存在工作推诿扯皮现象，与目标责任不明确、工作任务没细化有很大关系。要科学进行责任分解，把目标任务分解到部门、具体到项目、落实到岗位、量化到个人，以责任制促落实、以责任制保成效，形成一级抓一级、层层抓落实的工作局面。要进一步完善巡视督查制度、信息反馈制度、情况通报制度、重大责任追究制度，及时掌握工作进展情况，及时发现带有苗头性、倾向性的问题，及时找出薄弱环节，及时采取有针对性的措施，及时排除工作中的障碍和困难。

抓落实的工作实践，检验着每个干部的思想品质、工作作风和实际能力，也是考察和选用干部的重要依据。用好一个干部，就是树立一面旗帜，就会在一个地方、一个部门、一个单位形成良好的工作氛围。一些地方、部门和单位之所以出现形式主义、官僚主义问题，往往同用人导向有关。评价一个干部，重要的不是看他说什么，而是看他做什么，看他做得怎么样。要抓好工作落实，必须完善领导干部考核评价机制，对干部干与不干、干好干坏、干多干少要有明确的区分，褒奖那些埋头苦干、狠抓落实的干部，教育和调整那些只尚空谈、不干实事的干部，问责和惩处那些因弄虚作假、失职渎职造成重大损失和严重后果的干部，努力营造崇尚实干、恪尽职守、勇于奉献的工作氛围。优良的工作作风是一级一级带出来的，要注重发挥一把手的表率作用和督促作用。有了重视抓落实、善于抓落实的一把手，才能带出抓落实的好班子、好团队。

（这是习近平同志 2011 年 3 月 1 日在中共中央党校春季学期开学典礼上讲话的一部分。）

谈谈调查研究　（节选）

习 近 平

调查研究是做好领导工作的一项基本功，调查研究能力是领导干部整体素质和能力的一个组成部分。到中央党校学习培训的都是县以上党员领导干部，党校不少班次都有专题调查研究的教学安排。现在到了年终岁末，各地各部门都要总结今年的工作，谋划明年的工作，加强调查研究很有必要。

一、调查研究不仅是一种工作方法，而且是关系党和人民事业得失成败的大问题

重视调查研究，是我们党在革命、建设、改革各个历史时期做好领导工作的重要传家宝。马克思主义的辩证唯物主义、历史唯物主义世界观和方法论，党的实事求是的思想路线，党的从群众中来、到群众中去的根本工作路线，都要求我们的领导工作和领导干部必须始终坚持和不断加强调查研究。只有这样，才能真正做到一切从实际出发、理论联系实际、实事求是，真正保持党同人民群众的密切联系，也才能从根本上保证党的路线方针政策和各项决策的正确制定与贯彻执行，保证我们在工作中尽可能防止和减少失误，即使发生了失误也能迅速得到纠正而又继续胜利前进。回顾我们党的发展历程可以清楚地看到，什么时候全党从上到下重视并坚持和加强调查研究，党的工作决策和指导方针符合客观实际，党的事业就顺利发展；而忽视调查研究或者调查研究不够，往往导致主观认识脱离客观实际、领导意志脱离群众愿望，从而造成决策失误，使党的事业蒙受损失。

调查研究的过程，是领导干部提高认识能力、判断能力和工作能力的过程。经常走出领导机关，深入实际、深入基层、深入群众，进行各种形式和类型的调查研究，非常有益于促进领导干部正确认识客观世界、改造主观世界、转变工作作风、增进同人民群众的感情，有益于深切了解群众的需求、愿望和创造精神、实践经验。现在的交通通信手段越来越发达，获取信息的渠道越来越多，但都不能代替领导干部亲力亲为的调查研究。因为直接与基层干部群众接触，面对面地了解情况和商讨问题，对领导干部在认识上和感受上所起的作用和间接听汇报、看材料是不同的。通过深入实际调查研究，把大量和零碎的材料经过去粗取精、去伪存真、由此及彼、由表及里的思考、分析、综合，加以系统化、条理化，透过纷繁复杂的现象抓住事物的本质，找出它的内在规律，由感性认识上升为理性认识，在此基础上作出正确的决策，这本身就是领导干部分析和解决问题本领的重要反映，也是领导干部思想理论水平和工作水平的重要反映。领导干部不论阅历多么丰富，不论从事哪一方面工作，都应始终坚持和不断加强调查研究。

为什么对领导干部的调查研究，要强调“始终坚持”和“不断加强”呢？一是因为我们所肩负的任务是不断变化的，原有的任务完成了，新的任务又摆到了面前，又需要重新学习和调查研究。二是因为我们党的领导干部是要不断地进行新老交替和不断地调换

工作岗位的，老干部离开了领导岗位，新一批干部上来了，老干部学习和调查研究的经验可以供新上来的干部学习借鉴，但代替不了新上来干部的学习和调查研究。领导干部从一个地区和部门到另一个地区和部门，都必须进行调查研究。即便是回到曾经熟悉的工作岗位和工作环境，也不能刻舟求剑，还需要重新调查了解新情况。三是客观事物总在不断变化，新矛盾新问题每日每时都在出现，在当代中国社会主义现代化事业蓬勃发展的形势下，在当今世界多极化、经济全球化深入发展和科学技术突飞猛进的条件下更是如此。这也要求领导干部必须坚持不懈地进行和加强调查研究。

应该看到，当前在领导干部中，不重视调查研究、不善于调查研究的问题还是存在的。有的走不出“文山会海”，强调工作忙，很少下去调查研究。有的满足于看材料、听汇报、上网络，不深入实际生活，坐在办公室关起门来作决策。有的自认为熟悉本地区本部门情况，对层出不穷的新情况新问题反映不敏锐，对形势发展变化提出的新课题新挑战应对不得力，看不到事物的发展变化是一个由量变到质变的过程，凭经验办事，拍脑袋决策。有的调研走过场，只看“盆景式”典型，满足于听听、转转、看看，蜻蜓点水、浅尝辄止。凡此种种，严重影响决策的科学性，妨碍党的路线方针政策的贯彻执行，也损害领导机关、领导干部的形象。

胡锦涛同志在党的十七届六中全会上再次明确要求，各级党委要立足我国社会主义初级阶段基本国情，以宽广的眼界观察世界，组织力量开展调查研究，努力回答对我国经济社会发展带有全局性、战略性的重大问题。各级领导干部要充分认识调查研究的重要性，按照胡锦涛同志提出的要求加强和做好调查研究工作。

二、学习和掌握正确方法，努力提高调查研究水平和成效

做好新形势下的调查研究工作，要坚持以中国特色社会主义理论体系为指导，紧紧围绕党的路线方针政策和中央重大决策部署的贯彻执行，坚持解放思想、实事求是、与时俱进，深入研究影响和制约科学发展的突出问题，深入研究人民群众反映强烈的热点难点问题，深入研究党的建设面临的重大理论和实际问题，深入研究事关改革发展稳定大局的重点问题，深入研究当今世界政治经济等领域的重大问题，全面了解各种新情况，认真总结群众创造的新经验，努力探索各行各业带规律性的东西，积极提供相应的对策，使调查研究工作同中心工作和决策需要紧密结合起来，更好地为各级党委和政府科学决策服务，为提高党的领导水平和执政水平服务。

调查研究，是对客观实际情况的调查了解和分析研究，目的是把事情的真相和全貌调查清楚，把问题的本质和规律把握准确，把解决问题的思路和对策研究透彻。这就必须深入实际、深入基层、深入群众，多层次、多方位、多渠道地调查了解情况。既要调查机关，又要调查基层；既要调查干部，又要调查群众；既要解剖典型，又要了解全局；既要到工作局面好和先进的地方去总结经验，又要到困难较多、情况复杂、矛盾尖锐的地方去研究问题。基层、群众、重要典型和困难的地方，应成为调研重点，要花更多时间去了解和研究。只有这样去调查研究，才能获得在办公室难以听到、不易看到和意想不到的新情况，找出解决问题的新视角、新思路和新对策。领导干部搞调研，要有明确的目的，带着问题下去，尽力掌握调研活动的主动权，调研中可以有“规定路线”，但还应有“自选动作”，看一些没有准备的地方，搞一些不打招呼、不作安排的随机性调研，力求准确、全面、深透地了解情况，避免出现“被调研”现象，防止调查研究走过场。党的十七届四中全会《决定》明确规定：“领导干部下基层调查研究，要轻车简从，不扰民，不搞层层陪同，不组织群众迎送”。这个要求，各级领导干部要认真贯彻落实。

搞好调查研究，一定要从群众中来、到群众中去，广泛听取群众意见。人民群众的社会实践，是获得正确认识的源泉，也是检验和深化我们认识的根本所在。调查研究成果的质量如何，形成的意见正确与否，最终都要由人民群众的实践来检验。毛泽东同志 1930 年在寻乌县调查时，直接与各界群众开调查会，掌握了大量第一手材料，诸如该县各类物产的产量、价格，县城各业人员数量、比例，各商铺经营品种、收入，各地农民分了多少土地、收入怎样，各类人群的政治态度，等等，都弄得一清二楚。这种深入、唯实的作风值得我们学习。领导干部进行调查研究，要放下架子、扑下身子，深入田间地头和厂矿车间，同群众一起讨论问题，倾听他们的呼声，体察他们的情绪，感受他们的疾苦，总结他们的经验，吸取他们的智慧。既要听群众的顺耳话，也要听群众的逆耳言；既要让群众反映情况，也要请群众提出意见。尤其对群众最盼、最急、最忧、最怨的问题更要主动调研，抓住不放。这样才能真正听到实话、察到实情、获得真知、收到实效。调查研究必须坚持实事求是的原则，树立求真务实的作风，具有追求真理、修正错误的勇气。现在有的干部善于察言观色，准备了几个口袋，揣摩

上面或领导的意图来提供材料。很显然，这样的调查是看不到实情、得不到真知、做不出正确结论的。调查研究一定要从客观实际出发，不能带着事先定的调子下去，而要坚持结论产生在调查研究之后，建立在科学论证的基础上。对调查了解到的真实情况和各种问题，要坚持有一是一、有二是二，既报喜又报忧，不唯书、不唯上、只唯实。有些干部，不是不了解情况，也不是看不到问题，而是不愿正视现实，不敢讲真话，报喜不报忧。这些现象都是违背实事求是原则的。在调查研究中能不能、敢不敢实事求是，不只是认识水平问题，而且是党性问题。只有公而忘私，把党和人民利益放在第一位，才能真正做到实事求是。在领导机关、领导干部中，要进一步营造和保持讲真话、讲实话、讲心里话的良好氛围，鼓励如实反映情况和提出不同意见，积极开展批评与自我批评，坚决反对上下级和干部之间逢迎讨好、相互吹捧，坚决反对把党内生活庸俗化。

调查研究，包括调查与研究两个环节。衡量调查研究搞得好不好，不是看调查研究的规模有多大、时间有多长，也不是光看调研报告写得怎么样，关键要看调查研究的实效，看调研成果的运用，看能不能把问题解决好。从目前领导干部开展调查研究的实际情况看，有调查不够的问题，也有研究不够的问题，而后一个问题可能更突出。有的同志下去，只调查不研究，装了一兜子材料，回来汇报一下写个报告就了事；有的领导干部连调研汇报也不听，调查材料也不看。这种调查多、研究少，情况多、分析少，不解决什么问题的调查研究，是事倍功半的。我们要充分认识到，调查研究的根本目的是解决问题，调查结束后一定要进行深入细致的思考，进行一番交换、比较、反复的工作，把零散的认识系统化，把粗浅的认识深刻化，直至找到事物的本质规律，找到解决问题的正确办法。

调查研究方法也要与时俱进。在运用我们党在长期实践中积累的有效方法的同时，要适应新形势新情况特别是当今社会信息网络化的特点，进一步拓展调研渠道、丰富调研手段、创新调研方式，学习、掌握和运用现代科学技术的调研方法，如问卷调查、统计调查、抽样调查、专家调查、网络调查等，并逐步把现代信息技术引入调研领域，提高调研的效率和科学性。

三、建立和完善制度，保证调查研究经常化

我们党有重视调查研究的优良传统，在新的形势下要大力弘扬。在坚持和加强调查研究方面，我们党相继制定了一系列行之有效的制度，要在实践中不断健全完善，切实抓好贯彻落实，使调查研究真正成为各级领导干部自觉的经常性活动。

坚持和完善先调研后决策的重要决策调研论证制度。陈云同志说："领导机关制定政策，要用百分之九十以上的时间作调查研究工作，最后讨论作决定用不到百分之十的时间就够了。"这是很有道理的。决策是一个提出问题、分析问题、解决问题的过程。为了防止和克服决策中的随意性及其造成的失误，提高决策的科学化水平，必须把调查研究贯穿于决策的全过程，真正成为决策的必经程序。该通过什么调研程序决策的事项，就要严格执行相关调研程序，不能嫌麻烦、图省事。对本地区、本部门事关改革发展稳定全局的问题，应坚持做到不调研不决策、先调研后决策。提交讨论的重要决策方案，应该是经过深入调查研究形成的，有的要有不同决策方案作比较。特别是涉及群众切身利益的重要政策措施出台，要采取听证会、论证会等形式，广泛听取群众意见。要在建立、完善落实重大项目、重大决策风险评估机制上取得实质性进展，使我们的各项工作真正赢得群众的理解和支持，从源头上预防矛盾纠纷的发生。

坚持和完善领导机关、领导干部的调研工作制度。领导干部要带头调查研究，拿出一定时间深入基层，特别是主要负责人要亲自主持重大课题的调研，拿出对工作全局有重要指导作用的调研报告。为什么要强调各级领导机关的主要负责人亲自下去做调查，亲自主持重大课题的调研呢？因为对各种问题特别是重大问题的决策，最后都需要主要负责人去集中各方面的意见由领导集体决断，而主要负责人亲自做了调查研究，同大家有着共同的深切感受和体验，就更容易在领导集体中形成统一认识和一致意见，更容易做出决定。上世纪60年代初，为了度过当时国民经济的严重困难，全党同志就当时一些重大问题同时开展调研，尤其是各级领导机关的主要负责人都参与了调研，结果很快就形成了解决一系列重大经济社会问题的正确决策，使困难局面迅速得到扭转。那次全党大调研给我们留下了宝贵经验。中共中央办公厅去年印发的《关于推进学习型党组织建设的意见》明确要求："建立健全调查研究制度，省部级领导干部到基层调研每年不少于30天，市、县级领导干部不少于60天，领导干部要每年撰写1至2篇调研报告"。对这些要求，各级领导干部要认真执行，各级领导机关要经常督促落实。

…………

（这是习近平同志2011年11月16日在中央党校秋季学期第二批入学学员开学典礼上讲话的一部分）

扎实做好保持党的纯洁性各项工作（节选）

习近平

今年我们党将召开第十八次全国代表大会。今年又是实施“十二五”规划承上启下的重要一年，我们将在复杂多变的国际环境和艰巨繁重的国内改革发展任务双重考验下努力实现稳中求进。光荣的使命和艰巨的任务，对加强和改进党的建设、做好保持党的先进性和纯洁性工作提出了新的要求。胡锦涛同志在十七届中央纪委七次全会上发表重要讲话，突出强调了在新形势下保持党的纯洁性问题，具有重大而深远的意义，大家要深刻学习领会、认真贯彻执行。

一、保持党的纯洁性是马克思主义政党的本质要求

马克思、恩格斯创立的共产主义者同盟，是世界上第一个工人阶级政党。在同盟创立初期，同盟章程就对保持党的纯洁性作出严格规定，要求每一个支部对它所接受的会员的品质纯洁负责。列宁在创建俄国工人阶级政党的过程中也特别注重党的纯洁性，强调“我们的任务是要维护我们党的坚定性、彻底性和纯洁性。我们应当努力把党员的称号和作用提高、提高、再提高”。马克思主义政党之所以高度重视保持党的纯洁性，从根本上说是为了永葆党的政治本色，永葆党的生机活力，从而更好地肩负起自己的历史使命。

中国共产党作为马克思主义政党，在中国革命、建设、改革各个历史时期，始终把保持党的纯洁性作为党的建设的根本问题和重要目标。毛泽东同志早就明确指出，我们要建设的是“一个有纪律的、思想上纯洁的、组织上纯洁的党，合乎统一的标准的党”。党的纯洁性，体现在党的思想、政治、组织和作风各个方面。体现在思想上，就是要求各级党组织和广大党员、党的领导干部必须坚持把马克思主义及其中国化的理论成果作为指导思想，坚持把为社会主义、共产主义奋斗作为理想信念，坚持马克思主义实事求是的思想路线，坚决抵制各种反马克思主义思想的侵蚀，坚决同各种违背马克思主义的错误思想作斗争；体现在政治上，就是要求各级党组织和广大党员、党的领导干部必须坚决执行党的纲领、章程和路线方针政策，在社会主义初级阶段必须坚持以经济建设为中心、坚持四项基本原则、坚持改革开放的基本路线，坚决抵制和反对一切违背党的基本路线的错误政治倾向；体现在组织上，就是要求各级党组织和广大党员、党的领导干部必须坚持贯彻党的民主集中制原则和遵守党的组织纪律的要求，自觉维护党的团结统一，坚决反对一切危害和分裂党的行为，严格坚持党章所规定的共产党员标准和领导干部条件，坚决把背离党纲党章、危害党的事业、已经丧失共产党员资格的蜕化变质分子和腐败分子清除出党；体现在作风上，就是要求各级党组织和广大党员、党的领导干部必须坚持发扬党的理论联系实际、密切联系群众、批评和自我批评以及谦虚谨慎、不骄不躁、艰苦奋斗等优良作风，坚持贯彻党的从群众中来到群众中去的工作路线和调查研究的工作方法，坚决反对主观主义、官僚主义、形式主义、以权谋私、弄虚作假和个人专断、追求奢华等不正之风。始终保持党的纯洁性，是由我们党的性质和宗旨决定的。我们党是中国工人阶级的先锋队、同时是中国人民和中华民族的先锋队，党除了工人阶级和最广大人民群众的利益没有自己特殊的利益，党在任何时候都把人民群众的利益放在第一位，全心全意为人民服务。党的这种性质和宗旨，既决定了党的先进性，也决定了党的纯洁性。党的纯洁性同党的先进性相辅相成、密不可分。纯洁性是先进性的前提和基础，先进性是纯洁性的体现和保证，二者在本质上是一致的。我们党成立90多年来的历史证明，党的坚强有力和事业发展取决于多种因素，党的纯洁性对党的创造力、凝聚力、战斗力有着根本性影响。什么时候党的纯洁性保持得好，党就更加坚强有力，党的事业就能健康发展；什么时候党的纯洁性受到影响和削弱，党的战斗力就会下降，党的事业就会遭受损失。

当前，我国正处在全面建设小康社会的关键时期和深化改革开放、加快转变经济发展方式的攻坚时期，党所面临的执政考验、改革开放考验、市场经济考验、外部环境考验更加突出，所面临的精神懈怠的危险、能力不足的危险、脱离群众的危险、消极腐败的危险更加凸显。保持党的先进性和纯洁性，是我们党在改革开放和社会主义现代化建设进程中应对和经受住各种考验、化解和战胜各种危险的重要法宝。现在，我们党的队伍总体上是纯洁、团结、有战斗力的，这是中国特色社会主义事业不断取得伟大成就的根本保证。但是也要看到，在深刻变化的国内外环境中，管党治党的任务越来越艰巨，如何保持党的纯洁性也面临不少新情况新问题。特别是胡锦涛同志在讲话中指出的理想信念不坚定、作风不正、原则性不强、为政不廉

等不符合党的纯洁性要求的问题，在一些党员和党的干部中不同程度地存在，这必然影响党在人民群众中的威信和削弱党的战斗力。我们要从保证党永不变色、保证国家长治久安的高度，从应对新形势下党面临的风险和挑战出发，充分认识保持党的纯洁性的极端重要性和紧迫性，不断增强党的意识、政治意识、危机意识、责任意识，为保持党的纯洁性而不懈努力。

二、始终保持党在思想上组织上作风上的纯洁性

在新形势下保持党的纯洁性，要按照胡锦涛同志讲话提出的要求，坚持党要管党、从严治党，坚持强化思想理论武装和严格队伍管理相结合、发扬党的优良作风和加强党性修养与党性锻炼相结合、坚决惩治腐败和有效预防腐败相结合、发挥监督作用和严肃党的纪律相结合，不断增强自我净化、自我完善、自我革新、自我提高能力，始终保持党的思想纯洁、组织纯洁、作风纯洁。

保持党在思想上的纯洁性，是保证党的正确政治方向和党的团结统一的思想基础。思想是导向，是灵魂。如果我们的党员和党的领导干部思想不纯洁，理想信念不可能坚定，是非认识必然模糊，政治立场很容易动摇。在新的历史条件下，一定要坚持发扬我们党注重思想建党的优良传统，坚持对党员和党的干部加强思想政治教育特别是中国特色社会主义理论体系教育，帮助他们做到真学真懂真信真用，牢固树立正确的世界观、权力观、事业观，带头践行社会主义核心价值体系，在大是大非面前保持清醒认识，在大风大浪面前坚持正确立场，在各种诱惑面前筑牢思想防线。保持思想纯洁，最重要的是保持对共产主义的坚定信仰、对中国特色社会主义的坚定信念。我们既要脚踏实地地办好今天的事情，又不能忘记远大目标。党员和党的干部有了这样的理想信念，无论从事什么样的工作，都会有一种崇高的使命感和神圣感。革命战争年代，无数共产党人为了革命的成功，南征北战，流血牺牲，靠的正是坚定正确的政治信仰。和平建设时期，无数共产党人为了社会主义事业，艰苦奋斗，无私奉献，靠的还是坚定正确的政治信仰。改革开放以来，无数共产党人为了国家富强和民族振兴，顽强拼搏，勇往直前，靠的仍然是坚定正确的政治信仰。信仰的力量是无穷的。信仰纯洁是共产党人最根本的纯洁。现在，有些党员和党的领导干部在市场经济大潮中晕晕乎乎、头脑发热，不能正确认识价值问题，不能正确对待个人利益，导致精神支柱坍塌、人生方向迷失，有的甚至守不住党纪国法的底线，最终走向腐败堕落，教训是极其深刻的。在国家、人民和社会、个人的多层次利益格局中，党员和党的干部当然也有个人的正当利益，实现自身价值应该受到尊重。但是，我们共产党人的最高利益和核心价值是全心全意为人民服务、诚心诚意为人民谋利益。作为党员和党的干部，都要经常思考和解决好入党为了什么、当干部干些什么、身后留下什么的问题，决不可为个人或少数人谋私利，而应该始终坚守共产党人全心全意为人民服务的精神家园。

保持党在组织上的纯洁性，是保持全党步调一致和增强党的创造力、凝聚力、战斗力的组织保证。我们党现在是一个拥有 8000 多万党员、380 多万个基层组织的大党，又处在长期执政和改革开放的环境下，保持党员队伍和党的干部队伍的纯洁，比以往任何时候都更为困难又更为重要。各级党组织要严格管理党员队伍和党的干部队伍，严把入口、加强教育、强化监督、畅通出口。现在有的人入党、当干部，不是因为信仰马克思主义，不是要矢志为中国特色社会主义、共产主义事业奋斗终身，而是认为入党、当干部能给自己带来好处，把入党、当干部作为个人或家庭、亲属获取利益的政治资本。列宁曾经指出，“徒有其名的党员，就是白给，我们也不要”。发展新党员，必须认真分析入党动机，严格掌握标准和程序，确保质量，切忌“带病入党”。培养、任用和提拔党的干部，也必须严格把关，坚持按照五湖四海、任人唯贤原则和德才兼备、以德为先用人标准选好干部配好班子。要认真落实中组部制定的《关于加强对干部德的考核意见》，以对党忠诚、服务人民、廉洁自律为重点，加强对干部政治品质和道德品行的考核，切忌“带病提拔”。近年来，有些地方和部门在对党员队伍和党的干部队伍管理上不同程度地存在失之于宽、失之于软的问题，导致不良倾向得不到及时纠正，小毛病演变成大问题，小事情酿成大事件，损害党在人民群众中的形象。常言道，“小洞不补，大洞吃苦”。经常的教育提醒是最好的防微杜渐。对出现的苗头性、倾向性问题早发现、早提醒、早纠正，才能防患于未然。要建立健全党员党性定期分析、民主评议党员等制度。对于党员和党的干部中那些屡经教育仍不悔悟和改正的人，要按照党章和其他党内法规的规定予以严肃处理，对那些无可救药的蜕化变质分子、腐败分子要坚决从党的队伍中清除出去。

保持党在作风上的纯洁性，是保持党同人民群众血肉联系和不断从人民群众实践中吸取经验、智慧和力量的固本之道。加强和改进党的作风，坚持发扬党的优良作风，保持党的作风纯洁，核心是密切联系群众，始终

与人民群众同呼吸、共命运，始终代表人民群众的意志和利益，始终依靠人民群众来推动历史前进。这是保证党永不变色的根本所在。在建设中国特色社会主义整个过程中，要不断加强党的宗旨教育和群众路线教育，引导党员和党的干部牢固树立立党为公、执政为民理念，坚持马克思主义群众观点，把实现好、维护好、发展好最广大人民根本利益作为检验作风纯洁性的试金石，切实做好宣传群众、组织群众、服务群众、团结和带领群众前进的工作，坚决反对一切脱离群众、不关心群众疾苦的不良现象。如果我们的党员和党的领导干部高高在上，不关心群众的生产和生活，不了解群众的需求和愿望，不虚心向群众学习，不总结群众在实践中创造的经验，关起门来想问题、作决策，习惯于“想当然”地发号施令，就会犯主观主义、官僚主义、形式主义的错误，就会给党和人民事业造成极大的损失。保持党的作风纯洁，必须及时整治党风建设中存在的突出问题，其中要十分注意治理庸懒散和好人主义等不良风气。好人主义盛行，有问题不指出，有过错不批评，这种庸俗作风盛行之处，往往就是党组织和领导上政治软弱、作风涣散的地方，就是党员、干部中出问题多的地方。批评和自我批评是我们党的优良传统和作风，一定要结合新的实际长期坚持、不断发扬光大，以不断增强党内生活的政治性和原则性。

三、领导干部要以身作则带头保持纯洁性

保持党的纯洁性，关键在党的各级领导干部。党的领导干部既是保持党的纯洁性的组织者和领导者，又是保持党的纯洁性的执行者和实践者。领导干部处在党和人民事业的领导岗位上，这就决定了在保持党的纯洁性方面负有极为重要的责任，由此也决定了务必时时、处处用党的纯洁性要求对照自己、检点自己、修正自己、提高自己，要求别人做的自己带头做到，要求别人不做的自己带头不做，以自己率先垂范的实际行动充分体现党的纯洁性。

党的纯洁性同一切腐败现象是根本对立的，反腐倡廉就是要同各种腐败现象作斗争，维护党的肌体健康，维护党的纯洁性。作为党的领导干部，一定要以正确的世界观立身、以正确的权力观用权、以正确的事业观做事，带头遵守廉洁自律各项规定，以淡泊之心对待个人名利和权位，以敬畏之心对待肩负的职责和人民的事业，任何情况下都要稳住心神、管住行为、守住清白，做到一尘不染、一身正气，始终保持共产党人的高尚品格和清廉形象。有些领导干部所以走向违纪违法、腐化堕落的深渊，从根本上讲是世界观、人生观这个“总开关”出了问题，丧失了拒腐防变的能力。这些前车之鉴，每个领导干部都要引以为戒。不管是哪一级哪一个岗位上的领导干部，都要自觉加强党性修养和党性锻炼，秉公用权、廉洁从政，自觉弘扬中华民族和我们党勤俭节约、艰苦奋斗的优良作风，自觉抵制拜金主义、享乐主义、极端个人主义，做到为官一任既要发展一方、又要始终保持清正廉洁。

严格的监督是防止党员和党的干部腐化变质、维护党的纯洁性的重要途径。上级对下级、下级对上级、群众对领导干部以及干部之间，都要敢于进行有效的监督。各级领导干部要纠正那种监督就是不信任的观念，增强主动接受监督的意识和依法依规保护监督的意识，自觉把自己置于党和人民事业所要求的各种监督之下。凡是重大事项的决策，必须严格贯彻党的民主集中制原则，不能搞“一言堂”，不能由个人或少数人说了算，而应该搞“群言堂”，依靠集体智慧和严格程序来决定；凡是与群众利益密切相关的重大事项，能公开的都要依照法律和规定向群众公开，充分听取群众意见。特别是在行使选拔任用干部权、行政审批权和在经济方面行使财政资金使用、固定资产运营、金融资本运作、土地使用权出让等重要权力时，更要自觉接受监督，防止权力失控、决策失误和行为失范。

严明的纪律是维护党的纯洁性的有力保证。各级领导干部都要增强纪律意识，切实把党的政治纪律、组织纪律、经济工作纪律、群众工作纪律和廉政纪律的规定转化为自己的行为规范。尤其要严格遵守党的政治纪律，提高政治敏锐性和政治鉴别力，毫不动摇地坚持党的领导，毫不动摇地坚持走中国特色社会主义道路，毫不动摇地坚持把改革开放推向前进，在思想上政治上行动上自觉同党中央保持高度一致。党的各级领导干部还要担负起加强纪律建设的责任，严肃查处违反纪律的行为包括各类腐败案件，切实做到纪律面前人人平等，遵守纪律没有特权，执行纪律没有例外，努力使党的纪律真正成为全党同志在任何时候任何情况下都必须遵守的统一的铁的纪律。

…………

党的纯洁性同党的先进性一样，都不是静止的，也不可能一劳永逸。其内容和要求，都是随着时代的前进、随着党和人民事业的发展而发展的。加强党的自身建设，保持党的纯洁性，是一篇永无止境、在实践中常做常新的大文章。各级党组织要认真贯彻落实胡锦涛同志重要讲话精神，坚持不懈地把保持党的纯洁性这篇文章做实做深做好，不断交出党和人民满意的答卷。

（习近平同志2012年3月1日在中央党校春季学期开学典礼上讲话的一部分）

以更大力度扎实做好非公有制企业党的建设工作（节选）

——在会见全国非公有制企业党的建设工作会议代表时的讲话

（2012年3月21日）

习近平

很高兴和大家见面。召开这次会议，总结交流非公企业党建工作经验，研究和部署新形势下加强和改进非公企业党建工作，很有必要，也很重要。我注意到了，参加这次会议的有中央和国家机关有关部门负责同志，各省区市和新疆生产建设兵团有关负责同志，还有非公企业党的建设指导部门负责同志和部分非公企业党组织书记或出资人代表，可以说各方面代表都有了。在此，我向与会代表并通过你们，向全国非公企业广大党员和党务工作者，致以诚挚的问候！

非公企业是发展社会主义市场经济的重要力量。目前，我国非公企业产值占国内生产总值的60%以上，非公企业从业人员和提供新增就业岗位分别占全国总量的80%和90%以上。非公企业这样的一个数量和作用，决定了非公企业党建工作在整个党建工作中越来越重要，我们必须以更大的工作力度把非公企业党建工作扎扎实实抓好。

党的十六大以来，在以胡锦涛同志为总书记的党中央领导下，非公企业党的建设在探索中前进、在创新中加强，取得的成绩是显著的。但是也要看到，非公企业毕竟是党建工作一个新领域，新情况新问题多。在前两年开展的深入学习实践科学发展活动和现在正在继续深化的创先争优活动中，各级党委都着力抓了非公企业和社会组织党建工作，但总体上看非公企业党建工作基础仍然比较薄弱。一个是成绩显著，一个是基础薄弱，这就需要我们更加重视地把非公企业党建工作进一步抓起来。前不久，中央党的建设工作领导小组审议通过了中组部制定的《关于加强和改进非公有制企业党的建设工作的意见》，已由中共中央办公厅印发。这个文件总结了多年来非公企业党建工作的实践经验，明确了非公有制企业党建工作许多重大问题，各级党委要认真贯彻落实，推动非公企业党建工作提高到新水平。当前，要着重抓好“两个覆盖”、发挥好非公企业党组织的“两个作用”、加强“两支队伍”建设这三个方面的工作。

“两个覆盖”，就是非公企业党的组织覆盖和工作覆盖。目前，全国还有近80%的非公企业没有建立党组织，抓党组织和党的工作覆盖的任务很重。接下来，各地要积极在非公企业发展党员，同时做好流动党员的管理服务和引进党员职工工作，努力实现50名员工以上的企业有党员。凡具备条件的非公企业都要抓紧建立党组织，不具备条件的要采取多种方式，积极开展党的工作。

发挥“两个作用”，就是非公企业党组织要在职工群众中发挥政治核心作用，在企业发展中发挥政治引领作用。在企业，党的建设不能够离开企业的生产经营活动，一定要紧紧围绕企业中心任务，对企业发展起促进作用。怎么促进？就是要宣传贯彻党的路线方针政策，维护职工群众合法权益，积极推进企业先进文化建设，还有就是通过企业党组织和党员创先争优推动企业发展。要把这些工作贯穿在非公企业党的建设和党组织活动中。

加强“两支队伍”建设，就是要加强非公企业党组织书记和党建工作指导员队伍建设。党组织书记是在企业开展党的工作的带头人，要选优配强、真情关爱，让他们干事有平台、待遇有保障、干好有发展。党建工作指导员在推动那些尚未建立党组织非公企业工作中具有重要作用，要通过选派党建工作指导员、确定党建工作联络员等方式开展党的工作，努力创造建立党组织的条件。

非公企业量大面广、类型多样、各具特色。比如外资企业和民营企业的情况就是不一样，台资企业和完全外资企业也不一样，不仅规模大小不一样，经营的行业也不一样。因此，开展非公企业党建工作，不能采取一个模式，要注重分类指导，对民营、外资等不同规模、不同类型企业，坚持“一把钥匙开一把锁”，增强工作的针对性和实效性。

各级党委要切实加强对非公企业党建工作的领导，明确责任、健全机构、配强力量，为非公企业开展党建工作积极创造条件。我看会议名册，有的省在组织部专门成立非公企业党建工作的指导机构，这是适应新形势、研究新情况新问题采取的必要措施。另外，还要加强经费、设施、场所保障，使企业党建有必要的工作条件。也希望非公企业提高认识、响应号召，积极配合做好党建工作。刚才我看到几位非公企业家，有的本身就是党委书记，有的积极支持非公企业党建工作，这方面的经验也值得交流和借鉴。

…………

最后，预祝这次会议圆满成功，祝大家身体健康、生活愉快、工作顺利。谢谢大家。

始终坚持和充分发挥党的独特优势（节选）

习近平

在中国共产党成立91周年即将到来之际，中央决定召开这次大会，表彰全国创先争优先进基层党组织、优秀共产党员和创先争优活动先进县（市、区、旗）党委，号召各级党组织和广大党员向先进集体和优秀个人学习，为夺取全面建设小康社会新胜利而奋斗，这是很有意义的。两年多来，创先争优活动围绕推动科学发展、促进社会和谐、服务人民群众、加强基层组织这个总要求，在全国基层党组织和党员中广泛而深入地开展，取得了丰硕成果。这次受表彰的先进集体和优秀个人，都是经过各推荐单位采取自下而上、上下结合的方式推选出来的，对优秀个人还进行了全国网上投票推荐和网上公示，具有扎实的群众基础。刚才，胡锦涛同志亲切会见受表彰的代表，体现了党中央对创先争优活动取得成绩的肯定，是对全体共产党员和基层党组织的关心和鼓励。在这里，我向受表彰的先进集体和优秀个人表示热烈的祝贺，向全国各行各业的共产党员致以节日的问候！

中国共产党成立91年来，领导中国人民进行新民主主义革命、进行社会主义革命和建设、进行改革开放，目的就是把积贫积弱的半殖民地半封建的旧中国改造成为欣欣向荣的社会主义的新中国，彻底实现民族独立和人民解放，实现国家富强和人民富裕，实现中华民族伟大复兴。这是前无古人、惊天动地的历史伟业，中国共产党为此付出了巨大的牺牲，建立了永不磨灭的功勋，因而赢得了全国各族人民的衷心拥护和支持。历史已经反复证明，无论遇到什么样的风险、危机和艰难险阻，我们党都能领导人民战胜它们，不断从胜利走向胜利。这是因为我们党是坚持为真理而斗争、坚持全心全意为人民服务的马克思主义政党，始终同人民群众保持最密切的联系，形成了自己的独特优势。这种优势具有决定性的意义和力量，是我们党始终保持先进性和纯洁性的根本法宝。

回顾我们党的历史可以清楚地看到，在长期奋斗中党所形成的独特优势是全面的，包括理论优势、政治优势、组织优势、制度优势和密切联系群众的优势。这些优势，保证了我们党坚持马克思主义中国化并用中国化的理论成果武装起来，独立自主、自力更生地不断开创事业发展新局面；保证了我们党坚持远大理想与具体历史阶段奋斗纲领相统一，始终站在时代前列引领着中国社会前进的正确方向；保证了我们党能够集中中国工人阶级和中国人民、中华民族的先进分子，集中全国各个领域中德才兼备的优秀人才，充分发挥出他们在人民群众中的先锋模范作用；保证了我们党坚持按照民主集中制原则建立严密的组织体系和铁的纪律，形成又有民主又有集中基础上的坚强团结统一，因而具有强大的战斗力。正是这些优势的全面形成和坚持发挥，使我们党能够由小到大、由弱到强，团结带领全国各族人民谱写了中国革命、建设、改革的壮丽篇章，根本改变了中国人民和中华民族的前途和命运。我们一定要十分珍惜这些优势，一定要在建设中国特色社会主义历史进程中始终坚持和充分发挥这些优势。

第一，要充分发挥党的理论优势，最重要的就是必须坚持马克思主义，不断推进马克思主义中国化时代化大众化，努力提高广大党员和干部的思想理论素质，从理论上保持和发展党的先进性和纯洁性。

我们党成立时就把马克思主义鲜明地写在自己的旗帜上，作为党的指导思想。正是因为我们党成功找到了马克思主义，并且坚持把马克思主义基本原理同中国具体实际相结合，认识和掌握中国社会发展的客观规律，才能克服各种错误倾向，不断形成革命、建设、改革的正确路线方针政策，不断开辟中国人民救国、建国、兴国的正确道路；也正是因为我们党坚持用科学理论武装党员、教育人民，才能指引和鼓舞全党同志团结带领人民群众一往无前地为实现国家富强和民族振兴而奋斗。可以这样说，我们党进行革命、建设、改革的整个过程，就是坚持以马克思主义为指导不断认识世界、改造世界的过程；就是坚持立足中国的具体实际、实现和推进马克思主义中国化并不断创造出中国化的理论成果和实践成果的过程；就是用科学理论武装起来的中国共产党人和中国人民不断解放思想、实事求是、与时俱进的过程。

历史经验告诉我们，要充分发挥党的理论优势，必须坚持理论联系实际、理论与实践相结合、学习理论与运用理论相结合。这就要求我们必须准确把握我国基本国情和世界发展大势，深入研究党和国家事业发展各个历史阶段的阶段性特征，及时总结党领导人民在革命、建设、改革进程中解决重大问题的经验，作出新的理论概括，不断丰富和发展理论，永葆指导思想的旺盛生命力。同时，还要求我们必须按照建设马克思主义学习型政党的要求，教育引导广大党员、干部深入学习和掌握马克思列宁主义、毛泽东思想，深入学习和掌握包括邓小平理论、“三个代表”重要思想以及科学发展观等重大战略思想在内的中国特色社会主义理论体系，牢固树立辩证唯物主义、历史唯物主义的世界观和方法论，自觉用科学理论指导客观世界和主观世界的改造，在大是大非面前保持清醒认识，在大风大浪面前坚持正确立场，不断增强工作的原则性、系统性、预见性、创造性。

第二，要充分发挥党的政治优势，最重要的就是必须通过强有力的思想政治工作，教育广大党员和干部坚定中国特色社会主义信念，坚持贯彻艰苦奋斗、勤俭建国的方针，从政治上保持和发展党的先进性和纯洁性。

坚定崇高的政治理想和政治信念以及由此产生的百折不挠的革命意志，始终是中国共产党人战胜各种艰难险阻，不断夺取革命、建设、改革胜利的强大力量源泉，也是我们党的巨大政治优势。革命战争年代，千千万万的共产党人不为官、不为钱，不怕艰苦、不怕坐牢，慷慨赴难、从容就义，真正做到了为主义和信仰而奋斗而献身。正如邓小平同志所说的：“过去我们党无论怎样弱小，无论遇到什么困难，一直有强大的战斗力，因为我们有马克思主义和共产主义的信念。有了共同的理想，也就有了铁的纪律。无论过去、现在和将来，这都是我们的真正优势。”现在我们党执政的条件好了，有些党员和领导干部却在矛盾面前畏缩不前，在困难面前悲观失望，有的甚至抵挡不住权力、金钱、美色的诱惑而堕落为腐败分子，根本原因就是政治理想、政治信念出了问题。各级党组织一定要加强对党员和干部的思想政治教育，使他们坚定对马克思主义的信仰，坚定对中国特色社会主义的信念，坚定对改革开放和社会主义现代化建设的信心。每个共产党员都要志存高远，把远大理想落实到脚踏实地做好本职工作上，满怀信心地为中国特色社会主义事业不懈奋斗。

…………

第三，要充分发挥党的组织优势，最重要的就是必须坚持健全党的组织体系和完善党的组织方式，努力建设高素质干部队伍和人才队伍，切实做好抓基层打基础工作，从组织上保持和发展党的先进性和纯洁性。

马克思主义政党力量的凝聚和运用，在于科学的组织。我们党按照马克思主义建党原则，建立了由党的中央组织、地方组织和基层组织构成的科学严密的组织体系，使全党形成一个统一整体，为实现共同目标而奋斗。现在，我们党已发展成为拥有400多万个基层组织、8200多万名党员的大党，集中了全国数量众多的先进分子和各方面优秀人才，具有强大的组织动员力。这是巨大的组织资源和组织优势。充分运用党的组织资源，把各级党委的核心领导作用和基层党组织的战斗堡垒作用进一步发挥好，把广大党员的先锋模范作用和领导干部的骨干带头作用进一步发挥好，党和国家事业发展就有了可靠的组织保证。

要充分发挥党的组织优势，必须建设一支高素质、能够担当重任、经得起风浪考验的干部队伍，特别是要培养和锻炼党的中高级领导干部，形成坚定走中国特色社会主义道路、善于研究新情况和解决新问题、干练而充满活力的各级领导层。这就要求我们以更宽的视野和更大的气魄广开进贤之路，把那些政治坚定、有真才实学、实绩突出、群众公认的干部及时发现出来、合理使用起来，让他们充分发挥自己的聪明才智。各级领导干部要自觉加强党性锻炼和实践锻炼，努力使自己成为对党忠诚、为民奉献的表率，成为坚持真理、讲求实效的表率，成为为了国家和人民的利益勇于担当、敢于负责的表率，成为严于律己、清正廉洁的表率。

要充分发挥党的组织优势，还必须进一步巩固和加强党的基层组织，使之成为推动发展、服务群众、凝聚人心、促进和谐的坚强战斗堡垒。要适应经济结构和党员流向的发展变化，按照便于党员参加活动、党组织发挥作用的原则调整优化基层党组织设置，健全基层组织体系，不断扩大基层党组织覆盖面。要结合经常性创先争优，加强和改进对党员的教育管理，教育和引导广大党员始终牢记党的宗旨，心系人民群众，自觉为改革发展稳定贡献自己的全部力量。

第四，要充分发挥党的制度优势，最重要的就是必须坚持民主基础上的集中和集中指导下的民主相结合，不断巩固党的团结统一和增强党的创造活力，从制度上保持和发展党的先进性和纯洁性。

民主集中制是我们党的根本组织制度和领导制度，它正确规范了党内政治生活、处理党内关系的基本准则，是反映、体现全党同志和全国人民利益与愿望，保证党的路线方针政策正确制定和执行的科学的合理的有效率的制度。因此，这是我们党最大的制度优势。我们要结合新的实际发挥好这个优势，把切实推进党内民主、促进党内和谐与维护党的纪律、增进党的团结有机统一起来，充分发挥各级党组织和广大党员的积极性创造性，努力在党内造成又有集中又有民主、又有纪律又有自由、又有统一意志又有个人心情舒畅、生动活泼的政治局面。

党内民主是党的生命，其实质是按照党章的规定在党内生活中实现党员人人平等，并且共同参与讨论、决定和管理党内事务。各级党组织要认真落实党章和党内规章赋予党员的知情权、参与权、选举权和监督权等各项民主权利，使广大党员在党内生活中真正发挥主体作用。要积极营造党内民主讨论的环境和健康宽松的氛围，倡导党员讲真话、反映真实情况，要求领导干部倾听真话、了解真实情况，在广开言路中集中智慧，在民主讨论中形成共识。

集中统一是党的力量凝聚和行动一致的保证。我国是幅员辽阔、人口众多的发展中大国，我们党面临着艰巨复杂的改革发展稳定任务，维护党和国家的集中统一极为重要。特别要看到，我国社会经济成分、组织形式、就业方式、利益关系和分配方式日益多样化，只有做到民主基础上的集中，形成正确的方针政策和重大决策，形成全党的统一意志，才能增强党的创造力、凝聚力、战斗力，才能保证国家统一、民族团结和社会稳定，才能保障改革开放和社会主义现代化建设顺利进行。各级党组织和全体党员要严格遵守党的纪律特别是政治纪律，自觉在思想上政治上行动上同党中央保持高度一致，维护中央权威，确保中央政令畅通、令行禁止。

要建设和管理好一个有几千万党员的大党，制度更带有根本性、全局性、稳定性、长期性。我们要坚持以党章为根本，以民主集中制为核心，坚持和完善党的领导制度，改革和完善党的领导方式和执政方式，积极稳妥推进党务公开，完善党代表大会制度和党内选举制度，完善党内民主决策机制，坚决克服违反民主集中制原则的个人独断专行和软弱涣散现象。要加强地方党委领导班子运行机制建设，真正形成领导班子团结协作、高效运转、能及时发现解决存在的问题与矛盾的工作机制和管理机制。

第五，要充分发挥党密切联系群众的优势，最重要的就是必须坚持党的根本宗旨，贯彻党的群众路线，使党的一切工作充分体现人民群众的意志、利益和要求，从作风上保持和发展党的先进性和纯洁性。

我们党是在同人民群众的密切联系中成长、发展、壮大起来的。人民是党的力量之源和胜利之本。没有人民的支持，党就不可能生存和发展，就一事无成。因此，密切联系群众是我们党的最大优势。我们任何时候都不能削弱和丢掉这个优势，否则党的一切工作就会成为无源之水、无本之木，就会招致挫折和失败。

我们党执政以后，有了更好地为人民服务的条件和密切联系群众的环境，同时由于党的历史方位和社会环境的变化，也增加了脱离群众的危险。这种危险以及其他危险和考验，需要引起高度重视。正如胡锦涛同志在庆祝中国共产党成立 90 周年大会上的讲话所指出的："执政考验、改革开放考验、市场经济考验、外部环境考验是长期的、复杂的、严峻的。精神懈怠的危险，能力不足的危险，脱离群众的危险，消极腐败的危险，更加尖锐地摆在全党面前"。全党同志特别是各级领导干部务必保持清醒的头脑，强化政治意识、大局意识、责任意识、忧患意识，增强自我净化、自我完善、自我革新、自我提高能力，充分发挥党密切联系群众的优势，经受住"四个考验"，为党和人民事业不断作出自己的贡献。

始终坚持全心全意为人民服务的根本宗旨，是我们党始终得到人民拥护和爱戴的根本原因，对于充分发挥党密切联系群众的优势至关重要。我们任何时候都必须把人民利益放在第一位，把实现好、维护好、发展好最广大人民根本利益作为一切工作的出发点和落脚点，诚心诚意为人民群众谋利益。在实行改革开放和发展社会主义市场经济条件下，共产党员仍然要讲奉献，讲个人利益服从集体利益、局部利益服从全局利益、当前利益服从长远利益；仍然要坚持把人民利益放在最高位置，尊重人民主体地位，尊重人民首创精神，想群众之所忧，急群众之所难，谋群众之所需，从人民最关心最直接最现实的利益问题入手，实实在在为群众解难事、办好事，把党的宗旨落实到各项工作中。

党的群众路线是实现党的思想路线、政治路线和组织路线的根本工作路线，必须贯穿于党的全部工作中。各级领导干部要坚持工作重心下移，经常深入实际、深入基层、深入群众，真诚倾听群众呼声，真实反映群众愿望，真情关心群众疾苦，拜群众为师，向群众问计，从群众的实践中汲取营养、增长智慧，不断提高新形势下做好群众工作的本领。

中国共产党已经走过了 91 年光辉的不平凡的历程。按照既定的奋斗目标，我们党要团结带领人民到中国共产党成立 100 年时建成惠及十几亿人口的更高水平的小康社会，到新中国成立 100 年时把我国建成富强民主文明和谐的社会主义现代化国家。回首过去，成就辉煌，我们深感自豪；展望未来，前景光明，我们信心百倍。让我们紧密团结在以胡锦涛同志为总书记的党中央周围，高举中国特色社会主义伟大旗帜，以邓小平理论和"三个代表"重要思想为指导，深入贯彻落实科学发展观，全面推进党的建设新的伟大工程，在中国特色社会主义伟大事业中充分发挥党的各方面优势，为全面建成小康社会、实现中华民族伟大复兴而努力奋斗，以优异成绩迎接党的十八大胜利召开！

（本文是习近平同志 2012 年 6 月 28 日在全国创先争优表彰大会上讲话的一部分。）

全面贯彻落实党的十八大精神要突出抓好六个方面工作（节选）

（2012年11月15日）

习近平

党的十八大是在我国进入全面建成小康社会决定性阶段召开的一次十分重要的大会，是一次高举旗帜、继往开来、团结奋进的大会，对凝聚党心军心民心、推动党和国家事业发展具有十分重大的意义。大会高举中国特色社会主义伟大旗帜，以马克思列宁主义、毛泽东思想、邓小平理论、“三个代表”重要思想、科学发展观为指导，分析了国际国内形势的发展变化，回顾和总结了过去五年的工作和党的十六大以来的奋斗历程及取得的历史性成就，确立了科学发展观的历史地位，提出了夺取中国特色社会主义新胜利必须牢牢把握的基本要求，确定了全面建成小康社会和全面深化改革开放的目标，对新的时代条件下推进中国特色社会主义事业作出了全面部署，对全面提高党的建设科学化水平提出了明确要求。报告描绘了全面建成小康社会、加快推进社会主义现代化的宏伟蓝图，为党和国家事业进一步发展指明了方向，是全党全国各族人民智慧的结晶，是我们党团结带领全国各族人民夺取中国特色社会主义新胜利的政治宣言和行动纲领，是马克思主义的纲领性文献。大会通过的党章修正案，体现了党的理论创新和实践发展的成果，体现了党的十八大确立的重大理论观点和重大工作部署，对以改革创新精神全面推进党的建设新的伟大工程、提高党的建设科学化水平提出了明确要求。

当前和今后一个时期，新一届中央领导集体的首要政治任务，就是全面贯彻落实党的十八大精神，为实现党的十八大确定的目标任务而努力奋斗。要突出抓好以下六个方面工作。

第一，高举中国特色社会主义伟大旗帜。中国共产党从成立起就肩负着实现中华民族伟大复兴的历史使命。90多年来，我们党坚持把马克思主义基本原理同中国具体实际和时代特征结合起来，独立自主走自己的路，历经千辛万苦，付出各种代价，胜利完成了新民主主义革命、社会主义革命，胜利进行了改革开放新的伟大革命，开创和发展了中国特色社会主义，从根本上改变了中国人民和中华民族的前途命运。中国特色社会主义，承载着几代中国共产党人的理想和探索，寄托着无数仁人志士的意愿和期盼，凝聚着千千万万革命先烈的奋斗和牺牲，凝聚着全国各族人民的奋斗和实践，是近代以来中国社会发展的必然选择，是历史和人民的选择。中国特色社会主义伟大实践，不仅使我们国家快速发展起来，使我国人民生活水平快速提高起来，使中华民族大踏步赶上时代前进潮流、迎来伟大复兴的光明前景，而且使中国人民和中华民族为世界和平与发展作出了重大贡献。事实雄辩地证明，要发展中国、稳定中国，要全面建成小康社会、加快推进社会主义现代化，要实现中华民族伟大复兴，必须坚定不移坚持和发展中国特色社会主义。

在前进道路上，我们一定要坚定不移高举中国特色社会主义伟大旗帜，坚持和拓展中国特色社会主义道路，坚持和丰富中国特色社会主义理论体系，坚持和完善中国特色社会主义制度。我们党在坚持和发展中国特色社会主义实践中，先后形成了党的基本理论、基本路线、基本纲领、基本经验，党的十八大又提出夺取中国特色社会主义新胜利必须牢牢把握的“八个必须”基本要求，这是对我们党坚持和发展中国特色社会主义新鲜经验的科学总结，用新的理论认识和实践经验进一步回答了坚持和发展中国特色社会主义这个重大问题，是我们党探索共产党执政规律、社会主义建设规律、人类社会发展规律取得的重大理论成果。党的基本理论、基本路线、基本纲领、基本经验、基本要求是管全局、管方向、管长远的，大家要深刻领会、认真贯彻，咬定青山不放松，不为任何风险所惧，不为任何干扰所惑。

第二，加强中国特色社会主义理论体系学习实践。我们党在领导中国革命、建设、改革的长期实践中，不断推进马克思主义中国化，实现了两次历史性飞跃。第一次飞跃发生在新民主主义革命时期，形成了被实践证明了的关于中国革命和建设的正确的理论原则和经验总结——毛泽东思想。第二次飞跃发生在党的十一届三中全会以后，形成了被实践证明了的关于在中国建设、巩固、发展社会主义的正确的理论原则和经验总结，这就是包括邓小平理论、“三个代表”重要思想、科学发展观在内的中国特色社会主义理论体系。中国特色社会主义理论体系是对马克思列宁主义、毛泽东思想的坚持和发展。在当代中国，坚持中国特色社会主义理论体系，就是真正坚持马克思主义。

…………

第三，全面推进建设小康社会各项事业。党的十八大按照中国特色社会主义事业五位一体总体布局对党和国家事业进行了全面部署。这些部署都是在深入调查研究的基础上，着眼于解决当代中国发展面临的重大理论和实践问题提出来的，具有很强的针对性、战略性、指导性，我们要紧密结合实际，把各项任务贯彻好、落实好。

在前进道路上，我们一定要坚持以科学发展为主题、以加快转变经济发展方式为主线，切实把推动发展的立足点转到提高质量和效益上来，促进工业化、信息化、城镇化、农业现代化同步发展，全面深化经济体制改革，推进经济结构战略性调整，全面提高开放型经济水平，推动经济持续健康发展。我们要继续发展社会主义民主政治，坚定不移走中国特色社会主义政治发展道路，坚持党的领导、人民当家作主、依法治国有机统一，继续积极稳妥推进政治体制改革，坚持和完善人民代表大会制度、中国共产党领导的多党合作和政治协商制度、民族区域自治制度以及基层群众自治制度，巩固和发展最广泛的爱国统一战线，发展更加广泛、更加充分、更加健全的人民民主。我们要继续坚持走中国特色社会主义文化发展道路，推动社会主义文化大发展大繁荣，深化文化体制改革，提高国家文化软实力，加强社会主义核心价值体系建设，丰富人民群众精神文化生活，增强人民精神力量。我们要继续加强社会建设，切实推进各项社会事业，加强和创新社会管理，使发展成果更多更公平惠及全体人民，努力形成全体人民各尽其能、各得其所而又和谐相处的局面。我们要继续推进生态文明建设，坚持节约资源和保护环境的基本国策，把生态文明建设放到现代化建设全局的突出地位，把生态文明理念深刻融入经济建设、政治建设、文化建设、社会建设各方面和全过程，从根本上扭转生态环境恶化趋势，确保中华民族永续发展，为全球生态安全作出我们应有的贡献。

第四，着力保障和改善民生。我们党领导人民全面建设小康社会、进行改革开放和社会主义现代化建设的根本目的，就是要通过发展社会生产力，不断提高人民物质文化生活水平，促进人的全面发展。检验我们一切工作的成效，最终都要看人民是否真正得到了实惠，人民生活是否真正得到了改善，这是坚持立党为公、执政为民的本质要求，是党和人民事业不断发展的重要保证。

在前进道路上，我们一定要坚持从维护最广大人民根本利益的高度，多谋民生之利，多解民生之忧，在学有所教、劳有所得、病有所医、老有所养、住有所居上持续取得新进展。我们要坚持党的群众路线，坚持人民主体地位，时刻把群众安危冷暖放在心上，及时准确了解群众所思、所盼、所忧、所急，把群众工作做实、做深、做细、做透。要正确处理最广大人民根本利益、现阶段群众共同利益、不同群体特殊利益的关系，切实把人民利益维护好、实现好、发展好。要认真贯彻落实中央各项惠民政策，把好事办好、实事办实，让群众时刻感受到党和政府的关怀。对涉及群众切身利益的重大决策，要认真进行社会稳定风险评估，充分听取群众意见和建议，充分考虑群众的承受能力，把可能影响群众利益和社会稳定的问题和矛盾解决在决策之前。对群众反映强烈的突出问题，都要通过强化责任、健全制度、落实到人，推动有关方面形成合力，妥善加以解决。对损害群众权益的失职渎职和违纪违法行为，要坚决查处，决不姑息。

第五，全面推进党的建设新的伟大工程。新形势下，我们党的自身建设面临一系列新情况新问题新挑战，落实党要管党、从严治党的任务比以往任何时候都更为繁重、更为紧迫。我们必须以更大的决心和勇气抓好党的自身建设，确保党在世界形势深刻变化的历史进程中始终走在时代前列，在应对国内外各种风险和考验的历史进程中始终成为全国人民的主心骨，在发展中国特色社会主义的历史进程中始终成为坚强的领导核心。

在前进道路上，我们一定要按照党的十八大的部署，增强紧迫感和责任感，牢牢把握加强党的执政能力建设、先进性和纯洁性建设这条主线，坚持解放思想、改革创新，坚持党要管党、从严治党，全面加强党的思想建设、组织建设、作风建设、反腐倡廉建设、制度建设，增强自我净化、自我完善、自我革新、自我提高能力，建设学习型、服务型、创新型的马克思主义执政党。要突出抓好党的十八大提出的重点任务，进一步坚定理想信念，进一步保持党同人民群众的血肉联系，进一步积极发展党内民主，进一步夯实党执政的组织基础，进一步搞好党风廉政建设，进一步严明党的纪律，加紧建立健全保证党科学执政、民主执政、依法执政的体制机制，抓紧解决党内存在的突出矛盾和问题。只要全党同志以更加奋发有为的精神状态推进党的建设，我们党就一定能够更好把握历史大势、勇立时代潮头、引领社会进步。

第六，深化改革开放。改革开放是党在新的历史条件下领导人民进行的新的伟大革命，是决定当代中国命运的关键抉择。中国特色社会主义之所以具有蓬勃生命力，就在于是实行改革开放的社会主义。我国过去 30 多年的快速发展靠的是改革开放，我国未来发展也必须坚定不移依靠改革开放。只有改革开放才能发展中国、发展社会主义、发展马克思主义。中国特色社会主义在改革开放中产生，也必将在改革开放中发展壮大。

在前进道路上，我们一定要坚定不移坚持党的十一届三中全会以来的路线方针政策，坚持不懈把改革创新精神贯彻到治国理政各个环节，奋力把改革开放推向前进。要坚持社会主义市场经济的改革方向，提高改革决策的科学性，增强改革措施的协调性，找准深化改革开放的突破口，明确深化改革开放的着力点，不失时机地推进重要领域和关键环节改革，继续解放和发展社会生产力，继续推动我国社会主义制度自我完善和发展，坚决破除一切妨碍科学发展的思想观念和体制机制弊端。党的十八大提出了深化经济体制改革、政治体制改革、文化体制改革、社会体制改革、生态体制改革的要求，明确提出了深化改革的具体任务。我们要坚定不移推进改革开放，不断在制度建设和创新方面迈出新步伐，不断促进生产关系和生产力、上层建筑和经济基础相适应，促进经济社会各个领域、各个方面、各个环节相协调。

贯彻落实党的十八大精神，要高度重视学习党章。党章是我们立党、治党、管党的总章程，是全党最基本、最重要、最全面的行为规范。对我们这个拥有8000多万党员的大党来说，把全党同志的思想统一到党章上来，自觉按党章行动，具有十分重大的意义。党的十八大根据形势和任务发展变化，对党章进行了修改。学习贯彻党章，是学习贯彻党的十八大精神的题中应有之义。我们要切实把党章学习好、遵守好、贯彻好，扎实推进党的工作和党的建设制度化、规范化、程序化。

同志们！在中国特色社会主义道路上实现中华民族伟大复兴，是无比壮丽的崇高事业，需要一代又一代中国共产党人带领人民接续奋斗。今天，历史的接力棒传到了我们手里。历史和人民既赋予我们重任，也检验我们的行动。崇高信仰始终是我们党的强大精神支柱，人民群众始终是我们党的坚实执政基础。只要我们永不动摇信仰、永不脱离群众，我们就能无往而不胜。我们十八届中央委员会一定要不负重托，忠于党、忠于祖国、忠于人民，以自己的最大智慧、力量、心血，做出无愧于历史、无愧于时代、无愧于人民的业绩。

（这是习近平同志在党的十八届一中全会上讲话的一部分）

紧紧围绕坚持和发展中国特色社会主义　学习宣传贯彻党的十八大精神（节选）

（2012年11月17日）

习近平

党的十八大报告勾画了在新的历史条件下全面建成小康社会、加快推进社会主义现代化、夺取中国特色社会主义新胜利的宏伟蓝图，是我们党团结带领全国各族人民沿着中国特色社会主义道路继续前进、为全面建成小康社会而奋斗的政治宣言和行动纲领，为我们这一届中央领导集体的工作指明了方向。中央已经发出关于认真学习宣传贯彻党的十八大精神的通知，各级党委要按照通知要求，把学习宣传贯彻党的十八大精神引向深入。

党的十八大强调要高举中国特色社会主义伟大旗帜，强调中国特色社会主义是党和人民90多年奋斗、创造、积累的根本成就，必须倍加珍惜、始终坚持、不断发展，号召全党不懈探索和把握中国特色社会主义规律，永葆党的生机活力，永葆国家发展动力，奋力开拓中国特色社会主义更为广阔的发展前景。可以说，坚持和发展中国特色社会主义是贯穿党的十八大报告的一条主线。我们要紧紧抓住这条主线，把坚持和发展中国特色社会主义作为学习贯彻党的十八大精神的聚焦点、着力点、落脚点，只有这样，才能把党的十八大精神学得更加深入、领会得更加透彻、贯彻得更加自觉。

为什么我要强调这一点？这是因为，党和国家的长期实践充分证明，只有社会主义才能救中国，只有中国特色社会主义才能发展中国。只有高举中国特色社会主义伟大旗帜，我们才能团结带领全党全国各族人民，在中国共产党成立100年时全面建成小康社会，在新中国成立100年时建成富强民主文明和谐的社会主义现代化国家，赢得中国人民和中华民族更加幸福美好的未来。

紧紧围绕坚持和发展中国特色社会主义学习宣传贯彻党的十八大精神，我体会，应该从理论和实践的结合上把握好以下几个方面。

第一，深刻领会中国特色社会主义是党和人民长期实践取得的根本成就。中国特色社会主义是改革开放新时期开创的，也是建立在我们党长期奋斗基础上的，是由我们党的几代中央领导集体团结带领全党全国人民历经千辛万苦、付出各种代价、接力探索取得的。我们党紧紧依靠人民，从根本上改变了中国人民和中华民族的前途命运，不可逆转地结束了近代以后中国内忧外患、积贫积弱的悲惨命运，不可逆转地开启了中华民族不断发展壮大、走向伟大复兴的历史进军，使具有5000多年文明历史的中华民族以崭新的姿态屹立于世界民族之林。

我们要永远铭记党的三代中央领导集体和以胡锦涛同志为总书记的党中央为中国特色社会主义作出的历史性贡献。以毛泽东同志为核心的党的第一代中央领导集体，为新时期开创中国特色社会主义提供了宝贵经验、理论准备、物质基础。以邓小平同志为核心的党的第二代中央领导集体，成功开创了中国特色社会主义。以江泽民同志为核心的党的第三代中央领导集体，成功把中国特色社会主义推向21世纪。新世纪新阶段，以胡锦涛同志为总书记的党中央，成功在新的历史起点上坚持和发展了中国特色社会主义。可以看出，中国特色社会主义，承载着几代中国共产党人的理想和探索，寄托着无数仁人志士的夙愿和期盼，凝聚着亿万人民的奋斗和牺牲，是近代以来中国社会发展的必然选择，是发展中国、稳定中国的必由之路。

实践充分证明，中国特色社会主义是中国共产党和中国人民团结的旗帜、奋进的旗帜、胜利的旗帜。我们要全面建成小康社会、加快推进社会主义现代化、实现中华民族伟大复兴，必须始终高举中国特色社会主义伟大旗帜，坚定不移坚持和发展中国特色社会主义。党的十八大要求全党坚定对中国特色社会主义的道路自信、理论自信、制度自信，其根本原因就在这里。

第二，深刻领会中国特色社会主义是由道路、理论体系、制度三位一体构成的。党的十八大阐明了中国特色社会主义道路、中国特色社会主义理论体系、中国特色社会主义制度的科学内涵及其相互联系，强调：中国特色社会主义道路是实现途径，中国特色社会主义理论体系是行动指南，中国特色社会主义制度是根本保障，三者统一于中国特色社会主义伟大实践。这是中国特色社会主义的最鲜明特色。

这个概括告诉我们：中国特色社会主义是实践、理论、制度紧密结合的，既把成功的实践上升为理论，又以正确的理论指导新的实践，还把实践中已见成效的方针政策及时上升为党和国家的制度。所以，中国特色社会主义特就特在其道路、理论体系、制度上，特就特在其实现途径、行动指南、根本保障的内在联系上，特就特在这三者统一于中国特色社会主义伟大实践上。在当代中国，坚持和发展中国特色社会主义，就是真正坚持社会主义。

中国特色社会主义道路，是实现我国社会主义现代化的必由之路，是创造人民美好生活的必由之路。中国特色社会主义道路，既坚持以经济建设为中心，又全面推进经济建设、政治建设、文化建设、社会建设、生态文明建设以及其他各方面建设；既坚持四项基本原则，又坚持改革开放；既不断解放和发展社会生产力，又逐步实现全体人民共同富裕、促进人的全面发展。

中国特色社会主义理论体系，是马克思主义中国化最新成果，包括邓小平理论、“三个代表”重要思想、科学发展观，同马克思列宁主义、毛泽东思想是坚持、发展和继承、创新的关系。马克思列宁主义、毛泽东思想一定不能丢，丢了就丧失根本。同时，我们一定要以我国改革开放和现代化建设的实际问题、以我们正在做的事情为中心，着眼于马克思主义理论的运用，着眼于对实际问题的理论思考，着眼于新的实践和新的发展。在当代中国，坚持中国特色社会主义理论体系，就是真正坚持马克思主义。

中国特色社会主义制度，坚持把根本政治制度、基本政治制度同基本经济制度以及各方面体制机制等具体制度有机结合起来，坚持把国家层面民主制度同基层民主制度有机结合起来，坚持把党的领导、人民当家作主、依法治国有机结合起来，符合我国国情，集中体现了中国特色社会主义的特点和优势，是中国发展进步的根本制度保障。

应该看到，中国特色社会主义制度是特色鲜明、富有效率的，但还不是尽善尽美、成熟定型的。中国特色社会主义事业不断发展，中国特色社会主义制度也需要不断完善。邓小平同志1992年在视察南方重要谈话中指出：“恐怕再有三十年的时间，我们才会在各方面形成一整套更加成熟、更加定型的制度。”党的十八大强调，要把制度建设摆在突出位置，充分发挥我国社会主义政治制度优越性。我们要坚持以实践基础上的理论创新推动制度创新，坚持和完善现有制度，从实际出发，及时制定一些新的制度，构建系统完备、科学规范、运行有效的制度体系，使各方面制度更加成熟更加定型，为夺取中国特色社会主义新胜利提供更加有效的制度保障。

第三，深刻领会建设中国特色社会主义的总依据、总布局、总任务。党的十八大强调，建设中国特色社会主义，总依据是社会主义初级阶段，总布局是五位一体，总任务是实现社会主义现代化和中华民族伟大复兴。这“三个总”的概括，高屋建瓴，提纲挈领，言简意赅。深刻领会和把握这个新概括，有助于我们深刻领会和把握中国特色社会主义的真谛和要义。

强调总依据，是因为社会主义初级阶段是当代中国的最大国情、最大实际。我们在任何情况下都要牢牢把握这个最大国情，推进任何方面的改革发展都要牢牢立足这个最大实际。不仅在经济建设中要始终立足初级阶段，而且在政治建设、文化建设、社会建设、生态文明建设中也要始终牢记初级阶段；不仅在经济总量低时要立足初级阶段，而且在经济总量提高后仍然要牢记初级阶段；不仅在谋划长远发展时要立足初级阶段，而且在日常工作中也要牢记初级阶段。党在社会主义初级阶段的基本路线是党和国家的生命线。我们在实践中要始终坚持“一个中心、两个基本点”不动摇，既不偏离“一个中心”，也不偏废“两个基本点”，把践行中国特色社会主义共同理想和坚定共产主义远大理想统一起来，坚决抵制抛弃社会主义的各种错误主张，自觉纠正超越阶段的错误观念和政策措施。只有这样，才能真正做到既不妄自菲薄、也不妄自尊大，扎扎实实夺取中国特色社会主义新胜利。

强调总布局，是因为中国特色社会主义是全面发展的社会主义。我们要牢牢抓好党执政兴国的第一要务，始终代表中国先进生产力的发展要求，坚持以经济建设为中心，在经济不断发展的基础上，协调推进政治建设、文化建设、社会建设、生态文明建设以及其他各方面建设。随着我国经济社会发展不断深入，生态文明建设地位和作用日益凸显。党的十八大把生态文明建设纳入中国特色社会主义事业总体布局，使生态文明建设的战略地位更加明确，有利于把生态文明建设融入经济建设、政治建设、文化建设、社会建设各方面和全过程。这是我们党对社会主义建设规律在实践和认识上不断深化的重要成果。我们要按照这个总布局，促进现代化建设各方面相协调，促进生产关系与生产力、上层建筑与经济基础相协调。

强调总任务，是因为我们党从成立那天起，就肩负着实现中华民族伟大复兴的历史使命。我们党领导人民进行革命建设改革，就是要让中国人民富裕起来，国家强盛起来，振兴伟大的中华民族。按照现代化建设“三步走”的战略部署，建设富强民主文明和谐的社会主义现代化国家，是我们党和国家在整个社会主义初级阶段的奋斗目标。我们党的庄严使命、改革开放的根本目的、我们国家的奋斗目标，都聚焦于这个总任务、归结于这个总任务。我们要紧紧扭住这个总任务，一代一代锲而不舍干下去。

我们党在不同历史时期，总是根据人民意愿和事业发展需要，提出富有感召力的奋斗目标，团结带领人民为之奋斗。党的十八大根据国内外形势新变化，顺应我国经济社会新发展和广大人民群众新期待，对全面建设小康社会目标进行了充实和完善，提出了更具明确政策导向、更加针对发展难题、更好顺应人民意愿的新要求。这些目标要求，与党的十六大提出的全面建设小康社会奋斗目标和党的十七大提出的实现全面建设小康社会奋斗目标新要求相衔接，也与中国特色社会主义事业总体布局相一致。全党全国要同心同德、埋头苦干，锐意创新、开拓进取，共同为实现党的十八大提出的全面建成小康社会和全面深化改革开放的目标而奋斗。

第四，深刻领会夺取中国特色社会主义新胜利的基本要求。党的十八大提出了在新的历史条件下夺取中国特色社会主义新胜利必须牢牢把握的基本要求。这些基本要求是根据党的基本理论、基本路线、基本纲领、基本经验，深刻总结60多年来我国社会主义建设特别是中国特色社会主义建设实践提出的，是最本质的东西，是体现共产党执政规律、社会主义建设规律、人类社会发展规律的东西，表明我们党对中国特色社会主义规律的认识达到了新水平。

党的十八大提出的基本要求，进一步回答了在新的历史征程上怎样才能夺取中国特色社会主义新胜利的基本问题。中国特色社会主义是亿万人民自己的事业，所以必须发挥人民主人翁精神，更好保证人民当家作主。解放和发展社会生产力是中国特色社会主义的根本任务，所以必须坚持以经济建设为中心，以科学发展为主题，实现以人为本、全面协调可持续的科学发展。改革开放是坚持和发展中国特色社会主义的必由之路，所以必须始终把改革创新精神贯彻到治国理政各个环节，不断推进我国社会主义制度自我完善和发展。公平正义是中国特色社会主义的内在要求，所以必须在全体人民共同奋斗、经济社会发展的基础上，加紧建设对保障社会公平正义具有重大作用的制度，逐步建立社会公平保障体系。共同富裕是中国特色社会主义的根本原则，所以必须使发展成果更多更公平惠及全体人民，朝着共同富裕方向稳步前进。社会和谐是中国特色社会主义的本质属性，所以必须团结一切可以团结的力量，最大限度增加和谐因素，增强社会创造活力，确保人民安居乐业、社会安定有序、国家长治久安。和平发展是中国特色社会主义的必然选择，所以必须坚持开放的发展、合作的发展、共赢的发展，扩大同各方利益汇合点，推动建设持久和平、共同繁荣的和谐世界。中国共产党是中国特色社会主义事业的领导核心，所以必须加强和改善党的领导，充分发挥党总揽全局、协调各方的领导核心作用。

党的十八大提出的基本要求，是对当前我国经济社会发展中存在的突出问题、改革攻坚和加快转变经济发展方式面临的难点问题、干部群众普遍关注的热点问题的积极回应，是对我国进入全面建成小康社会决定性阶段改革发展稳定、内政外交国防、治党治国治军的正确指引。这些基本要求，既涉及生产力和生产关系、又涉及经济基础和上层建筑，既涉及中国特色社会主义伟大事业、又涉及党的建设新的伟大工程，同时还涉及统筹国内国际两个大局。党的十八大对各项工作的谋划和部署都是遵循和体现这些基本要求的。抓住了这些基本要求，就能更好凝聚力量、攻坚克难，继续推动科学发展、促进社会和谐，继续改善人民生活、增进人民福祉，完成时代赋予的光荣而艰巨的任务。

第五，深刻领会确保党始终成为中国特色社会主义事业的坚强领导核心。党的十八大强调，我们党担负着团结带领人民全面建成小康社会、推进社会主义现代化、实现中华民族伟大复兴的重任。党坚强有力，党同人民保持血肉联系，国家就繁荣稳定，人民就幸福安康。形势的发展、事业的开拓、人民的期待，都要求我们以改革创新精神全面推进党的建设新的伟大工程，全面提高党的建设科学化水平。治国必先治党，治党务必从严。为此，党的十八大提出了新形势下全面提高党的建设科学化水平的总要求和各项任务。全党要深刻学习领会、逐条贯彻落实。

…………

坚定理想信念，坚守共产党人精神追求，始终是共产党人安身立命的根本。对马克思主义的信仰，对社会主义和共产主义的信念，是共产党人的政治灵魂，是共产党人经受住任何考验的精神支柱。形象地说，理想信念就是共产党人精神上的“钙”，没有理想信念，理想信念不坚定，精神上就会“缺钙”，就会得“软骨病”。现实生活中，一些党员、干部出这样那样的问题，说到底是信仰迷茫、精神迷失。全党要按照党的十八大部署，深入学习实践中国特色社会主义理论体系特别是科学发展观，讲党性、重品行、作表率，矢志不渝为实现中国特色社会主义共同理想而奋斗。

密切党群、干群关系，保持同人民群众的血肉联系，始终是我们党立于不败之地的根基。一个政党，一个政权，其前途和命运最终取决于人心向背。如果我们脱离群众、失去人民拥护和支持，最终也会走向失败。我们要适应新形势下群众工作新特点新要求，深入做好组织群众、宣传群众、教育群众、服务群众工作，虚心向群众学习，诚心接受群众监督，始终根植人民、造福人民，始终保持党同人民群众的血肉联系，始终与人民心连心、同呼吸、共命运。要从人民伟大实践中汲取智慧和力量，办好顺民意、解民忧、惠民生的实事，纠正损害群众利益的行为。党的十八大提出，要在全党深入开展以为民务实清廉为主要内容的党的群众路线教育实践活动。中央将对这项活动进行部署，各级党委要切实抓好落实，着力解决人民群众反映强烈的突出问题，保证活动取得实效。

反对腐败、建设廉洁政治，保持党的肌体健康，始终是我们党一贯坚持的鲜明政治立场。党风廉政建设，是广大干部群众始终关注的重大政治问题。“物必先腐，而后虫生。”近年来，一些国家因长期积累的矛盾导致民怨载道、社会动荡、政权垮台，其中贪污腐败就是一个很重要的原因。大量事实告诉我们，腐败问题越演越烈，最终必然会亡党亡国！我们要警醒啊！近年来我们党内发生的严重违纪违法案件，性质非常恶劣，政治影响极坏，令人触目惊心。各级党委要旗帜鲜明地反对腐败，更加科学有效地防治腐败，做到干部清正、政府清廉、政治清明，永葆共产党人清正廉洁的政治本色。各级领导干部特别是高级干部要自觉遵守廉政准则，既严于律己，又加强对亲属和身边工作人员的教育和约束，决不允许以权谋私，决不允许搞特权。对一切违反党纪国法的行为，都必须严惩不贷，决不能手软。

党的十八大强调指出，发展中国特色社会主义是一项长期的艰巨的历史任务，必须准备进行具有许多新的历史特点的伟大斗争。全党同志一定要以更加坚定的信念、更加顽强的努力，毫不动摇坚持、与时俱进发展中国特色社会主义，不断丰富中国特色社会主义的实践特色、理论特色、民族特色、时代特色，团结带领全国各族人民，努力实现全面建成小康社会各项目标任务，继续实现推进现代化建设、完成祖国统一、维护世界和平与促进共同发展这三大历史任务。这是我们这一代共产党人的历史重任，我们要为之付出全部智慧和力量。

（这是中共中央总书记习近平在十八届中共中央政治局第一次集体学习时讲话的一部分）

在庆祝中国共产党成立 90 周年大会上的讲话（节选）

（2011 年 7 月 1 日）

胡锦涛

同志们，朋友们：

今天，我们在这里隆重集会，同全党全国各族人民一道，庆祝中国共产党成立 90 周年，回顾中国发展进步的伟大历程，瞻望中国发展繁荣的光明前景。

90 年前的今天，中国共产党成立了。这是中华民族发展史上开天辟地的大事变。从此，中国人民踏上了争取民族独立、人民解放的光明道路，开启了实现国家富强、人民富裕的壮丽征程。

90 年来，中国共产党人和全国各族人民前赴后继、顽强奋斗，不断夺取革命、建设、改革的重大胜利。今天，一个生机盎然的社会主义中国已经巍然屹立在世界东方，13 亿中国人民正在中国特色社会主义伟大旗帜指引下满怀信心走向中华民族伟大复兴。

同志们、朋友们！

1840 年鸦片战争以来中国 170 多年的历史，概括地说就是，我们伟大的祖国经历了刻骨铭心的磨难，我们伟大的民族进行了感天动地的奋斗，我们伟大的人民创造了彪炳史册的伟业。

鸦片战争以后，中国逐步成为半殖民地半封建社会，列强对中国的侵略步步进逼，封建统治日益腐败，祖国山河破碎、战乱不已，人民饥寒交迫、备受奴役。救亡图存的民族使命迫在眉睫。争取民族独立、人民解放，实现国家富强、人民富裕，成为中国人民必须完成的历史任务。

在那个风雨如晦的年代，为改变中华民族的命运，中国人民和无数仁人志士进行了千辛万苦的探索和不屈不挠的斗争。太平天国运动，戊戌变法，义和团运动，不甘屈服的中国人民一次次抗争，但又一次次失败。孙中山先生领导的辛亥革命，结束了统治中国几千年的君主专制制度，对推动中国社会进步具有重大意义，但也未能改变中国半殖民地半封建的社会性质和中国人民的悲惨命运。

事实说明，不触动封建根基的自强运动和改良主义，旧式的农民战争，资产阶级革命派领导的革命，照搬西方资本主义的其他种种方案，都不能完成中华民族救亡图存的民族使命和反帝反封建的历史任务。要解决中国发展进步问题，必须找到能够指导中国人民进行反帝反封建革命的先进理论，必须找到能够领导中国社会变革的先进社会力量。

1921 年，在马克思列宁主义同中国工人运动相结合的进程中，中国共产党应运而生。中国共产党的诞生，是近现代中国历史发展的必然产物，是中国人民在救亡图存斗争中顽强求索的必然产物。从此，中国革命有了正确前进方向，中国人民有了强大精神力量，中国命运有了光明发展前景。

90 年来，我们党团结带领人民在中国这片古老的土地上，书写了人类发展史上惊天地、泣鬼神的壮丽史诗，集中体现为完成和推进了三件大事。

第一件大事，我们党紧紧依靠人民完成了新民主主义革命，实现了民族独立、人民解放。经过北伐战争、土地革命战争、抗日战争、解放战争，党和人民进行 28 年浴血奋战，打败日本帝国主义侵略，推翻国民党反动统治，建立了中华人民共和国。新中国的成立，使人民成为国家、社会和自己命运的主人，实现了中国从几千年封建专制制度向人民民主制度的伟大跨越，实现了中国高度统一和各民族空前团结，彻底结束了旧中国半殖民地半封建社会的历史，彻底结束了旧中国一盘散沙的局面，彻底废除了列强强加给中国的不平等条约和帝国主义在中国的一切特权。中国人从此站立起来了，中华民族发展进步从此开启了新的历史纪元。

第二件大事，我们党紧紧依靠人民完成了社会主义革命，确立了社会主义基本制度。我们创造性地实现由新民主主义到社会主义的转变，使占世界人口四分之一的东方大国进入社会主义社会，实现了中国历史上最广泛最深刻的社会变革。我们建立起独立的比较完整的工业体系和国民经济体系，积累了在中国这样一个社会生产力水平十分落后的东方大国进行社会主义建设的重要经验。

第三件大事，我们党紧紧依靠人民进行了改革开放新的伟大革命，开创、坚持、发展了中国特色社会主义。党的十一届三中全会以来，我们总结我国社会主义建设经验，同时借鉴国际经验，以巨大的政治勇气、理论勇气、实践勇气实行改革开放，经过艰辛探索，形成了党在社会主义初级阶段的基本理论、基本路线、基本纲领、基本经验，建立和完善社会主义市场经济体制，坚持全方位对外开放，推动社会主义现代化建设取得举世瞩目的伟大成就。

这三件大事，从根本上改变了中国人民和中华民族的前途命运，不可逆转地结束了近代以后中国内忧外患、积贫积弱的悲惨命运，不可逆转地开启了中华民族不断发展壮大、走向伟大复兴的历史进军，使具有 5000 多年文明历史的中国面貌焕然一新，中华民族伟大复兴展现出前所未有的光明前景。

90 年来，中国社会发生的变革，中国人民命运发生的变化，其广度和深度，其政治影响和社会意义，在人类发展史上都是十分罕见的。

事实充分证明，在近代以来中国社会发展进步的壮阔进程中，历史和人民选择了中国共产党，选择了马克思主义，选择了社会主义道路，选择了改革开放。

事实充分证明，中国共产党不愧为伟大、光荣、正确的马克思主义政党，不愧为领导中国人民不断开创事业发展新局面的核心力量。

同志们、朋友们！

90 年来，我们取得的一切成就，是一代一代中国共产党人同人民一道顽强拼搏、接续奋斗的结果。以毛泽东同志为核心的党的第一代中央领导集体团结带领全党全国各族人民，夺取了新民主主义革命的伟大胜利，确立了社会主义基本制度，为当代中国一切发展进步奠定了根本政治前提和制度基础。以邓小平同志为核心的党的第二代中央领导集体团结带领全党全国各族人民，开启了改革开放的伟大历程，吹响了建设中国特色社会主义的时代号角，开辟了社会主义事业发展新时期。以江泽民同志为核心的党的第三代中央领导集体团结带领全党全国各族人民，坚持改革开放、与时俱进，引领改革开放的航船沿着正确方向破浪前进，成功把中国特色社会主义伟大事业推向 21 世纪。党的十六大以来，党中央团结带领全党全国各族人民，以邓小平理论和“三个代表”重要思想为指导，深入贯彻落实科学发展观，着力推动科学发展、促进社会和谐，继续在全面建设小康社会实践中推进中国特色社会主义伟大事业。

在庆祝中国共产党成立 90 周年的时刻，我们深切怀念为中国革命、建设、改革，为中国共产党建立、巩固、发展作出重大贡献的毛泽东、周恩来、刘少奇、朱德、邓小平、陈云等老一辈无产阶级革命家，深切怀念为创立、捍卫、建设新中国而英勇牺牲的革命先烈，深切怀念近代以来为中华民族独立和解放而顽强奋斗的所有先驱。他们为祖国和民族建立的丰功伟绩永垂史册！

在这里，我代表中共中央，向全国广大工人、农民、知识分子，向各民主党派、各人民团体、各界爱国人士，向中国人民解放军、武警部队、公安民警，致以崇高的敬意！向香港特别行政区同胞、澳门特别行政区同胞和台湾同胞以及广大侨胞，致以诚挚的问候！向一切同中国人民友好相处，关心和支持中国革命、建设、改革事业的各国人民和朋友，表示衷心的谢意！

同志们、朋友们！

经过 90 年的奋斗、创造、积累，党和人民必须倍加珍惜、长期坚持、不断发展的成就是：开辟了中国特色社会主义道路，形成了中国特色社会主义理论体系，确立了中国特色社会主义制度。

中国特色社会主义道路，是实现社会主义现代化的必由之路，是创造人民美好生活的必由之路。中国特色社会主义道路，就是在中国共产党领导下，立足基本国情，以经济建设为中心，坚持四项基本原则，坚持改革开放，解放和发展社会生产力，巩固和完善社会主义制度，建设社会主义市场经济、社会主义民主政治、社会主义先进文化、社会主义和谐社会，建设富强民主文明和谐的社会主义现代化国家。

中国特色社会主义理论体系，是指导党和人民沿着中国特色社会主义道路实现中华民族伟大复兴的正确理论。我们党坚持把马克思主义基本原理同中国具体实际结合起来，在推进马克思主义中国化的历史进程中产生了两大理论成果。一大理论成果是毛泽东思想。毛泽东思想是马克思列宁主义在中国的运用和发展，系统回答了在一个半殖民地半封建的东方大国，如何实现新民主主义革命和社会主义革命的问题，并对建设什么样的社会主义、怎样建设社会主义进行了艰辛探索，以创造性的内容为马克思主义宝库增添了新的财富。另一大理论成果是中国特色社会主义理论体系。中国特色社会主义理论体系是包括邓小平理论、“三个代表”重要思想以及科学发展观等重大战略思想在内的科学理论体系，系统回答了在中国这样一个十几亿人口的发展中大国建设什么样的社会主义、怎样建设社会主义，建设什么样的党、怎样建设党，实现什么样的发展、怎样发展等一系列重大问题，是对毛泽东思想的继承和发展。

中国特色社会主义制度，是当代中国发展进步的根本制度保障，集中体现了中国特色社会主义的特点和优势。我们推进社会主义制度自我完善和发展，在经济、政治、文化、社会等各个领域形成一整套相互衔接、相互联系的制度体系。人民代表大会制度这一根本政治制度，中国共产党领导的多党合作和政治协商制度、民族区域自治制度以及基层群众自治制度等构成的基本政治制度，中国特色社会主义法律体系，公有制为主体、多种所有制经济共同发展的基本经济制度，以及建立在根本政治制度、基本政治制度、基本经济制度基础上的经济体制、政治体制、文化体制、社会体制等各项具体制度，符合我国国情，顺应时代潮流，有利于保持党和国家活力、调动广大人民群众和社会各方面的积极性、主动性、创造性，有利于解放和发展社会生产力、推动经济社会全面发展，有利于维护和促进社会公平正义、实现全体人民共同富裕，有利于集中力量办大事、有效应对前进道路上的各种风险挑战，有利于维护民族团结、社会稳定、国家统一。

面对风云变幻的国际形势，面对艰巨繁重的国内改革发展稳定任务，我们党要团结带领人民继续前进，开创工作新局面，赢得事业新胜利，最根本的就是要高举中国特色社会主义伟大旗帜，坚持和拓展中国特色社会主义道路，坚持和丰富中国特色社会主义理论体系，坚持和完善中国特色社会主义制度。

同志们、朋友们！

回顾90年中国的发展进步，可以得出一个基本结论：办好中国的事情，关键在党。

总结90年的发展历程，我们党保持和发展马克思主义政党先进性的根本点是：坚持解放思想、实事求是、与时俱进，以科学态度对待马克思主义，用发展着的马克思主义指导新的实践，坚持真理、修正错误，坚定不移走自己的路，始终保持党开拓前进的精神动力；坚持为了人民、依靠人民，诚心诚意为人民谋利益，从人民群众中汲取智慧和力量，始终保持党同人民群众的血肉联系；坚持任人唯贤、广纳人才，以事业感召、培养、造就人才，不断增加新鲜血液，始终保持党的蓬勃活力；坚持党要管党、从严治党，正视并及时解决党内存在的突出问题，始终保持党的肌体健康。

全党必须清醒地看到，在世情、国情、党情发生深刻变化的新形势下，提高党的领导水平和执政水平、提高拒腐防变和抵御风险能力，加强党的执政能力建设和先进性建设，面临许多前所未有的新情况新问题新挑战，执政考验、改革开放考验、市场经济考验、外部环境考验是长期的、复杂的、严峻的。精神懈怠的危险，能力不足的危险，脱离群众的危险，消极腐败的危险，更加尖锐地摆在全党面前，落实党要管党、从严治党的任务比以往任何时候都更为繁重、更为紧迫。

我们必须从新的实际出发，坚持以科学理论指导党的建设，以改革创新精神研究和解决党的建设面临的重大理论和实际问题，着眼于全面建设小康社会、加快推进社会主义现代化，全面认识和自觉运用马克思主义执政党建设规律，全面推进党的建设新的伟大工程，不断提高党的建设科学化水平。

在新的历史条件下提高党的建设科学化水平，必须坚持解放思想、实事求是、与时俱进，大力推进马克思主义中国化时代化大众化，提高全党思想政治水平。

90年来党的发展历程告诉我们，理论上的成熟是政治上坚定的基础，理论上的与时俱进是行动上锐意进取的前提，思想上的统一是全党步调一致的重要保证。中国共产党人坚信马克思主义基本原理是颠扑不破的科学真理，坚信马克思主义必须随着实践发展而不断丰富和发展，从来不把马克思主义看成是空洞、僵硬、刻板的教条。马克思主义，理论源泉是实践，发展依据是实践，检验标准也是实践。任何固守本本、漠视实践、超越或落后于实际生活的做法都不会得到成功。在历史上的一些时期，我们曾经犯过错误甚至遇到严重挫折，根本原因就在于当时的指导思想脱离了中国实际。我们党能够依靠自己和人民的力量纠正错误，在挫折中奋起，继续胜利前进，根本原因就在于重新恢复和坚持贯彻了实事求是。这方面的经验教训，我们党在《关于若干历史问题的决议》和《关于建国以来党的若干历史问题的决议》中进行了系统总结，我们必须牢牢记取。

…………

90年来党的发展历程告诉我们，政治路线确定之后干部就是决定因素。坚持五湖四海、任人唯贤，是我们党性质和宗旨的必然要求。我们党除了人民利益，没有自己的特殊利益。我们党坚持这个崇高原则，为一切忠于人民、扎根人民、奉献人民的人们提供了施展才华的宽广舞台。中国特色社会主义道路能不能越走越宽广，中华民族能不能实现伟大复兴，要看能不能不断培养造就大批优秀人才，更要看能不能让各方面优秀人才脱颖而出、施展才华。

我们要以更宽的视野、更高的境界、更大的气魄，广开进贤之路，把各方面优秀干部及时发现出来、合理使用起来。要坚持把干部的德放在首要位置，选拔任用那些政治坚定、有真才实学、实绩突出、群众公认的干部，形成以德修身、以德服众、以德领才、以德润才、德才兼备的用人导向。要坚持凭实绩使用干部，让能干事者有机会、干成事者有舞台，不让老实人吃亏，不让投机钻营者得利，让所有优秀干部都能为党和人民贡献力量。

源源不断培养造就大批优秀年轻干部，是关系党和人民事业继往开来、薪火相传的根本大计。年轻干部要承担起事业重任，必须牢固树立正确的世界观、权力观、事业观，做到忠诚党的事业、心系人民群众、专心做好工作、不断完善自己。广大年轻干部要自觉到艰苦地区、复杂环境、关键岗位砥砺品质、锤炼作风、增长才干。经过艰苦复杂环境磨炼、重大斗争考验、实践证明优秀、有培养前途的大批年轻干部能够不断涌现出来，党和人民事业就大有希望。

人才是第一资源，是国家发展的战略资源。全党同志和全社会都要坚持尊重劳动、尊重知识、尊重人才、尊重创造的重大方针，牢固树立人人皆可成才的观念，敢为事业用人才，让各类人才都拥有广阔的创业平台、发展空间，使每个人都成为对祖国、对人民、对民族的有用之才，特别是要抓紧培养造就青年英才，形成人才辈出、人尽其才、才尽其用的生动局面。

在新的历史条件下提高党的建设科学化水平，必须坚持以人为本、执政为民理念，牢固树立马克思主义群众观点、自觉贯彻党的群众路线，始终保持党同人民群众的血肉联系。

90年来党的发展历程告诉我们，来自人民、植根人民、服务人民，是我们党永远立于不败之地的根本。以人为本、执政为民是我们党的性质和全心全意为人民服务根本宗旨的集中体现，是指引、评价、检验我们党一切执政活动的最高标准。全党同志必须牢记，密切联系群众是我们党的最大政治优势，脱离群众是我们党执政后的最大危险。我们必须始终把人民利益放在第一位，把实现好、维护好、发展好最广大人民根本利益作为一切工作的出发点和落脚点，做到权为民所用、情为民所系、利为民所谋，使我们的工作获得最广泛最可靠最牢固的群众基础和力量源泉。

每一个共产党员都要把人民放在心中最高位置，尊重人民主体地位，尊重人民首创精神，拜人民为师，把政治智慧的增长、执政本领的增强深深扎根于人民的创造性实践之中。要高度重视并切实做好新形势下群众工作，坚持问政于民、问需于民、问计于民，真诚倾听群众呼声，真实反映群众愿望，真情关心群众疾苦，依法保障人民群众经济、政治、文化、社会等各项权益。只有我们把群众放在心上，群众才会把我们放在心上；只有我们把群众当亲人，群众才会把我们当亲人。各级党政机关和干部要坚持工作重心下移，经常深入实际、深入基层、深入群众，做到知民情、解民忧、暖民心。要把基层一线作为培养锻炼干部的基础阵地，引导干部在同群众朝夕相处中增进对群众的思想感情、增强服务群众本领。要把服务群众、做群众工作作为基层党组织的核心任务和基层干部的基本职责，使基层党组织成为推动发展、服务群众、凝聚人心、促进和谐的坚强战斗堡垒。

在新的历史条件下提高党的建设科学化水平，必须坚持标本兼治、综合治理、惩防并举、注重预防的方针，深入开展党风廉政建设和反腐败斗争，始终保持马克思主义政党的先进性和纯洁性。

90年来党的发展历程告诉我们，坚决惩治和有效预防腐败，关系人心向背和党的生死存亡，是党必须始终抓好的重大政治任务。我们党对长期执政条件下滋生腐败的严重性和危险性，对改革开放和社会主义现代化建设全过程都要反对腐败，认识是清醒的。我们党旗帜鲜明、一以贯之反对腐败，反腐倡廉建设不断取得新的明显进展，为推进改革开放和社会主义现代化建设提供了重要保障。同时，反腐败斗争形势依然严峻、任务依然艰巨。如果腐败得不到有效惩治，党就会丧失人民信任和支持。全党必须警钟长鸣，充分认识反腐败斗争的长期性、复杂性、艰巨性，把反腐倡廉建设摆在更加突出的位置，以更加坚定的信心、更加坚决的态度、更加有力的举措推进惩治和预防腐败体系建设，坚定不移把反腐败斗争进行到底。

各级领导干部都要牢记，我们手中的权力是人民赋予的，只能用来为人民谋利益。行使权力就必须为人民服务、对人民负责并自觉接受人民监督，决不能把权力变成牟取个人或少数人私利的工具。各级干部都要自重、自省、自警、自励，讲党性、重品行、作表率，做到立身不忘做人之本、为政不移公仆之心、用权不谋一己之私，永葆共产党人政治本色。

在新的历史条件下提高党的建设科学化水平，必须坚持用制度管权管事管人，健全民主集中制，不断推进党的建设制度化、规范化、程序化。

90年来党的发展历程告诉我们，建设好、管理好一个有几千万党员的大党，制度更带有根本性、全局性、稳定性、长期性。必须始终把制度建设贯穿党的思想建设、组织建设、作风建设和反腐倡廉建设之中，坚持突出重点、整体推进，继承传统、大胆创新，构建内容协调、程序严密、配套完备、有效管用的制度体系。

推进党的制度建设，要坚持以党章为根本、以民主集中制为核心，坚持和完善党的领导制度，改革和完善党的领导方式和执政方式，发展党内民主，积极稳妥推进党务公开，保障党员主体地位和民主权利，完善党代表大会制度和党内选举制度，完善党内民主决策机制，保障党的团结统一，增强党的创造活力，坚决克服违反民主集中制原则的个人独断专行和软弱涣散现象。全党同志都要牢固树立法律面前人人平等、制度面前没有特权、制度约束没有例外的观念，认真学习制度，严格执行制度，自觉维护制度。

总之，只要全党同志常怀忧党之心、恪尽兴党之责，以更加奋发有为的精神状态推进党的建设，我们党就一定能够更好把握历史大势、勇立时代潮头、引领社会进步。

同志们、朋友们！

中国共产党自诞生之日起就勇敢担当起团结带领

人民实现中华民族伟大复兴的历史使命。继续推动中华民族伟大复兴进程，必须始终坚持党的基本路线不动摇，继续解放思想，坚持改革开放，推动科学发展，促进社会和谐，在新的历史起点上把中国特色社会主义伟大事业全面推向前进。

面向未来，全党同志必须牢记，我国过去30多年的快速发展靠的是改革开放，我国未来发展也必须坚定不移依靠改革开放。新时期最鲜明的特点是改革开放。改革开放是党在新的历史条件下领导人民进行的新的伟大革命，是决定当代中国命运的关键抉择，是坚持和发展中国特色社会主义、实现中华民族伟大复兴的必由之路。只有改革开放才能发展中国、发展社会主义、发展马克思主义。当前，世情、国情、党情继续发生深刻变化，我国发展中不平衡、不协调、不可持续问题突出，制约科学发展的体制机制障碍躲不开、绕不过，必须通过深化改革加以解决。我们一定要坚定不移坚持党的十一届三中全会以来的路线方针政策，坚定信心、砥砺勇气，坚持不懈把改革创新精神贯彻到治国理政各个环节，奋力把改革开放推向前进。要坚持社会主义市场经济的改革方向，提高改革决策的科学性，增强改革措施的协调性，找准深化改革开放的突破口，明确深化改革开放的重点，不失时机地推进重要领域和关键环节改革，继续推进经济体制、政治体制、文化体制、社会体制改革创新，继续解放和发展社会生产力，继续推动我国社会主义制度自我完善和发展，坚决破除一切妨碍科学发展的思想观念和体制机制弊端，为推进中国特色社会主义事业注入强大动力。

在前进道路上，我们要继续牢牢扭住经济建设这个中心不动摇，坚定不移走科学发展道路。

以经济建设为中心是兴国之要，是我们党、我们国家兴旺发达、长治久安的根本要求。只有推动经济又好又快发展，才能筑牢国家发展繁荣的强大物质基础，才能筑牢全国各族人民幸福安康的强大物质基础，才能筑牢中华民族伟大复兴的强大物质基础。改革开放30多年来，我们坚持以经济建设为中心，推动社会生产力以前所未有的速度发展起来，这是我国综合国力、人民生活水平、国际地位大幅度提升的根本原因。今后，我们必须继续牢牢坚持发展是硬道理的战略思想，牢牢扭住经济建设这个中心，决不能有丝毫动摇。

生产力是人类社会发展的根本动力。我们党是以中国先进生产力的代表登上历史舞台的。党的一切奋斗，归根到底都是为了解放和发展社会生产力，不断改善人民生活。我们已经取得了举世瞩目的伟大成就，但我国仍处于并将长期处于社会主义初级阶段的基本国情没有变，人民日益增长的物质文化需要同落后的社会生产之间的矛盾这一社会主要矛盾没有变，我国是世界上最大的发展中国家的国际地位没有变。发展仍然是解决我国所有问题的关键。牢牢抓住和用好我国发展的重要战略机遇期，是我们赢得主动、赢得优势、赢得未来的关键所在，是对我们党执政能力的重大考验，也是对我们民族自强能力的重大考验。我们必须继续聚精会神搞建设、一心一意谋发展，不断夯实坚持和发展中国特色社会主义的物质基础。

在当代中国，坚持发展是硬道理的本质要求就是坚持科学发展。我们要以科学发展为主题，以加快转变经济发展方式为主线，更加注重以人为本，更加注重全面协调可持续发展，更加注重统筹兼顾，更加注重改革开放，更加注重保障和改善民生，加快经济结构战略性调整，加快科技进步和创新，加快建设资源节约型、环境友好型社会，促进社会公平正义，促进经济长期平稳较快发展和社会和谐稳定，不断在生产发展、生活富裕、生态良好的文明发展道路上取得新的更大的成绩，不断为全面建成小康社会、实现中华民族伟大复兴打下更为坚实的基础。

在前进道路上，我们要继续大力推进社会主义民主政治建设，坚定不移走中国特色社会主义政治发展道路。

人民民主是中国共产党始终高扬的光辉旗帜。改革开放以来，我们党总结发展社会主义民主的正反两方面经验，明确提出没有民主就没有社会主义，就没有社会主义现代化，人民当家作主是社会主义民主政治的本质和核心。我们坚持推进政治体制改革，在发展社会主义民主政治方面取得了重大进展。我们废除了实际上存在的领导干部职务终身制，确保了国家政权机关和领导人员有序更替。我们不断扩大人民有序政治参与，人民实现了内容广泛的当家作主。我们坚持和完善中国共产党领导的多党合作，深入开展政治协商、民主监督、参政议政，发展最广泛的爱国统一战线。我们建立健全深入了解民情、充分反映民意、广泛集中民智、切实珍惜民力的决策机制，保证决策符合人民利益和愿望。我们建立健全广纳群贤、人尽其才、能上能下、充满活力的用人机制，为各方面优秀人才建功立业开辟了广阔渠道。我们形成了中国特色社会主义法律体系，我们党自觉在宪法和法律范围内活动，支持人大、政府、政协、司法机关等依照法律和各自章程独立负责、协调一致开展工作。我们建立健全权力运行制约和监督体系，保证党和国家机关按照法定权限和程序行使权力。事实充分证明，我国社会主义民主政治具有强大生命力，中国特色社会主义政治发展道路是保证人民当家作主的正确道路。

同时，我们也要看到，我国社会主义民主法制建设与扩大人民民主和促进经济社会发展的要求还不完全适应，社会主义民主政治的具体制度方面还存在不完善的地方，在保障人民民主权利、发挥人民创造精神方面还存在不足。随着中国特色社会主义事业持续推进，我国社会主义民主政治建设需要也必然会继续向前推进。

发展社会主义民主政治，必须坚持中国特色社会主义政治发展道路，关键是要坚持党的领导、人民当家作主、依法治国有机统一。我们要积极稳妥推进政治体制改革，以保证人民当家作主为根本，以增强党和国家活力、调动人民积极性为目标，扩大社会主义民主，建设社会主义法治国家，发展社会主义政治文明。要坚持发挥党总揽全局、协调各方的领导核心作用，提高党科学执政、民主执政、依法执政水平，保证党领导人民有效治理国家。要坚持国家一切权力属于人民，健全民主制度，丰富民主形式，拓宽民主渠道，保证人民依法实行民主选举、民主决策、民主管理、民主监督。要全面落实依法治国基本方略，在全社会大力弘扬社会主义法治精神，不断推进科学立法、严格执法、公正司法、全民守法进程，实现国家各项工作法治化。总之，我们要不断推进社会主义民主政治制度化、规范化、程序化，进一步把我国社会主义政治制度的优越性发挥出来，为党和国家兴旺发达、长治久安提供更加完善的制度保障。

在前进道路上，我们要继续大力推动社会主义文化大发展大繁荣，坚定不移发展社会主义先进文化。

社会主义先进文化是马克思主义政党思想精神上的旗帜。面对当今文化越来越成为综合国力竞争重要因素的新形势，我们必须以高度的文化自觉和文化自信，着眼于提高民族素质和塑造高尚人格，以更大力度推进文化改革发展，在中国特色社会主义伟大实践中进行文化创造，让人民共享文化发展成果。

要坚持发展面向现代化、面向世界、面向未来的，民族的科学的大众的社会主义文化，推动社会主义先进文化更加深入人心，推动社会主义精神文明和物质文明全面发展，不断开创全民族文化创造活力持续迸发、社会文化生活更加丰富多彩、人民基本文化权益得到更好保障、人民思想道德素质和科学文化素质全面提高的新局面，建设中华民族共有精神家园。

发展社会主义先进文化，必须把社会主义核心价值体系建设融入国民教育、精神文明建设和党的建设全过程。要坚持用马克思主义中国化最新成果武装全党、教育人民，引导广大干部群众深刻领会党的理论创新成果，坚定理想信念。要在全体人民中大力弘扬以爱国主义为核心的民族精神和以改革创新为核心的时代精神，增强民族自尊心、自信心、自豪感，激励全党全国各族人民为实现中华民族伟大复兴而团结奋斗。要坚持用社会主义荣辱观引领社会风尚，深入推进社会公德、职业道德、家庭美德、个人品德建设，加强对青少年的德育培养，在全社会形成积极向上的精神追求和健康文明的生活方式。要加快文化体制改革，加快构建公共文化服务体系，加快发展文化事业和文化产业。要着眼于推动中华文化走向世界，形成与我国国际地位相对称的文化软实力，提高中华文化国际影响力。中华民族创造了源远流长、博大精深的中华文化，中华民族也一定能够在弘扬中华优秀传统文化的基础上创造出中华文化新的辉煌。

在前进道路上，我们要继续大力保障和改善民生，坚定不移推进社会主义和谐社会建设。

保障和改善民生，促进社会和谐，是实现全面建设小康社会宏伟目标的必然要求。我们必须从维护最广大人民根本利益和实现国家长治久安的战略高度抓好社会建设，推动社会建设与经济建设、政治建设、文化建设协调发展。

推进社会建设，要以保障和改善民生为重点，着力解决好人民最关心最直接最现实的利益问题。要坚持发展为了人民、发展依靠人民、发展成果由人民共享，完善保障和改善民生的制度安排，把促进就业放在经济社会发展优先位置，加快发展教育、社会保障、医药卫生、保障性住房等各项社会事业，推进基本公共服务均等化，加大收入分配调节力度，坚定不移走共同富裕道路，努力使全体人民学有所教、劳有所得、病有所医、老有所养、住有所居。

正确处理改革发展稳定关系，实现改革发展稳定的统一，是关系我国社会主义现代化建设全局的重要指导方针。发展是硬道理，稳定是硬任务；没有稳定，什么事情也办不成，已经取得的成果也会失去。这个道理，不仅全党同志要牢记在心，还要引导全体人民牢记在心。

当代中国正经历着空前广泛的社会变革。这种变革在给我国发展进步带来巨大活力的同时，也必然带来这样那样的矛盾和问题。社会矛盾运动是推动社会发展的基本力量。我们要遵循社会发展规律，主动正视矛盾，妥善处理人民内部矛盾和其他社会矛盾，不断为减少和化解矛盾培植物质基础、增强精神力量、完善政策措施、强化制度保障，最大限度激发社会活力，最大限度增加和谐因素，最大限度减少不和谐因素。要加强和创新社会管理，完善党委领导、政府负责、社会协同、公众参与的社会管理格局，建设中国特色社会主义社会管理体系，全面提高社会管理科学化水平，确保人民安居乐业、社会和谐稳定。

巩固的国防和强大的军队，是国家主权、安全、领土完整的坚强后盾。我们必须统筹经济建设和国防建设，走中国特色军民融合式发展路子，在全面建设小康社会进程中实现富国和强军的统一。要着眼全面履行新世纪新阶段军队历史使命，以推动国防和军队科学发展为主题，以加快转变战斗力生成模式为主线，全面加强军队革命化、现代化、正规化建设，坚持党对军队绝对领导的根本原则和人民军队的根本宗旨，培育当代革命军人核心价值观，拓展和深化军事斗争准备，积极开展信息化条件下军事训练，提高国防科技和武器装备自主创新能力，加快全面建设现代后勤步伐，抓紧培养高素质新型军事人才，积极稳妥推进国防和军队改革，坚持依法治军、从严治军，全面提高以打赢信息化条件下局部战争能力为核心的完成多样化军事任务能力。要加快建设现代化武装警察力量。要深化全民国防教育，加强国防动员和后备力量建设，巩固和发展军政军民团结。

我们要一如既往坚持“一国两制”、“港人治港”、“澳人治澳”、高度自治的方针，全力支持香港特别行政区政府、澳门特别行政区政府依法施政、发展经济、改善民生，推进香港、澳门同内地的交流合作，团结一切爱国爱港、爱国爱澳力量，保持香港、澳门长期繁荣稳定。我们要牢牢把握两岸关系和平发展主题，全面深化两岸交流合作，扩大两岸各界往来，共同反对和遏制“台独”分裂活动，为两岸同胞谋幸福，为中华民族创未来。

同志们、朋友们！

环顾全球，和平、发展、合作的时代潮流没有变，但世界和平与发展面临诸多挑战。共同分享发展机遇，共同应对各种风险，推动建设持久和平、共同繁荣的和谐世界，是各国人民的共同愿望。

中国共产党和中国人民历来是促进世界和平与发展的积极力量。为人类作出应有贡献，是中国共产党和中国人民早就作出的庄严承诺。我们将坚持不懈为人类和平与发展的崇高事业作出自己的努力，争取对人类作出新的更大的贡献。

中国外交政策的宗旨是维护世界和平、促进共同发展。我们将继续坚持独立自主的和平外交政策，始终不渝走和平发展道路，始终不渝奉行互利共赢的开放战略，在和平共处五项原则的基础上同所有国家发展友好合作，维护发展中国家正当要求和共同利益，积极参与多边事务，推动国际政治经济秩序朝着更加公正合理的方向发展。我们将坚定不移实行对外开放的基本国策，完善开放型经济体系，全面提高开放型经济水平，加强同世界各国的互利合作，继续以自己的和平发展促进各国共同发展。

中国共产党将在独立自主、完全平等、相互尊重、互不干涉内部事务原则的基础上，同各国各地区政党和政治组织发展交流合作，相互学习借鉴治国理政经验，促进国家关系发展。

同志们、朋友们！

回顾我们党90年的发展历程，我们有一个共同的感觉，这就是，我们党从成立之日起，就始终代表广大青年、赢得广大青年、依靠广大青年。我们党的创始人之一李大钊说过，为世界进文明，为人类造幸福，以青春之我，创建青春之人类。我们党的创始人，一代又一代中国共产党人，大多数都是从青年时代就满腔热血参加了党，决心为党和人民奋斗终身。我们党的队伍里始终活跃着怀抱崇高理想、充满奋斗激情的青年人，这是我们党历经90年风雨而依然保持蓬勃生机的一个重要保证。青年是祖国的未来、民族的希望，也是我们党的未来和希望。全党都要关注青年、关心青年、关爱青年，倾听青年心声，鼓励青年成长，支持青年创业。党对青年寄予厚望，人民对青年寄予厚望。全国广大青年一定要深刻了解近代以来中国人民和中华民族不懈奋斗的光荣历史和伟大历程，永远热爱我们伟大的祖国，永远热爱我们伟大的人民，永远热爱我们伟大的中华民族，坚定理想信念，增长知识本领，锤炼品德意志，矢志奋斗拼搏，在人生的广阔舞台上充分发挥聪明才智、尽情展现人生价值，让青春在为党和人民建功立业中焕发出绚丽光彩。

同志们、朋友们！

90年前，中国共产党只有几十个成员，国家贫穷落后，人民苦不聊生。今天，中国共产党已经拥有8000多万党员，国家繁荣昌盛，人民幸福安康。90年来，我们党取得的所有成就都是依靠人民共同奋斗的结果，人民是真正的英雄，这一点我们永远不能忘记。

我们完全有理由为党和人民取得的一切成就而自豪，但我们没有丝毫理由因此而自满，我们决不能也决不会躺在过去的功劳簿上。

在21世纪上半叶，我们党要团结带领人民完成两个宏伟目标，这就是到中国共产党成立100年时建成惠及十几亿人口的更高水平的小康社会，到新中国成立100年时建成富强民主文明和谐的社会主义现代化国家。我们肩膀上的担子重、责任大。全党同志要牢记历史使命，永远保持谦虚、谨慎、不骄、不躁的作风，永远保持艰苦奋斗的作风，勇于变革、勇于创新，永不僵化、永不停滞，不动摇、不懈怠、不折腾，不为任何风险所惧，不被任何干扰所惑，坚定不移沿着中国特色社会主义道路奋勇前进，更加奋发有为地团结带领全国各族人民创造自己的幸福生活和中华民族的美好未来！

在国务院第三次廉政工作会议上的讲话（节选）

（2010年3月23日）

温家宝

这次国务院廉政工作会议的主要任务，是贯彻落实十七届中央纪委第五次全会和胡锦涛总书记在会上的重要讲话精神，总结2009年、部署2010年政府系统反腐倡廉工作。

2009年是新世纪以来我国经济发展最为困难的一年。在党中央的坚强领导下，全国各族人民同心同德、共克时艰，应对国际金融危机取得明显成效，经济社会保持平稳较快发展，改革开放继续深化，人民生活进一步改善，社会保持和谐稳定。一年来，各级政府认真贯彻落实中央关于反腐倡廉的部署和要求，紧紧围绕保增长、保民生、保稳定这条主线，全面推进反腐倡廉建设，取得了新成效。一是保障中央重大决策部署的贯彻落实。对政府投资项目、灾后重建项目、“三农”补贴等实施全程监管，加强对家电下乡、汽车摩托车下乡等政策落实的监督检查，严肃查处非法批地、低价出让土地获取利益的案件。二是加强立法和制度建设。中办、国办下发了《关于实行党政领导干部问责的暂行规定》和《国有企业领导人员廉洁从业若干规定》等文件。三是认真解决损害群众利益的突出问题。查处教育、医疗等行业乱收费工作力度继续加大。治理公路乱收费取得新进展。全国共取消评比达标表彰项目7万余项，占项目总量的97.5%。四是大力压缩行政开支。年初确定的压缩行政经费指标基本完成，因公出国出境团组、人次和经费数与近3年平均数相比都下降30%以上。在全国范围内深入开展的“小金库”治理，取得了阶段性成果。五是严肃查处了一批影响恶劣的大案要案，严厉惩处了腐败分子。扎实开展治理商业贿赂和工程建设领域突出问题专项工作。在推进政务公开、行政问责和重点领域改革等方面也取得新的进展。

但是我们也要清醒地看到，反腐倡廉形势依然严峻。土地审批出让、矿产资源开发、公共工程建设、企业重组改制、金融等领域腐败现象仍然易发多发，教育、医疗、社保、环保等社会事业和民生领域腐败案件增多，少数中央企业的腐败案件影响恶劣，执法不公、行政不作为乱作为等问题比较突出，形式主义、官僚主义严重，奢侈浪费之风屡禁不止。产生这些问题的深层次原因，是权力过于集中又得不到有效约束，关键是有些制度不够完善，有些制度落实得不好。加强反腐倡廉建设，健全制度很重要，提高制度执行力和约束力更为重要。

今年我国改革发展稳定任务繁重。加强反腐倡廉建设，是完成各项任务的重要保证，也是人民群众的深切期盼。各级政府要坚持以邓小平理论和“三个代表”重要思想为指导，深入贯彻落实科学发展观，认真落实中央关于反腐倡廉的各项部署，标本兼治、综合治理、惩防并举、注重预防，以重点领域和关键环节为突破口，加强制度建设，强化对行政权力运行的监督和制约，推动反腐倡廉取得新成效。重点抓好以下方面工作：

一、强化政府投资项目和公共资金监管

今年我们将继续实施积极的财政政策和适度宽松的货币政策，一批重大在建工程需要继续投入，一些薄弱环节要进一步加强，保障和改善民生等重点支出大幅度增加。政府投资数额大、项目多，社会高度关注。这些资金一分一厘都来自于民，必须管好用好，防止发生损失浪费和腐败问题。

一是继续加强公共工程项目监管。对铁路、公路、机场、城建项目和地震灾后恢复重建等重点领域，要实施全过程监管，及时发现和纠正问题。要进一步健全政府投资的社会监督机制，及时向社会公开有关信息，主动接受社会各界监督，使每项公共工程都成为阳光工程、廉洁工程和安全工程。

二是加强民生和社会事业领域公共资金监管。今年财政性社会保障支出大幅度提高，保障性安居工程建设规模扩大，医药卫生体制改革近期五项重点工作全面推进，教育改革与发展中长期规划发布实施。这些方面财政投入数额都很大，必须加强监管，确保把好事办好，让人民群众真正得到实惠。要加强对政府保障性住房建设、管理和分配的监督检查，督促落实资金和土地供应，保证建设项目顺利实施。要强化对社保基金、住房公积金、扶贫和救灾资金以及政府其他专项资金的财政和审计监督，规范资金管理和运行，确保资金安全，决不能出现任何差错。要继续加强对

"三农"资金监管，确保中央强农惠农政策落实到位。坚决纠正向农民乱收费、乱罚款和乱摊派行为。要规范教育资金使用，规范学校收费行为，严格落实阳光招生制度。公立医疗卫生机构要全面实行药品网上集中招标采购，进一步规范医疗服务收费，坚决查处各种乱加价、乱收费和开单提成等行为。

三是推进公共资源配置领域的制度建设。国有土地使用权和矿业权出让，是公共资源配置最重要的两个领域，也是腐败易发高发领域。要完善土地使用权市场公开交易制度，经营性用地和工业用地都必须依法采取公开招标、拍卖、挂牌等方式出让。对于各类公益性用地，要完善相关制度和监管办法，严禁随意变更土地用途。加快推进探矿权、采矿权等矿业权出让市场化进程。

四是深入开展工程建设领域专项治理。去年 7 月，中央决定用两年左右时间，集中开展工程建设领域突出问题专项治理。今年要以政府投资和使用国有资金的项目为重点，加强制度建设和监督管理，着力解决违规审批、未批先建以及决策……的违规征地拆迁、截留克扣补偿金等问题。

…………

二、加强国有企业和国有金融机构反腐倡廉建设

国有企业和国有金融机构在我国国民经济中发挥着重要作用，也是占有和使用公共资源、垄断资源较多的部门。近年来国有企业和国有金融机构腐败案件时有发生，一些垄断行业薪酬过高，与其他行业职工收入差距过大。对此，必须采取有效措施切实加以规范和治理。一要落实国有企业负责人薪酬管理相关规定，合理确定国有企业负责人和高层管理人员基本年薪，使其收入与本企业职工收入保持合理比例；合理确定垄断行业职工收入，使其与其他行业职工收入保持合理比例。进一步规范企业负责人补充保险和职务消费。对企业负责人经营业绩进行全面科学的考核，避免绩效年薪不合理增长。要建立健全国有企业、国有金融机构领导人员和高层管理人员收入公开制度。二要严格执行中办、国办 2009 年下发的《国有企业领导人员廉洁从业若干规定》，进一步完善国有企业和国有金融机构领导人员报告个人有关事项等制度。三要加强对国有企业和国有金融机构主要负责人的监督管理，强化经济责任审计。充分发挥国有资产监管部门、纪检监察机关和审计部门、职工代表大会等方面的作用，形成监督合力。

国有企业和国有金融机构要带头执行中央的方针政策，集中精力搞好主业，收缩一般竞争性领域投资，加大战略性新兴产业研发投入，努力占领经济科技发展的制高点。有关部门要深入研究、完善政策，规范国有企业在房地产领域的投资行为。

加强国有企业和国有金融机构反腐倡廉建设，还要进一步健全国有资产监管体系，完善国有资本经营预算、企业业绩考核、境外国有资产监管、资产损失责任追究等制度，加强对重要经营领域和关键管理环节的监督。坚持重大事项集体决策制度。加强对企业兼并重组过程的监督，依法规范操作，防止国有资产流失，维护职工合法权益。

三、加强行政程序的制度建设

按法定程序办事，是依法行政的重要内容，也是依法行政的重要保障。当前征地拆迁、行政执法等领域侵犯群众利益的突出问题，许多都是不按程序办事或程序不规范造成的。依法规范政府行为，既要规范做什么，也要规范怎么做。没有程序公正，就很难保证实体公正和结果公正。

今年，各级政府要把建立和完善行政程序，作为推进依法行政和政府立法的重点任务。行政立法、决策、执法、监督都要有规范的程序。推进科学民主立法和决策，关键是完善立法和决策程序，把公众参与、专家咨询、合法性审查、集体讨论决定作为必经程序加以规范。行政执法更要注重程序。只有将执法的每一个环节、实施步骤程序化，才能让执法人员有所遵循，才能避免执法的随意性。要进一步完善行政监督程序，让人民群众知道怎么监督政府，拓宽人民群众向政府提出意见和建议的渠道。没有程序的民主，就没有实质的民主。各类行政程序都要向社会公开，所有行政行为都要接受社会监督，让行政权力按规范的程序在有效监督下运行。各级政府及工作人员特别是领导干部，必须树立程序意识，严格按程序办事。对违反行政程序损害群众利益或造成严重后果的行为，要加大查处力度，依纪依法追究责任。

四、加强政风建设

政风建设是政府反腐倡廉建设十分重要的方面。要从以下几个方面入手，促使各级政府机关和领导干部的工作作风有一个明显的改进。

一是大力精简会议和文件。这个问题讲了多年，抓了多年，但不断反复。会议多、文件多、讲话多，不仅造成很大浪费，也耗费了各级政府和领导干部大量时间和精力。必须下决心解决这个问题。这里我重申几点要求：今后，国务院领导同志原则上不参加部

门的会议。从严控制以国务院名义及各部门召开的全国性会议。各类会议经费支出要全部纳入预算管理。要开短会、讲短话、发短文。尽量开电视电话会议，能用发文和通知形式解决问题的就不要开会。今后国务院要充分利用政府网站发文，通过媒体公开发布的文件，不再下发纸质文件。要全面清理有关规定，抓紧研究形成一个制度，由国务院颁布执行。

二是严格控制庆典、论坛等活动。国务院及各部门领导同志，原则上不参加企业和社会上举办的庆典、论坛活动，不为这类活动题词，不发贺信、贺电。确实需要的，要按程序报批。对政府部门和国有企事业单位举办、参与和赞助举办庆典、论坛、商业演出等活动，要从严控制，严格管理和规范。

三是从严控制“三公”消费。今年要继续对公务接待、公车使用、因公出国出境经费实行量化指标控制。中央部门公用经费统一压缩5%，项目支出原则上按零增长控制，出国出境、车辆购置及运行、公务接待经费，都要有所减少。要严格执行公务接待的有关规定，加大监督检查力度，包括接受群众和社会舆论监督。严格控制楼堂馆所建设，禁止高档装修办公楼。在严格规范公务用车配备使用的同时，加快推进公务用车配备使用制度改革。现在乘用车社会化服务不断完善，家用轿车日益普及，已经具备了改革的条件。近年来一些地方进行了不同形式的探索，要鼓励各地从当地实际出发推进这项改革。中央机关也要抓紧研究改革方案，争取尽早推出。

同时，要继续纠正损害群众利益的不正之风。认真解决征地拆迁、环境保护、安全生产、食品药品安全、企业重组改制、劳动争议、涉法涉诉等领域损害群众利益的突出问题。严肃查处重大责任事故、群体性事件以及各类损害群众利益问题背后存在的干部徇私枉法、失职渎职、提供“保护伞”等违纪违法行为。

五、加强领导干部廉洁自律

防治腐败首先要从领导干部抓起。今年1月，针对领导干部廉洁自律方面的新情况新问题，中央颁布了重新修订的《中国共产党党员领导干部廉洁从政若干准则》，完善了党员领导干部廉洁从政行为规范。党的十七届四中全会明确要求把住房、投资、配偶子女从业等情况列入党员领导干部报告个人有关事项的内容。党中央、国务院将于近期作出专门规定，要认真抓好落实。

中央颁布的《廉政准则》以及领导干部报告个人有关事项规定，是规范领导干部从政行为、加强对领导干部管理和监督的重要制度。国务院和各级人民政府要全面贯彻执行。各级领导干部特别是主要领导干部要带头执行并接受监督。今年要在政府系统进行一次《廉政准则》学习教育活动，认真查找领导干部廉洁从政方面的薄弱环节和问题，采取有效措施加以解决。要加强对《廉政准则》和领导干部报告个人有关事项制度、收入申报制度执行情况的监督检查，严格管理措施，不能流于形式；对违反规定的，要及时纠正并严肃处理。

六、坚决查办违纪违法案件

严肃查处违纪违法案件，是惩治腐败最直接最有力的手段，这一手任何时候都不能放松。一要进一步拓宽发现腐败案件线索的渠道。高度重视人民群众来信来访工作，完善举报人和证人保护制度，健全网络举报和受理机制，发挥群众在惩治和预防腐败中的积极作用。注重从巡视、审计等渠道发现线索，对各类媒体反映的有价值线索要认真调查处理。二要突出重点查办大案要案。特别要严肃查办发生在领导机关和领导干部中的官商勾结、权钱交易案件，利用职权插手和干预城乡规划、建设项目审批、土地审批和出让、矿产资源开发、招标投标等谋取非法利益案件，重大安全生产事故、食品药品安全事件背后的失职渎职和腐败案件。深入查办重点领域的商业贿赂案件。要始终保持惩治腐败的高压态势，严厉惩处腐败分子。加大追逃和赃款赃物追缴力度，决不让腐败分子逍遥法外，决不让他们得到任何不法之财。

中央对反腐倡廉建设提出了新的更高要求，各地区、各部门、各单位要切实加强领导，狠抓工作落实。认真执行党风廉政建设责任制，各级政府和部门的主要领导干部要履行好第一责任人的政治责任，领导班子其他成员要抓好职责范围内的反腐倡廉工作。要加强对反腐倡廉各项制度落实情况的监督检查。监察、审计部门要充分发挥职能作用，严格执纪执法。

同志们，反腐倡廉责任重大，任务艰巨。我们要在以胡锦涛同志为总书记的党中央领导下，高举中国特色社会主义伟大旗帜，加强领导，狠抓落实，开拓创新，不断推进政府系统廉政建设和反腐败斗争取得新成效。

广泛深入宣讲党的十七届六中全会精神　推动兴起学习宣传贯彻全会精神的热潮（节选）

李长春

党的十七届六中全会一闭幕，各地各部门立即兴起了传达学习和贯彻落实全会精神的热潮。为深入推进全会精神的学习宣传贯彻，中央决定由中宣部会同有关部门组成中央宣讲团赴各地进行宣讲。相信同志们一定能够按照中央要求，出色圆满地完成全会精神的宣讲任务。

下面，我就深入学习宣传贯彻党的十七届六中全会精神、做好全会精神宣讲工作讲几点意见。

一、充分认识宣讲党的十七届六中全会精神的重要意义，以高度的责任感使命感做好宣讲工作

党的十七届六中全会，是在我国进入全面建设小康社会的关键时期和深化改革开放、加快转变经济发展方式的攻坚时期召开的一次极为重要的会议，对于党和国家事业发展具有重大而深远的意义。全会审议通过的《中共中央关于深化文化体制改革、推动社会主义文化大发展大繁荣若干重大问题的决定》，对文化改革发展进行了战略部署，充分体现了我们党对所肩负的历史使命的深刻把握、对国内外形势的科学判断、对文化建设的高度自觉，是当前和今后一个时期指导我国文化改革发展的纲领性文件。胡锦涛总书记在全会上发表的重要讲话，全面回顾了一年来中央政治局的工作，深刻阐述了关系党和国家长远发展的重大问题，就贯彻落实全会精神、做好党和国家各方面工作、以优异成绩迎接党的十八大召开提出了明确要求，为促进党和国家事业发展指明了前进方向。围绕学习贯彻全会精神集中开展宣讲活动，对于用全会精神统一思想、凝聚力量，对于加快文化改革发展、推进社会主义文化大发展大繁荣，都具有十分重要的现实意义。

1. 组织开展宣讲活动，是营造浓厚社会氛围、进一步兴起学习宣传贯彻全会精神热潮的迫切需要。把中央的决策部署传达到广大干部群众中去，是贯彻落实全会精神的重要前提，也是全党全社会的热切期盼。认真学习宣传贯彻党的十七届六中全会精神，走中国特色社会主义文化发展道路，推动社会主义文化大发展大繁荣，兴起社会主义文化建设新高潮，是一项重大而紧迫的政治任务。组织中央宣讲团赴全国各地宣讲，是贯彻落实中央决策部署的一项重要举措，是把全会精神宣传到群众中去的重要途径和有效方式。中央宣讲团规格高、影响大，权威性、指导性都很强，具有重要示范意义和引领作用，有利于进一步兴起学习宣传贯彻全会精神的热潮，有利于带动各地搞好面向基层群众的宣讲活动。我们一定要按照中央要求，认真扎实地做好全会精神的宣讲，为贯彻落实全会精神营造有利的舆论环境和良好的社会氛围。

2. 组织开展宣讲活动，是进一步凝聚社会共识、把广大干部群众的思想更好地统一到全会精神上来的迫切需要。思想上的高度统一，是行动上高度自觉的前提。全会充分发扬民主，集中全党智慧，系统总结我们党领导文化建设的成就和经验，全面分析文化改革发展面临的形势和任务，阐述了中国特色社会主义文化发展道路的深刻内涵，确立了建设社会主义文化强国的战略目标，提出了新形势下推进文化改革发展的指导思想、重要方针、目标任务、政策措施，在理论上有新概括，在政策上有新突破，在举措上有新实招，具有很强的政治性、战略性、指导性。深刻领会全会精神，需要紧密联系改革发展实际，紧密联系干部群众思想实际，从理论与实践、国际与国内、历史与现实的结合上，对有关重大问题进行全面透彻的阐释、深入浅出的解读。只有通过广泛深入的宣讲，把全会提出的一系列新思想、新观点、新举措讲透彻讲明白，把工作部署和工作要求说充分说清楚，才能使广大干部群众不断深化对全会精神的领会和理解，不断提高对文化建设地位作用的认识和把握，增强贯彻落实全会精神、推动文化改革发展的自觉性和坚定性。

3. 组织开展宣讲活动，是推动工作实践、把全会提出的各项任务落到实处的迫切需要。深入学习宣传贯彻全会精神，要把武装头脑、指导实践、推动工作作为出发点和落脚点，使全会精神转化为广大干部群众推进文化改革发展的自觉行动。文化改革发展是一个理论性和实践性都很强的工作，全会既从理论上阐明了文化改革发展的重大问题，又从实践上提出了实实在在的政策措施。这些政策措施立足我国文化改革发展实际，反映了经济社会发展的趋势和要求，顺应了人民群众对文化建设的关切和期盼，具有很强的指导性和操作性。把全会提出的各项任务贯彻好、落实好，需要深刻分析这些政策措施的背景依据和重要作用，深入解读落实这些政策措施的途径办法和具体要求，充分说明这些政策措施为人民群众带来的实实在在的好处。只有通过广泛深入的宣讲，才能使广大干部群众更好地理解和落实这些政策措施，转化为破解文化发展难题的强大动力，加快文化改革发展步伐。

4. 集中开展宣讲活动，是党的理论创新成果和重大方针政策宣传的基本方式，是理论武装的一个成功创新。党的十六大以来，中央先后组织了学习贯彻十六大精神、学习贯彻“三个代表”重要思想、学习贯彻十七大精神、学习贯彻十七届五中全会精神等四次重大宣讲活动。实践证明，每一次重大宣讲活动，都有力地推动了在全党全社会兴起学习宣传中央精神的热潮，有力地推动了广大干部群众对中央精神的学习领会，有力地推动了中央重大决策部署的贯彻落实，受到广大干部群众的热烈欢迎。组织学习贯彻党的十七届六中全会精神宣讲活动，就是对这种宣传教育形式的坚持和运用，是用发展着的马克思主义指导实践，推动党的创新理论深入人心的重要举措。这次全会，是新中国成立以来我们党首次集中研究部署文化改革发展工作，十分需要通过宣讲推动全会精神的贯彻落实，动员广大干部群众积极投身文化改革发展。我们一定要深刻认识宣讲工作的重大意义，高度重视，认真对待，以强烈的责任感使命感和饱满的工作热情，落实好中央交给的这项重大任务。

二、全面准确地宣讲党的十七届六中全会精神，切实用全会精神统一思想、凝聚力量

党的十七届六中全会主题重大、内涵丰富，涉及文化改革发展的各个领域、各个方面。宣讲过程中，要紧紧围绕胡锦涛总书记在全会上的重要讲话和全会通过的《决定》，全面准确地宣讲全会精神，着力引导广大干部群众进一步解放思想，转变观念，抓住机遇，乘势而上，以更加昂扬的精神状态、更加扎实的工作举措，不断巩固和发展文化繁荣发展的良好势头，在新的历史起点上开创文化建设新局面。特别要突出以下几个方面的主要内容。

1. 要全面准确地宣讲文化改革发展面临的形势和任务，着力引导广大干部群众树立高度的文化自觉和文化自信。全会全面总结了改革开放特别是党的十六大以来我国文化建设取得的历史性成就，精辟分析了文化建设面临的新形势新任务，深刻阐述了推进文化改革发展的重要性和紧迫性。这为广大干部群众认清发展机遇、积极应对挑战、加快推进文化改革发展提供了根本依据，明确了目标方位。要紧紧围绕全会关于文化改革发展形势任务的重要论述，深入阐释我国文化建设不断取得新成就，显著提高了全民族思想道德素质和科学文化素质、促进了人的全面发展，显著增强了国家文化软实力，为坚持和发展中国特色社会主义提供了强大精神力量；深入阐释当今世界正处在大发展大变革大调整时期，各种思想文化交流交融交锋更加频繁，文化在综合国力竞争中的地位和作用更加凸显，维护国家文化安全任务更加艰巨，增强国家文化软实力、中华文化国际影响力要求更加紧迫；深入阐释文化越来越成为民族凝聚力和创造力的重要源泉、越来越成为综合国力竞争的重要因素、越来越成为经济社会发展的重要支撑，丰富精神文化生活越来越成为我国人民的热切愿望；深入阐释在新的历史起点上深化文化体制改革、推动社会主义文化大发展大繁荣，关系实现全面建设小康社会奋斗目标，关系坚持和发展中国特色社会主义，关系实现中华民族伟大复兴。要通过深入宣讲，具体阐释进入新世纪后我国文化改革发展的形势很好，取得了历史性成就，同时也要看到，总体上讲，我国文化建设同经济发展和人民日益增长的精神文化需求还不完全适应，同推动科学发展、促进社会和谐的要求还不完全适应，同扩大对外开放的新形势还不完全适应，同现代传播技术迅猛发展的新趋势还不完全适应，引导广大干部群众进一步提高思想认识，增强推进文化改革发展的责任感、使命感、紧迫感，自觉把文化繁荣发展作为坚持发展是硬道理、发展是党执政兴国第一要务的重要内容，作为深入贯彻落实科学发展观的一个基本要求，摆在全局工作的重要位置，纳入经济社会发展总体规划，进一步推动文化建设与经济建设、政治建设、社会建设以及生态文明建设协调发展。

2. 要全面准确地宣讲推进文化改革发展的指导思想和重大方针，着力引导广大干部群众牢牢把握文化建设的前进方向和基本遵循。全会鲜明提出了推进文化改革发展的指导思想，强调要全面贯彻党的十七大精神，高举中国特色社会主义伟大旗帜，以马克思列宁主义、毛泽东思想、邓小平理论和“三个代表”重要思想为指导，深入贯彻落实科学发展观，坚持社会主义先进文化前进方向，以科学发展为主题，以建设社会主义核心价值体系为根本任务，以满足人民精神文化需求为出发点和落脚点，以改革创新为动力，发展面向现代化、面向世界、面向未来的，民族的科学的大众的社会主义文化，培养高度的文化自觉和文化自信，提高全民族文明素质，增强国家文化软实力，弘扬中华文化，努力建设社会主义文化强国。全会还同时提出了“五个坚持”的重要方针，即坚持以马克思主义为指导、坚持社会主义先进文化前进方向、坚持以人为本、坚持把社会效益放在首位、坚持改革开放。这个指导思想和“五个坚持”的重要方针，抓住了文化建设的关键和根本，为推进新形势下文化改革发展提出了总的要求，明确了基本思路，指明了发展方向。要紧紧围绕全会提出的指导思想和重要方针，

深入阐释这是我们党90年来领导文化工作基本经验的深刻总结，具有充分科学依据；深入阐释这是对坚持中国特色社会主义文化发展道路的基本要求，具有长远指导意义；深入阐释它们是相互联系、有机统一的整体，具有丰富思想内涵。要通过深入宣讲，引导人们准确理解和自觉遵循推进文化改革发展的指导思想和重要方针，切实贯穿到文化建设的全过程和各方面，确保文化改革发展始终沿着正确方向前进。

3. 要全面准确地宣讲中国特色社会主义文化发展道路的深刻内涵和基本要求，着力引导广大干部群众坚定在坚持和发展中国特色社会主义伟大实践中进行文化创造的信念。全会深入总结改革开放特别是党的十六大以来我国文化建设的实践探索，深刻把握文化发展的特点和规律，科学概括和深刻阐述了中国特色社会主义文化发展道路，这是全会《决定》的鲜明主题和突出亮点，也是全会的一个重大贡献。中国特色社会主义文化发展道路的提出，进一步回答了我国文化建设走什么路、朝着什么样的目标迈进这个重大问题，进一步指明了我国文化建设的前进方向和发展路径，是对中国特色社会主义道路的深化和拓展。要紧紧围绕全会关于中国特色社会主义文化发展道路的论述，深入阐释中国特色社会主义文化发展道路反映了党的性质宗旨，体现了我国文化发展方向，凝结着中华民族优秀历史文化传统，吸收了人类文明有益成果，适应了增强国家文化软实力的战略需要，符合我国国情、顺应时代要求、具有鲜明的中国特色和实践特色；深入阐释中国特色社会主义文化发展道路关于文化发展性质、发展目的、发展动力、发展思路、发展格局、发展保障等方面提出的新思想新观点新论断；深入阐释坚持中国特色社会主义文化发展道路“四个必须”的基本要求，即必须坚持以马克思主义为指导，必须发挥人民在文化建设中的主体作用，必须继承和发扬中华优秀文化传统，必须坚持一手抓公益性文化事业、一手抓经营性文化产业。把文化建设区分为公益性文化事业和经营性文化产业两个方面，是以胡锦涛同志为总书记的党中央在领导文化建设上的重要创新，廓清了过去长期以来我们在文化建设上的思想迷雾，确定了公益性文化单位和经营性文化单位的不同功能，对文化建设中政府职责和市场功能进行了科学定位，明确了文化建设的基本思路，就是公益性文化事业和经营性文化产业“两手抓”、“两加强”，最大限度地满足人民日益增长的精神文化需求，这是中国特色社会主义文化发展道路的重要理论和实践创新。要通过深入宣讲，引导人们深刻理解这条文化发展道路的科学性和历史必然性，充分认识这是发展社会主义先进文化、实现中华文化繁荣兴盛的唯一正确道路，引导人们坚定自觉地沿着这条文化发展道路不断谱写文化建设的新篇章。

4. 要全面准确地宣讲建设社会主义文化强国的战略目标和到2020年的奋斗目标，着力引导广大干部群众以巨大热情投身文化改革发展事业。全会深刻把握我国文化建设实际和发展趋势，明确提出了建设社会主义文化强国的战略目标，指出要推动社会主义先进文化更加深入人心，推动社会主义精神文明和物质文明全面发展，不断开创全民族创造活力持续迸发、社会文化生活更加丰富多彩、人民基本文化权益得到更好保障、人民思想道德素质和科学文化素质全面提高的新局面，建设中华民族共有精神家园，为人类文明进步作出更大贡献。全会还提出了到2020年文化改革发展的阶段性目标，规划了今后十年文化改革发展的基本要求和主要指标。这一长远战略和阶段性目标，描绘了我国文化大发展大繁荣的宏伟蓝图，体现了坚持和发展中国特色社会主义的内在要求，反映了全国各族人民的共同愿望。要紧紧围绕全会提出的这一文化发展战略目标，深入阐释建设社会主义文化强国与我国深厚文化底蕴和丰富文化资源相匹配、与中国特色社会主义事业总体布局相适应、与建设富强民主文明和谐的社会主义现代化国家的目标相衔接，具有强大的感召力和推动力；深入阐释到2020年文化改革发展的奋斗目标，体现了全面建设小康社会目标的新要求，具有很强的前瞻性、战略性、针对性和可操作性，必将为建设社会主义文化强国打下坚实基础。要通过深入宣讲，生动展示中华文化繁荣兴盛的美好前景，激发人们投身文化建设的创造热情，凝聚起推进文化改革发展的强大力量，动员人们立足当前、着眼长远，为实现这些目标而共同努力。

5. 要全面准确地宣讲新形势下推进文化改革发展的主要任务和重大举措，着力引导广大干部群众奋力开创文化建设新局面。全会深入总结近年来文化建设的丰富实践，从推进社会主义核心价值体系建设、推动文化创作繁荣发展、发展公益性文化事业、加快发展文化产业、进一步深化改革开放、建设宏大文化人才队伍六个方面，明确了当前和今后一个时期文化改革发展的主要任务，提出了一系列战略举措和政策措施。这六个方面，抓住了当前我国文化建设中带有全局性、根本性、战略性的重大问题，抓住了当前亟待解决的突出矛盾和干部群众普遍关心的热点问题，是深入推进文化改革发展的重要突破口，是实现社会主义文化大发展大繁荣必须抓紧推进的重大任务。要紧紧围绕这几个方面，深入阐释全会提出的一系列重大战略部署和政策举措的主要内容，深入阐释落实好这些战略任务的具体要求，深入阐释完成好这些任务对于推进文化改革发展的关键作用。要通过深入宣讲，推动各地各部门结合自身实际，进一步明确文化改革发展的具体思路，制定科学合理、切实可行的发展规划，落实好文化改革发展各项任务，奋力开创社会主义文化建设新局面。

这里，我想强调的是，在宣讲过程中，要注重突出建设社会主义核心价值体系这一根本任务。全会《决定》强调，社会主义核心价值体系是兴国之魂，是社会主义先进文化的精髓，决定着中国特色社会主义发展方向。这一重要论述，深刻揭示了社会主义核心价值体系在文化建设中的灵魂作用，是贯穿全会《决定》的一条红线。从精神生产的特有属性和内在规律来看，任何文化都是所包含的精神价值与承载这些精神价值的物质基础和传播形态之间的有机统一。文化的精神价值是文化的“魂”，决定着文化的性质和方向，是文化思想性的根本体现；承载文化精神价值的物质基础和传播形态是文化的“体”，是文化实现教育功能、以文化人的根本途径。当代中国文化的“魂”，就是社会主义核心价值体系。文化的“体”有多种形式，从大的方面讲，包括国民教育体系、公共文化服务体系、文化产业体系以及各种形式的文化产品和服务等。“魂”与“体”相互依存、相辅相成，统一于文化建设的实践中。离开了“魂”，“体”就没有精神价值的支撑，就会空洞无物，失去吸引力、影响力，甚至偏离正确方向；离开了“体”，“魂”就无所依附，难以传播，文化的精神价值就难以实现。正确认识和把握文化“魂”和“体”的辩证关系，有助于进一步廓清对文化意识形态属性和商品属性、社会效益和经济效益、思想性知识性和艺术性观赏性等一些重要关系的模糊认识，进一步增强用社会主义核心价值体系统领文化建设的自觉性和坚定性，增强推动文化改革发展的责任感和紧迫感，不断加强文化载体建设，提高文化传播力，通过强“魂”健“体”，使社会主义核心价值体系这一兴国之魂广为传播、深入人心。因此，全会《决定》强调，要把社会主义核心价值体系融入国民教育、精神文明建设和党的建设全过程，贯穿改革开放和社会主义现代化建设各领域，体现到精神文化产品创作生产传播各方面，坚持用社会主义核心价值体系引领社会思潮，在全党全社会形成统一指导思想、共同理想信念、强大精神力量、基本道德规范。这体现了党的十六大以来中央对文化建设规律认识的进一步深化，是全会《决定》突出强调的一个重点，希望同志们一定要宣讲好。

三、深入把握宣讲工作的基本要求，高质量、高水平地完成好宣讲任务

宣讲好党的十七届六中全会精神，是一项光荣而重大的政治任务，责任很重，要求很高。当前，各地干部群众正在深入学习领会全会精神，迫切需要高水平的辅导报告，对中央宣讲团的宣讲期望很高。希望同志们认真总结运用以往宣讲的成功经验，既全面理解和深刻把握全会精神，又注重讲究宣讲艺术，增强宣讲的感染力和说服力。

一是认真备课、加强研讨，努力吃透全会精神实质。根据以往经验，做好宣讲工作，关键是要有一个高质量的宣讲稿。这次《党的十七届六中全会精神宣讲提纲》，是由参加全会文件起草的有关同志根据胡锦涛总书记重要讲话和全会《决定》编写的。大家要在深入学习领会胡锦涛总书记重要讲话和全会《决定》的基础上，参照中央审定的《宣讲提纲》，精心准备好自己的宣讲稿。重大问题要按照《宣讲提纲》统一口径，同时要充分发挥创造性，结合自身优势和专业特长，写出自己的理解和体会，体现个人风格。希望大家在集中备课时，开动脑筋，加强研讨，争取在有限时间内准备好自己的精品讲稿。

…………

四、切实加强宣讲工作的组织领导，确保宣讲活动扎实有效地展开

中央对组织好党的十七届六中全会精神宣讲活动十分重视。胡锦涛总书记亲自审定了宣讲工作方案。中央办公厅为组织好这次宣讲活动，专门向各地党委发出通知。我们一定要按照中央部署和要求，加强领导、精心组织，真正把全会精神的宣讲任务落到实处。

1. 认真做好宣讲活动的组织工作。各地要把组织好中央宣讲团在本地的宣讲活动，作为当前一项重要政治任务，抓好工作落实。要认真组织党政机关、企事业单位干部、理论工作者、基层文化单位工作者、高校师生和离退休干部参加听讲，做好有关协调和服务保障工作。中宣部要会同中央有关部门，统筹安排好中央宣讲团在全国各地的宣讲活动，制定具体方案，精心筹划、周密组织、做好服务，确保整个宣讲活动有计划、有步骤地推进。

2. 努力扩大中央宣讲团宣讲活动的覆盖面和影响力。中央组织高层次、高水平的宣讲团赴各地宣讲，对于各地干部群众学习领会六中全会精神，是一次难得的机会。要充分利用多种渠道，最大限度地发挥中央宣讲团宣讲报告会的作用、用好宣讲报告会的成果。

要在条件许可的情况下，尽可能多地组织干部群众参加报告会，多安排一些分会场，使更多的人听到中央宣讲团的报告。报告会后要组织好学习讨论，进一步加深对全会精神的领会和把握。要通过报刊、广播电视和互联网等途径，把宣讲内容传播到广大农村、城市社区和基层文化单位，通过向高校发放宣讲报告会光盘等形式，把宣讲内容传播到大学生思想政治课课堂。

3. 精心组织宣讲活动的宣传报道。做好宣传报道的过程，也是扩大宣讲影响、深化全会精神宣传的过程。要认真策划、加强协调，充分报道中央宣讲团成员的宣讲活动，报道各地对宣讲活动的热烈反响，报道宣讲活动取得的突出成效。中央和地方报刊、广播、电视、互联网等新闻媒体要在显著版面、重要时段安排宣讲活动的报道，形成合力、形成声势。要突出反映宣讲活动的热烈气氛，突出反映宣讲团成员和宣讲对象相互交流的生动场面，突出反映群众在听取报告后的切身感受，为兴起学习贯彻全会精神的热潮营造良好舆论环境。

4. 切实抓好面向基层的宣讲活动。中央宣讲团宣讲活动结束后，各地要按照中央《通知》要求，参照中央宣讲团的做法，选调理论和政策水平高、有较强宣讲能力的领导干部、理论工作者和党委讲师团的同志，组成宣讲团，分赴地（市）县，认真组织开展面向基层的宣讲活动。各级领导干部要带头学习、带头宣讲，深入机关、学校、企事业单位以及宣传文化部门，面对面地回答干部群众关心的问题，以实际行动带动广大干部群众的学习。在中央宣讲团备课的同时，中宣部举办了省区市党委宣传部、讲师团学习贯彻党的十七届六中全会精神研讨班，为各地宣讲全会精神培训骨干。各地也要抓好宣讲队伍的培训，组织开展集中备课，结合实际编写好宣讲稿，为广泛深入开展宣讲活动作好准备。

认真学习深刻领会全面贯彻党的十八大精神　促进经济持续健康发展和社会全面进步（节选）

李克强

党的十八大高举中国特色社会主义伟大旗帜，以邓小平理论、“三个代表”重要思想、科学发展观为指导，系统总结了党的十六大、十七大以来我国发展取得的历史性成就和宝贵经验，深刻分析了国内外形势，对我国改革开放和社会主义现代化建设作出了全面部署。

胡锦涛同志代表十七届中央委员会在党的十八大上所作的报告（以下简称《报告》）指出，十六大以来的十年，我们紧紧抓住和用好我国发展的重要战略机遇期，战胜一系列重大挑战，奋力把中国特色社会主义推进到新的发展阶段，巩固和发展了改革开放和社会主义现代化建设大局，提高了我国国际地位，彰显了中国特色社会主义的巨大优越性和强大生命力，增强了中国人民和中华民族的自豪感和凝聚力。十七大以来的五年，是我们在中国特色社会主义道路上奋勇前进的五年，是我们经受住各种困难和风险考验、夺取全面建设小康社会新胜利的五年，各方面工作都取得新的重大成就。这为我们全面建成小康社会打下了坚实基础。

《报告》强调，总结十年奋斗历程，最重要的就是我们坚持勇于推进实践基础上的理论创新，围绕坚持和发展中国特色社会主义提出一系列紧密相连、相互贯通的新思想、新观点、新论断，形成和贯彻了科学发展观。科学发展观是中国特色社会主义理论体系最新成果，是中国共产党集体智慧的结晶，是指导党和国家全部工作的强大思想武器。科学发展观同马克思列宁主义、毛泽东思想、邓小平理论、“三个代表”重要思想一道，是党必须长期坚持的指导思想。我们必须把科学发展观贯彻到我国现代化建设全过程、体现到党的建设各方面。

正如《报告》所指出，中国特色社会主义道路，中国特色社会主义理论体系，中国特色社会主义制度，是党和人民90多年奋斗、创造、积累的根本成就，是当代中国发展进步的根本方向。我们必须倍加珍惜、始终坚持、不断发展。坚持和发展中国特色社会主义，是贯穿党的十八大报告的一条主线。我们只有紧紧抓住这条主线，牢牢把握这条主线，把坚持和发展中国特色社会主义，作为学习贯彻十八大精神的聚焦点、着力点、落脚点，我们对十八大精神的学习才能更加深入，领会才能更加透彻，贯彻才能更加自觉，从而奋力开拓中国特色社会主义更为广阔的发展前景。

这次《报告》还提出，建设中国特色社会主义，必须全面落实经济建设、政治建设、文化建设、社会建设、生态文明建设五位一体总体布局。要以改革创新精神全面推进党的建设新的伟大工程，全面提高党的建设科学化水平。我们要认真学习、深刻领会、全面贯彻党的十八大精神，促进经济持续健康发展和社会全面进步，夺取中国特色社会主义新胜利。确保到2020年实现全面建成小康社会宏伟目标，进而到本世纪中叶建成富强民主文明和谐的社会主义现代化国家。

一、深刻认识我国发展面临的重要机遇和风险挑战

《报告》指出，我国进入全面建成小康社会决定性阶段，世情、国情、党情继续发生深刻变化，我们面临的发展机遇和风险挑战前所未有。这是对我国发展环境和阶段作出的重大判断。

综观国际国内大势，我国发展仍处于可以大有作为的重要战略机遇期。世界多极化、经济全球化深入发展，国际大环境总体上对我国发展有利，我国发展长期向好趋势没有改变。

一是我们已站在可以发挥综合优势的发展新起点。改革开放以来，我国现代化建设取得举世瞩目的伟大成就，经济发展不断跨上新台阶，人民生活持续改善，为继续前进奠定了雄厚的物质基础。工业化、信息化、城镇化、农业现代化深入发展，国内市场和区域开发空间广阔，经济结构转型加快，科技教育整体水平提高，劳动力素质改善，资金供给充裕，基础设施日益完善，生产要素综合优势将长期存在。我们有信心也有能力保持经济持续健康发展与社会全面进步。

二是经济发展日益成为各国利益交汇点。当前，国际金融危机影响仍然笼罩全球，发达经济体面临主权债务危机等问题。这对我们既是挑战，又是机遇。在应对金融危机中，各国都把发展经济作为优先课题。和平发展合作仍然是时代主题和趋势。中国的发展需要世界，世界的发展也需要中国。国家之间可能有竞争、有摩擦，但更需要合作，互利共赢是彼此利益的交汇处，这有利于我们在和平稳定的国际环境下发展自己。同时，世界经济政治格局发生深刻变化，全球合作向多层次全方位拓展，新兴市场国家和发展中国家整体实力增强，国际力量对比正朝着有利于维护世界和平方向发展。我国长期坚持开放合作的发展，自身的经济实力和国际影响力日益提升，已成为世界经济的重要力量。我们与各方利益汇合点会进一步集聚和扩大。

全面审视国内外环境，我国发展也处于面临诸多风险的矛盾凸显期。我国已进入深化改革开放、加快转变经济发展方式的攻坚时期，前进道路上的困难、问题和风险增多。国际竞争空前激烈，全球性矛盾和问题更加突出。这些都给我们带来许多重大挑战。

一是发展中不平衡不协调不可持续问题依然突出。我国已成为经济大国，但还不是经济强国。主要问题是，产业结构不合理，科技创新能力不强，经济增长过多依靠投资拉动，消费特别是居民消费不足，内需外需还不协调，城乡区域发展差距仍然较大。更为突出的是，能源资源消耗多，环境污染重，增长的质量和效益不高。这都表明，长期以来高投入、高消耗、高污染、低效益的增长方式已不可为继。不加快转变经济发展方式和调整经济结构，发展就难以持续。

二是进一步发展面临新的重大结构性问题。在我们这样一个有十几亿人口的发展中大国实现现代化，是一项前无古人的伟大事业，同时也面临着从未遇到的严峻挑战。世界上不少国家进入中等收入阶段后，出现了经济增长徘徊不前、贫富差距扩大、社会矛盾增多等重大结构性问题，这往往被称为“中等收入陷阱”。我国人均国内生产总值已达到中等收入国家水平，同样也面临这类挑战。在发展进程中，经济增长的制约条件增加，利益格局正在发生深刻变化，居民收入分配差距较大，影响群众切身利益的问题较多。同时，人民群众对提高生活质量、加强和改善公共服务提出了新期待。

三是国际环境不稳定不确定因素增多。目前，全球经济和贸易持续低迷，各种形式的保护主义抬头，金融市场和大宗商品价格剧烈波动，世界经济复苏将是一个缓慢而复杂的过程。与此同时，全球发展不平衡加剧，国际金融危机对原有的经济发展模式带来很大冲击，引发全球增长方式、供需关系、治理结构大的调整变化。发达国家在经济科技上占优势的压力将长期存在，全球产业和技术革命在给我们带来机遇的同时也带来挑战。此外，全球面临贫困、粮食安全、能源资源安全以及网络安全等非传统安全方面的挑战。世界仍然很不安宁，我国发展面临的外部环境严峻复杂。

总之，我国仍处于并将长期处于社会主义初级阶段的基本国情没有变，人民日益增长的物质文化需要同落后的社会生产之间的矛盾这一社会主要矛盾没有变，我国是世界最大发展中国家的国际地位没有变。我们要从全局和战略的高度，准确把握国内外发展大势，统筹国内国际两个大局，牢牢抓住并充分用好可以大有作为的重要战略机遇期，沉着应对并妥善处理好各种风险和挑战，促进经济持续健康发展和社会全面进步，把我国改革开放和社会主义现代化事业不断推向前进。

二、在深化改革开放中加快转变经济发展方式

《报告》明确提出了全面建成小康社会和全面深

化改革开放的目标，提出了加快完善社会主义市场经济体制和加快转变经济发展方式的任务。这“两个全面”、“两个加快”，体现了发展、改革、转变的有机结合，是我国现代化建设进入新阶段的新要求。首先，发展必须转变。我国经济总量已居世界前列，但经济发展付出的代价较大，粗放的增长方式已经到了非转不可的时候。转方式是发展的必由之路。其次，转变必须改革。体制机制不合理是制约转方式的最大障碍，转方式必须深化改革开放。改革开放30多年来我国发展取得巨大成就，靠的是改革开放；现在转方式、促发展，还要靠改革开放。第三，改革未有穷期。我们已进入转方式的关键期、发展的转型期和改革的深水区。在这个阶段上，改革的诉求与期待增多，改革的难度和复杂性加大，但改革的空间和潜力依然很大。加快转方式是我国经济社会领域一场深刻变革。必须把抓改革、促转变、谋发展更好地结合起来，深化改革开放，激发动力活力，使转变经济发展方式取得重大进展。重点要把握好以下几个方面关系。

（一）把握好速度与效益关系，注重提升增长质量。

以经济建设为中心是兴国之要，发展仍是解决我国所有问题的关键。我们追求的发展，是速度、质量、效益统一的发展。发展的质量和效益，应体现在企业利润的增加上，也应体现在劳动报酬、居民收入和财政收入的增长上。把推动发展的立足点转到提高质量和效益上来，关键要靠劳动生产率的提高。目前，我国劳动生产率仍然偏低，明显低于发达国家水平，也低于世界平均水平，还有很大的潜力可挖。必须大力推进经济结构战略性调整，促进经济与科技紧密结合，使经济发展更多依靠科技进步、劳动者素质提高、管理创新驱动，更多依靠现代服务业和战略性新兴产业带动，优化生产要素配置结构，合理调整收入分配格局，努力实现居民收入增长与经济发展同步、劳动报酬增长与劳动生产率提高同步，增强长期发展后劲，提高人民生活水平和质量。

（二）把握好内需与外需关系，立足扩大国内需求。

扩大内需是我国发展的战略基点，也是最大的结构调整。过去几年我们成功应对国际金融危机冲击，靠的是内需。在世界经济可能长期放缓的形势下，我们仍要靠扩大内需实现持续发展。扩大内需还与保障和改善民生密切相关，它能够开拓发展领域，创造社会财富，促进居民增收。从国际经验看，以内需为主也是大国发展的必由之路。我国作为世界上最大的新兴市场国家，蕴藏着巨大的需求潜力。我们积极扩大内需，不仅是自身发展的需要，而且有利于世界经济调整与发展。我国扩大内需是在开放条件下进行的，必须着眼全球配置资源和要素，更加充分地利用国际国内两个市场、两种资源，形成扩大内需和拓展外需良性互动。

（三）把握好投资与消费关系，着力拓展居民消费。

投资与消费失衡，是长期困扰我国发展的一个难题。我们说内需不足，在很大程度上体现为消费需求不足。近些年来，我国消费增长率低于投资增长率，消费率总体呈下降态势。而消费需求是最终需求，消费率长期偏低，不利于经济的良性循环和可持续增长。必须把扩大居民消费作为扩大内需的着力点，在增强消费能力、优化消费环境、培育消费热点等方面构建长效机制。同时要看到，投资对促进经济增长直接而有效，工业化、城镇化深入发展，需要合理的投资作支撑。必须不断优化投资结构，提高投资效益，更多地寻求投资与消费的结合点，实现增投资、扩消费、惠民生的一举多得。

需要指出的是，党的十八大首次把生态文明建设列入中国特色社会主义建设总体布局。这是深入贯彻落实科学发展观的战略抉择，是在发展理念和实践上的重大创新，也是加快转方式的紧要任务。生态文明建设不仅是一个重大发展问题，也是一个重大民生问题，它有利于改善生产生活环境、提高国家可持续发展能力。我们必须进一步提高认识，把生态文明建设放在突出位置，融入经济、政治、文化、社会建设各方面和全过程，着力推进绿色发展、循环发展、低碳发展，形成有利于节约环保的空间格局、产业结构、生产方式、生活方式，使经济发展更多依靠节约环保带动，使资源节约型、环境友好型社会建设取得重大进展，努力建设美丽中国，实现中华民族永续发展。

三、按照全面建成小康社会要求促进经济持续健康发展

经济持续健康发展是到2020年全面建成小康社会的首要目标。《报告》提出，要在发展平衡性、协调性、可持续性明显增强的基础上，实现国内生产总值和城乡居民人均收入比2010年翻一番。要从创新转型、城镇化、服务业、区域发展、粮食安全、资源环境等方面付诸努力，促进经济尽快走上主要依靠创新驱动、内生增长的轨道，实现经济持续健康发展，筑牢国家繁荣富强、人民幸福安康的基础。

（一）产业转型升级是创新发展的紧迫任务。

产业是实体经济的集合。我国总体上仍处于工业化中期，处于国际分工和产业链的中低端。面对传统优势减弱和日益激烈的国际竞争，迫切要求产业转型，在“中国制造”的基础上培育和发展“中国创造”。要

坚持走新型工业化道路，把优化产业结构作为主攻方向，加快传统产业转型升级，推动战略性新兴产业和先进制造业健康发展，推动企业跨行业、跨地区、跨所有制兼并联合和战略性改组，提高产业集中度，促进产业层次从低端走向中高端。要把实施创新驱动战略摆在国家发展全局的核心位置，密切跟踪并大力吸收全球创新资源和最新成果，全面推进自主创新，使创新成果在各领域和全社会得到推广应用，加强新技术、新产品研发及营销，通过市场开拓带动新兴产业发展。要特别注重农业科技创新，构建发展高产、优质、高效、生态、安全农业的技术体系，加快发展现代农业。创新驱动的传统产业升级与新兴产业崛起，必将为我国发展不断注入新的动力。

（二）城镇化是扩大内需的最大潜力。

我国城镇化率刚超过50%，如按户籍人口计算仅35%左右，远低于发达国家近80%的平均水平。差距就是潜力。从现代化发展规律看，今后一二十年我国城镇化率将不断提高，每年将有相当数量农村富余劳动力及人口转移到城市，这将带来投资的大幅增长和消费的快速增加，也会给城市发展提供多层次的人力资源。但城镇化不是简单的人口比例增加和城市面积扩张，更重要的是实现产业结构、就业方式、人居环境、社会保障等一系列由“乡”到“城”的重要转变。我们要积极稳妥地推进城镇化，注重提高城镇化质量，科学规划城市群规模和布局，促进大中小城市和小城镇合理分工、功能互补、集约发展。同时，努力为农民工及其家属提供基本公共服务，使农民能够转为市民。展望未来，城镇化是我国经济增长的巨大引擎。

（三）服务业是扩大就业的最大容纳器。

我国服务业发展仍然滞后，吸纳就业能力不强。第三产业产值和就业比重都明显低于发达国家水平，也低于不少发展中国家水平。同时，人口多、就业压力大是我国的基本国情，而随着制造业转型升级、劳动生产率继续提高，相对而言工业对劳动力的需求减弱，扩大就业必须从服务业上找更多出路。而服务业大多属于劳动密集型行业、中小微企业，是交通、流通、通信等城市功能的载体。做大做强服务业，能够增加就业，也有利于推进城镇化、扩大内需。更为重要的是，工业与服务业融合发展是现代产业发展的新趋势。工业分工协作越深化，对服务业需求就越大。深化企业主辅分离，把一些工业内部研发、设计、营销等环节剥离出去，成为效率更高的服务业主体，这有利于促进企业结构由“橄榄型”向“哑铃型”升级。我们必须完善政策措施和经营环境，推动生产性服务业和生活性服务业加快发展，促进服务业比重和水平大幅提高。服务业加快发展、持续繁荣，将成为我国经济增长的重要动力。

…………

四、加强社会建设和推进社会体制改革

《报告》指出，加强社会建设，是社会和谐稳定的重要保证，必须以保障和改善民生为重点，必须加快推进社会体制改革，推进社会管理创新。我们要从维护最广大人民根本利益的高度，加快健全基本公共服务体系，加快以保障和改善民生为重点的社会建设步伐，完善社会领域体制机制，更好推动社会主义和谐社会建设。

（一）更加自觉地把推动经济社会发展作为深入贯彻落实科学发展观的第一要义。

经济发展和社会发展相辅相成。改革开放以来，我国社会建设虽有很大进步，但仍是一块“短板”。这个问题解决不好，不仅会影响社会和谐稳定，也会拖经济发展的“后腿”。国际经验表明，经济发展并不能自动带来民生改善和社会进步。我国发展到今天，加强社会建设，既是提高民生质量的迫切需要，也是建设现代国家的基本要求。现在我们也有条件逐步解决好这个问题。必须按照推动科学发展的要求，在推进经济建设的同时，着力加强社会建设。

（二）把保障和改善民生放在更加突出的位置。

民生一头连着民利和民心，一头连着内需和发展，既是发展的根本目的，又是发展的有效途径。群众吃穿用问题基本解决后，对住房、教育、医疗、文化等需求不断增长。做好民生工作，不仅可以直接改善老百姓生活条件和环境，而且能够扩大消费、增加投资，拉动经济发展。做好民生工作，还能够提高人们健康、文化、科技等素质，这有利于发挥人力资源优势，激发社会创造活力。因此，必须更加重视这项工作，切实把保障和改善民生放在社会建设重点任务的位置。

（三）着力构筑保障基本民生的安全网。

保障和改善民生，提供公共服务，应合理区分基本需求与非基本需求。政府要着力保基本，构筑起使群众能够安心生产生活的保障网，这是政府公共服务的基本职责。织起保基本的安全网，要努力做到全覆盖，在保障对象上面向全体居民，在制度上不留空白，实现应保尽保；还要努力做到可持续，坚持统筹安排、突出重点、循序渐进的基本路径，合理确定保障标准，尽力而为，量力而行，在发展中逐步提高保障水平。近年来，我们实施保障房建设、医改、城乡居民养老等民生工程，在保基本、强基层、建机制上迈出重要步伐。今后，要进一步实施好重大民生工程，大力推

动义务教育均衡发展，加强职业技能培训和就业服务，巩固和发展全民医保成果，完善城乡居民基本养老保险制度，继续推进保障性安居工程建设，在学有所教、劳有所得、病有所医、老有所养、住有所居上持续取得新进展，努力让人民过上更好生活。

（四）加快推进社会体制改革。

民生与社会建设涉及资源配置、结构调整和发展方式转变，必须以改革创新为动力和保障。社会领域改革与经济、文化乃至政治等领域改革密切相关，是把转方式贯穿经济社会全过程和各领域的重点任务。改革的重要原则是促进社会公正、保障机会公平。要加紧建设对保障社会公平正义具有重大作用的制度，逐步建立以权利公平、机会公平、规则公平为主要内容的社会公平保障体系，重点推进教育公平、就业公平、创业公平，保证人民平等参与、平等发展权利。同时，要加快建立确保社会既充满活力又和谐有序的体制机制，形成科学有效的社会管理体制及相应机制，形成政府主导、覆盖城乡、可持续的基本公共服务体系，形成政社分开、权责明确、依法自治的现代社会组织体系，从而形成建设和谐社会人人有责、人人共享的生动局面。推进社会体制改革，要坚持政事分开、管办分开、事业和产业分开、营利性与非营利性分开，深化事业单位分类改革，完善社会发展政策，在保证基本公共服务的前提下，发展社会化、专业化服务，培育文化、体育、医疗、养老等服务产业，形成多元发展格局，满足居民多样化需求。

五、全面深化经济体制改革和全面提高开放型经济水平

《报告》对全面深化改革开放作出了战略部署，要求加快经济体制、政治体制、文化体制、社会体制改革和生态文明制度建设，构建全面小康社会的制度体系。我们必须以更大的政治勇气和智慧，不失时机深化重要领域改革，坚决破除一切妨碍科学发展的思想观念和体制机制弊端，为经济社会发展提供强大动力和制度保障。

（一）更大程度更广范围发挥市场配置资源的基础性作用，完善宏观调控体系。

我国实行社会主义市场经济体制以来，已经释放出空前的发展潜力。进一步增强经济活力，不断推进现代化建设，还要靠加快完善社会主义市场经济体制。目前，我国绝大多数商品和服务价格已由市场决定，但一些资源性产品价格形成机制还不完善，需要继续推动市场化改革。近几年，成品油价格机制完善、居民阶梯电价改革等迈出重要步伐。下一步，还要健全资本、劳动力、技术等市场，深化土地等管理制度改革，以不断发挥我国要素潜力和综合配置优势。需要注意的是，经济运行中存在市场缺陷的影响，也存在源于国际国内的潜在风险。还要看到，我国幅员辽阔，各地发展很不平衡，总量问题和结构性矛盾交织，需要从宏观层面加强对经济的调控和引导。我们必须遵循规律、因势利导，把发挥市场配置资源基础性作用与完善宏观调控更好结合起来，促进经济持续健康发展。

（二）营造各类企业平等竞争的环境。

企业改革始终是改革的重点和关键，企业竞争力是衡量国际竞争力的核心。目前，我国企业总数已达上千万家，也涌现出一些走出国门的企业，但与发达市场国家水平相比，在经营效益、研发投入、规模经济、分工协作等方面仍有较大差距，企业机制和市场环境还很不完善。我们要继续深化国有企业改革，推动国有资产管理体制改革，加快建立现代企业制度，健全法人治理结构，发展混合所有制经济，完善优胜劣汰机制，增强企业活力。同时，要支持和引导非公有制经济发展，消除有形和无形壁垒，放宽市场准入，规范市场秩序。特别是要扶持中小微企业发展，推动就业创业和创新。通过完善市场环境，保证各种所有制经济依法平等使用生产要素、公平参与市场竞争、同等受到法律保护，相互促进、共同发展。

（三）形成有利于转方式调结构的财税金融体制。

财政是国家调控经济、调配资源的基础，随着我国经济转型和社会事业发展，财政收支的结构性矛盾上升，总量上也存在一些潜在风险。过去几年，推出了燃油税费改革、营业税改征增值税试点等举措，积累了正税清费、规范税制、公平税负等经验，取得了调节供求、搞活企业、改善民生等效果，但改革的任务依然艰巨。我们要继续深化财税体制改革，实施好结构性减税措施，减轻纳税人不合理负担，改革资源环境税费制度，推动税制完善和结构优化，健全中央和地方财力与事权相匹配的体制。深化金融体制改革十分重要。要把促进宏观经济稳定与支持实体经济发展结合起来，把完善金融监管与推动金融创新结合起来，健全现代金融体系，加快发展多层次资本市场，发展货币、保险等市场，稳步推进利率和汇率市场化改革，营造公平竞争环境，逐步实现人民币资本项目可兑换。发挥金融引导作用，维护金融稳定，促进经济增长、调整转型、创新发展。

（四）构建维护社会公正的收入分配制度。

朝着共同富裕方向稳步前进，是我们必须坚持的根本原则和基本要求。完善收入分配制度，既要讲效

率，又要讲公平。要完善初次分配机制，加快健全再分配机制。鼓励人们通过自己的劳动和智慧获得应有的报酬，多渠道增加居民财产性收入。规范收入分配秩序，保护合法收入，增加低收入者收入，调节过高收入，取缔非法收入。把调整预期利益与调整既得利益、调节增量与调节存量结合起来，突出重点，循序渐进，努力扭转收入差距扩大趋势。要看到，城乡之间“二元结构”形成的差距是我国发展中最大的差距，城市内部“二元结构”形成的差距则是最突出的差距。农民工融入城市还面临诸多难题，城市低收入及中低收入家庭生活仍较困难，有不少群众还住在棚户区里。必须采取有效措施，创新体制机制，着力破除影响社会公正的“二元结构”。

（五）建设依法行政、廉洁高效的服务型政府。

我们的政府是为人民服务、对人民负责的政府。要加快转变政府职能，把应该由市场和社会发挥作用的交给市场和社会，政府切实承担起创造良好环境、提供公共服务、维护社会公平的职责。要加快建设法治政府，用法律法规调整政府与市场、企业、社会的关系，努力做到政府职权法授、程序法定、行为法限、责任法究。要加快建设廉洁政府，建立健全权力运行制约和监督体系，坚决防止并严肃惩处权力寻租、权钱交易等违法违规行为。要加快建设效能政府，调整优化政府组织机构，推进决策科学化民主化法制化。为此，必须深化行政体制改革。

《报告》依据经济全球化新形势和我国发展新需要，提出了全面提高开放型经济水平的新任务。开放是我国迈向经济强国的必由之路。中国经济和世界经济已高度融合，中国企业日益同外国企业在国际国内两个市场上展开同台竞争与合作。这需要我们实行更加积极主动的开放战略，不断拓展开放的新领域和新空间，形成开放新优势，构建开放新格局。要在扩大内需中扩大开放，实行出口和进口并重、利用外资和对外投资并举、引资与引技引智并行。在提升沿海开放、向东开放水平的同时，进一步扩大内陆开放、沿边开放，大力实施向西开放。在稳定传统市场的同时，积极拓展新兴经济体和发展中国家市场。要加强同各国的互利合作，推进贸易投资自由化便利化，推动全球治理机制改革，为构建公正合理的国际经济秩序作出应有贡献。

《报告》最后突出强调，团结就是大局，团结就是力量。全党的团结统一，全国各族人民的大团结，海内外中华儿女的大团结，始终是我们的事业必定要胜利的基本保证。我们要重责任、有境界，自觉维护团结，倍加珍惜团结。我们要坚持党的民主集中制原则，凝聚起建设中国特色社会主义和实现中华民族伟大复兴的磅礴力量。在以习近平同志为总书记的党中央领导下，全面贯彻党的十八大精神，为国家贡献力量，为人民不懈努力。只要我们齐心协力，同舟共济，就一定能够不断从胜利走向新的胜利！

科学发展观的历史地位和指导意义（节选）

刘云山

党的十八大站在历史和时代的高度，着眼中国特色社会主义事业长远发展，顺应全党全国人民的共同意愿，把科学发展观同马克思列宁主义、毛泽东思想、邓小平理论、“三个代表”重要思想一道，确立为党必须长期坚持的指导思想并写入党章，实现了党的指导思想的又一次与时俱进。我们要充分认识党的十八大这一历史性决策的重大意义，在以习近平同志为总书记的党中央坚强领导下，坚持不懈地用科学发展观武装头脑、指导实践、推动工作，在科学发展道路上奋力开拓中国特色社会主义更为广阔的发展前景。

一、深入领会科学发展观是我们党必须长期坚持的指导思想

党的十六大以来，以胡锦涛同志为总书记的党中央，高举中国特色社会主义伟大旗帜，坚持以邓小平理论和“三个代表”重要思想为指导，在带领党和人民推进全面建设小康社会进程中，大力推进实践基础上的理论创新，集中全党智慧创立了科学发展观，开辟了当代中国马克思主义发展新境界，开创了中国特色社会主义事业新局面。

（一）科学发展观是马克思主义同当代中国实际和时代特征相结合的产物，同邓小平理论和“三个代表”重要思想一脉相承而又与时俱进，是中国特色社会主义理论体系最新成果。

科学发展观是以马克思列宁主义、毛泽东思想、邓小平理论、“三个代表”重要思想为指导，立足社会主义初级阶段基本国情，总结我国发展实践，借鉴国外发展经验，适应新的发展要求提出来的，既坚持了马克思主义基本原理，又根据新的实践和时代发展推进了马克思主义中国化。科学发展观和邓小平理论、“三个代表”重要思想，是中国特色社会主义理论体系

三个紧密联系的有机组成部分，是既一脉相承又与时俱进的统一的科学体系。说一脉相承，是因为它们面对着共同的时代课题，面临着共同的历史任务，都贯穿了中国特色社会主义这个主题，都坚持辩证唯物主义和历史唯物主义的世界观方法论，都坚持党的最高纲领和最低纲领的统一，都坚持代表最广大人民根本利益，在理论主题、思想基础、政治理想、根本立场上一以贯之。说与时俱进，是因为科学发展观用一系列具有鲜明时代特点的新思想、新观点、新论断，对坚持和发展中国特色社会主义作出了历史性的贡献，是对邓小平理论、“三个代表”重要思想的创造性发展，是中国特色社会主义理论体系的重要创新成果，赋予当代中国马克思主义勃勃生机。在新的历史条件下，深入贯彻落实科学发展观，就是对邓小平理论、“三个代表”重要思想的最好坚持和最好实践。

（二）科学发展观是马克思主义关于发展的世界观和方法论的集中体现，对新形势下实现什么样的发展、怎样发展等重大问题作出了新的科学回答，把我们对中国特色社会主义规律的认识提高到新的水平。

发展是党执政兴国的第一要务，中国特色社会主义是靠发展来巩固、在发展中推进的。进入新世纪新阶段，我国经济社会发展呈现出一系列新的阶段性特征，进入了发展关键期、改革攻坚期、矛盾凸显期。我们具备非常有利的发展条件，同时发展中不平衡、不协调、不可持续问题比较突出，长期积累的深层次矛盾日益显露，制约发展的体制机制障碍增多，发展方式粗放、发展效益不高、发展代价过大，传统的经济增长模式难以为继。在这样的情况下，如何解决好发展中的突出矛盾和问题，保持我国发展的良好势头，成为一项重大而紧迫的课题。科学发展观紧紧围绕实现什么样的发展、怎样发展的问题，作出一系列新的理论概括，提出坚持以人为本，实现全面、协调、可持续发展；提出构建社会主义和谐社会，加快推进生态文明建设，全面落实中国特色社会主义事业总体布局；提出建设社会主义核心价值体系，建设社会主义文化强国；提出建设社会主义新农村，建设创新型国家；提出坚持走和平发展道路，推动建设和谐世界；提出坚持统筹兼顾，正确认识和妥善处理中国特色社会主义事业中的重大关系；提出加强党的执政能力建设、先进性和纯洁性建设等重大战略思想。这些重大战略思想，准确把握我国发展的阶段性特征，科学总结实践新创造，深入回答时代新课题，继承和发展了马克思主义关于发展的基本观点，集中体现了我们党在发展中国特色社会主义一系列重大问题上取得的新成果，使我们对共产党执政规律、社会主义建设规律、人类社会发展规律的认识达到新高度，把中国特色社会主义理论体系推进到新境界。

（三）科学发展观是指导党和国家全部工作的强大思想武器，引领我国经济社会发展取得新的历史性成就，在实践中显示了科学理论的强大真理力量。

科学发展观的形成和发展，是一个理论创新和实践创新、理论发展和实践发展紧密结合、相互促进的过程。党的十六大以来，我们党深入贯彻落实科学发展观，制定一系列战略部署，实施一系列重大举措，全面推进经济建设、政治建设、文化建设、社会建设、生态文明建设，为全面建成小康社会打下坚实基础。这10年，我们走过了很不平坦的道路，战胜了一系列重大挑战，创造了科学发展的辉煌业绩，把中国特色社会主义推进到新的发展阶段，在中华民族复兴史上谱写了浓墨重彩的崭新篇章。10年来，我国社会生产力、经济实力、科技实力迈上一个大台阶，人民生活水平、居民收入水平、社会保障水平迈上一个大台阶，综合国力、国际竞争力、国际影响力迈上一个大台阶。我们有效应对国际金融危机的严重冲击，成功举办北京奥运会、残奥会和上海世博会，战胜突如其来的非典疫情，夺取抗击汶川特大地震等严重自然灾害和灾后恢复重建重大胜利，妥善处置一系列重大突发事件，巩固和发展了改革开放和社会主义现代化建设大局，彰显了中国特色社会主义的巨大优越性和强大生命力，增强了中国人民和中华民族的自豪感和凝聚力。实践充分证明，科学发展观是指导全面建设小康社会、发展中国特色社会主义的正确理论，是我们经受考验、化危为机、赢得主动的精神支柱。

二、深入贯彻落实科学发展观的重大战略意义

科学发展观在从实践到理论、再从理论到实践的卓有成效的创造中，形成了涵盖改革发展稳定、内政外交国防、治党治国治军各方面的系统科学理论。实践昭示我们，科学发展观不仅是指导经济建设的理论，而且是指导各方面建设的理论；不仅是指导发展的理论，而且是指导党和国家全部工作的理论；不仅是指导实践推动工作的有力武器，而且是帮助人们认识和把握社会发展规律的世界观方法论。面向未来，深入贯彻落实科学发展观，对于全党全国各族人民在新的历史征程上继往开来、与时俱进具有重大而深远的意义。

（一）夺取中国特色社会主义新胜利，必须深入贯彻落实科学发展观。

中国特色社会主义是党和人民90多年奋斗的根本成就，从根本上改变了中国人民和中华民族的前途命

运。改革开放以来我们国家之所以能快速发展起来，我国人民生活水平之所以能快速提高起来，就是因为我们成功开创和不断发展了中国特色社会主义。历史和现实表明，中国特色社会主义是当代中国发展进步的根本方向，是实现社会主义现代化和中华民族伟大复兴的必由之路。在新的时代条件下要进一步发展中国、造福人民、振兴中华，就必须毫不动摇地坚持、与时俱进地发展中国特色社会主义。当前，中国特色社会主义事业站在一个新的历史起点上，面临前所未有的发展机遇，也面对前所未有的风险挑战。特别是我国人均国内生产总值已超过5000美元，经济社会发展新的阶段性特征更加明显。我们正处于一个爬坡过坎的关键阶段，短期矛盾和长期矛盾叠加，结构性因素和周期性因素并存，国际国内问题相互影响，各种潜在的风险和困难凸显。科学发展观深入总结党的十六大以来的新鲜经验，从理论和实践的结合上对中国特色社会主义作出一系列新概括新阐述，进一步回答了什么是中国特色社会主义、怎样建设中国特色社会主义，为我们破解改革发展难题、夺取中国特色社会主义新胜利进一步提供了理论指导。只有深入贯彻落实科学发展观，才能引导广大干部群众全面把握坚持和发展中国特色社会主义的丰富内涵，全面把握建设中国特色社会主义的总依据总布局总任务，全面把握夺取中国特色社会主义新胜利“八个必须坚持”的基本要求，切实增强坚持中国特色社会主义道路、理论体系和制度的自觉性和坚定性，增强推动科学发展、促进社会和谐的自觉性和坚定性，在战胜各种风险挑战中牢牢掌握发展的主动权，扎扎实实夺取中国特色社会主义新胜利，不断丰富中国特色社会主义的实践特色、理论特色、民族特色、时代特色。

（二）实现全面建成小康社会宏伟目标，必须深入贯彻落实科学发展观。

全面建成小康社会，是中国特色社会主义事业的一个重要里程碑，是我们党对人民的庄严承诺。党的十八大根据我国经济社会发展实际和人民群众新期待，综合考虑未来国际国内发展趋势和条件，在党的十六大、十七大确立的全面建设小康社会目标的基础上，明确提出到2020年全面建成小康社会要努力实现的新要求，强调要使经济持续健康发展、人民民主不断扩大、文化软实力显著增强、人民生活水平全面提高和资源节约型、环境友好型社会建设取得重大进展。这个由“建设”到“建成”的目标，是更加注重经济社会全面发展的综合性系统性目标，是与推进社会主义现代化相统一的目标。同时，党的十八大着眼为全面建成小康社会提供可靠制度保障，提出了全面深化改革开放的目标，强调要加快完善社会主义市场经济体制，加快推进社会主义民主政治制度化、规范化、程序化，加快完善文化管理体制和文化生产经营机制，加快形成科学有效的社会管理体制，加快建立生态文明制度。围绕这样的目标要求，党的十八大对推进经济建设、政治建设、文化建设、社会建设、生态文明建设等作出全面部署，提出了一系列重大任务和重大举措。应该说，党的十八大关于全面建成小康社会的目标任务，集中体现了科学发展的理念和原则，体现了把科学发展观贯彻到改革开放和现代化建设各领域的总体要求。只有深入贯彻落实科学发展观，才能引导广大干部群众准确领会全面建成小康社会的新内涵和新要求，准确领会全面深化改革开放的正确方向和基本思路，准确领会党的十八大关于党和国家各方面工作的战略部署和政策举措，切实增强工作的前瞻性、预见性、系统性，加大各项任务的推进和落实力度，为如期实现全面建成小康社会宏伟目标打下具有决定性意义的基础。

（三）全面提高党的建设科学化水平，必须深入贯彻落实科学发展观。

办好中国的事情，关键在党；把党的十八大的部署真正落到实处，关键也在党。党的十六大以来，我们党坚持以改革创新精神全面推进党的建设新的伟大工程，党的创造力、凝聚力、战斗力不断增强，为全面建设小康社会、加快推进社会主义现代化提供了有力政治保障。现在，我们党已经拥有8260多万名党员，2007年以来新入党的达1480多万人。新形势下党所处历史方位和执政条件、党员队伍组成结构都发生了重大变化，党的领导方式和执政方式同党肩负的使命还不完全适应，党员、干部队伍还存在不少突出问题。党面临的执政考验、改革开放考验、市场经济考验、外部环境考验是长期的、复杂的，精神懈怠危险、能力不足危险、脱离群众危险、消极腐败危险更加尖锐地摆在全党面前。科学发展观把加强党的建设同推动科学发展贯通起来，对加强和改进党的建设提出了一系列重要新思想新要求，是新的时代条件下加强和改进党的建设的科学指南。党的十八大以科学发展观为指导，针对党的建设面临的新挑战新课题，提出了全面提高党的建设科学化水平的总体要求、重点任务和重大举措。只有深入贯彻落实科学发展观，才能把党的建设新的伟大工程同党领导的伟大事业更加紧密地结合起来，坚持以科学的理论、方法和制度推进党的建设，全面提高党的建设科学化水平，使党的各项工作更好地体现时代性、把握规律性、富于创造性，使党的建设成效体现到增强党的自我净化、自我完善、自我革新、自我提高能力上来，体现到建设学习型、服务型、创新型的马克思主义执政党上来，不断巩固党的执政地位、实现党的执政使命，确保党始终成为中国特色社会主义事业的坚强领导核心。

三、准确把握科学发展观的实践要求

党的十八大报告在十七大全面阐述科学发展观的基础上，对科学发展观的实践要求进一步作出精辟概括。深入学习和贯彻落实科学发展观，关键是要进一步加深对科学发展观的理解，使我们对科学发展观的认识达到党的十八大所要求的新高度。

（一）准确把握深入贯彻落实科学发展观的第一要义，更加自觉地推动经济社会发展。

发展是当代中国的主题，是解决中国一切问题的“总钥匙”。改革开放 30 多年来，我们创造了发展的“中国奇迹”，但我国仍处于并将长期处于社会主义初级阶段的基本国情没有变，人民日益增长的物质文化需要同落后的社会生产之间的矛盾这一社会主要矛盾没有变，我国是世界最大发展中国家的国际地位没有变。因此，发展，对于全面建成小康社会、加快推进社会主义现代化，仍然具有决定性意义。要以科学发展为主题，以加快转变经济发展方式为主线，牢牢扭住经济建设这个中心，坚持聚精会神搞建设、一心一意谋发展，深入实施科教兴国战略、人才强国战略、可持续发展战略，不断解放和发展社会生产力，为坚持和发展中国特色社会主义打下牢固基础。同时，要着力把握发展规律、创新发展理念、破解发展难题，着力激发各类市场主体发展新活力、增强创新驱动发展新动力、构建现代产业发展新体系、培育开放型经济发展新优势，促进工业化、信息化、城镇化、农业现代化同步发展，加快形成符合科学发展要求的发展方式和体制机制，不断实现科学发展、和谐发展、和平发展。

（二）准确把握深入贯彻落实科学发展观的核心立场，更加自觉地坚持以人为本。

全心全意为人民服务是党的根本宗旨，党的一切奋斗和工作都是为了造福人民。以人为本、执政为民是我们党的根本宗旨和执政理念的集中体现，是检验党一切执政活动的最高标准。要始终把实现好、维护好、发展好最广大人民根本利益作为党和国家一切工作的出发点和落脚点，坚持人民主体地位，尊重人民首创精神，保证人民当家作主，最广泛地动员和组织人民依法管理国家事务和社会事务、管理经济和文化事业、积极投身社会主义现代化建设。要切实保障人民各项权益，坚持维护社会公平正义，坚持走共同富裕道路，保证人民平等参与、平等发展权利，把保障和改善民生放在更加突出的位置，解决好人民最关心最直接最现实的利益问题，使发展成果更多更公平惠及全体人民，在学有所教、劳有所得、病有所医、老有所养、住有所居上持续取得新进展，在实现发展成果由人民共享、促进人的全面发展上不断取得新成效。

…………

四、坚定不移把科学发展观贯彻到我国现代化建设全过程、体现到党的建设各方面

必须看到，深入贯彻落实科学发展观仍然是一项长期艰巨的任务，面临着一系列极具挑战性的矛盾和困难。我们要从新的思想和政治高度出发，以更加坚定的决心、更加有力的举措、更加完善的制度来贯彻落实科学发展观，真正把科学发展观转化为推动经济社会又好又快发展的强大力量。

（一）增进政治和思想认同，在不断增强贯彻落实科学发展观的自觉性坚定性上下功夫。

思想自觉是行动自觉的前提。深入贯彻落实科学发展观，首先要解决好思想认识问题。要认真学习领会党的十八大报告，认真学习领会党的十八大通过的《中国共产党章程（修正案）》，进一步提高对坚持党的指导思想的决定性作用的认识，提高对实现党的指导思想与时俱进重大意义的认识，提高对科学发展观的历史地位和理论贡献的认识，确立对科学发展观的高度政治和思想认同。要坚持不懈用中国特色社会主义理论体系特别是科学发展观武装全党、教育人民，引导干部群众深刻领会科学发展观同马克思列宁主义、毛泽东思想、邓小平理论、“三个代表”重要思想一脉相承而又与时俱进的内在关系，深刻领会科学发展观的时代背景、实践基础、科学内涵、精神实质和实践要求，深刻领会贯穿其中的马克思主义立场观点方法。要紧密结合党的十六大以来我们党实践和理论探索的历程，认真学习胡锦涛同志一系列重要讲话，学习党的十六大以来中央一系列重要文献，学习党和国家一系列重大方针政策和战略部署，既从总体上掌握科学发展观的科学体系，又从各个领域深入理解其基本内容。通过扎实深入的学习教育，引导广大干部群众把思想和行动统一到科学发展观和党的十八大精神上来，统一到坚持中国特色社会主义道路、理论体系和制度上来，统一到为实现党的十八大提出的各项任务而奋斗上来。

（二）坚持理论联系实际，在运用科学发展观指导和推动全面建成小康社会实践上下功夫。

理论的价值在于指导实践、在于实际运用。要大

力弘扬理论联系实际的马克思主义学风，紧密联系各地区各部门的工作实际，联系广大干部群众的思想实际，把科学发展观贯穿于全面建成小康社会的全过程，落实到全面建成小康社会的各个方面，体现在社会主义现代化建设的各个领域中，体现在改革发展稳定的各项工作上。要切实按照科学发展观要求进一步理清发展思路，明确具体奋斗目标，完善相关政策举措，不断推动经济社会发展迈上新台阶。要把贯彻落实科学发展观同研究落实党的十八大作出的一系列重大部署结合起来，同研究解决各地区各部门工作中的突出矛盾和问题结合起来，同研究解决人们普遍关注的热点难点问题结合起来，使贯彻落实科学发展观的过程成为促进经济社会又好又快发展的过程，成为继续改善人民生活、增进人民福祉的过程。总之，要把学习贯彻科学发展观的成果，转化为促进科学发展的方针政策，转化为干部群众的自觉行动，转化为符合科学发展要求的发展方式和体制机制。

（三）加大改革创新力度，在进一步完善有利于科学发展的体制机制上下功夫。

改革创新是推动事业发展的根本动力，也是实现科学发展的必由之路。实现科学发展，必然涉及生产力和生产关系、经济基础和上层建筑领域的深刻变革，必然涉及思想观念、体制机制、利益格局的深度调整，是一场攻坚战、持久战。必须坚持解放思想、改革开放、凝聚力量、攻坚克难，以更大的决心和勇气推进改革创新，把改革创新精神贯彻到治国理政各个环节，坚决破除一切妨碍科学发展的思想观念和体制机制弊端，为科学发展提供持久推动力量。要按照党的十八大关于全面深化改革开放的目标和部署，着力推进各方面体制机制改革创新，加快完善经济建设、政治建设、文化建设、社会建设、生态文明建设的各项制度，构建系统完备、科学规范、运行有效的制度体系，使各方面制度更加成熟更加定型。要抓住经济社会发展中的深层次矛盾和问题，抓住长期制约科学发展的体制机制障碍，不失时机地打好改革攻坚战，努力在重要领域和关键环节实现改革的新突破。要提高改革决策的科学性，增强改革措施的协调性，正确处理改革发展稳定的关系，使改革始终得到人民拥护和支持。

（四）着力强化能力素质，在提高党员干部推动科学发展的能力上下功夫。

深入贯彻落实科学发展观，党员干部是骨干、是中坚。要使科学发展的任务落到实处、产生实效，关键是要把科学发展观落实到广大党员干部的思想和行动中去，体现到党的工作和党的建设中去，引导党员干部更加自觉、更加主动地学习实践科学发展观，坚持用科学发展眼光观察问题，用科学发展方法分析问题，努力做科学发展的实践者、推动者、组织者。要引导党员干部以正确政绩观践行科学发展观，建立完善体现科学发展观要求的政绩考核评价和监督体系，贯穿到干部考察、评价和使用的全过程，推动形成有利于科学发展的用人导向、政策导向、制度导向。要把加强党员干部教育培训、提高党员干部素质作为战略任务，强化学习培训和实践锻炼，创新发展思路、创新工作举措、创新领导方法，不断提高谋划发展、统筹发展、优化发展、推动发展的能力。要引导党员干部自觉践行以人为本、执政为民，切实贯彻党的群众路线，着力解决人民群众反映强烈的突出问题，多干让人民群众满意的好事实事，特别是多到困难大、群众意见多的地方去，在化解难题、服务群众的过程中增长才干。

以改革创新精神加强非公企业党的建设　促进企业健康发展夯实党的执政基础（节选）

——在全国非公有制企业党的建设工作会上的讲话

（2012年3月21日）

李源潮

今年是基层组织建设年。加强非公企业党建工作是创先争优、加强组织的重要内容。最近，中央办公厅印发了《关于加班和改进非公有制企业党的建设工作的意见（试行）》（以下简称《意见》）。这次会议主要是贯彻落实《意见》精神，对以改革创新精神加强非公企业党建工作进行部署。

中央对开好这次会议非常重视。1月31日，习近平同志主持中央党建工作领导小组会议，审议通过了加强和改进非公企业党建工作的《意见》。刚才，习近平同志亲切接见与会代表并发表重要讲话。我们要认真学习贯彻。

下面，我讲5点意见。

一、加强非公企业党建工作是夯实党的执政基础、促进企业健康发展的迫切需要

非公有制经济是我国社会主义市场经济的重要组

成部分。改革开放30多年来，我国非公企业从无到有、蓬勃发展，已成为发展社会主义市场经济的重要力量。据国家工商部门统计，我国非公企业已达900多万家，占全国企业总数的70%，增加值占国内生产总值的60%。2011年，全国500强企业中，有非公企业184家。非公企业还提供了我国约65%的发明专利、60%的出口贸易，成为我国自主创新和参与国际竞争的生力军。

非公企业的快速发展对加强党的领导和建设提出了崭新课题。目前全国80%以上的城镇就业岗位、90%以上的新增就业岗位在非公企业，非公企业职工在我国工人阶级队伍中已占多数。新阶层人士大量分布在非公企业，近年来到非公企业从业的大学毕业生等高知训群体越来越多。在非公经济领域增强党的阶级基础、扩大党的群众基础的任务日益重要而紧迫。全国非公企业中党组织和党员已达到相当规模，2010年底共有党员350多万名、党组织近30万个，还有大量尚未接转组织关系、亮明身份的流动党员，加强非公企业党组织建设日益成为巩固和发展党的组织基础的重要任务。

非公企业在快速发展的同时，也面临着严峻的挑战，存在许多不容忽视的突出问题。比如，有些企业受利益驱动，违规经营、制假售假、偷税漏税、污染环境；有些企业忽视劳动安全保护和职工人文关怀，侵犯职工合法权益，导致劳资关系紧张，甚至酿成群体性事件，影响社会和谐稳定；国际金融危机以来国际国内经济环境发生深刻复杂变化，受其影响一些企业特别是外向型企业生产经营困难。解决非公企业发展存在的突出矛盾和问题，企业党组织具有独特的优势和作用。党建强的企业，发展得也好。加强非公企业党建工作，充分发挥党的政治优势和组织优势，维护职工合法权益，凝聚企业各方力量，引导和促进企业健康发展，是新形势下党建工作的重要任务。

党中央高度重视非公企业党建工作。胡锦涛总书记指出，加强非公有制经济组织党的建设，是增强党的阶级基础、扩大党的群众基础、提高党的社会影响力的需要，也是保护非公有制经济组织中广大职工合法权益和引导非公有制经济健康发展的需要。总书记还要求，凡是具备条件的非公有制企业都要抓紧建立党的组织，同时努力探索党组织在非公有制企业中发挥作用的有效途径和方法。按照党的十七大和十七届四中全会部署，近年来各地各部门各行业以学习实践科学发展观活动和创先争优活动为动力，一手抓组建，一手抓作用发挥，非公企业党建工作取得明显成效。到2010年底，符合组建条件的非公企业99.6%建立了党组织，规模以上非公企业96%建立了党组织。全国涌现出一大批党建强、发展强、社会形象好的非公企业先进典型。但从总体上看，非公企业党的建设仍是党建工作的薄弱环节，与非公企业快速发展的形势不相适应，存在不少亟待探索和解决的问题。突出表现在，党组织覆盖面不广，党员数量少，党建工作力量薄弱，相当一部分非公企业党组织不能有效发挥作用，在职工群众中的凝聚力影响力不够强。各级党委和组织部门要深刻认识加强非公企业党建工作的重要战略意义，以改革创新精神破解难题，推动非公企业党建工作迈上新台阶。

当前和今后一个时期，加强和改进非公企业党建工作的总体要求是：坚持以邓小平理论和“三个代表”重要思想为指导，深入贯彻落实科学发展观，按照党章规定和党的十七大、十七届四中全会要求，进一步扩大组织覆盖、壮大党员队伍，选优配强党组织书记，建立健全非公企业党建工作领导体制和工作机制，加大经费投入和阵地建设力度，广泛开展“双强六好”党组织创建活动，积极探索党组织发挥政治核心作用和政治引领作用的有效途径与方法，促进非公企业健康发展，使非公企业党组织真正成为党在企业中的坚强战斗堡垒。

二、加大非公企业党组织组建力度，扩大党的组织覆盖和工作覆盖

加强非公企业党建工作，首要任务是扩大党组织覆盖面。没有党员，就无法建立党的组织，没有党的组织，党的工作就没有经常性依托。根据党内统计，目前全国建有党组织的非公企业只占非公企业总数的21.2%，尤其是规模以下企业只占15.1%；80%左右的企业没有党员或仅有个别党员。这是非公企业党建工作开展难的重要原因。我们要以创先争优为动力，从以下3个方面着手，切实加大非公企业党组织组建力度，努力实现党的组织和党的工作在非公企业全覆盖。

第一，发展壮大党员队伍。要针对非公企业党员数量少的实际，加大在生产一线职工、专业技术骨干和经营管理人员中发展党员的力度，重视在农民工中发展党员，努力实现职工50人以上的企业都有党员。要按照保持党员队伍先进性和纯洁性的要求，坚持标准，保证质量，严把入口关，注重发展创先争优中涌现出的优秀职工特别是先进模范人物入党。要注意培养发展符合条件的出资人入党。要创新流动党员管理服务，探索“一方隶属、多重管理”模式，方便他们转接组织关系，引导和督促他们主动亮明身份，参加

党的活动。要有组织地向非公企业推荐、输送党员职工，为组建党组织创造条件。

第二，创新党组织设置方式。非公企业面广量大、类型多样、企业变化快、人员流动快，要采取灵活多样的方式设置党组织。凡是有3名以上正式党员，条件成熟的企业，一般都应单独建立党组织。对大量不具备单独组建条件的小型、微型企业，要发挥区域性、行业性党组织的作用，依托开发区（园区）、商务楼宇、乡镇（街道）、村（社区）和行业协会等建立党组织。要积极探索利用网络条件组建党组织、开展党的活动的有效方式，扩大党的影响力。各地各行业要把提高非公企业党组织组建率、扩大覆盖面，作为基层组织建设年的一项重点任务，在摸清底数的基础上提出可行目标和计划。要加强对新建党组织的跟踪指导服务，巩固组建成果。

第三，坚持党群共建。党群共建是开展党的工作、扩大党的影响力的有效方式。对尚不具备建立党组织条件的非公企业，要依托工会、共青团等群众组织，积极做好联系职工群众、推优入党等工作，推动企业建立党组织。非公企业的党组织要加强对工会、共青团等群众组织的领导，以党组织建设带动群众组织建设。

三、明确非公企业党组织功能定位，充分发挥党组织在职工中的政治核心作用和对企业发展的政治引领作用

非公企业党组织的功能定位，直接关系党组织在企业的地位，关系党组织在企业发挥什么作用、能否有效发挥作用。中办印发的非公企业党建工作《意见》明确指出，非公有制企业党组织是党在企业中的战斗堡垒，在企业职工群众中发挥政治核心作用，在企业发展中发挥政治引领作用。这是根据党作为中国特色社会主义事业领导核心的执政地位，总结改革开放30多年来我国非公有制经济健康发展和非公企业党建工作实践经验得出的重要论断，凝聚了党内外包括非公经济代表人士的广泛共识。各级党委和组织部门要深刻理解、正确把握非公企业党组织的功能定位，指导企业党组织从实际出发，认真履行《意见》明确的职责。重点把握好以下方面。

第一，紧紧围绕企业生产经营管理开展党的活动，保证党的路线方针政策在企业贯彻落实。生产经营是企业的中心任务，企业党组织如果不是围绕企业发展开展工作，就很难在企业中有地位、有作为，既无法取得出资人的理解和支持，也难以受到职工群众的欢迎。非公企业党组织要以促进企业健康发展为目标，把党的活动与生产经营管理有机融合，实现同频共振、互促共进。要积极宣传、坚决贯彻党的路线方针政策，引导和监督企业遵守国家法律法规，诚信经营、规范管理，自觉履行社会责任。要主动关心、认真研究关系企业科学发展、长远发展的重大问题，积极提出意见和建议，帮助支持出资人和经营者把企业做强做大做优。要建立党组织与企业管理层双向互动联系工作机制，及时沟通协商有关情况，定期恳谈重要事项，探索党组织参与企业经营管理和重要决策的有效途径和方法。

…………

四、选优配强非公企业党组织书记，培养壮大党建工作骨干力量

加强非公企业党建工作，关键是选优配强党组织书记。现在各地都有一批优秀的非公企业党组织书记，但从总体看，还存在“打工书记”多、“新手书记”多、“流动书记”多等突出问题。建设一支政治坚定、素质优良、相对稳定、充满活力的非公企业党组织带头人队伍，既是非公企业党建工作的当务之急，也是长远大计。

第一，坚持标准、拓宽渠道，选优配强非公企业党组织书记。《意见》明确提出，要按照守信、讲奉献、重品行，懂经营、会管理、善协调，热爱党务工作和熟悉群众工作的标准，选优配强非公企业尤其是规模以上非公企业党组织书记。各级党委和组织部门要按照这一标准，拓宽选人视野，创新选人方式，努力做到好中选优、优中选强。企业内部有合适人选的，要通过公开推荐、民主选举方式产生，注重从企业生产、经营、管理骨干党员中择优选配党组织书记；企业内部没有合适人选的，可从党政机关、国有企事业单位协商委派，或从大学生村官、复转军人中推荐人选。可打破地域、身份、职业等限制，探索面向社会公开招聘党组织书记人选，鼓励机关优秀年轻党员干部到非公企业挂职从事党建工作，培养符合条件的工会主席担任党组织书记。企业规模大、党员数量多的企业，主要出资人担任党组织书记的，应配备专职副书记。

第二，加强教育培训，提高非公企业组织书记的能力素质。非公企业党建有不同于其他领域基层党建的新特点，党组织书记新手多，参训机会少，接受培训的愿望强烈。各地各部门要把非公企业党组织书记培训纳入党员干部教育培训总体规划。市级以上党组织要抓好示范培训，县级党组织要抓好普遍轮训和任职培训，每名党组织书记每年至少参加1次集中培训。要有针对性地设计培训内容，重点加强党的路线方针

政策、法律法规、党务知识、群众工作方法的培训，加强市场经济知识、生产经营和企业管理本领的培训。要注意总结运用非公企业党建的成功经验，进行典型示范、实地观摩、案例教学，使培训务实管用。

第三，强化保障与激励，调动非公企业党组织书记干事创业的积极性和创造性。目前，非公企业党组织书记管理不够规范、待遇保障较差，直接影响队伍活力和稳定。各地各部门要从实际出发，完善非公企业党组织书记管理制度，明确岗位职责，建立健全目标管理、报告工作、述职评议、考核评价等制度，提高规范化管理水平。要推动企业建立健全党组织书记待遇保障制度，鼓励企业把党组织书记纳入管理人员序列。有条件的地方，上级党组织可给予非公企业党组织书记适当的工作津贴。要注重政治激励，积极推荐优秀党组织书记作为“两代表一委员”人选。党组织书记因坚持原则遭受不公正对待时，上级党组织要为他们说话，保护他们的积极性。

第四，注重抓好非公企业党建工作指导员队伍建设。选派党建工作指导员是各地在非公企业党建实践中创造的好经验。目前全国有40多万名党建工作指导员活跃在非公企业党建第一线，发挥了不可替代的重要作用。要认真总结经验、完善措施，实行“一人一企”、“一人多企”的办法，选派党建工作指导员到没有党员的企业开展党的工作，帮助有党员的企业尽快建立党组织，指导新建党组织建章立制、开展活动。要建立非公企业党务工作人才库，鼓励机关在职干部、“退二线”的党员干部、复转军人和其他热心党群工作的同志担任党建工作指导员。

五、完善非公企业党建工作领导体制和工作机制，把党建工作任务落到实处

非公企业党建具有很强的开创性、探索性，既要运用传统领域党建工作经验，又要针对新的特点进行创新。各级党委要切实加强对非公企业党建工作的领导，纳入本地区党的建设总体工作布局。要坚持书记抓、抓书记，把抓非公企业党建工作实效，作为市、县委书记专项述职和领导班子考核评价的内容。县及县以上地方党委每年讨论党建工作时，要把非公企业党建作为内容之一。要建立健全非公企业党建工作领导体制和工作机制。各级党委组织部门要认真履行牵头抓总职责，加强统筹协调和工作指导；纪检机关和统战、工商、财政、商务、工商联等部门和单位要充分发挥职能优势，形成齐抓共管合力。各类开发区中的非公企业党组织由开发区党（工）委统一管理；专业性、行业性较强的企业，可依托相关管理部门或行业协会建立党组织归口管理；大量分散的小型微型企业要发挥乡镇街道、村、社区党组织的作用，实行区域化、网格化管理。对规模以上非公企业党组织，在不改变党组织隶属关系的情况下，可由县级以上党委组织部门或非公企业党建工作机构直接联系、重点指导。对一些社会影响大、党员数量多的大型企业党组织，也可改变隶属关系，由县及县以上党组织进行直接管理。要加强非公企业党建工作的分类指导，建立领导干部联系点制度，及时发现和解决工作中的问题。

要加大非公企业党建工作经费投入和阵地建设力度，着力解决非公企业党组织开展活动缺经费、少场所等困难。建立党费拨返制度，党员交纳的党费可全额返还企业党组织。有条件的地方，可对非公企业党建工作给予必要的经费支持。要探索采取企业赞助、党员自愿捐助等方式，多渠道解决经费问题。要按照“六有”标准（有场所、有设施、有标志、有党旗、有书报、有制度）推进非公企业党组织活动场所规范化建设，倡导国有企事业单位、机关和乡镇（街道）、村（社区）党组织与非公企业党组织活动场所共用、资源设施共享。在非公企业比较集中的地方，要统一规划建设区域性、开放性、综合性的党群活动服务中心，为党员提供活动场所，为党组织搭建服务群众的平台。

在非公企业开展党建工作，出资人理解支持非常重用。组织部门和行业主管部门要把出资人作为重要工作对象，抓好对出资人的教育引导工作。对党员出资人，要教育引导他们遵守党规党纪、执行党的决议，自觉履行党员义务，努力成为非公企业党建工作的骨干。对非党员出资人，要教育引导他们坚定在党的领导下走中国特色社会主义道路的信念，把企业发展与国家发展、民族振兴结合起来，做到致富不忘国家、致富不忘社会、致富不忘党和人民，真正成为中国特色社会主义事业的合格建设者。要注意听取出资人对企业党建工作的意见和建议，调动他们支持企业党建工作的积极性。对出资人的评先选优、政治安排，党委统战、组织部门应事先征求企业党组织、非公企业党建工作机构和地方工会组织的意见。

做好新形势下非公企业党建工作意义重大而深远。我们要在以胡锦涛同志为总书记的党中央领导下，改革创新、攻坚克难，一抓到底、务求实效，努力开创非公企业党建工作新局面，以优异成绩迎接党的十八大胜利召开！

在全国干部教育培训工作会议上的讲话（节选）

（2013年10月14日）

赵乐际

党的十七大以来，干部教育培训事业取得重大进展。坚持理论创新每前进一步、理论武装就跟进一步，广大干部思想政治素质进一步提高；坚持党委政府的工作重心在哪里、教育培训就服务到哪里，推动党和国家事业发展的作用进一步凸显；坚持把改革创新作为不竭动力，办学体制机制、培训内容方式等方面的改革进一步深化；坚持把制度建设作为重要抓手，加强系统谋划和宏观指导，教育培训的统筹性针对性实效性进一步增强。这些成绩的取得，是党中央高度重视、正确领导的结果，是各地区各部门各单位结合实际、狠抓落实的结果，是全国干部教育培训战线的同志们共同努力、辛勤工作的结果。

今年8月22日，中央政治局常委会议审议通过了《2013—2017年全国干部教育培训规划》。习近平总书记对干部教育培训的重点内容、主要对象、方式方法、学风建设等作出科学阐述，提出明确要求。强调干部教育培训的首要任务是抓好理想信念教育，确保我们的江山不易色、政权不丢失、道路不改变；学习马克思主义理论，就是要让广大干部知道我们从哪里来，根扎在哪里，要走向哪里；要切实抓好成千上万各级干部的培训，越是重要岗位、关键岗位的干部越需要培训；要高度重视培训质量，坚持理论联系实际，加强师资队伍建设、教材建设；要坚持从严治校、从严治教、从严治学，切实加强学员管理和学风建设。习近平总书记的重要讲话，为加强和改进干部教育培训工作指明了方向，我们要认真贯彻落实。

一、充分认识干部教育培训工作的重要意义

我们党从胜利走向胜利，干部教育培训发挥了重要作用。善于学习、重视干部教育培训，是我们党的一大优势、一大传统，是治国理政的宝贵经验。我们党是在学习中进步、在学习中提高、在学习中成就伟业的。大家知道，党的一大就提出要组成“劳工组织讲习所”，二大强调“党的内部必须有适应于革命的组织与训练”，四大确定“设立党校有系统地教育党员”。1927年12月，在井冈山根据地创办了工农革命军官教导队。1933年3月，在江西瑞金建立了马克思共产主义学校。1935年10月红军到达陕北，11月就开办干部培训学校，到1948年，延安及周边地区一共办了32个培训机构，“把全党变成了一个大学校”。新中国成立前夕，面对从夺取政权到执掌政权的历史性转变，党把培养训练干部作为一项紧迫任务，大规模培训能够管理军事、政治、经济、党务、文化、教育等工作的干部。改革开放初期，适应党和国家工作重心转移，党中央发出“善于学习、善于重新学习”的号召，恢复和重建各级党校、干校5000多所，一场学习现代化建设知识的热潮迅速兴起。进入21世纪，为更好地肩负起全面建设小康社会的历史任务，党提出并实施了“大规模培训干部、大幅度提高干部素质”的战略。历史经验告诉我们，干部教育培训与党的发展壮大相伴相随、密不可分，形势越变化、党的事业越发展，越要重视干部教育培训工作。正像习近平总书记指出的，“中国共产党人依靠学习走到今天，也必然要依靠学习走向未来”。

坚持和发展中国特色社会主义，干部教育培训肩负重要使命。十八大报告有一个重要论断，“发展中国特色社会主义是一项长期的艰巨的历史任务，必须准备进行具有许多新的历史特点的伟大斗争”。

习近平总书记反复强调，全党要认真领会这段话的深刻涵义。这个重要思想，基于国际国内发展大势的科学分析，有着深邃的战略思考。我国发展仍处在重要战略机遇期，国际依据是“三个没有变”，国内依据是“四个没有变”。但是，我们面临的挑战和困难也前所未有，面临的“考试”远未结束。在日益复杂的国际国内环境下，坚持和发展中国特色社会主义，就是这场“考试”的继续。进行具有许多新的历史特点的伟大斗争，迫切需要培养造就一支信念坚定、为民服务、勤政务实、敢于担当、清正廉洁的高素质干部队伍。这就对干部教育培训提出了一个重要任务，就是必须着力增强干部的政治意识、忧患意识、风险意识、责任意识，必须教育引导干部更好地审时度势、因势利导、内外兼顾、趋利避害，必须切实提高干部把握方向、改革创新、破解难题、驾驭全局的能力。只有这样，才能将中国特色社会主义伟大事业不断推向前进。

确保党始终成为坚强领导核心，须臾离不开干部教育培训。新形势下，党面临的“四大考验”是长期的、复杂的、严峻的，“四种危险”更加尖锐地摆在全党面前。少数党员干部理想信念动摇、宗旨意识淡薄，形式主义、官僚主义、享乐主义和奢靡之风突出，一些干部驾驭复杂局面、领导科学发展能力不强。要解决好“不断提高党的领导水平和执政水平、提高拒腐

防变和抵御风险能力”两大历史性课题、保持党的先进性和纯洁性、确保党始终成为中国特色社会主义事业的坚强领导核心，关键是坚持党要管党、从严治党，是增强自我净化、自我完善、自我革新、自我提高能力。正是从这样的战略高度，十八大提出建设学习型、服务型、创新型马克思主义执政党的重大任务，并且把学习型放在第一位。这是因为，马克思主义政党是以科学理论为指导，基于共同理想、共同目标、共同纲领和严格纪律组织起来的政治集团，只有加强理论学习，坚持用马克思主义立场观点方法认识世界、分析问题，才能保持理论上的清醒、思想上的统一、政治上的坚定；只有深刻了解党史国史特别是党领导人民的奋斗史、创业史、改革开放史，才能在新的历史条件下，更好地锤炼党性、继承和弘扬党的优良作风；只有不断地学习新知识新经验，才能克服本领不足、本领恐慌，顺应时代要求、适应社会变化、推动事业发展。正像毛泽东同志指出的，“我们要建设大党，我们的干部非学习不可”。

二、切实发挥干部教育培训的重要功能

干部教育培训是一个多要素构成的系统，着眼点是服务党和国家事业、服务干部健康成长；根本点是以问题为导向、以正在做的事情为中心，提高干部运用所学理论和知识指导实践、解决问题、推进工作的能力；着力点是全面贯彻落实《规划》提出的指导思想、总体要求、重点内容、培训对象和措施。

干部教育培训的重心在哪里？就是以加强中国特色社会主义理论体系学习为首要任务，全面推进理论武装、党性教育、能力培训和知识更新。很紧要的一项工作是，帮助干部深入学习领会习近平总书记一系列重要讲话精神。十八大以来，习近平总书记围绕改革发展稳定、内政外交国防、治党治国治军，发表了一系列重要讲话，提出了许多治国理政的新思想新观点新要求，是十八大精神的深化和拓展，是中国特色社会主义理论体系的丰富和发展，是实现“两个一百年”奋斗目标、实现中华民族伟大复兴中国梦的行动指南。要通过教育培训，引导各级干部全面系统掌握讲话的丰富内涵、精神实质和实践要求，增强贯彻落实中央决策部署的思想自觉和行动自觉，真正做到认识上一致、政治上同心、思想上统一、行动上同步。

第一，要教育干部永不动摇信仰。习近平总书记反复强调，理想信念是共产党人精神上的“钙”，没有理想信念，理想信念不坚定，这样那样的出轨越界就在所难免。干部教育培训第一位的任务，就是要发挥“固根守魂”的功能，强化干部的坚定意志和坚守情怀。要讲清马克思主义的基本原理。马克思主义理论，是做好一切工作的看家本领。要组织广大干部深入学习经典著作，理解弄通基本原理。只有学懂了马克思列宁主义、毛泽东思想、邓小平理论、“三个代表”重要思想、科学发展观，学懂了习近平总书记一系列重要讲话精神，掌握贯穿其中的立场观点方法，才能深刻认识和准确把握共产党执政规律、社会主义建设规律、人类社会发展规律，才能在纷繁复杂的形势下，坚持科学的指导思想和正确的前进方向。要讲清马克思主义必定随着时代、实践和科学的发展而不断发展。解放思想、实事求是、与时俱进，是马克思主义活的灵魂。“明者因时而变，智者随事而制”。要使干部认识到世情、国情、党情的变和不变，增强战略思维、创新思维、辩证思维、底线思维，善于分析和解决现实生活中、群众思想上、改革发展中遇到的问题。要讲清现阶段我们的目标任务是坚持和发展中国特色社会主义。教育引导干部把践行中国特色社会主义共同理想和坚定共产主义远大理想统一起来，在胜利和顺境时不骄不躁，在困难和逆境时不消沉不动摇，虔诚而执着地坚定道路自信、理论自信、制度自信，自觉而深刻地领会总依据、总布局、总任务和基本要求，矢志不渝为实现党的历史使命而奋斗。

第二，要教育干部坚持党性原则。增强党性、坚持原则、敢于担当，是十八大以来习近平总书记多次强调的一个重要思想。总书记指出，培养干部，要抓好党性教育这个核心。如果在坚持党性这个根本问题上没有明确观点和立场，那就是政治上不合格。要教育干部严格遵守党章。把党章作为加强党性修养的根本标准，引导干部自觉学习党章、贯彻党章、维护党章，坚持党的原则第一、党的事业第一、人民利益第一。加强党的纪律特别是政治纪律教育，引导干部深刻理解党的集中统一是党的力量所在，自觉坚持党的基本理论、基本路线、基本纲领、基本经验、基本要求，坚决同以习近平同志为总书记的党中央保持高度一致。要教育干部坚持贯彻执行民主集中制。民主集中制，是党的根本组织制度和领导制度，也是中国特色社会主义民主政治的鲜明特点。习近平总书记强调，“对每个领导干部，都要加强民主集中制的教育培训”。要使干部明白，党员干部必须做到“四个服从”，凡属重大问题，都要遵循集体领导、民主集中、个别酝酿、会议决定的原则，做任何事情都必须严格按程序办事、按规则办事、按集体意志办事；必须坚持用好批评和自我批评的有力武器，多谈心交心、多商量沟通、多提醒帮助，把党的这个优良传统发扬好，使之越用越灵、越用越有效；必须自觉接受严格的党内生活锻炼，

坚持“三会一课”制度，坚持参加党日活动、警示教育活动，坚持党性原则基础上的团结，维护党内生活的政治性、原则性、战斗性。要教育干部敢于负责担当。我们党以国家富强、民族振兴、人民幸福为己任，党需要各级干部为了党和人民的事业而担当。当干部，一定要做到守土有责、守土负责、守土尽责。面对大是大非敢于亮剑，不能左右摇摆、态度暧昧；面对矛盾敢于迎难而上，不能绕着躲着，小事拖大、大事拖成大祸；面对危机敢于挺身而出，不能瞻前顾后、畏缩不前；面对失误敢于承担责任，不能上推下卸、明哲保身；面对歪风邪气敢于坚决斗争，不能圆滑世故、听之任之。锐意进取、改革创新，是敢于担当的应有之义。要大胆探索、攻坚克难，既勇于突破思想观念的障碍，又勇于突破利益固化的藩篱，敢于啃硬骨头、敢于涉险滩，切实把涉及本地区本部门的改革任务落到实处。

第三，要教育干部切实改进作风。习近平总书记强调，“建设高素质干部队伍，必须紧紧抓住作风建设”。干部作风连着党心民心，关系事业成败。多年来，围绕改进作风，中央发了不少文件、采取了不少措施，为什么一些地方“四风”还那么突出？主观上是一些同志世界观、人生观、价值观问题没有解决好，客观上是党要管党、从严治党方针没有落到实处。干部教育培训要以党的群众路线教育实践活动为契机，完善教学安排、充实相关内容，在作风教育上发挥更大作用。要教育干部树立正确的世界观。在思想上，要深化对马克思主义唯物史观的理解，明白人民是历史的主体，是历史的创造者，是历史发展的根本动力。世界观和认识论、方法论是贯通的。在工作中，要遵循实践—认识—实践的认识规律，遵循个别—一般—个别的辩证思维，遵循从群众中来、到群众中去的正确方法。要教育干部树立正确的人生观。共产党人的人生观，是全心全意为人民服务。能不能为人民服务，是立场问题、感情问题。为人民服务，就要永远铭记自己是群众的公仆、工具，明白“为了谁、依靠谁、我是谁”；就要深入学习实践社会主义核心价值体系，正确处理大我与小我，长远利益、根本利益与个人抱负、个人利益的关系，大公无私、公而忘私，一切为了党和人民事业；就要团结带领人民群众共同奋斗、不懈奋斗，不断改善人民群众的物质生活和精神文化生活。要教育干部实事求是、求真务实。使干部认识到，群众的实践活动是坚持实事求是的源泉。实事求是，就是要植根于广大群众的实践活动，从客观事实出发，从人民群众的实践出发、利益出发，遵循客观规律，尊重群众的自觉和自愿；就是要把中央精神与本地区本部门职能科学地、历史地、具体地结合起来，与群众的实践、基层的实际紧密地、现实地、能动地结合起来；就是要真抓实干、求真务实，保持“功成不必在我”的境界，发扬钉钉子的精神，一锤一锤接着敲，一张好的蓝图一干到底。要教育干部自觉践行“两个务必”。改进工作作风、密切联系群众，离不开艰苦奋斗、谦虚谨慎。人民群众具有艰苦奋斗的品格，我们说不脱离群众，与群众一块苦、一块过、一块干，就必须有与群众一样的品格，这样群众才会认同你、赞许你、追随你。人民群众是实践的主体、探索的主体、创造的主体，群众在实践中不断地出真知、出经验。相比之下，干部个人的能耐、作用是十分有限的，对自己不能估计过高，不能骄傲自满。要深入基层、深入群众，老老实实当群众的学生，依靠人民群众做工作。要教育干部坚决反对“四风”、反腐倡廉。“四风”是党的优良作风的大敌，与党的性质和宗旨格格不入、水火不容。要锲而不舍地反对形式主义、官僚主义、享乐主义和奢靡之风，坚守为民务实清廉这个共产党人的核心价值观、这个共产党人的先进基因。

第四，要教育干部不断提高推动科学发展的能力。学习践行科学发展观，学习践行习近平总书记关于发展的重要思想，是干部教育培训的一项重要内容。要围绕“五位一体”的总体布局，抓好经济体制改革、创新驱动发展战略、经济结构战略性调整，以及推动中国特色新型工业化、信息化、城镇化、农业现代化等方面的培训，提高干部加快转变经济发展方式的本领；抓好扩大社会主义民主、加快建设社会主义法治国家、发展社会主义政治文明等方面的培训，强化法治观念、培育法治精神，提高干部科学执政、民主执政、依法执政的本领；抓好深化文化体制改革、增强文化整体实力和竞争力、提升国家文化软实力等方面的培训，提高干部推进社会主义文化强国建设的本领；抓好保障和改善民生、推进社会体制改革、加强网络社会管理等方面的培训，提高干部做群众工作、推进和谐社会建设的本领；抓好生态文明理念、优化国土空间开发格局、资源节约、环境保护等方面的培训，提高干部推进美丽中国建设的本领。广泛开展各种新知识新技能的培训，帮助干部优化知识结构、拓宽眼界思路、提高科学人文素养。

三、不断提高干部教育培训科学化水平

干部教育培训有自身特点和规律。提高干部教育培训科学化水平，必须坚持质量第一，重效果而不是形式、重质量而不能简单追求数量；必须充分发挥党的政治优势、组织优势，发挥各地区各部门的积极性、

主动性、创造性；必须有开门开放的培训理念、科学管用的方式方法、协调高效的运行机制。

一要坚持需求导向。这是干部教育培训的一个基本原则。干部教育培训一定要有的放矢，突出针对性实效性，真正做到干什么训什么、缺什么补什么，决不能为培训而培训。要健全需求调研制度，综合考虑事业发展、干部履职尽责和健康成长需要，科学制定培训计划，合理设置培训项目。组织调训是干部培训的主要方式，要进一步增强计划性、严肃性，围绕思想和工作中遇到的问题、难题来培训，让干部明白应该做什么、不能做什么，怎样按照党的要求解决现实问题、把工作进一步做好。越是重要岗位、关键岗位的干部，越是工作骨干，越要加强培训。在这方面，主要领导要有长远眼光，舍得把他们派出来。组织部门要严格落实培训计划，认真实行点名调训。

二要坚持分类分级。这是实现统一性与差异性、系统性与针对性有机结合的重要方法。党政干部、企业经营管理人员、专业技术人员、中青年干部、基层干部，岗位职责不同，培训的重点、方向、方法等，既要有共性要求，也要有个性特点。要细化分类，有针对性地加强不同干部的培训，特别是要抓好党政一把手和中青年干部的培训。要通过任职培训、进修轮训、在线学习等方式，为机关干部提供更多机会。通过送教下基层、对口支援、结对帮扶等措施，推动优质资源向基层延伸，加大对基层干部培训的扶持力度。

…………

干部教育培训事关党和国家事业发展大局。要纳入本地区本部门工作规划，作为考核领导班子、领导干部的重要内容。各级组织部门要在党委领导下，切实履行主管职能，加强宏观指导、统筹协调、督促检查。要充分发挥干部教育联席会议或领导小组作用，及时研究培训的重大问题和重要政策，协调推进不同区域、不同类别干部的培训。要充分发挥有关部门的职能作用，努力形成各司其职、各尽其责、密切配合、齐抓共管的强大合力。干教工作者要发扬“安、专、迷”精神，加强学习、勤勉工作，在促进干教事业发展中实现人生价值。各级组织部门要关心干教工作者，多压担子、多给学习机会，营造拴心留人的环境。

（二）2014 年 1 月—2014 年 12 月

共圆中华民族伟大复兴的中国梦（节选）

（2014 年 2 月 18 日）

习近平

尊敬的连战荣誉主席和夫人，来自台湾各界的朋友们：

大家好！春节刚过，就见到连主席和各位老朋友、新朋友，很高兴。你们是我在马年见的第一批台湾客人，首先对你们的到来表示热烈的欢迎！给大家拜个晚年，祝大家马年吉祥、一马当先、马到成功！

我同连主席多次见面，是老朋友了。连主席有着深厚的民族情怀，长期积极推进两岸关系、追求民族振兴，我对此高度评价。

一年之计在于春。去年，连主席和朋友们也是在开春之时来访，为全年两岸关系发展开了个好头。两岸关系不断取得新进展，给两岸同胞带来了更多实惠，并且蕴含着新的发展契机。新的一年里，希望两岸双方秉持“两岸一家亲”的理念，顺势而为，齐心协力，推动两岸关系和平发展取得更多成果，造福两岸民众。

感谢连主席就两岸关系发表了很好的意见，对我很有启发。你们是台湾各界的代表性人士，借今天的场合，我想同大家谈谈心。

…………

第一，两岸同胞一家亲，谁也不能割断我们的血脉。台湾同胞崇敬祖先、爱土爱乡、淳朴率真、勤奋打拼，给我留下深刻印象。两岸同胞一家亲，根植于我们共同的血脉和精神，扎根于我们共同的历史和文化。我们大家都认为，两岸同胞同属中华民族，都传承中华文化。在台湾被侵占的 50 年间，台湾同胞保持着强烈的中华民族意识和牢固的中华文化情感，打心眼里认同自己属中华民族。这是与生俱来、浑然天成的，是不可磨灭的。

回顾台湾走过的历史，回顾两岸同胞一路走来的历程，我有一个深切体会，那就是不管台湾遭遇什么风雨，不管两岸关系历经什么沧桑，两岸同胞始终心心相印、守望相助。这告诉了世人一个朴素的道理，那就是两岸同胞血浓于水。不论是几百年前跨越“黑水沟”到台湾“讨生活”，还是几十年前迁徙到台湾，广大台湾同胞都是我们的骨肉天亲。大家同根同源、同文同宗，心之相系、情之相融，本是血脉相连的一家人。两岸走近、同胞团圆，是两岸同胞的共同心愿，没有什么力量能把我们割裂开来。

第二，两岸同胞命运与共，彼此没有解不开的心结。两岸同胞虽然隔着一道海峡，但命运从来都是紧紧连在一起的。民族强盛，是同胞共同之福；民族弱乱，是同胞共同之祸。经历了近代以来的这么多风风雨雨，我们对此都有很深刻的体会。

今年是甲午年。120 年前的甲午，中华民族国力孱弱，导致台湾被外族侵占。这是中华民族历史上极为惨痛的一页，给两岸同胞留下了剜心之痛。在台湾被侵占的苦难岁月里，无数台湾同胞用鲜血和生命来证明自己是中国人，是中华民族大家庭中不可分离的成员。近 60 多年来，两岸虽然尚未统一，但我们同属一个国家、同属一个民族从来没有改变，也不可能改变。因为我们的血脉里流动的都是中华民族的血，我们的精神上坚守的都是中华民族的魂。

我知道，台湾同胞因自己的历史遭遇和社会环境，有着自己特定的心态，包括特殊的历史悲情心结，有着强烈的当家作主“出头天”的意识，珍视台湾现行的社会制度和生活方式，希望过上安宁幸福的生活。将心比心，推己及人，我们完全理解台湾同胞的心情。

对历史留给台湾同胞的伤痛，我们感同身受，因为这是中华儿女心头共同的创伤。把民族命运掌握在自己手中，做一个走到哪里都受到尊敬的堂堂中国人，是近代以来中华儿女为之奋斗的目标。我们有志一同。

熨平心里创伤需要亲情，解决现实问题需要真情，我们有耐心，更有信心。亲情不仅能疗伤止痛、化解心结，而且能实现心灵契合。我们尊重台湾同胞自己选择的社会制度和生活方式，也愿意首先同台湾同胞分享大陆发展的机遇。历史不能选择，但现在可以把握，未来可以开创。

第三，两岸同胞要齐心协力，持续推动两岸关系和平发展。5 年多来，两岸同胞共同选择了两岸关系和平发展道路，开创了前所未有的新局面，两岸同胞都从中得利。事实证明，这是一条维护两岸和平、促进共同发展、走向民族复兴、造福两岸同胞的正确道路。两岸同胞要坚定信心，排除一切干扰，沿着这条道路一步一个脚印走下去。

两岸关系和平发展对两岸同胞都有利，大家都不希望目前的好局面逆转。为此，两岸双方要巩固坚持“九二共识”、反对“台独”的共同基础，深化维护一个中国框架的共同认知。这个基础是两岸关系之锚，锚定了，才能任凭风浪起、稳坐钓鱼台。只要这个基础得到坚持，两岸关系前景就会越来越光明。反之，如果这个基础被破坏，两岸关系就会重新回到动荡不安的老路上去。前不久，双方两岸事务主管部门负责人会面，达成积极共识，对推动两岸关系全面发展具有积极意义。

至于两岸之间长期存在的政治分歧问题，我们愿在一个中国框架内，同台湾方面进行平等协商，作出合情合理安排。有什么想法都可以交流。世界上的很多问题，解决起来都不可能毕其功于一役，但只要谈着就有希望。精诚所至，金石为开。我相信，两岸中国人有智慧找出解决问题的钥匙来。

众人拾柴火焰高。我们欢迎更多台湾同胞参与到推动两岸关系和平发展的行列中来，大家一起努力，出主意、想办法，凝聚更多智慧和力量，巩固和扩大两岸关系发展成果，使两岸关系和平发展成为不可阻挡的历史潮流，让广大台湾同胞特别是基层民众都能更多享受到两岸关系和平发展带来的好处。我们对台湾同胞一视同仁，无论是谁，不管他以前有过什么主张，只要现在愿意参与推动两岸关系和平发展，我们都欢迎。

第四，两岸同胞要携手同心，共圆中华民族伟大复兴的中国梦。实现中华民族伟大复兴，实现国家富强、民族振兴、人民幸福，是孙中山先生的夙愿，是中国共产党人的夙愿，也是近代以来中国人的夙愿。我们说的中国梦，就是这个民族夙愿的生动表述。

正如连主席所说，中国梦与台湾的前途是息息相关的。中国梦是两岸共同的梦，需要大家一起来圆梦。“兄弟同心，其利断金。”两岸同胞要相互扶持，不分党派，不分阶层，不分宗教，不分地域，都参与到民族复兴的进程中来，让我们共同的中国梦早日成真。

我们是真心诚意对待台湾同胞的，愿意认真听取各方意见。只要是有利于增进台湾同胞福祉的事，只要是有利于推动两岸关系和平发展的事，只要是有利于维护中华民族整体利益的事，我们会尽最大努力办好，使广大台湾同胞在两岸关系和平发展中更多受益，让我们所有中国人都过上更加美好的生活。

最后，祝连主席和朋友们在大陆之行圆满顺利。

在中国科学院第十七次院士大会、中国工程院第十二次院士大会上的讲话 （节选）

（2014 年 6 月 9 日）

习 近 平

各位院士，同志们，朋友们：

今天，群英荟萃，群贤毕至，中国科学院第十七次院士大会、中国工程院第十二次院士大会开幕了。有机会同大家见面，感到十分高兴。首先，我代表党中央、国务院，对两院院士大会的召开，表示衷心的祝贺！向两院院士和全国广大科技工作者，表示诚挚的问候！向前来参加会议的外籍院士和国际科学界的朋友们，表示热烈的欢迎！

中国科学院院士、中国工程院院士是我国科学技术界、工程技术界的杰出代表，是国家的财富、人民的骄傲、民族的光荣。长期以来，广大院士胸怀报国为民的理想追求，发扬不懈创新的科学精神，秉持淡泊名利的品德风范，聚焦国家战略需求，勇攀科学技术高峰，创造了举世瞩目的成就，为提高我国自主创新能力、增强我国综合国力，为推动我国科技进步、经济发展、人民生活水平提高、国防建设和优化国家决策作出了重大贡献。

我看了不少两院的咨询报告和院士们的建议，从报告的字里行间，从建议的思考研究中，都能体会到院士们忧国忧民的情怀、求真务实的精神。大家为党和国家决策提供了重要依据。在此，我向各位院士表示衷心的感谢！

各位院士、同志们、朋友们！

今年是甲午年。甲午，对中国人民和中华民族具有特殊的含义，在我国近代史上也具有特殊的含义。回首我国近代史，中华民族遭受的苦难之重、付出的牺牲之大，在世界历史上是罕见的。面对厄运和苦难，中国人民没有屈服，奋起抗争，前仆后继，终于在中国共产党领导下找到了实现中华民族伟大复兴的正确道路，掌握了自己的命运。今天，我们比历史上任何时期都更接近中华民族伟大复兴的目标，比历史上任何时期都更有信心、有能力实现这个目标。而要实现这个目标，我们就必须坚定不移贯彻科教兴国战略和创新驱动发展战略，坚定不移走科技强国之路。

科技是国家强盛之基，创新是民族进步之魂。自古以来，科学技术就以一种不可逆转、不可抗拒的力量推动着人类社会向前发展。16 世纪以来，世界发生了多次科技革命，每一次都深刻影响了世界力量格局。从某种意义上说，科技实力决定着世界政治经济力量对比的变化，也决定着各国各民族的前途命运。

拿我国来说，中华民族是富有创新精神的民族。我们的先人们早就提出："周虽旧邦，其命维新。""天行健，君子以自强不息。""苟日新，日日新，又日新。"可以说，创新精神是中华民族最鲜明的禀赋。在5000 多年文明发展进程中，中华民族创造了高度发达的文明，我们的先人们发明了造纸术、火药、印刷术、指南针，在天文、算学、医学、农学等多个领域创造了累累硕果，为世界贡献了无数科技创新成果，对世界文明进步影响深远、贡献巨大，也使我国长期居于世界强国之列。

然而，明代以后，由于封建统治者闭关锁国、夜郎自大，中国同世界科技发展潮流渐行渐远，屡次错失富民强国的历史机遇。鸦片战争之后，中国更是一次次被经济总量、人口规模、领土幅员远远不如自己的国家打败。历史告诉我们一个真理：一个国家是否强大不能单就经济总量大小而定，一个民族是否强盛也不能单凭人口规模、领土幅员多寡而定。近代史上，我国落后挨打的根子之一就是科技落后。

新中国成立以来，党中央高度重视科技事业，团结带领广大科技工作者和全国各族人民自力更生、艰苦奋斗，建立起全面独立的科研体系，形成了规模宏大的科学技术队伍，取得了一个又一个举世瞩目的科技成就。今天，"向科学进军"的伟大号召依然在我们的耳畔回响，"科学的春天"依然在祖国的天空上播撒阳光，科教兴国战略依然给我国科技事业发展提供着强大驱动。

"两弹一星"、多复变函数论、陆相成油理论、人工合成牛胰岛素等成就，高温超导、中微子物理、量子反常霍尔效应、纳米科技、干细胞研究、人类基因组测序等基础科学突破，超级杂交水稻、汉字激光照排、高性能计算机、三峡工程、载人航天、探月工程、移动通信、量子通讯、北斗导航、载人深潜、高速铁路、航空母舰等工程技术成果，为我国经济社会发展提供了坚强支撑，为国防安全作出了历史性贡献，也为我国作为一个有世界影响的大国奠定了重要基础。

各位院士、同志们、朋友们！

当前，全党全国各族人民正在为全面建成小康社会、实现中华民族伟大复兴的中国梦而团结奋斗。我们比以往任何时候都更加需要强大的科技创新力量。党的十八大作出了实施创新驱动发展战略的重大部署，强调科技创新是提高社会生产力和综合国力的战略支撑，必须摆在国家发展全局的核心位置。这是党中央综合分析国内外大势、立足我国发展全局作出的重大战略抉择。

…………

各位院士、同志们、朋友们！

实施创新驱动发展战略，最根本的是要增强自主创新能力，最紧迫的是要破除体制机制障碍，最大限度解放和激发科技作为第一生产力所蕴藏的巨大潜能。面向未来，增强自主创新能力，最重要的就是要坚定不移走中国特色自主创新道路，坚持自主创新、重点跨越、支撑发展、引领未来的方针，加快创新型国家建设步伐。

经过多年努力，我国科技整体水平大幅提升，一些重要领域跻身世界先进行列，某些领域正由"跟跑者"向"并行者"、"领跑者"转变。我国进入了新型工业化、信息化、城镇化、农业现代化同步发展、并联发展、叠加发展的关键时期，给自主创新带来了广阔发展空间、提供了前所未有的强劲动力。

我多次讲过，中华民族伟大复兴绝不是轻轻松松就能实现的，我国越发展壮大，遇到的阻力和压力就会越大。从这个经验看，关键是时机和决断。历史的机遇往往稍纵即逝，我们正面对着推进科技创新的重要历史机遇，机不可失，时不再来，必须紧紧抓住。

我们有改革开放 30 多年来积累的坚实物质基础，有持续创新形成的系列成果，实施创新驱动发展战略具备良好条件。因此，要下好先手棋，打好主动仗，对国家和民族具有重大战略意义的科技决策，想好了、想定了就要决断，不然就可能与历史机遇失之交臂，甚至可能付出更大代价。

2013 年 3 月，我在参加全国政协十二届一次会议科协、科技界委员联组讨论时讲过这样一个意思，就是从总体上看，我国科技创新基础还不牢，自主创新特别是原创力还不强，关键领域核心技术受制于人的格局没有从根本上改变。只有把核心技术掌握在自己手中，才能真正掌握竞争和发展的主动权，才能从根本上保障国家经济安全、国防安全和其他安全。不能总是用别人的昨天来装扮自己的明天。不能总是指望依赖他人的科技成果来提高自己的科技水平，更不能做其他国家的技术附庸，永远跟在别人的后面亦步亦趋。我们没有别的选择，非走自主创新道路不可。

实践告诉我们，自力更生是中华民族自立于世界民族之林的奋斗基点，自主创新是我们攀登世界科技高峰的必由之路。问题看到了，就要以时不我待的精神，快马加鞭改变这个局面。不能说了很多年，最后老是没有根本改变。当然，自主创新不是闭门造车，不是单打独斗，不是排斥学习先进，不是把自己封闭于世界之外。我们要更加积极地开展国际科技交流合作，用好国际国内两种科技资源。

科学技术是世界性的、时代性的，发展科学技术必须具有全球视野。当前，科技创新的重大突破和加快应用极有可能重塑全球经济结构，使产业和经济竞争的赛场发生转换。在传统国际发展赛场上，规则别人都制定好了，我们可以加入，但必须按照已经设定的规则来赛，没有更多主动权。抓住新一轮科技革命和产业变革的重大机遇，就是要在新赛场建设之初就加入其中，甚至主导一些赛场建设，从而使我们成为新的竞赛规则的重要制定者、新的竞赛场地的重要主导者。如果我们没有一招鲜、几招鲜，没有参与或主导新赛场建设的能力，那我们就缺少了机会。机会总是留给有准备的人的，也总是留给有思路、有志向、有韧劲的人们的。我国能否在未来发展中后来居上、弯道超车，主要就看我们能否在创新驱动发展上迈出实实在在的步伐。

李四光说过：“科学的存在全靠它的新发现，如果没有新发现，科学便死了。”法国作家雨果说过：“已经创造出来的东西比起有待创造的东西来说，是微不足道的。”我国科技发展的方向就是创新、创新、再创新。要高度重视原始性专业基础理论突破，加强科学基础设施建设，保证基础性、系统性、前沿性技术研究和技术研发持续推进，强化自主创新成果的源头供给。要积极主动整合和利用好全球创新资源，从我国现实需求、发展需求出发，有选择、有重点地参加国际大科学装置和科研基地及其中心建设和利用。要准确把握重点领域科技发展的战略机遇，选准关系全局和长远发展的战略必争领域和优先方向，通过高效合理配置，深入推进协同创新和开放创新，构建高效强大的共性关键技术供给体系，努力实现关键技术重大突破，把关键技术掌握在自己手里。

“聪者听于无声，明者见于未形。”科技创新永无止境。科技竞争就像短道速滑，我们在加速，人家也在加速，最后要看谁速度更快、谁的速度更能持续。荀子说：“骐骥一跃，不能十步；驽马十驾，功在不舍。锲而舍之，朽木不折；锲而不舍，金石可镂。”意思是，骏马一跃，也不会达到十步；劣马跑十天，也能跑得很远；雕刻东西，如果刻了一下就放下，朽木也不会刻断；如果不停刻下去，金属和石头都可以雕空。我国广大科技工作者要敢于担当、勇于超越、找准方向、扭住不放，牢固树立敢为天下先的志向和信心，敢于走别人没有走过的路，在攻坚克难中追求卓越，勇于创造引领世界潮流的科技成果。

各位院士、同志们、朋友们！

实施创新驱动发展战略是一个系统工程。科技成果只有同国家需要、人民要求、市场需求相结合，完成从科学研究、实验开发、推广应用的三级跳，才能真正实现创新价值、实现创新驱动发展。

我一直在思考，为什么从明末清初开始，我国科技渐渐落伍了。有的学者研究表明，康熙曾经对西方科学技术很有兴趣，请了西方传教士给他讲西学，内容包括天文学、数学、地理学、动物学、解剖学、音乐，甚至包括哲学，光听讲解天文学的书就有100多本。是什么时候呢？学了多长时间呢？早期大概是1670年至1682年间，曾经连续两年零5个月不间断学习西学。时间不谓不早，学的不谓不多，但问题是当时虽然有人对西学感兴趣，也学了不少，却并没有让这些知识对我国经济社会发展起什么作用，大多是坐而论道、禁中清谈。1708年，清朝政府组织传教士们绘制中国地图，后用10年时间绘制了科学水平空前的《皇舆全览图》，走在了世界前列。但是，这样一个重要成果长期被作为密件收藏内府，社会上根本看不见，没有对经济社会发展起到什么作用。反倒是参加测绘的西方传教士把资料带回了西方整理发表，使西方在相当长一个时期内对我国地理的了解要超过中国人。这说明了一个什么问题呢？就是科学技术必须同社会发展相结合，学得再多，束之高阁，只是一种猎奇，只是一种雅兴，甚至当作奇技淫巧，那就不可能对现实社会产生作用。

多年来，我国一直存在着科技成果向现实生产力转化不力、不顺、不畅的痼疾，其中一个重要症结就在于科技创新链条上存在着诸多体制机制关卡，创新和转化各个环节衔接不够紧密。就像接力赛一样，第一棒跑到了，下一棒没有人接，或者接了不知道往哪儿跑。

要解决这个问题，就必须深化科技体制改革，破除一切制约科技创新的思想障碍和制度藩篱，处理好政府和市场的关系，推动科技和经济社会发展深度融合，打通从科技强到产业强、经济强、国家强的通道，以改革释放创新活力，加快建立健全国家创新体系，让一切创新源泉充分涌流。

如果把科技创新比作我国发展的新引擎，那么改革就是点燃这个新引擎必不可少的点火系。我们要采取更加有效的措施完善点火系，把创新驱动的新引擎全速发动起来。

科技体制改革要紧紧扭住“硬骨头”攻坚克难，加快把党的十八届三中全会确定的科技体制改革各项任务落到实处。要着力把科技创新摆在国家发展全局的核心位置，加快制定创新驱动发展战略的顶层设计，对重大任务要有路线图和时间表。要着力从科技体制改革和经济社会领域改革两个方面同步发力，改革国家科技创新战略规划和资源配置体制机制，完善政绩考核体系和激励政策，深化产学研合作，加快解决制约科技成果转移转化的关键问题。要着力加强科技创新统筹协调，努力克服各领域、各部门、各方面科技创新活动中存在的分散封闭、交叉重复等碎片化现象，避免创新中的“孤岛”现象，加快建立健全各主体、各方面、各环节有机互动、协同高效的国家创新体系。要着力完善科技创新基础制度，加快建立健全国家科技报告制度、创新调查制度、国家科技管理信息系统，大幅提高科技资源开放共享水平。要着力围绕产业链部署创新链、围绕创新链完善资金链，聚焦国家战略目标，集中资源、形成合力，突破关系国计民生和经济命脉的重大关键科技问题。要着力加快完善基础研究体制机制，把基础前沿、关键共性、社会公益和战略高技术研究作为重大基础工程来抓，实施好国家重大科学计划和科学工程，加快在国际科学前沿领域抢占制高点。要着力以科技创新为核心，全方位推进产品创新、品牌创新、产业组织创新、商业模式创新，把创新驱动发展战略落实到现代化建设整个进程和各个方面。

在推进科技体制改革的过程中，我们要注意一个问题，就是我国社会主义制度能够集中力量办大事是我们成就事业的重要法宝。我国很多重大科技成果都是依靠这个法宝搞出来的，千万不能丢了！要让市场在资源配置中起决定性作用，同时要更好发挥政府作用，加强统筹协调，大力开展协同创新，集中力量办大事，抓重大、抓尖端、抓基本，形成推进自主创新的强大合力。

各位院士、同志们、朋友们！

“盖有非常之功，必待非常之人。”人是科技创新最关键的因素。创新的事业呼唤创新的人才。尊重人才，是中华民族的悠久传统。“思皇多士，生此王国。王国克生，维周之桢；济济多士，文王以宁。”这是《诗经·大雅·文王》中的话，说的是周文王尊贤礼士，贤才济济，所以国势强盛。千秋基业，人才为先。实现中华民族伟大复兴，人才越多越好，本事越大越好。我国是一个人力资源大国，也是一个智力资源大国，我国13亿多人大脑中蕴藏的智慧资源是最可宝贵的。知识就是力量，人才就是未来。我国要在科技创新方面走在世界前列，必须在创新实践中发现人才、在创新活动中培育人才、在创新事业中凝聚人才，必须大力培养造就规模宏大、结构合理、素质优良的创新型科技人才。

我国科技队伍规模是世界上最大的，这是我们必须引以为豪的。但是，我们在科技队伍上也面对着严峻挑战，就是创新型科技人才结构性不足矛盾突出，世界级科技大师缺乏，领军人才、尖子人才不足，工程技术人才培养同生产和创新实践脱节。“一年之计，莫如树谷；十年之计，莫如树木；终身之计，莫如树人。”我们要把人才资源开发放在科技创新最优先的位置，改革人才培养、引进、使用等机制，努力造就一批世界水平的科学家、科技领军人才、工程师和高水平创新团队，注重培养一线创新人才和青年科技人才。

要按照人才成长规律改进人才培养机制，“顺木之天，以致其性”，避免急功近利、拔苗助长。要坚持竞争激励和崇尚合作相结合，促进人才资源合理有序流动。要广泛吸引海外优秀专家学者为我国科技创新事业服务。要在全社会积极营造鼓励大胆创新、勇于创新、包容创新的良好氛围，既要重视成功，更要宽容失败，完善好人才评价指挥棒作用，为人才发挥作用、施展才华提供更加广阔的天地。

未来总是属于年轻人的。拥有一大批创新型青年人才，是国家创新活力之所在，也是科技发展希望之所在。“我劝天公重抖擞，不拘一格降人才。”广大院士不仅要做科技创新的开拓者，更要做提携后学的领路人。希望广大院士肩负起培养青年科技人才的责任，甘为人梯，言传身教，慧眼识才，不断发现、培养、举荐人才，为拔尖创新人才脱颖而出铺路搭桥。广大青年科技人才要树立科学精神、培养创新思维、挖掘创新潜能、提高创新能力，在继承前人的基础上不断超越。

各位院士、同志们、朋友们！

长期以来，我国院士制度在推动科技界出思想、出谋略、出成果、出人才方面发挥了重大作用。同时，我们也要看到，我国院士制度在实践过程中也存在一些社会关注、科技界反映较突出的问题，比如有时院士遴选受非学术因素干扰过多，有的地方和部门让院士称号承载了一些非学术的、带有明显功利性的负担，有的人把有多少院士当作出政绩的一个标志。如此等等，都背离了我国院士制度的本义，必须加以纠正。广大院士对这些现象也有意见。这些问题需要通过深化改革加以解决，使院士制度更加完善，真正守住学术性、荣誉性的本质。

根据广大院士和各方面意见，党的十八届三中全会提出了改革院士制度的要求，主要就是要突出学术导向，减少不必要的干预，改进和完善院士遴选机制、学科布局、年龄结构、兼职和待遇、退休退出制度等，以更好发挥广大院士作用，更好发现和培养拔尖人才，更好维护院士群体的荣誉和尊严，更好激励科技工作者特别是青年才俊的积极性和创造性。

两院院士在我国科技界拥有最高学术荣誉，在全社会具有高度关注度，一言一行对学术风气和社会风尚都有极大的影响。希望广大院士坚守学术操守和道德理念，把学问和人格融合在一起，既赢得崇高学术声望，又展示高尚人格风范。

马克思说："科学绝不是一种自私自利的享乐，有幸能够致力于科学研究的人，首先应该拿自己的学识为人类服务。"这是一种很高的精神境界。长期以来，我国科技界涌现出许多受到人民爱戴的科学家，他们代表的是一种时代精神，影响的是一代又一代年轻人。今天，我们培育和践行社会主义核心价值观，需要两院院士发挥作用。希望广大院士善养浩然之气，发扬我国科技界爱国奉献、淡泊名利的优良传统，以身作则，严格自律，在攻坚克难、崇德向善中做到学为人师、行为世范，带动科技界乃至全社会践行社会主义核心价值观。

各级党委和政府要在政治上关怀院士、工作上支持院士、生活上关心院士，当好"后勤部长"。有关部门要加强相关政策保障，让包括院士在内的各类优秀人才在实施创新驱动发展战略中更好建功立业。

中国科学院、中国工程院是我国科学技术界和工程技术界最高学术机构，是国家科学技术思想库。两院要组织广大院士，围绕事关经济社会及科技发展的全局性问题，开展战略咨询研究，以科学咨询支撑科学决策，以科学决策引领科学发展。

各位院士、同志们、朋友们！

实施创新驱动发展战略，建设创新型国家，为实现"两个一百年"奋斗目标提供强大科技支撑，是时代赋予我国广大科技工作者的历史使命。希望同志们锐意进取、锐意创新，努力创造出无愧于时代的业绩，为实现中华民族伟大复兴作出新的更大的贡献！

在党的群众路线教育实践活动总结大会上的讲话（节选）

（2014年10月）

习近平

同志们：

今天这个大会，是对党的群众路线教育实践活动进行总结，对巩固和拓展教育实践活动成果、加强党的作风建设、全面推进从严治党进行部署。

在全党开展以为民务实清廉为主要内容的党的群众路线教育实践活动，是党的十八大作出的一项战略决策。党中央对开展这次活动高度重视，进行了深入调研和周密准备，决心以抓铁有痕、踏石留印的精神把活动抓好。

从2013年6月开始，活动自上而下分两批开展，目前已基本结束。各级党组织和广大党员、干部积极响应党中央号召，高度重视、踊跃参与，广大人民群众热烈响应、热情支持，整个活动进展有序、扎实深入，达到了预期目的，取得了重大成果。

一是广大党员、干部受到马克思主义群众观点的深刻教育，贯彻党的群众路线的自觉性和坚定性明显增强。通过活动，广大党员、干部精神上补了"钙"，进一步认识到人民是历史的创造者，我们党来自人民、植根人民，各级干部无论职位高低都是人民公仆、必须全心全意为人民服务；进一步增进了同群众的感情、拉近了同群众的距离，增强了同群众一块过、一块苦、一块干的自觉性；进一步掌握了贯彻群众路线的工作方法，看到了在联系服务群众中的差距，增强了做好群众工作的本领。广大党员、干部表示，自己找回了群众观点，站正了群众立场，强化了宗旨意识。许多党员、干部受到猛击一掌的警醒，感到以往热衷于装门面出政绩，做一点事情不怕群众不满意、就怕上级不知道，心里"小九九"打得多，把自己看重了，把群众看轻了。广大人民群众感到领导见得勤了，办事不卡壳了，政策能落地了，能掏心窝子的党员、干部多了。

二是形式主义、官僚主义、享乐主义和奢靡之风得到有力整治，群众反映强烈的突出问题得到有效解决。在去年6月18日党的群众路线教育实践活动工作会议上，我列举了"四风"问题的种种表现。这次活动就以解决问题开局亮相、以正风肃纪先声夺人、以专项整治寻求突破，对“四风”问题进行大排查、大检修、大扫除，刹住了“四风”蔓延势头。从上到下、各个领域都压缩了会议、精简了文件，减少了评比达标、迎来送往活动，全面清理了超标超配公车、超标办公用房、多占住房，普遍压缩了“三公”经费、停建了楼堂馆所，狠刹了公款送月饼、贺卡、节礼和年货等行为，坚决整治了“会所中的歪风”、培训中心的腐败，坚决整治了“裸官”、“走读”、“吃空饷”、“收红包”及购物卡、参加天价培训、党政领导干部在企业兼职等问题，广泛查处了吃拿卡要、庸懒散拖问题，高高在上、挥霍浪费、脱离群众现象明显扭转，党风、政风和社会风气为之一新。不少党员、干部表示，反“四风”治好了自己的“亚健康”，把自己从不胜其烦的应酬中解脱出来，有更多精力考虑工作、服务群众了。一些同志表示，这次活动教育了干部，也保护和挽救了一批干部。

三是恢复和发扬了批评和自我批评优良传统，探索了新形势下严肃党内政治生活的有效途径。广大党员、干部深入查摆问题，深挖问题根源，自我剖析触及了痛处。上下级之间不顾忌身份、不隐瞒观点，提意见开诚布公。领导班子成员脱去“隐身衣”，捅破“窗户纸”，相互批评不留情面。专题民主生活会和组织生活会敢于揭短亮丑、真刀真枪、见筋见骨，点准了穴位，戳到了麻骨，开出了辣味，起到了脸红心跳、出汗排毒、治病救人、加油鼓劲的作用。广大党员、干部普遍反映，自己经历了一次严格的党内政治生活锻炼，思想受到洗礼，灵魂受到触动。不少同志说，自己的对照检查材料数易其稿，每一次修改都是一次对标、一次醒悟。许多年轻党员、干部感慨，这次真是补了课，明白了党内政治生活是什么样、该怎么过。

四是以转作风改作风为重点的制度体系更加完善，制度执行力和约束力得到增强。这次活动坚持破立并举，注重建章立制。中央相继出台党政机关厉行节约反对浪费、国内公务接待管理、公务用车改革等一系列制度。各级根据中央八项规定精神，在联系服务群众、规范权力运行等方面制定和修订了一批工作制度和管理制度，扎紧了制度笼子，强化了对不良作风的刚性约束，按规矩办事、按规矩用权意识显著增强，越界犯规行为减少。不少领导干部说，过去习以为常、司空见惯的“四风”问题不敢小视了，一人说了就算、一拍脑袋就定、一拍胸脯就办不大行得通了，什么饭都敢吃、什么人都敢交、什么事都敢做受到节制了，头脑中在这几方面的“紧箍咒”自觉勒紧了。

五是影响群众切身利益的症结难点得到突破，党的执政基础更加稳固。作风问题，核心是党和人民群众的关系问题，根本是始终保持党同人民群众的血肉联系。这次活动积极回应群众关切，着力打通联系服务群众的“最后一公里”，形成了人往基层走、钱往基层投、政策往基层倾斜的良好导向，改作风改到群众心坎上。一大批多年积累的矛盾和问题得到有效化解，一大批信访积案得到切实解决。执法监管部门和窗口服务单位门难进、脸难看、事难办等突出问题得到有效整治，随意执法、选择性执法，不给好处不办事、给了好处乱办事的现象大为减少。软弱涣散的基层党组织得到初步整顿，党员、干部服务群众的自觉性得以增强。广大党员、干部从一系列部署要求中感受到了严肃，从敢于啃硬骨头、破老大难的行动中体会到了认真，从改进作风的实际成效中看到了希望，在全党全社会弘扬了正气。

去年，在这次活动启动时，党中央向全党承诺，一定要精心组织、确保实效，做到善始善终、善作善成。在全党共同努力下，这个承诺已经兑现。

风清则气正，气正则心齐，心齐则事成。这次活动使党在群众中的威信和形象进一步树立，党心民心进一步凝聚，形成了推动改革发展的强大正能量。对此，群众充分认同，党内外积极评价。实践证明，党的十八大作出的在全党深入开展党的群众路线教育实践活动的战略决策是完全正确的，党中央关于这次活动的一系列部署是完全正确的。这次活动为我们进行具有许多新的历史特点的伟大斗争作了思想上组织上作风上的重要准备，其重大意义必将随着时间的推移不断显现出来。

同志们！

这次教育实践活动是在总结运用党内历次集中教育活动成功经验的基础上开展的。通过这次活动，我们对新形势下如何开展党内集中教育活动取得了新的认识、积累了新的经验。

——必须突出重点、聚焦问题。“伤其十指，不如断其一指。”党中央在谋划这次活动时认为，这次活动的重点是促使全党更好执行党的群众路线，而当前影响执行党的群众路线的要害是作风问题，必须突出改进作风这个主题。而作风又有很多方面，需要进一步聚焦，我们就聚焦到形式主义、官僚主义、享乐主义和奢靡之风这些群众反映强烈的突出问题上。党中央明确提出以反“四风”为突破口，以点带面，不搞面面俱到，打到了七寸。我们抓住要害、集中发力、持续用劲，对群众反映强烈的共性问题，集中开展专项整治；对出现的“四风”种种变异问题，保持高度警惕，坚持露头就打；对顶风违纪现象，严肃责任追究，加大查处力度。实践证明，有的放矢事易成，无的放矢事难成，集中教育活动要取得实效，必须找准靶子、点中穴位。

——必须领导带头、以上率下。正人必先正己，正己才能正人。中央怎么做，上层怎么做，领导干部怎么做，全党都在看。首先从中央做起，各级主要领导亲自抓、作表率，是这次活动取得成效的关键。党中央制定了一系列规范党内高层作风问题的制度，中央政治局带头围绕落实八项规定进行对照检查，开展批评和自我批评。中央政治局常委同志建立联系点并全程指导，深入联系点真诚谈心，对工作进行具体帮助。各级领导班子成员特别是主要负责同志，以向我看齐的姿态听意见、摆问题、管自身、抓督查，发挥示范作用。实践证明，各级领导干部敢于拿自己开刀，解决问题才能势如破竹，改进工作才能立竿见影。

——必须以知促行、以行促知。集中教育活动需要提高认识，更需要付诸行动，以新的思想认识推动实践，又以新的实践深化思想认识。这次活动强调把学习教育贯穿始终、把解决问题贯穿始终，做到教育和实践两手抓、两结合，边学边查边改。我们不断加强理论武装，促进思想认识提高和党性增强，为解决实际问题增添了精神动力、破除了思想障碍。我们深入进行查摆剖析和落实整改措施，为提高思想认识、增强党性提供了现实教材和真切感悟。实践证明，集中教育活动只有坚持知行合一，不断让思想自觉引导行动自觉、让行动自觉深化思想自觉，才能抓得实、做得深、走得远。

——必须严字当头、从严从实。“取法于上，仅得为中；取法于中，故为其下。”我们一开始就强调活动要高标准、严要求，全程贯彻整风精神，“照镜子、正衣冠、洗洗澡、治治病”，坚决防止搞形式、放空炮、走过场。我们坚持严的标准、采取严的举措，重要节点一环紧扣一环抓。对存在的问题明察暗访，及时查处并公开曝光违纪案件。对党员、干部特别是领导干部的对照检查提出具体标准，要求必须见人见物见思想，有深度、像自己。对专题民主生活会和组织生活会提出明确要求，防止批评和自我批评蜻蜓点水、避实就虚、避重就轻、一团和气。对整改项目，实行台账管理，完成一个销号一个。中央和地方各级督导组敢于“唱黑脸”、“当包公”，紧紧围绕关键环节、重要部位、重点工作严督实导、持续用劲。实践证明，只有严要求、动真格，真实抓、抓真实，才能真正达到预期目的。

——必须层层压紧、上下互动。集中教育活动要搞好，必须批批接续、层层压紧、环环相扣。上面的问题需要下面配合解决的就上题下答，下面的问题根子在上面的就下题上答，需要地方和地方、地方和部门、部门和部门联合会诊的就同题共答，前后照应、左右衔接，使查摆和解决问题做到纵向到底、横向到边。实践证明，只有坚持问题导向，从细处入手，向实处着力，一环紧着一环拧，一锤接着一锤敲，才能积小胜为大胜。

——必须相信群众、敞开大门。“知屋漏者在宇下，知政失者在草野。”让群众满意是我们党做好一切工作的价值取向和根本标准，群众意见是一把最好的尺子。这次活动在坚持自我教育为主的同时，注重强化外力推动，坚持真开门、开大门，让群众参与，让群众监督，诚恳请群众评判。我们加强舆论监督，注重对比宣传，既发挥先进典型示范引领作用，又发挥反面典型警示震慑作用。实践证明，集中教育活动必须打开大门、依靠群众，让群众来监督和评判，才能做到不虚不空不偏。

在充分肯定这次活动取得的成绩的同时，我们也要看到存在的问题和不足。经过这次活动，全党改进作风有了一个良好开端，但取得的成果还是初步的，基础还不稳固。作风有所好转，“四风”问题有所收敛，但树倒根存，有些是在高压态势下取得的，仅仅停留在“不敢”上，“不想”的自觉尚未完全形成。有些问题的整改还没有完全到位，一些深层次问题还没有从根本上破解，上下联动解决问题还没有真正形成合力。有的地方基层基础薄弱的情况还没有改变，联系服务群众机制不畅、能力不强，贯彻群众路线到不了末端。有的干部留恋过去那种“一张报纸一包烟，优哉游哉过一天”的日子，希望教育实践活动只是一阵风，风头过了就可以我行我素了。如此等等。

现在，广大干部群众最担心的是问题反弹、雨过地皮湿、活动一阵风，最盼望的是形成常态化、常抓不懈、保持长效。因此，我们要说，活动收尾绝不是作风建设收场，必须以锲而不舍、驰而不息的决心和毅力，把作风建设不断引向深入，把目前作风转变的好势头保持下去，使作风建设要求真正落地生根。

同志们！

我们党是一个拥有8600多万党员、在一个13亿多人口的大国长期执政的党，党的形象和威望、党的创造力凝聚力战斗力不仅直接关系党的命运，而且直接关系国家的命运、人民的命运、民族的命运。在新的历史起点上坚持和发展中国特色社会主义，我们党面临的执政考验、改革开放考验、市场经济考验、外部环境考验是长期的、复杂的、严峻的，精神懈怠危险、能力不足危险、脱离群众危险、消极腐败危险更加尖锐地摆在全党面前。

历史使命越光荣，奋斗目标越宏伟，执政环境越复杂，我们就越要增强忧患意识，越要从严治党，做到“为之于未有，治之于未乱”，使我们党永远立于不败之地。全党同志必须在思想上真正明确，党的执政地位和领导地位并不是自然而然就能长期保持下去的，不管党、不抓党就有可能出问题甚至出大问题，结果不只是党的事业不能成功，还有亡党亡国的危险。

明白这个道理并不难，难的是把思想变成行动。我引用过邓小平同志在改革开放初期讲的一段话：“在目前的历史转变时期，问题堆积成山，工作百端待举，加强党的领导，端正党的作风，具有决定的意义。”以毛泽东、邓小平、江泽民同志为核心的党的三代中央领导集体和以胡锦涛同志为总书记的党中央都高度重视从严治党，党的十八大以来党中央在从严治党上进行了新探索。通过长期实践和探索，我们在从严治党上取得了重大成果、积累了重要经验，总体做得是好的。

同时，我们也要看到，这些年来，在一些地方和单位，“四风”问题越积越多，党内和社会上潜规则越来越盛行，政治生态和社会环境受到污染，根子就在从严治党没有做到位。有些地方和单位看起来党在管党治党，但没有管到位上，没有严到份上。这次活动之所以能取得明显成效，原因就是我们坚持言必信、行必果，认认真真管，实实在在严。这说明，只要真管真严、敢管敢严、长管长严，而不是管一阵放一阵、严一阵松一阵，就没有什么解决不了的问题，就不至于使小矛盾积重难返、小问题酿成大患。

世间事，做于细，成于严。从严是我们做好一切工作的重要保障。我们共产党人最讲认真，讲认真就是要严字当头，做事不能应付，做人不能对付，而是要把讲认真贯彻到一切工作中去，作风建设如此，党的建设如此，党和国家一切工作都如此。一切何必当真的观念，一切干一下得了的想法，一切得过且过的心态，都是对党和人民事业有大害而无一利的，都是万万要不得的！

这次教育实践活动，对我们探索新形势下从严治党的特点和规律具有十分重要的牵引作用。从严治党必须具体地而不是抽象地、认真地而不是敷衍地落实到位，这是这次活动给我们提供的最深刻的启示。全党要以此为起点，在从严治党上继续探索、不断前进。这里，我就新形势下坚持从严治党强调几点。

第一，落实从严治党责任。从严治党，必须增强管党治党意识、落实管党治党责任。历史和现实特别是这次活动都告诉我们，不明确责任，不落实责任，不追究责任，从严治党是做不到的。经过这些年努力，各级建立了党建工作责任制，党委抓、书记抓、各有关部门抓、一级抓一级、层层抓落实的党建工作格局基本形成。然而，是不是各级党委、各部门党委（党组）都做到了聚精会神抓党建？是不是各级党委书记、各部门党委（党组）书记都成为了从严治党的书记？是不是各级各部门党委（党组）成员都履行了分管领域从严治党责任？一些地方和部门还难以给出令人满意的答案。

在一些领导干部眼中，抓党建同抓发展相比要虚一些，不容易出显绩，一年开几次会布置一下就可以了，不必那么上心用劲。也有一些人认为，在发展社会主义市场经济条件下，从严治党面临两难选择：过宽没有威慑力，会导致越来越多人闯“红线”，最终法不责众；过严会束缚人手脚，影响工作活力，干不成事，甚至还会影响自己的选票。这些认识都是不对的。

各级各部门党委（党组）必须树立正确政绩观，坚持从巩固党的执政地位的大局看问题，把抓好党建作为最大的政绩。如果我们党弱了、散了、垮了，其他政绩又有什么意义呢？各级党委要把从严治党责任承担好、落实好，坚持党建工作和中心工作一起谋划、一起部署、一起考核，把每条战线、每个领域、每个环节的党建工作抓具体、抓深入，坚决防止“一手硬、一手软”。对各级各部门党组织负责人特别是党委（党组）书记的考核，首先要看抓党建的实效，考核其他党员领导干部工作也要加大这方面的权重。

第二，坚持思想建党和制度治党紧密结合。从严治党靠教育，也靠制度，二者一柔一刚，要同向发力、同时发力。现在，一个比较明显的问题就是轻视思想政治工作，以为定了制度、有了规章就万事大吉了，有的甚至已经不会或不大习惯于做认真细致的思想政治工作了，有的甚至认为组织找自己谈话是多此一举。正是这样的简单化和片面性，使一些本来可以落实的制度得不到落实、一些本来可以避免的问题不断发生。

“求木之长者，必固其根本；欲流之远者，必浚其泉源”。对党员、干部来说，思想上的滑坡是最严重的病变，“总开关”没拧紧，不能正确处理公私关系，缺乏正确的是非观、义利观、权力观、事业观，各种出轨越界、跑冒滴漏就在所难免了。思想上松一寸，行动上就会散一尺。思想认识问题一时解决了，不等于永远解决。就像房间需要经常打扫一样，思想上的灰尘也要经常打扫，镜子要经常照，衣冠要随时正，有灰尘就要洗洗澡，出毛病就要治治病。

思想教育要突出重点，加强党性和道德教育，引导党员、干部坚定理想信念，坚守共产党人精神追求。党员、干部必须认真学习马克思列宁主义、毛泽东思想特别是中国特色社会主义理论体系，自觉用贯穿其中的立场、观点、方法武装头脑、指导实践、推动工作，始终不渝为中国特色社会主义共同理想而奋斗。要加强警示教育，让广大党员、干部受警醒、明底线、知敬畏，主动在思想上划出红线、在行为上明确界限，真正敬法畏纪、遵规守矩。思想教育要结合落实制度规定来进行，抓住主要矛盾，不搞空对空。要使加强制度治党的过程成为加强思想建党的过程，也要使加强思想建党的过程成为加强制度治党的过程。

制度不在多，而在于精，在于务实管用，突出针对性和指导性。如果空洞乏力，起不到应有的作用，再多的制度也会流于形式。牛栏关猫是不行的！要搞好配套衔接，做到彼此呼应，增强整体功能。要增强制度执行力，制度执行到人到事，做到用制度管权管事管人。制定制度要广泛听取党员、干部意见，从而增加对制度的认同。要坚持制度面前人人平等、执行制度没有例外，不留“暗门”、不开“天窗”，坚决维护制度的严肃性和权威性，坚决纠正有令不行、有禁不止的行为，使制度成为硬约束而不是橡皮筋。

第三，严肃党内政治生活。党内政治生活是党组织教育管理党员和党员进行党性锻炼的主要平台，从严治党必须从党内政治生活严起。有什么样的党内政治生活，就有什么样的党员、干部作风。一个班子强不强、有没有战斗力，同有没有严肃认真的党内政治生活密切相关；一个领导干部强不强、威信高不高，也同是否经过严肃认真的党内政治生活锻炼密切相关。从严治党，最根本的就是要使全党各级组织和全体党员、干部都按照党内政治生活准则和党的各项规定办事。这些年，一些地方和部门自由主义、分散主义、好人主义、个人主义盛行，有的是搞家长制、独断专行，以至于一些人不知党内政治生活为何物，是非判断十分模糊。这个问题，通过这次活动有了一定程度的解决，要继续扩大成果，使党内政治生活在全党严肃认真开展起来。

严肃党内政治生活需要多方努力，其中至关重要的是要使全党深刻认识马克思主义政党有别于其他政党的本质特征，深刻认识严肃党内政治生活的重大作用，深刻认识党内政治生活不正常的严重后果。要坚持和发扬实事求是、理论联系实际、密切联系群众、开展批评和自我批评、坚持民主集中制等优良传统，下大气力解决好影响严肃认真开展党内政治生活的各种问题，提高党内政治生活的政治性、原则性、战斗性，使党内政治生活真正起到教育改造提高党员、干部的作用。

严肃党内政治生活贵在经常、重在认真、要在细节。党中央权威，全党都必须自觉维护，并具体体现到自己的全部工作中去，决不能表面上喊着同党中央保持一致、实际上没当回事，更不能违背中央大政方针各自为政、自行其是。党内组织和组织、组织和个人、同志和同志、集体领导和个人分工负责等重要关系都要按照民主集中制原则来设定和处理，不能缺位错位、本末倒置。党内政治生活和组织生活都要讲政治、讲原则、讲规矩，不能搞假大空，不能随意化、平淡化，更不能娱乐化、庸俗化。党内上下关系、人际关系、工作氛围都要突出团结和谐、纯洁健康、弘扬正气，不允许搞团团伙伙、帮帮派派，不允许搞利益集团、进行利益交换。

批评和自我批评是解决党内矛盾的有力武器，也是保持党的肌体健康的有力武器。“观于明镜，则瑕疵不滞于躯；听于直言，则过行不累乎身。”党内政治生活质量在相当程度上取决于这个武器用得怎么样。对批评和自我批评这个武器，我们要大胆使用、经常使用、用够用好，使之成为一种习惯、一种自觉、一种责任，使这个武器越用越灵、越用越有效果。党内要开展积极健康的思想斗争，帮助广大党员、干部分清是非、辨别真假，坚持真理、修正错误，统一意志、增进团结。严肃党内政治生活是每个党员、干部的事，大家都要增强角色意识和政治担当，在党言党、在党忧党、在党为党，把爱党、忧党、兴党、护党落实到工作生活各个环节，敢于同形形色色违反党内政治生活原则和制度的现象作斗争。

第四，坚持从严管理干部。从严治党，重在从严管理干部。正确的政治路线要靠正确的组织路线来保证。干部掌握着方方面面的权力，是党的理论和路线方针政策的具体执行者，如果干部队伍素质不高、作风不正，那党的建设是不可能搞好的。我们的党员、干部队伍庞大，管理起来难度很大，但又必须管好，管不好就会出乱子。我们国家要出问题主要出在共产党内，我们党要出问题主要出在干部身上。党培养一个干部特别是高级干部是很不容易的。这些年，一些干部包括一些相当高层次的领导干部因违犯党纪国法落马，我们很痛心。我们中央的同志说起这些事都很痛心，都有一种恨铁不成钢的感觉。

从严管理干部，总的是要坚定理想信念，加强道德养成，规范权力行使，培育优良作风，使各级干部自觉履行党章赋予的各项职责，严格按照党的原则和规矩办事。要坚持以严的标准要求干部、以严的措施管理干部、以严的纪律约束干部，使干部心有所畏、言有所戒、行有所止。一方面，要根据形势变化，完善干部管理规定，既重激励又重约束，把哪些能做、哪些不能做真正搞得清清楚楚、明明白白。另一方面，要严格执行干部管理各项规定，讲原则不讲关系，发现问题该提醒的提醒、该教育的教育、该处理的处理，让干部感到身边有一把戒尺，随时受到监督。特别是要把对一把手的监督、管理作为重中之重。对干部选拔任用要严格把关，坚决防止带病提拔。有的干部身上有那么多毛病，而且早就有群众不断反映，但那里的党委和组织部门都不知道，或者知道了也没当回事，让这些人一而再、再而三被提拔起来，岂非咄咄怪事！这里面的深刻教训，各级党委和组织部门要举一反三、深刻总结。

…………

第五，持续深入改进作风。“奢靡之始，危亡之渐。”不正之风离我们越远，群众就会离我们越近。我们党历来强调，党风问题关系党的生死存亡。古今中外，因为统治集团作风败坏导致人亡政息的例子多得很！我们一定要引为借鉴，以最严格的标准、最严厉的举措治理作风问题。不可否认的是，在发展社会主义市场经济条件下，商品交换原则必然会渗透到党内生活中来，这是不以人的意志为转移的。社会上各种各样的诱惑缠绕着党员、干部，“温水煮青蛙”现象就会产生，一些人不知不觉就被人家请君入瓮了。作风建设是攻坚战，也是持久战。这么多年，作风问题我们一直在抓，但很多问题不仅没有解决、反而愈演愈烈，一些不良作风像割韭菜一样，割了一茬长一茬。症结就在于对作风问题的顽固性和反复性估计不足，缺乏常抓的韧劲、严抓的耐心，缺乏管长远、固根本的制度。反“四风”的实践说明，抓和不抓大不一样，真抓和假抓大不一样，严抓和松抓也大不一样。

现在，改进作风到了节骨眼上，社会上有种种议论和思想情绪。很多人担心活动一结束就曲终人散，“四风”问题又“涛声依旧”了。还有一些人盼着紧绷的弦松一松，好让自己舒服舒服。一些人等着看中央还要出什么招，看左邻右舍有什么动静。对此，我们的态度是，作风建设永远在路上，永远没有休止符，必须抓常、抓细、抓长，持续努力、久久为功。逆水行舟，一篙不可放缓；滴水穿石，一滴不可弃滞。各级党委要把作风建设紧紧抓在手上，持续抓好各项整改任务的落实，绝不允许出现“烂尾”工程，决不能让“四风”问题反弹回潮。

“不矜细行，终累大德。”各级干部要从我做起、从小事做起，带头坚守正道、弘扬正气，努力营造良好从政环境。要紧紧盯住作风领域出现的新变化新问题，及时跟进相应的对策措施，做到掌握情况不迟钝、解决问题不拖延、化解矛盾不积压，谁以身试法就要坚决纠正和查处。要从解决“四风”问题延伸开去，努力改进思想作风、工作作风、领导作风、干部生活作风，努力改进学风、文风、会风，加强治本工作，使党员、干部不仅不敢沾染歪风邪气，而且不能、不想沾染歪风邪气，使党的作风全面纯洁起来。

第六，严明党的纪律。“道私者乱，道法者治。”纪律不严，从严治党就无从谈起。去年以来，各级党组织结合教育实践活动完善了纪律规定，加强了执纪问责，效果是好的。同时，从已经查处的大量顶风违纪案件中可以看出，一些党员、干部对纪律规定还置若罔闻，搞“四风”毫无顾忌，搞腐败心存侥幸。因此，在纪律上还要进一步严起来。

纪律面前一律平等，党内不允许有不受纪律约束的特殊党员。党的各级组织要积极探索纪律教育经常化、制度化的途径，多做提提领子、扯扯袖子的工作，使党员、干部真正懂得，党的纪律是全党必须遵守的行为准则，严格遵守和坚决维护纪律是做合格党员、干部的基本条件。

有纪可依是严明纪律的前提，党的纪律规定要根据形势和党的建设需要不断完善，确保系统配套、务实管用，防止脱离实际、内容模糊不清、滞后于实践。各级党组织和领导干部要切实履行执纪职责，拒绝说情风、关系网、利益链，采取管用的措施提高组织管理的有效性，使违纪问题能及时发现、及时查处。这样既有利于防微杜渐，也有利于教育和挽救干部。有的地方和单位有了问题总想捂着盖着，甚至弄得保护错误的力量大过伸张正义的力量，这个问题要认真解决。查处违纪问题必须坚持有什么问题查清什么问题、发现什么问题查清什么问题，不能装聋作哑、避重就轻，不能大事化小、小事化了，任何人不得隐瞒、简化、变通。

第七，发挥人民监督作用。得民心者得天下，失民心者失天下，人民拥护和支持是党执政最牢固的根基。人民群众中蕴藏着治国理政、管党治党的智慧和力量，从严治党必须依靠人民。

让人民支持和帮助我们从严治党，要注意畅通两个渠道，一个是建言献策渠道，一个是批评监督渠道。在这两方面，这些年我们总的是做得越来越好，但还有不足，主要是围绕经济社会发展听意见多、围绕从严治党听意见少，请上来听意见多、走下去听意见少。群众的很多想法，往往不是在那些很正式的场合、当着很多人的面会讲出来的，而是要同他们身挨身坐、心贴心聊才能听得到。各级干部要多沉下身子、走近群众，就从严治党问题多向群众请教。

群众的眼睛是雪亮的，群众的意见是我们最好的镜子。只有织密群众监督之网，开启全天候探照灯，才能让“隐身人”无处藏身。各级党组织和党员、干部的表现都要交给群众评判。群众对党组织和党员、干部有意见，应该欢迎他们批评指出。群众发现党员、干部有违纪违法问题，要让他们有安全畅通的举报渠道。群众提出的意见只要对从严治党有好处，我们就要认真听取、积极采纳。

第八，深入把握从严治党规律。从严治党有其自身规律，对我们这样一个老党大党来说，从严治党更有其自身规律。我们党在长期实践中，不断总结自己正反两方面经验，也积极借鉴国外执政党建设的经验教训，深刻认识到了一些从严治党规律，这些都要继续运用好。

随着世情、国情、党情的不断变化，影响从严治党的因素更加复杂，提出了很多新课题。我们要深入基层、深入实际，深入研究管党治党实践，通过纵向和横向的比较，进行去伪存真、由表及里的分析，正确把握掩盖在纷繁表面现象后面的事物本质，深化对从严治党规律的认识。要注重把继承传统和改革创新结合起来，把总结自身经验和借鉴世界其他政党经验结合起来，增强从严治党的系统性、预见性、创造性、实效性，使从严治党的一切努力都集中到增强党自我净化、自我完善、自我革新、自我提高能力上来，集中到提高党的领导能力和执政能力、保持和发展党的先进性和纯洁性上来。

同志们，这一次党的群众路线教育实践活动基本结束了，但贯彻党的群众路线、保持党同人民群众的血肉联系的历史进程永远不会结束。全党同志要更加紧密地团结在党中央周围，一心一意谋发展，聚精会神抓党建，继续打好党风建设这场硬仗，以好的作风保障党和国家各项工作顺利开展，为实现“两个一百年”奋斗目标、实现中华民族伟大复兴的中国梦而不懈奋斗！

第十二届全国人民代表大会第二次会议政府工作报告（节选）

（2014年3月5日）

李克强

各位代表：

现在，我代表国务院，向大会作政府工作报告，请予审议，并请全国政协各位委员提出意见。

一、2013年工作回顾

过去一年是本届政府依法履职的第一年，任务艰巨而繁重。面对世界经济复苏艰难、国内经济下行压力加大、自然灾害频发、多重矛盾交织的复杂形势，全国各族人民在以习近平同志为总书记的党中央领导下，从容应对挑战，奋力攻坚克难，圆满实现全年经济社会发展主要预期目标，改革开放和社会主义现代化建设取得令人瞩目的重大成就。

——经济运行稳中向好。国内生产总值达到56.9万亿元，比上年增长7.7%。居民消费价格涨幅控制在2.6%。城镇登记失业率4.1%。城镇新增就业1310万人，创历史新高。进出口总额突破4万亿美元，再上新台阶。

——居民收入和经济效益持续提高。城镇居民人均可支配收入实际增长7%，农村居民人均纯收入实际增长9.3%，农村贫困人口减少1650万人，城乡居民收入差距继续缩小。规模以上工业企业利润增长12.2%。财政收入增长10.1%。

——结构调整取得积极成效。粮食产量超过1.2万亿斤，实现“十连增”。服务业增加值比重达到46.1%，首次超过第二产业。中西部地区生产总值比重继续提高，区域发展协调性增强。全社会用电量增长7.5%，货运量增长9.9%，主要实物量指标与经济增长相互匹配。

——社会事业蓬勃发展。教育、科技、文化、卫生等领域取得新进步。神舟十号遨游太空，嫦娥三号成功登月，蛟龙深潜再创纪录，这表明中国人民完全有能力、有智慧实现建成创新型国家的目标。

过去一年，困难比预料的多，结果比预想的好。经济社会发展既有量的扩大，又有质的提升，为今后奠定了基础。这将鼓舞我们砥砺前行，不断创造新的辉煌。

一年来，我们坚持稳中求进工作总基调，统筹稳增长、调结构、促改革，坚持宏观政策要稳、微观政策要活、社会政策要托底，创新宏观调控思路和方式，采取一系列既利当前、更惠长远的举措，稳中有为，稳中提质，稳中有进，各项工作实现了良好开局。

一是着力深化改革开放，激发市场活力和内生动力。在国内外环境错综复杂、宏观调控抉择两难的情况下，我们深处着力，把改革开放作为发展的根本之策，放开市场这只“看不见的手”，用好政府这只“看得见的手”，促进经济稳定增长。

我们从政府自身改起，把加快转变职能、简政放权作为本届政府开门第一件大事。国务院机构改革有序实施，分批取消和下放了 416 项行政审批等事项，修订政府核准的投资项目目录，推动工商登记制度改革。各地积极推进政府职能转变和机构改革，大幅减少行政审批事项。扩大“营改增”试点，取消和免征行政事业性收费 348 项，减轻企业负担 1500 多亿元。这些都为市场松了绑，为企业添了力，全国新注册企业增长 27.6%，民间投资比重上升到 63%。全面放开贷款利率管制，在全国进行中小企业股份转让系统试点。启动不动产统一登记。简政放权等改革，极大地激发了市场活力、发展动力和社会创造力。

我们推动开放向深度拓展。设立中国上海自由贸易试验区，探索准入前国民待遇加负面清单的管理模式。提出建设丝绸之路经济带、21 世纪海上丝绸之路的构想。打造中国—东盟自贸区升级版。与瑞士、冰岛签署自由贸易协定。实施稳定外贸增长的政策，改善海关、检验检疫等监管服务。成功应对光伏“双反”等重大贸易摩擦。推动高铁、核电等技术装备走出国门，对外投资大幅增加，出境旅游近亿人次。开放的持续推进，扩大了发展的新空间。

二是创新宏观调控思路和方式，确保经济运行处于合理区间。面对跌宕起伏的经济形势，我们保持定力，明确守住稳增长、保就业的下限和防通胀的上限，只要经济在合理区间运行，就集中精力抓住转方式调结构不放松，保持宏观政策基本取向不动摇，以增强市场信心、稳定社会预期。

去年上半年，出口大幅波动，经济持续下行，中央财政收入一度出现多年少有的负增长，银行间同业拆放利率一度异常升高，国际上出现中国经济可能“硬着陆”的声音。针对这种情况，我们坚持实施积极的财政政策和稳健的货币政策，不采取短期刺激措施，不扩大赤字，不超发货币，而是增加有效供给，释放潜在需求，沉着应对市场短期波动，保障经济运行不滑出合理区间，让市场吃了“定心丸”，成为经济稳中向好的关键一招。去年财政赤字控制在预算范围内，广义货币 M2 增长 13.6%，符合调控要求。

在保持总量政策稳定的同时，积极盘活存量、用好增量。优化财政支出，整合压缩专项转移支付。中央党政机关和事业单位一般性支出压减 5%，各地也压减一般性支出，腾出的资金用于改善民生、发展经济。对小微企业实行税收优惠，600 多万户企业受益。通过审计，摸清全国政府性债务底数。加强金融监管和流动性管理，保持金融稳健运行。

三是注重调整经济结构，提高发展质量和效益。针对阻碍发展的结构性问题，我们注重精准发力，运用市场手段和差别化政策，在优化结构中稳增长，在创新驱动中促转型，推动提质增效升级，为长远发展铺路搭桥。

巩固和加强农业基础。推进现代农业综合配套改革试点，支持发展多种形式适度规模经营。全面完成 1.5 万座小型水库除险加固，新解决农村 6300 多万人饮水安全问题。加强生态保护与建设，全国森林覆盖率上升到 21.6%。

加快产业结构调整。鼓励发展服务业，支持战略性新兴产业发展，第四代移动通信正式商用。积极化解部分行业产能严重过剩矛盾。推进节能减排和污染防治，能源消耗强度下降 3.7%，二氧化硫、化学需氧量排放量分别下降 3.5%、2.9%。

加强基础设施建设。南水北调东线一期工程提前通水，中线一期主体工程如期完工。推进地下管网等城市基础设施建设。拓展油气和电力输配网络。非化石能源发电量比重达到 22.3%。加强民航、水运、信息、邮政网络建设，铁路、高速公路运营里程均超过 10 万公里，其中高速铁路运营里程达到 1.1 万公里，居世界首位。

推进创新驱动发展。全社会研发支出占国内生产总值比重超过 2%。深化科技体制改革，实施知识、技术创新等工程。超级计算、智能机器人、超级杂交稻等一批关键技术实现重大突破。

四是切实保障和改善民生，促进社会公平正义。在财政收支矛盾较大的情况下，我们竭诚尽力，始终把改善民生作为工作的出发点和落脚点，注重制度建设，兜住民生底线，推动社会事业发展。

保障群众基本生活。实施大学生就业促进计划，应届高校毕业生绝大部分实现就业。加强农村转移劳动力就业服务和职业培训，对城镇就业困难人员进行就业援助。推进养老保险、社会救助制度建设，城乡低保标准分别提高 13.1%和 17.7%，企业退休人员基本养老金水平提高 10%。新开工保障性安居工程 660 万套，基本建成 540 万套，上千万住房困难群众乔迁新居。

推进教育发展和改革。启动教育扶贫工程，实施农村义务教育薄弱学校改造计划，学生营养改善计划惠及 3200 万孩子。对集中连片特困地区乡村教师发放生活补助，贫困地区农村学生上重点高校人数比上年增长 8.5%。

深化医药卫生体制改革。基本医保总体实现全覆盖，城乡居民基本医保财政补助标准增加到人均 280 元。基本药物制度覆盖 80%以上村卫生室。28 个省份开展大病医疗保险试点。启动疾病应急救助试点。全面实施国家基本公共卫生服务项目，农村免费孕前检查使600万个家庭受益。

促进文化事业和文化产业健康发展。推出一批文化精品，扩大公益性文化设施向社会免费开放。深化文化体制改革，加强文化市场建设，文化产业增加值增长15%以上。完善全民健身服务体系，成功节俭举办第十二届全国运动会。

五是改进社会治理方式，保持社会和谐稳定。面对自然灾害等各种突发事件，我们有序有力，坚持以人为本、依法依规、科学应对，既进行有效处置，又探索建立新机制，以提高社会治理水平。

去年，我国发生四川芦山地震、甘肃岷县漳县地震、黑龙江松花江嫩江流域洪涝、南方高温干旱、沿海强台风等严重自然灾害，出现人感染禽流感疫情。我们健全分级负责、相互协同的抗灾救灾应急机制，中央统筹帮助支持，地方就近统一指挥，最大限度保护了人民群众生命财产安全。

加强安全生产和市场监管。完善相关机制，严肃查处重大安全事故并追究有关人员责任，重特大事故下降16.9%。重组食品药品监管机构，深入开展食品药品安全专项整治，对婴幼儿奶粉质量按照药品管理办法严格监管，努力让人民吃得放心、用得安心。

推进依法行政，国务院提请全国人大常委会制定修订法律34件，提出废止劳动教养制度议案，制定修订行政法规47件。完善信访和调解联动工作体系，预防和化解社会矛盾。依法打击各类违法犯罪活动。

全面贯彻中央八项规定精神，开展群众路线教育实践活动，坚决反对“四风”，严格执行“约法三章”。中央国家机关“三公”经费减少35%，31个省份本级公务接待费减少26%。加大廉政建设和反腐败工作力度，一批违法违纪分子受到惩处。

去年是我国外交工作开创新局的一年。习近平主席等新一届国家领导人出席二十国集团领导人峰会、亚太经合组织领导人非正式会议、上海合作组织峰会、金砖国家领导人会晤、东亚领导人系列会议等重大多边活动，访问一系列国家，取得丰硕成果。周边外交工作进入新阶段。经济外交取得新进展。同发展中国家交流合作迈上新台阶，同主要大国关系在互动中稳定发展，在重大国际和地区事务及热点问题上发挥负责任大国作用。坚定维护国家领土主权和海洋权益。我国的对外影响力进一步提升。

…………

二、2014年工作总体部署

2014年，我国面临的形势依然错综复杂，有利条件和不利因素并存。世界经济复苏仍存在不稳定不确定因素，一些国家宏观政策调整带来变数，新兴经济体又面临新的困难和挑战。全球经济格局深度调整，国际竞争更趋激烈。我国支撑发展的要素条件也在发生深刻变化，深层次矛盾凸显，正处于结构调整阵痛期、增长速度换挡期，到了爬坡过坎的紧要关口，经济下行压力依然较大。同时要看到，我国发展仍处在可以大有作为的重要战略机遇期，工业化、城镇化持续推进，区域发展回旋余地大，今后一个时期保持经济中高速增长有基础也有条件。我们必须防微虑远，趋利避害，一定要牢牢把握发展的主动权。

今年政府工作的总体要求是：高举中国特色社会主义伟大旗帜，以邓小平理论、“三个代表”重要思想、科学发展观为指导，全面贯彻落实党的十八大和十八届二中、三中全会精神，贯彻落实习近平同志系列重要讲话精神，坚持稳中求进工作总基调，把改革创新贯穿于经济社会发展各个领域各个环节，保持宏观经济政策连续性稳定性，增强调控的前瞻性针对性，全面深化改革，不断扩大开放，实施创新驱动，坚持走中国特色新型工业化、信息化、城镇化、农业现代化道路，加快转方式调结构促升级，加强基本公共服务体系建设，着力保障和改善民生，切实提高发展质量和效益，大力推进社会主义经济建设、政治建设、文化建设、社会建设、生态文明建设，实现经济持续健康发展和社会和谐稳定。

今年经济社会发展的主要预期目标是：国内生产总值增长7.5%左右，居民消费价格涨幅控制在3.5%左右，城镇新增就业1000万人以上，城镇登记失业率控制在4.6%以内，国际收支基本平衡，努力实现居民收入和经济发展同步。加强对增长、就业、物价、国际收支等主要目标的统筹平衡。这里，着重对两个目标加以说明。

关于经济增长。我国仍是一个发展中国家，还处于社会主义初级阶段，发展是解决我国所有问题的关键，必须牢牢扭住经济建设这个中心，保持合理的经济增长速度。经过认真比较、反复权衡，把增长预期目标定在7.5%左右，兼顾了需要和可能。这与全面建成小康社会的目标相衔接，有利于增强市场信心，有利于调整优化经济结构。稳增长更是为了保就业，既要满足城镇新增就业的需要，又要为农村转移劳动力进城务工留出空间，根本上是为了增加城乡居民收入、改善人民生活。实现今年经济增长目标有不少积极因素，但必须付出艰辛努力。

关于价格水平。把居民消费价格涨幅控制在3.5%左右，考虑了去年涨价翘尾影响和今年新涨价因素，也表明我们抑制通胀、保障民生的决心和信心。我国农业连年增产，工业品总体上供大于求，粮食等物资储备充裕，进出口调节能力较强，保持物价总水平基本稳定具备许多有利条件。但今年推动价格上涨的因素不少，不能掉以轻心，必须做好物价调控，切实防止对群众生活造成大的影响。

实现今年经济社会发展的目标任务，要把握好以下原则和政策取向。

第一，向深化改革要动力。改革是最大的红利。当前改革已进入攻坚期和深水区，必须紧紧依靠人民群众，以壮士断腕的决心、背水一战的气概，冲破思想观念的束缚，突破利益固化的藩篱，以经济体制改革为牵引，全面深化各领域改革。要从群众最期盼的领域改起，从制约经济社会发展最突出的问题改起，从社会各界能够达成共识的环节改起，使市场在资源配置中起决定性作用和更好发挥政府作用，积极推进有利于结构调整的改革，破除制约市场主体活力和要素优化配置的障碍，让全社会创造潜力充分释放，让公平正义得以彰显，让全体人民共享改革发展成果。

第二，保持经济运行处在合理区间。完善宏观调控政策框架，守住稳增长、保就业的下限和防通胀的上限，继续实施积极的财政政策和稳健的货币政策。今年拟安排财政赤字13500亿元，比上年增加1500亿元，其中中央财政赤字9500亿元，由中央代地方发债4000亿元。财政赤字和国债规模随着经济总量扩大而有所增加，但赤字率稳定在2.1%，体现了财政政策的连续性。货币政策要保持松紧适度，促进社会总供求基本平衡，营造稳定的货币金融环境。加强宏观审慎管理，引导货币信贷和社会融资规模适度增长。今年广义货币M2预期增长13%左右。要加强财政、货币和产业、投资等政策协同配合，做好政策储备，适时适度预调微调，确保中国经济这艘巨轮行稳致远。

第三，着力提质增效升级、持续改善民生。我们追求的发展，是提高质量效益、推进转型升级、改善人民生活的发展。要在稳增长的同时，推动发展从主要依靠要素投入向更多依靠创新驱动转变，从主要依靠传统比较优势向更多发挥综合竞争优势转换，从国际产业分工中低端向中高端提升，从城乡区域不平衡向均衡协调迈进。完善政绩考核评价体系，切实把各方面积极性引导到加快转方式调结构、实现科学发展上来，不断增加就业和居民收入，不断改善生态环境，使经济社会发展更有效率、更加公平、更可持续。

三、2014年重点工作

做好今年政府工作，要以深化改革为强大动力，以调整结构为主攻方向，以改善民生为根本目的，统筹兼顾，突出重点，务求实效。

（一）推动重要领域改革取得新突破。

改革是今年政府工作的首要任务。要以经济体制改革为重点，区别情况，分类推进，抓好牵一发而动全身的举措，力求取得实质性进展，更多释放改革红利。

深入推进行政体制改革。进一步简政放权，这是政府的自我革命。今年要再取消和下放行政审批事项200项以上。深化投资审批制度改革，取消或简化前置性审批，充分落实企业投资自主权，推进投资创业便利化。确需设置的行政审批事项，要建立权力清单制度，一律向社会公开。清单之外的，一律不得实施审批。全面清理非行政审批事项。基本完成省市县政府机构改革，继续推进事业单位改革。在全国实施工商登记制度改革，落实认缴登记制，由先证后照改为先照后证，由企业年检制度改为年报公示制度，让市场主体不断迸发新的活力。

加强事中事后监管。坚持放管并重，建立纵横联动协同管理机制，实现责任和权力同步下放、放活和监管同步到位。推广一站式审批、一个窗口办事，探索实施统一市场监管。加快社会信用体系建设，推进政府信息共享，推动建立自然人、法人统一代码，对违背市场竞争原则和侵害消费者权益的企业建立黑名单制度，让失信者寸步难行，让守信者一路畅通。

抓好财税体制改革这个重头戏。实施全面规范、公开透明的预算制度。着力把所有政府性收入纳入预算，实行全口径预算管理。各级政府预算和决算都要向社会公开，部门预算要逐步公开到基本支出和项目支出，所有财政拨款的“三公”经费都要公开，打造阳光财政，让群众看明白、能监督。提高一般性转移支付比例，专项转移支付项目要减少三分之一，今后还要进一步减少。推进税收制度改革，把“营改增”试点扩大到铁路运输、邮政服务、电信等行业，清费立税，推动消费税、资源税改革，做好房地产税、环境保护税立法相关工作。进一步扩展小微企业税收优惠范围，减轻企业负担。抓紧研究调整中央与地方事权和支出责任，逐步理顺中央与地方收入划分，保持现有财力格局总体稳定。建立规范的地方政府举债融资机制，把地方政府性债务纳入预算管理，推行政府综合财务报告制度，防范和化解债务风险。

深化金融体制改革。继续推进利率市场化，扩大金融机构利率自主定价权。保持人民币汇率在合理均衡水平上的基本稳定，扩大汇率双向浮动区间，推进人民币资本项目可兑换。稳步推进由民间资本发起设立中小型银行等金融机构，引导民间资本参股、投资金融机构及融资中介服务机构。建立存款保险制度，健全金融机构风险处置机制。实施政策性金融机构改革。加快发展多层次资本市场，推进股票发行注册制改革，规范发展债券市场。积极发展农业保险，探索建立巨灾保险制度。促进互联网金融健康发展，完善金融监管协调机制，密切监测跨境资本流动，守住不发生系统性和区域性金融风险的底线。让金融成为一池活水，更好地浇灌小微企业、“三农”等实体经济之树。

增强各类所有制经济活力。坚持和完善基本经济制度。优化国有经济布局和结构，加快发展混合所有制经济，建立健全现代企业制度和公司法人治理结构。完善国有资产管理体制，准确界定不同国有企业功能，推进国有资本投资运营公司试点。完善国有资本经营预算，提高中央企业国有资本收益上缴公共财政比例。制定非国有资本参与中央企业投资项目的办法，在金融、石油、电力、铁路、电信、资源开发、公用事业等领域，向非国有资本推出一批投资项目。制定非公有制企业进入特许经营领域具体办法。实施铁路投融资体制改革，在更多领域放开竞争性业务，为民间资本提供大显身手的舞台。完善产权保护制度，公有制经济财产权不可侵犯，非公有制经济财产权同样不可侵犯。

（二）开创高水平对外开放新局面。

开放与改革相伴而生、相互促进。要构建开放型经济新体制，推动新一轮对外开放，在国际市场汪洋大海中搏击风浪，倒逼深层次改革和结构调整，加快培育国际竞争新优势。

扩大全方位主动开放。坚持积极有效利用外资，推动服务业扩大开放，打造内外资企业一视同仁、公平竞争的营商环境，使中国继续成为外商投资首选地。建设好、管理好中国上海自由贸易试验区，形成可复制可推广的体制机制，并开展若干新的试点。扩展内陆沿边开放，让广袤大地成为对外开放的热土。

从战略高度推动出口升级和贸易平衡发展。今年进出口总额预期增长7.5%左右。要稳定和完善出口政策，加快通关便利化改革，扩大跨境电子商务试点。实施鼓励进口政策，增加国内短缺产品进口。引导加工贸易转型升级，支持企业打造自主品牌和国际营销网络，发展服务贸易和服务外包，提升中国制造在国际分工中的地位。鼓励通信、铁路、电站等大型成套设备出口，让中国装备享誉全球。

在走出去中提升竞争力。推进对外投资管理方式改革，实行以备案制为主，大幅下放审批权限。健全金融、法律、领事等服务保障，规范走出去秩序，促进产品出口、工程承包与劳务合作。抓紧规划建设丝绸之路经济带、21世纪海上丝绸之路，推进孟中印缅、中巴经济走廊建设，推出一批重大支撑项目，加快基础设施互联互通，拓展国际经济技术合作新空间。

统筹多双边和区域开放合作。推动服务贸易协定、政府采购协定、信息技术协定等谈判，加快环保、电子商务等新议题谈判。积极参与高标准自贸区建设，推进中美、中欧投资协定谈判，加快与韩国、澳大利亚、海湾合作委员会等自贸区谈判进程。坚持推动贸易和投资自由化便利化，实现与各国互利共赢，形成对外开放与改革发展良性互动新格局。

（三）增强内需拉动经济的主引擎作用。

扩大内需是经济增长的主要动力，也是重大的结构调整。要发挥好消费的基础作用和投资的关键作用，打造新的区域经济支撑带，从需求方面施策，从供给方面发力，构建扩大内需长效机制。

把消费作为扩大内需的主要着力点。通过增加居民收入提高消费能力，完善消费政策，培育消费热点。要扩大服务消费，支持社会力量兴办各类服务机构，重点发展养老、健康、旅游、文化等服务，落实带薪休假制度。要促进信息消费，实施“宽带中国”战略，加快发展第四代移动通信，推进城市百兆光纤工程和宽带乡村工程，大幅提高互联网网速，在全国推行“三网融合”，鼓励电子商务创新发展。维护网络安全。要深化流通体制改革，清除妨碍全国统一市场的各种关卡，降低流通成本，促进物流配送、快递业和网络购物发展。充分释放十几亿人口蕴藏的巨大消费潜力。

把投资作为稳定经济增长的关键。加快投融资体制改革，推进投资主体多元化，再推出一批民间投资示范项目，优化投资结构，保持固定资产投资合理增长。中央预算内投资拟增加到4576亿元，重点投向保障性安居工程、农业、重大水利、中西部铁路、节能环保、社会事业等领域，发挥好政府投资“四两拨千斤”的带动作用。

把培育新的区域经济带作为推动发展的战略支撑。深入实施区域发展总体战略，优先推进西部大开发，全面振兴东北地区等老工业基地，大力促进中部地区崛起，积极支持东部地区经济率先转型升级，加大对革命老区、民族地区、边疆地区、贫困地区支持力度。要谋划区域发展新棋局，由东向西、由沿海向内地，沿大江大河和陆路交通干线，推进梯度发展。依托黄金水道，建设长江经济带。以海陆重点口岸为支点，形成与沿海连接的西南、中南、东北、西北等经济支撑带。推进长三角地区经济一体化，深化泛珠三角区域经济合作，加强环渤海及京津冀地区经济协作。实施差别化经济政策，推动产业转移，发展跨区域大交通大流通，形成新的区域经济增长极。

海洋是我们宝贵的蓝色国土。要坚持陆海统筹，全面实施海洋战略，发展海洋经济，保护海洋环境，坚决维护国家海洋权益，大力建设海洋强国。

（四）促进农业现代化和农村改革发展。

农业是扩内需调结构的重要领域，更是安天下稳民心的产业。要坚持把解决好“三农”问题放在全部工作的重中之重，以保障国家粮食安全和促进农民增收为核心，推进农业现代化。坚守耕地红线，提高耕地质量，增强农业综合生产能力，确保谷物基本自给、口粮绝对安全，把 13 亿中国人的饭碗牢牢端在自己手中。

强化农业支持保护政策。提高小麦、稻谷最低收购价格，继续执行玉米、油菜籽、食糖临时收储政策。探索建立农产品目标价格制度，市场价格过低时对生产者进行补贴，过高时对低收入消费者进行补贴。农业新增补贴向粮食等重要农产品、新型农业经营主体、主产区倾斜。增加对粮油猪等生产大县的奖励补助，扶持牛羊肉生产。发挥深松整地对增产的促进作用，今年启动 1 亿亩试点。统筹整合涉农资金。不管财力多么紧张，都要确保农业投入只增不减。

夯实农业农村发展基础。国家集中力量建设一批重大水利工程，今年拟安排中央预算内水利投资 700 多亿元，支持引水调水、骨干水源、江河湖泊治理、高效节水灌溉等重点项目。各地要加强中小型水利项目建设，解决好用水“最后一公里”问题。加快建成一批旱涝保收高标准农田，抓紧培育一批重要优良品种，研发推广一批新型高效农业机械。完善农村水电路气信等基础设施，改造农村危房 260 万户，改建农村公路 20 万公里。高度重视农村留守儿童、妇女、老人和“空心村”问题。今年再解决 6000 万农村人口的饮水安全问题，经过今明两年努力，要让所有农村居民都能喝上干净的水。

积极推进农村改革。坚持和完善农村基本经营制度，赋予农民更多财产权利。保持农村土地承包关系长久不变，抓紧土地承包经营权及农村集体建设用地使用权确权登记颁证工作，引导承包地经营权有序流转，慎重稳妥进行农村土地制度改革试点。坚持家庭经营基础性地位，培育专业大户、家庭农场、农民合作社、农业企业等新型农业经营主体，发展多种形式适度规模经营。完善集体林权制度改革。加快国有农牧林场改革。健全农业社会化服务体系，推进供销合作社综合改革试点。农村改革要从实际出发，试点先行，切实尊重农民意愿，坚决维护农民合法权益。

创新扶贫开发方式。加快推进集中连片特殊困难地区区域发展与扶贫攻坚。国家加大对跨区域重大基础设施建设和经济协作的支持，加强生态保护和基本公共服务。地方要优化整合扶贫资源，实行精准扶贫，确保扶贫到村到户。引导社会力量参与扶贫事业。今年再减少农村贫困人口 1000 万人以上。我们要继续向贫困宣战，决不让贫困代代相传。

（五）推进以人为核心的新型城镇化。

城镇化是现代化的必由之路，是破除城乡二元结构的重要依托。要健全城乡发展一体化体制机制，坚持走以人为本、四化同步、优化布局、生态文明、传承文化的新型城镇化道路，遵循发展规律，积极稳妥推进，着力提升质量。今后一个时期，着重解决好现有“三个 1 亿人”问题，促进约 1 亿农业转移人口落户城镇，改造约 1 亿人居住的城镇棚户区和城中村，引导约 1 亿人在中西部地区就近城镇化。

有序推进农业转移人口市民化。推动户籍制度改革，实行不同规模城市差别化落户政策。把有能力、有意愿并长期在城镇务工经商的农民工及其家属逐步转为城镇居民。对未落户的农业转移人口，建立居住证制度。使更多进城务工人员随迁子女纳入城镇教育、实现异地升学，实施农民工职业技能提升计划。稳步推进城镇基本公共服务常住人口全覆盖，使农业转移人口和城镇居民共建共享城市现代文明。

加大对中西部地区新型城镇化的支持。提高产业发展和集聚人口能力，促进农业转移人口就近从业。加快推进交通、水利、能源、市政等基础设施建设，增强中西部地区城市群和城镇发展后劲。优化东部地区城镇结构，进一步提升城镇化质量和水平。

加强城镇化管理创新和机制建设。要更大规模加快棚户区改造，决不能一边高楼林立，一边棚户连片。以国家新型城镇化规划为指导，做好相关规划的统筹衔接。提高城镇建设用地效率，优先发展公共交通，保护历史文化和自然景观，避免千城一面。加强小城镇和村庄规划管理。探索建立农业转移人口市民化成本分担、多元化城镇建设投融资等机制。通过提高建设和管理水平，让我们的城镇各具特色、宜业宜居，更加充满活力。

（六）以创新支撑和引领经济结构优化升级。

创新是经济结构调整优化的原动力。要把创新摆在国家发展全局的核心位置，促进科技与经济社会发展紧密结合，推动我国产业向全球价值链高端跃升。

加快科技体制改革。强化企业在技术创新中的主体地位，鼓励企业设立研发机构，牵头构建产学研协同创新联盟。全面落实企业研发费用加计扣除等普惠性措施。把国家自主创新示范区股权激励、科技成果处置权收益权改革等试点政策，扩大到更多科技园区和科教单位。加大政府对基础研究、前沿技术、社会公益技术、重大共性关键技术的投入，健全公共科技服务平台，完善科技重大专项实施机制。改进与加强科研项目和资金管理，实行国家创新调查和科技报告制度，鼓励科研人员创办企业。加强知识产权保护和运用。深入实施人才发展规划，统筹重大人才工程，鼓励企业建立研发人员报酬与市场业绩挂钩机制，使人才的贡献与回报相匹配，让各类人才脱颖而出、人尽其才、才尽其用。

产业结构调整要依靠改革，进退并举。进，要更加积极有为。优先发展生产性服务业，推进服务业综合改革试点和示范建设，促进文化创意和设计服务与相关产业融合发展，加快发展保险、商务、科技等服务业。促进信息化与工业化深度融合，推动企业加快技术改造、提升精准管理水平，完善设备加速折旧等政策，增强传统产业竞争力。设立新兴产业创业创新平台，在新一代移动通信、集成电路、大数据、先进制造、新能源、新材料等方面赶超先进，引领未来产业发展。退，要更加主动有序。坚持通过市场竞争实现优胜劣汰，鼓励企业兼并重组。对产能严重过剩行业，强化环保、能耗、技术等标准，清理各种优惠政策，消化一批存量，严控新上增量。今年要淘汰钢铁2700万吨、水泥4200万吨、平板玻璃3500万标准箱等落后产能，确保“十二五”淘汰任务提前一年完成，真正做到压下来，决不再反弹。

（七）加强教育、卫生、文化等社会建设。

繁荣发展社会事业是促进社会公正、增进人民福祉的有效途径。要深化社会体制改革，以更大的投入和更有力的举措，推动经济社会协调发展。

促进教育事业优先发展、公平发展。继续加大教育资源向中西部和农村倾斜，促进义务教育均衡发展。全面改善贫困地区义务教育薄弱学校办学条件。贫困地区农村学生上重点高校人数要再增长10%以上，使更多农家子弟有升学机会。加强农村特别是边远贫困地区教师队伍建设，扩大优质教育资源覆盖面，改善贫困地区农村儿童营养状况。发展学前教育。实施特殊教育提升计划。继续增加中央财政教育投入，提高使用效率并强化监督。深化教育综合改革，积极稳妥改革考试招生制度，扩大省级政府教育统筹权和高校办学自主权，鼓励发展民办学校。加快构建以就业为导向的现代职业教育体系。我们要为下一代提供良好的教育，努力使每一个孩子有公平的发展机会。

推动医改向纵深发展。巩固全民基本医保，通过改革整合城乡居民基本医疗保险制度。完善政府、单位和个人合理分担的基本医疗保险筹资机制，城乡居民基本医保财政补助标准提高到人均320元。在全国推行城乡居民大病保险。加强城乡医疗救助、疾病应急救助。县级公立医院综合改革试点扩大到1000个县，覆盖农村5亿人口。扩大城市公立医院综合改革试点。破除以药补医，理顺医药价格，创新社会资本办医机制。巩固完善基本药物制度和基层医疗卫生机构运行新机制。健全分级诊疗体系，加强全科医生培养，推进医师多点执业，让群众能够就近享受优质医疗服务。提高重大传染病、慢性病和职业病、地方病防治能力，人均基本公共服务经费补助标准增加到35元。扶持中医药和民族医药事业发展。坚持计划生育基本国策不动摇，落实一方是独生子女的夫妇可生育两个孩子政策。为了人民的身心健康和家庭幸福，我们一定要坚定不移推进医改，用中国式办法解决好这个世界性难题。

文化是民族的血脉。要培育和践行社会主义核心价值观，加强公民道德和精神文明建设。继续深化文化体制改革，完善文化经济政策，增强文化整体实力和竞争力。促进基本公共文化服务标准化均等化，发展文化艺术、新闻出版、广播电影电视、档案等事业，繁荣发展哲学社会科学，倡导全民阅读。提升文化产业发展水平，培育和规范文化市场。传承和弘扬优秀传统文化，重视保护文物。加快文化走出去，发展文化贸易，加强国际传播能力建设，提升国家文化软实力。发展全民健身、竞技体育和体育产业。我国是历史悠久的文明古国，也一定能建成现代文化强国。

推进社会治理创新。注重运用法治方式，实行多元主体共同治理。健全村务公开、居务公开和民主管理制度，更好发挥社会组织在公共服务和社会治理中的作用。加强应急管理，提高公共安全和防灾救灾减灾能力，做好地震、气象、测绘等工作。改革信访工作制度，及时就近化解社会矛盾。加强行政复议工作。深入开展普法教育，加大法律援助。加强社会治安综合治理，坚决打击暴力恐怖犯罪活动，维护国家安全，形成良好社会秩序，共同建设平安中国。

（八）统筹做好保障和改善民生工作。

民惟邦本，本固邦宁。政府工作的根本目的，是让全体人民过上好日子。要坚持建机制、补短板、兜底线，保障群众基本生活，不断提高人民生活水平和质量。

就业是民生之本。坚持实施就业优先战略和更加积极的就业政策，优化就业创业环境，以创新引领创业，以创业带动就业。今年高校毕业生将达727万人，要开发更多就业岗位，实施不间断的就业创业服务，提高大学生就业创业比例。加大对城镇就业困难人员帮扶力度，确保“零就业”家庭至少有一人就业，做好淘汰落后产能职工安置和再就业工作。统筹农村转移劳动力、退役军人等就业工作。努力实现更加充分、更高质量就业，使劳动者生活更加体面、更有尊严。

收入是民生之源。要深化收入分配体制改革，努力缩小收入差距。健全企业职工工资决定和正常增长机制，推进工资集体协商，构建和谐劳动关系。加强和改进国有企业负责人薪酬管理。改革机关事业单位工资制度，在事业单位逐步推行绩效工资，健全医务人员等适应行业特点的薪酬制度，完善艰苦边远地区津贴增长机制。多渠道增加低收入者收入，不断扩大中等收入者比重。使城乡居民收入与经济同步增长，广大人民群众普遍感受到得实惠。

社保是民生之基。重点是推进社会救助制度改革，继续提高城乡低保水平，全面实施临时救助制度，为特殊困难群众基本生活提供保障，为人们创业奋斗解除后顾之忧。建立统一的城乡居民基本养老保险制度，完善与职工养老保险的衔接办法，改革机关事业单位养老保险制度，鼓励发展企业年金、职业年金和商业保险。完善失业保险和工伤保险制度。落实社会救助和保障标准与物价水平挂钩联动机制。发展老龄事业，保障妇女权益，关心青少年发展，加强未成年人保护和困境家庭保障，做好残疾人基本公共服务和残疾预防，支持慈善事业发展。让每一个身处困境者都能得到社会关爱和温暖。

完善住房保障机制。以全体人民住有所居为目标，坚持分类指导、分步实施、分级负责，加大保障性安居工程建设力度，今年新开工 700 万套以上，其中各类棚户区 470 万套以上，加强配套设施建设。提高大城市保障房比例。推进公租房和廉租房并轨运行。创新政策性住房投融资机制和工具，采取市场化运作方式，为保障房建设提供长期稳定、成本适当的资金支持。各级政府要增加财政投入，提高建设质量，保证公平分配，完善准入退出机制，年内基本建成保障房 480 万套，让翘首以盼的住房困难群众早日迁入新居。针对不同城市情况分类调控，增加中小套型商品房和共有产权住房供应，抑制投机投资性需求，促进房地产市场持续健康发展。

人命关天，安全生产这根弦任何时候都要绷紧。要严格执行安全生产法律法规，全面落实安全生产责任制，坚决遏制重特大安全事故发生。大力整顿和规范市场秩序，继续开展专项整治，严厉打击制售假冒伪劣行为。建立从生产加工到流通消费的全程监管机制、社会共治制度和可追溯体系，健全从中央到地方直至基层的食品药品安全监管体制。严守法规和标准，用最严格的监管、最严厉的处罚、最严肃的问责，坚决治理餐桌上的污染，切实保障“舌尖上的安全”。

（九）努力建设生态文明的美好家园。

生态文明建设关系人民生活，关乎民族未来。雾霾天气范围扩大，环境污染矛盾突出，是大自然向粗放发展方式亮起的红灯。必须加强生态环境保护，下决心用硬措施完成硬任务。

出重拳强化污染防治。以雾霾频发的特大城市和区域为重点，以细颗粒物（PM2.5）和可吸入颗粒物（PM10）治理为突破口，抓住产业结构、能源效率、尾气排放和扬尘等关键环节，健全政府、企业、公众共同参与新机制，实行区域联防联控，深入实施大气污染防治行动计划。今年要淘汰燃煤小锅炉 5 万台，推进燃煤电厂脱硫改造 1500 万千瓦、脱硝改造 1.3 亿千瓦、除尘改造 1.8 亿千瓦，淘汰黄标车和老旧车 600 万辆，在全国供应国四标准车用柴油。实施清洁水行动计划，加强饮用水源保护，推进重点流域污染治理。实施土壤修复工程。整治农业面源污染，建设美丽乡村。我们要像对贫困宣战一样，坚决向污染宣战。

推动能源生产和消费方式变革。加大节能减排力度，控制能源消费总量，今年能源消耗强度要降低 3.9%以上，二氧化硫、化学需氧量排放量都要减少 2%。要提高非化石能源发电比重，发展智能电网和分布式能源，鼓励发展风能、太阳能，开工一批水电、核电项目。加强天然气、煤层气、页岩气勘探开采与应用。推进资源性产品价格改革，建立健全居民用水、用气阶梯价格制度。实施建筑能效提升、节能产品惠民工程，发展清洁生产、绿色低碳技术和循环经济，提高应对气候变化能力。强化节水、节材和资源综合利用。加快开发应用节能环保技术和产品，把节能环保产业打造成生机勃勃的朝阳产业。

推进生态保护与建设。继续实施退耕还林还草，今年拟安排 500 万亩。实施退牧还草、天然林保护、防沙治沙、水土保持、石漠化治理、湿地恢复等重大生态工程。加强三江源生态保护。落实主体功能区制度，探索建立跨区域、跨流域生态补偿机制。生态环保功在当代、利在千秋。各级政府和全社会都要进一步积极行动起来，呵护好我们赖以生存的共同家园。

各位代表！

做好政府工作，必须加强自身改革建设。各级政府要忠实履行宪法和法律赋予的职责，按照推进国家治理体系和治理能力现代化的要求，加快建设法治政府、创新政府、廉洁政府，增强政府执行力和公信力，努力为人民提供优质高效服务。

深入贯彻依法治国基本方略，把政府工作全面纳入法治轨道，用法治思维和法治方式履行职责。加强政府法制工作，改革行政执法体制。创新政府管理理念和方式，健全决策、执行、监督机制，推进政府向社会购买服务的改革。加强公务员队伍建设，全面提高公务员素质。所有公务员都要以人民利益至上，廉洁奉公，勤勉尽责，真正当好人民公仆。

各级政府必须厉行节约，反对浪费，坚持过紧日子。要严格执行“约法三章”：政府性楼堂馆所一律不得新建和改扩建，财政供养人员总量只减不增，“三公”经费只减不增。启动公务用车制度改革。加强行政监察，纠正行业不正之风。加大审计和审计结果公告力度。今年要对土地出让金收支和耕地保护情况进行全面审计。深入推进反腐倡廉制度建设，坚决查处腐败案件，对任何腐败分子都要依法严惩、决不姑息。

各级政府要自觉接受同级人大及其常委会的监督，接受人民政协的民主监督，认真听取人大代表、民主党派、工商联、无党派人士和各人民团体的意见。加大政务公开，完善新闻发言人制度，及时回应社会关切。我们是人民政府，所有工作都要充分体现人民意愿，全面接受人民监督。

各位代表！

我国是统一的多民族国家，各民族都是中华民族的平等一员。要全面正确贯彻党的民族政策，坚持和完善民族区域自治制度，促进民族团结进步、共同繁荣发展。认真落实中央支持少数民族和民族地区发展的政策措施。扶持人口较少民族发展，继续实施兴边富民行动。保护和发展少数民族优秀传统文化。中华民族大家庭的各族儿女和睦相处、和衷共济、和谐发展、心心相印，一定会更加幸福安康、兴旺发达。

全面贯彻党的宗教工作基本方针，促进宗教关系和谐，发挥宗教界人士和信教群众在促进经济社会发展中的积极作用。

团结海外华侨华人和归侨侨眷，发挥侨胞参与祖国现代化建设、促进祖国和平统一、推进中外人文交流的独特作用，使海内外中华儿女的凝聚力不断增强。

各位代表！

过去一年，国防和军队建设扎实推进，全军和武警部队展现出新的风貌和战斗力水平。新的一年，要紧紧围绕党在新形势下的强军目标，全面加强军队革命化现代化正规化建设，不断提高军队信息化条件下威慑和实战能力。统筹推进各方向各领域军事斗争准备，加强和改进思想政治建设，加快全面建设现代后勤步伐，加强国防科研和高新技术武器装备发展。狠抓依法治军、从严治军。深化国防和军队改革，加强军事战略指导，完善现代军事力量体系。加强国防动员和后备力量建设，强化日常战备和边防海防空防管控。推动军民融合深度发展。加快建设现代化武装警察力量。坚决完成抢险救灾、反恐维稳、维和护航和处置突发事件等任务，积极参加和支援国家经济建设。各级政府要一如既往关心支持国防和军队建设，密切鱼水情谊，使军政军民团结坚如磐石。

各位代表！

我们将坚定不移贯彻“一国两制”方针，全面准确落实基本法，保持香港、澳门长期繁荣稳定。支持香港特别行政区、澳门特别行政区行政长官和政府依法施政，大力发展经济、有效改善民生、依法推进民主、维护社会和谐。进一步扩大内地与港澳合作，促进港澳自身竞争力提升。在国家全面深化改革和现代化进程中，香港、澳门一定会实现更好发展。

我们将全面贯彻对台工作大政方针，坚持“九二共识”，维护一个中国框架，巩固增进两岸政治互信，促进经济融合，推动交流合作，开展协商谈判，秉持“两岸一家亲”的理念，维护骨肉情谊，凝聚同胞心力，为建设中华民族美好家园、实现祖国和平统一大业贡献力量。我们期待双方越走越近，越走越亲，使两岸关系和平发展成为不可阻挡、不可逆转的历史潮流。

各位代表！

今年是和平共处五项原则提出六十周年。中国人民热爱和平、渴望发展，我国现代化建设需要长期稳定的国际环境。我们将继续高举和平、发展、合作、共赢的旗帜，始终不渝走和平发展道路，始终不渝奉行互利共赢的开放战略。坚决维护国家主权、安全、发展利益，切实维护我国公民和法人海外合法权益。全面推进周边外交，巩固睦邻友好，深化互利合作。维护二战胜利成果和战后国际秩序，决不允许开历史倒车。加强同发展中国家团结与合作，维护发展中国家共同利益。深化同各大国战略对话与务实合作，推动建立长期稳定健康发展的大国关系。办好亚太经合组织领导人非正式会议。中国是一个负责任的大国，我们将积极参与国际多边事务，为解决全球性问题和热点问题发挥建设性作用，切实维护国际公平正义，推动国际秩序朝着更加公正合理方向发展。中国愿同世界各国一道，推进人类持久和平，实现共同发展繁荣。

各位代表！

人民赋予重托，奋斗创造未来。让我们紧密团结在以习近平同志为总书记的党中央周围，高举中国特色社会主义伟大旗帜，齐心协力，开拓进取，扎实工作，为全面建成小康社会、建成富强民主文明和谐的社会主义现代化国家、实现中华民族伟大复兴的中国梦而努力奋斗！

关于深化经济体制改革的若干问题（节选）

（2014年5月）

李克强

党的十八届三中全会对全面深化改革作出了战略部署。经济体制改革是全面深化改革的重点，核心问题是处理好政府和市场的关系，使市场在资源配置中起决定性作用和更好发挥政府作用。我们要立足于我国长期处于社会主义初级阶段这个最大实际，坚持社会主义市场经济改革方向，充分认识深化经济体制改革的重要性和紧迫性，深刻理解其科学内涵和本质要求，扎实有力地做好各项改革工作，发挥经济体制改革牵引作用，协同推进其他领域改革，形成强大的改革合力。

一、发展要紧紧依靠改革

我国的基本国情，决定了发展仍是解决我国所有问题的关键，必须坚持以经济建设为中心，推动经济社会持续健康发展。实践表明，发展要靠改革。

过去36年，我国经济社会发展取得举世瞩目的成就，靠的就是改革。我国经济总量从世界第十位跃居第二位，从低收入经济体进入中高收入经济体行列，综合国力明显增强，国际地位显著提高。回首36年的改革历程，我们坚持解放思想、实事求是、与时俱进、求真务实，不断破除计划经济体制束缚，逐步建立和完善社会主义市场经济体制，推动经济社会持续向前发展。一路走来，基本场景是：当发展面临体制障碍难以前行、“山重水复疑无路”时，通过改革扫除障碍、增添动力，就会“柳暗花明又一村”。有人说，中国的改革开放是逼出来的，这个说法有一定道理。改革开放初期，安徽凤阳农民在全国率先搞大包干，就是因贫困和饥饿所迫。人还是那些人，地还是那些地，体制一改就大变样，温饱问题迅速得到解决。我们党尊重群众首创精神，及时在全国农村推开这项改革，随后又在城市和其他领域进行改革，极大地解放和发展了社会生产力，极大地改善和提高了人民生活。实践证明，只要紧紧依靠改革，坚持破除不合理的体制机制障碍，不断释放改革红利，就能激发人民群众中蕴藏的无限创造活力，勤劳智慧的中国人民就能创造巨大的社会财富，持续推动我国经济社会发展。

过去的一年，我们应对复杂局面、实现良好开局，靠的也是改革。去年，面对国内外形势错综复杂、经济下行压力加大、多重矛盾相互交织的严峻局面，我国经济不仅避免了“硬着陆”，而且保持了稳中向好的态势，增长平稳、就业扩大、物价较低、收入提高，既好于预期，在国际上也很抢眼。取得这样的成绩，很重要的因素是靠改革。

我们大力推进以简政放权为重点的各项改革。分批取消和下放416项行政审批等事项，改革工商登记制度，扩大营改增试点，全面放开贷款利率管制，推进铁路投融资体制改革，设立中国上海自由贸易试验区等。通过这一系列改革举措，特别是向市场、向社会放权，激发了社会投资和创业热情，增强了市场主体发展信心。简政放权、激发市场活力，是实现去年经济稳中向好的关键一招。

我们积极创新宏观调控方式。根据去年年初提出的预期目标，明确经济运行合理区间，确定了稳增长、保就业的下限和防通胀的上限。只要经济运行处于这个区间，就着力促改革、调结构，增强发展内生动力。面对复杂多变的经济运行态势，我们保持定力，不随波动频繁的市场起舞，不因莫衷一是的声音变调，坚持不扩大财政赤字，既不放松也不收紧银根，即使货币市场出现短期波动，也沉着应对。资金紧张怎么办？我们千方百计盘活财政、货币资金存量，整合专项转移支付，压减机关事业单位一般性支出，扩大信贷资产证券化试点，最大限度挖掘资金潜力。同时，想方设法用好资金增量，优化财政支出和信贷资金结构，集中用于经济发展的关键环节和改善民生的重点领域，结果没有多花钱却多办了事，还办成了一些大事。

我们着力依靠改革实施结构调整。从优化供给和改善需求两侧精准发力，主要运用市场化办法并辅之以差别化政策，有扶有控、有保有压、有进有退，既大力支持服务业和新兴产业发展，促进传统产业改造升级，积极化解部分行业产能严重过剩矛盾，又加大棚户区改造、中西部铁路建设、城市基础设施等薄弱环节投资。结构调整步伐加快，特别是需求结构、产业结构、城乡结构、区域结构等发生了可喜变化。消费对国内生产总值的贡献率达到50%，同比提高4.1个百分点；服务业占比达到46.1%，首次超过第二产业；粮食产量超过1.2万亿斤，实现“十连增”；中西部地区生产总值增速快于东部地区；农村居民收入增幅继续超过城镇居民，城乡收入差距进一步缩小。这既拉动了当期增长，又为长期发展铺路搭桥。

人无远虑，必有近忧。现在回过头看，如果不是用改革的办法，即简政放权、创新宏观调控方式、着力调整结构“三管齐下”，而是采取短期刺激政策，不仅去年的结果可能会大不一样，而且今后几年的日子也许会更难过。靠改革创新，既解决当前突出问题，又为长远发展奠定基础，这是去年实践给我们的深刻启示。

今后实现经济持续健康发展，仍然要靠改革。我国发展仍处于可以大有作为的重要战略机遇期，新型工业化、信息化、城镇化、农业现代化深入推进，区域发展回旋余地很大，今后一个时期保持经济中高速增长是有潜力、有基础的。但也要看到，我国经济发展已进入结构调整阵痛期、增长速度换挡期，到了爬坡过坎的紧要关口。不深化改革，发展就难有活力、难以持续，甚至可能陷入“中等收入陷阱”。我们要坚定不移推进改革，坚决破除体制机制弊端，进一步解放和发展生产力，把千千万万群众的积极性和创造性调动起来，让潜在的发展优势充分显现，推动经济发展行稳致远。

处理好改革与发展速度的关系非常重要。推进改革需要相应的经济环境，从实际情况看，速度过高或过低都不利于改革。如果发展速度过低，就业会出问题，居民收入增速及民生改善步伐也会相应放缓，老百姓就会不满意，改革就难以推进。但发展速度高了，会使各方面的关系绷得很紧，容易引发通胀，妨碍结构调整，也会影响改革。我们要坚决纠正单纯以经济增长速度评定政绩的偏向，保持合理的、没水分、有质量、有效益、有利于保护环境的经济增长。改革是发展的动力，总体有利于经济增长。今后，我们要更好地把改革与发展结合起来，使之相辅相成、相互促进、相得益彰。

二、改革要有勇气和智慧

现在改革进入攻坚期和深水区，需要改的多是重大问题和敏感问题，不少触及深层次社会矛盾，涉及利益关系调整，是难啃的硬骨头，有些多年一直想改但改不动。同时，国内外环境也发生了深刻变化，许多矛盾相互交织，各种诉求相互碰撞。改革的机遇前所未有，改革的复杂性、艰巨性和风险挑战也前所未有。面对这种情况，应该怎么办？我们别无选择。因为现在遇到的深层次矛盾和问题，已成为经济社会发展的“拦路虎”，躲不开、绕不过、拖不得，不改没有出路，慢了会贻误时机，付出的代价将更大。我们必须以强烈的历史使命感和责任感，以壮士断腕的决心和勇气，坚定不移地推进改革。对不合理的既得利益，该调整的要坚决调整，该破除的要坚决破除，不能畏首畏尾。要讲究策略和方法，审时度势、通权达变、相机而动，牢牢把握主动权，打好改革攻坚战。

改革要同心勠力。上下同欲者胜。大家都知道汉代名将韩信背水一战的故事。当时韩信受命进击赵国，带着一支缺乏训练的队伍，面对的是十几倍于己的强敌。为激励士气，韩信背河布阵，不留后路，使得人自为战，以一当十，最后取得大捷。这个故事说明，只有上下同心，敢拼才会赢。我们推进改革，也必须上下同心，关键是各级领导干部率先垂范、以上率下。喊破嗓子不如甩开膀子、做出样子。领导有决心，群众才有信心。各级领导干部必须以舍我其谁的担当精神、时不我待的责任意识、敢为人先的创新勇气，去谋划和推动改革。同时，要把改革的重要性、紧迫性向群众讲清楚，使大家真正认识到，这场攸关国家前途和命运的改革，与每个社会成员都休戚相关，从而使改革拥有最广泛、最深厚的社会基础。只要人民群众理解改革、支持改革、投身改革，改革就能有效推进、取得成功。

改革要善谋善为。一个重要方面就是要坚持加强顶层设计与摸着石头过河相结合。改革到了现在这个阶段，确实需要顶层设计，以确保改革的正确方向，在重大关系和关键环节上不出大的问题。经过多年的探索实践，我们积累了较为丰富的改革经验，具备了做好顶层设计的条件。要从战略全局出发，精心进行顶层设计和整体谋划，做好不同改革措施的相互配套与衔接，全面协调推进改革。但也要看到，仅仅有顶层设计是不够的，因为中国地域广袤，各地情况千差万别，现阶段的改革又非常复杂，许多情况事先难以预料，需要摸着石头过河，以探索路径、积累经验。对那些必须取得突破但一时还把握不准的重大改革，要鼓励和支持一些具备条件的地方先行先试，或者在改革试验区进行探索。成功了就及时推广，出现问题就及时纠错，把风险和影响控制在局部范围。这样做，是积极而又稳妥推进改革顺利实施的有效方法。只有走得稳，才能走得快、走得好。我们要坚持试点先行、逐步推广，通过渐进式、累积式改革，集腋成裘、积微成著，赢得最终的成功。

三、改革要让人民群众受益

全面深化改革要以促进社会公平正义、增进人民福祉为出发点和落脚点。这是中国特色社会主义本质要求所决定，是我们党和政府的宗旨与性质所决定，也是决定改革成败的关键。如果人民群众不能从改革中受益，这样的改革就没有意义，也不会得到人民拥护。让人民群众受益，就是要促进权利公平、机会公平、规则公平，使发展成果更多更公平惠及全体人民。

我们以往的改革能以燎原之势铺开、一步一步深入推进，根本原因就在于给人民带来实实在在的利益、带来了公平参与和发展的机会，得到了广大人民的拥护。去年以来，很多领域的改革能够顺利推进、取得成效，也是这个道理。今后改革的环境条件和重点任务会变，但让人民群众受益的要求不会变，也不能变。改革是最大的动力，也是最大的红利。我们要建立公平有效的体制机制，使改革的红利、发展的成果让人民群众共享。现在利益分配确实还有很多不合理的地方，必须进行调整。但调整利益不能只以静态的观点、在既有利益格局下切“蛋糕”，更要用动态的、发展的眼光，着眼于增量利益，在做大“蛋糕”的同时分好“蛋糕”。即使是既有利益格局调整，也不能简单地搞平均主义那一套。首先要把贫困人群和低收入者的利益保障好维护好，让他们在改革中获得更多的发展机会；要让中等收入阶层逐步扩大，使他们拥有更大的发展空间；还要保护高收入者的合法利益，为他们放开手脚、投资兴业创造更好的发展环境。要使不同社会群体各展其能、各得其所，让一切劳动、知识、技术、管理、资本的活力竞相迸发，让一切创造社会财富的源泉充分涌流，从而形成一个各阶层各方面广泛参与和支持改革的局面。现在我国人均 GDP 近 6800 美元，改革和发展的路子走对了，到 2020 年就会超过 1 万美元，以后还会更多。我们通过发展、通过增量来理顺利益关系、优化利益格局的余地很大，让人民群众普遍受益的空间也很大。

四、加快转变政府职能

我国经济社会发展的诸多问题都与政府职能和管理方式密切相关。政府职能不转变，其他方面的改革就难以推动。政府是改革的组织者、推动者，也是改革的对象，必须对自身进行改革。如果政府安于现状不想改、畏首畏尾不敢改、左右观望等待改，自身就会成为改革的障碍。去年本届政府开门办的第一件大事就是加快转变职能，简政放权、放管结合，这实质是政府的自我革命。今后要继续推进政府职能转变，完善管理体制和运行机制，理顺政府和市场、政府和社会、中央和地方的关系，逐步建立各级政府的权力清单制度，推动政府全面正确地履行职能，建设法治政府、创新政府、廉洁政府。

第一，继续取消和下放行政审批事项。本届政府已经承诺，任期内把行政审批事项减少 1/3 以上，要确保完成。首先要把取消的文章做足、做到位，最大限度地放权给市场。对非行政许可审批事项要进行全面清理，该取消的一律取消；确需保留的，要依法调整为行政许可，今后不再搞非行政许可审批。要全面推进工商登记制度改革，由先证后照改为先照后证，将注册资本由实缴登记制改为认缴登记制，由企业年检制度改为年报公示制度，努力为企业经营和公民投资创业提供便利。

第二，保留的审批事项一律向社会公开。政务公开是行政审批制度改革的助推器，是约束审批行为的紧箍咒。各部门还在实施的审批事项，要尽快公布目录清单。除此之外，一律不得实施行政审批，更不得设立新的审批事项。这实际上是向负面清单管理方式转变。政府以清单方式明确列出禁止和限制的范围，清单之外，“法无禁止即可为”，企业只要按法定程序注册登记，即可开展投资和经营活动。

第三，加强和改进监管。简政放权，绝不是一放了之，必须在放权的同时加强市场监管。要进一步强化事中事后监管、完善监管体系的具体措施。地方政府在职能转变和机构改革过程中，要把加强监管作为重中之重，建立横向到边、纵向到底的监管网络和科学有效的监管机制。现在往往是平时监管不及时、不到位，一出问题就搞“突击”，搞“大检查”，结果是雨过地皮湿，监管一定要制度化、规范化、常态化。要抓紧建立科学的抽查制度、责任追溯制度、经营异常名录和黑名单制度，对违法违规者，要严厉惩处，以儆效尤。

五、深化财税体制改革

科学的财税体制是优化资源配置、维护市场统一、促进社会公平、实现国家长治久安的制度保障。现行的财税体制是在 1994 年分税制改革的基础上逐步完善形成的。这些年来，财政收入大幅增长，政府的调控能力显著增强。但随着形势发展变化，现行财税体制不适应、不完善的问题日益凸显，必须进行改革。

一是推进预算公开。政府预算收入取之于民，社会公众有权监督这些钱怎么花、花到哪、效果如何。长期以来，我国财政资金存在使用不规范、效率不高和资金沉淀等问题，部分地方政府举债行为也缺乏约束，这些与预算透明度不够、监督检查乏力是分不开的。要进一步加大预算公开力度。一要扩大预算公开范围。各级政府预算和决算都要向社会公开，所有财政拨款的“三公”经费更要公开。除公共预算外，政府性基金预算、国有资本经营预算、社会保险基金预算要进一步向社会公开。各级财政转移支付项目也要逐步公开透明。二要细化公开内容。部门预算基本支出和项目支出要尽快公开。完善政府收支预算科目体系，明确公开项目，做到科目粗细有度、表述清晰明了，让老百姓能看懂、社会能监督。三要强化预算公开工作的监督检查，建立预算公开问责机制。通过提高透明度强化监督和约束，使预算编制和执行更加阳光，使财政资金使用更有绩效，减少寻租腐败的机会。

二是推进税制改革。当前的重点是扩大营改增。这项改革不只是简单的税制转换，更重要的是有利于消除重复征税，减轻企业负担，促进工业转型、服务业发展和商业模式创新。系统考虑，营改增还有五步曲。第一步，2014 年继续实行营改增扩大范围；第二步，2015 年基本实现营改增全覆盖；第三步，进一步完善增值税税制；第四步，完善增值税中央和地方分配体制；第五步，实行增值税立法。今年要走好第一步，除已经确定的铁路运输和邮政业实行营改增外，还要将电信业等纳入进来。同时，要清费立税，推进消费税、资源税改革，加快环境保护税等立法进程，继续降低小微企业税费负担。

三是划分事权和支出责任。长期以来，中央与地方之间、地方各级政府之间，事权和支出责任划分不清晰、不合理、不规范，总体看，中央政府部门管了不少不该管、管不好的事。去年我们启动了黑龙江“两大平原”现代农业综合配套改革试验，一个重要内容就是将中央政府在“三农”方面的审批权下放，各项涉农资金全部直接下拨到省，由地方统筹使用。这项改革取得经验后，不仅要在全国推广，其他方面也要借鉴其做法，把一些不适合中央部门管理的事权与财权下放。当然，中央该加强的事权和支出责任也要加强。要通过改革，健全事权和支出责任相适应的制度，保持现有中央和地方财力格局总体稳定，逐步理顺中央与地方收入划分，使中央与地方各安其位、各负其责、上下协同，促进政府治理整体效能的最大化。

六、完善金融市场体系

近年来，我国金融业改革和发展取得了明显成效，服务经济发展能力不断增强，但也存在金融机构经营方式总体粗放，农村金融和中小金融机构发展相对滞后，金融体系对实体经济和民生改善支持不够等问题，亟须加大改革力度。金融改革内容非常丰富，今年的重点是做好以下 3 件事。

第一，放宽市场准入。金融业虽有其特殊之处，但本质上仍是竞争性行业，同样需要通过竞争促进服务改善，通过市场优化资源配置。要在加强监管前提下，放宽市场准入，允许具备条件的民间资本依法发起设立中小银行等金融机构。这一方面可以增加一些熟悉当地情况、特色鲜明的基层银行，以缓解小微企业、“三农”等融资难、融资贵的问题；另一方面，可以使金融业回归竞争性行业的本来面目，形成一个各种市场主体共同参与竞争的金融生态，为促进实体经济发展提供有力支撑。这项改革，要逐步积累经验，积极稳妥推进。

第二，推进利率市场化。利率市场化就是将资金价格的决定权交给市场。目前，绝大多数的资金价格都已市场化，无论是股票、债券还是贷款的价格均已放开，只剩下存款利率上限这最后一道关口。实际上，一些金融机构为规避存款利率管制，发行了不少理财产品，一定程度上扩大了市场化定价的范围。要继续推进利率市场化，扩大金融机构自主定价权。需要把握好两点：一是利率市场化是一个系统工程，单兵突进式的改革难以成功，需要与相关方面改革协调推进。二是利率市场化赋予了市场主体更多自主权，金融机构和企业要加快完善公司治理，强化财务硬约束，不能不顾成本，盲目竞争，搞利率大战。

第三，建立存款保险制度。存款保险制度是市场经济条件下保护存款人利益的重要措施，是金融安全网的重要组成部分。从各国经验看，建立存款保险制度是发展民营银行、小银行的重要前提和条件。存款保险客观上能增强这些银行的信用，为之创造一个与大银行公平竞争的金融市场环境，从而有利于推动金融业放开市场准入等改革。

金融业是高风险行业，防范风险是金融业的永恒主题。要加强监测预警，做好及时控制风险的预案，但关键还是要通过深化改革开放，在可持续发展中防范系统性风险。

七、构建开放型经济新体制

现在，我国经济与世界经济高度融合，是 120 多个国家的第一大贸易伙伴；同时，我们仍处于国际分工和产业链的中低端。当前的外部环境，既有机遇，也有挑战。我们要努力构建开放型经济新体制，以对外开放的主动，赢得经济发展上的主动、国际竞争上的主动。

第一，改革涉外投资管理体制。包括改革利用外资和对外投资管理体制。现在我国外汇储备高达 3.9 万亿美元，为什么还要放宽外商投资准入、利用外资呢？这是因为，利用外资不是简单地引进资金，更重要的是获取先进技术、管理经验、市场机会，这些都不是有钱就能买到的。利用外资是我们的长期方针。目前，我国利用外资仍采取逐案审批加产业指导的管理方式，审批环节多，影响了外资的积极性。为改变这种状况，去年我们有一个重大探索，就是批准设立中国上海自由贸易试验区。实行准入前国民待遇加负面清单的管理方式，只要没有列入负面清单的行业，企业投资都不需要审批。需要强调的是，自贸区不是搞“政策特区”或“税收洼地”，而是要推进政府职能转变，探索创新经济管理模式。下一步要研究扩大自贸区试点，具备条件的地方可以纳入试点范围。

对外投资蓬勃发展，境外经济技术合作规模和区域迅速扩大，是我国新一轮开放型经济发展的显著特征。现在的问题是，我国对外投资管理体制不适应对外投资加快发展的新形势，在投资审批、外汇管理等方面存在诸多制约。要大幅下放对外投资审批权限，建立以备案制为主的境外投资管理体制，确立企业和个人对外投资主体地位，实行谁投资、谁决策、谁受益、谁承担风险。这样做，有利于加快“走出去”步伐，带动我国的产品、技术、标准、服务出口，也有利于促进国内产业升级和国际收支平衡。我们不仅要让中国产品、中国制造走向世界，更要让中国装备、中国创造走向世界、誉满全球。当然，“走出去”不能自相残杀、打乱仗，要加强协调、规范秩序、形成合力。

…………

八、注重依靠改革推进结构调整

我国已进入只有调整经济结构、转变发展方式才能持续发展的关键时期。推进结构调整，必须也只能依靠改革，从一定意义上说本身也是改革。我国经济结构不合理问题，症结在于不合理的体制机制导致的资源配置扭曲和僵化。调整经济结构，要从实施结构改革入手，改变不合理的体制机制，让市场在资源配置中起决定性作用，才能釜底抽薪，真正收到成效。否则再用老办法，主要运用行政手段，结果只能是调不动、调得慢、调不好，甚至出现反复，这已经为实践所证明。当前和今后一个时期，推进结构调整，要着力在推进市场化改革上下功夫，使市场在资源配置中起决定性作用和更好发挥政府作用，创新体制机制，加强政策引导，推动发展从粗放型向集约型转变，从国际产业分工中低端向中高端提升，从城乡区域不平衡向均衡协调迈进，实现更有效率、更加公平、更可持续的发展。要在结构调整的各个领域、各个环节，推出有针对性的改革举措和差别化促进政策，使结构调整更多依靠改革创新来驱动。

第一，构建扩大内需长效机制。我们要实现持续发展，最大的潜力在内需。要坚持把扩大内需作为经济发展的主要引擎，这也是重大的结构调整。要发挥好消费的基础作用和投资的关键作用，不断增强内需的拉动力。要把促进消费特别是居民消费作为扩大内需的着力点，既要深化收入分配制度改革、多措并举促进城乡居民收入增长、解决没钱花的问题，也要完善社会保障制度、解决有钱不敢花的问题，还要改善消费环境、培育新的消费增长点，解决有钱不愿花、没处花的问题，释放有效需求。要大力促进服务消费发展，鼓励社会力量办医办学办养老等，提供多样化的产品和服务。要推进国内贸易流通体制改革，清除抑制消费的各种不合理规章制度，整顿和规范市场秩序、严厉打击制售假冒伪劣商品行为，建设法制化的营商环境。要支持发展网络销售等新业态，这方面潜力巨大。同时，要继续创新投融资体制机制，推动投资主体多元化，加快实行统一的市场准入制度，进一步释放民间投资潜力，促进固定资产合理增长。

第二，统筹推进城乡一体化改革。城乡二元结构是不合理经济结构的突出表现和重要根源。改变城乡二元结构，必须建立城乡一体化发展体制机制。为此，要进一步放活农民，放手让农民去闯市场，形成农业现代化和新型城镇化相辅相成的局面。在推进现代农业制度建设方面，主要是坚持和完善农村基本经营制度，加快实施承包地确权登记颁证，鼓励土地经营权流转，发展适度规模经营；完善农产品价格形成机制，启动大豆、棉花目标价格补贴试点；完善农业补贴等政策，促进农业集约化和可持续发展。在推进新型城镇化体制机制建设方面，主要是加快户籍制度改革，出台差别化落户政策；实施流动人口居住证制度，建立与居住年限相挂钩的基本公共服务提供机制；围绕农业转移人口市民化成本分担机制、多元化可持续城镇化的投融资机制等，组织开展新型城镇化改革试点。

第三，探索建立区域均衡发展机制。解决区域发展不平衡问题，既是结构调整的重大任务，也是激发巨大发展潜力的重要途径，关键要建立有效的促进机制。要在实施好西部大开发、东北振兴、中部崛起、东部率先这一区域发展战略部署的基础上，谋划区域发展大棋局，由东向西、由沿海向内地，依托大江大河和陆路交通干线，培育新的区域经济支撑带，形成新的增长极，构建我国梯度发展新格局，促进区域均衡、协调发展。要依托长江建设经济增长新支撑带，同时加快其他新支撑带建设的研究规划。推进长三角地区经济一体化，深化泛珠三角区域经济合作，加强环渤海及京津冀地区协同发展。为此，要着力消除市场分割、地区封锁和行政性垄断，依靠市场力量和区域差别化政策引导，促进统一市场形成，开展公平竞争。建立多元的投融资机制，支持发展跨区域大交通、大流通，构建基础设施互联互通新体系。要针对跨区域、次区域和经济新支撑带发展，提高区域差别化政策的精准性，促进区域基本公共服务均等化。

第四，以创新驱动产业结构优化升级。调整产业结构，原动力在创新。要依靠创新驱动，辅之以差别化产业政策引导，促进产业有进有退，由全球价值链中低端向中高端跃升。坚持通过市场竞争实现优胜劣汰，鼓励企业兼并重组，强化环保、安全、能耗、用地等标准，清理各种优惠政策，促进落后、过剩产能退出，严控新上增量。推进企业加快技术改造，促进传统产业升级。建设创新平台，开展区域集聚试点，推动战略性新兴产业发展。服务业是我国产业结构中的“短板”，要依靠改革推动和开放倒逼加快发展，重点是将增值税覆盖至生产和服务的全部环节，推进金融、教育、文化、体育、医疗、养老等服务业领域有序开放，放宽外资准入限制。科技进步对产业发展和结构调整的支撑和引领作用日益凸显，要建立有效机制，强化企业在技术创新中的主体地位，调动科研人员积极性，使科技与产业紧密结合。坚持以不断深化改革，推动转方式调结构，促进中国经济提质增效升级。

推进经济体制改革，意义重大，任务艰巨。我们要紧密团结在以习近平同志为总书记的党中央周围，高举中国特色社会主义伟大旗帜，以邓小平理论、“三个代表”重要思想、科学发展观为指导，锐意进取，攻坚克难，努力做好深化经济体制改革的各项工作，促进经济社会持续健康发展，为全面建成小康社会、建设富强民主文明和谐的社会主义现代化国家、实现中华民族伟大复兴的中国梦而奋斗！

着力培育和践行社会主义核心价值观（节选）

（2014年1月4日）

刘云山

前不久，中共中央办公厅印发《关于培育和践行社会主义核心价值观的意见》（以下简称《意见》），这是我们党推进社会主义核心价值体系建设的重要举措。要认真贯彻习近平总书记系列讲话精神，切实抓好《意见》的落实，努力建设中华民族的共有精神家园，推动形成奋发向上、崇德向善的强大力量。

一、把握好核心价值观与核心价值体系的关系

最初提出建设社会主义核心价值体系，现在又强调培育和践行社会主义核心价值观，这两者之间到底是什么关系？社会主义核心价值观是在社会主义核心价值体系基础上提出来的，正如《意见》指出：社会主义核心价值观是社会主义核心价值体系的内核，体现着社会主义核心价值体系的根本性质和基本特征，反映着社会主义核心价值体系的丰富内涵和实践要求，是社会主义核心价值体系的高度凝练和集中表达。这四句话，实际上是对核心价值观和核心价值体系两者关系的一个基本定位。

把握好核心价值观与核心价值体系的关系，首先要充分认识到两者的内在一致性。核心价值观与核心价值体系方向一致，都体现了社会主义意识形态的本质要求，体现了社会主义制度在思想和精神层面的质的规定性，凝结着社会主义先进文化的精髓，是中国特色社会主义道路、理论体系和制度的价值表达，是实现中华民族伟大复兴的中国梦的价值引领。核心价值观与核心价值体系都坚持重在建设，就是要弘扬共同理想、凝聚精神力量、建设道德风尚，都是为了形成全民族奋发向上、团结和睦的精神纽带，使我们的国家、民族、人民在思想和精神上强起来，更好地坚持中国道路、弘扬中国精神、凝聚中国力量。

把握好核心价值观与核心价值体系的关系，还要认识到两者各有侧重，特别要看到相比于社会主义核心价值体系，社会主义核心价值观有这样几个鲜明特点：一是更加突出了核心要素，社会主义核心价值体系包括马克思主义指导思想、中国特色社会主义共同理想、民族精神和时代精神、社会主义荣辱观四个方面，是一个系统性、总体性的框架；而社会主义核心价值观强调的“三个倡导”，则更清晰地揭示了这个价值体系的内核，确立了当代中国最基本的价值观念。二是更加注重了凝练表达，社会主义核心价值观倡导的富强、民主、文明、和谐，自由、平等、公正、法治，爱国、敬业、诚信、友善，明确了国家、社会、公民三个层面的价值目标、价值取向、价值准则，是社会主义核心价值体系的凝练表达，符合大众化、通俗化要求，便于阐发、便于传播。三是更加强化了实践导向，社会主义核心价值观强调的“三个倡导”指向十分明确，每个层面都对人们有更具体的价值导向，

是实实在在的要求，规范性和实践性都很强，便于遵循和践行。培育和践行核心价值观，为推进核心价值体系建设进一步明确了切入点和工作着力点，有利于更好把各项任务落到实处。

二、深化宣传普及、增强认知认同

核心价值观的培育贵在知行统一，而知是前提、是基础，内心认同才能自觉践行，春风化雨才能润物无声。培育和践行核心价值观，一定要在增强认知认同上下功夫，使其家喻户晓、深入人心。

培育核心价值观离不开持续的灌输，抓好宣传教育始终是一项基础性工作。积极健康向上的思想和精神在人们心里播下种子，就能生根、开花、结果，就能转化为崇德向善的实际行动。要把“三个倡导”基本内容讲清楚，引导人们牢牢把握富强、民主、文明、和谐作为国家层面的价值目标，深刻理解自由、平等、公正、法治作为社会层面的价值取向，自觉遵守爱国、敬业、诚信、友善作为公民层面的价值准则。要把当代中国价值观念的传播展示同中国梦的宣传教育有机结合起来，深入阐释中国梦是当代中国人民共同理想和价值追求的形象表达，是中华民族团结奋斗的最大公约数。认知认同不仅要体现在理性认知上，也要反映在情感认同上，真理的力量加上道义的力量，才能行之久远。这就需要找准宣传教育同人们思想道德情感的契合点，善于用讲故事的方式，宣传最美人物、弘扬最美精神，用身边事教育身边人，用小故事阐发大道理，做到深入浅出、情理交融。要善于运用大众媒体传播核心价值观，加强核心价值观的网上传播，最大限度地唱响正气歌，使核心价值观真正成为人们心灵的罗盘，成为人们情感的寄托。

培育核心价值观，重要的是增强人们的价值判断力和道德责任感。社会主义核心价值观是追求真善美的价值观，中华民族是自强不息、厚德载物的民族，每个人心底蕴藏的善良道德意愿、道德情感，就是我们培育社会主义核心价值观最深厚的土壤。要把增强全社会的价值判断力和道德责任感作为宣传教育的重要着力点，引导人们辨别什么是真善美、什么是假恶丑，自觉做到常修善德、常怀善念、常做善举。现在突出问题是，在一些领域和一些人当中，价值判断没有了界限、丧失了底线，甚至以假乱真、以丑为美、以耻为荣。一定要正视问题，把正面教育与舆论监督结合起来，把热点问题引导与群众道德评议结合起来，旗帜鲜明地弘扬真善美、贬斥假恶丑，树立正确导向、澄清模糊认识、匡正失范行为，形成激浊扬清、抑恶扬善的思想道德舆论场，引导人们自觉做良好道德风尚的建设者，做社会文明进步的推动者。

培育核心价值观，必须坚持从小抓起、从学校抓起。青少年阶段是价值观形成阶段，是可塑性最强的时期。抓好了青少年思想道德教育，也就抓住了未来、管住了长远。要把青少年价值观教育摆在突出位置，坚持育人为本、德育为先，融入国民教育的全过程，贯穿到学校教育、家庭教育、社会教育的各个环节和各个方面。要针对不同年龄段的青少年采取不同的引导方式，形成课堂教学、社会实践、校园文化多位一体的育人平台，建立爱学习、爱劳动、爱祖国活动的长效机制。要以对国家和民族高度负责的态度，净化社会文化环境，整治网络环境，对那些危害青少年身心健康的违法犯罪行为要坚决查处、严厉打击，让广大青少年健康成长。

三、从优秀传统文化中汲取营养

源远流长、博大精深的中华优秀传统文化，积淀着中华民族最深层的精神追求，包含着中华民族最根本的精神基因，是社会主义核心价值观的深厚源泉。培育和践行社会主义核心价值观，就要从中华优秀传统文化中充分汲取思想道德营养，结合时代要求加以延伸阐发，既使中华民族最基本的文化基因与当代文化相适应、与现代社会相协调，又让社会主义核心价值体系之树深深植根于中华优秀传统文化沃土。

不忘本来才能开辟未来，善于继承才能更好地创新和发展。习近平总书记在山东考察调研时指出，对历史文化特别是先人传承下来的价值理念和道德规范，要坚持古为今用、推陈出新，有鉴别地加以对待，有扬弃地予以继承。培育和践行社会主义核心价值观，一定要以优秀传统文化为根基，增添文化的内涵、实现文化的观照，努力做到以文化人、以文育人。要结合“三个倡导”的基本内容，讲清楚中华文化的历史渊源、发展脉络、基本走向，讲清楚中华文化的独特创造、价值理念、鲜明特色，增强我们的文化自信、价值观自信。要认真汲取中华文化的思想精华、道德精髓，大力弘扬以爱国主义为核心的团结统一、爱好和平、勤劳勇敢、自强不息的思想和精神，深入挖掘和阐发中华传统文化讲仁爱、重民本、守诚信、崇正义、尚和合、求大同的时代价值，使中华传统美德实现创造性转化、创新性发展。当然，对待传统文化，也要辩证地对待，加强鉴别、合理扬弃，取其精华、去其糟粕，真正把中华传统文化这个宝库开掘好、利用好。

通过文化传承来以文化人、以文育人，既要有内容还要有载体，要有文化活动还要有文化产品。要广泛开展中华优秀传统文化的宣传普及活动，在国民教育中增加优秀传统文化内容，更好地用中华优秀传统文化滋养人们心灵、陶冶道德情操。现在，一些地方举办的经典诵读、道德论坛、文化讲堂，利用传统节日举办民间民俗活动，都是弘扬传统文化的好形式、好载体，近年来开展的“我们的节日”活动已成为传承中华文化、建设精神文明的一个品牌，这些都要在总结经验基础上继续抓好。要深入实施中华文化传承工程，围绕反映中华民族历史特别是近现代史、党史、国史，围绕实现中华民族伟大复兴的中国梦，制定工程规划、加强重点扶持，推出一大批弘扬爱国主义、集体主义、社会主义思想和当代中国价值观念的精品力作。这里还要强调，所有精神文化产品都应当有一股精气神，有利于引导人们树立和坚持正确的历史观、民族观、国家观、文化观，增强做中国人的骨气和底气。

四、推动人人参与、人人实践

核心价值观的生命力在于实践，在于每一个社会成员自觉行动。参与面越广，践行核心价值观的社会基础就越深厚。培育和践行核心价值观，必须坚持教育和实践两手抓，以教育引导实践、以实践深化教育。

天下大事必作于细。对核心价值观的践行是具体的，必须坚持由易到难、由近及远，动员人们从身边小事做起、从一点一滴做起，把“三个倡导”要求变成日常的行为准则，进而增强自觉奉行和日常践行的能力。要坚持不懈推动实践养成，广泛开展学雷锋、志愿服务活动，开展群众性精神文明创建活动，引导人们在实践中深化对核心价值观的理解。要充分利用重大节日、重大活动，开展面向大众的主题实践活动，开展必要的礼仪活动，让人们更好感悟核心价值观的真谛和要义。活动不在多，关键要有效果。如果离开实际生活和工作去搞道德实践活动，不管口号提得再响，活动规模再大，最后只能是空对空。推动核心价值观的践行，一定要注意贴近性、对象化、接地气，实现内容和形式的有机结合，让人们便于参与、乐于参与。

弘扬正气，就得压住邪气。推动核心价值观的践行，还应当把抓建设与抓治理结合起来，集中力量对人们反映强烈的道德领域突出问题进行专项整治。对那些伤风败俗的丑恶行为，对那些激起公愤的缺德现象，要充分运用舆论手段、经济手段、法律手段等，予以遏制、加强惩戒，形成社会压力，决不能听之任之。政务诚信、商务诚信、社会诚信和司法公信，一直是各方面关注的焦点，这方面的治理取得了一些成果，但还远远不够，一定要坚持不懈地抓下去，下大气力解决食品药品安全、社会秩序、公共服务等方面的突出问题，务求取得看得见、感受得到的成效。随着我国经济快速发展和人民生活水平不断提高，出行旅游越来越成为人们生活的一部分，旅游中不文明现象日益凸显出来。要在已有工作基础上，进一步加大治理力度，引导公众增强文明出游意识，不断提升道德素养，更好地塑造和展示良好国家形象。

五、党员干部要引领带动

党风促政风、带民风。党员干部在弘扬先进思想道德上作出表率、见诸行动，就是重要的导向和最有说服力的教育。党的十八大以来，我们党抓作风建设，坚持领导带头、党员干部带头，自上而下、以上率下，带动整个社会出现新的气象。这深刻启示我们：培育和践行社会主义核心价值观，必须抓好党员干部这个重点，发挥好党员干部的引领带动作用。

党员干部的引领带动作用，就是要求我们的党员干部以更高的标准、更严的要求，自觉践行社会主义核心价值观，做时代的先锋、社会的楷模。党员干部特别是各级领导干部应当带头坚定理想信念，带头保持良好的思想道德情操，带头树立正确的世界观、人生观、价值观，始终坚守共产党人的精神高地。要求普通群众做到的自己首先做到，要求别人不做的自己坚决不做，以实际行动影响和带动全社会。当前，要把践行社会主义核心价值观作为党的群众路线教育实践活动的重要内容，作为党员干部教育培训的重要方面，加强党性党风教育，加强党的优良传统教育，坚决反对形式主义、官僚主义、享乐主义和奢靡之风，以良好的党风政风带动社会风气的好转。

重德是我们党选人用人的一个重要原则，这个“德”从根本上讲就是社会主义核心价值体系和核心价值观。让党员干部发挥引领带动作用，就要把践行核心价值观的情况，作为考核评价、选拔任用干部的重要依据，真正把“德”的要求、把核心价值观的要求落到实处。对那些信念坚定、为民服务、勤政务实、敢于担当、清正廉洁的好干部，要及时提拔任用到合适岗位上来，形成鲜明的以德为先用人导向。对那些信念动摇、精神颓废的干部，对那些腐化堕落、道德败坏的干部，对那些在关键时刻逃避责任、引起民愤民怨的干部，要及时作出组织处理，决不能让“问题干部”消解思想道德建设的正效应。

六、全党全社会的共同责任

培育和践行社会主义核心价值观，涉及各个领域、各个方面，不仅是宣传部门的事情，更是全党全社会的共同责任。各级党委一定要贯彻两手抓、两手都要硬的方针，把培育和践行核心价值观摆在重要位置，加强统筹规划、加强工作指导，切实负起政治责任和领导责任。

…………

政策法律，对培育和践行核心价值观有着重要的导向作用。要结合推进国家治理体系和治理能力现代化的实践，结合全面深化改革的进程，做好有关政策、法规的制定和修订工作，使之有利于培育和践行核心价值观。要始终坚持正确的政策导向，使经济建设、政治建设、文化建设、社会建设和生态文明建设等政策措施都有利于弘扬社会主义核心价值观，防止背离现象、脱节问题。要善于通过科学的立法、执法、司法实践推动核心价值观的培育和践行，用有效的制度机制来规范人们的行为，使符合核心价值观的行为受到鼓励，使违背核心价值观的现象受到制约。要加大对先进典型、道德模范的关心和帮助，不仅要给予舆论上的推崇和道义上的支持，还应当给予物质上的激励和生活上的关心，推动形成好人好报、善有善报的正向机制，形成崇德向善、见贤思齐的社会氛围。

聚焦中心任务　创新体制机制 深入推进党风廉政建设 和反腐败斗争（节选）

——在中国共产党第十八届中央纪律检查委员会第三次全体会议上的工作报告

（2014年1月13日）

王岐山

我代表十八届中央纪律检查委员会常务委员会向第三次全体会议作工作报告，请予审议。

这次全会的主要任务是：高举中国特色社会主义伟大旗帜，以邓小平理论、“三个代表”重要思想、科学发展观为指导，深入贯彻党的十八大和十八届二中、三中全会精神，回顾总结2013年党风廉政建设和反腐败工作，研究部署2014年任务。明天上午，习近平总书记将发表重要讲话，对全党深入推进党风廉政建设和反腐败斗争作出部署，我们要认真学习领会，坚决贯彻落实。

一、一年来党风廉政建设和反腐败工作回顾

2013年是贯彻落实党的十八大精神的开局之年。新一届中央领导集体把党风廉政建设和反腐败斗争提到新高度，作出重要部署。习近平总书记对加强党风廉政建设和反腐败工作作出一系列重要指示，在中央纪委第二次全会上强调党要管党、从严治党，严明党的纪律，坚定不移改进作风，坚定不移惩治腐败。中央政治局、中央政治局常委会多次听取党风廉政建设和反腐败工作汇报，审议通过《建立健全惩治和预防腐败体系2013—2017年工作规划》、《中央巡视工作规划（2013—2017年）》，对党风廉政建设和反腐败工作整体设计、系统规划、跟进监督。在党中央坚强领导下，全党对党风廉政建设和反腐败斗争重要性的认识不断提高，各级党委的主体责任和纪委的监督责任不断强化，全党动手一起抓、群众积极参与的局面不断发展，党风廉政建设和反腐败斗争取得新进展，得到党中央肯定和人民群众拥护，增强了全党全社会对党风廉政建设和反腐败斗争的信心。

（一）认真学习贯彻党的十八大精神，聚焦党风廉政建设和反腐败斗争。

把学习贯彻党的十八大精神作为首要政治任务抓紧抓好。举办中央纪委委员专题研讨班，组织纪检监察干部认真学习党的十八大报告和党章，把思想和行动统一到中央部署和要求上来，开拓创新，扎实工作，落实党风廉政建设和反腐败斗争的各项任务。

全面履行党章赋予的职责，转职能、转方式、转作风。明确中央纪委、监察部职责定位，认真落实党中央关于中央纪委、监察部机关合署办公的决定，切实做到一套工作机构、两个机关名称，中央纪委履行党的纪律检查和政府行政监察两项职能，对党中央全面负责。制定中央纪委常委会工作规则、中央纪委办公会议规则和监察部工作规则，建立不驻会常委向中央纪委常委会报告工作制度，充分发挥中央纪委常委会决策作用。调整内设机构，加强纪律检查和党风政风监督工作。将参加的125个议事协调机构清理调整至14个。全国纪检监察机关通过精简参加的议事协调机构，更加聚焦党风廉政建设和反腐败斗争主业，强化监督职责，提高履职能力。

（二）严明党的纪律，落实中央八项规定精神，坚决纠正“四风”。

严明党的纪律特别是政治纪律。加强政治纪律教

育，制定治理措施，严肃查处违反政治纪律行为，保证全党紧密团结在以习近平同志为总书记的党中央周围，坚决维护中央权威。加强对党的组织纪律、工作纪律等各项纪律的执纪检查，增强党员干部的组织纪律性。

认真落实中央八项规定精神，坚决纠正“四风”。党中央把落实八项规定作为改进工作作风的突破口，深入开展党的群众路线教育实践活动，以身作则、以上带下，持之以恒改进作风。各级党组织密切联系实际，制定措施，坚决正风肃纪，力戒形式主义、官僚主义、享乐主义和奢靡之风。纪检监察机关坚持不懈执纪监督，不断巩固和深化成果。中央纪委约谈派驻中央和国家机关纪检组组长、省区市纪委书记，督促各级党组织落实中央八项规定精神。抓住元旦、春节、五一、中秋、国庆等重要节点开展检查、抽查。狠刹公款送月饼贺卡、烟花爆竹等节礼年货，公款吃喝、公款旅游和铺张浪费等不正之风，积小胜为大胜，以党风政风带动社风民风，让全党和人民群众感到变化，看到希望，树立了我们党的权威，做到言必信、行必果。

纪检监察机关对违反中央八项规定精神的问题严肃处理，2013 年共查处违规问题 2.4 万起，处理 3 万多人，其中给予党纪政纪处分 7600 多人。中央纪委分 4 次对 32 起违反中央八项规定精神的典型问题进行通报。各级纪检监察机关对违纪问题及时曝光，发挥了警示和教育作用。

（三）严厉惩治腐败，坚持“老虎”、“苍蝇”一起打。

根据党的十八大对形势的判断和战略部署，把惩治腐败放在突出位置，坚持有腐必惩、有贪必肃。

加大审查违纪违法党员领导干部力度。中央反腐败协调小组加强组织协调。中央纪委认真做好信访举报受理工作，积极畅通渠道，拓宽线索来源。对掌握的反映中管干部问题线索进行全面彻底清理，摸清底数，连续 4 轮听取汇报。研究制定拟立案、初核、暂存、留存和了结 5 类处置标准，强化审查办案全过程管理。下发加强和规范反映领导干部问题线索管理工作的通知，要求各级纪检监察机关对问题线索全面清理，执行分类处置标准。严格办案程序，完善和细化初核、立案调查等各项制度。增加纪检监察室，设立专案组，建立办案人员库，整合加强办案力量。转变办案方式，着力查清主要违纪违法事实，提高办案质量和效率。

严肃审查工作纪律。强调审查纪律就是政治纪律，坚决防止跑风漏气、失密泄密、隐匿和瞒报线索，严禁以案谋私。落实办案安全责任制，开展省区市办案安全工作检查，加强对办案点、录音录像、暂扣款物的管理。坚决查处违反审查纪律的行为，严肃追究 89 人的直接责任和领导责任，并对典型案件予以通报。

坚持抓早抓小。中央纪委对反映中管干部问题线索认真核查，对失实的予以澄清，对发现的一般性问题及时教育警示。建立健全早发现、早处置机制，加大函询、诫勉谈话力度，会同地方、部门党组织主要负责人与相关干部谈话，对反映的问题线索该了结的予以了结。

严肃查处违纪违法行为。2013 年，中央纪委对涉嫌违纪违法的中管干部已结案处理和正在立案检查的 31 人，其中涉嫌犯罪被移送司法机关处理 8 人。全国纪检监察机关共接受信访举报 195 万件（次），函询 1.8 万人，谈话 4.2 万人，了结处理 4.3 万人；立案 17.2 万件，结案 17.3 万件，给予党纪政纪处分 18.2 万人，涉嫌犯罪被移送司法机关处理 9600 多人。全国检察机关共立案侦查贪污贿赂、渎职侵权等职务犯罪 5.1 万人。全国法院系统审结一审贪污贿赂案件 2.3 万件。

（四）加强和改进巡视工作，发现问题、形成震慑。

按照中央要求，巡视工作聚焦党风廉政建设和反腐败斗争，把发现问题、形成震慑作为主要任务，强化对党组织领导班子及其成员的监督，着力发现贪污腐败、违反中央八项规定精神、违反政治纪律、违反组织人事工作纪律等问题，提高了针对性和实效性。改进方式方法，实行巡视组组长不固定、巡视对象不固定、巡视组与巡视对象关系不固定，建立巡视组组长库，一次一授权，选派有经验的办案人员参加巡视，提高了巡视质量和水平。落实监督责任，巡视组对重大问题应该发现而没有发现就是失职，发现问题没有如实报告就是渎职。中央巡视组对 20 个地方、部门和企事业单位进行巡视，紧紧依靠被巡视党组织，密切联系群众，发现一批领导干部涉嫌违纪违法的问题线索。对巡视成果善加运用，分类处置。将发现的问题线索分别移交中央纪委、中央组织部和相关地区、部门处理，对重点线索逐一核实，督促被巡视党组织认真整改，做到件件有着落。各省区市认真落实中央要求，加强和改进巡视工作，得到干部群众的信任和支持。

（五）完善监督制度，加强党风廉政教育。

各级纪委普遍建立约谈制度，探索开展领导干部个人有关事项报告抽查核实工作。发挥纪检监察派驻机构职能作用，加强对驻在部门领导班子及其成员的监督。加强对政府机构改革和职能转变工作的监督检查。参加4起特大事故的调查，对38名负有领导责任的县处级以上干部进行责任追究。加强党风廉政教育，举办领导干部廉洁从政研修班，宣传先进典型，运用反面案例进行警示教育。开展丰富多彩的廉政文化创建活动。强化宣传主阵地建设，开通中央纪委监察部网站，委部领导在线访谈与群众交流，加强正面宣传，积极应对和引导舆论。各级纪检监察机关普遍加强网站建设，开设举报监督专区，发挥舆论监督和宣传引导作用。

（六）加强基础工作，建设过硬队伍。

强化责任担当意识。切实履行职责，维护中央纪委作为党的全国代表大会选举产生的委员会的权威性和严肃性。面对新形势新任务，广大纪检监察干部的责任感、使命感进一步增强。

带头改进作风。中央纪委常委会认真落实中央八项规定精神，制定改进工作作风实施办法。深入开展党的群众路线教育实践活动，密切联系思想、工作和生活实际，查摆问题，广泛听取意见，以整风精神开展批评和自我批评，落实整改措施，切实纠正“四风”。在全国纪检监察系统开展会员卡专项清退活动。大力精简会议和文件，改进新闻报道，以实际行动正文风、改会风，转作风、树新风。

强化纪律约束。强调凡是要求别人做到的，纪检监察干部自己必须首先做到。严明政治纪律、组织纪律、审查纪律、财经纪律、保密纪律等各项纪律，严肃查处违纪行为。

夯实基础工作。严格按规章制度办事，加强日常管理，完善各项制度，提高制度执行力。深入开展调查研究，掌握实际情况，做到情况明、数字准、责任清、作风正、工作实。

党的十八大以来，党中央对推进党风廉政建设和反腐败斗争旗帜鲜明、态度坚定、领导有力。中央纪委和各级纪检监察机关始终同以习近平同志为总书记的党中央保持高度一致，求真务实，大胆创新，狠抓党风建设，坚决惩治腐败，成绩来之不易。一年来的实践给我们以重要启示：必须在党中央坚强领导下推进党风廉政建设和反腐败斗争，紧紧依靠各级党组织，把人民群众作为力量源泉，充分发挥群众支持和参与作用；必须抓住作风建设这个根本，以上率下，从具体问题抓起，坚持不懈纠正“四风”，逐步铲除滋生腐败的温床；必须把惩治腐败作为当前重要任务，加大力度，形成震慑；必须明确纪检监察机关职责定位，围绕党章、党内法规和行政监察法赋予的职责，转职能、转方式、转作风。要通过加强理想信念教育，增强宗旨意识，使领导干部“不想腐”；加强体制机制创新和制度建设，强化监督管理，严肃纪律，使领导干部“不能腐”；坚持有腐必惩、有贪必肃，使领导干部“不敢腐”。

…………

二、2014年党风廉政建设和反腐败工作主要任务

深入开展党风廉政建设和反腐败斗争是全党的重大政治任务和全社会的共同责任。当前，滋生腐败的土壤依然存在，反腐败形势依然严峻复杂。不正之风和腐败问题严重损害党的肌体健康，解决不好就会对党造成致命伤害，甚至亡党亡国。我们要把思想和行动统一到党中央对形势的判断和任务部署上来，更加清醒地认识反腐败斗争的长期性、复杂性、艰巨性，坚持不懈加强党风建设，遏制腐败蔓延势头，不断增强人民群众对党风廉政建设和反腐败斗争的信心。

2014年工作总体要求是：深入贯彻党的十八大和十八届二中、三中全会精神，认真贯彻习近平总书记系列讲话精神，坚持党要管党、从严治党，加强党对党风廉政建设和反腐败工作统一领导，聚焦中心任务，推进改革创新，加强反腐败体制机制创新和制度保障；严明党的各项纪律，坚决克服组织涣散、纪律松弛现象；深入落实中央八项规定精神，强化执纪监督，坚持不懈纠正“四风”；加大对违纪违法党员干部审查力度，保持惩治腐败高压态势；加强纪检监察干部队伍建设，提高履职能力，坚定不移把党风廉政建设和反腐败斗争引向深入。

（一）深入贯彻党的十八大和十八届三中全会精神，加强反腐败体制机制创新和制度保障。

中央纪委和各级纪检监察机关要深刻领会中央关于党风廉政建设的新要求，牢固树立进取意识、机遇意识、责任意识，求真务实、探索实践、循序渐进，逐步落实加强反腐败体制机制创新和制度保障的各项措施。

各级党委（党组）要切实担负党风廉政建设主体责任，各级纪委（纪检组）要承担监督责任。党风廉政建设和反腐败工作必须全党动手，形成强大合力。要健全反腐败领导体制和工作机制。党的组织、宣传、统战、政法等部门要把党风廉政建设的要求融入各自工作，人大、政府、政协和法院、检察院的党组织都要按照中央要求，履行党风廉政建设主体责任。各级党委（党组）特别是主要领导必须树立不抓党风廉政建设就是严重失职的意识，主

要领导是第一责任人，领导班子成员根据工作分工对职责范围内的党风廉政建设负领导责任。党委（党组）要定期向上级纪委报告党风廉政建设责任制落实情况。有权必有责。要分清党委（党组）、有关部门和纪委（纪检组）的责任，制定切实可行的责任追究办法，加大问责工作力度，健全责任分解、检查监督、倒查追究的完整链条，有错必究，有责必问。对发生重大腐败案件和不正之风长期滋生蔓延的地方、部门和单位，实行“一案双查”，既要追究当事人责任，又要追究相关领导责任。

推进党的纪律检查体制机制改革和创新。制定党的纪律检查工作双重领导体制具体化、程序化、制度化意见，探索形成有效工作机制。强化上级纪委对下级纪委的领导，建立健全报告工作、定期述职、约谈汇报等制度。查办腐败案件以上级纪委领导为主，线索处置和案件查办在向同级党委报告的同时必须向上级纪委报告。各级纪委书记、副书记的提名和考察以上级纪委会同组织部门为主。

改革和完善纪检监察派驻机构。全面落实中央纪委向中央一级党和国家机关派驻纪检机构，实行统一名称、统一管理。制定加强派驻机构建设的指导性意见，明确派驻机构的职责任务、机构设置、人员配备和工作保障。派出机关要加强管理，完善考核、激励和责任追究机制。派驻机构要对派出机关负责，全面履行监督职责，加强对驻在部门领导班子及其成员的监督，纪检组长在党组中不分管其他业务工作。驻在部门要自觉接受监督，支持派驻机构工作，提供各项保障，工作经费在驻在部门预算中单列。积极探索加强不同层级派驻机构建设的有效途径。

改进中央和省区市巡视制度。坚决落实中央对巡视工作的新要求，扩大范围、加强力量、加快节奏，做到对地方、部门、企事业单位全覆盖。聚焦党风廉政建设和反腐败斗争，突出发现问题、强化震慑作用。创新组织制度和方式方法，探索专项巡视。加强成果运用，细化分类处置措施，确保整改落实。加强对省区市巡视工作的领导。修订《中国共产党巡视工作条例（试行）》。

（二）深入落实中央八项规定精神，强化纪律建设，持之以恒纠正“四风”。

严明党的政治纪律，维护党的集中统一。遵守政治纪律是遵守党的全部纪律的重要基础。把严明政治纪律放在首位，决不允许有令不行、有禁不止，决不允许各自为政、阳奉阴违，保证全党在思想上政治上行动上同党中央保持高度一致，保证中央各项重大决策部署的贯彻落实。

严明组织纪律，克服组织涣散、纪律松弛现象。加强全党的组织纪律性，是深化党的作风建设、巩固纠正“四风”成果的重要保证。要全面加强党的纪律建设，严格执行党的政治纪律、组织纪律、工作纪律、财经纪律和生活纪律等各项纪律。各级党组织要严格教育，加强组织管理，坚决纠正无组织无纪律、自由主义、好人主义等现象。领导干部要增强党性，正确处理个人与组织的关系，常怀敬畏和戒惧之心，遵守组织制度，切实按照党章规定，做到党员个人服从党的组织，少数服从多数，下级组织服从上级组织，全党各个组织和全体党员服从党的全国代表大会和中央委员会，严格执行请示报告制度，敢于同违反党纪的行为作斗争。各级纪委要铁面执纪，坚决查处违反党纪的行为，确保纪律刚性约束。

深化作风建设，坚决纠正“四风”。落实中央八项规定精神，要在坚持中深化、在深化中坚持，巩固和扩大成果。不良作风具有顽固性和反复性，改进作风要由浅入深、由易到难、由简到繁，循序渐进。结合深入开展第二批党的群众路线教育实践活动，着力解决基层党员干部“四风”方面存在的问题。健全改进作风常态化制度，坚决落实《党政机关厉行节约反对浪费条例》，规范并严格执行党政机关国内公务接待管理规定和领导干部工作生活保障制度。完善严禁到风景名胜区开会等各项规定，严肃查处党员领导干部到私人会所活动、变相公款旅游问题。重点纠正领导干部利用婚丧喜庆、乔迁履新、就医出国等名义，收受下属以及有利害关系单位和个人的礼金行为。严禁用公款互相宴请、赠送节礼、违规消费。整治损害群众切身利益的不正之风。抓党风带民风促社风，继承中华民族优秀传统，营造风清气正的社会环境。

加大执纪检查力度。纪检监察机关要扭住落实中央八项规定精神不放，一年一年抓下去，一个时间节点一个时间节点地抓，坚决防止反弹。严格执纪监督，加大惩戒问责力度，及时查处违纪违规行为，点名道姓通报曝光。

（三）坚持以零容忍态度惩治腐败，坚决遏制腐败蔓延势头。

各级党委要把坚决遏制腐败蔓延势头作为重要任务，切实加强对反腐败工作的领导。建立健全查办案件组织协调机制，进一步明确各级反腐败协调小组工作职责，加强同司法、审计等机关协调配合，增强工作合力。

各级纪委要严格审查和处置党员干部违反党纪政纪、涉嫌违法的行为，严肃查办发生在领导机关和领导干部中贪污贿赂、买官卖官、徇私枉法、腐化堕落、失职渎职案件，严肃查办发生在重点领域、关键环节和群众身边的腐败案件。规范并严格执行党内审查审批程序。加强群众信访举报受理工作，规范管理和处置反映干部问题线索。在审查各环节要加强调查取证，形成各种证据相互印证、完整稳定的证据链。落实责任制，强化纪律检查职能部门间的相互制约和监督。着力查清主要违纪违法事实，严肃党纪政纪处理，涉嫌犯罪的及时按程序移送司法机关。进一步加强案件审理工作，认真履行审核把关和监督制约职责。坚持以法治思维和法治方式反对腐败，提高依纪依法惩治腐败的能力。

坚持抓早抓小，治病救人。本着对党的事业负责、对干部负责的态度，全面掌握党员干部的思想、工作、生活情况，对党员干部身上的问题要早发现、早提醒、早纠正、早查处，对苗头性问题及时约谈、函询，加强诫勉谈话工作，防止小问题演变成大问题。健全重大案件剖析制度，总结教训，举一反三，发挥反面教材的警示教育作用和查办案件的治本功能。

严明审查纪律，加强办案安全工作。严格遵守审查程序和保密纪律，依纪依法安全办案。全面排查、消除安全隐患，加强对基层办案工作的指导，认真落实办案安全工作责任制。对办案安全事故必须严肃追责，既要追究相关人员的直接责任，也要追究党委和纪委有关领导的责任。加强教育、提醒、警示，守住不发生严重安全事故的底线。

加强反腐败国际合作。做好《联合国反腐败公约》履约审议工作，强化与有关国家、地区的司法协助和执法合作，加大国际追逃追赃力度，决不让腐败分子逍遥法外，给妄图外逃的腐败分子以震慑。

（四）强化对领导干部的监督、管理和教育。

完善监督机制。要切实加强对权力运行的制约和监督，把权力关进制度的笼子。全面推进惩治和预防腐败体系建设，各地区各部门要按照五年工作规划要求，制定实施办法，抓好任务落实。认真落实党内监督各项制度，加强对领导干部特别是主要领导干部的监督，反对特权思想和作风。严肃党内政治生活，开展经常性的批评和自我批评。加大问责工作力度，坚决追究失职渎职行为。对领导干部报告个人有关事项情况开展有针对性的抽查核实。强化对政府部门转变职能的监督。加强廉政风险防控机制建设，建立健全防止利益冲突制度。加强行政监察和审计工作。进一步发挥法律监督、民主监督、舆论监督和群众监督的作用。

用法规制度规范党员干部行为。清理、修订和完善党风廉政建设相关党内法规，从工作要求入手，注重实践探索，逐步形成制度。制度规定要具体可行，使大多数人做得到。加强监督检查，提高制度执行力。

深入开展理想信念和宗旨教育、党风党纪和廉洁自律教育，使党员干部做到公私分明、克己奉公、严格自律。加强党风廉政建设宣传工作，坚持正确舆论导向，推进廉政文化创建活动，营造风清气正的良好氛围。

（五）转职能、转方式、转作风，用铁的纪律打造纪检监察队伍。

纪检监察机关要聚焦中心任务，坚守责任担当，监督执纪问责，推进组织制度创新，在国家治理体系中发挥重要作用，探索实现治理能力现代化。广大纪检监察干部要按照打铁还需自身硬的要求，进一步增强责任感、使命感，求真务实、真抓实干。要坚定理想信念，加强党性锻炼，树立群众观点，做到忠诚可靠、服务人民、刚正不阿、秉公执纪。

纪检监察机关要转职能、转方式、转作风，明确职责定位，把不该管的工作交还主责部门，做到不越位、不缺位、不错位。创新思想理念，改进方式方法，把握新形势下的工作规律。正人先正己，纪检监察干部要带头纠正“四风”。加强调查研究，掌握第一手情况，严格日常管理，强化基础工作。

坚决落实各级纪委的监督责任。对协助党委加强党风建设和组织协调反腐败工作不力，发生严重违纪违法案件的地方、部门和国有企事业单位，要严肃追究纪委的责任。

信任不能代替监督。对纪检监察干部要严格要求、严格监督、严格管理，对违纪违法行为零容忍。严肃查处泄露秘密、以案谋私等违纪违法行为，发现一起查处一起，决不姑息。狠抓纪检监察机关领导班子和干部队伍建设，从组织创新和制度建设上加强和完善内部监督机制，自觉接受党组织、人民群众和新闻舆论监督，用铁的纪律打造过硬队伍。

同志们，做好党风廉政建设和反腐败工作责任重大、使命光荣。让我们在以习近平同志为总书记的党中央坚强领导下，高举中国特色社会主义伟大旗帜，坚定信心，改革创新，锐意进取，不断开创党风廉政建设和反腐败斗争新局面，为实现“两个一百年”奋斗目标和中华民族伟大复兴的中国梦作出新的更大贡献！

在全面推进依法治国中更好地肩负起实践者推动者的责任（节选）

——学习贯彻党的十八届四中全会精神

（2014年12月1日）

孟建柱

党的十八届四中全会通过的《中共中央关于全面推进依法治国若干重大问题的决定》（以下简称《决定》），是我们党历史上第一个关于加强法治建设的重要决定。《决定》明确提出了全面推进依法治国的指导思想、总目标、基本原则和主要任务，科学回答了在当今中国建设什么样的社会主义法治国家、怎样建设社会主义法治国家等一系列重大理论和实践问题，是我们党坚定不移走中国特色社会主义法治道路的庄严宣示，是指导新形势下全面推进依法治国的纲领性文件。政法机关作为执法司法机关，要把学习好、宣传好、贯彻好全会精神作为一项重要政治任务，进一步掀起学习贯彻全会精神的热潮，切实把思想和行动统一到全会精神上来，把智慧和力量凝聚到实现《决定》提出的各项任务上来，确保在全面推进依法治国、建设社会主义法治国家中更好地肩负起实践者、推动者的责任。

一、深入推进司法体制改革，加快建设公正高效权威的社会主义司法制度

深化司法体制改革，建设公正高效权威的社会主义司法制度，既是全面推进依法治国的重要内容，也是建设社会主义法治国家的重要保障。当前，司法不公、司法公信力不高问题比较突出，深层次原因在于司法体制不完善、司法职权配置和权力运行机制不科学、人权司法保障制度不健全。解决这些问题，根本途径在于改革。各级政法机关要按照《决定》的要求，坚持问题导向、改革取向，积极稳妥地推进司法体制改革，完善司法管理体制和司法权力运行机制，规范司法行为，加强对司法活动的监督，确保司法公正，提高司法公信力，努力让人民群众在每一个司法案件中感受到公平正义。

完善确保依法独立公正行使审判权和检察权的制度。人民法院、人民检察院依法独立公正行使审判权、检察权，是宪法的明确规定，是国家法律统一正确实施的制度保障。要建立领导干部干预司法活动、插手具体案件处理的记录、通报和责任追究制度，为司法机关依法独立公正行使职权提供制度保障。健全行政机关依法出庭应诉、支持法院受理行政案件、尊重并执行法院生效裁判的制度。完善惩戒妨碍司法机关依法行使职权、拒不执行生效裁判和决定、藐视法庭权威等违法犯罪行为的法律规定，在全社会形成维护司法权威的良好氛围。建立健全司法人员履行法定职责保护机制，从法律制度上为司法人员秉公司法撑起“保护伞”，解除他们的后顾之忧。

优化司法职权配置。按照司法规律配置司法职权，完善司法权力运行机制，是公正高效廉洁司法的体制机制保障。要健全公安机关、检察机关、审判机关、司法行政机关各司其职，侦查权、检察权、审判权、执行权相互配合、相互制约的体制机制，完善和发展我国司法管理体制。推动实行审判权和执行权相分离的体制改革试点，着力解决执行难问题。完善刑罚执行制度，统一刑罚执行体制，更好地发挥刑罚教育人改造人的功能。探索实行法院、检察院司法行政事务管理权和审判权、检察权相分离，推动建立符合我国国情的司法机关人财物管理体制。推动最高人民法院设立巡回法庭，审理跨行政区域重大行政和民商事案件，方便当事人诉讼，就地解决纠纷，促进最高人民法院集中精力制定司法政策和司法解释、审理对统一法律适用有重大指导意义的案件。探索设立跨行政区划的人民法院和人民检察院，平等保护当事人合法权益，保障人民法院和人民检察院依法独立公正行使审判权、检察权，维护法律公正实施。改革法院案件受理制度，变立案审查制为立案登记制，着力解决群众诉讼难问题，保障当事人诉权。完善刑事诉讼中认罪认罚从宽制度，节约司法资源，提高司法效率。完善审级制度，充分发挥各个审级功能。探索建立检察机关提起公益诉讼制度，维护国家和社会公共利益。推进以审判为中心的诉讼制度改革，确保侦查、审查起诉的案件事实证据经得起法律的检验，保证庭审在查明事实、认定证据、保护诉权、公正裁判中发挥决定性作用。

加强人权司法保障。尊重和保障人权，是我国宪法确立的一项重要原则，是中国特色社会主义司法制度的本质属性。要完善对涉及公民人身、财产权益的行政强制措施实行司法监督制度，维护公民合法权益。强化诉讼过程中当事人和其他诉讼参与人的知情权、陈述权、辩护辩论权、申请权、申诉权的制度保障，健全落实罪刑法定、疑罪从无、非法证据排除等法律原则的法律制度，健全冤假错案有效防范、及时纠正机制。进一步规范查封、扣押、冻结、处理涉案财物

的司法程序，加快建立失信被执行人信用监督、威慑和惩戒法律制度，依法保障胜诉当事人及时实现权益。健全落实终审和诉讼终结制度，实行诉访分离，保障当事人依法行使申诉权利。

加强对司法活动的监督。司法权承担着判断是非曲直、解决矛盾纠纷、制裁违法犯罪、调节利益关系等重要职责，加强对司法活动的监督，是防止司法权滥用的重要举措。要健全司法机关内部监督制约机制，让司法权在制度的笼子里规范运行。完善检察机关行使监督权的法律制度，发挥好检察机关在诉讼活动中的法律监督职能作用，维护和促进司法公正。完善人民陪审员和人民监督员制度，确保人民司法为人民，依靠人民推进公正司法，通过公正司法维护人民权益。依法规范司法人员与当事人、律师、特殊关系人、中介组织的接触、交往行为，坚决惩治司法掮客行为，促进司法公正廉洁。

司法体制改革难度大，社会关注度高。各级政法机关要以自我革新的胸襟，把解决了多少实际问题、人民群众对问题解决的满意度作为评价改革成效的重要标准，敢于啃硬骨头，一个一个问题解决，一项一项抓好落实。正确处理党的领导和依法独立公正行使审判权、检察权的关系，坚持在党的统一领导下，从基本国情出发，遵循司法活动的客观规律，走出一条中国特色社会主义的司法体制改革之路。正确处理接地气和有理想的关系，既解决好当前面临的实际问题，又着力突破深层次的体制性、机制性障碍，促进司法事业长远发展进步。正确处理局部和全局的关系，牢固树立改革的大局观，跳出地方和部门框框，从党和国家事业发展全局出发，从最广大人民根本利益出发，谋划改革思路，提出改革举措。正确处理注重顶层设计和鼓励基层探索的关系，在加强顶层设计，确保司法体制改革的方向、思路、目标符合中央精神的同时，尊重基层首创精神，鼓励各地根据中央统一部署和要求，积极探索实践，创造可复制、可推广的经验。正确处理整体推进和重点突破的关系，按照先易后难、统筹兼顾、依法有序的原则，分清轻重缓急，从人民群众最期盼的领域改起，从影响司法公正、制约司法能力最突出的问题改起，从各方面已经形成共识的环节改起，确保司法体制改革取得实实在在的成效。

二、坚持严格执法、公正司法，促进宪法法律全面有效实施

宪法法律的生命力在于实施，宪法法律的权威也在于实施。中国特色社会主义法律体系已经形成，现阶段全面推进依法治国的重点是保证宪法法律实施。把纸面上的法律变为现实生活中活的法律，政法机关起着关键作用，能否做到严格执法、公正司法，事关宪法法律全面有效实施。

把法治作为核心价值追求。法治兴则国家兴，法治衰则国家乱。执法司法人员带头崇尚法治、坚守法治，对全社会增强法治意识具有极大的示范作用；反之，就会产生极大的破坏作用。坚持教育引导、典型引领、实践养成相结合，努力使执法司法人员牢固树立法律权限不能突破、法律底线不能逾越的观念，真正把法治内植于心、外践于行。抓住政法领导干部这个关键，健全学法用法制度，努力使他们带头增强法治意识、践行法治原则，真正做到以身作则、以上率下，带动执法司法人员信仰法律、坚守法治，坚决维护宪法法律权威。

把依法办事作为根本要求。法律是衡量是非的标准和规范行为的准则，只有依法办事，才能实现保障人民权益与维护社会秩序相统一。人民群众评价政法工作好不好，最根本的是看政法机关能否依法办事。要以提高执法司法公信力为目标，以政法领导干部和基层一线干警为重点，健全执法司法制度，完善执法司法程序，落实执法司法责任，确保严格执法、公正司法。对群众反映强烈的问题，要敢于担当，妥善协调各种关系，依法维护群众合法权益，维护正常社会秩序。建立重大决策合法性审查机制和责任倒查机制，建立执法司法权制约和监督体系，深化执法司法公开，防止滥用执法司法权侵犯公民合法权益。正确处理打击犯罪与保障人权、实体公正与程序公正、严格执法与文明执法的关系，促进严格公正文明规范执法。

把运用法治思维和法治方式开展工作、解决问题作为基本遵循。法治既有协调社会关系、规范社会行为的“显功效”，也有引领社会预期、凝聚社会共识的“潜功效”。运用法治思维和法治方式开展工作、解决问题，最具权威性，也最少后遗症。政法机关既要做守法的模范，又要做用法的“行家”。按照依法治理的思路，善于从法律层面思考政法工作中遇到的实际问题，在法律框架内研究解决办法，提高政法工作法治化水平。对已经进入法律渠道的社会矛盾，严格依据事实、法律，公正处理，让当事人感受到依法律按程序就能公正有效解决问题。越是复杂疑难问题，越要用法律上的事实分清是非，用权利义务思维判别对错，让当事人在法律框架内主张权利、确定义务。

…………

三、切实加强政法队伍建设，为全面推进依法治国提供组织和人才保证

全面推进依法治国，建设一支德才兼备的高素质法治工作队伍至关重要。政法队伍是法治工作队伍的重要组成部分，在全面推进依法治国中担负着重要使命。各级政法机关要把队伍建设放在更加突出的位置来抓，切实提高思想政治素质、业务工作能力、职业道德水准，确保执法人员忠于法律、捍卫法律，严格执法、敢于担当；确保司法人员信仰法律、坚守法治，端稳天平、握牢法槌，铁面无私、秉公司法，努力建设一支忠于党、忠于国家、忠于人民、忠于法律的政法队伍。

坚持把思想政治建设摆在首位。坚定的理想信念是政法队伍的政治灵魂，敢于担当是政法队伍必须具备的基本品质，纪律严明是政法队伍的光荣传统和政治优势。要毫不放松地加强理想信念教育，确保政法干警严格遵守政治、组织纪律，进一步打牢高举旗帜、忠诚使命的思想基础。政法机关手中掌握的执法司法权，关系百姓生死荣辱，关乎社会公平正义，也时刻面对错综复杂的人情关系干扰和各种诱惑。要深入开展社会主义核心价值观、社会主义法治理念和职业道德教育，确保政法干警坚持原则、挺直脊梁，善于拒绝、敢于抵制各种诱惑和干扰，树立惩恶扬善、执法如山、公平如度、清廉如水的浩然正气。

坚持以正规化、专业化、职业化为方向。执法司法权是对案件事实和适用法律的判断权、裁决权。这就要求执法司法人员必须具有良好的法律素养和专业水平。要推动完善法律职业准入制度，健全国家统一法律职业资格考试制度，建立法律职业人员统一职前培训制度，把好政法队伍入口关。健全政法部门和法学院校、法学研究机构人员双向交流机制，建立从符合条件的律师、法学专家中招录法官、检察官制度，增强政法队伍活力。建立法官、检察官、人民警察专业职务序列及工资制度，建立法官、检察官逐级遴选制度，增强政法干警职业荣誉感。着力构建社会律师、公职律师、公司律师等优势互补、结构合理的律师队伍，加强思想政治建设，完善执业保障机制，规范执业行为，发挥好律师队伍在全面推进依法治国中的积极作用。

坚持以作风建设为保证。执法司法人员手握执法利器，执掌法律天平，只有做到刚直不阿、清正廉洁，才能维护社会公平正义，增强人民群众对法治的信心。要巩固和拓展党的群众路线教育实践活动成果，加大正风肃纪力度，努力形成风清气正的政治生态环境。政法领导干部要坦荡做人、清白做事、正派做官，学会在法治轨道上用权，善于在监督下工作，始终保持清廉本色。要认真履行“一岗双责”，敢管敢严、长管长严。要坚决破除潜规则，任何执法司法机关都不得执行党政机关和领导干部违法干预执法司法活动的要求，执法司法机关内部人员不得违反规定干预其他人员正在办理的案件，绝不允许法外开恩，绝不允许办关系案、人情案、金钱案。对违纪违法问题，坚持零容忍的态度不变、严厉惩处的尺度不松，发现一起、严肃查处一起，绝不姑息迁就。对因违法违纪被开除公职的执法司法人员、吊销执业证书的律师和公证员，终身禁止从事法律职业，构成犯罪的要依法追究刑事责任。针对容易发生违法违纪问题的重点领域和关键环节，进一步完善制度规定，健全监督制约机制，从源头上预防和减少司法腐败。

蓝图已经绘就，关键在于落实。各级政法机关要坚持以法治引领、推进政法工作，不断提升政法工作法治化水平，为建设中国特色社会主义法治体系、建设社会主义法治国家作出更大贡献。

关于部署第二批群众路线教育实践活动的讲话　（节选）

（2014 年 4 月）

赵乐际

同志们：

昨天，习近平总书记和李克强、张德江、俞正声、刘云山、王岐山、张高丽等中央政治局常委同志，出席了会议，总书记发表了重要讲话。与会同志进行了认真学习、热烈讨论。大家一致认为，总书记的重要讲话，着眼进行具有许多新的历史特点的伟大斗争、在新的历史起点上推进中国特色社会主义伟大事业，着眼落实全面深化改革各项任务，着眼保持党的先进性和纯洁性、巩固党的执政基础和执政地位，科学概括了第一批教育实践活动取得的重要成果和宝贵经验，深刻阐述了开展第二批活动的重要性紧迫性，明确提出了搞好活动的目标任务、基本要求、重点措施。讲话立意高远、思想深邃、内涵丰富、切中要害，体现了党要管党、从严治党的政治清醒，体现了直面问题、攻坚克难的政治担当，体现了植根人民、造福人民的

政治自觉，为扎实推进第二批教育实践活动提供了基本遵循，作了深入动员、全面部署。

…………

关于第二批教育实践活动，习近平总书记和刘云山同志讲得很深刻、要求很明确，中央已印发《指导意见》。这里，我就怎样抓好贯彻落实，再强调几点。

第一，突出主题和总要求。开展第二批教育实践活动，要贯穿始终的主题是为民务实清廉；总要求是“照镜子、正衣冠、洗洗澡、治治病”。要运用好习近平总书记强调的第一批教育实践活动“五个方面”的宝贵经验，认真落实“五个更加”的要求，补精神之“钙”、除“四风”之害、祛行为之垢、立为民之制，实现“五个进一步”的基本目标。一要打牢思想根基。深化学习教育，切实做到真学真懂真信真用。学习重点是，党的十八大、十八届二中、三中全会精神和习近平总书记系列讲话精神、中央文件规定的学习内容、党的光辉历史和优良传统。学习方法是，市县机关及其直属单位和乡镇街道，主要是学习原著、集中研讨、专题交流；其他基层党组织，主要采取观看专题片、案例教育、“身边事教育身边人”、送学上门等方式。学习目的是，解决好世界观、人生观、价值观这个“总开关”问题，解决好为了谁、依靠谁、我是谁的问题，使践行群众路线成为党员、干部的普遍自觉。二要用好“四大法宝”。要使这次活动成为“坚持民主集中制、开展批评和自我批评、严格党内生活、加强党的团结统一”的生动实践。坚持高标准、严要求，既真诚欢迎“群众提”，又重视同志间“互相帮”；既主动“自己找”，又坐下“集体议”；既要从分管工作上查摆剖析问题，又要积极分担班子问题的责任；既要有“红脸出汗”的紧张严肃，又要有“加油鼓劲”的宽松和谐。三要严明组织纪律。我们党是一个具有铁的纪律的马克思主义政党，纪律严明是我们党的一大优势。第二批活动涉及330多万个基层党组织、6900多万名党员，是一次加强组织建设和组织纪律的好时机。要通过这次活动，把组织观念薄弱、组织涣散的问题找出来，把民主集中制、党内组织生活、请示报告等各项制度健全起来，把组织纪律严起来，促使党员、干部严格遵守党章、坚持“四个服从”、增强组织纪律性。

第二，突出问题导向和整风精神。活动要让群众“叫好”，必须向问题“叫板”，不能避实就虚、避重就轻、虚晃一枪。要找准问题。在内容上，重点查找形式主义、官僚主义、享乐主义、奢靡之风方面的突出问题，损害群众切身利益问题，联系服务群众“最后一公里”问题。在方法上，坚持面对面与背靠背相结合，采取座谈访谈、随机调研、网络征询、登门入户等方式，广泛征求意见；坚持“一般”与“特殊”相结合，既查找普遍性问题，又查找班子和个人具体问题，特别要注重从本地区本部门本单位典型案例、重大事件、信访积案中查找；坚持集中查找与面上了解相结合，注意用好纪检、组织、巡视、审计、信访渠道反映的情况。要剖析根源。对照理论理想、党章党纪、民心民声、先辈先进“四面镜子”，从理想信念上剖析，看是否能在重大政治考验面前有政治定力；从宗旨意识上剖析，看群众观点牢不牢、感情深不深；从党性修养上剖析，看是否时刻牢记第一身份是共产党员、第一职责是为党工作；从政治纪律上剖析，看维护中央权威是否高度自觉、贯彻党的路线方针政策是否坚定。要对症下药。有什么问题就解决什么问题，什么问题突出就着重解决什么问题。解决常规问题要加大力度，解决遗留问题要集中攻坚，解决新发现问题要立行立改。

第三，突出教育和实践并重。贯彻群众路线，“知”是基础、是前提，“行”是重点、是关键。从活动一开始，就要认真研究怎样使教育更深入、更深刻，怎样使实践更生动、更有效，坚持实事求是，防止搞形式主义。一是专项整治要彻底。对照中央确定的专项整治任务，结合实际列出清单、拿出措施，决不能只说不改。尤其要围绕拖欠群众钱款、克扣群众财物、侵占群众利益等问题，下决心一项一项整治好。二是执行制度要坚决。对中央八项规定精神、《党政机关厉行节约反对浪费条例》等，要不折不扣贯彻执行。各地建制度，不在“多”而在有效管用、不仅要“有”更要落实，不能让规定、制度成为纸老虎、稻草人。对不落实的、违反的，不能不管不问，必须严肃追究。三是正风肃纪要零容忍。坚持严字当头，对久治不愈、习以为常的酒局牌局、大操大办、奢私贪蛮等行为，发现一起查处一起；对软弱涣散基层党组织，要进行整顿；对长期不参加党组织活动、不履行党员义务的，要区分不同情况，作出严肃处理，努力在解决党员队伍出口问题上探索出经验来。四是与基层服务型党组织建设紧密结合。运用驻村联户、结对帮扶、在职党员到社区报到服务群众等载体，广泛开展党员示范岗、承诺践诺等活动，使党员干部在为民服务中受到深刻教育，使基层党组织都成为坚强战斗堡垒。

第四，突出分类指导和上下联动。在时间安排上，依次展开、压茬进行。市县领导机关和相关部门先行启动，乡镇、街道和村、社区等基层组织相继开展。坚持时间服从质量，灵活有序推进。在解决问题上，分类施策、突出重点。市县领导班子和领导干部，重点解决搞“形象工程”和“政绩工程”、“上有政策下有对策”、不敢担当、漠视民生、以权谋私等问题；市县直属单位，重点解决庸懒散拖、推诿扯皮、工作不实、“中梗阻”等问题；执法监管部门和窗口单位、服务行业，重点解决“吃拿卡要”、“懒政”现象、滥用职权、执法不公等问题；乡镇、街道和村、社区等其他基层组织，重点解决不关心群众冷暖、落实惠民政策缩水走样、在位不在岗、方法简单粗暴、软弱涣散等问题。在具体实施上，上下联动、协同推进。两批活动密切关联，有些问题病症在下面、病根在上头，需要前后呼应、共同解决；落实制度，需要深化细化、上下结合，要承接好、贯通好。

第五，突出领导带头和群众参与。领导带头就是首先把自己摆进去。带头认真学、带头找问题、带头抓整改，上行下效、示范推动，用做出样子代替喊破嗓子。各级领导干部要建立联系点，解剖麻雀、加强指导、从严要求，把联系点建成示范点。开门搞活动就是重视发挥群众积极性。相信群众、依靠群众，每个环节、每项工作都让群众参与、受群众监督、请群众评判，有些问题还要依靠群众一起去改。开展活动必须从实际出发。把中央部署要求与各自实际紧密结合起来，创造性地抓好落实。对活动中出现的苗头性、倾向性、潜在性问题，要及时分析研判，提出有效的预防和解决对策，明确政策界限。要加强宣传引导，用正面典型立镜子、树榜样，用反面典型标“雷区”、划红线，营造良好舆论氛围。

第六，突出“认真”和一鼓作气。习近平总书记强调，第二批教育实践活动，要更加注重严格要求，思想上、整改上、正风肃纪上都要严起来。刘云山同志在刚才的讲话中强调，要增强使命意识、树立担当精神，更加积极主动地做好工作。确保活动取得实效，必须把责任放到心上、压到肩上，决不能当“甩手掌柜”。要强化党委的责任。各级党委都要履行主体责任，主要负责同志要履行第一责任人责任，把活动紧紧抓在手上，一级抓一级、一级带一级，层层抓落实。要强化行业系统的责任。中央和国家机关有关部门、干部实行垂直管理或以行业为主管理的单位、部分中管金融企业和中央企业，要加强领导和督导，推动下属单位和分支机构扎实开展活动。要强化督导组的责任。各级督导组都要沉下去、巡得勤、督得严、抓得实，敢于“唱黑脸”、“当包公”，有效传导压力，确保不漏项、不留死角。要强化各级领导小组办公室的责任。搞好组织指导、协调服务、政策研究等工作。

同志们，这次会议主题集中、务实高效，各地区各部门各单位要抓紧传达学习习近平总书记和刘云山同志重要讲话精神，结合实际制定方案、及时部署、落实到位。要坚持两手抓、两不误、两促进，以作风建设新成效，汇聚起全面深化改革、全面建成小康社会、实现中华民族伟大复兴中国梦的强大正能量。

以整风精神严格党内生活（节选）

（2014年4月）

赵乐际

延安是革命圣地，是中国共产党人的精神之都。从1935年10月到1948年3月，毛泽东同志等老一辈无产阶级革命家，在这里战斗、生活13个春秋，领导指挥抗日战争和解放战争，谱写了中国革命恢宏壮丽的历史篇章。在这里，我们党开展了反对主观主义以整顿学风、反对宗派主义以整顿党风、反对党八股以整顿文风的整风运动。毛泽东同志说，整风是重重地给患病者一个刺激，使患者为之一惊、出一身汗，然后好好叫他们治疗。70多年前的那次整风，是一次成功实践，是一个伟大创举，极大地提高了党的马克思主义理论水平，使全党在思想上、政治上、组织上达到了空前的统一和团结。从那时起，整风升华为一种精神，融入党的血脉，成为我们党自我净化、自我完善、自我革新、自我提高的锐利武器，成为党加强自身建设不可或缺的重要思想和重要方法。整风精神过去是、现在是、将来仍然是我们党的宝贵精神财富，这个精神永放光芒，永远不能丢。我们要认真学习领会习近平总书记系列重要讲话精神，以整风精神严格党内生活，切实加强党的建设，着力提高各级党组织的创造力凝聚力战斗力。

一、深刻认识贯彻整风精神的重要意义

什么是整风精神？就是实事求是，批评和自我批评，坚持真理、修正错误，发扬民主、开门整风。我们应当从党的足迹、党的性质、党的使命的高度，深刻把握整风精神的独特创造、历史渊源、思想精华、恒久价值。

第一，整风精神凸显了我们党为民求是的优秀品格。

立党为公、无私无畏才勇于整风。我们党来自人民、为了人民，除了人民群众的利益，没有自己特殊的利益。毛泽东同志在这方面有着精辟论述，大家都知道《论联合政府》中的一段话：以中国最广大人民

的最大利益为出发点的中国共产党人，相信自己的事业是完全合乎正义的，不惜牺牲个人的一切，难道还有什么不适合人民需要的思想、观点、意见、办法，舍不得丢掉的吗？敢于正视问题、不懈追求真理、勇于修正错误，根本就在于我们党有着大公无私的品格。

实事求是、从实际出发才勇于整风。实事求是，是马克思主义哲学的精髓，是马克思主义中国化所形成的重大理论成果。在中国这样原来经济文化十分落后、地区发展极不平衡的大国建设社会主义，任务艰巨而复杂，没有先例可循，难免出现这样那样的曲折和失误。我们党坚持实事求是、坚持一切从客观实际出发，敢于自我批评和公开纠正，使党和人民的事业不断得到新发展。用邓小平同志的话说，就是“可以把错误变成肥料，将坏事变成好事”。我们党植根于中华文化的沃土，以马克思主义为指导，有着独特、先进的政治品格。比如，先锋队的性质、全心全意为人民服务的宗旨、为民务实清廉的核心价值观、实事求是的马克思主义根本观点，等等。其中，实事求是、在实践中检验真理和发展真理，是党的基本思想方法、工作方法、领导方法。“从最顽强的事实出发”，清醒认识自己，正视矛盾问题，经常地用整风精神、用严格的党内生活，及时地去解决、去纠错、去调整，这就是实事求是的态度。

立足国情党情、独立自主才勇于整风。独立自主的探索和实践精神，是党全部理论和实践的立足点，是立党立国的重要原则。我们党历来坚持独立自主开拓前进道路，坚持中国的事情必须由中国人民自己做主张、自己来处理，坚定不移走自己的路。这种政治自觉、政治自信，使我们党能够善于发现和纠正认识上的偏差、决策中的失误、工作中的缺点、队伍中的不纯洁。进入新世纪以来，一些国家发生了“颜色革命”，照搬照抄西方制度模式，虽然改变了政治表象，但水土不服，不仅解决不了经济社会深层次矛盾，而且导致国无宁日、社会动荡、人民遭殃。我们要深入学习领会习近平总书记关于制度自信的重要论述，清醒认识到，我们走自己的路，具有无比广阔的舞台、无比深厚的历史底蕴、无比强大的前进定力。大家也可以看一看一些学者的文章，他们结合自己的经历，在对中西方制度的比较研究中，认为政治制度优势是中国成功的关键。可以说，弘扬整风精神，体现了我们党坚持独立自主的自强不息，体现了对中国特色社会主义的道路自信、理论自信、制度自信。

整风精神，是对“检身若不及”、“吾日三省吾身”等中华民族美德的传承，是对立统一这一唯物辩证法的根本法则在党内生活中的具体运用。毛泽东同志说过，“房子是应该经常打扫的，不打扫就会积满了灰尘；脸是应该经常洗的，不洗也就会灰尘满面。我们同志的思想，我们党的工作，也会沾染灰尘的，也应该打扫和洗涤”。一个政党、一个人，是不断发展变化的。正确与错误、纯洁与不纯洁、积极与消极、好与坏，是会相互转化的。运用矛盾分析的方法，坚持整风、坚持同不良风气作斗争，才能清除党内的政治灰尘，才能保持党的肌体健康。党的群众路线教育实践活动开展以来，习近平总书记反复强调，要有严的标准、严的措施、严的纪律，“照镜子、正衣冠、洗洗澡、治治病”，对群众反映强烈的“四风”积弊进行大排查、大检修、大扫除，这正是对整风精神的弘扬和发展，为整风精神赋予了新的时代内涵。

第二，整风精神体现了我们党居安思危的强烈忧患。

整风精神源于对党内矛盾问题、对国家前途命运的深刻忧思。延安整风的缘由是什么？当时，抗日根据地正处于最困难的时期，党内教条主义等错误倾向还没有完全解决，党员人数从1937年的4万人增长到1940年的80万人，一些非无产阶级思想，严重妨碍党的正确路线的贯彻执行。怎样解决这些问题，建设“一个独立的、有战斗力的党”？我们党创造性地运用了整风的方式，勘误纠错、治病强身，成为党的肌体中最具活力的生命要素。

从延安整风的历史背景、历史功绩，联系到习近平总书记关于增强“三个自信”和强化忧患意识的重要论述，深深感到其中蕴含的马克思主义辩证法，蕴含的深邃战略思维、系统思维、底线思维。制度自信体现的是政治坚毅，忧患意识体现的是政治清醒。把延安整风与习近平总书记系列重要讲话精神贯通起来理解，越发体会到弘扬整风精神的现实紧迫性。

历史和现实是相通的。新形势下，党面临的“四大考验”是长期的、复杂的、严峻的，“四种危险”更加尖锐地摆在全党面前。少数党员干部理想信念动摇、宗旨意识淡薄，形式主义、官僚主义、享乐主义和奢靡之风突出；有的在大是大非面前不能做到立场坚定、旗帜鲜明，对丑化、矮化我们党的错误言论，无动于衷、听之任之；有的目无组织纪律，言所欲言、为所欲为，向组织讨价还价、不服从组织安排；有的党组织对党员、干部疏于管理，缺乏严肃认真的组织生活。我们这么大的党、这么多党组织和党员，如果不及时解决存在的问题，不把组织观念、组织程序、组织纪律严起来，那是很危险的！怎样解决问题？很重要的一条，就是靠整风精神，不断洗涤每个党员、干部的思想和灵魂，使我们党永葆先进性和纯洁性，永远立于不败之地。

第三，整风精神蕴含着我们党以民族复兴为己任的使命担当。

贯彻整风精神的动力之源在哪里？大家认真学习党的十八大报告、十八届三中全会《决定》，就能体会明白。“我们党担负着团结带领人民全面建成小康社会、推进社会主义现代化、实现中华民族伟大复兴的重任。党坚强有力，党同人民保持血肉联系，国家就繁荣稳定，人民就幸福安康”，“全面建成小康社会，进而建成富强民主文明和谐的社会主义现代化国家、实现中华民族伟大复兴的中国梦，必须在新的历史起点上全面深化改革”，“让发展成果更多更公平惠及全体人民”。这是宣言，是号角，也是贯彻整风精神、从严管党治党的出发点和动力源。

…………

二、全面把握贯彻整风精神的实践要求

习近平总书记在参加河北省委常委班子专题民主生活会时指出，坚持民主集中制，开展批评和自我批评，严格党内生活，加强党的团结统一，是保证党的创造力凝聚力战斗力的重要法宝，是我们党区别于其他政党的鲜明标志。总书记强调的这“四大法宝”，为我们在新时期贯彻整风精神指明了方向。

第一，要以民主集中制为核心维护党的集中统一。

民主集中制是党的根本组织制度和领导制度。我们党就是靠民主集中制这种制度设计，来实现自我调节、自我纠错、自我完善，来解决党内的矛盾和问题、集中全党的智慧、凝聚全党的力量。大家看看党的十八届三中全会《决定》，加强民主集中制建设，是放在党的建设制度改革总要求里强调的，充分说明其重要性。毛泽东、邓小平同志都说过，民主集中制执行得不好，党是可以变质的，国家也是可以变质的，社会主义也是可以变质的。

贯彻民主集中制，要坚决落实“四个服从”。这是党最基本的组织原则。一直以来，相信组织、把服从组织视为生命，是党员干部最可贵的品质。我们说贯彻整风精神，首先要检查是否做到了这一条。“四个服从”，最重要的是全党服从中央，自觉维护中央权威，坚决同以习近平同志为总书记的党中央保持高度一致。各级领导班子、每个党员干部，都要牢固树立政治意识、大局观念，正确处理保证中央政令畅通和创造性开展工作的关系，任何具有地方特点的工作部署，都必须以坚决贯彻中央精神为前提。

贯彻民主集中制，要抓住议事决策这个重要环节。坚持“集体领导、民主集中、个别酝酿、会议决定”，真正把集体领导与个人分工负责结合起来，把统一意志与集思广益结合起来。民主讨论要畅所欲言，充分听取各方面的意见；决定一旦作出，就要雷厉风行，不折不扣落实。

贯彻民主集中制，要加大教育督查力度。这些年来，各级领导班子都有不少议事规则，问题是在一些地方落实不到位。有的讨论问题会上不说、会后乱说，有的为一点部门权力、个人权力争得不可开交，有的个人意见不被采纳就很不高兴，有的重大问题不经班子充分酝酿，有的议而不决、决而不行。解决的办法，一是靠教育，使领导干部熟悉民主集中制的规矩、懂得民主集中制的方法；二是靠督查，考察领导班子，要看日常运转和决策执行情况，对贯彻执行民主集中制不力、发生重大偏差和失误的，要追究责任。

第二，要以批评和自我批评为武器开展积极健康的思想斗争。

延安整风为什么取得那么好的效果？毛泽东同志有一个分析，就是因为开展了正确而不是歪曲的、认真而不是敷衍的批评和自我批评。第一批党的群众路线教育实践活动也是这样，大家真正拿起了批评和自我批评的有力武器，专题民主生活会开得严肃活泼、很有成效，找准了问题、推动了整改，自身得到提高、群众也认可。实践证明，积极健康的思想斗争，对纯洁党的队伍、加强执政党自身建设，非常重要、作用很大。

开展批评和自我批评，要出以公心。这个“公”，就是为了党和人民的事业，为了保持党的生机活力。对自己的缺点和错误要敢于正视、主动改正，“人谁无过？过而能改，善莫大焉”，这是古人所说的君子之道；对别人的缺点和错误要敢于指出，坚持“团结—批评—团结”的公式，有抛开面子、揭短亮丑的勇气，有动真碰硬、敢于交锋的精神，有深挖根源、触动灵魂的态度，这也应该成为党内的同志之道。

开展批评和自我批评，诚恳的态度很重要。精诚所至，金石为开。诚心诚意沟通思想，推心置腹交换意见，非但不会伤害同志，反而会赢得理解和信任。作为批评者，要有“劝善规过乃益友”的境界；作为被批评者，要有“闻过则喜、从善如流”的胸怀。

开展批评和自我批评，要实事求是、让人心悦诚服。党内批评要防止主观武断和把批评庸俗化，说话要有根据。打鼓打到点子上、批评点到穴位上，不夸大也不缩小，当面指出而不背后议论，真正达到既有红红脸、出出汗的紧张和严肃，又有加加油、鼓鼓劲的宽松与和谐。

第三，要以严格组织生活为载体纯洁党的队伍。

严格的组织生活，是保持党的先进性和纯洁性的重要保障。许多同志都有这样的体会，一次要求严、有实效的组织生活，使人刻骨铭心。这次党的群众路线教育实践活动，相信会使很多同志终身难忘。党内生活松一寸，党员干部队伍就散一尺。只有在严格的党内生活中反复锻炼，才能坚强党性、百毒不侵、百炼成钢。

严格组织生活，首先是要坚持。坚持什么呢？就是“三会一课”、主题党日活动、双重组织生活、警示教育、党性定期分析、民主评议等。这些好制度、好做法，都要真正坚持下来、严格起来。特别是各级领导干部，不能以忙为借口，不参加组织生活。

严格组织生活，重要的是加强。在哪些地方加强？从调研的情况看，党政机关、国有企事业单位等需要加强，非公有制企业、社会组织和流动党员等领域更需要加强。有的党组织开展活动少，有的活动质量不够高，有的组织覆盖还不到位。麻绳最容易从细处断。这些地方“挂了空挡”，对我们整个党的执政基础，会造成很大的危害。一定要一个领域一个领域地分析，真正做到有人想、有人抓、有人管，做到全覆盖、起作用、有实效。

严格组织生活，贵在不断创新。随着新型工业化、信息化、城镇化、农业现代化的不断发展，人们的思维、工作、生活、交往方式发生很大变化，流动性大大增强。党的组织生活，根本功能没有变、也不能变，但是方式方法必须与时俱进。“不日新者必日退”。我们开办共产党员网、共产党员电视栏目、共产党员手机报，许多地方建立“党务通”平台、“万村网页”、党建微博等，增强了组织生活的吸引力、影响力。各级党组织要积极适应新情况、善于运用新手段，使开展的活动党员干部愿意参加，讲的道理党员干部愿意接受。严格党内组织生活，还要与各个领域的行政管理、行业管理、社会管理结合起来，与各项工作、与党员群众的需求结合起来。

第四，要以坚持党性原则为基础增强党的团结。

团结的前提是增强党性。失去党性，就容易形成没有原则的小团体。有的在团结上出现这样那样的问题，根子都是党性不强、私心作怪。增进团结，必须在增强党性上下功夫，坚定理想信念，牢记党的性质和宗旨，牢记党对干部的要求，讲党性、顾大局、守纪律，坦荡做人、谨慎用权，光明正大、堂堂正正。

要为了党和人民的事业而团结。全面深化改革，是新的时代条件下新的伟大革命；全面建成小康社会，关乎十几亿人过上幸福美好的生活。事业总是许许多多人、一点一滴干出来的。为了实现党确定的宏伟目标，为了完成艰巨繁重的任务，大家走到一起，决不能闹无原则纠纷，决不能为个人利益争来争去，一定要坚持党的原则第一、党的事业第一、人民利益第一。

要真心诚意地维护团结。团结需要信任。信任别人是一种境界和要求，被人信任是一种幸福和责任。同志间要真诚相待、坦诚相见，相互信任、相互支持。要像爱护自己的眼睛一样，真心维护团结。团结不是一团和气，不是你好我好大家都好，整风就包括整顿这种庸俗之风。发现问题就要指出来、就要解决，违背原则就要坚决抵制、坚决纠正。

第五，要以解决问题为导向整治组织涣散、纪律松弛等现象。

运用好“四大法宝”、弘扬整风精神，着眼点是，为了党和人民的利益坚持好的、改正错的；基本方针是，惩前毖后、治病救人；基本方法是，拿起批评和自我批评的武器，知无不言、言无不尽，有则改之、无则加勉；要达到的目的是，除思想之尘、祛行为之垢、真正解决问题。

要解决制度执行不严的问题。制度决不能成为一纸空文，否则整风、改作风都是一句空话。对各项制度，各级各部门都要盯住执行、抓好落实，一抓到底、抓出成效。比如，健全改进作风常态化制度，就要聚焦“四风”问题，坚持不懈抓好中央八项规定精神的落实，坚持不懈抓好《党政机关厉行节约反对浪费条例》的落实，以抓铁有痕、踏石留印的劲头去抓，锲而不舍、驰而不息地去抓。再比如，整治选人用人不正之风，有很多制度规定，近期还出台了《党政领导干部选拔任用工作条例》、《关于加强干部选拔任用工作监督的意见》等，关键还在落实。对跑官要官、买官卖官、拉票贿选、不守规矩、不严格把关、说情打招呼等行为，必须通过专项检查、立项督查、问题倒查等严厉整治。还有，解决超职数配备干部、超规格提高职级待遇、领导干部在企业兼职（任职）等问题，都必须以良好作风推进相关制度的落实。

要解决日常管理不严的问题。弘扬整风精神，需要体现在民主生活会上、体现在批评和自我批评上，也需要体现在日常的严格管理上。风起于青萍之末。整风要抓小抓早抓预防。这里面，很重要的是近距离接触干部，对党员干部参加组织生活、工作学习等情况，要及时了解、全面掌握。有一个现象要引起重视，就是不换届不谈话、不考察不了解、不暴露出大问题不重视、干部不上门不约谈。这些都要通过具体的制度安排认真加以解决。落实请示报告制度，是严格日常管理的重要措施。今年初印发了《领导干部个人有关事项报告抽查核实办法（试行）》，下半年要按照

3%～5%的比例，集中开展随机抽查核实，对重点对象进行重点抽查。对瞒报漏报不报、发现问题的，要严肃查处。

要解决责任追究不严的问题。在这方面，也有很多制度，包括《中国共产党党内监督条例（试行）》、《中国共产党纪律处分条例》、《关于实行党政领导干部问责的暂行规定》、《党政领导干部选拔任用工作责任追究办法（试行）》等。落实的根本点，是解决好问什么责、谁来问责、怎么问责的问题。追究的具体情形、实施主体、方式程序、措施办法，都要明确。各级党委在落实责任追究上，一定要承担起主体责任。

三、贯彻整风精神必须做到“三严三实”

习近平总书记参加全国“两会”代表团审议时，强调各级领导干部都要既严以修身、严以用权、严以律己，又谋事要实、创业要实、做人要实。这“三严三实”，是思想工作作风，是正心修身准则，是做好各项工作的重要遵循，也是贯彻整风精神的核心要义。每个党员干部都要按照这个要求去做，认真坚持、一以贯之、自觉践行。

要在坚持“三严”中贯彻整风精神。要严以修身，加强党性修养，坚定理想信念，提升道德境界，追求高尚情操，自觉远离低级趣味，自觉抵制歪风邪气。尤其要坚定理想信念。“四风”问题、不敢开展批评和自我批评，根子都在信仰迷茫、精神迷失。“钙”失则神散，“钙”足则志笃。有了坚定的理想信念，就能做到“石可破不可夺坚，丹可磨不可夺赤”。要把理想信念教育、党性教育、宗旨教育，作为干部教育培训的必修课，多讲大道理、反复讲大道理，引导党员干部掌握马克思主义立场观点方法，切实做到真学真懂真信真用。习近平总书记在河南兰考调研指导党的群众路线教育实践活动时强调，要引导党员、干部把焦裕禄精神作为一面镜子，从里到外、从上到下反复照一照，努力向焦裕禄同志看齐。各地各部门要认真落实这个要求，同时注重学习宣传本地本系统的典型，扬正气、治歪风、聚民心。要严以用权，坚持用权为民，按规则、按制度行使权力，把权力关进制度的笼子里，任何时候都不搞特权、不以权谋私。要严以律己，心存敬畏、手握戒尺，慎独慎初慎微，遵守党纪国法，做到为政清廉。

要在突出“三实”中贯彻整风精神。做到谋事要实，制定政策、提出措施、拿出办法，都要从实际出发，符合实际情况、符合客观规律、符合科学精神。创业要实，脚踏实地、真抓实干，敢于担当责任，勇于直面矛盾，善于解决问题，努力创造出经得起实践、人民、历史检验的实绩。做人要实，对党、对组织、对人民、对同志忠诚老实，做老实人、说老实话、干老实事，襟怀坦白、公道正派。发扬钉钉子精神，保持力度、保持韧劲，善始善终、善作善成，一张好的蓝图干到底，不能一届一个思路、一任一个招数。

以整风精神严格党内生活，是我们必须倍加珍惜、始终坚持的宝贵经验和独特优势。我们要更加紧密地团结在以习近平同志为总书记的党中央周围，大力弘扬党的优良传统、优良作风，严一些、再严一些，实一些、再实一些，夙夜在公、开拓进取、扎实工作，为全面深化改革、全面建成小康社会、实现中华民族伟大复兴的中国梦作出积极贡献。

把学习贯彻习近平总书记系列重要讲话精神引向深入（节选）

（2014 年 4 月 28 日）

刘奇葆

党的十八大以来，以习近平同志为总书记的党中央，高举中国特色社会主义伟大旗帜，统筹国内国际两个大局，统筹伟大事业伟大工程，以中国梦凝聚力量，以抓改革激发活力，以改作风振奋人心，励精图治、攻坚克难，推动党和国家取得了新成就、树立了新风气、开创了新局面。习近平总书记发表的系列重要讲话，深刻回答了新形势下党和国家事业发展的一系列重大理论和现实问题，提出许多富有创见的新思想、新观点、新要求，深入阐释了党的十八大精神，丰富发展了党的科学理论，进一步升华了我们党对中国特色社会主义规律和马克思主义执政党建设规律的认识。讲话是新一届中央领导集体执政理念、工作思路和信念意志的集中反映，是新的历史条件下我们党治国理政的行动纲领，是坚持和发展中国特色社会主义的最新理论成果，凝结了全党智慧，闪耀着马克思主义真理的光辉，为在新的历史起点上实现新的奋斗目标提供了强大思想武器。

深入学习贯彻习近平总书记系列重要讲话精神，是全党一项重大政治任务。中央对此高度重视，采取一系列有力举措加以推动，举办 7 期省部级干部学习贯彻讲话精神研讨班，并对县处级以上领导干部进行集中轮训。经中央批准，中宣部、中组部下发《通知》对党委中心组学习作出具体部署，中宣部会同有关部门举办学习贯彻讲话精神交流会。组织各级各类媒体包括网络媒体广泛宣传，编辑出版系列学习读物，举办系列报告会，开展面向基层的宣讲活动，在全社会深入宣传阐释讲话精神。各地各部门党委中心组按照中央要求，把学习讲话精神摆在突出位置，精心组织安排，主要负责同志亲自抓、带头学、作表率，推动学习迅速展开、层层跟进，兴起了学习贯彻讲话精神的热潮。通过前一段的学习宣传贯彻，有力地统一了思想、振奋了精神、凝聚了力量，推动了党风政风转变，促进了党和国家各方面工作，开辟了中国特色社会主义事业新境界。

习近平总书记系列重要讲话是一个不断发展的、开放的理论体系，学习贯彻讲话精神是一个持续推进、逐步深化的过程。我们要从全党统一意志、统一行动的高度，从把握前进方向、开创事业发展新局面的高度，从提高党员干部素养、保持党的先进性纯洁性的高度，充分认识讲话精神的重大政治意义、理论意义、实践意义和方法论意义，充分认识深入学习贯彻讲话精神的极端重要性，进一步增强学习贯彻的自觉性坚定性。

…………

一、坚持原原本本学，深入把握习近平总书记系列重要讲话的科学内涵和精神实质

习近平总书记系列重要讲话，涉及经济、政治、文化、社会、生态文明建设和党的建设等各领域，贯通改革发展稳定、内政外交国防、治党治国治军等各方面，内涵丰富、思想深刻、论述精辟。全面深入把握讲话精神，有一个怎么学、如何学好的问题。原文是最权威的，精髓都蕴含在原著里。可以说，学习讲话精神，最直接、最管用的方法是读原文。要坚持原原本本地学，细细品读、如琢如磨，做到学深学透、把握真谛、入脑入心。

一要加深对讲话基本内涵的理解。书读百遍，其义自现。习读原著，只有沉潜反复，才能识得堂奥。习近平总书记系列重要讲话，围绕坚持和发展中国特色社会主义、实现中华民族伟大复兴的中国梦，围绕全面深化改革、推动经济持续健康发展、发展社会主义民主政治和依法治国、建设社会主义文化强国、改善民生和创新社会治理、推进生态文明建设，围绕加强国防和军队建设、推进“一国两制”实践和祖国统一、建立新型国际关系，围绕坚持党要管党、从严治党，全面提高党的建设科学化水平，等等，作出了一系列重要论述。我们要通过认真研读习近平总书记的讲话原文，系统掌握讲话的基本内容和丰富内涵，深刻领会蕴含其中的新思想新观点，做到全面理解、准确把握。

二要加深对讲话贯穿的立场观点方法的理解。习近平总书记系列重要讲话，充分体现了中国共产党人的政治立场、价值追求和思想风范，贯穿了辩证唯物主义和历史唯物主义的世界观、方法论。学习讲话精神，关键是要把握精神实质、领会精髓要义，做到知其言更知其意，知其然更知其所以然。要深刻把握讲话贯穿的坚定信仰追求，解决好世界观、人生观、价值观这个“总开关”问题，增强政治定力，站稳政治立场。深刻把握讲话贯穿的历史担当精神，把使命铭记心中，把责任扛在肩上，担负起国家富强、民族振兴、人民幸福的重任，努力创造经得起实践、人民、历史检验的新业绩。深刻把握讲话贯穿的真挚为民情怀，坚持以民为本、以人为本，解决好“为了谁、依靠谁、我是谁”这个根本问题，始终把人民对美好生活的向往作为我们的奋斗目标。深刻把握讲话贯穿的务实思想作风，坚持求真务实、真抓实干，发扬钉钉子精神，以抓铁有痕、踏石留印的劲头，奋力推进党和国家各项工作。深刻把握讲话贯穿的科学思想方法，善于运用战略思维、辩证思维、系统思维、创新思维、底线思维分析解决问题，不断增强工作的科学性、预见性、创造性。

三要加深对讲话的内在联系和科学体系的理解。习近平总书记系列重要讲话，围绕坚持和发展中国特色社会主义、全面建成小康社会、实现中华民族伟大复兴中国梦这个主题，从党和国家事业发展的各个领域、各个方面展开，阐发的一系列思想观点是彼此联系、相互贯通的，是一个有机统一的整体。学习贯彻讲话精神，要全面地学、系统地学，把握内在逻辑和基本精神。要把讲话精神作为一个科学体系来把握，通过深入的学习思考，全面理解讲话的重大意义、科学内涵、实践要求，准确把握讲话提出的一系列重大战略思想和重大理论观点，努力把零散的感性理解上升为系统的理性认识，真正在深层次上提高思想理论水平。

二、坚持联系实际学，着力用习近平总书记系列重要讲话精神指导改革发展稳定实践

“为学之实，固在践履”。学习的目的全在于应用，应用的过程促进学习深化，也检验学习成效。学习习近平总书记系列重要讲话，要大力弘扬理论联系实际的优良学风，坚持学用结合、知行统一，把学习成效体现到促进主观世界和客观世界改造上，使思想真正有所提高，使工作切实得到改进和加强。

一要联系工作实际抓学习，在推动改革发展上取得新成效。习近平总书记系列重要讲话，既是思想上的强大武器，又是行动上的科学指南。各地区各部门党委中心组学习讲话精神，就要以我们正在做的事情为中心，用讲话精神研究谋划工作、指导推动工作，把学习成果转化为切实可行的政策举措，转化为推动经济社会持续健康发展的进展成效。今年是贯彻党的十八届三中全会精神、全面深化改革的第一年。要通过学习贯彻讲话精神，增强进取意识、创新意识、责任意识，牢牢把握改革正确方向，凝聚改革共识，大胆探索实践，正确、准确、有序、协调推进改革，起好步、开好局，一步一个脚印把全面深化改革的宏伟蓝图变为现实。

二要带着问题抓学习，提高发现问题、分析问题、解决问题的能力。问题是时代的声音，是理论和实践的结合点。当前，我国正处在发展关键期、改革攻坚期、矛盾凸显期，长期积累的老问题集中显现，同时又遇到许多新情况新问题，需要我们在学习中去不断认识、研究和解决。习近平总书记系列重要讲话，对我们面临的许多重大问题作出了科学回答，既部署“过河的任务”、又指导如何解决“桥或船”的问题，为我们提供了破解难题的钥匙。学习讲话精神，要增强问题意识，树立问题导向，直面改革发展稳定中的重大问题，直面干部群众关心的热点难点问题，直面党的建设的突出问题，不回避、不绕开，善于以讲话精神为科学武器分析解决问题，找到攻坚克难的新思路、新方法、新举措，不断打开工作新局面。

三要联系思想实际抓学习，加强党性修养和作风锤炼。学习习近平总书记系列重要讲话精神，既是改造客观世界的过程，也是改造主观世界的过程。要坚持不懈用讲话精神武装头脑，增强党性观念和宗旨意识，补足我们精神上的“钙”，练就金刚不坏之身，坚决守住理想信念的主线，守住为民服务的生命线，守住道德操守的底线，彰显共产党人的政治品格和价值追求，做共产主义远大理想和中国特色社会主义共同理想的坚定信仰者和忠实践行者。在今年全国“两会”上，习近平总书记提出各级领导干部都要树立和发扬好的作风，既严以修身、严以用权、严以律己，又谋事要实、创业要实、做人要实。这是党的领导干部的为官之道和行为准则。各级党委中心组要按照总书记的要求，引导党员干部加强党性修养，增强宗旨意识，树立正确的政绩观，自觉践行“三严三实”，在作风建设上不断取得新成效。当前，第二批党的群众路线教育实践活动正在深入开展。要把学习讲话精神与开展教育实践活动结合起来，把讲话精神作为一面“镜子”，对照检视我们的思想和作风，查找自身不足、明确努力方向，切实解决形式主义、官僚主义、享乐主义和奢靡之风问题，让人民群众感受到党员干部作风的新气象新变化。

三、坚持拓展内容学，把学习习近平总书记系列重要讲话精神同学习马克思主义哲学、党史国史和社会主义发展史结合起来

习近平总书记指出：“哲学是人类的智慧之学，历史是前人的实践和智慧之书。所以，各级领导干部要注重加强对马克思主义哲学的学习和对历史的学习。”党委中心组要在重点学好习近平总书记系列重要讲话精神的同时，抓好马克思主义哲学的学习，抓好党史、国史和社会主义发展史等的学习，推动领导干部不断增强理论思维、完善知识结构、提升精神境界，进一步深化对习近平总书记系列重要讲话精神的理解和把握。

一要把马克思主义哲学作为看家本领。马克思主义哲学深刻揭示了客观世界特别是人类社会发展的一般规律，是指导共产党人前进的有力思想武器。学哲学、用哲学是我们党的一个好传统，也是领导干部的基本功。习近平总书记系列重要讲话本身，就是用马克思主义立场观点方法认识问题、分析问题、解决问题的典范，蕴含着精深的马克思主义哲学素养。要把学习习近平总书记系列重要讲话精神与学习马克思主义哲学贯通起来，相互参照、用心体会、活学活用。要结合实际认真研读马克思主义哲学经典著作，努力掌握科学的思想方法和工作方法，更好认识党和国家事业发展大势，更好认识历史发展规律，更加能动地推动工作。

二要把党史、国史的学习作为必修课。历史是最好的教科书，中国革命历史是最好的营养剂。学好党史国史，不仅仅是学点历史知识的问题，而是一个重大而现实的政治问题。现在，敌对势力往往拿中国革命史、新中国历史来做文章，大肆宣扬历史虚无主义，竭尽攻击、丑化、污蔑之能事，妄图以此来搞乱人心。各级党委中心组要认真组织党史国史的学习，引导党员领导干部牢固树立正确的历史观，确立历史唯物主义观点，深刻认识历史和人民选择中国共产党、选择马克思主义、选择社会主义道路、选择改革开放的历史必然性，坚决反对历史虚无主义，反对任何歪曲和丑化党的历史、新中国历史的错误思想观点。要科学认识和把握党情、国情，认识和把握革命、建设、改革各个历史时期创造的丰富经验，知史爱党、知史爱国、知史爱民，继承和发扬共产党人建树的优良传统，

在对历史的深入思考中做好现实工作，更好地走向未来。

三要把社会主义发展史的学习作为重要内容。中国特色社会主义，是党和人民90多年奋斗、创造、积累的根本成就，凝结着实现中华民族伟大复兴这个近代以来中华民族最根本的梦想，也体现着近代以来人类对社会主义的美好憧憬和不懈探索。去年年初，习近平总书记在新进中央委员会的委员、候补委员学习贯彻党的十八大精神研讨班上的讲话，透过500年大跨度和6个时间段，从理论和实践的结合上，深刻阐明了世界社会主义发展的曲折历史，阐明了中国特色社会主义发展的历史，对学习了解社会主义发展史提出了明确要求。各级党委中心组要高度重视学习社会主义发展史，进一步深化对社会主义历史必然性的认识，深化对中国特色社会主义规律的认识，深刻理解只有社会主义才能救中国、只有中国特色社会主义才能发展中国，更加坚定道路自信、理论自信、制度自信，肩负起坚持和发展中国特色社会主义的历史责任。要深刻理解改革开放前和改革开放后是两个相互联系又有重大区别的历史时期，本质上都是我们党领导人民进行社会主义建设的实践探索，不能用改革开放后的历史时期否定改革开放前的历史时期，也不能用改革开放前的历史时期否定改革开放后的历史时期。

四、发挥党委中心组示范带动作用，推动习近平总书记系列重要讲话精神学习向广度深度发展

党委中心组是领导干部开展理论学习的重要形式，是加强领导班子思想政治建设的有效途径，对推动全党学习有着重要导向和示范作用。抓好习近平总书记系列重要讲话精神的学习，首先要抓好各级党委中心组学习，把党委中心组打造成学习的“排头兵”、“模范班”，以此带动全党全社会深入学习。

要在真学深学上作示范。党委中心组成员都是领导干部，要把学习习近平总书记系列重要讲话精神作为一种政治责任，带着执着的信念学，带着实践的要求学。要坚持高标准严要求，以身作则、率先垂范，做到在学习上深一步、认识上高一筹、实践上先一着，力求对讲话精神领会得更全面、把握得更准确、贯彻得更坚决。要主动深入到党员、干部、群众中去，讲党课、作辅导，宣讲讲话精神，把学习延伸拓展到基层，形成一级抓一级、一级带一级的良好局面。

要在创新学习方法上作示范。学习方法对头了，才能事半功倍，收到更好效果。要积极拓展党委中心组学习习近平总书记系列重要讲话精神的形式和渠道，把学习搞得生动活泼、有声有色，努力在提升学习质量和效果上下功夫。要更好地把个人自学与集体研讨结合起来，以抓好个人自学为基础，精心组织集体学习和专题研讨，鼓励民主讨论、碰撞思想，做到相互启发、共同提高。要更好地把理论学习与调查研究结合起来，“白天走干讲，晚上读写想”，深入基层、深入一线，了解真实情况，解决实际问题。要善于运用网络新技术新应用，积极搭建开放兼容的网络学习平台，不断拓展学习渠道，丰富学习手段，提高学习效率。

要在健全学习制度上作示范。这些年，中央对党委中心组学习有很多制度性规定，比如，对党委中心组的人员组成、学习组织、学习管理，对领导干部个人自学、集中学习、专题调研等，都有明确具体的要求。对这些有效制度和明确要求，要严格执行、落到实处，确保党委中心组学习规范有序运行。在实际工作中，各地各部门还创造了不少好的做法和经验，要及时用制度的形式固定下来、坚持下去。同时，要结合形势的发展变化，加大制度创新力度，探索新的学习机制，不断提高党委中心组学习的科学化水平。

科学安排和精心组织好中心组学习，是各级党委必须认真抓好的一项重要工作。要加强组织领导，各级党委要把这项工作摆在突出位置，列入重要议事日程，党委一把手要切实担负起领导责任，以高度负责的精神抓好中心组学习，以自己的模范行为带动中心组成员认真学习。要加强指导服务，上级党委要经常了解下级党委中心组的学习情况，针对存在的薄弱环节和问题提出改进的具体要求，推动各级党委重视和加强中心组学习。要加强检查考核，完善考核办法，定期组织督查，把考核结果纳入领导干部综合评价体系和领导班子建设目标管理体系，作为考核领导班子和使用干部的重要依据，推动党委中心组学习的深入开展。总之，要把习近平总书记系列重要讲话精神的学习贯彻不断引向深入，推进全党理论武装工作，更好地用讲话精神统一思想、凝聚力量，为全面深化改革、夺取中国特色社会主义新胜利作出更大贡献。

第二部分　部委和地方领导有关讲话

在全国工商系统推进非公有制企业党的建设工作会议上的讲话

（2012年5月24日）

周伯华

我们这次会议的主要任务是，深入贯彻落实全国非公有制企业党的建设工作会议精神和中央领导同志重要批示，总结交流全国工商系统推进非公有制企业党建工作的情况和经验，安排部署深入推进非公有制企业党建工作，进一步开创非公有制企业党建工作新局面。

这次会议在兰州召开，得到了中央组织部和甘肃省委的高度重视和大力支持。中央组织部部务委员陈向群同志出席会议并作重要讲话，甘肃省委常委、常务副省长刘永富同志亲临会议作指导。甘肃省工商局为开好这次会议做了大量准备工作。在此，我代表总局党组和全体与会代表，对中央组织部和甘肃省委、省政府长期以来对工商行政管理工作的重视和关心，对有关部门和新闻界的朋友们对工商行政管理工作的支持和帮助，对甘肃省工商局为开好这次会议付出的辛勤努力，表示衷心的感谢！

甘肃是我国西北地区重要的生态屏障和战略通道，在全国发展稳定大局中具有重要地位。近年来，甘肃省委、省政府深入贯彻落实科学发展观，认真执行中央决策部署，紧紧围绕“科学发展、转型跨越、民族团结、富民兴陇”奋斗目标，深入开展“联村联户、为民富民”行动，加快全面建设小康社会步伐，取得了经济社会又好又快发展的显著成绩。甘肃省工商局在省委、省政府的正确领导下，始终围绕地方经济社会科学发展履职尽责，在服务经济发展、维护市场秩序、强化消费维权、推进依法行政、加强队伍建设等方面取得了新成绩，一些工作走在了全国工商系统前列。特别是在非公有制企业党建方面，思路新，措施实，取得了丰硕成果，积累了宝贵经验，得到了中央领导同志的充分肯定。这次会议在甘肃召开，为大家提供了一个相互学习、交流借鉴的良好平台。

刚才，中央组织部部务委员陈向群同志作了重要讲话，肯定了工商系统推进非公有制企业党建工作取得的成绩，对进一步做好非公有制企业党建工作提出了明确要求。钟攸平副局长将代表总局党组作工作报告。会议还安排了10个单位作大会发言，印发了51个单位的书面交流材料，并以展板形式集中展示了各省、自治区、直辖市工商系统推进非公党建的成果。希望同志们相互学习借鉴，认真抓好落实。下面，我讲几点意见。

一、立足职能、主动参与，工商系统推进非公企业党建工作取得显著成绩

近年来，全国工商系统坚持把中央加强和改进非公有制企业党建工作的总体部署与工商行政管理实际紧密结合起来，坚持把加强非公有制企业党的建设作为完善我国基本经济制度、推动经济社会科学发展、夯实党的执政基础的重大战略举措，充分发挥职能、体制和队伍优势，在各级党委和组织部门的领导下，立足职能，创新机制，推动非公有制企业党建工作取得了明显成绩。

（一）扩大了非公企业党建工作覆盖面。各级工商机关以参与非公有制经济组织学习实践科学发展观和创先争优活动指导工作为契机，积极推进非公企业党的建设，非公企业党组织覆盖面进一步扩大。截至2010年底，全国非公企业中党员总数350多万名，党组织近30万个。2010年以来，全国非公有制企业新建党组织12.1万个，覆盖非公有制企业49万户，其中有工商部门的重要贡献。

（二）较好完成了对非企业党员摸底调查的任务。总局专门召开会议，部署对非公企业党建工作基本情况进行调查摸底。还研究开发了非公企业党建数据统计软件系统，制定了非公企业党建统计数据指标，举办了非公企业党建数据统计工作培训班，全国开展了总局、省市县局、基层工商所五级数据录入工作，并

先后8次到各地检查指导和督促落实。各地按照总局要求，结合企业登记、年检验照，扎实做好了调查摸底和汇总统计工作。

（三）促进了非公有制企业健康发展。各级工商机关按照“围绕发展抓党建，抓好党建促发展”的总体思路，组织开展党员承诺、党员示范岗、党员责任区等主题实践活动，鼓励引导党员在急难险重任务中勇挑重担、在促进企业发展中创先争优。积极引导企业切实维护职工合法权益，自学履行社会责任，努力构建和谐劳动关系。认真开展评选“党员经营示范店”等活动，增强企业自律意识，促进个体工商户、小微企业诚信经营，协调解决企业生产经营中遇到的难题，有力地促进了非公有制企业健康发展。

（四）创新了推进非公党建的工作机制。一是加强了组织领导。总局成立了推进非公有制经济组织党建工作指导组，研究问题，部署工作，明确分工，落实责任。认真指导非公有制企业党组织深入开展学习实践科学发展观和创先争优活动。探索建立了在党委和组织部门领导下的各部门分工协作工作机制。二是充分发挥了个私协会的积极作用。各级个私协会充分发挥桥梁和纽带作用。积极主动开展非公党建工作，采取独立、联合、挂靠、统建等多种形式，加快在个体私营企业中建立党组织。截至2011年底，全国依托个私协会建立党组织2.75万个，在推进个私企业党建工作中发挥了重要作用。三是探索创新了一些行之有效的好做法、好经验。甘肃、山西等省依托工商部门成立非公有制企业党工委，甘肃在组织部门指导下形成了省市县乡四级贯通的非公党建工作体系。重庆探索了机关党建、系统党建、非公党建“三位一体”的党建工作思路。吉林、西藏、山东、广东、江苏、浙江、陕西、云南、河北等地，选派工商干部担任党建工作指导员，依托基层个私协会将个体工商户、专业市场和小微企业中的流动党员组织起来，建立党的组织，并采取输送党员、发展党员等办法壮大党员队伍。

总结几年来的工作实践，我们深刻体会到，推进非公企业党建工作，必须坚持在党委领导和组织部门统筹指导下开展工作，必须加强与有关部门的协调配合，必须坚持围绕促进非公有制企业健康发展抓党建，必须充分发挥工商部门的体制、职能和队伍优势，必须充分发挥个私协会等社团组织的积极作用。这些成绩的取得和经验的积累，是各级工商机关认真贯彻执行党的路线方针政策的结果，是全系统广大党员干部辛勤努力的结果。借此机会，我代表总局党组，向各级党委、组织部门表示衷心的感谢！向全系统为推进非公企业党建工作作出努力和贡献的同志们致以崇高的敬意！

在充分肯定成绩的同时，必须清醒地看到，我们推进非公有制企业党建工作还存在一些不足。一是认识上还存在差距，各地工作开展还不够平衡。二是推进非公有制企业党建工作的方式方法还有待进一步改革创新。三是非公有制企业党的建设工作仍然薄弱。目前还有80%的非公企业及个体工商户的党员没有建立党组织，还有大量未转接组织关系、亮明身份的党员，推进非公企业党建的任务还十分艰巨复杂。四是在党委领导下的系统管理与属地管理相结合、与相关部门协调配合的工作机制还有待进一步完善。这些都需要我们在今后的工作中认真加以研究解决。

二、提高认识、统一思想，进一步增强新形势下做好非公企业党建工作的责任感和使命感

非公有制企业是发展社会主义市场经济的重要力量。加强和改进非公有制企业党的建设，是新形势下党建工作的重要任务。党中央高度重视非公有制企业党建工作，党的十七大以来对全国推进包括非公有制企业在内的基层党组织建设作出了一系列重要部署，胡锦涛总书记和习近平、李源潮等中央领导同志多次就加强非公有制企业党的建设作出重要批示和指示。今年3月，中央办公厅印发了《关于加强和改进非公有制企业党的建设工作的意见（试行）》，中组部还专门召开了全国非公有制企业党的建设工作会议。我们要从战略和全局的高度，深刻认识加强非公有制企业党的建设的重要性，切实把思想和行动统一到中央的部署要求上来，进一步增强责任感和使命感，不断取得推进非公有制企业党建工作的新成绩。

（一）加强非公有制企业党建工作，是新形势下党建工作的重要任务。习近平同志强调指出，非公企业党的建设取得的成绩是显著的，但总体上看工作基础仍然比较薄弱，抓党组织和党的工作覆盖的任务很重。改革开放30多年来，我国非公有制经济得到了长足发展，据工商部门统计，目前全国有非公有制企业1012.3万户、个体工商户3756万户，从业人员近2亿人，增加值占国内生产总值的60%以上。创造了近90%的新增就业岗位。非公有制企业已成为社会主义市场经济的重要组成部分，非公有制企业职工已成为我国工人阶级队伍中的多数。各级工商机关要充分认识到，在新形势下加强党的建设，就必须切实加强非公有制企业党组织建设，就必须积极吸收非公有制企业职工中的先进分子成为共产党员。这不仅是党的性质和宗旨所决定的，也是改革开放以来社会结构发展

变化的必然选择，是增强党的阶级基础、扩大党的群众基础、夯实党的执政基础的重大举措。

（二）加强非公有制企业党建工作，是工商机关贯彻执行党的路线方针政策的重要任务。工商行政管理具有与社会接触面广的特点，有着独特的职能优势、体制优势和队伍优势，是与非公经济组织联系最紧密的政府部门之一，在日常监管和服务发展中，同非公企业建立了十分紧密的联系。李源潮同志批示强调，由工商部门党组织负责个体工商户、专业市场和小微企业的党建工作，是一种重要的管理体制创新和完善。现在党组织建设的空白点主要在这个领域。李源潮同志的批示，既是对我们的信任，更是赋予了我们重要责任。如果说我们工商部门过去抓非公党建工作任务、职责还不十分明确的话，那么李源潮同志的批示既明确了我们的任务，又加重了我们的责任。我们必须以高度的政治责任感认真贯彻落实中央领导重要讲话和批示精神，切实履行职责，在推进非公有制企业党建工作中充分发挥作用、勇于担当责任。

（三）加强非公有制企业党建工作，是坚持基本经济制度、促进非公有制企业健康发展的重要任务。加强和改进非公有制企业党的建设，引导非公有制企业健康发展，是新形势下加强党建工作的重要任务。当前，非公有制企业发展面临着调整产业结构、转变发展方式、建立现代制度、加快科技创新、吸纳高端人才、实现规模发展等难得的机遇，同时市场主体多元化、经营业态多样化、营销方式现代化、市场竞争激烈化又使企业发展遇到严峻的挑战。只有不断加强企业党的建设，充分发挥党组织在职工群众中的政治核心作用和在企业发展中的政治引领作用，宣传党的路线方针政策，团结凝聚职工群众，维护各方合法权益，才能建设先进企业文化，构建和谐劳资关系，培育诚信经营意识，为企业营造良好的发展环境。

三、突出重点、服务大局，扎实推进非公企业党建工作

全系统要认真贯彻落实中央文件精神，按照李源潮同志的批示要求，紧紧围绕个体工商户、专业市场和小微企业三个重点，根据总局的具体部署和要求，积极进取，扎实工作，切实把非公党建各项任务落到实处。

（一）切实抓好个体工商户党建工作。个体工商户数量庞大、经营灵活、从业人员众多，具有分散性和流动性的特征。各级工商机关要采取针对性措施，努力抓好个体工商户党建工作。一是要充分发挥工商部门的职能优势。工商行政管理部门是个体工商户的培育部门、服务部门，同个体工商户有着密不可分的联系，同时又是唯一能够对个体工商户的市场推入、交易、竞争、退出行为进行全程监管的执法部门。各地要把个体工商户党建工作与个体工商户监管服务工作紧密结合起来，充分利用与个体工商户的天然联系，不断创新登记、年检等工作，当好党建工作的“信息员”和“宣传员”，做好信息采集反馈和政策理论宣传工作，为扎实推进个体工商户党建工作打下坚实基础。二是要充分发挥工商部门的组织优势。工商行政管理系统拥有从总局到基层工商所五级贯通、运转协调的组织体系，是唯一能够把维护市场秩序的职责延伸到乡镇、街道和农村的部门。作为基层政权的重要组成力量，基层工商所要自觉担负起指导和推进个体商户党建工作的任务，针对个体工商户分散性和流动性的特点，充分发挥工商所遍布城乡的优势和积极性、主动性，不断探索建立区域性党组织，努力在个体工商户中实现党的组织和工作的全覆盖。三是要充分发挥个私协会的积极作用。个私协会基层组织健全，是私营企业和个体工商户的行业自律、维权组织，在推进个体工商户党建工作中具有独特优势。各地要积极发挥个私协会党组织的作用，扎实开展党员找组织、组织找党员、把党员培养成骨干、把骨干培养成党员的“双找双培”活动，把分散的党员组织起来，引导“流动党员”、“口袋党员”和“隐形党员”亮明身份，指引想加入中国共产党的个体工商户从业人员靠拢组织。

（二）切实抓好专业市场党建工作。改革开放以来，专业市场的发展与繁荣，推动了统一开放竞争有序的社会主义市场体系的形成和完善。工商行政管理部门从改革开放初期市场的建设者，到现在社会主义统一市场的监管者，对专业市场党建工作具有独特优势，也肩负重要责任。要针对专业市场的特点，采取有针对性的措施，推动专业市场党建工作不断取得新成绩。一是要针对专业市场具有集中性、稳定性的特点，不断完善党建工作联系点制度。专业市场是市场主体汇集交易的市场形式，既集中又稳定。要充分发挥党建工作联系点制度的作用，对未建立党组织的专业市场，要选派党建工作指导员，确定党建工作联络员，确保党的工作覆盖；对已经建立党组织的专业市场，基层工商机关党组织要与专业市场党组织结对子，搞好调研指导，重点指导专业市场党组织领导班子加班思想政治建设、制度建设和教育培训工作，努力将联系点建设成为非公党建工作的示范点。二是要针对专业市场具有行业性、专业性的特征，探索建立行业性党组织。专业市场是同类产品积聚交易、流通和配送的市场形式，具有行业性和专业性的特征。要充分

发挥个私协会与专业市场联系紧密的优势，积极调动行业协会（商会）的主动性和能动性，打破传统党组织设置方式，组建行业性党组织，以产业为纽带，组织、联络、凝聚专业市场党员。

（三）切实抓好小微企业党建工作。小微企业占我国企业总数的70%，是国民经济的重要实现形式，在吸纳劳动就业、推动科技创新、促进经济发展、维护社会和谐等方面具有不可替代的作用。各地要高度重视，下功夫抓好小微企业党建工作。一是要加大小微企业党组织组建力度。要根据本地区小微企业的分布情况和行业特点，创造性地采取单独组建、区域联建、行业统建、依托组建等多种方式，积极组建区域性党组织、行业性党组织，努力推进党的组织和工作覆盖。二是要扎实开展创先争优活动。要结合小微企业实际，以党建强、发展强为目标，按照生产经营好、企业文化好、劳动关系好、党组织班子好、党员队伍好、社会评价好的标准，指导小微企业广泛开展“双强六好”党组织创建活动和党员示范岗、党员责任区、党员公开承诺等活动，促进企业党组织履职尽责创先进、广大党员立足岗位争优秀，不断巩固党建成果，推动小微企业健康发展。

四、加强领导、创新机制，确保非公企业党建工作取得实效

加强组织领导、创新工作机制是推动非公企业党建工作扎实开展、取得实效的重要保障。各级工商机关要在当地党委的领导下，切实加强领导，完善制度机制，推动工作落实，不断开创非公企业党建工作新局面。

（一）认真落实非公企业党建工作责任。要实现党组织建设全覆盖。首先要落实党建责任的全覆盖。各级工商行政管理机关要进一步强化政治意识、大局意识、责任意识，坚定不移地推进非公企业党建工作。要强化责任落实，把非公企业党建工作纳入总体工作规划，作为工商行政管理工作的一项重要政治任务，与业务工作一起部署，一起落实，一起检查，一起考核。要建立健全“一把手”负总责、班子成员分工负责、有关职能部门具体执行落实的责任分工体系，确保责任明确，执行有力，监督到位。要加强组织领导，各级工商行政管理机关要根据实际情况，成立推进非公企业党建工作的领导小组，并明确工作机构。已成立非公企业党工委的工商机关，要做到有机构有人员，形成上下贯通的工作体系。

（二）坚持系统管理和属地管理相结合。工商行政管理机关推进非公企业党建工作的总要求是，坚持党委的统一领导，就是要在当地党委的统一领导和组织部门的指导下开展工作，做到多请示、多汇报。坚持条块结合、部门配合，就是在条线上总局指导全系统，上级工商机关指导下级工商机关；在横向上加强与统战、商务、财政、工商联等有关部门的协调配合，做到多沟通、多协助。在基层，要充分发挥工商机关与个体工商户、专业市场和小微企业联系紧密的职能优势和组织优势，把县级工商局特别是遍布城乡的基层工商所打造成推进非公企业党建工作的重要力量，在组建党组织、发展新党员、巩固党建成果、推动非公经济健康发展等方面发挥生力军作用。

（三）充分发挥工商部门与非公企业“两个积极性”。非公企业党建工作是一项系统工程，既要充分发挥工商部门的职责和组织优势，又要充分调动非公企业的主观能动性。要建立完善五级贯通的非公企业党建信息数据库，实现信息联动和动态更新。要结合登记注册、年检验照等工作，做好数据采集、统计汇总和分析研究工作，为党委决策提供基础数据和政策建议。要在宣传、指导、组织、协调上下功夫，不断创新工作方式方法，为非公企业营造良好发展环境。要充分发挥非公企业的主体性作用，要按照企业需要、党员欢迎、职工赞成的原则，把党组织活动与企业生产经营管理紧密结合起来，实现目标同向、互促互进、引导出资人和企业职工积极参与到党的建设工作中来。

（四）加强制度建设和典型培养。各级工商行政管理机关要在完善制度、培养典型上狠下功夫，实现非公企业党建工作的常态化、长效化。要不断建立健全非公企业党建工作制度，不断建立健全领导体制、工作机制、协调机制、保障机制、督促机制和责任机制，确保各项工作落到实处，保障非公企业党建工作长效开展、高效推进。要加强非公企业党建工作的典型的培养，积极利用报刊、网站等媒体，广泛宣传非公企业党建工作的好典型、好经验，充分发挥先进典型的示范、辐射、引领作用，促进非公企业党建工作不断深入发展。

同志们，加强非公企业党建工作，是新时期党建工作的重大课题，是党的基层组织建设的一项重大工程。做好非公企业党建工作，使命光荣，责任重大。让我们在以胡锦涛同志为总书记的党中央的坚强领导下，解放思想，开拓进取，扎实工作，坚持围绕发展抓党建，抓好党建促发展，不断开创推进非公企业党建工作的新局面，以优异成绩迎接党的十八大胜利召开！

（本文作者时任国家工商行政管理总局党组书记、局长）

在全国非公有制企业党组织书记示范培训班上的讲话

（2012年5月3日）

全哲洙

加强和改进非公有制企业党的建设工作，是在非公有制经济领域巩固扩大党执政的群众基础和社会基础的现实需要，是促进非公有制经济健康发展和非公有制经济人士健康成长的动力保证。下面，我结合非公有制经济发展、非公有制经济人士成长和非公有制企业党建工作的实践，从统战部和工商联的角度，就学习贯彻中共中央办公厅《关于加强和改进非公有制企业党的建设工作的意见（试行）》（以下简称中办《意见》）和全国非公有制企业党的建设工作会议（以下简称全国会议）精神，谈几点认识，和大家进行交流。

一、非公有制企业党建工作与非公有制经济健康发展目标同向

中国共产党自诞生以来，就始终代表中国先进生产力的发展要求。改革开放以来，作为中国特色社会主义事业的坚强领导核心，我们党以其自身建设的加强改进，领导和促进了非公有制经济的发展实践。作为党建工作新领域，非公有制企业党建工作没有任何现成经验可循，企业所有制的不同决定其只能在探索中前进、创新中加强。作为改革开放的时代产物和重大成果，非公有制经济自身也以其波澜壮阔的生动实践，进一步推动和促进了非公有制企业党的建设。

1978年，党的十一届三中全会开启了改革开放新时期。1982年，党的十二大提出鼓励和支持劳动者个体经济“作为公有制经济的必要的、有益的补充”适当发展。1987年，党的十三大提出，私营经济“也是公有制经济必要和有益的补充”。1992年初，邓小平同志的南方谈话，深刻回答了长期束缚人们思想的许多重大认识问题；同时10月，党的十四大明确了我国经济体制改革的目标是建立社会主义市场经济体制。1997年，党的十五大把“公有制为主体、多种所有制经济共同发展”，确立为我国社会主义初级阶段的基本经济制度。2002年，党的十六大提出，要“毫不动摇地巩固和发展公有制经济，毫不动摇地鼓励、支持和引导非公有制经济发展”。2007年，党的十七大重申要把“两个毫不动摇”作为长期坚持的方针。在党的方针政策指引下，非公有制经济规模不断扩大，实力不断增强，地位和作用发生了深刻的历史性变化。目前，我国非公有制企业创造了60%左右的国内生产总值，提供了80%以上的城镇就业岗位、90%以上的新增就业岗位、50%左右的税收、65%左右的发明专利、75%左右的技术创新和80%以上的新产品，非公有制经济已经成为解决社会就业的主要渠道、财政收入的重要来源、自主创新的重要力量、县域经济的重要支撑，为保持和促进我国经济社会又好又快发展、坚持和发展中国特色社会主义作出了重要贡献。可以说，我国非公有制经济从少到多、从小到大、从弱到强的每一步发展，都得益于党的改革开放政策，都是在党的正确领导和指引下取得的。

非公有制经济的实践和发展，给我们党带来了一个全新的理论和实践课题——在数量庞大、作用突出的非公有制企业中如何加强和改进党的建设。中国特色社会主义事业的各个方面没有经验可循，都是“先有实践、后有文件”的探索过程。我们党对非公有制企业党建工作的关注始于改革开放初期设立较多的外资企业，1984年中组部就下发了《关于加强中外合资经营企业党的工作的意见》，但没有对内资非公有制企业提出要求。随着国有企业改革的深化，一批国有企业通过多种形式改制，在促进非公有制经济发展的同时，保留下来的党组织也引起各地开始重视非公有制企业党建工作，逐步成立专门工作机构，不断加强对非公有制企业党建工作的指导。特别是开展学习实践科学发展观和创先争优活动以来，在两年多的时间内，非公有制企业党的组织覆盖和工作覆盖得到迅速扩大。我们党不断总结非公有制企业党建工作中积累的实践经验，相继出台政策文件，提出明确要求。2000年5月，江泽民同志在上海主持召开江苏、浙江、上海党建工作座谈会时，强调指出：“各级党委特别是主要领导同志的思想认识要跟上客观形势的发展，抓紧在非公有制经济组织开展党的工作，加强党的建设。”2000年9月，中组部下发了《关于在个体和私营等非公有制经济组织中加强党的建设工作的意见（试行）》。2009年9月召开的党的十七届四中全会强调，抓紧在非公有制经济组织建立党组织，积极做好在非公有制经济组织中发展党员工作，选好配强非公有制经济组织党组织负责人。今年，中办《意见》进一步明确了非公有制企业党组织的功能定位，对加强非公有制企业党建工作提出了目标要求和具体措施。我们可以看出，在非公有制经济的发展过程中，非公有制企业加强党建工作的生动实践，促进了我们党的党建理论政

策的丰富和发展。

多年来，非公有制企业党组织紧紧围绕企业生产经营管理开展党的活动，保证党的路线方针政策在企业贯彻落实，切实维护各方合法权益，组织带领职工群众创先争优，引领建设先进企业文化，使党组织真正成为党在企业中的坚强战斗堡垒。特别是经过学习实践科学发展观活动和创先争优活动，非公有制企业中的党组织和党员围绕科学发展主题和转变经济发展方式主线，作用发挥更为明显。一是坚持围绕企业的生产经营管理，发挥党组织战斗堡垒作用，找准服务企业加快转型升级、实现更好更快发展目标任务的切入点和着力点，帮助企业理清发展思路，查找突出问题，提出意见建议，推动企业健康发展。二是推动企业采取双向进入、交叉任职等方法，把企业生产经营骨干培养成党员，把党员培养成生产经营骨干，在企业决策和生产经营中发挥作用，确保党的方针政策在企业得到贯彻执行。三是坚持以党的先进文化引领企业文化建设，把创先争优的价值理念融入到企业文化建设中，团结凝聚职工群众，为企业科学发展凝心聚力。四是广泛开展创建党员示范岗、党员责任区活动，立足岗位开展技能比武、岗位竞赛，以岗位建功的实际行动推动创先争优活动深入开展。据不完全统计，截至 2011 年底，在学习实践科学发展观活动和创先争优活动中，非公有制经济组织党组织共提出合理化建议 203 万条，开展技术革新 353 万个，完成急难险重任务 82 万次，为群众做好事实事 436 万件。实践证明，非公有制企业党建工作的开展，有力地保证和推进了企业的健康发展，企业党建强和发展强是相统一的。

随着非公有制经济的快速发展，非公有制企业职工在我国产业工人队伍中已占多数，新社会阶层人士大量分布在非公有制企业，到非公有制企业从业的大学毕业生等高知识群体越来越多。非公有制企业中还有大量尚未接转组织关系、亮明身份的流动党员，私营企业主和个体工商户中也有许多中共党员，非公有制企业成为党的基层组织建设的新领域。特别是目前，国际经济形势复杂多变，我国经济运行也出现不少新变化，经济下行压力明显增大，非公有制经济在发展中面临更多的挑战，占非公有制企业大部分的小微企业更是面临着生产经营成本高、税费过高，融资难、招工难等问题，“保生存谋发展”的任务依然艰巨。解决非公有制企业发展存在的突出矛盾和问题，促进非公有制经济健康发展，需要进一步发挥党组织的优势和作用。因此，加强非公有制企业党建工作，是新形势下党建工作的重要任务，也是非公有制经济科学发展的内在需要。

二、非公有制企业党建工作与非公有制经济人士健康成长互促共进

改革开放以来，特别是进入新世纪新阶段以后，我们党逐步明确非公有制经济人士的社会属性，引导广大非公有制经济人士在中国特色社会主义道路上健康成长。如何引导非公有制经济人士理解并支持党建工作、通过党建工作促进非公有制经济人士健康成长，成为我们面临的一个重要理论和实践课题。非公有制经济人士作为资本所有者和企业经营者，是新的社会阶层的主要组成部分，又是特殊的群体。我们党以关心帮助和教育引导非公有制经济人士健康成长为长期工作，引导他们切实理解和积极支持党建工作。非公有制经济人士也自觉把感恩党的情怀，付诸支持党建工作的实际行动。逐步加强和改进的非公有制企业党建工作实践，又进一步促进了非公有制经济人士的健康成长。

我们党对非公有制企业党建工作的认识，伴随着改革开放实践中对非公有制经济人士的认识不断提高，也经历了一个曲折的探索过程。1989 年 8 月，中共中央在《关于加强党的建设的通知》中提出：“私营企业主同工人之间实际上存在着剥削与被剥削的关系，不能吸收私营企业入党。”1991 年，中共中央在批转中央统战部《关于工商联若干问题的请示》的通知中指出，对现在的私营企业主，不应和过去的工商业者简单类比和等同，更不要像 50 年代那样对他们进行社会主义改造。2001 年 7 月 1 日，江泽民同志在庆祝中国共产党成立八十周年大会上的讲话中指出：“应该把承认党的纲领和章程，自觉为党的路线和纲领而奋斗，经过长期考验，符合党员条件的社会其他方面的优秀分子吸收到党内来。”2002 年，江泽民同志在党的十六大上进一步指出：私营企业主等新的社会阶层也是中国特色社会主义事业建设者。“建设者”论断的提出，既是对非公有制经济人士政治上的信任和社会地位上的肯定，也是对非公有制经济人士的心愿和期望。在非公有制经济人士工作中，我们党始终坚持“团结、服务、引导、教育”的方针，通过政治安排、宣传表彰、教育培训、光彩事业等多种途径引导非公有制经济人士健康成长。党中央国务院、各级党委政府多层次、多角度召开情况通报会、意见征求会、现场协调会、听取非公有制经济人士意见，帮助解决实际问题。为表彰为非公有制经济人士在经济社会发展中所作出的贡献，中央统战部联合五部委连续三届表彰全国优秀中国特色社会主义事业建设者，297 名非公有制经济人士受到表彰，各地也组织开展各类表彰活动。去年年底，

中央统战部、全国工商联联合举办全国非公有制经济先进典型事迹报告会，以电视电话会议开到县级，贾庆林同志出席并讲话，刘云山、杜青林、黄孟复等党和国家领导同志出席。中央主要媒体利用多种形式，高规格、大规模地集中宣传非公有制经济及其人士中的先进典型，为非公有制经济人士健康成长营造了良好氛围。可以说，非公有制经济人士是伴随非公有制经济不断壮大起来的，是在各级党委政府关心支持和教育引导下健康成长起来的。

在非公有制企业党建工作中，非公有制经济人士对党建工作的认识至关重要，在党的正确领导和教育培养下，广大非公有制经济人士感恩党的改革开放政策，在积极履行社会责任的同时，非公有制经济人士对党建工作的认识也上升到新的高度，他们把感恩党的思想感情体现在积极支持本企业组建党组织、为党组织发挥作用提供条件的实际行动上。一是积极支持在本企业组建党的组织。截至 2011 年底，学习实践科学发展观活动和创先争优活动期间，全国非公有制企业共新组建党组织 11.5 万个。二是积极为党组织开展活动发挥作用提供条件。据组织部门抽样调查，80%以上的常务工作者和党员认为所在企业的出资人支持党建工作。三是主动要求加入党组织。山东青州一个县级市，创先争优活动期间就有 73 名非公有制企业主要出资人入党。截至 2010 年底，全国非公有制企业出资人党员已达 91761 人。四是党员出资人切实发挥示范带头作用。在非公有制企业党建工作中，是中共党员的非公有制经济人士，绝大多数发挥了很好的示范带动作用，其中由主要出资人担任书记的党组织，也多数是当地党建工作示范点。可以看出，感恩党的方针政策，使多数非公有制经济人士选择了积极拥护党的领导，主动支持党建工作。

非公有制企业党建工作的不断加强，又进一步引导和促进了非公有制经济人士健康成长。一是加强党建工作增强了非公有制经济人士的归属感，成长信心更坚定。党的十七大以来加强党建工作的有关举措，特别是学习实践科学发展观活动和创先争优活动首次把非公有制企业党组织纳入到全党的集中学习教育中，今年中办《意见》又专门对非公有制企业党建工作进行了部署，使他们中很多人感觉有了党组织就有了组织依靠和政治引领，企业发展更不会偏离党的路线方针政策，发展信心更强了。二是加强党建工作使非公有制经济人士受到经常性教育引导成为现实，成长环境更良好。非公有制企业党组织和广大党员处在改革发展稳定的第一线，了解非公有制经济人士的思想动态和利益诉求最直接、更及时，能更好地引导非公有制经济人士把党的路线方针政策落实到企业发展中。同时，党组织和党员先锋模范作用的发挥，能引导企业坚持社会主义核心价值体系，以党的先进文化引领企业文化建设，又形成了对非公有制经济人士提高素质的内在动力和教育引导的外在环境。三是加强党建工作可以更好地发现和培养非公有制经济代表人士，成长途径更拓宽。把非公有制经济人士支持党建工作作为代表人士考核的重要内容，通过征求非公有制经济人士所在企业党组织的意见，把他们在这方面的实际表现作为政治安排、评选推先的重要条件，可以更好地发现和培养非公有制经济代表人士，帮助他们更好更快成长。四是加强党建工作有利于对非公有制经济人士的有效监督管理，成长要求更规范。非公有制企业党组织工作能及时了解非公有制经济人士的政治表现、诚信守法情况，对某些人的违法违规行为可以及时提醒和制止。党组织和党员围绕生产经营积极提出合理化建议，既是参与企业决策，也是一种监督，更是对企业发展的政治引领。以上充分说明，加强非公有制企业党建工作，有力地引领和促进了非公有制经济人士健康成长。

多年来，非公有制经济人士积极履行社会责任，特别是在国内重大自然灾害和国际金融危机冲击面前，坚持顾大局、讲贡献，充分展示了非公有制经济人士心系国家、情牵人民、致富思源、富而思进的风采，形成了“爱国、敬业、诚信、守法、贡献”的优秀中国特色社会主义事业建设者精神。但少数非公有制经济人士中也时常出现忽视社会责任、片面追求经济利益的现象，特别是有的受利益驱动，违规经营、制假售假、偷税漏税、污染环境；有的忽视劳动安全保护和对职工的人性化管理，侵犯职工合法权益，导致劳动关系紧张，甚至酿成群体性事件，影响社会和谐稳定等。因此，加强非公有制企业党建工作，是新形势下增强党的阶级基础、扩大党的群众基础、夯实党的执政基础的迫切需要，也是非公有制经济人士健康成长的现实需要。

三、坚持“三个贴近”，加强非公有制企业党建工作

中办《意见》集中体现了改革开放以来特别是党的十七大以来非公有制企业党建工作实践的重大成果，特别是文件明确了非公有制企业党组织功能定位，标志着非公有制企业党的建设工作的重大理论创新。文件以试行形式下发，充分尊重了非公有制经济领域新情况新问题比较多的实际情况，给我们留下了创造性开展工作的空间，需要我们在工作实践中以改革创新

的精神继续探索总结。全国会议对进一步抓好非公有制企业党建工作提出了明确要求，作出了总体部署，指明了目标方向。经过各方面的共同努力，目前非公有制企业党建工作已经取得了突出成绩。但我们必须清醒地看到，新形势下许多非公有制企业党组织对于怎么开展活动、发挥作用思路不够清，办法不够多，成效不够大；在非公有制企业党的组织和党的工作双覆盖任务还很艰巨，许多企业特别是规模以下小微企业还没有单独组建党组织；一些非公有制企业出资人对党建工作认识不足、支持不力，还需要深入细致地做好教育引导工作。解决非公有制企业党建工作中存在的“两个覆盖”和“两个作用”等方面的这些问题，必须深入贯彻落实中办《意见》和全国会议精神，贴近中心、贴近基层、贴近岗位，切实加强非公有制企业党建工作，不断巩固和扩大党的组织覆盖和工作覆盖，促进非公有制经济健康发展和非公有制经济人士健康成长，推动企业科学发展和企业党建工作互相融入、互相促进，真正实现党建强、发展强的目标。

一要贴近中心，围绕中心发挥作用。非公有制企业党组织要把党组织的经常性活动特别是当前正在开展的创先争优活动与企业生产经营管理结合起来，把推动企业科学发展和加强企业党建工作结合起来，找准开展活动、发挥作用的切入点和着力点，以企业有发展、职工得实惠的实际成果取得企业出资人和职工群众的支持，以企业科学发展的成果检验党组织作用发挥的成效。要注重将创先争优的价值理念融入企业文化建设中，树立符合社会主义核心价值体系的企业健康发展理念，建设富有个性、职工认同、促进发展的先进企业文化，充分调动企业中的党员、职工、出资人三方面力量，积极引导和充分发挥出资人在企业文化建设中的倡导带动作用，使出资人在企业文化建设过程中实现自我教育和引导教育的有机结合。

二要贴近基层，加强基层组织建设。基层组织建设是加强党建的基础性工作，加强党的基层组织建设要抓普遍性建设，落实到基层党支部。习近平同志今年在中央党校的讲话中，对始终保持党在思想上组织上作风上的纯洁性，切实加强基层组织建设提出了新的更高要求。中央把今年确定为“基层组织建设年”并召开视频会议专门动员，充分体现了党中央对基层的高度重视和密切关注。最近，中组部专门下发了《关于做好基层党组织分类定级工作的指导意见》，指出了加强基层组织建设的基本方法。要坚持分类指导的原则，结合企业党建实际，力争经过一段时间的学习整改在原有基础上有所提高。党组织健全、活动开展规范的要创建党建示范点、发挥示范带动作用，党组织薄弱、活动开展不主动的要把活动开展起来。要按照保持党员队伍先进性和纯洁性的要求，严格把关，注重质量，加大在生产一线职工、专业技术骨干及经营管理人员中发展党员的力度，注意发展承认党章、具备党员条件、企业科学发展的优秀非公有制企业出资人入党。

三要贴近岗位，立足岗位创先争优。企业出资人和职工群众对我们党最直接具体的认识和评价，主要是通过本企业的党组织和党员得来的。要善于结合本企业特点，通过成立项目党支部、党员技术攻关小组，设立党员示范岗、党员责任区等，组织和引导党员立足岗位发挥作用。要通过组织开展富有成效的各类活动，注重在实践中加强党员理想信念教育，引导党员从现在做起、从我做起、从岗位做起，比学习、比工作、比贡献，使“争做一流业绩、争当时代先锋”成为企业党员的精神追求和自觉行动。要紧扣调结构、促转型、谋发展中的重点难点问题，广泛开展劳动竞赛、岗位练兵、技能比武，使研发、生产、技术、管理等岗位上党员都能立足岗位创先进、争优秀。要围绕企业提高生产效能、加快转型升级献计献策，提出合理化意见建议，推动解决影响企业科学发展的突出问题。

党组织书记是党组织的领头人。非公有制企业党组织负责人更要立足本职，率先垂范，做学习宣传党的路线方针政策、贯彻执行上级党组织和本组织决议的组织者，承担急难险重任务、促进企业健康发展的推动者，凝聚党员和职工群众、维护企业和谐稳定的践行者，推进基层党建创新、增强生机活力的引领者。要勤于学习，提高能力素质，在做好一名优秀党务工作者、带领党组织更好发挥作用的同时，更要成为企业发展不可或缺的经营管理骨干，在企业发展中也要发挥更大作用。要善于协调，取得各方支持，争取上级党组织的工作指导，加强与企业出资人的沟通，充分发挥党组织班子成员作用，调动党员参与活动的积极性和主动性。要精于组织，提高活动效果，善于创新党组织活动的载体和形式，使党组织的活动体现本企业特点，让党员在活动中受教育、起作用的目的。

以胡锦涛同志为总书记的党中央高度重视非公有制企业党的建设，而我们许多同志在这方面的理论知识还不够充实，思路还不够开阔，经验还不够丰富，工作还不够创新。希望同志们充分利用参加这次培训班的好机会，潜心学习、加强交流、深入研讨，把这次培训中学到的理论放到工作实践中检验提升、掌握的政策放到企业发展中充分利用，吸收的经验放到活动开展中改进提高，以高度的政治责任感和历史使命感，不断推动企业党建工作和可持续发展，以党建强、发展强的优异成绩迎接党的十八大胜利召开。

（本文作者系中共中央统战部副部长，全国工商联党组书记、第一副主席）

在新的历史起点上努力开创非公有制企业党建工作新局面

陈向群

今年3月，中央办公厅印发《关于加强和改进非公有制企业党的建设工作的意见（试行）》（以下简称《意见》），全国非公有制企业党的建设工作会议在京召开，标志着非公企业党建工作进入了一个新的发展阶段。认真学习贯彻会议和《意见》精神，以高度的历史自觉推动非公企业党建工作不断取得新成效，是当前各级党委组织部门和广大非公企业党组织的一项重要任务。

一、十七大以来非公企业党建工作的实践和启示

党中央高度重视非公企业党的建设工作。党的十七大强调："全面推进农村、企业、城市社区和机关、学校、新社会组织等基层党组织建设。"十七届四中全会提出："抓紧在非公有制经济组织建立党组织"，要求"非公有制经济组织、新社会组织中的党组织要围绕贯彻党的方针政策、引导和监督遵守国家法律法规、团结凝聚职工群众、维护各方合法权益、促进健康发展等职能探索发挥作用的途径和方法"。胡锦涛总书记指出："规模以上非公有制企业党建工作进展显著。要在继续抓好组建党组织工作的同时，努力探索和总结党组织在非公有制企业中发挥作用的经验。"习近平同志多次对加强和改进非公企业党建工作作出重要指示。李源潮同志数十次对非公企业党建工作作出批示、提出要求。按照中央的部署和要求，近年来各地各部门以学习实践科学发展观活动和创先争优活动为动力，一手抓组建、一手抓作用发挥，非公企业党的建设在探索中前进、在创新中加强，取得明显成效，留下了深刻的启示。

——坚持把扩大党的组织和工作覆盖作为非公企业党建工作的基础工程，以集中学习教育活动为契机，创新组织设置，健全组织体系，强化组织基础。在学习实践科学发展观活动和创先争优活动中，各地围绕加强基层组织这一目标，以规模以上非公企业为重点，开展"集中组建年"、"组建攻坚季"、"组建推进月"等活动，采取单独组建、联合组建、区域组建、党群共建、选派党建工作指导员等多种形式，不断扩大党在非公企业的组织和工作覆盖，取得突破性进展。据党内统计，截至2011年底，全国非公企业共有党员384万名，已建立党组织36.8万个，覆盖企业98.3万家，其中规模以上企业21.2万家，党组织覆盖率达96.7%。不少原来不接受、有抵触的外资企业，都相继建立了党群组织。

——坚持把促进企业健康发展作为非公企业党建工作的根本任务，深入贯彻落实科学发展观，保证企业正确发展方向，促进生产经营管理，推动企业转型升级。指导非公企业党组织紧紧围绕企业生产经营管理开展党的活动，通过设立"党员先锋岗"、"党员示范岗"、"党员责任区"，引导党员立足岗位作贡献、服务企业促发展。特别是在应对国际金融危机中，广泛开展"保增长、筑堡垒、作先锋"等活动，推动企业转变发展方式，引导职工与企业同呼吸、共命运，齐心协力共渡难关。据不完全统计，近五年来，非公企业党组织共提出合理化建议200多万条，开展技术革新350多万个，完成急难险重任务80多万次，为群众做好实事430多万件。许多企业出资人认为："党建也是核心竞争力"，抓党建是"最实的投入、最大的财富、最亮的品牌、最好的优势"。

——坚持把维护各方合法权益作为非公企业党建工作的重要内容，反映职工群众诉求，构建和谐劳动关系，建设先进企业文化。很多企业党组织引导出资人树立"关爱职工就是关爱企业"理念，依法为职工交纳养老、医疗、失业保险，让职工共享企业发展成果。一些企业党组织在职工遇到挫折时主动疏导、遇到矛盾纠纷时主动调解、生病时主动看望、婚丧嫁娶时主动帮忙，使职工感受到大家庭的温暖。有的公司党组织积极倡导"争创世界名牌、实现产业报国"、"产品等于人品、质量在我手中、企业在我心中"等文化理念，培养职工爱国、敬业、诚信、守法的职业操守。广大非公企业党组织在抗击汶川地震、南方雨雪冰冻、玉树地震、舟曲泥石流、南方洪灾等特大自然灾害中，在服务北京奥运、上海世博、广州亚运会等重大活动中，展示了先进性。全国各地涌现出一大批党建强、发展强、社会形象好的非公企业先进典型。

——坚持把党组织作为非公企业党建工作的重要保证，配强党务工作力量，壮大党员队伍，健全工作制度，强化基础保障。各地探索社会化选聘、专业化

培训、规范化管理、制度化激励的常务工作队伍管理模式，努力建设一支守信念、讲奉献、重品行，懂经营、会管理、善协调的非公企业党组织书记队伍。据抽样调查，目前80%的党组织书记具有大专以上学历，70%曾在机关事业单位、国有企业和部队工作过，80%担任企业中层以上管理职务。各地通过发展一批新党员、找出一批“隐形党员”、输送一批党员职工等办法，不断壮大非公企业党员队伍。全国非公企业党员由2007年的315万名增至2011年的384万名。各地还通过税前列支、财政拨付、党费返还、党员捐助等多种渠道，解决党组织活动经费问题；采取“三建三送”、统筹使用党员服务中心、建设综合性党群活动中心等办法，使非公企业党组织工作有条件、办事有经费、活动有阵地。

——坚持把发挥行业系统作用作为加强非公企业党建工作的重要途径，创新体制机制，强化组织领导，整合各方资源，形成条块结合、齐抓共管的工作格局。到2010年底，全国已经有50%的省份、60%的地级市、70%的县建立了非公企业党建工作领导机构，有22个省份、248个地级市、2264个县建立了联席会议制度。一些地方对大型非公企业党组织实行直接联系、双重管理，理顺党组织关系，提升了非公企业党组织管理水平。在学习实践科学发展观活动和创先争优活动中，中央统战部、国家工商总局、工业和信息化部、全国工商联联合成立了非公经济组织指导小组，发挥行业系统职能优势，做到抓业务与抓党建相结合。科技部、商务部连续多年召开高新技术产业开发区、国家级经济技术开发区党建工作座谈会，国家工商总局在企业“登记申报、年检年报”中加入了党建工作内容。目前，党委统一领导、组织部门牵头抓总、有关部门齐抓共管的非公企业党建工作格局基本形成。

二、进一步深化对非公企业党建工作重要意义的认识

胡锦涛总书记指出：“加强非公有制经济组织党的建设，是增强党的阶级基础、扩大党的群众基础、提高党的社会影响力的需要，也是保护非公有制经济组织中广大职工合法权益和引导非公有制经济健康发展的需要。”非公企业是基层党建工作的重要领域，加强和改进非公企业党建工作，对于巩固党的执政基础、维护社会和谐稳定、推动企业健康发展、促进非公企业家和非公企业职工健康成长具有重要意义。

（一）社会结构深刻变动、社会利益格局深刻调整的新趋势，决定了加强非公企业党建工作，事关党的执政基础的巩固。改革开放30多年来，非公企业从无到有、从小到大、蓬勃发展，在增强国民经济实力、保障和改善民生、加强和创新社会管理等方面发挥着越来越重要的作用。全国非公企业党建工作会议进一步明确了非公企业的重要地位和作用，指出：“非公企业是发展社会主义市场经济的重要力量”，“非公有制经济是我国社会主义市场经济的重要组成部分”，“非公企业职工在我国工人阶级队伍中已占多数”。据工商部门统计，我国非公企业已超过1000万家，占企业总数的70%以上，增加值占国内生产总值的60%以上，从业人员和提供新增就业岗位分别占全国总量的80%和90%。由此可见，加强非公企业党建工作，在非公经济领域增强党的阶级基础、扩大党的群众基础显得非常重要、非常紧迫。

（二）工业化、市场化、城镇化带来流动人口大量增加的新趋势，决定了加强非公企业党建工作，事关社会和谐稳定。2011年，我国流动人口达到2.3亿人，占总人口的17%，也就是说，每6个中国人中就有1个流动人口。未来20年，预计还将有3亿农村人口进入城镇。流动人口大多数在非公企业就业，同时还有大量新社会阶层人士和大学毕业生高知识群体分布非公企业。如何加强对这些群体的思想引导，帮助他们维护合法权益，丰富精神生活，解决实际问题，已成为加强和创新社会管理的重要课题。一些地方发生的群体性事件，很多是因为企业利益和职工利益、群众利益之间的矛盾引发的。这就需要我们充分发挥党组织在构建和谐劳动关系、团结凝聚职工群众等方面的重要作用，通过有效开展党建工作，促进和谐企业建设，进而维护社会和谐稳定。

（三）非公企业发展变化的新趋势，决定了加强这一领域党建工作，事关非公企业自身健康发展。加强非公企业党建工作，充分发挥党的政治优势和组织优势，维护职工合法权益，凝聚企业各方力量，引导和促进企业健康发展，是新形势下党建工作的重要任务。目前，非公企业发展呈现出一些新的动向，主要是多元化发展趋势越来越明显，产业结构升级不断加快，产业资本和金融资本加速融合，产业梯次转移快速推进，现代企业制度正在建立。实践证明，党建强的企业，发展得也好。加强非公企业党建工作，充分发挥企业党组织的独特优势和作用，对于解决发展中的矛盾和问题，促进非公企业健康发展，同样具有十分重要的意义。

（四）非公企业出资人队伍发展的新趋势，决定了加强非公企业党建工作，事关非公企业家的健康成长。伴随非公经济发展，非公企业出资人队伍不断壮大，多数企业家感恩党的方针政策，积极拥护党的领导，

主动支持党建工作。非公企业党建工作的不断加强，增强了非公企业家的归属感，使他们的成长信心更坚定，成长环境更良好，成长途径更宽阔，成长要求更规范。但从这支队伍现状来看，党员数量偏少、思想意识多元、教育引导相对滞后等问题也不容忽视，迫切需要加强党的建设，帮助企业出资人更好地把握发展方向，引领出资人健康成长，实现国家需要、社会进步、企业发展、个人成长的有机统一。

（五）非公企业职工心态多样化的新趋势，决定了加强这一领域党建工作，事关非公企业员工的成长发展。从了解的情况看，非公企业职工中有五类人群、五种心态需要引起我们高度关注。一是原国有企业或集体企业职工，从“单位人”变成“社会人”，缺乏归属感。二是大学毕业生，收入水平参差不齐，工作单位变动频繁，生活压力越来越大，缺乏稳定感。三是进城务工人员，兼具农民、工人的“双重身份”，属于城市中的弱势群体，缺乏安全感。四是国有单位干部下海经商，尽管财富增加、事业有成，但感觉不到应有的社会承认，缺乏荣誉感。五是海归人员、新生代创业者、“富二代”等，他们中的一些人对国情和党的历史了解不够，对党和政府缺乏认同感。作为非公企业的职工，在满足基本生活需求后，必然会产生更高层次的心理需求和发展诉求。而党群组织在密切联系群众、直接服务群众、团结凝聚群众方面具有独特优势。通过抓好企业党群工作，可以积极开辟渠道、创造条件，有针对性地为非公企业员工提供成长舞台和价值实现平台。通过深入细致地做好思想政治工作，帮助员工解决实际问题，可以有效引导广大职工将自身发展融入企业发展，将个人追求融入时代潮流。

三、进一步深化对《意见》和全国会议精神的理解

中办下发的《意见》和全国非公企业党建工作会议精神，是当前和今后一个时期开展非公企业党建工作的基本遵循。习近平同志和李源潮同志的重要讲话从战略和全局的高度，深刻阐述了加强非公企业党建工作的重要意义，明确了非公企业党建若干重大问题和重要任务，为进一步抓好非公企业党建工作指明了方向。我们一定要认真学习领会，抓好贯彻落实。

一要深刻把握非公企业党建工作的定位。一是非公企业是党建工作的新领域，一方面取得了重要进展，另一方面基础仍很薄弱，还有很大探索空间。二是这次会议标志着非公企业党建工作进入一个新阶段，面临重要发展机遇。这次会议和文件，第一次全面系统地明确了非公企业党组织功能定位、组织覆盖、体制机制、基础保障等重大问题，反映了我们党对非公企业党建工作的认识上升到一个新高度。三是非公企业党建工作具有新特点。首先是系统性，涉及不同层面、多个部门，需要整合各方资源共同来抓；其次是综合性，涉及经济、政治、社会、文化等多个方面，需要综合运用多种手段来抓；再次是区域性，许多非公企业聚集在各类园区，需要运用区域化党建的理念和方法来抓。因此，抓好非公企业党建工作，需要及时更新工作理念，创新方式方法。

二要深刻把握非公企业党组织的功能定位。非公企业党组织的功能定位问题，是非公企业党建工作的重大理论问题，同时也是实践探索中的热点难点问题。近年来，中组部先后请 9 个省、市党委组织部和中央党校、中国社科院等单位对这一问题进行专题研究，组织 50 个地市党委组织部开展专题调研。综合各方面意见，这次《意见》明确规定，非公有制企业党组织是党在企业中的战斗堡垒，在企业职工群众中发挥政治核心作用，在企业发展中发挥政治引领作用。这是根据党作为中国特色社会主义事业领导核心的执政地位，总结改革开放 30 多年来我国非公有制经济健康发展和非公企业党建工作实践经验得出的重要论断，凝聚了党内外包括非公经济代表人士的广泛共识，体现了科学、求实、创新的精神。大家认为，这一定位符合非公企业的实际，适应了非公企业党建工作的发展需要。为保证有效发挥“两个作用”，《意见》规定非公企业党组织要履行好 6 项主要职责，即宣传贯彻党的路线方针政策、团结凝聚职工群众、维护各方合法权益、建设先进企业文化、促进企业健康发展、加强自身建设。

三要深刻把握非公党建工作的重点任务。一是发挥“两个作用”。就是要充分发挥非公企业党组织在职工群众中的政治核心作用，在企业发展中的政治引领作用。政治引领主要是引领政治方向、引领价值取向、引领企业文化、引领和谐稳定、引领人才队伍建设。二是扩大“两个覆盖”。就是扩大党的组织覆盖和工作覆盖。现在规模以上企业基本实现了组织覆盖，但是 80%左右的企业由于没有党员或仅有个别党员，不具备党组织的条件，这是企业党建工作的薄弱环节。要采取多种方式壮大党员队伍，努力实现职工 50 人以上的企业有党员的目标，为建立党组织创造条件。不具备条件的企业，党的工作和影响要进去。三是建好“两支队伍”。就是要建设好党组织书记和党建工作指导员队伍。通过选优配强、加强培训、规范管理、强化激励等措施，不断壮大非公企业党建工作骨干力量，提高非公企业党务工作者的能力素质。四是完善体制

机制。就是完善非公企业党建工作领导体制和工作机制，建立健全非公企业党建工作机构，配强工作力量，确保非公企业党建有人抓、有人管、有工作条件。五是强化工作保障。就是要采取多种方式、拓宽渠道加大经费投入和阵地建设力度，为党组织开展活动提供保障。

四、进一步深化实践探索，不断提升非公企业党建工作科学化水平

当前和今后一个时期，要按照中办《意见》和全国非公企业党建工作会议的总体部署，狠抓各项重点任务落实，加强实践探索，不断研究新情况、解决新问题、总结新经验，不断推动非公企业党建理论、实践、制度创新，不断提升非公企业党建工作规范化、制度化、科学化水平。

第一，以中小企业为重点，在扩大“两个覆盖”上取得新突破。扩大党组织和党的工作覆盖面，是开展非公企业党建工作的基础。当前要重点抓好四项工作：一要创新小微企业党组织组建工作。截至2011年底，全国21.2万户规模以上非公企业中，已建立党组织的达20.5万户，占96.7%。“两个覆盖”的空白点和难点主要在规模以下企业，特别是小微企业。如何进一步在小微企业中扩大“两个覆盖”，需要继续探索创新。二要探索实现工作覆盖的有效途径。要通过党员的覆盖来实现工作覆盖，没有党员的企业要发展党员，要让党员在企业中发挥作用。通过选派党建工作指导员来实现工作覆盖，明确指导员的职责任务，要有标准、有考核、有检查、有激励。通过建立工会和共青团组织，并把群团组织负责人发展成党员，实现党的工作覆盖。通过组建和培育社会组织实现党的工作覆盖。社会组织不仅是党建工作的一个领域，还应成为新时期党建工作的重要平台。通过网格化管理，并创新与此相适应的组织设置形式来实现工作覆盖，选好联合党组织的书记，给予必要的支持，确保活动能够开展起来，作用能够发挥出来。三要扩大凝聚面。从实际情况看，有形覆盖易，有效覆盖难。仅看组建率、覆盖面还不够，还要注重凝聚面。对于已经建立的党组织、扩大影响力。所以不能只满足于建了，建了还要管好，要发挥作用，这样才有实际意义，才能真正体现党建工作的成效。

第二，以集中培训为途径，实现“两支队伍”能力素质有新提高。党组织书记队伍的能力素质，直接关系到非公企业党建工作水平。抽样调查表明，非公企业“新手书记”较多，许多都是“半路出家”，缺乏必要的党务知识和工作经验，绝大多数同志培训愿望强烈。要把非公企业党组织书记纳入党员干部教育培训总体规划，同时注意抓好党建工作指导员的培训。一要抓好示范培训。今年5月初，中央组织部联合中央统战部等有关方面，共同举办了非公企业党组织书记示范培训班，社会反响良好。市级以上党委要按照《意见》要求，逐级抓好本地区非公企业党组织书记的示范培训。二要坚持普遍轮训。非公企业党组织书记参加培训的机会少，历史欠账比较多，应抓紧将非公企业党组织书记普遍轮训一次。三要实行任职培训。对新任职的非公企业党组织书记，要组织部门会同非公企业党工委等有关方面，精心安排培训内容，有针对性组织好任职培训，提高新任书记的履职能力。同时，要选好配强非公企业党组织书记，注重从政府机关或国有企业选聘熟悉党的方针政策、党务经验丰富、眼界开阔的同志到非公企业担任党组织书记。对不同身份的党组织书记，要采取有针对性的教育管理措施。

第三，以“双强六好”为抓手，在发挥“两个作用”上有新作为。要引导非公企业党组织按照“双强六好”的总目标，紧紧围绕生产经营管理的中心任务开展活动、发挥作用。一是在职责定位上，要主动思考企业发展的重大问题，引导企业坚持正确的发展方向，为企业发展服务，为职工群众服务。二是在活动载体上，要围绕“双强六好”的总体要求，广泛设立党员示范岗、党员责任区，开展党员承诺、践诺、评诺活动，建好用好网络平台，充分发挥网络优势，在网上开展党的活动，贴近党员职工需求，提高组织活动效果。三是制度保障上，要建立党组织和管理层的双向互动工作机制。党组织要积极了解和参与企业重大决策，除特殊情况外，党的重要活动和工作情况一般要向企业管理层通报。四是在服务理念上，要坚持以人为本。要针对非公企业职工的特点，了解他们的所思所想，积极主动地做好有关工作，把非公企业职工群众团结凝聚在党组织周围。

第四，以健全机构为突破口，完善领导体制和工作机制上有新进展。实现党的组织和工作的全覆盖，前提是要建立党建责任的全覆盖。目前各地成立的非公企业党建工作机构，有的依托组织部门，有的挂靠工商局、工商联等部门和单位，不同模式各有优势，也各有不足。《意见》没有对组建机构的模式提出统一要求，允许各地继续探索，但无论怎么建，都应注意把握几个原则。一是要尽快建立，在本省内要尽可能上下对口，做到有专门人员，有务实管用的规章制度，确保机构有效运作。二是要形成合力。有关部门和单位具有职能优势，在推进非公企业党建工作中能够发挥独特作用。比如，工商联做出资人工作特别是大企

业出资人的工作有优势；工商局有登记申报、年检年报的职能，有助于推动小微企业和个体工商户的党建工作；商务部门有指导国家级经济开发区的职能，可以在指导开发区非公企业党建工作中发挥作用。三是要组织部门牵头抓总，特别是依托其他部门建立机构的地方，组织部要加强协调，加强指导。无论机构设在哪个部门，尽管都有相应的职能优势，但协调其他部门有一定难度，所以需要组织部门来牵头协调和指导推动。四是要建立重点联系机制，抓好重点企业、重点区域、重点人员、重要事项。不仅要联系党建强的大企业，更要联系党建不够强的大企业，努力让发展好的企业都成为党建工作示范点，真正把影响力的企业党建工作都开展得有声有色，把有影响力的企业家都团结凝聚到党的旗帜下。

第五，以听党话跟党走为目标，在加强出资人教育引导上有新举措。在非公企业开展党建工作，出资人是否理解支持很重要。要注意考虑三个方面的因素，有针对性地做好出资人的工作：一是根本目标一致。抓非公企业党建工作，与出资人的目标是一致的，都是为了促进非公企业的健康发展。要引导出资人认识到，开展党建工作是为了促进企业健康发展，企业健康发展离不开党建工作；听党的话，跟着党走，有利于实现企业和他们自身的利益。二是价值取向相同。要引导出资人认识到，坚持党的领导，坚持中国特色社会主义道路，是我们共同的思想基础。要帮助他们从价值判断上作出正确的选择，坚定不移地跟党走，成为合格的中国特色社会主义事业建设者。三是思想感情相通。在目标和价值同向的情况下，增进感情尤为重要。要主动为非公企业服务，真心关爱非公企业出资人，让他们感受到党和政府的关怀，感受到党组织的温暖。特别是要重视加强对非公企业新一代接班人的教育引导，采取有效措施帮助他们了解国情党史，增进他们对党和政府的感情。

第六，以贯彻文件为契机，在经费场所保障上有新提升。必要的经费投入和活动场所是党组织开展工作的基础条件。要按照中办《意见》和全国会议的要求，将非公有制企业党组织工作经费纳入企业管理费用，建立并落实税前列支制度。建立党费拨返制度，党员交纳的党费可全额返还企业党组织。有条件的地方，可对非公企业党建工作给予必要的经费支持。探索采取企业赞助、党员自愿捐助等方式，多渠道解决经费问题。要按照“六有”标准（有场所、有设施、有标志、有党旗、有书报、有制度）推进非公企业党组织活动场所规范化建设，倡导国有企事业单位、机关和乡镇（街道）、村（社区）党组织与非公企业党组织活动场所共用、资源设施共享。在非公企业比较集中的地方，统一规划建设区域性、开放性、综合性的党群活动服务中心，为党员提供活动场所，为党组织搭建服务群众的平台，将服务中心打造成学习宣传党的理论政策、传播党的思想理念、团结凝聚职工群众的红色阵地。

（作者系中共中央组织部部务委员兼组织二局局长、全国基层办主任）

中国道路与中国共产党

（2014 年 1 月）

虞云耀

当代中国的发展变化举世瞩目，最引人关注的就是中国共产党开辟了一条中国特色社会主义道路，并且正带领全国各族人民在这条道路上阔步前进。中国道路是一条顺应时代潮流、符合人民愿望、符合社会发展规律的正确道路，是实现中华民族伟大复兴中国梦的必由之路。坚定不移地沿着这条道路走下去，就必须认清我们党选择这条道路的历史必然性，认清走这条道路给我们国家和人民带来的巨大变化，认清加强和改善党的领导对于坚持这条道路的极端重要性，切实增强中国特色社会主义的道路自信、理论自信、制度自信。

一、“两个选择”是近现代中国发生翻天覆地变化的根本原因

在近现代中国，发生了两个影响中华民族历史命运的关键选择，这就是：历史和人民选择了中国共产党和社会主义；改革开放以来，中国共产党和中国人民选择了中国特色社会主义道路。第一个选择是 1840 年之后历史发展的必然结果。鸦片战争以后，中国逐渐沦为半殖民地半封建社会，不屈不挠的中国人民进行一次又一次抗争，但最终都归于失败。1921 年，用马克思主义武装起来的中国共产党走上历史舞台，中国革命的面貌焕然一新。党带领人民推翻了“三座大山”，完成了新民主主义革命，结束了长期受侵略受欺凌的屈辱历史，中国人民从此站立起来了，中华民族开始走向伟大复兴的新时代。

第二个选择是我们党深刻总结建国以来的经验教

训，从中国人民和中华民族的根本利益出发作出的战略抉择。我们党高举起中国特色社会主义这面伟大旗帜，领导全国人民进行改革开放这场新的伟大革命。经过30多年的奋斗，中国发生了翻天覆地的变化，经济、政治、文化、社会、生态文明等各方面建设都取得了辉煌成就，综合国力和国际影响力空前提高。中华民族扬眉吐气，以崭新的姿态自立自强于世界民族之林。

中国近现代历史雄辩地证明，“两个选择”是中国人民意志和愿望的体现，是中华民族根本利益之所在。没有共产党，就没有社会主义新中国，就没有中国特色社会主义。中国特色社会主义道路是实现国家富强、民族振兴、人民幸福的正确道路，是创造人民美好生活的复兴之路。始终不渝地坚持党的领导，毫不动摇地走中国特色社会主义道路，中国就有无限美好的未来，中国人民就有无比光明的前途，中华民族就有充满希望的明天。

二、中国道路是我们党带领人民艰辛探索和长期实践的成果

1949年新中国成立，标志着中国进入社会主义革命和建设新时代，我们党带领人民开始了对适合中国国情的社会主义道路的探索和实践。在迅速治愈战争创伤、恢复国民经济的基础上，成功地进行了社会主义改造，社会主义制度得以确立。这是我国历史上最深刻最伟大的社会变革，是我国之后一切进步和发展的基础。依靠自己的努力，加上苏联和其他友好国家的支援，我国第一个五年计划的经济建设取得了重大成就。1956年4月，毛泽东同志发表著名的《论十大关系》，初步总结了我国社会主义建设的经验，提出了探索适合我国国情的社会主义建设道路的任务。当然，在艰辛探索中也出现一些失误，但这一时期的探索和实践，奠定了现代化建设的物质技术基础，特别是从正反两个方面为开辟中国特色社会主义道路积累了宝贵经验。

党的十一届三中全会以来，我们党在总结国内外经验教训的基础上，以巨大的政治勇气、理论勇气和实践勇气实行改革开放，经过不懈探索，开辟了中国特色社会主义道路，形成了中国特色社会主义理论体系，确立了中国特色社会主义制度。以邓小平同志为核心的党的第二代中央领导集体团结带领全国人民，开启改革开放的伟大历程，成功开创了中国特色社会主义。以江泽民同志为核心的党的第三代中央领导集体团结带领全国人民，引领改革开放的航船沿着正确方向破浪前进，成功地把中国特色社会主义伟大事业推向21世纪。以胡锦涛同志为总书记的党中央团结带领全国人民，着力推动科学发展、促进社会和谐，在新的历史起点上坚持和发展了中国特色社会主义。党的十八大以来，以习近平同志为总书记的党中央带领全国人民，全面深化改革，促进经济社会科学发展，取得了新的成就。

习近平总书记深刻阐述了一系列重大理论和实践问题，提出了许多重要思想，成为新形势下坚持中国道路的科学指南。他指出，中国特色社会主义这条道路来之不易，它是在改革开放30多年的伟大实践中走出来的，是在中华人民共和国成立60多年的持续探索中走出来的，是在对近代以来170多年中华民族发展历程的深刻总结中走出来的，是在对中华民族5000多年悠久文明的传承中走出来的，具有深厚的历史渊源和广泛的现实基础。实践告诉我们，中国道路弥足珍贵，坚持这条道路任重道远。无论遇到什么复杂局面，遇到什么风险考验，我们都要坚定不移地走中国特色社会主义道路，与时俱进地拓展这条道路，使这条道路越走越宽广。

三、在中国道路上，不仅中国人民的面貌、社会主义中国的面貌发生了历史性变化，我们党的面貌也发生了历史性变化

我们党领导人民走上中国特色社会主义道路，从根本上改变了中国人民和中华民族的前途命运，中国人民和社会主义中国的面貌发生了历史性变化，与此同时，中国共产党的面貌也发生了历史性变化。党的领导水平和执政水平、拒腐防变和抵御风险能力不断提高，展现出我们党特有的理论品格、政治智慧、组织优势和精神风貌。

第一，我们党恢复并发展了实事求是的思想路线。中国道路是实事求是的产物，也是解放思想的成果。改革开放以来，我们党坚持以科学态度对待马克思主义，坚持真理、修正错误，推进理论创新，用中国化的马克思主义指导新的实践；坚持顺应时代潮流，全面推进改革开放，解放和发展社会生产力，推动我国社会主义制度自我完善和发展。党的思想路线的恢复和发展，为推进中国特色社会主义事业注入强大动力，也为加强和改进党的建设提供了思想保证。

第二，我们党大力倡导和弘扬改革创新精神。中国道路是一条改革创新之路。这条道路的开辟和坚持，是弘扬改革创新精神的结果。当前，中国的改革开放进入攻坚期、深水区，面对日益凸显的发展瓶颈和深层次矛盾，我们只有发扬改革创新精神，迎难而上、攻坚克难，才能取得全面深化改革的新胜利，开创现

代化建设的新局面。改革创新精神不仅要在经济社会发展中得到大力弘扬，而且要在党的自身建设中得到充分体现。从用理论创新的成果武装全党到全面推进干部人事制度改革，从以各种新的举措加强党的作风建设到创新反腐倡廉建设的体制机制，从提高党的建设科学化水平到建设学习型、服务型、创新型马克思主义执政党，无不彰显着改革创新精神的巨大威力。正是改革创新精神，极大地激发了党的创造力、凝聚力、战斗力，保证我们党始终走在时代前列。

第三，我们党更加自觉地以宽广的世界眼光和战略思维认识世界、认识中国。中国道路是一条走向世界的道路，也是一条通向未来的道路。开辟和坚持这条道路的中国共产党，是具有世界眼光和战略思维的马克思主义执政党。我们党清醒地认识到，中国的发展离不开世界，世界的发展离不开中国，制定正确的国际战略和外交政策，发展同各国的友好合作关系，为坚持中国道路创造了有利国际环境。我们党学习借鉴别的国家的有益做法和经验，吸收人类创造的一切文明成果。我们党正确认识我国国情，牢牢把握时代要求，着眼于中国人民和中华民族的根本利益，把解决当前矛盾与保证长期发展结合起来，把满足现实需要与实现长远目标统一起来，制定并实施经济社会发展战略和规划，展现出中国道路的强大生命力和吸引力。

第四，我们党更加自觉地依靠自身力量和人民群众帮助解决党内突出问题。中国道路是一条光明的路，也是一条坎坷的路。在各种风险挑战中，最大的考验来自我们党内部。我们党清醒地认识到，“中国要出问题，还是出在共产党内部”。解决党内存在的问题，最根本的要靠我们党自己，靠广大人民群众。改革开放以来，我们党开展的多次集中教育实践活动，都是在全党同志的共同努力下、在广大人民群众的支持帮助下，解决党内的突出问题。当前正在开展的党的群众路线教育实践活动，运用以往成功经验，充分发挥党的政治优势和组织优势，靠党员、干部的自觉精神和内在动力，靠人民群众的支持帮助和监督，着力解决“四风”问题，取得了明显成效。党的十八大提出增强自我净化、自我完善、自我革新、自我提高能力，这既是对历史经验的深刻总结，也是对依靠自身力量解决党内问题的高度自信。

四、加强和改善党的领导是坚持走中国道路的根本保障

面对复杂多变的国际形势和艰巨繁重的国内改革发展任务，实现党的十八大确定的各项目标任务，进行具有许多新的历史特点的伟大斗争，走好中国道路，关键在党。在长期革命、建设、改革的实践中，党形成了独特的理论优势、政治优势、组织优势、制度优势和密切联系群众的优势，使我们党具有了其他任何政治力量都无法比拟的领导力和组织力，为党带领人民走中国道路提供了可靠保证。

坚持走中国道路、实现中国梦，对加强和改善党的领导提出了新的更高的要求。党的十八届三中全会指出：紧紧围绕提高科学执政、民主执政、依法执政水平深化党的建设制度改革，加强民主集中制建设，完善党的领导体制和执政方式，保持党的先进性和纯洁性，为改革开放和社会主义现代化建设提供坚强政治保证。

加强和改善党的领导，一要把各级领导班子建设好，培养一大批信念坚定、为民服务、勤政务实、敢于担当、清正廉洁的好干部，保证各级领导权掌握在忠诚于党、忠诚于人民的马克思主义者手中。二要改革和完善党的领导方式和执政方式，坚持党的领导、人民当家作主、依法治国的有机统一，坚持科学执政、民主执政、依法执政，充分发挥党总揽全局、协调各方的领导核心作用。三要不断提高党的领导水平和执政能力，掌握和运用中国特色社会主义理论体系，正确判断形势，科学把握大局，妥善解决改革发展稳定中的各种矛盾和问题。四要改革和完善党的领导体制和工作机制，坚持民主集中制，提高党的领导的制度化规范化科学化水平。总之，把加强党的领导同改善党的领导统一起来，把推进党的建设新的伟大工程同推进党领导的伟大事业紧密结合起来，把以人为本、执政为民作为检验党的一切执政活动的最高标准，我们党就能带领人民克服任何艰难险阻，战胜各种风险挑战，在中国道路上写下新的辉煌篇章。

（作者系全国党建研究会会长）

正确对待历史　正确评价历史

——学习习近平同志在纪念毛泽东同志诞辰120周年座谈会上的讲话

（2014年1月）

何毅亭

习近平同志在纪念毛泽东同志诞辰120周年座谈会上的讲话，全面科学地评价了毛泽东同志和毛泽东

思想的历史功绩和历史地位。他明确指出："我们党对自己包括领袖人物的失误和错误历来采取郑重的态度，一是敢于承认，二是正确分析，三是坚决纠正，从而使失误和错误连同党的成功经验一起成为宝贵的历史教材。"他提出和阐述的全面正确的历史观，对于正确评价毛泽东同志，正确看待党和国家的历史，具有重要指导意义。

敢于承认自己包括领袖人物的失误和错误

习近平同志指出："前事不忘，后事之师。一个马克思主义政党对自己的错误所抱的态度，是衡量这个党是否真正履行对人民群众所负责任的一个最重要最可靠的尺度。"我们党在发展历程中经历过不少失误和挫折，最难能可贵的，是敢于公开承认并纠正自己的错误。

毛泽东同志十分重视总结犯错误的教训。他指出："错误有两重性。错误一方面损害党，损害人民；另一方面是好教员，很好地教育了党，教育了人民，对革命有好处。"毛泽东思想之所以能够创立，是因为毛泽东不光总结我们党和他自己的成功经验，还总结了陈独秀、王明等人犯错误的教训。正是在延安整风清算王明等人错误的基础上，党的六届七中全会通过的《关于党的若干历史问题的决议》统一了全党思想，党的七大确立了毛泽东思想的指导地位。

邓小平同志同样重视总结历史教训。他指出："我们现在的路线、方针、政策是在总结了成功时期的经验、失败时期的经验和遭受挫折时期的经验后制定的。历史上成功的经验是宝贵财富，错误的经验、失败的经验也是宝贵财富。这样来制定方针政策，就能统一全党思想，达到新的团结。这样的基础是最可靠的。"他还说："应该说'文化大革命'也有一'功'，它提供了反面教训。没有'文化大革命'的教训，就不可能制定十一届三中全会以来的思想、政治、组织路线和一系列政策"。邓小平同志能够领导全党全国人民成功开创中国特色社会主义，同他在"文化大革命"中两次被打倒、深刻总结党犯错误的教训有直接关系。邓小平同志主持起草、党的十一届六中全会通过的《关于建国以来党的若干历史问题的决议》，既纠正了毛泽东同志晚年的错误，又维护了毛泽东同志和毛泽东思想的历史地位，是马克思主义科学态度和求实精神的集中体现。

习近平同志强调，要正确对待党在前进道路上经历的失误和曲折。他认为，人世间没有一帆风顺的事业。综观世界历史，任何一个国家、一个民族的发展，都会跌宕起伏甚至充满曲折。"艰难困苦，玉汝于成"，这是一切正义事业胜利的逻辑。从成功中吸取经验，从失误中吸取教训，不断开辟走向胜利的道路，这就是共产党人的历史进程。自己的经验，包括自己的失误，是最好的历史教科书。

一个人也好，一个党也好，都不可能永远不犯错误。重要的是，只要认识错误，总结教训，纠正错误，就能变坏事为好事，在今后的路途上走得更稳，取得更大成就。我们党在历史上犯过的所有错误，都是自己指出并纠正的。党就是在不断探索、不断总结的历史进程中逐步成熟、赢得人民信赖和支持的。

正确分析失误和错误产生的原因

习近平同志指出："毛泽东同志晚年的错误有其主观因素和个人责任，还在于复杂的国内国际的社会历史原因，应该全面、历史、辩证地看待和分析。"这一论述为我们观察和审视毛泽东同志晚年错误提供了科学方法。

毛泽东同志晚年犯错误确有其主观因素和个人责任。比如，他领导经济建设尤其是现代化工业建设的经验不足；在建设时期自觉不自觉地照搬革命战争年代的成功做法；注重政治运动和阶级斗争，对经济建设没有始终一贯地重视；一系列胜利使他晚年产生了骄傲情绪，不大听得进党内外不同意见，等等。有些问题，在错误出现严重后果后，他自己也有所察觉。

从更大的空间和更长的时间范围观察，毛泽东同志的晚年错误又确有复杂的国内国际的社会历史原因。比如：发动"大跃进"运动，是希望以最快的速度改变贫穷落后面貌，使中国真正发展强大起来，反映了干部群众的普遍愿望。因此，头脑发热的现象，不仅毛泽东同志有，其他中央领导同志有，在党员干部中也较为普遍地存在。实行"单一公有制、单一计划经济、单一按劳分配、单一农业集体经营"的体制和政策，跟那个时代社会主义的理论与实践密切相关。马克思、恩格斯等人设想的社会主义和苏联等国实践的社会主义，就提供了这样一种社会主义模式，若有不同便很容易被认为离经叛道。遭受西方国家包围封锁，再加上后来中苏关系破裂，来自外部的巨大压力，不可避免地会对确定党和国家的中心任务以及各项方针政策产生重大影响。包括采取"一边倒"的对外政策，长期处于备战状态，希望以超高速度发展起来，过分强调阶级斗争等。由于长期处于革命战争环境，又受到封建主义思想残余的影响，党和国家没能健全民主制度，致使领导人的权力过分集中，缺乏有效的监督制约机制，一旦领导人的认识出现失误便很容易变成党的决策失误，而失误出现后也难以得到及时有效的纠正。

习近平同志指出："对历史人物的评价，应该放在其所处时代和社会的历史条件下去分析，不能离开对历史条件、历史过程的全面认识和对历史规律的科学把握，不能忽略历史必然性和历史偶然性的关系。不能把历史顺境中的成功简单归功于个人，也不能把历史逆境中的挫折简单归咎于个人。不能用今天的时代条件、发展水平、认识水平去衡量和要求前人，不能苛求前人干出只有后人才能干出的业绩来。"这是分析和对待毛泽东同志晚年错误应持的科学方法。既要实事求是承认过去的失误和挫折，又要充分肯定探索过程中取得的成就。"不能因为他们有失误和错误就全盘否定，抹杀他们的历史功绩，陷入历史虚无主义的泥潭。"如果那样，不只是违背历史的真实，对前人有失公道，而且还必然导致对党的历史贡献和执政地位的否定。

习近平同志还说："革命领袖是人不是神。尽管他们拥有很高的理论水平、丰富的斗争经验、卓越的领导才能，但这并不意味着他们的认识和行动可以不受时代条件限制。"同样是毛泽东同志，领导新民主主义革命、社会主义革命取得了一个又一个辉煌胜利，而在社会主义建设问题上，却发生很多失误，造成巨大损失。我们回顾过去的曲折历史，分析毛泽东同志晚年犯错误的原因，应该汲取历史教训，不再重犯过去的错误。"不能因为他们伟大就把他们像神那样顶礼膜拜，不容许提出并纠正他们的失误和错误。"如果那样，就不可能真正认同中国特色社会主义，甚至有可能重犯过去的错误。

此前，习近平同志针对在党的历史问题上存在的两种错误思潮，指出不能用改革开放后的历史时期否定改革开放前的历史时期，也不能用改革开放前的历史时期否定改革开放后的历史时期。这次讲话又明确提出，既不能不承认毛泽东的晚年错误，也不能全盘否定毛泽东的历史功绩。其精神是完全一致的，都是对《关于建国以来党的若干历史问题的决议》基本观点在新形势下的进一步发展。

坚决纠正错误 以史为鉴更好前进

习近平同志指出："历史总是向前发展的，我们总结和吸取历史教训，目的是以史为鉴、更好前进。"十一届三中全会以来，我们党在深刻总结历史经验教训的基础上，坚决纠正过去所犯的各种错误，继承各方面成就和经验，成功开创和发展了中国特色社会主义。

一是开辟了中国特色社会主义道路。毛泽东同志为探索中国社会主义建设道路付出了艰辛努力，取得了不少成就。但总体上说，对苏联模式弊端，对马克思主义经典作家关于社会主义社会一些重要设想，认识上存在偏差，等等，因而在探索中出现了严重失误和挫折。邓小平同志总结历史教训，深刻提出要搞清楚"什么是社会主义、怎样建设社会主义"这个首要的根本问题，并明确提出"走自己的道路，建设有中国特色的社会主义"的历史性结论。35 年来，中国共产党人成功走出中国特色社会主义道路，在实践中取得了举世瞩目的伟大成就。

二是创立了中国特色社会主义理论体系。毛泽东同志在探索中国社会主义建设道路的过程中，提出了一系列正确的理论和观点。比如，关于十大关系的思想，关于正确处理人民内部矛盾的思想，关于独立自主的和平外交思想，关于执政党建设和人民军队建设的思想等。但是，他的有些正确观点没能展开和系统化，有些正确思想没能坚持下去，有些甚至走向反面，后来形成所谓"无产阶级专政下继续革命的理论"。"文化大革命"结束后，以邓小平同志为代表的中国共产党人以极大的理论勇气拨乱反正，抛弃过去的错误理论，继承和发展毛泽东思想，并在改革开放中推进理论创新，创立了包括邓小平理论、"三个代表"重要思想和科学发展观在内的中国特色社会主义理论体系，丰富和发展了马克思主义。

三是健全了中国特色社会主义制度。在毛泽东同志领导下，我们建立了人民代表大会制度、中国共产党领导的多党合作和政治协商制度、民族区域自治制度，确立了马克思主义在意识形态领域的指导地位，这些都为中国特色社会主义奠定了制度基础。改革开放以来，我们党在坚持社会主义基本政治制度和公有制主体地位的基础上，不断改革经济体制、政治体制和其他方面的体制，建立社会主义初级阶段基本经济制度、基层群众自治制度和中国特色社会主义法律体系，健全了中国特色社会主义制度。这一制度经受了实践检验，发挥了巨大优越性。

从历史的回顾中可以看到，中国特色社会主义道路、理论体系、制度的形成和发展，都与毛泽东同志的努力和探索有着密切关系。正如习近平同志所指出的："中国特色社会主义不是从天上掉下来的，是党和人民历尽千辛万苦、付出各种代价取得的根本成就。改革开放前的社会主义实践探索，是党和人民在历史新时期把握现实、创造未来的出发阵地，没有它提供的正反两方面的历史经验，没有它积累的思想成果、物质成果、制度成果，改革开放也难以顺利推进。一切向前走，都不能忘记走过的路；走得再远、走到再光辉的未来，也不能忘记走过的过去。"

习近平同志对待历史的态度和方法，给我们以深刻的教益。我们要珍视中华民族5000多年的文明史、中国人民近代以来170多年的斗争史、中国共产党90多年的奋斗史、中华人民共和国60多年的发展史、改革开放30多年的创业史，把一代一代中国共产党人开创和发展的伟大事业坚持好、发展好，毫不动摇走党和人民在长期实践探索中开辟出来的正确道路。

（作者系中共中央党校常务副校长）

坚持和运用好毛泽东思想活的灵魂

（2014年2月）

杨 胜 群

习近平同志在纪念毛泽东同志诞辰120周年座谈会上的讲话（以下简称讲话）中指出，任何时候都不能动摇坚持毛泽东思想的原则，特别强调在新的形势下，要坚持和运用好毛泽东思想活的灵魂——实事求是、群众路线和独立自主，并对三者的科学内涵和时代要求作了深刻阐述。学习贯彻好讲话精神，对于推进马克思主义中国化，搞好党的建设，把中国特色社会主义伟大事业继续推向前进，具有非常重要的意义。

一、坚持和运用好毛泽东思想活的灵魂，是不断推进马克思主义中国化的必然要求

毛泽东思想活的灵魂——实事求是、群众路线和独立自主，是毛泽东同志将辩证唯物主义和历史唯物主义运用于无产阶级政党的全部工作，在中国革命长期艰苦实践中形成的具有中国共产党人特色的立场、观点和方法，是毛泽东思想的精髓。

实事求是、群众路线和独立自主三者紧密联系，是一个用中国语言、中国风格表达的，集中体现马克思主义世界观和方法论的统一体，它们又各自具有独特的思想内涵和指导意义。它们的形成和确立，大致上是在同一个过程。这个过程，就是中国共产党探索中国革命正确道路的过程，也是中国共产党将马克思主义中国化的过程。在第二次国内革命战争时期，尚处在幼年的中国共产党党内先后出现了三次大的“左”倾错误。三次“左”倾错误虽然表现形式不尽相同，危害程度也不一样，但其根源都是犯了脱离实际的本本主义、把共产国际指示教条化的教条主义和脱离群众的命令主义错误，给革命造成极大损失甚至严重危机。以毛泽东同志为代表的中国共产党人在反对党内“左”倾错误的斗争中，逐步提出了实事求是、群众路线和独立自主的思想。到了抗日战争时期，通过对建党以来历史经验的深刻总结和对党内“左”倾错误思想的系统清算，实事求是、群众路线和独立自主形成完备的理论形态，分别被确立为党的根本的思想路线、工作路线和党处理外部事务的重要原则。从此，中国共产党获得了系统的马克思主义世界观和方法论的指导，大大促进了马克思主义中国化的进程。通过进一步夯实辩证唯物主义和历史唯物主义的哲学基础，毛泽东思想得以系统地形成和确立，成为中国共产党科学的指导思想。

后来的实践表明，坚持和发展毛泽东思想，最重要的是坚持毛泽东思想活的灵魂——实事求是、群众路线和独立自主，坚持毛泽东思想的这一精髓。世界观和方法论是最根本的。只有真正坚持贯穿于毛泽东思想各个组成部分的基本立场、观点和方法，才能坚持毛泽东思想，才能在坚持的基础上发展毛泽东思想，继续推进马克思主义中国化。

实事求是、群众路线和独立自主是马克思主义中国化的主要“生长点”。在新的历史时期，邓小平同志曾经指出，“毛泽东同志倡导的作风，群众路线和实事求是这两条是最根本的东西”。他就是从恢复确立实事求是的思想路线开始开创中国特色社会主义的。他对中国改革开放的许多重要设计，都是遵循群众路线，尊重人民群众的首创精神，总结人民群众的实践经验而形成的。之后，以江泽民同志为核心的党的第三代中央领导集体、以胡锦涛同志为总书记的党中央和以习近平同志为总书记的党中央，在继续推进中国特色社会主义事业和马克思主义中国化的进程中，都始终如一地坚持实事求是、群众路线和独立自主的基本立场、观点和方法，先后提出“三个代表”重要思想、科学发展观与坚持和发展中国特色社会主义的一系列重要论述，丰富和发展了中国特色社会主义理论体系。

实事求是、群众路线和独立自主，不仅是毛泽东思想活的灵魂和精髓，也成为中国特色社会主义理论体系活的灵魂和精髓。习近平同志在讲话中指出，“我们要及时总结党领导人民创造的新鲜经验，不断开辟马克思主义中国化新境界”。在新的形势下，我们推进马克思主义中国化，最重要的，仍然是坚持和运用好毛泽东思想和中国特色社会主义理论体系这一活的灵魂和精髓。

二、坚持和运用好毛泽东思想活的灵魂，是把党建设好，把中国特色社会主义推向前进的必然要求

党的十八大提出了“两个一百年”的宏伟目标。十八大后，习近平同志提出并深刻阐述了实现国家富强、民族振兴、人民幸福的中国梦。十八届三中全会为推进中国特色社会主义作出了全面深化改革的战略部署。我们已经站在一个新的历史起点上，比任何时候都更接近中华民族伟大复兴的目标。但是，越到这个时候，任务越艰巨，情况越复杂，困难越多。

办好中国的事，关键在党。越是在这个时候，越要搞好党的建设。1945 年 2 月，当抗日战争胜利曙光开始展露的时候，毛泽东同志关注更多的是党的状况。他告诫全党，“我们要不要胜利，要不要在全国胜利？如果要的话，就要有一个有纪律的、思想上纯洁的、组织上纯洁的党，合乎统一的标准的党。”现在历史又到了这样的时刻，到了一个需要全党有一个更好的思想、作风和精神状态的时刻。最根本的，还是要真正解决好思想路线、工作路线和基本立足点的问题。全党只有始终坚持实事求是、群众路线和独立自主，才会有脚踏实地、求真务实、全心全意为人民服务的优良作风，才会有敢作为、勇担当、“踏石留印、抓铁有痕”的精神，才会有对中国特色社会主义道路“咬定青山不放松”的政治自信和前进定力。

党的建设的历史经验表明，党在思想、作风方面存在的问题，症结大都还是在世界观和方法论的问题上，在违背实事求是的思想路线、从群众中来到群众中去的群众路线或者独立自主原则的问题上。1948 年 4 月，毛泽东在晋绥干部会议上讲话指出：“我们所犯的错误，研究其发生的原因，都是由于我们离开了当时当地的实际情况，主观地决定自己的工作方针。”在此之前，他在《论联合政府》中也指出：“凡属错误的任务、政策和工作作风，都是和当时当地的群众要求不相适应，都是脱离群众的。”1977 年 8 月，邓小平同志指出：解决党风问题，“培养好的风气，最主要的是走群众路线和实事求是这两条。”

今天，党在思想、作风方面存在这样那样的问题，究其主要原因，仍然是在新的历史条件下，一些党员、干部没有很好地坚持实事求是、群众路线和独立自主。因此，我们要有效解决党在思想、作风方面存在的问题，还是要从实事求是、群众路线和独立自主的教育与实践入手。党的十八大以后，习近平同志明确指出，“加强干部作风建设，最重要的是要抓住同人民群众的血肉联系这个核心问题”，解决干部脱离实际、脱离群众的问题。正是基于这一考虑，党中央部署了在全党开展以为民务实清廉为主要内容的党的群众路线教育实践活动。

坚持实事求是、群众路线和独立自主，不是一劳永逸的。习近平同志在讲话中指出：“不论过去、现在和将来，我们都要坚持一切从实际出发，理论联系实际，在实践中检验真理和发展真理。”“不论过去、现在和将来，我们都要坚持一切为了群众，一切依靠群众，从群众中来，到群众中去，把党的正确主张变为群众的自觉行动，把群众路线贯彻到治国理政全部活动之中。”“不论过去、现在和将来，我们都要把国家和民族发展放在自己力量的基点上，坚持民族自尊心和自信心，坚定不移走自己的路。”这三个“不论过去、现在和将来”，突出体现了我们党对坚持实事求是、群众路线和独立自主的鲜明态度和不变立场。

三、在新的形势下，把坚持和运用好毛泽东思想活的灵魂，牢记于心、付诸于行

讲话站在历史和时代的高度，根据新的形势和任务，对坚持和运用好毛泽东思想活的灵魂，把党建设好，把中国特色社会主义伟大事业继续推向前进，提出了一系列明确要求。

在坚持实事求是方面，讲话提出，要深入实际了解事物的本来面貌；要清醒认识和正确把握我国仍处于并将长期处于社会主义初级阶段的基本国情；要坚持为了人民利益坚持真理、修正错误；要不断推进实践基础上的理论创新。这些要求，拓展了实事求是的基本内涵，揭示出实事求是不只是实践环节的要求，而且是理论创新的要求；不只是对人们改造客观世界的要求，而且是对人们改造主观世界的要求。

在坚持群众路线方面，讲话提出，要坚持人民是决定我们前途命运的根本力量的观点；坚持全心全意为人民服务的根本宗旨；保持党同人民群众的血肉联系；真正让人民来评判我们的工作。这些要求，凸显了人民主体地位的观点和全心全意为人民服务的根本宗旨，特别是提出真正让人民评判党的工作的新思想，为党的群众路线注入了新的内容。

在坚持独立自主方面，讲话提出，要坚持中国的事情必须由中国人民作主张、自己来处理；坚定不移走中国特色社会主义道路，既不走封闭僵化的老路，也不走改旗易帜的邪路；坚持独立自主的和平外交政策，坚定不移走和平发展道路。讲话在阐述这些要求时，把独立自主提到立党立国的重要原则的高度，使独立自主的思想得到了新的升华。这些要求集中体现了中国共产党独立自主的品格和底蕴，充满了走自己

的道路的信心和前进定力，具有很强的感召力和凝聚力。

讲话的上述要求，是对党提出来的，也是对每个党员、干部提出来的。其中特别指出，我们要“时时处处把实事求是牢记于心、付诸于行”，“要把群众观点、群众路线深深根植于全党同志思想中，真正落实到每个党员行动上”。

实事求是、群众路线和独立自主的要求不难理解，难的是付诸于行，特别是时时处处付诸于行。时时处处付诸于行，需要一种持之以恒艰苦实践的精神。要时时处处做到实事求是、一切从实际出发，就要深入到实际中去了解事物本来面貌，了解新情况、新问题，并且要勤于思考和分析问题；要时时处处坚持群众路线，就要一刻也不能脱离人民群众，深入到人民群众中去了解他们的意见和要求，并且要与他们同甘共苦。独立自主，对党员、干部来讲，主要是要对党和人民在长期探索中开辟出来的正确道路，保持一种政治自信和定力。要真正从书斋和书本里走出来，从别人的影子里走出来，到实践中去寻找解决问题的答案，寻找自信与定力。要做到这些，无疑就需要付出更多的心血与汗水，牺牲自己更多的生活享受。付诸于行，首先必须牢记于心。这就要求我们把坚持实事求是、群众路线和独立自主内化于心，使之成为一种内在的思想修养，成为一种内在的精神状态。这样，才能使全党坚持实事求是、群众路线和独立自主，成为一种自在的状态，成为一种常态。

（作者系中共中央文献研究室常务副主任）

当今中国马克思主义的重要文献

——习近平总书记系列重要讲话精神的学习体会

王伟光

深入学习贯彻习近平总书记系列重要讲话精神，是当前和今后一个时期全党的重大政治任务，对于全党全国进一步统一思想、统一行动，不断开创中国特色社会主义事业新局面，具有十分重要的理论意义和实践意义。

一、坚持和发展中国特色社会主义的政治宣言

党的十八大标志着我们党领导的中国特色社会主义伟大事业进入全面建成小康社会的决定性阶段，党领导人民开创的社会主义伟大实践，已经行进到一个新的历史起点上。从国际看，由美国次贷危机引发的国际金融危机使国际形势发生了逆转，世界力量对比发生了深刻变化，形势越发有利于我，但竞争更为激烈，使我国既面临有利的国际环境，又面临复杂的全球局面。从国内看，经过35年的改革开放，中国特色社会主义取得了伟大成就，证明了中国特色社会主义道路是中国人民正确的历史选择，证明了中国特色社会主义理论体系是我们事业的科学指南，证明了中国特色社会主义制度是我们必须始终坚持的社会制度。但在取得巨大成就的同时也累积了一些难题。

正是在党和国家事业发展的这一决定性时刻，习近平总书记发表一系列内涵极其丰富的重要讲话，对事关中国特色社会主义前途命运的重大问题做出了十分肯定的政治结论。这些重要讲话，为治党治军治国理政提供了基本遵循，是高举中国特色社会主义旗帜的政治宣言，是坚定不移地走中国特色社会主义道路的行动纲领。对于全党在一系列重大问题上统一思想、统一行动起到了至关重要的把关、定向、凝心和聚力作用。

在重大原则和根本方向问题上，习近平总书记毫不含糊地表明我们党一贯的政治主张，使党员、领导干部有了极其明确的言行准则。习近平总书记系列重要讲话对于“坚持什么、反对什么”，“肯定什么、否定什么”，“做什么、不做什么”，都发出了明确无误的政治信号，有利于我们坚定“主心骨”，筑牢“压舱石”，知道“为什么做”、“做什么”、“怎么做”，更加坚定对马克思主义、对科学社会主义、对毛泽东思想和中国特色社会主义理论体系的信仰，更加坚定了对共产主义远大理想和中国特色社会主义共同理想的信念，更加坚定了走中国特色社会主义道路的决心和信心，更加坚定了全面深化改革开放、坚持社会主义市场经济体制的改革取向和政策选择。

高举中国特色社会主义伟大旗帜，坚定不移地走中国特色社会主义道路，这是我们党最根本的政治理念。习近平总书记就坚持和发展中国特色社会主义这一根本问题表明了党的最根本的政治主张。他科学地分析了国际共产主义和社会主义运动的历史发展进程，特别是我们党探索中国特色社会主义的伟大实践，全面系统深刻地阐述了坚持和发展中国特色社会主义需

要把握的重大理论和现实问题，起到了正本清源、把关定向、明辨是非、提高认识的重大作用。他关于中国特色社会主义是社会主义，不是别的什么主义；只有社会主义才能救中国，只有中国特色社会主义才能发展中国；中国特色社会主义是社会主义，不论怎么改革、怎么开放，都要始终坚持中国特色社会主义道路、理论体系和制度；在新的历史条件下体现科学社会主义基本原则的内容不能丢，丢了这些，就不成其为社会主义；不能用改革开放后的历史时期否定改革开放前的历史时期，也不能用改革开放前的历史时期否定改革开放后的历史时期，本质上都是我们党领导人民进行社会主义建设的实践探索；资本主义必然灭亡、社会主义必然胜利，马克思、恩格斯关于资本主义社会基本矛盾的分析没有过时，要始终坚持马克思列宁主义、毛泽东思想和中国特色社会主义理论体系；改革开放是决定当代中国命运的关键一招，也是决定实现“两个一百年”奋斗目标、实现中华民族伟大复兴的关键一招，要坚定不移地推进改革开放；我们的改革是有方向、有立场、有原则的，是中国特色社会主义道路上不断前进的改革，即坚持社会主义市场经济方向的改革；问题的实质是改什么、不改什么，有些不能改的，再过多长时间也不能改，既不走封闭僵化的老路，也不走改旗易帜的邪路；密切党群、干群关系，保持同人民群众的血肉联系，始终是我们党立于不败之地的根基；如果我们脱离群众，失去人民的拥护和支持，最终也会走向失败；等等。这一系列重要论断，在错综复杂的国内外环境下，为我们指明了方向。全党只有用讲话精神武装头脑，用讲话思想指导实践，认识才能统一、步调才能一致，在大是大非面前才能毫不含糊，在根本方向、根本原则问题上立场才能愈益坚定。

二、对关系中国特色社会主义前途命运一系列重大问题的科学回答

习近平总书记系列重要讲话，运用马克思主义立场观点方法，对中国特色社会主义的重大理论和现实问题给予明确回答，提出并形成了一系列富有创建的新思想、新观点、新论断、新要求、新举措，进一步升华了我们党对执政规律、社会主义建设规律、人类社会发展规律的认识，是对中国特色社会主义理论体系的进一步丰富、发展和创新，是推进马克思主义中国化、时代化和大众化的重要文献。

关于坚持和创新马克思列宁主义、毛泽东思想和中国特色社会主义理论体系的重要论述。习近平总书记指出，认真学习马克思主义理论，是我们做好一切工作的看家本领，也是领导干部必须普遍掌握的工作制胜的看家本领。既要把“老祖宗”的话说对，又要把“新话”说好。只有学懂了马克思列宁主义、毛泽东思想和中国特色社会主义理论体系，特别是领会了贯穿其中的马克思主义立场、观点、方法，才能深刻认识和准确把握客观规律，才能始终坚定理想信念，才能在纷繁复杂的形势下坚持科学指导思想和正确前进方向，才能带领人民走对路，才能把中国特色社会主义不断推向前进。习近平总书记还指出，马克思主义必定随着时代、实践和科学的发展而不断发展，不可能一成不变，社会主义从来都是在开拓中前进的；坚持马克思主义，坚持社会主义，一定要有发展的观点，一定要以我国改革开放和现代化建设的实际问题、以我们正在做的事情为中心，着眼于马克思主义理论的运用，着眼于对实际问题的理论思考，着眼于新的实践和新的发展。

关于坚持和发展中国特色社会主义的重要论述。学习贯彻好习近平总书记系列重要讲话精神，要明确中国特色社会主义是科学社会主义理论逻辑和中国社会发展历史逻辑的辩证统一，必须始终不渝地高举中国特色社会主义伟大旗帜，坚持中国特色社会主义制度，坚定不移地走中国特色社会主义道路；要明确必须以发展的观点对待科学社会主义，不断有所发现、有所创造、有所前进，不断丰富中国特色社会主义的实践特色、理论特色、民族特色、时代特色；要明确中国特色社会主义的真谛要义，增强道路自信、理论自信、制度自信，排除和纠正各种错误思想认识，毫不动摇地坚持、与时俱进地发展中国特色社会主义。

关于实现中华民族伟大复兴的中国梦的重要论述。习近平总书记鲜明提出实现中华民族伟大复兴的中国梦，论述了中国梦的重大意义、基本内涵、精神实质、实现路径和实践要求。这一重要论断之所以能够得到13亿中国人民发自内心的一致拥护，成为海内外中华儿女的最大共识，成为激励全体人民团结奋进的精神旗帜，主要是因为它将共产主义的远大理想和中国特色社会主义共同理想有机统一起来，并成功转化成了人民听得懂的语言、摸得着的未来。

关于推动经济社会持续健康发展的重要论述。习近平总书记指出：发展是解决中国一切问题的金钥匙，是解决我国所有问题的关键，以经济建设为中心任何时候都不能偏离；发展就要坚持以科学发展为主题，坚持稳中求进的工作总基调，切实把发展的立足点转到提高质量和效益上来，再也不能简单地以国内生产总值增长率论英雄。

关于全面深化改革开放、不断激发全社会的发展

动力和创造活力的重要论述。习近平总书记系列重要讲话明确了改革的性质、方向、目标、任务、总体思路和重大举措。他认为改革开放是党和人民大踏步赶上时代的重要法宝，改革开放只有进行时、没有完成时，在整个社会主义现代化进程中，我们都要高举改革开放的旗帜，决不能有丝毫动摇。他强调全面深化改革要坚持社会主义市场经济方向，坚持一切从实际出发，以我为主，该改的坚决改，不能改的坚决守住，牢牢把握改革的主动权和领导权。

关于加强宣传思想工作、牢牢掌握意识形态工作领导权话语权的重要论述。习近平总书记强调，在集中精力进行经济建设的同时，一刻也不能放松和削弱意识形态工作。要始终不渝地坚持和巩固马克思主义在意识形态领域的指导地位，坚持正确政治方向，做到守土有责、守土负责、守土尽责，把思想统一到中央对意识形态工作的形势判断和工作措施上来，把意识形态工作的领导权话语权牢牢掌握在手中。在事关大是大非和政治原则问题上，必须增强主动性、掌握主动权、打好主动仗，帮助干部群众划清是非界限、澄清模糊认识。

关于社会主义民主政治和依法治国，关于国际关系和我国外交战略，关于加强党的建设、切实提高从严管党治党的能力和水平，习近平同志都有一系列重要论述。对国防和军队建设、“一国两制”、做好港澳台工作、推进祖国统一大业等，也都提出了一系列新思想、新对策，丰富和创新了党的理论。

三、运用马克思主义立场观点方法分析和解决问题的典范榜样

习近平总书记系列重要讲话贯穿了一脉相承、一以贯之的一条红线，这就是马克思列宁主义、毛泽东思想和中国特色社会主义理论体系所贯穿的基本立场、基本观点、基本方法，这就是马克思主义哲学世界观方法论，这也是贯穿于习近平总书记系列重要讲话中的活的灵魂和精神实质。深入学习贯彻习近平总书记系列重要讲话精神，最根本的是学习讲话贯穿的思想精髓即科学世界观方法论，学会用马克思主义的立场观点方法认识问题、分析问题和解决问题，不断提高马克思主义理论素养和运用马克思主义处理问题的能力。

实事求是，一切从实际出发，是马克思主义哲学精髓。习近平总书记系列重要讲话就是坚持解放思想、实事求是思想路线，准确把握客观实际、科学掌握客观规律的创新产物。习近平总书记牢牢把住实事求是精髓，一切从中国国情实际出发，从客观事物的规律出发，分析问题、认识问题、说明问题，导引出解决当前中国一切复杂难题的良方益药。他客观分析我国国情、党情和发展变化的世情，得出了一系列正确判断和科学结论。这些重要讲话就是对当今中国实际和世界实际全面把握和实事求是分析的科学成果。

辩证唯物主义是关于自然、社会和思维发展一般规律的概括，是共产党人观察分析处理问题的思想方法。习近平总书记强调要增强战略思维、辩证思维、系统思维、创新思维和底线思维能力，要善于运用辩证法正确地观察分析事物，研究解决改革发展中的困难和问题，不断增强决策的科学性、前瞻性、主动性。要从事物表象中把准改革脉搏，把握全面深化改革的内在规律，指出全面深化改革是一项复杂的系统工程，应有总体设计和总体规划，包括总体方案、路线图、时间表以及战略目标、工作重点、优先顺序等。要加强顶层设计，增强改革措施的系统性、协调性，对经济体制、政治体制、文化体制、社会体制、生态文明体制和党的建设制度改革进行整体谋划，加强各领域改革的关联性、系统性、协同性研究，使各项改革举措在政策取向上相互配合、在实施过程中相互促进、在实际成效上相得益彰。

对立统一规律即矛盾规律是辩证法的核心和实质，掌握了矛盾分析方法，也就掌握了辩证法。习近平总书记娴熟地运用“矛盾论”和“两点论”来观察和处理问题，要求把握全面深化改革的重大关系，处理好解放思想和实事求是的关系、整体推进和重点突破的关系、顶层设计和摸着石头过河的关系、胆子要大和步子要稳的关系，以及改革发展稳定的关系。他关于既要以经济建设为中心，又要重视党的意识形态工作；既要坚定不移地抓好党的建设、反腐倡廉建设，又要坚定不移地、大胆地推进改革开放；既要在新的历史起点上全面深化改革，深化改革又必须牢牢坚持正确方向，坚持和完善我国基本经济制度；既要重视市场在资源配置中的决定性作用，又要更好发挥政府作用；既要统筹兼顾又要突出重点，既要立足当前又要放眼长远，既要把握国情又要了解世界，既要循序渐进又要竞相突破，既要胸怀全局又要抓好局部，既要治标也要治本，等等，为我们提供了成功运用辩证法的范例。

历史唯物主义是马克思主义关于社会历史发展问题的哲学总说明，是共产党人认识与解决社会问题、推动社会进步的思想武器。习近平总书记远见卓识，科学地把握了人类历史发展的总趋势，既看到历史发展的光明前景，又清醒地看到当前存在的困难和问题。他告诉我们，既要看到国际金融危机所显现出来的资

本主义必然灭亡、资本主义内在矛盾不可克服的历史趋势，同时又实事求是地看到资本主义现在还有自我调节的能力。正因为站在彻底的历史唯物主义立场上，正因为对人类历史发展规律和总趋势的彻底的理论把握，他要求我们，必须树立坚定的共产主义理想和中国特色社会主义共同理想，要把最高纲领和最低纲领统一起来，把远大理想和共同理想统一起来。

社会基本矛盾原理是历史唯物主义的基本思想，社会基本矛盾分析方法是历史唯物主义的基本方法。习近平总书记从唯物史观社会基本矛盾原理和分析方法出发，把生产力和生产关系的矛盾运动同经济基础和上层建筑的矛盾运动结合起来观察，提出生产力是社会基本矛盾的主要方面，坚持发展生产力仍是解决我国所有问题的关键这个重大战略判断；提出社会基本矛盾是不断发展的，调整生产关系、完善上层建筑要相应地不断进行下去；提出要以经济建设为中心，发挥经济体制改革的牵引作用，带动全面改革。

群众观点是唯物史观的根本观点。从群众中来、到群众中去，是建立在唯物史观基础上的党的根本工作路线。习近平总书记认为，坚持群众观点和群众路线是历史唯物主义的重要内容，是无产阶级政党的本质要求。一切为了群众，一切从人民的利益出发，是我们党的价值追求，是党开展一切工作的根本目的和宗旨。习近平总书记大力倡导转变作风、密切联系群众，推动在全党深入开展群众路线教育实践活动，在全面转变作风方面取得良好效果。

（作者系中国社会科学院院长）

改革社会组织管理制度激发和释放社会发展活力

（2014年5月）

李立国

社会组织是国家治理体系和治理能力现代化的有机组成部分，是社会治理的重要主体和依托。党的十八大以来，中央对社会组织改革发展作出一系列重大决策部署，明确提出加快形成政社分开、权责明确、依法自治的现代社会组织体制。我们要按照中央部署、加快改革社会组织管理制度，充分激发和释放社会活力。

一、深刻认识改革社会组织管理制度的重大意义

社会组织是市场经济的重要组成部分，是协商民主的重要渠道，是提供社会服务的重要力量，是社会自治的重要载体。改革开放以来，我国社会组织从1988年的4446个增长到2013年的54万多个，在经济社会发展中发挥了重要作用。但现行的社会组织管理制度与经济社会发展需要不相适应的矛盾日益突出。改革社会组织管理制度，对于激发和释放社会发展活力，推进国家治理体系和治理能力现代化意义重大。

有利于完善社会主义市场经济体制，更好发挥市场在资源配置中的决定性作用。完善的市场经济，是政府宏观调控、各类市场主体平等竞争、行业协会商会组织协调和服务自律的完整体系，缺一不可。我国市场化程度的不断深化，需要进一步理顺政府与市场的关系，激发市场主体的创造活力，增强经济发展的内生动力。行业协会商会在市场不能自我调节、政府不宜直接干预、单个企业力不能及的领域，具有独特优势和积极作用。改革社会组织管理制度，激发行业协会商会等社会组织活力，将使政府与企业等市场主体之间的联系更加紧密、畅通，更好地调节市场，配置资源，推动我国经济更有效率、更加公平、更可持续发展。

有利于促进社会主义民主政治建设，巩固和扩大党的执政基础。社会组织涉及不同行业、不同领域，是党和政府联系不同方面、不同利益阶层的重要桥梁纽带。党的十八届三中全会《决定》把社会协商作为协商民主的重要渠道，是社会主义民主政治理论和制度的重大创新。改革社会组织管理制度，让社会组织发挥更多作用，是扩大公民有序政治参与，拓宽协商民主渠道、丰富协商民主内容、提高协商民主质量，巩固和扩大党的执政基础的重大举措。

有利于承接政府职能转移，促进政府职能转变。改革开放以来，社会组织逐步承接政府转移职能，在提供社会服务方面的作用得到初步发挥。特别是6万多个行业协会商会和25万多个民办非企业单位，在教育、医疗、养老、文化、社会救助、社会工作、公益慈善等方面，为人民群众提供了大量多样化、专业化服务，成为政府基本公共服务的有益补充。但总体看，政府干预微观事务多、负担沉重与社会力量作用未能充分发挥、社会服务不足问题依然突出。去年以来国务院先后取消和下放了416项行政审批事项，出台了政府向社会力量购买服务的指导意见，其目的就是将可由社会自我管理服务的事项交给包括社会组织在内的社会力量。这对于创新公共服务供给方式，优化政

府职能，建设法治政府和服务型政府具有重要意义。

有利于创新预防和化解社会矛盾机制，使社会既充满活力又和谐有序。减少社会矛盾、维护社会稳定，关键在疏导。必须坚持系统治理，鼓励和支持社会各方面参与，实现政府治理和社会自我调节、居民自治良性互动。社会组织植根社会基层，贴近普通群众，能够快速、有效、直接地了解民情表达民意；能够通过组织化、制度化的表达方式协调不同群体利益，推动公众行为规范有序；能够积极应对各种环境变化，反映相关利益诉求，参与社会治理，是重要的社会“润滑剂”和“缓冲器”。改革社会组织管理制度，发挥社会组织社会自治功能，有利于促进社会治理更加富有“柔性”，强化社会稳定基础。

二、积极稳妥推进社会组织管理制度改革

按照党中央、国务院部署，到2020年，建立健全统一登记、各司其职、协调配合、分级负责、依法监管的社会组织管理体制，营造法制健全、政策完善、待遇公平的社会组织发展环境，构建结构合理、功能完善、诚信自律、有序竞争的社会组织发展格局，形成政社分开、权责明确、依法自治的现代社会组织体制。实现这一目标，必须深入推进社会组织管理制度改革，探索出一条具有中国特色的现代社会组织发展之路。

深化社会组织登记制度改革。培育发展不足，登记门槛过高，一直是制约我国社会组织发展的瓶颈。下一步改革的重点是，除成立政治法律类、宗教类等社会组织以及境外非政府组织在华代表机构，申请登记前仍需经业务主管单位审查同意外，成立行业协会商会类、科技类、公益慈善类、城乡社区服务类社会组织，可直接向民政部门依法申请登记，不再需要业务主管单位审查同意。加快修订出台《社会团体登记管理条例》、《基金会管理条例》、《民办非企业单位登记管理暂行条例》，制定社会组织分类登记的标准和具体办法。在社会组织登记管理上取消不必要的审批，下放审批权限，取消对社会团体筹备成立和社会团体分支（代表）机构设立、变更、注销登记的审批，将基金会和异地商会登记审批权限从省级以上民政部门下延至县级民政部门。

推进行业协会商会与行政机关脱钩。由于历史原因，部分社会组织特别是行业协会商会行政化倾向严重，政社不分，管办一体，导致社会组织丧失了其本质属性和应有活力。发挥社会组织作用，必须厘清政府与社会的关系，积极稳妥推进行业协会商会在机构、职能、资产、财务、人员等方面与行政机关脱钩，真正确立社会组织的法人地位，提升依法自治水平和服务社会能力。当前，要抓紧组织好全国性行业协会商会与行政机关脱钩试点工作，为整个脱钩工作摸索路子，提供经验。同时，引入竞争机制，探索一业多会，保持良性竞争，增强社会组织内在活力，使其真正成为提供服务、反映诉求、规范行为的主体。

创新和完善社会组织综合监管体系。按照“统一登记、各司其职、协调配合、分级负责、依法监管”的要求，在降低社会组织登记门槛的同时要加大事中事后监管力度。明确登记管理机关、行业管理部门、业务主管单位以及相关职能部门职责，切实履行各自的监管责任。建立多部门联合执法机制，加强执法监察，依法查处社会组织违法行为，依法取缔非法社会组织。探索对离岸社团、网络社团的监管措施。健全社会组织第三方评估机制，推进社会组织信息公开，完善社会监督举报受理机制，拓宽社会监督渠道，避免“一管就死，一放就乱”。

优化社会组织发展环境。要结合行政体制改革和政府职能转变，将适合由社会组织提供的公共服务和解决的事项，交由社会组织承担，为社会组织发挥作用提供空间。贯彻落实国务院办公厅关于政府向社会力量购买服务的指导意见，进一步完善配套政策，加大政府购买服务力度。落实社会组织税收优惠政策，扩大税收优惠种类和范围。加大财政金融支持力度，拓宽社会组织筹资渠道。加强社会组织人才队伍建设，将社会组织人才纳入各地各行业人才培养统一规划，造就一支专业化、职业化的社会组织人才队伍。加强舆论宣传引导，传递社会组织的“正能量”，为社会组织改革发展营造良好氛围。

加强社会组织自身建设。要按照现代社会组织体制要求，围绕强化自治功能，推动完善社会组织法人治理结构和民主机制，完善会员大会、理事会、监事会制度，落实民主选举、民主决策、民主管理、民主监督，引导社会组织依法按照章程开展活动，独立承担法律责任。建立健全社会组织法定代表人离任审计、负责人管理、责任追究和资金管理等制度，加强诚信自律建设，建立“黑名单”制度，提高社会组织诚信度和公信力。做好社会组织党建工作，理顺党建管理体制，创新党组织设置方式，强化党组织书记队伍和党员队伍建设，充分发挥社会组织党组织的战斗堡垒作用和党员的先锋模范作用。

三、正确处理社会组织管理制度改革中的几个重大问题

社会组织管理制度改革是全面深化改革的重要组

成部分，涉及各个行业、各个领域，牵一发而动全身，必须注重改革的系统性、整体性、协同性。

坚持党的领导与社会组织依法自治有机统一。坚持党的领导，社会组织管理制度改革才能保持正确方向；尊重社会组织的社会性、民间性、志愿性，社会组织才能充满活力。必须把两者有机统一起来，使社会组织党的建设与社会组织业务建设同步加强，发挥好各级党委在社会组织改革发展中总揽全局、协调各方的领导核心作用，同步增强社会组织依法自治功能。

坚持社会组织管理制度改革与全面深化改革有机统一。把社会组织管理制度改革纳入全面深化改革的大局，统筹推进。在经济体制改革中，把发挥市场在资源配置中的决定性作用、更好发挥政府作用，与行业协会商会在建立开放型市场体系中的组织协调和服务自律等作用结合起来，进一步优化资源配置；在行政体制改革中，把简政放权与提高社会组织承接能力结合起来，进一步促进政府职能转变；在民主政治建设中，把充分发挥社会组织协商民主的主体地位，拓宽协商民主渠道与完善社会组织内部治理结构结合起来，进一步提高社会组织协商民主的质量；在各项社会事业改革中，把推进社会事业改革与提高社会组织服务社会的意识和能力结合起来，进一步发挥社会组织在服务和保障民生中的积极作用。

坚持直接登记与双重管理有机统一。确立直接登记和双重管理并存的管理制度，是适合我国社会组织发展现状的一种现实选择，既体现了简政放权、激发活力的改革方向，又体现了循序渐进、积极稳妥的改革思路。直接登记不等于放手不管，双重管理也不意味着排斥和管死。对直接登记的四类社会组织，要运用新的登记管理方式和手段加以推进。对政治法律类、宗教类等社会组织和境外非政府组织在华代表机构，要按职责规定实施双重管理，做到发展有序、管理到位、作用有益。

坚持登记管理机关统筹与相关部门依法履职有机统一。搞好社会组织管理制度改革，需要各级党委政府统一领导，明确分工，统筹部署。四类社会组织直接登记后不再有业务主管单位，民政部门要依法加强统筹协调、登记审查和监督管理。与社会组织业务活动相关的行业管理部门，要做好行业监管工作，制定符合行业特点的社会组织活动准则和行为规范，通过项目委托、购买服务和政策扶持，引导社会组织健康发展。组织、宣传、外事、发展改革、财政、税务、公安、工商、人力资源社会保障等相关职能部门，要依照法律法规和规定，在各自业务范围内做好社会组织的管理服务工作。对继续实行双重管理的社会组织，业务主管单位要依法加强监管。通过各部门职能的有效衔接，真正形成各司其职、协调配合、合力推进的良好工作格局。

（作者系国家民政部部长）

严肃执行并带头遵守党的组织纪律

——学习贯彻习近平总书记关于党的组织纪律建设的重要论述

（2014 年 9 月）

黄树贤

党的十八大以来，习近平总书记从战略和全局的高度，对加强党的组织纪律建设、增强全党组织纪律性作了深刻阐述。习近平总书记强调，组织纪律性是党性修养的重要内容，必须严格执行各项组织制度；要明确组织纪律界限，严肃查处违反组织纪律的行为。这些重要论述，为加强党的组织纪律建设指明了方向，我们要认真学习领会、坚决贯彻落实。

一、加强组织纪律是我们党不断从胜利走向胜利的重要保证

组织纪律是我们党的纪律的重要组成部分，是处理党组织之间、党员个体之间以及党组织与党员个体之间关系的规范。从历史和现实看，加强组织纪律，对于我们这样一个马克思主义政党有着极其重要的意义。

加强组织纪律是建设坚强有力马克思主义政党的必然要求。无产阶级政党是以实现共产主义为最终目标而组建起来的政治组织，对组织纪律的要求比任何一个其他政党都要高。马克思曾指出，“必须绝对保持党的纪律，否则将一事无成。”恩格斯说：“巴黎公社遭到灭亡，就是由于缺乏集中和权威。”列宁进一步阐述了组织纪律的极端重要性，指出：“无产阶级在争取政权的斗争中，除了组织而外，没有别的武器。”毛泽东同志强调：“加强纪律性，革命无不胜。”这些重要论述，深刻阐明了加强组织纪律建设对于马克思主义政党的极端重要性。

加强组织纪律是我们党的优良传统和强大政治优

势。新民主主义革命时期，严明的组织纪律是我们党在恶劣的环境中能够生存下来、不断发展壮大、夺取全国革命胜利的重要保证。党的一大通过的《中国共产党第一个纲领》规定了党的有关纪律。党的二大党章初步确立了民主集中制的基本要求。党的六届六中全会首次正式提出“四个服从”这一重要组织纪律。针对党内存在的“左”倾思想以及主观主义、宗派主义、党八股现象，从1942年开始，我们党开展了一次持续数年的全党整风运动，使全党组织纪律进一步完善和发展，达到了空前团结和统一。1948年9月，党中央在西柏坡召开的政治局扩大会议决定建立请示报告制度，有力推进了党的作风和纪律建设，保证了政令军令畅通，取得解放战争的伟大胜利。

社会主义建设时期，严明的组织纪律确保我们党成为马克思主义执政党，带领全国各族人民卓有成效地开展社会主义建设的伟大实践。党的八大通过的《党章》规定：“党是以一切党员都要遵守的纪律联结起来的统一的战斗组织；没有纪律，党决不能领导国家和人民战胜强大的敌人而实现社会主义和共产主义。”

改革开放时期，针对“文化大革命”中党规党法被肆意践踏，党的组织、党员的党性观念、党的优良传统和作风遭到极其严重破坏的情况，党的十一届五中全会通过《关于党内政治生活的若干准则》，从12个方面对全党政治生活、组织生活和全体党员的行为作了全面规定，为党员遵守组织纪律、党组织执行纪律提供了遵循。党的十二大之后的历次党章，都明确强调要坚持民主集中制，加强组织性纪律性，在党的纪律面前人人平等。

党的历史充分证明，什么时候组织纪律执行得好，党员的组织观念、党的意识就比较强，党就能团结带领全党全国各族人民战胜前进道路上的困难和挑战，不断取得新的更大胜利；什么时候党的组织纪律执行得不好，组织观念薄弱、组织涣散的情况就容易出现，党组织的凝聚力和战斗力就会削弱，党的事业就会遭受损失。

加强组织纪律是实现“两个一百年”目标和中国梦的迫切需要。实现“两个一百年”奋斗目标和中华民族伟大复兴的中国梦，关键在党，必须凝聚起全党的智慧和力量。新形势下，党的建设面临许多新情况，在组织纪律方面出现了许多新问题。有的个人主义、自由主义严重，目无组织纪律，跟组织讨价还价，不服从组织安排；有的党组织和领导干部在处理一些应该由中央和上级组织统一决定的重要问题时，事前不请示，事后不报告；有的变着法儿把一件完整的需要汇报的大事情分解成一件一件可以不汇报的小事项，让组织程序空转；有的领导班子既有民主不够、个人说了算的问题，也有集中不够的问题，班子里各自为政，把分管领域当成“私人领地”；有的只对领导个人负责而不对组织负责，把上下级关系搞成人身依附关系；有的办事不靠组织而靠熟人、靠关系，形形色色的关系网越织越密，方方面面的潜规则越用越灵越来越多；有的党组织对党员、干部疏于管理，缺乏严肃认真的组织生活，等等。这些问题如不及时解决，党就会成为一盘散沙，“两个一百年”目标和中国梦就不可能实现。

二、纪律检查机关必须坚决维护党的组织纪律

严格执纪是党的组织纪律得以贯彻执行的重要保证。纪律检查机关是党内执纪监督专责机关，维护党的组织纪律责任重大，责无旁贷。历届中央纪委（中央监委）对贯彻维护组织纪律都作出了明确部署，发挥了重要作用。

1927年党的五大成立了党内第一个专门监察机构——中央监察委员会，其主要职能是对党员违反党的纪律的行为进行审查。新中国刚成立，党中央就决定成立纪律检查机构，并规定中央和各级党的纪律检查委员会的任务和职权是：“检查中央直属各部门及各级党的组织、党的干部及党员违犯党的纪律的行为；受理、审查并决定中央直属各部门、各级党的组织及党员违犯纪律的处分，或取消其处分；在党内加强纪律教育，使党员干部严格地遵守党纪、实行党的决议与政府法令，以实现全党的统一与集中。”1955年3月，党的全国代表大会选举产生了中央监察委员会，党的地方各级监察机关陆续恢复和重建。中央明确规定，党的中央和地方各级监察委员会有权检查和处理一切党员违犯党章、党纪和国家法律、法令的案件。“文化大革命”期间，全国各级监察委员会被撤销，党的纪律检查工作受到严重挫折和损失。

党的十一届三中全会以后，党的各级纪律检查机关相继恢复和重建。我们党明确提出，在改革开放的过程中，要把严肃党纪作为从严治党的一件大事来抓，一方面对广大党员进行经常性的纪律教育，增强党员的纪律观念，另一方面严格党的纪律，对于造反起家的人、帮派思想严重的人、打砸抢分子，对于腐败分子，必须坚决清除出党，决不姑息迁就。1994年，十四届中央纪委第四次全会重申，维护民主集中制原则是纪律检查机关十分重要的任务。党的十五大后，各级纪委督促各地区各部门规范执行民主集中制的程序，

特别是涉及重大决策、重要干部任免等问题，必须按照民主集中制程序作出决定。党的十六大后，中央纪委提出，党的各级组织和党员干部要严格遵守“四大纪律八项要求”，遵守民主集中制。党的十七大后，中央提出要认真执行重要情况报告制度，中央纪委随即发出通知，要求各地区各部门对涉及党员领导干部的重要情况必须及时报告，不能迟报、漏报，更不能隐瞒不报。

党的十八大以来，新一届中央纪委把贯彻维护党的组织纪律摆到更加重要的位置。十八届中央纪委第二次全会指出，党的纪律检查机关要按照保持党的先进性和纯洁性要求，切实维护党章和其他党内法规，加强对党的政治纪律、组织纪律、宣传纪律、群众工作纪律执行情况的督促检查。十八届中央纪委第三次全会再次重申要严明组织纪律，克服组织涣散、纪律松弛现象。各级纪律检查机关认真贯彻落实习近平总书记重要讲话精神，按照中央纪委的统一部署，开展对执行组织纪律情况的监督检查；将组织纪律的执行情况纳入巡视内容，对党员干部在执行组织纪律方面的苗头性、倾向性问题早提醒、早纠正；对严重违反组织纪律的行为铁面执纪，形成有力震慑；对组织涣散、纪律松弛问题突出且长期得不到解决的地方、部门和单位启动问责机制，追究党委和纪委的责任，保证了组织纪律刚性约束。

三、纪检监察干部要在遵守组织纪律上作表率

纪律检查机关和行政监察机关恢复成立以来，各级纪委和监察机关领导班子对加强组织纪律提出了明确要求、采取了有效措施，对于强化纪检监察干部政治业务素质，加强干部队伍组织纪律性起到了重要作用。党的十八大以来，各级纪检监察机关通过对党员干部加强教育、强化管理、严格监督，有力保证了各项工作的顺利进行。当前，党风廉政建设和反腐败斗争形势依然严峻复杂，纪检监察机关和纪检监察干部要履行好监督执纪问责的职责，必须在遵守和维护组织纪律上作表率。

增强组织观念。忠诚组织是纪检监察机关的首要政治原则，是纪检监察干部的首要政治本色。纪检监察干部要时刻想到自己是党的人，是组织的一员，无论什么时候都要相信组织、依靠组织、服从组织。要学习马克思主义关于党的组织的基本原理，学习中国特色社会主义理论体系关于党的组织的重要论述，学习国际共运史和中共党史，学习党的十八大以来习近平总书记关于党的组织的系列重要讲话，弄懂理论、了解历史、提高自觉，切实增强组织观念。要自觉参加理论中心组学习、民主生活会、党小组会、党日活动等党内生活，在党内组织生活中锤炼坚定的组织观念。

遵守组织纪律。要坚决执行组织决定，无条件服从组织的需要和安排。对党组织的决议和政策，不得以任何借口阻挠、延缓、消极抵制其贯彻执行。要切实遵守组织制度，尤其是要严格执行请示报告制度。外出报备制度、领导干部个人有关事项报告制度都是请示报告制度的重要组成部分，要按照要求切实遵守。要把组织纪律看成是“带电的高压线”，任何情况下、任何时候都不能触碰。

严守工作纪律。要严守办案纪律。查办案件是纪检监察机关主业，中央高度重视，社会广泛关注。违反办案纪律就是违反政治纪律，要实行“零容忍”，发现一起查处一起。办案安全纪律是首要的办案纪律，是铁的纪律，对发生的办案安全事故必须依纪依规严肃追责。要严守保密纪律。纪检监察机关保密事项繁多且要求很高。做好保密工作，关键是要有高度的警觉性和严格的保密意识，要定好规则、定好制度、管住细节。

恪守廉政纪律。一个人能否廉洁自律，最根本的是要做到内心的坚定和清正。要增强廉洁从政意识，强化自我修炼、自我约束，严以修身、严以用权、严以律己。要认真落实廉洁从政若干准则和中央八项规定精神，严格执行廉洁从政规定。要加强对配偶、子女的教育和管理，纯洁生活圈、交往圈，坚决并始终守住做人、处事、用权、交友的底线，保持清正廉洁的政治品格。

（作者系中央纪委副书记、监察部部长）

怎样坚守共产党人的政治观

（2014 年 1 月）

楼 阳 生

政治观是人们对政治问题的总看法、总观念，共产党人所坚守的政治观是马克思主义的政治观。习近平总书记指出，坚持正确的政治路线、政治立场、政治方向、政治道路，是坚持党的领导、坚持社会主义制度的头等大事，必须把思想政治建设放在第一位，

坚持以马克思主义政治观对照自己、改造自己、提高自己。作为党员干部，必须深入学习领会习总书记重要讲话精神，切实解决好政治观问题，不断提高思想政治水平。

坚定理想信念，坚守共产党人的政治灵魂。政治灵魂是政治观的核心，如果丧失了理想信念，政治生命也就结束了。当前，坚定理想信念，最关键是要坚定三个自信。一要坚定道路自信。中国特色社会主义道路，是被实践反复证明了的适合中国国情的唯一正确道路。改革开放30多年来的辉煌成就，中国科学发展的实践，是中国共产党人坚定道路自信的最强有力现实支撑。二要坚定理论自信。中国特色社会主义理论体系，是马克思主义中国化的最新成果，在实践中迸发出巨大能量和勃勃生机，展示了其无可置疑的科学性。三要坚定制度自信。中国特色社会主义制度是人类制度文明发展的伟大成果，是当代中国发展进步的根本制度保障，集中体现了中国特色社会主义的特点和优势。坚定“三个自信”，归根结底，就是要坚定对党的信心，坚定对中国特色社会主义的信念，坚定不移走中国特色社会主义道路。

牢记根本宗旨，坚守共产党人的政治立场。一要牢固树立群众观点，不断密切党群、干群关系。这是坚守共产党人政治立场的基础。牢固树立马克思主义群众观点，就要时刻摆正与人民群众的位置，坚持思想上尊重群众、感情上贴近群众、工作上依靠群众，真诚倾听群众呼声，真实反映群众愿望，真情关心群众疾苦，始终实现好、维护好、发展好最广大人民根本利益。二要自觉贯彻群众路线，努力提高群众工作能力。这是坚守共产党人政治立场的核心。要坚持从群众中来、到群众中去，拜人民为师，从人民群众伟大实践中汲取智慧和力量，使各项决策和工作符合人民群众的愿望和要求。要深入研究和把握新形势下群众工作的基本内涵、基本原则和重点难点，重点解决好身在基层下不了基层、面对群众服务不了群众的问题，切实增强群众工作的针对性和实效性。三要突出抓好作风建设，切实增进群众感情。这是坚守共产党人政治立场的保证。要以开展党的群众路线教育实践活动为契机，以贯彻落实中央八项规定为切入点，加强领导班子和领导干部作风建设，着力解决人民群众反映强烈的突出问题，采取有效措施整治“四风”问题，建立健全党员干部联系服务群众、加强作风建设长效机制。四要坚持用权为民，高度重视改善民生。这是坚守共产党人政治立场的根本。马克思主义权力观概括地说，就是权为民所赋，权为民所用。每一个党员干部都必须切实解决好入党为什么、当干部做什么、身后留什么的问题，真正做到立身不忘做人之本、为政不移公仆之心、用权不谋一己之私，确保公正用权、依法依规用权、廉洁用权。

坚持科学发展，坚守党的政治路线。党的政治路线就是党在社会主义初级阶段的基本路线，坚持发展是硬道理的本质要求就是坚持科学发展。一要增强贯彻落实科学发展观的自觉性和坚定性。深入贯彻落实科学发展观必须坚持“四个更加自觉”，把“四个更加自觉”贯穿于全面建成小康社会、实现中国梦的全过程。对于后发展地区来说，必须自觉按照科学发展的总要求来谋划和推动发展，决不走先粗放再集约、先污染后治理的老路，决不以牺牲资源、破坏环境为代价换取一时的发展。二要勇于实践、勇于变革、勇于创新。实践是检验真理的唯一标准，也是贯彻落实科学发展观的根本途径。变革是事物发展的重要动力，也是实现科学发展的重要动力。创新是国家民族进步的灵魂，也是实现科学发展的必然选择。坚持“三个勇于”，就是要坚决破除求稳守成意识，牢固树立开拓进取的创新理念，鼓励大胆地试、大胆地闯，敢于担当、敢于担难、敢于担险；就是要坚决破除坐而论道、知行不一的不良风气，牢固树立真抓实干、讲求实效的务实理念，把解放思想落实到解决问题上，落实到实际成效上。三要牢固树立正确政绩观。事实证明，发展观与政绩观密切相关。在发展观上出现误区，就会在政绩观上陷入盲区；缺乏正确的政绩观，就会在实践中偏离科学发展观。必须旗帜鲜明地反对背离科学发展的政绩观，自觉树立科学发展的政绩观。

维护党的团结统一，坚守共产党人的政治纪律。坚守党的政治纪律，既要靠组织教育，更要靠个人遵守。一要牢固树立党章意识，努力做到学党章、守纪律。党章是每一个党员干部必须共同遵守的根本行为规范。学习党章的目的，是为了遵守党章的各项规定。每个党员都要自觉用党章要求规范自己的一言一行，真正把党章作为加强党性修养的根本标准，作为严守党的政治纪律的指南。二要同党中央保持高度一致，自觉维护党的团结统一。严守政治纪律，最核心的是坚持同党中央保持高度一致。这不是一个空洞的口号，而是一个重大的政治原则和实际行动。要坚决维护中央权威，坚决克服地方保护主义和部门保护主义，决不搞“上有政策，下有对策”，决不搞“有令不行，有禁不止”。三要坚决抵制各种违反党的政治纪律的现象，做到立场坚定、敢于斗争。党员干部在面对违反原则、违反政治纪律、违反党和国家利益的重大问题时，要敢于亮剑，敢于同“反对派”、“两面派”、“造谣派”作坚决斗争；要自觉接受党的政治纪律的约束，坚决反对言论自由化；要慎独慎微，严于自律。四要严格执行党的纪律，防止“破窗效应”。党的纪律严明与否，关键在能不能严格执行。纪律不执行就会形同虚设，成为摆设，就会形成“破窗效应”，党的章程、原则、制度、部署就会丧失严肃性和权威性，党就会失去战斗力，党的政治思想和政治目标也就无从谈起。要加强各级党组织和党员干部执行党的政治纪律的监督检查，加大对违反政治纪律党员干部的查处力度，切实做到纪律面前人人平等、遵守纪律没有特权、执行纪律没有例外。

加强党性修养，坚守共产党人的政治品德。党员干部只有自觉加强党性修养，才能有效经受住各种考验、防范各种危险。一要树立公道正派的正气。党员领导干部既要在用人问题上坚持公道正派，又要在作决策、处理政务时坚持公道正派。二要保持勇于担当的勇气。担当是一种责任、一种精神，更是一种政治品德。领导干部勇于担当，要贯穿于从政行为的全过程，体现在执政为民的具体实践中。在大是大非面前，要保持清醒头脑，以党和人民的利益为重，敢于坚持原则、求真务实，不见风使舵，不随波逐流；在急难险重任务面前，要做到不回避、不畏惧，关键时刻站得出来、危急关头豁得出去；在困难和矛盾甚至是违法乱纪行为面前，要敢抓敢管、敢于碰硬、敢于得罪人，坚决摒弃“好人主义”的庸俗作风，不搞“揣着明白装糊涂”。三要涵养民主团结的大气。把民主团结作为一种能力来锻炼，作为一种形象来塑造，作为一种文化来传承，以民主团结涵养共产党人的大气，以同心同德升华共产党人的境界。四要打足廉洁从政的底气。党员领导干部廉洁从政，最重要的是要把好第一关，守住第一道防线，不迈违规违纪的第一步，不犯权力寻租的第一错。

（作者系中共湖北省委常委、组织部长）

用社会主义核心价值观引领风尚凝聚力量

（2014年3月4日）

王三运

培育和践行社会主义核心价值观，是精神文明建设的一条主线，也是我们今年工作的重点任务。中央《关于培育和践行社会主义核心价值观的意见》（以下简称《意见》），进一步明确了践行和弘扬社会主义核心价值观的意义、内容、方法、规划和目标，为我们做好精神文明建设工作，特别是培育和践行社会主义核心价值观提供了重要遵循。全省各级各部门要认真学习领会中央《意见》精神，坚持把培育和践行社会主义核心价值观作为精神文明建设的主线，纳入到各项制度建设中、融入到公共文化服务中、深入到精神文明创建活动中，真正让其引领社会思潮、凝聚改革共识，为加快全面建成小康社会、建设幸福美好新甘肃提供强大精神动力。

一、着力增强认知认同

核心价值观的培育贵在知行统一，只有内心认同才能自觉践行。要坚持立体化灌输，充分运用国民教育、媒体宣传、社会实践和理论研讨等多种形式，弘扬社会主义核心价值观，引领全社会牢牢把握富强、民主、文明、和谐这一国家层面的价值目标，深刻理解自由、平等、公正、法制这一社会层面的价值取向，自觉遵守爱国、敬业、诚信、友善这一公民层面的价值准则，力争使社会主义核心价值观家喻户晓、深入人心，推动形成奋发向上、崇德向善的良好氛围。要坚持具体化运用，立足甘肃内涵丰富的精神文化史，把社会主义核心价值观的基本要求体现在“人一之，我十之，人十之，我百之”的甘肃精神中，内化为责任意识，担当意识、奉献意识和人文关爱、家国情怀，融入甘肃改革发展的伟大实践中。要坚持情感化认同，善于用大众媒体特别是讲故事的方式，宣传最美人物、弘扬最美精神，用身边事教育身边人，用小故事阐发大道理，做到深入浅出、情理交融，力争使社会主义核心价值观在人们的思想中产生共鸣，成为情感的寄托，达到春风化雨的效果。

二、着力坚定理想信念

习近平总书记强调，“经过几千年的沧桑岁月，把我们56个民族、13亿多人紧紧凝聚在一起的，是我们共同经历的非凡奋斗，是我们共同创造的美好家园，是我们共同培育的民族精神，而贯穿其中的、更重要的是我们共同坚守的理想信念。”面对当前社会思想意识多元多样多变，人们的思想观念、价值取向与现实利益相互交织，正确思想和错误思想、主流意识形态和非主流意识形态相互交织，人们关于好坏、得失、善恶、美丑等方面的价值选择发生深刻变化的实际，必须坚决抵制各种错误思想影响，坚持道路自信、理论自信、制度自信，坚定共产主义信仰，坚定中国特色社会主义信念，确保任何时候都站稳政治立场。

三、着力筑牢精神家园

习近平总书记指出，精神力量是无穷的，道德的力量也是无穷的，“中华文明源远流长，蕴育了中华民族的宝贵精神品格，培育了中国人民的崇高价值追求。自强不息、厚德载物的思想，支撑着中华民族生生不息、薪火相传，今天依然是我们推进改革开放和社会主义现代化建设的强大精神力量。”在甘肃革命、建设和改革的历程中，由一代代陇原儿女树立了一座座精神丰碑，在实践中创造了“南梁精神”“铁人精神”“‘三苦’精神”“舟曲抢险救灾精神”“甘肃精神”等等，这些精神是我们取之不尽、用之不竭的宝贵财富。我们必须把这些精神传承好发扬好，以核心价值塑造人、以道德教育感化人、以先进典型引导人，提升甘肃形象、筑牢精神家园，引领广大干部群众在建设幸福美好新甘肃的征程上砥砺奋进、埋头苦干。

四、着力推动人人实践

实践社会主义核心价值观，是每个公民自己的事情，也是其生命力所在。要重视引导，坚持教育和实践两手抓，以教育引导实践，以实践深化教育，有效推动社会主义核心价值观进机关、进学校、进社区、进企业，不断扩大参与面。要系于点滴，坚持由易到难、由近到远，从文明礼仪、文明餐桌、文明旅游、文明交通等具体行为养成抓起，从身边小事做起，从一点一滴做起，引导人们知荣辱、讲文明、守礼仪、做表率。要融入活动，通过广泛开展“德润陇原”道德实践活动、“做文明有礼的甘肃人”主题活动、“邻里守望、情暖陇原”志愿服务、道德讲堂进社区进乡村等群众性活动，真正把社会主义核心价值观烙印在人们的脑海深处，转变为生动的道德实践，贯穿于创建文明城市、文明乡镇、文明单位活动始终，让群众在社会大舞台上演主角、唱主戏，让人们在广泛参与中汲取营养、领悟真谛。高度重视农村、社区、行业精神文明创建活动，围绕创新创造新经验新亮点，从点点滴滴事情做起，坚持不懈地抓，建设精神文明“大厦”就能形成气候。

五、着力抓好青少年教育

青少年阶段是价值观形成阶段，是可塑性最强的时期，抓好了青少年思想道德教育，也就抓住了未来、管住了长远。要坚持从小抓起、从学校抓起，针对不同年龄段的青少年采取不同的引导方式，形成课堂教育、社会实践、校园文化多位一体的育人平台，建立“爱学校、爱劳动、爱祖国”活动的长效机制。要把加强和改进未成年人思想道德建设工作作为强基工程、未来工程、民心工程，作为各级党委政府义不容辞的政治责任和全社会的共同使命，坚持家庭、学校、社会全方位用力，积极构建“三位一体”的教育网络，确保教育不留空白、不出偏差。要把多姿多彩的道德实践活动融入未成年人的成长历程，把社会主义核心价值观融入未成年人教育的全过程，为孩子们构建一片蓝天，让他们在实践中懂得感恩、懂得关爱他人、懂得回报社会，激发他们立志报效祖国、建设美好家乡的壮志情怀。

（作者系甘肃省委书记、省人大常委会主任）

准确把握培养选拔好干部的原则

（2014 年 5 月）

胡和平

新修订的《党政领导干部选拔任用工作条例》（以下简称《干部任用条例》）是我们党选人用人工作的基本遵循和根本大法。学习贯彻《干部任用条例》，首先要把握和坚持条例规定的七条原则。这七条原则可分为根本原则、基本原则和工作原则三个层次，统一于培养选拔党和人民需要的好干部这一目标，贯穿条例始终，是党政领导干部选拔任用工作的指导思想和基本方针。

一、根本原则是党管干部

《干部任用条例》七条原则中第一条就是“党管干部”原则，这是干部工作的首要原则，也是党执政最重要的原则。我们党 90 多年来由小变大、由弱变强，赢得一个又一个胜利，究其原因，关键就在于坚持了党管干部这条原则。十八大以来，党中央反复强调，用人权是最重要的执政权，培养好干部是组织工作的头等大事和中心环节。其核心思想就是要毫不动摇地坚持党管干部，确保各级领导权始终掌握在忠于党、忠于人民、忠于马克思主义的人手中。

明确党管干部的内容。《干部任用条例》充分体现了“党管干部就是管方向、管政策、管制度、管人头”的要求。管方向，就是着眼形成正确的用人导向，科学规范干部工作的原则标准、程序方法和纪律要求，确保党的政治路线、组织路线、干部路线有效贯彻落实。管政策，就是着眼新形势新要求，及时制定完善干部教育培养、选拔任用、考核评价、管理监督等各方面政策措施，使干部工作始终与事业发展相适应。管制度，就是着眼提高干部工作的科学化水平，深化干部人事制度改革，健全干部工作制度体系，努力形成有效管用、简便易行的选人用人机制。管人头，就是着眼建设高素质执政骨干队伍，坚持从严选拔、从严教育、从严管理，真正把那些信念坚定、为民服务、勤政务实、敢于担当、清正廉洁的好干部选拔到各级领导岗位上来。

明确党管干部的措施。《干部任用条例》坚持问题导向，突出强调党领导干部选拔任用工作，采取一系列针对性措施强化党组织的主体地位和主导作用。在程序设置上，新增“动议”一章，规范了选拔任用的初始环节，明确党组织从干部选拔任用的启动环节就应当发挥领导和把关作用。在实体制度上，针对唯选票、唯分、唯GDP、唯年龄等突出问题，给出了答案、开出了“药方”。在人选把关上，加强了党组织对公开选拔、竞争上岗、交流任用、破格提拔等特殊情形选拔任用人选的审批把关，等等。这些措施有效地纠正了以往的一些片面做法，加强了党组织在干部问题上的话语权、决定权。

明确党管干部的责任。在干部选拔任用中，党委（党组）、组织部门、纪检监察机关等都负有相应的职责。修订后的《干部任用条例》进一步强化了党委（党组）、分管领导和组织部门在干部选拔任用中的权重和干部考察识别的责任。党委（党组）对整个干部选拔任用工作负总责，必须加强组织领导，认真落实好干部用人导向，严格按制度办事，支持组织部门正确履行选人用人职责，坚决防止用人上的不正之风。尤其是党委（党组）主要负责同志要坚持集体领导，防止个人说了算。组织部门对干部选拔任用工作负直接责任，必须坚持原则、公道正派，全面深入了解干部，规范干部选拔任用程序，严格执行干部政策法规，严厉查处选人用人上的违规违纪行为，努力为党委选人用人当好参谋。特别是应大力弘扬担当精神，敢于主持公道，敢于得罪人，敢于与不正之风战斗。

二、基本原则是民主集中制

《干部任用条例》七条原则中第六条是“民主集中制”原则。民主集中制是我们党的根本组织制度和领导制度，是实现党内民主的重要形式。西方国家管理人员的选拔任用有多种实现途径，其中受金钱支配的选举最有影响。我们党是按照民主集中制原则组织和凝聚起来的，选人用人工作必须坚持这一基本原则，这是我们党和西方政党最本质的区别。

民主集中制是党管干部的实现形式。党管干部的过程，就是一个从民主到集中，再从集中到民主，并不断往复的过程。《干部任用条例》规定的每个环节、每项程序，都反映了民主集中制的要求。从中央委员到各级领导干部的产生，都需要经历“几上几下”，每一个“上下”都是一次民主和集中的过程。习近平总书记在浙江工作时曾反复强调，在干部选拔任用上坚持民主集中制，就是要进一步强化责任意识，既擦亮自己的“一双眼睛”，又用好集体的“多双眼睛”，营造一种选贤任能的良好氛围。我们必须把民主集中制原则贯彻到干部动议、民主推荐、组织考察、讨论决定和沟通协商等各个环节中去，更好地选准人用好人。实践表明，民主集中制坚持得好，干部工作就开展得好；民主集中制坚持得不好，党管干部就会出现偏差。

正确处理民主与集中的关系。民主集中制是坚持民主基础上的集中和集中指导下的民主相结合的制度。坚持民主集中制，关键是把握好民主与集中的度，防止过犹不及，防止从一个极端走向另一个极端。这些年来，浙江在扩大干部工作民主方面有许多探索，如二次会议推荐、“两圈”考察等。但在实际操作中也出现了集中不够与民意失真并存的问题，存在着“简单以票取人”的现象。解决好这些问题，必须正确处理好民主和集中的关系。当前，重要的是更好地发挥党组织的领导和把关作用，无论是推进干部人事制度改革、制定干部工作政策，还是推荐、使用和管理干部，都要贯彻好党的意志，体现好中央的要求。同时，要坚持发扬民主的方向，积极探索干部群众参与干部选拔任用工作的有效途径，不断提高干部工作民主质量，真正做到民主与集中的有机统一。

按照民主集中制要求改进干部选拔任用工作。在“动议”这个首要环节，要综合有关方面建议和平时掌握的情况，加强分析研判，在一定范围内进行酝酿。动议的核心是提名。近年来，浙江对规范干部任用提名工作进行了一些有益探索。比如，全面建立省市县三级党委全委会成员民主推荐提名重要干部制度，采取“两轮推荐、差额比选”的方式推荐省直单位主要负责人拟任人选，试行省级领导干部实名推荐等，较好地实现了加强领导和发扬民主的结合。在“民主推荐”这个基础环节，要改进方式方法，按照知情度、关联度和代表性原则合理确定参加推荐的人员范围，明确先进行谈话推荐再进行会议推荐的适用情形，提高民主推荐的科学性和真实性。去年，浙江研究制定了《关于在民主推荐中区分不同类型合理确定参加推荐人员范围的意见》，在“确定考察对象”这个核心环节，要根据工作需要和干部德才表现，将民主推荐与平时考核、年度考核、一贯表现和用其所长、人岗相适等情况综合考虑、充分酝酿，防止把推荐票等同于选举票、简单以推荐票取人。另外，浙江省委组织部建立领导班子建设专题分析会制度，定期对班子和干部队伍建设情况进行分析研判，对于及时全面掌握干部情况很有帮助。在讨论决定这个关键环节，要按照集体领导、民主集中、个别酝酿、会议决定的要求，坚持党委（党组）集体讨论决定，该票决的要票决，该回避的要回避，该报告的要报告，坚决防止临时动议、以圈阅代替集体决定、少数人说了算等违规用人行为。

三、工作原则

《干部任用条例》规定的五湖四海、任人唯贤，德才兼备、以德为先，注重实绩、群众公认，民主、公开、竞争、择优，依法办事五条原则，是干部工作必须把握的具体工作原则，必须贯彻到干部选拔任用的实际操作中去。

坚持正确用人导向。五湖四海、任人唯贤，德才兼备、以德为先，注重实绩、群众公认这 3 条原则，明确了选人用人的鲜明导向。比如，《干部任用条例》规定，党政领导干部可以从党政机关选拔，也可以从党政机关以外选拔；注意从担任过县、乡党政领导职务的干部和国有企事业单位领导人员中选拔；加强干部跨条块跨领域交流等，都体现了五湖四海、任人唯贤的原则。又比如，规定了干部选拔任用的 6 项基本条件、7 项基本资格，明确“裸官”等 6 种情形不得列为考察对象，破格提拔干部要符合“特别优秀”和“工作特殊需要”这两种情形，考察应当保证充足的时间、听取纪检监察机关等部门意见、查阅个人有关事项报告情况等，都体现了德才兼备、以德为先的原则。再比如，要求注重对科学发展实绩的考察，坚持把民主推荐作为必经程序，明确群众公认度不高的不得列为考察对象，规定了干部问责的具体情形和被问责干部的重新任职等，都体现了注重实绩、群众公认的要求。

落实干部选拔方针。民主、公开、竞争、择优是干部选拔任用工作的重要指导方针，体现在选人用人的具体程序、方法、措施等方方面面。民主、公开、竞争、择优是互相联系的有机整体，其中民主是方向，公开是前提，竞争是途径，择优是目的。《干部任用条例》规范了干部任职前公示的时间、内容；提出考察对象一般应当多于拟任职务人数；要求党委推荐人大、政府、政协等领导班子换届人选应当事先进行民主协商等，都体现了这一重要原则。尤其是《干部任用条例》对公开选拔、竞争上岗进一步明确，坚持将其作为干部选拔任用的方式之一，保留专章规定，又针对突出问题进行了规范，强调要合理确定范围，严格设置资格条件，科学规范测试，坚决防止简单以分取人。这些措施要求，为拓宽选人用人视野、促进优秀人才脱颖而出提供了重要保证。

严肃选人用人纪律。依法办事是依法治国方略在干部工作中的体现，是维护干部政策法规严肃性权威性的必然要求。《干部任用条例》指出，必须严格执行条例的各项规定，严格遵守“十不准”纪律要求，加强干部选拔任用全程监督，严肃查处违反组织人事纪律的行为，实行干部选拔任用工作责任追究制度，等等。中组部还配套制定了《关于加强干部选拔任用工作监督的意见》。这都为严明干部工作纪律，着力营造风清气正的选人用人环境提供了根本保障。总之，只有认真学习条例，全面准确把握精神实质，坚决抓好贯彻落实，才能从制度上保障一批又一批党和人民需要的好干部不断发现出来、使用起来。

（作者系中共浙江省委常委、组织部长）

统战工作是党的特殊的群众工作

（2014 年 5 月）

颜 世 元

统战工作是党的特殊的群众工作，做好统战工作，同样要走好群众路线。从工作对象看，统一战线以特定的社会成员为工作对象，他们几乎涉及社会各领域、各层面、各界别，社会地位不同，人生阅历各异，共同特点是拥有比较丰富的政治经济文化资源，具有特定的社会代表性和广泛的社会影响力。从工作内容看，统战工作是为了促进我国政党、民族、宗教、阶层、海内外同胞五大关系和谐，最大限度地调动积极因素，化解消极因素，争取中间力量，壮大我方力量。从发展趋势看，统战工作范围从经济建设、政治建设、文化建设向社会建设和生态文明建设领域拓展。这些因素，深刻影响着新形势下统一战线的群众性问题，给党的统战工作提出了新的任务和挑战。

一、在统战工作中自觉践行党的群众路线

坚持一切为了群众，把全心全意为广大统战成员服务作为统战工作的根本出发点和落脚点。在统战工

作中践行党的群众路线，必须牢固树立党的宗旨意识，努力实现好维护好发展好广大统战成员的根本利益。高度重视和关注统战成员的利益诉求，建立健全利益表达机制，诚恳倾听他们的意见建议。全面贯彻落实党的统战政策，既妥善协调他们的政治利益，充分保障他们参与民主决策、民主管理、民主监督的各项权利，也要维护好他们的经济利益、文化利益和社会利益，使统战成员和全体人民一道共享改革发展成果。同时，在全面深化改革的进程中，也要积极引导广大统战成员增强全局观念、大局意识，正确对待利益关系格局的调整完善，超越阶层界别局限，把思想和行动高度统一到党和国家的决策部署上来，积极理解改革、支持改革、参与改革。

坚持一切依靠群众，最大限度地为全面深化改革寻求公约数、凝聚正能量。在统战工作中践行党的群众路线，要始终坚持大团结大联合的主题，恪守求同存异原则与和而不同理念，在承认差异、尊重差异的前提下，紧紧围绕建设中国特色社会主义伟大事业、实现中华民族伟大复兴的共同思想政治基础，不断巩固共识、增进共识、深化共识，为全面深化改革寻求最大公约数。对广大统战成员要政治上信任、工作上支持、生活上关心、交往中尊重，鼓励他们做我们党的挚友和诤友。要把关心人、尊重人、理解人的理念贯穿于统战工作的全过程各环节，以真情实意赢得统战成员的信赖，为全面深化改革提供强大动力。

坚持从群众中来、到群众中去，充分发挥统一战线在协商民主中的重要作用。在统战工作中践行党的群众路线，要充分发挥统一战线在协商民主中的重要作用，努力推进协商民主广泛多层制度化发展，把我们党“从群众中来、到群众中去”的根本领导方法和工作方法自觉运用于协商民主实践，坚持协商于决策之前和决策实施之中。从群众中来，通过民主协商把统战成员中大量的、分散的意见集中起来，准确地反映不同群体中倾向性、普遍性、苗头性诉求，使党和政府的决策及时体察民情、充分反映民意、广泛集中民智。到群众中去，通过民主协商向统战成员宣传党和政府的决策，解疑释惑，研机析理，搞好引导，使之成为广大统战成员的共同意志和自觉行动。要高度重视和充分发挥广大统战成员特别是各民主党派和无党派人士的民主监督作用，构建起科学合理、切实有效的监督体系。

二、在践行群众路线中不断提高统战工作科学化水平

更加注重向基层延伸。随着我国经济社会结构的深刻变化，基层统战工作对象也呈现出许多新特点。要切实转变片面认为统战工作集中在上层的陈旧观念，不断提高对基层统战工作重要性的认识，自觉推动统战工作触角向基层延伸、重心向基层下移。在继续做好上层统战工作的同时，切实把抓基层、打基础摆在突出位置，健全基层统战工作网络，推动基层统战工作进街道、进社区、进园区、进楼宇，努力做到哪里有统战成员哪里就有统战工作，统战成员扩大到哪里统战工作就延伸到哪里，统战成员活动到哪里统战工作就跟进到哪里，把更多统战成员团结在党的周围，不断壮大党执政的群众基础。

更加注重向社会拓展。改革开放以来，我国非政府非企业的社会组织大量涌现，目前仅山东就 4 万多个。统战工作要适应社会主义现代化建设总体布局的新调整和社会组织的新变化，在继续做好经济政治文化等领域统战工作的同时，大力拓展社会领域的统战工作。一方面充分发挥统战系统中现有各类社团组织的作用，另一方面积极做好社会上带有统战性质、具备统战潜能的新兴社团组织联谊工作，还要有计划有步骤地推动建立一些必要的新型社团组织，组织和引导社团组织积极参与社会治理创新，为实现国家治理体系和治理能力现代化的改革总目标贡献力量。

更加注重联谊新兴群体。随着我国经济社会发展和转型加快，互联网、手机等新兴媒体迅速发展，从业人员激增，各类新兴群体逐渐形成。新兴群体数量增长快、平均年龄低、专业技能高，思想活跃、价值多元、动员力强，又大多游离于体制之外，对我国经济发展和社会和谐稳定产生着日益显著的影响。我们要深入研究新兴群体的性质特征，积极探索对他们开展工作的形式、方法、途径，尽快把他们纳入统战工作范围。要善于运用现代管理理念和发挥互联网等新兴媒体优势，逐步建立健全新兴群体统战工作平台，认真研究与新兴群体联谊交友的方式方法，及时跟进、掌握情况、制定政策、开展工作。特别要重视加强和新兴群体中代表人士的联系与交往，引导他们认同主旋律、凝聚正能量，在新兴群体中发挥建设性作用。

更加注重转化边缘因素。转化边缘因素、争取中间力量，是统战工作的精髓和魅力所在。在当前世情国情党情深刻变化的大背景下，基于利益、观念、心态等各方面原因而出现一些边缘性社会成员、社会成分、社会群体不足为怪。这些边缘因素具有很大的模糊性、摇摆性、不确定性，推出去可能成为对立面、负能量，拉一拉则可能成为同盟者、正能量。我们要切实加强对他们的工作，纳入视野、主动接触、加强引导、消除隔阂、凝聚共识、增进认同，最大限度地

把消极因素转化为积极因素，变可能的负能量为可靠的正能量。尤其要关注那些代表性人物，积极主动、耐心细致地做好他们的工作。

（作者系中共山东省委常委、统战部部长）

在省委非公经济和社会组织工委扩大会议上的讲话

（2014 年 5 月 9 日）

王　炯

召开省委非公经济和社会组织工委扩大会议，对去年工作进行回顾，推动今年重点工作的开展，很有必要。今天上午，各市委非公工委书记进行了述职，省委非公工委委员分别进行了提问和点评，这种形式很好。下午，汝平同志通报了 2013 年度工作目标管理任务落实情况，何军同志代表省委组织部、省委非公工委与各市签订了今年的目标管理责任书，同志们又讨论了省委非公工委 2014 年工作要点。会议内容很丰富，任务要求非常明确，希望同志们认真抓好贯彻落实。

省委对非公企业和社会组织党建工作高度重视，宝顺书记多次专门听取汇报，并且对此进行强调，要求切实加强组织领导，健全体制机制，落实工作保障，努力推动非公企业和社会组织党建工作取得明显成效。会前，锦斌副书记亲自审定会议方案，对开好会议提出了明确要求。

省委非公工委成立一年多来，在省委坚强领导下，各成员单位密切配合、发挥优势、主动作为，非公企业和社会组织党建工作取得了阶段性成效。主要体现在：一是坚持贴近中心，工作思路进一步明晰。注重抓好顶层设计，深入贯彻省委、省政府大力发展民营经济的重大决策部署，制定了加强非公企业党建工作服务民营经济发展的意见、2013—2015 年全省非公企业党的建设工作规划、关于向非公企业派驻万名党建工作指导员等三个通知。“一个意见、三个通知、一个规划”的出台，进一步明确了今后一个时期的工作思路、目标任务和措施要求，是我们做好工作的重要指导。二是坚持抓主抓重，基层基础进一步夯实。突出抓好非公企业党的组织和工作“两个覆盖”、建设企业党组织书记和党建工作指导员“两支队伍”、发挥企业党组织的“两个作用”，非公企业党组织组建率达到 92.5%，较 2011 年底增长了 51 个百分点；在独立法人非公企业建立工会组织 9.3 万多个、共青团组织 1.4 万多个；集中选派了 1.2 万余名党建工作指导员，帮助 3.7 万多户非公企业开展工作；全省举办培训班 896 期，培训以党组织书记为重点的党务工作者 3.5 万多人次。三是坚持探索创新，工作实效进一步增强。非公企业和社会组织党建工作新情况、新问题比较多。同志们按照各自的工作职责，坚持在探索中前进、在创新中加强，不断提升工作实效。组织开展创建“双强六好”非公企业党组织活动，全省共创建 1755 个。建立直接联系服务企业党组织工作机制，省、市、县（市、区）委非公工委直接联系服务企业党组织 2844 个，全省县级以上领导干部建立联系点 6460 多个，加强指导，提供服务，非公企业党建工作整体水平不断提高。四是坚持强化领导，工作保障进一步落实。市、县（市、区）全部成立了党委非公工委及办事机构，普遍设立了非公企业和社会组织党建工作专项经费；省级以上开发区党工委、产业集群专业镇党委普遍下设了综合党委，工作机制得到进一步健全。

在肯定成绩的同时，也要清醒地看到，非公企业和社会组织党建工作基础仍然比较薄弱，还面临不少困难和问题，主要是：各地工作进展不平衡，推进力度、落实程度、工作成效有差距；非公企业、社会组织党建工作没有做到齐头并进等。对此，我们要引起高度重视，采取有力措施，认真加以解决。

下面，我讲三点意见，供同志们参考。

一、深化思想认识，切实增强工作责任感和使命感

只有认识到位，行动才能自觉。我们要更加全面、更加深刻地认识加强非公企业和社会组织党建工作的重要意义，切实增强大局意识、责任意识和机遇意识，积极主动地做好各项工作。

第一，加强非公企业和社会组织党建工作，是保证非公经济和社会组织健康发展的需要。非公企业和社会组织是发展社会主义市场经济、加强社会建设的重要力量。抓好非公企业和社会组织党建工作，建立健全党的基层组织并充分发挥党的思想政治优势、组织优势和密切联系群众优势，有利于引导非公企业和社会组织贯彻执行党的路线方针政策，解决好为谁服务、为谁谋利益的问题，始终保持社会主义发展方向；有利于激发社会活力，凝聚各方力量，服务非公企业和社会组织的生产经营和事业发展；有利于协调解决非公企业和社会组织内部矛盾、维护各方合法权益、

促进社会和谐稳定。

第二，加强非公企业和社会组织党建工作，是巩固党执政的组织基础的需要。非公企业和社会组织分布广泛，是工人群众比较集中的领域，也是新社会阶层人员比较集中的地方，聚集着一大批思想活跃、技术先进、勤奋有为的优秀人才。唯有加强非公企业和社会组织党建工作，切实将这些力量组织起来、团结起来，凝聚在党的周围，才能不断增强党的阶级基础、扩大党的群众基础、夯实党的执政基础。

第三，加强非公企业和社会组织党建工作，是落实全面深化改革各项任务的需要。十八届三中全会对全面深化改革作出全面部署，对深化经济领域改革、激发社会组织活力提出明确要求。省委在全面深化改革的意见中也对此提出了具体要求。贯彻落实好中央和省委的部署要求，必须要靠党的建设来保障。我们要认真研究非公企业和社会组织快速发展带来的新情况和新问题，进一步加强非公企业和社会组织党建工作，为深化改革提供坚强有力的组织保证，努力推动非公经济和社会组织实现更大的发展。

二、认真履行职责，全面推进非公企业和社会组织党建工作

推动非公企业和社会组织党建工作，要坚持“两手抓”，在抓好非公企业党建工作的同时，加大社会组织党建工作力度，努力做到同步推进。

第一，要巩固和提升非公企业党建工作水平。全面贯彻落实中央和省委的部署要求，抓好各项重点任务的落实。一是要进一步提高“两个覆盖”的质量。近年来，通过开展集中组建党组织活动，全省非公企业党组织覆盖率得到显著提高，但是单独组建党组织的比例还不太高。非公企业的发展是动态的，保持非公企业党的组织和工作高位覆盖和有效覆盖，需要我们下更大的功夫。二是要进一步增强“两支队伍”的素质。党组织书记是在企业开展党的工作的带头人。我们要始终坚持选优配强、真情关爱非公企业党组织书记，让他们干事有平台、待遇有保障、干好有发展。要重视非公企业党组织书记后备队伍建设，努力做到哪里有党的组织，哪里就有一名合格的党组织书记。同时，要进一步抓好党建工作指导员队伍建设，切实抓好日常管理和服务工作，充分发挥他们的作用。对新建的企业，要根据企业意愿，及时派驻党建工作指导员，确保工作持续推进。三是要进一步发挥企业党组织的“两个作用”。要创新服务型党组织建设的方式方法，切实把“三有两评”的工作要求落到实处。积极探索依托行业主管部门加强党建工作的有效途径，进一步增强工作的针对性和实效性。鼓励非公企业党组织结合实际，创新活动载体，深化创先争优，在服务改革、服务发展、服务民生、服务群众、服务党员方面充分发挥作用。四是要进一步培育树立工作典型。培育典型、示范带动，是抓基层组织建设的一条重要经验。要把各级党委非公工委直接联系服务的企业党组织和“双强六好”企业党组织作为重点对象，加强指导帮助，培育出一批先进典型，及时总结推广成功经验，发挥示范带动作用，影响和带动其他党组织抓好工作、提升水平。

第二，要加大力度同步推进社会组织党建工作。近年来，我们在推进非公企业党建工作上下了很大力气，取得了明显成效。相对而言，社会组织党建工作尚处于破题阶段，许多工作还没有完全开展起来，与社会组织迅速发展的形势不相适应。我们要积极探索创新，加大推进力度。省里正在研究制定加强和改进社会组织党建工作的意见，并将其作为深化党的建设制度改革的一项重要内容。在意见出台前，各地要统筹安排，把工作先开展起来。当前，要重点抓好以下工作：一是要开展集中组建，努力在扩大组织覆盖上有新突破。总结运用在非公企业集中组建党组织的工作经验，在全省依法登记管理的社会组织中，开展集中组建党组织活动，努力实现有党员的社会组织全部建立党组织。要根据社会组织分布特点，强化行业主管部门责任，依托行业主管部门抓组建，推动工作落实到位。二是要突出重点行业，努力在发挥示范带动作用上有新进展。抓重点、带全局，是推进工作的有效办法。近年来，我们一直坚持以律师、注册会计师行业为重点，依托主管部门抓好行业系统党建工作，取得了一定成效。去年底，我们又在全省注册税务师行业成立了党委。各地要认真总结经验，充分发挥行业主管部门的指导作用，提高社会组织党建工作整体水平。三是要加强载体建设，努力在发挥党组织和党员作用上有新提升。要在社会组织中开展以“比作用发挥，争创服务型党组织；比诚信奉献，争做优秀共产党员”为主要内容的“双比双争”活动，注意总结基层的好经验好做法，进一步丰富工作载体，积极探索党组织和党员发挥作用的有效方法和途径。

第三，要扎实抓好非公企业和社会组织群众路线教育实践活动。中央、省委对在非公企业和社会组织开展第二批教育实践活动高度重视，省委活动领导小组还专门制发了指导方案。各级党委非公工委要高度重视、摆上位置，真正投入进去，推动工作开展，确保非公企业和社会组织教育实践活动取得实效。一是要切实加强指导。要深入调查研究，采取有力措施，

强化组织领导。工委成员单位要结合自身职能和业务工作，采取条块结合的方式，指导非公企业和社会组织开展活动。非公企业和社会组织集中的各类开发区、产业集群专业镇成立的活动指导小组，要进一步细化措施，加强具体指导。二是要抓好任务落实。要更加注重从实际出发，强化分层、分类指导；更加注重活动效果，不要对形式上的东西作过多的强求，不能搞齐步走；更加注重思想动员和宣传引导，既要动员党员积极参加，又要争取业主大力支持，还要吸引群众广泛参与。三是要解决突出问题。非公企业和社会组织有其特殊性，作风问题上的表现形式与其他领域有所不同，但不论是"四风"问题，还是群众反映强烈的不正之风，都不同程度地存在。对此，要有清醒的认识，坚持问题导向，坚持教育实践并重，坚持边学边查边改，着力解决好突出问题，特别是联系服务群众"最后一公里"问题，进一步提升党组织的创造力、凝聚力和战斗力，发挥党员的先锋模范作用。四是要搞好工作统筹。教育实践活动的开展，为我们加强基层党组织建设提供了重要契机。我们要紧紧抓住这一重大机遇，与加强党建工作结合起来，指导非公企业和社会组织党组织抓好问题整改，加强自身建设，提高工作水平；与非公企业和社会组织的生产经营、事业发展结合起来，以推动发展的实际成果检验活动开展的实效。

三、践行"三严三实"，推动各项任务落到实处

习近平总书记在参加十二届全国人大二次会议安徽代表团审议时发表的重要讲话，明确提出"三严三实"要求，这是党员干部的修身之本、为政之道、成事之要，是全党改进作风的再启程、再出发，是新时期扎实推进组织工作的行动指南和重要遵循。省委对学习贯彻"三严三实"要求高度重视，就进一步加强作风建设作出了全面部署，提出了明确要求。各级党委非公工委要认真贯彻落实"三严三实"要求，从严上要求、向实处着力，以高度负责的态度、坚定不移的决心、科学有效的方法，解决好面临的困难和问题，推动非公企业和社会组织党建工作任务的落实。

第一，要落实工作责任。抓落实不仅是素质能力的要求，更多的是工作责任和工作作风的体现。责任落实，任务才能得到落实。各级党委非公工委要对照今年的工作安排，搞好任务分解，明确工作的目标、进度、责任人和具体要求，做到工作有人抓、任务能落实。

第二，要形成工作合力。各级党委组织部门和非公工委要加强统筹协调，注重发挥工委成员单位职能作用，指导他们把党建工作与单位业务工作有机衔接起来，研究加强党建工作的相关政策，采取务实管用的措施，支持和推动党建工作开展。省总工会、团省委要加强领导和指导，抓好非公企业和社会组织工会、共青团组织建设。

第三，要讲求工作方法。非公企业和社会组织点多面广，情况千差万别，必须用科学有效的方法来推进。要推行目标管理，继续抓好层层签订目标管理责任书工作，每年对落实目标管理任务情况进行评估。要加强过程控制，对工作的各环节和每个步骤进行全程管控，强化指导督查，实行跟踪问效。要突出问题导向，对工作中发现的问题及时纠正，坚持立行立改，提高工作质量。

第四，要强化保障建设。必要的工作条件是搞好工作落实的重要保障。各地都已成立了党委非公工委，但工作运行还不是很规范，人员经费等还没有完全落实。工作中，我们要主动向党委汇报，积极争取支持，为更好地开展工作、发挥作用创造条件。当前，重点要抓好工委成员配备、办事机构建设，想办法解决基层工作力量薄弱的问题，努力做到各级都有专人负责非公企业和社会组织党建工作。

同志们，抓好非公企业和社会组织党建工作责任重大，任务艰巨。我们要紧紧抓住开展群众路线教育实践活动的契机，以更加饱满的政治热情、更加务实的工作作风，乘势而上、主动作为，真抓实干、攻坚克难，努力推动全省非公企业和社会组织党建工作取得新的更大成效，为打造"三个强省"、建设美好安徽作出应有的贡献。

（作者系安徽省委常委、组织部长）

落实主体责任　坚守责任担当

（2014年5月）

李鸿忠

党的十八届三中全会《决定》指出，落实党风廉政建设责任制，党委负主体责任，纪委负监督责任。习近平总书记在十八届中央纪委第三次全会上进一步强调，要落实党委的主体责任和纪委的监督责任。这是党中央在新形势下作出的重大决策部署，对于加强

党风廉政建设和反腐败斗争，完善和发展中国特色社会主义制度，推进国家治理体系和治理能力现代化，具有十分重要的意义。各级党委必须深刻领会落实党委主体责任的重大意义、精神实质和深刻内涵，坚守责任担当，做落实主体责任的践行者、引领者。

一、落实主体责任党委责无旁贷

党风廉政建设是党委必须高度重视、抓紧抓好的大事。要从落实党要管党、从严治党要求的高度，深刻认识落实党委主体责任的极端重要性，坚持大题大作，大事大为，在任何时候都不含糊、不动摇、不懈怠。

落实主体责任是党的性质决定的。腐败现象同马克思主义政党的性质水火不容。坚决反对腐败、防止党在长期执政条件下腐化变质，是党必须始终抓好的重大政治任务。明确党委的主体责任，就是要强化党委在管党治党上的职责和义务，保证党组织始终保持先进性和纯洁性；就是要求党委抓党风廉政建设的责任意识要进一步加强，推进力度要进一步加大。党委尤其是党委主要负责人要居安思危，增强忧患意识，常怀忧党之心，恪尽兴党之责，善谋治党之策，做党风廉政建设的清醒人、明白人、带头人。

落实主体责任是法定职责所赋予的。《党章》规定，党的各级纪律检查委员会协助党的委员会加强党风廉政建设和组织协调反腐败工作。中央《关于实行党风廉政建设责任制的规定》明确要求，实行党风廉政建设责任制要坚持党委统一领导。这表明，各级党委抓党风廉政建设的主体责任是法定之责。实践一再证明，一个地方的党委认真履职尽责，党风廉政建设形势就好，反腐败的力度就大；反之，不正之风就会潜滋暗长，腐败案件就会频发。党委要落实好主体责任，加大教育管理、监督约束、查办案件力度，遏制腐败现象易发多发的势头。

落实主体责任是反腐败形势的迫切要求。当前滋生腐败的土壤依然存在，反腐败形势依然严峻复杂，一些不正之风和腐败问题影响恶劣，亟待解决。反腐败的形势越严峻、任务越艰巨，落实党要管党、从严治党的要求就越要严格。党委要深刻认识反腐败斗争的长期性复杂性艰巨性，切实担负起抓党风廉政建设的主体责任，把思想统一到中央对当前反腐败形势的准确判断上来，把行动落实到中央部署的各项任务上来，用猛药去疴、重典治乱的决心，以刮骨疗毒、壮士断腕的勇气，坚决把党风廉政建设和反腐败斗争进行到底。

二、准确把握落实党委主体责任的着力点

落实党委主体责任，关键要在党的工作全局中把握和推动，切实找准工作的着力点和突破口，以重点责任的落实带动全面责任的落实。

突出选好用好干部。党的事业成败关键在人，关键在各级领导干部。对党风廉政建设和反腐败斗争来说，选好用好干部至关重要。用好干部，可以促进一方风清气正；用错干部，就会导致一方歪风邪气上升。党委要严格按照好干部“五条标准”，把信念坚定、为民服务、勤政务实、敢于担当、清正廉洁的干部选拔出来，坚决防止和纠正选人用人上的不正之风和腐败问题，夯实党风廉政建设和反腐败斗争的组织基础。

着力查处损害群众利益的行为。立党为公、执政为民是党的性质和宗旨决定的，也是党风廉政建设和反腐败工作的出发点和落脚点。党委在维护人民群众利益方面要发挥总揽全局、协调各方的作用，既严肃查处发生在领导机关和领导干部中的大案要案，又严肃查处发生在群众身边的腐败问题，建立健全维护人民群众利益的长效机制，以实际工作成效取信于民。

积极支持执纪执法工作。党委对党风廉政建设和反腐败工作的重视和支持程度，直接决定着党风廉政建设和反腐败工作的推进力度和实际成效。党委要加强对执纪执法工作的领导，及时听取汇报，专题研究部署，加强跟踪问效，切实解决重大问题。要为执纪执法机关开展工作撑腰壮胆，尤其是要支持查办案件工作，对腐败问题敢于亮丑、敢于亮剑，切实做到发现一起、查处一起，绝不姑息迁就。要为执纪执法机关开展工作创造条件、提供便利。要高度重视纪检监察干部队伍建设，打造一支坚持原则、刚正不阿的反腐倡廉“铁军”。

切实加强源头治腐。党委要在惩治和预防腐败方面敢于担当，更多地承担领导责任，把预防腐败的要求体现和落实到各项改革和制度建设中去，构建决策科学、执行坚决、监督有力的权力运行体系，形成科学有效的权力制约和协调机制，推进权力运行程序化和公开透明。坚决惩治改革过程中出现的腐败问题，既要进一步加强反腐倡廉法规制度建设，最大限度堵塞制度漏洞，更要强化制度执行和责任追究，防止制度成为“纸老虎”、“稻草人”。

带头廉洁从政。干净做事、廉洁从政是领导干部挺起腰杆、敢抓敢管的底气，更是落实党风廉政建设责任制的基本要求。党委主要领导干部要当清醒人，决不能把党和人民赋予的权力作为谋取私利、收敛钱财的资本和工具。要当明白人，在遵守廉洁从政有关

规定上行动更快一步、标准更高一等、要求更严一些，发挥示范引领作用。要当局中人，牢固树立法律面前人人平等、纪律面前没有特权、制度约束没有例外的意识，不越“雷池”、不踏“红线”。通过“一把手”以身作则、以上率下，形成廉荣贪耻的文化氛围，营造风清气正的发展环境。

三、勇担党风廉政建设主体责任

党风廉政建设主体责任贯穿于各项领导工作之中，是一个完整的、环环相扣的责任体系，党委必须全面担当起来。

担组织领导之责。要不断健全党委统一领导、党政齐抓共管、纪委组织协调、部门各负其责、依靠群众支持和参与的领导体制和工作机制，构建各司其责、分解落实，各负其责、分担奖惩，纪委专责、切实负责的责任网络体系，形成科学定责、具体明责、严格考责的落实链条。党委要统揽全局，把党风廉政建设作为党的建设和政权建设的重要内容，与经济建设、政治建设、文化建设、社会建设以及生态文明建设紧密结合，做到同部署、同落实、同检查、同考核。党的组织、宣传、政法等部门要把党风廉政建设融入各自工作。人大、政府、政协和法院、检察院的党组织要按照中央的要求，认真履行党风廉政建设的主体责任。

担教育管理之责。要针对落实党风廉政建设责任制中存在的问题，加大教育引导力度，切实增强各级领导班子、领导干部落实党风廉政建设责任制的思想自觉和行动自觉。要加强对党委主体责任的内涵、实现路径的宣传教育，引导各级领导班子、领导干部知责、明责。要采取以案说纪、知识测试等多种方式强化教育，特别是要加大对责任追究典型案件的宣传力度，促使各级领导班子、领导干部担责、尽责。我省始终紧盯“关键的少数”，连续 14 年开展党风廉政宣传教育月活动，连续 3 年举办全省党政主职廉政教育班，把党风廉政建设责任制有关规定作为党员干部廉政法规知识测试的必考内容，作为省委主要领导辅导报告的必讲内容，有效促进了责任意识的增强和工作责任的落实。

担检查考核之责。要在实、准、效上下功夫，不断增强检查考核的针对性和有效性。实，就是分解责任要实，执行责任制检查考核的制度要实。准，就是检查考核要准，把平时检查和年终检查结合起来，把全面检查和重点检查结合起来，把定性考核与定量考核结合起来。效，就是通过检查考核促进党风廉政建设责任制有效落实。我省连续 14 年实行省委常委、党员副省长带队检查考核党风廉政建设责任制落实情况，对落实情况实行百分制量化考核，并根据考核结果严格兑现奖惩，对评为优秀的地方和单位通报表彰，对排名靠后的地方和单位主要负责人进行约谈并提出整改要求，对评为不合格的地方和单位主要负责人进行诫勉谈话，促进党风廉政建设责任制在各地各单位得到有效落实。

担责任追究之责。如果一个地方和单位问题成串，腐败案件频发，主要领导即使自己是廉洁的，仍脱不了干系，脱不了主责，必定要被追责。要把实施严肃有力的责任追究作为落实党风廉政建设责任制的重要保障，以严明的纪律促进领导干部责任意识进一步提高。要建立完善“一案双查”制度，坚持有错必究，有责必问，不仅追究当事人责任，也要追究相关人员的领导责任。我省建立“一案双查”制度，注意区分教育与不教育、抓与不抓以及发生问题后报与不报、查与不查、责与非责“五个界限”，加大对不履行或不正确履行党风廉政建设责任制行为的处理力度。去年，全省对违反责任制有关规定的 1354 名党员干部进行了责任追究，产生了良好的教育效果。

四、切实履行“第一责任人”的政治责任

党委主要负责人是抓党风廉政建设的“第一责任人”，对党风廉政建设负全面责任、直接责任、首要责任，必须切实做到讲党性、重品行、作表率，守土有责、履职尽责。

树牢“两手抓、两手硬”的责任观念。要始终坚持党风廉政建设与改革发展“两手抓、两手硬”，做到改革发展的力度有多大，党风廉政建设的力度就有多大，改革发展延伸到哪里，党风廉政建设就跟进到哪里，统筹改革发展与党风廉政建设，以风清气正的环境促进改革发展、保护干部健康成长。要强化抓好党风廉政建设是本职、抓不好党风廉政建设是失职、不抓党风廉政建设是渎职的责任意识，切实把推进党风廉政建设和反腐败工作作为应尽之责、分内之事，抓领导、领导抓，抓具体、具体抓，种好自己的“责任田”。

秉持敢抓敢管的斗争精神。要勇于担当起抓党风廉政建设的政治责任，做到立场坚定、态度鲜明，坚持原则、敢抓敢管，保持共产党人的浩然正气。要在其位谋其政，对职责范围内的事情该抓的要抓、该管的要管，碰到问题第一时间解决，遇见矛盾第一时间化解，不当“老好人”，不做“太平官”，不仅要自律，而且要律他；不仅不贪污受贿，也不能失职渎职。要抓好班子、带好队伍，对下级和身边工作人员严格要求、严格教育、严格管理、严格监督，对存在苗头性、

倾向性问题的要“扯扯袖子”，甚至“大喝一声”。

发扬身体力行的务实作风。党委主要负责人要做到“四个亲自”、“四个带头”，即党风廉政建设工作亲自部署、重大问题亲自过问、重点环节亲自协调、重要案件亲自督办，带头讲廉政党课、带头作出廉政承诺、带头参加民主生活会、带头参加责任制检查考核，自觉当好党风廉政建设责任制的践行者、引领者、推动者和示范者。

（作者系中共湖北省委书记）

抓好第二批教育实践活动组织部门怎么做

（2014 年 5 月）

赵爱明

习近平总书记在全国组织工作会议和党的群众路线教育实践活动第一批总结暨第二批部署会议上的讲话，为开展第二批教育实践活动提供了重要遵循，为组织部门认真履行组织指导教育实践活动的职责指明了方向。我们要切实贯彻落实总书记重要讲话精神，以认真的态度、过硬的措施，高起点高标准高质量抓好第二批教育实践活动，努力取得群众满意的更好实效。

一、把握从严要求，严格管理监督党员干部

习近平总书记强调，第二批教育实践活动，要更加注重严格要求，思想上、整改上、正风肃纪上都要严起来。从严要求既要贯穿于教育实践活动各环节，更要落实到党员干部队伍建设全过程，以从严管理监督的实效检验第二批教育实践活动的成效。

严格执行组织纪律。增强组织纪律性是坚持党要管党、从严治党的要求。第二批教育实践活动要把政治纪律教育作为党员干部教育培训的重点内容，切实加强组织管理，把严格党内生活、遵守组织制度纳入领导班子、领导干部考核的重要内容，加强对民主集中制等党的组织制度执行情况的监督检查，严格执行请示报告制度，严格执行组织纪律。处理问题必须以中央精神为遵循，开展工作必须讲规矩、讲程序、听指挥，决不能自行其是、违规乱纪。

强化党员干部监督。加强党员干部队伍建设，既靠自觉自律，也需外力监督。坚持开门搞活动，开门纳谏、开门会诊、开门整改，全过程强化群众监督、组织监督和舆论监督。深入贯彻落实重新修订颁布的《党政领导干部选拔任用工作条例》等法规文件，进一步完善干部监督制度机制，突出抓好领导干部个人事项报告抽查核实等工作，加强干部日常监督管理。通过听取群众反映问题、开展民主测评会等途径加大监督力度，发现问题及时处理。

狠抓反“四风”制度落实。第二批教育实践活动更多涉及具体执行单位，反“四风”重点在于切实提高制度执行力，抓好制度落实。狠抓地方政府考核评价、数据及工作造假问责等制度的落实，切实解决形式主义方面的突出问题；狠抓“民情家访”、党员“先锋创绩”等制度的落实，切实解决官僚主义方面的突出问题；狠抓八项规定等系列政策规定的落实，切实解决享乐主义方面的突出问题；狠抓《党政机关厉行节约反对浪费条例》等制度的落实，切实解决奢靡之风方面的突出问题。强化问责制，推动作风建设长效化、常态化。

二、树立求实作风，着力解决各种突出问题

习近平总书记强调，搞好教育实践活动，说一千道一万，还得看解决问题。组织部门在活动中要坚持求真务实，更加注重解决实际问题，把改进作风的要求真正落实到基层，真正让群众受益。

着力解决关系群众切身利益的实际问题。第二批教育实践活动在群众家门口开展，群众普遍反映强烈的，主要是教育、就业等基本需求问题以及生态环境、食品药品安全等损害群众利益的问题。组织部门要把解决关系群众切身利益的实际问题作为重要考核指标，加大考核权重。强化离任责任审计，对拍脑袋决策、拍胸脯蛮干，损害群众利益造成恶劣影响的，视情节轻重给予组织处理和党纪政纪处分，已离任的同样追究责任。坚持走群众路线，树立群众公认导向，真正把群众信任和满意的干部选准用好。

着力解决基层组织服务能力不强的问题。基层组织是贯彻群众路线的主阵地，必须把加强基层服务型党组织建设作为活动的基础工程和重要载体，推动基层党组织“建设达标、功能转型、服务升级”。进一步加强基层党员干部队伍建设，将党性强、能力强、改革和服务意识强的党员充实到领导岗位。进一步强化基层党建工作保障，建立稳定的基层组织运转和基本公共服务经费保障制度，推动人、财、物向基层倾斜。

进一步健全基层组织建设制度机制，着力解决好联系服务群众“最后一公里”问题，把基层党组织建设成为领导班子坚强有力、骨干队伍本领过硬、服务场所功能实用、服务载体形式多样、制度机制健全完善、服务业绩群众满意的战斗堡垒。

着力解决基层干部存在的“四风”问题和实际困难。第二批教育实践活动对象大多是基层党员干部，直接与群众打交道多，受到群众反映投诉也较多。要进一步完善党员民主评议等制度，探索实行以“严把入口、优化结构，严肃处置、纯化队伍”为主要内容的“双严双化”制度，研究制定不合格党员的标准和处置程序。同时也要看到，基层党员干部工作任务重、压力大、条件差，难免有社会不理解、群众不信任、上级不关心等担忧。组织部门对他们既要严格管理，也要给予更多的关心关爱，“松绑减压”。切实防止基层干部被“污名化”，真正让他们工作有条件、干事有平台、发展有空间。

三、弘扬认真精神，切实形成敢于担当的风气

习近平总书记指出，讲认真是我们党的根本工作态度，必须做到无私无畏、敢于担当，把认真精神体现到党内生活和干事创业方方面面。在第二批教育实践活动中，组织部门要带头贯彻落实，进一步形成敢于担当、认真负责的风气。

把抓好活动与考察班子识别干部深度融合。深入分析群众反映的问题和意见建议，了解领导班子和领导干部中哪些受到群众肯定、哪些存在问题。认真审阅对照检查材料，从中研判领导班子推动科学发展的能力水平，以及理想信念、政治纪律、党性修养、道德品行等方面情况。全程参与专题民主生活会，考量领导班子团结情况以及发现和解决自身问题的能力。督促检查整改措施的落实情况，从实际工作成效看干部担当精神，从民主评议结果看群众满意程度，发现先进典型加强总结宣传，发现问题不足及时纠正处理。

把抓好活动与加强组织部门自身建设深度融合。利用组织部门抽调人员组织指导教育实践活动的机会，深化组织系统“建设学习型服务型创新型部门、争创为民务实清廉表率”活动，加强组织部门自身建设。把学习教育贯穿始终，牢固树立为民务实清廉的价值追求，以先烈先辈为镜铸信仰之基，以理想理论为镜补精神之“钙”，以党章党纪为镜除“四风”之害，以民心民声为镜办为民之事。把实践锻炼贯穿始终，让组工干部积极参与教育实践活动的组织指导、沟通协调、督促检查等工作，深入基层一线听取群众意见建议，深入活动单位借鉴工作理念方法。

把抓好活动与推动组织工作落实深度融合。开展教育实践活动和做好组织工作密不可分。要通过开展专题调研、深入基层督导等途径，发现组织工作在推进落实中存在的问题和薄弱环节，了解干部群众对组织工作的评价和期盼，总结基层组织工作创新的典型经验。在此基础上，顺应形势发展、回应群众期待，研究提出改进组织工作的办法，实现开展教育实践活动与落实各项组织工作相互促进。

（作者系中共江西省委常委、组织部长）

密切党群干群关系的可行之路

——四川开展党员干部“走基层”活动的实践与思考

（2014 年 6 月）

王东明

密切党群干群关系，保持党同人民群众的血肉联系，是我们党治国理政的根基。作为人口大省、西部欠发达地区，四川的发展稳定在相当程度上关系着全国的发展稳定大局。党的十八大以来，我们立足四川长治久安，立足四川科学发展、加快发展，坚持把密切党群干群关系作为一切工作的基础和前提，着力从党的群众路线教育实践活动中凝聚力量，在全省上下300多万名党员干部中组织开展了“走基层、解难题、办实事、惠民生”活动，倡导干部亲力亲为、到一线服务群众的时代理念，落实想群众所想、急群众所急、帮群众所需的宗旨要求，追求让老百姓看得见、摸得着、感受得到的务实效果，用与人民群众联系的实效检验作风建设成果，努力为建设美丽繁荣和谐四川注入强大力量。经过半年多的实践，党员干部走进基层，走入群众，走出了密切党群干群关系的新局面。

一、用脚步缩短距离、丈量作风，用真心换真情，在心灵上贴近群众

习近平总书记在党的群众路线教育实践活动工作会议上指出：党的根基在人民、血脉在人民、力量在人民。并强调，党要继续经受住执政考验、改革开放考验、市场经济考验、外部环境考验，就必须始终密切联系群众。这启示我们，一切工作都要有利于增进

党同人民群众的血肉联系，有利于坚实党的执政根基，使党始终带领人民，同心同德，满怀豪情踏上实现“中国梦”的伟大征程。

审视四川，近年来全省经济持续健康发展，民生持续改善，但总有那么一堵堵“玻璃墙”横亘于党员干部与人民群众之间，拉开党员干部同人民群众的距离，疏远党员干部与人民群众的感情。距离只有走近才能缩短，感情只有培养才能升华。在第一批教育实践活动后期，借力活动营造的良好氛围，我们及时启动“走基层”活动，让全体党员干部特别是机关党员干部走进全省农村和社区、走进城乡居民家中，一起聊、一起想、一起干，用真心换真情，用实干换信任，用行动展示作风。

从一开始，我们就把“走基层”活动定位为全省动员、全体参与，不分上级下级，不分城市农村，不分行政事业，所有党员干部一律把脚步踏进群众家门，接地气，养正气，得民气。推动由过去的基层党员干部走基层向领导干部带头走基层转变。坚持打铁还需自身硬，从省级领导干部带头抓起，一级带着一级干，一级干给一级看，每名班子成员都到联系点群众家中看看厨房、聊聊家常、听听困难，给予帮助。推动由过去的个别地区走基层向全省一起走基层转变。组织省市县乡各级机关党员干部走进基层联系点，走进困难群众家中，为民谋事，实在干事，真心实意帮助群众解决困难问题。推动由过去的例行式走基层向带着问题走基层转变。坚决执行中央“八项规定”，制定全省党员干部“走基层”规范要求，严令各级党员干部下基层一律不搞层层陪同，不搞形式主义，不给基层和群众增加负担，树立党员干部队伍“清新”形象。成立督导组，明察暗访，先后两轮深入全省市（州），督查到县乡村，确保“走基层”不打折扣落实到底，与群众血肉联系不断加强。

“走基层”活动开展半年多来，群众普遍反映“党的好作风又回来了”，党员干部也感到工作好开展了，过去一些地区“敲半天门、露半张脸、说半句话”的现象已成为历史。这印证了一个道理：过去转作风靠的是号召，现在转作风靠的是制度和示范，领导干部行动起来，带动全体党员干部全心参与、全力投入，才能得到群众的认可和好评。作风建设永远在路上，唯有与群众同行、为群众服务、引群众前进，并接受群众的检验，才能有效联系群众，获得群众的信任和拥护。

二、把精力放在基层、排忧解难，忙到群众心坎上，以真情付出温暖群众

习近平总书记强调：要着重解决在人民群众利益上不维护、不作为的问题，教育引导党员干部深入实际、深入基层、深入群众，坚持民主集中制，虚心向群众学习，真心对群众负责，热心为群众服务，诚心接受群众监督，坚决整治消极应付、推诿扯皮、侵害群众利益的问题。这启示我们，必须深入基层和群众，把党的群众路线教育实践活动和维护实现群众利益结合起来，关心群众冷暖，解决群众困难，用群众得实惠来检验教育实践活动成效。

回头看四川干部队伍状况，我们感到，实现由经济大省向经济强省跨越，由总体小康向全面小康跨越的奋斗目标，最需要的是求真务实、埋头苦干、强化执行和落实，最需要的是增进干群感情、赢得民心、与民协力并进，最需要的是推动科学发展、加快发展。在“走基层”活动中，我们让党员干部倾听群众意见，体察群众疾苦，解决群众困难，让人民群众真正体会到作风建设给干部队伍带来的积极变化，让群众真正感受到党员干部就在身边，党员干部就是亲人。

活动中，我们始终秉持“到基层关心群众，到基层服务群众，到基层为群众解难题办实事”的理念，着力推动党员干部带着关怀、带着责任走进群众，实现“四去四来”。

坚持干部到群众中去，工作意见建议从群众中来。认真搭建起民心沟通的桥梁，全省党员干部分期分批走访群众 400 多万户、1578 万人次，问卷调查 370 余万人，收集意见建议近 67 万条。许多意见进入党委、政府决策。

坚持党的政策到群众中去，和谐稳定局面从群众中来。学习推广“枫桥经验”，大力开展化解信访积案专项行动，集中力量分层分类排查矛盾纠纷。全省各级领导干部特别是市（州）、县（市、区）、乡镇（街道）党政主要负责同志带头接访、带案下访和包案处理信访案件，一大批群众反映强烈的信访突出问题得到解决，切实把矛盾化解在基层、纠纷调解在基层、感情融洽在基层。目前，全省县级以上领导干部信访包案达 10617 件，党员干部下访接访近 65 万人次，处置信访积案近 4 万件，处理初信初访近 4.3 万件。

坚持项目资金到群众中去，惠民方案从群众中来。始终把重点民生问题摆在突出位置，全面走访了解群众上学、看病、就业、安居、饮水、行路、用电、通讯等难题，列出办实事好事项目责任人和时间表，对特别困难和急需的马上解决，涉及面广和投入量大的积极纳入规划加快解决。目前，全省已投入资金 26.8 亿元，解决民生难题 20 多万件。

坚持帮助服务到群众中去，成效评价从群众中来。把贫困群体作为重点关爱对象，结成联系帮扶对子 220

余万个，切实关爱受灾群众、空巢老人、留守儿童、残疾人、孤寡老人等特殊困难群体。大力开展春节期间的“暖冬”行动和日常走访，把党和政府的温暖送到困难群众家中。积极组织送文化、法律、科技、政策到乡村、街道社区，不断丰富基层精神文化生活。

半年多来，在基层与群众同甘共苦，与群众风雨相携，与群众心手相连，我们深深体会到，群众在我们心里的分量有多重，我们在群众心里的分量就有多重。近70年前的“黄炎培之问”仍不过时，打破历史“周期律”靠的是民心，靠的是与群众紧紧在一起。只要解决好世界观、人生观、价值观这个“总开关”问题，解决好与群众心理和感情上“最后一公里”的差距问题，民心就如水行渠，所向在我。

三、以制度搭建平台、畅通渠道，经常与群众联系，坚持群众利益至上的价值取向

习近平总书记指出：既要立足当前、切实解决群众反映强烈的突出问题，又要着眼长远、建立健全促进党员干部坚持为民务实清廉的长效机制。这启示我们，必须始终从大处着眼、小处着手，从长远着眼、从当前着手，在解决具体问题的同时，长短结合，标本兼治，不断完善长效机制，不断提高服务群众和治理社会的制度化科学化水平。

多年来，四川各级在贯彻党的群众路线、密切联系群众方面形成了一整套比较系统的办法，这些办法还需在实践中不断改进和完善、丰富和健全。在走基层活动中，我们始终坚持“一项制度长期坚持才能见效”的理念，把工作部署与长效机制建设紧密结合起来，努力让教育实践活动的好经验好办法留得下来、坚持下去、巩固下去。

紧紧把握问题导向、党群干群联系两个核心，积极规范，努力践行，使密切联系群众的机制建立健全起来。一是建台账。在广大农村，既让党员干部走下去，又让民声民情聚上来，以乡镇、村为单位，建立民生诉求、困难群众和稳定工作“三本台账”，做到村情社情、户情民情、期盼愿望、问题困难“四个知晓”。对入账问题立说立行、即知即改，并及时将建账问题办理情况向社会公开、请群众评议。全省共建台账12万本，登记各类问题60万个，解决近50万个，农村群众对解决问题的满意度在90%以上。二是双报到。在城市社区，开展省、市、县三级机关党组织到单位所在地社区报到、在职党员到居住地社区报到的“双报到”活动，推行“居民点单、支部下单、党员接单”的“三单制”服务模式，组织开展志愿服务、结对服务和组团式服务。同时，着力推动机关优势党建资源向基层倾斜汇聚，组织全省机关党员干部深入12.7万个基层党组织指导帮助完成换届工作，加强“三分类三升级”，选派近40万人次干部进村入社蹲点帮助工作，更好地发挥基层组织在推动发展、服务群众、凝聚人心、促进和谐中的作用。三是结对认亲。针对藏区反分裂维护稳定的特殊形势，安排省级部门和16个市1377名干部，对口支援32个藏区县，组织全省藏区6万多名干部与25万多户农牧民结对认亲，把群众工作落实到每个农牧民家庭、寺庙和人头，做到有重病住院必访、有子女辍学或待业必访、有意外灾害必访、有家人去世必访、有思想异常必访，构筑起藏区坚实的民心基础。四是联村帮户。针对近年来四川先后遭受的两次大地震和多轮特大暴雨洪涝灾害，组织参加第一批教育实践活动的168个单位的党员干部深入760个重灾村开展“联村帮户”活动，帮助受灾地区兴修水利、铺设道路、重建家园、组织生产，推动发展产业项目684个，开展技能培训15000余人次，广大灾区的建设发展翻开了新的篇章。

通过建立健全“走基层”机制，全省党员干部走进基层群众，丢掉官气、骄气、傲气，与群众面对面交心、手拉手交往，真正了解了民情、增进了感情、深化了亲情。活动时间虽然不长，但践行群众路线的主题永恒不变。我们将长期坚持这些机制，把党的智慧力量之根深深扎进群众，为干部队伍作风建设注入永远流淌的源头活水，努力实现干部与人民群众常联常新、常走常亲，为建设美丽繁荣和谐四川提供有力支撑。

（作者系中共四川省委书记）

按照“三严三实”要求推进作风建设

（2014年6月）

徐泽洲

习近平总书记“严以修身、严以用权、严以律己，谋事要实、创业要实、做人要实”的重要论述，从锤炼党性、用权为民、为政清廉、求真务实、敢于担当、公道正派等方面，深刻阐述了新形势下作风建设的新内涵，既是对领导干部的谆谆告诫，更是对践行党的群众路线、反对“四风”的新要求，充分体现我们党

在作风建设上一鼓作气、一抓到底的决心和恒心。领导干部要立足本职岗位，带头践行“三严三实”，以踏石留印、抓铁有痕的劲头，持之以恒推进作风建设。

坚持学习钻研，提升思想境界。理想指引人生方向，信念决定事业成败。习近平总书记反复强调，没有理想信念，就会导致精神上“缺钙”。一个丧失理想信念的人，怎么可能有高尚的精神追求，怎么可能全身心投入工作与事业，怎么可能与老百姓一块过、一块苦、一块干？当今社会思潮多元多样，受拜金主义、享乐主义等腐朽思想影响，一些党员干部丧失信仰，导致政治上变质、经济上贪婪、道德上堕落、生活上腐化。践行“三严三实”要求，就要打牢思想理论基础，补好精神之“钙”。把“总开关”问题解决好，才能坚持正确方向，保持政治清醒，抵御各种诱惑，增强为民务实清廉的自觉。要加强理论学习，用马列主义、毛泽东思想、中国特色社会主义理论体系武装头脑，做到真学、真懂、真信、真用，不断增强道路自信、理论自信、制度自信。学习弘扬焦裕禄精神，牢固树立宗旨意识、责任意识、担当意识，从先进事迹和崇高品德中汲取精神养分，见贤思齐、奋发向上。突出学习重点，着重抓好习近平总书记系列讲话精神的学习，采取党委（党组）中心组学习和专题培训等方式，组织党员干部原原本本学、全面系统学、融会贯通学，深刻领会、准确把握讲话贯穿的立场观点方法，学用结合、学以致用，把改造主观世界和改造客观世界有机统一起来，把思想和行动统一到习近平总书记系列讲话精神上来。

牢记根本宗旨，为民履职尽责。习近平总书记强调，要坚持党的群众路线，坚持人民主体地位，时刻把群众安危冷暖放在心上，及时准确了解群众所思、所盼、所忧、所急，把群众工作做实、做深、做细、做透。这就要求我们必须树立群众观点，把人民放在心中最高位置，打牢宗旨观念，强化公仆意识，用“三严三实”这面镜子对照思想，用这把尺子丈量行为。增进与群众的感情，放下官架子，经常深入乡村、社区、企业，与群众面对面、心贴心、零距离接触，拉家常、问冷暖，用心倾听、真情恳谈，同百姓交朋友。高度重视改善民生，以开展党的群众路线教育实践活动为契机，着力解决人民群众反映强烈的突出问题，整顿软弱涣散基层党组织，建立健全党员干部联系服务群众、加强作风建设长效机制，重点解决好与群众生产生活息息相关的教育、就业、养老、医疗、住房、交通等实际问题，使人民生活得到改善、人民权益得到保障，使发展成果更多更公平惠及全体人民。要依靠群众推动工作，尊重群众首创精神，拓宽群众参政议政渠道，对重大决策事项充分征求人大代表、政协委员和各界群众的意见建议。树立为民的工作导向，按照习近平总书记提出的好干部标准和“三严三实”要求，注重在基层干部群众中、乡语口碑中了解干部，考察干群关系和群众对干部的认可程度，检验干部的群众工作能力，培养选拔亲民爱民为民和群众威信高、口碑好的干部，引导干部向人民学习，拜人民为师，时刻不忘自己是人民群众的一员，做到为民务实清廉，以人民忧乐为忧乐，以人民甘苦为甘苦。

带头真抓实干，推动工作落实。实干兴邦，空谈误国。习近平总书记强调，各级领导干部要切实转变工作作风，做到讲实话、干实事，敢作为、勇担当，言必信、行必果。当前，我们正处于改革攻坚、爬坡过坎的关键时期，面临许多新矛盾和新困难。各级领导干部要履职尽责，狠抓落实，带头真抓实干，逢山开路、遇水架桥，业有所精、干有所成。要重实际，坚持从实际出发谋划事业和工作，多深入基层、多调查研究，使点子、政策、方案符合实际情况、符合客观规律、符合科学精神。要重实干，讲认真，一步一个脚印、一竿子插到底，勇于直面矛盾，善于解决问题，以钉钉子精神抓工作落实，对重点难点工作，必须一件一件地抓，一个环节一个环节地突破，一个节点一个节点地推进，敢想、敢做、敢当，踏踏实实把职责内的事情做好。要重实效，不仅看工作过程，还要看实际效果，着力构建促进科学发展的考评机制，改进政绩考核工作，把民生改善、社会进步、科技创新、生态效益等作为考核的重要内容，强化对资源消耗、环境损害、产能过剩、举债情况等约束性指标的考核，注重加强日常考核，全面客观地评价干部政绩，旗帜鲜明地鼓励干事者、支持改革者，努力做出经得起实践、人民、历史检验的政绩。

从严律己律人，整治歪风邪气。严，才能锤炼干部、保护干部、出好干部；严，才能一身正气、两袖清风、树立形象。习近平总书记指出，要对党、对组织、对人民、对同志忠诚老实，做老实人、说老实话、干老实事，襟怀坦荡，公道正派。领导干部的一言一行、一举一动，群众都看在眼里、记在心上，应懂得“不虑于微，始成大患；不防于小，终亏大德”的道理，任何情况下都要稳得住心神、管得住手脚、抵得住诱惑、经得起考验，时刻注重小节，严明政治纪律、工作纪律和生活纪律，做到心存敬畏、手握戒尺，慎独慎微、勤于自省，注重政治品德修养。要坚守从政做人的底线，率先垂范，从严从高要求，以“零容忍”的态度，整风肃纪，正本清源；以党和人民利益为重，敢于坚持原则，在用人问题上坚持公道正派，在作决策、处理政务时做到科学公正。落实党要管党、从严治党要求，不仅要管住自己，还要带好班子、建好队伍，锲而不舍祛作风之弊，除行为之垢。要针对干部管理监督中出现的新情况新问题，建立健全从严管理监督干部的长效机制，强化对干部的严格管理和对干部选拔任用工作的严格监督，靠制度引导干部从严要求自己，懂规矩、守纪律。建立领导班子综合分析研判长效机制，强化日常管理监督，综合运用年度考核、党风廉政建设责任制检查和巡视等成果，综合有关方面建议和平时掌握情况，对每个领导班子和领导干部进行综合分析评价、准确客观判断，对反映问题比较突出的干部进行个别谈话，及时提醒纠正；对于个别问题特别突出的领导班子和领导干部，果断进行组织调整，切实把从严教育、从严选拔、从严管理、从严监督和从严问责贯穿干部队伍建设始终，注重从小事抓起，发现问题及时“咬咬耳朵”、“扯扯袖子”，防止小毛病演变成大问题。

作风建设永远在路上。“三严三实”是检验党性原则的一把尺子，是立身做人的一面镜子，每名领导干部都要时常以此对照检查自己，从严上要求、向实处着力，做到内化于心、外化于行、固化于制，保持力度、保持韧劲，善始善终、善作善成，不断取得作风建设新成效。

（作者系中共黑龙江省委常委、组织部长）

确保党委主体责任落地生根

——学习习近平总书记关于落实党委主体责任的重要论述

（2014年7月）

罗志军

习近平总书记在十八届中央纪委三次全会上，深刻阐述了党委落实党风廉政建设主体责任的重大意义和丰富内涵，强调要强化责任追究，不能让制度成为纸老虎、稻草人。习近平总书记的重要讲话振聋发聩、催人警醒，为各级党委领导和推进反腐倡廉建设指明了方向、提供了遵循、增添了动力。

一、切实增强党委履行主体责任的政治自觉

党的十八大以来，新一届中央领导集体深化党的纪律检查体制改革，强化党风廉政建设主体责任和监督责任，牵住了党风廉政建设和反腐败斗争的“牛鼻子”。江苏省委认真学习、深刻领会习近平总书记的重要讲话，坚决贯彻党中央决策部署，认真总结党风廉政建设工作，深入分析反腐败斗争严峻形势，进一步统一思想认识，切实增强党委履行主体责任的政治自觉。

强化党要管党、从严治党的政治意识。我们党肩负着新的历史使命，面临着“四大考验”、“四种危险”，党风廉政建设和反腐败斗争关系到党和国家生死存亡。党委是党风廉政建设的领导者、执行者、推动者，落实主体责任责无旁贷。反腐败斗争的形势越严峻、任务越艰巨，党要管党、从严治党的要求就越严格，党委的主体责任就越重要、越突出。

强化坚持原则、敢抓敢管的担当意识。落实好主体责任，必须敢作为、勇担当，坚决克服“好人主义”、上推下卸、敷衍塞责、麻木不仁等现象，面对大是大非敢于亮剑，面对歪风邪气敢于斗争，面对矛盾问题敢于挺身而出，真正把主体责任放在心里、抓在手中、扛在肩上，既“挂帅”又“出征”，毫不动摇坚守“主阵地”，躬耕不辍种好“责任田”。

强化开拓进取、狠抓落实的创新意识。党的十八大以来，新一届中央领导集体就反腐倡廉问题提出了许多新思想新观点，明确了许多新任务新要求，推动党风政风呈现崭新气象，为各级党委履行主体责任做出了表率。我们一定要按照中央的决策部署，进一步创新反腐败思路举措、体制机制、方法手段，坚持经济社会发展与党风廉政建设一体考虑，深化改革与防治腐败同步推进，为改革发展稳定助力护航。

二、健全横向到边纵向到底的主体责任体系

按照习近平总书记提出的党委主体责任五个方面要求，结合江苏实际，在充分调查研究的基础上，省委出台了《关于落实党风廉政建设党委主体责任、纪委监督责任的意见（试行）》，进一步强化各级党委主体责任、党委“一把手”第一责任人责任和领导干部“一岗双责”责任，推动党委主体责任各项要求落地生根。

厘清党委领导班子的集体责任。从“全面领导责任”到“主体责任”，要求各级党委在党风廉政建设中，不仅要做部署工作的领导者，还要当好直接主抓的推动者、全面落实的执行者，把反腐倡廉建设纳入经济社会发展和党的建设总体布局，列入领导班子、领导干部目标管理，统一研究部署、统一组织实施、

统一检查考核，真正做到具体抓、抓具体。要加强组织领导，定期听取党风廉政建设和反腐败工作情况汇报，分析党风廉政建设形势，研究制定目标任务和工作计划，进行责任分解，推动工作落实。要健全工作机制，改革和完善落实党风廉政建设责任制领导小组职能，明确职责任务，督促和推动各地各部门充分履职，齐抓共管，形成合力。要选好用好干部，严格执行《党政领导干部选拔任用工作条例》，健全科学的选人用人机制，把信念坚定靠得住、为民服务本领高、勤政务实敢担当、清正廉洁有正气的干部选拔出来，坚决整治和严厉查处选人用人上的不正之风和腐败问题。要加强作风建设，大力弘扬党的优良作风，坚决执行中央八项规定，坚持不懈解决“四风”突出问题，纠正损害群众利益不正之风，促进党员干部为民务实清廉。要领导和支持执纪执法机关依纪依法履行职责，及时听取工作汇报，协调解决重大问题，做到有案必查、有腐必惩，始终保持严惩腐败高压态势。要深入推进源头治理，贯彻落实《建立健全惩治和预防腐败体系 2013—2017 年工作规划》，着力形成不想腐、不能腐、不敢腐的长效机制。要强化权力制约和监督，积极构建决策科学、执行坚决、监督有力的权力运行体系，推进权力在阳光下运行。要改进巡视工作，强化问题导向，扩大巡视范围，将党风廉政建设主体责任、监督责任落实情况列入巡视监督内容，着力发现问题，注重成果运用，形成有力震慑。

明确领导班子成员的个人责任。落实党委主体责任，领导干部是关键。各级党委领导班子成员必须牢固树立不抓党风廉政建设就是严重失职的意识，敢于负责、勇于担当。“一把手”要切实履行“第一责任人”责任，坚持党风廉政建设和反腐败重要工作亲自部署、重大问题亲自过问、重点环节亲自协调、重要案件亲自督办；切实管好班子带好队伍，坚持原则、敢抓敢管，不当“老好人”，勇于做“包公”，督促领导班子成员、下级领导班子廉洁从政、履行好党风廉政建设责任。班子其他成员要根据工作分工，认真履行“一岗双责”责任，定期研究、布置、检查和报告分管范围内的党风廉政建设工作情况，加强对分管部门、分管领域党员干部的经常性教育管理，检查督促分管部门及分管部门负责人廉洁从政、改进作风、履行党风廉政建设职责情况，做到业务工作管到哪里，党风廉政建设就深入到哪里。要健全领导干部定期接访制度，认真处理群众来信来访，切实解决群众反映强烈的热点难点问题。要带头改进作风，带头廉洁自律，带头接受监督，严格执行民主集中制，不搞以权谋私、不搞特殊化，以身作则，当好廉政标杆。

完善上下贯通、层层负责的主体责任链条。加快形成逐级延伸、环环相扣的责任链条，是落实党委主体责任的重要基础，也是深化反腐败体制机制改革的重要内容。各级党委在带头履行主体责任时，还要注重做好两个方面工作。一是指导同级人大、政府、政协和法院、检察院党组履行主体责任。人大、政府、政协党组及法院、检察院党组要定期研究党风廉政建设和反腐败工作，对党中央和中央纪委有关重要文件和领导重要讲话，及时组织学习，认真贯彻落实。党的组织、宣传、统战、政法等部门要把党风廉政建设的要求融入各自工作，形成反腐倡廉整体合力。二是督促下级党委切实担负起主体责任。各地各部门党委要参照上级党委责任分工，按照“谁主管、谁负责”的原则，以上率下、上下联动，把主体责任延伸到农村、社区、企业和高校等基层单位，形成上下贯通、层层负责的完整链条，形成一级抓一级、层层抓落实的工作格局。

三、以抓铁有痕的劲头推动主体责任落到实处

落实党委主体责任，不仅要明确责任主体、解决“谁来干”问题，规范责任内容、解决“干什么”问题，还要健全运行程序，加强流程管理，解决“怎么干”问题。各级党委只有坚持守土有责、守土尽责，加强制度建设，健全工作机制，才能保证主体责任得到不折不扣落实。

强化制度建设。落实党委主体责任，关键要靠严密制度和提高制度执行力来保障。一方面，探索建立主体责任运行机制，明确党委班子和领导干部落实主体责任的工作程序、方法步骤和相关要求，努力实现“落实有程序、程序有控制、控制有标准”。另一方面，以开展制度执行力提升行动为抓手，狠抓制度落实。省委敢于动真碰硬，强化责任担当，及时严肃查处了违反八项规定的顶风违规案件，切实做到有责必问、有错必究。实行党委主体责任双报告制度，各级党委、党委主要负责人每年 1 月底前，以书面形式分别向上一级党委和纪委报告履行主体责任情况。实行党委负责人全委会述廉制度，党委主要负责人任期内至少向全委会述廉一次。实行党政正职接受评议制度，下级党政正职述廉报告接受纪委委员审阅、评议，对存在问题及时整改。实行廉政谈话制度，党政主要负责同志与领导班子成员、下级党政主要负责同志，领导班子成员与分管联系部门主要负责同志，每年廉政谈话不少于一次。实行纪委约谈制度，对责任制检查中问题较多、信访反映较多、群众满意度较低的领导班子，

由纪委主要负责同志约谈“一把手”。这些制度的建立和执行，有力地推动了党风廉政建设和反腐败工作扎实开展。

改进考核巡视。加强检查考核和巡视工作，是落实党委主体责任的有力抓手。着眼增强检查考核和巡视工作的针对性、实效性，进一步创新方式，探索建立“日常检查、巡视监督、专项巡查、重点督查”的常态化、立体式检查考核机制。把党委落实主体责任、党政领导班子主要负责人履行“第一责任人”责任、领导班子成员履行“一岗双责”情况，作为巡视的重要内容，督促责任主体履职尽责。选取一些权力较为集中、资金较为密集、信访反映较多、腐败案件易发多发的重点地区和部门，开展专项巡查，做到精确定位、有的放矢。对年度责任分解中的一些重要项目适时开展重点督查，跟踪任务进展情况，提升监督实效。同时，进一步优化考核设计，强化结果运用，探索建立定性与定量相结合的科学考核评价体系，形成重视主体责任落实的工作导向。

深化改革创新。加强反腐败体制机制创新，是健全国家治理体系和全面深化改革的重要组成部分，也是强化各级党委落实主体责任的有效举措。按照中央深化党的纪律检查体制改革要求，既坚持党委对反腐败工作的统一领导，又突出上级纪委领导权，落实“两个为主”的要求，充分保证纪委行使监督权的相对独立性和权威性，推动纪律检查工作双重领导体制具体化、程序化、制度化。积极推进党委部门纪检机构设置工作，实现派驻监督对党委、政府部门全覆盖，巡视工作对地方、部门、企事业单位全覆盖。各级党委要自觉接受纪委监督，旗帜鲜明支持纪检监察机关履行职责、查处违纪违法案件，积极为纪检监察机关转职能、转方式、转作风提供支持，为突出主业主责、集中力量查办案件创造条件。

严格责任追究。这是贯彻落实党风廉政建设责任制的最后一道防线。我们始终坚持把严肃有力的责任追究作为落实党风廉政建设责任制的重要保障，以严明的纪律促进党委主体责任落实。进一步完善并严格执行责任追究办法，区分个人责任与集体责任、直接责任与领导责任，明确启动党风廉政建设责任追究的具体情形和力度。增强问责刚性，对责任不落实、工作不力导致不正之风滋长蔓延，或者屡屡出现重大腐败问题而不制止、不查处、不报告的，实行“一案双查”，做到“真兑现”、“硬挂钩”，真正发挥党风廉政建设责任制的威力。

（作者系中共江苏省委书记）

勇于担当主体责任
坚定不移反腐倡廉

——认真学习贯彻习近平总书记关于党风廉政建设主体责任的重要论述

（2014年8月）

王宪魁

习近平总书记在十八届中央纪委第三次全会上强调，反腐败体制机制改革，一个很重要的方面是厘清责任、落实责任。党风廉政建设是党委工作的重要组成部分，必须坚持党要管党、从严治党，狠抓主体责任和责任主体，深入落实中央八项规定精神，坚决纠正“四风”，以零容忍态度惩治腐败，坚持有错必究、有腐必惩、有贪必肃、有责必问，使广大党员干部不敢腐、不能腐、不易腐，促进全省党风廉政建设和反腐败斗争深入开展。

一、强化履职尽责，种好“责任田”，牢牢把党风廉政建设放在心上抓在手上

党委能否落实好主体责任，直接关系党风廉政建设成效。教育干部廉洁自律、监督干部廉洁从政，是对干部的最大关心爱护。放弃了这方面责任，就是对党和人民、对干部的极大不负责任。履行好党风廉政建设主体责任，关键是责任主体要知其职、明其责、尽其力，旗帜鲜明、态度坚决、毫不含糊地贯彻落实中央各项决策部署。

各级党委必须切实落实好主体责任。党委要高度重视党风廉政建设，发挥统揽全局、协调各方作用，坚持和完善反腐败领导体制和工作机制，保证各级纪委监督权的相对独立性和权威性，切实把党风廉政建设和反腐败工作摆上重要日程，定期听取情况汇报，研究解决重大问题，建立责任传导机制，畅通下达上传渠道，严格监督检查、责任追究，决不允许有责任不落实、有制度不执行、有问题不追究，确保工作有人抓、问题有人管、责任有人担。

各级党委主要负责人必须履行好第一责任人职责。牢固树立不抓党风廉政建设就是严重失职的责任担当意识，管好班子、带好队伍，定期分析研究职责范围内党风廉政建设状况，及时解决存在的问题，对重大

问题亲自过问，对重点环节亲自协调，对重要案件亲自督办，做到常研究、常部署，抓领导、领导抓，抓具体、具体抓，特别是要当好廉洁从政的表率，管好自己、管好家人、管好身边工作人员，守住做人、处事、用权、交友的底线，守住党和人民交给自己的政治责任，守住自己的政治生命线，守住正确的人生价值，永葆共产党人的政治本色。

领导班子成员必须对分管工作和部门党风廉政建设担负起领导责任。有权就有责、权责要对等。如果有权用不好、有责不担当，就会滋长不正之风，出现腐败问题。每一名班子成员都要在党爱党、在党为党、在党忧党，严格执行“一岗双责”，制定岗位责任细则，层层分解任务，层层传导压力，对承担党风廉政建设责任“签字背书”，做到工作职责和掌握的权力管到哪里，党风廉政建设的职责就延伸到哪里。

二、坚持从严治吏，践行“三严三实”，努力建设务实干事、清正廉洁的干部队伍

党要管党首先是管好干部，从严治党关键是从严治吏。培养干部既要大胆使用压担子，又要时常帮助提提醒。坚持关口前移、标本兼治，把“三严三实”要求贯穿干部队伍建设全过程，形成事前有预防、事中有管控、事后有监督的常态化制度体系，使党员干部懂规矩、守底线、作表率，绝不能再出现一个人出事、一批人倒下那样令人惋惜和痛心的事情。

坚持从严教育。深入开展理想信念、党风党纪和廉洁自律教育，运用反面案例进行警示教育，开展内容丰富、形式多样的廉政文化创建活动，不断增强党性观念和宗旨意识，切实补足精神之“钙”，筑牢拒腐防变思想防线，使党员干部做到公私分明、克己奉公、严格自律。

坚持从严选拔。树立正确用人导向，坚持德才兼备标准，完善选人用人机制，严格标准、严格程序、严格把关，不唯票、不唯分、不唯年龄、不唯 GDP，切实把信念坚定、为民服务、勤政务实、敢于担当、清正廉洁的好干部选拔出来，坚决防止和纠正选人用人上的不正之风和腐败问题。

坚持从严管理。发挥党组织和领导班子成员之间相互关心、相互爱护、相互提醒的作用，对苗头性、倾向性问题抓早抓小、查早查小、处早处小，经常拽拽袖子、咬咬耳朵、拍拍肩膀，有病就马上治，发现问题就及时处理，绝不能遮丑护短、姑息迁就、养痈遗患，做到防患于未然之时、除祸在萌芽之中。

坚持从严监督。切实加强党内监督，严格执行民主集中制，严肃党内政治生活，深化领导干部经济责任审计，发挥人大监督、政协监督、司法监督、社会监督、舆论监督作用，加强对领导干部特别是一把手行使权力的监督，做到位高不擅权、权重不谋私。严格实行“一案双查”、“一问三责”，对发生重大腐败案件和不正之风长期滋生蔓延的地方、部门和单位，既要追究当事人责任，也要追究相关领导的责任，还要追究纪委监督不到位的责任。

三、狠抓作风建设，汇聚“正能量”，促进教育实践活动深入开展

党的作风关系党的形象，关系人心向背，关系党的生命。党的十八大作出深入开展以为民务实清廉为主要内容的党的群众路线教育实践活动的重大部署，从贯彻落实中央八项规定入手，加强和改进作风建设，切实维护群众利益，抓住了根本，切中了要害。贯彻群众路线没有休止符，党的作风建设永远在路上，必须从经受“四大考验”、应对“四种危险”的高度，镜头不换、力度不减、温度不降，抓常、抓细、抓长，持之以恒改作风，不断巩固教育实践活动成果，切实以优良党风取信于民。

着力解决“四风”突出问题。“四风”是违背我们党的性质和宗旨的，是当前群众深恶痛绝、反映最强烈的问题，也是损害党群干群关系的重要根源。反“四风”，就是把不该拥有的特权、不该得到的利益、不该享受的待遇拿下来、限制住。要严格执行中央反“四风”的各项规定，敢于向旧习惯说不，向潜规则叫板，向违法违纪行为开刀。有什么问题就整治什么问题，什么问题突出就重点整治什么问题，坚决防止“四风”变种、反弹、回潮，真正让群众看到教育实践活动带来的新气象新变化。

集中整治损害群众利益行为。大力开展“解决群众反映突出问题”专项活动，着力解决克扣侵占群众款物，疑难信访积案、涉法涉诉，城镇管网老旧、农村脏乱差，社会保障工作不规范不公正，困难群众生活，基层党组织软弱涣散等问题。整改效果请群众评判，让老百姓不再难心、愁心、烦心。

建立健全作风建设常态化机制。一阵风式的改作风本身不是好作风，也改不出好作风。要认真落实作风建设各项制度，推动作风建设成果固化为制度约束，坚决维护制度的严肃性和权威性，使制度成为党员干部联系和服务群众的硬杠杠，使贯彻党的群众路线成为党员干部的自觉行动。从源头上遏制不正之风，从根本上治愈作风顽疾，务求群众路线教育实践活动取得实效。

四、注重源头治腐，扎紧制度“铁笼子”，不断强化权力运行制约监督

权力不论大小，职务不论高低，没有制度的制约和监督，权力就有可能被滥用，就很容易产生腐败。从源头上预防腐败行为发生，必须始终坚持标本兼治、综合治理、惩防并举、注重预防方针，进一步加强反腐倡廉法规制度建设，最大限度堵塞制度漏洞，强化制度执行和责任追究，防止制度成为“纸老虎”、“稻草人”。

严格落实党风廉政建设责任制。创新检查考核方式，由党委常委带队，把党风廉政建设责任制检查与领导班子考核同步进行，组织开展党政主要领导向“两委委员”述责述廉，带着问题线索约谈领导干部，向社会公开通报检查考核结果，充分发挥廉政建设责任制在预防腐败中的重要作用。

紧紧依靠改革堵塞体制机制漏洞。注重改革的系统性、整体性、协同性，把深化改革同防范腐败同步考虑、同步部署、同步实施。推行权力清单制度，公开权力运行流程。加快转变政府职能，进一步减少审批事项。既通过改革打破利益固化的藩篱、把权力关进制度的笼子里，又防止借改革之机捞取好处、出现新的腐败现象。

着力构建科学的权力结构和运行机制。积极开展主要领导干部不直接分管人、财、物等重大事项试点。合理分解权力，科学配置权力，不同性质的权力由不同部门、单位、个人行使。推进权力运行程序化和公开透明，让权力在阳光下运行。同时切实改进巡视工作方式方法，注重巡视成果运用，提高巡视质量和水平，做到纪委派驻监督对党和国家机关监督全覆盖，巡视监督对地方、部门、企事业单位全覆盖。形成决策科学、执行坚决、监督有力的权力运行体系。

五、严格执纪执法，架设“高压线”，始终以零容忍态度惩治腐败

坚决反对腐败，防止党员干部在长期执政条件下腐化变质，是我们必须高度重视并全力抓好的重大政治任务。严惩腐败分子是党心民心所向，党内决不允许有腐败分子的藏身之地，惩治这一手无论如何都不能放松，必须始终保持惩处腐败的高压态势，认真查办违纪违法案件，坚决遏制腐败蔓延势头。

严明党的纪律。纪律面前人人平等、遵守纪律没有特权、执行纪律没有例外。必须严格执行党的政治纪律、组织纪律、工作纪律、财经纪律和生活纪律等各项纪律。一把尺子量到底，做到有纪必依、执纪必严、违纪必究，坚决维护中央权威，坚决克服组织涣散、纪律松弛现象，使纪律真正成为党员干部廉洁从政的硬约束，使党员干部真正敬畏法纪、敬畏组织、敬畏群众，始终保持党的先进性纯洁性，增强党的凝聚力战斗力。

支持纪检监察机关履行监督责任。贯彻落实中央关于改革党的纪律检查体制的决策部署，积极推动纪委转职能、转方式、转作风。整合纪委内设机构，强化办案和内部管理监督力量，清理牵头和参与的议事协调机构，配好配强各级纪委领导班子。稳定纪检监察队伍，纪委书记（纪检组长）任期内一般不调动工作，原则上干满一届，不再分管其他业务工作，使其心无旁骛、集中精力履行监督责任，切实把职能聚焦到主业上来，把更多力量调配到主业上来，真正把中心任务抓起来。

坚决查处大案要案。严肃查办发生在领导机关和领导干部中贪污贿赂、买官卖官、徇私枉法、腐化堕落、失职渎职案件，严肃查办发生在重点领域、关键环节和群众身边的腐败案件。不管是谁，不管什么级别，不管涉及多少人，“老虎”、“苍蝇”一起打，决不网开一面、法外施恩、法不治众。

（作者系中共黑龙江省委书记）

党的领导是社会主义法治最根本的保证

（2014 年 11 月）

赵正永

党的十八届四中全会通过的《中共中央关于全面推进依法治国若干重大问题的决定》（以下简称《决定》）指出，党的领导是中国特色社会主义最本质的特征，是社会主义法治最根本的保证。深刻领会这一重要论断，始终坚持党对社会主义法治建设的领导，对于全面推进依法治国、加快建设社会主义法治国家具有极其重要的意义。

一、党的领导是社会主义法治建设的一条基本经验

我们党在长期领导革命、建设、改革的伟大实践中，坚持把马克思主义基本原理与中国具体实际相结

合，成功探索出包括法治道路在内的中国特色社会主义道路。

建党之初，我们党就重视以法治精神号召和鼓舞人民，1922 年党的二大宣言提出建立"真正民主共和国"，"制定关于工人和农人以及妇女的法律"，之后制定了《劳动法案大纲》。党在土地革命时期，先后颁布了《井冈山土地法》、中华苏维埃共和国《土地法》、《婚姻条例》、《宪法大纲》等，运用法律手段巩固了根据地革命政权。在陕甘宁边区执政时期，党制定了具有根本法性质的《陕甘宁边区施政纲领》以及《继承处理暂行办法》、《惩治贪污暂行条例》、《军民诉讼暂行条例》和《中国土地法大纲》等法律法规，建立了比较完整的司法体系，创造了著名的"马锡五审判方式"和人民调解等经验。特别是将"共产党员有犯法者从重治罪"写入《陕甘宁边区施政纲领》，还曾严肃处理了原红军旅长黄克功逼婚杀人案等，得到人民群众普遍赞誉。当年，毛泽东同志亲自就黄克功申诉致信审判长，并要求在公审会上当众向黄克功宣读。信中说："共产党与红军，对于自己的党员与红军成员不能不执行比较一般平民更加严格的纪律。"从此，形成了党员比公民要求更严的党的纪律和传统，也使党领导的抗日根据地被誉为"真正保障人民民主、厉行法制的先进地区"。

1949 年新中国成立前夕，我们党领导制定了具有临时宪法性质的《中国人民政治协商会议共同纲领》，为新中国成立奠定了法律基础。新中国成立后，党从领导人民为夺取全国政权而奋斗的党，成为领导人民掌握全国政权并长期执政的党，开始接力探索运用法治方式治理国家。以毛泽东同志为核心的党的第一代中央领导集体，领导人民在较短时间内制定了婚姻法、土地改革法等法律。此后，为起草宪法，毛泽东同志亲自担任宪法起草委员会主席。1954 年颁布的《中华人民共和国宪法》，开辟了我国社会主义法治建设新纪元。后来，受极左思潮影响，社会主义法治建设遭受严重挫折。以邓小平同志为核心的党的第二代中央领导集体，深刻总结我国法治建设的经验教训，确立了"为了保障人民民主，必须加强法制"的思想，提出了有法可依、有法必依、执法必严、违法必究的基本原则，开启了中国特色社会主义法治建设新道路。以江泽民同志为核心的党的第三代中央领导集体，把依法治国确立为党领导人民治理国家的基本方略并将其载入宪法，使我国社会主义法治建设进入新阶段。以胡锦涛同志为总书记的党中央，把依法执政确立为党治国理政的基本方式，推动我国社会主义法治建设取得新进展。

党的十八大以来，以习近平同志为总书记的新一届中央领导集体，更加注重发挥法治在国家和社会治理中的引领和规范作用。十八届三中全会对法治中国建设作出重要部署，十八届四中全会又专题研究依法治国问题并通过《决定》，这在党的历史上是第一次。2012 年 12 月 4 日习近平总书记在首都各界纪念现行宪法公布施行 30 周年大会上强调"依法治国，首先是依宪治国"，鲜明地提出"坚持依法治国、依法执政、依法行政共同推进，坚持法治国家、法治政府、法治社会一体建设"；2013 年 2 月 23 日又在主持中央政治局第四次集体学习时强调法律的生命力在于实施，并亲自领导和组织十八届四中全会文件的起草工作。两年来，以习近平同志为总书记的党中央全力推进中国特色社会主义法治体系建设，切实保障宪法法律实施，推进法治政府建设，推动司法制度改革完善，有力维护了各族人民的共同意志和根本利益，开创了我国社会主义法治建设新局面。

坚持党的领导，是社会主义法治的根本要求，是党和国家的根本所在、命脉所在，是全国各族人民的利益所系、幸福所系，是全面推进依法治国的题中应有之义。如果照搬西方政治制度，放弃共产党的领导，社会主义法治建设只能是死路一条。

二、党的领导与社会主义法治是根本一致的

社会主义法治必须坚持党的领导，党的领导必须依靠社会主义法治，两者是根本一致、内在统一的。

（一）性质上根本一致。

我们党是中国工人阶级的先锋队，同时是中国人民和中华民族的先锋队，是中国特色社会主义事业的领导核心，代表中国先进生产力的发展要求、中国先进文化的前进方向、中国最广大人民的根本利益。党的历史使命，就是要带领全国各族人民建设社会主义，最终实现共产主义。当前，就是要立足社会主义初级阶段基本国情，坚持和发展中国特色社会主义。法治作为一种治国方略和国家治理形态，与特定社会制度相联系。宪法规定，我国根本制度是社会主义制度，根本任务是沿着中国特色社会主义道路，集中力量进行社会主义现代化建设。这就决定了我国法治的性质是社会主义，在现阶段就是中国特色社会主义。因此，中国特色社会主义伟大旗帜，既是党的领导的旗帜，也是社会主义法治建设的旗帜，我们必须始终不渝地高高举起这面旗帜。

（二）方向上根本一致。

在革命、建设、改革各个历史时期，我们党坚持

全心全意为人民服务的根本宗旨，始终把人民利益放在第一位，领导、支持和保证人民当家作主，实现好、维护好、发展好最广大人民的根本利益。法是阶级统治的工具，社会主义法治就是要体现人民共同意志和根本利益，保障人民民主权利，让人民依法管理国家事务和社会事务、管理经济和文化事业，保证国家各项工作依法进行。因此，始终坚持人民主体地位、保证人民当家作主、维护人民合法权益，既是党的领导的方向，也是社会主义法治建设的方向，我们必须一以贯之、长期坚持。

（三）任务上根本一致。

我们党的三大历史任务中列第一位的，就是推进现代化建设。党的十八届三中全会在全面建成小康社会、全面深化改革的进程中，又提出完善和发展中国特色社会主义制度、推进国家治理体系和治理能力现代化，也就是要形成一整套系统完备、科学规范、运行有效的制度体系。社会主义法治是我们党实现国家治理体系和治理能力现代化的重要内容和重要标志。《决定》把党内法规体系纳入法治体系，强调建设中国特色社会主义法治体系，就是要贯彻中国特色社会主义法治理论，形成完备的法律规范体系、高效的法治实施体系、严密的法治监督体系、有力的法治保障体系和完善的党内法规体系，这既是中国特色社会主义理论的又一创新，也是中国特色社会主义道路的进一步拓展。因此，实现国家治理体系和治理能力现代化，既是党的领导的任务，也是社会主义法治建设的任务，我们必须紧盯不放、全力推进。

（四）机制上根本一致。

我们党依据宪法法律治国理政，既领导人民制定和实施宪法法律，又自觉在宪法法律范围内活动。同时，我们党依据党内法规管党治党，在推进党的任务和执行党的纪律时没有特殊党员，各级党组织和广大党员都必须遵守宪法法律，接受党内法规更高标准的约束。社会主义法治建设的一条重要原则，就是摒弃“刑不上大夫”的封建思想，坚持法律面前人人平等，任何人不管职位多高、权力多大，只要违反宪法法律，都将受到严肃追究。因此，广大共产党员既要和全社会成员一体遵行宪法法律，又要恪守比国家法律更严格的党纪党规，这既是党运用法治思维和法治方式实施领导的机制、管党治党的机制，也是社会主义法治建设的机制，我们必须始终遵循、全面执行。

三、党的领导是全面推进依法治国的内在要求

全面推进依法治国是社会主义法治建设的重要任务，应当而且只能由国家的领导者来组织实施。我们党是执政党，理所当然地要担负起领导人民全面推进依法治国的历史使命和时代重任。

（一）全面推进依法治国的全局性和系统性，要求坚持党的领导。

全面推进依法治国作为一项全局性、系统性工程，既要求依法治国、依法执政、依法行政共同推进，把国家事务和社会事务、经济和文化事业的管理都纳入法治化轨道；又要求法治国家、法治政府、法治社会一体建设，使全体公民、社会组织和国家机关都以宪法法律为行为准则，依照宪法法律行使权利或权力、履行义务或职责，这些都只能由执政党来领导。在我国，党居于总揽全局、协调各方的重要位置，只有坚持党的领导，充分发挥各级党组织战斗堡垒和党员先锋模范作用，凝聚全社会各个党派、团体和广大人民群众的力量，才能将社会主义法治精神真正贯穿到经济、政治、文化、社会和生态文明建设中，才能促进和保证国家权力机关、行政机关、审判机关、检察机关依照宪法法律独立负责、协调一致地开展工作，带动全体社会成员在宪法法律范围内活动。

（二）全面推进依法治国的繁重性和艰巨性，要求坚持党的领导。

《决定》明确提出，全面推进依法治国，总目标是建设中国特色社会主义法治体系，建设社会主义法治国家。我国是一个有着两千多年封建历史文化的国家，不仅封建思想和意识根深蒂固，而且亲朋好友同学乡党情结浓厚，人治传统加上人情社会成为制约全面推进依法治国的桎梏和障碍。同时，全面推进依法治国作为国家治理领域一场广泛而深刻的革命，必然涉及体制、机制和重大利益关系的调整，势必是一块难啃的“硬骨头”。这些都充分表明，在我国，全面推进依法治国必须在党的领导下，发挥党的独特优势特别是政治、组织和密切联系群众等优势，才能有效破除全面推进依法治国中的各种障碍，顺利实施体制、机制的重大改革，使中国特色社会主义法治道路越走越宽广。

（三）全面推进依法治国的复杂性和长期性，要求坚持党的领导。

法律作为上层建筑，其产生和发展都要受到经济基础的决定和社会发展的制约，因此依法治国也不可能孤立、静止地推进，必然要受到经济、政治、社会、文化、科技等各方面因素的影响。改革开放以来，随着我国经济社会快速发展，社会主义法治建设取得历史性成就。但也要看到，我国仍处于并将长期处于社会主义初级阶段的基本国情没有变，发展始终是党执

政兴国的第一要务，推动经济建设、政治建设、文化建设、社会建设、生态文明建设和党的建设都将是一个动态的、长期的过程。特别是党的十八届三中全会确定的全面深化改革不断深入，这就决定了全面推进依法治国必须坚持党的领导，发挥党的领导核心作用，把全面建成小康社会、全面深化改革同全面推进依法治国统筹进行，向着建设法治中国目标不断前进。

四、把党的领导贯彻到依法治国全过程和各方面

在全面推进依法治国中，加强党的领导，关键要做到《决定》提出的"把依法治国基本方略同依法执政基本方式统一起来，把党总揽全局、协调各方同人大、政府、政协、审判机关、检察机关依法依章程履行职能、开展工作统一起来，把党领导人民制定和实施宪法法律同党坚持在宪法法律范围内活动统一起来，善于使党的主张通过法定程序成为国家意志，善于使党组织推荐的人选通过法定程序成为国家政权机关的领导人员，善于通过国家政权机关实施党对国家和社会的领导，善于运用民主集中制原则维护中央权威、维护全党全国团结统一"。做到这"三统一"、"四善于"，在实践中要切实抓好四个方面。

（一）坚持党领导立法。

党领导立法，就是根据党和国家大局、人民群众意愿提出立法建议，立人民需要的法。要健全立法工作机制和程序，引导立法机关把握立法方向，提高立法质量，突出立法重点，使所立法律更加务实管用有效；突出党的工作中心，围绕转变经济发展方式、扩大社会主义民主、推进行政体制改革、保障和改善民生、加强和创新社会治理、保护生态环境等重点，适时制定、修改和完善各项法律，不断提高立法科学化、民主化水平。

（二）坚持党保证执法。

党保证执法，就是在党的领导下建立权责统一、权威高效的依法行政体制。要深化政治立场、民主意识、法治观念教育，使执法者在思想上行动上同宪法法律保持一致；建立宪法宣誓制度，凡经人大及其常委会选举或者决定任命的国家工作人员正式就职时向宪法宣誓，确保公务员行为符合宪法法律精神；深化行政体制和执法体制改革，不断推进各级政府事权规范化、法律化；加强对执法活动的监督，坚决防止和克服执法工作中的利益驱动，坚决惩治腐败现象，做到有权必有责、用权受监督、违法受追究。

（三）坚持党支持司法。

党支持司法，就是确保司法机关依法独立公正行使审判权和检察权，确保人民群众在每一个司法案件中都感受到公平正义。要全面推进司法体制改革，继续优化司法职权配置，努力形成结构合理、配置科学、程序严密、制约有效的司法权运行机制；督促各级党政机关带头执行司法机关判决，切实纠正违反法定程序干预司法机关办案问题，切实纠正当事人不服司法裁判反复向行政机关施压现象；坚持党管干部原则，建设人民信赖的法治人才队伍，使事关依法治国方略实施的重要职位始终由忠于党、忠于国家、忠于人民、忠于法律的人担任。

（四）坚持党带头守法。

党带头守法，就是带头弘扬社会主义法治精神，坚持依宪治国、依宪执政，引导全社会信仰法治；带头以严格的党规党法管党治党，使全体党员都成为全社会守法的表率。要强化法律意识，强化法治思维，严格遵循法定权限和法定程序想问题、作决策、办事情，运用法治方式深化改革、推动发展、化解矛盾、维护稳定；以广大党员、干部和青少年为重点开展普法教育，在全社会形成宪法至上、守法光荣的良好氛围。特别是党员领导干部要保持对宪法法律的忠诚之心、敬畏之心，在任何时候都不能触碰法律红线、不得逾越法律底线。

总之，我们要坚持党在社会主义法治建设中的领导地位不动摇，党依靠社会主义法治实施领导不动摇，党把依法治国基本方略同依法执政基本方式统一起来不动摇，党自觉在宪法法律范围内活动不动摇，在党的领导下全面推进依法治国，加快建设中国特色社会主义法治体系、建设社会主义法治国家。

（作者系中共陕西省委书记、省人大常委会主任）

着力构建党风廉政建设责任体系

（2014 年 11 月）

黄新初

党的十八届三中全会对党风廉政建设作出重要战略部署，明确提出党风廉政建设主体责任和监督责任。习近平总书记在党的群众路线教育实践活动总结大会上强调指出："从严治党，必须增强管党治党意识、落实管党治党责任。历史和现实特别是这次活动都告诉我们，不明确责任，不落实责任，不追究责任，从严治党是做不到的。"党的十八届四中全会提出，要严格落实党风廉政建设党委主体责任和纪委监督责任，形成不敢腐、不能腐、不想腐的有效机制。在党风廉政

建设中建立健全责任体系、强化责任担当，表明我们党对执政党建设规律、反腐倡廉建设规律的认识达到了新高度，顺应了党要管党、从严治党的新形势。地方党委作为本地区党风廉政建设的领导主体、落实主体、工作主体、推进主体，必须着力建立健全党风廉政建设责任体系，以踏石留印、抓铁有痕的劲头坚定不移地推进反腐倡廉建设。

一、党委领导班子狠抓党风廉政建设“不松手”

习近平总书记指出：“各级党委要把从严治党责任承担好、落实好，坚持党建工作和中心工作一起谋划、一起部署、一起考核，把每条战线、每个领域、每个环节的党建工作抓具体、抓深入，坚决防止‘一手硬、一手软’。”近年来，腐败问题之所以在一些领域多发、频发，根子就在从严治党没有做到位，管党治党没有管到位上，没有严到份上。而事实证明，抓和不抓大不一样，真抓和假抓大不一样，严抓和松抓也大不一样。作为本地区反腐倡廉的政治领导核心，党委领导班子必须以高度的政治自觉、思想自觉、行动自觉，把主体责任扛在肩上，狠抓党风廉政建设“不松手”。

责任明，才能方向清、工作顺。成都市委在落实党风廉政建设党委主体责任和纪委监督责任的《实施意见》中，把以往散落在各类文件里的要求首次汇集起来，列出了党风廉政建设的“责任清单”，具体从党委（党组）领导班子责任、主要负责人责任、领导班子其他成员责任等各个层面细化了50项责任。严字当头，加快完善权责对等、权责清晰、履责到位、较真追责的全链条、闭环式的责任落实体系。在责任监管、责任督促、责任报告、责任巡查、责任考评、责任追究诸多方面，深化项目化工作法，强化常态化约谈和问题约谈，对责任实行签字背书等制度，促进主体责任落实常态化。通过落实主体责任，党委工作职责进一步清晰，在全面深化改革过程中同步推进了党风廉政建设，构建起权力监督体系、市场诚信体系、社会道德体系、廉洁文化体系、法治保障体系，为建设“廉洁成都”筑牢了防线。

二、党委主要负责人狠抓党风廉政建设“不甩手”

正人必先正己，正己才能正人。实践证明，党风廉政建设同其他各项工作一样，也必须领导带头、以上率下。党委主要负责人是切实履行党风廉政建设主体责任的第一责任人，应牢固树立“抓好党风廉政建设是本职、不抓党风廉政建设是失职、抓不好党风廉政建设是渎职”的理念，进一步增强主体、主动、主责意识，不断推动党风廉政建设和反腐败斗争深入开展，切实做到狠抓党风廉政建设“不甩手”。

近年来，我们坚持主要负责人既“挂帅”，又“出征”，市委“一把手”避免只出面开会讲话，在日常工作中把党风廉政建设工作直接转交给纪委或纪检组，自己当“甩手掌柜”的误区。党委主要责任人带头做到四个“亲自”——重要工作亲自部署、重大问题亲自过问、重点环节亲自协调、重要案件亲自督办。牵头逐一明确反腐败工作的“任务书”、“时间表”、“路线图”，统筹部署、强力推进、全面落实。在日常工作中认真履行加强领导、加强教育监管、保持清正廉洁等主体责任。主要负责人既要有“底气”，又要有“硬气”，鲜明亮出“对我监督、向我看齐”的坚决态度，既严于自律，又较真碰硬。坚持率先垂范、身体力行，带头守法遵纪，带头接受监督。运用法治思维和法治方式推进改革，强化权力运行的制约监督，全面公开行政权力事项和运行流程，实现行政权力清单网上公开全覆盖。深化人事权、财经权、资源权三项改革，将“三权”关进制度的笼子里。健全各级党委（党组）议事规则和决策机制，强化对“一把手”监督的制度建设，探索建立和完善党委（党组）“一把手”不直接分管人权、财权、工程建设项目等具体办法，将反腐倡廉工作不断引向深入。

三、党委班子其他成员狠抓党风廉政建设“不缩手”

强调党委在党风廉政建设中的主体责任，是党委班子人人有责，并不只是“一把手”才有责任。习近平总书记指出：“对各级各部门党组织负责人特别是党委（党组）书记的考核，首先要看抓党建的实效，考核其他党员领导干部工作也要加大这方面的权重。”党委领导班子其他成员要分工合作、多方联动、形成合力，用统筹的理念、辩证的观点，同步抓好分管工作和党风廉政建设，切实做到“一岗双责”，做到狠抓党风廉政建设“不缩手”。

对班子其他成员，我们要求，要敢于担当，把党风廉政建设牢牢抓在手上，身先士卒、亲力亲为。“班子其他成员责任”有4大类9项，包括落实分管职责、推进预防腐败、加强日常监管、坚持廉洁自律等。班子其他成员定期通过自查、召开座谈会、展开问卷调查、有针对性地直接听取意见等多种方式收集本地本部门党风廉政建设存在的问题。对群众反映强烈的问题开展专项整治、整改，让人民群众实实在在地感受到作风建设的成效。班子其他成员以“谁主管、谁负责”的原则，以上率下，上下联动，把主体责任延伸到基层单位，形成上下贯通、层层负责的完整链条。

四、党委、纪检机构狠抓党风廉政建设“齐动手”

党风廉政建设必须层层压紧、上下互动，前后照应、左右衔接，构建起纵向到底、横向到边的惩治和预防体系，形成反腐倡廉的强大合力。在党风廉政建设中，党委的主体责任是全面责任、首要责任，纪委是党内的专门监督机关，负有监督责任，要履行好协助党委加强党风建设和组织协调反腐败工作的职责。必须有机结合，切实做到“力度统一”，形成狠抓党风廉政建设“齐动手”的良好局面。

近年来，成都市委坚决支持纪检监察部门从严管理干部、依纪依法履行职责。加强对各级干部的理想信念教育和纪律教育，加强道德养成，规范权力行使，培育优良作风，坚持以严的标准要求干部、以严的措施管理干部、以严的纪律约束干部，严格执行干部管理各项规定，发现问题该提醒的提醒、该教育的教育、该处理的处理，严把干部选拔任用关。深化党的纪律检查体制改革，加强纪检监察组织和干部队伍建设，着力形成上下联动、横向协作的监督检查网络，创新监督检查方式，健全反腐败协调机制，建立市级信访举报受理工作平台，健全办案力量调配机制，强化执纪问责，监督检查始终保持高频率，始终保持惩治腐败的高压态势。对领导不力、措施不力、不抓不管导致“四风”问题突出的，实行“一案双查”，既追究当事人责任，也追究相关领导责任。借鉴中央巡视组工作经验，建立党风廉政建设巡查和纪检监察系统巡查“两个巡查”制度，通过制度化、规范化的监督检查，发现问题、形成威慑。

（作者系中共四川省委常委、成都市委书记）

在群众路线教育实践活动总结大会上的讲话

（2014年12月23日）

赵克志

10月8日，中央召开教育实践活动总结大会，习近平总书记发表重要讲话，全面回顾教育实践活动取得的重大成效，系统总结贯彻群众路线的宝贵经验，深刻阐述党要管党、从严治党的重大战略思想、工作要求及主要任务。总书记的重要讲话，立意高远、锐意创新、内涵丰富、博大精深，站在实现中华民族伟大复兴中国梦的战略高度，深刻回答了新形势下贯彻党的群众路线、加快党的作风建设的一系列重大理论和现实问题，充分表明了党中央党要管党、从严治党的坚定态度，充分体现了我们党自我净化、自我完善、自我革新、自我提高的高度自觉，是新时期加强和改进党的建设的科学指南和根本遵循，是闪耀马克思主义光辉的理论文献。我们要深刻领会、深入贯彻，切实把思想和行动统一到总书记重要讲话精神上来，统一到中央的决策部署上来，始终自觉践行群众路线、坚持从严治党，持续推进党的作风建设。

在教育实践活动中，中央第四巡回督导组、第十五督导组严格按照中央要求，真蹲实驻、严督实导。张维庆组长、傅克诚组长和李川副组长、巴桑顿珠副组长精心指导、严格要求，及时出主意、打招呼，使我们真切感受到督导组站位高、要求严，措施实、点穴准，真心帮、效果好。特别是中央第四巡回督导组既从严把关，又从实指导；既关注活动，又关心民生；既关注发展，又关心生态，不仅对我省活动进行了有力的指导，还对我省社会治理、干部队伍、生态环境等诸多工作提出了建设性的指导意见。中央督导组领导和同志们的工作体现了一个“严”字，严格指导、严谨细致、严于律己，勇于担当的政治品质和工作作风，给我们留下深刻印象，充分体现了中央对贵州工作的关心和支持。借此机会，我代表省委和全省人民向维庆组长、李川副组长及中央第四巡回督导组的同志们表示衷心的感谢！

一会儿，维庆组长还要讲话，大家要认真抓好贯彻落实。下面，我讲三点意见。

一、发扬“认真”精神，我省教育实践活动取得重大成效

在以习近平同志为总书记的党中央坚强领导下，省委团结带领各级党组织始终把教育实践活动作为重大政治任务，作为后发赶超、加快全面小康建设的重大机遇，按照“照镜子、正衣冠、洗洗澡、治治病”的总要求，围绕“为民、务实、清廉”的主要内容，践行“三实三同”总载体，把“认真”精神贯穿活动始终，取得了重大成效。在第一批活动中，习近平总书记在听取我省工作汇报时，对省委常委班子专题民主生活会和省委通过学习迅速把思想和行动统一到中央要求上来给予肯定；我省作为全国省区市的三个典型之一，在中央第一批教育实践活动总结会上作了经

验交流；部分省区市教育实践活动领导小组负责同志座谈会在我省召开，刘云山、赵乐际等中央领导同志亲临会议指导，并视察了省群众工作中心，对创新群众工作领导体制、维护群众利益等做法给予肯定。在第二批活动中，我省在中央政治局第十六次集体学习会上，就夯实基层基础、加强改进作风制度建设作了发言；“五级大培训”以及息烽县委专题民主生活会得到中央领导肯定；在全国推出了文朝荣这个重大先进典型。总的来看，经过各级党组织和党员干部的辛勤努力，我省教育实践活动兑现了精心组织、抓出亮点、确保实效的承诺。

第一，党员干部普遍经受了一次深刻的思想警醒和精神洗礼，贯彻群众路线的使命感、责任感和紧迫感明显增强。针对活动初期一些党员干部认识不到位等问题，我们组织学习习近平总书记系列重要讲话精神，深入进行马克思主义群众观的教育，帮助广大党员干部在思想上补了课、精神上补了钙、行动上提了神，同群众一块过、一块苦、一块干的使命感得到增强。针对理想信念不强、党性修养不高等问题，我们组织到息烽、遵义、瓮安实地上好发人深省的政权课、刻骨铭心的群众课、鲜活生动的发展课，深入开展“十破十立”解放思想大讨论，帮助广大党员干部进一步树立了正确的世界观、人生观、价值观，不断增强发展自信、跨越自信、小康自信。针对宗旨意识不强、群众观点弱化等问题，我们举办教育实践活动展览，开展“远学焦裕禄、近学文朝荣”活动，帮助广大党员干部明白了“我是谁、依靠谁、为了谁”，自觉站在群众立场想问题、办事情、做决策。广大党员干部普遍认为，这次活动使自己强化了宗旨意识，增进了同群众的感情、拉近了同群众的距离，从思想上构筑一道反“四风”的有效防线。群众普遍反映，身边“一头汗、两腿泥”的干部多了，能掏心窝子的党员、干部多了，党的好作风又回来了。

第二，“四风”突出问题得到有力整治，党员干部作风明显转变。针对文山会海、调研走马观花等形式主义问题，我们狠抓精文减会、蹲点调研，第一、第二批活动单位分别精简会议28%和30%、文件24%和38%，评比达标表彰项目减少38%。针对态度冷硬、推诿扯皮、效率低下等官僚主义问题，我们推进“效能革命”，开展“五去五求”，查处落实惠民政策不力、以权谋私案件180件、216人，查处“吃拿卡要”案件1438件、2547人，清退“吃空饷”干部1925人，建立政务服务中心、公共资源交易中心、电子政务服务网络平台，分别取消和下放行政审批事项266项和3771项。针对贪图享受、讲究排场等享乐主义问题，清退公车2013辆，清理办公用房22万平方米。针对铺张浪费等奢靡之风问题，全省压缩“三公”经费30%。很多领导干部表示，反“四风”治好了自己作风上的“亚健康”，也把自己从各种应酬中解脱出来，有更多精力服务群众。一些同志感慨“人情负担轻了，办事成本低了，社会风气确实好多了！”

第三，党内政治生活进一步严格，政治生态和从政环境不断优化。针对党内政治生活庸俗化等问题，我们以河北省委、兰考县委和息烽县委专题民主生活会为标杆，宁严勿松，认真把关，专题民主生活会和组织生活会普遍有质量、有辣味，恢复和发扬了批评和自我批评优良传统。落实党风廉政建设党委主体责任和纪委监督责任，我们集中开展“五项清理”、规范党政领导干部在企业兼任职、“裸官”专项整治等工作。针对违纪违规时有发生和小团体、小圈子、小山头等问题，我们坚决强化正风肃纪，今年以来，全省纪检监察机关共查处违反中央八项规定、省委十项规定的问题6061起、8933人，党纪政纪处分884人，坚决查处了程孟仁、洪金洲、王术君、黎平等一批影响较大的违纪违法典型案件。不少党员干部表示，自己经受了一次严格的党内生活锻炼，既出了汗、也流了泪，思想受到洗礼、灵魂受到触动。一些同志表示，这次活动教育了干部，也保护和挽救了一批干部。广大党员干部和群众普遍反映，全省党风政风焕然一新。

第四，反“四风”改作风的制度笼子不断扎紧，新形势下的群众工作得到创新发展。针对一些地方党群干群关系淡化蜕化问题，我们总结推广了信访维稳“百日攻坚战”、“四帮四促”、领导干部接访和包案督访、“四直为民”、“民生项目监督特派组”、“四位一体”的基层医疗卫生服务保障体系、“5531”社会管理、“惰政问责”等一批成功经验，建立完善了领导干部联系服务群众制度，以“六强六创”为总抓手开展群众工作。针对重大安全生产事故背后腐败问题，我们实行倒查追究，全省煤矿事故死亡人数由2010年的388人下降到去年的105人。针对考核评价制度不健全和用人导向偏差等问题，我们出台加强和改进干部考核、选拔、培训、监督、保障等方面的配套措施，干部选拔任用和管理更加科学规范。不少领导干部说，过去习以为常、司空见惯的“四风”问题不敢小视了，一人说了就算、一拍脑袋就定、一拍胸脯就办行不通了，一些同志什么饭都敢吃、什么人都敢交、什么事都敢做受到节制了，头脑中在这几方面的“紧箍咒”自觉勒紧了。

第五，基层党组织创造力战斗力凝聚力有效增强，联系服务群众“最后一公里”不断畅通。针对基层基础薄弱问题，我们以发展型服务型党组织建设为抓手，扎实推进全省1420个软弱涣散村、社区党组织的整顿，“领头雁”工程深入实施，第九届村居换届换出新气象；“四议两公开”等民主管理扎实推进，基层干部报酬待遇逐步提高。

5万多名干部同步小康驻村工作、“两个80%”考录遴选基层公务员取得实效，精准扶贫等一大批民生实事取得明显成效，形成了人往基层走、钱往基层投、政策往基层倾斜的良好导向，改作风改到群众心坎上。一大批先进集体、先进人物不断涌现，省委评选表彰了570名优秀基层党组织书记。特别是各级党组织和党员在抗击旱涝灾害和山体滑坡地质灾害中冲锋在前，充分发挥了战斗堡垒作用。习水县杉林村共产党员袁贤忠，在洪水来袭的危急关头，帮助211名村民安全转移后，自己却不幸英勇牺牲，用生命践行了党的群众路线。群众由衷感叹：不管是办大事小事，还是遇到大灾小病，党组织都是老百姓坚强的“主心骨”，党员干部都是群众贴心的“服务员”。

第六，干部群众后发赶超的精气神焕然一新，改革发展稳定的大局持续向好。针对开展活动与推动发展可能出现“两张皮”的问题，坚持引导广大党员干部把活动中激发出来的工作热情和进取精神，转化为深化改革、加快发展、维护稳定的强大动力。针对政绩观偏差问题，我们取消10个重点生态功能区县的GDP考核；针对交通和教育两大瓶颈问题，我们深入推动高速公路三年会战和水利建设“三大会战”，今年全省高速公路通车里程将突破4000公里，还将迎来高铁时代；压缩行政开支5%用于教育“9+3”计划；针对经济下行压力加大的情况，建立各级领导干部联系点，大力实施“5个100工程”和“百千万”工程，到企业开展一对一服务，开展项目观摩会。2013年和今年前三季度，全省生产总值、规模以上工业增加值、固定资产投资、社会消费品零售总额、公共财政收入等主要经济指标，同比增速位居全国前列，“四在农家·美丽乡村”六项行动计划实施让全省农村面貌发生重大变化。这一系列成果展示了全省党员干部统筹协调、精致细致极致、担大事办好事的能力，展现了广大党员干部后发赶超、奋发有为、为民谋利的干事创业精气神。很多干部群众说，贵州发展态势越来越强，发展环境越来越优，人民实惠越来越多，干部精神面貌越来越好。

在充分肯定这次活动取得成绩的同时，我们也要清醒地看到存在的问题和不足。主要是，部分党员干部的“四风”问题有所收敛，但仅仅停留在“不敢”上，没有从思想深处形成自律、自觉，个别的还在顶风作案，稍有松懈就有可能出现反弹回潮；有些问题的整改还是初步的，特别是一些深层次问题还没有从根本上得到有效解决，上下联动解决问题还没有真正形成合力；一些党员干部对群众不同程度存在“为官不为”的现象，有的对整治“四风”感到不自在、不舒服，有的理想信念缺失，不接地气、不敢担当、办事拖拉，遇到矛盾绕道走，较真碰硬心有忌惮、消极应付、得过且过；活动在一些地区、部门、单位之间开展得不够平衡，不同程度存在以形式主义反对形式主义的问题；基层基础薄弱的状况还没有得到根本解决，有的基层党组织凝聚群众能力仍然不强，不能有效发挥作用，等等。现在，广大干部群众最担心的是问题反弹、雨过地皮湿、活动一阵风，最盼望的是形成常态化、常抓不懈、保持长效。因此，我们要说，活动收尾绝不是作风建设收场，必须以锲而不舍、驰而不息的决心和毅力，把作风建设不断引向深入，把目前作风转变的好势头保持下去，使存在的问题和不足得到进一步的解决，使作风建设的要求真正落地生根。

同志们，风清则气正，气正则心齐，心齐则事成。一年多来的实践充分证明，中央关于开展教育实践活动的战略部署深得党心民心，是完全正确、行之有效的；广大党员、干部和人民群众是衷心拥护、积极参与的；社会各界是充分认可、高度赞扬的。这次活动为进行具有许多新的历史特点的伟大斗争作了一次思想上、组织上和作风上的重要准备，必将对我省加快改革开放和现代化建设产生重大而深远的影响。

二、总结成功经验，为加强和改进党的建设提供重要启示

这次活动的重大成效，是全省各级党组织认真学习贯彻习近平总书记系列重要讲话精神和指示要求，自觉践行“三严三实”，切实做到“六个始终坚持”取得的，为加强和改进作风建设、永葆党的先进性和纯洁性积累了新的成功经验，我们要深入总结，使之成为党建工作的宝贵财富。

第一，始终坚持狠抓学习教育，以提高思想认识增强行动自觉。思想认识是源头，解决好源头问题，才能更好地固本培元、知行合一。我们始终真学真懂、真信真用习近平总书记系列重要讲话，切实做到总书记每篇讲话下发后，省委常委会都在第一时间包括利用晚上和双休日，迅速组织传达学习，并制定长期、中期、近期学习目标，学原文、读原著、悟原理，特别是认真学习总书记对贵州工作的最新指示，守住两条“底线”，实施精准扶贫，增强发展自信，确保整个

经济社会持续快速健康发展。省委连续三次共举办12期学习总书记系列讲话专题培训班，省委领导同志带头授课，带动省市县乡村完成1.8万名“一把手”轮训。省市县联动组建宣讲团，组织报告会6000多场次，直接听众100余万人次，推动总书记讲话精神进社区、进农村、进企业、进机关、进学校。注重通过孔学堂等平台，以弘扬中华优秀传统文化为抓手，广泛开展“明礼知耻·崇德向善”活动，培育、践行社会主义核心价值观。注重营造良好氛围，中央主要新闻媒体11次对我省活动进行集中宣传报道，中央活动办简报28次、中央督导组督情快报13次刊载我省做法。实践启示我们，群众路线是党的生命线和传家宝，必须提高认识，坚持不懈地加强主观世界改造，引导党员干部牢固树立革命理想高于天、人民利益大于天、改革发展重于天的信念，以知促行、以行促知，不断以新的思想认识推动实践，又以新的实践深化思想认识。

第二，始终坚持狠抓领导带头，一级做给一级看、一级带着一级干。正人必先正己，正己才能正人。这次活动取得成效的关键，就是从领导干部特别是“一把手”抓起，坚持以上率下，亲自动手、亲力亲为。习近平总书记以及中央政治局常委带头从自身改起，讲认真动真格；建立联系点并在各环节亲自指导，深入联系点真诚谈心，对工作进行具体帮助，为全党树标立杆。省委常委会努力向中央看齐，常委同志带头开展批评和自我批评，带头到群众工作中心接访，带头到联系点调研指导。省人大、省政府、省政协党组成员都带头听取意见、带头出席一至两个单位的专题民主生活会。各单位“一把手”认真履行第一责任人职责，极大地激发了广大党员干部参与活动的积极性、创造性，既保证活动顺利开展，又保持了干事创业的激情。实践启示我们，各级领导干部敢于拿自己开刀，解决问题才能势如破竹，改进工作才能立竿见影。各级党委特别是“一把手”必须以向我看齐的姿态，层层传导压力，层层抓好落实，一环紧着一环拧，一锤接着一锤敲，才能带动党风、政风和社会风气的根本好转。

第三，始终坚持狠抓重点问题，以实际行动和实际成效取信于民。伤其十指不如断其一指。突出重点，聚焦“四风”是改进作风最有效的办法，作风建设要让群众叫好，就必须向问题叫板。我们坚持问题导向，以反“四风”为突破口，切实抓好21项专项整治，下大气力解决11个方面的问题，围绕整治超标超配公车、办公用房、违纪收送红包和购物卡、违规干预工程承包、违规占有多处房产等具体问题，认真开展“六个查一查、八个照一照、四个剖一剖”，抓住了要害，打到了七寸。以钉钉子精神抓整改，扎实推进“四风”突出问题“7＋4＋3”、“六风一卡”等专项整治。实践启示我们，有的放矢事易成，无的放矢事难成，必须找准靶子，点住穴位，对那些顽症痼疾、陈规陋习、歪风邪气下猛药，祛除作风之弊，铲除行为之垢，才能不断正党风、清政风、淳民风。

第四，始终坚持狠抓从严从实，做到每个环节真严格、真到位、真有效。取法于上，仅得为中，取法于中，故为其下。各级党委和领导小组一开始就以高站位谋划部署、高标准严格要求、高质量协调推进，坚决防止搞形式、放空炮、走过场。制定提高专题民主生活会质量的五项要求和十二条措施等规定，实行对照检查材料“四级联审”，对每一关键环节、每一重要节点都认真安排、精心组织。各级督导组从严督导，严把进度关、环节关、责任关，严守“六个不放过”，严格督促谈心谈话“四必谈四不谈”，严格审核专题民主生活会方案、对照检查材料、批评意见等，从严要求部分县市重开民主生活会。各级领导小组办公室从实指导，出台8个分类指导手册和联系点手册，对市县、高校、企业提出差异化要求。实践启示我们，只有严要求、动真格，真实抓、抓真实，摒弃“差不多”、“无所谓”等陈旧观念，才能使广大党员干部在思想上尽忠尽智、行为上尽职尽责、效果上尽善尽美。

第五，始终坚持狠抓改革创新，做到破立并举、推陈出新。作风之变，贵在创新、重在从严、要在求实。我们紧紧抓住贫穷落后这个主要矛盾、加快发展这个根本任务，把整治“四风”与“三实三同”结合起来，坚持开放创新，解放思想，以开放倒逼改革、倒逼优化环境、倒逼作风建设。贵安新区开放开发加快推进，贵阳综合保税区封关运行，双龙临空经济区启动建设。扶贫开发、生态文明、党的建设等体制机制改革走在全国前列。创新群众工作领导体制，成立各级党委群众工作委员会，建立群众工作中心。把“破”和“立”结合起来，依托远程教育站点等设施建立14701个道德讲堂，推进德师队伍建设。成立“农民讲师团”，开展“党的声音进万家”、诚信农民建设、党员志愿者服务等，实现了规定动作做到位、自选动作有特色。实践启示我们，找准中央精神与贵州实际的结合点，创造性地开展工作，就能探索新路子、找到新办法，就能取得人民群众满意的成效。

第六，始终坚持狠抓开门搞活动，做到广开言路、广集民智、广受监督。知屋漏者在宇下，知政失者在草野。能不能开门纳谏、从善如流，决定着改作风的效果；是不是请群众参与、让群众监督，决定着活动的成败。我们充分调动领导干部和广大群众两个积极性，建立开放性工作机制，开通“书记、省市县长——群众直通交流台”、开展“同步小康驻村”等方式，多层次、面对面、背靠背地征求群众意见；省委常委会，省人大、省政府、省政协党组的整改措施在省内主要新闻媒体公示，各活动单位普遍将整改措施多渠道、多形式公示；广泛开展了群众测评和民主评议，不用自我感觉代替群众评价，得到了全省各族群众的真心支持和积极参与。实践启示我们，让群众满意，是我们做好一切工作的价值取向和根本标准，必须坚持真开门、开大门，全程接受群众监督、全程接受群众评议，才能做到不虚不空不偏，才能确保群众满意。

三、把“从严治党”落到实处，扎实推动作风建设长效化常态化

习近平总书记强调：“历史使命越光荣、奋斗目标越宏伟、执政环境越复杂，我们就越要增强忧患意识，越要从严治党。”落实“从严治党”要求、担起管党治党责任，是中央的重大战略性部署，各级党组织必须不折不扣地贯彻落实。从贵州来看，要在维护群众利益的道路上走得更好，要在后发赶超、加快全面小康建设的道路上走得更快，就必须深刻领会党要管党、从严治党的极端重要性、紧迫性，深入贯彻总书记就从严治党提出的八个方面部署要求，在经常抓、深入抓、持久抓上下苦功夫、硬功夫，真正把活动成果运用到从严治党中去，推动各项事业更好更快发展。

第 ，着力抓好思想建党，始终与以习近平同志为总书记的党中央保持高度一致。这次活动让我们更加深刻地体会到，以习近平同志为总书记的党中央具有坚如磐石的政治定力，具有宽广的政治视野，具有博大的政治胸怀，具有超凡的政治智慧和卓越的治党治国治军才能，值得我们衷心拥护和绝对信赖。我们要坚决在政治上、思想上、行动上与以习近平同志为总书记的党中央保持高度一致，党中央提倡的坚决响应，党中央决定的坚决照办，党中央禁止的坚决杜绝，做到认识上一致、思想上一致、政治上同心、行动上同步，确保中央政令畅通、决策落地生根。我们要坚持真学真懂，把学习总书记系列讲话精神同解决世界观、人生观和价值观结合起来，不断增强政治定力、提高执政能力。要坚持真信真用，把总书记系列讲话贯彻到从严治党各方面，体现到改革开放和社会主义现代化建设各领域，转化为“赶”、“转”、“改”的新举措，特别要具体地而不是抽象地、认真地而不是敷衍地落实总书记对贵州的重要指示，坚守发展和生态“两条底线”，崇尚实干、狠抓落实，把“看真贫、扶真贫、真扶贫”、弘扬中华优秀传统文化等要求落到实处，做到言行一致、学以致用。

第二，落实从严治党责任，切实做到党委抓、书记抓、各级各部门抓。从严治党，根本在责任、关键在担当。责任不明确，责任不落实，责任不追究，从严治党就成了一句空话。各级党委要落实好主体责任，把从严治党的责任承担好、落实好，放在心上、抓在手上、扛在肩上，把党建工作和中心工作一起谋划、一起部署、一起考核，把每条战线、每个领域、每个环节的党建工作抓细、抓深入，坚决避免“一手硬、一手软”。各级“一把手”要落实好第一责任，树立正确政绩观，破除“抓党建同抓发展相比要虚一些、不容易出显绩”等错误认识，坚持从巩固党的执政地位大局看问题，从贵州发展大势想办法，敢于担当、敢于亮剑，努力成为“从严治党的书记”。班子成员都要履行分管领域从严治党责任，在落实从严治党各项要求中动真碰硬。各级各部门要落实好职责范围内的责任，纪检、组织、宣传等部门要做好管理、教育等工作，形成科学定责、具体明责、严格考责的落实链条和一级抓一级、层层抓落实的工作格局。对各级党委书记的考核，首先要看抓党建的实效，考核其他党员领导干部工作也要加大这方面的权重。

第三，坚持制度管党，用法治思维和改革创新精神固化从严治党成果。管党治党，少数人靠觉悟，多数人靠制度。推进从严治党，需要把制度建设融入党的建设经常性工作之中。制度不在多，而在于精，在于务实管用。牛栏关猫是不行的！要探索和遵循新的历史条件下从严治党规律，坚持把中央要求、群众期盼、发展需要、新鲜经验结合起来，健全完善群众工作制度、选人用人制度、党风廉政建设和反腐倡廉工作制度、“五人小组”听取巡视情况汇报制度等系列制度规定。不断加大巡视工作、案件查办、纠正损害群众利益不正之风等方面的体制机制创新力度，建立一整套便利、管用、有约束力的管党治党系统工程。要坚持制度面前人人平等、执行制度没有例外，认真纠正有令不行、有禁不止的行为，不以问题小而姑息，不以违者众而放任，真正使制度成为硬约束而不是橡皮筋。

第四，严肃党内政治生活，切实营造良好的政治生态和从政环境。一个班子和领导干部战斗力如何，一个地方的政治生态怎样，同有没有严肃认真的党内政治生活密切相关。从严治党，就必须从党内政治生活严起，最根本的就是要求各级党组织和党员干部，严格按照党内政治生活准则和党内各项规定办事。由

省委常委带头，各市州党委、省直部门党委（党组）开始做起，按照这次活动的做法，坚持每年都召开一次高质量的专题民主生活会，对班子是否认真组织，党员领导干部是否严格开展批评和自我批评、是否以普通党员身份参加所在支部的专题组织生活会，上级党组织要认真进行评估，纳入年度目标考核，运用到干部考核选拔中。各级党组织，不论层级高低、行业领域差别，都必须自觉提高党内生活的政治性、原则性、战斗性。任何一名党员，不论职务高低、资历深浅、成就大小，都必须自觉遵守党内政治生活准则，切实增强角色意识和政治担当，把爱党、忧党、兴党、护党落实到工作生活各个环节，坚决防止和纠正党内关系市场化和江湖化、同事关系雇佣化和帮派化、上下级关系人身依附化等现象，坚决铲除利益联盟、防治利益固化。

第五，忠诚恪守“三严三实”，把从严管理贯穿干部队伍建设全过程。从严治党，重在从严管理干部。各级领导干部要把“三严三实”作为基本行为准则，作为检视党性修养的一把尺子，落实到为官、做人、干事等方方面面，深学、细照、笃行焦裕禄、文朝荣精神，坚定理想信念、加强道德养成、规范权力行使、培育优良作风，自觉抵制“为官不易、为官不为”等言行。要增强对权力的敬畏之心，不断提高自身对各种诱惑的免疫力，确保权力行使不偏向、不变质、不越轨、不出格。要严格管理配偶、子女等直系亲属，严禁在本人职务管辖的地区和业务范围内从事工程承包、土地出让、矿产开发等经营活动，该叫停的坚决叫停，该撕破脸的坚决撕破脸，该断绝关系的坚决断绝关系。要出台干部经常性轮岗交流的具体办法，激活干部队伍一池春水。要严格执行干部管理各项规定，平时加强教育，用时严格把关，讲原则不讲关系，坚决纠正选人用人不正之风，坚决防止失之于宽、失之于软，坚决防止带病提拔。

第六，持续深入改进作风，始终保持党同人民群众的血肉联系。作风问题具有顽固性和反复性，就像弹簧一样，一压就紧，一放就松，如果活动一结束就曲终人散，“四风”问题势必又“涛声依旧”，必须重锤常敲、警钟长鸣，抓常抓细、久久为功。各级党委要持续抓好整改任务落实，把作风建设紧紧抓在手上，以最严格的标准、最严厉的举措持续抓好“7＋4＋3”、“六风一卡”、“五去五求”等作风整治，不留空白、不留死角地清除不正之风，绝不允许出现“烂尾”工程，决不能让“四风”问题反弹回潮，对整改任务没有到位的，要推迟召开总结大会。各级党员干部要从自身做起、从小事做起，继续按照“六查八照四剖”的要求，紧紧盯住作风领域出现的新变化新问题，及时跟进相应的对策措施，做到掌握情况不迟钝、解决问题不拖延、化解矛盾不积压。要把解决“四风”问题延伸开去，切实解决化解信访积案难案进展不快，发生突发事件领导干部不能在第一时间赶赴现场处置指挥，“黄赌毒”现象打击处置不力，执法不公、领导干部干预司法等问题。要坚持以“六强六创”为总抓手，继续探索做好新形势下的群众工作，建好、用好孔学堂和各级道德讲堂平台，引导干部群众恪守社会公德、职业道德、家庭美德和个人品德，使党员、干部不仅不敢沾染歪风邪气，而且不能、不想沾染歪风邪气。

第七，严明党的纪律，强化纪律的约束、监督和惩戒作用。党的纪律是党的生命，是维护党的团结统一的有力武器。党要管党、从严治党，靠什么管，凭什么治？关键靠严明纪律。广大党员干部要牢固树立纪律意识，把严格遵守《党章》和党的各项纪律，严格执行中央八项规定、省委十项规定，十严禁十不准，作为做合格党员干部的基本条件。各级党委要认真落实有纪可依要求，根据形势和党的建设需要，不断完善纪律体系。各级党组织和领导干部要切实履行执纪职责，既拒绝说情风、关系网、利益链，使违纪问题能及时发现、严厉查处，又通过执纪必严来防微杜渐，教育和挽救干部，使纪律真正成为带电的高压线。要坚持以零容忍的态度惩治腐败，有腐必反、有贪必肃、有案必查，始终保持惩治腐败的高压态势，坚决查处一批顶风违纪案件，特别是对纪律规定置若罔闻、搞“四风”毫无顾忌、搞腐败心存侥幸的违纪行为，决不手软、决不姑息，坚持有什么问题查清什么问题、发现什么问题解决什么问题，做到不隐瞒、不简化、不变通，让严格执纪成为一种新常态。

第八，畅通公众参与渠道，发挥人民监督作用。人民群众的眼睛是雪亮的，谁在工作中以权谋私、假公济私，优亲厚友、违法乱纪，弄虚作假、任人唯亲，人民群众看得清清楚楚。可以说，依靠群众撼山易，脱离群众搬砖难。紧紧依靠人民群众，腐败分子“潜伏”再深也能发现，不良风气“马甲”再多也能识辨。要切实从方式、程序等方面，不断畅通建言献策和批评监督两个渠道，把各级党组织和党员、干部的表现交给群众评判；欢迎群众对党组织和党员干部提出批评意见；沉下身子、走近群众，多向群众请教从严治党问题，积极采纳群众提出的对从严治党有好处的意见；建立和完善人民群众检举揭发机制，安全保障群众举报党员干部违法违纪行为。要成立作风建设整改督查、作风建设群众监督评议、作风建设新闻监督“三支队伍”，织密群众监督之网，开启全天候的探照灯。要切实完善党务公开、政务公开、账务公开，运用好群众听证会、“一事一议”、民主座谈会等经验，让从严治党的过程、公务活动和重大决策事项在人民群众知晓的透明公开的阳光下进行。

同志们，逆水行舟，一篙不可放缓；滴水穿石，一滴不可弃滞。当前，经济下行压力加大，不确定因素增加，发展矛盾增多，这正是我们奋起直追、加快发展、后发赶超的好机遇。全省各级党组织和广大党员、干部一定要抓住用好这个最好的辩证法，切实增强机遇意识、责任意识、奋斗意识，变压力为动力，化挑战为机遇，咬定目标、咬紧牙关、矢志不移，再鼓一把劲，再加一把油，完成和超额完成全年工作目标；坚持“三实三同”，践行“十破十立”，再持续用力5年左右的时间，贵州经济社会发展就一定能站在新的起点、实现新跨越！

贯彻党的群众路线没有休止符，作风建设永远在路上。让我们更加紧密地团结在以习近平同志为总书记的党中央周围，始终保持最讲认真、极端负责的优良作风，始终保持吃苦耐劳、奋勇争先的拼搏精神，始终保持敢于担当、勇于创新的干事激情，一心一意谋发展，聚精会神抓党建，奋力开创后发赶超、全面小康建设的新局面，共同抒写美丽中国的贵州篇章！

（本文作者系贵州省委书记）

第三部分　中央有关文献

（一）2000 年 1 月—2013 年 12 月

关于在个体和私营等非公有制经济组织中加强党的建设工作的意见（试行）

（中共中央组织部 2000 年 9 月 13 日印发）

为了加强非公有制经济组织中党的建设，促进非公有制经济健康发展，根据《中国共产党章程》，结合当前实际情况，提出以下意见：

一、充分认识加强非公有制经济组织党建工作的重要性和紧迫性

党的十五大明确提出，公有制为主体、多种所有制经济共同发展，是我国社会主义初级阶段的一项基本经济制度。改革开放以来，个体、私营等非公有制经济迅速发展，已经成为我国社会主义市场经济的重要组成部分。据统计，目前全国已有私营企业近 158 万家，个体工商户 3160 多万户，从业人员约 1.3 亿人。非公有制企业在活跃城乡经济、满足社会多方面需要、增加就业、促进国民经济发展等方面发挥着重要的作用。

非公有制经济组织是党的建设工作的一个重要领域。在非公有制经济组织中建立党的组织，开展党的工作，加强党的建设，充分发挥党的思想政治优势、组织优势和密切联系群众的优势，是坚持和完善社会主义初级阶段的基本经济制度，保证监督党和国家的方针政策、法律法规贯彻实施，引导非公有制经济健康发展的需要；是加强党同非公有制企业广大职工的联系，巩固和扩大党的群众基础的需要；从根本上说，是保证我们党始终代表中国先进社会生产力的发展要求、中国先进文化的前进方向、中国最广大人民的根本利益的需要。

近几年来，许多地方在非公有制经济组织中积极开展党的工作，进行了有益探索，取得了一定成效。但是，这项工作的发展还很不平衡，一些地方的党组织对于在非公有制经济组织中开展党的工作的重要性认识不足，主动性不够，采取的措施不力，非公有制企业中党组织的状况不适应形势发展的要求。据统计，截至 1999 年底，全国私营企业中已建立党组织的仅占私营企业总数的 1.5%。许多企业具备建立党组织条件，由于工作不力尚未建立。有的虽然建立了党组织，但由于职责任务不明确，工作方法和活动方式不适应，党组织的作用发挥得不好，在职工群众中的凝聚力不强。各级党委特别是县（市、区）党委要从巩固党的执政地位、保证党的基本路线全面贯彻执行的战略高度，充分认识加强非公有制经济组织党建工作的重要性和紧迫性，增强政治责任感，采取得力措施，切实加强非公有制经济组织党建工作。

二、在非公有制经济组织中加强党建工作的指导思想和原则

加强非公有制经济组织中的党建工作，要以马列主义、毛泽东思想、邓小平理论和江泽民同志“三个代表”重要思想为指导，认真贯彻执行党和国家的方针政策、法律法规，坚持党要管党、从严治党的方针，全心全意依靠职工群众，紧紧围绕党的中心任务和企业生产经营开展工作，积极探索发挥党组织作用的方法和途径，增强党组织的凝聚力、战斗力和影响力，促进非公有制企业健康发展。

在非公有制经济组织中开展党建工作，要坚持以下原则：第一，必须遵循党章规定。凡党员人数符合建立党组织条件的企业都应建立党的组织，按照企业特点开展党的活动，完成党章规定的党的基层组织的基本任务。

第二，必须把加强非公有制经济组织党的建设与促进非公有制经济的发展有机结合起来。适应社会主义市场经济的要求，充分发挥党员在企业两个文明建设中的先锋模范作用，提高企业的经济效益，引导、监督企业依法经营，健康发展。

第三，必须把关心和维护职工合法权益作为非公有制企业党组织的一项重要工作。密切联系群众，做好群众工作，不断增强党组织在职工中的影响力和凝聚力。

第四，必须注重工作实效。从非公有制企业的实际出发，坚持解放思想，大胆探索，勇于创新，不断提高工作水平。

三、抓紧在非公有制经济组织中建立健全党的组织

凡是有正式党员3名以上的非公有制经济组织，都应当建立党的基层组织。党员人数在3名以上、50名以下的，应建立党支部；党员人数不足3名的，可就近与其他组织中的党员建立联合党支部；党员人数超过或接近50名、100名的，可分别建立党的总支部委员会、党的基层委员会。党员人数少、暂不具备建立党组织条件的，应抓紧把工会、共青团组织先建立起来，为建立党组织创造条件。在个体工商户党员相对集中的地方，可就近、就地建立党组织。

国有、集体企业改组为非公有制企业，或者非公有制企业进行组织结构调整时，要根据企业规模、党员人数和工作需要，同步改建或组建党组织，并相应调整和明确党组织的隶属关系和职能。

非公有制经济组织中党组织的领导成员，由党员大会或党员代表大会选举产生。暂不具备选举条件的，可由上级党组织指派或任命，待条件成熟后再进行选举。党组织的负责人，应由企业中认真贯彻党的路线方针政策，党的观念强，思想政治素质好，善于做群众工作的党员担任。具备条件的中、小型企业，党组织负责人和工会主席可由一人担任。

要以有利于党组织开展活动、有利于促进企业发展为原则，明确非公有制经济组织中党组织的隶属关系。非公有制经济组织中的党组织一般由所在地的村、乡镇、城市街道（社区）党组织领导，企业规模较大、党员人数较多的，也可直接由所在地（市）、县（市、区）党委领导。非公有制经济比较发达的地方，根据工作需要，可以成立县（市、区）非公有制经济党的工作委员会，作为县（市、区）委的派出机构，加强对非公有制经济组织党建工作的领导。

四、进一步明确非公有制经济组织中党组织的地位作用和职责任务

非公有制经济组织中的党组织执行党章规定的党的基层组织的基本任务，在广大职工中发挥政治核心作用。其具体职责是：

（1）宣传贯彻党和国家的路线方针政策，引导和监督企业遵守国家的法律、法规，依法经营，照章纳税。

（2）关心企业生产经营的重大问题，提出意见和建议，支持和促进企业发展。

（3）加强党员的教育管理，做好发展党员工作，发挥党员的先锋模范作用。

（4）做好职工思想政治工作，团结和依靠职工群众，关心和维护职工的合法权益。

（5）加强社会主义精神文明建设，建设有理想、有道德、有文化、有纪律的职工队伍。

（6）协调企业内部各方面的关系，坚持原则，化解矛盾，维护企业和社会的稳定。

（7）领导工会、共青团等群众组织，支持他们依照法律和各自章程独立自主地开展工作。

（8）完成上级党组织交办的任务。

五、加强非公有制经济组织中党组织的自身建设

加强党组织领导班子建设，提高领导班子成员的思想政治素质、工作水平和业务能力。贯彻民主集中制原则，增强党组织的凝聚力和战斗力。

组织党员认真学习马列主义、毛泽东思想特别是邓小平理论，学习党章。教育党员树立正确的理想信念，带头维护党和国家的利益，带头遵纪守法，带头完成生产经营任务，带头学文化、学技术。

严格党的组织生活，加强党员管理。督促流动党员及时接转党的组织关系，按时参加党的组织生活。坚持民主评议党员制度，表彰优秀党员，严肃处置不合格党员。

按照“坚持标准、保证质量、改善结构、慎重发展”的方针，做好发展党员工作。加强对入党积极分子的培养教育，及时吸收符合条件的优秀职工入党。

对已经是私营企业主的党员，党组织要从思想上、政治上关心他们，帮助他们提高自身的政治素质，增强党性。要求他们时刻牢记自己是一名共产党员，教育引导他们不仅应模范地遵守国家的政策法规，依法经营，照章纳税，而且要严格遵守党章，树立正确的理想信念，实践党的根本宗旨，认真履行党员义务，

自觉遵守党的纪律和接受党组织的教育、管理、监督。鼓励他们把企业获得的利润，用于扩大再生产，支持社会公益事业。

根据非公有制经济组织的特点，积极探索党组织的活动内容、活动方式和工作方法。企业党建工作和思想政治工作要与搞好企业的生产经营紧密结合，注意灵活多样，讲求实效，使之为党员和广大职工所欢迎，为企业所有者、经营者所理解和支持。开展党员联系职工的活动，教育和帮助职工学政治、学文化、学技术。不断提高职工的思想道德和科学文化素质，发展积极健康的企业文化。

六、加强对非公有制经济组织党建工作的领导

各级党委特别是县（市、区）党委要高度重视非公有制经济组织党建工作，列入重要工作日程，及时研究部署，认真抓好落实。组织、宣传、统战以及工商行政管理等有关部门和组织要在党委统一领导下，各司其职，各负其责，加强协调配合，形成工作合力。非公有制经济组织较多的地方，可建立联系会议制度，沟通情况，齐抓共管。党委组织部门要加强调查研究，做好协调工作，及时解决党建工作中出现的新问题。

要根据非公有制经济组织中党员的分布状况和党组织开展活动、发挥作用的情况，进行分类指导。对党员人数少、暂不具备建立党组织条件、但规模较大的非公有制企业，可向企业选派党建工作指导员或联络员，按照有关规定做好培养入党积极分子和发展党员工作，在条件成熟时建立党的组织。

上级党组织要关心爱护在非公有制经济组织中工作的党员，加强对他们的教育、管理和培训。对因坚持原则而在企业遭受不公正待遇的党组织和群团组织负责人以及其他职工，上级党组织和有关部门要及时同企业经营者进行交涉，使问题得到妥善解决，以维护他们的合法权益，保护他们的工作积极性。要切实做好教育、引导私营企业主的工作，把他们团结在党组织的周围，使他们支持在企业中建立党组织和开展党的工作，自觉为建设有中国特色社会主义贡献力量。

非公有制经济组织中党组织的活动经费，可通过多种渠道解决。党员交纳的党费可大部分或全部返还给企业党组织，作为活动经费。活动经费确有困难的，上级党组织应从分管的党费中适当拨补一部分。

各级党委要认真研究非公有制经济组织党建工作的新情况、新问题，坚持正确的舆论导向，及时总结推广好的经验，探索有效的工作方法和途径，不断提高党员素质，增强党组织的凝聚力和战斗力，充分发挥党组织的战斗堡垒作用和党员的先锋模范作用，促进非公有制经济健康发展。

中共中央组织部关于进一步加强和改进街道社区党的建设工作的意见

（2004 年 10 月 4 日）

《中共中央组织部关于进一步加强和改进街道社区党的建设工作的意见》已经中央领导同志同意。中共中央办公厅近日发出通知，转发这个《意见》，并要求结合实际认真贯彻执行。

《中共中央组织部关于进一步加强和改进街道社区党的建设工作的意见》全文如下：

为深入贯彻落实党的十六大和十六届四中全会关于以服务群众为重点，构建城市社区党建工作新格局的要求，进一步夯实党在城市基层的执政基础，增强党的执政能力，促进城市现代化建设，现就进一步加强和改进街道、社区党的建设工作提出如下意见。

一、充分认识新形势下加强和改进街道、社区党的建设工作的重要性和紧迫性

街道、社区是党在城市工作的基础，街道、社区党建工作，是党的基层组织建设的重要组成部分。在全面建设小康社会、加快推进社会主义现代化的新的发展阶段，我国城镇化进程不断加快，城市综合实力不断增强，城市基层管理体制改革不断深化，街道、社区在城市工作中的地位越来越重要，街道、社区党组织承担的任务日益繁重。新经济组织、新社会组织大量涌现，迫切需要依托街道、社区党组织加强这些组织中的党建工作，不断扩大党在城市工作的覆盖面；越来越多的“单位人”转为“社会人”，大量退休人员、下岗失业人员和流动人员进入社区，迫切需要街道、社区党组织转变管理和工作方式，做好新形势下的群众工作，形成社区群众各尽其能、各得其所而又和谐相处的局面，巩固党执政的社会基础；社区群众的物质文化需求日益呈现出多层次、多样化的趋势，迫切需要增强街道、社区党组织的领导、协调功能和街道、社区的服务功能，全面推进社区建设。

近年来，按照中央的要求，各地结合实际，对街道、社区党建工作进行了积极探索，取得了较大进展，但仍存在一些亟待解决的问题。有些地方党组织对街道、社区党建工作重视不够，党在城市工作的覆盖面有待进一步扩大；有些街道干部和社区工作者系社区群众和驻区单位服务的自觉性不高，工作水平和工作作风与当前社区工作的需要不相适应；有些驻区单位和党员参与社区建设的积极性不高，社区党建工作协调机制尚不完善；有些中小城市和小城镇社区党建工作还比较薄弱。适应新的形势和任务的需要，把街道、社区党组织建设成为贯彻“三个代表”重要思想的组织者、推动者和实践者，对于大力推进社区建设、满足社区群众和驻区单位的社会需求，对于加快城镇化进程、全面建设社会主义和谐社会，对于建立健全党委领导、政府负责、社会协同、公众参与的社会管理格局，对于巩固党的执政基础、增强党的执政能力，都具有十分重要的意义。各级党委要高度重视街道、社区党的建设工作，采取有力措施，认真解决存在的问题，不断开创街道、社区党建工作新局面。

二、正确把握街道、社区党的建设工作的指导思想和目标要求

街道、社区党的建设工作的指导思想是：以邓小平理论和“三个代表”重要思想为指导，紧紧围绕城市改革发展稳定的大局，紧密结合城市社区建设的实际，以保持党同人民群众的血肉联系为核心，以服务群众为重点，构建城市社区党建工作新格局，提高街道、社区党组织的创造力、凝聚力和战斗力，扩大党在城市工作的覆盖面，为创建管理有序、服务完善、环境优美、文明祥和的新型社区，促进城市现代化建设提供坚强的组织保证。

街道、社区党的建设要努力实现“五个好”的目标要求：（1）领导班子好。领导班子及其成员能够认真执行党的路线方针政策，密切联系群众，政治坚定，求真务实，开拓创新，勤政廉政，团结协作。（2）党员干部队伍好。街道干部、社区工作者能够发挥骨干带头作用，共产党员能够发挥先锋模范作用。（3）工作机制好。街道、社区党组织工作制度健全、运行规范，社区党建工作协调机制完善。（4）工作业绩好。社区各项事业协调发展，基层民主政治建设和精神文明建设成效明显，社区治安良好。（5）群众反映好。社区群众和驻区单位对街道、社区党组织的工作满意，街道、社区党组织得到社区群众的拥护。

三、进一步明确街道、社区党组织的主要职责

街道党（工）委和社区党支部（总支、党委）是党在街道、社区全部工作和战斗力的基础，是街道、社区各种组织和各项工作的领导核心。

街道党（工）委的主要职责是：（1）宣传和执行党的路线方针政策，宣传和执行党中央、上级党组织和本组织的决议，组织带领干部和群众，努力完成本单位所担负的任务。（2）讨论决定本街道城市管理、经济发展和社区建设中的重大问题。协调有关部门，动员各方力量，整合各类资源，服务社区群众，共同推进社区建设。（3）领导街道行政组织，支持和保证其依法充分行使职权；领导街道工会、共青团、妇联等群众组织，支持和保证其依照各自的章程开展工作；领导或指导在社区、驻区非公有制经济组织、社会团体和社会中介组织中开展党的工作。（4）领导本街道的思想政治工作、基层民主政治建设和精神文明建设，加强社会治安综合治理，协调利益关系，维护社会稳定。（5）加强街道党组织自身建设，领导以社区党组织为核心的社区组织体系建设。（6）按照干部管理权限，负责干部的教育、选拔、管理和监督工作。协助上级有关职能部门做好其派出机构及其负责人的管理和监督工作。

社区党支部（总支、党委）的主要职责是：（1）宣传和执行党的路线方针政策，宣传和执行党中央、上级党组织和本组织的决议，团结、组织干部和群众，努力完成社区各项任务。（2）讨论决定本社区建设、管理中的重要问题。（3）领导社区居民自治组织，支持和保证其依法充分行使职权，完善公开办事制度，推进社区居民自治；领导社区群众组织，支持和保证其依照各自的章程开展工作。（4）联系群众、服务群众，宣传群众、教育群众，反映群众的意见和要求，化解社会矛盾，维护社会稳定。（5）组织党员和群众参加社区建设。（6）加强社区党组织自身建设，做好党员的教育管理和发展党员工作。

四、坚持把服务群众作为街道、社区党组织的重要任务

街道、社区党组织要坚持党的群众路线，牢固树立群众观点，不断增强服务意识，坚持把服务群众作为街道、社区党建工作的重要任务，把群众满意不满意作为检验街道、社区党建工作的重要标准，把工作重点从注重创收进一步转移到搞好社区管理和服务上来。更新管理理念，创新服务方式，拓宽服务领域，

强化服务功能，充分发挥街道、社区党组织和共产党员服务群众、凝聚人心的作用；充分发挥社区居民自治组织协调利益、化解矛盾、排忧解难的作用；充分发挥社团、行业组织和社会中介组织提供服务、反映诉求、规范行为的作用，为城市经济社会发展创造良好环境。

建立健全社区服务体系。从社区群众和驻区单位的实际需要出发，充分发挥街道办事处和社区居委会的作用，搞好社区服务中心和社区服务站（点）的建设与管理。加强以共产党员、共青团员为骨干的社区志愿者队伍建设。针对不同社区、不同社会群体的特点，按照无偿服务和有偿服务相结合，以无偿、低偿服务为主的原则，不断提高社区服务的质量和水平。

开展社区服务活动。街道、社区党组织要着眼于社区群众多层次、多样化的需求，特别是群众最关心、最急需解决、通过努力又能够解决的问题，开展面向社区群众的便民利民服务，尤其是要会同有关部门，开展面向下岗失业人员的再就业服务，面向困难群众的社会救助和福利服务，面向流动人员的维护服务等，为社区群众排忧解难。

五、不断扩大党在城市工作的覆盖面

及时调整、健全社区党组织。凡有 3 名以上正式党员的社区，都要单独建立社区党组织。尤其是重视及时在城市新区、开发区和新建居民区建立社区党组织的工作。在调整社区设置时，要同步调整、健全社区党组织。

不断加大在新经济组织、新社会组织中建立党组织的工作力度。街道、社区党组织要指导、协调和支持驻区新经济组成、新社会组织建立党组织。对暂不具备单独建立党组织条件的，可采取“支部建在楼上”等方式联合建立党组织，通过采取设立党员联络服务站、选派党建工作指导员，以及帮助建立工会和共青团组织等办法，把党的工作开展起来。街道党（工）委要与非公有制经济组织、社会团体和社会中介组织的登记管理机关、业务主管单位建立双向联系制度，适时向他们通报这些组织党建工作等有关情况。登记管理机关、业务主管单位应将这些组织的注册登记和年度检查情况及时通报其所在街道党（工）委。

加强和改进对退休人员、下岗失业人员、流动人员中党员的教育管理。认真做好退休人员、下岗失业人员和流动人员中党员组织关系的接转工作。对在城市已有稳定职业和固定住所的党员，其正式组织关系不在工作所在地（单位）或居住地党组织的，应及时把他们的正式组织关系转入工作所在地（单位）或居住地党组织；对在城市无稳定职业和固定住所的流动人员中的党员，要在核实其党员身份后，及时把他们编入党的一个基层组织。要采取适当方式，组织他们过好组织生活，开展适宜的活动。街道、社区党组织要在重视做好原有居民群众中发展党员工作的同时，重视做好在下岗失业人员和流动人员中发展党员工作，同时做好在其他社会阶层中发展党员工作。在发展党员工作中，必须认真贯彻“坚持标准、保证质量、改善结构、慎重发展”的方针。

发挥在职党员在社区建设中的模范带头作用。根据在职党员的职业特点和个人专长，适宜、适时、适度地组织他们参加社区建设。街道、社区党组织要与在职党员所在单位基层党组织加强联系，必要时可把在职党员参加社区建设的情况向其所在的单位基层党组织反馈。驻区单位发展党员、选拔任用干部，应注意听取街道、社区党组织的意见。

通过以上工作，不断健全党的基层组织体系，扩大党的工作覆盖面，做到哪里有群众哪里就有党的工作，哪里有党员哪里就有党的组织，哪里有党的组织哪里就有健全的组织生活和坚强的战斗力。

六、建立和完善街道、社区党的建设工作协调机制

按照条块结合、资源共享、优势互补、共驻共建的原则，建立健全街道、社区党建工作协调机制，组织、动员社区内各方面力量，共同推进社区建设。

加强社区居民自治组织、群众组织和社区其他组织建设，形成以社区党组织为核心，功能健全、运转有序的社区组织体系。

根据工作需要，建立由街道党（工）委、社区党支部（总支、党委）牵头，驻区有关单位基层党组织参加的街道、社区党建工作协调议事机构，围绕辖区内的社会性、群众性、公益性工作，沟通情况，交流经验，研究、协调社区党建和社区建设工作中的重要问题。街道、社区党组织要不断增强为驻区单位服务的意识，以共同需求、共同利益、共同目标为纽带，充分调动驻区单位参与社区建设的积极性。驻区单位基层党组织要自觉接受驻地街道、社区党组织的指导与协调，大力支持街道、社区党组织的工作和社区建设，并教育引导本单位的党员、群众积极参加社区建设。

七、切实加强对街道、社区党的建设工作的领导

要把街道、社区党建工作列入重要议事日程。各

级党委要将街道、社区党的建设作为基层党建工作的重点之一，纳入当地党建工作的整体布局，与农村、企业、机关、学校等其他领域党的建设有机衔接起来，按照“五个好”的目标要求，制定工作规划和年度计划。要及时研究街道、社区党建工作的新情况、新问题，切实加强指导、督促和检查。

要建立健全街道、社区党建工作责任制。加强街道、社区党的建设，责任主要在市、区（市、县）委。市、区（市、县）委书记要认真履行第一责任人的职责，市、区（市、县）委常委要建立街道、社区党建工作联系点。要把街道、社区党建工作成效，作为考核市、区（市、县）委领导班子和领导干部工作实绩的一项重要内容。

要加强街道、社区领导班子、干部队伍和社区工作者队伍建设。选好配强街道党（工）委领导班子，尤其是要注意选好街道党（工）委书记。采取从机关和企事业单位中选派，从大中专毕业生、下岗失业人员、复员转业军人中选拔等措施，把热爱社区工作、热心服务群众的优秀党员充实到社区党组织领导班子中。社区党组织领导班子成员与社区居委会中的党员成员可以交叉任职，提倡社区党支部（总支、党委）书记和社区居委会主任经过民主选举由一人担任。采取公开招聘、民主选举等办法，面向社会选贤任能，优化街道干部和社区工作者队伍结构。加强对街道干部、社区工作者的思想政治教育和业务培训，提高他们依法办事、做好新时期群众工作和发展社区事业的能力。通过多方面努力，使街道、社区党组织无论在平时的各项工作中，还是在遇到突发事件时，都能显示出强大的凝聚力和战斗力。

要为街道、社区党组织开展工作创造必要条件。市、区（市、县）党委和政府要下决心切实解决社区党组织办公用房、活动场地和活动经费等问题，及时拨付社区党组织的工作运行费用，发放社区工作者的工资、生活补贴。要主动关心街道干部和社区工作者的工作和生活，体谅他们的难处，帮助他们解决实际困难，解除他们的后顾之忧。市、区（市、县）有关部门要切实履行职责，改进作风，做好在社区的行政业务工作，对于需要委托社区居委会承办的事项，应按照“权随责走、费随事转”的原则妥善处理。

要搞好协调配合，共同做好工作。各级党委、政府有关部门和群众组织，要各司其职，各负其责，努力形成党委统一领导、组织部门具体牵头、有关部门密切配合的工作机制。

要以改革的精神研究新情况、解决新问题。坚持求真务实，与时俱进，不断创新街道、社区党建工作的方式、方法和运行机制。针对不同地区、不同类型的街道、社区党建工作的特点，加强分类指导。以点带面，抓好街道、社区党建示范区建设，大力表彰先进典型，不断提高街道、社区党建工作的整体水平。

国务院关于鼓励支持和引导个体私营等非公有制经济发展的若干意见

各省、自治区、直辖市人民政府，国务院各部委、各直属机构：

公有制为主体、多种所有制经济共同发展是我国社会主义初级阶段的基本经济制度。毫不动摇地巩固和发展公有制经济，毫不动摇地鼓励、支持和引导非公有制经济发展，使两者在社会主义现代化进程中相互促进，共同发展，是必须长期坚持的基本方针，是完善社会主义市场经济体制、建设中国特色社会主义的必然要求。改革开放以来，我国个体、私营等非公有制经济不断发展壮大，已经成为社会主义市场经济的重要组成部分和促进社会生产力发展的重要力量。积极发展个体、私营等非公有制经济，有利于繁荣城乡经济、增加财政收入，有利于扩大社会就业、改善人民生活，有利于优化经济结构、促进经济发展，对全面建设小康社会和加快社会主义现代化进程具有重大的战略意义。鼓励、支持和引导非公有制经济发展，要以邓小平理论和“三个代表”重要思想为指导，全面落实科学发展观，认真贯彻中央确定的方针政策，进一步解放思想，深化改革，消除影响非公有制经济发展的体制性障碍，确立平等的市场主体地位，实现公平竞争；进一步完善国家法律法规和政策，依法保护非公有制企业和职工的合法权益；进一步加强和改进政府监督管理和服务，为非公有制经济发展创造良好环境；进一步引导非公有制企业依法经营、诚实守信、健全管理，不断提高自身素质，促进非公有制经济持续健康发展。为此，现提出以下意见：

一、放宽非公有制经济市场准入

（一）贯彻平等准入、公平待遇原则。允许非公有资本进入法律法规未禁入的行业和领域。允许外资进入的行业和领域，也允许国内非公有资本进入，并放宽股权比例限制等方面的条件。在投资核准、融资服务、财税政策、土地使用、对外贸易和经济技术合作等方面，对非公有制企业与其他所有制企业一视同仁，实行同等待遇。对需要审批、核准和备案的事项，政府部门必须公开相应的制度、条件和程序。国家有关部门与地方人民政府要尽快完成清理和修订限制非公有制经济市场准入的法规、规章和政策性规定工作。外商投资企业依照有关法律法规的规定执行。

（二）允许非公有资本进入垄断行业和领域。加快垄断行业改革，在电力、电信、铁路、民航、石油等行业和领域，进一步引入市场竞争机制。对其中的自然垄断业务，积极推进投资主体多元化，非公有资本可以参股等方式进入；对其他业务，非公有资本可以独资、合资、合作、项目融资等方式进入。在国家统一规划的前提下，除国家法律法规等另有规定的外，允许具备资质的非公有制企业依法平等取得矿产资源的探矿权、采矿权，鼓励非公有资本进行商业性矿产资源的勘查开发。

（三）允许非公有资本进入公用事业和基础设施领域。加快完善政府特许经营制度，规范招投标行为，支持非公有资本积极参与城镇供水、供气、供热、公共交通、污水垃圾处理等市政公用事业和基础设施的投资、建设与运营。在规范转让行为的前提下，具备条件的公用事业和基础设施项目，可向非公有制企业转让产权或经营权。鼓励非公有制企业参与市政公用企业、事业单位的产权制度和经营方式改革。

（四）允许非公有资本进入社会事业领域。支持、引导和规范非公有资本投资教育、科研、卫生、文化、体育等社会事业的非营利性和营利性领域。在放开市场准入的同时，加强政府和社会监管，维护公众利益。支持非公有制经济参与公有制社会事业单位的改组改制。通过税收等相关政策，鼓励非公有制经济捐资捐赠社会事业。

（五）允许非公有资本进入金融服务业。在加强立法、规范准入、严格监管、有效防范金融风险的前提下，允许非公有资本进入区域性股份制银行和合作性金融机构。符合条件的非公有制企业可以发起设立金融中介服务机构。允许符合条件的非公有制企业参与银行、证券、保险等金融机构的改组改制。

（六）允许非公有资本进入国防科技工业建设领域。坚持军民结合、寓军于民的方针，发挥市场机制的作用，允许非公有制企业按有关规定参与军工科研生产任务的竞争以及军工企业的改组改制。鼓励非公有制企业参与军民两用高技术开发及其产业化。

（七）鼓励非公有制经济参与国有经济结构调整和国有企业重组。大力发展国有资本、集体资本和非公有资本等参股的混合所有制经济。鼓励非公有制企业通过并购和控股、参股等多种形式，参与国有企业和集体企业的改组改制改造。非公有制企业并购国有企业，参与其分离办社会职能和辅业改制，在资产处置、债务处理、职工安置和社会保障等方面，参照执行国有企业改革的相应政策。鼓励非公有制企业并购集体企业，有关部门要抓紧研究制定相应政策。

（八）鼓励、支持非公有制经济参与西部大开发、东北地区等老工业基地振兴和中部地区崛起。西部地区、东北地区等老工业基地和中部地区要采取切实有效的政策措施，大力发展非公有制经济，积极吸引非公有制企业投资建设和参与国有企业重组。东部沿海地区也要继续鼓励、支持非公有制经济发展壮大。

二、加大对非公有制经济的财税金融支持

（九）加大财税支持力度。逐步扩大国家有关促进中小企业发展专项资金规模，省级人民政府及有条件的市、县应在本级财政预算中设立相应的专项资金。加快设立国家中小企业发展基金。研究完善有关税收扶持政策。

（十）加大信贷支持力度。有效发挥贷款利率浮动政策的作用，引导和鼓励各金融机构从非公有制经济特点出发，开展金融产品创新，完善金融服务，切实发挥银行内设中小企业信贷部门的作用，改进信贷考核和奖惩管理方式，提高对非公有制企业的贷款比重。城市商业银行和城市信用社要积极吸引非公有资本入股；农村信用社要积极吸引农民、个体工商户和中小企业入股，增强资本实力。政策性银行要研究改进服务方式，扩大为非公有制企业服务的范围，提供有效的金融产品和服务。鼓励政策性银行依托地方商业银行等中小金融机构和担保机构，开展以非公有制中小企业为主要服务对象的转贷款、担保贷款等业务。

（十一）拓宽直接融资渠道。非公有制企业在资本市场发行上市与国有企业一视同仁。在加快完善中小企业板块和推进制度创新的基础上，分步推进创业板市场，健全证券公司代办股份转让系统的功能，为非公有制企业利用资本市场创造条件。鼓励符合条件的非公有制企业到境外上市。规范和发展产权交易市场，推动各类资本的流动和重组。鼓励非公有制经济以股权融资、项目融资等方式筹集资金。建立健全创业投资机制，支持中小投资公司的发展。允许符合条件的非公有制企业依照国家有关规定发行企业债券。

（十二）鼓励金融服务创新。改进对非公有制企业

的资信评估制度，对符合条件的企业发放信用贷款。对符合有关规定的企业，经批准可开展工业产权和非专利技术等无形资产的质押贷款试点。鼓励金融机构开办融资租赁、公司理财和账户托管等业务。改进保险机构服务方式和手段，开展面向非公有制企业的产品和服务创新。支持非公有制企业依照有关规定吸引国际金融组织投资。

（十三）建立健全信用担保体系。支持非公有制经济设立商业性或互助性信用担保机构。鼓励有条件的地区建立中小企业信用担保基金和区域性信用再担保机构。建立和完善信用担保的行业准入、风险控制和补偿机制，加强对信用担保机构的监管。建立健全担保业自律性组织。

三、完善对非公有制经济的社会服务

（十四）大力发展社会中介服务。各级政府要加大对中介服务机构的支持力度，坚持社会化、专业化、市场化原则，不断完善社会服务体系。支持发展创业辅导、筹资融资、市场开拓、技术支持、认证认可、信息服务、管理咨询、人才培训等各类社会中介服务机构。按照市场化原则，规范和发展各类行业协会、商会等自律性组织。整顿中介服务市场秩序，规范中介服务行为，为非公有制经济营造良好的服务环境。

（十五）积极开展创业服务。进一步落实国家就业和再就业政策，加大对自主创业的政策扶持，鼓励下岗失业人员、退役士兵、大学毕业生和归国留学生等各类人员创办小企业，开发新岗位，以创业促就业。各级政府要支持建立创业服务机构，鼓励为初创小企业提供各类创业服务和政策支持。对初创小企业，可按照行业特点降低公司注册资本限额，允许注册资金分期到位，减免登记注册费用。

（十六）支持开展企业经营者和员工培训。根据非公有制经济的不同需求，开展多种形式的培训。整合社会资源，创新培训方式，形成政府引导、社会支持和企业自主相结合的培训机制。依托大专院校、各类培训机构和企业，重点开展法律法规、产业政策、经营管理、职业技能和技术应用等方面的培训，各级政府应给予适当补贴和资助。企业应定期对职工进行专业技能培训和安全知识培训。

（十七）加强科技创新服务。要加大对非公有制企业科技创新活动的支持，加快建立适合非公有制中小企业特点的信息和共性技术服务平台，推进非公有制企业的信息化建设。大力培育技术市场，促进科技成果转化和技术转让。科技中介服务机构要积极为非公有制企业提供科技咨询、技术推广等专业化服务。引导和支持科研院所、高等院校与非公有制企业开展多种形式的产学研联合。鼓励国有科研机构向非公有制企业开放试验室，充分利用现有科技资源。支持非公有资本创办科技型中小企业和科研开发机构。鼓励有专长的离退休人员为非公有制企业提供技术服务。切实保护单位和个人知识产权。

（十八）支持企业开拓国内外市场。改进政府采购办法，在政府采购中非公有制企业与其他企业享受同等待遇。推动信息网络建设，积极为非公有制企业提供国内外市场信息。鼓励和支持非公有制企业扩大出口和“走出去”，到境外投资兴业，在对外投资、进出口信贷、出口信用保险等方面与其他企业享受同等待遇。鼓励非公有制企业在境外申报知识产权。发挥行业协会、商会等中介组织作用，利用好国家中小企业国际市场开拓资金，支持非公有制企业开拓国际市场。

（十九）推进企业信用制度建设。加快建立适合非公有制中小企业特点的信用征集体系、评级发布制度以及失信惩戒机制，推进建立企业信用档案试点工作，建立和完善非公有制企业信用档案数据库。对资信等级较高的企业，有关登记审核机构应简化年检、备案等手续。要强化企业信用意识，健全企业信用制度，建立企业信用自律机制。

四、维护非公有制企业和职工的合法权益

（二十）完善私有财产保护制度。要严格执行保护合法私有财产的法律法规和行政规章，任何单位和个人不得侵犯非公有制企业的合法财产，不得非法改变非公有制企业财产的权属关系。按照宪法修正案规定，加快清理、修订和完善与保护合法私有财产有关的法律法规和行政规章。

（二十一）维护企业合法权益。非公有制企业依法进行的生产经营活动，任何单位和个人不得干预。依法保护企业主的名誉、人身和财产等各项合法权益。非公有制企业合法权益受到侵害时提出的行政复议等，政府部门必须及时受理，公平对待，限时答复。

（二十二）保障职工合法权益。非公有制企业要尊重和维护职工的各项合法权益，要依照《中华人民共和国劳动法》等法律法规，在平等协商的基础上与职工签订规范的劳动合同，并健全集体合同制度，保证双方权利与义务对等；必须依法按时足额支付职工工资，工资标准不得低于或变相低于当地政府规定的最低工资标准，逐步建立职工工资正常增长机制；必须尊重和保障职工依照国家规定享有的休息休假权利，不得强制或变相强制职工超时工作，加班或延长工时必须依法支付加班工资或给予补休；必须加强劳动保

护和职业病防治，按照《中华人民共和国安全生产法》等法律法规要求，切实做好安全生产与作业场所职业危害防治工作，改善劳动条件，加强劳动保护。要保障女职工合法权益和特殊利益，禁止使用童工。

（二十三）推进社会保障制度建设。非公有制企业及其职工要按照国家有关规定，参加养老、失业、医疗、工伤、生育等社会保险，缴纳社会保险费。按照国家规定建立住房公积金制度。有关部门要根据非公有制企业量大面广、用工灵活、员工流动性大等特点，积极探索建立健全职工社会保障制度。

（二十四）建立健全企业工会组织。非公有制企业要保障职工依法参加和组建工会的权利。企业工会组织实行民主管理，依法代表和维护职工合法权益。企业必须为工会正常开展工作创造必要条件，依法拨付工会经费，不得干预工会事务。

五、引导非公有制企业提高自身素质

（二十五）贯彻执行国家法律法规和政策规定。非公有制企业要贯彻执行国家法律法规，依法经营，照章纳税。服从国家的宏观调控，严格执行有关技术法规，自觉遵守环境保护和安全生产等有关规定，主动调整和优化产业、产品结构，加快技术进步，提高产品质量，降低资源消耗，减少环境污染。国家支持非公有制经济投资高新技术产业、现代服务业和现代农业，鼓励发展就业容量大的加工贸易、社区服务、农产品加工等劳动密集型产业。

（二十六）规范企业经营管理行为。非公有制企业从事生产经营活动，必须依法获得安全生产、环保、卫生、质量、土地使用、资源开采等方面的相应资格和许可。企业要强化生产、营销、质量等管理，完善各项规章制度。建立安全、环保、卫生、劳动保护等责任制度，并保证必要的投入。建立健全会计核算制度，如实编制财务报表。企业必须依法报送统计信息。加快研究改进和完善个体工商户、小企业的会计、税收、统计等管理制度。

（二十七）完善企业组织制度。企业要按照法律法规的规定，建立规范的个人独资企业、合伙企业和公司制企业。公司制企业要按照《中华人民共和国公司法》要求，完善法人治理结构。探索建立有利于个体工商户、小企业发展的组织制度。

（二十八）提高企业经营管理者素质。非公有制企业出资人和经营管理人员要自觉学习国家法律法规和方针政策，学习现代科学技术和经营管理知识，增强法制观念、诚信意识和社会公德，努力提高自身素质。引导非公有制企业积极开展扶贫开发、社会救济和“光彩事业”等社会公益性活动，增强社会责任感。各级政府要重视非公有制经济的人才队伍建设，在人事管理、教育培训、职称评定和政府奖励等方面，与公有制企业实行同等政策。建立职业经理人测评与推荐制度，加快企业经营管理人才职业化、市场化进程。

（二十九）鼓励有条件的企业做强做大。国家支持有条件的非公有制企业通过兼并、收购、联合等方式，进一步壮大实力，发展成为主业突出、市场竞争力强的大公司大集团，有条件的可向跨国公司发展。鼓励非公有制企业实施品牌发展战略，争创名牌产品。支持发展非公有制高新技术企业，鼓励其加大科技创新和新产品开发力度，努力提高自主创新能力，形成自主知识产权。国家关于企业技术改造、科技进步、对外贸易以及其他方面的扶持政策，对非公有制企业同样适用。

（三十）推进专业化协作和产业集群发展。引导和支持企业从事专业化生产和特色经营，向“专、精、特、新”方向发展。鼓励中小企业与大企业开展多种形式的经济技术合作，建立稳定的供应、生产、销售、技术开发等协作关系。通过提高专业化协作水平，培育骨干企业和知名品牌，发展专业化市场，创新市场组织形式，推进公共资源共享，促进以中小企业集聚为特征的产业集群健康发展。

六、改进政府对非公有制企业的监管

（三十一）改进监管方式。各级人民政府要根据非公有制企业生产经营特点，完善相关制度，依法履行监督和管理职能。各有关监管部门要改进监管办法，公开监管制度，规范监管行为，提高监管水平。加强监管队伍建设，提高监管人员素质。及时向社会公布有关监管信息，发挥社会监督作用。

（三十二）加强劳动监察和劳动关系协调。各级劳动保障等部门要高度重视非公有制企业劳动关系问题，加强对非公有制企业执行劳动合同、工资报酬、劳动保护和社会保险等法规、政策的监督检查。建立和完善非公有制企业劳动关系协调机制，健全劳动争议处理制度，及时化解劳动争议，促进劳动关系和谐，维护社会稳定。

（三十三）规范国家行政机关和事业单位收费行为。进一步清理现有行政机关和事业单位收费，除国家法律法规和国务院财政、价格主管部门规定的收费项目外，任何部门和单位无权向非公有制企业强制收取任何费用，无权以任何理由强行要求企业提供各种赞助费或接受有偿服务。要严格执行收费公示制度和收支两条线的管理规定，企业有权拒绝和举报无证收费和不合法收费行为。各级人民政府要加强对各类收费的监督检查，严肃查处乱收费、乱罚款及各种摊派行为。

七、加强对发展非公有制经济的指导和政策协调

（三十四）加强对非公有制经济发展的指导。各级人民政府要根据非公有制经济发展的需要，强化服务意识，改进服务方式，创新服务手段。要将非公有制经济发展纳入国民经济和社会发展规划，加强对非公有制经济发展动态的监测和分析，及时向社会公布有关产业政策、发展规划、投资重点和市场需求等方面的信息。建立促进非公有制经济发展的工作协调机制和部门联席会议制度，加强部门之间配合，形成促进非公有制经济健康发展的合力。要充分发挥各级工商联在政府管理非公有制企业方面的助手作用。统计部门要改进和完善现行统计制度，及时准确反映非公有制经济发展状况。

（三十五）营造良好的舆论氛围。大力宣传党和国家鼓励、支持和引导非公有制经济发展的方针政策与法律法规，宣传非公有制经济在社会主义现代化建设中的重要地位和作用，宣传和表彰非公有制经济中涌现出的先进典型，形成有利于非公有制经济发展的良好社会舆论环境。

（三十六）认真做好贯彻落实工作。各地区、各部门要加强调查研究，抓紧制订和完善促进非公有制经济发展的具体措施及配套办法，认真解决非公有制经济发展中遇到的新问题，确保党和国家的方针政策落到实处，促进非公有制经济健康发展。

国务院

二〇〇五年二月十九日

十七届四中全会决定

一、加强和改进新形势下党的建设的重要性和紧迫性

中国共产党成立八十八年、执政六十年、领导改革开放三十年来，几代中国共产党人始终以实现中华民族伟大复兴为己任，办好中国的事情，关键在党。党的建设是党领导的伟大事业不断取得胜利的重要法宝。党内也存在不少不适应新形势新任务要求、不符合党的性质和宗旨的问题，主要是：一些党员、干部忽视理论学习、学用脱节，理想信念动摇，对马克思主义信仰不坚定，对中国特色社会主义缺乏信心；一些党组织贯彻民主集中制不力，有的对中央决策部署执行不认真，有的对党员民主权利保障落实不到位，一些党员干部法治意识、纪律观念淡薄；一些领导班子整体作用发挥不够，推动科学发展、处理复杂问题能力不够，一些地方和部门选人用人公信度不高，跑官要官、买官卖官等问题屡禁不止；一些基层党组织战斗堡垒作用不强，有的软弱涣散，有的领域党组织覆盖面不广，部分党员党员意识淡化、先锋模范作用不明显；有些领导干部宗旨意识淡薄，脱离群众、脱离实际，不讲原则、不负责任，言行不一、弄虚作假，铺张浪费、奢靡享乐，个人主义突出，形式主义、官僚主义严重；一些领导干部特别是高级干部中发生的腐败案件影响恶劣，一些领域腐败现象易发多发。这些问题严重削弱党的创造力、凝聚力、战斗力，严重损害党同人民群众的血肉联系，严重影响党的执政地位巩固和执政使命实现，必须引起全党警醒，抓紧加以解决。全党必须牢记，党的先进性和党的执政地位都不是一劳永逸、一成不变的，过去先进不等于现在先进，现在先进不等于永远先进；过去拥有不等于现在拥有，现在拥有不等于永远拥有。世情、国情、党情的深刻变化对党的建设提出了新的要求，党面临的执政考验、改革开放考验、市场经济考验、外部环境考验是长期的、复杂的、严峻的，落实党要管党、从严治党的任务比过去任何时候都更为繁重和紧迫。全党必须居安思危，增强忧患意识，常怀忧党之心，恪尽兴党之责，勇于变革、勇于创新，永不僵化、永不停滞，继续推进党的建设新的伟大工程，确保党在世界形势深刻变化的历史进程中始终走在时代前列，在应对国内外各种风险和考验的历史进程中始终成为全国人民的主心骨，在发展中国特色社会主义的历史进程中始终成为坚强的领导核心。

二、总结运用和丰富发展执政党建设基本经验

1. 坚持把思想理论建设放在首位，提高全党马克思主义水平。

2. 坚持把推进党的建设伟大工程同推进党领导的伟大事业紧密结合起来，保证党始终成为社会主义事业的坚强领导核心。

3. 坚持以执政能力建设和先进性建设为主线，保证党始终走在时代前列。

4. 坚持立党为公、执政为民，保持党同人民群众的血肉联系。

5. 坚持改革创新，增强党的生机活力。

6. 坚持党要管党、从严治党，提高管党治党水平。治国必先治党、治党务必从严，实行党建工作责任制，坚持严格要求。

三、建设马克思主义学习型政党，提高全党思想政治水平

1. 推进马克思主义中国化、时代化、大众化。

2. 用中国特色社会主义理论体系武装全党。

3. 开展社会主义核心价值体系学习教育。

4. 建设学习型党组织。在全党营造崇尚学习的浓厚氛围，积极向书本学习、向实践学习。

四、坚持和健全民主集中制，积极发展党内民主

1. 坚持和完善党的领导制度。科学的领导制度是党有效治国理政的根本保证。

2. 保障党员主体地位和民主权利。以落实党员知情权、参与权、选举权、监督权为重点。

3. 完善党代表大会制度和党内选举制度。改善党代表大会代表结构，提高基层一线代表比例，增强代表广泛性。

4. 完善党内民主决策机制。党的各级委员会按照集体领导、民主集中、个别酝酿、会议决定的原则决定重大事项。

5. 维护党的集中统一。全党同志必须时刻把党和人民放在心中最高位置。

五、深化干部人事制度改革，建设善于推动科学发展、促进社会和谐的高素质干部队伍

1. 坚持德才兼备、以德为先用人标准。把干部的德放在首要位置。

2. 完善干部选拔任用机制。扩大选人用人民主，建立健全主体清晰、程序科学、责任明确的干部选拔任用提名制度。

3. 提高领导班子和领导干部推动科学发展、促进社会和谐能力。

4. 培养造就大批优秀年轻干部。源源不断培养大批优秀年轻干部是关系党和国家事业的根本大计。

5. 健全干部管理机制。干部管理要坚持严格要求与关心爱护相结合。加强干部队伍宏观管理，深化干部分类管理改革。

六、做好抓基层打基础工作，夯实党执政的组织基础

1. 扩大基层党组织覆盖面。全面推进各领域党的基层组织建设。

2. 推进基层党组织工作创新。党的基层组织要适应新形势新任务要求，创新活动内容方式，找准开展活动、发挥作用的着力点。

3. 增强党员队伍生机活力。以提高素质为重点，抓紧抓好党员队伍建设这一基础工程。建立健全教育、管理、服务党员长效机制，激发党员增强光荣感和责任感、保持先进性内在动力。

4. 建设高素质基层党组织带头人队伍。按照守信念、讲奉献、有本领、重品行的要求，加强基层党组织书记队伍建设。

5. 构建城乡统筹的基层党建新格局。统筹城乡基层党建工作，促进以城带乡、资源共享、优势互补、协调发展。

七、弘扬党的优良作风，保持党同人民群众的血肉联系

1. 大兴密切联系群众之风。全党要认真贯彻党的群众路线，坚定不移依靠群众，适应群众工作新特点新要求，深入做好组织群众、宣传群众、教育群众工作，虚心向群众学习，热心为群众服务，诚心受群众监督。

2. 大兴求真务实之风。把求真务实贯彻到治党治国各个方面各个环节，真正做到真抓实干、开拓创新。

3. 大兴艰苦奋斗之风。全党要始终与人民群众同甘共苦、为人民利益不懈奋斗，永葆共产党人政治本色。

4. 大兴批评和自我批评之风。增强党内生活原则性和实效性，坚决反对上下级和干部之间逢迎讨好、相互吹捧，坚决反对党内生活庸俗化。

5. 以坚强党性保证党的作风建设。把加强党性修养作为优良作风养成的重要基础和动力，教育引导全体党员加强学习、加强实践、加强党内生活锻炼。

八、加快推进惩治和预防腐败体系建设，深入开展反腐败斗争

1. 加强廉洁从政教育和领导干部廉洁自律。

2. 加大查办违纪违法案件工作力度。保持惩治腐败高压态势，坚决遏制一些领域腐败现象易发多发势头，决不让任何腐败分子逃脱党纪国法惩处。

3. 健全权力运行制约和监督机制。以加强领导干部特别是主要领导干部监督为重点，建立健全决策权、执行权、监督权既相互制约又相互协调的权力结构和运行机制，推进权力运行程序化和公开透明。

4. 推进反腐倡廉制度创新。坚持用制度管权、管

事、管人，深化重要领域和关键环节改革，最大限度减少体制障碍和制度漏洞，完善防治腐败体制机制，提高反腐倡廉制度化、法制化水平。全党要紧密团结在以胡锦涛同志为总书记的党中央周围，高举中国特色社会主义伟大旗帜，全面贯彻党的十七大精神，以改革创新精神全面推进党的建设新的伟大工程，团结带领全国各族人民为把党和国家事业继续推向前进而努力奋斗，永远不辜负人民的信任和期望。

中国共产党第十七届中央委员会第五次全体会议公报

（2010年10月18日中国共产党第十七届中央委员会第五次全体会议通过）

新华社北京10月18日电　中国共产党第十七届中央委员会第五次全体会议，于2010年10月15日至18日在北京举行。

出席这次全会的有，中央委员202人，候补中央委员163人。中央纪律检查委员会常务委员会委员和有关方面负责同志列席了会议。党的十七大代表中部分基层同志和专家学者也列席了会议。

全会由中央政治局主持。中央委员会总书记胡锦涛作了重要讲话。

全会听取和讨论了胡锦涛受中央政治局委托作的工作报告，审议通过了《中共中央关于制定国民经济和社会发展第十二个五年规划的建议》。温家宝就《建议（讨论稿）》向全会作了说明。

全会充分肯定党的十七届四中全会以来中央政治局的工作。一致认为，面对国际金融危机带来的严重影响和国际国内环境的深刻变化，中央政治局全面贯彻党的十七大和十七届一中、二中、三中、四中全会精神，高举中国特色社会主义伟大旗帜，以邓小平理论和“三个代表”重要思想为指导，深入贯彻落实科学发展观，团结带领全党全军全国各族人民，隆重庆祝中华人民共和国成立60周年，有效实施应对国际金融危机冲击的一揽子计划，有针对性地加强和改善宏观调控，巩固和发展应对国际金融危机冲击的成效，加快转变经济发展方式，保持经济平稳较快发展，着力保障和改善民生，有力应对玉树强烈地震、舟曲特大山洪泥石流等严重自然灾害，胜利完成全党深入学习实践科学发展观活动，成功举办上海世博会，党和国家各项事业和各项工作取得新的显著进展。

全会认为，“十二五”时期是全面建设小康社会的关键时期，是深化改革开放、加快转变经济发展方式的攻坚时期。深刻认识并准确把握国内外形势新变化新特点，科学制定“十二五”规划，对于继续抓住和用好我国发展的重要战略机遇期、促进经济长期平稳较快发展，对于夺取全面建设小康社会新胜利、推进中国特色社会主义伟大事业，具有十分重要的意义。全会高度评价“十一五”时期我国经济社会发展取得的巨大成就，认为我们党团结带领全国各族人民，紧紧抓住发展这个党执政兴国的第一要务，贯彻落实党的理论和路线方针政策，实施正确而有力的宏观调控，充分发挥我国社会主义制度的政治优势，充分发挥市场在资源配置中的基础性作用，使国家面貌发生新的历史性变化。经过五年努力奋斗，我国社会生产力快速发展，综合国力大幅提升，人民生活明显改善，国际地位和影响力显著提高，社会主义经济建设、政治建设、文化建设、社会建设以及生态文明建设和党的建设取得重大进展，谱写了中国特色社会主义事业新篇章。五年取得的成绩来之不易，积累的经验弥足珍贵，创造的精神财富影响深远。

全会深入分析了今后一个时期我国经济社会发展的国内外环境，强调综合判断国际国内形势，我国发展仍处于可以大有作为的重要战略机遇期，既面临难得的历史机遇，也面对诸多可以预见和难以预见的风险挑战。我们要增强机遇意识和忧患意识，科学把握发展规律，主动适应环境变化，有效化解各种矛盾，更加奋发有为地推进我国改革开放和社会主义现代化建设。

全会指出，制定“十二五”规划，必须高举中国特色社会主义伟大旗帜，以邓小平理论和“三个代表”重要思想为指导，深入贯彻落实科学发展观，适应国内外形势新变化，顺应各族人民过上更好生活新期待，以科学发展为主题，以加快转变经济发展方式为主线，深化改革开放，保障和改善民生，巩固和扩大应对国际金融危机冲击成果，促进经济长期平稳较快发展和社会和谐稳定，为全面建成小康社会打下具有决定性意义的基础。

全会强调，在当代中国，坚持发展是硬道理的本质要求，就是坚持科学发展，更加注重以人为本，更加注重全面协调可持续发展，更加注重统筹兼顾，更加注重保障和改善民生，促进社会公平正义。加快转变经济发展方式是我国经济社会领域的一场深刻变革，必须贯穿经济社会发展全过程和各领域，坚持把经济结构战略性调整作为加快转变经济发展方式的主攻方向，坚持把科技进步和创新作为加快转变经济发展方式的重要支撑，坚持把保障和改善民生作为加快转变经济发展方式的根本出发点和落脚点，坚持把建设资源节约型、环境友好型社会作为加快转变经济发展方式的重要着力点，坚持把改革开放作为加快转变经济发展方式的强大动力，提高发展的全面性、协调性、可持续性，实现经济社会又好又快发展。

全会综合考虑未来发展趋势和条件，提出了今后五年经济社会发展的主要目标：经济平稳较快发展，经济结构战略性调整取得重大进展，城乡居民收入普遍较快增加，社会建设明显加强，改革开放不断深化，使我国转变经济发展方式取得实质性进展，综合国力、国际竞争力、抵御风险能力显著提高，人民物质文化生活明显改善，全面建成小康社会的基础更加牢固。

全会提出，要坚持扩大内需战略、保持经济平稳较快发展，加强和改善宏观调控，建立扩大消费需求的长效机制，调整优化投资结构，加快形成消费、投资、出口协调拉动经济增长新局面。要推进农业现代化、加快社会主义新农村建设，统筹城乡发展，加快发展现代农业，加强农村基础设施建设和公共服务，拓宽农民增收渠道，完善农村发展体制机制，建设农民幸福生活的美好家园。要发展现代产业体系、提高产业核心竞争力，改造提升制造业，培育发展战略性新兴产业，加快发展服务业，加强现代能源产业和综合运输体系建设，全面提高信息化水平，发展海洋经济。要促进区域协调发展、积极稳妥推进城镇化，实施区域发展总体战略，实施主体功能区战略，完善城市化布局和形态，加强城镇化管理，加大对革命老区、民族地区、边疆地区、贫困地区扶持力度，构筑区域经济优势互补、主体功能定位清晰、国土空间高效利用、人与自然和谐相处的区域发展格局。要加快建设资源节约型环境友好型社会、提高生态文明水平，积极应对全球气候变化，大力发展循环经济，加强资源节约和管理，加大环境保护力度，加强生态保护和防灾减灾体系建设，增强可持续发展能力。要深入实施科教兴国战略和人才强国战略、加快建设创新型国家，增强科技创新能力，完善科技创新体制机制，加快教育改革发展，建设人才强国，为加快转变经济发展方式、实现全面建设小康社会奋斗目标奠定坚实科技和人力资源基础。

全会提出，着力保障和改善民生，必须逐步完善符合国情、比较完整、覆盖城乡、可持续的基本公共服务体系，提高政府保障能力，推进基本公共服务均等化。要加强社会建设、建立健全基本公共服务体系，促进就业和构建和谐劳动关系，合理调整收入分配关系，努力提高居民收入在国民收入分配中的比重、劳动报酬在初次分配中的比重，健全覆盖城乡居民的社会保障体系，加快医疗卫生事业改革发展，全面做好人口工作，加强和创新社会管理，正确处理人民内部矛盾，切实维护社会和谐稳定。

全会提出，文化是一个民族的精神和灵魂，是国家发展和民族振兴的强大力量。要推动文化大发展大繁荣、提升国家文化软实力，坚持社会主义先进文化前进方向，提高全民族文明素质，推进文化创新，深化文化体制改革，增强文化发展活力，繁荣发展文化事业和文化产业，满足人民群众不断增长的精神文化需求，基本建成公共文化服务体系，推动文化产业成为国民经济支柱性产业，充分发挥文化引导社会、教育人民、推动发展的功能，建设中华民族共有精神家园，增强民族凝聚力和创造力。

全会强调，改革是加快转变经济发展方式的强大动力，必须以更大决心和勇气全面推进各领域改革，大力推进经济体制改革，积极稳妥推进政治体制改革，加快推进文化体制、社会体制改革，使上层建筑更加适应经济基础发展变化，为科学发展提供有力保障。要坚持和完善基本经济制度，推进行政体制改革，加快财税体制改革，深化金融体制改革，深化资源性产品价格和要素市场改革，加快社会事业体制改革。要实施互利共赢的开放战略、进一步提高对外开放水平，优化对外贸易结构，提高利用外资水平，加快实施“走出去”战略，积极参与全球经济治理和区域合作，以开放促发展、促改革、促创新，积极创造参与国际经济合作和竞争新优势。

全会强调，党的领导是实现“十二五”时期经济社会发展目标的根本保证。必须加强党的执政能力建设和先进性建设，不断提高党领导经济社会发展能力和水平。各级党委要准确把握发展趋势，科学谋划发展蓝图，努力创新发展模式，加强对发展的统筹协调，切实提高发展质量。全体共产党员要坚定不移贯彻党的理论和路线方针政策，牢固树立科学发展理念。切实加强党的基层组织建设，深入开展创先争优活动，带领广大群众推动经济社会又好又快发展。各级领导干部要坚持全心全意为人民服务的根本宗旨，坚持党的群众路线，始终保持同人民群众的血肉联系，树立正确政绩观，努力做出经得起实践、人民、历史检验的实绩。要加强反腐倡廉建设，大力弘扬党的光荣传统和优良作风，以优良党风凝聚党心民心，形成推进中国特色社会主义事业的强大力量。

全会提出，坚持党的领导、人民当家作主、依法治国有机统一，发展社会主义民主政治，加快建设社会主义法治国家，巩固和壮大最广泛的爱国统一战线。要加强国防和军队现代化建设，提高以打赢信息化条件下局部战争能力为核心的完成多样化军事任务能力。要坚定不移贯彻“一国两制”、“港人治港”、“澳人治澳”、高度自治的方针，严格按照特别行政区基本法办事，保持香港、澳门长期繁荣稳定。要牢牢把握两岸关系和平发展主题，深化两岸经济合作，积极扩大两岸各界往来，推进两岸关系和平发展和祖国统一大业。要高举和平、发展、合作旗帜，奉行独立自主的和平外交政策，坚持走和平发展道路，积极参加国际合作，维护我国主权、安全、发展利益，同世界各国一道推动建设持久和平、共同繁荣的和谐世界。

全会全面分析了当前形势和任务，强调经过全党全国共同努力，国民经济继续朝着宏观调控的预期方向发展，各项事业取得新的成绩，社会大局保持稳定。全党必须增强党的意识、宗旨意识、执政意识、大局意识、责任意识，抓住机遇而不可丧失机遇，坚持聚精会神搞建设、一心一意谋发展，增强工作的原则性、系统性、预见性、创造性，大力发扬真抓实干精神，把党和人民赋予的职责看得比泰山还重，紧紧依靠广大人民群众，以党同人民更加坚强的团结战胜前进道路上的一切艰难险阻，扎扎实实做好改革发展稳定各项工作，努力实现今年经济社会发展预期目标。

全会强调，今年以来，我国连续发生严重自然灾害，给受灾地区群众生产生活造成严重影响。在各部门各地区共同努力下，抗灾救灾工作取得了显著成绩。当前，安置受灾群众、开展灾后恢复重建工作很繁重，中央有关部门、受灾地区各级党委和政府一定要高度重视，科学规划，加大投入，精心组织，全力抓好。要切实安排好受灾群众基本生活，抓紧制定和实施灾后恢复重建规划，全面抓好各项生产特别是农业生产，帮助受灾群众重建家园，促进灾区经济社会全面发展。要坚持兴利除害结合、防灾减灾并重、治标治本兼顾、政府社会协同，尽快启动水利重点薄弱环节工程建设，加快建立地质灾害易发区调查评价体系、监测预警体系、防治体系、应急体系，提高对自然灾害的综合防范和抵御能力。

全会决定，增补习近平为中央军事委员会副主席。

全会按照党章规定，决定递补中央委员会候补委员焉荣竹为中央委员会委员。

全会审议并通过了《中共中央纪律检查委员会关于康日新问题的审查报告》，决定撤销康日新中央委员会委员职务，确认中央政治局 2009 年 12 月 29 日作出的给予康日新开除党籍的处分。

全会号召，全党同志和全国各族人民要紧密团结在以胡锦涛同志为总书记的党中央周围，认真学习、深刻领会、切实贯彻全会精神，解放思想、实事求是、与时俱进、开拓创新，万众一心为实现“十二五”时期经济社会发展目标任务而奋斗！

中国共产党章程

（中国共产党第十七次全国代表大会部分修改，2007 年 10 月 21 日通过）

总　纲

中国共产党是中国工人阶级的先锋队，同时是中国人民和中华民族的先锋队，是中国特色社会主义事业的领导核心，代表中国先进生产力的发展要求，代表中国先进文化的前进方向，代表中国最广大人民的根本利益。党的最高理想和最终目标是实现共产主义。

中国共产党以马克思列宁主义、毛泽东思想、邓小平理论和“三个代表”重要思想作为自己的行动指南。

马克思列宁主义揭示了人类社会历史发展的规律，它的基本原理是正确的，具有强大的生命力。中国共产党人追求的共产主义最高理想，只有在社会主义社会充分发展和高度发达的基础上才能实现。社会主义制度的发展和完善是一个长期的历史过程。坚持马克思列宁主义的基本原理，走中国人民自愿选择的适合中国国情的道路，中国的社会主义事业必将取得最终的胜利。

以毛泽东同志为主要代表的中国共产党人，把马克思列宁主义的基本原理同中国革命的具体实践结合起来，创立了毛泽东思想。毛泽东思想是马克思列宁主义在中国的运用和发展，是被实践证明了的关于中国革命和建设的正确的理论原则和经验总结，是中国共产党集体智慧的结晶。在毛泽东思想指引下，中国共产党领导全国各族人民，经过长期的反对帝国主义、封建主义、官僚资本主义的革命斗争，取得了新民主主义革命的胜利，建立了人民民主专政的中华人民共和国；建国以后，顺利地进行了社会主义改造，完成了从新民主主义到社会主义的过渡，确立了社会主义基本制度，发展了社会主义的经济、政治和文化。

十一届三中全会以来，以邓小平同志为主要代表的中国共产党人，总结建国以来正反两方面的经验，解放思想，实事求是，实现全党工作中心向经济建设的转移，实行改革开放，开辟了社会主义事业发展的新时期，逐步形成了建设中国特色社会主义的路线、方针、政策，阐明了在中国建设社会主义、巩固和发展社会主义的基本问题，创立了邓小平理论。邓小平理论是马克思列宁主义的基本原理同当代中国实践和时代特征相结合的产物，是毛泽东思想在新的历史条件下的继承和发展，是马克思主义在中国发展的新阶段，是当代中国的马克思主义，是中国共产党集体智慧的结晶，引导着我国社会主义现代化事业不断前进。

十三届四中全会以来，以江泽民同志为主要代表的中国共产党人，在建设中国特色社会主义的实践中，加深了对什么是社会主义、怎样建设社会主义和建设什么样的党、怎样建设党的认识，积累了治党治国新的宝贵经验，形成了“三个代表”重要思想。“三个代表”重要思想是对马克思列宁主义、毛泽东思想、邓小平理论的继承和发展，反映了当代世界和中国的发展变化对党和国家工作的新要求，是加强和改进党的建设、推进我国社会主义自我完善和发展的强大理论武器，是中国共产党集体智慧的结晶，是党必须长期坚持的指导思想。始终做到“三个代表”，是我们党的立党之本、执政之基、力量之源。

十六大以来，党中央坚持以邓小平理论和“三个代表”重要思想为指导，根据新的发展要求，集中全党智慧，提出了以人为本、全面协调可持续发展的科学发展观。科学发展观，是同马克思列宁主义、毛泽东思想、邓小平理论和“三个代表”重要思想既一脉相承又与时俱进的科学理论，是我国经济社会发展的重要指导方针，是发展中国特色社会主义必须坚持和贯彻的重大战略思想。

改革开放以来我们取得一切成绩和进步的根本原因，归结起来就是：开辟了中国特色社会主义道路，形成了中国特色社会主义理论体系。全党同志要倍加珍惜、长期坚持和不断发展党历经艰辛开创的这条道路和这个理论体系，高举中国特色社会主义伟大旗帜，为实现推进现代化建设、完成祖国统一、维护世界和平与促进共同发展这三大历史任务而奋斗。

我国正处于并将长期处于社会主义初级阶段。这是在经济文化落后的中国建设社会主义现代化不可逾越的历史阶段，需要上百年的时间。我国的社会主义建设，必须从我国的国情出发，走中国特色社会主义道路。在现阶段，我国社会的主要矛盾是人民日益增长的物质文化需要同落后的社会生产之间的矛盾。由于国内的因素和国际的影响，阶级斗争还在一定范围内长期存在，在某种条件下还有可能激化，但已经不是主要矛盾。我国社会主义建设的根本任务，是进一步解放生产力，发展生产力，逐步实现社会主义现代化，并且为此而改革生产关系和上层建筑中不适应生产力发展的方面和环节。必须坚持和完善公有制为主体、多种所有制经济共同发展的基本经济制度，坚持和完善按劳分配为主体、多种分配方式并存的分配制度，鼓励一部分地区和一部分人先富起来，逐步消灭贫穷，达到共同富裕，在生产发展和社会财富增长的基础上不断满足人民日益增长的物质文化需要，促进人的全面发展。发展是我们党执政兴国的第一要务。各项工作都要把有利于发展社会主义社会的生产力，有利于增强社会主义国家的综合国力，有利于提高人民的生活水平，作为总的出发点和检验标准，尊重劳动、尊重知识、尊重人才、尊重创造，做到发展为了人民、发展依靠人民、发展成果由人民共享。跨入新世纪，我国进入全面建设小康社会、加快推进社会主义现代化的新的发展阶段。必须按照中国特色社会主义事业总体布局，全面推进经济建设、政治建设、文化建设、社会建设。在新世纪新阶段，经济和社会发展的战略目标是，巩固和发展已经初步达到的小康水平，到建党一百年时，建成惠及十几亿人口的更高水平的小康社会；到建国一百年时，人均国内生产总值达到中等发达国家水平，基本实现现代化。

中国共产党在社会主义初级阶段的基本路线是：领导和团结全国各族人民，以经济建设为中心，坚持四项基本原则，坚持改革开放，自力更生，艰苦创业，为把我国建设成为富强民主文明和谐的社会主义现代化国家而奋斗。

中国共产党在领导社会主义事业中，必须坚持以经济建设为中心，其他各项工作都服从和服务于这个中心。要抓紧时机，加快发展，实施科教兴国战略、人才强国战略和可持续发展战略，充分发挥科学技术作为第一生产力的作用，依靠科技进步，提高劳动者素质，促进国民经济又好又快发展。

坚持社会主义道路、坚持人民民主专政、坚持中国共产党的领导、坚持马克思列宁主义毛泽东思想这四项基本原则，是我们的立国之本。在社会主义现代化建设的整个过程中，必须坚持四项基本原则，反对资产阶级自由化。

坚持改革开放，是我们的强国之路。要从根本上改革束缚生产力发展的经济体制，坚持和完善社会主义市场经济体制；与此相适应，要进行政治体制改革和其他领域的改革。要坚持对外开放的基本国策，吸收和借鉴人类社会创造的一切文明成果。改革开放应当大胆探索，勇于开拓，提高改革决策的科学性，增强改革措施的协调性，在实践中开创新路。

中国共产党领导人民发展社会主义市场经济。毫不动摇地巩固和发展公有制经济，毫不动摇地鼓励、支持、引导非公有制经济发展。发挥市场在资源配置中的基础性作用，建立完善的宏观调控体系。统筹城乡发展、区域发展、经济社会发展、人与自然和谐发展、国内发展和对外开放，调整经济结构，转变经济发展方式。建设社会主义新农村，走中国特色新型工业化道路，建设创新型国家，建设资源节约型、环境友好型社会。

中国共产党领导人民发展社会主义民主政治。坚持党的领导、人民当家作主、依法治国有机统一，走中国特色社会主义政治发展道路，扩大社会主义民主，健全社会主义法制，建设社会主义法治国家，巩固人民民主专政，建设社会主义政治文明。坚持和完善人民代表大会制度、中国共产党领导的多党合作和政治协商制度、民族区域自治制度以及基层群众自治制度。切实保障人民管理国家事务和社会事务、管理经济和文化事业的权利。尊重和保障人权。广开言路，建立健全民主选举、民主决策、民主管理、民主监督的制度和程序。加强国家立法和法律实施工作，实现国家各项工作法治化。

中国共产党领导人民发展社会主义先进文化。建设社会主义精神文明，实行依法治国和以德治国相结合，提高全民族的思想道德素质和科学文化素质，为改革开放和社会主义现代化建设提供强大的思想保证、精神动力和智力支持。坚持马克思主义指导思想，树立中国特色社会主义共同理想，弘扬以爱国主义为核心的民族精神和以改革创新为核心的时代精神，倡导社会主义荣辱观，增强民族自尊、自信和自强精神，抵御资本主义和封建主义腐朽思想的侵蚀，扫除各种社会丑恶现象，努力使我国人民成为有理想、有道德、有文化、有纪律的人民。对党员还要进行共产主义远大理想教育。大力发展教育、科学、文化事业，弘扬民族优秀传统文化，繁荣和发展社会主义文化。

中国共产党领导人民构建社会主义和谐社会。按照民主法治、公平正义、诚信友爱、充满活力、安定有序、人与自然和谐相处的总要求和共同建设、共同享有的原则，以改善民生为重点，解决好人民最关心、最直接、最现实的利益问题，努力形成全体人民各尽其能、各得其所而又和谐相处的局面。严格区分和正确处理敌我矛盾和人民内部矛盾这两类不同性质的矛盾。加强社会治安综合治理，依法坚决打击各种危害国家安全和利益、危害社会稳定和经济发展的犯罪活动和犯罪分子，保持社会长期稳定。

中国共产党坚持对人民解放军和其他人民武装力量的领导，加强人民解放军的建设，切实保证人民解放军履行新世纪新阶段军队历史使命，充分发挥人民解放军在巩固国防、保卫祖国和参加社会主义现代化建设中的作用。

社会事业，实现各民族共同团结奋斗、共同繁荣发展。全面贯彻党的宗教工作基本方针，团结信教群众为经济社会发展作贡献。

中国共产党同全国各民族工人、农民、知识分子团结在一起，同各民主党派、无党派人士、各民族的爱国力量团结在一起，进一步发展和壮大由全体社会主义劳动者、社会主义事业的建设者、拥护社会主义的爱国者、拥护祖国统一的爱国者组成的最广泛的爱国统一战线。不断加强全国人民包括香港特别行政区同胞、澳门特别行政区同胞、台湾同胞和海外侨胞的团结。按照“一个国家、两种制度”的方针，促进香港、澳门长期繁荣稳定，完成祖国统一大业。

中国共产党坚持独立自主的和平外交政策，坚持和平发展道路，坚持互利共赢的开放战略，统筹国内国际两个大局，积极发展对外关系，努力为我国的改革开放和现代化建设争取有利的国际环境。在国际事务中，维护我国的独立和主权，反对霸权主义和强权政治，维护世界和平，促进人类进步，努力推动建设持久和平、共同繁荣的和谐世界。在互相尊重主权和领土完整、互不侵犯、互不干涉内政、平等互利、和平共处五项原则的基础上，发展我国同世界各国的关系。不断发展我国同周边国家的睦邻友好关系，加强同发展中国家的团结与合作。按照独立自主、完全平等、互相尊重、互不干涉内部事务的原则，发展我党同各国共产党和其他政党的关系。

中国共产党要领导全国各族人民实现社会主义现代化的宏伟目标，必须紧密围绕党的基本路线，加强党的执政能力建设和先进性建设，以改革创新精神全面推进党的建设新的伟大工程。坚持立党为公、执政为民，坚持党要管党、从严治党，发扬党的优良传统和作风，不断提高党的领导水平和执政水平，提高拒腐防变和抵御风险的能力，不断增强党的阶级基础和扩大党的群众基础，不断提高党的创造力、凝聚力、战斗力，使我们党始终走在时代前列，成为领导全国人民沿着中国特色社会主义道路不断前进的坚强核心。党的建设必须坚决实现以下四项基本要求：

第一，坚持党的基本路线。全党要用邓小平理论、“三个代表”重要思想和党的基本路线统一思想，统一行动，深入贯彻落实科学发展观，并且毫不动摇地长期坚持下去。必须把改革开放同四项基本原则统一起来，全面落实党的基本路线，全面执行党在社会主义初级阶段的基本纲领，反对一切“左”的和右的错误倾向，要警惕右，但主要是防止“左”。加强各级领导班子建设，选拔使用在改革开放和社会主义现代化建设中政绩突出、群众信任的干部，培养和造就千百万社会主义事业接班人，从组织上保证党的基本理论、基本路线、基本纲领、基本经验的贯彻落实。

第二，坚持解放思想，实事求是，与时俱进。党的思想路线是一切从实际出发，理论联系实际，实事求是，在实践中检验真理和发展真理。全党必须坚持这条思想路线，弘扬求真务实精神，积极探索，大胆试验，开拓创新，创造性地开展工作，不断研究新情况，总结新经验，解决新问题，在实践中丰富和发展马克思主义，推进马克思主义中国化。

第三，坚持全心全意为人民服务。党除了工人阶级和最广大人民群众的利益，没有自己特殊的利益。党在任何时候都把群众利益放在第一位，同群众同甘共苦，保持最密切的联系，坚持权为民所用、情为民所系、利为民所谋，不允许任何党员脱离群众，凌驾于群众之上。党在自己的工作中实行群众路线，一切为了群众，一切依靠群众，从群众中来，到群众中去，把党的正确主张变为群众的自觉行动。我们党的最大政治优势是密切联系群众，党执政后的最大危险是脱离群众。党风问题、党同人民群众联系问题是关系党生死存亡的问题。党坚持标本兼治、综合治理、惩防并举、注重预防的方针，建立健全惩治和预防腐败体系，坚持不懈地反对腐败，加强党风建设和廉政建设。

第四，坚持民主集中制。民主集中制是民主基础上的集中和集中指导下的民主相结合。它既是党的根本组织原则，也是群众路线在党的生活中的运用。必须充分发扬党内民主，保障党员民主权利，发挥各级党组织和广大党员的积极性创造性。必须实行正确的集中，保证全党的团结统一和行动一致，保证党的决定得到迅速有效的贯彻执行。加强组织性纪律性，在党的纪律面前人人平等。加强对党的领导机关和党员领导干部的监督，不断完善党内监督制度。党在自己的政治生活中正确地开展批评和自我批评，在原则问题上进行思想斗争，坚持真理，修正错误。努力造成又有集中又有民主，又有纪律又有自由，又有统一意志又有个人心情舒畅的生动活泼的政治局面。

党的领导主要是政治、思想和组织的领导。党要适应改革开放和社会主义现代化建设的要求，坚持科学执政、民主执政、依法执政，加强和改善党的领导。党必须按照总揽全局、协调各方的原则，在同级各种组织中发挥领导核心作用。党必须集中精力领导经济建设，组织、协调各方面的力量，同心协力，围绕经济建设开展工作，促进经济社会全面发展。党必须实行民主的科学的决策，制定和执行正确的路线、方针、政策，做好党的组织工作和宣传教育工作，发挥全体党员的先锋模范作用。党必须在宪法和法律的范围内活动。党必须保证国家的立法、司法、行政机关，经济、文化组织和人民团体积极主动地、独立负责地、协调一致地工作。党必须加强对工会、共产主义青年团、妇女联合会等群众组织的领导，充分发挥它们的作用。党必须适应形势的发展和情况的变化，完善领导体制，改进领导方式，增强执政能力。共产党员必须同党外群众亲密合作，共同为建设中国特色社会主义而奋斗。

第一章　党　员

第一条　年满十八岁的中国工人、农民、军人、知识分子和其他社会阶层的先进分子，承认党的纲领和章程，愿意参加党的一个组织并在其中积极工作、执行党的决议和按期交纳党费的，可以申请加入中国共产党。

第二条　中国共产党党员是中国工人阶级的有共产主义觉悟的先锋战士。

中国共产党党员必须全心全意为人民服务，不惜牺牲个人的一切，为实现共产主义奋斗终身。

中国共产党党员永远是劳动人民的普通一员。除了法律和政策规定范围内的个人利益和工作职权以外，所有共产党员都不得谋求任何私利和特权。

第三条　党员必须履行下列义务：

（一）认真学习马克思列宁主义、毛泽东思想、邓小平理论和“三个代表”重要思想，学习科学发展观，学习党的路线、方针、政策和决议，学习党的基本知识，学习科学、文化、法律和业务知识，努力提高为人民服务的本领。

（二）贯彻执行党的基本路线和各项方针、政策，带头参加改革开放和社会主义现代化建设，带动群众为经济发展和社会进步艰苦奋斗，在生产、工作、学习和社会生活中起先锋模范作用。

（三）坚持党和人民的利益高于一切，个人利益服从党和人民的利益，吃苦在前，享受在后，克己奉公，多做贡献。

（四）自觉遵守党的纪律，模范遵守国家的法律法规，严格保守党和国家的秘密，执行党的决定，服从组织分配，积极完成党的任务。

（五）维护党的团结和统一，对党忠诚老实，言行一致，坚决反对一切派别组织和小集团活动，反对阳奉阴违的两面派行为和一切阴谋诡计。

（六）切实开展批评和自我批评，勇于揭露和纠正工作中的缺点、错误，坚决同消极腐败现象作斗争。

（七）密切联系群众，向群众宣传党的主张，遇事同群众商量，及时向党反映群众的意见和要求，维护群众的正当利益。

（八）发扬社会主义新风尚，带头实践社会主义荣辱观，提倡共产主义道德，为了保护国家和人民的利益，在一切困难和危险的时刻挺身而出，英勇斗争，不怕牺牲。

第四条 党员享有下列权利：

（一）参加党的有关会议，阅读党的有关文件，接受党的教育和培训。

（二）在党的会议上和党报党刊上，参加关于党的政策问题的讨论。

（三）对党的工作提出建议和倡议。

（四）在党的会议上有根据地批评党的任何组织和任何党员，向党负责地揭发、检举党的任何组织和任何党员违法乱纪的事实，要求处分违法乱纪的党员，要求罢免或撤换不称职的干部。

（五）行使表决权、选举权，有被选举权。

（六）在党组织讨论决定对党员的党纪处分或作出鉴定时，本人有权参加和进行申辩，其他党员可以为他作证和辩护。

（七）对党的决议和政策如有不同意见，在坚决执行的前提下，可以声明保留，并且可以把自己的意见向党的上级组织直至中央提出。

（八）向党的上级组织直至中央提出请求、申诉和控告，并要求有关组织给以负责的答复。

党的任何一级组织直至中央都无权剥夺党员的上述权利。

第五条 发展党员，必须经过党的支部，坚持个别吸收的原则。

申请入党的人，要填写入党志愿书，要有两名正式党员作介绍人，要经过支部大会通过和上级党组织批准，并且经过预备期的考察，才能成为正式党员。

介绍人要认真了解申请人的思想、品质、经历和工作表现，向他解释党的纲领和党的章程，说明党员的条件、义务和权利，并向党组织作出负责的报告。

党的支部委员会对申请入党的人，要注意征求党内外有关群众的意见，进行严格的审查，认为合格后再提交支部大会讨论。

上级党组织在批准申请人入党以前，要派人同他谈话，作进一步的了解，并帮助他提高对党的认识。

在特殊情况下，党的中央和省、自治区、直辖市委员会可以直接接收党员。

第六条 预备党员必须面向党旗进行入党宣誓。誓词如下：我志愿加入中国共产党，拥护党的纲领，遵守党的章程，履行党员义务，执行党的决定，严守党的纪律，保守党的秘密，对党忠诚，积极工作，为共产主义奋斗终身，随时准备为党和人民牺牲一切，永不叛党。

第七条 预备党员的预备期为一年。党组织对预备党员应当认真教育和考察。预备党员的义务同正式党员一样。预备党员的权利，除了没有表决权、选举权和被选举权以外，也同正式党员一样。

预备党员预备期满，党的支部应当及时讨论他能否转为正式党员。认真履行党员义务，具备党员条件的，应当按期转为正式党员；需要继续考察和教育的，可以延长预备期，但不能超过一年；不履行党员义务，不具备党员条件的，应当取消预备党员资格。预备党员转为正式党员，或延长预备期，或取消预备党员资格，都应当经支部大会讨论通过和上级党组织批准。预备党员的预备期，从支部大会通过他为预备党员之日算起。党员的党龄，从预备期满转为正式党员之日算起。

第八条 每个党员，不论职务高低，都必须编入党的一个支部、小组或其他特定组织，参加党的组织生活，接受党内外群众的监督。党员领导干部还必须参加党委、党组的民主生活会。不允许有任何不参加党的组织生活、不接受党内外群众监督的特殊党员。

第九条 党员有退党的自由。党员要求退党，应当经支部大会讨论后宣布除名，并报上级党组织备案。

党员缺乏革命意志，不履行党员义务，不符合党员条件，党的支部应当对他进行教育，要求他限期改正；经教育仍无转变的，应当劝他退党。劝党员退党，应当经支部大会讨论决定，并报上级党组织批准。如被劝告退党的党员坚持不退，应当提交支部大会讨论，决定把他除名，并报上级党组织批准。党员如果没有正当理由，连续六个月不参加党的组织生活，或不交纳党费，或不做党所分配的工作，就被认为是自行脱党。支部大会应当决定把这样的党员除名，并报上级党组织批准。

第二章　党的组织制度

第十条　党是根据自己的纲领和章程，按照民主集中制组织起来的统一整体。党的民主集中制的基本原则是：

（一）党员个人服从党的组织，少数服从多数，下级组织服从上级组织，全党各个组织和全体党员服从党的全国代表大会和中央委员会。

（二）党的各级领导机关，除它们派出的代表机关和在非党组织中的党组外，都由选举产生。

（三）党的最高领导机关，是党的全国代表大会和它所产生的中央委员会。党的地方各级领导机关，是党的地方各级代表大会和它们所产生的委员会。党的各级委员会向同级的代表大会负责并报告工作。

（四）党的上级组织要经常听取下级组织和党员群众的意见，及时解决他们提出的问题。党的下级组织既要向上级组织请示和报告工作，又要独立负责地解决自己职责范围内的问题。上下级组织之间要互通情报、互相支持和互相监督。党的各级组织要按规定实行党务公开，使党员对党内事务有更多的了解和参与。

（五）党的各级委员会实行集体领导和个人分工负责相结合的制度。凡属重大问题都要按照集体领导、民主集中、个别酝酿、会议决定的原则，由党的委员会集体讨论，作出决定；委员会成员要根据集体的决定和分工，切实履行自己的职责。

（六）党禁止任何形式的个人崇拜。要保证党的领导人的活动处于党和人民的监督之下，同时维护一切代表党和人民利益的领导人的威信。

第十一条　党的各级代表大会的代表和委员会的产生，要体现选举人的意志。选举采用无记名投票的方式。候选人名单要由党组织和选举人充分酝酿讨论。可以直接采用候选人数多于应选人数的差额选举办法进行正式选举。也可以先采用差额选举办法进行预选，产生候选人名单，然后进行正式选举。选举人有了解候选人情况、要求改变候选人、不选任何一个候选人和另选他人的权利。任何组织和个人不得以任何方式强迫选举人选举或不选举某个人。党的地方各级代表大会和基层代表大会的选举，如果发生违反党章的情况，上一级党的委员会在调查核实后，应作出选举无效和采取相应措施的决定，并报再上一级党的委员会审查批准，正式宣布执行。党的各级代表大会代表实行任期制。

第十二条　党的中央和地方各级委员会在必要时召集代表会议，讨论和决定需要及时解决的重大问题。代表会议代表的名额和产生办法，由召集代表会议的委员会决定。

第十三条　凡是成立党的新组织，或是撤销党的原有组织，必须由上级党组织决定。

在党的地方各级代表大会和基层代表大会闭会期间，上级党的组织认为有必要时，可以调动或者指派下级党组织的负责人。

党的中央和地方各级委员会可以派出代表机关。

党的中央和省、自治区、直辖市委员会实行巡视制度。

第十四条　党的各级领导机关，对同下级组织有关的重要问题作出决定时，在通常情况下，要征求下级组织的意见。要保证下级组织能够正常行使他们的职权。凡属应由下级组织处理的问题，如无特殊情况，上级领导机关不要干预。

第十五条　有关全国性的重大政策问题，只有党中央有权作出决定，各部门、各地方的党组织可以向中央提出建议，但不得擅自作出决定和对外发表主张。

党的下级组织必须坚决执行上级组织的决定。下级组织如果认为上级组织的决定不符合本地区、本部门的实际情况，可以请求改变；如果上级组织坚持原决定，下级组织必须执行，并不得公开发表不同意见，但有权向再上一级组织报告。党的各级组织的报刊和其他宣传工具，必须宣传党的路线、方针、政策和决议。

第十六条　党组织讨论决定问题，必须执行少数服从多数的原则。决定重要问题，要进行表决。对于少数人的不同意见，应当认真考虑。如对重要问题发生争论，双方人数接近，除了在紧急情况下必须按多数意见执行外，应当暂缓作出决定，进一步调查研究，交换意见，下次再表决；在特殊情况下，也可将争论情况向上级组织报告，请求裁决。党员个人代表党组织发表重要主张，如果超出党组织已有决定的范围，必须提交所在的党组织讨论决定，或向上级党组织请示。任何党员不论职务高低，都不能个人决定重大问题；如遇紧急情况，必须由个人作出决定时，事后要迅速向党组织报告。不允许任何领导人实行个人专断和把个人凌驾于组织之上。

第十七条　党的中央、地方和基层组织，都必须重视党的建设，经常讨论和检查党的宣传工作、教育工作、组织工作、纪律检查工作、群众工作、统一战线工作等，注意研究党内外的思想政治状况。

第三章　党的中央组织

第十八条　党的全国代表大会每五年举行一次，由中央委员会召集。中央委员会认为有必要，或者有三分之一以上的省一级组织提出要求，全国代表大会可以提前举行；如无非常情况，不得延期举行。全国代表大会代表的名额和选举办法，由中央委员会决定。

第十九条　党的全国代表大会的职权是：

（一）听取和审查中央委员会的报告；

（二）听取和审查中央纪律检查委员会的报告；

（三）讨论并决定党的重大问题；

（四）修改党的章程；

（五）选举中央委员会；

（六）选举中央纪律检查委员会。

第二十条　党的全国代表会议的职权是：讨论和决定重大问题；调整和增选中央委员会、中央纪律检查委员会的部分成员。调整和增选中央委员及候补中央委员的数额，不得超过党的全国代表大会选出的中央委员及候补中央委员各自总数的五分之一。

第二十一条　党的中央委员会每届任期五年。全国代表大会如提前或延期举行，它的任期相应地改变。中央委员会委员和候补委员必须有五年以上的党龄。中央委员会委员和候补委员的名额，由全国代表大会决定。中央委员会委员出缺，由中央委员会候补委员按照得票多少依次递补。中央委员会全体会议由中央政治局召集，每年至少举行一次。中央政治局向中央委员会全体会议报告工作，接受监督。

在全国代表大会闭会期间，中央委员会执行全国代表大会的决议，领导党的全部工作，对外代表中国共产党。

第二十二条　党的中央政治局、中央政治局常务委员会和中央委员会总书记，由中央委员会全体会议选举。中央委员会总书记必须从中央政治局常务委员会委员中产生。

中央政治局和它的常务委员会在中央委员会全体会议闭会期间，行使中央委员会的职权。

中央书记处是中央政治局和它的常务委员会的办事机构；成员由中央政治局常务委员会提名，中央委员会全体会议通过。

中央委员会总书记负责召集中央政治局会议和中央政治局常务委员会会议，并主持中央书记处的工作。

党的中央军事委员会组成人员由中央委员会决定。

每届中央委员会产生的中央领导机构和中央领导人，在下届全国代表大会开会期间，继续主持党的经常工作，直到下届中央委员会产生新的中央领导机构和中央领导人为止。

第二十三条　中国人民解放军的党组织，根据中央委员会的指示进行工作。中央军事委员会的政治工作机关是中国人民解放军总政治部，总政治部负责管理军队中党的工作和政治工作。军队中党的组织体制和机构，由中央军事委员会作出规定。

第四章　党的地方组织

第二十四条　党的省、自治区、直辖市的代表大会，设区的市和自治州的代表大会，县（旗）、自治县、不设区的市和市辖区的代表大会，每五年举行一次。

党的地方各级代表大会由同级党的委员会召集。在特殊情况下，经上一级委员会批准，可以提前或延期举行。

党的地方各级代表大会代表的名额和选举办法，由同级党的委员会决定，并报上一级党的委员会批准。

第二十五条　党的地方各级代表大会的职权是：

（一）听取和审查同级委员会的报告；

（二）听取和审查同级纪律检查委员会的报告；

（三）讨论本地区范围内的重大问题并作出决议；

（四）选举同级党的委员会，选举同级党的纪律检查委员会。

第二十六条　党的省、自治区、直辖市、设区的市和自治州的委员会，每届任期五年。这些委员会的委员和候补委员必须有五年以上的党龄。

党的县（旗）、自治县、不设区的市和市辖区的委员会，每届任期五年。这些委员会的委员和候补委员必须有三年以上的党龄。

党的地方各级代表大会如提前或延期举行，由它选举的委员会的任期相应地改变。

党的地方各级委员会的委员和候补委员的名额，分别由上一级委员会决定。党的地方各级委员会委员出缺，由候补委员按照得票多少依次递补。

党的地方各级委员会全体会议，每年至少召开两次。

党的地方各级委员会在代表大会闭会期间，执行上级党组织的指示和同级党代表大会的决议，领导本地方的工作，定期向上级党的委员会报告工作。

第二十七条　党的地方各级委员会全体会议，选举常务委员会和书记、副书记，并报上级党的委员会批准。党的地方各级委员会的常务委员会，在委员会全体会议闭会期间，行使委员会职权；在下届代表大会开会期间，继续主持经常工作，直到新的常务委员会产生为止。党的地方各级委员会的常务委员会定期向委员会全体会议报告工作，接受监督。

第二十八条 党的地区委员会和相当于地区委员会的组织，是党的省、自治区委员会在几个县、自治县、市范围内派出的代表机关。它根据省、自治区委员会的授权，领导本地区的工作。

第五章 党的基层组织

第二十九条 企业、农村、机关、学校、科研院所、街道社区、社会组织、人民解放军连队和其他基层单位，凡是有正式党员三人以上的，都应当成立党的基层组织。

党的基层组织，根据工作需要和党员人数，经上级党组织批准，分别设立党的基层委员会、总支部委员会、支部委员会。基层委员会由党员大会或代表大会选举产生，总支部委员会和支部委员会由党员大会选举产生，提出委员候选人要广泛征求党员和群众的意见。

第三十条 党的基层委员会每届任期三年至五年，总支部委员会、支部委员会每届任期两年或三年。基层委员会、总支部委员会、支部委员会的书记、副书记选举产生后，应报上级党组织批准。

第三十一条 党的基层组织是党在社会基层组织中的战斗堡垒，是党的全部工作和战斗力的基础。它的基本任务是：

（一）宣传和执行党的路线、方针、政策，宣传和执行党中央、上级组织和本组织的决议，充分发挥党员的先锋模范作用，团结、组织党内外的干部和群众，努力完成本单位所担负的任务。

（二）组织党员认真学习马克思列宁主义、毛泽东思想、邓小平理论和“三个代表”重要思想，学习科学发展观，学习党的路线、方针、政策和决议，学习党的基本知识，学习科学、文化、法律和业务知识。

（三）对党员进行教育、管理、监督和服务，提高党员素质，增强党性，严格党的组织生活，开展批评和自我批评，维护和执行党的纪律，监督党员切实履行义务，保障党员的权利不受侵犯。加强和改进流动党员管理。

（四）密切联系群众，经常了解群众对党员、党的工作的批评和意见，维护群众的正当权利和利益，做好群众的思想政治工作。

（五）充分发挥党员和群众的积极性创造性，发现、培养和推荐他们中间的优秀人才，鼓励和支持他们在改革开放和社会主义现代化建设中贡献自己的聪明才智。

（六）对要求入党的积极分子进行教育和培养，做好经常性的发展党员工作，重视在生产、工作第一线和青年中发展党员。

（七）监督党员干部和其他任何工作人员严格遵守国法政纪，严格遵守国家的财政经济法规和人事制度，不得侵占国家、集体和群众的利益。

（八）教育党员和群众自觉抵制不良倾向，坚决同各种违法犯罪行为作斗争。

第三十二条 街道、乡、镇党的基层委员会和村、社区党组织，领导本地区的工作，支持和保证行政组织、经济组织和群众自治组织充分行使职权。

国有企业和集体企业中党的基层组织，发挥政治核心作用，围绕企业生产经营开展工作。保证监督党和国家的方针、政策在本企业的贯彻执行；支持股东会、董事会、监事会和经理（厂长）依法行使职权；全心全意依靠职工群众，支持职工代表大会开展工作；参与企业重大问题的决策；加强党组织的自身建设，领导思想政治工作、精神文明建设和工会、共青团等群众组织。非公有制经济组织中党的基层组织，贯彻党的方针政策，引导和监督企业遵守国家的法律法规，领导工会、共青团等群众组织，团结凝聚职工群众，维护各方的合法权益，促进企业健康发展。

实行行政领导人负责制的事业单位中党的基层组织，发挥政治核心作用。实行党委领导下的行政领导人负责制的事业单位中党的基层组织，对重大问题进行讨论和作出决定，同时保证行政领导人充分行使自己的职权。各级党和国家机关中党的基层组织，协助行政负责人完成任务，改进工作，对包括行政负责人在内的每个党员进行监督，不领导本单位的业务工作。

第六章 党的干部

第三十三条 党的干部是党的事业的骨干，是人民的公仆。党按照德才兼备的原则选拔干部，坚持任人唯贤，反对任人唯亲，努力实现干部队伍的革命化、年轻化、知识化、专业化。

党重视教育、培训、选拔和考核干部，特别是培养、选拔优秀年轻干部。积极推进干部制度改革。

党重视培养、选拔女干部和少数民族干部。

第三十四条 党的各级领导干部必须模范地履行本章程第三条所规定的党员的各项义务，并且必须具备以下的基本条件：

（一）具有履行职责所需要的马克思列宁主义、毛泽东思想、邓小平理论的水平，认真实践“三个代表”重要思想，带头贯彻落实科学发展观，努力用马克思主义的立场、观点、方法分析和解决实际问题，坚持讲学习、讲政治、讲正气，经得起各种风浪的考验。

（二）具有共产主义远大理想和中国特色社会主义坚定信念，坚决执行党的基本路线和各项方针、政策，立志改革开放，献身现代化事业，在社会主义建设中艰苦创业，树立正确政绩观，做出经得起实践、人民、历史检验的实绩。

（三）坚持解放思想，实事求是，与时俱进，开拓创新，认真调查研究，能够把党的方针、政策同本地区、本部门的实际相结合，卓有成效地开展工作，讲实话，办实事，求实效，反对形式主义。

（四）有强烈的革命事业心和政治责任感，有实践经验，有胜任领导工作的组织能力、文化水平和专业知识。

（五）正确行使人民赋予的权力，依法办事，清正廉洁，勤政为民，以身作则，艰苦朴素，密切联系群众，坚持党的群众路线，自觉地接受党和群众的批评和监督，加强道德修养，做到自重、自省、自警、自励，反对官僚主义，反对任何滥用职权、谋求私利的不正之风。

（六）坚持和维护党的民主集中制，有民主作风，有全局观念，善于团结同志，包括团结同自己有不同意见的同志一道工作。

第三十五条　党员干部要善于同党外干部合作共事，尊重他们，虚心学习他们的长处。

党的各级组织要善于发现和推荐有真才实学的党外干部担任领导工作，保证他们有职有权，充分发挥他们的作用。

第三十六条　党的各级领导干部，无论是由民主选举产生的，或是由领导机关任命的，他们的职务都不是终身的，都可以变动或解除。

年龄和健康状况不适宜于继续担任工作的干部，应当按照国家的规定退、离休。

第七章　党的纪律

第三十七条　党的纪律是党的各级组织和全体党员必须遵守的行为规则，是维护党的团结统一、完成党的任务的保证。党组织必须严格执行和维护党的纪律，共产党员必须自觉接受党的纪律的约束。

第三十八条　党组织对违犯党的纪律的党员，应当本着惩前毖后、治病救人的精神，按照错误性质和情节轻重，给以批评教育直至纪律处分。

严重触犯刑律的党员必须开除党籍。

党内严格禁止用违反党章和国家法律的手段对待党员，严格禁止打击报复和诬告陷害。违反这些规定的组织或个人必须受到党的纪律和国家法律的追究。

第三十九条　党的纪律处分有五种：警告、严重警告、撤销党内职务、留党察看、开除党籍。

留党察看最长不超过两年。党员在留党察看期间没有表决权、选举权和被选举权。党员经过留党察看，确已改正错误的，应当恢复其党员的权利；坚持错误不改的，应当开除党籍。

开除党籍是党内的最高处分。各级党组织在决定或批准开除党员党籍的时候，应当全面研究有关的材料和意见，采取十分慎重的态度。

第四十条　对党员的纪律处分，必须经过支部大会讨论决定，报党的基层委员会批准；如果涉及的问题比较重要或复杂，或给党员以开除党籍的处分，应分别不同情况，报县级或县级以上党的纪律检查委员会审查批准。在特殊情况下，县级和县级以上各级党的委员会和纪律检查委员会有权直接决定给党员以纪律处分。对党的中央委员会和地方各级委员会的委员、候补委员，给以撤销党内职务、留党察看或开除党籍的处分，必须由本人所在的委员会全体会议三分之二以上的多数决定。在特殊情况下，可以先由中央政治局和地方各级委员会常务委员会作出处理决定，待召开委员会全体会议时予以追认。对地方各级委员会委员和候补委员的上述处分，必须经过上级党的委员会批准。严重触犯刑律的中央委员会委员、候补委员，由中央政治局决定开除其党籍；严重触犯刑律的地方各级委员会委员、候补委员，由同级委员会常务委员会决定开除其党籍。

第四十一条　党组织对党员作出处分决定，应当实事求是地查清事实。处分决定所依据的事实材料和处分决定必须同本人见面，听取本人说明情况和申辩。如果本人对处分决定不服，可以提出申诉，有关党组织必须负责处理或者迅速转递，不得扣压。对于确属坚持错误意见和无理要求的人，要给以批评教育。

第四十二条　党组织如果在维护党的纪律方面失职，必须受到追究。

对于严重违犯党的纪律、本身又不能纠正的党组织，上一级党的委员会在查明核实后，应根据情节严重的程度，作出进行改组或予以解散的决定，并报再上一级党的委员会审查批准，正式宣布执行。

第八章　党的纪律检查机关

第四十三条　党的中央纪律检查委员会在党的中央委员会领导下进行工作。党的地方各级纪律检查委员会和基层纪律检查委员会在同级党的委员会和上级纪律检查委员会双重领导下进行工作。

党的各级纪律检查委员会每届任期和同级党的委员会相同。

党的中央纪律检查委员会全体会议，选举常务委员会和书记、副书记，并报党的中央委员会批准。党的地方各级纪律检查委员会全体会议，选举常务委员会和书记、副书记，并由同级党的委员会通过，报上级党的委员会批准。党的基层委员会是设立纪律检查委员会，还是设立纪律检查委员，由它的上一级党组织根据具体情况决定。党的总支部委员会和支部委员会设纪律检查委员。党的中央纪律检查委员会根据工作需要，可以向中央一级党和国家机关派驻党的纪律检查组或纪律检查员。纪律检查组组长或纪律检查员可以列席该机关党的领导组织的有关会议。他们的工作必须受到该机关党的领导组织的支持。

第四十四条 党的各级纪律检查委员会的主要任务是：维护党的章程和其他党内法规，检查党的路线、方针、政策和决议的执行情况，协助党的委员会加强党风建设和组织协调反腐败工作。

各级纪律检查委员会要经常对党员进行遵守纪律的教育，作出关于维护党纪的决定；对党员领导干部行使权力进行监督；检查和处理党的组织和党员违反党的章程和其他党内法规的比较重要或复杂的案件，决定或取消对这些案件中的党员的处分；受理党员的控告和申诉；保障党员的权利。各级纪律检查委员会要把处理特别重要或复杂的案件中的问题和处理的结果，向同级党的委员会报告。党的地方各级纪律检查委员会和基层纪律检查委员会要同时向上级纪律检查委员会报告。

各级纪律检查委员会发现同级党的委员会委员有违犯党的纪律的行为，可以先进行初步核实，如果需要立案检查的，应当报同级党的委员会批准，涉及常务委员的，经报告同级党的委员会后报上一级纪律检查委员会批准。

第四十五条 上级纪律检查委员会有权检查下级纪律检查委员会的工作，并且有权批准和改变下级纪律检查委员会对于案件所作的决定。如果所要改变的该下级纪律检查委员会的决定，已经得到它的同级党的委员会的批准，这种改变必须经过它的上一级党的委员会批准。党的地方各级纪律检查委员会和基层纪律检查委员会如果对同级党的委员会处理案件的决定有不同意见，可以请求上一级纪律检查委员会予以复查；如果发现同级党的委员会或它的成员有违犯党的纪律的情况，在同级党的委员会不给予解决或不给予正确解决的时候，有权向上级纪律检查委员会提出申诉，请求协助处理。

第九章 党 组

第四十六条 在中央和地方国家机关、人民团体、经济组织、文化组织和其他非党组织的领导机关中，可以成立党组。党组发挥领导核心作用。党组的任务，主要是负责贯彻执行党的路线、方针、政策；讨论和决定本单位的重大问题；做好干部管理工作；团结党外干部和群众，完成党和国家交给的任务；指导机关和直属单位党组织的工作。

第四十七条 党组的成员，由批准成立党组的党组织决定。党组设书记，必要时还可以设副书记。

党组必须服从批准它成立的党组织领导。

第四十八条 对下属单位实行集中统一领导的国家工作部门可以建立党委，党委的产生办法、职权和工作任务，由中央另行规定。

第十章 党和共产主义青年团的关系

第四十九条 中国共产主义青年团是中国共产党领导的先进青年的群众组织，是广大青年在实践中学习中国特色社会主义和共产主义的学校，是党的助手和后备军。共青团中央委员会受党中央委员会领导。共青团的地方各级组织受同级党的委员会领导，同时受共青团上级组织领导。

第五十条 党的各级委员会要加强对共青团的领导，注意团的干部的选拔和培训。党要坚决支持共青团根据广大青年的特点和需要，生动活泼地、富于创造性地进行工作，充分发挥团的突击队作用和联系广大青年的桥梁作用。团的县级和县级以下各级委员会书记，企业事业单位的团委员会书记，是党员的，可以列席同级党的委员会和常务委员会的会议。

第十一章 党徽党旗

第五十一条 中国共产党党徽为镰刀和锤头组成的图案。

第五十二条 中国共产党党旗为旗面缀有金黄色党徽图案的红旗。

第五十三条 中国共产党的党徽党旗是中国共产党的象征和标志。党的各级组织和每一个党员都要维护党徽党旗的尊严。要按照规定制作和使用党徽党旗。

中国共产党第十七届中央委员会第六次全体会议公报

（2011 年 10 月 18 日中国共产党第十七届中央委员会第六次全体会议通过）

中国共产党第十七届中央委员会第六次全体会议，于 2011 年 10 月 15 日至 18 日在北京举行。

出席这次全会的有，中央委员202人，候补中央委员163人。中央纪律检查委员会常务委员会委员和有关方面负责同志列席了会议。党的十七大代表中部分基层文化工作者和从事文化研究的专家学者也列席了会议。

全会由中央政治局主持。中央委员会总书记胡锦涛作了重要讲话。

全会听取和讨论了胡锦涛受中央政治局委托作的工作报告，审议通过了《中共中央关于深化文化体制改革、推动社会主义文化大发展大繁荣若干重大问题的决定》。李长春就《决定（讨论稿）》向全会作了说明。

全会充分肯定党的十七届五中全会以来中央政治局的工作。一致认为，面对风云变幻的国际形势和艰巨繁重的国内改革发展稳定任务，中央政治局全面贯彻党的十七大和十七届三中、四中、五中全会精神，高举中国特色社会主义伟大旗帜，以邓小平理论和“三个代表”重要思想为指导，深入贯彻落实科学发展观，团结带领全党全军全国各族人民，隆重庆祝中国共产党成立90周年，制定实施“十二五”规划纲要，着力稳物价、调结构、保民生、促和谐，推动国民经济继续朝着宏观调控的预期方向发展，全面推进社会主义经济建设、政治建设、文化建设、社会建设以及生态文明建设，全面推进党的建设新的伟大工程，各项工作取得新进展，为实现“十二五”时期良好开局打下了坚实基础。

全会研究了深化文化体制改革、推动社会主义文化大发展大繁荣若干重大问题，认为总结我国文化改革发展的丰富实践和宝贵经验，研究部署深化文化体制改革、推动社会主义文化大发展大繁荣，进一步兴起社会主义文化建设新高潮，对夺取全面建设小康社会新胜利、开创中国特色社会主义事业新局面、实现中华民族伟大复兴具有重大而深远的意义。

全会指出，中国共产党从成立之日起，就既是中华优秀传统文化的忠实传承者和弘扬者，又是中国先进文化的积极倡导者和发展者。我们党历来高度重视运用文化引领前进方向、凝聚奋斗力量，团结带领全国各族人民不断以思想文化新觉醒、理论创造新成果、文化建设新成就推动党和人民事业向前发展，文化工作在革命、建设、改革各个历史时期都发挥了不可替代的重大作用。

全会指出，改革开放特别是党的十六大以来，我们党始终把文化建设放在党和国家全局工作重要战略地位，坚持物质文明和精神文明两手抓，实行依法治国和以德治国相结合，促进文化事业和文化产业同发展，推动文化建设不断取得新成就，走出了中国特色社会主义文化发展道路。我国文化改革发展，显著提高了全民族思想道德素质和科学文化素质、促进了人的全面发展，显著增强了国家文化软实力，为坚持和发展中国特色社会主义提供了强大精神力量。

全会指出，当今世界正处在大发展大变革大调整时期，文化在综合国力竞争中的地位和作用更加凸显，维护国家文化安全任务更加艰巨，增强国家文化软实力、中华文化国际影响力要求更加紧迫。当代中国进入了全面建设小康社会的关键时期和深化改革开放、加快转变经济发展方式的攻坚时期，文化越来越成为民族凝聚力和创造力的重要源泉、越来越成为综合国力竞争的重要因素、越来越成为经济社会发展的重要支撑，丰富精神文化生活越来越成为我国人民的热切愿望。全面建成惠及十几亿人口的更高水平的小康社会，既要让人民过上殷实富足的物质生活，又要让人民享有健康丰富的文化生活。我们必须抓住和用好我国发展的重要战略机遇期，在坚持以经济建设为中心的同时，自觉把文化繁荣发展作为坚持发展是硬道理、发展是党执政兴国第一要务的重要内容，作为深入贯彻落实科学发展观的一个基本要求，进一步推动文化建设与经济建设、政治建设、社会建设以及生态文明建设协调发展，为继续解放思想、坚持改革开放、推动科学发展、促进社会和谐提供坚强思想保证、强大精神动力、有力舆论支持、良好文化条件。

全会强调，坚持中国特色社会主义文化发展道路，深化文化体制改革，推动社会主义文化大发展大繁荣，必须全面贯彻党的十七大精神，高举中国特色社会主义伟大旗帜，以马克思列宁主义、毛泽东思想、邓小平理论和“三个代表”重要思想为指导，深入贯彻落实科学发展观，坚持社会主义先进文化前进方向，以科学发展为主题，以建设社会主义核心价值体系为根本任务，以满足人民精神文化需求为出发点和落脚点，以改革创新为动力，发展面向现代化、面向世界、面向未来的，民族的科学的大众的社会主义文化，培养高度的文化自觉和文化自信，提高全民族文明素质，增强国家文化软实力，弘扬中华文化，努力建设社会主义文化强国。

全会认为，建设社会主义文化强国，就是要着力推动社会主义先进文化更加深入人心，推动社会主义精神文明和物质文明全面发展，不断开创全民族文化创造活力持续迸发、社会文化生活更加丰富多彩、人民基本文化权益得到更好保障、人民思想道德素质和科学文化素质全面提高的新局面，建设中华民族共有精神家园，为人类文明进步作出更大贡献。

全会按照实现全面建设小康社会奋斗目标新要求，提出了到二〇二〇年文化改革发展奋斗目标，号召全党全国为实现这个目标共同努力，不断提高文化建设科学化水平，为把我国建设成为社会主义文化强国打下坚实基础。

全会对推进文化改革发展作出了部署，强调要推进社会主义核心价值体系建设、巩固全党全国各族人民团结奋斗的共同思想道德基础，全面贯彻“二为”方向和“双百”方针、为人民提供更好更多的精神食粮，大力发展公益性文化事业、保障人民基本文化权益，加快发展文化产业、推动文化产业成为国民经济支柱性产业，进一步深化改革开放、加快构建有利于文化繁荣发展的体制机制，建设宏大文化人才队伍、为社会主义文化大发展大繁荣提供有力人才支撑。全会提出，社会主义核心价值体系是兴国之魂，是社会主义先进文化的精髓，决定着中国特色社会主义发展方向。必须把社会主义核心价值体系融入国民教育、精神文明建设和党的建设全过程，贯穿改革开放和社会主义现代化建设各领域，体现到精神文化产品创作生产传播各方面，坚持用社会主义核心价值体系引领社会思潮，在全党全社会形成统一指导思想、共同理想信念、强大精神力量、基本道德规范。要坚持马克思主义指导地位，坚定中国特色社会主义共同理想，弘扬以爱国主义为核心的民族精神和以改革创新为核心的时代精神，树立和践行社会主义荣辱观。

全会提出，创作生产更多无愧于历史、无愧于时代、无愧于人民的优秀作品，是文化繁荣发展的重要标志。必须全面贯彻为人民服务、为社会主义服务的方向和百花齐放、百家争鸣的方针，立足发展先进文化、建设和谐文化，激发文化创作生产活力，提高文化产品质量，发挥文化引领风尚、教育人民、服务社会、推动发展的作用。要坚持正确创作方向，繁荣发展哲学社会科学，加强和改进新闻舆论工作，推出更多优秀文艺作品，发展健康向上的网络文化，完善文化产品评价体系和激励机制。

全会提出，满足人民基本文化需求是社会主义文化建设的基本任务。必须坚持政府主导，加强文化基础设施建设，完善公共文化服务网络，让群众广泛享有免费或优惠的基本公共文化服务。要构建公共文化服务体系，发展现代传播体系，建设优秀传统文化传承体系，加快城乡文化一体化发展。

全会提出，发展文化产业是社会主义市场经济条件下满足人民多样化精神文化需求的重要途径。必须坚持把社会效益放在首位、社会效益和经济效益相统一，推动文化产业跨越式发展，为推动科学发展提供重要支撑。要构建现代文化产业体系，形成公有制为主体、多种所有制共同发展的文化产业格局，推进文化科技创新，扩大文化消费。

全会提出，文化引领时代风气之先，是最需要创新的领域。必须牢牢把握正确方向，加快推进文化体制改革，发挥市场在文化资源配置中的积极作用，创新文化走出去模式，为文化繁荣发展提供强大动力。要深化国有文化单位改革，健全现代文化市场体系，创新文化管理体制，完善政策保障机制，推动中华文化走向世界，积极吸收借鉴国外优秀文化成果。

全会提出，推动社会主义文化大发展大繁荣，队伍是基础，人才是关键。要深入实施人才强国战略，牢固树立人才是第一资源思想，全面贯彻党管人才原则，加快培养造就德才兼备、锐意创新、结构合理、规模宏大的文化人才队伍。要造就高层次领军人物和高素质文化人才队伍，加强基层文化人才队伍建设，加强职业道德建设和作风建设。

全会强调，要加强和改进党对文化工作的领导。各级党委和政府要切实担负起推进文化改革发展的政治责任，把文化建设摆在全局工作重要位置、纳入经济社会发展总体规划，把文化改革发展成效纳入科学发展考核评价体系。要加强文化领域领导班子和党组织建设，发挥文化战线全体共产党员在推进文化改革发展中的先锋模范作用。要发挥人民群众文化创造积极性，在全社会营造鼓励文化创造的良好氛围，让蕴藏于人民中的文化创造活力得到充分发挥。

全会全面分析了当前形势和任务，强调必须增强忧患意识和风险意识，科学判断国际国内形势，全面把握改革发展稳定大局，保持经济平稳较快发展，加大保障和改善民生工作力度，加强和创新社会管理，维护社会和谐稳定，全面推进党的建设各项工作，着力解决经济社会发展中的突出矛盾和问题，有效防范各种潜在风险，努力实现经济社会发展预期目标。

全会审议并通过了《关于召开党的第十八次全国代表大会的决议》，决定党的十八大于 2012 年下半年在北京召开。这次大会，是我们党在全面建设小康社会的关键时期和深化改革开放、加快转变经济发展方式的攻坚时期召开的一次十分重要的会议，对我们党团结带领全国各族人民继续全面建设小康社会、加快推进社会主义现代化、开创中国特色社会主义事业新局面具有重大而深远的意义。党的各级组织和全体共产党员要团结带领全国各族人民继续解放思想、坚持改革开放、推动科学发展、促进社会和谐，以优异成绩迎接中国共产党第十八次全国代表大会召开。

全会号召，全党要紧密团结在以胡锦涛同志为总书记的党中央周围，满怀信心带领全国各族人民在坚持和发展中国特色社会主义的伟大实践中进行文化创造，为把我国建设成为社会主义文化强国而努力奋斗！

中共中央办公厅印发《关于加强和改进非公有制企业党的建设工作的意见（试行）》

中共中央办公厅近日印发了《关于加强和改进非公有制企业党的建设工作的意见（试行）》，并发出通知，要求各地区各部门结合实际认真贯彻执行。《意见》全文如下：

非公有制企业是发展社会主义市场经济的重要力量。加强和改进非公有制企业党的建设工作，是坚持和完善我国基本经济制度、引导非公有制经济健康发展、推动经济社会发展的需要，是加强和创新社会管理、构建和谐劳动关系、促进社会和谐的需要，是增强党的阶级基础、扩大党的群众基础、夯实党的执政基础的需要，是以改革创新精神提高党的基层组织建设科学化水平、全面推进党的建设新的伟大工程的需要。根据党章和公司法等有关法律法规，现就加强和改进非公有制企业党的建设工作提出如下意见。

一、明确非公有制企业党组织的功能定位

1. 地位作用。非公有制企业党组织是党在企业中的战斗堡垒，在企业职工群众中发挥政治核心作用，在企业发展中发挥政治引领作用。

2. 主要职责。（1）宣传贯彻党的路线方针政策。组织党员深入学习马克思列宁主义、毛泽东思想、邓小平理论和“三个代表”重要思想，认真贯彻落实科学发展观，宣传贯彻执行党的路线方针政策、上级党组织和本组织的决议，教育党员和职工群众自觉遵守国家法律法规和有关规章制度，引导和监督企业合法经营，自觉履行社会责任。（2）团结凝聚职工群众。加强和改进思想政治工作，密切联系群众，注重人文关怀和心理疏导，主动关心、热忱服务党员和职工群众，帮助解决实际困难，把广大职工群众团结在党组织周围。（3）维护各方合法权益。积极反映群众诉求，畅通和拓宽表达渠道，依法维护职工群众合法权益，协调各方利益关系，及时化解矛盾纠纷，构建和谐劳动关系，促进企业和社会稳定。（4）建设先进企业文化。坚持用社会主义核心价值体系引领企业文化建设，组织开展丰富多彩的企业文化活动，塑造积极向上的企业精神，树立高尚的职业道德，促使企业诚信经营。（5）促进企业健康发展。组织带领党员和职工群众围绕企业发展创先争优，发挥党组织和党员先进模范作用，促进生产经营。（6）加强自身建设。完善组织设置，健全工作制度，推进学习型党组织建设，坚持党的组织生活，做好发展党员和教育、管理、监督、服务工作，充分发挥纪检组织在维护和执行党的纪律中的职能作用，提高党务工作者素质，领导工会、共青团等群众组织，支持和带动群众组织发挥作用，进一步增强党组织的创造力、凝聚力、战斗力。

二、建立健全领导体制和工作机制

3. 健全领导机构和管理体系。县以上地方党委一般要有非公有制企业党建工作机构，统筹负责非公有制企业党建工作。具备条件的，可单独为实体工作机构，并内设纪检机构；不具备条件的，可依托或挂靠有关职能部门，做到有人员编制、有经费保障，建立健全沟通协调、督促检查、考核评价等制度。

非公有制企业相对集中的各类开发区（园区），应设立企业党委或综合党委，负责非公有制企业党建工作。对大量分散的规模以下企业，要充分发挥乡镇（街道）、村（社区）党组织作用，实行区域化、网格化管理。对专业性、行业性较强的企业，可依托相关管理部门或行业协会（商会）建立党组织，实行归口管理。

4. 建立直接联系工作机制。对规模以上非公有制企业党组织，在不改变党组织隶属关系的情况下，可由县以上地方党委组织部门或非公有制企业党建工作机构直接联系，重点指导党组织领导班子思想政治建设、党组织书记培养选拔和教育培训。对一些社会影响大、党员数量多的大型企业党组织，可改变隶属关系，由县以上党组织直接管理。

三、努力推进党的组织和工作覆盖

5. 明确目标要求。加大工作力度，努力实现职工50人以上的非公有制企业有党员；具备建立党组织条件的企业，实现党的组织覆盖；因条件暂不具备尚未建立党组织的企业，实现党的工作覆盖。

6. 扩大组织覆盖。按照保持党员队伍先进性和纯洁性的要求，严格把关，注重质量，加大在非公有制企业生产一线职工、专业技术骨干及经营管理人员中发展党员的工作力度，重视在农民工中发展党员，注意培养发展符合条件的企业出资人入党。企业规模和

社会影响较大的出资人，可由县以上党组织做好教育、引导和培养工作，吸收入党时，应征求同级党委统战部门意见。引导和督促流动党员及时转接组织关系。有3名以上正式党员、条件成熟的，要单独建立党组织。暂不具备单独组建条件的，要以开发区（园区）、乡镇（街道）、村（社区）、专业市场、商业街区、商务楼宇等为单位，组建区域性党组织，或依托行业协会（商会）、个体私营企业协会和龙头企业、专业经济合作组织组建行业性党组织。联合党组织中具备单独组建条件的，要及时单独建立党组织。发挥党员服务中心、党建工作站“孵化器”作用，为建立党组织创造条件。

7. 扩大工作覆盖。对未建立党组织的非公有制企业，可通过选派党建工作指导员、确定党建工作联络员、建立工会和共青团组织等方式，积极开展党的工作，推动企业建立党组织。对兼并重组的企业，注意保持党的工作连续性，妥善做好职工群众的分流安置和思想稳定工作。积极协调有关职能部门，推动党的政策进企业、政府服务进企业、先进文化进企业。

四、探索党组织和党员发挥作用的有效途径

8. 建立双向互动工作机制。按照企业需要、党员欢迎、职工赞成的原则，注意取得非公有制企业出资人理解和支持，把党组织活动与企业生产经营管理紧密结合起来，实现目标同向、互促共进。建立党组织与企业管理层共同学习制度，熟悉党和国家政策法规、了解上级决策部署、沟通企业生产经营情况。探索建立党组织书记参加或列席企业管理层重要会议制度、党组织与企业管理层沟通协商和恳谈制度。党组织要邀请企业出资人、经营管理人员参加相关活动，注重发挥企业管理层中党员和党员工会主席的作用，做好党的工作。

9. 探索开展开放式党组织活动。认真落实党的组织生活制度，督促指导非公有制企业党组织按期换届。创新党组织活动方式，除党章规定的党内活动外，提倡党群活动一体化。推动企业党组织与其他单位党组织开展结对共建活动。提倡开设网上党建园地、网上党校、党建微博、网上论坛等，把党的活动阵地拓展到网络上，增强党组织活动的吸引力和影响力。

10. 创新党员教育管理服务。尊重党员主体地位，保障和落实党员的知情权、参与权、选举权、监督权。加强党员教育培训，注重把党员培养成生产经营骨干，把生产经营骨干培养成党员。探索流动党员“一方隶属、多重管理”模式，对已确认身份但未及时转接组织关系的党员，应组织其参加企业党组织活动，发挥先锋模范作用。推进党员管理信息化，健全城乡一体、流入地党组织为主、流出地党组织配合的流动党员教育管理服务工作制度，实行具有多种服务功能、便于党员参加党组织活动的党员信息卡制度。从思想、工作、生活上关心党员，及时反映涉及党员切身利益的重要情况，健全党内激励、关怀、帮扶机制，注重解决老党员和生活困难党员实际问题，增强党员的归属感和荣誉感。

11. 深入开展创先争优活动。结合非公有制企业实际，以党建强、发展强为目标，按照生产经营好、企业文化好、劳动关系好、党组织班子好、党员队伍好、社会评价好的标准，广泛开展“双强六好”党组织创建活动和党员示范岗、党员责任区、党员公开承诺活动，促进企业党组织履职尽责创先进、广大党员立足岗位争优秀。各地要逐级培育选树一批“双强六好”企业党组织，纳入直接联系和重点管理范围，发挥其示范带动作用。

五、加强以党组织书记为重点的党务工作者队伍建设

12. 选优配强党组织书记。按照守信念、讲奉献、重品行，懂经营、会管理、善协调，热爱党务工作和熟悉群众工作的标准，选优配强非公有制企业党组织书记。党组织书记一般从企业内部选举产生，注意从生产、经营、管理骨干中推荐人选，也可从党政机关干部、国有企事业单位经营管理人员、党务工作者和复转军人、大学生“村官”中推荐人选，或面向社会公开招聘党务工作人才，再通过党内选举程序任职。重视选派优秀专职党务工作者担任联合党组织书记。提倡机关优秀年轻党员干部到企业挂职从事党建工作。规模大、党员数量多的企业主要出资人担任党组织书记的，应配备专职副书记。提倡不是企业出资人的党组织书记、副书记通过法定程序兼任工会主席、副主席；也可以由党员工会主席通过法定程序担任党组织书记、副书记。

非公有制企业党组织书记要立足本职，率先垂范，做学习宣传党的路线方针政策、贯彻执行上级党组织和本组织决议的组织者，承担急难险重任务、促进企业健康发展的推动者，凝聚服务党员和职工群众、维护企业和谐稳定的践行者，推进基层党建创新、增强生机活力的引领者。

13. 壮大党务工作者队伍。通过多样化选用、规范化管理、专业化培训、制度化激励等途径和方式，建设一支素质优良、结构合理、数量充足、专兼职结合

的非公有制企业党务工作者队伍。重视建立党务工作者人才库。规模大、党员数量多的企业，要配备专职党务工作者。探索设立党建工作论坛，为党务工作者搭建工作交流平台。加强党建工作指导员队伍建设，充分发挥其组织宣传、联系服务、协调指导作用。

14. 提升能力素质。把非公有制企业党务工作者纳入党员干部教育培训总体规划，依托各级党校、行政学院和高校开展培训工作。党务工作者的培训主要由县级党组织负责，市级以上党组织抓好示范培训。党组织书记每年至少参加 1 次集中培训，累计时间不少于 3 天。对新任党组织书记要进行任职培训。重点加强党的路线方针政策、党务知识、群众工作、企业生产经营管理等方面的培训，提高做好群众工作本领和服务企业发展能力。有计划地选派优秀党组织书记到党政机关、国有企事业单位挂职学习锻炼。

15. 强化管理和激励。建立健全非公有制企业党组织书记向上级党组织和本单位党员群众报告工作以及述职评议等制度。研究制定符合企业特点的党组织书记综合考核评价办法。推动企业建立健全党组织书记薪酬待遇保障制度，使他们干事有平台、待遇有保障、干好有发展。有条件的地方，上级党组织可给予党组织书记和党务工作者适当的工作津贴。推荐符合条件的党组织书记作为各级党代会代表、人大代表、政协委员人选。建立党组织书记劳动合同变更、解除或终止前向上级党组织备案制度。党组织书记因坚持原则遭受不公正待遇时，上级党组织应及时了解情况，给予帮助和支持。

六、加强对非公有制企业出资人的教育引导

16. 加强教育培训。建立非公有制企业出资人教育培训制度，着力加强中国特色社会主义理论体系、党的知识和国家法律法规教育。对党员出资人，要教育引导他们遵守党规党纪和执行党的决议，自觉履行党员义务，服从党组织的教育、管理和监督。对非党员出资人，要教育引导他们树立中国特色社会主义共同理想，在党的领导下坚定走中国特色社会主义道路，努力成为中国特色社会主义事业合格建设者。各级党委组织、统战部门要共同抓好企业出资人教育培训工作。

17. 搞好服务管理。各级党委组织部门和非公有制企业党建工作机构可直接联系一批知名度较高、社会反映好的非公有制企业，经常听取他们对加强党建工作的意见建议；有关方面在研究制定相关经济社会发展政策法规时，要注意听取企业出资人意见，帮助企业解决在发展中遇到的难题。对企业出资人的评先选优、政治安排，要事先征求企业党组织和非公有制企业党建工作机构、地方工会组织的意见，党委统战、组织部门要严格审查把关，重点考察其思想政治表现、遵纪守法、道德品质、履行社会责任、支持党建工作等方面情况。对政治方向有偏差、履行社会责任不积极、社会评价不良的企业出资人，要批评教育；对违纪违法的，有关部门和单位要依纪依法进行查处。

七、强化非公有制企业党建工作保障

18. 加强组织领导和工作指导。地方各级党委要把非公有制企业党建工作纳入本地区党的建设总体布局，并作为市、县委书记履行基层党建工作责任制专项述职和相关部门领导班子考核评价的重要内容，建立健全目标管理、定期研究、情况通报、领导干部联系点等制度。党委组织部门要加强统筹协调和工作指导，纪检机关和统战、工商、财政、商务、工商联等部门和单位要结合各自职能，协同做好有关工作。区别不同类型企业，加强分类指导，不断研究新情况，探索解决新问题。采取多种形式，大力宣传非公有制企业党建工作典型，定期评选表彰先进，形成全社会关注、支持非公有制企业党建工作的良好氛围。

19. 加强经费保障。将非公有制企业党组织工作经费纳入企业管理费用，建立并落实税前列支制度。建立党费拨返制度，企业党员交纳的党费可全额返还企业党组织，用于开展党建活动；还可从各级党组织留存党费中，按照一定比例，采取以奖代补等方式，支持非公有制企业党建工作。有条件的地方，可对非公有制企业党建工作给予必要的经费支持。探索采取企业赞助、党员自愿捐助等方式，多渠道解决经费问题。

20. 加强场所建设。按照有场所、有设施、有标志、有党旗、有书报、有制度的“六有”标准，加强非公有制企业党组织活动场所规范化建设。采取资源整合、企业自筹、上级党组织支持相结合的方式，帮助党员数量较多、条件具备的企业，建设相对固定的活动场所。倡导国有企事业单位、机关和乡镇（街道）、村（社区）党组织与非公有制企业党组织活动场所共用、资源设施共享。有条件的地方，特别是在非公有制企业集聚的区域，要科学规划，合理布局，统一建设区域性、开放性、综合性的党群活动服务中心。

各地区各有关部门要结合实际，制定贯彻落实本意见的具体措施。

中共中央组织部关于表彰2010—2012年全国创先争优先进基层党组织、优秀共产党员和创先争优活动先进县(市、区、旗)党委的决定

(2012年6月28日)

在党的基层组织和党员中深入开展创先争优活动，是党的十七大和十七届四中全会作出的重大部署，是巩固和扩大学习实践科学发展观活动成果的重要举措，是新形势下保持、发展党的先进性和纯洁性的成功实践。2010年4月以来，各地区各部门各单位认真贯彻落实中央的统一部署和要求，以深入学习实践科学发展观为主题，按照“推动科学发展、促进社会和谐、服务人民群众、加强基层组织”的目标要求，深入开展创先争优活动，取得了明显成绩，为经济社会又好又快发展提供了强大动力和组织保证。

广大基层党组织和党员积极参加创先争优活动，在改革发展稳定的各项工作中，具体而生动地彰显了党的先进性和纯洁性，涌现出一大批先进集体和优秀个人。为表彰先进、弘扬正气，激励各级党组织和广大党员履职尽责创先进、立足岗位争优秀，进一步形成崇尚先进、学习先进、争当先进的浓厚氛围，经中央同意，中央组织部对北京市西城区西长安街街道党工委等1000个基层党组织、房萍等100名共产党员、陕西省安塞县委等100个县（市、区、旗）党委进行表彰，分别授予“全国创先争优先进基层党组织”、“全国创先争优优秀共产党员”、“全国创先争优活动先进县（市、区、旗）党委”荣誉称号；同时，追授黄纬禄等24名同志“全国创先争优优秀共产党员”荣誉称号。

这次表彰的先进集体和个人是创先争优的优秀代表，是经各推荐单位采取自下而上、上下结合方式推荐产生的，其中全国创先争优优秀共产党员人选还进行了全国网上投票推荐和网上公示，具有广泛的群众基础。他们的先进事迹和崇高精神，充分展示了创先争优活动的丰硕成果，展示了新时期共产党人的良好形象和精神风貌。广大基层党组织要向受表彰的创先争优先进基层党组织学习，认真履行党章规定的各项职责，切实把服务群众、做群众工作作为核心任务，真正成为推动发展、服务群众、凝聚人心、促进和谐的坚强堡垒。广大共产党员要以受表彰的创先争优优秀共产党员为榜样，模范履行党章规定的义务，牢固树立创先争优的价值理念，带头学习提高，坚定理想信念；带头爱岗敬业，争创一流业绩；带头服务群众，践行根本宗旨；带头遵纪守法，保持清正廉洁；带头弘扬正气，引领社会风尚。各县（市、区、旗）党委要向受表彰的创先争优活动先进县（市、区、旗）党委学习，高度重视创先争优工作，扎实推进创先争优常态化长效化，把党的政治优势和组织优势转化为推动科学发展、促进社会和谐的强大力量，多干打基础、利长远、惠民生的实事，努力做出经得起实践、人民和历史检验的实绩。希望受表彰的先进集体和个人珍惜荣誉、再接再厉，为党和人民的事业作出新的更大贡献。

当前，我国正处在全面建设小康社会的关键时期和深化改革开放、加快转变经济发展方式的攻坚时期，对基层党组织发挥战斗堡垒作用和广大党员发挥先锋模范作用提出了更高要求。我们要紧密团结在以胡锦涛同志为总书记的党中央周围，以邓小平理论和“三个代表”重要思想为指导，深入贯彻落实科学发展观，组织基层党组织和广大党员学先进、见行动、作贡献，坚持不懈创先争优，以优异成绩迎接党的十八大胜利召开！

全国创先争优先进基层党组织、创先争优优秀共产党员、创先争优活动先进县（市、区、旗）党委和追授的全国创先争优优秀共产党员名单

(2012年6月30日)

一、全国创先争优先进基层党组织

北　京

西城区西长安街街道党工委

朝阳区高碑店乡高碑店村党总支

叶青大厦党委

丰台区丰台街道永善社区党委

通州区永乐店镇党委

顺义区人力资源和社会保障局就业职介科党支部

顺义区胜利街道怡馨一社区离退休干部党支部
昌平区信访办公室党支部
大兴区瀛海镇党委
平谷区农业局（动物卫生监督管理局）机关党委
怀柔区环境卫生服务中心党总支
延庆县八达岭特区办事处绿化保洁中心党支部
首都博物馆党委
北京市公安局出入境管理总队中国公民出入境管理大队党支部
北京德恒律师事务所党支部
北京市住房和城乡建设委员会机关党委
国富浩华会计师事务所党委
北京信息科技大学机电工程学院党总支
中国医学科学院北京协和医学院北京协和医院党委
北京市第一〇一中学党总支
丰台区丰台第五小学党支部
北京公交集团第六客运分公司第一车队党支部
北京古船食品有限公司党委
首钢水厂铁矿党委
北京汽车集团有限公司北京汽车股份有限公司汽车工程研究院党委
金诚信矿业管理股份有限公司党委
首都儿科研究所党委
北京儿童医院党委

天　津

天津钢管集团股份有限公司党委
天津大沽化工股份有限公司党委
天津市海河建设发展投资有限公司党委
天津农商银行宝坻支行党委
天津科润蔬菜研究所党支部
天津中医药大学党委
中海油天津化工研究设计院党委
天津市华夏未来少儿艺术中心党委
天津市公安消防总队特勤支队党委
天津市第一中心医院党委
天津 8890 家庭服务网络中心党支部
天津市引滦工程尔王庄管理处党委
天津经济技术开发区康翠社区党支部
天津滨海新城建设发展有限公司党支部
狗不理集团股份有限公司党委
天津市山西商会党委
东丽区华明街道党委
津南区八里台镇党委
蓟县穿芳峪镇毛家峪村党支部
静海县地方税务局机关党总支

河　北

正定县正定镇塔元庄村党支部
滦平县张百湾镇周台子村党委
大城县留各庄镇西留各庄村党总支
涞源县北石佛乡西道沟村党支部
献县河城街镇小屯村党支部
安平县南王庄镇南王庄村党支部
沙河市白塔镇栾卸村党总支
曲周县白寨乡白寨村党支部
昌黎县泥井镇党委
河北钢铁集团唐山钢铁集团有限责任公司党委
河北保定运输集团汽车总站党总支
冀中能源股份有限公司党委
五矿邯邢矿业有限公司党委
河北省高速公路禄发实业总公司西兆通服务区党支部
河北建设投资集团有限责任公司党委
张家口市财政局机关党委
秦皇岛市人民政府政务服务中心党委
廊坊市委研究室机关党支部
景县供电局机关党委
新乐市公安交通警察大队党支部
唐山市公安局离退休干部党委
石家庄市裕华区槐底街道石门社区党委
承德市双滦区元宝山街道御祥园社区党支部
张家口市桥西区工人新村街道南新村社区党总支
唐山市路北区机场路街道祥富里社区党总支
保定高新技术产业开发区茗畅园社区党总支
河北经贸大学党委
石家庄铁道大学党委
邯郸市第二十六中学党总支
河北省人民医院党委
邯郸市中心医院党委
河北省老年事业促进会党支部
新奥集团股份有限公司党委
天俱时工程科技集团党委
青县中心敬老园党支部

山　西

山西省电力公司太原供电公司党委
大同市南郊区口泉乡杨家窑村党支部
大同煤矿集团有限责任公司四台矿党委
阳泉市城区南山路街道新华东街社区党总支
平定县岔口乡甘泉井村党支部
长治市直属机关工作委员会机关党支部

长治煤气化总公司党委
晋城市城区公安分局党委
朔州市朔城区北旺庄街道党工委
岢岚县大涧乡吴家庄村党支部
大同煤矿集团轩岗煤电有限责任公司党委
灵石县英武乡党委
侯马市浍滨街道浍滨街北社区党支部
平陆县国营林场党支部
汾阳市贾家庄镇贾家庄村党委
太原高速公路有限公司小店收费站党支部
盂县农村信用合作联社党委
山西太钢不锈钢股份有限公司焦化厂党委
山西晋城无烟煤矿业集团有限责任公司寺河煤矿党委
山西汾西重工有限责任公司党委
晋西工业集团有限责任公司党委
佳镜律师事务所党支部
山西中医学院附属医院党委
山西财经大学党委
山西沁新能源集团党委

内蒙古

土默特右旗萨拉齐镇党委
西乌珠穆沁旗吉仁高勒镇党委
科尔沁右翼前旗巴拉格歹乡兴安村党总支
通辽市科尔沁区丰田镇建新村党支部
察右中旗乌素图镇乌素图村党支部
五原县新公中镇永联村党支部
阿拉善左旗巴彦浩特镇巴彦霍德嘎查党支部
赤峰市红山区站前街道昭乌达社区党委
鄂尔多斯市东胜区兴胜街道新园社区党支部
包钢（集团）公司白云鄂博铁矿党委
内蒙古森工集团满归森林工业有限公司党委
呼伦贝尔农垦集团莫拐分公司党委
内蒙古自治区农业技术推广站党支部
内蒙古自治区林业监测规划院第一党支部
呼和浩特市政务服务中心机关党委
额济纳旗纳林高勒公安边防派出所党支部
内蒙古师范大学党委
乌海市第十八中学党支部
内蒙古自治区人民医院神经内科党支部
宁城县医院党总支
鄂尔多斯市东方控股集团党委
爱德律师事务所党支部

辽　宁

沈阳市和平区南湖街道文安路社区党委
辽宁中医药大学党委
中国医科大学附属盛京医院党委
普兰店市安波镇党委
大连理工大学党委
大连万达集团股份有限公司党委
鞍山市铁东区常青街道九处社区党委
鞍山市城市管理综合行政执法局党委
清原满族自治县南口前镇党委
抚顺市东洲区万新街道万顺社区党总支
本钢板材股份有限公司热连轧厂党委
本溪华联商厦有限公司党委
本溪市个体私营企业协会党委
丹东市社会医疗保险管理局党委
丹东市六道沟党员活动站党总支
义县九道岭镇党委
营口市西市区得胜街道党工委
大石桥市石佛镇丝瓜村党委
彰武县哈尔套镇党委
阜新市公安局太平公安分局建设派出所党支部
辽阳县刘二堡镇前杜村党总支
辽宁省电力有限公司辽阳供电公司党委
辽宁铁法能源有限责任公司党委
西丰县永得利绿色蔬菜专业合作社党委
建平县万寿街道小平房村党委
盘锦市双台子区建设街道党工委
葫芦岛市葫芦岛供电公司党委
葫芦岛市公安局出入境管理处党支部
辽宁省纪委监察厅民心网党支部
辽宁省环境监测实验中心党委
沈阳煤业（集团）有限责任公司党委
鞍钢股份有限公司化工总厂党委
中国石油辽河油田分公司曙光采油厂采油作业六区党总支
中国石油天然气管道局东北石油管道公司沈阳输油气管理处党总支

吉　林

长春西新经济技术开发区锦程街道党工委
长春市绿园区民生工作局党委
长春净月经济开发区永兴街道党工委
中国石油吉林石化公司党委
吉林市昌邑区孤店子镇大荒地村党委
吉林省神农医药集团有限公司党委
四平市铁西区站前街道党工委
辽源市西安区仙城社区党工委
梅河口市阜康酒精有限责任公司党委

抚松县仙人桥镇黄家崴子村党支部

长白县马鹿沟镇党委

中国石油天然气股份有限公司吉林油田分公司党委

乾安县乾安镇德建社区党支部

镇赉县哈吐气蒙古族乡宝山联合党总支

吉林省电力有限公司白城供电公司党委

敦化市渤海街道红旗社区党委

延边州民政局党委

吉林省长白山开发建设（集团）有限责任公司党委

吉林省社会医疗保险管理局党支部

中国移动通信集团吉林有限公司客户服务中心党支部

一汽解放汽车有限公司党委

吉林省肿瘤医院党委

吉林省广东商会党支部

长春工业大学党委

吉林省万隆路桥建设集团有限公司党委

黑龙江

哈尔滨市公安局道外分局东莱派出所党支部

尚志市一面坡镇长营村党总支

克山县北联镇新兴村党支部

齐齐哈尔市建华区文化街道党工委

牡丹江新闻传媒集团有限公司党委

佳木斯市中心医院党委

大庆市让胡路区乘风街道东湖第五社区党支部

鸡西市劳动就业局党总支

双鸭山市第一中学党总支

伊春市汤旺河林业局党委

七台河市桃山区桃南街道党工委

黑龙江省共青农场党委

黑河市园林管理处党支部

绥化市国家税务局机关党委

庆安县勤劳镇曙光村党总支

大兴安岭图强林业局奋斗林场党总支

黑龙江省电力有限公司直属机关党委

东北农业大学党委

哈尔滨锅炉厂有限责任公司党委

黑龙江农垦建三江管理局党委

大庆油田有限责任公司第一采油厂第三油矿中十六联合站党支部

柴河林业局党委

大庆油田总医院党委

哈尔滨市道里区爱建商圈商会党委

黑龙江大学党委

哈尔滨市师范附属小学党支部

亿阳集团党委

上　海

上海电气电站设备有限公司上海汽轮机厂党委

中国船舶重工集团公司第七〇四研究所党委

安信农业保险股份有限公司党委

中国东方航空股份有限公司党委

中国建筑第二工程局有限公司（沪）党委

宝山区友谊路社区（街道）党工委

浦东新区北蔡镇党委

崇明县绿华镇党委

洋山出入境检验检疫局党总支

上海市电力公司浦东供电公司运维检修部（检修公司）党总支

上海市公安局黄浦分局南京东路派出所党总支

普陀区就业促进中心党总支

虹口区曲阳路街道林云居民区党总支

松江区新浜镇新浜村党总支

解放日报党政部党支部

中国科学院上海天文台天文技术研究室与VLBI研究室联合党支部

上海市废弃物管理处第二党支部

上海市徐汇科技幼儿园党支部

上海市第一师范学校附属小学党支部

闵行区古美社区卫生服务中心党支部

青浦区朱家角镇民兵水上应急分队党支部

上海华日农产品展销专业合作社党支部

上海市医疗急救中心党委

同济大学建筑与城市规划学院党委

上海市信息服务业行业协会党委

晨讯科技（上海）有限公司党委

上海市通力律师事务所党支部

江　苏

南京市公安局交通管理局车辆管理所党总支

南京晨光集团有限责任公司党委

南京市建邺区南苑街道国泰民安社区党委

无锡出入境检验检疫局机关党委

无锡市崇安区崇安寺街道党工委

沛县胡寨镇草庙村党总支

徐州工程机械集团有限公司党委

常州出入境检验检疫局机关党委

常州市钟楼区南大街街道金色新城社区党委

常熟市支塘镇蒋巷村党委

苏州国家高新技术产业开发区狮山街道党工委

苏州出入境检验检疫局机关党委
南通市崇川区虹桥街道虹桥社区党委
南通市通州区石港镇江海村党总支
连云港汽车运输有限公司新浦汽车总站党支部
赣榆县总工会党支部
淮安市淮阴区刘老庄乡刘老庄村党总支
江苏中烟工业有限责任公司淮阴卷烟厂党委
江苏省电力公司盐城供电公司党委
盐城市亭湖区五星街道雅和社区党委
高邮市菱塘回族乡党委
扬州市广陵区曲江街道文昌花园社区党委
扬中市新坝镇党委
句容市天王镇唐陵村党总支
兴化市戴南镇董北村党委
江苏省电力公司泰州供电公司党委
宿迁市宿豫区蔡集镇张油坊村党委
宿迁市宿城区幸福街道幸福社区党委
江苏省法律援助中心党支部
江苏省人民政府办公厅离退休党总支第一党支部
南京航空航天大学党委
江苏国信扬州发电有限责任公司党委
国网电力科学研究院直属机关党委
南京市玄武区卫生局党工委
苏宁电器集团党委
苏州市市属民营企业联合党委
保监会江苏监管局委员会苏州市保险行业协会党支部
南通双弘纺织有限公司党支部
江苏仁禾中衡会计师事务所党支部
江苏大学党委
泰州市大浦中心小学党总支

浙　江

杭州市萧山区宁围镇党委
杭州市下城区天水街道灯芯巷社区党委
淳安县枫树岭镇下姜村党总支
杭州市行政服务中心机关党委
宁波 81890 求助服务中心党支部
宁波市江东区百丈街道划船社区党委
宁波方太厨具有限公司党委
宁波市北仑区妇女联合会机关党支部
温州市公安局交通警察支队车辆管理所党总支
温州市瓯海区瞿溪街道河头村党支部
华仪电器集团党委
嘉兴市褚大姐甜瓜专业合作社党支部
嘉兴市秀洲区王江泾镇党委
安吉县旅委（灵峰度假区）横山坞村党支部
湖州市吴兴区朝阳街道碧浪湖社区党委
万丰奥特控股集团党委
上虞市谢塘镇新戴家村党总支
众泰控股集团党委
横店集团英洛华电气有限公司党委
衢州市柯城区七里乡党委
衢州元立金属制品有限公司党委
舟山市新城社区卫生服务中心党总支
岱山县长涂镇党委
台州市路桥区路南街道方林村党委
玉环县楚门镇党委
云和县紧水滩镇梓坊村党支部
遂昌县云峰街道长濂村党支部
浙江省文明办第二党支部
杭州钢铁股份有限公司转炉炼钢厂党委
天健会计师事务所党委
浙江大学党委
杭州第二中学党总支
华峰集团党委
富通集团有限公司党委
浙江吉利控股集团有限公司党委

安　徽

合肥供水集团有限公司党委
合肥市庐阳区财富广场楼宇党委
安徽联华实业集团党委
皖北煤电集团有限责任公司党委
安徽古井集团公司党委
宿州市人民政府政务服务中心党支部
灵璧县人民检察院党总支
怀远县涡北新城区何巷村党总支
阜阳市颍东区河东街道訾营社区党委
颍上县谢桥镇党委
淮南市田家庵区洞山街道新村社区党总支
凤阳县小溪河镇小岗村党委
寿县寿春镇九龙村党总支
六安皋城中学党总支
马鞍山市花山区解放路街道东苑社区党总支
无为县高沟镇党委
安徽鲁班建设投资集团党委
郎溪县梅渚镇党委
铜陵市铜官山区天井湖社区党工委
石台县横渡镇党委
安庆市残疾人联合会机关党支部
安徽华祥集团党委

黄山市徽州区潜口镇党委
安徽省财政厅直属机关党委
安徽广播电视台宣城发射台党支部
安徽省立医院党委
中国科学技术大学合肥微尺度物质科学国家实验室教工党支部
安徽医科大学第二附属医院党委
安徽省高速公路控股集团有限公司高界管理处党总支
安徽省青少年发展基金会党支部

福　建

福州市远东丽景社会保障房 A 标段项目部党支部
长乐市湖南镇党委
福州第四中学党委
福建省盛辉物流集团有限公司党委
厦门航空有限公司党委
厦门市公安局出入境管理处党支部
厦门大学台湾研究院党总支
漳州市行政服务中心党总支
华安县新圩镇新圩村党支部
南安市梅山镇蓉中村党委
石狮市公安局凤里派出所党支部
福建优兰发集团实业有限公司党委
三明市梅列区列东街道圳尾社区党总支
厦工（三明）重型机械有限公司党委
莆田市荔城区镇海街道长寿社区党支部
莆田市涵江区江口镇官庄村党支部
武夷山市五夫镇党委
福建南纺股份有限公司党委
龙岩市行政服务中心机关党委
上杭县中都镇都康村党支部
福安市阳头街道阳春社区党支部
柘荣县环境卫生管理处党支部
平潭县工商行政管理局机关党委
福建省统计局贸易外经处党支部
福建省疾病预防控制中心党委
福建省通信行业协会党支部
晋江天然气发电有限公司党总支

江　西

南昌市公安局特警（防暴）支队党委
南昌市红谷滩新区沙井街道万达星城社区党支部
九江市庐山区五里街道党工委
星子县白鹿镇党委
中航工业直升机设计研究所党委
上栗县东源乡新益村党支部
江西瑞晶太阳能科技有限公司党委
贵溪市塘湾镇党委
赣县南塘镇党委
江西南芳律师事务所党支部
万载县农业局党委
宜春市公路管理局党委
广丰县永丰街道党工委
上饶市信州区北门街道吉阳山社区党支部
吉安市青原区天玉镇流坊村党支部
金溪县秀谷镇党委
江西省电力公司直属单位党委
江西省新闻出版局直属机关党委
江西师范大学数信学院教工第二党支部
江西铜业股份有限公司贵溪冶炼厂电解车间党支部
江西省公安消防总队吉安市支队永新县大队党委
南昌市东湖区疾病预防控制中心党支部
乐平市乐港镇蔬菜产销协会党支部
南昌大学生命科学与食品工程学院党委
湖口县第二中学党总支
正邦集团有限公司党委

山　东

济南市趵突泉公园管理处党总支
济南外国语学校党委
济南市市中区舜玉路街道舜园社区党总支
山东省实验中学党委
即墨市农村合作医疗管理中心党支部
山东清泰律师事务所党总支
交运集团青岛温馨巴士有限公司党委
莱西市店埠镇离退休干部党支部
青岛市道路运输协会党支部
青岛维客集团股份有限公司党委
淄博市原山林场党委
淄博市工商行政管理局周村分局党委
淄博市环境保护局淄川分局机关党总支
滕州市西岗镇党委
东营市东营区人民法院党总支
华泰集团有限公司党委
烟台三站批发交易市场党委
烟台市芝罘区东山街道党工委
蓬莱阁管理处党总支
潍坊市奎文区出租车和谐车队党支部
潍坊市教育局机关党总支
昌邑市环境卫生管理局党支部
青州尧王集团公司党委

兖州市中医院党总支
微山县高楼乡渭河村党支部
嘉祥县鸿运富民土地托管专业合作社党支部
泰安市泰山区岱庙街道花园社区党总支
肥城市王瓜店街道黄叶村党支部
泰祥集团有限公司党委
莒县城阳街道岳家村社区党委
莱芜市莱城区凤城街道党委
郯城县李庄镇刘道口村党支部
莒南县公安局党委
平邑县人力资源和社会保障局驻上海办事处党委
庆云县社会组织党建指导站党总支
聊城市中级人民法院机关党委
滨州渤海中学党支部
曹县青菏街道办事处党委
山东省电力集团公司党委
山东省千佛山医院党委
山东省疾病预防控制中心党委
山东大学党委
山东高速青岛发展有限公司党委

河 南

栾川县冷水镇党委
渑池县仰韶镇党委
鲁山县尧山镇党委
太康县毛庄镇党委
信阳市浉河区五星乡党委
济源市轵城镇党委
灵宝市焦村镇杨家村党支部
商丘市梁园区中州街道办事处解放村党委
泌阳县铜山乡焦竹园村党支部
漯河市源汇区干河陈乡干河陈村党委
登封市少林办事处耿庄村党总支
林州市临淇镇白泉村支部
沁阳市沁园办事处袁屯村党支部
郑州市二七区大学路街道党工委
南阳市宛城区仲景街道东关社区党委
禹州市颍川街道办事处东关社区党委
鹤壁市地方税务局直属单位党委
中牟县工商局机关党支部
开封县城管局党支部
河南大学党委
河南省实验小学党委
郑州大学第一附属医院党委
河南省人民医院党委
河南博物院党委
中信重工机械股份有限公司党委
中国河南国际合作集团有限公司党委
中国石化中原石油勘探局党委
卫华集团有限公司党委
河南中源化学股份有限公司党委
河南蓝天集团有限公司党委
建业住宅集团（中国）有限公司党总支
郑州市物业管理协会党支部
夏邑县产业集聚区党委
濮阳市恒润石化工业区党总支
固始县驻北京党工委
河南千业律师事务所党支部

湖 北

武汉市东西湖区常青花园新区党委
武汉市公安局特警支队党委
阳新县三溪镇姜福村党支部
黄石市黄石港区南岳社区党委
保康县尧治河村党委
湖北奥星粮油公司党委
宜昌市夷陵区龙泉镇党委
十堰市茅箭区顺强运业公司党委
郧西县安家乡党委
荆州市沙市区胜利街道文星楼社区党委
荆州市公路局党委
鄂州市凤凰街道党工委
京山县钱场镇桥河村党总支
沙洋县后港镇党委
英山县红山镇乌云山村党支部
武穴市武穴办事处党委
汉川市沉湖镇党委
孝感市地税局机关党委
嘉鱼县潘家湾镇党委
广水市广水街道党工委
宣恩县万寨乡伍家台村党支部
仙桃市彭场镇党委
湖北省农业厅直属机关党委
湖北省国土资源厅办公室（政务大厅）党支部
湖北省电力公司党委
三环集团公司党委
中国船舶重工集团公司第七一七研究所党委
湖北省襄南监狱党委
众环海华会计师事务所党总支
秭归县卫生局直属机关党委
湖北省浙江企业联合会党委
华中师范大学党委

武汉外国语学校党委
卓尔控股有限公司党委
百步亭集团党委

湖　南

宁乡县金洲镇关山村党总支
长沙市公安局开福分局四方坪派出所党支部
长沙市芙蓉区朝阳街街道朝阳社区离退休党支部
衡阳市蒸湘区红湘街道联合新村社区党支部
衡山县福田铺乡党委
醴陵市孙家湾乡孙家湾村党支部
南车株洲电力机车有限公司党委
中国兵器工业集团江麓机电集团有限公司党委
新邵县酿溪镇党委
邵阳市北塔区民政局机关党支部
平江县安定镇江东村党支部
常德市武陵区城南街道体育东路社区党总支
张家界旅游集团股份有限公司党委
益阳市资阳区大码头街道金花坪社区党委
郴州市北湖区燕泉街道党工委
资兴市黄草镇党委
蓝山县毛俊镇毛俊村党支部
永州市国家税务局机关党委
麻阳苗族自治县谭家寨乡楠木桥村党支部
怀化公路运输集团有限责任公司怀化长途货运分公司党支部
冷水江市岩口镇农科社区党支部
双峰县三塘铺镇党委
龙山县里耶镇比耳村党支部
泸溪县浦市镇党委
湖南省国土资源厅直属机关党委
武警湖南省消防总队湘潭支队韶山大队党委
湖南省建筑工程集团总公司党委
长沙市教育局党委
中南林业科技大学生命科学与技术学院生态学教研室党支部
湖南省人民医院党委
三一集团有限公司党委
湖南大汉控股集团有限公司党委
长沙县青松老年公寓党支部

广　东

广州市海珠区人民检察院党总支
广州市天河区车陂街道广氮社区党总支
深圳市盐田区海山街道党工委
深圳市龙岗区南坑社区综合党总支
珠海市斗门区莲洲镇石龙村党支部
汕头市澄海区溪南镇西社村党总支
佛山市顺德区大良街道中区社区党委
韶关市曲江区图书馆党支部
河源市地方税务局直属机关党委
平远县长田镇官仁村党支部
惠州市惠城区桥西街道麦地社区党总支
陆丰市汽车运输总公司党总支
东莞市大朗镇党委
中山市小榄镇永宁社区党委
江门市蓬江区环市街道篁庄股份合作经济联合社党支部
阳西县程村镇红光村党支部
徐闻县人民法院党总支
茂名市茂港区沙院镇海尾社区党支部
德庆县公安局城东派出所党支部
潮州市湘桥区西新街道新合社区党支部
揭阳海事局党总支
郁南县桂圩镇勿坦村党支部
云浮市云城区安塘街道党工委
广东省委办公厅值班室党支部
东莞海关机关党委
广东省高速公路有限公司京珠北分公司党总支
中国南方航空股份有限公司党委
中国南方电网有限责任公司直属党委
大亚湾核电运营管理有限责任公司党委
广东省中医院党委
中山大学岭南学院党委
广东广雅中学党委
金发科技股份有限公司党委
宜华企业集团有限公司党委
研祥智能科技股份有限公司党委

广　西

南宁市公安局刑事科学技术研究所党支部
南宁市西乡塘区西乡塘街道大学东路社区党委
广西柳工集团有限公司党委
柳州市百货股份有限公司党委
恭城瑶族自治县莲花镇兰洞村黄竹岗党支部
桂林市叠彩区清风社区党总支
苍梧县新地镇都梅村党总支
北海市银海区平阳镇平阳村党总支
防城港市防城区那良镇滩散村党支部
钦州市国家税务局机关党委
平南县丹竹镇党委
广西玉柴机器集团有限公司党委
田阳县百育镇党委

宜州市屏南乡合寨村党总支
富川瑶族自治县富阳镇铁耕村党支部
金秀瑶族自治县桐木镇党委
大新县人民法院党总支
广西农垦国有西江农场党委
广西壮族自治区交通运输厅直属机关党委
广西水利电力勘测设计研究院党委
南宁高速公路运营有限公司党委
广西北部湾国际港务集团有限公司党委
梧州市妇幼保健院党总支
桂林理工大学材料科学与工程学院教工党支部
桂林电子科技大学机电工程学院09级学生党支部
广西来宾东糖集团有限公司党委
广西万益律师事务所党支部

海　南

海南省人民政府政务服务中心机关党委
海南省旅游质量监督管理所党总支
儋州市那大镇东风社区党支部
陵水黎族自治县黎安镇大墩村党支部
海南省农村信用社联合社小额信贷总部党总支
海南海汽运输集团股份有限公司海口站务分公司党总支
海南农垦中南投资集团有限公司党委
琼中黎族苗族自治县人民检察院党支部
海南省人民医院党委
海南省青少年希望基金会党支部
海南大学材料与化工学院党委
海马汽车集团股份有限公司党委

重　庆

万州区九池乡党委
城口县庙坝镇党委
沙坪坝区曾家镇虎峰山村党支部
江津区珞璜镇合解村党委
合川区钓鱼城街道思居村党委
秀山土家族苗族自治县梅江镇兴隆坳村党总支
渝中区大溪沟街道人和街社区党委
大渡口区九宫庙街道党工委
涪陵区李渡新区红星社区党总支
大足区棠香街道报恩社区党支部
重庆市工商行政管理局机关党委
永川区财政局机关党总支
重庆市工程建设招标投标交易中心党支部
中国四联仪器仪表集团有限公司党委
中国电子科技集团公司第二十四研究所党委
重庆市渝万律师事务所党支部
开县（北京）红岩流动党员党总支
重庆师范大学党委
重庆市中医院党委
隆鑫控股有限公司党委

四　川

营山县城南镇党委
都江堰市天马镇党委
广汉市小汉镇党委
雅安市雨城区合江镇党委
筠连县腾达镇春风村党支部
安县花荄镇柏杨村党支部
南江县东榆镇槐树村党支部
乐山市金口河区共安彝族乡林丰村党支部
威远县新店镇民付村党支部
武胜县沿口镇河东片区综合党委
炉霍县宜木乡虾拉沱村党支部
红原县江茸乡茸日玛村党支部
冕宁县复兴镇建设村党支部
泸县得胜镇龙阴沟村党总支
成都市青羊区文家街道康庄社区党委
攀枝花市东区炳草岗街道湖光社区党总支
绵阳市涪城区工区街道绵州社区党委
达州市通川区朝阳街道团包梁社区党总支
四川省人民政府政务服务中心党委
四川省质量技术监督局机关党委
四川省卫生厅机关党总支
自贡市贡井区人民法院党支部
射洪县公安局离退休干部党总支
四川省电力公司党委
东汽党委
四川路航建设工程有限责任公司党委
峨眉山—乐山大佛风景名胜区管理委员会党委
广元市天然气公司党总支
四川大学水利水电学院党委
成都市中和职业中学党支部
四川南骏汽车集团有限公司党委
四川科创药业集团党委
成都八益家具股份有限公司党委
四川达宽律师事务所党支部
江安县三江獭兔协会党支部

贵　州

贵阳市云岩区普陀社区党委
开阳县双流镇三合村党支部
湄潭县兴隆镇龙凤村党支部
务川自治县柏村镇党委

水城县蟠龙乡法那村党支部
六盘水市钟山区荷城街道花园路社区党支部
安顺市农民工金融服务中心党委
贵州力帆时骏振兴集团党委
威宁自治县迤那镇党委
江口县闵孝镇鱼良溪村党总支
麻江县碧波乡柿花村党支部
长顺县敦操乡党委
贵定县人民法院党总支
册亨县者楼镇羊场村党支部
黔西南州顶效开发区顶效镇楼纳村党支部
贵州省女子劳动教养管理所党委
贵州大学科技学院党委
中国贵州茅台酒厂有限责任公司党委
贵州黎阳航空发动机（集团）有限公司党委
黔西南州人民医院党委
贵阳医学院党委
六盘水市钟山区荷城街道博宏冶金炉料公司党支部
安顺市房地产业协会党总支

云　南

富宁县田蓬镇党委
施甸县水长乡水长村党总支
富源县营上镇大坪村党总支
昆明市公安局车辆管理所党总支
勐海县勐满镇党委
贡山独龙族怒族自治县独龙江乡党委
昆明市盘龙区联盟街道金星社区党委
华能澜沧江水电有限公司小湾水电站党委
马龙县大庄乡党委
盐津县中和镇党委
禄丰县干海资学校党支部
砚山县稼依镇新寨村党委
凤庆县凤山镇安石村党总支
河口出入境检验检疫局党总支
玉溪市红塔区春和街道党工委
楚雄市紫溪镇箐上村紫溪彝村党支部
祥云县祥城镇城东社区党总支
玉龙纳西族自治县拉市乡海南村党总支
镇雄县牛场镇田坝村党总支
瑞丽市宝玉石协会党支部
澜沧拉祜族自治县惠民哈尼族乡芒景村党总支
红河哈尼族彝族自治州工商行政管理局机关党委
洱源县牛街卫生院党支部
云南地质工程第二勘察院党委
中瑞岳华会计师事务所云南分所党支部
云南省卫生厅直属机关党委
玉溪工业财贸学校党委
昆明市第三中学党委
大理华兴企业集团党委
云南万兴隆生物科技集团党总支

西　藏

拉萨市公安局特警支队排爆安检大队党支部
定结县萨尔乡库金村党支部
米林县里龙乡甲帮村党支部
昌都地区人力资源和社会保障局（公务员局）机关党支部
革吉县盐湖乡党委
吉隆县宗嘎镇宗嘎居委会党支部
西藏大学党委
日喀则地区卫生局党委
西藏天路股份有限公司党委
西藏自治区人工影响天气中心党支部
西藏宏绩集团有限公司党委

陕　西

靖边县东坑镇党委
宁强县青木川镇党委
洛南县城关镇党委
宝鸡市高新区马营镇永清村党总支
渭南市临渭区杜桥街道盈田村党总支
米脂县高渠便民服务中心高西沟村党支部
平利县城关镇龙头村党支部
铜川市耀州区永安路街道党委
西安市雁塔区小寨路街道红专南路社区党委
西安市新城区中山门街道东风坊社区党支部
旬邑县城关社区党支部
华县华州镇吴家社区党支部
陕煤铜川矿业公司下石节煤矿党委
陕西汽车集团有限责任公司党委
陕西建工集团总公司（华山国际工程公司）党委
陕西有色金属控股集团有限责任公司金堆城钼业集团有限公司党委
陕西省司法厅基层工作指导处党支部
勉县政务服务中心党支部
宝鸡市公安局技术侦察支队党支部
金花企业集团党委
陕西奥达企业集团有限责任公司党委
陕西永嘉信律师事务所党支部
周至县农民经纪人协会党支部
中国煤炭地质总局航测遥感局党委

中铁第一勘察设计院集团有限公司党委
西北工业大学党委
西北大学党委
延安市人民医院党委

甘　肃

兰州市城关区临夏路街道党工委
兰州客运中心有限责任公司党总支
嘉峪关市建筑管理站党支部
金昌市金川区宝林里社区党工委
敦煌市七里镇秦家湾村雅丹红提葡萄农民专业合作社党支部
山丹县东乐乡山羊堡村党支部
古浪县黄花滩乡黄花滩村党支部
会宁县甘沟驿镇党委
天水风动机械有限责任公司小件车间党支部
平凉市崆峒区崆峒山管理局党委
宁县焦村乡党委
陇西县首阳镇首阳村党委
宕昌县哈达铺镇党委
夏河县曲奥乡香告村党支部
康乐县附城镇刘家庙村党支部
甘肃省信访局来访接待处党支部
甘肃省电力投资集团公司党委
岷县禾驮乡哈地哈村党支部
甘肃省注册会计师资产评估行业党委
甘肃省肿瘤医院党委
甘肃畜牧工程职业技术学院党委
方大炭素新材料科技股份有限公司党委
宏良皮业股份有限责任公司党支部

青　海

西宁市城西区虎台街道党工委
互助县威远镇党委
德令哈市河东街道滨河路社区党总支
贵德县河阴镇大史家村党委
门源县西滩乡党委
青海省信访局党支部
青海省西宁汽车站东站党支部
青海居易实业集团有限公司党委
青海省妇女儿童医院党委
青海省电力行业协会党总支
青海民族大学招生就业工作部和小岛文体馆党支部
青海物通（集团）实业有限公司党委

宁　夏

贺兰县立岗镇兰光村党支部
石嘴山市信访督办局党支部
吴忠市利通区金星镇金星花园社区党支部
固原市原州区三营镇党委
中卫市第七小学党支部
宁夏回族自治区财政厅直属机关党委
宁夏宁东铁路股份有限公司工电工程公司党总支
宁夏医科大学党委
宁夏宝塔石化集团党委
宁夏回族自治区第三人民医院党委
宁夏燕宝慈善基金会党支部
银川市兴庆区人民法院党总支

新　疆

新源县新源镇党委
沙湾县金沟河镇水管所党支部
福海县阔克阿尕什乡阔克卓尔尕村党支部
博尔塔拉蒙古自治州人口和计划生育委员会党支部
克拉玛依市克拉玛依区昆仑路街道党工委
阜康市农业技术推广中心党支部
乌鲁木齐市天山区赛马场片区工作委员会赛马场东社区党支部
吐鲁番市高昌路街道广汇社区党总支
哈密市园林管理处党支部
新疆博湖苇业股份有限公司制浆分厂党支部
阿克苏行政服务中心党支部
阿图什市阿扎克乡阿扎克村党支部
疏勒县巴仁乡尤卡克可其其村党支部
于田县奥依托格拉克乡兰干吾斯塘村党支部
新疆维吾尔自治区公安厅交警总队高等级公路支队党委
新疆电视台新闻中心党支部
新疆雪峰科技（集团）股份有限公司乌鲁木齐市分公司党委
新疆农业职业技术学院党委
新疆维吾尔自治区人民医院妇产党支部
特变电工股份有限公司党委
新疆喀什川渝商会党支部
广东省援助疏附县工作队党支部

新疆生产建设兵团

新疆生产建设兵团农十三师红星二场7连党支部
新疆生产建设兵团农十四师47团2连党支部
新疆生产建设兵团农九师朝阳新区管委会新华路社区党总支
新疆大黄山豫新煤业有限责任公司党委
新疆生产建设兵团农十师183团13连党支部

新疆生产建设兵团公安局刑警总队党支部

新疆生产建设兵团医院党委

新疆生产建设兵团农二师华山中学党委

新疆新大地实业有限公司党委

中央直属机关

中央办公厅机要交通局交通处党支部

全国政协机关党委

中央政法委研究室（执法监督协调室）党支部

中央组织部组织二局（基层办）党支部

中央党史研究室第二研究部党支部

全国妇联妇女发展部党支部

中央对外宣传办公室互联网新闻研究中心党支部

中央党校经济学教研部党总支

中央编译局马列主义文献信息部党支部

中国出版集团中国图书进出口（集团）总公司图书文献事业部党支部

中央国家机关

全国人大常委会机关党委

最高人民法院刑二庭党支部

最高人民检察院反贪污贿赂总局党总支

国务院办公厅秘书二局党支部

驻日本使馆党委

商务部对外投资和经济合作司党支部

农业部种植业管理司党支部

国家人口和计划生育委员会宣传教育司党支部

国家发展和改革委员会高技术产业司党支部

公安部办公厅指挥中心党支部

环境保护部环境应急与事故调查中心党支部

交通运输部职业资格中心党支部

铁道部京沪高速铁路股份有限公司党委

海关总署全国海关信息中心（全国海关电子通关中心）党委

国家工商行政管理总局商标局党委

国家林业局农村林业改革发展司党支部

国家知识产权局专利局初审及流程管理部党总支

国家旅游局港澳台旅游事务司党支部

中国残疾人联合会北京按摩医院党委

中国农业发展银行总行营业部党支部

国土资源部地质环境司党支部

国资委

中国航天科技集团公司第五研究院党委

中国航天科工集团公司第三研究院党委

中国航空工业集团公司西安飞机工业（集团）有限责任公司党委

中国兵器工业集团公司中国北方工业公司党委

中国石油天然气集团公司长庆油田分公司第一采油厂王窑作业区 04 井区党支部

中国石油化工集团公司销售有限公司党委

国家电网公司直属党委

中国华电集团公司直属党委

神华集团有限责任公司中国神华能源股份有限公司国华电力分公司党委

中国国电集团公司浙江北仑第一发电有限公司党委

中国电信集团公司网络运行维护事业部党总支

中国联合网络通信集团有限公司济南市分公司党委

中国铝业公司山东铝业公司党委

中粮集团有限公司中粮生化能源（肇东）有限公司党委

中国通用技术（集团）控股有限责任公司中国新兴建设开发总公司一公司党委

中国建筑工程总公司中建股份京沪高铁南京南站站房工程项目经理部党委

国家开发投资公司国投新疆罗布泊钾盐有限责任公司党委

中国铁道建筑总公司中铁十四局集团北京地铁九号线项目党支部

中国机械工业集团有限公司中国中元国际工程公司党委

新兴际华集团有限公司新兴铸管股份有限公司党委

中国医药集团总公司国药控股股份有限公司党委

中国航空油料集团公司中国航空油料有限责任公司华北公司党委

中国保利集团公司保利贵州置业集团有限公司党委

中国钢研科技集团有限公司安泰科技难熔材料分公司党支部

中国建筑材料集团有限公司南方水泥有限公司党委

中国交通建设集团有限公司中国港湾工程有限责任公司党委

中国北方机车车辆工业集团公司齐齐哈尔轨道交通装备有限责任公司技术开发中心党支部

中国中煤能源集团有限公司秦皇岛进出口有限公司煤炭管理部党支部

中国盐业总公司中盐上海市盐业公司党委

中国黄金集团公司西藏华泰龙矿业开发有限公司5300 党支部

金融系统

中国进出口银行江苏省分行第四党支部

深圳证券交易所第三党支部

中国光大银行北京海淀支行党支部

中国银行软件中心党总支

中国建设银行上海市浦东分行党委

中国建设银行福州城东支行党委

中国工商银行深圳分行营业部党支部

中国工商银行河南周口铁路支行党支部

中国农业银行山东寿光市支行党委

中国农业银行陕西安塞县支行党委

中信建设有限责任公司党委

中国银行业监督管理委员会芜湖监管分局党委

中国保监会北京监管局财产保险监管处法制处党支部

国家开发银行股份有限公司陕西省分行党委

中国人民银行安庆市中心支行党委

交通银行湖北省分行汉阳支行党支部

中央汇金公司银行机构管理一部党支部

中国农业发展银行承德分行党委

中国人寿保险股份有限公司江苏宜兴市支公司党总支

太平人寿保险有限公司四川分公司党委

中国出口信用保险公司江苏分公司党委

中国人民财产保险股份有限公司山西省孝义市支公司党支部

铁路系统

哈尔滨铁路局哈尔滨机务段八场运用车间党总支

沈阳铁路局白音胡硕车务段珠斯花站党总支

北京铁路局北京客运段京藏车队党总支

大秦铁路股份有限公司湖东车辆段党委

呼和浩特铁路局集宁车务段十八台站党总支

郑州铁路局新乡机务段新乡运用车间党总支

武汉铁路局武汉动车段党委

西安铁路局韩城车务段下峪口站党总支

济南铁路局青岛客运段党委

上海铁路局合肥工务段金寨综合维修工区党支部

南昌铁路局南昌车辆段动车组运用所党支部

广州铁路（集团）公司广州机务段党委

南宁铁路局南宁南车辆段南宁南运用车间党总支

成都铁路局重庆客运段动车车队党总支

昆明铁路局昆明客运段 T62/1 次北京车队党总支

兰州铁路局兰州客运段深圳车队党总支

乌鲁木齐铁路局哈密车务段哈密站党总支

青藏铁路公司拉萨站党委

民航系统

北京首都国际机场股份有限公司飞行区管理部机坪管理党支部

民航西藏区局阿里航站党委

民航华北空管局北京区域管制中心党委

解放军和武警部队

总参谋部某研究所七室党支部

总参谋部某信息化研究所软件中心党总支

军事体育运动大队军事五项队党支部

解放军西安政治学院军队党的建设学系中共党史教研室党支部

解放军后勤工程学院营房管理与环境工程系学员六队党支部

62219 部队 15 分队党支部

63607 部队铁路工程营一连党支部

解放军军械工程学院弹药工程系弹药试验中心党支部

92635 部队 71 分队党支部

海军 138 舰党委

海军 885 舰党委

海军航空工程学院新装备培训中心海军导弹保障能力认可考评办公室党支部

94638 部队 61 分队党支部

93956 部队 62 分队党委

95944 部队 59 分队党支部

93505 部队 73 分队党支部

96167 部队 69 分队党支部

96512 部队 60 分队党委

军事科学院世界军事研究部第五研究室党支部

国防大学学员三队党支部

国防科学技术大学计算机学院学员大队学员五队党总支

65319 部队 81 分队党支部

65651 部队 84 分队党支部

66172 部队 90 分队党支部

66417 部队 67 分队党支部

69314 部队 67 分队党支部

68206 部队 51 分队党支部

71251 部队 71 分队党支部

72556 部队 16 分队党支部

73089 部队 83 分队党支部

73181 部队 82 分队党支部

75121 部队 95 分队党支部

75617 部队 77 分队党支部

77226 部队 82 分队党支部

77363 部队 53 分队党支部
武警河北省总队第三支队三大队特勤中队党支部
武警吉林省总队吉林市支队三大队九中队党支部
武警四川省总队第二支队二大队七中队党支部
武警 8723 部队 58 分队党支部
武警四川省森林总队甘孜藏族自治州支队康定县中队党支部

中央宣传新闻单位

人民日报社政治文化部党支部
新华社参编部清样室（国内）党支部
求是杂志社政治编辑部党支部
光明日报社理论部党支部
经济日报社总编室党支部
中央人民广播电台中国之声早间节目部党支部
中央电视台新闻中心党委
中央电视台中国网络电视台党委

二、全国创先争优优秀共产党员

北　京

赵久然　北京市农林科学院玉米研究中心主任
孟昆玉　北京市公安局公安交通管理局西城交通支队机动大队副大队长
魏文斌　首都医科大学附属北京同仁医院眼科中心副主任、眼科主任
张　克　信永中和会计师事务所有限责任公司党委书记、董事长兼首席合伙人

天　津

袁滨渤（女）　北京师范大学天津附属中学党总支书记
王宝强　天津市监狱管理局办公室副主任

河　北

郭进考　石家庄市农林科学研究院名誉院长
王文泽（满族）　河北省围场满族蒙古族自治县农牧局咨询站高级农艺师
史砚虹（女）　河北省张北县大囫囵镇北壕堑村村医

山　西

解黎明（女）　国家电网山西临汾供电公司离休干部
王收秋　山西省太原市邮政报刊发行投递局西山分局大虎沟投递组乡邮员

内蒙古

梅园雪（女，满族）　内蒙古自治区科尔沁左翼中旗农牧业局副局长，农业技术推广中心主任、党支部书记
宝音德力格尔（蒙古族）　内蒙古自治区乌拉特后旗公安局潮格温都尔镇派出所民警

辽　宁

王桂兰（女，满族）　辽宁省锦州市北镇市正安镇正二村党支部书记
夏志国　辽宁省朝阳市环卫局副局长、城市道路清扫保洁管理大队大队长
邵春亮　大连理工大学电信学院教授
田守诚　辽宁省盘山县离休干部

吉　林

韩　丽（女）　吉林省东辽县安石镇朝阳村党支部书记、村委会主任
吕清森　吉林省电力有限公司吉林桦甸供电分公司送电站工人
赵春芳（女）　吉林泉成律师事务所主任

黑龙江

李新民　大庆油田钻探工程公司鲁迈拉项目部副经理兼哈法亚项目负责人，DQ1205 钻井队队长
王旭东　哈尔滨理工大学汽车电子驱动控制与系统集成教育部工程研究中心主任，教授、博士生导师

上　海

徐小平　上海大众汽车有限公司发动机厂维修科经理、党支部书记
李　影（女）　上海闸环灵石环境卫生工程有限公司公厕班班长
陆　清　中国商飞上海飞机设计研究院大型客机项目管理部部长、研究员

江　苏

徐其军　南京竹镇中日友好希望小学教师
吴栋材　江苏省张家港市南丰镇永联村党委书记
唐真亚　江苏省洪泽县邮政局老子山支局投递员

浙　江

孔胜东　杭州市公共交通集团有限公司第三汽车分公司三车队党支部委员、司机
杨七明　浙江省诸暨市草塔镇上下文村党支部书记
钟杏菊（女）　浙江省嵊泗县嵊山镇中心卫生院壁下社区服务站医生

安　徽

胡承霖　安徽农业大学退休教授
杨苗苗（女）　蚌埠市公共交通集团公司 107 路负责人兼 1060 号车驾驶员

徐　辉　合肥燃气集团管线运行公司副经理、蜀山区服务所所长

福　建

詹红荔（女）　福建省南平市延平区人民法院党组成员、正科级审判员、少年审判庭庭长

郑伯武　福建省永泰县公安局城关派出所教导员

江　西

杨斌圣　江西省芦溪县宣风镇副镇长、首席人民调解员、法律服务所所长

曹晓桃（女）　江西省贵溪市保山金属有限公司车间协管员、公司工会副主席、残疾人协会主席

山　东

王金书　山东省东明县武胜桥镇玉皇庙村党总支书记，山东玉皇化工有限公司董事长、党委书记

皮进军　青岛港（集团）有限公司大港分公司装卸二队副队长

夏玉波（女）　山东省青岛市四方区洛阳路街道海琴社区党委书记、居委会主任

朱呈镕（女）　山东朱老大食品有限公司党支部书记、总经理

河　南

裴春亮　河南省辉县市张村乡裴寨村党支部书记、裴寨社区党总支书记

马俊欣　河南省郏县人民检察院副科级检察员

孙立军　河南省淮滨县农场党委书记、场长

湖　北

苏柳英（女）　湖北省鄂州市残疾人联合会主任科员

李文英（女）　湖北省枝江市农业局退休职工

金帮红　湖北省武汉市汉阳区水务局排水队金帮红班班长

湖　南

金展鹏　中南大学教授、博士生导师，中国科学院院士

马恭志　湖南省永兴县柏林镇农村电影放映员

刘真茂　湖南省宜章县长策乡原武装部长，狮子口大山义务护林员

广　东

刘奕鹏　广东省广州市公安局荔湾区分局昌华派出所副所长

林　锋　广东省阳东县塘坪镇禾石村党支部书记、村委会主任

张俊修　广东省社会组织党委副书记，广东省食品行业协会党委书记、会长

广　西

曾馥平　中国科学院亚热带农业生态研究所研究员，广西壮族自治区环江毛南族自治县县委常委、副县长

陆兰军　广西壮族自治区防城港市防城区峒中镇尖峰岭国防民兵哨所哨长

海　南

刘庆鸯（女）　海南省三亚市崖城镇东关社区党支部书记、居委会主任

张学睿（女）　海南省地方税务局行政审批办公室副主任科员

重　庆

郑书明（土家族）　重庆弘扬建材集团弘天水泥有限公司原材料过磅员

王安兰　重庆市巫山县邮政局官阳邮政支局投递员

四　川

罗　玮（女）　广元市千堆雪饮品有限公司职工

王文华　四川省富顺县富世镇文化站站长

马朝全　四川兴事发门业集团工序组组长

贵　州

潘　琴（女）　贵州省贵阳市公安局特（巡）警支队反恐突击大队副大队长

李春燕（女，苗族）　贵州省从江县雍里乡大塘村卫生室卫生员

云　南

陈家顺　云南省沾益县人力资源和社会保障局副局长、沾益县驻浙江义乌劳务工作站站长

白　艳（女，彝族）　云南省开远市殡仪馆副馆长

西　藏

鲁海山（藏族）　西藏自治区公路局青藏公路分局当雄公路段党支部副书记、段长

次仁罗布（藏族）　西藏自治区浪卡子县普玛江塘乡党委书记、人大主席

陕　西

王曼利（女）　陕西省西安市公共交通总公司第二公司43路驾驶员

王晓荣（女）　陕西省西北一棉纺织股份有限公司细纱车间乙班赵梦桃小组负责人

甘　肃

万廷文　甘肃省武威市农业科学研究院副院长

马志祥　甘肃省张掖市甘州区长安乡前进村党总支书记

青　海

鹿红英（女）　青海省西宁市城东区大众街街道富强巷社区党总支书记、居委会主任

久美拉杰（藏族）　青海省同仁县瓜什则乡郭进村牧民，瓜什则草原生猪养殖、草原牧家牦牛养殖专业合作社理事长

宁　夏

何桂琴（女，回族）　宁夏回族自治区固原市回民中学高级教师

李玉新　宁夏电投集团西夏热电有限公司燃运部检修班班长

新　疆

王晓冬　新疆农业科学院农业机械化研究所所长、研究员

吾尼切木·瓦依提(女，维吾尔族)
新疆维吾尔自治区喀什市亚瓦格街道党工委委员，托尔亚瓦格社区党总支书记、居委会主任

新疆生产建设兵团

王　萍（女）　新疆生产建设兵团农五师 84 团 7 连职工

项瑞芝　新疆生产建设兵团农七师 137 团阿吾斯奇牧场党总支书记、教导员

中央直属机关

刘厚生　中国文学艺术界联合会中国戏剧家协会原秘书长、书记处书记、副主席

马炳全　中央机构编制委员会办公室机关服务中心行政处后勤科副科长

中央国家机关

姚檀栋　中国科学院青藏高原研究所所长、中国科学院院士

黄　敏（女）　国家国防科技工业局核应急与安全司核应急与协调管理处处长

国务院国资委

徐　銤　中国核工业集团公司快堆核电站技术领域首席专家、中国原子能科学研究院快堆工程部顾问、中国工程院院士

王小谟　中国电子科技集团公司科技委副主任、中国电子科技集团公司电子科学研究院研究员、中国工程院院士

巨晓林　中国铁路工程总公司中国中铁电气化局集团一公司工人

金融系统

邱开植　上海印钞有限公司技术中心主任工程师

刘　娟（女）　招商银行股份有限公司青岛分行营业部储蓄主管

刘　弢　中国人寿保险股份有限公司陕西商洛分公司党委委员、副总经理、工会主任、纪委书记

铁路系统

孙　奇（女）　呼和浩特铁路局呼和浩特站客运车间售票员

李东晓　北京铁路局北京机务段动车组运用车间副主任

民航系统

赵　华（女）　民航福建安全监督管理局运输处副调研员

解放军和武警部队

杨小平（藏族）　61902 部队 46 分队三级军士长

刘　宝　95380 部队 52 分队分队长

王建勋　96263 部队 70 分队分队长

房　萍（女）　72556 部队 16 分队政治指导员

张卫达　广州军区广州总医院心胸外科主任医师

吴海伟　武警新疆维吾尔自治区总队喀什地区支队第五大队莎车县中队班长

三、全国创先争优活动先进县（市、区、旗）党委

北　京

东城区委　密云县委

天　津

滨海新区区委　西青区委

河　北

唐山市丰南区委　霸州市委　肃宁县委　满城县委

山　西

清徐县委　高平市委　右玉县委

内蒙古

喀喇沁旗委　伊金霍洛旗委　包头市青山区委

辽　宁

辽中县委　大连市甘井子区委　大洼县委

吉　林

延吉市委　农安县委　磐石市委

黑龙江

哈尔滨市道里区委　海林市委　安达市委　萝北县委

上　海

杨浦区委　嘉定区委

江　苏

昆山市委　如皋市委　沭阳县委

浙　江

杭州市西湖区委　嘉善县委　长兴县委

安　徽

肥东县委　岳西县委　黄山市黄山区委

福　建

福州市鼓楼区委　晋江市委　永安市委

江　西

井冈山市委　兴国县委　分宜县委

山　东

诸城市委　莱州市委　广饶县委　沾化县委

河　南

辉县市委　郑州市金水区委　孟津县委　兰考县委

湖　北

赤壁市委　宜都市委　随州市曾都区委

湖　南

长沙县委　韶山市委　洞口县委　攸县县委

广　东

广州市越秀区委　汕头市濠江区委　乳源瑶族自治县委

广　西

田东县委　凭祥市委　南宁市青秀区委

海　南

东方市委　澄迈县委

重　庆

江北区委　云阳县委　铜梁县委

四　川

江油市委　汶川县委　苍溪县委　遂宁市船山区委　广安市广安区委

贵　州

开阳县委　遵义县委　镇远县委

云　南

孟连傣族拉祜族佤族自治县委　腾冲县委　芒市市委　德钦县委

西　藏

嘉黎县委　八宿县委　曲水县委

陕　西

安塞县委　太白县委　紫阳县委

甘　肃

舟曲县委　临泽县委　庄浪县委

青　海

格尔木市委　玛多县委　玉树县委

宁　夏

中宁县委　盐池县委

新　疆

玛纳斯县委　若羌县委　沙雅县委　富蕴县委

新疆生产建设兵团

新疆生产建设兵团农八师石河子总场党委

新疆生产建设兵团农四师73团党委

新疆生产建设兵团农三师42团党委

四、追授的全国创先争优优秀共产党员

刀会祥（傣族）　生前系云南省普洱市景谷县纪委常委、案审室主任

王宛川　生前系河南省南阳市宛城区白河街道党工委副书记、办事处主任

刘玉美（女）　生前系重庆市江北区司法局铁山坪司法所所长

刘宝瑞　生前系最高人民检察院反贪污贿赂总局副厅级检察员

刘琼芳（女）　生前系河北省石家庄市第一医院主任医生

次　仁（藏族）　生前系西藏自治区南木林县热拉雍仲林寺管理委员会主任

严高鸿　生前系解放军南京政治学院科研部学报编辑部主编、教授

李海景　生前系河南省南阳市信访局综合调研科科长

吴　群　生前系安徽省蚌埠市检察院民事行政检察处副处长、检察员

张雅琴（女）　生前系江苏省丹阳市新桥镇金桥村党总支书记

金淑萍（女，藏族）　生前系西藏自治区拉萨市城关区人民检察院副检察长

孟祥民　生前系山东省淄博市环境保护局淄川分局环境监察大队监察一科科长

郝万忠　生前系内蒙古自治区准格尔旗公安局党委书记、局长

侯伯宇　生前系西北大学现代物理研究所教授，著名理论物理学家

祝建国　生前系北京市延庆县公安局沈家营派出所党支部书记、所长

顾　瑛　生前系江苏省南通市公安局刑警支队支队长

徐建平　生前系95959部队装备部副部长

高发明　生前系山东省滨州市交通局党组书记、局长

海小平（回族）　生前系宁夏回族自治区同心县公安局预旺镇派出所民警

黄纬禄　生前系中国航天科工集团公司高级技术顾问，“两弹一星”元勋、著名火箭与导弹技术专家

龚　勇　生前系重庆市检察院职务犯罪侦查局侦查处副处长

谢保军　生前系71566部队91分队四班副班长

蓝　云（瑶族）　生前系广西壮族自治区大化瑶族自治县板升乡弄丛村医生

黎　星（女）　生前系中国日报社总编室主任、驻美国首席记者、高级编辑、专栏作家

中共中央办公厅印发《关于培育和践行社会主义核心价值观的意见》

（2013年12月24日）

新华社北京12月23日电　近日，中共中央办公厅印发了《关于培育和践行社会主义核心价值观的意见》，并发出通知，要求各地区各部门结合实际认真贯彻执行。

《关于培育和践行社会主义核心价值观的意见》全文如下。

社会主义核心价值观是社会主义核心价值体系的内核，体现社会主义核心价值体系的根本性质和基本特征，反映社会主义核心价值体系的丰富内涵和实践要求，是社会主义核心价值体系的高度凝练和集中表达。为深入贯彻落实党的十八大和十八届三中全会精神，积极培育和践行社会主义核心价值观，现提出如下意见。

一、培育和践行社会主义核心价值观的重要意义和指导思想

（一）培育和践行社会主义核心价值观，是推进中国特色社会主义伟大事业、实现中华民族伟大复兴中国梦的战略任务。党的十八大提出，倡导富强、民主、文明、和谐，倡导自由、平等、公正、法治，倡导爱国、敬业、诚信、友善，积极培育和践行社会主义核心价值观。这与中国特色社会主义发展要求相契合，与中华优秀传统文化和人类文明优秀成果相承接，是我们党凝聚全党全社会价值共识作出的重要论断。富强、民主、文明、和谐是国家层面的价值目标，自由、平等、公正、法治是社会层面的价值取向，爱国、敬业、诚信、友善是公民个人层面的价值准则，这24个字是社会主义核心价值观的基本内容，为培育和践行社会主义核心价值观提供了基本遵循。面对世界范围思想文化交流交融交锋形势下价值观较量的新态势，面对改革开放和发展社会主义市场经济条件下思想意识多元多样多变的新特点，积极培育和践行社会主义核心价值观，对于巩固马克思主义在意识形态领域的指导地位、巩固全党全国人民团结奋斗的共同思想基础，对于促进人的全面发展、引领社会全面进步，对于集聚全面建成小康社会、实现中华民族伟大复兴中国梦的强大正能量，具有重要现实意义和深远历史意义。

（二）培育和践行社会主义核心价值观的指导思想是：高举中国特色社会主义伟大旗帜，以邓小平理论、“三个代表”重要思想、科学发展观为指导，深入学习贯彻党的十八大精神和习近平同志系列讲话精神，紧紧围绕坚持和发展中国特色社会主义这一主题，紧紧围绕实现中华民族伟大复兴中国梦这一目标，紧紧围绕“三个倡导”这一基本内容，注重宣传教育、示范引领、实践养成相统一，注重政策保障、制度规范、法律约束相衔接，使社会主义核心价值观融入人们生产生活和精神世界，激励全体人民为夺取中国特色社会主义新胜利而不懈奋斗。

（三）培育和践行社会主义核心价值观要坚持以下原则：坚持以人为本，尊重群众主体地位，关注人们利益诉求和价值愿望，促进人的全面发展；坚持以理想信念为核心，抓住世界观、人生观、价值观这个总开关，在全社会牢固树立中国特色社会主义共同理想，着力铸牢人们的精神支柱；坚持联系实际，区分层次和对象，加强分类指导，找准与人们思想的共鸣点、与群众利益的交汇点，做到贴近性、对象化、接地气；坚持改进创新，善于运用群众喜闻乐见的方式，搭建群众便于参与的平台，开辟群众乐于参与的渠道，积极推进理念创新、手段创新和基层工作创新，增强工作的吸引力感染力。

二、把培育和践行社会主义核心价值观融入国民教育全过程

（四）培育和践行社会主义核心价值观要从小抓起、从学校抓起。坚持育人为本、德育为先，围绕立德树人的根本任务，把社会主义核心价值观纳入国民教育总体规划，贯穿于基础教育、高等教育、职业技术教育、成人教育各领域，落实到教育教学和管理服务各环节，覆盖到所有学校和受教育者，形成课堂教学、社会实践、校园文化多位一体的育人平台，不断完善中华优秀传统文化教育，形成爱学习、爱劳动、爱祖国活动的有效形式和长效机制，努力培养德智体美全面发展的社会主义建设者和接班人。适应青少年身心特点和成长规律，深化未成年人思想道德建设和大学生思想政治教育，构建大中小学有效衔接的德育课程体系和教材体系，创新中小学德育课和高校思想政治理论课教育教学，推动社会主义核心价值观进教材、进课堂、进学生头脑。完善学校、家庭、社会三结合的教育网络，引导广大家庭和社会各方面主动配合学校教育，以良好的家庭氛围和社会风气巩固学校教育成果，形成家庭、社会与学校携手育人的强大合力。

（五）拓展青少年培育和践行社会主义核心价值观的有效途径。注重发挥社会实践的养成作用，完善实践教育教学体系，开发实践课程和活动课程，加强实践育人基地建设，打造大学生校外实践教育基地、高职实训基地、青少年社会实践活动基地，组织青少年参加力所能及的生产劳动和爱心公益活动、益德益智的科研发明和创新创造活动、形式多样的志愿服务和勤工俭学活动。注重发挥校园文化的熏陶作用，加强学校报刊、广播电视、网络建设，完善校园文化活动设施，重视校园人文环境培育和周边环境整治，建设体现社会主义特点、时代特征、学校特色的校园文化。

（六）建设师德高尚、业务精湛的高素质教师队伍。实施师德师风建设工程，坚持师德为上，完善教师职业道德规范，健全教师任职资格准入制度，将师德表现作为教师考核、聘任和评价的首要内容，形成师德师风建设长效机制。着重抓好学校党政干部和共青团干部，思想品德课、思想政治理论课和哲学社会科学课教师，辅导员和班主任队伍建设。引导广大教师自觉增强教书育人的荣誉感和责任感，学为人师、行为世范，做学生健康成长的指导者和引路人。

三、把培育和践行社会主义核心价值观落实到经济发展实践和社会治理中

（七）确立经济发展目标和发展规划，出台经济社会政策和重大改革措施，开展各项生产经营活动，要遵循社会主义核心价值观要求，做到讲社会责任、讲社会效益，讲守法经营、讲公平竞争、讲诚信守约，形成有利于弘扬社会主义核心价值观的良好政策导向、利益机制和社会环境。与人们生产生活和现实利益密切相关的具体政策措施，要注重经济行为和价值导向有机统一，经济效益和社会效益有机统一，实现市场经济和道德建设良性互动。建立完善相应的政策评估和纠偏机制，防止出现具体政策措施与社会主义核心价值观相背离的现象。

（八）法律法规是推广社会主流价值的重要保证。要把社会主义核心价值观贯彻到依法治国、依法执政、依法行政实践中，落实到立法、执法、司法、普法和依法治理各个方面，用法律的权威来增强人们培育和践行社会主义核心价值观的自觉性。厉行法治，严格执法，公正司法，捍卫宪法和法律尊严，维护社会公平正义。加强法制宣传教育，培育社会主义法治文化，弘扬社会主义法治精神，增强全社会学法尊法守法用法意识。注重把社会主义核心价值观相关要求上升为具体法律规定，充分发挥法律的规范、引导、保障、促进作用，形成有利于培育和践行社会主义核心价值观的良好法治环境。

（九）要把践行社会主义核心价值观作为社会治理的重要内容，融入制度建设和治理工作中，形成科学有效的诉求表达机制、利益协调机制、矛盾调处机制、权益保障机制，最大限度增进社会和谐。创新社会治理，完善激励机制，褒奖善行义举，实现治理效能与道德提升相互促进，形成好人好报、恩将德报的正向效应。完善市民公约、村规民约、学生守则、行业规范，强化规章制度实施力度，在日常治理中鲜明彰显社会主流价值，使正确行为得到鼓励、错误行为受到谴责。

四、加强社会主义核心价值观宣传教育

（十）用社会主义核心价值观引领社会思潮、凝聚社会共识。深入开展中国特色社会主义和中国梦宣传教育，不断增强人们的道路自信、理论自信、制度自信，坚定全社会全面深化改革的意志和决心。把社会主义核心价值观学习教育纳入各级党委（党组）中心组学习计划，纳入各级党委讲师团经常性宣讲内容。深入研究社会主义核心价值观的理论和实际问题，深刻解读社会主义核心价值观的丰富内涵和实践要求，为实践发展提供学理支撑。深入推进马克思主义理论研究和建设工程，发挥国家社科基金的导向带动作用，推出更多有分量有价值的研究成果。加强社会思潮动

态分析，强化社会热点难点问题的正面引导，在尊重差异中扩大社会认同，在包容多样中形成思想共识。严格社团、讲座、论坛、研讨会、报告会的管理。

（十一）新闻媒体要发挥传播社会主流价值的主渠道作用。坚持团结稳定鼓劲、正面宣传为主，牢牢把握正确舆论导向，把社会主义核心价值观贯穿到日常形势宣传、成就宣传、主题宣传、典型宣传、热点引导和舆论监督中，弘扬主旋律，传播正能量，不断巩固壮大积极健康向上的主流思想舆论。党报党刊、通讯社、电台电视台要拿出重要版面时段、推出专栏专题，出版社要推出专项出版，运用新闻报道、言论评论、访谈节目、专题节目和各类出版物等形式传播社会主义核心价值观。都市类、行业类媒体要增强传播主流价值的社会责任，积极发挥自身优势，适应分众化特点，多联系群众身边事例，多运用大众化语言，在生动活泼的宣传报道中引导人们培育和践行社会主义核心价值观。强化传播媒介管理，不为错误观点提供传播渠道。新闻出版单位和从业人员要强化行业自律，切实增强传播社会主义核心价值观的责任意识和能力，将个人道德修养作为从业资格考评重要内容。

（十二）建设社会主义核心价值观的网上传播阵地。适应互联网快速发展形势，善于运用网络传播规律，把社会主义核心价值观体现到网络宣传、网络文化、网络服务中，用正面声音和先进文化占领网络阵地。做大做强重点新闻网站，发挥主要商业网站建设性作用，形成良好的网上舆论环境，集聚网上舆论引导合力。做好重大信息网上发布，回应网民关切，主动有效进行网上引导。推动中华优秀传统文化和当代文化精品网络化传播，创作适于新兴媒体传播、格调健康的网络文化作品。依法加强网络社会管理，加强对网络新技术新应用的管理，推进网络法制建设，规范网上信息传播秩序，整治网络淫秽色情和低俗信息，打击网络谣言和违法犯罪，使网络空间清朗起来。

（十三）发挥精神文化产品育人化人的重要功能。一切文化产品、文化服务和文化活动，都要弘扬社会主义核心价值观，传递积极人生追求、高尚思想境界和健康生活情趣。提升文化产品的思想品格和艺术品位，用思想性艺术性观赏性相统一的优秀作品，弘扬真善美，贬斥假恶丑。加强对新型文化业态、文化样式的引导，让不同类型文化产品都成为弘扬社会主流价值的生动载体。加大对优秀文化产品的推广力度，开展优秀文化产品展演展映展播活动、经典作品阅读观看活动。完善文化产品评价体系，坚持文艺评论评奖的正确价值取向。完善公共文化服务体系，提供均等优质的文化产品，开展多姿多彩的文化活动，丰富群众精神文化生活。

五、开展涵养社会主义核心价值观的实践活动

（十四）广泛开展道德实践活动。以诚信建设为重点，加强社会公德、职业道德、家庭美德、个人品德教育，形成修身律己、崇德向善、礼让宽容的道德风尚。大力宣传先进典型，评选表彰道德模范，形成学习先进、争当先进的浓厚风气。在国家博物馆设立英模陈列馆。深化公民道德宣传日活动，组织道德论坛、道德讲堂、道德修身等活动。加强政务诚信、商务诚信、社会诚信和司法公信建设，开展道德领域突出问题专项教育和治理，完善企业和个人信用记录，健全覆盖全社会的征信系统，加大对失信行为的约束和惩戒力度，在全社会广泛形成守信光荣、失信可耻的氛围。把开展道德实践活动与培育廉洁价值理念相结合，营造崇尚廉洁、鄙弃贪腐的良好社会风尚。

（十五）深化学雷锋志愿服务活动。大力弘扬雷锋精神，广泛开展形式多样的学雷锋实践活动，采取措施推动学雷锋活动常态化。以城乡社区为重点，以相互关爱、服务社会为主题，围绕扶贫济困、应急救援、大型活动、环境保护等方面，围绕空巢老人、留守妇女儿童、困难职工、残疾人等群体，组织开展各类形式的志愿服务活动，形成我为人人、人人为我的社会风气。把学雷锋和志愿服务结合起来，建立健全志愿服务制度，完善激励机制和政策法规保障机制，把学雷锋志愿服务活动做到基层、做到社区、做进家庭。

（十六）深化群众性精神文明创建活动。各类精神文明创建活动要在突出社会主义核心价值观的思想内涵上求实效。推进文明城市、文明村镇、文明单位、文明家庭等创建活动，开展全民阅读活动，不断提升公民文明素质和社会文明程度。广泛开展美丽中国建设宣传教育。开展礼节礼仪教育，在重要场所和重要活动中升挂国旗、奏唱国歌，在学校开学、学生毕业时举行庄重简朴的典礼，完善重大灾难哀悼纪念活动，使礼节礼仪成为培育社会主流价值的重要方式。加强对公民文明旅游的宣传教育、规范约束和社会监督，增强公民旅游的文明意识。

（十七）发挥优秀传统文化怡情养志、涵育文明的重要作用。中华优秀传统文化积淀着中华民族最深沉的精神追求，包含着中华民族最根本的精神基因，代表着中华民族独特的精神标识，是中华民族生生不息、发展壮大的丰厚滋养。建设优秀传统文化传承体系，加大文物保护和非物质文化遗产保护力度，加强对优秀传统文化思想价值的挖掘，梳理和萃取中华文化中

的思想精华，作出通俗易懂的当代表达，赋予新的时代内涵，使之与中国特色社会主义相适应，让优秀传统文化在新的时代条件下不断发扬光大。重视民族传统节日的思想熏陶和文化教育功能，丰富民族传统节日的文化内涵，开展优秀传统文化教育普及活动，培育特色鲜明、气氛浓郁的节日文化。增加国民教育中优秀传统文化课程内容，分阶段有序推进学校优秀传统文化教育。开展移风易俗，创新民俗文化样式，形成与历史文化传统相承接、与时代发展相一致的新民俗。

（十八）发挥重要节庆日传播社会主流价值的独特优势。开展革命传统教育，加强对革命传统文化时代价值的阐发，发扬党领导人民在革命、建设、改革中形成的优良传统，弘扬民族精神和时代精神。挖掘各种重要节庆日、纪念日蕴藏的丰富教育资源，利用五四、七一、八一、十一等政治性节日，三八、五一、六一等国际性节日，党史国史上重大事件、重要人物纪念日等，举办庄严庄重、内涵丰富的群众性庆祝和纪念活动。利用党和国家成功举办大事、妥善应对难事的时机，因势利导地开展各类教育活动。加强爱国主义教育基地建设，形成实体展馆与网上展馆相结合、涵盖各个历史时期的爱国主义教育基地体系。推进公共博物馆、纪念馆、爱国主义教育基地和文化馆、图书馆、美术馆、科技馆等免费开放，积极发展红色旅游。

（十九）运用公益广告传播社会主流价值、引领文明风尚。围绕社会主义核心价值观，加强公益广告的选题规划和内容创意，形成公益广告传播先进文化、传扬新风正气的强大声势。加大公益广告刊播力度，广播电视、报纸期刊要拿出黄金时段、重要版面和显著位置，持续刊播公益广告。互联网和手机媒体要发挥传输快捷、覆盖广泛的优势，运用多种方式扩大公益广告的影响力。社会公共场所、公共交通工具要在适当位置悬挂张贴公益广告。各类公益广告要注重导向鲜明、富有内涵、引人向上，注重形式多样、品位高雅、创意新颖，体现时代感厚重感，增强传播力感染力。

六、加强对培育和践行社会主义核心价值观的组织领导

（二十）各级党委和政府要充分认识培育和践行社会主义核心价值观的重要性，把这项任务摆上重要位置，把握方向，制定政策，营造环境，切实负起政治责任和领导责任。把社会主义核心价值观要求体现到经济建设、政治建设、文化建设、社会建设、生态文明建设和党的建设各领域，推动培育和践行社会主义核心价值观同实际工作融为一体、相互促进。建立健全培育和践行社会主义核心价值观的领导体制和工作机制，加强统筹协调，加强组织实施，加强督促落实，提高工作科学化水平。党的基层组织要在推动社会主义核心价值观培育和践行方面，发挥政治核心作用和战斗堡垒作用，筑牢社会和谐的精神纽带，打牢党执政的思想基础。

（二十一）党员、干部要做培育和践行社会主义核心价值观的模范。党员、干部特别是领导干部要在培育和践行社会主义核心价值观方面带好头，以身作则、率先垂范，讲党性、重品行、作表率，为民、务实、清廉，以人格力量感召群众、引领风尚。加强理想信念教育，引导党员、干部着力增强走中国特色社会主义道路、为党和人民事业不懈奋斗的自觉性和坚定性，做共产主义远大理想和中国特色社会主义共同理想的坚定信仰者。加强党性教育，引导党员、干部贯彻党的群众路线，弘扬党的优良传统和作风，以优良党风促政风带民风。加强道德建设，引导党员、干部始终保持高洁生活情趣，坚守共产党人精神追求。

（二十二）培育和践行社会主义核心价值观是全社会的共同责任。坚持全党动手、全社会参与，把培育和践行社会主义核心价值观同各领域的行政管理、行业管理和社会管理结合起来，形成齐抓共管的工作格局。党政各部门，工会、共青团、妇联等人民团体，要在党委统一领导下，加强沟通、密切配合，形成共同推进社会主义核心价值观培育和践行的良好局面。各地区各部门各单位要制定实施方案，落实工作责任制，明确任务分工，完善工作措施。重视发挥民主党派和工商联的重要作用，支持民主党派和工商联开展培育和践行社会主义核心价值观的各项工作。加强同知识界的联系，引导知识分子用正确观点阐释和传播社会主义核心价值观。党委宣传部门要切实担负起组织指导、协调推进的重要职责，积极会同有关部门采取有力措施，推动各项任务落到实处。

（二十三）把培育和践行社会主义核心价值观的任务落实到基层。城乡基层是培育和践行社会主流价值的重要依托，农村、企业、社区、机关、学校等基层单位要重视社会主义核心价值观的培育和践行，使之融入基层党组织建设、基层政权建设中，融入城乡居民自治中，融入人们生产生活和工作学习中，努力实现全覆盖，推动社会主义核心价值观不断转化为社会群体意识和人们自觉行动。充分发挥工人、农民、知识分子的主力军作用，发挥党员、干部的模范带头作用，发挥青少年的生力军作用，发挥社会公众人物的示范作用，发挥非公有制经济组织和新社会组织从业人员的积极作用，形成人人践行社会主义核心价值观的生动景象。

（二）2014 年 1 月—2014 年 12 月

中共中央印发《党政领导干部选拔任用工作条例》

（2014 年 1 月印发）

第一章　总则

第一条

为认真贯彻执行党的干部路线方针政策，落实从严治党、从严管理干部的要求，建立科学规范的党政领导干部选拔任用制度，形成有效管用、简便易行、有利于优秀人才脱颖而出的选人用人机制，推进干部队伍革命化、年轻化、知识化、专业化，建设一支高举中国特色社会主义伟大旗帜，以马克思列宁主义、毛泽东思想、邓小平理论、“三个代表”重要思想和科学发展观为指导，信念坚定、为民服务、勤政务实、敢于担当、清正廉洁的高素质党政领导干部队伍，保证党的基本路线全面贯彻执行和中国特色社会主义事业顺利发展，根据《中国共产党章程》和有关法律法规，制定本条例。

第二条

选拔任用党政领导干部，必须坚持下列原则：

（一）党管干部原则；

（二）五湖四海、任人唯贤原则；

（三）德才兼备、以德为先原则；

（四）注重实绩、群众公认原则；

（五）民主、公开、竞争、择优原则；

（六）民主集中制原则；

（七）依法办事原则。

第三条

选拔任用党政领导干部，必须符合把领导班子建设成为坚持党的基本理论、基本路线、基本纲领、基本经验、基本要求，全心全意为人民服务，具有领导社会主义现代化建设能力，结构合理、团结坚强的领导集体的要求。

应当注重培养选拔优秀年轻干部，注重使用后备干部，用好各年龄段干部。

应当树立注重基层的导向。

第四条

本条例适用于选拔任用中共中央、全国人大常委会、国务院、全国政协、中央纪律检查委员会工作部门或者机关内设机构领导成员，最高人民法院、最高人民检察院领导成员（不含正职）和内设机构领导成员；县级以上地方各级党委、人大常委会、政府、政协、纪委、人民法院、人民检察院及其工作部门或者机关内设机构领导成员；上列工作部门内设机构领导成员。

选拔任用民族区域自治地方党政领导干部，法律法规和政策另有规定的，从其规定。

选拔任用参照公务员法管理的县级以上党委和政府直属事业单位和工会、共青团、妇联等人民团体及其内设机构领导成员，参照本条例执行。

上列机关、单位选拔任用非中共党员领导干部、处级以上非领导职务的干部，参照本条例执行。

第五条

本条例第四条所列范围中选举和依法任免的党政领导职务，党组织推荐、提名人选的产生，适用本条例的规定，其选举和依法任免按照有关法律、章程和规定进行。

第六条

党委（党组）及其组织（人事）部门按照干部管理权限履行选拔任用党政领导干部职责，负责本条例的组织实施。

第二章　选拔任用条件

第七条

党政领导干部应当具备下列基本条件：

（一）自觉坚持以马克思列宁主义、毛泽东思想、邓小平理论、“三个代表”重要思想和科学发展观为指导，努力用马克思主义立场、观点、方法分析和解决实际问题，坚持讲学习、讲政治、讲正气，思想上、政治上、行动上同党中央保持高度一致，经得起各种风浪考验。

（二）具有共产主义远大理想和中国特色社会主义坚定信念，坚决执行党的基本路线和各项方针政策，立志改革开放，献身现代化事业，在社会主义建设中艰苦创业，树立正确政绩观，做出经得起实践、人民、历史检验的实绩。

（三）坚持解放思想，实事求是，与时俱进，求真务实，认真调查研究，能够把党的方针政策同本地区本部门实际相结合，卓有成效开展工作，讲实话，办实事，求实效，反对形式主义。

（四）有强烈的革命事业心和政治责任感，有实践经验，有胜任领导工作的组织能力、文化水平和专业知识。

（五）正确行使人民赋予的权力，坚持原则，敢抓敢管，依法办事，清正廉洁，勤政为民，以身作则，艰苦朴素，勤俭节约，密切联系群众，坚持党的群众路线，自觉接受党和群众批评和监督，加强道德修养，讲党性、重品行、作表率，带头践行社会主义核心价值观，做到自重、自省、自警、自励，反对官僚主义，反对任何滥用职权、谋求私利的不正之风。

（六）坚持和维护党的民主集中制，有民主作风，有全局观念，善于团结同志，包括团结同自己有不同意见的同志一道工作。

第八条

提拔担任党政领导职务的，应当具备下列基本资格：

（一）提任县处级领导职务的，应当具有五年以上工龄和两年以上基层工作经历。

（二）提任县处级以上领导职务的，一般应当具有在下一级两个以上职位任职的经历。

（三）提任县处级以上领导职务，由副职提任正职的，应当在副职岗位工作两年以上，由下级正职提任上级副职的，应当在下级正职岗位工作三年以上。提任处级以上非领导职务的任职年限，按照有关规定执行。

（四）一般应当具有大学专科以上文化程度，其中厅局级以上领导干部一般应当具有大学本科以上文化程度。

（五）应当经过党校、行政院校、干部学院或者组织（人事）部门认可的其他培训机构的培训，培训时间应当达到干部教育培训的有关规定要求。确因特殊情况在提任前未达到培训要求的，应当在提任后一年内完成培训。

（六）具有正常履行职责的身体条件。

（七）符合有关法律规定的资格要求。提任党的领导职务的，还应当符合《中国共产党章程》规定的党龄要求。

第九条

党政领导干部应当逐级提拔。特别优秀或者工作特殊需要的干部，可以突破任职资格规定或者越级提拔担任领导职务。

破格提拔的特别优秀干部，应当德才素质突出、群众公认度高，并且符合下列条件之一：在关键时刻或者承担急难险重任务中经受住考验、表现突出、作出重大贡献；在条件艰苦、环境复杂、基础差的地区或者单位工作实绩突出；在其他岗位上尽职尽责，工作实绩特别显著。

因工作特殊需要破格提拔的干部，应当符合下列情形之一：领导班子结构需要或者领导职位有特殊要求的；专业性较强的岗位或者重要专项工作急需的；艰苦边远地区、贫困地区急需引进的。

破格提拔干部必须从严掌握。不得突破本条例第七条规定的基本条件和第八条第七项规定的资格要求。任职试用期未满或者提拔任职不满一年的，不得破格提拔。不得在任职年限上连续破格。不得越两级提拔。

第十条

拓宽选人视野和渠道，党政领导干部可以从党政机关选拔任用，也可以从党政机关以外选拔任用。地方党政领导班子成员应当注意从担任过县（市、区、旗）、乡（镇、街道）党政领导职务的干部和国有企事业单位领导人员中选拔。

第三章　动议

第十一条

党委（党组）或者组织（人事）部门按照干部管理权限，根据工作需要和领导班子建设实际，提出启动干部选拔任用工作意见。

第十二条

组织（人事）部门综合有关方面建议和平时了解掌握的情况，对领导班子进行分析研判，就选拔任用的职位、条件、范围、方式、程序等提出初步建议。

第十三条

初步建议向党委（党组）主要领导成员报告后，在一定范围内进行酝酿，形成工作方案。

第四章　民主推荐

第十四条

选拔任用党政领导干部，必须经过民主推荐。民主推荐包括会议推荐和个别谈话推荐，推荐结果作为选拔任用的重要参考，在一年内有效。

第十五条

领导班子换届，民主推荐按照职位设置全额定向推荐；个别提拔任职，按照拟任职位推荐。

第十六条

领导班子换届，民主推荐由同级党委（党组）主持，应当经过下列程序：

（一）召开推荐会，公布推荐职位、任职条件、推荐范围，提供干部名册，提出有关要求，组织填写推荐表；

（二）进行个别谈话推荐；

（三）对会议推荐和谈话推荐情况进行综合分析；

（四）向上级党委汇报推荐情况。

第十七条

领导班子换届，会议推荐由下列人员参加：

（一）党委成员；

（二）人大常委会、政府、政协党组成员或者全体领导成员；

（三）纪委领导成员；

（四）人民法院、人民检察院主要领导成员；

（五）党委工作部门、政府工作部门、人民团体主要领导成员；

（六）下一级党委和政府主要领导成员；

（七）其他需要参加的人员。

推荐人大常委会、政府、政协领导成员人选，应当有民主党派、工商联主要领导成员和无党派代表人士参加。

参加个别谈话推荐的人员参照上列范围确定，可以适当调整。

第十八条

领导班子换届，根据会议推荐、个别谈话推荐情况和领导班子结构需要，可以差额提出初步名单进行二次会议推荐。二次会议推荐由下列人员参加：

（一）党委成员；

（二）人大常委会、政府、政协党组成员或者全体领导成员；

（三）人民法院、人民检察院主要领导成员；

（四）纪委副书记；

（五）其他需要参加的人员。

第十九条

个别提拔任职的民主推荐程序，可以参照本条例第十六条、第十八条规定进行，也可以先进行个别谈话推荐，根据谈话情况，经党委（党组）或者组织（人事）部门研究，提出初步名单，再进行会议推荐。

第二十条

个别提拔任职，参加民主推荐人员按下列范围执行：

（一）民主推荐地方党政领导班子成员人选，参照本条例第十七条、第十八条规定执行，可以适当调整。

（二）民主推荐工作部门领导成员人选，会议推荐由本部门领导成员、内设机构领导成员、直属单位主要领导成员和其他需要参加的人员参加；本部门人数较少的，可以由全体人员参加。根据实际情况还可以吸收本系统下级单位主要领导成员参加。参加个别谈话推荐的人员参照上列范围确定，可以适当调整。

（三）民主推荐内设机构领导成员人选，参照前项所列范围确定。

第二十一条

个人向党组织推荐领导干部人选，必须负责地写出推荐材料并署名。所推荐人选经组织（人事）部门审核符合条件的，纳入民主推荐范围，缺乏民意基础的，不得列为考察对象。

第二十二条

党委和政府及其工作部门个别特殊需要的领导成员人选，可以由党委（党组）或者组织（人事）部门推荐，报上级组织（人事）部门同意后作为考察对象。

第五章　考察

第二十三条

确定考察对象，应当根据工作需要和干部德才条件，将民主推荐与平时考核、年度考核、一贯表现和人岗相适等情况综合考虑，充分酝酿，防止把推荐票等同于选举票、简单以推荐票取人。

第二十四条

有下列情形之一的，不得列为考察对象：

（一）群众公认度不高的；

（二）近三年年度考核结果中有被确定为基本称职以下等次的；

（三）有跑官、拉票行为的；

（四）配偶已移居国（境）外；或者没有配偶，子女均已移居国（境）外的；

（五）受到组织处理或者党纪政纪处分影响使用的；

（六）其他原因不宜提拔的。

第二十五条

领导班子换届，由本级党委书记与副书记、分管组织、纪检等工作的常委根据上级党委组织部门反馈的情况，对考察对象人选进行酝酿，本级党委常委会研究提出考察对象建议名单，经与上级党委组织部门沟通后，确定考察对象。对拟新进党政领导班子的考察对象，应当在一定范围内进行公示。

个别提拔任职，由党委（党组）研究确定考察对象。

考察对象一般应当多于拟任职务人数。

第二十六条

对确定的考察对象，由组织（人事）部门按照干部管理权限进行严格考察。

部门与地方双重管理干部的考察工作，由主管方负责，会同协管方进行。

第二十七条

考察党政领导职务拟任人选，必须依据干部选拔任用条件和不同领导职务的职责要求，全面考察其德、能、勤、绩、廉。

突出考察政治品质和道德品行，深入了解理想信念、政治纪律、坚持原则、敢于担当、开展批评和自我批评、行为操守等方面的情况。

注重考察工作实绩，深入了解履行岗位职责、推动和服务科学发展的实际成效。考察地方党政领导班子成员，应当把有质量、有效益、可持续的经济发展和民生改善、社会和谐进步、文化建设、生态文明建设、党的建设等作为考核评价的重要内容，更加重视劳动就业、居民收入、科技创新、教育文化、社会保障、卫生健康等的考核，强化约束性指标考核，加大资源消耗、环境保护、消化产能过剩、安全生产、债务状况等指标的权重，防止单纯以经济增长速度评定工作实绩。考察党政工作部门领导干部，应当把执行政策、营造良好发展环境、提供优质公共服务、维护社会公平正义等作为评价的重要内容。

加强作风考察，深入了解为民服务、求真务实、勤勉敬业、奋发有为，反对形式主义、官僚主义、享乐主义和奢靡之风等情况。

强化廉政情况考察，深入了解遵守廉洁自律有关规定，保持高尚情操和健康情趣，慎独慎微，秉公用权，清正廉洁，不谋私利，严格要求亲属和身边工作人员等情况。

各级党委（党组）应当根据实际，制定具体考察标准。

第二十八条

考察党政领导职务拟任人选，应当保证充足的考察时间，经过下列程序：

（一）组织考察组，制定考察工作方案；

（二）同考察对象呈报单位或者所在单位党委（党组）主要领导成员就考察工作方案沟通情况，征求意见；

（三）根据考察对象的不同情况，通过适当方式在一定范围内发布干部考察预告；

（四）采取个别谈话、发放征求意见表、民主测评、实地走访、查阅干部档案和工作资料、同考察对象面谈等方法，广泛深入地了解情况，根据需要进行民意调查、专项调查、延伸考察；

（五）综合分析考察情况，与考察对象的一贯表现进行比较、相互印证，全面准确地对考察对象作出评价；

（六）向考察对象呈报单位或者所在单位党委（党组）主要领导成员反馈考察情况，并交换意见；

（七）考察组研究提出人选任用建议，向派出考察组的组织（人事）部门汇报，经组织（人事）部门集体研究提出任用建议方案，向本级党委（党组）报告。

第二十九条

考察地方党政领导班子成员拟任人选，个别谈话和征求意见的范围一般为：

（一）党委和政府领导成员，人大常委会、政协、纪委、人民法院、人民检察院主要领导成员；

（二）考察对象所在单位领导成员；

（三）考察对象所在单位有关工作部门或者内设机构和直属单位主要领导成员；

（四）其他有关人员。

第三十条

考察工作部门领导班子成员拟任人选，个别谈话和征求意见的范围一般为：

（一）考察对象上级领导机关有关领导成员；

（二）考察对象所在单位领导成员；

（三）考察对象所在单位内设机构和直属单位主要领导成员；

（四）其他有关人员。

考察内设机构领导职务拟任人选，个别谈话和征求意见的范围参照上列规定执行。

第三十一条

考察党政领导职务拟任人选，应当听取考察对象所在单位组织（人事）部门、纪检监察机关、机关党组织的意见，根据需要可以听取巡视机构和其他相关部门意见。

组织（人事）部门应当就考察对象的党风廉政情况听取纪检监察机关的意见。对拟提拔的考察对象，应当查阅个人有关事项报告情况，必要时可以进行核实。对需要进行经济责任审计的考察对象，应当委托审计部门按照有关规定进行审计。

第三十二条

考察党政领导职务拟任人选，必须形成书面考察材料，建立考察文书档案。已经任职的，考察材料归入本人档案。考察材料必须写实，全面、准确、清楚地反映考察对象的情况，包括下列内容：

（一）德、能、勤、绩、廉方面的主要表现和主要特长；

（二）主要缺点和不足；

（三）民主推荐、民主测评等情况。

第三十三条

党委（党组）或者组织（人事）部门派出的考察组由两名以上成员组成。考察人员应当具有较高素质和相应资格。考察组负责人应当由思想政治素质好、有较丰富工作经验并熟悉干部工作的人员担任。

实行干部考察工作责任制。考察组必须坚持原则，公道正派，深入细致，如实反映考察情况和意见，对考察材料负责，履行干部选拔任用风气监督职责。

第六章 讨论决定

第三十四条

党政领导职务拟任人选，在讨论决定或者决定呈报前，应当根据职位和人选的不同情况，分别在党委（党组）、人大常委会、政府、政协等有关领导成员中进行酝酿。

工作部门领导成员拟任人选，应当征求上级分管领导成员的意见。

非中共党员拟任人选，应当征求党委统战部门和民主党派、工商联主要领导成员、无党派代表人士的意见。

部门与地方双重管理干部的任免，主管方应当事先征求协管方意见，进行酝酿。征求意见一般采用书面形式进行。协管方自收到主管方意见之日起一个月内未予答复的，视为同意。双方意见不一致时，正职的任免报上级党委组织部门协调，副职的任免由主管方决定。

第三十五条

选拔任用党政领导干部，应当按照干部管理权限由党委（党组）集体讨论作出任免决定，或者决定提出推荐、提名的意见。属于上级党委（党组）管理的，本级党委（党组）可以提出选拔任用建议。

对拟破格提拔的人选在讨论决定前，必须报经上级组织（人事）部门同意。越级提拔或者不经过民主推荐列为破格提拔人选的，应当在考察前报告，经批复同意后方可进行。

第三十六条

市（地、州、盟）、县（市、区、旗）党委和政府领导班子正职的拟任人选和推荐人选，一般应当由上级党委常委会提名并提交全委会无记名投票表决；全委会闭会期间急需任用的，由党委常委会作出决定，决定前应当征求全委会成员的意见。

第三十七条

党委（党组）讨论决定干部任免事项，必须有三分之二以上成员到会，并保证与会成员有足够时间听取情况介绍、充分发表意见。与会成员对任免事项，应当发表同意、不同意或者缓议等明确意见。在充分讨论的基础上，采取口头表决、举手表决或者无记名投票等方式进行表决。

党委（党组）有关干部任免的决定，需要复议的，应当经党委（党组）超过半数成员同意后方可进行。

第三十八条

党委（党组）讨论决定干部任免事项，应当按照下列程序进行：

（一）党委（党组）分管组织（人事）工作的领导成员或者组织（人事）部门负责人，逐个介绍领导职务拟任人选的推荐、考察和任免理由等情况，其中涉及破格提拔的人选，应当说明破格的具体情形和理由；

（二）参加会议人员进行充分讨论；

（三）进行表决，以党委（党组）应到会成员超过半数同意形成决定。

第三十九条

需要报上级党委（党组）审批的拟提拔任职的干部，必须呈报党委（党组）请示并附干部任免审批表、干部考察材料、本人档案和党委（党组）会议纪要、讨论记录、民主推荐情况等材料。上级组织（人事）部门对呈报的材料应当严格审查。

需要报上级备案的干部，应当按照规定及时向上级组织（人事）部门备案。

第七章 任职

第四十条

党政领导职务实行选任制、委任制，部分专业性较强的领导职务可以实行聘任制。聘任办法另行规定。

第四十一条

实行党政领导干部任职前公示制度。

提拔担任厅局级以下领导职务的，除特殊岗位和在换届考察时已进行过公示的人选外，在党委（党组）讨论决定后、下发任职通知前，应当在一定范围内进行公示。公示内容应当真实准确，便于监督，涉及破格提拔的，还应当说明破格的具体情形和理由。公示期不少于五个工作日。公示结果不影响任职的，办理任职手续。

第四十二条

实行党政领导干部任职试用期制度。

提拔担任下列非选举产生的厅局级以下领导职务的，试用期为一年：

（一）党委、人大常委会、政府、政协工作部门副职和内设机构领导职务；

（二）纪委内设机构领导职务；

（三）人民法院、人民检察院内设机构的非国家权力机关依法任命的领导职务。

试用期满后，经考核胜任现职的，正式任职；不胜任的，免去试任职务，一般按试任前职级安排工作。

第四十三条

实行任职谈话制度。对决定任用的干部，由党委（党组）指定专人同本人谈话，肯定成绩，指出不足，提出要求和需要注意的问题。

第四十四条

党政领导职务的任职时间，按照下列时间计算：

（一）由党委（党组）决定任职的，自党委（党组）决定之日起计算；

（二）由党的代表大会、党的委员会全体会议、党的纪律检查委员会全体会议、人民代表大会、政协全体会议选举、决定任命的，自当选、决定任命之日起计算；

（三）由人大常委会或者政协常委会任命或者决定任命的，自人大常委会、政协常委会任命或者决定任命之日起计算；

（四）由党委向政府提名由政府任命的，自政府任命之日起计算。

第八章 依法推荐、提名和民主协商

第四十五条

党委向人民代表大会或者人大常委会推荐需要由人民代表大会或者人大常委会选举、任命、决定任命的领导干部人选，应当事先向人民代表大会临时党组织或者人大常委会党组和人大常委会组成人员中的党员介绍党委推荐意见。人民代表大会临时党组织、人大常委会党组和人大常委会组成人员及人大代表中的党员，应当认真贯彻党委推荐意见，带头依法办事，正确履行职责。

第四十六条

党委向人民代表大会推荐由人民代表大会选举、决定任命的领导干部人选，应当以本级党委名义向人民代表大会主席团提交推荐书，介绍所推荐人选的有关情况，说明推荐理由。

党委向人大常委会推荐由人大常委会任命、决定任命的领导干部人选，应当在人大常委会审议前，按照规定程序提出，介绍所推荐人选的有关情况。

第四十七条

党委向政府提名由政府任命的政府工作部门和机构领导成员人选，在党委讨论决定后，由政府任命。

第四十八条

领导班子换届，党委推荐人大常委会、政府、政协领导成员人选和人民法院院长、人民检察院检察长人选，应当事先向民主党派、工商联主要领导成员和无党派代表人士通报有关情况，进行民主协商。

第四十九条

党委推荐的领导干部人选，在人民代表大会选举、决定任命或者人大常委会任命、决定任命前，如果人大代表或者人大常委会组成人员对所推荐人选提出不同意见，党委应当认真研究，并作出必要的解释或者说明。如果发现有事实依据、足以影响选举或者任命的问题，党委可以建议人民代表大会或者人大常委会按照规定程序暂缓选举、任命、决定任命，也可以重新推荐人选。

政协领导成员候选人的推荐和协商提名，按照政协章程和有关规定办理。

第九章 公开选拔和竞争上岗

第五十条

公开选拔、竞争上岗是党政领导干部选拔任用的方式之一。公开选拔面向社会进行，竞争上岗在本单位或者本系统内部进行，应当从实际出发，合理确定选拔职位、数量和范围。一般情况下，领导职位出现空缺且本地区本部门没有合适人选的，特别是需要补充紧缺专业人才的，可以进行公开选拔；领导职位出现空缺，本单位本系统符合资格条件人数较多且人选意见不易集中的，可以进行竞争上岗。

公开选拔县处级以下领导干部，一般不跨省（自治区、直辖市）进行。

第五十一条

公开选拔、竞争上岗方案设置的条件和资格，应当符合本条例第七条和第八条的规定，不得因人设置资格条件。资格条件突破规定的，应当事先报上级组织（人事）部门审核同意。

第五十二条

公开选拔、竞争上岗工作在党委（党组）领导下进行，由组织（人事）部门组织实施，应当经过下列程序：

（一）公布职位、资格条件、基本程序和方法等；

（二）报名与资格审查，参加公开选拔的应当经所在单位同意；

（三）采取适当方式进行能力和素质测试、测评，比选择优（竞争上岗也可以先进行民主推荐）；

（四）组织考察，研究提出人选方案；

（五）党委（党组）讨论决定；

（六）履行任职手续。

第五十三条

公开选拔、竞争上岗应当科学规范测试、测评，突出岗位特点，突出实绩竞争，注重能力素质和一贯表现，防止简单以分数取人。

第十章　交流、回避

第五十四条

实行党政领导干部交流制度。

（一）交流的对象主要是：因工作需要交流的；需要通过交流锻炼提高领导能力的；在一个地方或者部门工作时间较长的；按照规定需要回避的；因其他原因需要交流的。

交流的重点是县级以上地方党委和政府的领导成员，纪委、人民法院、人民检察院、党委和政府部分工作部门的主要领导成员。

（二）地方党委和政府领导成员原则上应当任满一届，在同一职位上任职满十年的，必须交流；在同一职位连续任职达到两个任期的，不再推荐、提名或者任命担任同一职务。

同一地方（部门）的党政正职一般不同时易地交流。

（三）党政机关内设机构处级以上领导干部在同一职位上任职时间较长的，应当进行交流或者轮岗。

（四）经历单一或者缺少基层工作经历的年轻干部，应当有计划地到基层、艰苦边远地区和复杂环境工作。

（五）加强干部交流统筹。推进地区之间、部门之间、地方与部门之间、党政机关与国有企事业单位及其他社会组织之间的干部交流。

（六）干部交流由党委（党组）及其组织（人事）部门按照干部管理权限组织实施，严格把握人选的资格条件。干部个人不得自行联系交流事宜，领导干部不得指定交流人选。同一干部不宜频繁交流。

（七）交流的干部接到任职通知后，应当在党委（党组）或者组织（人事）部门限定的时间内到任。跨地区跨部门交流的，应当同时迁转行政关系、工资关系和党的组织关系。

第五十五条

实行党政领导干部任职回避制度。

党政领导干部任职回避的亲属关系为：夫妻关系、直系血亲关系、三代以内旁系血亲以及近姻亲关系。有上列亲属关系的，不得在同一机关担任双方直接隶属于同一领导人员的职务或者有直接上下级领导关系的职务，也不得在其中一方担任领导职务的机关从事组织（人事）、纪检监察、审计、财务工作。

领导干部不得在本人成长地担任县（市）党委和政府以及纪检机关、组织部门、人民法院、人民检察院、公安部门正职领导成员，一般不得在本人成长地担任市（地、盟）党委和政府以及纪检机关、组织部门、人民法院、人民检察院、公安部门正职领导成员。

第五十六条

实行党政领导干部选拔任用工作回避制度。

党委（党组）及其组织（人事）部门讨论干部任免，涉及与会人员本人及其亲属的，本人必须回避。

干部考察组成员在干部考察工作中涉及其亲属的，本人必须回避。

第十一章　免职、辞职、降职

第五十七条

党政领导干部有下列情形之一的，一般应当免去现职：

（一）达到任职年龄界限或者退休年龄界限的。

（二）受到责任追究应当免职的。

（三）辞职或者调出的。

（四）非组织选派，离职学习期限超过一年的。

（五）因工作需要或者其他原因，应当免去现职的。

第五十八条

实行党政领导干部辞职制度。辞职包括因公辞职、自愿辞职、引咎辞职和责令辞职。

辞职应当符合有关规定，手续依照法律或者有关规定程序办理。

第五十九条

引咎辞职、责令辞职和因问责被免职的党政领导干部，一年内不安排职务，两年内不得担任高于原任职务层次的职务。同时受到党纪政纪处分的，按照影响期长的规定执行。

第六十条

实行党政领导干部降职制度。党政领导干部在年度考核中被确定为不称职的，因工作能力较弱、受到组织处理或者其他原因不适宜担任现职务层次的，应当降职使用。降职使用的干部，其待遇按照新任职务的标准执行。

降职使用的干部重新提拔，按照有关规定执行。

第十二章　纪律和监督

第六十一条

选拔任用党政领导干部，必须严格执行本条例的各项规定，并遵守下列纪律：

（一）不准超职数配备、超机构规格提拔领导干部，或者违反规定擅自设置职务名称、提高干部职级待遇；

（二）不准采取不正当手段为本人或者他人谋取职位；

（三）不准违反规定程序推荐、考察、酝酿、讨论决定任免干部；

（四）不准私自泄露动议、民主推荐、民主测评、考察、酝酿、讨论决定干部等有关情况；

（五）不准在干部考察工作中隐瞒或者歪曲事实真相；

（六）不准在民主推荐、民主测评、组织考察和选举中搞拉票等非组织活动；

（七）不准利用职务便利私自干预下级或者原任职地区、单位干部选拔任用工作；

（八）不准在工作调动、机构变动时，突击提拔、调整干部；

（九）不准在干部选拔任用工作中封官许愿，任人唯亲，营私舞弊；

（十）不准涂改干部档案，或者在干部身份、年龄、工龄、党龄、学历、经历等方面弄虚作假。

第六十二条

加强干部选拔任用工作全程监督，严肃查处违反组织人事纪律的行为。对违反本条例规定的事项，按照有关规定对党委（党组）主要领导成员和有关领导成员、组织（人事）部门有关领导成员以及其他直接责任人作出组织处理或者纪律处分。

对无正当理由拒不服从组织调动或者交流决定的，依照法律及有关规定予以免职或者降职使用。

第六十三条

实行党政领导干部选拔任用工作责任追究制度。凡用人失察失误造成严重后果的，本地区本部门用人上的不正之风严重、干部群众反映强烈以及对违反组织人事纪律的行为查处不力的，应当根据具体情况，追究党委（党组）主要领导成员、有关领导成员、组织（人事）部门和纪检监察机关有关领导成员以及其他直接责任人的责任。

第六十四条

党委（党组）及其组织（人事）部门对干部选拔任用工作和贯彻执行本条例的情况进行监督检查，受理有关干部选拔任用工作的举报、申诉，制止、纠正违反本条例的行为，并对有关责任人提出处理意见或者处理建议。

纪检监察机关、巡视机构按照有关规定，对干部选拔任用工作进行监督检查。

第六十五条

实行组织（人事）部门与纪检监察机关等有关单位联席会议制度，就加强对干部选拔任用工作的监督，沟通信息，交流情况，提出意见和建议。联席会议由组织（人事）部门召集。

第六十六条

党委（党组）及其组织（人事）部门在干部选拔任用工作中，必须严格执行本条例，自觉接受组织监督和群众监督。下级机关和党员、干部、群众对干部选拔任用工作中的违纪违规行为，有权向上级党委（党组）及其组织（人事）部门、纪检监察机关举报、申诉，受理部门和机关应当按照有关规定查核处理。

第十三章　附则

第六十七条

本条例对工作部门的规定，同时适用于办事机构、派出机构、特设机构以及其他直属机构。

第六十八条

选拔任用乡（镇、街道）的党政领导干部，由省、自治区、直辖市党委根据本条例制定相应的实施办法。

第六十九条

中国人民解放军和中国人民武装警察部队领导干部的选拔任用办法，由中央军事委员会根据本条例的原则规定。

第七十条

本条例由中共中央组织部负责解释。

第七十一条

本条例自发布之日起施行。2002 年 7 月 9 日中共中央印发的《党政领导干部选拔任用工作条例》同时废止。

中共中央办公厅印发《关于加强基层服务型党组织建设的意见》

（2014 年 5 月 29 日）

新华社北京 5 月 28 日电　中共中央办公厅近日印发了《关于加强基层服务型党组织建设的意见》，并发出通知，要求各地区各部门结合实际认真贯彻执行。

《关于加强基层服务型党组织建设的意见》全文如下。

党的基层组织是党全部工作和战斗力的基础，是团结带领群众贯彻党的理论和路线方针政策、落实党的任务的战斗堡垒，长期以来在推动发展、服务群众、凝聚人心、促进和谐中发挥了重要作用。新形势下，基层党组织服务群众、做群众工作的任务更为繁重，这对强化基层党组织的服务功能提出了新的要求。党的十八大作出创新基层党建工作，加强基层服务型党组织建设的重大部署；党的十八届三中全会强调充分发挥基层党组织的战斗堡垒作用，为全面深化改革作出积极贡献。为认真贯彻落实党的十八大和十八届三中全会精神，加强基层服务型党组织建设，现提出如下意见。

一、基层服务型党组织建设的重要意义和总体要求

（1）建设基层服务型党组织，是建设学习型、服务型、创新型马克思主义执政党的基础工程，对于密切党同人民群众的血肉联系，提高党的执政能力、夯实党的执政基础，具有重要意义。随着我国经济社会深刻变革，群众服务需求日益增多，特别是发展进入新阶段，改革进入攻坚期和深水区，许多改革发展稳定举措直接关系群众切身利益。面对新形势新任务，基层党组织要转变工作方式、改进工作作风，把服务作为自觉追求和基本职责，寓领导和管理于服务之中，通过服务贴近群众、团结群众、引导群众、赢得群众。各级党组织要充分认识加强基层服务型党组织建设的重要性紧迫性，以服务型党组织建设引领基层党建工作，使服务成为基层党组织建设的鲜明主题，推动基层党组织在强化服务中更好地发挥领导核心和政治核心作用，使党的执政基础深深植根于人民群众之中。

（2）建设基层服务型党组织，要高举中国特色社会主义伟大旗帜，以邓小平理论、“三个代表”重要思想、科学发展观为指导，以服务群众、做群众工作为主要任务，以改革创新为动力，以群众满意为根本标准，围绕中心、服务大局，分类指导、统筹兼顾，大力推进基层党组织强化服务功能、改进服务作风、提高服务能力、完善服务保障，不断增强创造力凝聚力战斗力，充分发挥基层党组织战斗堡垒作用和党员先锋模范作用，促进全面深化改革，为全面建成小康社会、实现中华民族伟大复兴的中国梦提供坚强组织保证。

（3）建设基层服务型党组织，要坚持服务改革、服务发展、服务民生、服务群众、服务党员。服务改革，就是贯彻落实中央关于全面深化改革的重大决策部署，做好宣传引导、统一思想工作，协调处理改革涉及的群众切身利益问题，组织动员广大党员和群众理解改革、支持改革、参与改革，为推进改革贡献力量。服务发展，就是深入贯彻落实科学发展观，凝聚发展力量，营造发展环境，提供发展动力，促进经济持续健康发展。服务民生，就是贯彻落实党的惠民利民政策，为谋民生之利、解民生之忧创造条件，为解决群众上学、看病、就业、养老、住房等实际困难提供服务，推动基层社会治理创新，主动化解社会矛盾，促进社会和谐稳定。服务群众，就是自觉践行党的根本宗旨和群众路线，既认真倾听群众意见，维护群众利益，按照群众的需求和意愿提供服务，又充分运用民主协商、耐心说服和典型示范等方法教育引导群众，团结带领群众共同创造幸福美好生活。服务党员，就是尊重党员主体地位，保障党员民主权利，健全党内激励关怀帮扶机制，从思想、工作、生活上关心党员，尤其要帮助老党员、生活困难党员和流动党员解决实际问题，增强党员的归属感、光荣感、责任感，激发党员服务群众内在动力。

（4）建设基层服务型党组织，要达到“六有”目标：一是有坚强有力的领导班子，建设服务意识强、服务作风好、服务水平高的党组织领导班子；二是有本领过硬的骨干队伍，培养带头服务、带领服务、带动服务的党员干部队伍；三是有功能实用的服务场所，建设便捷服务、便利活动、便于议事的综合阵地；四是有形式多样的服务载体，创新贴近基层、贴近实际、贴近群众的工作抓手；五是有健全完善的制度机制，形成规范化、常态化、长效化的工作制度；六是有群众满意的服务业绩，取得群众欢迎、群众受益、群众认可的实际成效。经过3—5年努力，使基层党组织服务意识明显增强、服务能力明显提高、服务成效明显提升，各领域涌现出一大批符合“六有”目标的基层服务型党组织。

二、基层服务型党组织建设的主要任务

各领域基层党组织要牢牢把握建设基层服务型党组织的总体要求，全面履行党章赋予的职责，自觉按照民主集中制办事，找准开展服务、发挥作用的着力点，不断提升服务水平。

（5）强化服务功能。农村党组织要围绕推动科学发展、带领农民致富、密切联系群众、维护农村稳定搞好服务，引导农民进行合作经营、联户经营，开展逐户走访、包户帮扶，及时办理反馈群众诉求，帮助群众和困难党员解决生产生活、增收致富中的实际问题。国有企业党组织要围绕生产经营和队伍建设搞好服务，保障职工参与管理和监督的民主权利，建立职工诉求办理制度，开展人文关怀和心理疏导，组织党员和职工为企业改革发展建言献策。街道、社区党组织要围绕建设文明和谐社区搞好服务，定期开展民情恳谈，组织在职党员到社区报到、为群众服务，开展

群众喜闻乐见的文化活动。机关党组织要围绕服务中心、建设队伍搞好服务，落实党员干部直接联系群众制度，推动机关干部深入基层、服务基层、转变作风。高校党组织要围绕立德树人、促进学生德智体美全面发展搞好服务，把思想教育与解决实际问题结合起来，搭建师生成长发展平台，引导广大师生讲理想跟党走、爱学习爱劳动爱祖国，培养中国特色社会主义事业合格建设者和可靠接班人。事业单位党组织要围绕深化分类改革、促进事业发展搞好服务，做好思想政治工作，激发党员和各类人才创新创造活力，推动公益服务水平不断提升。非公有制企业党组织要围绕促进生产经营、维护各方合法权益搞好服务，在职工群众中发挥政治核心作用，在企业发展中发挥政治引领作用。社会组织党组织要围绕凝聚群众、激发活力、促进发展搞好服务，引领社会组织坚持正确政治方向，发挥提供服务、反映诉求、规范行为的作用。

（6）健全组织体系。适应服务对象、服务内容、服务方式的变化和需求，优化组织设置，扩大组织覆盖。农村在以建制村为主设置党组织的基础上，在农民专业合作社、专业协会、产业链全面建立党组织。城市在依托街道、社区设置党组织的同时，在片区、楼宇和流动党员集中点建立党组织，在社区居民中按照志向相投、兴趣相近、活动相似的不同群体建立党组织。非公有制企业和社会组织等领域，采取单独组建、区域联建、行业统建等方式建立党组织，加快推进党的组织和工作覆盖。探索建立网络党组织，通过QQ群、微博客、微信等开展党的活动，拓宽党建工作网络阵地。推行区域化党建，可以由街道、社区党组织与辖区内单位党组织共同组建区域性党组织，也可以依托居民区、商务区、开发区等组建区域性党组织，合理划分服务网格，组建网格服务团队，做到有群众的地方就有党组织提供服务。

（7）建设骨干队伍。加强基层党组织领导班子特别是书记队伍建设，创新选拔培养机制，采取上级选派、跟踪培养、群众推荐等方式，选拔党性强、能力强、改革意识强、服务意识强的党员担任党组织书记。选派得力党员干部到软弱涣散基层党组织和贫困村党组织担任书记或第一书记。加强基层党组织书记教育培训和监督管理，引导他们提高为民服务本领，强化廉洁履职意识；分级负责、分类培训，用2—3年时间，把各领域党组织书记轮训一遍。加强党务工作者队伍建设，配强乡镇、街道党务工作力量，充实机关、事业单位专职党务工作者，加大非公有制企业党建工作指导员选派力度，引导他们专心致志做好本职工作、履行服务职责。加强党员队伍建设，做好发展党员和培训工作，注重把党员培养成服务骨干，严格党员日常教育管理，促使他们保持先进性和纯洁性。教育引导基层干部和广大党员增强服务意识，改进工作作风，密切联系群众，主动服务群众，扎扎实实为群众做好事、办实事、解难事。

（8）创新服务载体。围绕群众多样化需求，坚持立足实际、尽力而为，运用多种形式和手段开展服务。依托基层组织活动场所，坚持一室多用，丰富活动载体，推广机关干部下基层、结对帮扶、为民服务全程代理、一站式服务、窗口单位为民服务创先争优等做法，深入开展党员示范岗、党员责任区、党员承诺践诺等活动，为服务群众创造条件、提供动力。推行网络服务，推动基层党建信息化工作平台和网上民生服务平台整合，加快全国党员信息库建设，充分运用共产党员网、农村党员干部现代远程教育网、党员干部手机信息系统等开展服务。

（9）构建服务格局。基层党组织要带动群众组织、自治组织和社会组织开展服务，协调面向基层的公共服务、市场服务和社会服务。深入开展以服务为主题的党建带工建、带团建、带妇建活动，充分发挥群众组织服务作用。建立健全各级党代会代表联系党员服务群众制度，广泛开展以党员为骨干的各类志愿服务，组织各类专业人才和实用人才开展服务，培养群众服务骨干，引导群众参与服务、自我服务、互相服务，形成以党组织为核心、全社会共同参与的服务格局。

三、基层服务型党组织建设的方法措施

基层服务型党组织建设面临的情况千差万别，任务十分繁重。要坚持统筹协调，积极探索实践，改进方法措施，有重点、有计划、有步骤地推进工作落实。

（10）精心谋划设计。各地区各行业系统要在深入调研、摸清底数的基础上，统筹考虑基层服务型党组织建设各个方面、各个层次、各个要素，研究谋划本地区本行业系统的基本思路、总体布局和推进步骤，制定实施意见和工作方案。坚持从实际出发，根据各领域基层党组织职能定位、不同特点和工作基础，因地制宜、分类指导，提出切合实际的具体目标和工作措施。坚持统筹谋划，通盘考虑，把基层服务型党组织建设与全面深化改革结合起来，与完成本地区本单位中心任务结合起来，使各项工作衔接紧凑、推进有序。

（11）突破重点难点。针对地区之间、领域之间、机关与基层之间的不同情况，找准需要解决的突出问题，重点解决组织设置是否合理、隶属关系是否顺畅、领导班子是否健全、工作制度是否完善、经费场所保

障是否落实，以及基层党组织和党员干部宗旨意识牢不牢、工作作风好不好、服务能力强不强等问题，坚持什么问题突出就着重解决什么问题，什么问题紧迫就抓紧解决什么问题。要在不断解决问题中剖析根源、把握规律，特别对普遍存在、反复出现、长期得不到解决的问题，注重从体制机制、组织领导等方面查找原因、研究解决，以重点难点问题的突破带动整体工作不断提升。

（12）坚持上下联动。整合各级各方面力量和资源，综合协调，以上带下，多方面配合，多措施并举，帮助基层党组织解决困难和问题。各系统各部门给基层安排任务，要按照权随责走、费随事转原则，提供相应的资金和资源，并以基层组织为主渠道落实到位。推行部门包村、企业联村、村居共建，实现城乡基层党组织优势互补、资源共享。引导区域内不同类型党组织共创共建，实行强村带弱村、中心村辐射周边村，组织基层干部跨区域挂职培训锻炼。加强对革命老区、民族地区、边疆地区、贫困地区基层党组织建设的支持。

（13）强化典型带动。善于发现和培育典型，充分发挥先进典型在建设基层服务型党组织中的引领带动作用。各地区各领域都要挖掘一批叫得响、立得住、群众公认的先进典型，为基层党组织树标杆、作样板。尊重基层首创精神，鼓励基层立足实际积极探索，及时总结经验，加大推广力度，用基层经验推动基层工作。充分运用各类媒体，大力宣传基层服务型党组织建设的好经验好做法，加强对基层党员干部的正面宣传，形成良好舆论导向，积聚推动基层服务型党组织建设的正能量。

（14）跟踪督查考核。加大督促检查和跟踪落实力度，建立基层服务型党组织考核制度，实行分类考核、动态管理。各地区各部门党组织要本着简便易行、务实管用的原则，制定评价体系和考核办法，按照基层自评、群众测评、组织考评的步骤进行考核，加大群众对基层党组织和党员干部服务评价权重。要把考核结果作为对党组织工作业绩评价的重要内容。垂直管理部门党组织对基层单位党组织考核评价，要坚持条块结合，既要听取系统内干部群众意见，又要听取所在地党组织和服务对象意见。

四、加强组织领导

加强基层服务型党组织建设是各级党组织的重要责任。要在党委统一领导下，组织部门牵头协调，行业系统具体指导，有关部门密切配合，形成推进基层服务型党组织建设的整体合力，并同学习型党组织创建活动紧密结合起来。

（15）强化领导责任。坚持书记抓、抓书记，建立并落实市、县、乡党委书记基层党建工作述职评议考核制度，把服务型党组织建设作为主要内容，每年组织开展一次专项述职和评议考核，上级党委组织部门要派人参加专项述职。各级机关和各行业系统党委（党组）要建立相应的述职评议考核制度。各级党员领导干部要带头建立基层服务型党组织建设联系点，经常深入基层调查研究、指导工作。

（16）层层分解任务。省（自治区、直辖市）和市（地、州、盟）党委要抓好基层服务型党组织建设的总体规划、资源统筹、宏观指导和督促检查。县（市、区、旗）党委要制定具体实施意见，细化政策措施，搞好组织协调，指导探索创新，破解工作难题。乡镇党委、街道党（工）委要加强自身建设，发挥示范带动作用，抓好村、社区服务型党组织建设。各行业系统党委（党组）要同地方党组织密切配合，帮助基层解决实际困难。

（17）关心支持基层。坚持重心下移、资源下沉，使基层党组织有资源有能力为群众服务。按照有关规定全面落实基层党组织书记、专职党务工作者报酬待遇和基本养老、医疗保险等社会保障待遇，加大从优秀村干部中考录乡镇公务员和乡镇领导干部力度，使他们工作有待遇、干好有发展、退后有保障。建立稳定的经费保障制度，把村、社区党组织工作经费纳入财政预算，支持基层党组织活动场所、服务设施建设和便民利民举措，为基层党组织开展工作、服务群众创造良好条件。

中共中央办公厅印发《中国共产党发展党员工作细则》

第一章 总 则

第一条 为了规范发展党员工作，保证新发展的党员质量，保持党的先进性和纯洁性，根据《中国共产党章程》和党内有关规定，制定本细则。

第二条 党的基层组织应当把吸收具有马克思主义信仰、共产主义觉悟和中国特色社会主义信念，自觉践行社会主义核心价值观的先进分子入党，作为一项经常性重要工作。

第三条 发展党员工作应当贯彻党的基本理论、

基本路线、基本纲领、基本经验、基本要求，按照控制总量、优化结构、提高质量、发挥作用的总要求，坚持党章规定的党员标准，始终把政治标准放在首位；坚持慎重发展、均衡发展，有领导、有计划地进行；坚持入党自愿原则和个别吸收原则，成熟一个，发展一个。

禁止突击发展，反对“关门主义”。

第二章　入党积极分子的确定和培养教育

第四条　党组织应当通过宣传党的政治主张和深入细致的思想政治工作，提高党外群众对党的认识，不断扩大入党积极分子队伍。

第五条　年满十八岁的中国工人、农民、军人、知识分子和其他社会阶层的先进分子，承认党的纲领和章程，愿意参加党的一个组织并在其中积极工作、执行党的决议和按期交纳党费的，可以申请加入中国共产党。

第六条　入党申请人应当向工作、学习所在单位党组织提出入党申请，没有工作、学习单位或工作、学习单位未建立党组织的，应当向居住地党组织提出入党申请。

流动人员还可以向单位所在地党组织或单位主管部门党组织提出入党申请，也可以向流动党员党组织提出入党申请。

第七条　党组织收到入党申请书后，应当在一个月内派人同入党申请人谈话，了解基本情况。

第八条　在入党申请人中确定入党积极分子，应当采取党员推荐、群团组织推优等方式产生人选，由支部委员会（不设支部委员会的由支部大会，下同）研究决定，并报上级党委备案。

第九条　党组织应当指定一至两名正式党员作入党积极分子的培养联系人。培养联系人的主要任务是：

（一）向入党积极分子介绍党的基本知识；

（二）了解入党积极分子的政治觉悟、道德品质、现实表现和家庭情况等，做好培养教育工作，引导入党积极分子端正入党动机；

（三）及时向党支部汇报入党积极分子情况；

（四）向党支部提出能否将入党积极分子列为发展对象的意见。

第十条　党组织应当采取吸收入党积极分子听党课、参加党内有关活动，给他们分配一定的社会工作以及集中培训等方法，对入党积极分子进行马克思列宁主义、毛泽东思想和中国特色社会主义理论体系教育，党的路线、方针、政策和党的基本知识教育，党的历史和优良传统、作风教育以及社会主义核心价值观教育，使他们懂得党的性质、纲领、宗旨、组织原则和纪律，懂得党员的义务和权利，帮助他们端正入党动机，确立为共产主义事业奋斗终身的信念。

第十一条　党支部每半年对入党积极分子进行一次考察。基层党委每年对入党积极分子队伍状况作一次分析。针对存在的问题，采取改进措施。

第十二条　入党积极分子工作、学习所在单位（居住地）发生变动，应当及时报告原单位（居住地）党组织。原单位（居住地）党组织应当及时将培养教育等有关材料转交现单位（居住地）党组织。现单位（居住地）党组织应当对有关材料进行认真审查，并接续做好培养教育工作。培养教育时间可连续计算。

第三章　发展对象的确定和考察

第十三条　对经过一年以上培养教育和考察、基本具备党员条件的入党积极分子，在听取党小组、培养联系人、党员和群众意见的基础上，支部委员会讨论同意并报上级党委备案后，可列为发展对象。

第十四条　发展对象应当有两名正式党员作入党介绍人。入党介绍人一般由培养联系人担任，也可由党组织指定。

受留党察看处分、尚未恢复党员权利的党员，不能作入党介绍人。

第十五条　入党介绍人的主要任务是：

（一）向发展对象解释党的纲领、章程，说明党员的条件、义务和权利；

（二）认真了解发展对象的入党动机、政治觉悟、道德品质、工作经历、现实表现等情况，如实向党组织汇报；

（三）指导发展对象填写《中国共产党入党志愿书》，并认真填写自己的意见；

（四）向支部大会负责地介绍发展对象的情况；

（五）发展对象批准为预备党员后，继续对其进行教育帮助。

第十六条　党组织必须对发展对象进行政治审查。

政治审查的主要内容是：对党的理论和路线、方针、政策的态度；政治历史和在重大政治斗争中的表现；遵纪守法和遵守社会公德情况；直系亲属和与本人关系密切的主要社会关系的政治情况。

政治审查的基本方法是：同本人谈话、查阅有关档案材料、找有关单位和人员了解情况以及必要的函调或外调。在听取本人介绍和查阅有关材料后，情况清楚的可不函调或外调。对流动人员中的发展对象进行政治审查时，还应当征求其户籍所在地和居住地基层党组织的意见。

政治审查必须严肃认真、实事求是，注重本人的一贯表现。审查情况应当形成结论性材料。

凡是未经政治审查或政治审查不合格的，不能发展入党。

第十七条　基层党委或县级党委组织部门应当对发展对象进行短期集中培训。培训时间一般不少于三天（或不少于二十四个学时）。培训时主要学习党章、《关于党内政治生活的若干准则》等文件。中央组织部组织编写的《入党教材》，可以作为学习辅导材料。

未经培训的，除个别特殊情况外，不能发展入党。

第四章　预备党员的接收

第十八条　接收预备党员应当严格按照党章规定的程序办理。

第十九条　支部委员会应当对发展对象进行严格审查，经集体讨论认为合格后，报具有审批权限的基层党委预审。

基层党委对发展对象的条件、培养教育情况等进行审查，根据需要听取执纪执法等相关部门的意见。审查结果以书面形式通知党支部，并向审查合格的发展对象发放《中国共产党入党志愿书》。

发展对象未来三个月内将离开工作、学习单位的，一般不办理接收预备党员的手续。

第二十条　经基层党委预审合格的发展对象，由支部委员会提交支部大会讨论。

召开讨论接收预备党员的支部大会，有表决权的到会人数必须超过应到会有表决权人数的半数。

第二十一条　支部大会讨论接收预备党员的主要程序是：

（一）发展对象汇报对党的认识、入党动机、本人履历、家庭和主要社会关系情况，以及需向党组织说明的问题；

（二）入党介绍人介绍发展对象有关情况，并对其能否入党表明意见；

（三）支部委员会报告对发展对象的审查情况；

（四）与会党员对发展对象能否入党进行充分讨论，并采取无记名投票方式进行表决。赞成人数超过应到会有表决权的正式党员的半数，才能通过接收预备党员的决议。因故不能到会的有表决权的正式党员，在支部大会召开前正式向党支部提出书面意见的，应当统计在票数内。

支部大会讨论两个以上的发展对象入党时，必须逐个讨论和表决。

第二十二条　党支部应当及时将支部大会决议写入《中国共产党入党志愿书》，连同本人入党申请书、政治审查材料、培养教育考察材料等，一并报上级党委审批。

支部大会决议主要包括：发展对象的主要表现；应到会和实际到会有表决权的党员人数；表决结果；通过决议的日期；支部书记签名。

第二十三条　预备党员必须由党委（工委，下同）审批。

乡镇（街道）党委所属的基层党委，不能审批预备党员，但应当对支部大会通过接收的预备党员进行审议。

党总支不能审批预备党员，但应当对支部大会通过接收的预备党员进行审议。

除另有规定外，临时党组织不能接收、审批预备党员。

党组不能审批预备党员。

第二十四条　党委审批前，应当指派党委委员或组织员同发展对象谈话，作进一步的了解，并帮助发展对象提高对党的认识。谈话人应当将谈话情况和自己对发展对象能否入党的意见，如实填写在《中国共产党入党志愿书》上，并向党委汇报。

第二十五条　党委审批预备党员，必须集体讨论和表决。

党委主要审议发展对象是否具备党员条件、入党手续是否完备。发展对象符合党员条件、入党手续完备的，批准其为预备党员。党委审批意见写入《中国共产党入党志愿书》，注明预备期的起止时间，并通知报批的党支部。党支部应当及时通知本人并在党员大会上宣布。对未被批准入党的，应当通知党支部和本人，做好思想工作。

党委会审批两个以上的发展对象入党时，应当逐个审议和表决。

第二十六条　党委对党支部上报的接收预备党员的决议，应当在三个月内审批，并报上级党委组织部门备案。如遇特殊情况可适当延长审批时间，但不得超过六个月。

第二十七条　在特殊情况下，党的中央和省、自治区、直辖市委员会可以直接接收党员。

第二十八条　对在中国特色社会主义事业中为党和人民利益英勇献身，事迹突出，在一定范围内有较大影响，生前一贯表现良好并曾向党组织提出过入党要求的人员，可以追认为党员。

追认党员必须严格掌握，由所在单位党组织讨论决定后，经上级党委审查，报省一级党委批准。

第五章　预备党员的教育、考察和转正

第二十九条　党组织应当及时将上级党委批准的

预备党员编入党支部和党小组，对预备党员继续进行教育和考察。

第三十条 预备党员必须面向党旗进行入党宣誓。入党宣誓仪式，一般由基层党委或党支部（党总支）组织进行。

第三十一条 党组织应当通过党的组织生活、听取本人汇报、个别谈心、集中培训、实践锻炼等方式，对预备党员进行教育和考察。

第三十二条 预备党员的预备期为一年。预备期从支部大会通过其为预备党员之日算起。

预备党员预备期满，党支部应当及时讨论其能否转为正式党员。认真履行党员义务、具备党员条件的，应当按期转为正式党员；需要继续考察和教育的，可以延长一次预备期，延长时间不能少于半年，最长不超过一年；不履行党员义务、不具备党员条件的，应当取消其预备党员资格。

预备党员违犯党纪，情节较轻，尚可保留预备党员资格的，应当对其进行批评教育或延长预备期；情节较重的，应当取消其预备党员资格。

预备党员转为正式党员、延长预备期或取消预备党员资格，应当经支部大会讨论通过和上级党组织批准。

第三十三条 预备党员转正的手续是：本人向党支部提出书面转正申请；党小组提出意见；党支部征求党员和群众的意见；支部委员会审查；支部大会讨论、表决通过；报上级党委审批。

讨论预备党员转正的支部大会，对到会人数、赞成人数等要求与讨论接收预备党员的支部大会相同。

第三十四条 党委对党支部上报的预备党员转正的决议，应当在三个月内审批。审批结果应当及时通知党支部。党支部书记应当同本人谈话，并将审批结果在党员大会上宣布。

党员的党龄，从预备期满转为正式党员之日算起。

第三十五条 预备期未满的预备党员工作、学习所在单位（居住地）发生变动，应当及时报告原所在党组织。原所在党组织应当及时将对其培养教育和考察的情况，认真负责地介绍给接收预备党员的党组织。

党组织应当对转入的预备党员的入党材料进行严格审查，对无法认定的预备党员，报县级以上党委组织部门批准，不予承认。

第三十六条 基层党组织对转入的预备党员，在其预备期满时，如认为有必要，可推迟讨论其转正问题，推迟时间不超过六个月。转为正式党员的，其转正时间自预备期满之日算起。

第三十七条 预备党员转正后，党支部应当及时将其《中国共产党入党志愿书》、入党申请书、政治审查材料、转正申请书和培养教育考察材料，交党委存入本人人事档案。无人事档案的，建立党员档案，由所在党委或县级党委组织部门保存。

第六章 发展党员工作的领导和纪律

第三十八条 各级党委应当把发展党员工作列入重要议事日程，纳入党建工作责任制，作为党建工作述职、评议、考核和党务公开的重要内容。

对发展党员工作情况，市（地、州、盟）、县（市、区、旗）党委每半年检查一次，省、自治区、直辖市党委每年检查一次。检查结果及时上报，并向下通报。

重视从青年工人、农民、知识分子中发展党员，优化党员队伍结构。对具备发展党员条件但长期不做发展党员工作的基层党组织，上级党委应当加强指导和督促检查，必要时对其进行组织整顿。

第三十九条 各级党委组织部门每年应当向同级党委和上级党委组织部门报告发展党员工作情况和发展党员工作计划，如实反映带有倾向性的问题和对违反规定发展党员的查处情况。

第四十条 县以上党委及其组织部门应当重视对组织员的选拔、配备和培训，充分发挥他们在发展党员工作中的作用。

第四十一条 各级党组织对发展党员工作中出现的违纪违规问题和不正之风，应当严肃查处。对不坚持标准、不履行程序、超过审批时限和培养考察失职、审查把关不严的党组织及其负责人、直接责任人应当进行批评教育，情节严重的给予纪律处分。典型案例应当及时通报，对违反规定吸收入党的，一律不予承认，并在支部大会上公布。

对采取弄虚作假或其他手段把不符合党员条件的人发展为党员，或为非党员出具党员身份证明的，应当依纪依法严肃处理。

第四十二条 《中国共产党入党志愿书》的式样由中央组织部负责制定，省级党委组织部门按照式样统一印制，并严格管理。

第七章 附 则

第四十三条 本细则由中央组织部负责解释。

第四十四条 本细则自发布之日起施行。《中国共产党发展党员工作细则（试行）》（中组发〔1990〕3号）同时废止。

中共中央办公厅、国务院办公厅印发《关于严禁党政机关到风景名胜区开会的通知》

近日，中共中央办公厅、国务院办公厅印发了《关于严禁党政机关到风景名胜区开会的通知》。全文如下：

1998年中央办公厅、国务院办公厅下发《关于严禁党政机关到风景名胜区开会的通知》以来，各级党政机关到风景名胜区尤其是到中央明令禁止的12个风景名胜区开会现象得到了有效遏制。但是，违规到上述风景名胜区开会问题仍未完全杜绝，到其他热点风景名胜区开会以及在风景名胜区外开会到区内旅游的情况时有发生，有的单位还巧立名目组织公款旅游，损害了党和政府形象，广大干部群众对此反映强烈。为深入贯彻落实中央八项规定精神和《党政机关厉行节约反对浪费条例》，坚决杜绝以会议名义到风景名胜区公款旅游等违规行为，经党中央、国务院同意，现就有关事项通知如下。

一、各级党政机关一律不得到八达岭—十三陵、承德避暑山庄外八庙、五台山、太湖、普陀山、黄山、九华山、武夷山、庐山、泰山、嵩山、武当山、武陵源（张家界）、白云山、桂林漓江、三亚热带海滨、峨眉山—乐山大佛、九寨沟—黄龙、黄果树、西双版纳、华山21个风景名胜区召开会议，禁止召开会议的区域范围以风景名胜区总体规划确定的核心景区地域范围为准。

二、地方各级党政机关的会议一律在本行政区域内召开，不得到其他地区召开；因工作需要确需跨行政区域召开会议的，必须报同级党委、政府批准。风景名胜区核心景区与地方政府主要行政区域高度重合的，当地党政机关应当在机关内部会议场所或定点饭店召开会议。中央和国家机关各部门到京外召开会议的，必须严格执行会议费管理有关规定。

会议主办单位要合理安排会议日程，严格遵守报到、离会时限，严禁超出规定时限为参会人员提供食宿，严禁组织与会议无关的参观、考察等活动。

三、党政机关召开涉及旅游、宗教、林业、地震、气象、生态环保、国土资源以及景区规划等工作的专业性会议，确需到禁止名单中的风景名胜区召开的，应当完善管理制度，从严控制、严格审批。垂直管理单位应当报上一级主管部门批准，其他单位报同级党委、政府批准。

四、严禁各级党政机关以召开会议等名义组织公款旅游。严禁在会议费、培训费、接待费中列支风景名胜区等各类旅游景点门票费、导游费、景区内设施使用费、往返景区交通费等应由个人承担的费用。严禁向下级单位以及旅游景区管理部门、接待服务场所、旅游中介公司等单位转嫁上述费用。严禁违反规定要求旅游景区管理部门、有关企业等单位免除上述费用。

五、财政部门要建立会议经费定期或不定期财政监督检查制度，审计机关要建立会议费经常性审计监督制度，加大审计结果公开力度，必要时对旅游景区管理部门、接待服务场所、会议培训中介机构等单位开展延伸监督检查和审计，防止转嫁费用，并及时将违规违纪线索移交纪检监察机关。

六、本通知适用于各级党的机关、人大机关、行政机关、政协机关、审判机关、检察机关，以及工会、共青团、妇联等人民团体和参照公务员法管理的事业单位。

七、此前有关规定与本通知不一致的，以本通知为准。

中国共产党第十八届中央委员会第四次全体会议公报

（2014年10月23日中国共产党第十八届中央委员会第四次全体会议通过）

中国共产党第十八届中央委员会第四次全体会议，于2014年10月20日至23日在北京举行。

出席这次全会的有，中央委员199人，候补中央委员164人。中央纪律检查委员会常务委员会委员和有关方面负责同志列席了会议。党的十八大代表中部分基层同志和专家学者也列席了会议。

全会由中央政治局主持。中央委员会总书记习近平作了重要讲话。

全会听取和讨论了习近平受中央政治局委托作的工作报告，审议通过了《中共中央关于全面推进依法治国若干重大问题的决定》。习近平就《决定（讨论稿）》向全会作了说明。

全会充分肯定党的十八届三中全会以来中央政治局的工作。一致认为，党的十八届三中全会以来，国际形势错综复杂，国内改革发展任务极为繁重，中央政治局全面贯彻党的十八大和十八届一中、二中、三中全会精神，高举中国特色社会主义伟大旗帜，以邓小平理论、“三个代表”重要思想、科学发展观为指导，深入贯彻习近平总书记系列重要讲话精神，团结带领全党全军全国各族人民，统筹国内国际两个大局，牢牢把握稳中求进工作总基调，保持战略定力，以全面深化改革推动各项工作，注重从思想上、制度上谋划涉及改革发展稳定、内政外交国防、治党治国治军的战略性、全局性、长远性问题。中央政治局适应经济发展新常态，创新宏观调控思路和方式，积极破解经济社会发展难题，着力保障和改善民生，基本完成党的群众路线教育实践活动，坚定不移反对腐败，有效应对各种风险挑战，各方面工作取得新成效，党和国家事业发展打开新局面。

全会高度评价长期以来特别是党的十一届三中全会以来我国社会主义法治建设取得的历史性成就，研究了全面推进依法治国若干重大问题，认为全面建成小康社会、实现中华民族伟大复兴的中国梦，全面深化改革、完善和发展中国特色社会主义制度，提高党的执政能力和执政水平，必须全面推进依法治国。

全会提出，面对新形势新任务，我们党要更好统筹国内国际两个大局，更好维护和运用我国发展的重要战略机遇期，更好统筹社会力量、平衡社会利益、调节社会关系、规范社会行为，使我国社会在深刻变革中既生机勃勃又井然有序，实现经济发展、政治清明、文化昌盛、社会公正、生态良好，实现我国和平发展的战略目标，必须更好发挥法治的引领和规范作用。

全会强调，全面推进依法治国，必须贯彻落实党的十八大和十八届三中全会精神，高举中国特色社会主义伟大旗帜，以马克思列宁主义、毛泽东思想、邓小平理论、“三个代表”重要思想、科学发展观为指导，深入贯彻习近平总书记系列重要讲话精神，坚持党的领导、人民当家作主、依法治国有机统一，坚定不移走中国特色社会主义法治道路，坚决维护宪法法律权威，依法维护人民权益、维护社会公平正义、维护国家安全稳定，为实现“两个一百年”奋斗目标、实现中华民族伟大复兴的中国梦提供有力法治保障。

全会提出，全面推进依法治国，总目标是建设中国特色社会主义法治体系，建设社会主义法治国家。这就是，在中国共产党领导下，坚持中国特色社会主义制度，贯彻中国特色社会主义法治理论，形成完备的法律规范体系、高效的法治实施体系、严密的法治监督体系、有力的法治保障体系，形成完善的党内法规体系，坚持依法治国、依法执政、依法行政共同推进，坚持法治国家、法治政府、法治社会一体建设，实现科学立法、严格执法、公正司法、全民守法，促进国家治理体系和治理能力现代化。实现这个总目标，必须坚持中国共产党的领导，坚持人民主体地位，坚持法律面前人人平等，坚持依法治国和以德治国相结合，坚持从中国实际出发。

全会强调，党的领导是中国特色社会主义最本质的特征，是社会主义法治最根本的保证。把党的领导贯彻到依法治国全过程和各方面，是我国社会主义法治建设的一条基本经验。我国宪法确立了中国共产党的领导地位。坚持党的领导，是社会主义法治的根本要求，是党和国家的根本所在、命脉所在，是全国各族人民的利益所系、幸福所系，是全面推进依法治国的题中应有之义。党的领导和社会主义法治是一致的，社会主义法治必须坚持党的领导，党的领导必须依靠社会主义法治。只有在党的领导下依法治国、厉行法治，人民当家作主才能充分实现，国家和社会生活法治化才能有序推进。依法执政，既要求党依据宪法法律治国理政，也要求党依据党内法规管党治党。

全会明确了全面推进依法治国的重大任务，这就是：完善以宪法为核心的中国特色社会主义法律体系，加强宪法实施；深入推进依法行政，加快建设法治政府；保证公正司法，提高司法公信力；增强全民法治观念，推进法治社会建设；加强法治工作队伍建设；加强和改进党对全面推进依法治国的领导。

全会提出，法律是治国之重器，良法是善治之前提。建设中国特色社会主义法治体系，必须坚持立法先行，发挥立法的引领和推动作用，抓住提高立法质量这个关键。要恪守以民为本、立法为民理念，贯彻社会主义核心价值观，使每一项立法都符合宪法精神、反映人民意志、得到人民拥护。要把公正、公平、公开原则贯穿立法全过程，完善立法体制机制，坚持立改废释并举，增强法律法规的及时性、系统性、针对性、有效性。坚持依法治国首先要坚持依宪治国，坚持依法执政首先要坚持依宪执政。健全宪法实施和监督制度，完善全国人大及其常委会宪法监督制度，健全宪法解释程序机制。完善立法体制，加强党对立法工作的领导，完善党对立法工作中重大问题决策的程序，健全有立法权的人大主导立法工作的体制机制，依法赋予设区的市地方立法权。深入推进科学立法、民主立法，完善立法项目征集和论证制度，健全立法机关主导、社会各方有序参与立法的途径和方式，拓宽公民有序参与立法途径。加强重点领域立法，加快完善体现权利公平、机会公平、规则公平的法律制度，保障公民人身权、财产权、基本政治权利等各项权利不受侵犯，保障公民经济、文化、社会等各方面权利得到落实。实现立法和改革决策相衔接，做到重大改革于法有据、立法主动适应改革和经济社会发展需要。

全会提出，法律的生命力在于实施，法律的权威也在于实施。各级政府必须坚持在党的领导下、在法治轨道上开展工作，加快建设职能科学、权责法定、执法严明、公开公正、廉洁高效、守法诚信的法治政府。依法全面履行政府职能，推进机构、职能、权限、程序、责任法定化，推行政府权力清单制度。健全依法决策机制，把公众参与、专家论证、风险评估、合法性审查、集体讨论决定确定为重大行政决策法定程序，建立行政机关内部重大决策合法性审查机制，建立重大决策终身责任追究制度及责任倒查机制。深化行政执法体制改革，健全行政执法和刑事司法衔接机制。坚持严格规范公正文明执法，依法惩处各类违法行为，加大关系群众切身利益的重点领域执法力度，建立健全行政裁量权基准制度，全面落实行政执法责任制。强化对行政权力的制约和监督，完善纠错问责机制。全面推进政务公开，坚持以公开为常态、不公开为例外原则，推进决策公开、执行公开、管理公开、服务公开、结果公开。

全会提出，公正是法治的生命线。司法公正对社会公正具有重要引领作用，司法不公对社会公正具有致命破坏作用。必须完善司法管理体制和司法权力运行机制，规范司法行为，加强对司法活动的监督，努力让人民群众在每一个司法案件中感受到公平正义。完善确保依法独立公正行使审判权和检察权的制度，建立领导干部干预司法活动、插手具体案件处理的记录、通报和责任追究制度，建立健全司法人员履行法定职责保护机制。优化司法职权配置，推动实行审判权和执行权相分离的体制改革试点，最高人民法院设立巡回法庭，探索设立跨行政区划的人民法院和人民检察院，探索建立检察机关提起公益诉讼制度。推进严格司法，坚持以事实为根据、以法律为准绳，推进以审判为中心的诉讼制度改革，实行办案质量终身负责制和错案责任倒查问责制。保障人民群众参与司法，在司法调解、司法听证、涉诉信访等司法活动中保障人民群众参与，完善人民陪审员制度，构建开放、动态、透明、便民的阳光司法机制。加强人权司法保障。加强对司法活动的监督，完善检察机关行使监督权的法律制度，加强对刑事诉讼、民事诉讼、行政诉讼的法律监督，完善人民监督员制度，绝不允许法外开恩，绝不允许办关系案、人情案、金钱案。

全会提出，法律的权威源自人民的内心拥护和真诚信仰。人民权益要靠法律保障，法律权威要靠人民维护。必须弘扬社会主义法治精神，建设社会主义法治文化，增强全社会厉行法治的积极性和主动性，形成守法光荣、违法可耻的社会氛围，使全体人民都成为社会主义法治的忠实崇尚者、自觉遵守者、坚定捍卫者。推动全社会树立法治意识，深入开展法治宣传教育，把法治教育纳入国民教育体系和精神文明创建内容。推进多层次多领域依法治理，坚持系统治理、依法治理、综合治理、源头治理，深化基层组织和部门、行业依法治理，支持各类社会主体自我约束、自我管理，发挥市民公约、乡规民约、行业规章、团体章程等社会规范在社会治理中的积极作用。建设完备的法律服务体系，推进覆盖城乡居民的公共法律服务体系建设，完善法律援助制度，健全司法救助体系。健全依法维权和化解纠纷机制，建立健全社会矛盾预警机制、利益表达机制、协商沟通机制、救济救助机制，畅通群众利益协调、权益保障法律渠道。完善立体化社会治安防控体系，保障人民生命财产安全。

全会提出，全面推进依法治国，必须大力提高法治工作队伍思想政治素质、业务工作能力、职业道德水准，着力建设一支忠于党、忠于国家、忠于人民、忠于法律的社会主义法治工作队伍。建设高素质法治专门队伍，把思想政治建设摆在首位，加强立法队伍、行政执法队伍、司法队伍建设，畅通立法、执法、司法部门干部和人才相互之间以及与其他部门具备条件的干部和人才交流渠道，推进法治专门队伍正规化、专业化、职业化，完善法律职业准入制度，建立从符合条件的律师、法学专家中招录立法工作者、法官、检察官制度，健全从政法专业毕业生中招录人才的规范便捷机制，完善职业保障体系。加强法律服务队伍建设，增强广大律师走中国特色社会主义法治道路的自觉性和坚定性，构建社会律师、公职律师、公司律师等优势互补、结构合理的律师队伍。创新法治人才培养机制，形成完善的中国特色社会主义法学理论体系、学科体系、课程体系，推动中国特色社会主义法治理论进教材进课堂进头脑，培养造就熟悉和坚持中国特色社会主义法治体系的法治人才及后备力量。

全会强调，党的领导是全面推进依法治国、加快建设社会主义法治国家最根本的保证。必须加强和改进党对法治工作的领导，把党的领导贯彻到全面推进依法治国全过程。坚持依法执政，各级领导干部要带头遵守法律，带头依法办事，不得违法行使权力，更不能以言代法、以权压法、徇私枉法。健全党领导依法治国的制度和工作机制，完善保证党确定依法治国方针政策和决策部署的工作机制和程序，加强对全面推进依法治国统一领导、统一部署、统筹协调，完善党委依法决策机制。各级人大、政府、政协、审判机关、检察机关的党组织要领导和监督本单位模范遵守宪法法律，坚决查处执法犯法、违法用权等行为。加强党内法规制度建设，完善党内法规制定体制机制，形成配套完备的党内法规制度体系，运用党内法规把党要管党、从严治党落到实处，促进党员、干部带头遵守国家法律法规。提高党员干部法治思维和依法办事能力，把法治建设成效作为衡量各级领导班子和领导干部工作实绩重要内容、纳入政绩考核指标体系，把能不能遵守法律、依法办事作为考察干部重要内容。推进基层治理法治化，发挥基层党组织在全面推进依法治国中的战斗堡垒作用，建立重心下移、力量下沉的法治工作机制。深入推进依法治军、从严治军，紧紧围绕党在新形势下的强军目标，构建完善的中国特色军事法治体系，提高国防和军队建设法治化水平。依法保障“一国两制”实践和推进祖国统一，保持香港、澳门长期繁荣稳定，推进祖国和平统一，依法保护港澳同胞、台湾同胞权益。加强涉外法律工作，运用法律手段维护我国主权、安全、发展利益，维护我国公民、法人在海外及外国公民、法人在我国的正当权益。

全会分析了当前形势和任务，强调全党同志要把思想和行动统一到中央关于全面深化改革、全面推进依法治国重大决策部署上来，审时度势、居安思危，既要有抓住和用好重要战略机遇期推进改革发展的战略定力，又要敏锐把握国内外环境的变化，以钉钉子精神，继续做好保持经济持续健康发展工作，继续做好改善和保障民生特别是帮扶困难群众工作，继续做好作风整改工作，继续做好从严治党工作，继续做好保持社会和谐稳定工作，为明年开局打好基础。

全会按照党章规定，决定递补中央委员会候补委员马建堂、王作安、毛万春为中央委员会委员。

全会审议并通过了中共中央纪律检查委员会关于李东生、蒋洁敏、王永春、李春城、万庆良严重违纪问题的审查报告，审议并通过了中共中央军事委员会纪律检查委员会关于杨金山严重违纪问题的审查报告，确认中央政治局之前作出的给予李东生、蒋洁敏、杨金山、王永春、李春城、万庆良开除党籍的处分。

全会号召，全党同志和全国各族人民紧密团结在以习近平同志为总书记的党中央周围，高举中国特色社会主义伟大旗帜，积极投身全面推进依法治国伟大实践，开拓进取，扎实工作，为建设法治中国而奋斗！

中共中央关于全面推进依法治国若干重大问题的决定

（2014年10月23日中国共产党第十八届中央委员会第四次全体会议通过）

为贯彻落实党的十八大作出的战略部署，加快建设社会主义法治国家，十八届中央委员会第四次全体会议研究了全面推进依法治国若干重大问题，作出如下决定。

一、坚持走中国特色社会主义法治道路，建设中国特色社会主义法治体系

依法治国，是坚持和发展中国特色社会主义的本质要求和重要保障，是实现国家治理体系和治理能力现代化的必然要求，事关我们党执政兴国，事关人民幸福安康，事关党和国家长治久安。

全面建成小康社会、实现中华民族伟大复兴的中国梦，全面深化改革、完善和发展中国特色社会主义制度，提高党的执政能力和执政水平，必须全面推进依法治国。

我国正处于社会主义初级阶段，全面建成小康社会进入决定性阶段，改革进入攻坚期和深水区，国际形势复杂多变，我们党面对的改革发展稳定任务之重前所未有、矛盾风险挑战之多前所未有，依法治国在党和国家工作全局中的地位更加突出、作用更加重大。面对新形势新任务，我们党要更好统筹国内国际两个大局，更好维护和运用我国发展的重要战略机遇期，更好统筹社会力量、平衡社会利益、调节社会关系、规范社会行为，使我国社会在深刻变革中既生机勃勃又井然有序，实现经济发展、政治清明、文化昌盛、社会公正、生态良好，实现我国和平发展的战略目标，必须更好发挥法治的引领和规范作用。

我们党高度重视法治建设。长期以来，特别是党的十一届三中全会以来，我们党深刻总结我国社会主义法治建设的成功经验和深刻教训，提出为了保障人民民主，必须加强法治，必须使民主制度化、法律化，把依法治国确定为党领导人民治理国家的基本方略，把依法执政确定为党治国理政的基本方式，积极建设社会主义法治，取得历史性成就。目前，中国特色社会主义法律体系已经形成，法治政府建设稳步推进，

司法体制不断完善，全社会法治观念明显增强。

同时，必须清醒看到，同党和国家事业发展要求相比，同人民群众期待相比，同推进国家治理体系和治理能力现代化目标相比，法治建设还存在许多不适应、不符合的问题，主要表现为：有的法律法规未能全面反映客观规律和人民意愿，针对性、可操作性不强，立法工作中部门化倾向、争权诿责现象较为突出；有法不依、执法不严、违法不究现象比较严重，执法体制权责脱节、多头执法、选择性执法现象仍然存在，执法司法不规范、不严格、不透明、不文明现象较为突出，群众对执法司法不公和腐败问题反映强烈；部分社会成员尊法信法守法用法、依法维权意识不强，一些国家工作人员特别是领导干部依法办事观念不强、能力不足，知法犯法、以言代法、以权压法、徇私枉法现象依然存在。这些问题，违背社会主义法治原则，损害人民群众利益，妨碍党和国家事业发展，必须下大气力加以解决。

全面推进依法治国，必须贯彻落实党的十八大和十八届三中全会精神，高举中国特色社会主义伟大旗帜，以马克思列宁主义、毛泽东思想、邓小平理论、“三个代表”重要思想、科学发展观为指导，深入贯彻习近平总书记系列重要讲话精神，坚持党的领导、人民当家作主、依法治国有机统一，坚定不移走中国特色社会主义法治道路，坚决维护宪法法律权威，依法维护人民权益、维护社会公平正义、维护国家安全稳定，为实现“两个一百年”奋斗目标、实现中华民族伟大复兴的中国梦提供有力法治保障。

全面推进依法治国，总目标是建设中国特色社会主义法治体系，建设社会主义法治国家。这就是，在中国共产党领导下，坚持中国特色社会主义制度，贯彻中国特色社会主义法治理论，形成完备的法律规范体系、高效的法治实施体系、严密的法治监督体系、有力的法治保障体系，形成完善的党内法规体系，坚持依法治国、依法执政、依法行政共同推进，坚持法治国家、法治政府、法治社会一体建设，实现科学立法、严格执法、公正司法、全民守法，促进国家治理体系和治理能力现代化。

实现这个总目标，必须坚持以下原则。

——坚持中国共产党的领导。党的领导是中国特色社会主义最本质的特征，是社会主义法治最根本的保证。把党的领导贯彻到依法治国全过程和各方面，是我国社会主义法治建设的一条基本经验。我国宪法确立了中国共产党的领导地位。坚持党的领导，是社会主义法治的根本要求，是党和国家的根本所在、命脉所在，是全国各族人民的利益所系、幸福所系，是全面推进依法治国的题中应有之义。党的领导和社会主义法治是一致的，社会主义法治必须坚持党的领导，党的领导必须依靠社会主义法治。只有在党的领导下依法治国、厉行法治，人民当家作主才能充分实现，国家和社会生活法治化才能有序推进。依法执政，既要求党依据宪法法律治国理政，也要求党依据党内法规管党治党。必须坚持党领导立法、保证执法、支持司法、带头守法，把依法治国基本方略同依法执政基本方式统一起来，把党总揽全局、协调各方同人大、政府、政协、审判机关、检察机关依法依章程履行职能、开展工作统一起来，把党领导人民制定和实施宪法法律同党坚持在宪法法律范围内活动统一起来，善于使党的主张通过法定程序成为国家意志，善于使党组织推荐的人选通过法定程序成为国家政权机关的领导人员，善于通过国家政权机关实施党对国家和社会的领导，善于运用民主集中制原则维护中央权威、维护全党全国团结统一。

——坚持人民主体地位。人民是依法治国的主体和力量源泉，人民代表大会制度是保证人民当家作主的根本政治制度。必须坚持法治建设为了人民、依靠人民、造福人民、保护人民，以保障人民根本权益为出发点和落脚点，保证人民依法享有广泛的权利和自由、承担应尽的义务，维护社会公平正义，促进共同富裕。必须保证人民在党的领导下，依照法律规定，通过各种途径和形式管理国家事务，管理经济文化事业，管理社会事务。必须使人民认识到法律既是保障自身权利的有力武器，也是必须遵守的行为规范，增强全社会学法尊法守法用法意识，使法律为人民所掌握、所遵守、所运用。

——坚持法律面前人人平等。平等是社会主义法律的基本属性。任何组织和个人都必须尊重宪法法律权威，都必须在宪法法律范围内活动，都必须依照宪法法律行使权力或权利、履行职责或义务，都不得有超越宪法法律的特权。必须维护国家法制统一、尊严、权威，切实保证宪法法律有效实施，绝不允许任何人以任何借口任何形式以言代法、以权压法、徇私枉法。必须以规范和约束公权力为重点，加大监督力度，做到有权必有责、用权受监督、违法必追究，坚决纠正有法不依、执法不严、违法不究行为。

——坚持依法治国和以德治国相结合。国家和社会治理需要法律和道德共同发挥作用。必须坚持一手抓法治、一手抓德治，大力弘扬社会主义核心价值观，弘扬中华传统美德，培育社会公德、职业道德、家庭美德、个人品德，既重视发挥法律的规范作用，又重视发挥道德的教化作用，以法治体现道德理念、强化法律对道德建设的促进作用，以道德滋养法治精神、强化道德对法治文化的支撑作用，实现法律和道德相辅相成、法治和德治相得益彰。

——坚持从中国实际出发。中国特色社会主义道路、理论体系、制度是全面推进依法治国的根本遵循。必须从我国基本国情出发，同改革开放不断深化相适应，总结和运用党领导人民实行法治的成功经验，围绕社会主义法治建设重大理论和实践问题，推进法治理论创新，发展符合中国实际、具有中国特色、体现社会发展规律的社会主义法治理论，为依法治国提供理论指导和学理支撑。汲取中华法律文化精华，借鉴国外法治有益经验，但决不照搬外国法治理念和模式。

全面推进依法治国是一个系统工程，是国家治理领域一场广泛而深刻的革命，需要付出长期艰苦努力。全党同志必须更加自觉地坚持依法治国、更加扎实地推进依法治国，努力实现国家各项工作法治化，向着建设法治中国不断前进。

二、完善以宪法为核心的中国特色社会主义法律体系，加强宪法实施

法律是治国之重器，良法是善治之前提。建设中国特色社会主义法治体系，必须坚持立法先行，发挥立法的引领和推动作用，抓住提高立法质量这个关键。要恪守以民为本、立法为民理念，贯彻社会主义核心价值观，使每一项立法都符合宪法精神、反映人民意志、得到人民拥护。要把公正、公平、公开原则贯穿立法全过程，完善立法体制机制，坚持立改废释并举，增强法律法规的及时性、系统性、针对性、有效性。

（一）健全宪法实施和监督制度。宪法是党和人民意志的集中体现，是通过科学民主程序形成的根本法。坚持依法治国首先要坚持依宪治国，坚持依法执政首先要坚持依宪执政。全国各族人民、一切国家机关和武装力量、各政党和各社会团体、各企业事业组织，都必须以宪法为根本的活动准则，并且负有维护宪法尊严、保证宪法实施的职责。一切违反宪法的行为都必须予以追究和纠正。

完善全国人大及其常委会宪法监督制度，健全宪法解释程序机制。加强备案审查制度和能力建设，把所有规范性文件纳入备案审查范围，依法撤销和纠正违宪违法的规范性文件，禁止地方制发带有立法性质的文件。

将每年十二月四日定为国家宪法日。在全社会普遍开展宪法教育，弘扬宪法精神。建立宪法宣誓制度，凡经人大及其常委会选举或者决定任命的国家工作人员正式就职时公开向宪法宣誓。

（二）完善立法体制。加强党对立法工作的领导，完善党对立法工作中重大问题决策的程序。凡立法涉及重大体制和重大政策调整的，必须报党中央讨论决定。党中央向全国人大提出宪法修改建议，依照宪法规定的程序进行宪法修改。法律制定和修改的重大问题由全国人大常委会党组向党中央报告。

健全有立法权的人大主导立法工作的体制机制，发挥人大及其常委会在立法工作中的主导作用。建立由全国人大相关专门委员会、全国人大常委会法制工作委员会组织有关部门参与起草综合性、全局性、基础性等重要法律草案制度。增加有法治实践经验的专职常委比例。依法建立健全专门委员会、工作委员会立法专家顾问制度。

加强和改进政府立法制度建设，完善行政法规、规章制定程序，完善公众参与政府立法机制。重要行政管理法律法规由政府法制机构组织起草。

明确立法权力边界，从体制机制和工作程序上有效防止部门利益和地方保护主义法律化。对部门间争议较大的重要立法事项，由决策机关引入第三方评估，充分听取各方意见，协调决定，不能久拖不决。加强法律解释工作，及时明确法律规定含义和适用法律依据。明确地方立法权限和范围，依法赋予设区的市地方立法权。

（三）深入推进科学立法、民主立法。加强人大对立法工作的组织协调，健全立法起草、论证、协调、审议机制，健全向下级人大征询立法意见机制，建立基层立法联系点制度，推进立法精细化。健全法律法规规章起草征求人大代表意见制度，增加人大代表列席人大常委会会议人数，更多发挥人大代表参与起草和修改法律作用。完善立法项目征集和论证制度。健全立法机关主导、社会各方有序参与立法的途径和方式。探索委托第三方起草法律法规草案。

健全立法机关和社会公众沟通机制，开展立法协商，充分发挥政协委员、民主党派、工商联、无党派人士、人民团体、社会组织在立法协商中的作用，探索建立有关国家机关、社会团体、专家学者等对立法中涉及的重大利益调整论证咨询机制。拓宽公民有序参与立法途径，健全法律法规规章草案公开征求意见和公众意见采纳情况反馈机制，广泛凝聚社会共识。

完善法律草案表决程序，对重要条款可以单独表决。

（四）加强重点领域立法。依法保障公民权利，加快完善体现权利公平、机会公平、规则公平的法律制度，保障公民人身权、财产权、基本政治权利等各项权利不受侵犯，保障公民经济、文化、社会等各方面

权利得到落实，实现公民权利保障法治化。增强全社会尊重和保障人权意识，健全公民权利救济渠道和方式。

社会主义市场经济本质上是法治经济。使市场在资源配置中起决定性作用和更好发挥政府作用，必须以保护产权、维护契约、统一市场、平等交换、公平竞争、有效监管为基本导向，完善社会主义市场经济法律制度。健全以公平为核心原则的产权保护制度，加强对各种所有制经济组织和自然人财产权的保护，清理有违公平的法律法规条款。创新适应公有制多种实现形式的产权保护制度，加强对国有、集体资产所有权、经营权和各类企业法人财产权的保护。国家保护企业以法人财产权依法自主经营、自负盈亏，企业有权拒绝任何组织和个人无法律依据的要求。加强企业社会责任立法。完善激励创新的产权制度、知识产权保护制度和促进科技成果转化的体制机制。加强市场法律制度建设，编纂民法典，制定和完善发展规划、投资管理、土地管理、能源和矿产资源、农业、财政税收、金融等方面法律法规，促进商品和要素自由流动、公平交易、平等使用。依法加强和改善宏观调控、市场监管，反对垄断，促进合理竞争，维护公平竞争的市场秩序。加强军民融合深度发展法治保障。

制度化、规范化、程序化是社会主义民主政治的根本保障。以保障人民当家作主为核心，坚持和完善人民代表大会制度，坚持和完善中国共产党领导的多党合作和政治协商制度、民族区域自治制度以及基层群众自治制度，推进社会主义民主政治法治化。加强社会主义协商民主制度建设，推进协商民主广泛多层制度化发展，构建程序合理、环节完整的协商民主体系。完善和发展基层民主制度，依法推进基层民主和行业自律，实行自我管理、自我服务、自我教育、自我监督。完善国家机构组织法，完善选举制度和工作机制。加快推进反腐败国家立法，完善惩治和预防腐败体系，形成不敢腐、不能腐、不想腐的有效机制，坚决遏制和预防腐败现象。完善惩治贪污贿赂犯罪法律制度，把贿赂犯罪对象由财物扩大为财物和其他财产性利益。

建立健全坚持社会主义先进文化前进方向、遵循文化发展规律、有利于激发文化创造活力、保障人民基本文化权益的文化法律制度。制定公共文化服务保障法，促进基本公共文化服务标准化、均等化。制定文化产业促进法，把行之有效的文化经济政策法定化，健全促进社会效益和经济效益有机统一的制度规范。制定国家勋章和国家荣誉称号法，表彰有突出贡献的杰出人士。加强互联网领域立法，完善网络信息服务、网络安全保护、网络社会管理等方面的法律法规，依法规范网络行为。

加快保障和改善民生、推进社会治理体制创新法律制度建设。依法加强和规范公共服务，完善教育、就业、收入分配、社会保障、医疗卫生、食品安全、扶贫、慈善、社会救助和妇女儿童、老年人、残疾人合法权益保护等方面的法律法规。加强社会组织立法，规范和引导各类社会组织健康发展。制定社区矫正法。

贯彻落实总体国家安全观，加快国家安全法治建设，抓紧出台反恐怖等一批急需法律，推进公共安全法治化，构建国家安全法律制度体系。

用严格的法律制度保护生态环境，加快建立有效约束开发行为和促进绿色发展、循环发展、低碳发展的生态文明法律制度，强化生产者环境保护的法律责任，大幅度提高违法成本。建立健全自然资源产权法律制度，完善国土空间开发保护方面的法律制度，制定完善生态补偿和土壤、水、大气污染防治及海洋生态环境保护等法律法规，促进生态文明建设。

实现立法和改革决策相衔接，做到重大改革于法有据、立法主动适应改革和经济社会发展需要。实践证明行之有效的，要及时上升为法律。实践条件还不成熟、需要先行先试的，要按照法定程序作出授权。对不适应改革要求的法律法规，要及时修改和废止。

三、深入推进依法行政，加快建设法治政府

法律的生命力在于实施，法律的权威也在于实施。各级政府必须坚持在党的领导下、在法治轨道上开展工作，创新执法体制，完善执法程序，推进综合执法，严格执法责任，建立权责统一、权威高效的依法行政体制，加快建设职能科学、权责法定、执法严明、公开公正、廉洁高效、守法诚信的法治政府。

（一）依法全面履行政府职能。完善行政组织和行政程序法律制度，推进机构、职能、权限、程序、责任法定化。行政机关要坚持法定职责必须为、法无授权不可为，勇于负责、敢于担当，坚决纠正不作为、乱作为，坚决克服懒政、怠政，坚决惩处失职、渎职。行政机关不得法外设定权力，没有法律法规依据不得作出减损公民、法人和其他组织合法权益或者增加其义务的决定。推行政府权力清单制度，坚决消除权力设租寻租空间。

推进各级政府事权规范化、法律化，完善不同层级政府特别是中央和地方政府事权法律制度，强化中央政府宏观管理、制度设定职责和必要的执法权，强化省级政府统筹推进区域内基本公共服务均等化职责，

强化市县政府执行职责。

（二）健全依法决策机制。把公众参与、专家论证、风险评估、合法性审查、集体讨论决定确定为重大行政决策法定程序，确保决策制度科学、程序正当、过程公开、责任明确。建立行政机关内部重大决策合法性审查机制，未经合法性审查或经审查不合法的，不得提交讨论。

积极推行政府法律顾问制度，建立政府法制机构人员为主体、吸收专家和律师参加的法律顾问队伍，保证法律顾问在制定重大行政决策、推进依法行政中发挥积极作用。

建立重大决策终身责任追究制度及责任倒查机制，对决策严重失误或者依法应该及时作出决策但久拖不决造成重大损失、恶劣影响的，严格追究行政首长、负有责任的其他领导人员和相关责任人员的法律责任。

（三）深化行政执法体制改革。根据不同层级政府的事权和职能，按照减少层次、整合队伍、提高效率的原则，合理配置执法力量。

推进综合执法，大幅减少市县两级政府执法队伍种类，重点在食品药品安全、工商质检、公共卫生、安全生产、文化旅游、资源环境、农林水利、交通运输、城乡建设、海洋渔业等领域内推行综合执法，有条件的领域可以推行跨部门综合执法。

完善市县两级政府行政执法管理，加强统一领导和协调。理顺行政强制执行体制。理顺城管执法体制，加强城市管理综合执法机构建设，提高执法和服务水平。

严格实行行政执法人员持证上岗和资格管理制度，未经执法资格考试合格，不得授予执法资格，不得从事执法活动。严格执行罚缴分离和收支两条线管理制度，严禁收费罚没收入同部门利益直接或者变相挂钩。

健全行政执法和刑事司法衔接机制，完善案件移送标准和程序，建立行政执法机关、公安机关、检察机关、审判机关信息共享、案情通报、案件移送制度，坚决克服有案不移、有案难移、以罚代刑现象，实现行政处罚和刑事处罚无缝对接。

（四）坚持严格规范公正文明执法。依法惩处各类违法行为，加大关系群众切身利益的重点领域执法力度。完善执法程序，建立执法全过程记录制度。明确具体操作流程，重点规范行政许可、行政处罚、行政强制、行政征收、行政收费、行政检查等执法行为。严格执行重大执法决定法制审核制度。

建立健全行政裁量权基准制度，细化、量化行政裁量标准，规范裁量范围、种类、幅度。加强行政执法信息化建设和信息共享，提高执法效率和规范化水平。

全面落实行政执法责任制，严格确定不同部门及机构、岗位执法人员执法责任和责任追究机制，加强执法监督，坚决排除对执法活动的干预，防止和克服地方和部门保护主义，惩治执法腐败现象。

（五）强化对行政权力的制约和监督。加强党内监督、人大监督、民主监督、行政监督、司法监督、审计监督、社会监督、舆论监督制度建设，努力形成科学有效的权力运行制约和监督体系，增强监督合力和实效。

加强对政府内部权力的制约，是强化对行政权力制约的重点。对财政资金分配使用、国有资产监管、政府投资、政府采购、公共资源转让、公共工程建设等权力集中的部门和岗位实行分事行权、分岗设权、分级授权，定期轮岗，强化内部流程控制，防止权力滥用。完善政府内部层级监督和专门监督，改进上级机关对下级机关的监督，建立常态化监督制度。完善纠错问责机制，健全责令公开道歉、停职检查、引咎辞职、责令辞职、罢免等问责方式和程序。

完善审计制度，保障依法独立行使审计监督权。对公共资金、国有资产、国有资源和领导干部履行经济责任情况实行审计全覆盖。强化上级审计机关对下级审计机关的领导。探索省以下地方审计机关人财物统一管理。推进审计职业化建设。

（六）全面推进政务公开。坚持以公开为常态、不公开为例外原则，推进决策公开、执行公开、管理公开、服务公开、结果公开。各级政府及其工作部门依据权力清单，向社会全面公开政府职能、法律依据、实施主体、职责权限、管理流程、监督方式等事项。重点推进财政预算、公共资源配置、重大建设项目批准和实施、社会公益事业建设等领域的政府信息公开。

涉及公民、法人或其他组织权利和义务的规范性文件，按照政府信息公开要求和程序予以公布。推行行政执法公示制度。推进政务公开信息化，加强互联网政务信息数据服务平台和便民服务平台建设。

四、保证公正司法，提高司法公信力

公正是法治的生命线。司法公正对社会公正具有重要引领作用，司法不公对社会公正具有致命破坏作用。必须完善司法管理体制和司法权力运行机制，规范司法行为，加强对司法活动的监督，努力让人民群众在每一个司法案件中感受到公平正义。

（一）完善确保依法独立公正行使审判权和检察权的制度。各级党政机关和领导干部要支持法院、检察院依法独立公正行使职权。建立领导干部干预司法活动、插手具体案件处理的记录、通报和责任追究制度。

任何党政机关和领导干部都不得让司法机关做违反法定职责、有碍司法公正的事情，任何司法机关都不得执行党政机关和领导干部违法干预司法活动的要求。对干预司法机关办案的，给予党纪政纪处分；造成冤假错案或者其他严重后果的，依法追究刑事责任。

健全行政机关依法出庭应诉、支持法院受理行政案件、尊重并执行法院生效裁判的制度。完善惩戒妨碍司法机关依法行使职权、拒不执行生效裁判和决定、藐视法庭权威等违法犯罪行为的法律规定。

建立健全司法人员履行法定职责保护机制。非因法定事由，非经法定程序，不得将法官、检察官调离、辞退或者作出免职、降级等处分。

（二）*优化司法职权配置*。健全公安机关、检察机关、审判机关、司法行政机关各司其职，侦查权、检察权、审判权、执行权相互配合、相互制约的体制机制。

完善司法体制，推动实行审判权和执行权相分离的体制改革试点。完善刑罚执行制度，统一刑罚执行体制。改革司法机关人财物管理体制，探索实行法院、检察院司法行政事务管理权和审判权、检察权相分离。

最高人民法院设立巡回法庭，审理跨行政区域重大行政和民商事案件。探索设立跨行政区划的人民法院和人民检察院，办理跨地区案件。完善行政诉讼体制机制，合理调整行政诉讼案件管辖制度，切实解决行政诉讼立案难、审理难、执行难等突出问题。

改革法院案件受理制度，变立案审查制为立案登记制，对人民法院依法应该受理的案件，做到有案必立、有诉必理，保障当事人诉权。加大对虚假诉讼、恶意诉讼、无理缠诉行为的惩治力度。完善刑事诉讼中认罪认罚从宽制度。

完善审级制度，一审重在解决事实认定和法律适用，二审重在解决事实法律争议、实现二审终审，再审重在解决依法纠错、维护裁判权威。完善对涉及公民人身、财产权益的行政强制措施实行司法监督制度。检察机关在履行职责中发现行政机关违法行使职权或者不行使职权的行为，应该督促其纠正。探索建立检察机关提起公益诉讼制度。

明确司法机关内部各层级权限，健全内部监督制约机制。司法机关内部人员不得违反规定干预其他人员正在办理的案件，建立司法机关内部人员过问案件的记录制度和责任追究制度。完善主审法官、合议庭、主任检察官、主办侦查员办案责任制，落实谁办案谁负责。

加强职务犯罪线索管理，健全受理、分流、查办、信息反馈制度，明确纪检监察和刑事司法办案标准和程序衔接，依法严格查办职务犯罪案件。

（三）*推进严格司法*。坚持以事实为根据、以法律为准绳，健全事实认定符合客观真相、办案结果符合实体公正、办案过程符合程序公正的法律制度。加强和规范司法解释和案例指导，统一法律适用标准。

推进以审判为中心的诉讼制度改革，确保侦查、审查起诉的案件事实证据经得起法律的检验。全面贯彻证据裁判规则，严格依法收集、固定、保存、审查、运用证据，完善证人、鉴定人出庭制度，保证庭审在查明事实、认定证据、保护诉权、公正裁判中发挥决定性作用。

明确各类司法人员工作职责、工作流程、工作标准，实行办案质量终身负责制和错案责任倒查问责制，确保案件处理经得起法律和历史检验。

（四）*保障人民群众参与司法*。坚持人民司法为人民，依靠人民推进公正司法，通过公正司法维护人民权益。在司法调解、司法听证、涉诉信访等司法活动中保障人民群众参与。完善人民陪审员制度，保障公民陪审权利，扩大参审范围，完善随机抽选方式，提高人民陪审制度公信度。逐步实行人民陪审员不再审理法律适用问题，只参与审理事实认定问题。

构建开放、动态、透明、便民的阳光司法机制，推进审判公开、检务公开、警务公开、狱务公开，依法及时公开执法司法依据、程序、流程、结果和生效法律文书，杜绝暗箱操作。加强法律文书释法说理，建立生效法律文书统一上网和公开查询制度。

（五）*加强人权司法保障*。强化诉讼过程中当事人和其他诉讼参与人的知情权、陈述权、辩护辩论权、申请权、申诉权的制度保障。健全落实罪刑法定、疑罪从无、非法证据排除等法律原则的法律制度。完善对限制人身自由司法措施和侦查手段的司法监督，加强对刑讯逼供和非法取证的源头预防，健全冤假错案有效防范、及时纠正机制。

切实解决执行难，制定强制执行法，规范查封、扣押、冻结、处理涉案财物的司法程序。加快建立失信被执行人信用监督、威慑和惩戒法律制度。依法保障胜诉当事人及时实现权益。

落实终审和诉讼终结制度，实行诉访分离，保障当事人依法行使申诉权利。对不服司法机关生效裁判、决定的申诉，逐步实行由律师代理制度。对聘不起律师的申诉人，纳入法律援助范围。

（六）*加强对司法活动的监督*。完善检察机关行使监督权的法律制度，加强对刑事诉讼、民事诉讼、行政诉讼的法律监督。完善人民监督员制度，重点监督检察机关查办职务犯罪的立案、羁押、扣押冻结财物、起诉等环节的执法活动。司法机关要及时回应社会关切。规范媒体对案件的报道，防止舆论影响司法公正。

依法规范司法人员与当事人、律师、特殊关系人、中介组织的接触、交往行为。严禁司法人员私下接触当事人及律师、泄露或者为其打探案情、接受吃请或者收受其财物、为律师介绍代理和辩护业务等违法违纪行为，坚决惩治司法掮客行为，防止利益输送。

对因违法违纪被开除公职的司法人员、吊销执业证书的律师和公证员，终身禁止从事法律职业，构成犯罪的要依法追究刑事责任。

坚决破除各种潜规则，绝不允许法外开恩，绝不允许办关系案、人情案、金钱案。坚决反对和克服特权思想、衙门作风、霸道作风，坚决反对和惩治粗暴执法、野蛮执法行为。对司法领域的腐败零容忍，坚决清除害群之马。

五、增强全民法治观念，推进法治社会建设

法律的权威源自人民的内心拥护和真诚信仰。人民权益要靠法律保障，法律权威要靠人民维护。必须弘扬社会主义法治精神，建设社会主义法治文化，增强全社会厉行法治的积极性和主动性，形成守法光荣、违法可耻的社会氛围，使全体人民都成为社会主义法治的忠实崇尚者、自觉遵守者、坚定捍卫者。

（一）推动全社会树立法治意识。坚持把全民普法和守法作为依法治国的长期基础性工作，深入开展法治宣传教育，引导全民自觉守法、遇事找法、解决问题靠法。坚持把领导干部带头学法、模范守法作为树立法治意识的关键，完善国家工作人员学法用法制度，把宪法法律列入党委（党组）中心组学习内容，列为党校、行政学院、干部学院、社会主义学院必修课。把法治教育纳入国民教育体系，从青少年抓起，在中小学设立法治知识课程。

健全普法宣传教育机制，各级党委和政府要加强对普法工作的领导，宣传、文化、教育部门和人民团体要在普法教育中发挥职能作用。实行国家机关“谁执法谁普法”的普法责任制，建立法官、检察官、行政执法人员、律师等以案释法制度，加强普法讲师团、普法志愿者队伍建设。把法治教育纳入精神文明创建内容，开展群众性法治文化活动，健全媒体公益普法制度，加强新媒体新技术在普法中的运用，提高普法实效。

牢固树立有权力就有责任、有权利就有义务观念。加强社会诚信建设，健全公民和组织守法信用记录，完善守法诚信褒奖机制和违法失信行为惩戒机制，使尊法守法成为全体人民共同追求和自觉行动。

加强公民道德建设，弘扬中华优秀传统文化，增强法治的道德底蕴，强化规则意识，倡导契约精神，弘扬公序良俗。发挥法治在解决道德领域突出问题中的作用，引导人们自觉履行法定义务、社会责任、家庭责任。

（二）推进多层次多领域依法治理。坚持系统治理、依法治理、综合治理、源头治理，提高社会治理法治化水平。深入开展多层次多形式法治创建活动，深化基层组织和部门、行业依法治理，支持各类社会主体自我约束、自我管理。发挥市民公约、乡规民约、行业规章、团体章程等社会规范在社会治理中的积极作用。

发挥人民团体和社会组织在法治社会建设中的积极作用。建立健全社会组织参与社会事务、维护公共利益、救助困难群众、帮教特殊人群、预防违法犯罪的机制和制度化渠道。支持行业协会商会类社会组织发挥行业自律和专业服务功能。发挥社会组织对其成员的行为导引、规则约束、权益维护作用。加强在华境外非政府组织管理，引导和监督其依法开展活动。

高举民族大团结旗帜，依法妥善处置涉及民族、宗教等因素的社会问题，促进民族关系、宗教关系和谐。

（三）建设完备的法律服务体系。推进覆盖城乡居民的公共法律服务体系建设，加强民生领域法律服务。完善法律援助制度，扩大援助范围，健全司法救助体系，保证人民群众在遇到法律问题或者权利受到侵害时获得及时有效法律帮助。

发展律师、公证等法律服务业，统筹城乡、区域法律服务资源，发展涉外法律服务业。健全统一司法鉴定管理体制。

（四）健全依法维权和化解纠纷机制。强化法律在维护群众权益、化解社会矛盾中的权威地位，引导和支持人们理性表达诉求、依法维护权益，解决好群众最关心最直接最现实的利益问题。

构建对维护群众利益具有重大作用的制度体系，建立健全社会矛盾预警机制、利益表达机制、协商沟通机制、救济救助机制，畅通群众利益协调、权益保障法律渠道。把信访纳入法治化轨道，保障合理合法诉求依照法律规定和程序就能得到合理合法的结果。

健全社会矛盾纠纷预防化解机制，完善调解、仲裁、行政裁决、行政复议、诉讼等有机衔接、相互协调的多元化纠纷解决机制。加强行业性、专业性人民调解组织建设，完善人民调解、行政调解、司法调解联动工作体系。完善仲裁制度，提高仲裁公信力。健

全行政裁决制度，强化行政机关解决同行政管理活动密切相关的民事纠纷功能。

深入推进社会治安综合治理，健全落实领导责任制。完善立体化社会治安防控体系，有效防范化解管控影响社会安定的问题，保障人民生命财产安全。依法严厉打击暴力恐怖、涉黑犯罪、邪教和黄赌毒等违法犯罪活动，绝不允许其形成气候。依法强化危害食品药品安全、影响安全生产、损害生态环境、破坏网络安全等重点问题治理。

六、加强法治工作队伍建设

全面推进依法治国，必须大力提高法治工作队伍思想政治素质、业务工作能力、职业道德水准，着力建设一支忠于党、忠于国家、忠于人民、忠于法律的社会主义法治工作队伍，为加快建设社会主义法治国家提供强有力的组织和人才保障。

（一）建设高素质法治专门队伍。把思想政治建设摆在首位，加强理想信念教育，深入开展社会主义核心价值观和社会主义法治理念教育，坚持党的事业、人民利益、宪法法律至上，加强立法队伍、行政执法队伍、司法队伍建设。抓住立法、执法、司法机关各级领导班子建设这个关键，突出政治标准，把善于运用法治思维和法治方式推动工作的人选拔到领导岗位上来。畅通立法、执法、司法部门干部和人才相互之间以及与其他部门具备条件的干部和人才交流渠道。

推进法治专门队伍正规化、专业化、职业化，提高职业素养和专业水平。完善法律职业准入制度，健全国家统一法律职业资格考试制度，建立法律职业人员统一职前培训制度。建立从符合条件的律师、法学专家中招录立法工作者、法官、检察官制度，畅通具备条件的军队转业干部进入法治专门队伍的通道，健全从政法专业毕业生中招录人才的规范便捷机制。加强边疆地区、民族地区法治专门队伍建设。加快建立符合职业特点的法治工作人员管理制度，完善职业保障体系，建立法官、检察官、人民警察专业职务序列及工资制度。

建立法官、检察官逐级遴选制度。初任法官、检察官由高级人民法院、省级人民检察院统一招录，一律在基层法院、检察院任职。上级人民法院、人民检察院的法官、检察官一般从下一级人民法院、人民检察院的优秀法官、检察官中遴选。

（二）加强法律服务队伍建设。加强律师队伍思想政治建设，把拥护中国共产党领导、拥护社会主义法治作为律师从业的基本要求，增强广大律师走中国特色社会主义法治道路的自觉性和坚定性。构建社会律师、公职律师、公司律师等优势互补、结构合理的律师队伍。提高律师队伍业务素质，完善执业保障机制。加强律师事务所管理，发挥律师协会自律作用，规范律师执业行为，监督律师严格遵守职业道德和职业操守，强化准入、退出管理，严格执行违法违规执业惩戒制度。加强律师行业党的建设，扩大党的工作覆盖面，切实发挥律师事务所党组织的政治核心作用。

各级党政机关和人民团体普遍设立公职律师，企业可设立公司律师，参与决策论证，提供法律意见，促进依法办事，防范法律风险。明确公职律师、公司律师法律地位及权利义务，理顺公职律师、公司律师管理体制机制。

发展公证员、基层法律服务工作者、人民调解员队伍。推动法律服务志愿者队伍建设。建立激励法律服务人才跨区域流动机制，逐步解决基层和欠发达地区法律服务资源不足和高端人才匮乏问题。

（三）创新法治人才培养机制。坚持用马克思主义法学思想和中国特色社会主义法治理论全方位占领高校、科研机构法学教育和法学研究阵地，加强法学基础理论研究，形成完善的中国特色社会主义法学理论体系、学科体系、课程体系，组织编写和全面采用国家统一的法律类专业核心教材，纳入司法考试必考范围。坚持立德树人、德育为先导向，推动中国特色社会主义法治理论进教材进课堂进头脑，培养造就熟悉和坚持中国特色社会主义法治体系的法治人才及后备力量。建设通晓国际法律规则、善于处理涉外法律事务的涉外法治人才队伍。

健全政法部门和法学院校、法学研究机构人员双向交流机制，实施高校和法治工作部门人员互聘计划，重点打造一支政治立场坚定、理论功底深厚、熟悉中国国情的高水平法学家和专家团队，建设高素质学术带头人、骨干教师、专兼职教师队伍。

七、加强和改进党对全面推进依法治国的领导

党的领导是全面推进依法治国、加快建设社会主义法治国家最根本的保证。必须加强和改进党对法治工作的领导，把党的领导贯彻到全面推进依法治国全过程。

（一）坚持依法执政。依法执政是依法治国的关键。各级党组织和领导干部要深刻认识到，维护宪法法律权威就是维护党和人民共同意志的权威，捍卫宪法法律尊严就是捍卫党和人民共同意志的尊严，保证宪法法律实施就是保证党和人民共同意志的实现。各

级领导干部要对法律怀有敬畏之心，牢记法律红线不可逾越、法律底线不可触碰，带头遵守法律，带头依法办事，不得违法行使权力，更不能以言代法、以权压法、徇私枉法。

健全党领导依法治国的制度和工作机制，完善保证党确定依法治国方针政策和决策部署的工作机制和程序。加强对全面推进依法治国统一领导、统一部署、统筹协调。完善党委依法决策机制，发挥政策和法律的各自优势，促进党的政策和国家法律互联互动。党委要定期听取政法机关工作汇报，做促进公正司法、维护法律权威的表率。党政主要负责人要履行推进法治建设第一责任人职责。各级党委要领导和支持工会、共青团、妇联等人民团体和社会组织在依法治国中积极发挥作用。

人大、政府、政协、审判机关、检察机关的党组织和党员干部要坚决贯彻党的理论和路线方针政策，贯彻党委决策部署。各级人大、政府、政协、审判机关、检察机关的党组织要领导和监督本单位模范遵守宪法法律，坚决查处执法犯法、违法用权等行为。

政法委员会是党委领导政法工作的组织形式，必须长期坚持。各级党委政法委员会要把工作着力点放在把握政治方向、协调各方职能、统筹政法工作、建设政法队伍、督促依法履职、创造公正司法环境上，带头依法办事，保障宪法法律正确统一实施。政法机关党组织要建立健全重大事项向党委报告制度。加强政法机关党的建设，在法治建设中充分发挥党组织政治保障作用和党员先锋模范作用。

（二）加强党内法规制度建设。党内法规既是管党治党的重要依据，也是建设社会主义法治国家的有力保障。党章是最根本的党内法规，全党必须一体严格遵行。完善党内法规制定体制机制，加大党内法规备案审查和解释力度，形成配套完备的党内法规制度体系。注重党内法规同国家法律的衔接和协调，提高党内法规执行力，运用党内法规把党要管党、从严治党落到实处，促进党员、干部带头遵守国家法律法规。

党的纪律是党内规矩。党规党纪严于国家法律，党的各级组织和广大党员干部不仅要模范遵守国家法律，而且要按照党规党纪以更高标准严格要求自己，坚定理想信念，践行党的宗旨，坚决同违法乱纪行为作斗争。对违反党规党纪的行为必须严肃处理，对苗头性倾向性问题必须抓早抓小，防止小错酿成大错、违纪走向违法。

依纪依法反对和克服形式主义、官僚主义、享乐主义和奢靡之风，形成严密的长效机制。完善和严格执行领导干部政治、工作、生活待遇方面各项制度规定，着力整治各种特权行为。深入开展党风廉政建设和反腐败斗争，严格落实党风廉政建设党委主体责任和纪委监督责任，对任何腐败行为和腐败分子，必须依纪依法予以坚决惩处，决不手软。

（三）提高党员干部法治思维和依法办事能力。党员干部是全面推进依法治国的重要组织者、推动者、实践者，要自觉提高运用法治思维和法治方式深化改革、推动发展、化解矛盾、维护稳定能力，高级干部尤其要以身作则、以上率下。把法治建设成效作为衡量各级领导班子和领导干部工作实绩重要内容，纳入政绩考核指标体系。把能不能遵守法律、依法办事作为考察干部重要内容，在相同条件下，优先提拔使用法治素养好、依法办事能力强的干部。对特权思想严重、法治观念淡薄的干部要批评教育，不改正的要调离领导岗位。

（四）推进基层治理法治化。全面推进依法治国，基础在基层，工作重点在基层。发挥基层党组织在全面推进依法治国中的战斗堡垒作用，增强基层干部法治观念、法治为民的意识，提高依法办事能力。加强基层法治机构建设，强化基层法治队伍，建立重心下移、力量下沉的法治工作机制，改善基层基础设施和装备条件，推进法治干部下基层活动。

（五）深入推进依法治军从严治军。党对军队绝对领导是依法治军的核心和根本要求。紧紧围绕党在新形势下的强军目标，着眼全面加强军队革命化现代化正规化建设，创新发展依法治军理论和实践，构建完善的中国特色军事法治体系，提高国防和军队建设法治化水平。

坚持在法治轨道上积极稳妥推进国防和军队改革，深化军队领导指挥体制、力量结构、政策制度等方面改革，加快完善和发展中国特色社会主义军事制度。

健全适应现代军队建设和作战要求的军事法规制度体系，严格规范军事法规制度的制定权限和程序，将所有军事规范性文件纳入审查范围，完善审查制度，增强军事法规制度科学性、针对性、适用性。

坚持从严治军铁律，加大军事法规执行力度，明确执法责任，完善执法制度，健全执法监督机制，严格责任追究，推动依法治军落到实处。

健全军事法制工作体制，建立完善领导机关法制工作机构。改革军事司法体制机制，完善统一领导的军事审判、检察制度，维护国防利益，保障军人合法权益，防范打击违法犯罪。建立军事法律顾问制度，在各级领导机关设立军事法律顾问，完善重大决策和军事行动法律咨询保障制度。改革军队纪检监察体制。

强化官兵法治理念和法治素养，把法律知识学习纳入军队院校教育体系、干部理论学习和部队教育训练体系，列为军队院校学员必修课和部队官兵必学必训内容。完善军事法律人才培养机制。加强军事法治理论研究。

（六）依法保障“一国两制”实践和推进祖国统一。坚持宪法的最高法律地位和最高法律效力，全面准确贯彻“一国两制”、“港人治港”、“澳人治澳”、高度自治的方针，严格依照宪法和基本法办事，完善与基本法实施相关的制度和机制，依法行使中央权力，依法保障高度自治，支持特别行政区行政长官和政府依法施政，保障内地与香港、澳门经贸关系发展和各领域交流合作，防范和反对外部势力干预港澳事务，保持香港、澳门长期繁荣稳定。

运用法治方式巩固和深化两岸关系和平发展，完善涉台法律法规，依法规范和保障两岸人民关系、推进两岸交流合作。运用法律手段捍卫一个中国原则、反对“台独”，增进维护一个中国框架的共同认知，推进祖国和平统一。

依法保护港澳同胞、台湾同胞权益。加强内地同香港和澳门、大陆同台湾的执法司法协作，共同打击跨境违法犯罪活动。

（七）加强涉外法律工作。适应对外开放不断深化，完善涉外法律法规体系，促进构建开放型经济新体制。积极参与国际规则制定，推动依法处理涉外经济、社会事务，增强我国在国际法律事务中的话语权和影响力，运用法律手段维护我国主权、安全、发展利益。强化涉外法律服务，维护我国公民、法人在海外及外国公民、法人在我国的正当权益，依法维护海外侨胞权益。深化司法领域国际合作，完善我国司法协助体制，扩大国际司法协助覆盖面。加强反腐败国际合作，加大海外追赃追逃、遣返引渡力度。积极参与执法安全国际合作，共同打击暴力恐怖势力、民族分裂势力、宗教极端势力和贩毒走私、跨国有组织犯罪。

各级党委要全面准确贯彻本决定精神，健全党委统一领导和各方分工负责、齐抓共管的责任落实机制，制定实施方案，确保各项部署落到实处。

全党同志和全国各族人民要紧密团结在以习近平同志为总书记的党中央周围，高举中国特色社会主义伟大旗帜，积极投身全面推进依法治国伟大实践，开拓进取，扎实工作，为建设法治中国而奋斗！

中共中央办公厅印发《关于深化“四风”整治、巩固和拓展党的群众路线教育实践活动成果的指导意见》

（2014 年 11 月）

《关于深化“四风”整治、巩固和拓展党的群众路线教育实践活动成果的指导意见》主要内容如下。

习近平总书记在党的群众路线教育实践活动总结大会上发表重要讲话，对巩固和拓展教育实践活动成果、加强党的作风建设、全面推进从严治党作出战略部署，提出明确要求。现就深化“四风”整治、巩固和拓展教育实践活动成果提出如下指导意见。

一、充分认识巩固和拓展教育实践活动成果的重要意义

1. 坚持不懈抓好作风建设。各级党组织必须充分认识作风建设的长期性复杂性艰巨性，牢固树立持续整改、长期整改的思想，切实把作风建设紧紧抓在手上，坚持抓常、抓细、抓长，以锲而不舍、驰而不息的决心和毅力，持续努力、久久为功，推进集中反“四风”改作风转为经常性的作风建设，形成作风建设新常态。

2. 始终保持反“四风”高压态势。要清醒地看到，教育实践活动取得的成效还是初步的，基础还不稳固。要采取有力措施抓好整改落实，防止曲终人散，使活动期间形成的反“四风”改作风良好势头戛然而止，改作风成为一阵风；防止束之高阁，对活动中作出的公开承诺、制定的整改措施不再过问、不再落实；防止推诿扯皮，对整改任务无单位认领或者虽认领了却不牵头沟通、有解决方案却迟迟没有行动；防止反弹反复，活动一过一切照旧，“四风”卷土重来。

3. 总结运用好教育实践活动宝贵经验。坚持教育与实践并重，一手抓“四风”整治，一手抓经常性教育；坚持问题导向，经常分析党员、干部作风状况和本地区本部门本单位群众反映强烈的“四风”问题，有什么问题就解决什么问题，什么问题突出就重点解决什么问题；坚持领导带头，牢牢抓住县处级以上领导机关、领导班子、领导干部这个重点，督促他们以

上率下、作出示范、树立标杆；坚持最讲认真精神，严格标准不降格，严抓落实不懈怠，严肃执纪不手软；坚持开门改作风，经常听取群众意见建议，及时公布整改落实情况，自觉接受群众评价监督；坚持围绕中心、服务大局，以优良作风促进经济社会科学发展，以科学发展检验作风建设成效。

二、切实兑现承诺，持续深入抓好整改落实

4. 认真落实整改任务。对领导班子整改方案和领导干部整改措施落实情况进行盘点分析，真实掌握整改落实的进展、效果和存在问题，有针对性地拿出对策。定期公开后续整改进展情况，群众认可一件、销号一件，绝不允许出现“烂尾工程”或“形象工程”。

5. 深入推进专项整治。各地区各部门各单位要扭住党中央确定的21项专项整治任务，进一步把责任明确到位、措施落实到位、问题解决到位。各牵头单位要成立专门工作班子，制定实施方案，细化分解具体任务，加强协调和调度；参与单位要按照职责分工，主动配合、抓好落实。专项整治工作纳入落实中央八项规定督促检查内容。

6. 上下联动推进整改。各行业系统要聚焦基层和群众反映强烈的政风行风问题，确定需要上下联动整改的重点项目，制定专门方案，上下互动、挂牌督办。各省区市党委要统筹抓好省、市、县三级联动整改，认真梳理基层需要上级牵头解决的问题，列出联动整改项目清单，明确责任单位和具体措施，抓好组织实施。

三、强化源头治理，健全和落实改进作风常态化制度

7. 切实加强制度建设。认真执行中央出台的《党政机关厉行节约反对浪费条例》等文件精神，针对存在问题，修订完善或制定相应配套措施，坚决防止上有政策下有对策、无视制度规定的行为。各地区各部门各单位要按照作风建设要求、体现机关和干部管理规律、反映行业和领域特点，搞好制度承接，抓好新旧制度衔接，确保出台的每项制度行得通、有效果、管长久。

8. 围绕权力运行扎紧织密制度笼子。中央和国家机关要围绕规范权力运行，带头建立权力清单制度，梳理职权目录，厘清权力边界，依法公开权力运行流程。地方各级党政机关及其工作部门，要加快建立并公布本级权力清单，完善重大事项、重大决策民主协商和咨询制度，健全党务公开、政务公开和各领域办事公开制度。执法监管部门要针对权责交叉、多头执法、自由裁量权过大等问题，着力理顺执法体制、完善执法程序。窗口单位和服务行业要围绕改进服务态度、简化办事流程、提高服务效能，着力完善便民服务、高效服务、优质服务制度规定。国有企业要建立健全经营投资责任追究机制，完善企业管理人员薪酬制度，规范履职待遇和业务支出。高等学校要完善内部治理结构，健全考试招生制度，规范科研经费和设备管理办法。

9. 强化正风肃纪维护制度严肃性。加大制度执行监督检查力度，明确违规处理的具体办法，始终坚持对踩“红线”、闯“雷区”的零容忍，触犯法律的及时移交司法机关处理。坚持“一案双查”，既要追究当事人责任，也要追究监管领导责任，防止以集体责任代替个人责任。对顶风违纪、影响恶劣的典型案例，要指名道姓予以通报曝光。

四、严肃党内政治生活，坚决克服自由主义、分散主义、好人主义、个人主义

10. 严格执行党内政治生活制度。各级领导班子要坚持民主集中制，完善并严格执行民主决策机制、集体领导与个人分工负责相结合的制度、请示报告制度。各级党组织要着力解决不按规定开展党内活动，党内生活质量不高、流于形式、难以发挥作用的问题，切实提高党内政治生活的政治性原则性战斗性。党员领导干部要严格执行双重组织生活会制度，既要认真参加领导班子民主生活会，又要以普通党员身份参加所在党支部的组织生活会。要坚持“三会一课”、民主评议党员、党员党性定期分析等制度，结合实际开展主题党日、警示教育等活动。结合年度考核，对各级领导班子和领导干部贯彻执行党内政治生活有关规定情况进行检查，各级领导班子要在自查基础上向上级党组织专题报告。

11. 用好批评和自我批评武器。要将开门听取意见、认真撰写对照检查材料并报上级审核把关、深入谈心交心、严肃开展批评、上级党组织点评并严格督导等有效做法固定下来，促进批评和自我批评常态化；按照教育实践活动专题民主生活会标准，切实开好2014年度领导干部民主生活会。基层党组织组织生活会要明确组织学习、谈心谈话征求意见、撰写简要对照检查材料、召开支部委员会开展批评和自我批评、召开党员大会进行民主评议等方法步骤，确保组织生活会有质量地召开、党员都能参加。

12. 坚持党性原则基础上的团结。每一名党员、干部都必须站在党和人民立场上，坚持个人服从组织、

少数服从多数、下级服从上级、全党服从中央，坚决维护中央权威，坚决维护党的集中统一。各级领导班子要大力提倡掏心见胆、并肩奋斗的真团结，领导班子成员要坚持大事讲原则、小事讲风格，多沟通、勤补台，正确处理权力行使、利益分配、沟通协调上的分歧，营造心往一处想、劲往一处使的生动局面。

五、充分发挥领导带头表率作用，继续保持作风建设以上率下态势

13. 不断推进领导机关作风建设。各级党政机关要结合实际，持续开展作风建设专题活动，每年确定一个方面的作风问题，集中攻坚解决。全面推行机关联系基层、干部联系群众“双联系”制度，落实党员干部直接联系群众制度，开展在职党员到社区报到为群众服务工作。中央和地方机关工委牵头负责，继续开展机关作风和行风评议监督工作。

14. 加强领导班子领导干部作风教育。把作风教育纳入各级党委（党组）中心组学习和集体学习内容，每年至少集中开展一次专题学习。党员领导干部要联系思想、工作和作风建设实际，每年至少为基层党员、干部讲一次党课。各级党校、行政学院、干部学院要开设作风教育专门课程，各类主体班次都要把作风教育作为学员必修课。

15. 严格考核领导班子领导干部作风。坚持选拔看作风、考核考作风、监督管作风。建立领导班子领导干部作风状况定期分析机制，制定实施领导班子领导干部作风建设考核办法，把作风状况作为年度考核和干部考察重要内容，结合干部考察、工作检查、专项巡视、重点督查等方式，多渠道了解干部作风情况。

六、着力夯实基层基础，建强联系群众组织体系、服务体系、监督体系、保障体系

16. 加强基层服务型党组织建设。建立健全基层组织体系，强化基层党组织政治功能，充分发挥战斗堡垒作用。严把党员队伍入口、疏通出口，加强党员教育管理，稳妥有序处置不合格党员，推动党员立足本职岗位发挥先锋模范作用。继续整顿软弱涣散党组织，建立常态化机制，每年按一定比例倒排，滚动开展整顿。

17. 完善基层为民服务平台。强化县级行政服务中心、乡镇和街道一站式服务大厅、村和社区便民服务站点三级平台服务功能，推广为民服务全程代理、一站式服务、网络服务等做法。全面清理部门延伸到村、社区的公共事务，着力整改基层牌子多、检查评比多等问题。

18. 健全基层民主管理机制。在村和社区普遍推行“四议两公开”等民主管理制度。全面建立村务监督委员会，进一步规范监督内容、权限和程序，保证村级各项事务公开、公平、公正。

19. 推动人财物向基层倾斜。充实加强基层干部队伍，选派党政机关年轻干部到基层工作。认真落实基层党组织工作经费、服务群众专项经费、基层干部报酬待遇和基本养老医疗保险。注重从基层培养选拔干部，加大从村、社区干部和优秀大学生村官中考录公务员力度，适当提高基层干部待遇，逐步改善工作生活条件。建立健全市、县、乡党委书记基层党建工作三级联述联评联考机制，结合年度考核每年开展一次述职评议考核。

七、加强组织领导，落实作风建设各项责任

20. 明确作风建设责任。各级党委（党组）必须树立正确政绩观，把抓好党建作为最大政绩，切实做到真管真严、敢管敢严、长管长严。党委担负着抓作风建设的主体责任，党委（党组）书记担负着第一责任。各级党委（党组）要认真履职尽责，党委（党组）书记要成为从严治党的书记。对各级各部门党组织负责人特别是党委（党组）书记的考核，首先要看抓党建的实效，考核其他党员领导干部工作也要加大这方面的权重。

21. 形成作风建设合力。要充分发挥职能部门作用，明确和落实相关责任，形成作风建设齐抓共管的整体格局。要把思想教育、纪律约束、监督查处融为一体，坚持正面教育与警示惩戒并重、立规与执纪并举、自律与他律结合，打好作风建设“组合拳”。要加强宣传和舆论引导工作，继续营造抓作风树新风的良好舆论氛围。

22. 加强作风建设督查。建立健全作风建设督查机制。2014年年底，各级党委（党组）要结合年度工作总结，对整改落实情况进行一次“回头看”。2015年适当时机，各地区各部门各单位要对整改落实工作以及巩固和拓展教育实践活动成果情况组织专项检查，党中央将进行专项检查。

第四部分　省级重要政策文件

（一）2008 年 1 月—2013 年 12 月

中共甘肃省委《关于加强和改进非公有制企业党的建设工作的意见》

（2008 年 6 月 21 日）

为深入贯彻党的十七大和省第十一次党代会精神，全面落实省委“保证抓党建”的要求，进一步巩固党的阶级基础，扩大党的群众基础，提高党的工作覆盖面和社会影响力，促进全省非公有制经济健康发展，根据《中国共产党章程》、《中华人民共和国公司法》等有关法规，结合我省实际，现就加强和改进非公有制企业党的建设工作提出如下意见。

一、总体要求和工作目标

加强和改进非公有制企业党建工作的总体要求：高举中国特色社会主义伟大旗帜，以邓小平理论、“三个代表”重要思想为指导，深入贯彻落实科学发展观，毫不动摇地鼓励、支持、引导非公有制经济发展，以加强党的执政能力建设和先进性建设为主线，以加强党的建设和促进企业发展为目标，不断扩大党的工作覆盖面，进一步发挥党组织推动发展、服务职工、凝聚人心、促进和谐的作用，为促进全省非公有制经济健康快速发展提供政治保证。

加强和改进非公有制企业党的建设的工作目标：经过 3—5 年的努力，有 3 名以上正式党员的企业都有党组织，员工在 30 名以上的企业都有党员，从业人员 100 人以上和从业人员 50 至 99 人且年营业收入 500 万元以上的规模以上企业，全部建立党组织；三分之一以上的非公有制企业党组织实现领导班子好、党员队伍好、工作机制好、作用发挥好、群众反映好。

二、党组织的主要任务及职责

非公有制企业党组织的主要任务：根据党章规定，非公有制企业党组织贯彻党的方针政策，引导和监督企业遵守国家的法律法规，领导工会、共青团等群众组织，团结凝聚职工群众，维护各方的合法权益，促进企业健康发展。

非公有制企业党组织的职责：（1）宣传贯彻党和国家的路线方针政策，引导企业遵守国家的法律、法规，依法经营，照章纳税。（2）关心企业生产经营的重大问题，提出意见和建议，支持和促进企业发展。（3）对党员进行教育、管理、监督和服务，做好发展党员工作，发挥党员的先锋模范作用，保障党员权益。（4）做好职工思想政治工作，团结和依靠职工群众，关心和维护职工的合法权益。（5）加强社会主义精神文明建设和企业文化建设，建设有理想、有道德、有文化、有纪律的职工队伍。（6）维护各方的合法权益，坚持原则，化解矛盾，构建和谐企业。（7）领导工会、共青团等群众组织，支持他们依照法律和各自章程独立自主地开展工作。（8）完成上级党组织交办的任务。

三、党组织组建与管理

加大党组织组建工作力度。采取切实有效措施，加快在非公有制企业中建立党组织工作，不断扩大党的工作覆盖面。（1）凡是有 3 名以上正式党员的非公有制企业都应当单独建立党的组织，开展党的活动。（2）重点推进规模以上非公有制企业党组织组建工作，通过发展党员、查找党员、招聘党员员工，增加党员数量，积极创造条件，努力实现规模以上非公有制企业党的组织全覆盖的目标。（3）对党员人数少、暂不具备单独建立党组织条件的企业，按照地域相邻为主、行业相近为辅的原则，联合建立党组织。（4）在集贸市场等流动党员比较集中的地方，依托其管理机构建立党的组织。（5）国有、集体企业改制为非公有制企业的，要同步改建或组建党组织。(6) 没有党员的企业，要逐个选派党建工作指导员，抓紧组建工会、共青团等群众组织，积极培养入党积极分子，为建立党组织创造条件。(7) 非公有制企业党组织的建立，按照属地管理原则由企业提出申请，由地方党委、乡镇（街道）党委（党工委）或开发区、工业园区党组织审批，并明确隶属关系。

成立非公有制企业党的工作委员会。省、市（州）、县（市、区）分别成立非公有制企业党的工作委员会，作为各级党委的派出机构，在党委领导和组织部门指导下，具体负责领导、指导和协调非公有制企业党的建设工作。省委非公有制企业党的工作委员会挂靠在省工商局，省工商局党组书记兼任书记，确定一名党员副局长兼任副书记，投入主要精力抓非公有制企业党的建设工作。省委非公有制企业党的工作委员会下设办公室，人员编制和领导职数从省工商局机关内部现有编制和职数内调剂解决。各市（州）、县（市、区）根据各自实际情况和党建工作需要，确定非公有制企业党的工作委员会挂靠单位，落实领导力量，在不增加编制的前提下调整配备专门工作人员，提供经费支持。

进一步理顺党组织隶属关系。按照有利于非公有制企业发展、有利于党组织和党员发挥作用、有利于上级党组织加强指导和以属地管理为主的原则，调整理顺非公有制企业党组织隶属关系。机关工委和政府部门、工商联及其他群团社团党组（党委）管理的，归并到地方党委或同级非公有制企业党的工作委员会管理；挂靠村党组织和社区党组织管理的，划归所在地乡镇党委或街道党工委管理，规模以上企业成立党的基层委员会的，划归县（市、区）或市（州）非公有制企业党的工作委员会管理；已经由市（州）、县（市、区）党委和开发区、示范区党组织管理的，隶属关系可以保持不变。在具体工作中，要注意因地制宜、因企制宜，尊重企业意愿。

四、加强党组织自身建设

选好配强党组织负责人。重视选拔政治上坚定、懂经营会管理、熟悉热心党的工作、有群众基础、善于协调各方面关系的优秀党员担任非公有制企业党组织负责人。党组织书记一般从企业内部产生，企业没有合适人选的，也可以由上级党组织委派合适的兼职人员担任。党组织书记尽量由党员企业业主担任，规模较大、党员较多的企业，鼓励配备专职书记或副书记。提倡除企业业主、合伙人、经营管理负责人及其近亲属以外的党组织负责人兼任工会主席。企业党组织负责人选举产生后，要报上级党组织批准。

重视发展党员工作。按照坚持标准、保证质量、改善结构、慎重发展和严格审批的要求，制定发展党员工作规划，抓好入党积极分子培养教育，积极做好在生产经营一线、业务技术骨干和管理人员中发展党员工作，不断壮大非公有制企业党员队伍。非公有制企业工会、共青团负责人不是党员的，应当列为重点培养对象，条件成熟的要及时发展。积极审慎做好在企业业主中发展党员工作。建立健全群团组织“推优入党”、动态培养、入党预审、入党公示和入党后跟踪教育等制度，确保发展党员质量。通过3—5年时间的努力，使每户规模以上非公有制企业高层管理人员中有一定数量的党员，中层管理人员和业务技术骨干中党员比例达到二分之一以上。

做好党员教育管理工作。制定党员教育培训计划，依托各级党校和党员活动室，有针对性地组织开展学理论、学文化、学技术等活动，分层分类抓好党员教育培训工作。非公有制企业注册、招工登记时要设置党员情况栏，引导、鼓励流动党员亮明身份，摸清党员底数。企业党组织要主动做好党员组织关系接转工作，确保每个党员都能及时编入党的组织，参加党的组织生活，纳入党组织的有效管理和监督。

改进党组织活动内容和方式。非公有制企业党组织开展活动，要坚持为企业所需要、为党员所欢迎、为职工所拥护、为业主所支持和务实灵活的原则，努力拓宽活动内容，创新活动载体，改进活动方式，增强活动实效。积极开展党性实践活动，努力把广大党员的先进性体现在爱岗敬业和为企业多做贡献上，实现党建工作与企业发展的有机结合。

加强党组织制度建设。按照党章和有关规定，结合企业特点，认真落实“三会一课”制度，建立健全党组织生活制度、学习制度、会议制度、工作制度等相关制度，用制度规范自身建设和非公有制企业党建工作。

五、充分发挥党组织的作用

宣传贯彻党的路线方针政策和国家的法律法规。非公有制企业党组织要通过板报、厂报厂刊、局域网、编印资料、举办形势报告会等形式，积极宣传党的路线方针政策，引导企业依法经营，保证企业健康发展。

关心支持企业生产经营。非公有制企业党组织要紧紧围绕企业发展开展党建工作，将党建工作主动有效地融入企业生产经营、技术创新、职工队伍管理等各个环节。鼓励党组织负责人列席董事会会议和经理行政会议，认真负责地反映党员和职工群众的意见建议，使企业重大问题决策更加科学化、合理化。带头落实企业重大决策，支持和促进企业发展。

提高党员和职工素质。非公有制企业党组织要推动企业组织实施“人才强企”工程，努力创建学习型企业，建立完善学习教育制度和培训计划，定期对党员和职工进行教育培训，不断提高他们的业务技能和综合素质。引导企业建立健全人才培养、使用、流动、激励保障机制，努力营造人尽其才、才尽其用的良好氛围，为企业发展提供智力支持。

加强企业精神文明建设。非公有制企业党组织要注重加强企业思想政治工作，积极组织开展有益身心健康、党员群众欢迎的文化娱乐活动，把党员和职工的智慧力量凝聚到企业发展上来，增强企业向心力和活力。积极培育企业文化，引导企业树立先进的生产经营理念和价值观念，形成富有特色的企业精神和企业文化，为企业的健康发展提供精神动力。

领导支持群团组织积极开展工作。非公有制企业党组织要领导和支持工会、共青团等群众组织，依照法律和各自章程独立自主地开展工作，充分发挥群众组织在扩大党的影响、推动企业发展中的作用。引导企业探索建立以职工代表大会为基本形式的民主管理制度，推动企业管理民主化、规范化。

营造企业发展的良好环境。非公有制企业党组织要立足企业发展的长远利益，配合业主积极开展工作，畅通员工与经营管理层的沟通渠道，及时反映和帮助解决员工关心的实际问题，建立和谐的人际关系，维护企业内部稳定。及时向上级党组织和政府职能部门反映企业的合理要求，协调企业与驻地有关单位之间的关系，积极争取各方支持，为企业发展营造良好的外部环境。

六、积极为党组织开展工作创造条件

坚持选派党建工作指导员制度。对党建工作基础薄弱和尚未建立党组织的非公有制企业，要选派党建工作指导员，重点做好帮助企业组建党组织和工会、共青团等群众组织、发展党员、指导党组织开展工作。党建工作指导员从党政机关、企事业单位、复转军人和退休党员干部中选派、选聘，也可由非公有制企业所在地或所属行业的党员领导干部兼任。选派党建工作指导员要注意协商沟通，取得业主的理解和支持。

为党组织开展工作提供人员和经费保障。非公有制企业党务工作人员一般应纳入企业管理人员序列。上级党组织要关心企业党务工作人员的工作和生活，因履行职责、坚持原则受到不公正待遇的，要及时同业主协调，依法维护他们的合法权益，支持他们开展工作。企业解聘或辞退党务工作人员应事先告知上级党组织。非公有制企业党组织活动经费每年年初由企业党组织根据工作需要和节约的原则，编制年度预算，一般应按职工年度工资总额的5‰列入企业财务计划。党组织活动经费凭真实合法的凭据，在税前据实扣除。日常开支由党组织负责人提出申请，按企业财务规定核报。非公有制企业党员交纳的党费全部返还，五年不变。企业党组织活动经费仍有困难的，可采取上级党组织从党费中补助一部分、企业支持一部分等办法予以解决。非公有制企业党组织活动经费必须用于党的活动，主要使用范围是：（1）教育和培训党员、入党积极分子；（2）订阅或购买用于开展党员教育的报刊、资料和设备；（3）表彰先进基层党组织、优秀共产党员和优秀党务工作者；（4）其他相关党建活动。

落实党组织活动时间和场所。非公有制企业党组织每月应当开展一次党员活动，尽量安排在业余时间进行。党组织负责人或党员参加上级党组织的有关活动，需占用工作时间的，企业应合理安排，不应影响其工资、奖金和其他福利。党组织活动场所原则上在企业内部解决。联合建立或挂靠管理的非公有制企业党组织，或因其他原因缺乏党组织活动场所的，上级党组织要积极协调，采取资源共享等方式予以解决。

建立健全党建工作激励机制。各级组织部门和非公有制企业党工委要将非公有制企业党务工作者和业主纳入干部教育培训计划，每年应至少举办一期非公有制企业党务工作者和业主专题培训班，并定期有重点地组织部分企业业主外出学习考察。要引导非公有制企业积极开展“创先争优”活动，在开展相关评选表彰活动时把非公有制企业纳入其中，对党建工作成效显著的要进行奖励，充分发挥先进典型的示范引导作用。对积极支持党建工作的业主，在评先选优、安排社会职务时，给予优先考虑。

七、加强组织领导和工作指导

建立健全非公有制企业党建工作责任制。各级党委要严格按照中央《关于建立健全地方党委、部门党组（党委）抓基层党建工作责任制的意见》要求，把非公有制企业党建工作摆上重要议事日程，切实履行职责，形成一级抓一级、一级带一级、层层抓落实的工作局面。建立健全市县两级党委常委联系非公有制企业党建工作制度。把非公有制企业党建工作纳入党的基层组织建设整体规划，统一安排部署，统一督促检查，统一考核评比。

建立非公有制企业党建工作协调机制。建立党委统一领导，组织部门牵头抓总，非公有制企业党工委、宣传、统战、工商、税务、工会、共青团、工商联等有关部门和单位参加的非公有制企业党建工作联席会议制度，定期召开会议，研究解决有关问题。非公有制企业党工委要加强调查研究和工作指导，督促各项工作任务的落实；宣传部门要指导企业党组织做好思想政治工作，宣传党和国家有关政策及非公有制企业中涌现出的先进事迹、典型经验；统战部门和工商联要积极做好与业主的沟通协调，引导业主支持企业党组织开展工作；工商部门在非公有制企业登记和年检时，要宣传党的政策，统计有关数据；税务部门要认真做好税前扣除党组织活动经费工作；工会、共青团等群众组织负责在非公有制企业建立各自的组织，并指导他们开展工作。

建立非公有制企业党建工作登记告知、年检年报和季报通报制度。工商部门在非公有制企业登记申报时，要向企业发放由组织部门和非公有制企业党工委提供的宣传资料，宣传建立党组织的必要性和方法步骤。在非公有制企业年检时，要引导企业填写《非公有制企业党建工作情况年报统计表》，核实党组织和工会、共青团等群众组织组建及党建工作开展情况，统计情况要及时汇总，由非公有制企业党工委上报同级组织部门。各级组织部门和非公有制企业党工委要建立非公有制企业党建工作季报通报制度，对本地区非公有制企业党组织组建及党建工作开展情况，进行统计汇总，分析问题，研究对策，按季度逐级上报，并定期进行通报。

抓好督促检查和落实工作。各级党委组织部门和非公有制企业党工委要制定非公有制企业党建工作年度工作目标任务，细化工作措施，加强检查指导，狠抓督促落实。以改革创新精神研究新情况，解决新问题，大胆实践探索，及时总结宣传推广工作中的新鲜经验，不断提高非公有制企业党建工作整体水平。

各市州党委要根据本《意见》精神，结合本地实际，认真制定实施办法。

中共浙江省委新经济与新社会组织工作委员会　中共浙江省经济和信息化委员会党组关于印发《关于加强省级工业园区非公有制企业党建工作的指导意见》的通知

浙经信人事〔2011〕555号

（2011年10月9日）

各市、县（市、区）委组织部、两新工委，经信委，省级工业园区管委会：

现将《关于加强省级工业园区非公有制企业党建工作的指导意见》印发给你们，请结合实际，认真贯彻落实执行。

关于加强省级工业园区非公有制企业党建工作的指导意见

为进一步推进省级工业园区非公有制企业党建工作，更好促进我省工业园区经济快速健康发展，根据省委部署要求，结合当前实际，现就加强省级工业园区非公有制企业党建工作提出如下指导意见。

一、重要意义

省级工业园区是我省非公有制企业集聚发展和经济快速发展的重要平台。改革开放以来，我省工业园区平台建设快速发展、初具规模，呈现特色鲜明、功能齐全、类型多样、协调发展梯度框架结构，在推动区域经济发展中起到了重要作用。截至2010年底，全省43个工业园区工业总产值6411.6亿元，同比增长30.2%；入园企业12310个，同比增长18.6%；园区就业人员94.2万人，同比增长10.6%。

加强省级工业园区非公有制企业党建工作，有利于不断扩大党的执政基础、巩固党的执政地位，有利于加快企业科学发展、推进经济转型升级，有利于改善劳资关系、促进企业和谐稳定，对于深化“双强争先”活动，不断提升非公有制企业党建工作整体水平，具有十分重要的意义。近年来，各省级工业园区积极开展党的工作，不断探索园区党建工作的新模式，取得了明显进展。但是，这一领域党建工作基础仍较薄弱，特别是在党的作用发挥、党建工作保障等方面还存在不少问题和不足。各级党委和组织部门、两新工委、经信部门要充分认识加强省级工业园区党建工作的重要性和紧迫性，切实增强使命感和责任感，积极采取有效措施，确保这项工作顺利推进、取得实效。

二、指导思想和任务目标

加强省级工业园区非公有制企业党建工作，必须坚持以邓小平理论、“三个代表”重要思想为指导，深入贯彻落实科学发展观，紧紧围绕科学发展主题和加快转变经济发展方式主线，以推进企业“党建强、发展强”为目标，以实施党建工作全覆盖为重点，以全面开展园区党建工程为抓手，积极探索发挥党组织作用的方法途径，不断增强党组织的凝聚力、创造力和战斗力，为促进非公有制企业经济健康持续发展、推动工业园区经济转型升级提供有力保证。

到2011年底前，省级工业园区非公有制企业在全面实现党的工作覆盖的基础上，党组织总体组建率达45%以上，党组织覆盖率达到三个100%，即有党员的非公有制企业的组织覆盖率达到100%，从业80人以上非公有制企业组织的覆盖率达到100%，从业50～79人且营业收入500万元以上非公有制企业组织的覆盖率达到100%。

三、工作举措

1. 抓组建促覆盖，强化组织建设。在进一步理顺各工业园区内非公有制企业党组织隶属关系基础上，切实加大党组织组建力度。目前党建工作由园区负责指导和管理的企业，原则上继续由园区统一管理；党建工作由所在乡镇、街道负责指导和管理的企业，园区党组织要加强沟通联系，协同做好党建工作。对已入园的企业，凡有3名以上党员的要单独建立党组织；对新入园的企业，具备条件的，在注册登记时就要同步建立党组织；对正式党员人数不足3名的企业要通过联合建、挂靠建等方式建立党组织；对于园区内外商企业，按照国际管理，积极探索加强党的建设的新途径。对于没有党员的企业，引导他们在招聘员工时坚持同等条件下党员优先录用，抓紧在这些企业建立群团组织、加大培养发展党员力度，为建立党组织创造条件。

2. 抓管理促提高，强化队伍建设。各省级工业园区要结合实际，配备专门工作人员，加大党建工作指导员选派力度，强化园区党建工作力量。加强党组织带头人队伍建设，采取内选、招聘、下派等多种形式，选好配强企业党组织书记，规模较大或党员人数较多的企业，要配备专职副书记。大力推进教育培训工作，分层管理、分级培训企业党务干部和企业党员，努力提升他们的素质能力。深入开展“三培养两推荐”活动，努力把优秀人才培养成党员，把党员培养成经营骨干。加强对流动党员的管理，广泛开展“组织找党员、党员找组织”活动，鼓励流动党员亮明身份，做好党员组织关系接转工作，确保每个党员都能及时纳入党组织的有效管理和监督。

3. 抓活动促发展，强化载体建设。围绕企业生产经营中心任务，广泛开展各类岗位劳动竞赛、技术攻关和为企业建功立业等活动，引导党员群众为企业发展献计献策，推动企业转型升级、科学发展。围绕构建企业和谐劳动关系，建立健全企业经营者与员工沟通对话、纠纷协商处理和劳动报酬正常增长机制，推行“党员思想政治工作责任区”制度，深入开展“四必访、五必谈”活动，做好职工思想政治工作，维护企业和谐稳定。围绕建设企业先进文化，积极开展社会主义核心价值观宣传活动，组织开展形式多样文娱活动，不断丰富党员职工业余文化生活，营造健康向上的企业氛围。同时，组织开展“为企业奉献、为家乡争光”、“十佳流动党员”等活动，积极发挥流动党员在服务企业发展中的作用。

4. 抓规范促提升，强化机制建设。建立健全“三会一课”、民主（组织）生活会、民主评议党员、党务公开等制度，保证企业党组织活动有章可循、规范运行。建立党组织书记报告工作、述职评议制度，及时向上级党组织报告工作和重要情况，主动接受企业出资人、党员职工的履职评议。充分整合党群工作资源，扎实推进党建带群团建设。企业党组织书记、专职副书记一般应纳入企业高管人员范围，符合条件的企业党组织书记可通过法定程序兼任工会主席。工会、共青团及妇女组织等群众组织负责人是党员的，可进入企业党组织领导班子。注重吸引群团组织的骨干力量参与党的活动，统筹安排党工团妇等各项活动，为党组织更好开展工作、发挥作用提供保障。

5. 抓基础促共建，强化阵地建设。各省级工业园区要按照“整合资源、强化功能、共建共享、提高效用”的原则，大力推进工业园区党员服务中心建设，建立健全各项规章制度，充分利用党组织活动场所组织开展群团活动，着力打造综合性活动阵地。同时，积极引导鼓励企业党组织建立固定的活动场所，鼓励有条件的企业建立区域性活动中心，为周边企业党组织和党员提供各种服务和帮助。

四、组织保障

1. 明确职责任务，形成工作合力。各级党委、组织部门和两新工委要切实加强对省级工业园区非公有制企业党建工作的领导和指导；各级组织部门和两新工委要把这项工作纳入非公有制企业党建工作总体规划，整合各方面资源力量，切实加强这一领域党建工作。省经信委要充分发挥职能优势，建立由省、市经信委和省级工业园区党建工作负责人员组成的经信系统非公有制企业党建工作网络，加强对省级工业园区党建工作的协调和指导。各市、县经信部门，各省级工业园区党建工作主管部门要积极配合，确保各项任务要求落到实处。

2. 加强检查考核，激励工作先进。把省级工业园区非公有制企业党建工作纳入各级经信部门年度目标责任制考核，并作为对企业经营管理活动考核和评先评优的重要指标。建立对非公有制企业经营者有效激励约束机制，对党建工作先进的非公有制企业，优先推荐其参加文明单位、名牌产品、驰名商标、纳税信用等级等各类评选，优先享受各种优惠政策。积极争取党委、人大和政协等部门的支持，对积极支持党建工作的非公有制企业经营者，优先推荐为各级党代表、人大代表、政协委员和劳动模范人选。

3. 加大支持力度，落实经费保障。全面落实企业党建工作按本企业职工工资总额5‰～8‰在税前列支的规定，加大各级财政对工业园区非公有制企业党建工作的支持力度。省级工业园区管委会应从专项工作经费中划出适当比例，专项用于加强和推进园区非公有制企业党建工作。建立党费回拨制度，非公有制企业党员交纳的党费应大部分或全部返还给企业党组织。积极引导非公有制企业经营者加大对党建工作的支持力度，企业党组织活动经费应列入企业年度财务计划。

4. 加强理论研究，搞好舆论宣传。发挥各类党建研究机构和经信领域行业协会作用，组织开展非公有制企业党建工作论坛和沙龙等，围绕工业园区非公有制企业党建工作的热点、难点问题进行深入研究，理清工业园区党建工作思路，推进党建工作理论创新。通过广播、电视、网络和官方微博等多种途径，大力宣传省级工业园区非公有制企业党建工作的好做法、好经验，积极选树先进典型，营造良好工作氛围。今年年底前，选取5家园区作为省、市经信系统非公有制企业党建工作示范园区，90家企业作为省、市经信系统非公有制企业党建工作示范企业。

自治区党委办公厅印发《关于加强和改进非公有制企业党建工作的实施意见》的通知

伊犁哈萨克自治州党委，各地、州、市党委，自治区党委各部、委，自治区各委、办、厅、局、人民团体、大专院校党组（党委），自治区大中型企业、中央驻疆单位党委（党组），生产建设兵团党委：

《关于加强和改进非公有制企业党建工作的实施意见》已经自治区党委党建工作领导小组第五次会议讨论通过，现印发你们，请认真贯彻执行。

中共新疆维吾尔自治区委员会办公厅

2012年12月5日

（发至县团级）

《关于加强和改进非公有制企业党建工作的实施意见》

党的十八大明确提出，加大非公有制经济组织党建工作力度，扩大党组织和党的工作覆盖面，以党的基层组织建设带动其他各类基层组织建设。非公有制企业是稳疆兴疆、富民固边的重要力量。加强和改进非公有制企业党的建设工作，是引导非公有制企业健康发展，推进跨越式发展和长治久安的需要，是加强和创新社会管理、构建和谐劳动关系、促进社会和谐的需要，是增强党的阶级基础、扩大党的群众基础、夯实党的执政基础的需要，是以改革创新精神提高党的基层组织建设科学化水平，全面推进党的建设新的伟大工程的需要。根据党的十八大和中共中央办公厅印发的《关于加强和改进非公有制企业党的建设工作的意见（试行）》（中办发〔2012〕11号）精神，遵照《党章》和《公司法》等有关法律法规，结合新疆实际，就加强和改进非公有制企业党的建设工作提出如下实施意见。

一、明确非公有制企业党组织的功能定位和政治责任

1. 地位作用。非公有制企业党组织是党在企业中的战斗堡垒，在企业职工群众中发挥政治核心作用，在企业发展中发挥政治引领作用，在推进新疆跨越式发展和长治久安中发挥政治保障作用。

2. 政治责任。

（1）推动企业科学发展。宣传贯彻党的路线方针政策。组织党员深入学习马克思列宁主义、毛泽东思想、邓小平理论、“三个代表”重要思想、科学发展观，宣传贯彻执行党的路线方针政策、上级党组织和本组织的决议，教育党员和职工群众自觉遵守国家法律法规和有关规章制度，引导和监督企业合法经营，自觉履行社会责任，保证党的路线方针政策和中央、自治区党委重大决策部署在企业贯彻落实。紧紧围绕企业生产经营开展党的活动，组织带领党员和职工群众围绕企业发展创先争优，发挥党组织和党员先进模范作用，促进企业健康发展、科学发展。

（2）维护职工合法权益。积极反映群众诉求，畅通和拓宽表达渠道，依法为职工群众争取合法权益和应得利益，协调各方利益关系，及时化解矛盾纠纷，构建和谐劳动关系，帮助解决实际困难，把广大职工

群众团结在党组织周围。

(3) 促进企业团结和谐。加强和改进思想政治工作，密切联系群众，注重人文关怀和心理疏导，主动关心、热忱服务党员和职工群众。开展民族团结教育，促进各族职工和睦相处、和衷共济、和谐发展。组织群防群治，坚决防止非法宗教活动、非法宗教出版物、非法宗教网络传播活动，旗帜鲜明地与“三股势力”作斗争，促进企业和社会稳定。

(4) 推进现代文化引领。坚持用社会主义核心价值体系引领企业文化建设，大力弘扬新疆精神，组织开展丰富多彩的企业文化活动，塑造积极向上的企业精神，树立高尚的职业道德，促使企业诚信经营，坚定中国特色社会主义共同理想信念，夯实团结奋斗的共同思想基础。

(5) 加强自身建设。完善组织设置，健全工作制度，推进学习型党组织建设，坚持党的组织生活，做好发展党员和教育、管理、监督、服务工作，充分发挥纪检组织在维护和执行党的纪律中的职能作用，提高党务工作者素质，领导工会、共青团等群众组织，支持和带动群众组织发挥作用，进一步增强党组织的创造力、凝聚力、战斗力。

二、建立完善领导机构和工作机制

3. 健全领导机构和管理体系。县以上地方党委一般要有非公有制企业党建工作机构，统筹负责非公有制企业党建工作。地州市、县市区具备条件的，可单设实体工作机构，内设纪检、组织、宣传等机构，纪检组织负责人可由该工作机构副职兼任；不具备条件的，可依托或挂靠有关职能部门成立，配备专职副书记和专门工作人员，切实做到有工作机构、有人员编制、有经费保障，建立健全沟通协调、督促检查、考核评价等制度。各级纪检机关要成立相应机构或明确人员，协调、指导行政区域内非公有制企业纪检组织建设。

各类开发区（园区）的非公有制企业党建工作由开发区（园区）党（工）委领导。各类开发区（园区）应设立企业党委或综合党委，负责非公有制企业党建工作。按照《国家工商行政管理总局党组推进非公有制企业党的建设工作的意见（试行）》要求，由各级工商行政管理部门具体负责小微企业、个体工商户党建工作。同时，按照属地管理的要求，对大量分散的规模以下企业，要充分发挥乡镇（街道）、村（社区）党组织作用，实行区域化、网格化管理。对专业性、行业性较强的企业，可依托相关管理部门或行业协会（商会）建立党组织，实行归口管理。自治区各级非公经济组织工委负责各类商会党建工作。

4. 建立直接联系工作机制。对规模以上非公有制企业党组织，在不改变党组织隶属关系的情况下，可由县以上地方党委组织部门或非公有制企业党建工作机构直接联系，重点指导党组织领导班子思想政治建设、党组织书记培养选拔和教育培训。自治区非公经济组织工委联系部分规模以上、具有代表性的非公有制企业。对一些社会影响大、党员数量多的大型企业党组织，可改变隶属关系，由县以上党组织直接管理。党委、政府有关文件应印发所有非公有制企业。建立领导干部联系点制度，地州市党政领导班子成员每人联系 1 家规模以上非公有制企业，县市区党政领导班子成员每人联系 1 家规模和影响力较大的非公有制企业，乡镇（街道）党政领导班子成员每人联系 1 至 2 家企业，加强党建工作指导。

三、着力推进党的组织和工作覆盖

5. 明确目标要求。加大工作力度，不断扩大党的组织和工作覆盖面，实现“五个全覆盖”：非公有制企业党组织应建已建实现全覆盖；力争职工 50 人以上的非公有制企业有党员实现全覆盖；非公有制企业党员纳入党组织管理、参加党组织活动实现全覆盖；条件暂不具备尚未建立党组织的非公有制企业开展党的工作实现全覆盖；非公有制企业组建工会、共青团等群众组织实现全覆盖。

6. 推进组织覆盖。按照保持党员队伍先进性和纯洁性的要求，严格把关，注重质量，加大在非公有制企业生产一线职工、专业技术骨干及经营管理人员中发展党员的工作力度，重视在农民工中发展党员，注意培养发展符合条件的企业出资人入党。企业规模和社会影响较大的出资人，可由县以上党组织做好教育、引导和培养工作，吸收入党时，应征求同级党委统战部门意见。引导和督促流动党员及时转接组织关系。各级非公经济组织工委要加强宣传、指导和协调，适时组织举办非公有制企业党员员工专场招聘会，力争 2013 年底职工在 50 人以上的非公有制企业全部有党员。凡有 3 名以上正式党员、条件成熟的，要单独建立党组织。特别是一些大企业，既要在集团层面建立党组织，还要进一步把党员和党的组织覆盖到下属企业和车间班组。暂不具备单独组建条件的，要以开发区（园区）、乡镇（街道）、村（社区）、专业市场、商业街区、商务楼宇等为单位，组建区域性党组织，或依托行业协会（商会）、个体私营企业协会和龙头企业、专业经济合作组织组建行业性党组织。条件成熟的联合党组织，由“大联合”拆分为“小联合”，“联合组建”、“区域联建”调整为“单独组建”。坚持“谁审批谁负责、谁主管谁组建”原则，积极发挥相关职能部门作用，在企业“登记申报、年检年报”等工作中，工商、税务等部门增加党组织组建情况等内容登记，将企业落户、注册登记与党组织组建工作同步进行，并对不具备条件的积极创造条件建立党组织。发挥党员服务中心、党建工作站“孵化器”作用，为建立党组织创造条件。

非公有制企业设立党组织，要同步设立纪检组织。所在企业设立党的基层委员会的，由该企业党委的上一级党组织根据具体情况决定设立党的纪律检查委员会或纪律检查委员；设立党的总支部委员会和支部委员会的，设立纪律检查委员。非公有制企业纪委原则上不少于 3 人组成，纪委书记可由同级党委副职担任，其他成员可从监事会，以及财务、审计、人事、法律、工会等部门的党员中产生。纪委每届任期和同级党委相同，纪委书记、副书记由纪律检查委员会全体会议选举产生，并由同级党的委员会通过，报上级党的委员会批准。非公有制企业纪检组织要按照党章要求，认真履行教育、监督、检查和保障等职能，在维护企业职工群众合法权益、促进企业健康发展中发挥服务和保障作用。非公有制企业纪检组织在同级党组织和上级纪检组织双重领导下开展工作，对同级党组织负责并报告工作，纪检业务以上级纪检组织指导为主。上级纪检组织和同级党组织要对企业纪检组织及其负责人的工作进行考核，听取工作汇报，及时帮助解决遇到的困难和问题。

7. 扩大工作覆盖。对未建立党组织的非公有制企业，可通过选派党建工作指导员、确定党建工作联络员、建立工会和共青团组织等方式，积极开展党的工作，推动企业建立党组织。注重把群众组织负责人发展成党员。对兼并重组的企业，注意保持党的工作连续性，妥善做好职工群众的分流安置和思想稳定工作。积极协调有关职能部门，推动党的政策进企业、政府服务进企业、先进文化进企业。在自治区个私协会成立党委，指导协会党建工作，把小微企业、个体工商户和专业市场中的零散党员组织起来，发挥作用。

四、积极探索创新非公有制企业党组织和党员发挥作用的途径和方式

8. 建立双向互动工作机制。按照企业需要、党员欢迎、职工赞成的原则，注意取得非公有制企业出资人理解和支持，把党组织活动与企业生产经营管理紧密结合起来，实现目标同向、互促共进。建立党组织与企业管理层共同学习制度，熟悉党和国家政策法规、了解上级决策部署、沟通企业生产经营情况。探索建立党组织书记参加或列席企业管理层重要会议制度、党组织与企业管理层沟通协商和恳谈制度。党组织要邀请企业出资人、经营管理人员参加相关活动，注重发挥企业管理层中党员和党员工会主席的作用，做好党的工作。

9. 探索开展开放式党组织活动。认真落实党的组织生活制度，督促指导非公有制企业党组织按期换届。创新党组织活动方式，除《党章》规定的党内活动外，提倡党群活动一体化。推动企业党组织与其他单位党组织开展结对共建活动。提倡开设网上党建园地、网上党校、党建微博、网上论坛等，把党的活动阵地拓展到网络上，增强党组织活动的吸引力和影响力。

10. 创新党员教育管理服务。尊重党员主体地位，保障和落实党员的知情权、参与权、选举权、监督权。加强党员教育培训，注重把党员培养成为生产经营骨干，把生产经营骨干培养成党员。依托现代远程教育站点，加强对非公有制企业党员的经常性教育。探索流动党员“一方隶属、多重管理”模式，对已确认身份但未及时转接组织关系的党员，应组织其参加企业党组织活动。推进党员管理信息化，健全城乡一体、流入地党组织为主、流出地党组织配合的流动党员教育管理服务工作制度，实行具有多种服务功能、便于党员参加党组织活动的党员信息卡制度。健全党内激励、关怀、帮扶机制，从思想、工作、生活上关心党员，及时反映涉及党员切身利益的重要情况，注重解决老党员和生活困难党员实际问题，增强党员的归属感和荣誉感。

11. 深入开展创先争优。结合全疆非公有制企业实际，以党建强、发展强为目标，按照生产经营好、企业文化好、劳动关系好、党组织班子好、党员队伍好、社会评价好的标准，广泛开展“双强六好”党组织创建活动和党员示范岗、党员责任区、党员公开承诺活动，促进企业党组织履职尽责创先进、广大党员立足岗位争优秀。及时总结推广党组织在非公有制企业中发挥作用的经验，注重培育选树一批“双强六好”企业党组织，打造一批特色鲜明、富有活力、带动作用强、社会影响大的非公有制企业党建工作示范点，纳入直接联系和重点管理范围，发挥其示范带动作用。

五、加强以党组织书记为重点的党务工作者队伍建设

12. 选优配强党组织书记。按照守信念、讲奉献、重品行，懂经营、会管理、善协调，热爱党务工作和熟悉群众工作的标准，选配非公有制企业党组织书记。党组织书记一般从企业内部选举产生，注意从企业生产、经营、管理骨干中推荐人选，也可从党政机关干部、国有企事业单位经营管理人员、党务工作者和复转军人、大学生“村官”中推荐人选，或面向社会公开招聘党务工作人才，再通过党内选举程序任职。重视选派优秀专职党务工作者担任联合党组织书记。建立“党企双挂职”制度，每年选派一定数量的优秀机关党员干部到非公有制企业担任党建工作指导员，同时挂任企业总经理（厂长）助理，指导企业做好党建工作，并列入各级组织部门选派干部挂职锻炼计划。规模大、党员数量多的企业主要出资人担任党组织书记的，应配备专职副书记。提倡不是企业出资人的党组织书记、副书记通过法定程序兼任工会主席、副主席；也可以由党员工会主席通过法定程序担任党组织书记、副书记。

非公有制企业党组织书记要立足本职，率先垂范，做学习宣传党的路线方针政策、贯彻执行上级党组织和本组织决议的组织者，承担急难险重任务、促进企业健康发展的推动者，凝聚服务党员和职工群众、维护企业和谐稳定的践行者，推进基层党建创新、增强生机活力的引领者。

13. 壮大党务工作者队伍。通过多样化选用、规范化管理、专业化培训、制度化激励等途径和方式，建设一支素质优良、结构合理、数量充足、专兼职结合的非公有制企业党务工作者队伍。各级组织部门要打破地域、单位、行业、身份限制，从机关干部、离退休干部、退役军官、复员军人和返乡创业的党员中选聘一批，建立党务工作者人才库，加强培训，集中管理，动态使用。规模大、党员数量多的企业，要配备专职党务工作者。探索设立党建工作论坛，为党务工作者搭建工作交流平台。加强党建工作指导员队伍建设，充分发挥其组织宣传、联系服务、协调指导作用。采取外聘、内选、组织选派、公开招聘等方式，尤其注重从工商、税务等与企业联系紧密的部门，选派党员干部担任非公有制企业党建指导员，坚持“一人一企”或“一人多企”，到没有党员的企业开展党的工作，帮助有党员的企业尽快建立党组织，指导新组建党组织建章立制、开展活动。

14. 提升能力素质。把非公有制企业党务工作者纳入党员干部教育培训总体规划，依托各级党校、行政学院和高校开展培训工作。党务工作者的培训主要由县级党组织负责，地州市级以上党组织抓好示范培训。党组织书记每年至少参加 1 次集中培训，累计时间不少于 3 天。对新任党组织书记要进行任职培训。重点加强党的路线方针政策、党务知识、群众工作、企业生产经营管理等方面的培训，提高做好群众工作本领和服务企业发展能力。有计划地选派优秀党组织书记到党政机关、国有企事业单位挂职学习锻炼。充分利用对口援疆渠道，分期分批组织非公有制企业党组织书记到对口援疆省市学习培训和挂职锻炼，开阔视野，更新理念，提高能力素质。

15. 强化管理和激励。建立健全非公有制企业党组织书记向上级党组织和本单位党员群众报告工作以及述职评议等制度。研究制定符合企业特点的党组织书记综合考核评价办法。推动企业建立健全党组织书记薪酬待遇保障制度，使他们干事有平台、待遇有保障、干好有发展，特别是对于中层以下人员担任的党组织书记，帮助他们尽快成长为企业高管。上级党组织要给予党组织书记和党务工作者适当的工作津贴。推荐符合条件的党组织书记作为各级党代会代表、人大代表、政协委员人选。建立党组织书记劳动合同变更、解除或终止前向上级党组织备案制度。党组织书记因坚持原则遭受不公正待遇时，上级党组织应及时了解情况，给予帮助和支持。

六、加强对非公有制企业出资人的教育引导

16. 加强教育培训。建立非公有制企业出资人教育培训制度，着力加强中国特色社会主义理论体系、党的知识和国家法律法规教育，以及中央新疆工作座谈会精神和自治区党委重大决策部署的学习教育。对党员出资人，要教育引导他们遵守党规党纪和执行党的决议，自觉履行党员义务，服从党组织的教育、管理和监督。对非党员出资人，要教育引导他们树立中国特色社会主义共同理想，在党的领导下坚定走中国特色社会主义道路，努力成为中国特色社会主义事业合格建设者。各级党委组织、统战部门要共同抓好企业出资人的教育培训，有计划地选派非公有制企业出资人到援疆省市学习考察，引导出资人弘扬“新疆精神”、践行“新疆效率”，在促进民族团结、履行社会责任等方面争做表率。

17. 搞好服务管理。各级党委组织部门和非公有制企业党建工作机构要经常听取非公有制企业出资人对加强党建工作的意见建议；有关方面在研究制定相关

经济社会发展政策法规时，要注意听取企业出资人意见，帮助企业解决在发展中遇到的难题。建立各级组织部门、非公有制企业党建工作机构与出资人定期谈话制度，做好深入细致的思想政治工作，真心关爱企业出资人，让他们感受到党和政府的关怀，感受到党组织的温暖，使他们听党话、感党恩、跟党走。对开展党建工作难度大的企业，由各地党委主要领导亲自联系出资人，做好政治思想工作，教育引导企业出资人增强政治意识和抓好企业党建的责任意识，积极为开展党的工作创造良好环境。把非公有制企业出资人对党建工作的支持情况作为评价其对社会贡献大小的一项重要内容，在党代表、人大代表、政协委员的名额分配时给予适当倾斜。对企业出资人的评先选优、政治安排，要事先征求企业党组织和非公有制企业党建工作机构、地方工会组织的意见，党委统战、组织部门要严格审查把关，重点考察其思想政治表现、遵纪守法、道德品质、履行社会责任、支持党建工作等方面情况。对政治方向有偏差、履行社会责任不积极、社会评价不良的企业出资人，要批评教育；对违纪违法的，有关部门和单位要依纪依法进行查处。

七、强化非公有制企业党建工作基础保障

18. 加强组织领导和工作指导。各级党委要把非公有制企业党建工作纳入本地区党的建设总体布局，并作为地州市、县市区党委书记履行基层党建工作责任制专项述职和相关部门领导班子考核评价的重要内容。把非公有制企业党建纳入年度考核指标体系，与单位评先选优挂钩，形成一级抓一级、层层抓落实的推进机制。各地州市、县市区要成立非公有制企业党建工作领导小组，建立完善协调协商机制，形成党委领导，组织部门抓总，相关部门各司其职、相互配合、齐抓共管的工作格局。各级党委组织部门要认真履行牵头抓总职责，加强统筹协调和工作指导；纪检机关和统战、工商、财政、商务、工商联等部门和单位要结合各自职能，协同做好有关工作。区别不同类型企业，加强分类指导，不断研究新情况，探索解决新问题。建立由非公有制企业党建工作机构牵头、相关部门参加的联席会议制度，负责指导和定期研究非公有制企业党建工作。建立定期汇报通报工作制度，强化责任要求，加大督查力度，促进工作落实。采取多种形式，大力宣传非公有制企业党建工作典型，定期评选表彰先进，形成全社会关注、支持非公有制企业党建工作的良好氛围。

19. 加强经费保障。将非公有制企业党组织工作经费纳入企业管理费用，按照企业职工年工资总额的5‰提取，建立并落实税前列支制度。建立党费拨返制度，企业党员交纳的党费全额返还；还可从各级党组织留存党费中，按照一定比例，采取以奖代补等方式，支持非公有制企业党建工作。各级组织部门对党建工作突出的适当奖励。各地每年从财政拨付一定经费对非公有制企业党建工作给予必要支持。纪检组织开展工作的办公经费要列入企业党组织经费预算范围。探索采取企业赞助、党员自愿捐助等方式，多渠道解决经费问题。

20. 推进场所建设。按照有场所、有设施、有标志、有党旗、有书报、有制度的“六有”标准，加强非公有制企业党组织活动场所规范化建设。采取资源整合、企业自筹、上级党组织支持相结合的方式，帮助党员数量较多、条件具备的企业，建设相对固定的活动场所。倡导国有企事业单位、机关和乡镇（街道）、村（社区）党组织与非公有制企业党组织活动场所共用、资源设施共享。在国家级和自治区级开发区（园区），要科学规划，合理布局，统一建设区域性、开放性、综合性的党群活动服务中心，所需经费列入开发区（园区）建设规划。由各级留用党费统一为非公有制企业党组织配制标志、党旗、办公用品等。大力推进远程教育进非公有制企业，确保实现全覆盖。

各地区各有关部门要结合实际，制定贯彻落实本意见的具体措施。

关于印发《中共山东省委社会组织工作委员会2013年工作要点》的通知

各市社会组织党工委，各省直单位社会组织党委（党建责任处室）：

现将《中共山东省委社会组织工作委员会2013年工作要点》印发给你们，请认真抓好贯彻落实。

中共山东省委社会组织工作委员会
2013年3月1日

中共山东省委社会组织工作委员会2013年工作要点

2013年全省社会组织党建工作的总体要求是：以邓小平理论、“三个代表”重要思想、科学发展观为指

导，认真学习贯彻党的十八大和省第十次党代会精神，以加强基层服务型党组织建设为抓手，广泛开展党建工作示范点创建活动，进一步扩大组织覆盖、壮大党员队伍，积极探索党组织发挥作用的有效途径，促进社会组织健康发展。

一、推进社会组织党的组织和工作覆盖

1. 建立完善信息台账。结合社会组织管理信息系统建设、登记年检和党内统计等工作，全面掌握全省社会组织党组织和党员相关数据，分类登记造册，建立健全电子工作台账，做到底数清、情况明。

2. 加大“兼合式”党组织组建力度。继续推动符合党组织成立条件的社会组织通过单独建、联合建、挂靠建等形式，全部建立党组织，实现党的组织覆盖；对不具备成立党组织条件的，采取建立工会、共青团等群团组织，由党建工作责任单位选派党建工作指导员等方式，推动党的工作全覆盖。

二、加强社会组织党组织和党员队伍建设

3. 做好发展党员工作。按照“坚持标准、保证质量、改善结构、慎重发展”的方针，加大在社会组织优秀人员中发展党员的力度。制定发展党员工作流程，指导省直单位社会组织党委抓好入党积极分子的选拔培养，对发展对象进行集中培训，及时把符合条件的优秀分子吸收到党内来，提高发展党员质量。推动各级争取对社会组织发展党员实行计划单列，逐步提高社会组织从业人员中的党员比例。

4. 加强党组织书记队伍建设。按照守信念、讲奉献、会管理、善协调、热爱党务工作的标准，选优配强社会组织党组织书记。指导社会组织在筹备成立和换届中同步做好党组织书记选任工作，提倡社会组织的党员负责人兼任党组织书记。指导各级抓好社会组织党组织负责人培训工作，提高其思想理论素质和党务工作能力。

5. 做好跨支部党员的管理服务工作。推行党员“一方隶属，多重管理，全程作用”，按照党组织隶属关系，做好党员组织关系接转、党费收缴、预备党员转正、党内统计等相关工作，规范跨支部党员的管理与服务。

三、充分发挥社会组织党组织和党员的作用

6. 推进服务型党组织建设。按照省委组织部统一部署，结合实际，研究制定具体实施方案，推动社会组织服务型党组织建设，充分发挥推动发展、服务群众、凝聚人心、促进和谐的作用。

7. 创新活动载体。结合开展民办非企业单位塑造品牌与服务社会活动、行业协会行业自律与诚信创建活动，指导社会组织围绕自身发展目标，面向各自服务群体，设计灵活多样的活动载体，实现党的活动与业务工作目标同向、互相促进。

8. 创新活动方式。推动社会组织通过开设网上党建园地、网上党校、党建微博等，探索开展开放式党组织活动，增强党组织的吸引力和亲和力。

四、加强典型培育引导

9. 开展党建工作示范点创建活动。研究制定实施意见，在不同层级、不同类型的社会组织中培育树立一批党建工作示范点。充分利用信息简报和新闻媒体，宣传推广先进典型的经验做法，发挥其示范引领作用。

五、健全完善工作体制机制

10. 完善党建工作制度。总结创先争优活动的有效做法，逐步建立一套务实管用的社会组织党建工作制度。研究制定省管社会组织基层党组织建立程序、发展党员程序、党费收缴管理规定、党员组织关系接转办理程序。

11. 落实党建与管理工作联动机制。实行社会组织登记注册与党组织设立同步审批，社会组织管理与党建工作同步年检。把党建工作情况纳入社会组织评估指标体系，作为等级评定的重要依据。

12. 创新管理方式。推动有条件的市、县实行社会组织党工委对社会组织党组织直接审批、管理。总结推广一些地方建立社会组织党员服务中心、党建指导站等做法。各级社会组织党工委还可直接联系一批规模较大、党员数量多、社会影响好的社会组织党组织，加强工作指导。

安徽省委非公经济和社会组织工委 2013 年工作要点

皖非公党发〔2013〕1 号

（2013 年 4 月 9 日）

2013 年，全省非公企业和社会组织党建工作坚持以科学发展观为指导，按照党的十八大提出的“加大非公经济组织和社会组织党建工作力度”的要求，围

绕省委省政府大力发展民营经济的决策部署，大力推进服务型党组织建设，着力培育一批党建强、发展强、社会形象好的非公企业和社会组织，为打造“三个强省”、建设美好安徽作出积极贡献。

一、大力推进服务型党组织建设

1. 制定加强党建工作服务民营经济发展的意见。把党建工作融入生产经营、人才队伍建设、文化建设和群众工作，充分发挥党组织战斗堡垒作用和党员先锋模范作用，为促进民营经济大发展大提升提供思想、政治和组织保证。

2. 开展创建服务型企业党组织活动。制定开展创建服务型企业党组织活动实施意见，以开展党的群众路线教育活动为契机，以服务发展、服务员工、服务社会为主要内容，以“三有两评”为抓手，深入开展创建服务型企业党组织活动，做到党组织有年度服务计划书、党员有年度服务承诺、企业有志愿服务队伍；党组织、党员和志愿者开展服务情况，定期在党务公开栏、宣传栏等进行公示，并接受上级党组织考评和群众评议，推进党组织和党员在推动企业发展、服务职工群众、凝聚各方力量、促进和谐稳定等方面发挥作用。

3. 建立直接联系服务工作机制。印发《关于省委非公经济和社会组织工委直接联系服务部分非公企业党组织的通知》。省、市、县（市、区）党委非公经济和社会组织工委分别直接联系服务 40、30、20 个左右非公企业党组织，培育和建设一批党建工作示范点，发挥示范带动作用。

4. 加强民营企业家教育培训。省市县三级联动，对民营企业家进行集中培训。依托党校、干部学院、知名高校等，举办企业经营管理人员专题培训班。开办民营企业党建工作论坛，组织民营企业家交流学习，共同提高。协调指导民营企业和机关、高校、科研院所加强人才、技术等交流合作。

二、继续扩大党的组织和工作覆盖

5. 发展壮大党员队伍。制定非公经济和社会组织发展党员计划，广泛开展把党员培养成生产经营骨干、把生产经营骨干培养成党员活动，每个企业党组织培养 2 名以上入党积极分子，50 人以上企业至少发展 1 名党员或确定 1 名发展对象。指导各地有计划、有组织地向非公企业和社会组织推荐、输送党员。实行党员“一方隶属、多重管理”，引导党员亮明身份，参加党组织活动。

6. 突出抓好小型微型企业党组织组建工作。抓好党组织经常性组建工作，重点加强小型微型企业党组织组建工作。对专业性、行业性较强的企业，依托相关管理部门或行业协会、个私协会、龙头企业等建立党组织。发挥街道（乡镇）、社区（村）等区域性党组织“兜底”作用，努力实现党的组织全覆盖。对暂未建立党组织的企业，先行建立工会、共青团等组织，开展党的工作。

7. 加大社会组织组建党组织力度。逐步理顺社会组织党组织隶属关系，发挥行业主管部门作用，推动在社会组织组建党组织工作，扩大党组织覆盖面。开展加强出租车行业党建工作试点，研究制定指导意见。

三、切实加强党务工作者队伍建设

8. 拓宽党组织书记选任渠道。采取从非公企业和社会组织内部选拔、上级党组织选派、面向社会公开选聘等方式，选优配强党组织书记。探索建立党务工作人才库，加强党组织书记后备队伍建设。

9. 实施派驻万名党建工作指导员计划。制定《关于向非公有制企业派驻万名党建工作指导员的通知》，建立健全规章制度，推动工作制度化、规范化，充分发挥党建工作指导员作用。

10. 抓好党务工作骨干培训。省里举办市非公经济和社会组织党工委及开发区党工委负责人示范培训班、非公企业和社会组织党组织书记示范培训班，指导市、县（市、区）开展党组织书记任职资格培训和任期培训。

四、进一步落实党建工作保障

11. 建立健全领导机构。督促指导市、县（市、区）非公经济和社会组织党工委配齐班子成员，加强办事机构建设，做到有人员编制、有经费保障。推动开发区和乡镇、街道设立非公经济和社会组织党委或综合党委，充实基层工作力量。

12. 改善党建工作条件。指导各地多渠道解决非公企业和社会组织党建工作经费，加大财政、党费等支持力度。继续推进开发区、产业集群专业镇等区域性党群活动服务中心建设，完善服务功能，充分发挥作用。继续抓好“五抓五送”活动，引导非公企业和社会组织党组织加强基础建设，规范开展工作。

13. 规范党组织工作运行。研究制定全省非公企业党的建设工作三年规划、非公企业和社会组织党组织工作暂行办法，对非公企业和社会组织党组织设置与管理、党组织发挥作用的方法和途径、党员教育管理服务和发展、党务工作者队伍建设等进行规范。

14. 建立述职和考评制度。将非公经济和社会组织党建工作作为市、县（市、区）、乡镇街道党（工）委书记履行党建工作责任制的重要内容，省市县层层签订党建工作目标管理责任书，开展非公经济和社会组织党工委书记述职评议活动，制定考核办法，推动工作落实。

五、注重加强典型引导和舆论宣传

15. 培育选树党建工作先进典型。评选表彰省级优秀“双强六好”企业党组织，指导市、县（市、区）创建一批“双强六好”企业党组织。巩固律师、注册会计师行业党建工作成果，打造党建工作品牌，带动社会组织党建工作开展。

16. 总结推广先进经验。总结提炼非公企业和社会组织党建工作法，宣传推广创建服务型企业党组织的好经验好做法。适时召开推进会、经验交流会等，推动工作深入开展。

17. 加大党建工作宣传力度。编发非公经济和社会组织党建工作动态，开办全省非公经济和社会组织党建网，利用报刊、广播电视、网络等，加大非公经济和社会组织党建工作宣传力度，营造有利于工作开展的浓厚氛围。

山东省《关于直接联系部分社会组织党组织的通知》

各市社会组织党工委，各省直单位社会组织党委（党建责任处室），有关社会组织党组织：

为深入贯彻党的十八大精神和中央、省委关于群众路线教育实践活动的部署要求，进一步转变作风，加强指导，搞好服务，经研究，省社会组织党工委直接联系部分社会组织党组织。现就有关事项通知如下：

一、主要任务

省社会组织党工委对于直接联系的社会组织党组织，与其上级党组织共同指导开展工作，听取意见建议，研究探讨问题，发现总结经验，逐步培育一批党建强、发展强的社会组织，发挥示范引导作用，推动全省社会组织党建工作创新发展。

二、对象确定

确定联系对象，主要根据社会组织党建工作情况，兼顾社会组织类型和地域分布，由市社会组织党工委、省直有关部门社会组织党委推荐，省社会组织党工委研究确定。

三、工作职责

省社会组织党工委主要通过以下措施进行联系：

1. 及时传达中央、省委有关精神，以及省社会组织党工委的有关会议和文件精神；

2. 每年至少一次到联系点调研，了解工作开展情况，听取意见建议；

3. 指导抓好党组织班子和党员队伍建设，推动党建工作创新，健全完善工作制度；

4. 总结推广经验做法，帮助协调解决有关问题，为社会组织发展营造良好环境；

5. 加强工作激励，对工作成绩显著、创新成果突出的，采取适当形式予以表彰，并向有关部门和新闻媒体推介。

列入直接联系的社会组织党组织配合做好以下工作：

1. 及时报告重要工作安排、重要活动开展等情况，反映工作中存在的困难和问题，提出有建设性的意见建议；

2. 抓好党员队伍建设，选优配强党组织书记，加强党员教育管理服务；

3. 加强服务型党组织建设，创新活动载体，积极探索党组织和党员发挥作用的有效途径，打造富有特色的党建品牌；

4. 强化保障措施，党建工作经费解决到位，活动场所建设规范；

5. 发挥示范带动作用，积极创建社会组织党建示范点。

四、相关要求

建立直接联系工作制度，是深入贯彻落实中央、省委部署要求，进一步改进工作作风、健全完善工作体制机制、推动社会组织党建工作创新的重要措施。省社会组织党工委首批直接联系30个社会组织党组织，今后将根据工作需要进行调整。市、县（市、区）社会组织党工委要参照省里做法，结合各自实际，直接联系部分社会组织党组织，加强工作指导和服务。省、市、县（市、区）党工委直接联系对象原则上不交叉。列入直接联系的社会组织党组织，要强化责任意识，积极探索实践，不断创造经验，充分发挥示范作用。开展直接联系工作不得增加社会组织负担。各地、各单位工作中有什么问题和建议，请及时报省社会组织党工委。

附件：直接联系的社会组织党组织名单

中共山东省委社会组织工作委员会

2013年8月30日

附件

直接联系的社会组织党组织名单

山东省国际经济贸易联合会党委、山东省煤炭行业协会党支部、山东省保险行业协会党总支、山东省家具协会党支部、山东省焦化行业协会党支部、山东省医学会党支部、山东省公安民警优抚基金会党支部、山东省孝老爱亲文化研究中心党支部、山东杏林科技职业学院党委、山东蓝翔高级技工学校党委、济南市宏开教育培训学校党支部、青岛市道路运输协会党支部、青岛海山学校党支部、淄博昌国医院党支部、枣庄市律师协会党委、东营新世纪人才开发中心党支部、烟台市房地产业协会党支部、山东省莱州中华武校党支部、潍坊市华都颐年园老年服务中心联合党支部、济宁市医患维权协会党支部、泰安市岱岳区大汶口镇农作物育种研究协会党支部、威海市建设咨询服务业协会党委、日照科技教育学校党支部、莱芜市莱城区三辣一麻商会党支部、临沂市河东区天使国际特教学校党支部、德州消防协会党总支、莘县河店经纪人协会党支部、滨州渤海中学党支部、博兴县厨具协会党总支、菏泽市牡丹区曹州武术学校党支部。

中共辽宁省委办公厅印发《关于在全省实施“扩面提质工程”加强和改进非公有制企业党的建设工作的意见》

（2013 年 11 月 3 日）

日前，中共辽宁省委办公厅印发了《关于在全省实施“扩面提质工程”加强和改进非公有制企业党的建设工作的意见》，并发出通知，要求各地区各部门结合实际认真贯彻执行。《意见》全文如下：

为认真贯彻落实党的十八大和《关于加强和改进非公有制企业党的建设工作的意见（试行）》（中办发〔2012〕11 号）精神，全面提高我省非公有制企业党的建设工作科学化水平，现就在全省实施“扩面提质工程”，加强和改进非公有制企业党的建设工作提出如下意见。

一、目标要求

实施“扩面提质工程”，就是要不断扩大非公有制企业党的组织和工作覆盖面，不断提高党建工作质量和水平，使全省非公有制企业党建工作基础牢固、队伍坚强、作用明显、保障有力。经过 5 年努力，推动全省非公有制企业党建工作迈上新台阶。

1. “两个覆盖”进一步扩大。具备建立党组织条件的企业，及时建立党的组织。到 2017 年，党组织覆盖率有较大幅度的提高，党的工作实现全覆盖。

2. 队伍建设进一步加强。选优配强党组织书记，建设一支素质优良、结构合理、数量充足、专兼职结合的非公有制企业党务工作者队伍。党员队伍发展壮大，实现职工人数 50 人以上的非公有制企业有党员。

3. “两个作用”更加突出。建设基层服务型党组织，积极宣传党的路线方针政策，团结凝聚职工群众，维护各方合法权益，建设先进企业文化，促进企业健康发展，在企业职工群众中的政治核心作用和企业发展中的政治引领作用更加突出。

4. 工作保障更加有力。非公有制企业党建工作领导体制和工作机制健全，工作制度不断完善，工作力量配备到位，经费保障有力，活动场所及配套设施改善明显。

二、推进措施

1. 扎实推进党的组织和工作覆盖。

抓实组织覆盖。有 3 名以上正式党员、条件成熟的企业，要单独建立党组织。暂不具备单独组建条件的，要以开发区（园区）、乡镇（街道）、村（社区）、专业市场、商业街区、商务楼宇等为单位，组建区域性党组织，或依托行业协会（商会）、个体私营企业协会和龙头企业、专业经济合作组织等组建行业性党组织。联合党组织中具备单独组建条件的，要及时单独建立党组织。抓住企业兼并重组、招商引资和注册年检等时机，同步跟进建立党的组织。

扩大工作覆盖。对未建立党组织的非公有制企业，可通过建立党员干部联系点、机关部门与企业“结对共建”、选派党建工作指导员、确定党建工作联络员、建立工会和共青团组织等方式，积极开展党的工作，扩大党的影响力，推动企业建立党组织。发挥党员服务中心、党建工作站“孵化器”作用，为建立党组织创造条件。对兼并重组的企业，注意保持党的工作连续性，妥善做好职工群众的分流安置和思想稳定工作。积极协调有关职能部门，推动党的政策进企业、政府服务进企业、先进文化进企业。

做好出资人教育引导工作。在非公有制企业建立党的组织、开展党的活动等，企业出资人要给予大力支持。要建立非公有制企业出资人教育培训制度，党委组织、统战部门要共同抓好企业出资人教育培训工作。有关方面在研究制定相关经济社会发展政策法规时，要注意听取企业出资人意见，帮助企业解决在发展中遇到的难题。对企业出资人评先选优、政治安排，要事先征求企业党组织和非公有制企业党建工作机构的意见，党委组织、统战部门共同把关，重点考察其思想政治表现、遵纪守法、道德品质、履行社会责任、支持党建工作等方面情况。对政治方向有偏差、履行社会责任不积极、社会评价不良的企业出资人，要批评教育；对违纪违法的，有关部门和单位要依纪依法进行查处。

2. 切实加强党员和党务工作者队伍建设。

做好发展党员和党员教育管理服务工作。加强入党积极分子培养教育，严格发展党员工作程序和纪律，保证发展党员质量。加大在非公有制企业生产一线职工、专业技术骨干及经营管理人员中发展党员工作力度，注重在农民工中发展党员。企业规模和社会影响较大的出资人，可由县（市、区）以上党组织做好教育、引导和培养工作，吸收入党时，应征求同级党委统战部门意见。同时，通过举办党员专场招聘会、向企业推荐党员职工等方式，壮大企业党员队伍。加强党员教育培训，实行“三向培养”计划，注重把党员培养成生产经营骨干，把生产经营骨干培养成党员，把党员生产经营骨干培养成管理人员。尊重党员主体地位，保障和落实党员的知情权、参与权、选举权、监督权。推动党员管理信息化，健全城乡一体、流入地党组织为主、流出地党组织配合的流动党员教育管理服务工作制度。健全党内激励、关怀、帮扶机制，从思想、工作、生活上关心党员，注重解决老党员和生活困难党员的实际问题，增强党员的归属感和荣誉感。

选优配强党组织书记。按照守信念、讲奉献、重品行、懂经营、会管理、善协调、热爱党务工作和熟悉群众工作的标准，选优配强非公有制企业党组织书记。党组织书记一般从企业内部选举产生，注意从生产、经营、管理和技术骨干中推荐人选，也可从党政机关干部、国有企事业单位经营管理人员、党务工作者和复转军人、大学生“村官”中推荐人选，或面向社会公开招聘党务工作人才，进行双向选择，再通过党内选举程序任职。提倡机关优秀年轻党员干部到企业挂职从事党建工作。规模较大、党员数量较多的企业主要出资人担任党组织书记的，应配备专职副书记。提倡不是企业出资人的党组织书记、副书记通过法定程序兼任工会主席、副主席；也可以由党员工会主席通过法定程序担任党组织书记、副书记。把非公有制企业党务工作者纳入党员干部教育培训总体规划，采取省级示范培训、市级重点培训，县（市、区）普遍轮训方式，确保党组织书记每人每年至少参加1次集中培训，累计时间不少于3天。对新任党组织书记要进行任职培训，探索实行党组织书记资格认证制度。有计划地选派优秀党组织书记到党政机关、国有企事业单位挂职学习锻炼。完善党组织书记述职评议和薪酬待遇保障制度，有条件的地方，上级党组织可给予适当的工作津贴。推荐符合条件的党组织书记作为各级党代会代表、人大代表、政协委员人选。建立党组织书记劳动合同变更、解除或终止前向上级党组织备案制度。党组织书记因坚持原则遭受不公正待遇时，上级党组织应及时了解情况，给予帮助和支持。

加强党务工作者队伍建设。通过多样化选用、规范化管理、专业化培训、制度化激励等途径和方式，加强党务工作者队伍建设。重视建立党务工作者人才库。规模较大、党员数量较多的企业，要配备专职党务工作者。探索设立党建工作论坛，为他们提供学习交流平台。多渠道选派党员干部到非公有制企业担任党建工作指导员，明确工作职责，加强教育管理，健全激励机制，充分发挥其组织宣传、联系服务、协调指导作用。

3. 创新党组织和党员发挥作用有效途径。

广泛开展基层服务型党组织创建活动。坚持服务发展、服务民生、服务群众、服务党员的总要求，进一步健全服务体系，强化服务功能，改进服务作风，提高服务能力，完善服务制度，夯实服务基础，着重在贯彻党的路线方针政策、凝聚职工群众、维护各方权益、促进健康发展等方面搞好服务，不断增强基层党组织创造力凝聚力战斗力。

建立双向互动工作机制。按照企业需要、党员欢迎、职工赞成的原则，把党组织活动与企业生产经营管理紧密结合起来，实现目标同向、互促共进。建立党组织与企业管理层共同学习制度，熟悉党和国家政策法规、了解上级决策部署、沟通企业生产经营情况。探索建立党组织书记参加或列席企业管理层重要会议制度、党组织与企业管理层沟通协商和恳谈制度。党组织要邀请企业出资人、经营管理人员参加相关活动，注重发挥企业管理层中党员和党员工会主席的作用，做好党的工作。

创新活动载体。结合非公有制企业实际，深入开展以党建强、发展强，生产经营好、企业文化好、劳动关系好、党组织班子好、党员队伍好、社会评价好的“双强六好”党组织创建活动和“共产党员先锋工程”、党员示范岗、党员责任区、党员公开承诺等活动，促进企业党组织和党员创先进、争优秀。认真落实党的组织生活制度，创新党组织活动方式，提倡党群活动一体化，推动企业党组织与其他单位党组织开展结对共建活动。提倡开设网上党建园地、网上党校、党建微博、网上论坛等，把党的活动阵地拓展到网络上，增强党组织活动吸引力和影响力。

4. 强化非公有制企业党建工作保障。

完善工作制度。要建立健全沟通协调、定期调研、情况报告、督促检查、目标管理、考核评价和领导干部联系点等制度，推动非公有制企业党建工作有序开展。对规模以上非公有制企业党组织，在不改变党组织隶属关系的情况下，可由县（市、区）以上地方党委组织部门或非公有制企业党建工作机构直接联系；对一些社会影响较大、党员数量较多的大型企业党组织，可改变隶属关系，由县（市、区）以上党组织直接管理。企业党组织要严格按照党章要求，认真落实“三会一课”、“双述双评”、年度分类定级、党务公开等制度。

提供经费保障。继续执行为新组建党组织提供1000元启动经费的规定。严格落实《关于解决非公有制企业党组织活动经费有关问题的通知》（辽组通字〔2013〕12号）要求，将党组织活动经费按照职工年度工资总额的5‰列入企业管理费，据实在税前扣除。税务部门要加强督促检查，确保专款专用。建立党费拨返制度，企业党员缴纳的党费可部分返还企业党组织，也可从各级党组织留存党费中，按照一定比例，采取以奖代补等方式，支持非公有制企业党建工作。建立稳定的党建工作经费保障制度，为非公有制企业党建工作提供必要经费支持。探索企业赞助、党员自愿捐助等方式，多渠道解决经费问题。

加强场所建设。按照“有档案、有场所、有设施、有标志、有党旗、有书报、有制度”的“七有”标准，推进非公有制企业党组织规范化建设。深入开展“建一个党组织活动场所、建一个党建宣传专栏、建一套党建工作制度，送一块党组织牌匾、送一面党旗、送一套党建图书”为主要内容的“三建三送”活动，为党组织开展党的工作提供基础保障。采取资源整合、企业自筹、上级党组织支持相结合的方式，帮助党员数量较多、条件具备的企业，建设相对固定的活动场所。倡导国有企事业单位、机关和乡镇（街道）、村（社区）党组织与非公有制企业党组织活动场所共用、资源设施共享。以省级以上开发区（园区）和沿海经济带工业园区为重点，推进建立区域性、开放性、综合性的党群活动服务中心。

三、组织领导

1. 强化领导责任。各级党委要把非公有制企业党建工作纳入本地区党的建设的总体布局，并作为市、县（市、区）委书记履行基层党建工作责任制专项述职和相关部门领导班子考核评价的重要内容，认真抓好责任制的落实。党委组织部门要加强统筹协调和工作指导，纪检机关和统战、财政、税务、工商、工商联等部门和单位，要结合各自职能，协同做好有关工作，形成工作合力。党员领导干部要深入非公有制企业指导党建工作、帮助解决问题。要区别不同类型企业，坚持分类指导，不断研究新情况，探索解决新问题。

2. 健全工作机构。市、县（市、区）党委要依托组织部门，成立党委非公有制企业党建工作专门机构，统筹负责非公有制企业党建工作。机构设置原则上保持上下一致，做到有人员编制、有经费保障、有工作条件。非公有制企业相对集中的各类开发区（园区），应设立企业党委或综合党委。对大量分散的规模以下企业，要充分发挥乡镇（街道）、村（社区）党组织作用，实行区域化、网格化管理。对专业性、行业性较强的企业，可依托相关管理部门或行业协会（商会）建立党组织，实行归口管理。

3. 搞好舆论宣传。充分利用各类新闻媒体，大力宣传非公有制企业党建工作重要意义，宣传非公有制企业党建工作先进典型，宣传非公有制企业党建工作取得的新进展、新成果和新经验，定期评选表彰先进，努力营造各级党组织高度重视、党员群众积极参与、社会各界关心支持非公有制企业党建工作良好氛围。

各地区、各有关部门要结合实际，制定贯彻落实本意见的具体措施。

2013—2015年安徽省非公有制企业党的建设工作规划

（2013年12月31日）

为加强和改进全省非公有制企业党的建设工作，服务和促进非公有制经济发展，根据中共中央办公厅《关于加强和改进非公有制企业党的建设工作的意见（试行）》（中办发〔2012〕11号），中共安徽省委办公厅《关于加强和改进非公有制企业党的建设工作的实施意见（试行）》（皖办发〔2012〕32号），以及省委、省政府有关工作部署，制定本规划。

一、指导思想和总体目标

坚持以邓小平理论、“三个代表”重要思想、科学发展观为指导，深入贯彻落实党的十八大精神，围绕省委、省政府大力发展民营经济的决策部署，以基层基础建设为重点，以队伍建设为关键，以制度建设为保障，加大推进力度，积极探索创新，加强和改进非公企业党建工作，为促进非公经济发展，打造“三个强省”、建设美好安徽作出贡献。通过努力，在“十二五”末实现以下目标：

——党组织体系进一步健全。有党员的非公企业全部建立党组织，单独组建党组织比例不断提高，工会、共青团等群团组织进一步健全，逐步实现党的组织和工作全覆盖。按照属地管理为主原则，理顺党组织隶属关系，建立健全设置灵活、全面覆盖的组织体系。

——党员队伍进一步壮大。加大在非公企业发展党员工作力度，推动工作经常化、规范化，非公企业党员数量不断增加、质量得到保证。

——党务工作者队伍建设进一步加强。坚持标准、拓宽渠道，选优配强以党组织书记为重点的党务工作者，通过多样化选用、规范化管理、专业化培训、制度化激励等途径和方式，建成一支素质优良、结构合理、数量充足、专兼职结合的党务工作者队伍。

——党组织和党员作用进一步发挥。“双强六好”非公企业党组织创建活动深入开展，服务型非公企业党组织建设扎实推进，党组织创造力、凝聚力和战斗力不断增强，党组织在企业职工群众中的政治核心作用和在企业发展中的政治引领作用、党员的先锋模范作用得到充分发挥。

——党建工作条件进一步改善。省、市、县（市、区）非公企业党建工作领导体制和工作机制健全，工作力量不断加强。财政对非公企业党建工作的支持力度不断加大，党建工作经费和党组织活动经费来源进一步拓宽。企业党组织活动场所建设不断加强，逐步实现规范化。

二、党的组织和工作覆盖

1. 发展壮大党员队伍。重点在一线职工、专业技术骨干、经营管理人员中发展党员，注重培养发展符合条件的企业出资人入党。继续实施“双培工程”，抓好党员与生产经营骨干的双向培养。每个企业党组织每年培养2名以上入党积极分子，50人以上企业的党组织每年至少发展1名党员或确定1名发展对象。采取多种方式，有计划地向非公企业推荐输送党员职工。到2015年全省非公企业党员总数达20万人以上。

2. 推进党的组织覆盖。针对非公企业发展变化快、党员流动性强等特点，建立省市县三级党建工作台账，实行动态管理，提高信息化水平。坚持经常性组建工作与集中组建工作相结合，突出抓好小型微型企业党组织组建工作。党员3人以上的企业应单独建立党组织；暂不具备单独组建条件的，采取联合组建方式建立党组织。联合党组织中具备单独组建条件的，及时单独建立党组织，提高单独组建率。党员50人以上、100人以下的应建立党总支，党员100人以上的应建立党委。企业党组织是党的基层委员会的，一般应设立党的纪律检查委员会，配齐配强纪委成员；是党的总支部委员会、党的支部委员会的，应设立纪律检查委员。

3. 扩大党的工作覆盖。对未建立党组织的企业，通过派驻党建工作指导员，建立工会、共青团等组织，积极开展党的工作，努力实现全覆盖。

三、党务工作者队伍建设

1. 选优配强党组织书记。采取从企业内部选举产生、上级党组织选派等方式，选优配强非公企业党组织书记。规模大、党员数量多的企业主要出资人担任党组织书记的，应配备专职副书记。建立非公企业党务工作者人才库，加强非公企业党组织书记后备队伍建设。到2015年，省辖市全部建立非公企业党务工作者人才库，共储备人才3000人以上。

2. 加强党建工作指导员队伍建设。坚持以“促进企业发展，加强基层组织，建设先进文化，服务职工群众，维护和谐稳定”为目标，以两年为一个周期，向非公企业派驻党建工作指导员，推进派驻工作经常化。抓好《派驻非公有制企业党建工作指导员管理暂行办法》的落实，通过加强教育培训、强化服务管理、严格督查考核等，促进党建工作指导员发挥作用。

3. 开展党务工作骨干培训。按照分级负责原则，对以党组织书记为重点的非公企业党务工作者进行培训。培训主要由县（市、区）负责组织，省、市抓好示范培训。党组织书记每年至少参加1次集中培训，累计培训时间不少于3天。派驻非公企业党建工作指导员由市、县（市、区）组织开展岗前培训和任期培训。

4. 强化管理和激励。研究制定符合非公企业特点的党组织书记综合考核评价办法。探索建立企业党组织书记向上级党组织和本单位党员群众报告工作以及述职评议等制度。初步建立党务工作者激励保障机制，有条件的地方，上级党组织可给予党组织书记和党务工作者适当的工作津贴。按照要求，推荐符合条件的非公企业党组织书记作为各级党代会代表、人大代表、政协委员人选。建立党组织书记劳动合同变更、解除或终止前向上级党组织备案制度。

四、党组织作用发挥

1. 深入开展“双强六好”党组织创建活动。以党建强、发展强为目标，按照生产经营好、企业文化好、劳动关系好、党组织班子好、党员队伍好、社会评价好的标准，广泛开展“双强六好”非公企业党组织创建活动。加大培育力度，到2015年，全省有2000个以上非公企业党组织达到“双强六好”标准。

2. 大力推进服务型党组织建设。以“谋发展、聚人心、促和谐”为目标，以“服务发展、服务员工、服务社会”为主要内容，切实加强服务型非公企业党组织建设。全面开展“三有两评”工作，做到企业党组织有年度服务计划书、党员有年度服务承诺、企业有志愿服务队伍，开展服务情况接受上级党组织评估和群众评议。加强指导督查，抓好工作落实，推动服务型党组织建设扎实有效开展。

3. 探索发挥党组织作用的有效途径。建立企业党组织与经营管理层双向互动工作机制，把党组织活动与企业生产经营管理、企业文化建设有机结合起来，实现目标同向、党群同心、互促共进。建立党组织班子成员与企业管理人员共同学习、党组织书记参加或列席企业管理层重要会议、党组织与企业管理层沟通协商和恳谈等制度。提倡企业党组织书记与经营管理人员交叉任职，逐步提高交叉任职比例。改进党组织活动方式，探索开放式党组织活动，推行党群活动一体化。加强载体建设，总结提炼非公企业党建工作法。

4. 做好直接联系服务部分企业党组织工作。到2015年，省、市、县（市、区）党委非公经济和社会组织工委直接联系服务3000个左右非公企业党组织，各级工委委员每人建立2～3个联系点。完善直接联系服务工作机制，通过直接传达上级要求部署、直接指导党建工作、参加企业党组织重要活动、组织交流研讨等方式，帮助企业提高党建工作水平，发挥示范带动作用。

五、党建工作保障落实

1. 加强领导力量和工作力量。市、县（市、区）党委非公经济和社会组织工委配齐领导成员，下设办事机构有人员、有编制。省级以上开发区党工委下设非公企业党委（党总支）或综合党委（党总支），乡镇街道党（工）委应明确专人负责非公企业党建工作。

2. 抓好企业出资人教育引导。建立非公企业出资人教育培训制度，着力加强中国特色社会主义理论体系、党的知识和国家法律法规教育，坚定理想信念，提高政治觉悟。组织实施“双千培养计划”，培养千名民营企业出资人，培养千名新生代民营企业经营管理人才。坚持省市县三级联动，按照分级负责原则，依托党校、干部学院、知名高校等开展集中培训，帮助出资人提高能力素质。

3. 强化经费场所等工作保障。将非公企业党组织工作经费纳入企业管理费用，建立并落实税前列支制度。建立健全党费拨返制度，企业党员交纳的党费可全额返还企业党组织，用于党建活动；各级党组织留存的党费，按照一定比例，采取以奖代补等方式，支持非公企业党建工作。各级财政适当增加组织部门的党建工作经费，用于非公企业党建工作，并根据需要加大支持力度。探索采取企业自愿支持等方式，多渠道解决经费问题。

按照有场所、有设施、有标志、有党旗、有书报、有制度的“六有”标准，加强企业党组织活动阵地规范化建设。到2015年，单独组建的企业党组织基本建成固定活动场所。通过有效整合资源，省级以上开发区、产业集群专业镇全部建成党群活动服务中心，加强基础建设，发挥功能作用。全面开展非公企业党建工作“五抓五送”活动（抓党组织组建、抓党组织书记培训、抓党员发展、抓制度建设、抓活动场所建设，向非公企业送党组织标牌、党旗党徽、党报党刊、电教设备、制度挂图），引导非公企业党组织加强基础建设、规范开展工作。到2015年，全省通过开展“五抓五送”活动补助企业党组织不少于1万个。

六、规划实施保障措施

1. 加强组织领导。各地要将非公企业党建工作规划纳入本地党的建设工作总体部署，大力推进规划实施。各级党委组织部门、非公经济和社会组织工委要抓好规划实施的统筹协调和指导，研究制定推进措施，定期分析进展情况，及时解决存在问题。大力宣传实施规划的重要意义和经验做法，努力营造良好氛围。

2. 落实工作责任。各级党委非公经济和社会组织工委负责抓好规划的具体实施。制定非公企业党建工作年度计划，要与本规划相衔接。省、市、县、开发区每年层层签订非公企业党建工作目标管理责任书，对照规划要求，确定重点工作任务，实行目标管理。各级工委成员单位要发挥职能作用，加强协调配合，形成工作合力，共同抓好规划落实。

3. 抓好督促检查。把推动规划实施和落实情况，作为市、县（市、区）委非公经济和社会组织工委书记述职评议的重要内容。采取随机调研、不定期抽查等方式，加大督促检查力度，确保规划目标任务完成。

（二）2014 年 1 月—2014 年 12 月

中共山东省委办公厅印发《关于全省基层党组织开展第二批党的群众路线教育实践活动的指导意见》的通知

各市党委，省委各部委，省政府各部门党组（党委），各人民团体党组，各高等院校党委：

《关于全省基层党组织开展第二批党的群众路线教育实践活动的指导意见》已经省委同意，现印发给你们，请结合实际认真贯彻执行。

中共山东省委办公厅

2014 年 1 月 23 日

关于全省基层党组织开展第二批党的群众路线教育实践活动的指导意见

根据中央、省委关于开展党的群众路线教育实践活动的安排部署，结合我省实际，现就基层党组织开展第二批教育实践活动，提出如下指导意见。

一、总体要求

基层党组织开展第二批教育实践活动，要深入学习贯彻党的十八大和十八届三中全会精神、习近平总书记系列重要讲话和视察山东重要讲话精神，认真贯彻落实中央、省委关于开展教育实践活动的指导思想、目标要求和方法步骤，按照“照镜子、正衣冠、洗洗澡、治治病”的总要求，以为民务实清廉为主题，聚焦作风建设，贯彻整风精神，着力解决“四风”突出问题，着力解决人民群众反映强烈的突出问题，着力推进基层服务型党组织建设，使基层党员、干部普遍受到一次马克思主义群众观点和党的群众路线教育，基层党组织战斗堡垒作用和党员先锋模范作用更加突出，服务群众的能力进一步增强，党群干群关系进一步密切，基层基础进一步夯实。

参加第二批教育实践活动的基层党组织和党员数量多、范围广、领域宽，与群众联系更直接、更紧密。开展好教育实践活动，对于解决群众反映强烈的突出问题、巩固扩大第一批教育实践活动成果；对于密切党群干群关系、巩固党的执政基础；对于以作风建设新成效推进全面深化改革、加快建设经济文化强省，具有十分重要的意义。要把握以下基本要求：

注重群众参与。敞开大门搞活动，相信群众、依靠群众，充分调动党员群众的积极性，畅通群众诉求表达渠道，积极回应群众关切，切实维护群众利益，活动安排向群众公开，关键节点请群众参与，进展情况受群众监督，活动成效让群众评判。

突出问题导向。聚焦作风建设，切实找准并着力解决“四风”突出问题、关系群众切身利益的问题、影响基层基础的问题，边学边改、边查边改，以整改行动开局起步，以问题整改注入动力，以整改成效交出答卷。

坚持服务群众。以加强基层服务型党组织建设为抓手，扩大党的组织覆盖和工作覆盖，增强服务意识，建强服务队伍特别是基层党组织带头人队伍，创新服务载体，强化服务保障，提升服务水平，促进广大基层党组织积极主动解民难、排民忧、顺民意，解决好联系服务群众“最后一公里”问题。

强化分类指导。根据不同领域、不同行业基层党组织的实际和党员工作性质、岗位特点、知识结构、生产生活方式等，有针对性地找准需要解决的突出问题，明确活动的具体目标任务，分门别类提出务实管用的工作要求和措施办法，增强活动的实效性。

二、重点任务

基层党组织开展教育实践活动的主要任务，是集中解决基层党组织和党员“四风”方面的突出问题。同时，着力解决关系群众切身利益的问题，着力解决联系服务群众不到位的问题，着力解决基层党建工作中的重点难点问题。

机关事业单位特别是执法监管部门和窗口单位、

服务行业，重点解决庸懒散拖、推诿扯皮，办事拖拉、效率低下；大局意识和服务意识不强，追求部门和个人利益，工作“中梗阻”；精神不振、标准不高，工作不落实；衙门作风严重，态度“冷、横、硬”，门难进、脸难看、事难办；滥用职权、吃拿卡要，乱收费、乱罚款、乱摊派；执法不公、不严，搞选择性执法、随意性执法，甚至徇私枉法；对群众在教育、就业、社会保障、医疗、住房等方面的基本需求不重视、不作为；对生态环境、食品药品安全、安全生产、社会治安、执法司法、征地拆迁等方面损害群众利益的问题监管不够、处置不力；基层党组织活力不足、发挥作用不够、党建工作与业务工作“两张皮”等问题。教育引导党员、干部带着感情为群众办事，认真履行职责，提高工作效能，提升服务形象，真正把为民务实清廉的要求体现到各项工作中、落实到本职岗位上。

乡镇、街道，重点解决政绩观不正确，急功近利、弄虚作假、报喜不报忧，搞“上有政策、下有对策”；对群众缺乏感情，不关心群众冷暖，不尊重群众意愿；责任心不强，工作不专心、在位不在岗，被动应付、不敢担当，遇到矛盾绕着走；眼睛向上不向下，不愿做群众工作，不会做群众工作，工作方法不当，作风简单粗暴；执行上级部署与实际结合不到位，落实惠民政策缩水走样；在房屋拆迁、土地征用、重点项目建设等方面不维护群众利益，甚至与民争利；服务意识和能力不强，对关系群众切身利益的问题、群众生产生活问题解决不主动、不及时、不到位；对党建工作重视不够、责任落实不力、指导把关不严等问题。教育引导党员、干部始终保持昂扬向上、苦干实干的精神状态，不折不扣地贯彻落实上级的决策部署，真心对群众负责，提高做好群众工作的能力水平，坚持不懈地抓基层打基础固堡垒，推动城乡基层经济社会科学发展。

村、社区，重点解决服务群众的意识和能力不强，不愿、不会帮助群众解决实际困难；办事不公，在落实惠民政策、发展党员、扶贫济困等方面优亲厚友，谋取私利；大局意识差，拉帮结派、争权夺利；党务、政务管理混乱，财务不公开、不透明；不关心群众疾苦，遇事不与群众商量，处理问题方法简单、态度粗暴，搞“一言堂”；干劲不足，守摊子、混日子，矛盾纠纷化解不及时，群众诉求长期得不到解决；党组织软弱涣散，组织生活不经常、不认真、不严肃；党员意识淡薄，不履行党员义务，不参加组织生活，不带头发挥作用；基层党组织“无人办事”、“无钱办事”等突出问题。教育引导党员、干部增强宗旨意识、强化群众观念，提高联系群众、服务群众、宣传教育群众的能力，力所能及地帮助群众解决实际困难，增强党组织的创造力、凝聚力、战斗力。

非公有制经济组织和社会组织，重点解决社会责任感不强、缺乏为民服务的奉献精神；对职工主体地位认识不足、听取职工意见建议不够；片面追求经济效益，对困难职工生活关心不够、职工合法权益得不到有效保障；组织覆盖和工作覆盖不够，活动不经常、不认真；党员不愿亮身份、组织纪律观念不强、发挥作用不够等问题。教育引导党员进一步坚定理想信念，增强党员意识，保持良好的职业操守，诚信守法，树立良好的社会形象，推动党组织不断健全、活动正常开展，党的方针政策得到有效落实。

三、推进措施

基层党组织开展教育实践活动，要严格按照中央、省委部署要求，扎实做好教育实践活动各项工作，把学习教育、听取意见，查摆问题、开展批评，整改落实、建章立制3个环节的工作有机衔接起来。具体到每个单位，开展活动的时间一般不少于3个月。从现在开始，就要认真开展学习教育，广泛听取群众意见，主动查摆和解决问题，并贯穿活动始终。重点做好以下工作：

1. 对党员组织关系进行排查。由县（市、区）党委统一组织，以党支部为单位，开展“组织找党员、党员找组织”活动，理顺党员组织关系，落实每个党员参加活动的党组织。3月底前，基层党支部要与每名党员取得联系，讲明中央、省委关于开展教育实践活动的部署要求和有关安排，讲明党员的义务和权利、党的纪律等；同时，要对党员基本信息进行核实，掌握党员的基本情况、思想状况、工作生活状况。流动党员参加教育实践活动，以流入地党组织为主、流出地党组织为辅。县（市、区）党委组织部门之间要加强联系沟通，明确跨县（市、区）流动党员参加活动的基层党组织，确保每名党员都能参加活动。

2. 组织党员进行集中轮训。基层党委要结合各自实际，按照中央、省委规定的学习内容和指定的学习材料，采取多种方式对党员进行集中培训。针对基层党员实际，以喜闻乐见方式，运用形象直观、通俗易懂的语言进行讲解辅导；发挥好基层为民务实清廉先进典型、本地红色教育基地的作用，增强学习培训的吸引力和感染力。基层党委领导班子和执法监管部门、窗口单位、服务行业党组织，要坚持原汁原味、原原本本，集体讨论、相互交流，系统研读、理论提升，开展集中学习讨论，时间不少于3天。其他基层党组织要利用农闲、班前班后、晚上和外出党员返乡等时间，组织开展学习教育。对不能参加集中学习培训的党员，可采取送学上门等方式组织学习。要围绕“践行宗旨、服务群众”开展专题讨论，基层党组织要结合本地、本行业、本领域实际，确定讨论主题，组织全体党员立足岗位职责，谈认识、找差距、定目标。

3. 开展社情民意访查。基层党组织要统筹安排，组织党员、干部直接联系群众和工作对象、服务对象，面对面听取意见，力争做到联系群众全覆盖、听取群众意见全覆盖。4 月底前，要组织开展一次集中联系走访，认真听取群众意见，了解群众利益诉求。要及时汇总收集到的意见，认真梳理群众长期反映未得到解决的问题，属于本级党组织的问题，以会议或书面形式向全体党员通报；属于党员个人的问题，逐一向本人反馈；对反映上级党组织或需要上级党组织帮助解决的问题，要逐级上报。

4. 对自身突出问题开展自查。第二批活动单位要结合工作职责，自上而下对“四风”突出问题和强化基层、保障民生的相关政策制定和落实情况，进行一次全面自查。通过自查，找准党组织和党员、干部存在的“四风”突出问题，找准基层党组织和党员队伍建设中存在的突出问题，找准上级关爱基层、保障民生政策落实方面存在的突出问题。市、县（市、区）党委和基层党委要对各单位开展自查情况进行检查抽查。

5. 党务、政务、财务集中公开。6 月底前，基层党组织通过公开栏、会议通报、发放明白纸等形式，将党组织任期内主要工作、发展党员、活动开展等情况，向全体党员和群众公开。机关、事业单位可结合公开“三公”经费支出、为民服务承诺等事项进行。村、社区要公开本届任期内的重大村务特别是财务收支、债权债务、集体资产和资源管理使用等情况。党员、干部、群众有疑义的，基层党组织要及时作出解释说明；群众意见较大的，上级党组织要组织检查或审计，发现问题，依法依纪作出严肃处理。

6. 召开专题民主生活会和组织生活会。会前，上级党组织要汇总各方面掌握的情况和问题，原汁原味地向基层党组织反馈。基层党组织领导班子成员之间、领导班子成员与党员之间、党员与党员之间，要开展谈心交心，沟通思想、听取意见。基层党组织领导班子要撰写对照检查材料；领导班子成员、执法监管部门和窗口单位、服务行业的党员一般应撰写对照检查材料；其他党员是否撰写对照检查材料，由基层党委结合实际作出安排。基层党委领导班子、成员较多的支部委员会、执法监管部门和窗口单位、服务行业的专题民主生活会或组织生活会，可参照市、县（市、区）领导班子的有关要求召开；党支部或党小组全体党员参加的组织生活会，党组织作对照检查，党员逐一发言。会后，要采取适当方式，通报组织生活会召开情况。上级党组织领导班子成员要分别参加指导所属基层党组织的组织生活会。

7. 公开承诺整改事项。基层党组织要综合各方面提出的意见建议，结合自身职责，列出整改的问题清单，由党组织书记负总责，党组织领导班子成员和全体党员分头认领；党员也要立足本职，确定具体的整改事项。整改问题和整改事项要向群众作出公开承诺，明确完成时限，接受群众监督。基层党组织、党员要根据承诺的整改事项，集中力量抓好整改，切实解决好自身存在的问题。

8. 上下联动解决实际问题。各级党组织要坚持重心下移，落实关心基层、服务群众的政策，推动人、财、物向基层倾斜，着力解决影响和制约基层党组织、党员作用发挥的突出问题。实行市县乡党委领导班子成员包案化解信访问题，及时帮助基层党组织化解一批长期难以解决的问题。县（市、区）党委要针对群众关心的环境卫生、社会治安、道路交通等突出问题，确定重点任务，开展专项整治；加大对班子软弱涣散、干群矛盾突出的重点难点村的集中整治力度，为“两委”换届工作奠定基础。要加大财政转移支付力度，帮助村探索集体经营性收入增收路子，建立稳定的基层组织运转和基本公共服务经费保障制度。建立和完善乡镇、街道和村、社区便民服务中心（站、点），提升服务群众的功能和水平。本着尽力而为、量力而行原则，切实解决群众的基本需求，解决损害群众利益的问题，解决困难群众的生产生活问题，畅通群众诉求表达渠道，加强与群众真诚沟通，做好矛盾纠纷排解工作，让群众办事更加便利、得到更多实惠。

9. 完善和落实制度。基层党组织要对已有的制度进行认真梳理，重点完善和落实好“三会一课”、民主决策、基层事务公开和联系服务群众等方面的制度，推动改进作风常态化长效化。执法监管部门和窗口单位、服务行业还要完善落实首问负责、服务承诺、办事公开等制度；村、社区还要完善落实发展党员、无职党员设岗定责、运转经费管理使用等制度；机关、企事业单位还要完善落实在职党员到社区报到、立足岗位为民服务等制度。

10. 对基层党组织和党员进行民主评议。要以党支部为单位，召开一次党员大会，对支部领导班子和党员进行民主评议，可与组织生活会结合进行。评议时，可视情吸收部分群众代表参加。评议结果要作为评先树优和工作考核的重要依据。要结合开展评议工作，进一步加强基层党组织建设和党员教育管理，对软弱涣散的基层党组织，进行集中整顿；对长期不起作用甚至起负作用的党员，进行严肃教育，不合格的要给予组织处理。

四、组织领导

基层党组织开展教育实践活动，事关整个教育实践活动的质量和成效。各级党组织务必高度重视，加强领导，精心组织实施。

落实工作责任。坚持一级抓一级，逐级明确职责和任务，层层抓好落实。市、县（市、区）党委对基层党组织开展教育实践活动承担直接责任，要加强组织领导，积极推动落实。乡镇（街道）党（工）委要认真抓好班子自身的教育实践活动，负责组织所属基层党组织和党员的教育实践活动。基层党组织要积极发挥作用，认真搞好本地本单位的教育实践活动。各级党组织主要负责同志要切实承担起第一责任人的职责，靠前指挥，主动深入到问题多、矛盾突出的基层党组织调查研究、解决问题。基层党组织书记要切实履行具体责任人的职责，把教育实践活动紧紧抓在手上，带头参加教育实践活动，为党员、干部作好表率。对教育实践活动走过场的，要追究一把手的责任。

搞好分析研判。各级党委（党组）要组织力量，深入调查摸底，全面细致了解基层党组织领导班子和党员、干部的实际状况，逐个分析研究，科学分类排队，有针对性地制定工作方案。对需要重点解决的问题，做到心中有数；对可能出现的复杂情况，要制定有效的预防和解决对策。要认真贯彻落实中央、省委的部署要求，既要坚持严的标准、严的措施、严的纪律，把各项工作做扎实、做到位；又要注意讲究方法、掌握分寸，防止激化矛盾，确保活动健康有序稳妥推进。对班子不健全、软弱涣散、矛盾突出的基层党组织，县乡党委领导班子成员要直接联系包帮，指导开展好教育实践活动。

强化督促指导。市县乡党员领导干部要结合联系困难家庭，选择1～2个基层党组织作为教育实践活动联系点，定期蹲点，加强调研，努力把联系点打造成示范点，推动基层党组织教育实践活动健康顺利开展。充分发挥好“第一书记”、大学生村官、包帮干部、党建指导员的作用，帮助基层党组织开展好活动，做到每个基层党组织都有人联系指导。各有关行业系统党组织要切实加强对本行业本系统基层党组织开展活动的指导。市、县（市、区）督导组要定期深入到基层党组织，督促抓好每项工作的落实。

加强宣传引导。广泛宣传教育实践活动的重要意义、目标要求和经验做法，鼓励支持基层党组织务实创新，着力在解决问题上下功夫。要丰富宣传内容，创新宣传形式，大力宣传基层党组织和党员先进典型，曝光反面典型，扩大宣传的覆盖面和影响力，营造良好的舆论氛围。针对教育实践活动中发现的倾向性、苗头性问题，充分发挥评论、言论的引导作用，形成正确舆论导向。

各市、县（市、区）党委和省直有关部门党委（党组）要根据中央、省委部署和本意见精神，结合实际，制定基层党组织开展教育实践活动的实施意见，并抓好落实。

关于印发《自治区非公经济组织党工委2013年工作总结和2014年工作要点》的通知

伊犁哈萨克自治州非公经济组织党工委，各地、州、市非公经济组织党工委：

现将《自治区非公经济组织党工委2013年工作总结和2014年工作要点》印发你们，请结合实际认真贯彻执行。

新疆维吾尔自治区非公经济组织党工委

2014年2月10日

自治区非公经济组织党工委2013年工作总结和2014年工作要点

2013年，自治区非公经济组织党工委认真贯彻落实新党办发46号文件和自治区非公企业党建工作会议精神，在自治区党委的正确领导下，在自治区党委组织部、统战部指导帮助下，非公经济组织党建各项工作取得了一定成绩。

一、2013年工作总结

（一）积极组织学习宣传贯彻党的十八大精神。各地非公经济组织党工委和非公企业党组织，认真组织党员和职工群众学习宣传贯彻党的十八大精神。各级非公经济组织党工委、非公企业党组织和广大党员职工群众，在当地党委的领导下，结合本地区、本企业实际情况，通过召开座谈会、报告会、举办学习班培训班等各种形式，开展党的十八大精神进企业、进车间、进班组活动，组织企业开展专题辅导、座谈交流、知识竞赛等形式多样的宣传教育，将学习宣传贯彻落实党的十八大精神与工商联的工作和企业发展紧密结合，努力做好非公经济组织党建工作，积极推动非公经济发展，引导非公经济人士健康成长。

（二）认真开展理想信念教育实践活动。在全区开展了以“民营企业家与中国梦”为主题，以“热爱伟大祖国、建设美好家园”为主线，以增强对中国特色社会主义的信念、对党和政府的信任、对企业发展的信心，做好维护民族团结、维护社会稳定、反对民族分裂的各项工作为主要内容，以促进“两个健康”为目标的理想信念教育实践活动。6月28日，自治区召开非公有制经济人士理想信念教育实践活动电视电话会议。全疆14个地州市、85个县市区共2700余人在各地分会场参会。8月13日，召开自治区工商联十届二次常委（扩大）会议，对教育实践活动进行再动员再部署，5名非公经济代表人士作了发言。10月30日，华联建设投资集团董事长丁建忠作为6名先进典型代表之一，在北京人民大会堂作了典型事迹报告。在非公经济组织党建网上开辟了专栏，发布信息200多条，编印简报30期。

（三）认真贯彻落实自治区《实施意见》。年初，与自治区党委组织部共同组织召开了非公企业党建工作会议，就全区非公党建工作进行了布置安排。就贯彻落实《自治区党委、自治区人民政府贯彻落实〈中共中央、国务院关于加强和改进新形势下工商联工作的意见〉的实施意见》（新党发〔2011〕26号）、自治区党委《关于加强和改进非公有制企业党建工作的实施意见》（新党办发〔2012〕46号）文件精神和非公企业党建工作会议情况进行调研。5月，深入5个地州13个县市、40个企业和商会，召开了5个座谈会，调研非公经济组织党建工作。

（四）建立健全非公经济组织党建工作机构。目前，全区地州市、县市区全部建立非公经济组织党建工作机构。指导部分地州在乡镇、街道、村、社区设立非公经济组织党建工作办公室和工作站312个；督促各地州市、县市区非公经济组织工作机构加强力量配备，共新增工作人员129名，专职工作人员平均达到了1.2名。建立直接联系工作机制，地州市、县市区分别直接联系85家、981家规模和影响力较大的非公有制企业，县级以上领导干部建立非公有制企业联系点1798个，重点指导党组织领导班子思想政治建设、党组织书记选拔培养和教育培训。

（五）加大非公企业党组织组建力度。对具备条件的小微企业采取单独组建、区域联建、行业统建、楼宇共建等多种形式建立党组织。会同自治区工商总局召开会议进行部署，制定下发《关于加强全疆商品交易市场党的建设工作的意见》，提出用三年的时间使工商部门登记的商品交易市场实现党的组织和工作全覆盖。针对商会不同特点，分类型分层次做好商会党组织组建工作。去年以来，新建非公企业党组织1124个，新覆盖非公企业5604家，同步新建工会组织786家、团组织425家、妇联组织264家。198家商品交易市场建立党组织，组建率37.22%。14家省级企业联合会（商会）成立党组织，组建率73.68%。自治区9个行业商会建立了党组织。

（六）加强非公有制企业党务工作者和党员队伍建设。注重把党性强、懂经营、会管理、善于做职工群众工作的经营管理骨干和专业技术人才中的党员选拔到党组织书记岗位上来，全区共配备非公企业党组织书记6540人。从机关干部、退役军官、离退休干部和返乡创业的党员中选聘建立党建指导员人才库，集中管理、动态使用，去年以来向非公企业选派党建指导员2677名，联系非公企业7382家。把非公企业党务工作者纳入基层党员干部教育培训总体规划，自治区举办3期共160名非公经济组织党组织书记示范培训班。各地累计举办培训非公企业党务工作者388期，13845人次，组织320多名优秀非公经济组织党组织书记到对口援疆省市参观考察，党组织书记培训率达到80%。全区共培训党员和职工2.6万人次。完善党员发展工作责任制，从生产一线、重要工作岗位上发现培养和推荐党员，指导各地开展非公企业党员员工专场招聘活动，去年以来发展党员2243名。

（七）积极发挥非公企业党组织和党员作用。按照自治区党委部署，组织全区非公有制经济组织党组织全面开展“热爱伟大祖国、建设美好家园”主题教育活动，并与建设学习型党组织和创先争优活动结合起来，着重进行党的基本理论、基本路线、基本纲领、基本经验教育，开展马克思主义“五观”、新疆“三史”、“四个认同”的宣传教育，引导企业党员职工深刻认识“团结稳定是福、分裂动乱是祸”的道理，自觉维护国家最高利益，自觉维护团结稳定局面，自觉肩负起推进新疆跨越式发展和长治久安的崇高历史使命。强化政治意识和政治责任，开展关键岗位有党员、维稳一线有党员、困难面前有党员、突击攻关有党员和党员自觉遵纪守法、自觉维护稳定、自觉服务社会、自觉诚信执业的“四有四自觉”实践活动。组织非公企业开展扶贫帮困活动，仅去年37家规模以上非公企业就提供帮扶资金400多万元。

（八）充分调动出资人支持党建工作积极性。建立非公有制企业出资人教育培训制度，全疆共举办县级以上出资人培训班173期，培训出资人6499人次。采取谈心交流、定期走访、学习教育等途径，引导出资人在促进民族团结、履行社会责任等方面作表率。政治上信任，把非公有制企业出资人对党建工作的支持情况作为评价其对社会贡献大小的一项重要内容；对企业出资人的评先选优、政治安排，事先征求企业党组织和非公有制企业党建工作机构、地方工会组织的意见，党委统战、组织部门严格审查把关。全疆共1395名出资人担任县级以上“两代表一委员”，其中担任自治区级、国家级63人。

（九）积极营造非公企业党建工作良好环境。加强经费保障和场所建设，确保非公企业党组织办事有经费、活动有阵地，全区有活动经费的党组织2768个，占41.54%；有固定活动场所的3205个，占48.1%；有党员电教设备的1887个，占28.32%。2013年与自治区党委组织部、财政厅等5部门制定下发了《关于建立非公有制企业党组织工作经费保障制度的通知》，明确了经费的来源、使用、管理，非公企业党组织工作经费每个每年不低于5000元，非公企业党员上缴的党费全额返还；由各级留用党费统一对非企业党组织配制标志、党旗、必需工作用品和启动经费。

（十）努力做好信息建设工作。注重新媒体宣传和信息建设工作，在保证数量的基础上提高信息质量，使之成为指导帮助工作的有力助手，交流工作经验的平台。2013年6月，组建了新疆非公经济组织党建网，积极增加完善网页内容，发挥现代信息网络的优势，目前共设立16个栏目。在昆仑网上设立了非公经济组织党建频道。2013年，在两个党建网发布信息1400余条。编辑非公经济党建信息74期。

当前，非公经济党建工作还存在以下问题：一是一些地方党委对非公企业党建工作认识不到位。主要表现在重视程度不够，没有将非公企业党建纳入党的建设整体布局。部分党务工作者工作缺乏主动性。二是基础保障有待加强。部分地方受自身财力影响，对非公企业党建工作投入较少，在人员配备、教育培训、工作经费和活动场所建设等方面还没有完全落实到位。三是部分非公企业出资人思想认识有差距。部分出资人认为只要遵守国家法律法规、依法纳税就行了，搞党建占用时间，影响生产经营。四是非公企业党建工作的群众基础和社会基础比较薄弱。非公企业尤其是小微企业员工流动性大、变动频繁，发展党员工作不正常，部分党员员工“雇佣”思想严重，加之生产任务重、竞争压力大，不愿亮明身份，不参加组织生活，不主动发挥作用。这些问题都需要在今后的工作中认真解决。

二、2014年工作要点

2014年，按照自治区党委加强非公企业党建工作的要求，拓宽工作思路、强化工作措施、狠抓工作落实，努力开创非公经济组织党建工作新局面。与组织部联合开展非公企业党建工作“基础建设年”活动，突出抓好以下工作。

（一）认真学习贯彻中共中央政治局常委会会议和习近平总书记重要讲话精神。习近平总书记对做好新形势下的新疆工作提出明确要求、作出重大战略部署，明确了做好新形势下新疆工作的指导思想、主要目标和重要任务，是我们党治疆方略、治疆理念的进一步丰富发展和升华，是当前和今后一个时期新疆一切工作的总指针、总遵循。各级非公经济组织党工委和广大非公经济组织党务工作者一定要在全面准确理解习近平总书记重要讲话精神上下功夫，务必吃透精神、抓住精髓、掌握实质，切实把思想和行动统一到习近平总书记重要讲话精神上来，统一到自治区党委的部署要求上来，紧密结合贯彻落实中央新疆工作座谈会以来中央和自治区党委关于加强非公有制经济和中小微企业发展的一系列政策措施，研究谋划非公经济组织党建工作，推进党建工作实现新的发展。

（二）围绕促进“两个健康”，扎实做好非公经济组织党建工作。做好非公经济组织党建工作，要在围绕促进非公有制经济发展，着力在引导非公有制企业转变经济发展方式，提升科学发展水平上下功夫，着力在加强对非公有制经济人士的教育引导上下功夫。要继续开展非公有制经济人士理想信念教育实践活动，增强他们对中国特色社会主义的信念，对党和政府的信任，对自身企业发展的信心，对社会的信誉，激发非公经济健康发展的内在动力。要把以“四信”为主要内容的理想信念教育实践活动与工商联的各项工作相结合。要把政治坚强作为衡量非公有制经济人士思想是否先进的重要标准，把非公经济人士紧紧团结在党和政府周围。着力在维护职工群众的切身利益上下功夫，非公有制企业党组织要领导好工会、共青团、妇女等群团组织，做好职工群众的思想政治工作。积极反映群众诉求，畅通和拓宽表达渠道，依法保护职工合法权益和应得利益，帮助企业创新劳动关系协调机制，协调各方利益关系，及时化解矛盾纠纷，构建和谐劳动关系，把广大职工群众紧密团结在党组织周围。

（三）深入开展党的群众路线教育实践活动。要做到“三个结合”，与非公有制经济人士理想信念教育实践活动相结合，与非公经济党建工作相结合，与企业生产经营相结合。重点是牢牢扭住社会稳定和长治久安这个总目标，把突出政治坚强作为正风肃纪的核心，抓住反对“四风”这个重点，着力解决非公有制企业党组织在维护社会稳定、推进长治久安、严守政治纪律、反对民族分裂和“四风”方面存在的突出问题；教育引导非公企业党员坚定政治立场，树立群众观念，弘扬优良作风，保持清廉本色；积极回应职工群众关切，关心职工群众切身利益，把改进作风的成效真正落实到非公经济党组织的群众工作中。要通过开展群众路线教育实践活动，切实改进作风，发挥党员先锋模范作用，进一步增强党组织的创造力、凝聚力、战斗力，切实维护好职工合法权益、增强职工群众的主人翁意识，调动职工群众的工作积极性、主动性、创造性。要充分认识新疆反分裂反暴恐斗争的长期性、复杂性、尖锐性，围绕维护社会稳定和长治久安，围绕“去极端化”，加强党员思想政治建设，解决好世界观、人生观、价值观这个“总开关”问题，坚定反对民族分裂、维护祖国统一的政治立场，坚决防止非公有制企业发生非法宗教活动、非法宗教出版物、非法宗教网络传播活动。

（四）加强非公经济组织党建研究工作。非公经济组织党建工作是党建研究的新领域，新疆党建研究会非公经济组织专业委员会要认真筹划好今年的研究工作。要带着问题深入基层调查研究，尤其要深入到非公有制企业和行业商会等各类商会，听真话，察实情，抓规律，找答案，要善于发现事物的本质和属性，抽象出内在规律，提出有针对性和可操作性的意见建议，以理论创新推动实践创新，以问题的解决推动非公经济组织党建工作不断有新的发展。

（五）积极建立健全长效机制。加强制度建设，建立联系非公企业党组织制度、非公经济组织党建联席会议制度，健全长效沟通管理机制。督促帮助地州市配备专职副书记、设置党建工作部，县级非公有制经济组织党工委配备专职工作人员。各地要积极协调编办，尽早落实机构编制、工作人员、工作经费。成立自治区非公经济组织纪工委，指导帮助地州市、县市区和非公企业成立纪检组织。

（六）加强教育培训工作。举办2期非公经济组织党工委专职副书记、非公企业党组织书记培训班，赴长三角、珠三角学习考察。在自治区党校、新疆社会主义学院分别举办1期党组织书记培训班。在南北疆分别举办1期用维吾尔语授课的非公企业党组织书记培训班。指导帮助地州市组织部分规模以上、社会影响大的非公企业出资人到援疆省市学习考察。

（七）加强党组织书记及党务工作者队伍建设。选优配强党务工作者特别是党组织书记。按照分级培训原则，指导地州市办好培训班。建立完善非公企业党务工作者数据库，探索建立党务工作者考核激励机制。大力推进有形覆盖向有效覆盖转变。重点抓好小微企业、个体工商户、专业市场和企业联合会（商会）、行业商会党组织组建工作。壮大党员队伍，指导各地开展党员员工专场招聘会、流动党员“双找”、“三推荐三培养”等活动。大力推动群团组织建设，实现尚未建立党组织的非公有制企业开展党的工作全覆盖。

（八）增强非公企业党组织服务功能。指导帮助非公企业开展党的群众路线教育实践活动，引导非公企业党组织和党员履行责任、发挥作用。健全党员联系服务职工群众制度，服务企业科学发展，引导企业履行社会职责、投身社会公益事业。完善工资集体协商和劳动薪酬递增机制，构建和谐劳动关系。开展先进文化、新疆“三史”、民族团结进企业活动，促进企业和谐稳定。加强企业出资人的教育引导，建立与出资人定期谈话制度。

（九）抓好经费落实和阵地建设。加强对各地保障非公企业党组织经费文件落实情况的督促检查，建立并落实以财政拨付、企业配套为主，党费返还、社会捐助、投资经营、奖励补助为辅的党建工作经费保障机制。按照“六有”目标，强化非公企业党组织活动场所建设。推进非公有制企业远程教育工作，2014年底实现规模以上非公有制企业党组织远程教育全覆盖。

关于印发《2014年全省两新组织党建工作要点》的通知

各市、县（市、区）委“两新”工委，省委“两新”工委各成员单位党委（党组），省直机关工委、省委教育工委、省国资委党委，省总工会、团省委、省妇联党组，省级双重管理非公有制企业党组织：

现将《2014年全省两新组织党建工作要点》印发给你们，请结合实际，认真抓好贯彻落实。

中共浙江省委新经济与新社会组织工作委员会

2014年2月14日

2014年全省两新组织党建工作要点

2014年全省两新组织党建工作的总体要求是：深入学习贯彻十八大以来中央、省委系列重要精神，以发挥党组织实质作用、建设基层服务型党组织为主线，扎实开展党的群众路线教育实践活动，全力服务“五水共治”、“五措并举”，深化落实青春党建，积极推进社会组织党建，着力推动两新组织“双强争先”，努力实现我省两新组织党建工作继续走在全国前列，为建设“两富”现代化浙江作出积极贡献。

一、结合两新组织实际开展群众路线教育实践活动，积极打造党群与企业命运共同体

1. 抓好学习凝聚各方共识。认真按照中央和省委部署开展党的群众路线教育实践活动，结合两新组织实际抓好落实。采取小型、业余、分散等灵活管用的方式加强学习教育，引导两新组织各方牢固树立“党组织离不开群众、群众离不开党组织”、“企业离不开职工、职工离不开企业”的理念，使党的群众观点、群众路线落实到每个党组织和党员的行动上，积极营造党组织、职工群众与企业同发展、共命运的良好氛围。

2. 推动党群服务中心建设。以各类园区、商贸区、专业市场、商务楼宇等两新组织集聚区域为重点，加强党群服务中心建设。省里重点支持建设一批区域性、枢纽型党群服务中心。强化党群服务中心服务群众、服务党员功能，丰富服务项目，增强服务意识，提高服务能力，健全服务机制。

3. 引领建设先进企业文化。大力培育和践行社会主义核心价值观，弘扬“和合”文化，倡导“活力和谐、合作共赢”，积极探索融合中华传统文化、体现党的建设和市场经济要求的先进企业文化。广泛举办演讲、摄影、微电影比赛等活动，丰富党员职工文化生活。推进两新组织文化阵地建设，加强廉政文化宣传，强化对企业职工的心理疏导和人文关怀，构建和谐劳动关系，促进企业健康发展、职工健康成长。

二、全力服务“五水共治”、“五措并举”，充分发挥党组织实质作用

4. 组织“千企联千村党建助治水”行动。推动省委十三届四次全会和全省经济工作会议精神进两新组织，为“五水共治”、“五措并举”凝心聚力。动员组织全省列入县级以上“双重管理”的3047家非公企业党组织，在引导企业抓好自身治水治污的基础上，与当地有关村（社区）结对，帮助解决农村污水和生活垃圾集中处理有关建设费用。省里重点动员118家列入省级“双重管理”的非公企业带头参与结对。充分发挥两新组织工会、共青团、妇女组织等职能优势，带动和影响各方力量共同参与“五水共治”。

5. 助推企业创新驱动发展。深化党建服务创新驱动发展战略，助推企业进一步加强产学研科技合作、企业研发机构建设和创新人才的培养与引进。充分发挥党员骨干特别是优秀科技人才核心带动作用，围绕企业产品开发和重大关键技术开展研究和联合攻关。广泛开展职工技能大比武、“青工五小”科技活动、创建党员创新示范岗等主题活动，引导广大党员职工在推动企业创新驱动发展中当好先锋队。

6. 引导企业落实“四换三名”。推动建立各级“两新”工委委员联系非公企业制度，加强日常走访，帮助解决实际困难，助推企业落实“四换三名”，加快产业升级。推动企业党组织和管理层“双向进入、交叉兼职”、党组织书记参加或列席企业重要会议等制度，引导企业出资人顺应改革趋势，淘汰落后产能，加强技术改造，发展电子商务，争创品牌企业。充分发挥个体工商户和小微企业党组织、党员积极作用，助推“个转企、小升规、规改股、股上市”。

三、深化落实青春党建，着力建设两新组织党建工作浙江品牌

7. 开展创意组织生活。在条件成熟的非公企业党组织积极探索建立开放式党支部，支委定期提供学习活动清单，党员自主选择支部和参加支部活动。继续推动建立跨党支部的青年党员活动小组，在青年党员较多的两新组织内部探索组建“青春支部”。指导两新组织党组织围绕生产经营管理和党员特长爱好，探索开展形式灵活、富有活力的创意组织生活。举办全省两新组织创意组织生活展评，推广一批创意典型。

8. 推进党员青年志愿服务活动。广泛组织参与“点亮微心愿、共筑中国梦”主题志愿服务活动。以服务发展、服务转型为重点，围绕“五水共治”主题，市、县两新组织党员青年志愿服务总队每季度至少开展一次活动，省级“双重管理”两新组织志愿服务队每半年至少开展一次活动，推动形成“青春就是奉献、公益就是时尚”的价值导向。总结推广各地创新做法，探索把各类社会公共服务站点打造成为两新组织党员青年志愿服务平台。

9. 实施青年精英成长计划。深化“党员人才工程”，继续抓好非公企业党委直接审批发展党员试点，完善群团组织“推优”工作机制。加强与清华大学、中国延安干部学院和国外知名高校新生代出资人培训战略合作，举办全省新生代出资人集中示范培训班和拓展国际视野培训班。全省推广宣传一批实施精英成长计划先进企业和优秀精英。

10. 创新网络党建工作。办好浙江两新党建网，提高影响力。深化“红色在线”，建立两新组织党组织书记和党员QQ群、微信群，开发浙江两新党建网微信公众平台，增强党建工作在网上的吸引力和影响力。继续组织“双强学堂”微博互动，充分运用网络平台，探索网上学习、开展组织生活。指导互联网企业和网商企业大力加强党建工作，总结推广一批典型经验。

四、贯彻落实社会组织党建意见，有效提升社会组织党建工作水平

11. 开展标准化建设。召开全省社会组织党建工作会议，推动《关于进一步加强社会组织党建工作的意见（试行）》的贯彻落实，引领社会组织明确权责、依法自治、发挥作用。以直接登记社会组织为重点，同步推进党的组织建设和工作覆盖，2014年底前实现规模较大、人数较多、社会影响较大、有合适党组织书记人选的社会组织应建全建，未建立党组织的实现工作覆盖。加强社会组织党建工作分类指导，提高社会组织党组织建设规范化水平，充分激发社会组织活力。

12. 着力加强行业党建。突出会计师、律师、税务师事务所等重点领域，发挥行业协会的组织和资源优势，探索推广“行业协会＋会员企业”党建工作，引导行业协会自律与诚信建设。以经信、商务部门联系的行业为重点，充分发挥行业领军企业影响力，探索开展全行业党的建设，促进行业健康有序发展。继续探索开展异地浙商党建工作，为推动浙商回归营造良好氛围。

13. 推动开展“红色互动”。发挥律师、会计师、税务师事务所等新社会组织党员专业人才特长，到企业实地开展法律护企维权、财务咨询等活动，助推非公企业科学发展。依托企业联合会（个协）、企业家协会、商会等党组织，广泛开展科技合作交流和产业对接等活动，推进两新组织共促双赢。积极搭建省级“双强”两新组织互动交流平台，加强跨行业、跨领域党建工作融合互动，引导各级两新组织广泛开展结对共建。

五、健全组织领导和保障机制，加强理论研究和宣传

14. 推动两新组织党建工作重心下移。召开乡镇（街道）两新组织党建工作专题会议，推动党建资源向乡镇（街道）倾斜、推动乡镇（街道）“两新”工委有效贯通“最后一公里”。继续以园区统筹、村企统筹、片区统筹、商圈统筹等模式，建立健全区域性党组织，总结推广产业链党建、双强联盟等做法，实现对小微企业的有效覆盖。加强区域性、枢纽型党群活动中心建设，向区域内两新组织开放活动场所，实现党建资源共享。

15. 打造两新组织党建示范群。完善“双重管理”动态管理机制，调整列入省级“双重管理”非公企业党组织名单。树立一批省级“双强”社会组织党组织，加强重点管理和指导。推动各地各单位做好“双强”培育工作，形成党建工作示范群。探索建立省级以上高新区、国家级孵化器支持非公企业党建工作激励制度，培育一批科技创新型企业党建示范点。

16. 落实队伍阵地经费保障。举办列入省级“双重管理”两新组织党组织书记集中培训班，指导各地重点抓好两新组织党组织书记和专职党务工作者的培训。成立省两新组织党务工作者协会，继续办好“双强争先”大讲坛，充分发挥各级两新组织党务工作者协会作用。探索完善党建工作指导员制度，加强党建工作指导员业务培训。推动落实有关支持两新组织党建工作经费保障和活动阵地的政策规定。

17. 强化理论研究和宣传工作。深入分析改革纵深推进的新变化，加强对青春党建、发挥非公企业党组织实质作用、社会组织党组织功能定位等重大理论问题的研究。充分运用全国党建研究会非公专委会平台，加强与各类新闻媒体联络协作，办好中国非公企业党建网和《非公有制企业党建》杂志，为两新组织党建工作营造良好氛围。

中共甘肃省委组织部　中共甘肃省非公工委《2014年全省非公企业党建工作安排》

根据省委和国家工商总局党组关于加强非公企业党建工作的指示精神和安排部署，结合当前工作实际，

现就2014年全省非公企业党建工作安排如下。

一、认真学习王三运书记重要指示精神，进一步明确非公企业党建工作的目标要求

2013年12月6日，省委王三运书记在省非公企业工委调研时指出“甘肃非公企业党建工作要搞升级版”，要求“在扩大非公企业党组织覆盖上升级、在发挥作用上升级、在创新工作方式上升级”，这是省委站在时代的高度，根据全省非公企业党建工作发展水平和非公经济发展现状提出来的，既是省委对非公企业党建工作的充分肯定和高度重视，也是全省非公企业党建工作的目标要求和重要任务，具有很强的现实指导性和工作针对性。各级组织部门和非公企业工委要认真学习领会，统一思想认识，用打造“升级版”要求指导全年乃至今后的非公企业党建工作。

2014年非公企业党建工作要全面落实王三运书记对非公企业党建工作重要指示精神和全省组织部长会议精神，以扩大党的组织覆盖和工作覆盖为重点，以发挥党组织和党员作用为主线，以“立足岗位做贡献，建设小康当先锋”活动为平台，充分发挥党组织的政治堡垒和党员的先锋引领作用，努力打造非公企业党建工作“升级版”，为实现“非公经济成为我省国民经济的半壁江山”的奋斗目标提供坚强的政治保障和组织保证。

二、扎实开展党的群众路线教育实践活动，牢固树立党的宗旨意识

严格按照省委关于开展第二批党的群众路线教育实践活动的安排部署，紧紧围绕保持党的先进性和纯洁性，以为民务实清廉为主题，牢牢把握“照镜子、正衣冠、洗洗澡、治治病”的总要求，突出规模以上非公有制经济组织党组织、党员出资人和党组织书记这一重点对象，贴近非公经济组织实际，突出非公经济组织特点，按照省委规定的方法步骤扎实开展活动，着力解决非公企业党组织中存在的组织涣散、纪律松弛和“两个作用”发挥不好的问题；着力解决党组织及班子成员存在的官僚主义、形式主义、享乐主义、奢靡之风“四风”问题；着力解决党员队伍中存在的理想信念不坚定、先锋意识弱化、作用发挥不明显以及联系群众不紧密等问题，不断提高思想认识，引导企业合法经营、诚信经营、依法纳税、诚实守信，积极履行社会责任。结合党的群众路线教育实践活动，深入开展中国特色社会主义和中国梦教育活动，加强社会主义核心价值观教育，引导广大非公经济人士自觉把个人的成功、企业的发展融入实现中华民族伟大复兴的中国梦，自觉接受党的领导，主动参与党的活动，积极支持党的工作。

三、加强非公企业党组织建设，努力在扩大党的组织覆盖和工作覆盖上升级

（一）加强党组织规范化建设。采取组织推荐、双向选择、公开选聘等办法，帮助企业选好配强党组织书记。修订完善《甘肃省非公有制企业党建工作指导员管理办法（试行）》，坚持从机关干部、改制企业原管理人员、离退休老干部、退伍军人、优秀大学生中向非公企业选派党建工作指导员，充分发挥其组织宣传、联系服务、协调指导作用。推广《兰州市非公有制企业党组织工作规程（试行）》，制定全省非公企业党建工作规程，规范党组织工作程序，加强党组织和党员日常管理。落实非公企业党建工作网格化责任制，建立非公企业党建工作台账，加强对已建党组织的定期回访、跟踪指导。建立《全省非公企业党组织晋位升级长效机制》，按照巩固先进、提升一般、整顿后进的要求，继续开展晋位升级工作。

（二）稳步发展壮大党员队伍。坚持“控制总量、优化结构、提高质量、发挥作用”的总要求，重视在生产一线职工、专业技术骨干及经营管理人员中发展党员，积极稳妥地做好在出资人中发展党员工作。继续开展“双找双培”活动，实施“党员安家工程”，使“隐形党员”、“口袋党员”主动亮明身份，使优秀员工积极向党组织靠拢，确保员工50人以上的企业100%有党员。探索完善流动党员管理办法，按照“一方隶属、多重管理”的原则，充分利用现代化手段，切实抓好流动党员组织生活、教育培训、关爱帮扶、权益保障等工作，使其“流动不流失，离乡不离党”。

（三）加大党组织组建力度。坚持“四个组建”，在抓好规模以上非公企业党建工作的基础上，重点加大小微企业、个体工商户、专业市场和开发区（园区）中党组织组建力度，使有3名以上正式党员的企业全部建立党组织，应建组建率达到100%，确保党组织数量稳步增加、党组织覆盖稳步扩大。暂不具备单独组建条件的，按照“行业相近、地域相邻”的原则，以开发区（园区）、专业市场、商业街区、商务楼宇等为单位组建区域性党组织，或依托行业协会、个体私营企业协会和龙头企业、专业经济合作组织组建行业性党组织。联合党组织中具备单独组建条件的，要及时单独建立党组织。对不符合单独组建条件、又不适宜企业之间联合组建党组织的，挂靠所在乡镇（街道）、村（社区）组建党组织。探索建立中心党组织、“一刻钟党建活动圈”、“党组织活动中心”等，发挥党员服

务中心、党建工作站“孵化器”作用，整合党建资源，为建立党组织创造条件。在条件成熟非公企业党组织，单独建立党的基层纪检组织，充分发挥纪检组织在维护和执行党的纪律中的职能作用。

（四）加强群团组织建设。建立党群共建工作机制，配合工会、团委、妇联抓好非公企业群团组织建设，特别是对暂不具备建立党组织条件的企业，要选派党建工作指导员，帮助建立群团组织，宣传党的路线方针政策，做好职工群众的思想政治工作，实现党的工作全覆盖，为建立党组织奠定基础。

四、深化“立足岗位做贡献，建设小康当先锋”活动，努力在作用发挥上升级

（一）进一步规范活动流程，做到“规定动作”不走样。结合先锋引领行动，认真贯彻《关于开展“立足岗位做贡献，建设小康当先锋”活动的实施意见》，突出设岗定责、开展活动、评先选优、建立机制四项任务，进一步细化目标责任，确保“所有党组织都开展活动、所有党员都参与活动”。按照省非公企业工委统一下发的《党组织工作手册》和《党员工作手册》，指导企业党组织紧贴企业经营、紧扣岗位需求设岗定责，党员挂牌上岗、亮明身份、承诺践诺。坚持把设立党员责任岗与建立党员承诺践诺制度结合起来，严格落实党员承诺、支部审诺、党员践诺、群众评诺、组织考诺等关键环节。省非公企业工委组织编写非公企业设立党员责任岗相关辅导资料，拍摄制作“立足岗位做贡献，建设小康当先锋”活动演示片，加强对活动开展的培训指导。各市州、县市区非公企业工委，要因企制宜，指导和帮助企业党组织做到“六个一”，即制定一个实施方案，召开一次支部大会，制作一批岗位标志，举行一场承诺仪式，设计一个活动载体，建立一套考评机制，确保在非公企业中“看得到党员、找得到岗位、见得到承诺、听得到实绩”。

（二）进一步深化活动内容，做到“自选动作”有创新。探索推广“民情流水线”服务理念，把设立党员责任岗与创建“双强六好”党组织和实施“先锋引领行动”、争创“陇原先锋号（岗）”等活动结合起来，不断创新活动内容、丰富活动载体。紧扣非公企业生产经营活动中的重点难点，结合完成企业生产经营任务，开展“攻坚月”、“小红帽”和“比进度、比安全、比质量”为主题的劳动竞赛等活动；结合企业节能增效，开展党员“五无”（技术操作无违章、工作岗位无隐患，完成任务无差错、企业资财无浪费、承诺服务无失信）等活动；结合企业技术创新，开展党员科技攻关行动、“我为企业献一计”等活动；结合提高员工技能，开展岗位练兵、创建学习型班组和“明星党员评比”、“导师带徒”等活动；结合加强企业管理，开展员工思想恳谈会和党员“五在前”（政治业务学在前、技术创新走在前、履职尽责干在前、遵纪守法严在前、服务群众做在前）等活动；结合企业文化建设，开展“一个党员一面旗”、“同心圆”以及书法、摄影、绘画、乒乓球、篮球等文体娱乐活动；结合关怀机制建设，推行“八有”工作法，即困难有人帮助、生日有人祝福、烦恼有人排除、建议有人奖励、过错有人纠正、进步有人表扬、矛盾有人调解、发展有人指导。

（三）进一步健全规章制度，做到目标责任有落实。认真落实领导包抓责任制，加大巡回督查、互查和抽查力度，每季度通报活动进展情况，逐级靠实工作责任。省非公企业工委年内组织一次互查活动，由各市州非公企业工委负责人交叉互评，对活动进展情况打分评比，计入年终考核。注重在开展活动中总结和完善各项规章制度，与企业现有的管理、考核制度有机结合，建立一套科学完整的考核评价、表彰激励、党组织生活等工作制度。特别是要指导企业党组织建立完善党员承诺践诺制度，推行“积分制”管理，对党员履职践诺情况采取民意测评、党员互评、支部评定的方式，逐项量化打分，全程跟踪考核，引导党员做到有诺必践、有践必实；建立党员责任岗奖励机制，把党员践诺情况与企业评先选优、晋升工资、提拔重用等结合起来，对践诺良好、表现突出的给予适当鼓励。

五、多措并举，努力在创新方式方法上升级

（一）围绕培训教育求创新。健全完善非公企业党务工作者培训制度，把非公企业党组织书记、党建工作指导员等党务工作者统筹纳入各级组织部门干部教育培训总体规划，省、市、县三级联动、分层实施，提升队伍素质，全面打造一支政治上靠得住、业务上过得硬、工作上有方法、对群众有感情的非公党建干部队伍。省非公企业工委组建“全省非公企业党建工作讲师团”，聘请省内外非公企业党建专家学者，进行示范培训。市州委组织部组织开展市州非公企业工委办公室人员、县市区非公企业工委办公室主任和部分优秀非公企业党组织书记、党建工作指导员集中培训，县市区委组织部组织开展市区非公企业工委办公室人员、非公企业党组织书记的任职培训和集中轮训。年内每名党组织书记和非公企业工委办公室人员至少参加1次集中培训。

（二）围绕理论研讨求创新。深入开展“非公企业

党建课题研究”活动，省非公企业工委、省工商学会与党校、社科院、高等学院等机构联合，针对非公企业党建工作中的重点难点问题，选定重点研究课题，深入基层、深入企业、深度调研，努力形成一批既有理论前沿性、又有实践指导性的理论成果，推进理论创新。同时，拟定全省非公企业党建工作调研参考课题，由各市州成立课题小组，选择1—3个课题，结合实际进行重点调研。省非公企业工委适时组织课题研讨会，交流评选。

（三）围绕典型培育求创新。认真实施“个十百”工程，深入开展党建品牌创建活动，挖掘提炼一批非公企业“建设小康先锋岗（号）”和党建工作指导员、党组织书记、企业出资人等先进典型，努力使党建工作站有县级典型、县市区有市州典型、市州有全省典型、全省有全国典型。研究探索“责任岗、示范岗、先锋岗”三岗联创的有效举措，深化“立足岗位做贡献，建设小康当先锋”活动成果。建立先进典型表彰激励机制，坚持分层逐级表彰，未受到本级表彰奖励的，不得推荐上一级工委表彰。“七一”前，省非公企业工委表彰100个“建设小康先锋号”和100名“建设小康先锋岗”，并从中择优推荐，提请省上表彰。

（四）围绕宣传带动求创新。加大宣传力度，在媒体开辟“非公企业党员风采”、非公企业“建设小康先锋岗（号）”事迹展示等专栏，并采取组织先进事迹报告团和召开现场观摩会、座谈交流会等形式，广泛宣传典型。利用信息化手段，依托非公企业党建网站、协同办公系统、党务工作软件、甘肃工商政务微博等信息化载体，搭建党建信息化平台，建立非公企业党建QQ群、微信群和微博，广泛宣传非公企业党建知识、工作动态和典型经验，扩大宣传面。认真总结经验，积极做好全省非公企业党建工作现场会筹备工作。

（五）围绕履行职能求创新。充分发挥工商行政管理部门的职能优势，认真履行“一岗双责”，找准履行自身职能与加强非公企业党建工作的结合点，确保工商职能与非公企业党建同频共振、相互促进。各级非公企业工委、工商行政管理部门要深入开展“两帮一促”活动，以营造“三个环境”为重点，在发挥注册登记、行政执法、市场监管、消费维权、商标广告等工商职能作用上创新方式方法，积极培育党建示范企业、驰名著名商标企业、守合同重信用企业“三合一”企业典型，增强企业核心竞争力，服务企业转型跨越发展。

六、加强领导，健全机制，为打造非公企业党建“升级版”提供坚强保障

各级党委组织部门和工商部门要坚持“属地管理的领导体制不变、‘四级联动’的工作机制不变、工商部门‘一岗双责’的职能任务不变”，以“踏石留印、抓铁有痕”的作风，加强组织领导，狠抓工作落实，确保实现“升级版”各项目标任务。

一是健全工作机制。工商行政管理体制调整后，更要加强落实非公企业党建职能。健全完善非公企业党建工作联席会议机制，强化“党委统一领导，组织部门牵头抓总，非公企业工委具体负责，相关部门协调配合”的工作格局，发挥好联席会议成员单位的职能作用，着力解决突出问题，增强整体合力。市州党委要把非公企业党建工作纳入到基层党建整体规划，县市区委组织部要加强对非公企业党建工作、非公企业工委及党建工作站的指导，联席会议成员单位要按照各自职责，抓好各行业、各部门非公党建工作，不断提升非公企业科学化水平。按照省委《关于进一步加强和改进非公有制企业党的建设工作的实施意见（试行）》精神，配齐配强各级工委班子，明确市、县两级工委内设机构及人员编制。

二是健全目标责任考核机制。各市州、县市区党委要把非公企业党建工作纳入本地区党的建设总体布局，统一规划部署，建立健全目标管理、定期研究、情况通报、领导干部联系点等制度，加强督查考评，把非公企业党建工作情况纳入“三级联述联评联考”范围，作为市州、县市区党委书记履行基层党建工作责任制专项述职和相关部门领导班子考核评价的重要内容，细化目标责任，确保任务落实。健全完善直接联系点制度，省委组织部确定20户规模以上非公企业作为直接联系点，省非公企业工委选择50户非公企业作为直接联系点，各市州也要建立各自联系点，努力把直接联系点打造成宣传政策、了解下情、指导工作的快速通道。健全非公企业党建工作督查和通报制度，对各市州非公企业党建工作进展情况，进行日常督查、半年通报与年度考核相结合，及时掌握工作落实和进展情况；对工作落实不力、进度缓慢的，对主要负责人进行约谈。

三是健全党政联评推动机制。加强与政府相关部门的协调配合，建立联合考评制度，将非公企业生产经营、社会贡献、党的建设等作为考核的重要内容，把是否支持企业党建工作作为企业主评先评优、推荐“两代表一委员”的重要条件，对党建工作开展好的企业，在项目扶持、融资贷款等方面给予倾斜，形成“党建优化发展环境”的政策导向，促使企业主重视支持党建工作。

四是健全经费保障机制。协调落实非公企业党组织工作经费税前列支规定和企业党员交纳的党费全额

返还政策，用于开展党建活动。市州、县市区要把非公党建工作经费、非公企业工委工作经费列入同级财政预算，确保党建工作正常有序开展。

中共甘肃省委组织部　中共甘肃省
非公有制企业工作委员会
2014年3月3日

工商总局关于印发《国家工商行政管理总局推进非公有制经济组织党建工作领导小组2014年工作要点》的通知

各省、自治区、直辖市及计划单列市、副省级市工商行政管理局、市场监督管理局，总局机关各司局、直属单位：

《国家工商行政管理总局推进非公有制经济组织党建工作领导小组2014年工作要点》已经总局党组同意，现印发你们，请结合各地、各单位实际，认真贯彻落实。

国家工商总局
2014年4月9日

国家工商行政管理总局推进非公有制经济组织党建工作领导小组2014年工作要点

2014年，总局推进非公有制经济组织党建工作领导小组坚持以中国特色社会主义理论体系为指导，深入学习贯彻党的十八大和十八届三中全会精神，在总局党组的领导下，指导全系统充分发挥工商行政管理职能，进一步扩大个体工商户、小微企业和专业市场"三个重点领域"党的组织覆盖和工作覆盖，积极引导非公有制经济组织服务型党组织建设和"两个作用"发挥，在各级党委和组织部门的指导下，努力形成齐抓共管合力，推动全系统非公有制经济组织党建工作再上新台阶。

一、深入学习贯彻党的十八大、十八届三中全会和习近平总书记系列重要讲话精神。深入学习贯彻党的十八大、十八届三中全会和习近平总书记系列重要讲话精神，并作为全系统举办的各级各类非公有制经济组织党建培训的重要内容。通过学习，推动全系统非公有制经济组织党建工作人员和广大非公有制经济组织党组织、党员坚持"两个毫不动摇"，更好地发挥党组织的"两个作用"，积极投身改革事业，为全面深化改革作出积极贡献。

二、推动"全国工商系统推进非公有制经济组织党建工作经验交流会"精神的贯彻落实。及时汇总各地贯彻落实会议精神的基本情况和创新举措，加强交流沟通，并以多种形式对各地落实情况进行宣传通报和督促检查。上半年适时组织领导小组成员单位，分批深入各地和基层单位调研了解相关情况。围绕"五个突出抓好"，即突出抓好组织覆盖、突出抓好"两支队伍"建设、突出抓好作用发挥、突出抓好工作保障、突出抓好宣传推介，推进各项重点工作的贯彻落实。适时在东、中、西部组织调研现场会，深入基层开展调查研究，有针对性地加强调研指导工作。

三、进一步推动全国工商系统非公有制经济组织党建工作体制机制创新。推动建立健全能够整合力量、既有分工又密切配合的工作机制。指导各地工商机关经常并积极主动向各级党委和组织部门请示汇报，为工商系统开展非公有制经济组织党建工作争取机构、职能、人员经费和其他工作条件的支持。进一步扩大在地（市）和县（区）层面依托工商部门成立非公党工委或非公党委的数量，力争今年有更大的突破。认真指导非公有制经济组织党建工作机构设在工商部门的地方，主动加强与有关部门的沟通，在地方党委的统一领导和组织部门协调下，做好相关工作。机构设在其他部门的，要按照职能分工，在抓好个体工商户、专业市场党建工作的同时，协助组织部门抓好小微企业党建工作。同时，及时总结推广各地依托工商机关实行党建带团建的工作经验，指导各地工商机关主动对接，推进团建体制机制创新。

四、大力开展非公有制经济组织党组织集中组建活动。部署各地工商机关普遍开展非公有制经济组织党组织集中组建活动，采取单独建、联合建、依托建、挂靠建等多种形式推动党组织组建，努力扩大党的组织覆盖，进一步消除覆盖盲点和空白点，增强党的影响力。在集中组建活动中，要着力突出工作重点、讲究策略方法，更多地运用典型示范、教育引导、联系帮扶等办法开展工作，确保积极作为、稳步实施、高效推进，努力使非公有制经济组织特别是个体工商户、小微企业和专业市场党组织的组建率能够有较大幅度的提升。领导小组办公室要适时对各地组建情况进行通报。

五、指导非公有制经济组织党组织和党员广泛开展党的群众路线教育实践活动。部署各地在地方党委和教育实践活动领导小组的统一领导下，指导非公有制经济组织特别是个体工商户、小微企业和专业市场党组织和党员广泛开展活动。根据中央的总体部署，结合非公有制经济组织的特点，按照灵活简便，管用实效的原则，推动非公有制经济组织党组织履行好“服务改革、服务发展、服务民生、服务群众、服务党员”职能，建设服务型党组织，为促进非公有制经济持续健康发展做贡献。

六、突出抓好“两支队伍”建设。指导全系统抓好党组织书记和党建指导员队伍建设，搭建好党组织书记、党建指导员“选配”和“管理”两个平台，加强培训工作，提高“两支队伍”的组织化水平。积极争取各地党委组织部门的支持，开展党建指导员培训工作，加强对党建指导员的管理和考核。指导各地加快建立非公有制经济组织党务工作人才库。进一步加大培训力度，按照分级培训原则，总局、省局重点抓好示范班、市局办好重点班、县局开展全面培训。总局全年拟举办2—3期全系统地市级工商局长和非公有制经济组织党组织负责人培训班。

七、加强对非公有制经济组织党建规律性问题的研究。继续研究起草《关于推进个体工商户、小微企业和专业市场党的建设工作的意见（试行）》（以下简称《意见》）。在全国各级工商机关和个体工商户、小微企业和专业市场代表及其他有关单位中广泛征求对《意见》稿的意见建议，并根据新的形势任务要求，修改完善有关内容，成熟后报总局党组并中组部同意后印发。深入研究各地工商机关推进非公有制经济组织党建工作的实践探索，总结提炼在党建体制机制、党组织组建方式、党组织开展活动等方面的有效做法和创新经验，对不同模式进行比较研究，制定规范和科学的指导范本。指导各地工商机关加强与组织部、宣传部、政研室、党校、行政学院、社科院、党建研究会等有关部门和单位的联系、沟通，共同开展对非公有制经济组织党建工作有关问题的研究，形成一批高质量的调研报告或研究成果，并通过各自的渠道向各级党委和社会推介。

八、加强和改进非公有制经济组织党建数据统计工作。按照中央组织部关于党内统计工作的统一部署，开展非公有制经济组织党建数据统计工作。认真研究注册资本登记制度改革给党建数据统计工作带来的变化，及时指导各地改进统计方式和方法，依托和运用信息化手段，继续做好数据采集和统计汇总工作，同时加强对党建统计数据的分析研究，为各级党委决策提供基础数据和政策建议。

九、做好典型选树和宣传推介工作。充分运用《简报》和总局网站、《中国工商报》、《工商行政管理》半月刊、《光彩》杂志、中国光彩网以及工商系统外媒体，广泛宣传总局和各地在推进非公有制经济组织党建工作中的经验、做法、典型事迹，扩大工商系统推进非公有制经济组织党建工作的社会影响力。坚持典型推动、典型引路，推动各地工商机关认真总结在推进非公有制经济组织特别是个体工商户、小微企业和专业市场党建工作中的经验，适时组织实地调研，并积极联络媒体进行宣传报道，组织开展典型采访活动，努力营造工商系统推进非公有制经济组织党建工作的良好氛围。加强信息交流工作，制定《全国工商系统非公有制经济组织党建信息交流办法（试行）》，逐步建立健全信息报送机制，畅通上下联系。

十、推动建立非公有制经济组织党建工作“联系点”。切实转变作风，紧密联系基层、联系人民群众，深入基层广泛开展调研，全面了解各地开展工作的基本情况，听取各方意见建议。继续加强总局非公有制经济组织党建联系点建设，督促检查各地贯彻落实总局党组要求，在县以上工商部门建立非公有制经济组织党建工作联系点情况，适时总结通报。

十一、充分发挥各级个私协会作用。积极适应个私协会改革发展的新形势新变化，研究发挥好各级个私协会作用的有效途径和办法。特别是依托个私协会把个体工商户、小微企业中的零散、流动党员组织起来，引导“口袋党员”亮明身份参加组织活动。在个私协会会员企业中发现和培养党建工作骨干，开展对个私协会党务骨干和个私会员企业党组织负责人的培训，同时加强对会员企业的党外负责人和出资人的宣传，引导他们关心、支持企业的党建工作，促进个私企业党组织和党员发挥作用。

中共山西省委办公厅印发《关于加强农村和社区基层服务型党组织建设的若干意见》的通知

（2014年4月14日）

各市、县委，省委各部委，省直各委、办、厅、局党组（党委），各人民团体党组：

《关于加强农村和社区基层服务型党组织建设的若

干意见》已经省委同意，现印发给你们，请认真贯彻落实。

中共山西省委办公厅
2014年4月14日

关于加强农村和社区基层服务型党组织建设的若干意见

为贯彻落实党的十八大、十八届三中全会和习近平总书记系列重要讲话精神，充分发挥基层党组织推动发展、服务群众、凝聚人心、促进和谐的作用，根据中央办公厅印发的《关于加强基层服务型党组织建设的意见》(中办发〔2014〕6号）精神，现就加强农村和社区基层服务型党组织建设提出如下意见。

一、明确总体要求

1. 指导思想。坚持以邓小平理论、“三个代表”重要思想、科学发展观为指导，以加强基层服务型党组织建设为主题，以服务群众、做群众工作为主要任务，以改革创新为动力，以群众满意为根本标准，着力服务改革、服务发展、服务民生、服务群众和服务党员。坚持抓基层、打基础，强服务、建机制，推动农村和社区党组织在发展与稳定中更好地发挥战斗堡垒作用和领导核心作用，促进农村发展“一县一业”、“一村一品”和增加农民收入、建设美丽富裕家园，促进社区文明和谐建设，为全面深化改革、推进全省转型跨越发展提供坚强组织保证。

2. 主要目标。力争用3年时间，使全省农村和社区基层党组织实现组织体系健全、骨干队伍过硬、活动经常有效、工作制度完善、投入保障稳定的目标，建设一大批符合中央“六有”目标的基层服务型党组织。

二、健全组织体系

适应经济社会的发展变化和服务对象、服务内容、服务方式的变化需求，健全组织机构，创新组织设置，理顺隶属关系，形成科学严密的基层组织体系，有效整合组织资源，实现党组织和党的工作全覆盖，做到有群众的地方就有党组织提供服务。

3. 科学设置农村基层党组织。适应农业现代化、产业化发展要求，在以建制村为主设置党组织的基础上，在农民专业合作社、专业协会、农业龙头企业、农业示范基地、农业产业链、外出务工经商党员集中地全面建立党组织。探索强村带弱村、大村带小村等“村村联建”模式，积极构建以村党组织为主体、以产业党组织为骨干的党组织设置新格局。

4. 创新社区党组织设置方式。按照构建区域化党建格局的方向，全面推行街道“大工委制”和社区“大党委制”，建立健全党建工作联席会议，有效整合辖区内各类服务资源，统筹推进区域党建工作。充分发挥社区党组织的带动引领和指导推动作用，大力推进社区党建工作向辖区内商务楼宇、非公有制经济组织、社会组织和流动党员集中地等延伸，实现党的组织和工作“有形”覆盖和“有效”覆盖的统一。探索实行区（市、县）直管社区“扁平化”管理模式。

5. 加强城乡基层党建资源整合。适应城乡发展一体化需要，建立健全城乡基层党组织统筹设置机制。推动城乡党员在日常管理、教育培训、服务群众等方面互动融合，建立健全城乡一体的党员教育管理机制。推行部门包村、企业联村、村居共建，构建以城带乡、资源共享、优势互补、协调发展的基层党建工作新格局。

三、建设骨干队伍

以基层党组织书记为重点，以基层党员干部为主体，狠抓领导班子建设，努力建设一支素质优良、数量充足、结构合理、充满活力的基层骨干队伍。

6. 加大选拔使用乡镇（街道）干部力度。按照思想政治素质好、贯彻执行政策能力强、推动科学发展能力强、处理复杂问题能力强、联系服务群众能力强的“一好四强”标准，选拔乡镇（街道）党政正职。选拔担任乡镇（街道）党政正职的，一般应有2年以上乡镇（街道）领导工作经历或3年以上乡镇（街道）工作经历。乡镇（街道）领导班子中，具有2年以上乡镇（街道）工作经历的人员应不少于三分之二。每个乡镇（街道）党（工）委应配备1名组织委员（组宣委员），专门负责基层党建工作。坚持从基层一线选拔使用干部导向，引导和鼓励年轻干部到基层去，选拔县级党政领导班子成员和市级部门班子成员应优先考虑具有乡镇（街道）党政正职经历的干部。县级党政领导班子成员中具有乡镇（街道）党（工）委书记任职经历的比例要达到50%以上。县级机关提拔副科级以上领导干部，应优先考虑具有乡镇（街道）工作经历的干部，积极有序推进乡镇（街道）之间，乡镇（街道）和上级部门之间的干部交流。乡镇（街道）党政正职一般应任满一届。乡镇领导班子成员任期内一般不得调动或调整。

7. 拓宽乡镇干部来源渠道。坚持按编制员额及时配足配齐乡镇人员。改进乡镇公务员考录工作，坚持从优秀高校毕业生、大学生村官等服务基层项目人员中考录乡镇公务员，重视从优秀村干部中考录乡镇公务员，探索开展从优秀工人和农民中考录乡镇公务员。乡镇公务员招录数量、职位条件、专业需求等，要认真听取乡镇意见，根据优化乡镇干部队伍结构需求确定，选拔真正适合乡镇工作需求的优秀人才。新录用乡镇公务员在乡镇机关最低服务年限为5年（含试用期）。对招人难、留人难的艰苦边远乡镇，可适当降低进入门槛，采取放宽职位专业限制，限定报考人员户籍等办法。注重充实熟悉现代农业、村镇规划、社会管理、产业发展、文化教育等方面的专业人才。注重从企事业单位领导人员中择优调任乡镇领导干部，有计划地选派县级以上机关有发展潜力的年轻干部到乡镇任职、挂职。注重建设老中青相结合的乡镇领导班子，发挥各年龄段干部积极性，严禁任职年龄层层递减。

8. 选好配强农村“两委”主干。坚持党的领导、发扬民主和依法办事的有机统一，扎实做好村“两委”换届选举工作。以第十届村民委员会换届为契机，坚持把思想政治素质好、带富能力强、协调能力强的“一好双强”优秀党员选拔为村党组织书记。采取“两推一选”、组织选派等方式改进村党组织书记选任方式。注重从农村致富带头人、农民专业合作组织负责人、复员退伍军人、大学生村官、外出务工返乡创业人员中培养选拔村“两委”主干。对矛盾突出、工作薄弱的村，从市、县直部门和乡镇中下派有农村基层工作经验、担任一定领导职务的干部担任党组织书记或第一书记。

9. 壮大社区党务工作者队伍。坚持和完善社区党组织“两推一选”和社区居委会直接选举制度，注重从年纪轻、素质好、熟悉城市基层管理和社区建设的优秀人才中选拔社区党组织书记。适应城镇化发展的需要，探索公开招聘社区专职工作人员的有效途径和方法，鼓励高校毕业生、复转军人、社会工作人员等优秀人才到社区工作，鼓励党政机关和企事业单位优秀年轻干部到社区挂职锻炼，壮大社区党务工作者队伍。

10. 加强大学生村官队伍建设。按照因需选聘的原则，改进选聘方式，提高选聘质量。积极鼓励和引导大学生村官通过选举进入村“两委”班子。做好从大学生村官中定向招录公务员和事业单位工作人员工作，扩大从优秀大学生村官中选任乡镇领导干部数量。鼓励和扶持大学生村官领办、合办农民专业合作社，提升干事创业能力。加强日常管理、监督和考核。严禁有关部门单位借调大学生村官，确保大学生村官在岗履职。

11. 实施农村（社区）“领头雁”培训。重点围绕农村（社区）改革发展形势、中心工作任务、基层党建要求、群众工作方法、社会主义核心价值体系教育等内容，按照分级负责、全员覆盖的要求加大集中培训力度。结合每年党员冬训，在全省统一开展农村（社区）“领头雁”培训，由县（市、区）组织对农村（社区）“两委”主干进行不少于3天的集中培训；由乡镇（街道）对其他农村（社区）“两委”班子成员和骨干党员进行不少于2天的集中培训。在此基础上，由县（市、区）统一安排，采取以会代训、定期轮训等方式，保证农村（社区）“两委”主干每年参加集中培训时间累计不少于7天，其他人员不少于4天。培训经费由各级党费列支。

12. 建立软弱涣散村级组织集中专项整顿制度。建立健全农村基层党组织动态管理机制，每年进行一次分类定级。按照5%～8%的比例倒切确定软弱涣散村级组织，进行集中专项整顿。坚持思想整顿与组织调整相结合，上级党组织帮助整顿与提高党组织解决自身问题的能力相结合，以健全组织、整顿领导班子、加强党员发展教育管理、建章立制为重点，着力解决一些村级组织不够健全、领导班子软弱无力、党员队伍不起作用、社会治理水平较低等问题。对于排查出的软弱涣散村，要区别情况，因村制宜，一村一策，分类指导。每一个软弱涣散村，都要由1名科局级以上领导带队组成工作组，驻村开展整顿工作。

四、创新活动载体

围绕群众多样化需求，明确基层党组织的功能定位，创新活动载体，拓宽党员服务群众渠道，接受群众监督和评价，推动党组织和党员服务群众工作制度化、规范化、长效化。

13. 广泛开展在职党员到社区报到活动。在全面实施“网格化管理、组团式服务”的基础上，建立健全在职党员到居住地社区报到、社区表现情况向单位反馈制度。每个在职党员年初要作出志愿服务承诺，联系帮扶1户社区困难家庭，每半年参加1次党员志愿服务活动和1次社区公益活动，并积极参与社区的民主选举。依托基层组织活动场所，坚持一室多用，积极推广为民服务全程代理、一站式服务等做法。推行网络服务，推动基层党建信息化工作平台和网上民生服务平台整合。

14. 全面推行党代表工作室。建立健全各级党代会代表联系党员服务群众制度，充分发挥党代表联系党员服务群众的带动作用。以“知党情、听民声、谋发展、促和谐”为主题，以县（市、区）党代表大会代表团为基本单位，在党员活动中心或基层组织活动场所建立党代表工作室。组织省、市、县（市、区）、乡镇四级党代表进室开展活动。

15. 广泛开展党员公开承诺活动。以服务群众为重点，在广大党员中普遍开展党员示范岗、党员责任区、党员承诺践诺等活动。采取多种形式向党员群众公开承诺内容，通过“上级点评、个人自评、党员互评、群众参评”等形式对承诺的事项进行考核，接受群众评议和监督，进一步密切党群干群关系。加强对流动党员的动态管理，及时接转组织关系。流动党员管理以流入地党组织为主，坚持“双向三重”管理原则，即接受流出地和流入地党组织双重教育培训、参加双重组织生活、履行双重党员义务。

五、完善制度机制

以贯彻执行民主集中制为核心，建立健全基层党建工作制度，增强制度的系统性、配套性和严密性，实现基层党建工作制度化、规范化、科学化。

16. 规范乡镇党委工作运行机制。转变乡镇职能，以抓好村级组织建设为切入点，以推动发展、致富农民为着力点，统筹做好发展、稳定和党建工作。深入学习推广文建明工作法，着力在“下访寻问题、下村解难题”上下功夫。切实增强乡镇调控能力，使乡镇职权责相统一、条块之间形成工作合力。建立健全乡镇干部管理制度，严格执行工作、考勤、病事假等相关制度，切实解决乡镇干部“走读”问题。根据不同类型乡镇的特点，分类制定体现科学发展观和正确政绩观要求的乡镇干部考核评价办法，严格控制对乡镇领导班子和领导干部的“一票否决”事项。总结推广乡镇党委会“进村开”的经验做法。全面实行乡镇干部坐班、值班制度，乡镇干部每年应有一半以上工作日住在乡镇或村，每晚至少有一名乡镇领导干部值班。普遍试行乡镇党代会年会制，每个县（市、区）确定一定数量的乡镇开展试点。

17. 完善农村（社区）党组织工作制度。健全完善村党组织领导下的村民自治机制，深入落实“四议两公开”工作法，健全完善以村民民主决策议事、民主管理为主要内容的村级民主决策机制，以村级财务监督机制、村民理财小组和党务、村务公开为主要内容的村级民主监督机制。全面推进社区党务公开，健全社区党员代表议事制度。健全完善以居民会议、议事协商、民主听证、民情恳谈为主要形式的民主决策制度，以自我管理、自我教育、自我服务为主要内容的民主监督制度，推进居民自治制度化、规范化。全面推行农村（社区）党组织书记岗位目标责任制和离任经济责任审计制度。

18. 加强农村党风廉政建设。进一步提升阳光农廉网规范化运作水平，在充分发挥阳光农廉网公开、管理和监督功能的基础上，拓展阳光农廉网的“管事”功能，健全阳光农廉网管理运行保障机制，切实提高阳光农廉网的覆盖率和农民群众的用网水平。健全完善并全面公开农村集体“三资”管理制度，加强对农村集体“三资”处置行为的监管，大力推行“三资”全面委托代理服务。推行惠农补贴国库直接支付，规范补贴行为，探索建立全方位、多层次、广覆盖的涉农补贴资金监管机制。

六、强化工作保障

适应新形势新任务需要，加大对基层党建工作人力物力财力投入，强化激励保障措施，将党建工作经费纳入财政预算，保证基层党组织有人管事、有钱办事、有章理事、有场所议事。

19. 适当提高乡镇干部待遇。结合建立健全干部职务与职级并行制度，统筹研究完善工资待遇政策向乡镇倾斜的具体办法，重点向长期在乡镇工作的干部倾斜。改进公务员非领导职务设置办法，乡镇机关设置主任科员、副主任科员，职数不得超过乡科级领导职数的50%。乡镇公务员晋升非领导职务，根据工作需要和本人条件，按照干部管理权限和规定程序进行。改善乡镇干部工作、生活条件，支持乡镇配备必要的办公设备，完善必要的文体、卫生设施，改善乡镇机关食堂、宿舍和澡堂等基本生活设施。乡镇可实行办公、住宿一体化。2014年，省财政为每个乡镇拨付一定的资金用于集中改善乡镇干部食宿、澡堂条件，市、县（市、区）财政也应按一定比例予以投入。

20. 加大经费保障力度。认真落实“一定三有”要求，将村干部工作报酬、村级基层组织办公经费、活动经费作为保障重点，建立稳定的村级组织运转经费保障制度。认真落实“三有一化”要求，建立“权随责走、费随事转”保障机制和社区经费逐年增长机制。加大对财政困难地区一般性转移支付力度，增强基层组织建设工作的保障力度。

21. 稳步提高村（社区）干部报酬待遇。建立村（社区）在职干部工作报酬正常增长机制。村“两委”主干基本报酬，原则上不低于当地农村劳动力平均收入水平或当地农民人均纯收入的两倍。社区“两委”班子成员、社区专职工作者的报酬标准原则上不低于上年度当地社会平均工资水平。对达到一定任职年限、正常离任，没有工资性收入的村“两委”主干，给予一定生活补贴。

22. 加强活动阵地建设。建立健全村级组织活动场所管理制度，建立完善财政对村级组织活动场所运行和维护的经费保障制度。社区用房可通过筹资新建、开发配建、驻区单位援助、租赁公房、调剂置换等方式解决，所需资金主要由市、区（县、市）财政统筹解决。将社区用房纳入城市新建住宅小区和旧城区连片改造居民区的建设工程规划设计方案，按照每百户不少于20平方米，且面积不低于200平方米的标准进行配套建设，超过500户按每百户递增20平方米配套建设。力争到2016年底，每个社区都有不少于200平方米的办公活动场所。

23. 发展壮大村级集体经济。县（市、区）要结合实际，安排专项资金，加大对村级集体经济的扶持力度。村级组织要因地制宜，谋划发展思路，找准发展路子，破解发展难题，在“一村一品”上下功夫，积极培育稳定的经济增长点，强化自我造血功能。以集体林权制度改革和农村土地流转等改革为契机，积极探索通过拍卖、出租、入股等办法，充分开发利用现有“四荒”资源，发展农林特产业。大力发展新型合作经济，积极引导村集体与基层供销社、农业龙头企业、专业大户等开展合作，实现农村集体经济向多层次、多领域拓展和延伸。

七、加强组织领导

各级党委要增强管党意识，提高管党水平，把基层服务型党组织建设与全面深化改革结合起来，与加强基层政权建设结合起来，与党群共建结合起来，切实把基层服务型党组织建设列入重要议事日程，制定长期规划和近期目标，加强组织领导，抓好督促落实。各市、县（市、区）委要结合各自实际，及时研究制定具体实施意见。

24. 落实基层党建工作责任制。各级党委书记要切实履行抓基层党建工作的责任，坚持书记抓、抓书记。市、县（市、区）党委每年至少要召开两次常委会，专题研究基层党建工作。全面推行“三级联述联评联考”制度，完善“双述双评”制度，把基层服务型党组织建设作为主要内容，每年组织开展一次专项述职和评议考核，上级党委组织部门要派人参加专项述职。健全党建工作领导小组统筹协调指导机制，形成党委统一领导，组织部门牵头抓总，有关部门各司其职、齐抓共管的基层党建工作格局。各级党员领导干部要带头建立基层服务型党组织建设联系点，要把抓党建工作的成效作为考核党委（党组）和党委（党组）书记工作实绩的一项重要内容。

25. 跟踪督查考核。加大督促检查和跟踪落实力度，建立农村和社区基层服务型党组织考核制度，实行分类考核、动态管理。各级党委要坚持领导干部“访民生、知民情、解民事”集中走访制度及干部下乡住村和领导干部包村增收工作制度，经常深入基层调查研究，督促指导检查基层党建工作的落实情况。要本着简便易行、务实管用的原则，制定评价检查和考核办法，按照基层自评、群众测评、组织考评的步骤进行考核，加大群众对基层党组织和党员干部服务评价权重。把考核结果作为对党组织工作业绩评价的重要内容，并把考核结果与基层党组织书记的报酬待遇相挂钩。

26. 强化典型带动。善于发现和培育典型，充分发挥先进典型的引领带动作用，挖掘一批叫得响、立得住、群众公认的先进典型，为基层党组织树标杆、作样板。尊重基层首创精神，鼓励基层立足实际积极探索，及时总结经验，加大推广力度，用基层经验推动基层工作。充分运用各类媒体，大力宣传基层服务型党组织建设的好经验好做法，形成良好舆论导向，营造基层服务型党组织建设的良好氛围。

安徽省委非公经济和社会组织工委2014年工作要点

皖非公党发〔2014〕2号

（2014年6月30日）

2014年，坚持以邓小平理论、“三个代表”重要思想、科学发展观为指导，深入贯彻落实党的十八大、十八届三中全会精神和习近平总书记系列重要讲话精神，按照全国、全省组织部长会议部署，以开展党的群众路线教育实践活动为契机，以基层基础建设为重点，以队伍建设为关键，以制度建设为保障，以创建基层服务型党组织为抓手，坚持改革创新，积极探索实践，落实非公企业党建工作三年规划，加大社会组织党建工作力度，推动全省非公企业和社会组织党的建设取得新成效。

一、加强基本体系建设，继续推进党的组织和工作覆盖

1. 发展壮大党员队伍。重点在生产一线职工、专

业技术骨干、经营管理人员中发展党员，注意培养发展符合条件的出资人（合伙人）入党。继续实施“双培工程”。对无党员的独立法人非公企业和依法登记管理的社会组织，采取由带动力强的党组织帮带、有计划地推荐输送党员职工等措施，做好培养发展和引进党员工作，为组建党组织创造条件。

2. 推进党的组织覆盖。建设非公企业和社会组织党建工作信息库，健全党建工作台账，实行动态管理。指导各地做好在非公企业经常性组建党组织工作，突出抓好小型微型企业组建党组织，实现全省独立法人非公企业党组织组建率达95%以上；新建的企业和联合党组织覆盖的企业中具备条件的，及时单独建立党组织，不断提高单独组建率。按照应建尽建的要求，在依法登记管理的社会组织中开展集中组建党组织活动，努力实现有党员的社会组织全部建立党组织。

3. 扩大党的工作覆盖。对暂未建立党组织的非公企业和社会组织，通过派驻党建工作指导员或联络员，建立工会、共青团组织等，积极开展党的工作，扩大党的工作覆盖。

二、加强基本队伍建设，不断提高整体素质和能力

4. 选优配强党组织书记。采取内部选举产生、上级党组织选派、公开选聘等方式，选优配强非公企业和社会组织党组织书记。建立健全非公企业和社会组织党组织与经营管理层双向互动工作机制，进一步提高党组织书记与经营管理人员交叉任职比例。加强党组织书记后备队伍建设，指导建好市级非公企业和社会组织党务工作者人才库，将部分企业和社会组织党组织副书记等班子成员、服务期满的大学生村官等作为储备重点，并抓好培训和管理。

5. 发挥党建工作指导员作用。抓好《派驻非公有制企业党建工作指导员管理暂行办法》的落实，推动派驻工作制度化、规范化。强化日常管理，抓好教育培训，严格督查考核，督促党建工作指导员履职尽责。总结推广各地发挥党建工作指导员作用的做法经验，增强工作实效。

6. 抓好党务工作骨干培训。按照分级负责原则，对以党组织书记为重点的非公企业和社会组织党务工作者进行培训。培训主要由县（市、区）负责组织，省、市开展示范培训。探索对较大规模企业的党组织书记、专职副书记开展任职资格培训。市、县（市、区）分别对本级派出的党建工作指导员开展任期培训。继续实施“双千培养计划”，加大对出资人（合伙人）培训力度。

三、加强基本载体建设，有效促进党组织发挥作用

7. 深入开展基层服务型党组织创建活动。结合开展党的群众路线教育实践活动，在非公企业和社会组织推进基层服务型党组织建设。指导非公企业深入开展“三有两评”工作，扩大工作覆盖面。在总结试点经验的基础上，会同有关部门研究制定加强和改进出租汽车行业党建工作的指导意见。

8. 在非公企业开展“双强六好”党组织创建活动。指导各地按照“双强六好”标准，把市50强、县（市、区）20强非公企业作为培育重点，加大创建工作力度。适时评选命名省级优秀“双强六好”非公企业党组织。

9. 在社会组织开展“双比双争”活动。开展以“比作用发挥，争创服务型党组织；比诚信奉献，争做优秀共产党员”为主要内容的“双比双争”活动，培育先进典型，总结推广经验。巩固律师、注册会计师行业党建工作成果，进一步提高档次，打造特色品牌，在“双比双争”活动中发挥示范带动作用。

四、加强基本制度建设，努力推动党建工作规范化

10. 健全直接联系服务工作机制。加强各级党委非公工委直接联系服务部分非公企业和社会组织党组织工作，通过直接传达上级要求部署、参加党组织重要活动、组织交流研讨等，帮助加强和改进党建工作。建立各级党委非公工委委员党建工作联系点，加强调研指导，帮助解决实际问题，努力把联系点建成示范点。

11. 建立社会组织党建工作推进机制。按照深化党的建设制度改革的要求，在调研的基础上，研究制定加强和改进社会组织党建工作的意见，明确目标任务、工作重点、推进措施等，探索社会组织党组织和党员发挥作用的有效途径。

12. 强化党建工作责任制落实机制。省、市、县（市、区）层层签订非公企业和社会组织党建工作目标管理责任书，对重点工作实行标准化管理、项目化推进。加强过程管理，采取平时调研、随机抽查等方式，对各市落实目标管理任务情况进行评估。

五、加强基本保障建设，进一步改善党建工作条件

13. 加强领导和工作力量。抓好各级党委非公工委自身建设，配强工作力量，健全工作机制，发挥成员单位作用，形成工作合力。指导市、县（市、区）抓好省级以上开发区、产业集群专业镇非公企业和社会

组织综合党委建设，其他乡镇、街道党（工）委明确专人负责非公企业和社会组织党建工作。

14. 继续改善党建工作条件。指导各地多渠道筹集非公企业和社会组织党建工作经费，加大财政、党费支持力度。按照“六有”标准，加强非公企业和社会组织党组织活动场所建设，努力实现单独组建的党组织有固定活动场所。指导省级以上开发区、产业集群专业镇继续加强党群活动服务中心建设，已经建成的中心要强化基础建设，完善服务功能；未建中心的要加大投入、整合资源，全部建成中心。全面开展“五抓五送”活动，引导新建的非公企业和社会组织党组织加强基础建设、规范开展工作。

15. 加大宣传引导力度。大力宣传抓党建促发展的重要性和紧迫性，宣传非公企业和社会组织党建工作取得的成效，宣传先进典型和做法经验。办好非公经济和社会组织党建工作动态，用好非公经济和社会组织党建网。加强对非公企业出资人和社会组织合伙人的教育引导，争取他们对党建工作的理解支持。加强对非公企业和社会组织党组织的具体指导，采取有效措施，营造开展党建工作的浓厚氛围。

（此件发各市、县（市、区）委非公经济和社会组织工委，省委非公经济和社会组织工委成员单位）

中共四川省委办公厅关于印发《关于加强基层服务型党组织建设的实施意见》的通知

各市（州）、县（市、区）党委，省委各部委，省直各部门党组（党委）：

经省委同意，现将《关于加强基层服务型党组织建设的实施意见》印发给你们，请结合实际认真贯彻执行。

中共四川省委办公厅

2014 年 6 月 11 日

关于加强基层服务型党组织建设的实施意见

为认真贯彻落实党的十八大、十八届三中全会和《中共中央办公厅印发〈关于加强基层服务型党组织建设的意见〉的通知》（中办发〔2014〕6 号）精神，推动基层党组织工作重心转到服务改革、服务发展、服务民生、服务群众、服务党员上来，在强化服务中更好地发挥基层党组织领导核心和政治核心作用，结合我省实际，现就加强基层服务型党组织建设提出如下实施意见。

一、健全服务网络体系

（一）完善组织体系。农村在以建制村为主设置党组织的基础上，采取村村联建、产村联建、产业联建等方式，探索在中心村、农村新型社区、农（牧）民聚居点、农业园区建立党委、党总支或联合党支部，在农民专业合作社、专业协会、产业链全面建立党组织。城市在依托街道、社区设置党组织的同时，在片区、楼宇和流动党员集中点建立党组织，在社区居民中按照志向相投、兴趣相近、活动相似的不同群体建立党组织，推行由街道、社区党组织与辖区内单位党组织共同组建区域性党组织，或依托居民区、商务区、开发区等组建区域性党组织，建立健全街道党工委、社区党委（党总支）、网格（院落、小区、楼宇）党支部，共同生活空间按地缘、业缘、趣缘、网缘建功能党小组的“四位一体”组织体系。非公有制企业和社会组织等领域，采取单独组建、区域联建、行业统建等方式建立党组织，突出抓好重点区域、重点组织、重点人群中党的组织和工作率先覆盖，在县级以上产业园区中全面建立园区党工委、企业综合党委、龙头企业或产业基地党委、企业党委（党支部、党小组）四级组织体系。探索建立网络党组织，通过 QQ 群、微博、微信等开展党的活动，拓宽党建工作网络阵地，实现党的组织和工作全社会有效覆盖。

（二）健全服务平台。围绕群众多样化需求，积极推进基层综合服务平台建设，完善服务设施，增强服务功能。市（州）、县（市、区）进一步加强政务服务中心建设，乡镇（街道）、村（社区）依托基层组织活动场所建立便民服务中心、便民服务室（站、点），构建市、县、乡、村四级上下贯通、协调联动的政务服务和便民服务网络。加强社区“六站一平台”党群服务中心规范化建设，推进社区数字化服务管理。推动基层党建信息化平台和网上民生服务平台整合，加快全省党员信息库建设，充分运用共产党员网、农村党员干部现代远程教育网、党员干部手机信息系统等开展服务。

（三）构建服务格局。深入开展以服务为主题的党建带工建、带团建、带妇建活动，充分发挥群众组织服务作用，构建以基层党组织为核心，群众组织、自治组织、志愿服务组织、专业合作组织等各类组织于一体的“1＋N”服务组织体系。推行网格化服务管理，合理划分服务网格，组建网格服务团队，组织各类专业人才和实用人才开展服务，培养群众服务骨干，引导群众参与服务、自我服务、互相服务，构建以基层干部为骨干，党员、志愿者、义工、村（居）民于一体的“1＋N”服务队伍体系，形成以党组织为核心、全社会共同参与的服务格局。

二、建强服务骨干队伍

（四）加强骨干队伍建设。大力推进基层党组织领导班子特别是书记队伍建设，创新选拔培养机制，采取上级选派、跟踪培养、群众推荐等方式，选拔党性强、能力强、改革意识强、服务意识强的党员担任党组织书记。突出政治素质好、带领能力强、服务能力强“一好双强”标准，选优配强村（社区）党组织书记；从县、乡机关选派得力党员干部到后进村（社区）党组织担任书记或第一书记。加强党务工作者队伍建设，乡镇（街道）在现有编制内配齐配强1名专（兼）职组织员，机关按照工作人员总数的1％至2％配备专职党务工作人员，高等学校按照师生员工总数的1％左右配备专职党务工作人员和思想政治工作人员，国有企业按照不低于职工总数的1％配备专职政工人员，加大非公有制经济组织和社会组织党建工作指导员选派力度。加强高素质党员队伍建设，抓好入党积极分子培养，按照全省党员数量年均净增15％左右做好党员发展工作，注重从青年工人、农民、知识分子中发展党员，进一步优化党员队伍结构。实施“三项培养计划”，注重把服务骨干培养成党员，把党员培养成服务骨干，把党员服务骨干培养成带头人。加强社区专职工作者队伍建设，探索建立从高等学校社会工作专业毕业生中直接选任社区专职工作者制度。

（五）强化服务能力培训。坚持分级负责、分类培训，采取省上示范培训、市（州）重点培训、县（市、区）普遍培训等方式，突出抓好基层党组织书记、新党员、党务工作者、大学生村干部培训工作。各级要加强基层党组织书记教育培训和监督管理，用2至3年时间，把各领域党组织书记轮训一遍，加大基层干部和党员日常教育培训力度。创新教育培训方式方法，充分运用专题教学、学习研讨等形式，加强理论知识培训；采取典型巡回讲、流动课堂、送教上门等方式，深入农村、社区、企业开展培训；通过“帮带”培训、现场观摩、案例分析、情景互动等途径，促进学习借鉴和实践运用；探索挂职培训、实践锻炼等方法，促进学用结合。优质教育培训资源要向基层延伸倾斜，结合县级党校办学体制改革，探索建设一批村政（社区）学院和党性教育、技能培训实践基地，增强教育培训针对性。

（六）完善激励管理措施。坚持从严管理与关心激励相结合，充分调动干部干事创业激情。建立健全村（社区）党组织书记岗位目标承诺和辞职承诺制度，完善实绩考核办法，实行任期和离任经济责任审查制，建立不合格村（社区）党组织书记调整制度。健全“双诺双述双评”机制，年初村（社区）党组织书记要向上级党委和党员群众双向承诺，年底进行双向述职，接受上级党委考评和党员群众满意度测评。研究制定村（社区）干部、大学生村干部、社区专职工作者管理办法，完善村（社区）干部定期值班、轮流坐班、工作台账管理等制度。建立健全与村（社区）干部谈心谈话制度，经常性交流思想，发现干部有缺点有毛病，早提醒、早帮助、早纠正。探索推行党员星级管理制度，健全党员能进能出长效机制。加强对基层干部的激励关爱。建立完善基层干部报酬正常增长机制，探索联合建党组织、跨村兼职、兼任公共服务岗位等提高基层干部待遇的有效途径，建立非公有制经济组织和社会组织党组织书记报酬待遇保障制度。健全优秀乡村党组织书记定期表彰制度，每3年集中表彰1次，对受到表彰的优先提拔使用。重视从村（社区）干部中考录乡镇公务员，加大从服务期满、考核合格的大学生村干部等服务基层项目人员中考录乡镇公务员工作力度，加大从村（社区）干部、大学生村干部中定向招聘乡镇事业人员力度。完善基层干部基本养老、医疗保险等政策制度。健全老党员、生活困难党员关心关爱制度。

三、完善服务制度机制

（七）健全基层党组织运行制度。加强基层党组织规范化建设，建立健全“三会一课”、组织生活会、发展党员、民主评议党员、党费收缴、流动党员管理、党员学习培训等制度，健全档案信息管理、党务村务财务公开等制度。全面推进“四议两公开一监督”工作法，进一步完善党组织议事规则、决策程序，规范基层班子运行机制，建立健全支部会提议、“两委”会商议、党员大会（党员代表会）审议、村民代表会议（村民会议）决议的村级民主决策机制；建立健全民生事项意见收集、公开听证、党员审议、群众决议的社区党组织民主决策机制。建立健全村规民约，加强法治乡村建设。创新基层治理机制，推进基层治理体系和治理能力现代化。

（八）完善联系服务群众制度。健全党委委员联系党代表、党代表联系党员、党员联系群众的“三联”

制度，建立乡镇（街道）领导干部包片、驻村（社区）干部包村（社区）、村组（社区）干部包户的“三包”制度，实现基层干部联系服务群众全覆盖。完善党员志愿者活动、党员主题实践活动、党员联系服务群众等党员活动制度，建立健全党员与身边群众加强感情联系、思想联系、工作联系、生活联系长效机制。

四、创新服务活动载体

（九）突出服务主题。各领域基层党组织要围绕创建服务型党组织，找准开展服务、发挥作用的着力点，不断提升服务水平。农村党组织要围绕推动科学发展、带领农民致富、密切联系群众、维护农村稳定搞好服务，国有企业党组织要围绕生产经营和队伍建设搞好服务，街道、社区党组织要围绕建设文明和谐社区搞好服务，机关党组织要围绕服务中心、建设队伍搞好服务，高等学校党组织要围绕立德树人、促进学生德智体美全面发展搞好服务，事业单位党组织要围绕深化分类改革、促进事业发展搞好服务，非公有制企业党组织要围绕促进生产经营、维护各方合法权益搞好服务，社会组织党组织要围绕凝聚群众、激发活力、促进发展搞好服务。

（十）丰富活动载体。积极创新贴近基层、贴近实际、贴近群众的服务载体，开展形式多样的服务活动。深入开展“争创基层服务型党组织、争当为民务实清廉型党员干部”活动。农村党组织重点学习推广“甘孜州结对认亲”“中江县台账工作法”“文建明工作法”等经验，开展下访寻问题、进村解难题、民事代办、结对帮扶、结对认亲等活动，做好贫困家庭、困难群众、空巢老人、留守儿童关心服务工作。街道、社区党组织推行联系服务群众网格化管理、组团式服务，重点帮助社区居民、流动人口、低收入家庭解决实际问题。机关党组织重点开展机关干部“走基层”、在职党员到社区报到开展志愿服务和党代表到辖区联系服务群众等活动。高等学校党组织重点开展“教育教学先锋岗”“科研攻关创新岗”“管理服务示范岗”“成长成才进步岗”等活动。非公有制经济组织和社会组织、窗口单位、服务行业等党组织重点开展“三亮三比三评”活动，推行党员示范岗、党员责任区、党员承诺践诺、一站式服务、为民服务窗口等做法。

五、强化服务基础保障

（十一）加大投入保障。建立稳定的经费保障制度，把基层党建工作经费纳入地方财政预算。建立基层组织和公共服务运行经费保障机制，2015 年每个村（社区）达到每年 3 万元以上。机关事业单位党组织活动经费列入部门综合预算。国有企业、高等学校党组织活动经费列入单位经费预算。建立党费返还等制度，非公有制企业党建工作经费按规定税前列支。推动各级党委非公有制经济组织和社会组织工委规范化建设，落实编制、人员和经费。落实基层党组织活动场所和服务设施投入政策，加快村（社区）活动场所标准化建设，切实解决村（社区）组织活动场所未达到最低标准的问题，推进非公有制经济组织和社会组织党组织活动场所建设。

（十二）突破重点难点。加大对革命老区、民族地区、贫困地区基层党组织建设的支持力度，逐步改善老少边穷地区基层党组织工作条件。各地、各部门要研究制定发展壮大村级集体经济的措施办法，从财政、土地、税收、项目等方面加大政策扶持力度，从放权、让利、减压、明责等方面出台进一步激发乡镇活力的政策措施。

六、建立考核评价体系

（十三）细化分类评价标准。坚持以服务实效为导向、群众满意为标准，分类制定农村、街道社区、机关、国有企业、高等学校、事业单位、非公有制经济组织和社会组织等领域服务型党组织评价标准，突出“领导班子、骨干队伍、服务场所、服务载体、制度机制、服务业绩”6 个方面，原则上按百分制评分办法，分别赋予分值。市（州）党委和县（市、区）党委分别制定指导标准和具体标准；市、县行业（系统）主管部门党组织相应提出指导标准和具体标准。

（十四）完善考核评价办法。建立基层服务型党组织考核评价制度，实行分类考核、动态管理。本着简便易行、务实管用的原则，制定评价体系和考核办法，按照基层自评、群众测评、组织考评的步骤进行考核，加大群众对基层党组织和党员干部服务评价权重。把考核结果作为对党组织工作业绩评价的重要内容。垂直管理部门党组织对基层单位党组织考核评价，要坚持条块结合，既要听取系统内干部群众意见，又要听取所在地党组织和服务对象意见。

七、切实加强组织领导

（十五）落实领导责任机制。市（州）党委要抓好基层服务型党组织建设的总体规划、资源统筹、宏观指导和督促检查。县（市、区）党委要制定具体实施意见，细化政策措施，搞好组织协调，指导探索创新，破解工作难题。乡镇（街道）党（工）委要加强自身建设，发挥示范带动作用，抓好村（社区）服务型党组织建设。各行业系统党委（党组）要同地方党组织密切配合，帮助基层解决实际困难。完善"三级联述联评联考"机制，把服务型党组织建设作为主要内容，每年组织开展一次专项述职和评议考核，上级党委组织部门要派人参加专项述职。各级机关和各行业系统党委（党组）要建立相应的述职评议考核制度。各级党员领导干部要带头建立联系点，经常深入基层调查研究、指导工作。

（十六）坚持联抓联动联管。要在党委统一领导下，组织部门牵头协调，行业系统具体指导，有关部门密切配合，形成推进基层服务型党组织建设的整体合力。坚持上下联动，整合各方面力量和资源，帮助基层党组织解决困难和问题。各部门、各系统给基层安排任务，要按照权随责走、费随事转原则，提供相应的资金和资源，以基层组织为主渠道落实到位。坚持城乡互动，大力推行部门包村、企业联村、村居共建，实现城乡基层党组织优势互补、资源共享。坚持区域带动，引导区域内不同类型党组织共创共建，实行强村带弱村、中心村辐射周边村，组织基层干部跨区域挂职培训锻炼。

（十七）抓好典型示范带动。善于运用以点带面、抓点示范的工作方法，善于发现和培育典型，充分发挥先进典型的引领带动作用。各地区、各领域都要培育、挖掘一批叫得响、立得住、群众公认的先进典型，为基层党组织树标杆、作样板。尊重基层首创精神，鼓励基层立足实际积极探索，及时总结经验，加大推广力度，用基层经验推动基层工作。充分运用各类媒体，大力宣传好经验好做法，形成良好舆论导向，积聚推动基层服务型党组织建设的正能量。

云南省委办公厅印发《云南省加强基层服务型党组织建设的实施意见》

（2014 年 12 月 17 日）

为认真贯彻落实党的十八大和十八届三中全会精神，根据《中共中央办公厅印发〈关于加强基层服务型党组织建设的意见〉的通知》（中办发〔2014〕6号）要求，2014 年 7 月 1 日，中共云南省委办公厅结合云南探索实践积累的成功经验，就新形势下加强基层服务型党组织建设提出如下实施意见。

一、明确基层服务型党组织建设的目标要求

（一）建设基层服务型党组织，是建设学习型、服务型、创新型马克思主义执政党的基础工程，是对基层党组织功能定位认识的深化和飞跃，对于密切党同人民群众的血肉联系，提升党的执政能力、夯实党在边疆的执政基础具有重要意义。要以服务群众、做群众工作为主要任务，以改革创新为动力，以群众满意为根本标准，围绕中心、服务大局，分类指导、统筹兼顾，坚持以问题为导向、以创新促突破、以落实抓推进，坚持重视基层、关心基层、支持基层、夯实基层，大力推进基层党组织强化服务功能、改进服务作风、提高服务能力、完善服务保障，着力推动基层组织工作重，心向服务转移、工作方式向服务转变，实现领导变服务、党务变业务，促使基层党组织建设转型升级。

（二）要以服务型党组织建设引领基层党建工作，使服务成为基层党组织建设的鲜明主题，推动基层党组织在强化服务中更好地发挥领导核心和政治核心作用，使党的执政基础深深植根于人民群众之中。通过 3 年努力，力争 1 年布局突破、2 年全面铺开、3 年实现"三个显著"成效，即全省基层党组织服务意识显著增强、服务能力显著提高、服务效能显著提升，各领域涌现出一大批基层服务型党组织，创造力凝聚力战斗力不断增强，充分发挥基层党组织战斗堡垒作用和党员先锋模范作用，把服务作为自觉追求和基本职责，寓领导和管理于服务之中，切实解决服务群众"最后一公里"问题，通过服务贴近群众、团结群众、引导群众、赢得群众，为云南科学发展和谐发展跨越发展、与全国同步全面建成小康社会、谱写中华民族伟大复兴的中国梦云南篇章提供坚强组织保证。

（三）建设基层服务型党组织，总体要求是要坚持服务改革、服务发展、服务民生、服务群众、服务党员的主方向。服务改革，就是贯彻落实全面深化改革的重大决策部署，做好宣传引导、统一思想工作，确保党员群众理解改革、支持改革、参与改革；带头执行改革政策，协调处理改革涉及的群众切身利益问题，确保改革顺利推进。服务发展，就是深入贯彻落实科学发展观，凝聚发展力量，营造发展环境，提供发展动力，引导各领域基层党组织和党员围绕中心、服务大局，立足本职、发挥作用，推动全省"翻两番、增三倍、促跨越、奔小康"，加快建设我国面向西南开放重要桥头堡。服务民生，就是贯彻落实党的惠民利民政策，为谋民生之利、解民生之忧创造条件，为解决

群众上学、看病、就业、养老、住房，以及生态环境、食品药品安全、安全生产、社会治安、执法司法等实际困难提供服务，重点解决困难群众的生产生活问题，推动基层社会治理创新，主动化解社会矛盾，促进社会和谐稳定。服务群众，就是自觉践行党的根本宗旨和群众路线，实行干部直接联系服务群众制度，与群众同吃同住同劳动，既认真倾听群众意见，维护群众利益，按照群众的需求和意愿提供服务，又充分运用民主协商、耐心说服和典型示范等方法教育引导群众，团结带领群众共同创造幸福美好生活。服务党员，就是尊重党员主体地位，保障党员民主权利，健全党内激励关怀帮扶机制，从思想、工作、生活上关心党员，尤其要帮助老党员、生活困难党员和流动党员解决实际问题，增强党员的归属感、光荣感、责任感，激发党员服务群众内在动力。

二、理清基层服务型党组织建设的基本思路

总结党的十八大以来我省推进边疆党建创建基层服务型党组织的经验做法，坚持“8433”的创建思路，即以直接联系服务群众为着眼点，锁定“八有”服务目标，构建“四级”服务体系，健全“三联”服务机制，落实“三化”服务要求。

（一）锁定“八有”服务目标。建设基层服务型党组织，要结合云南实际，达到“八有”服务目标：一是有坚强有力的领导班子，建设服务意识强、服务作风好、服务水平高的党组织领导班子；二是有本领过硬的骨干队伍，培养带头服务、带领服务、带动服务的党员干部队伍；三是有持续稳定的服务保障，完善财政投入为主、集体经济为辅、党费留存为补充的工作经费保障机制；四是有功能实用的服务场所，建设便捷服务、便利活动、便于议事的综合阵地；五是有便捷高效的服务体系，建设四级服务型党组织综合平台（简称“综合服务平台”），构建县乡村组四级为民服务体系；六是有形式多样的服务载体，创新贴近基层、贴近实际、贴近群众的工作抓手；七是有健全完善的制度机制，形成规范化、常态化、长效化的工作制度；八是有群众满意的服务业绩，取得群众欢迎、群众受益、群众认可的实际成效。

（二）构建“四级”服务体系。建设县（市、区）、乡镇（街道）、村（社区）、村（居）民小组四级纵向延伸覆盖的服务体系。建设四级为民服务中心（站、点），实现直接联系服务群众。依托四级为民服务中心（站、点）构建四级综合服务平台，实现便捷高效服务群众。四级党组织领导干部要建立党建责任区，及时收集民情事项。四级党组织书记要自下而上定期召开四级党建联席会议，研究解决自身建设和基层上报的民情事项，形成民情事项收集、梳理、解决和反馈的闭合回路，确保群众意愿准确掌握、群众诉求快速回应、群众困难及时解决。

（三）健全“三联”服务机制。以村（社区）、村（居）民小组为点，乡镇（街道）为轴，县（市、区）为面，充分发挥组织、党员、群众的作用，形成组织联建、服务联办、制度联创的“三联”服务机制。县（市、区）建立由党委统一领导、组织部门牵头协调、行业系统具体指导、有关部门密切配合、创建资源统筹整合、重大项目整体推进的科学机制，推动各领域基层服务型党组织建设。乡镇（街道）党（工）委作为枢纽点，对上是连接系统，对下是延伸系统，要发挥承上启下作用，增强辐射功能，指导和支持村（社区）、村（居）民小组基层服务型党组织建设。村（社区）、村（居）民小组党组织要发挥深入群众、扎根群众的优势，做好直接联系服务群众工作。

（四）落实“三化”服务要求。按照项目化、集成化、网络化的要求，推进基层服务型党组织建设各项工作。项目化，把创建任务分解为具体项目，科学务实地谋划项目、设计项目、争取项目、实施项目，把项目抓在手上、抓出成效，确保创建务实高效。集成化，注重资源整合和功能整合，坚持各部门在同一平台上服务，“各炒一盘菜、共办一桌席”，实现各部门人、财、物资源及服务内容、服务方式的深度融合，提高服务集成化水平。网络化，运用网络信息技术手段，规范基础党务、提高服务效率、构建网格化服务，变群众跑为干部跑、干部跑为网络跑，为群众提供全方位、看得见摸得着的服务。

三、落实基层服务型党组织建设的主要任务

各领域基层党组织要牢牢把握建设基层服务型党组织的总体要求，全面履行党章赋予的职责，自觉按照民主集中制办事，找准开展服务、发挥作用的着力点，不断提升服务水平。

（一）强化服务功能。农村党组织要围绕发展高原特色农业、建设美丽乡村、培养新型农民、带领群众致富、密切联系群众、维护农村稳定搞好服务，引导农民进行合作经营、联户经营，开展逐户走访、包户帮扶，及时办理反馈群众诉求，帮助群众和困难党员解决生产生活、增收致富中的实际问题。国有企业党组织要围绕生产经营和队伍建设搞好服务，保障职工参与管理和监督的民主权利，组织党员和职工为企业

改革发展建言献策，提升核心竞争力。街道、社区党组织要围绕建设文明和谐街道、社区搞好服务，切实履行服务、凝聚、管理、维稳职能，组织开展群众喜闻乐见的文化活动。机关党组织要围绕服务中心、建设队伍搞好服务，落实干部直接联系群众制度，推动机关干部深入基层、服务基层、转变作风。学校党组织要围绕立德树人、促进学生德智体美全面发展搞好服务，把思想教育与解决实际问题结合起来，搭建师生成长发展平台，引导广大师生讲理想跟党走、爱学习爱劳动爱祖国，培养中国特色社会主义事业合格建设者和可靠接班人。事业单位党组织要围绕深化分类改革、促进事业发展搞好服务，做好思想政治工作，激发党员和各类人才创新创造活力，推动公益服务水平不断提升。非公有制企业党组织要围绕促进生产经营、维护各方权益搞好服务，在职工群众中发挥政治核心作用，在企业发展中发挥政治引领作用。社会组织党组织要围绕凝聚群众、激发活力、促进发展搞好服务，引领社会组织坚持正确政治方向，发挥提供服务、反映诉求、规范行为的作用。

（二）健全组织体系。基层党组织要适应服务对象、服务内容、服务方式的变化和需求，优化组织设置，扩大组织覆盖，打牢服务组织基础。农村在以建制村、村民小组为主设置党组织的基础上，在农民专业合作社、专业协会、产业链全面建立党组织。城市在依托街道、社区设置党组织的同时，在片区、楼宇和流动党员集中点建立党组织，在社区居民中按照志向相投、兴趣相近、活动相似的不同群体建立党组织。非公有制企业和社会组织等领域，采取单独组建、区域联建、行业统建等方式建立党组织，加快推进党的组织和工作覆盖。探索建立网络党组织，通过QQ群、微博、微信等开展党的活动，拓宽党建工作网络阵地。推行区域化党建，可以由街道、社区党组织与辖区内单位党组织共同组建区域性党组织，也可以依托居民区、商务区、开发区等组建区域性党组织，合理划分服务网格，组建网格服务团队，做到有群众的地方就有党组织提供服务。

（三）建设骨干队伍。加强基层党组织领导班子特别是书记队伍建设，创新选拔培养机制，采取上级选派、跟踪培养、群众推荐等方式，选拔党性强、能力强、改革意识强、服务意识强的党员担任党组织书记。加强基层党组织书记教育培训和监督管理，实施以服务为主要内容的基层党组织书记培训工程，以县（市、区）为单位，用3年时间将各领域基层党组织书记轮训一遍，省、州（市）要开展示范培训和骨干培训，引导他们提高为民服务本领，强化廉洁履职意识。注重选拔优秀乡镇（街道）党（工）委书记进入县（市、区）党政领导班子。从省、州（市）、县（市、区）三级机关选派得力党员干部到村（社区）担任党组织常务书记，选派新农村建设指导员，选聘优秀大学毕业生到村（社区）任职，选派边防民警兼任村官。常务书记要加强对新农村建设指导员、大学生村官、民警村官的管理和使用。村（社区）要建立以当地干部为主体，以常务书记为重点的外来干部为补充的基层服务队伍。加强党务工作者队伍建设，充实机关事业单位专职党务工作者，选派党员干部到非公有制企业担任党组织常务书记。加强党员队伍建设，做好发展党员和培训工作，坚持“三个培养”，把服务骨干培养成党员、把党员培养成服务骨干、把党员中的服务骨干培养成基层干部。严格党员日常教育管理，促使他们保持先进性和纯洁性。教育引导基层干部和广大党员增强服务意识，改进工作作风，密切联系群众，主动服务群众，扎扎实实为群众做好事、办实事、解难事。

（四）规范服务保障。坚持重心下移、资源下沉，使基层党组织有资源有能力为群众服务。建立稳定的经费保障制度，把村（社区）党组织工作经费纳入财政预算，支持基层党组织活动场所、服务设施建设和便民利民举措，为基层党组织开展工作、服务群众创造良好条件。从2014年起，每年给予每个行政村的工作经费在原有基础上再增加1万元，确保不少于3万元，由各县（市、区）财政保障；各州（市）、县（市、区）财政每年给予每个村（居）民小组工作经费不少于1000元。机关、事业单位党组织工作经费应列入本单位年度经费预算，国有企业党组织工作经费应纳入企业预算。通过税前列支、财政支持、党费拨返、党员自愿捐助等途径，多渠道解决非公有制企业和社会组织党组织的工作经费问题。坚持建管用一体化、硬件软件一起抓，加强村（社区）组织活动场所规范化管理和使用，整合办公场所、服务场所和活动场所，确保功能布局合理，防止出现活动场所行政化倾向。由县级组织部门牵头，会同发改、财政、住建等部门编制村民小组活动场所建设规划，落实基层党组织活动场所和服务设施投入政策，整合美丽乡村建设、扶贫开发、一事一议奖补、村容村貌整治等资源，力争用3年时间使有条件的村民小组有300平方米以上的活动场地，其中党员10人以上的村民小组党支部有1间70平方米以上的活动室。机关、企业、事业单位，以及有条件的非公有制企业、社会组织，要建立职工服务中心，完善服务设施，增强服务功能。按照有关规定，全面落实基层党组织书记、专职党务工作者报酬待遇和基本养老、医疗保险等社会保障待遇，加大从优秀村干部中考录乡镇公务员和乡镇领导干部力度，使他们工作有待遇、干好有发展、退后有保障。自2014年1月1日起，省级财政对行政村干部的基础补贴标准在原有基础上再提高100元，达到700元，力争做到省、州（市）、县（市、区）三级财政给予的村干部基础补贴不低于1300元，并建立正常增长机制，确保村干部报酬不低于当地农村劳动力平均收入水平；对社区专职工作人员的基础补贴标准在原有基础上再提高300元，由省、州（市）、县（市、区）分级配套，使社区专职工作人员报酬不低于上年度当地社会平均工资水平；各州（市）、县（市、区）财政对村（居）民小组党组织负责人和村（居）民小组长给予每人每月不低于50元的工作补贴，其中“一肩挑”的不低于70元。推动非公有制企业和社会组织建立党组织负责人薪酬待遇保障制度，有条件的地方上级党组织要给予适当工作津贴。

（五）构建服务平台。积极探索和推行网络服务，进一步加强网络党建，推动基层党建信息化工作平台和网上民生服务平台整合，依托县（市、区）、乡镇（街道）、村（社区）、村（居）民小组四级为民服务中心（站、点）建设基层服务型党组织综合平台，着力打通联系和服务群众“最后一公里”。整合全国党员管理信息系统工程、国家农村信息化示范省建设等项目资源，围绕服务中心、服务基层、服务党员、服务群众，力争3年时间完成覆盖100个县（市、区）、1000个乡镇（街道）、10000个行政村（社区），100万党员移动终端接入的建设目标，形成以“三屏互动”为核心的为民服务综合站（点）、以云计算为核心的“党建红云”云平台、以移动互联网为核心的“移动党建”终端服务体系。省级将采取以奖代补的方式给予基层适当建设补助，探索通过市场化运作机制吸引社会服务。项目建设由党委组织部门统一领导、统一规划、统一建设，与发改、工信、财政、科技和电信运营商通力合作，形成项目建设推进合力。基层服务型党组织综合平台建设工作将纳入年度基层党建考核和述职评议内容。

（六）创新服务载体。基层党组织要围绕群众多样化需求，坚持立足实际、尽力而为，运用多种形式和手段开展服务。农村基层党组织要建立村干部轮流值班制度和村、组干部民事代办制度，依托活动场所及综合服务平台开展民事代办、费用代缴、惠农支付、便民超市等为民服务，认真落实“红色信贷”政策，积极开展“红色股份”试点，大胆探索“红色农场”模式，发展壮大村级集体经济，引领党员群众增收致富，在村民小组积极探索“网格化管理”和“微服务”，在贫困地区实施扶贫开发与基层党建整乡“双推进”，在边境地区推行“警地共建”，整合各方资源推动基层服务型党组织建设。国有企业党组织要建立职工诉求办理制度，开展人文关怀和心理疏导。街道社区党组织要规范“一站式”为民服务中心建设，积极开展志愿服务活动。机关党组织要开展“跨越发展当先锋、机关党建走前头”活动，落实干部直接联系群众制度、随机调研制度、在职党员到社区报到制度，在窗口单位推行为民服务全程代理、“一站式”服务、责任区、示范岗等做法。学校党组织要落实领导干部联系院系、班级、专家、教师、学生制度，加强党务工作者和辅导员队伍建设，抓好发展党员工作。事业单位党组织要严格党内组织生活制度，开展行风整治和职业道德教育。在各领域完善党内关爱机制，从思想、工作、生活上关心党员，落实党员设岗定责、承诺践诺、结对帮扶、授旗评星等制度。推行网络服务，加快全省党员信息库建设，依托云岭先锋网、现代远程教育平台、党员干部手机信息系统等开展服务。

（七）完善服务格局。基层党组织要带动群众组织、自治组织和社会组织开展服务，协调面向基层的公共服务、市场服务和社会服务。深入开展以服务为主题的党建带工建、带团建、带妇建活动，充分发挥群众组织服务作用。建立健全各级党代会代表联系党员服务群众制度，广泛开展以党员为骨干的各类志愿服务，组织各类专业人才和实用人才开展服务，培养群众服务骨干，引导群众参与服务、自我服务、互相服务，形成以党组织为核心、全社会共同参与的服务格局。

四、加强基层服务型党组织建设的组织领导

（一）强化领导责任。各级党委要抓好基层服务型党组织建设的总体规划、资源统筹、宏观指导和督促检查。在党委统一领导下，组织部门牵头协调，行业系统具体指导，有关部门密切配合，形成推进基层服务型党组织建设的整体合力。各地区各行业系统要研究谋划本地区本行业系统基层服务型党组织建设的基本思路、总体布局和推进步骤，制定实施意见和工作方案。县（市、区）党委年初要制定工作计划，细化分解任务，积极探索创新，破解工作难题。乡镇（街道）、村（社区）、村（居）民小组党组织书记负责抓好基层服务型党组织建设各项工作的落实。各行业系统党委（党组）要同地方党组织密切配合，帮助基层解决实际困难。坚持书记抓、抓书记，建立并落实州（市）、县（市、区）、乡镇（街道）党（工）委书

记基层党建工作述职评议考核制度，把服务型党组织建设作为主要内容，每年组织开展一次专项述职和评议考核，上级党委组织部门要派人参加专项述职。各级机关和各行业系统党委（党组）要建立相应的述职评议考核制度。各级党员领导干部要带头建立基层服务型党组织建设联系点，经常深入基层调查研究、指导工作，培育一批叫得响、立得住、群众公认的先进典型，为基层党组织树标杆、作样板。

（二）坚持上下联动。整合各级各方面力量和资源，帮助基层党组织解决困难和问题。加强行业统筹，各系统各部门给基层安排任务，要按照权随责走、费随事转原则，提供相应的资金和资源，并以基层组织为主渠道落实到位。加强城乡统筹，大力推广“插甸经验”，建立省、州（市）、县（市、区）三级机关事业单位挂钩联系和服务县（市、区）、乡镇（街道）、村（社区）、村（居）民小组的责任体系，实现机关事业单位与城乡基层党组织优势互补、资源共享。加强区域统筹，认真落实内地州（市）和省属国有企业对口帮扶边境州（市）、县（市）的要求，为边境州（市）、县（市）基层服务型党组织建设提供人、财、物全方位支持。引导区域内不同类型党组织共创共建，实行强村带弱村、中心村辐射周边村，组织基层干部跨区域挂职培训锻炼。加强对革命老区、民族地区、边远贫困地区基层党组织建设的支持。针对地区之间、领域之间、机关与基层之间的不同情况，找准需要解决的突出问题，以重点难点问题的突破带动整体工作不断提升。

（三）严格督促检查。各级组织部门要以随机调研为抓手，对基层服务型党组织建设进展情况进行督促检查。及时发现和挖掘先进典型，大力宣传基层服务型党组织建设的好经验好做法，形成良好舆论导向，积聚推动基层服务型党组织建设的正能量。对创建工作重视不够、推进不力、效果不好的及时通报批评、限期整改。各行业系统党委（党组）要对本行业、本系统创建情况进行定期抽查评估。省委组织部要根据工作进展情况，牵头召开协调推进、现场调度会，研究解决苗头性、倾向性问题，统筹推进基层服务型党组织建设工作深入开展。

（四）改进考核评价。各级组织部门要把基层服务型党组织建设作为今后基层党组织分类定级、晋位升级工作的主要内容，建立基层服务型党组织考核制度，实行分类考核、动态管理。各地区各部门党组织要本着简便易行、务实管用的原则，制定评价体系和考核办法，分类建立各行业、各领域基层服务型党组织的量化标准，按照基层自评、群众测评、组织考评的步骤进行考核，加大群众对基层党组织和党员干部服务评价权重，并把考核结果作为对党组织工作业绩评价的重要内容。垂直管理部门党组织对基层单位党组织的考核评价，要坚持条块结合，既要听取系统内干部群众意见，又要听取所在地党组织和服务对象意见。

本实施意见自印发之日起执行，由云南省委组织部负责解释。此前相关政策文件与本实施意见不一致的，以本实施意见为准。

中共北京市委办公厅印发《关于进一步加强基层服务型党组织建设的实施意见》

（2014 年 12 月 23 日）

近日，中共北京市委办公厅印发了《关于进一步加强基层服务型党组织建设的实施意见》，并发出通知，要求各区县各部门各单位结合实际认真贯彻执行。《实施意见》主要内容如下。

为贯彻落实党的十八大、十八届三中全会、四中全会和习近平总书记系列重要讲话精神，根据《中共中央办公厅印发〈关于加强基层服务型党组织建设的意见〉的通知》要求，巩固和拓展党的群众路线教育实践活动成果，破解基层服务型党组织建设重点难点问题，全面提升基层服务型党组织建设的科学化、制度化、规范化水平，现就进一步加强全市基层服务型党组织建设提出如下意见。

一、充分认识和把握新形势下加强基层服务型党组织建设的重要意义和基本要求

1. 深入贯彻落实中央部署。建设基层服务型党组织，是建设学习型、服务型、创新型马克思主义执政党的基础工程，对于密切党同人民群众的血肉联系，提高党的执政能力、夯实党的执政基础，具有重要意义。党的十八大作出了加强基层服务型党组织建设的重大部署，党的十八届三中、四中全会对发挥基层党组织在全面深化改革、推进依法治国中的战斗堡垒作用提出了新的要求。各级党组织要深入学习贯彻中央重要部署，充分认识加强基层服务型党组织建设的重要性紧迫性，以服务型党组织建设引领基层党建工作，使服务成为新时期首都基层党组织建设的鲜明主题和

广大党组织、党员的自觉追求。

2. 准确把握首都发展的新形势新任务。随着首都发展进入新阶段，落实好新时期首都城市战略定位，推动创新驱动发展、促进城乡一体化发展、创新超大城市可持续发展机制、推进法治建设等改革举措与人民群众切身利益密切相关，需要基层党组织带动广大党员群众共同推动落实。面对首都发展的阶段性特征和人民群众对美好生活的新期待，全市基层党组织建设要深入贯彻落实习近平总书记视察北京重要讲话精神，把建设和管理好首都作为国家治理体系和治理能力现代化的重要内容，牢牢把握“服务”核心，坚持首善标准，通过服务贴近群众、团结群众、引导群众、赢得群众，为建设国际一流的和谐宜居之都提供坚强组织保证。

3. 全面实现总体目标要求。要高举中国特色社会主义伟大旗帜，以马克思列宁主义、毛泽东思想、邓小平理论、“三个代表”重要思想、科学发展观为指导，深入贯彻落实习近平总书记系列重要讲话精神，以服务群众、做群众工作为主要任务，以改革创新为动力，以群众满意为根本标准，围绕中心、服务大局，分类指导、统筹兼顾，坚持服务改革、服务发展、服务民生、服务群众、服务党员，落实强化服务功能、健全组织体系、建设骨干队伍、创新服务载体、构建服务格局的“五项任务”，达到有坚强有力的领导班子、有本领过硬的骨干队伍、有功能实用的服务场所、有形式多样的服务载体、有健全完善的制度机制、有群众满意的服务业绩的“六有”目标，深入开展基层服务型党组织建设的创新探索，全面实现本市基层党组织服务意识明显增强、服务能力明显提高、服务成效明显提升。

二、构建以党组织为核心、全社会共同参与的服务格局

4. 基层党组织要在强化服务中发挥好核心作用。着眼于履行党的政治责任、巩固党的执政基础、实现党的执政使命，基层党组织要全面履行党章赋予的职责，自觉按照民主集中制办事，找准开展服务、发挥作用的着力点，在服务中更好地发挥领导核心和政治核心等作用，保证党组织在经济、政治、文化、社会生活中始终成为坚强核心。要围绕强化服务功能，改进工作方式，寓领导和管理于服务之中，切实提高工作水平和服务能力。不断加强基层党组织自身建设，进一步总结运用和丰富发展基层党建工作经验，建立健全整顿软弱涣散基层党组织抓尾倒排、动态管理、责任倒逼的长效机制，重点加强对服务意识不强、服务能力不足的基层党组织整顿工作，推动全市基层党组织能力水平整体提升，确保基层党组织有效发挥核心作用。

5. 带动各类社会主体开展服务。基层党组织要积极统筹整合市场和社会的资源、力量，充分调动各方面的积极性。通过区域共建、政府购买等形式，推动基层党组织支持、协调和指导各类群众组织、自治组织、经济组织和社会组织发挥优势，依法开展面向基层的公共服务、市场服务和社会服务，形成党的领导下多元主体参与社会共治、厉行法治的基层治理和服务新格局。以服务为主题深化党建带工建、带团建、带妇建等党建带群建活动，发挥群团组织的桥梁纽带作用，开展多样化、个性化、精细化的便民利民服务。

6. 引导群众参与服务、自我服务、互相服务。进一步健全党组织领导的充满活力的群众自治机制，推广“四议两公开”、居民问政、多方议事协商等成功做法，发挥市民公约、乡规民约、行业规章、团体章程等社会规范在社会治理中的积极作用，实现群众对基层事务的广泛参与、民主管理和有效监督，保证基层治理健康发展。处理好服务群众和群众自我服务的关系，培育群众中的服务骨干力量，组织、动员广大群众积极参与互助服务和公益服务，使广大群众成为服务的参与主体和受益主体。

三、建立全面覆盖、有效覆盖的服务体系

7. 扩大党的组织覆盖。适应服务对象、服务内容、服务方式的变化和需求，着力扩大党的组织覆盖，做到有群众的地方就有党组织提供服务。实现社区、农村、机关、高校、国有企业、事业单位中基层党组织的全覆盖，探索在农民专业合作社、专业协会、产业链、楼宇、流动党员和流动人群集中点建立党组织，在社区居民中按照志向相投、兴趣相近、活动相似成立的不同社会组织建立党组织。加强在城乡结合部地区、城乡一体化建设地区的基层党建工作，加强在农村撤村转居、事业单位和社会组织改革等过程中的基层党建工作，做到组织不撤、党员不散、工作不断、作用不减，并探索符合实际的组织形式和服务方式。在非公有制企业和社会组织中通过探索建立联建式党组织等形式，不断提高党的组织覆盖率。

8. 优化组织设置。结合产业布局、行业分工、党员流向的新变化，因地制宜灵活设置基层党组织。进一步理顺和规范党组织的隶属关系，使党组织的隶属更加有利于增强基层党组织的战斗力，更加有利于党员作用的发挥。以乡镇（街道）党（工）委、村（社区）党委为核心，普遍建立健全统筹区域化党建工作

的协调议事平台，通过完善属地党组织与驻区单位党组织双向联系服务机制，调动和整合各类资源做好服务。加强各类群众性社会组织的发展培育，鼓励高素质、有能力的党员通过民主选举等方式成为各类社会组织的领导者，通过党组织对社会组织的有效领导实现对各类人群的服务和引领。加强功能型党组织建设，在重点工作和重大项目中，进一步推广联合型、临时性党组织的设置和运行方式。

9. 实现党的工作全覆盖。推动基层党组织的工作和服务延伸到社会各个方面，扩大党的影响力和号召力。加大向非公有制企业、社会组织选派党建工作指导员、联络员力度，帮助开展党建工作。加强与非公有制企业和社会组织出资人、合伙人的沟通，引导其支持参与党建工作。支持在暂不具备建立党组织条件的企业、组织中先行建立群团组织，为建立党组织奠定基础。充分发挥工会、共青团、妇联等人民团体和行业协会、商会等社会组织在宣传政策、表达利益、反映诉求、协调矛盾、维护稳定等方面的作用，把党的工作和服务延伸到未建立党组织的企业和组织中去。

四、创新贴近实际、贴近基层、贴近群众的服务载体

10. 服务首都改革发展大局。围绕全面深化改革的各项工作，在城乡结合部建设、产业提质增效升级等重点任务中，充分发挥基层党组织的引领和保障作用。通过做好深入细致的思想政治工作，在解决实际问题过程中引导广大群众和各方力量理解改革、支持改革，最大限度地凝聚改革发展共识。教育引导群众增强法治观念，培养健康文明的生活方式，营造和谐稳定的发展环境。创新党组织引领发展的工作载体，发挥党员先锋模范作用，团结带领人民群众共同推进经济社会发展，共同创造美好生活。教育引导各类人才争做社会主义核心价值观的践行者，为首都改革发展提供智力支持和人才保障。

11. 创新联系服务群众方式。结合各领域基层党组织的服务功能，围绕群众多样化需求，坚持立足实际、尽力而为，运用多种形式和手段开展服务，让群众信任身边的党组织，信任身边的党员干部。建立健全社情民意网、为民服务全程代理、一站式服务、党代表工作室等平台，开展党组织和党员结对包户、民情恳谈、走动式工作等活动，完善各级党代会代表联系党员服务群众制度。深入开展“律师党员进社区”等活动，完善法律援助制度，健全司法救助体系，畅通群众利益协调、权益保障法律渠道。认真做好关爱服务群众衣食住行、安危冷暖等日常性工作，加强对“老小弱残”等特殊群体的针对性服务，切实解决好联系服务群众“最后一公里”问题。

12. 完善服务党员工作体系。落实党务公开、党内重大决策征求意见和党内情况通报等制度，切实保障党员的知情权、参与权和监督权。真正从思想、工作、生活上关心爱护党员，健全建国前入党的农村老党员和未享受离退休待遇的城镇老党员生活补贴调整机制，加强对困难党员、老党员以及因公牺牲党员遗属的关怀帮扶，并将符合条件的党员群体纳入社会救助，逐步完善困难党员帮扶体系。探索流动党员“一方隶属、多重管理”模式，按照明确责任主体、分类管理服务、多方协同配合的要求，主动关心流动党员的工作生活，帮助解决流动党员的困难和问题。发挥优秀共产党员、优秀党务工作者等榜样群体的示范带动作用，增强党员的归属感、光荣感、责任感，激发党员服务群众内在动力。

五、打造带头服务、带领服务、带动服务的服务队伍

13. 以书记队伍建设为重点抓好基层党组织领导班子建设。拓宽基层党组织书记选任渠道，采取上级选派、跟踪培养、群众推荐等方式，选拔党性强、能力强、改革意识强、法治意识强、服务意识强的党员担任党组织书记。注重从农村致富带头人、外出经商务工人员、大学生“村官”、大学生社工、复转军人、党政机关企事业单位退休干部中选任基层党组织书记，注重引导非公有制企业和社会组织党员法定代表人、出资人或高级管理人员担任党组织书记。探索开展面向村党组织书记考试录用乡镇机关公务员工作。加强基层党组织书记教育培训和监督管理，总结“两公开一承诺”等做法，引导基层党组织书记提高为民服务本领，强化廉洁履职意识。每两年对全市村、社区以及规模、影响较大的非公有制企业和社会组织党组织书记普遍轮训一遍，重点做好新任职基层党组织书记的培训。严格规范“三会一课”、党员领导干部双重组织生活，完善党组织依法决策机制等制度，增强基层党组织班子议事干事能力。

14. 加强党务工作者队伍建设。充实乡镇、街道党务工作力量，配齐配强社区专职副书记、专职党务工作者和商务楼宇党务工作者，加强机关、国有企事业单位专职党务工作者队伍建设。加强村、社区等基层党组织后备人才队伍建设，建立后备人才库，实行动态管理。发挥好老干部余热，继续做好选聘退休党员干部兼职党建工作指导员工作，打造一支素质优良、结构合理、数量充足的兼职党务工作者队伍。增强基

层党务工作者法治观念和法治为民意识，提高运用法治思维和法治方式开展工作和做好服务的能力。

15. 加强党员志愿服务队伍建设。围绕强化宗旨意识和党员意识，探索推行党员目标管理、评星定级、记实管理等办法，准确掌握党员日常行为表现，教育引导党员保持先进性和纯洁性，密切联系群众，主动服务群众。依托“志愿北京”平台，鼓励党员实名登记，按照就近就便的原则，积极参与邻里守望、应急救援、医疗卫生、绿色环保等各类公益服务活动。深化在职党员到社区报到活动，建立党员责任区、党员示范岗，实施党员承诺制。结合网格化管理工作，合理划分服务网格，组建以党员为骨干的网格服务团队，加强各类经济、文化、安保、家政、健康、法律等方面的专业合作组织、专项互助组织和服务团队建设，带动广大群众积极投身于志愿服务事业。

六、为基层党组织做好服务提供有力的保障支持

16. 落实经费保障。严格落实基层党组织工作和活动经费，确保经费足额发放、专款专用，丰富基层党组织的资源，提升基层党组织为群众服务的能力。提高社区工作者待遇水平，保障村干部合理待遇，落实正常离任村党组织书记生活补贴政策。全面建立并落实城乡基层党组织服务群众经费，鼓励有条件的区县设立支持基层党组织解决重点难点问题资金，综合各方面资源加大对边远、贫困农村地区基层党组织建设的支持保障力度。机关、事业单位党组织的工作经费从行政、事业经费中列支，国有企业党组织的工作经费从企业管理费中列支。通过财政拨款、党费返还、企业支持等途径，多渠道解决非公有制企业和社会组织党组织的工作经费。

17. 健全服务阵地。在实现村级党组织活动场所、社区办公和活动用房全面达标的基础上，进一步提升场所功能、规范场所建设、提高使用效率，为党员群众提供服务场地保障。把党群活动服务中心建设纳入区域发展规划，在新兴领域、流动党员集聚的地区整合或新建一定规模的党群活动服务中心或党员教育基地。提升商务楼宇党建工作站规范化建设水平，集中力量加强中心站、示范站建设。乡镇（街道）、村（社区）以及有条件的社会单位的场地资源应向非公有制企业和社会组织党组织开放。加强网络阵地建设，推广基层党建全程记实系统等经验做法，充分运用党员干部现代远程教育等资源开展服务、组织活动，通过简报、信息、手机党课、微信等形式，将中央方针政策和市委决策部署第一时间传达到基层党组织和广大党员。

七、加强组织领导

18. 强化领导责任。各级党委（党组）要严格落实习近平总书记关于“把抓好党建作为最大的政绩”的要求，严格落实党内法规制度，增强法治意识，把基层服务型党组织建设的各项要求落到实处。党委（党组）书记要认真履行第一责任人的职责，层层分解任务，精心谋划设计，统筹考虑制定基层服务型党组织建设的实施意见和工作方案。市委相关部委要结合实际加强创新探索，分领域研究基层服务型党组织建设的工作载体和实践途径。各级党员领导干部要把加强基层服务型党组织建设纳入本地区本系统本单位党的建设总体部署，作为当前和今后一个时期深化本市基层党建工作的核心任务，带头建立基层服务型党组织建设联系点，经常深入基层调查研究、指导工作、解决问题。

19. 坚持上下联动。整合各级各方面力量和资源，综合协调，以上带下，多方面配合，多措施并举，帮助基层党组织解决困难和问题。主要问题在上级部门的，要从源头上采取措施；主要问题在下级部门的，上级要指导带动下级。各级行政部门要强化责任意识，按照各自职能和权限，采取有效政策措施，推动重心下移、资源下沉，为基层党组织开展服务提供保障。各系统各部门给基层安排任务，要按照权随责走、费随事转原则，提供相应的资金和资源，并以基层组织为主渠道落实到位。

20. 点和全市基层党建工作述职评议考核的重要内容，把考核评价权力交给基层、交给党员、交给群众，加大党员群众对基层党组织和党员干部服务评价的权重。垂直管理部门对基层单位考核评价，既要听取系统内干部群众意见，又要听取所在地党组织和服务对象意见。把考核结果作为评价党组织工作业绩、干部使用以及基层党组织和党员评先评优的重要依据。

21. 以点带面全面推进。尊重基层首创精神，鼓励基层立足实际积极探索，及时总结经验，加大推广力度，用基层经验推动基层工作。善于发现和培育典型，充分发挥先进典型在建设基层服务型党组织中的引领带动作用，集中力量打造一批具有首都特色、首善标准、影响广泛的基层服务型党组织建设示范群，以点上经验带动面上工作整体上水平。通过报刊、杂志、电视、广播、网络等媒体，大力宣传基层服务型党组织建设的好经验好做法，加强对基层党员干部的正面宣传，形成良好舆论导向，积聚推动基层服务型党组织建设的正能量。

第五部分　理论热点及难点探讨（一）

坚持创先争优活动中形成的具体制度和体制机制

韩　旭

创先争优活动对中国共产党的未来，对国家民族今后的发展具有十分重大的影响。这个结论体现在哪里？一个重要的体现，就是创先争优活动探索和形成了许多追求先进和优秀的具体制度、具体的体制机制，丰富了中国特色社会主义制度，并有利于今后中国特色社会主义制度的坚持和发展。

概括起来，在未来的日子里，我们必须坚持也一定会坚持的创先争优活动中形成的具体制度和体制机制，大致有以下几个方面、几个大类：

首先是基层类。即怎么调动广大基层党组织、党员干部和人民群众的主动性和创造性，使他们立足岗位创先进、争优秀，努力为中国特色社会主义事业干事创业、奋力拼搏、添砖加瓦的一系列具体的制度和体制机制。包括：一是党员累计积分制。它的主要内容是把每个党员的表现量化，量化到每天、每周、每月，然后累计加总，最后看谁的分高，谁的分低，以此作为奖惩或表扬、批评的依据。这项制度在基层比较管用，谁干得好、谁干得不好，一目了然，一清二楚，令人服气，不容易蒙混得过去。二是评先选优制度。它的主要内容是通过“一讲二评三公示”和“五比五亮五看”，领导点评、群众评议等许多有效的措施办法，每年评选出先进和优秀的单位和个人，进行表彰宣传，授予荣誉称号，进行技术能手、岗位标兵、党员先锋示范岗、星级党员等的命名，并把评先选优与激励奖惩制度结合起来，把先进和优秀的精神奖励与物质奖励以及个人的成长进步结合起来。实践证明，这些制度在基层非常管用，有利于形成学先进赶先进超先进的积极向上的浓厚氛围。三是晋位升级制度。它的主要内容是每年扩大先进的基层党组织、提升一般的基层党组织、整顿转化后进的基层党组织的制度或者说一种机制办法。四是承诺践诺评诺制度（这个大家都比较熟悉了）。五是基层党组织之间“结对帮扶”制度。如非公企业与农村之间的帮扶互促、资源共享制度。

基层类的这些具体制度和体制机制，适用范围是在基层，也就是说在基层管用，有许多是创先争优给逼出来的、探索创造出来的。因此尽管具体的表现形式不同，但共同的特点都体现出创和争的性质、先和优的性质。而且不仅仅只涉及经济问题，同时也涉及政治、文化、社会等方面的问题，这些具体的制度毫无疑问把中国特色社会主义制度这个总的制度，以及中国特色社会主义的经济制度、政治制度等在基层落实了，在基层体现了，落地生根、开花结果。调动每一个人的积极性，让每一个人都有机会、都有公平的舞台比试比试，使一切创造活力充分涌现，多劳多得、少劳少得，干得好的受表彰、得实惠，同时困难的有人关心、有人帮助、有人服务，勇创科学发展之先，勇争社会和谐之优，这不正是中国特色社会主义制度一些最本质的性质特征的体现吗？

不干事创业，无所事事，干好干坏一个样，全社会坐吃山空，大家都吃“大锅饭”，这只能叫贫穷落后的社会主义，绝不是中国特色社会主义；只有少数人有特权、有机会，而广大普通的党员干部和人民群众没有机会，没有展露和发展的舞台，社会发展成果只有少数人享有，社会不和谐，这只能叫资本主义甚至封建主义，绝不是中国特色社会主义。所以这次创先争优活动在基层的许多做法，是对中国特色社会主义制度的最好体现，是其在基层的不断坚持、丰富和发展。在未来的日子里，我们要继续按照也一定会按照创先争优这样的思路走下去。

其次是行业、系统类。即怎么调动各个行业、系统关心、重视、帮助、指导基层，尤其是加强基层党组织建设、形成齐抓共管的一系列具体的制度和体制机制。在这次创先争优活动中，形成了抓系统、系统抓的局面，每个行业、系统都形成了几个体现自身特点的具体制度。过去这些行业、系统基本上抓的是自身的业务工作，这次它们把抓业务与抓党建有机结合起来了，在抓业务工作的同时抓党建，通过抓党建去保证和促进业务工作，实现了“双赢”，尝到了抓党建的甜头。抓党建不是额外的负担，不是分外的事，而本身就是分内的事，是行业、系统自身发展的客观需要。这种全党抓党建的齐抓共管的格局和体制机制，使基层党组织建设的力量、我们党抓基层打基础的力量大大增强了，体现了社会主义分工协作的科学化合理化，无疑是中国特色社会主义制度优越性的又一具体的、生动的体现，今后我们必须也一定会使之常态化长效化，不断坚持和发展下去。

再次是党政干部类。即怎么使党政干部更好地履行自己的职责，更好地密切与基层和人民群众的联系，更好地为基层和人民群众服好务的一系列具体的制度和体制机制。这次创先争优活动在这方面有不少很好的做法、很好的经验，坚持下去就是很好的制度和体制机制。大致包括：一是领导干部、机关干部下基层直接联系群众制度。包括蹲点调查、撰写“民情日记”、建立联系点、结对帮扶基层困难党员和群众、向基层派出工作队或工作组、选派机关干部到基层担任“第一书记”等。二是窗口单位和服务行业为民服务创先争优制度（这个大家都比较熟悉了）。三是既抓宏观又抓具体、抓落实、抓到底的制度。即不仅要制定好政策文件、制定好目标规划和计划、抓好宏观指导，而且要亲自操作、亲自去做、亲自去抓落实的制度。这一条非常管用，它有效解决了领导机关的干部“你开会我开会，你发文我发文，谁去落实”的问题。四是“阶段攻坚”和定期通报制度。即对一些重点工作和难点工作在一段时间内，集中精力，集中力量，全力去加以推动和攻坚的制度，并且要对各地区各部门的进展情况定期通报，排出名次，相互比一比、赛一赛，动真格的，来实的，不玩虚的，也不搞你好我好。五是信息直通车制度。领导干部特别是级别越高的领导干部，越不要把自己封闭起来，搞层层等级森严，只听自己下一级的汇报，只看自己下一级报送的材料，至于对再下一级甚至再下两级、三级直至基层的汇报，以及他们报送的材料，则一般不听、一般不看，这种官僚主义作风比较害人。它堵塞了来自下面和基层的言路，使领导干部了解不到真实情况，信息不灵、耳目不聪，同时下级尤其是下跨几级单位和广大基层缺乏往上反映的渠道（一级一级反映是很难上来的），好东西上不来，鲜活的、丰富的、有价值的东西上不来，这怎么能提高决策和领导水平呢？怎么能扩大民主、调动广大党员干部和基层的积极性呢？因此，这次创先争优活动中一些简报、快报直通车制度看起来是一件小事，但实际上却是一件大事，非常管用，起的作用非常重要。六是帮助培训基层党组织书记和帮助解决经费、场所等保障条件的制度。它指在创先争优活动中上级党组织、党的领导机关大规模培训基层党组织书记，大力度为基层党组织开展工作提供经费、场所等保障的非常有效，非常管用，也相当受欢迎的一些好的做法和具体制度。

中国特色社会主义制度涉及两类人很关键：一是领导干部，二是广大基层党员干部和人民群众。这两类人在制度中的关系如何，所作所为如何，尤其是前者为后者服务如何，直接影响到中国特色社会主义制度的声誉和效果。上述这些把领导机关与基层、领导干部与基层党员干部和群众联系起来的制度，非常重要，非常有效，也非常关键。它把宏观与微观联系起来了，把党的建设、政治与经济、文化、社会联系起来了。它们是对中国特色社会主义制度很好的坚持和丰富，充分体现了中国特色社会主义制度中人民当家作主、党和政府为人民服务的性质和优越性。没有这些具体的制度，中国特色社会主义制度就难以落到实处。因此，今后我们必须也一定会使之常态化长效化，不断坚持和发展下去，不断把中国特色社会主义伟大事业推向前进。

（作者系中央创先争优活动领导小组办公室指导小组副组长）

党建要破解三个传统难题

王　军

全面提高党的建设科学化水平，是十八大提出的重大任务。我们要按照十八大要求，进一步开拓思路，深化措施，突出重点，着眼于破解三个传统难题，全面提高财政部门机关党建工作科学化水平，为履行好公共财政责任和使命，提供更加强有力的政治和组织保证。

一、明确功能定位，破解党建工作与业务工作“两张皮”难题

十八大报告首次提出了建设服务型的马克思主义执政党的要求，这体现了新的历史条件下对党的功能的新定位，为破解党建工作与业务工作“两张皮”这一传统难题提供了根本途径。财政部门业务工作任务重、时间紧、要求高，“两张皮”问题长期困扰机关党

建工作。我们要以十八大精神为指导，积极探索新形势下机关党建特点和规律，按照建设服务型政党的要求，把机关党建职能作用有机地融入财政工作各个环节、各个方面，使之进一步推进部党组发挥领导核心作用及贯彻落实中央部署，推进各司局和单位高效开展业务工作，推进领导同志带队伍管干部，推进干部职工工作水平和生活质量的提升。具体说，要切实履行“四个功能”：

协助决策功能。紧密配合部党组的工作部署，切实做到“党组想什么，机关党委就抓什么”，“党组抓什么，机关党委就落实什么”；突破就党建抓党建的框框，自觉把机关党建工作放在财政工作大局中思考和筹谋，放到深化财税体制改革中把握和拓展；针对财政工作特点和任务要求，深入基层、调查研究、形成思路，为部党组科学决策当好参谋助手。

业务促进功能。找准党建工作为各司局、单位业务工作服务的结合点，根据业务工作目标，确定党建工作内容；围绕业务工作任务，落实党建保证措施；针对业务工作难点，明确党建工作重点；紧跟业务工作进度，不断对党建工作出题目、提要求，为业务工作发挥有力促进作用。

凝心聚力功能。通过开展扎实深入的思想政治工作，化解矛盾，排忧解难，建设团结、和谐、有战斗力的工作集体，使干部职工心情舒畅，有心里话愿意跟组织讲，有工作主动跟领导一起干，为各司局、单位抓好工作、带好队伍凝心聚力。

育人助人功能。针对财政干部职工在工作、学习、生活等方面的现实需要，延伸机关党建工作的领域和空间；充分了解干部职工个性需求、发展需要，创造喜闻乐见的形式和载体，把提高政治思想素质与业务素质结合起来，把政治表现与工作实绩结合起来，把发挥党组织战斗堡垒作用、党员先锋模范作用与建立关怀帮扶机制结合起来，全方位为干部职工学习进步、工作提升和生活质量的提高做好服务。

二、健全考评制度，破解干与不干一个样难题

在机关党建工作中，干与不干一个样、干好与干坏一个样、主动干与被动干一个样、被动应付与改革创新一个样，是一大传统性难题。究其原因，在于缺乏健全的考核评价机制，即使有考评，也往往流于一般化、表面化，缺乏应有约束和有效激励。我们要以十八大精神为指导，把制度建设摆在突出位置，建立健全机关党建考核评价制度，以制度确保干与不干不一样、干多干少不一样、干好干坏不一样、主动干与被动干不一样、因循守旧与改革创新不一样。具体说，要着力健全“四项制度”：

健全指标导引制度。立足财政工作总体任务、具体环境，区分机关司局、事业单位、直属单位以及不同岗位党员干部等主体，从思想、组织、作风、反腐倡廉、制度建设五方面，按照建设学习型、服务型、创新型党组织的要求，分类设置考评指标，注重全面性、针对性；量化考评指标，把“软指标”变成“硬杠杆”，在需要解决的突出问题和薄弱环节上加大分值，发挥指标导引作用，并注重不断丰富完善和强调不同时期的不同重点，保证考评质量。

健全动态考评制度。探索改进传统的党建工作年终、年中等定期考评方式，顺应信息化发展趋势，充分利用信息网络技术，依托部内网络资源，开展实时动态考评，随时发现问题，及时解决问题，推动工作落实，提高工作效能。

健全公开监督制度。坚定不移地走群众路线，提高群众参与度，以考评主体的多元化保证考评工作的科学化、民主化，根据考评对象与考评主体的关联度、知情度设置相应权重，尽可能扩大座谈、测评范围；对于一些特定内容，委托社会权威考评机构进行考评，将内部考评与外部考评结合起来。

健全结果运用制度。坚持把考评结果作为党员领导干部评优评先、选拔使用、调职晋级等的重要依据；对考评情况特别是发现的薄弱环节和突出问题，督促整改，抓好落实；定期通报党建考评结果，实现机关党建考评信息资源共享。

三、坚持党群共建，破解发挥群团组织作用难题

十八大报告提出，要支持工会、共青团、妇联等人民团体充分发挥桥梁纽带作用，更好反映群众呼声，维护群众合法权益。机关工青妇组织是党领导下的群众组织，一直以来存在发挥作用办法不多、效果不强的难题。我们要以十八大精神为指导，坚持主动引领，进一步加强对机关群团组织的指导和支持，促进机关党建与群建工作全面均衡发展，在党群共建中深化干群关系，落实党的群众路线。具体说，要努力做到“四个带动”：

带动组织。按照有利于党组织加强对群团组织工作的领导和发挥群团组织作用的原则，把机关群建目标纳入机关党建目标管理，把群团组织建设纳入党组织建设范畴，扩大群团组织覆盖面，提高群团组织建设科学化水平，实现机关党组织建设与群团组织建设内容衔接、步骤协调、目标统一、同步发展。

带动队伍。把群团组织作为党培养年轻干部的重要基地，加大群团组织干部选拔、培养、使用的力度；发挥党组织工作优势，为优秀的群团组织干部和积极分子提供成长进步的平台，及时发现和选拔优秀青年干部到业务领导岗位上来。

带动活动。整合党群阵地资源，建立健全党群组织和活动的综合阵地平台，引导机关各群团组织按照“团结群众、引导群众、围绕中心、服务大局”的要求，设计活动载体，讲求活动技巧，拓展活动内容，使机关各群团组织真正成为党联系群众、服务群众的阵地。

带动机制。完善目标责任制，做到党群工作统一部署规划、统一配置力量、统一检查指导、统一考核验收，实现党建与群建合理衔接；完善考核评比机制，把机关群建工作作为机关党建考评的重要内容；完善先进、优秀选树机制，由党委牵头，培养和树立党建带群建先进典型，提高机关群团组织建设整体水平，形成群建工作整体合力。

（作者系财政部原党组副书记、副部长）

支持非公有制经济健康发展

（2013 年 12 月 1 日）

李鸿忠

深化经济体制改革，充分发挥市场在资源配置中的决定性作用，让一切劳动、知识、技术、管理、资本的活力竞相迸发，让一切创造社会财富的源泉充分涌流，必须进一步深化对非公有制经济地位和作用的认识，完善方针政策，强化具体措施。党的十八届三中全会通过的《中共中央关于全面深化改革若干重大问题的决定》（以下简称《决定》）再次强调，“支持非公有制经济健康发展”。围绕这一要求，《决定》进一步深化和发展了对非公有制经济地位和作用的认识，提出了一系列新的指导方针、具体任务和推进举措。

一、对非公有制经济地位和作用的新认识

《决定》提出，“公有制经济和非公有制经济都是社会主义市场经济的重要组成部分，都是我国经济社会发展的重要基础”，“非公有制经济在支撑增长、促进创新、扩大就业、增加税收等方面具有重要作用”。这是对非公有制经济地位和作用的新认识，为支持非公有制经济健康发展奠定了理论基础。

（一）公有制经济和非公有制经济都是社会主义市场经济的重要组成部分。

这是对非公有制经济在社会主义市场经济体制中地位的再次强调。改革开放以来，我们党对非公有制经济的定位经历了一个发展的过程。党的十二大和十三大分别确认了个体经济、私营经济是“公有制经济必要的和有益的补充”。党的十四大明确提出建立社会主义市场经济体制，在所有制结构上，强调“以公有制包括全民所有制和集体所有制经济为主体，个体经济、私营经济、外资经济为补充，多种经济成分长期共同发展”。党的十五大把“公有制为主体、多种所有制经济共同发展”确立为我国基本经济制度，第一次明确提出“非公有制经济是社会主义市场经济的重要组成部分”。党的十六大提出，“毫不动摇地巩固和发展公有制经济，毫不动摇地鼓励、支持和引导非公有制经济发展”。党的十七大强调要把“两个毫不动摇”作为长期坚持的方针，提出“平等保护物权，形成各种所有制经济平等竞争、相互促进新格局”。党的十八大进一步提出：“毫不动摇鼓励、支持、引导非公有制经济发展，保证各种所有制经济依法平等使用生产要素、公平参与市场竞争、同等受到法律保护。”从“有益补充”，到“共同发展”，再到“重要组成部分”，表明了我们党对非公有制经济地位认识的不断深化。《决定》提出“公有制经济和非公有制经济都是社会主义市场经济的重要组成部分”，不仅再次重申了非公有制经济在社会主义市场经济中的地位，而且第一次将非公有制经济与公有制经济置于同等重要的地位，表明我们党对非公有制经济的认识达到一个新的高度。

（二）公有制经济和非公有制经济都是我国经济社会发展的重要基础。

这是对非公有制经济在推动经济社会发展中重要作用的充分肯定。改革开放以来，在党的方针政策指引下，非公有制经济由小到大，由弱到强，在支撑增长、促进创新、扩大就业、增加税收等方面发挥了重要作用，成为我国经济社会发展的重要基础。非公有制经济是支撑增长的重要力量。无论在经济发展的顺周期还是逆周期，非公有制经济在数量、规模上都保持了较快增长，极大地丰富了市场经济主体，活跃了各类商品市场和要素市场，促进了我国经济平稳较快发展。截至 2012 年，我国私营企业超过 1060 万户，注册资金近 30 万亿元；个体工商户已逾 4000 万户，注册资金近 2 万亿元；非公有制经济对 GDP 的贡献率已超过 60%。非公有制经济是促进创新的重要载体。

非公企业具有体制灵活、经营高效的特点，在科技创新上，动力更强、反应更快、效益更好，已经成为技术改造、产品创新、科技成果转化的重要基地。据统计，我国65%左右的发明专利、70%左右的技术创新和80%以上的新产品，都是由非公有制经济创造的。非公有制经济是扩大就业的重要渠道。改革开放30多年来，非公有制经济以其巨大的就业包容量对保障和改善民生作出了历史性的重大贡献，特别是在解决城镇无业人员、农村剩余劳动力、高校毕业生、国企改制分流人员等群体就业方面发挥了不可替代的作用。非公有制经济吸纳了80%的城镇就业人员和90%的新增就业人员，为1.8亿以上的从业人员提供了主要的工资性收入，带动3.6亿以上的家庭人口解决了生计问题；通过资本、技术、管理等要素参与分配的机制，还增加了财产性收入，带动更多人口过上小康生活。非公有制经济是增加税收的重要来源。近年来，我国财政收入连年大幅增长，国家财政实力显著增强，这对实施积极的财政政策，拉动国民经济持续健康发展，促进各项社会事业发展，发挥了重要作用。在国家财政增收中，来自非公有制经济创造的税收已达69%左右。

二、非公有制经济指导方针的新发展

当前，非公有制经济已经处在新的发展起点上，需要大力支持。《决定》围绕支持非公有制经济健康发展，提出了一系列新的方针政策，体现了支持非公有制经济发展方针的一贯性、连续性和创新性，具有深刻的理论内涵与实践意义。

（一）重申“两个毫不动摇”，激发非公有制经济活力和创造力。

《决定》提出，要毫不动摇地巩固和发展公有制经济，发挥国有经济的主导作用；毫不动摇地鼓励、支持、引导非公有制经济发展，激发非公有制经济活力和创造力，表明了党和政府支持非公有制经济发展的坚定决心，明确了支持非公有制经济发展的方向和重点。党的十六大提出“两个毫不动摇”，党的十七大提出要把“两个毫不动摇”作为长期坚持的方针，党的十八大重申“两个毫不动摇”。《决定》在“两个毫不动摇”的基础上，强调“激发非公有制经济活力和创造力”。当前，我国经济正处于转型升级的关键时期，适应国内外经济形势新变化，加快形成新的经济发展方式，必须着力激发各类市场主体发展新活力，充分释放创新驱动发展新动力。作为最具活力和创造力的经济成分，非公有制经济是有效破解经济发展动力不足、活力不强的关键所在，也是推动我国经济转型升级的重要依托。

（二）提出“三个平等”，创造非公有制经济发展的公平竞争环境。

《决定》首次提出“坚持权利平等、机会平等、规则平等”。这是非公有制经济发展方针的重大突破，为非公有制经济的健康发展铺平了道路。平等竞争是市场经济运行的基础，也是市场经济规律的客观要求。长期以来，由于体制的原因，各种所有制经济的竞争处于不平等状态，非公有制企业受到一些歧视、约束和限制。这种局面不利于非公有制经济和市场经济的健康发展，必须尽快改变。《决定》强调权利平等，赋予非公有制经济与公有制经济平等的法律地位和发展权利，为非公有制经济持续健康发展提供了基础和保障。《决定》强调机会平等，赋予非公有制经济平等进入市场的机会，进一步拓宽了非公有制经济准入领域。《决定》强调规则平等，赋予非公有制经济参与竞争的平等市场环境和政策环境，在发展环境上与公有制经济同等对待、一视同仁，进一步创造了非公有制经济平等参与市场竞争的前提和条件。《决定》紧紧抓住影响非公有制经济健康发展的三个要害问题，要求从根本上予以解决，充分体现了市场经济的公平竞争原则。

（三）强调“两个不可侵犯”，构筑非公有制经济发展的财产权基础。

《决定》强调公有制经济财产权不可侵犯，非公有制经济财产权同样不可侵犯，明确提出“国家保护各种所有制经济产权和合法利益，保证各种所有制经济依法平等使用生产要素、公开公平公正参与市场竞争、同等受到法律保护，依法监管各种所有制经济”。财产权是所有制的核心和主要内容，是个体、私营企业等非公有制经济发展的物质基础，只有完善财产权保护制度，保护它们的产权和合法权益，才能促使非公有制经济真正走上持续发展之路。近年来，国家在保护非公有制企业的权益方面出台了很多措施，但与国有企业相比，非公有制企业仍处于弱势地位。强调非公有制经济财产权“不可侵犯”，提升了对非公有制企业产权和合法权益的保障力度，有利于改善非公有制企业的生存环境，增强非公有制企业创新创业的动力，完善非公有制经济现代产权制度和现代企业制度。

三、支持非公有制经济健康发展的新任务

《决定》围绕推动非公有制经济健康发展，在完善发展政策、扩大发展空间、转变发展方式等方面，提出了一系列新的任务和举措，必将极大推动非公有制经济的发展。

（一）废除对非公有制经济各种形式的不合理规定。

改革开放以来，我国出台了一系列鼓励和支持非

公有制经济发展的方针政策，特别是2010年5月出台的《国务院关于鼓励和引导民间投资健康发展的若干意见》明确规定："清理和修改不利于民间投资发展的法规政策规定，切实保护民间投资的合法权益，培育和维护平等竞争的投资环境。"这些政策极大促进了非公有制经济健康发展，但实践中仍然存在政策落实不力的问题，有些地方还存在一些阻碍非公有制经济发展的歧视性政策和不合理规定。比如，在企业设立与注册方面，针对非公有制经济的条件限制依然不少，过高的设立注册条件、过多的前置审批事项、过严的资本募集方式，束缚了非公有制经济发展；在市场准入方面，在传统国有经济控制的行业和领域，非公有制经济仍然面临着各种直接或间接的政策性限制和阻碍；在税费方面，还存在一些针对非公有制企业的不合理收费项目，与公有制企业相比，非公有制企业负担仍然较重，等等。解决这些问题，必须从制度设计入手，加快完善我国现行制度中不利于非公有制经济发展的各项法规政策规定。《决定》提出实行统一的市场准入制度，在制定负面清单基础上，各类市场主体可依法平等进入清单之外领域，实施"非禁即入"、"法无禁止皆可为"，将进一步扫清影响非公有制经济发展的制度障碍，极大拓展非公有制经济发展的空间。

（二）消除非公有制经济健康发展的各种隐性壁垒。

伴随着社会主义市场经济体制的不断完善，非公有制经济发展的政策环境显著改善，各种阻碍非公有制经济发展的显性规定正在逐步废除，但在实际操作过程中，仍然存在着诸多隐性壁垒，特别突出的是"玻璃门"、"弹簧门"、"旋转门"现象。比如在政府服务方面，对非公有制企业实行比较苛刻的审批，一些服务和政策，只是看得见，非公有制企业享受不了；在融资方面，非公有制企业的融资成本更高，融资规模受限，融资难度更大；在市场准入方面，虽然国家已经放开了部分垄断部门和行业，但在实际操作中仍存在许多隐性障碍。《决定》提出"消除各种隐性壁垒"，将消除非公有制经济发展障碍上升到了实际操作层面，有助于打破"玻璃门"、"弹簧门"、"旋转门"现象，必将极大焕发和增强非公有制经济的生机与活力。

（三）制定非公有制企业进入特许经营领域具体办法。

当前我国特许经营领域主要集中在供水、供气、供热、垃圾污水处理及公共交通等直接关系社会民生和涉及公共资源配置的市政公用行业。2005年出台的《国务院关于鼓励支持和引导个体私营等非公有制经济发展的若干意见》提出："支持非公有资本积极参与城镇供水、供气、供热、公共交通、污水垃圾处理等市政公用事业和基础设施的投资、建设与运营。"2010年出台的《国务院关于鼓励和引导民间投资健康发展的若干意见》提出："鼓励民间资本参与市政公用事业建设。支持民间资本进入城市供水、供气、供热、污水和垃圾处理、公共交通、城市园林绿化等领域。"2012年出台的《关于进一步鼓励和引导民间资本进入市政公用事业领域的实施意见》强调，要"进一步鼓励引导民间资本参与市政公用事业建设"，但这些政策都缺乏可操作性强的具体办法，实际进入特许经营领域的非公有制企业比较少。大部分行政特许经营领域的公益性与市场经营的营利目的存在矛盾，非公有制企业不愿进入；一些地区的特许经营领域深陷垄断弊端，机构臃肿、效率低下、成本高涨，非公有制企业不想进入；一些政府部门为了局部利益，存在滥用特许经营权的行为，非公有制企业不敢进入。"制定非公有制企业进入特许经营领域具体办法"，增强特许经营领域透明度和规范度，提升非公有制企业进入特许经营领域的可操作性，将有效消除导致非公有制企业不愿、不想、不敢进入特许经营领域的约束，拓展非公有制经济发展的领域。

（四）鼓励非公有制经济参与国有企业改革。

随着非公有制经济参与国有企业改革的制度条件不断完善，非公有制经济已经成为推动国有企业改革的重要力量，不少非公有制企业通过并购、控股、参股国有企业和集体企业，实现了低成本扩张。实践证明，国有企业改革做得比较好的地方，也是非公有制经济发展比较活跃的地方，非公有制经济和公有制经济的共赢发展，为社会主义市场经济创造了多元市场主体互相竞争、充满活力的体制环境。《决定》提出"鼓励非公有制企业参与国有企业改革"，这表明，下一步将在2005年和2010年出台的两个"非公36条"的基础上，进一步加大对非公有制经济参与国有企业改革的鼓励与支持。目前，大部分省市中小型国有企业改制任务已基本完成，下一阶段的国有企业改革主要集中在一些重要行业和关键领域，鼓励非公有制经济参与国有企业改革，有利于进一步深化国有企业改革，增强国有经济的活力，推进公有制经济与非公有制经济协调发展。

（五）鼓励发展非公有资本控股的混合所有制企业。

混合所有制经济是社会主义市场经济的重要内容，是中国特色社会主义所有制的有效实现形式。党的十五大最早提出发展混合所有制经济；党的十六大又明确提出，"积极推行股份制，发展混合所有制经济"；党的十六届三中全会提出"大力发展国有资本、集体资本和非公有资本等参股的混合所有制经济”；党的十七大提出“以现代产权制度为基础，发展混合所有制经济”。两个“非公36条”都提出大力发展国有资本、集体资本和非公有资本等参股的混合所有制经济。《决定》提出“鼓励发展非公有资本控股的混合所有制企业”，“允许更多国有经济和其他所有制经济发展成为混合所有制经济”，赋予非公有制经济控股权利，将进一步推动非公有制经济与公有制经济的深度融合和有机统一。

（六）鼓励有条件的私营企业建立现代企业制度。

我国的私营企业99%为中小企业、90%为家族式企业，企业制度还停留在传统模式阶段，主要表现在企业产权不明晰，法人治理结构不科学，管理制度不合理，这些问题严重制约企业长远发展，实现企业制度现代化迫在眉睫。《决定》提出“鼓励有条件的私营企业建立现代企业制度”，将促进非公有制企业构建与市场经济相适应的科学化、规范化的现代企业组织制度和管理制度，进一步提升非公有制经济的发展能力和水平，实现非公有制经济的持续健康发展。

（作者系中共湖北省委书记、省人大常委会主任）

加强非公有制企业党建工作的几点启示

姜信治

福建省非公有制经济起步早、发展快，现有非公有制企业8.5万家，从业人员近500万人，占全省企业从业人员总数的80%，生产总值占全省GDP的三分之二。加强非公有制企业党建工作，对于夯实党的执政基础、促进企业健康发展具有重要意义。近年来，福建省坚持“全覆盖、强作用、建队伍、创品牌”，加强和改进非公有制企业党建工作，为企业健康发展提供了有力保障，也从中获得许多启示。

启示一：非公有制企业党建工作与非公有制企业发展状况密切相关，必须围绕发展抓党建，抓好党建促发展。改革开放以来，福建非公有制企业迅猛发展，为我们在这一领域开展党建工作奠定了基础。非公有制企业党组织立足于为企业发展提供服务和保障，积极发挥政治优势、组织优势，在助推企业发展中凸显了强大活力。实践表明，生存和发展是企业的头等大事，只有发展好了，企业才会更加重视党建工作，将更多的精力投入到党的建设。同时，搞好党的建设，又是促进企业发展的重要保证。两者相辅相成，相得益彰，必须紧紧围绕企业的生产经营管理开展党的工作，使企业党组织更好地在企业职工群众中发挥政治核心作用，在企业发展中发挥政治引领作用。

启示二：非公有制企业党建工作与非公有制企业规模大小密切相关，必须坚持把抓好党组织覆盖和工作覆盖作为首要任务。目前，我省规模以上非公企业党建工作实现了全覆盖，而规模以下非公企业党建工作还比较薄弱。这说明，规模大的非公有制企业条件相对比较好，各方面也比较重视，组建党组织和开展党的工作就比较容易。规模以下企业由于生产经营不稳定，党员数量少，有的甚至没有党员，党组织覆盖面就比较低。鉴于此，对规模以上企业，重点要巩固组建成果，引导企业党组织发挥作用；对规模以下企业，抓好党的工作覆盖更为重要，要通过开展党的工作来增强党组织在职工群众中的凝聚力影响力，以党的工作覆盖来带动组织覆盖。

启示三：非公有制企业党建工作与出资人的积极性密切相关，必须教育引导出资人发自内心地支持党建工作。企业出资人能不能发自内心地支持党建工作，直接关系到非公有制企业党的建设的成效。实践表明，凡是企业党建工作抓得好的，出资人对党组织的认同感就强，对企业党组织开展活动就能够大力支持。这就要求我们要重视做好出资人工作，加强教育引导，争取他们对企业党建工作的理解和支持。组织部门和行业主管部门要加强与出资人的联系沟通，注意听取他们对企业党建工作的意见建议，调动他们支持企业党建工作的积极性，使他们能够主动为所在企业组建党组织、开展党的活动提供必要条件。这项工作做好了，对推动非公企业党建工作至关重要，我们要多投入一些精力、多下一些功夫。

启示四：非公有制企业党建工作与地方党组织重视程度密切相关，必须创新领导工作机制，形成齐抓共管的强大合力。地方党组织重视程度越高，真正把它作为一件大事来抓，非公有制企业党建工作效果就越好。尽管我们在这方面做了大量工作，但实事求是地讲，非公有制企业党建工作仍然是新领域，新情况、新问题多，工作基础还比较薄弱，主要表现为“三个滞后”，即滞后于国企、社区和农村党建工作，滞后于非公有制经济快速发展的迫切需要。在这方面，地方党组织必须进一步提高思想认识，采取更加有力的措施，下大力气开展工作。要建立健全非公有制企业党建工作责任制，坚持书记抓、抓书记，充分发挥有关职能部门的作用，形成齐抓共管的强大合力。组织部门要直接联系一些规模大、影响大、形象好的企业，以点带面，推动非公有制企业党的建设，努力使我省非公有制企业党建工作做得更好，不断巩固党的执政基础，推动非公有制经济蓬勃发展。

（作者系福建省委组织部部长）

着力提升创先争优长效机制建设整体水平

齐　玉

创先争优集中活动结束后，重点任务将转到建立创先争优常态化、长效化制度体系上。胡锦涛总书记指出：“制度更带有根本性、全局性、稳定性、长期性。必须始终把制度建设贯穿党的思想建设、组织建设、作风建设和反腐倡廉建设之中。”创先争优长效机制建设，涵盖党的建设的各个方面，是创先争优活动成果转化运用的主要途径，是推动创先争优常态化长效化的不竭动力，也是保持和发展党的先进性、纯洁性的有效举措。要紧紧抓住建立健全创先争优长效机制这一契机，加快建立一批务实管用、具有长久生命力的制度规定，不断提高党的建设科学化、制度化水平。

创先争优长效机制体现在思想建设上，就是要始终保持党员和干部思想的先进性和纯洁性

创先进、争优秀的首要前提是思想政治上的先进和纯洁，具体表现为用马克思主义基本原理同中国特色社会主义实践相结合的理论来武装党员头脑、教育服务群众，进一步坚定党员群众的中国特色社会主义信念，坚定实现共产主义远大理想和建设富裕文明和谐新青海的现实理想，在提高理论素养和思想政治素质上取得新的进步。两年多来，各级党组织坚持不懈地抓好广大党员干部的理论武装工作，不断推动科学发展观成为统领经济社会发展和党的建设的行动指南。特别是玉树“4·14地震”发生后，坚持把抗震救灾和灾后重建作为创先争优的重要实践，涌现出一大批先进典型，铸就了“大爱同心、坚韧不拔、挑战极限、感恩奋进”的玉树抗震救灾精神，彰显了新时期共产党员的先进性和纯洁性，有效增强了创先争优的内生动力。实践证明，只有坚持不懈地强化思想教育，抓好党员、干部的理论武装，坚定共产党员的理想信念，磨炼共产党人的坚强意志，铸就共产党人的坚韧品格，创先争优常态化长效化才有持久的内生动力。

先进和优秀是中国共产党的本质特征和不懈追求。创先争优不能仅仅停留于一次活动，而要成为一种长久的精神状态、一种价值追求，从而不断增强党员干部创先进、争优秀的意识和内生动力，为创先争优常态化长效化提供坚实的思想保证。要引导广大党员在坚守价值观上创先争优，教育广大党员认真学习实践中国特色社会主义理论体系，牢固树立正确的世界观、权力观、事业观，从思想政治上保持党的先进性和纯洁性。要引导广大党员和干部在品格锤炼上创先争优，教育广大党员立足本职岗位创先进、争优秀，使创先争优贴近岗位实际、融入岗位职责、化为岗位行动，从增强广大党员自我净化、自我完善、自我革新、自我提高能力上保持党的先进性和纯洁性。要引导领导干部在发挥表率作用上创先争优，教育各级领导干部以为民的情怀，以干事的能力、干成事的业绩体现党的先进性和纯洁性，以此带动党员、赢得群众、影响社会，从提高党员领导干部号召力、影响力和综合素质上保持党的先进性和纯洁性。

创先争优长效机制体现在组织建设上，就是要始终保持抓基层打基础的工作状态

党的基层组织是党的全部工作和战斗力的基础，党员是党的一切活动的主体。在创先争优活动中，各地区各单位以“基层组织建设年”活动为总抓手，把夯实基层基础作为重要内容，找准基层党建工作与中心任务的结合点，创新党的基层组织发挥作用的途径和方式，着力解决基层党建工作中的突出矛盾和问题，着力打造一批符合时代要求、具有青海特点的基层党建工作品牌，不断提升基层党建工作科学化水平。针对农牧区基层党建工作经费保障不完善、党组织活动阵地不健全等问题，重点提高村级运转经费和村干部报酬水平，不断加强基层党组织活动场所和设备等硬件建设，党组织在新农村新牧区建设中的战斗堡垒作用得到进一步发挥。针对社区党建工作“缺人管事、缺钱办事”、联系服务群众方法单一等问题，面向社区整合党建资源，大力推行网格化、点对点的服务管理机制，构建区域化党建新格局，不断提高服务群众和社会管理的能力。针对非公有制经济组织、社会组织中党组织不够健全的问题，采取省直单位包企组建党组织等办法，不断扩大党组织和党的工作覆盖面，着

力探索党组织发挥作用的有效途径和方式。实践证明，只有把基层党建工作抓好了，真正建设牢不可破的基层党组织和坚不可摧的党员队伍，创先争优常态化长效化才有坚实的组织基础。

我省多民族聚居、多宗教并存、多文化交融，集聚了西部地区、民族地区、高原地区和欠发达地区的主要特点，这种省情要求我们必须更加重视加强基层组织建设的工作。要始终坚持以科学理论指导基层党组织建设，深入贯彻落实科学发展观，用科学发展观的科学立场、观点和方法，研究解决我省基层党组织建设面临的重大问题，不断推进全省基层党组织建设上水平。要始终坚持以科学制度保障基层党组织建设，及时总结提炼行之有效的做法和经验，以突出党员主体地位、加强党内基层民主建设为核心，完善党员发展、管理服务和党内基层民主等制度，完善履行职责、发挥作用的机制，健全稳定规范的基层党建工作经费保障机制和党员激励关怀帮扶机制，建立内容完备、科学管用的基层党建制度体系。要始终坚持以科学方法推进基层党组织建设，从组织体系、活动方式、场所阵地等方面入手，根据基层党组织分类定级的结果，研究各类党组织整改提高、晋位升级的方法，分领域建立各具特点的基层党建考评标准。立足不同党组织的实际，抓亮点创特色，分领域树立党建工作品牌，以点带面，充分发挥品牌的典型示范作用。

创先争优长效机制体现在作风建设上，就是要始终保持同人民群众的血肉联系

服务群众、改善民生是创先争优活动的重要内容，是创先争优活动成果的集中体现，也是创先争优活动生命力的一个重要标志。两年多来，全省基层党组织和广大党员按照胡锦涛总书记把创先争优活动打造成群众满意工程的要求，以服务人民群众为目标，通过承诺践诺、结对帮扶、群众评议等措施，不断强化服务意识、转变工作作风、提升服务水平、提升服务效能。据统计，全省基层党组织在创先争优活动期间，化解各类矛盾纠纷4.47万件，党员干部结对帮扶困难群众12.6万人，为群众办实事解难事7.64万件，落实帮扶资金22.63亿元，受惠群众达224.36万人。通过活动的开展，各级党组织和广大党员全心全意为人民服务的宗旨意识进一步强化，党群干群关系进一步密切，探索积累了一系列联系群众服务基层的有效做法和经验。实践证明，只有相信群众、依靠群众、为了群众，多办顺民意、解民忧、惠民生的实事好事，创先争优常态化长效化才能持续焕发出强大生命力。

近期，省委印发了《关于机关干部联系群众服务基层的意见》，这是省委从联系服务群众、改进干部作风的长远考虑印发的指导性文件，也是建立健全创先争优长效机制的具体制度，各地区各单位要以贯彻落实文件精神为契机，在作风建设上取得新成效。要健全联系服务群众长效机制，按照解决实际问题、强化社会管理、宣传教育群众、加强基层组织、培养锻炼干部的目标任务，分级建立领导干部联系点，创新工作载体，积极为基层和群众办实事，落实好保障和改善民生的政策措施，努力满足人民群众在教育、劳动就业、社会保障、医疗卫生、住房、文化等方面的基本需求。要把加强维稳思想教育工作作为联系服务群众的一项重要内容，旗帜鲜明地宣传党的方针政策，实事求是地展现藏区发展的巨大成就，有理有据地回应藏区干部群众的思想疑惑，教育引导藏区广大干部群众牢固树立正确的是非观。要抓好服务群众能力建设，着力把握基层工作的新形势新特点，努力推动基层组织和党员干部把做好群众工作作为基本职责，使基层组织工作和活动的重心转到联系服务群众上来。要提升基层干部联系和服务群众本领，推动党员干部思想上尊重群众，感情上贴近群众，工作上依靠群众，争当人民群众离不开的好党员、好干部。要建立健全接受群众监督评价机制，按照贴近基层实际、符合群众意愿的要求，认真总结党支部年度民主评议党员的经验，突出群众评议环节，建立健全接受群众监督评价机制，对群众评议党支部工作的时间、方法、程序、参加范围、评议结果的运用、拓宽群众监督渠道等方面作出具体规定。

创先争优长效机制体现在实践层面上，就是要始终坚持围绕中心服务大局这一根本方向

创先争优是为中心工作提供动力和保证的。这个动力和保证，是通过把正在做的工作做得更先进、让每一名党员干部表现得更优秀这个途径实现的。在创先争优活动中，各级党组织把创先争优同推动“四个发展”、加快转变经济发展方式、玉树抗震救灾和灾后重建以及维护社会稳定等全省大局和中心工作有机结合起来。据统计，全省1.8万个基层党组织确定1.54万个争创主题和1.82万个活动载体，组织开展主题实践活动2.3万次。实践证明，党的建设伟大工程始终是为党领导的伟大事业提供保障的，只有坚持与改革发展稳定大局深度融合、同频共振，创先争优常态化长效化才能持续取得新的实践成果。

省第十二次党代会描绘了新青海发展的蓝图，这为创先争优长效机制建设提出了新要求、增添了新动力。创先争优没有“终点站”，只有“加油站”，必须

从新的起点出发，向着更高目标迈进。要紧紧围绕“建设新青海、创造新生活”这一主题，从更高层次、更高水平上谋划、部署和推进创先争优长效机制建设，动员全省各级党组织和广大党员带头创先争优、攻坚克难，积极主动地投身到建设新青海、创造新生活的伟大实践中，以自己的模范行动影响和带动群众，形成推进新青海建设的强大精神动力和物质力量。要紧紧围绕“三区建设”战略目标，动员基层党组织和党员为完成中心任务提供动力和保证，特别是要在重点难点工作上发挥作用。

创先争优长效机制的建设，重点是完善务实管用的制度体系，注重发挥制度的整体功能，从而使制度建设更趋科学化、规范化。要坚持制度建设与贯彻执行制度相结合，既健全实体性制度又完善程序性制度，做到制度内容明确、要求具体、程序规范、操作简便。特别是要把那些经过实践证明起作用、有成效的做法和群众普遍接受和受欢迎的做法上升到制度层面固定下来，确保每项制度行得通、管得住、用得好、可持续。

（作者系青海省委常委、组织部部长）

设立党员责任岗：非公企业党组织和党员发挥作用的好形式

——关于发挥非公企业党组织和党员作用巩固创先争优成果的若干思考

刘为民

创先争优是新形势下加强党的先进性和纯洁性建设的有效载体。最近，李源潮在全国创先争优理论研讨会上指出：要认真总结创先争优活动的经验，建立健全长效机制。要把创先争优融入岗位职责，使之岗位化、日常化。省第十二次党代会要求，坚持以增强纯洁性、展示先进性、发挥引领性为目标，以创先争优活动为载体，深入开展先锋引领行动，努力为实现转型跨越、富民兴陇提供坚强有力的政治和组织保证。在非公有制经济组织中开展创先争优活动，其根本目的是充分发挥党组织和党员作用，真正实现“组织创先进、党员争优秀、企业有发展、职工得实惠”。因此，如何创新载体，建立创先争优的长效机制，进一步增强非公有制企业党组织的凝聚力和战斗力，更好地促进非公有制经济发展是我们当前必须深入思考的重大课题。总结非公有制企业党组织创先争优中的鲜活经验，我们认为，在非公有制企业中设立党员责任岗，并在此基础上开展各种活动，简便易行、实际实用，能够体现“企业需要、党员欢迎、职工拥护、业主支持”的基本原则，对于调动党员职工立足岗位创先争优的积极性、增强党组织的凝聚力和战斗力、促进非公有制经济健康快速发展具有重要意义，是非公有制企业党组织和党员发挥作用的好形式。

一、党员责任岗是非公有制企业党组织和党员发挥作用的有效平台

在非公有制企业中设立党员责任岗，通过设岗定责、公开承诺践诺等方式，搭建起党组织和党员发挥先锋模范作用的平台，使非公有制企业创先争优活动贴近党员实际、融入岗位职责、化为岗位行动，既是落实中央领导重要讲话和省第十二次党代会精神、推动创先争优活动深入开展的重要举措，也是新形势下破解非公有制企业党组织和党员作用发挥难题、加强和改进非公有制企业党的建设的有效方法。

（一）设立党员责任岗有利于体现党员先进性、发挥先锋引领作用。先进性是我们党的生命所系、力量所在。在生产、工作、学习和社会生活中起先锋模范作用，是党章对每个党员的明确要求，是党的先进性的具体体现，是时代赋予我们党员的历史责任。党员如果连本职工作都做不好，先进更无从谈起。同时，每一位党员又因岗位、职责的不同，决定了衡量其先进性的要求又有所不同。因此，通过设立党员责任岗，将党员先进性要求目标化、具体化、有形化、制度化，才能更好地增强党员的在党意识、主人翁意识和先进性意识，激励广大党员充分发挥党员在决策中的参谋作用、管理中的骨干作用和生产中的表率作用，真正做到“平时工作看得出，关键时刻站得出，危急关头豁得出”，体现出共产党员的先进性。

（二）设立党员责任岗有利于树立党员良好形象、增强党组织凝聚力。党的良好形象，要靠每名党员用行动去树立和维护；党组织的战斗力、凝聚力，要靠每名党员发挥好应有作用来保证和实现。设立党员责任岗，使党员挂牌上岗、亮明身份、承诺践诺，把新形势下党员先进性的体现方式、党组织对党员的要求和群众对党员的期望有机融为一体，化抽象为具体，变无形为有形，为党员发挥作用搭建了有效平台。如果非公有制经济组织中每名党员都能在本职岗位发挥先锋模范作用，搞技术的潜心钻研、执着追求，搞市

场的不辞辛苦、顽强拼搏，搞生产的严格把关、厉行节约，搞管理的扎实高效、狠抓落实，真正做到“设一个岗、挂一个牌、树一面旗、带一片人”，那么党员队伍的形象就会大大提升，就必将影响和带动周围的员工群众做好本职本岗工作，吸引越来越多的青年员工积极向党组织靠拢，从而进一步巩固和提升党组织在企业和职工中的政治核心地位，扩大党组织在企业中的影响力和凝聚力。

（三）设立党员责任岗有利于强化日常管理教育、提升党员队伍素质。党组织建立起来了，能否发挥作用，在很大程度上取决于党员队伍的素质能力。非公有制经济组织中党员来源分散、素质参差不齐，党员教育是最为薄弱的环节。高度重视党员的日常教育管理工作，是促进党组织和党员作用发挥的前提和基础。设立党员责任岗是党组织根据党员的不同工作岗位、工作性质、实际能力和活动范围，把党员需要承担和完成的岗位工作、社会工作以及党组织的各项任务有机结合起来，以责任制和公开承诺、接受监督的形式对党员实施管理、发挥作用的一种办法。通过设立党员责任岗，可以将组织制约性和党员自觉性有机结合起来，把岗位责任与党员承诺紧密结合起来，对每个党员来说，既是提醒也是监督，既是荣誉也是约束，使党员明显区别于非党职工，唤醒党员主体意识，启发党员自我教育，激励党员深入学习理论知识、掌握技术原理、带动生产发展，在发挥模范带头作用、促进企业发展中立足岗位讲奉献，这必将极大地提高党员队伍的整体素质和非公党建整体水平。

（四）设立党员责任岗有利于围绕企业生产经营、促进企业科学发展。围绕企业生产经营开展活动，充分调动全体党员和企业员工干事创业的积极性，确保企业各项目标任务的完成，促进企业不断发展壮大，是非公有制企业党组织的中心任务和首要责任，也是企业党组织赢得企业出资人和广大员工信任与支持的重要前提。设立党员责任岗，把生产经营的重点和难点作为党组织开展工作的着力点，引导广大党员带头亮身份、亮岗位、亮承诺，在生产经营、技术创新、企业管理上创先进、争优秀，把党组织的政治优势转化为企业的发展优势，把党员的先锋模范作用转化为推动企业发展的力量，既实现了创先争优活动的具体化、公开化、制度化、岗位化，又实现了党建与企业发展的有机统一。由此可见，设立党员责任岗，让党员承诺践诺的过程，正是落实岗位责任、完成工作任务、推动企业发展的过程，这必将促使党的建设与企业发展同频共振，必将使非公有制企业党建是企业“最实的投入、最大的财富、最亮的品牌、最好的优势”的认识更加深入人心。

（五）设立党员责任岗有利于加强企业管理、维护企业和谐。企业管理的核心是人的管理，也是企业文化的管理，即通过对人的管理构建企业文化、凝聚企业精神、推动企业发展。设立党员责任岗，一方面，让党员结合企业发展目标进行公开承诺，明确了岗位责任，找准了自己定位，建立起一个党员自我教育、自我管理、自我提高的长效机制，形成看不见的管理线，使党员教育管理从被动式、单调型转为互动式、参与型，这无疑是加强党员日常管理教育的有效方式。另一方面，这更是加强企业管理的重要载体。通过党员承诺践诺、发挥先锋模范作用，感染和带动全体员工立足岗位学先进、争先进，以自身的发展推动企业的持续发展，既丰富了员工的管理模式，又形成了心系企业、情注岗位、争创一流的企业文化。而这种企业文化的创建过程就是提升员工综合素质、培养良好的工作习惯和生活习惯的过程，是一种软性管理，渗透性、启发性的管理，更有利于激发员工热情、启迪员工智慧、培养员工才能，实现党员、员工、党组织及企业的共同进步。另外，设立党员责任岗，更多的是注重党员的实际行动，无须太多的投入，方便宜行，不但不会增加企业的额外负担，而且还有助于降低企业管理成本，实现企业的管理目标，推进企业的跨越发展。

二、在非公有制经济组织中设立党员责任岗要围绕企业发展、立足党员实际、体现岗位特色

与行政单位和国有、集体等公有制企业的党建工作相比较，非公党建工作有许多方面的特殊性。因此，在非公有制经济组织中设立党员责任岗，必须按照“企业需要、党员欢迎、职工拥护、业主支持”的基本原则，紧紧围绕生产经营这个中心，着眼于充分发挥党员和党组织的作用、激发职工的工作热情、团结凝聚职工群众来开展，赢得业主支持，为党建工作的进一步推进创造更加广阔的空间。

一是要明确活动主题。设立党员责任岗活动，主要是为了引导党员立足本职岗位，发挥应有作用，促进企业发展，因此，应以“立足岗位作贡献、同步小康当先锋”为主题，这样既可使党建工作与非公有制经济发展实际相融合，也与党员群众诉求相吻合，与企业生产经营实际相结合，实现争创目标与发展目标的高度统一。

二是要围绕企业发展。非公党建工作的根本目的是促进企业发展，以此显示党建强大的生命力。因此，要针对非公有制企业的自身特点，根据企业的发展目

标和岗位要求、重点任务，把设立党员责任岗同生产经营、精神文明和党建工作有机结合起来，同维护企业稳定、保障企业生产、促进企业发展融为一体，促进非公有制企业健康快速发展。

三是要立足党员实际。非公有制经济组织中党员自身情况、岗位责任都不尽相同。在设立责任岗时，要根据每个企业和党员的实际，科学设岗定责，确保责任落实。要通过承诺，让党员认真履行义务，重新认识岗位职责，踏实干好本职工作，从而影响广大职工，带动广大职工的工作热情，进而提高企业全体员工素质，提高企业的劳动生产率。

四是要设计好活动形式。形式是内容的外在反映。要制定“党员责任岗”标志牌，制作党员承诺卡片，公开党员身份、公开岗位承诺、公开指标要求、公开考核办法，并且在醒目位置挂牌上墙，真正体现“我是党员，向我看齐，对我监督”，既让每一名党员时刻对照自省，不断改进自己，促进工作，也便于群众监督评议，起到制约效应。

五是要细化责任内容。设立党员责任岗归根结底要通过推动企业科学发展，体现党的先进性作用。要把设立党员责任岗与党员承诺制结合起来，在目标制定上既具体到工作内容，又包含各岗位责任；既符合每位责任人工作实际，又便于活动开展；既围绕工作中的热点和难点问题，又从工作中的点滴入手，力求制定的责任目标具有针对性和可操作性。

六是要完善考评机制。承诺贵在践诺。设立党员责任岗不仅仅要表现在口头和书面上，更重要的是落实到每一位党员的具体行动之中。企业党组织要制订针对性强的党员责任岗设立标准，对党员履行承诺情况采取民意测评、党员互评、支部评定的方式，实行每月集中、每季评议、半年小结、年终总评，进行跟踪考核，确保责任落实。

七是要注重关怀激励。在非公有制企业加强党员队伍建设，离不开对党员的激励、关怀和帮扶。要建立党员责任岗奖励机制，把党员践行承诺情况与企业评先选优、晋升工资、提拔重用等结合起来，对表现突出的给予一定的物质奖励和精神鼓励，并建议业主安排到中、高层领导岗位。要关心党员的生活，帮助他们解决实际问题，让他们感受到党的关怀温暖，心情愉快地投入工作，变“要我干”为“我要干”，用模范行动去影响和带动员工。

三、在非公有制经济组织中设立党员责任岗要不断创新方式方法，注重统筹推进

非公有制企业党建工作涵盖面广，内容丰富，形式多样。设立党员责任岗作为加强非公有制企业党建的具体化形式和重要载体，必须要紧密结合党建工作重点，结合企业发展任务，结合员工利益需求，创新方式方法，统筹协调推进。

一是要与党的建设的各项工作相结合。党的建设是一项系统工程。设立党员责任岗必须与党的思想建设、组织建设、作风建设、制度建设、纪律建设等各项工作紧密结合起来，加强对非公有制企业出资人的教育引导，增强出资人特别是非党员出资人对党建活动的认同感。健全完善党员责任岗等党建工作制度，加强党员职工的日常管理，教育引导党员自觉履行党员义务，认真遵守企业规章，立足本职争先进、当标兵、发挥先锋模范作用，努力把党员培养成企业骨干、把业务骨干培养成优秀党员，促进企业发展。

二是要与党组织在推动企业发展过程中的其他作用形式相结合。在加强非公党建工作的实践中，我们已经探索出了一些行之有效的活动形式，比如“党员责任区”“党员先锋岗”“党员标兵岗”“党员示范岗”“提合理化建议”“导师带徒”“技术比武”“小红帽”“同心圆”“明星党员评比”“三学三比”“三比三看”“我为企业献一计”“一个党员一面旗”等等。设立党员责任岗，必须继承、融合这些已有的经验和形式，不断丰富活动载体，还可延伸党员责任岗的活动形式，对履职尽责成绩明显、先锋模范作用发挥良好的党员责任岗，命名表彰为“党员示范岗”“同步小康先锋岗”等，进一步增强党员的荣誉感和责任感，切实发挥党组织在企业发展中的政治引领和在职工群众中的政治核心作用。

三是要与其他党建主题实践活动相结合。在加强党建的过程中，各级党组织根据不同阶段的目标任务，确定不同的党建活动主题。党员责任岗作为非公有制企业党组织开展党建活动的有效载体，必须紧紧围绕党的中心工作，融入其他党建主题实践活动之中。比如，要与中央确定开展的“双强六好”党组织创建活动结合起来，与省委确定的“先锋引领行动”和“同步小康先锋号（岗）”争创活动结合起来，与省非公企业工委确定的“三创三为”主题教育活动结合起来，组织引导非公有制经济党组织和广大党员在贯彻落实党的方针政策、团结凝聚职工群众、维护各方合法权益等方面“学先进、见行动”，争创一流业绩，争做先进模范，实现“有形”覆盖和“有效”覆盖的统一。

四是要与维护职工利益相结合。非公有制企业党建工作的出发点和立足点是团结凝聚员工群众、维护企业和员工利益、促进企业健康发展。因此，在设立党员责任岗时，要充分发挥非公有制企业党组织沟通

联系企业主与职工的桥梁与纽带作用，围绕有利于企业生产经营、有利于增强企业凝聚力、有利于提高员工素质、有利于企业健康发展的原则，一方面与企业的日常生产经营活动结合起来，另一方面与企业对一般员工的管理教育结合起来，让他们在活动中增进友谊、增进理解，帮助他们确定工作目标，促进企业和谐；同时，还要与解决职工群众的实际问题结合起来，主动推荐优秀党员员工走上领导岗位，积极向企业建议、争取提高党员职工的薪金报酬，帮助员工解决工作生活中的实际困难，从而极大地调动职工的积极性，切实树立“我的岗位我负责、群众工作我有责、企业发展我尽责”的思想，促进企业的稳定发展。

五是要与发挥群团组织作用相结合。非公有制企业群团组织是非公有制企业党组织团结职工、引导职工、服务职工的重要桥梁和纽带。在设立党员责任岗的过程中，要把握特点、注重引导，充分发挥群团组织在非公有制企业党建工作中的作用，实施组织联建、工作联动、活动联创，依托群团组织宣传党的方针政策，加强对非公有制企业出资人特别是非党员出资人的教育引导，培养入党积极分子、吸引优秀员工和优秀团员靠近党组织，维护党员职工的合法权益，团结带领广大非党员职工立足本职创先进争优秀，让责任岗不仅仅成为党员的应尽义务，而且成为每一个企业员工的自觉行动，从而扩大党的工作覆盖面，形成党建与群团组织建设相互促进的工作格局。

总之，在非公有制企业中设立党员责任岗，让党员立足岗位创先争优是新形势下加强党的建设的迫切需要，也是巩固和扩大创先争优活动成果、实施先锋引领行动的有效途径，必将进一步提高非公有制企业党组织和广大党员的凝聚力、战斗力，为促进全省非公有制经济发展、建设幸福美好新甘肃作出新的更大的贡献。

（作者系甘肃省非公企业工委原书记、省工商局原党组副书记、副局长）

关于推动创先争优常态化的思考

李宏亚

深入开展创先争优活动是党中央作出的一项重大决策部署。两年多的实践证明，创先争优活动在推动临夏经济转型跨越发展、社会和谐稳定发展、民族共同繁荣发展、生态绿色持续发展中发挥了重要作用。如何总结创先争优的宝贵经验和实践成果，把创先争优激发出来的干劲和热情，转化为推动转型跨越的强大动力，不断推动创先争优常态化、长效化，作者结合临夏州实际，谈四点认识和看法。

第一，把创先争优体现在思想建设上，始终保持党员干部思想的先进性和纯洁性。习近平同志在全国创先争优理论研讨会上强调，“保持党员和干部在思想上政治上的先进和纯洁，是保持党的先进性和纯洁性的根本。”组织和引导各级党组织和广大党员创先争优，首先要立足这一根本点和出发点。两年多来，临夏州把思想政治建设作为领导班子建设的核心，注重加强党员领导干部的党性修养、宗旨意识教育，引导各级领导干部牢固树立正确的人生观、价值观和权力观，正确对待是与非、公与私，进一步提高了思想境界，增强了工作的责任心；注重建立合理分工、规范有序的制度机制，全面落实民主集中制，各项工作不断规范，有序推进；注重选贤任能，严格用人标准，选拔任用了一大批实绩突出、群众公认的优秀干部，进一步激发了干事创业的热情，切实增强了各级领导班子和党员干部创先争优的内在动力。实践证明，只有坚持不懈地加强党员思想教育，狠抓理论武装，坚定共产党员理想信念，铸就共产党员坚韧品格，创先争优才有持久的内生动力。

先进和优秀是我们党的本质要求。时代在变，形势在变，但我们共产党人对先进和优秀的追求永远不变。组织和引导广大党员要把创先争优作为一种长久的精神状态、一种永恒的价值追求，在思想上始终保持党的先进性和纯洁性。要引导广大党员在坚守价值观上创先争优。教育广大党员认真学习实践中国特色社会主义理论体系，牢固树立正确的世界观、权力观、事业观，坚定理想信念，抵制各种错误思想的影响，在大是大非问题上始终保持立场坚定、旗帜鲜明。要引导广大党员和干部在品格锤炼上创先争优。教育广大党员立足本职岗位创先进、争优秀，使创先争优贴近岗位实际、融入岗位职责、化为岗位行动，不断增强广大党员自我净化、自我完善、自我提高的能力。要引导领导干部在发挥表率作用上创先争优。教育各级领导干部带头强党性、干工作、转作风，以为民的情怀、干事的能力、优秀的业绩带动党员、赢得群众、影响社会，充分发挥各级党员领导干部的模范带头作用。

第二，把创先争优体现在组织建设上，始终秉持抓基层打基础立长远的理念。基层组织是党的全部工作和战斗力的基础，也是创先争优的一项重要任务。

在创先争优活动中，临夏州突出活动主题，创新实践载体，破解各类难题，以基层组织建设年活动为契机，全力实施村级组织规范提升工程，扎实开展“示范性乡镇”和“规范化机关”创建工作，不断夯实了基层组织。针对村级班子“双带”能力不强、阵地建设滞后、班子软弱涣散、薄弱领域党组织组建率不高等难题，全力实施“村干部走出去”项目，开展“大培训年”活动，村级组织的“双带”能力明显增强；多方筹措资金，高标准修建了一批村级组织活动场所，办公条件得到明显改善；以村级换届为契机，严格选任条件，下决心整顿后进村党组织，新任村班子年龄明显下降、学历明显提高、能力明显增强；不断加强薄弱领域党建工作，非公企业、社会组织、中小学校的党组织覆盖面不断扩大，充分发挥了战斗堡垒作用。实践证明，只有把基层党建工作抓好了，真正建设牢不可破的基层党组织，充分发挥其战斗堡垒作用，创先争优才有坚实的组织基础。

临夏州多民族聚居、多宗教并存、多文化交融，这种州情决定了要更加重视基层组织建设。要扎实开展基层组织建设年活动。全力抓好整顿提高和晋位升级工作，以“抓书记、强班子，抓发展、明思路，抓覆盖、建组织，抓规范、建制度，抓阵地、建场所，抓保障、增投入”为重点，每个支部确定晋位升级的措施办法，明确整改任务，强化分类指导，全面完成整顿提高和晋位升级的各项任务。对“先进、一般、后进”党组织进行排序管理，一支部一表册，实行月报制，确保每个基层党支部在原有基础上都有新提高，普遍实现晋位升级。要积极探索加强基层组织建设工作规程。在统筹抓好各领域党建工作的基础上，紧紧围绕重点难点，创新方式方法，积极探索加强基层组织建设的工作规程，努力做到有规可依、有规必依。进一步完善村干部党内激励、关怀、帮扶的有效措施和办法，保证党建工作经费投入和保障力度，全面落实现任村（社区）干部工作报酬、离任村干部生活补贴制度，充分调动基层组织和党员干部工作的积极性。要切实抓好薄弱领域党建工作。充分发挥非公企业、教育卫生党工委职能作用，全面推广“找、引、转、培、帮、带”发展党员“六字工作法”和“单独建、联合建、挂靠建、引进建、下派建、培养建”党组织组建“六建工作法”，不断扩大非公企业、社会组织和中小学校党组织覆盖面，促进薄弱领域党建工作上水平。

第三，把创先争优体现在为民服务上，始终保持与人民群众的血肉联系。服务群众、改善民生既是创先争优活动的重要内容，也是创先争优活动的出发点和落脚点。两年多来，临夏州各级党组织和广大党员干部以服务人民群众为第一目标，通过承诺践诺、结对帮扶等措施，不断强化服务意识、转变工作作风、提高服务水平。特别是结合“联村联户、为民富民”行动，州县3.8万名干部经常深入基层，帮助6万多户贫困户理清发展思路、改善基础设施、培育支柱产业、增加群众收入、化解矛盾纠纷，切实转变了干部作风，密切了党群干群关系，促进了社会和谐稳定。同时，在窗口单位和服务行业深入开展以“三亮三比三评”为主要内容的为民服务创先争优活动，进一步优化办事流程，提高服务水平，让广大群众切实感受到了创先争优带来的新气象、新变化。实践证明，只有相信群众、依靠群众，一心为民，多办顺民意、解民忧、惠民生的实事好事，创先争优才能焕发出强大的生命力。

创先争优受欢迎、得称赞，最根本的一点，就是要树立群众观点，坚持群众路线，把服务人民群众作为根本出发点和落脚点。要深入开展“联村联户、为民富民”行动。紧紧围绕省委的总体部署和州委的“十大任务”，切实抓好各项任务落实，不断培育壮大富民产业，进一步加快推进扶贫攻坚，全力帮助群众脱贫致富，使之真正成为一项干群互动的民心工程。经常深入群众、走访群众、贴近群众，全面了解群众的关切和期待，掌握社情民意，以化解矛盾、改善民生的实际成果取信于民。要切实做好为民办实事办好事工作。坚持为民导向，确立民生优先、服务第一的理念，从办好为民利民实事入手，推动解决教育、医疗、就业、收入分配、社会保障、住房、食品安全等方面的突出问题，统筹推进社会事业发展，让群众看到新变化，得到更多新实惠。要扎实开展“效能风暴”行动。集中解决行政审批效率低下、不按政策规定办事、不作为乱作为、推诿扯皮、政务中心流于形式、对群众态度冷漠等存在的突出问题，进一步锤炼雷厉风行的工作作风，努力形成全州上下想发展、抓发展、促发展的良好氛围。

第四，把创先争优体现在创新上，始终坚持推动工作解决实际问题的方向。创先争优无止境，理论创新也无止境。回顾我们党的历史，就是一部创先争优的历史；总结中国共产党发展壮大的历程，就是一个始终追求先进、体现先进的历程。就临夏而言，州委结合创先争优活动，根据不断发展变化的形势，以辩证的眼光重新审视州情，从最大的矛盾是发展不足、最大的优势是人多善经商，最大的劣势是人多资源匮乏、最大的差距是人多受教育程度低的实际出发，确立“依托藏区大市场、融入兰州都市圈”的发展战略，提出“强基础、抓教育、兴商贸、育产业、保民生、促和谐”的发展思路，明确统筹临夏市和临夏县建设全州区域经济中心的发展布局，有效拓宽了科学发展的途径和路子。特别是根据存在的突出问题，按照“解决一个问题、堵塞一个漏洞、形成一项制度、立下一项规矩”的要求，每年确立一两个突破点，先后开展“作风建设年”、“破解难题年”、“招商突破年”等活动，探索形成了一系列重要的理论成果、实践成果和制度成果，在实践中的指导作用日益显现，有力促进了各项工作的规范。实践证明，只要把那些有成效、群众受欢迎的做法认真总结，坚持解决实际问题，创先争优才能真正实现常态化、有效化。

（作者系甘肃省临夏州委常委、组织部部长）

加强执政能力建设
必须选好用好人才

拜四俊 陈 志

加强党的执政能力建设，既是当前的紧迫任务，又是长期的战略任务。我们必须建设一支能够担当重任、经得起风浪考验的高素质青年人才队伍，形成朝气蓬勃、奋发有为的领导集体。这既是加强党的执政能力建设的重要内容，也是巩固党的执政地位的重要保证。不断提高选人用人水平，真正把优秀人才选任到领导岗位上来，对加强党的执政能力建设具有十分重要的意义。

一、加强党的执政能力建设，关键是选好用好人才

选好用好人才是加强党的执政能力建设的重要体现。党的执政能力，就是党对国家和社会事务实施领导的政治领导能力、思想领导能力和组织领导能力。组织领导能力的核心，是向国家机关和社会组织推荐选拔干部的能力，也就是选人用人的能力。因此，提高选人用人的能力，是加强党的执政能力建设的题中应有之义。

选好用好人才是加强党的执政能力建设的组织保证。政治路线确定之后，干部就是决定的因素。各级领导班子是党执政的主体，领导班子是由领导干部组成的，领导干部的领导能力和工作水平如何，直接决定着领导班子执政能力的强弱，进而决定着党的执政能力的强弱。人选好用好了，党的执政能力就会加强；人选不好用不好，党的执政能力就会削弱。

选好用好人才是加强党的执政能力建设的客观要求。领导班子和领导干部的领导能力不强、执政水平不高，严重影响了全面建设小康社会的进程。原因是多方面的，但最重要的原因之一就是选人用人上出了问题，一些素质低、能力差、作风浮的干部被选拔到领导岗位。提高这些地方领导班子的执政能力，仅靠对现有领导干部的教育培训是不够的，要把重点放在组织调整上，放在选任优秀领导干部上。也就是说，要严把领导干部的入口关，不是把素质低的人选用上来再提高，而是选用上来的人一开始就要有高素质，这是提高党的执政能力的治本之策。

加强党的执政能力建设是一项宏大的系统工程。在这一系统工程中，选人用人是关键，但这并不是说其他方面不重要。提高党的执政能力，不仅取决于干部的素质，而且取决于干部所处的制度环境。制度建设带有根本性、全局性、长期性和稳定性。应当看到，我们的领导体制和工作机制在一些方面还不完善，而且健全这些体制还需要经过一个较长的过程。在这种情况下，提高选用人水平，切实选好用好人才，对于加强党的执政能力建设就显得尤为重要。

二、加强党的执政能力建设，必须按照德才兼备原则选人用人

执政能力是一个大概念，不仅包含决策能力、管理水平、办事效率，也包含理论水平、理想信念、思想政治素质、道德修养，还包含作风方面的内容。因此，选拔任用德才兼备的人，是加强党的执政能力建设的重要内容。

选人用人要始终坚持德才兼备的原则。德才兼备是党的干部工作的根本原则。德、才是干部素质的两个方面，“才者，德之资也；德者，才之帅也。”德强调的是思想、品行，才强调的是认识世界和改造世界的才智和能力。德才兼备要求干部既要具有较高的理论素养、坚定的理想信念、高尚的思想道德品质，又要具备较强的工作能力和较高的业务水平。德才兼备是辩证的统一体，二者不可分割，不可偏废。在选人用人工作中要正确处理德与才的关系，既要防止重德轻才的现象，也要防止重才轻德的倾向。

一是在才大体相同的情况下，要把德放在第一位。德决定才的使用方向。才是一把双刃剑，它的效用，完全取决于德的好坏优劣。德好，才就能为人民造福；德差，才就会危害党的事业，损害国家和人民的利益，

这不仅不能提高党的执政能力，反而会严重削弱党的执政能力。在新世纪新阶段，看干部的德，最重要最根本的是看是否自觉学习和实践“三个代表”重要思想，是否能够真正做到立党为公、执政为民，是否具有高尚的道德情操，是否干净做事、清白做人、廉洁从政。

二是在德大体相同的情况下，要把才放在第一位。作为领导干部，不仅要有高尚的德，还必须有才。才强，执政能力强；才弱，执政能力弱。看干部的才，主要是看科学判断形势、驾驭市场经济，应对复杂局面、依法执政和总揽全局的能力怎么样。在这些总的要求下，对于不同层次的领导干部的才还应有具体的要求。

三是在德、才大体相同的情况下，要把优化结构放在第一位。实践证明，所有成员的素质、能力都很优秀的班子，执政能力和领导水平不一定都强，而是结构合理的强，结构不合理的弱。因此，当德、才都很优秀的时候，选用谁不选用谁，主要应当看班子结构优化的需要。

三、加强党的执政能力建设，要切实提高选人用人水平

首先，要牢固树立科学的选人用人理念。树立科学的选人用人理念，是选贤任能的前提和基础。科学的选人用人理念，就是适应当今时代要求，始终坚持和体现“三个代表”重要思想的用人观；就是适应执政能力建设的要求，推动经济和社会全面发展的用人观；就是坚持党的干部路线，贯彻落实德才兼备原则的用人观。具体来说，一是树立围绕发展选人用人的理念。注重在改革开放和经济建设的实践中考察和评价干部，引导干部把心思用在科学发展上。二是树立凭实绩选人用人的理念。把经得起历史、实践和群众检验的工作实绩作为评价使用干部的重要标准，以实绩定上下、论奖惩，让能者有舞台、贤者有机会，使那些安于现状者思想“不安”、四平八稳者位子“不稳”。三是树立重公论选人用人的理念。把干部的评价考核权交给群众，以群众满意不满意作为选人用人的重要依据，用群众的意愿抑制少数人的意志。四是树立“因位择人”的选人用人理念。破除论资排辈、平衡照顾等陈腐观念，根据事业需要选用干部，做到唯才是举，人岗相适。要适应新形势新任务的要求，坚持用发展的眼光看待干部，既要用好“望远镜”，深入考察了解干部的德才素质和发展潜力，又要用好“显微镜”，认真负责地考察分析和核实各种反映，实事求是地对待干部；同时，要注意不用“有色镜”，不先人为主考察评价干部；不用“老花镜”，破除陈旧的用人观念，不拘一格选人用人。

其次，要切实扩大选人用人工作中的民主。扩大选人用人工作中的民主，是提高选人用人水平，防止和消除选人用人上的不正之风和腐败现象和根本途径。一是要高度重视干部的推荐提名。二是要认真落实集体决定权。三是要加大公开选拔工作力度。四是要改革选举办法。

再次，要以公道正派的作风选人用人。公道正派，是我们党的干部工作的优良传统，是选人用人者的政治责任和政治纪律，是提高选人用人水平的客观要求。公道是做事之标准，正派是做人之准则。公道是一种社会评价，正派是一种自身追求。公道来自公心，正派源于正气。对选人用人者来说，公道正派是选贤任能的必备素质，又是党的执政能力的集中体现。以公道正派的作风选人用人，就是要以党的事业和人民的根本利益为重，坚持选人为公、用权为民。要建立以公道正派为核心的选人用人行为规范，使公道正派成为一种纪律约束，体现在选人用人的各个环节，落实到选人用人的各项制度中。做到公道正派，关键是要心底无私，廉洁从政。守住了这条线，做到公道正派就不难，选人用人也就出不了大问题。要强化对选人用人者的教育，加大监督惩处的力度，同时也要高度重视工资待遇问题，为选人用人者廉洁从政、公道正派创造良好的环境。

四、加强党的执政能力建设，要抓紧培养选拔优秀青年人才

抓紧做好培养选拔优秀青年人才的工作，解决好接班人的问题，有利于保证党的路线方针政策的连续性和稳定性，保持党的各级领导层的生机与活力，是关系大局、关系长远的一个战略问题。要做好青年人才的选拔工作，就必须有好的领导班子和带头人，特别是要引起党政一把手、共青团领导和广大组织人事工作者的高度重视。除此之外，还必须做到以下几个方面的工作。

第一，解放思想，更新用人观念，善于识别和大胆起用优秀青年人才。要坚决抛弃妨碍识别和起用优秀青年人才的各种陈旧落后思想与私心杂念，真正确立符合新形势下加强党的执政能力建设要求和党的干部路线的用人观念；认真研究古今中外选人用人的成功经验，努力把握选人用人的内在规律，拓宽用人视野，敏锐地发现人才，不拘一格地选拔优秀人才；既尊重人才成长的一般规律，又把握优秀人才脱颖而出的特殊规律，对那些特别优秀的青年人才，要从实际

出发，大胆提拔到领导岗位上来。

第二，切实加大选拔优秀青年人才工作的力度，特别是注意选拔胜任重要领导岗位的青年人才。严格掌握选拔任用标准，采取过硬措施，抓紧把大批优秀青年人才选拔进各级领导班子。同时，通过深化干部人事制度改革，改进干部选拔任用办法，建立干部能上能下制度，尽快形成优秀青年人才脱颖而出的机制，为他们的成长提供“快车道”。

第三，把握青年人才的特点，有针对性地做好他们的培养教育工作。对青年人才的培养教育，要适应新形势，把握新要求，根据他们的特点，紧密联系改革开放和现代化建设的实际，在加强理论学习、实践锻炼和教育管理三个基本环节上下功夫，帮助他们全面提高自身素质。要把离岗培训和在职学习结合起来，切实加强对青年人才的理论教育；把注重教育培养同加强实践锻炼结合起来，引导青年人才把个人全面成长与全面建设小康社会的伟大事业紧密结合起来；把热情爱护和严格要求结合起来，用经常性的思想教育和严格的管理监督培养青年人才的良好作风。要始终坚持党管干部、党管人才的原则，充分发挥共青团培养、锻炼、造就人才的作用，不断为党和政府输送优秀青年人才，以保证我们党和国家的事业永葆青春，后继有人。

（作者一系共青团宁夏区委机关党委专职副书记，作者二系《党建通讯》主编）

加强非公经济组织党建工作的探索与思考

唐云凯

加强非公经济组织党建工作，既是新时期创新基层党建工作、夯实党执政的组织基础的重要内容，又是新形势下促进非公经济组织健康发展的一个重要举措。笔者结合藤县近年来加强非公经济组织党建工作的实践，深入思考如何推动非公经济组织党建工作取得新进展新成效。

主要做法：抓住“实、新、全、活”四个字

一是在组织领导上把握一个“实”字。县委明确要求“一手抓发展，一手抓党建”，把非公有制企业党建工作纳入全县党的建设总体布局，并作为县、乡镇党委书记履行基层党建工作责任制专项述职和相关部门领导班子考核评价的重要内容，建立健全目标管理、定期研究、情况通报、领导干部联系点等制度，确保非公经济组织党建工作真正抓实抓好。二是在工作指导上实现了一个“新”字。为了扩大非公经济组织的党建覆盖面，藤县从 2009 年 4 月开始创新建立非公有制经济党建指导员制度，并围绕充分发挥好党建指导员作用先后出台若干具体制度。实践表明，建立非公经济党建指导员制度是加强非公经济组织党建工作的创新之举，效果良好。三是在组织建设上抓住一个“全”字。在开展非公经济组织党建工作过程中藤县按照“有机构、有人员、有办公室、有活动场所、有制度、有经费”的“六有”标准，做到党建工作有标准、有规范、有制度，增强党建工作的针对性、操作性和实效性。四是在活动载体上注重一个“活”字。积极引导党建指导员围绕派驻企业实际情况和特点，灵活创新地开展党建工作。重点在完善企业党组织设置的基础上，实施分类指导的原则，根据不同区域、不同行业、不同类型的各类非公经济党组织的实际开展工作。

主要成效：党建工作和企业发展良性互动，实现双赢

一方面，非公经济组织党建工作取得新进展，在选派了党建指导员的 17 家规模以上非公有制企业中，全部单独成立党支部，实现党建工作规模以上企业全覆盖。另一方面，通过加强非公经济组织党建工作，使非公企业党员“关系在支部、活动在支部、奉献在企业”，党建成果逐渐转化为企业发展力。广大党员成为非公企业中的“红色引擎”，大大推动党建工作与企业生产经营的良性互动，实现双赢。尤其是以党组织的“组织覆盖、作用覆盖、活动覆盖”为工作目标，形成“党建促发展、发展促党建”的新格局，促进了非公有制企业又好又快发展。

几点思考：抓好非公经济组织党建工作应着眼于“五个必须”

加强非公有制经济组织党建工作是一项十分复杂的系统工程。各地非公有制经济发展的情况千差万别，其党建工作路子各不相同，需要在实践中不断总结、不断创新。总结藤县开展非公经济组织党建工作的实践，笔者提出如下几点思考。其一，必须深化抓好非公有制经济组织党建工作的认识。面对日益发展壮大的非公有制企业，党建工作必须主动融入、及时跟进。如果抓不紧、抓不好，必然会削弱党的阶级基础和群众基础，弱化党的社会影响力。其二，抓好非公有制经济组织党建工作必须坚持从实际出发。藤县基于县域内非公有制企业面广量大、类型多样的实际，找准工作思路，因而实现了规模以上企业党建工作全覆盖。其三，抓好非公有制经济组织党建工作必须坚持系统抓、抓系统。非公有制经济组织的党建工作是党建工作新领域，新情况新问题多，工作基础薄弱，需要坚持系统抓、抓系统，才能既突出重点，又统筹兼顾；既立足当前，又着眼长远。其四，抓好非公有制经济组织党建工作必须发挥党员先锋模范作用。党员是党组织的细胞，企业党组织引领作用的发挥有赖于党员先锋模范作用的发挥。通过发挥党员先锋模范作用才能把非公企业党组织的政治优势、组织优势、群众优势逐步转化为企业的竞争优势。其五，抓好非公有制经济组织党建工作必须加强示范点建设，发挥先进典型的示范带动作用。藤县的实践表明，加强非公有制经济组织党建工作，要运用典型示范的工作方法，发挥好典型的示范带动作用，才能推动非公有制企业党建工作整体水平的不断提高。

（作者系广西藤县县委副书记）

青年领导干部要牢固树立和落实科学的发展观

拜四俊　陈　志

胡锦涛同志指出："要牢固树立人才资源是第一资源的观念，大力实施人才强国战略，充分发挥人才资源开发在经济社会发展中的基础性、战略性、决定性作用，充分开发国内国际两种人才资源，努力把各类优秀人才集聚到党和国家的各项事业中来，为全面建设小康社会提供坚强人才保证和智力支持，使我国由人口大国转化为人才资源强国"。最近，又提出了各级领导干部要带头"树立和落实科学的发展观"。宁夏区党委就如何贯彻落实党中央这一重大决策专门召开九届七次全体（扩大）会议，自治区党委书记陈建国同志作了重要讲话，党有号召，团有行动。青年领导干部应如何牢固树立和落实科学的发展观，要从以下几个方面来思考和做好具体工作：

一、正确认识科学发展观的意义

科学发展观是指导发展的世界观和方法论的集中体现，是对社会主义现代化建设指导思想的重大发展，科学发展观总结了新中国成立以来特别是改革开放以来现代化建设的历史经验，吸取了人类文明的成果，揭示了经济社会发展的客观规律，反映了我们党对发展问题的新认识，是马克思主义发展理论的重大创新。是以胡锦涛同志为总书记的新一届中央领导集体，在坚持毛泽东、邓小平、江泽民同志关于发展的重要思想，充分肯定新时期特别是十三届四中全会以来，我国取得举世瞩目的发展成就的基础上提出来的。提出科学发展观，是我们党对社会主义市场经济条件下经济社会发展规律在认识上的重要升华，是我们党执政理念的一个飞跃。树立科学的发展观，是贯彻落实"三个代表"重要思想的具体体现，是全面建设小康社会的必然要求；是提高党的执政能力和执政水平的迫切需要；是妥善应对我国经济社会在发展的关键时期可能遇到的各种风险和挑战的正确选择。具有重要的现实意义和深远的历史意义。

21世纪的青年领导干部要明确认识：当今社会是一个电子时代，信息社会，同时又是一个全民学习、终身学习的学习型社会，是一个促进人的全面发展的社会。和平与发展仍然成为当今世界时代特征的两大主题，世界政治格局多极化趋势不可逆转，经济全球一体化正在加速，科技进步日新月异，经济发展突飞猛进，各种新事物、新情况、新问题层出不穷，时代对于我们这一代青年领导干部都提出了更高更严的要求，如果我们满足现状，不求进取、不学习新的知识、不树立科学的发展观、人才观和正确的政绩观，是不能适应新形势发展需要的，是不能胜任本职工作的，是要落伍的，是要被淘汰的。

发展是旧事物的灭亡和新事物的产生，中国的迫切问题和根本问题就是发展。邓小平在南方谈话中，把发展叫做硬道理，把十一届三中全会确立的路线叫"中国的发展路线"，争取了民族独立的发展中国家，其根本问题也是发展。发达国家在世界竞争中的重要问题就是再发展。所以，邓小平说："应当把发展提到全人类的高度来认识，要从这个高度去观察问题和解决问题"。

发展是当今世界的主题，也是当代中国的主题。邓小平同志说："发展才是硬道理"。江泽民同志说："发展是执政兴国的第一要务"。我们今天学习贯彻"三个代表"重要思想必须把发展作为执政兴国的第一要务，把宁夏的经济建设搞上去。我们所谋求的发展是科学的发展，是以经济建设为中心，经济政治文化相协调的发展，是社会主义物质文明、精神文明和政治文明共同进步的发展，是紧紧把握时代脉搏的发展，是经济效益、社会效益和生态效益相统一的可持续发展。我们抓发展就是要立足宁夏，放眼全国，跳出宁夏看宁夏，强化“抢”的意识，在更大的范围内寻找机遇，实现跨越式发展。

二、树立科学发展观必须坚持以人为本

从党的十六大提出“促进人的全面发展”，到十六届三中全会明确提出以人为本的重大思想，实现好、维护好、发展好最广大人民群众的根本利益，始终是中国共产党一切决策、举措的中心，以人为本，是科学发展观的本质和核心，发展的力量来源于最广大人民，发展的成果必须惠及最广大人民。

坚持以人为本，就是要以实现人的全面发展为目标，从人民群众的根本利益出发谋发展、促发展，不断满足人民群众日益增长的物质文化需要，切实保障人民群众的经济、政治和文化权益，让发展的成果惠及全体人民。以人为本其根本目的都是解放和发展生产力，不断改善人民群众的生存和发展条件。

以人为本具体来说，就是在经济发展的基础上，不断提高人民群众的物质文化生活和健康水平；就是要尊重和保障人权，包括公民的政治、经济、文化权利；就是要不断提高人们的思想道德素质，科学文化素质和健康素质；就是要创造人的平等发展，充分发挥聪明才智的社会环境。以人为本，体现了马克思主义的基本观点。马克思说过，未来的新社会是以“每个人的全面发展为基本原则的社会形式”。我们从事的是建设中国特色社会主义的伟大事业，理所当然地必须坚持以人为本，一切为了人民，一切依靠人民。坚持以人为本是贯彻“三个代表”重要思想，坚持立党为公，执政为民的本质要求，也是进一步发扬党的优良传统和作风的具体体现。

坚持以人为本，既是经济社会发展长远指导方针，也是实际工作中必须坚持的重要原则。从宁夏来看，要比较充分地满足人们多方面需求和实现人的全面发展，必须有相应的物质基础和社会条件，这只是一个不断发展和进步的过程。现在宁夏还处于经济欠发达的落后地区，要注意处理好人民群众根本利益和具体利益，长远利益和眼前利益的要求。以人为本，是我们的执政理念和要求，应当从现在的具体事情做起，贯穿到我区经济社会发展的各个方面，贯穿到我们的各项工作中去。

坚持以人为本，必须着力解决关系人民群众切身利益的突出问题。要进一步做好增加就业，加强社会保障工作，积极帮助城乡特殊困难群众解决生产生活问题。同时，要下更大的决心，坚决纠正土地征用中侵害农民利益的问题。坚决纠正城镇拆迁中侵害居民利益的问题，坚决纠正企业重组改制和破产中侵害职工合法权益的问题，坚决纠正拖欠和克扣农民工工资的问题，坚决纠正教育乱收费和药品购销，医疗服务中的不正之风。解决这些方面的问题，中央已三令五申，老百姓也有强烈愿望。我们要以对人民群众深厚的感情和高度负责的精神，抓紧采取切实措施，认真加以解决。

坚持以人为本，一定要把最广大人民的根本利益作为出发点和落脚点。要着眼于充分调动人民群众的积极性、主动性和创造性，着眼于满足人民群众的需要和促进人的全面发展，着眼于提高人民群众的生活质量和健康素质，切实为人民群众创造良好的生产生活环境，为宁夏的长远发展创造良好的条件。

三、以科学发展观统领经济社会发展全局

以科学发展观统领经济社会发展全局，是解决我区当前经济社会发展中诸多矛盾和问题的迫切需要，是使全区经济在“十一五”这个关键时期继续前进的重要保障，也是实现全面建设小康社会宏伟目标的根本指针。

改革开放以来，宁夏社会生产力迅速发展，人民生活不断改善，地位明显提高，现代化建设的前两步战略目标全面完成，“十五”计划的主要目标基本实现。同时我们必须清醒地看到，我区经济社会进入到新的发展阶段，区内外发展条件发生着重大变化，粗放型经济增长方式已难以为继，解决发展不全面、不平衡、不协调的问题日益紧迫，缓解人口资源环境与经济社会发展的矛盾已经摆在我们面前。在新的更高发展平台上，全面建设惠及580多万人口的更高水平的小康社会，就要牢固树立发展必须是科学发展的指导思想，切实转变发展观念，创新发展模式，提高发展质量，坚定不移地走科学发展的道路。

“十一五”时期，是把发展纳入科学发展轨道的关键时期。这五年如果取得重大进展，就可以为后十年的发展创造十分有利的条件，从而切实把经济社会发展转到以人为本、全面协调可持续发展的轨道上来。

一是坚持扩大区内需求，保持经济平稳较快发展。

这是贯彻落实科学发展观的首要要求。“十一五”期间，我区经济发展具有诸多有利条件，但经济运行中不稳定、不健康的因素尚未根本消除，还存在不少制约发展的深层次矛盾，经济环境也面临诸多不确定因素，这些都可能造成经济波动。因此，必须全面正确把握经济发展趋势变化，提高宏观经济管理水平，着力保持经济平稳较快发展，切实防止经济出现大的起落，努力实现又快又好地发展。

坚持扩大内需，是从我区基本区情出发，开拓区内市场、扩大发展空间的战略举措，是实现经济稳定发展的重要措施，也是坚持以人为本、实现科学发展的内在要求。要把扩大区内居民消费需求作为促进经济增长的基本立足点和宏观经济政策的重点，合理调整收入分配结构，着力提高低收入者收入水平，逐步扩大中等收入者比重，增强居民消费能力，改善消费环境和条件，增强消费对经济增长的拉动作用。同时，要保持合理的固定资产投资规模，优化投资结构，提高投资效率，坚决抑制盲目投资，低水平扩张。

二是坚持统筹城乡发展，大力建设社会主义新农村。

“三农”问题始终是制约我区发展的根本性问题。没有农业的稳定，就没有经济的稳定；没有农村的发展，就没有宁夏的真正发展；没有农民的富足，就没有宁夏的持久繁荣。只有农民都加入到现代化的进程，才能盘活经济的全局，实现长期持续的发展；只有广大农村明显改变落后面貌，才能实现更大范围、更高水平的小康。因此，解决好“三农”问题是我区工作的重中之重。

建设社会主义新农村是我区现代化进程中的重大历史任务。要按照“生产发展、生活宽裕、乡风文明、村容整洁、管理民主”的要求，增加政府对农业和农村的投入，强化农村公共服务，加强农村基础设施建设，加快现代农业建设，增强农业综合生产能力；全面深化农村改革，大力发展农村公共事业，促进农村经济和社会全面发展，搞好乡村建设规划，明显改善广大农村的生产生活条件和整体面貌；把政策扶持与农民辛勤劳动结合起来，大力促进农业和农村经济的发展，千方百计增加农民收入；在推进新农村建设的同时，积极引导富余劳动力向非农产业和城镇有序转移，开辟农民就业和增收的新渠道，稳步推进城镇化。

三是坚持促进县区协调发展，形成合理的区域开发格局。

改革开放以来，我区经济有了很大发展，人民生活水平普遍提高，但县区之间发展的差距仍在拉大，公共服务水平差别较大，生产力空间布局不合理。逐步解决这些问题，促进区域协调发展，既是保持经济持续健康发展的需要，也是实现共同富裕、促进民族团结和维护政治稳定的必然要求。

从我区的实际出发，根据不同县区的资源环境承载能力和发展潜力，按照优化开发、重点开发、限制开发和禁止开发的不同要求，明确不同区域的功能定位，逐步形成我区经济社会与人口资源环境相协调的各具特色的区域发展格局。这是区域发展总体战略的重要思路，是优化资源配置、保护生态环境的新措施，必须科学规划，抓好落实。健全县区之间相互促进、优势互补的互动机制，是促进区域协调发展的有效途径。

坚定不移地走科学发展的道路，这是十六届五中全会传递出的鲜明信息。全面突出强调以人为本，转变发展观念，创新发展模式，提高发展质量，把我区经济社会发展切实转入全面协调可持续发展轨道。以科学发展观为统领，必须保持经济平衡较快发展，必须加快转变经济增长方式，必须提高自己创新能力，必须促进城乡区域协调发展，必须加强和谐社会情况，必须不断深化改革开放，并作出一系列具体部署，形成合理的区域开发格局。

四、青年干部要为宁夏发展做贡献

党的三代领导集体，毛泽东、邓小平、江泽民等党和国家领导同志历来十分关心宁夏的发展，并多次亲临宁夏，特别是近年来，胡锦涛、吴邦国、温家宝、贾庆林、曾庆红、吴官正、黄菊、罗干等中央领导同志多次来宁夏调研并指导工作，极大地鼓舞了宁夏各族人民建设和发展家乡的勇气和决心。

宁夏是一个回族自治区，同时又是一个经济欠发达的落后地区，民族地区存在的矛盾和问题，归根结底要靠发展来解决，绝不能让宁夏长期落后下去，针对宁夏相对落后，经济发展缓慢的实际情况，自治区党委和政府审时度势，因地制宜，及时调整了工作思路，陈建国同志在自治区第九次党代会报告中明确指出：“环境优美，经济繁荣，民族团结，人民富裕”的方针，宁夏要加快发展，必须树立科学的发展观，必须高度重视人才在发展中的重要地位和作用，必须采取“送出去，请进来”的方法，加大对人才的培养力度，必须制定优惠政策，为人才创造一个良好的工作和生活环境。

江泽民同志指出：“发展的希望在创新，创新的希望在青年”。以创新的精神促进宁夏经济社会的全面发展。创新已经成为我们这个时代的标志，创新能力也成了衡量一个人事业成败的关键因素。邓小平同志说：“没有一点闯的精神，没有一点冒的精神，没有一股气啊，劲啊，就走不出一条好路，就走不出一条新路，就干不出新的事业”。江泽民同志也曾经说过：“创新是一个民族进步的灵魂，是国家兴旺发达的不竭动力，是一个政党永葆生机的源泉”。新世纪新阶段必然要求我们做到：“发展要有新思路，改革要有新突破，开放要有新局面，各项工作要有新举措”。

一是我们必须增强开拓观念，不断提高创新意识，必须与时俱进地进行理论、思维、制度、科技、环境和人才创新，坚持解放思想，实事求是，与时俱进，开拓创新的思想路线；自觉地把思想认识从那些不合时宜的观念、做法和体制的束缚中解放出来；从对马克思主义的错误的和教条式的理解中解放出来；从主观主义和形而上学的桎梏中解放出来。紧紧抓住执政兴国这个第一要务不放松，集中宁夏人民的智慧和力量，聚精会神搞建设，一心一意谋发展。

二是树立科学的发展观，必须走新型工业化道路，坚持以信息化带动工业化，以工业化促进信息化，走出一条科技含量高，经济效益好，资源消耗低，环境污染少，人力资源优势得到充分发挥的新型工业化道路。

三是树立科学的发展观，必须始终保持艰苦奋斗和求真务实的优良作风，始终保持昂扬向上，奋发有为的精神状态，始终把发展作为实现宁夏各族人民共同繁荣的第一要务。

四是坚持科学的发展观，要必须树立科学的人才观和正确的政绩观。要坚持看政绩用干部，要做到权为民所用，情为民所系，利为民所谋。要想群众所想，急群众所急，办群众所需，时刻把人民群众的安危冷暖放在心上，遇事同群众商量，甘当群众的小学生，始终把群众的呼声当作第一信号，把群众的需要当作第一选择，把群众的满意当作第一标准。“金杯银杯不如老百姓的口碑，这奖那奖不如群众的夸奖。”牢固树立科学发展观，归根结底就是要维护群众的利益，把群众的事情办好。

五是发展是解决宁夏所有问题的关键，是创造宁夏各族人民幸福生活和美好未来的根本，加快宁夏发展有许多有利条件，要深刻认识我们面临的严峻形势，要有忧患意识和危机感，进一步增强发展的紧迫感，强化机遇意识，按照十六大的精神，一切妨碍发展的思想观念都要坚决突破，一切束缚发展的做法和规定都要坚决改变，一切影响发展的体制都要坚决革除，让一切创造社会财富的源泉充分涌流，以造福于宁夏各族人民。

五、促进人的全面发展必须加强理论学习

学习从来都是共青团的一面旗帜、一种责任和主要任务，学习也是共青团工作围绕党政大局来开展的必然要求。共青团是学习、培养人、锻炼人、造就人和做贡献的岗位，是党的助手和后备军，是国家政权支柱的重要力量，肩负着为各级党委和政府输送和推荐干部的权力和责任。我们始终强调学习，从列宁开始就讲共青团是一所大学校，是学习实践共产主义的大学校，再到毛泽东、邓小平、江泽民同志都始终强调学习。学习是我们认识自然和社会，不断完善和发展自我的必由之路，只有不断学习，才能获取新知，增长才干，跟上时代。“事业无上境，知识无穷尽，人的一生应该是学习的一生，奋斗的一生，奉献的一生。”

关于学习，党的三代领导集体的核心，毛泽东同志曾经指出：“青年的主要任务就是学习。”“学习的敌人是自己的满足，要认真学习一点东西必须从不自满开始，对自己学而不厌，对别人诲人不倦。”邓小平同志指出：“青年应当努力学习，要用顽强的精神去学习。”“不学习忙于事务，思想就会庸俗化，如果说变质，那么思想的庸俗化就是一个危险的起点，一些年轻领导干部走上犯罪的道路，身败名裂，都是从平时不注意学习和放松自己的思想改造开始的。”江泽民同志在提出领导干部要讲学习、讲政治、讲正气时，也是把学习放在第一位来强调的。他指出：“学习、学习、再学习”。“终身学习是当今社会发展的必然趋势”。学习是个前提，不学习政治上就不可能成熟，就不能自觉地改造自己的世界观。

学问是经验的积累，是苦根上长出来的甜果，知识却是一种快乐，是最可珍贵的无价之宝，如人体血液一样的宝贵。尤其是当今世界知识处于一个不断淘汰、更新和爆炸的时代。一天不学习就跟不上时代发展的步伐。因此，学习应当成为我们共青团干部一生中永恒的主题，在共青团岗位上干一天就得学习一天，离开共青团岗位到了别的工作岗位，都要始终牢固树立终身学习的观念。学习什么呢?

首先，要学习马列主义、毛泽东思想、邓小平理论和“三个代表”重要思想。其次，要学习一些经济、科技、法律、管理等方面的知识，特别是学习团的业务知识。再次，要活学活用，立竿见影，要带着问题去学，要经常学，反复学，要把学习“三个代表”重要思想同马列主义、毛泽东思想、邓小平理论，当代世界特点，党的建设和改革发展的大局贯通起来，把所学的知识运用到实践中去，在实践中开花结果。

理论是时代精神的提炼与升华，是一政党成熟的标志，加强理论学习是讲政治的必然要求，理论坚定是政治坚定的基础，搞团的工作就要懂政治，懂政治就要学习理论。对于学习，我们必须常抓不懈，抓而不紧等于没抓，样子像抓还是抓不住，只有攥紧拳头才能抓住。

一个人来到这个社会，不在于你学到了什么，而在于你为这个社会奉献了什么。一个人光溜溜地来到这个世界，最后又光溜溜地离开这个世界。彻底想起

来，名利都是身外之物，只有尽一个人的人力，为社会多做贡献，才是人生最愉快的事情。

成功对于每个人来说都是所乞求的事，靠什么？靠的就是勤奋、气质、才华、胆略、毅力、机遇和交往。敢于牺牲和冒险才会成功，成功就是赢得人心，凝聚人心。一个人的价值，应当看他贡献什么，而不应当看他取得什么。我总觉得："人生的价值不在于你权力、地位和岗位的大小，而在于你能力的大小，对国家、对社会，对人民贡献和奉献的大小。"

人总是要有一点精神的，精神的力量是巨大的，这种力量就是人的积极性，主动性和创造性的发挥。一个人没有精神就直不起腰来，一个民族没有精神就站不起来，民族精神是一个民族得以生存的精神支柱。人的一生中青春年华是最美好、最活跃、最具有创造力的岁月，为了团的事业欣欣向荣，永葆青春，让我们贡献自己的全部激情和创造力吧！

（作者一系宁夏回族自治区团委机关党委专职副书记，作者二系《党建通讯》主编）

建立“四位一体”选人用人机制破解“四唯”难题

王京凯

“唯票、唯分、唯 GDP 和唯年龄”问题，是长期困扰干部选拔任用工作的现实问题，影响选人用人的公信度，也关系着干部队伍整体素质的提高。我们要从提高选任民主质量、完善干部选拔机制、健全干部考核评价体系、优化干部队伍年龄结构等方面入手，建立“四位一体”选人用人机制，着力破解“四唯”难题。

提高干部工作民主质量，解决“唯票”问题。采取投票形式选人用人，是广泛发扬民主、征求群众意见的重要形式，但也助长了一些地方、一些干部拉票和当老好人的不良风气。破解“唯票”的问题，必须严把“四关”。一是民主推荐关。要改进民主推荐、测评方式和程序，增强民意表达的真实性，提高选人的公信度。二是考察考核关。要把干部推荐得票情况与组织平时掌握的德才和实绩情况对照起来分析，综合考虑确定人选，防止把推荐票等同于选举票、简单以推荐票取人，提高识人的准确度。三是酝酿表决关。要结合干部自身素质和工作环境，有针对性地了解干部工作情况，对拟提交会议讨论的干部任免方案，坚持全方位、多角度、多层面充分酝酿，然后再表决，提高用人的认可度。四是过程监督关。进一步拓宽群众监督渠道，依靠广大群众不断加强和改进干部工作民主监督，建立健全组织部门与纪检监察、审计等部门经常性的联席会议制度，提高管人的透明度。

完善干部选拔机制，解决“唯分”问题。实行竞争性选拔的初衷是扩大选人用人的视野，也确实有一大批优秀干部在这种机制下脱颖而出。但不可忽视的是，这也让那些善考不善干的人占了先机，选拔出来的人“高分低能”，客观上造就了一批“考试专业户”。破解“唯分”的问题，一方面，要合理确定竞争性选拔范围规模，不能搞“凡提必竞”。要探索实行“差额试岗”，让干部到实际岗位开展一段时间的工作，通过实践检验工作能力，特别是人岗匹配度，择优选择最佳人选。要用好试用期制度，加强日常考核和任职考察，期满后进行严格考核，认真听取群众意见，对适应岗位要求的正式任职，对不适应岗位要求的干部坚决取消任职。另一方面，要改进竞争性选拔方式方法，让干部用实干、实绩竞争，结合实际采取“委任制、选任制、聘任制”和“公推公选”等多种选拔机制，尽量避免“唯分取人”，让真抓实干、埋头苦干、实绩突出的干部脱颖而出。

健全干部考核评价体系，解决“唯 GDP”问题。改革开放以来，GDP 指标作为考核官员政绩的主要指标，对推动经济总量的快速增长起到了不可替代的作用。但过分强调 GDP，会使地方政府更加关注促进短期的经济增长，而忽视社会层面上社会福利最大化的问题，中国的经济社会发展到今天，政府面对的公共需求将会越来越大，并且这种需求不单单是经济上面，而更多地集中在社会层面。破解“唯 GDP”的问题，必须改进考核方法手段，既看发展又看基础，既看显绩又看潜绩，把民生改善、社会进步、生态效益等指标和实绩作为重要考核内容，加大绿色生态、集约低碳、民生幸福及可持续发展 GDP 的考核权重，不能简单以“GDP”论英雄，引导广大领导干部树立正确的政绩观和科学的发展观，加快转变经济发展方式，走出一条产业兴、百姓富、生态美的路子。

优化干部队伍年龄结构，解决“唯年龄”问题。年轻化是从确保党的事业后继有人和国家长治久安的战略高度，对干部队伍建设提出的总体性原则性要求。如果简单地、机械地理解这一要求，把年龄绝对化，唯“年龄”论英雄，势必出现“降格以求”的现象，也会产生“年龄歧视”等不公平问题。破解“唯年龄”

的问题，必须严格落实干部任用年龄规定，坚持看年龄而不唯年龄，不搞任职年龄层层递减，不搞“一刀切”，对那些看得准、有潜力、有发展前途的年轻干部，敢于给他们搭梯子、给位子、压担子，激励他们奋发进取；对一些年龄虽偏大，但责任心强、精力充沛、经验丰富的干部，根据班子结构适当给予保留和重用，实现班子成员之间优势互补、老中青结合。要克服单纯从年龄上考虑问题的倾向，不唯年龄，不拘一格，让各年龄段的干部政治上有奔头、工作上有劲头，努力实现干部选拔配备工作的科学化，切实增强班子整体功能，充分调动整个干部队伍的积极性。

（作者系中共临沭县委常委、组织部部长）

“两新”组织党建工作现状及对策研究

甘肃省委组织部

“十五”以来，嘉峪关市“两新”组织呈现出良好的发展态势，经济总量持续扩大，产业分布不断拓宽，产业层次明显提升，社会贡献显著提高。据统计，2006年全市非公有制经济完成总产值2.14亿元，占全市生产总值的8.74%；上缴税金占地方税收的4.53%，是全市各类经济成分中最具活力的部分。从业人员占全社会从业人员的15.4%，成为全市吸纳就业和再就业的重要渠道。适应“两新”组织蓬勃发展的新趋势，以改革创新的精神切实加强“两新”组织党的建设工作，是新时期全面推进党的建设新的伟大工程必须解决的重大课题。

一、全市“两新”组织党建工作现状

（一）主要做法。

近年来，全市各级党组织贯彻落实中央和省委关于加强“两新”组织党建工作的一系列指示精神，不断加大力度，积极探索实践，认真开展“两新”组织党建工作，取得了显著成效。截止到2007年6月底，在全市符合条件的“两新”组织中，建立基层党组织30个，基本消除了“有党员无组织”的现象，党建工作覆盖面不断扩大，工作日趋规范，有效促进了“两新”组织依法、有序、健康发展。

1. 加强领导，提高认识。加强领导，提高认识是有效开展“两新”组织党建工作的前提。市委从贯彻“三个代表”重要思想、不断加强党的执政能力建设和先进性建设的高度，充分认识开展“两新”组织党建工作的重要性和紧迫性。2001年以来，先后制定下发了《关于加强个体、私营等非公有制经济组织党组织建设和党员管理工作的意见》、《关于进一步加强非公有制经济组织党的建设工作的意见》等文件，全面推进“两新”组织党建工作有序开展。市委组织部多次召开全市“两新”组织党建工作座谈会，学习中央、省委有关“两新”组织党建工作的指示精神，统一思想认识，研究部署工作。2004年，市委成立由市委组织部牵头，宣传、工会、妇联、共青团、工商、税务等有关部门组成的“两新”组织党建工作指导委员会，设立专门办公室，实行领导分片和目标责任管理。

2. 健全组织，理顺关系。建立健全党的基层组织，是开展“两新”组织党的工作的基础。根据全市“两新”组织的实际，我们因企制宜，分类指导，积极稳妥地抓党的基层组织组建工作，理顺党组织隶属关系，“两新”组织党组织建设日趋规范。一是对改制重组的规模以上国有、集体企业，针对其党员人数较多、组织基础较好的实际，保留其原有建制，隶属市委直接领导。二是对整体转制的国有、集体企业，考虑其股东或业主大多为原企业领导或管理人员，员工多为原企业置换身份的职工，管理相对规范，同步建立健全党组织，隶属行业主管部门党组织，实行归口管理。三是对入驻开发区的招商引资企业、地方民营企业等，市委专门成立了园区建设管理委员会办公室党总支，指导和帮助条件成熟的企业组建党组织。四是对经营活动场所在乡镇、街道的新经济组织，由辖区党组织积极帮助组建党组织，实行属地管理。五是对分散在全市的个体工商户党员，采取“联挂结合”的方式，依托个体私营协会，按照地域相邻、行业相近的原则，建立联合党支部，隶属工商行政部门党组织管理。通过健全组织，夯实基础，理顺关系，规范管理，扩大了党建工作覆盖面。

3. 突出重点、培育典型。我们重点在规模较大、生产经营正常、党建工作基础较好的“两新”组织中建立党组织，积极培育典型，发挥典型示范带动作用，努力消除“两新”组织中的党建工作空白点。这些“两新”组织中的党组织成立后，党建工作取得了明显成效。如西部公司党总支，在党员中开展了“党悟高于群众，技能高于群众，业绩高于群众”的“三高”争创活动，要求党员爱岗敬业，发挥先锋模范作用，影响和带动身边的员工共同做好本职工作，把党员的先锋作用整合成党组织的整体优势，促进了企业发展。

2006年，市工商局个体私营协会党支部、祁源化工有限公司党总支等3个“两新”组织党组织和4名“两新”组织的优秀员工，因工作成绩突出，被市委表彰为“先进基层党组织”和“优秀共产党员”。通过弘扬先进典型的创业精神、开拓精神和奉献精神，鼓舞和教育了广大党员和职工，增强了企业发展的内在动力，影响和带动了其他“两新”组织党建工作的开展。

4. 创新思路，发挥作用。“两新”组织中的党建工作，必须不断创新方法、内容和活动方式，才能真正“为企业发展所需要、为党员所欢迎，为职工所拥护，为业主所理解”。“两新”组织之间既有行业上的差异，又有规模上的差异，还有业主、员工思想认识等方面的差异。我们坚持原则性和灵活性相结合，区别不同情况，采取不同的工作方法和活动方式开展工作。对于党的路线、方针、政策，党组织坚持原则，积极发挥监督职能，做好宣传和政策引导；对涉及企业发展规划、经营管理等方面的问题，党组织积极建言献策，把好关，当好参谋助手；对涉及业主和党员群众矛盾、观念冲突等方面的问题，党组织注意维护好广大职工的合法权益，依法保证企业的自主经营、自我发展。

5. 巩固阵地，凝心聚力。在组织活动方面，坚持渗透、融合的原则，采取业余、小型、分散、灵活的方式，以“扩大影响力、增强凝聚力、提高战斗力”为目标，统筹兼顾，将形式多样的党组织活动贯穿于“两新”组织生产经营和管理活动之中，增强针对性和实效性。如新兴钢材制品厂党总支，在生产任务十分繁重的情况下，适时组织开展了劳动竞赛活动，号召党员职工争先创优，模范带头，有效促进了生产任务的完成。为支持党组织开展活动，企业将内部产生的废旧钢材交由党组织收集销售，筹集活动经费，有效解决了组织活动经费不足的问题。坚持把党建工作的切入点和着力点放在促进“两新”组织改革发展和生产经营上，使党建工作与“两新”组织经营发展目标同向、思想同心、工作同步，真正发挥了作用。2006年以来，全市“两新”组织中有66名员工申请入党，培养入党积极分子43名，发展党员24名。党在“两新”组织中的凝聚力、吸引力和影响力明显增强。

（二）存在的问题。

1. “两新”组织中党组织组建率和覆盖面还比较低。从组建党组织的情况看，目前全市共有私营企业1089家，建立党的基层组织29个，仅占总数的2.7%。从党员数量看，全市非公有制经济组织从业人员18005人，其中党员605人，仅占从业人员总数的3.4%。从党员分布情况看，在全市8172家非公有制经济组织中，没有党员的8142家，达99.6%，大多数“两新”组织不具备建立党组织的条件。

2. 党员教育管理难度比较大。“两新”组织发展迅速，但大多数规模小、分布散、流动性大、变化快、从业人员构成复杂，同时这一领域党建工作力量薄弱，调查摸底工作有一定困难，相当数量党员未纳入有效管理。即使已纳入组织管理的党员，由于从业不稳定，流动性大，在教育管理方面也存在诸多困难和问题。主要表现为党员教育不经常，“三会一课”、民主评议等制度得不到很好的坚持。由于相当一部分非公有制经济组织员工雇佣意识较浓，趋利性特点比较明显，大多只有挣钱的愿望，很少有政治上进步的要求，入党愿望比较淡漠。

3. 党建工作力量薄弱，党组织作用发挥不明显。“两新”组织中的党建工作人员绝大多数是兼职，党员大部分是“打工族”，他们的活动和行为在很多情况下要服从业主的安排，加上工作繁忙、竞争激烈，平时很难开展正常的组织生活。一些规模较小的企业组织机构不健全，缺乏必要的党务工作人员，党建工作的切入点和着力点不好把握，存在党的活动与企业生产经营活动、维护职工合法权益脱节的现象，党组织不能有效履行职责和发挥作用。

（三）原因分析。

1. 认识方面的因素。一是部分基层党组织和领导干部对抓好“两新”组织党建工作的重要性认识不足，“重经济、轻党建”，没有把“两新”组织党建工作摆上应有位置；有的不注重深入基层调查研究，不了解“两新”组织的现状、发展趋势等，存在畏难情绪；有的认为“两新”组织党建工作难度大，一时难以见效，因此消极被动、无所作为。二是部分“两新”组织业主认识不到位，存在“戒备”疑虑心理，担心在企业搞党建，会占用场所，增加费用，影响生产，甚至担心党组织会监督和控制他们的生产活动，由此对企业建立党组织、开展党的活动采取消极、漠视甚至抵制态度。三是“两新”组织从业人员来源差异较大，社会经历不同，价值取向各异，大多数存在经济观念强、政治观念弱，雇佣意识浓、主人意识淡，短期行为多、长期行为少等倾向。一些党员员工只顾忙生计，重经济利益，淡化政治身份，认为在非公有制企业“打工”，主人翁意识和党员的先锋模范作用难以体现和发挥。

2. 经济方面的因素。一是“两新”组织大多数还处于起步发展阶段，特别是新经济组织大多数呈现出“小、散、流、变、杂、乱”的特点，由于经济基础薄弱，使他们把主要精力放在了发展上，忽视了抓党建工作。二是大多新经济组织，生产经营状况和社会活动不够稳定，人员流动性较大，造成“两新”组织党建工作开展困难。

3. 机制方面的因素。一是随着市场经济的深入发展，“两新”组织对政府的依赖性越来越小，党组织的隶属关系虽然存在，但缺乏有效的责任约束，这对于加强“两新”组织党建工作的领导和指导都产生了不利影响。二是由于“两新”组织的性质，大部分“两新”组织中的党组织对业主的“从属现象”比较明显，主观上自身定位不准，“缺位”、“失位”严重，客观上受制因素太多，无法正常开展活动，或开展活动的方式方法守旧，影响力和渗透力较弱。三是党建工作制度创新不够，一些制度与“两新”组织的发展结合不够紧密，影响了党建工作的效果。

二、“两新”组织党建工作必须研究解决的问题

（一）党的组织建设问题。

一是要更加重视壮大“两新”组织党员队伍。通过党员数量的扩张，解决在非公有制企业中建立党组织的要素“瓶颈”。在方式途径上，依托人才劳动力市场，整合各方面的力量，培训和储备一批高素质的党员劳动者，通过市场化的办法双向选择，有组织、有计划地向“两新”组织输送一批合格的党员职工。要通过选派党建工作指导员或其他方式提前介入，做好培养发展党员工作，及时把“两新”组织中的优秀分子吸收到党内来。要结合《流动党员活动证》的发放和查验工作，在“两新”组织中广泛开展“亮身份、转关系”活动，为组建党组织创造条件。

二是要切实选好配强党支部书记。有没有高素质的党组织书记，是决定党组织在“两新”组织中能否真正“建起来、稳得住”的重要因素。“两新”组织中党组织部书记要由政治素质较高，具备一定党务工作知识和经验，得到业主和员工信任的党员担任，没有合适人选的，可以由上级党组织指派。党组织建立时，支部书记可先任命，具备条件后再进行选举。要加强对“两新”组织党务干部特别是支部书记的培训，切实提高他们的素质，增强他们做好党建工作的能力，树立党组织在“两新”组织和广大员工中的威信。

三是要注重强化业主的思想引导。通过疏通思想障碍，解决在“两新”组织建立党组织的动力“阻塞”。一方面，理直气壮地宣传执政条件下党的主张和政策、开展非公有制党建工作的目的意义和内容方法。另一方面，不断完善和落实好党建工作指导员制度、领导干部联系点制度和非公有制企业党建工作联席会议制度，进一步健全关怀服务机制，及时帮助业主排忧解难，真诚服务，以此引导业主对党组织的认同和支持。

（二）党员教育管理的问题。

“两新”组织中，党员来自四面八方，流动性大，与原来党组织联系中断，与现在党组织联系尚未建立。市场经济带来多元化价值取向，部分党员先锋模范作用不突出。部分党组织开展工作信心不足，方法简单。所有这些都使教育管理党员的难度加大。要加强对“两新”组织中党员的教育，提高他们的思想政治觉悟，坚定理想信念，让他们认识到在“两新”组织中工作，也是在增加社会财富，同样是为国家、为社会做贡献，同样可以发挥党员的先锋作用，体现党员的价值。从而使这些党员自觉亮出党员身份，自觉接转组织关系，自觉参加组织生活，并能立足岗位实际，发挥共产党员的先锋模范作用，做出自己的贡献。

（三）党组织发挥作用的问题。

要使党的工作在“两新”组织中站得稳、做得实、铺得开、能管用，关键是要在发挥党组织作用上下功夫。党组织能否在政治上担负起监督、引导所在“两新”组织发展方向的职能，保证其不偏离社会主义方向和遵纪守法的轨道，同时维护好企业与职工的合法权益并赢得群众的衷心拥护，是考验党组织发挥作用的关键。与传统的国有企事业单位相比，绝大多数“两新”组织党建工作相对比较薄弱，党组织的号召力不强，党组织发挥作用的局限性十分明显。党要牢牢占领“两新”组织这块阵地，就必须不断提高自身影响力，加强引领正确政治方向的能力、驾驭市场经济的能力、保护职工合法权益的能力、以党建促发展的能力、发挥党员模范作用的能力、以党内和谐促进“两新”组织和谐的能力。唯其如此，“两新”组织党建工作可持续发展才能拥有坚实的基础。

三、进一步加强“两新”组织党建工作的对策措施

（一）强化对“两新”组织党建工作的责任意识，确保领导到位。

切实增强责任意识，狠抓落实，通过街道、社区、乡镇、园区等基层组织，对所在区域内的“两新”组织党建工作进行块块覆盖；通过工商、税务、个私协会、工商联等组织，对本系统的“两新”组织党建工作进行条条覆盖，消除党的工作“盲区”和“真空地带”。要建立“两新”组织党建工作联席会议制度，努力形成组织部门负总责，经委、乡企、工商、税务、工商联、工会、共青团等有关职能部门和各行业协会

齐抓共管的工作格局。

（二）加强组织建设，确保发挥“两新”组织中党组织的作用。

大胆探索党组织的设置形式，不断提高党组织的组建率。紧密结合“两新”组织的特点，发挥好“两新”组织党组织的政治引导和组织保证作用，保证“两新”组织走爱国、敬业、诚信、守法的发展道路；组织带领、激励引导职工为“两新”组织的发展壮大建功立业，增强党组织的凝聚力；协调各个利益主体之间的关系，化解矛盾，维护各方合法权益，促进“两新”组织的健康发展。通过健全党建、工建和团建共建互促机制，实现“两新”组织党建工作良性共振的新局面。

（三）加强队伍建设，确保为“两新”组织党的建设奠定坚实基础。

要着重抓好“两新”组织党建工作指导员、党支部书记、党员这三支队伍建设。进一步建立健全党建工作指导员队伍制度，充分发挥党建工作指导员在“两新”组织中宣传政策、沟通信息、反映诉求、维护稳定、促进和谐的作用。加大对“两新”组织党组织书记的培训力度，不断提高党支部书记的政治理论水平和能力素质，帮助他们解决各种实际困难，使他们工作有动力，手中有资源，职业有前途。加强“两新”组织党员队伍建设，教育党员牢固树立社会主义荣辱观，激发党员的荣誉感和责任感，使党员立足岗位发挥先锋模范作用。做好发展党员工作，采取灵活多样的培训方式，加强对入党积极分子的培养教育，不断为“两新”组织党组织输送新鲜血液，努力壮大“两新”组织党员队伍，为“两新”组织党的建设奠定坚实基础。

（四）加强典型引导，确保示范带动作用到位。

根据“两新”组织的实际，加强对党建工作的调查研究，研究新情况，解决新问题，推出新举措，总结新经验。区别情况，抓住重点，分类指导，重视发挥典型的示范作用，及时培育和推广先进典型，充分发挥示范点的辐射带动作用，推动“两新”组织党建工作的有效开展。要树立正确的舆论导向，通过各种媒体，大力宣传“两新”组织党建工作，形成抓“两新”组织党建工作的良好舆论氛围。

（五）推进工作创新，确保党建工作与“两新”组织发展的有机结合。

“两新”组织是党建工作新的领域，面临许多新情况、新问题，要贯彻落实科学发展观，解放思想，创新思路，求真务实，与时俱进，在实践中探索，在探索中前进。通过创新工作理念、创新工作方法、创新运行机制、创新管理模式等，促进“两新”组织党建工作取得新的发展。

关于做好非公企业党建工作的几点思考

江苏宿迁市宿豫区委组织部

非公有制经济是社会主义市场经济的重要组成部分，当前，随着非公企业的迅猛发展，如何加快扩大非公企业党组织覆盖面，进一步发挥非公企业党组织作用，提升非公企业党建的影响力，是摆在我们面前的一个课题。

从解决思想认识问题入手，在营造重视和促进非公企业党建工作的良好氛围上下功夫。针对普遍存在的企业主对党建工作认识程度不够的问题，要有针对性的加强非公企业党建工作的宣传。一是要以“抓党建、促发展”的典型事例，教育引导他们从思想上消除对建立党的组织、开展党的活动的种种心理障碍；二是通过培训班、专题讲座、调研宣讲等多种形式的宣传教育，营造企业党建与企业经济发展同等重要的环境导向，着力提高企业主的政治素质和思想认识；三是建立党员领导干部非公企业党建联系点制度。有针对性地选择不同类型的非公企业，作为党员领导干部的联系点，定期帮助开展党建工作，解决实际问题，努力把党建联系点建成党建工作示范点，以点带面，推动非公企业党建工作整体水平的提高。

从服务企业生产经营入手，在彰显党组织引领推动作用上下功夫。做好非公企业党建工作，关键要赢得企业主的认同和重视。要打消“出资人”的顾虑，必须促进非公企业党组织发挥自身畅通信息、协调利益等方面的优势，使非公企业党组织自觉做好企业内外双向协调，更好地调动各方面的积极性，为企业和员工打造互利互惠、和谐发展的环境，从而有效地彰显党组织在促进非公企业发展中的引领推动作用。要引导非公企业党组织结合企业实际，制定符合自身实际运行规律的党建工作制度，如建立民主听证制度，由企业党组织牵头党员、业务骨干、团员及普通工人等共同参与诸如企业生产经营、员工福利待遇、劳资关系等涉及企业发展和员工切身利益的重大事项决策，从而实现“党建促进发展、发展提升党建”的良性循环。

从培养提升党务工作者能力入手，在进一步激发活力上下功夫。促使非公有制企业党建工作更加科学规范，不当“花瓶”，不当摆设，需要在抓好非公企业党务工作者队伍建设上下功夫。首先，要按照党性观念强、懂经营管理、善做思想政治工作的标准选好配强企业党组织负责人；其次，加大对企业党务工作者的教育、培训力度，将教育培训与企业管理、企业文化等结合起来，融入综合素质培训之中，增强教育培训的针对性和实效性。再次，要探索建立非公企业党务工作者的激励保障机制。明确党务工作者在企业中的地位、待遇。当他们工作和生活有困难时，要给予帮助。对开展党建工作成效显著、有重大贡献的，要予以奖励和广泛宣传。

从健全党建工作保障机制入手，在推进非公企业党建工作正常化、制度化、规范化上下功夫。要建立专门的非公企业党建工作领导机构，形成齐抓共管的工作格局。要建立目标责任机制，真正做到一级抓一级，层层抓落实。要建立经费保障机制，给予非公企业党建工作一定的经济、技术、知识、人才等保障。要建立工作激励机制，对在党建工作中成绩出色的非公企业负责人、企业党组织书记和企业员工在政治荣誉、社会荣誉及职位晋升等方面予以优先考虑，增强他们的责任感、使命感和荣誉感，引导他们自觉形成抓党建促发展的良好局面。

杭州市拱墅区“六化”提升非公企业党建工作水平

杭州市拱墅区委组织部

杭州市拱墅区在全区全面推行非公企业党务工作者专业化、组织活动方式灵活化、利益诉求渠道畅通化、党组织作用发挥最大化、员工关爱人本化、党建工作品牌化“六化”党建工作法，整体提升非公企业党建工作水平。

推进党务工作者专业化，着力破解党务人才选、育、培的问题。一是开展职业能力培训。把非公企业党务工作者纳入全区干部培训计划，通过举办专题讲座、培训班、组织外出考察等形式，分类分批对全区非公企业党务工作者进行轮训。2010 年以来，共举办各类学习培训 20 余次，培训 870 人次。二是选优配强党组织书记。注重把党性观念强、有丰富经营管理经验的党员，通过内部推优、公推直选等方式，选拔到企业党组织书记岗位上。截至目前，全区已通过公推直选产生非公企业党组织书记 433 名。三是选派优秀党建指导员。坚持非公企业党务工作者素质专业化、标准化、均衡化目标，特别是从退居二线的区管领导干部、机关科级干部、退休老党员、党员志愿者中选派党建指导员，常驻企业进行业务指导。截至目前，先后选派了 300 多名党建工作指导员，其中区管领导干部 16 名，全程参与企业的党建活动。

实行组织活动方式灵活化，着力破解党组织活动开展难的问题。一是改进活动形式。针对非公企业党员分布散、集中时间少的实际情况，依托全区网络党建“一核心六平台”，打破空间时间限制，广泛开展网上学习、网上交流、网上民主评议等网上支部活动。如浙江盘石信息技术有限公司党委结合自身优势，自主研发盘石党建管理平台，整合在线申请入党、在线学习、在线组织生活、在线党员管理等功能，实现平台、邮件、RTX 三位一体。二是创新活动方法。根据员工党员的兴趣爱好和需求，着重开展业务技能交流、心理疏通辅导、互帮互助等活动。如杭州爱立特园林景观建筑工程有限公司党支部采取相对集中和分散活动相结合的方法，开展党员义务奉献日、提合理化建议、劳动竞赛等主题活动。三是丰富活动内容。广泛组织开展党员示范岗、党员责任区、技术攻关小组、党员志愿服务等活动。如杭州北部软件园发展有限公司党委结合园区特点，广泛开展“立足岗位比奉献”、“我为园区发展献一策”等活动，凝聚了发展共识。

促进利益诉求渠道畅通化，着力破解有效构建和谐劳动关系的问题。一是开展“解难舒压”行动。围绕舒解劳资关系紧张状况、构建和谐劳动关系开展工作，采取“和谐工作室”、“党员谈心室”、“员工下午茶”等多种形式，缓解员工工作压力。如浙江康汽集团东风标致4S专营店党支部专门开辟“党员谈心室”，同时配备数字电视、30 余种报刊杂志等配套设施，及时掌握员工思想动态。二是建立员工定期约谈制度。从员工工作上、生活上的实际困难和需求出发，畅通员工与党组织和经营管理层的沟通渠道，及时协调解决员工关心的实际问题。如振华运输党支部每位党员联系 10 名群众司机，每月见一次面，三个月谈一次心，在力所能及的范围内帮助他们解决实际困难。三是构建和谐外部关系。结合群团组织工作和企业经营实际，引导企业开展区域协作，妥善协调非公企业与上级党组织、政府部门、社区等外部关系。如杭州九洲大药房连锁有限公司党支部发动党员和普通员工开展各类便民医疗服务，免费发放防暑物品，支持社区建设。

推动党组织作用发挥最大化，着力破解发挥党组织实质作用的问题。一是推动企业转型升级。结合企业生产经营实际，引导党员与企业同成长共进步，主动帮助企业应对挑战、办好实体、促进发展。如杭州中亚机械股份有限公司党支部紧扣发展，组织开展“业务技术专在前，疾难险重干在前，乐于奉献走在前”活动，有效推进增收、节收、降耗、管理等方面工作的改进。二是促进企业人才队伍建设。大力实施“党员人才工程”，为企业营造引人、育人、留人的良好环境。如圣奥集团有限公司党委开展“党员先锋岗”、“党员责任区”、党员“四有四无”等活动，76名党员成为公司各部门业务骨干，13名党员担任了公司中层以上管理职位。三是引领企业先进文化建设。指导企业制定文化发展规划，总结提炼企业精神，引导企业履行社会责任。如浙江中建网络科技股份有限公司党支部努力构建富有社会责任感的企业文化，组织公司员工为地震灾区援建希望小学，并以中国水泥网、水泥行业乒乓球赛为平台，宣传发动全行业共同向灾区献爱心。

引导员工关爱人本化，着力破解让员工体面劳动、快乐工作的问题。一是健全党内关怀激励机制。搭建管理服务、教育培训、关爱帮扶、关爱激励平台，建立并运用党内关爱基金、员工互助基金、党员创业基金等渠道，着力帮助解决党员员工的实际困难。如杭州奥航综合服务有限公司每年从公司经营收入中拨出一定款项，由党支部保管，作为困难员工的紧急救助金。二是实施“服务关爱员工”计划。组织开展“进员工门、知员工情、解员工难”活动，积极为他们办好事、做实事、解难事。如天马控股集团党委通过开展外来职工需求专题调查，主动提出并新建了4幢职工宿舍楼，为1100余名外来务工人员提供免费住宿。三是开展“党员员工结对”活动。从创建员工良好发展环境出发，通过企业党员与普通员工互相结对，努力形成导师带徒、学习互助、兴趣交流等特色结对。如康桥集团党委建立“支部＋支部”、“党员＋群众”结对联建模式，在安全生产，技术管理、管理效能、党员奉献等各方面相互联动，加强支部整改交流。

力推党建工作品牌化，着力破解培塑先进典型的问题。一是打造“青春党建”品牌。组织开展才艺展示、婚恋交友等富有青春气息的党建活动，不断激发年轻党员的活力。如乐富智汇园党总支着力破解年轻员工离职率高的问题，定期举办“相约乐富，牵手幸福”活动，组织园区内的适龄青年开展交友活动。二是打造“创意党建”品牌。结合文创产业示范区建设，发挥文创产业集群优势，在全区文创企业开展特色党建活动，将文化创意融入党建，形成创意党建的带动力。如利尔达科技有限公司依托A＋ELN在线培训平台、院士工作站等载体，着力构建创新型企业文化，在党员技术骨干的带领下，获得了129项国家专利和78项计算机软件著作权。三是打造“文化党建”品牌。围绕全力打造运河商圈，全面建设运河文化带，用文化助推非公企业党建工作，不断增强企业党组织的亲和力凝聚力。如丝联166文创园区党总支结合“书香小河”、“金色阳光”读书社等活动载体，开展专题学习培训活动。

临沂市夯实非公党建工作基础

临沂市委组织部

山东省临沂市工商联非公有制经济组织党委立足自身职能，发挥优势，以“围绕发展抓党建、抓好党建促发展”为目标，着力打造“五个一”工程，夯实非公党建工作基础。

配一个好指导。目前，临沂市共直接回请党组织书记、党务工作者218名，公开招聘125人；在县乡两级共选派了2000余名党建工作机关干部，到非公企业特别是建立“兼合式”和未建党组织企业中指导党建工作。今年，临沂市工商联开展了选派机关干部挂职帮扶企业活动，采用“双向选择、组织确认”方式，选派了260名工商联（商会）机关干部到非公企业，指导帮助企业开展党建工作。

选一个好班子。在全市率先推行了党组织领导班子“公推直选”制度，使选举产生的党组织领导班子成为了业主认可、职工爱护、党员贴心的坚强堡垒。目前，市工商联机关党委所辖42个基层党组织全部采用“公推直选”方式产生领导班子。2013年七一前夕，市工商联历时2个月，采用“公推直选”方式，129名党代表直接选举产生了11名委员组成的党委和3名委员组成的纪委领导班子。

建一支好队伍。大力实施“党员人才工程”，注重将党员培养成技术能手和企业管理人才，把政治素质过硬的技术能手和管理人才培养成党员。发展党员过程严把“三关”：一是公推公示关，二是组织考察关，三是党委审批关。今年，临沂市工商联机关党委新发展党员34名，培养积极分子48名，为22名预备党员办理转正手续，接转组织关系56人次，对34名发展对象进行组织谈话和政审调查。

育一个好企业。对非公企业出资人进行管理、培训和服务，从而保障非公企业健康发展，引导他们更加重视和支持企业党建工作。去年以来，临沂市工商联针对非公企业出资人、党务工作者和党员培训达21个班次，培训人员6000余人次。同时，加大对表现好的非公企业出资人进行政治安排，目前，全市非公企业出资人中各级“两代表一委员”2086名，现任市工商联执委311人、常委144人。

树一批好典型。大力开展“优秀中国特色社会主义事业建设者”、“商会会长标兵”、“优秀会员企业”、“巾帼创业之星”、“优秀共产党员”、“先进基层党组织”、“党建工作先进单位”等先进典型评比表彰活动。使广大非公企业出资人和党员学有榜样、看有典型。去年，临沂市工商联联合组织开展了庆“七一”大型表彰及文艺演出活动，授予山东远通集团等73个集体“全市统战系统抗震救灾先进集体”荣誉称号，表彰了50个先进基层党组织和100名优秀共产党员。启动了“临沂民营企业50强”、“临沂民营企业公益之星”、“临沂创新型民营企业”三项评选活动。评选了首届“沂蒙名商”30名，在广大非公经济人士中间引起了强烈反响。

携手行业协会推进非公党建工作

北京市工商行政管理局西城分局

近年来，北京市工商局西城分局辖区行业协会、商会发展势头良好，力量逐渐强大，不仅搭建了政府和企业关系的纽带，也成为社会化监管及非公党建工作深入开展的桥梁。西城工商分局把加强行业协会党建工作作为工作突破口，借力行业组织，以西城区马连道大街为试点，携手北京福建企业商会茶业分会(以下简称“北京福建茶业商会”)，积极推进非公党建工作，取得初步成效。

一、北京福建茶业商会及党建工作基本情况

马连道大街有“全国茶叶第一街”之称，聚集和吸引了全国3万多名茶叶经营者，其中80%是福建茶商，年交易额60多亿元，茶叶衍生品及其带动的相关行业销售额达十几亿元。马连道大街有8家商会，北京福建茶业商会是其中一家。该商会是北京福建企业总商会的茶业行业商会，是全国首家省级茶业商会，也是北京最具影响力的行业协会之一，现拥有会员700多家。其党支部隶属北京福建企业总商会党委，成立于2010年11月，目前已发展党员28名、积极分子14名，主要是规模较大会员企业的法定代表人，2012年荣获“先进基层党组织”称号。

二、提高商会认识，合作确定工作重点和工作机制

西城工商分局领导多次走访北京福建茶业商会，宣讲非公党建工作的意义，商讨如何携手推进商会党建工作。商会领导最终认识到，商会已经发展到一定规模，需要党组织的力量来壮大助推商会的发展，工商部门的加入，无疑给商会注入了新的力量，以党建促会建，提高凝聚力，能够更好为茶商企业服务。结合双方实际，协商确定了工作原则，即党建工作与工商服务监管工作和商会服务会员工作相结合，党建工作与扶持服务茶业经营企业和区域非公经济发展相结合，同时建立了工商分局有关科室、工商所、私个协会一把手负责制，双方定期沟通联系机制，加强各级工商部门、私个协会与商会和支部日常工作的沟通和合作。

三、坚持“五个围绕”，深入推进商会党建工作

（一）围绕组织制度建设抓党建。针对商会党支部成立时间不长、制度不够完备的情况，西城工商分局有关同志上门指导茶业商会党支部从建立健全制度上抓起，先后建立了“三会一课”制度、党员创先争优制度、党员活动制度、责任制度、党员联系制度和民主评议等六大制度。推动商会设置专门的党建经费预算，保证党建工作的开展。同时，指导党支部做好党员发展和接收流动党员工作，吸收了多名“口袋党员”加入党组织，发展了一批党员，并积极培养入党积极分子。

（二）围绕法规政策服务抓党建。商会党支部聘任私营个体经济监督管理科负责同志为党建指导员，不仅指导党建工作，同时为企业经营中遇到的法律政策问题提供及时咨询服务。将党支部成员即茶商的代表发展为党建联络员，作为茶商企业的政策宣传员、法律咨询员及茶商办事代表。工商分局联合商会党支部在茶商中深入开展法律法规和政策宣传。在商会官方微博上发布年检宣传片和公告，在商会月刊和期刊上宣传工商法规和新的政策，先后举办了消费风险讲座、食品安全知识讲座，发放了食品安全宣传材料等。

（三）围绕企业经营难题抓党建。针对小微企业融资难问题，工商分局及时与商会支部沟通，决定把支持商会协助小微企业解决融资瓶颈作为当前和今后一个时期重要服务工作之一，加大工商分局对商会的支持力度，同时定期收集企业经营中遇到的住所、审批等其他问题，努力帮助企业解决发展中的难题。2013 年以来，工商分局和私个协会进一步加大了对商户融资活动的支持力度，积极帮助协调银行和担保公司等金融机构，目前，茶业商会凭借良好的信誉先后与多家银行和担保公司建立了长期良好的合作关系，为 80%的小微茶商会员成功融资，进一步促进了区域小微茶商的发展。

（四）围绕防控经营风险抓党建。如何正确引导商家合法经营、正当竞争，是企业健康发展也是工商部门履行监管职能面临的重要问题之一。为防控企业经营风险，2013 年 9 月，商会召开了电子商务大会，商会党支部专门邀请工商分局党建指导员——监督科负责同志参加会议，与商会共同探讨电子商务发展问题，从电子商务监管角度，向企业代表讲解了经营中需要注意和规范的各种问题，受到商会和企业的热烈欢迎。

（五）围绕精神文明和文化建设抓党建。工商分局积极协助商会党支部开辟了党员活动室和党员服务中心，让支部党员感到温馨温暖。每月集中开展“读好书”活动，组织了“三八节”女党员摄影日活动。今年“七一”前后，工商分局和商户支部联合组织了“茶叶进社区”系列活动、“茶香社区、共庆七一”党日宣传活动，邀请商会负责人讲解茶叶知识，工商部门宣讲食品安全和消费者权益保护有关知识，周边居民踊跃参加，三方互动，增强了茶商的社会责任意识，营造了良好的氛围。同时，工商分局结合“走基层、访企业、听民声、转作风、增效能”活动，与支部组织了茶商座谈会，听取了企业意见建议，就共同营造良好市场经营环境问题进行了探讨交流。

以改革创新精神履行非公党建职责使命

山西省工商行政管理局
中共山西省非公有制经济组织工作委员会

省非公工委成立以来，按照总局要求，我们在省委领导和省委组织部指导下，以改革创新精神，推进非公党建，取得积极进展。

一、把非公工委成立起来：形成党委领导，组织部指导，相关单位齐抓共管，非公工委依托工商机关具体负责的工作格局

2010 年 9 月，省委决定，成立省非公工委，作为省委派出机构，与省工商局合署办公，具体负责领导和协调全省非公党建工作。当年 9 月 29 日，正式挂牌成立。2011 年 3 月，省委发文，要求各市、县参照省里模式成立非公工委，工商局长兼任书记，组织部、统战部分管副部长兼任副书记，工商局纪检组长兼任纪委书记，再配备一名专职副书记，并建立和完善非公党建工作联席会议制度。省委还要求，将非公党建工作，作为市、县、乡党委书记和省、市、县非公工委书记履行基层党建工作责任“三级联述联评联考”的重要内容，进一步落实了市、县委书记第一责任人责任。

对非公工委工作，省委、省政府和省委组织部高度重视。袁纯清书记、李小鹏省长、金道铭副书记、汤涛部长多次作出批示，专门听取汇报，指明工作方向。2012 年 6 月，省委出台《关于进一步加强和改进非公有制经济组织党的建设工作的意见（试行）》，提供了政策保障；2011 年 6 月、2012 年 4 月，省编办分两次批复了省非公工委和市县非公工委的机构设置及领导职数，各级非公工委专职副书记已配备到位，提供了组织保障；今年 7 月，省委组织部、省非公工委、省财政厅、省地税局、省国税局下发《关于落实非公有制经济组织党建工作经费的通知》，提供了经费保障；今年 7 月，省委组织部、省非公工委就党建指导员的统一管理作出规定，提供了工作力量保障。

省委书记袁纯清指出：加强非公党建工作，要充分发挥好非公党建工作联席会议的统筹协调作用，非公工委的领导作用，工商管理部门的主要依托作用。党委重视就是最大的给力，组织部统筹调动各方力量注入了强劲动力，非公工委依托工商机关狠抓落实彰显了坚强执行力，进而也激发了企业党组织的蓬勃活力。四力合一，形成合力！

二、把党组织建立起来：集中力量、集中时间实施集中组建，一举实现党的组织对非公企业和个体户的基本覆盖

去年，从 2 月底省委召开实施非公经济组织党组织集中组建计划动员大会始，到 7 月底考核验收止，在 5 个月时间内，金道铭副书记明确要求“书记抓、抓书记”，汤涛部长两次出席现场推进会靠前指挥，组织部门一线指导，工商部门万名干部全力以赴，打了

一场漂亮的破解“组建难”的攻坚战，新建党组织9896个，党组织总数增长两倍，达到14264个，占到全省各类基层党组织总量的11%，所建党组织覆盖了正常生产经营的非公企业和个体工商户，推动全省非公党建工作跃上新台阶、步入新阶段。

我们的具体做法，一是责任落实到县。全系统90%的人员在县局和工商所。工作的基础在县、力量在县、重心在县。按照党组织属地管理、市场主体属地监管的原则，以县为基本单位，认领“经济户口”，逐户上门排查，做到所辖区域企业数、组织数、党员数、职工数“四清”。在此基础上，因地因企制宜，提出组建方案，逐户指导组建。二是创新组建方式。对有3名以上党员的企业，不仅要求单独建，而且鼓励与有党员但不具备组建条件的，特别是无党员的企业联合建立党组织。联合建也不是简单的企企结对联建，而主要是依托行业性协会、区域性商会、楼宇经营者、市场主办者、园区管理者和产业链的龙头企业联合组建党组织。联合建是一个动态的过程，要通过工作有效覆盖、壮大党员队伍，最终实现职工在50人以上的企业有党员、职工在100人以上的企业能够单独建立党组织的目标。三是确保组建质量。组建联合党组织的要害是“有形覆盖”与“有效覆盖”的高度统一。我们把选好书记作为建好组织的关键因素，严格选配标准和选配程序；规定新组建党组织达到“六有”标准方可进行验收；对覆盖企业较多的联建党组织，派出由组织、工商、税务干部组成的党建工作指导组；联建党组织所覆盖企业都要作出承诺，积极支持党组织开展活动。四是建立保持组织覆盖的长效机制。非公经济组织登记设立、年检验照，与党组织组建同步进行，同步跟进服务，进一步巩固和扩大了集中组建的成果。

集中组建的强力推进，充分显示了工商机关的特殊优势。实践表明，工商机关作为政府直属机构，能够履行好市场监管的法定职责；非公工委作为党委派出机构，能够肩负起非公党建的光荣使命！

三、把党组织作用发挥出来：促进企业把握正确方向、维护各方权益、凝聚发展力量，在转型跨越发展的主战场干大事、创伟业、立新功

组织覆盖是前提，工作覆盖是手段，发挥作用才是目的。在完成集中组建这个基础性工程和阶段性任务后，我们及时把工作重心转到加强党组织规范管理，发挥党组织“两个作用”和党员先锋模范作用上来，以“双强六好”为目标，努力破解“作用发挥难”的难题。一是把考核评级作为基本措施。要求所有党组织都制订发挥“两个作用”的年度计划，明确为企业、为职工、为党员办哪些实事，并在业主中征求意见、在职工中通报情况、在上级非公工委中备案考核。二是把“两支队伍”作为基本抓手。对党组织书记，全员轮训、提升能力，述职评议、考核激励，保障待遇、关心关爱。特别是积极推荐优秀党组织书记担任社会职务，增强他们的政治荣誉感和工作使命感，如山西沁新能源集团董事长兼党委书记孙宏原，连续当选党的十七大、十八大党代表。对党建工作指导员，着力推进四个转变：派出对象从派往企业向派往党组织转变；工作任务从指导组建向指导作用发挥转变；选拔对象从工商干部为主向党政机关副科级以上领导干部为主转变；管理方式从分散向组织部门和非公工委统一选派、统一培训、统一管理转变。三是把培树典型作为基本方法。把工作有成效、做法有亮点、培树有潜力的党组织，作为地方党委常委和组织部、非公工委、工商局班子成员的联系点并加强指导，涌现出一批事迹站得住、群众信得过、经验推得开、舆论叫得响的先进典型，起到了一个典型就是一面旗帜的引领作用。山西振东集团、山西立恒钢铁股份有限公司等企业党委班子与行政班子交叉任职、党建工作与企业发展同频共振的经验被予以推广，老党员刘振常建立“党建工作室”的做法被媒体深入报道，吕梁泰化公司董事长张子玉等主动支持党建工作、积极捐资助教扶贫的事迹被广为传颂。四是把开展活动作为基本载体。非公工委组织开展了一系列有声有色的活动，营造了全社会关注支持非公党建工作的浓厚氛围。企业党组织开展了许多务实管用的活动，当好企业发展的“导航仪”、生产经营的“助推器”、职工群众的“贴心人”，增强了党组织的凝聚力和影响力。党建工作有力促进了非公经济健康发展，展示了新时期新晋商的崭新形象！

做好非公党建工作意义重大。在履行职责使命中，我们奉献了心血与汗水，更收获着成长与进步。工商干部不仅管市场懂经济，管执法懂法律，更能通过抓党建提升政治素质和综合能力，为干部锻炼成长提供舞台、拓展空间；工商部门不仅是经济社会发展的促进者，更能通过抓党建成为全面推进党的建设新的伟大工程的践行者，有为才能有位，不少工商局长以工委书记身份担任了地方党委委员，参与地方党委政府重大事项决策，为工商工作有效融入当地中心工作开辟渠道、搭建平台；工商机关不仅是市场秩序的监管者、非公经济的支持者，更能通过进企业、抓党建、促发展，实现履行监管职责与推进非公党建的互促共

进，为规范市场秩序、规范企业行为丰富手段、创新方式。党委政府更加重视、市场主体更加信赖，必将为工商行政管理事业的改革发展赢来更加美好的明天！

抓非公党建工作，我们仅仅是开头、起步。我们将认真落实这次会议部署，虚心学习兄弟省市经验，带着责任、充满激情抓，提高素质、理直气壮抓，改革创新、求真务实抓，为全面提高我省非公党建工作科学化水平而不懈奋斗！

潍坊奎文区探索商会党建工作新模式

奎文区委组织部

在深入开展非公有制经济人士理想信念教育实践活动中，山东省潍坊市奎文区非公党工委、区工商联在楼宇商会和党组织建设方面探出新模式，在引导全区非公有制经济人士进一步坚定信念、信任、信心方面取得新成效。

健全党建组织构架

以重点企业为抓手，建立健全党组织。在东盛广场小微企业促进商会的筹建过程中，发现部分企业组建党组织的条件基本成熟，但缺少懂党建工作的带头人。为解决这一难题，区非公党工委一方面帮助企业招聘一些从机关企事业单位退下来的老同志担任党支部书记；另一方面，注意从企业员工中选拔年轻有为、业务能力强、党员群众认可的党员员工，进行党建培训，使之熟悉党务工作，担任企业党支部书记，并帮助、指导企业成立党组织。目前，北京搜房科技发展有限公司、潍坊唐和文化传播有限公司、潍坊浙鑫置业有限公司、北京中公教育潍坊分公司和小微企业促进发展商会 5 家企业、商会新成立了党支部。

统筹协调，同步成立商会及党组织。奎文区工商联指导商会按照规范的架构和程序推选商会负责人，引导素质高、有威望、热心商会工作的优秀企业家参选会长和副会长，坚持内选、外聘相结合，配强商会党组织班子。党组织书记选配做到“两优先”，即商会会长、副会长优先，退休党员领导干部优先。经过层层推荐，会员代表大会和党员代表大会分别选举东泰投资有限公司副总经理杨文明担任东盛广场小微企业促进发展商会会长和东盛广场商会党总支书记。建立完善商会和商会党组织的运行机制，党组织工作向商会通报，开展活动与商会沟通，大事进行协商解决，实现了与商会的良性互动。

加强领导，健全组织管理构架。区非公党工委依托小微企业商会建设，成立东盛广场商会党总支，隶属东庄社区党委管理。新成立的北京搜房科技发展有限公司等 5 个党支部，与已成立的东泰集团党支部、夕阳红党支部等 7 个党支部，统一隶属于东盛广场商会党总支管理。实施党建带群建，充分发挥工会、共青团、妇联、工商联的职能作用，成立职工之家、青年之家、妇女之家、小微企业联合商会，共同构建相互交流、服务党群的网络平台。

保证党组织工作良性运转

坚持因地制宜，抓好硬件设施建设。区非公党工委坚持将东盛广场商会的党员活动室、电教设备等硬件建设作为重点。建立红色家园，实现党群活动一体化，设立综合服务区、图书阅览区、业务洽谈区、健身活动区、商务休闲区五个功能区，主要提供员工交流、业务洽谈、娱乐休闲、代理承办等服务；设立党员远程教育系统，配备部分党建读物、党员电教片等党建资料，加强党员的党史传统教育；建立党员活动室，为党员提供理论学习资料、书籍和党建网站浏览等服务，定期举办党课讲座、党员电化教育、在线学习等活动。

完善工作机制，促进党组织作用发挥。进一步完善了“三会一课”制度、流动党员管理制度、党费收缴制度、发展党员制度、党员联系群众制度等规章制度，保证了党员组织生活经常化。建立健全困难党员信息库，接受困难党员的救助申请，做好困难党员救助工作。建立健全东盛广场商会党支部互查机制，各支部书记组成互查组，既相互检查党建工作开展情况，又相互学习，取长补短，对提高党建工作的整体水平起到了促进作用。成立了“党员服务站”，为企业党员特别是外来务工人员中的党员及时接转组织关系，纳入到党组织中来，开展正常的组织生活提供了保障。

促进党组织和党员健康发展

创先争优，促进和谐。东盛广场商会开展“双强六好”党组织创建活动。结合单位实际，以党建强、发展强为目标，按照生产经营好、企业文化好、劳动关系好、党组织班子好、党员队伍好、社会评价好的标准，广泛开展“双强六好”党组织创建活动和党员示范岗、党员责任区、党员公开承诺活动，促进企业党组织履职尽责创先进、广大党员立足岗位争优秀。

开展“服务社会比奉献、促进和谐争先锋”创建活动。组织各基层党支部评选业务精湛、业绩突出的党员岗位，并悬挂“党员先锋岗”匾牌，激发和调动广大党员的积极性。出台了“党员先锋岗”管理办法，在党员中形成了比、学、赶、超的浓厚氛围，打造了一支“平时工作看得出，关键时刻站得出，危急关头豁得出”的党员队伍。东泰集团有限公司党支部，开展了“比文明、比诚信、比守法、比奉献、比发展”的“五比”活动，增强了党组织的凝聚力。

深入社区，回馈社会。一是组织志愿服务活动。建立志愿服务队伍，定期组织开展各类以结对帮扶、困难救助、便民为民等为主题的志愿服务活动。号召党员发挥先锋模范作用，吸引100多名青年职工参加，壮大了志愿服务力量，并根据各自特长划分为不同的志愿服务队伍。金庆房地产评估有限公司董事长岳连红是九三学社社员，她出资2万多元并联系九三学社社员中的医务工作者开展送医送药下乡活动。二是开展结对共建活动。探索开展企业党组织联谊活动，依托街道社区网络，开设红色家园网站、党建微博、党建QQ群、网上党校、网上论坛等，把党的活动阵地拓展到网络上，增强党组织活动的吸引力和影响力。

组织活动，服务员工。以楼宇入驻单位和员工为主要群体，定期不定期组织开展各类丰富多彩、群众喜闻乐见的文艺、体育、健身等活动，既丰富了职工业余生活，又加强了公司之间、员工之间的交流融通。根据楼宇内的单位特点，以楼宇职工和附近居民为主要受众，每季度举办一期有关法律、理财、健康、文明礼仪、文艺鉴赏等方面的知识讲座，帮助群众提高基本素养、更新经营理念。

抓好“四个保障”破解小微企业党建难题

河北省任县工商行政管理局

任县位于河北省南部，地处滏西平原，是以粮食生产为主的农业县。近年来，在“推动全民创业”、“鼓励民营经济发展”等政策措施的引导下，非公经济得到了较快发展，但由于“起步晚、底子薄”，90%以上的企业仍属小微企业。“规模小、经营不稳定、从业人员构成复杂、流动性强”等特点，导致了在小微企业中开展非公党建工作困难重重。

面对这种现状，任县工商局不等不靠，在县委组织部的领导下，充分发挥工商部门优势，结合本地实际，积极探索和实践非公企业党建工作的新方法、新途径，努力解决小微企业党建中存在的突出问题。目前，全县非公企业党支部达到了35家，拥有党员245名。

一、抓好组织保障，破解领导机制和隶属关系难题

小微企业由于创建和成长轨迹不同，有的企业有党组织，有的企业有党员无党组织，有党组织的企业又分别隶属于乡镇、村委会等，领导机制不畅、隶属关系复杂。出现这些问题的主要原因，是缺少一个强有力的组织进行统一管理。对此，县工商局主动将非公企业党建工作纳入工商工作范围，先后向县委组织部提交了《非公党建调查报告》和《挂靠工商部门开展党建工作的请示》，详细阐述了由工商部门及个私协会牵头开展非公企业党建的优势，引起了县委主要领导重视。通过多方努力，2010年6月，河北省第一家挂靠工商部门的非公企业党委挂牌成立。党委直接隶属于任县县委，党委书记、副书记分别由工商局局长和主管副局长兼任，相关委员分别由个私协人员担任。在县委组织部的协调下，将全县所有非公企业党支部、党员和非公企业党建职能全部纳入非公企业党委工作范围。这不仅为个私企业党建安了家，也开拓了工商工作的新领域，实现了思想认识和领导体制的双突破。

二、抓好机制保障，破解党组织组建和提高覆盖率难题

针对小微企业规模小，处于发展初期，企业主对非公党建工作不重视，而且从业人员流动性强等现状，主要通过三个机制保障，提高党组织组建率。一是调查分析机制。在企业登记注册、年检、验照时，开展党建工作调查，系统了解掌握非公经济党组织及党员情况，建立基本数据台账，实行动态管理，及时掌握企业变化，适时调整党建工作重点。二是齐抓共管机制。按照“信息互通、工作互补”原则，建立非公党委、工商局和个私协会联席会议制度，充分调动三个方面的信息和资源，分别确定工作职责和目标，完善考核方法，形成齐抓共管格局。三是分类组建机制。坚持“因企制宜，就近管理，方便灵活”原则，对员工和党员相对较多的企业，组建独立支部。对党员数量不足3名、不能单独组建的企业，按照“地域就近、行业相同”的原则建立联合支部。对没有党员的企业，从企业辖区工商分局或个私协分会中，选派人员作为

企业的党建联络员、指导员，指导其招聘党员职工、培养入党积极分子，千方百计为建立党组织创造条件。同时，广泛开展“组织找党员、党员找组织”等活动，使“口袋党员”、“隐性党员”纷纷亮出身份，并帮助他们把组织关系接转到所在企业党组织。通过努力，新成立企业党支部19个，其中2个为联合党支部，吸收党员121名，培养入党积极分子245名。

三、抓好制度保障，破解党组织规范化建设难题

小微企业从业人员构成复杂，人员素质参差不齐，在经历了“党组织从无到有”、“党员由少到多”等过程后，对党组织和企业本身都会带来影响。如何克服不利因素，加强党组织和党员管理就成为了亟待解决的问题。对此，县工商局坚持“完善、健全、规范”的原则，注重从规范化建设入手，先后出台了《任县非公有制企业党支部建设规范》、《任县非公有制企业党支部工作指南》等一系列制度，对党组织生活、党费收缴、民主评议等各方面提出规范化制度要求；在非公企业设立标准化的“党员活动室”，把各种制度统一装框，规范上墙；为企业党支部统一制作了“党支部牌匾”，统一印制了“活动记录本”、“学习笔记本”、“会议记录本”，对党支部“三会一课”活动予以规范。要求党建指导员定期到企业开展党建活动，使全县非公企业党支部，形成“按要求组建、规范化运行”的良好态势。

四、抓好活动保障，破解党组织发挥作用难题

一些非公企业对党建工作不重视，积极性不高，一个重要的原因就是，非公企业党组织和党员的优势和作用发挥不明显，影响力有待提升。对此，在县委组织部的领导下，县工商局通过组织好各类活动，积极探索党组织在非公企业发挥作用的最佳着力点，探索党建工作和经济工作的最佳切入点，探索党的建设与企业文化建设、精神文明建设最佳结合点，真正做到党建工作为企业所需要，为业主所支持，为员工所拥护，为党员所欢迎。通过开展“把党员培养成人才，把人才培养成党员，把党员人才培养成经营管理干部”的“三培养”活动，使26名优秀党员走上了企业管理岗位；开展“党员亮身份、树形象”活动，在35家企业设置了“共产党员岗”，党员带头搞革新、抓质量，帮助企业提升经济效益；组织开展了银企对接、创业帮扶、产品推介等活动，帮助企业解决资金缺口，提升企业职工素质，增加企业产品订单；在开展“创先争优”活动中，有5家企业党支部被评为市级“先进基层党支部”，12名党员被评为“优秀共产党员”。2011年，小微企业10名党代表参加了任县第八次党代会，进一步扩大了非公企业党组织的影响力。

老边区创建区域化管理新模式 破解非公企党建工作难题

辽宁省营口市老边区党工委

营口市老边区立足企业发展呈现出的区域化、集群化特点，根据全区非公有制企业分布状况，探索建立区域化管理新模式，按照“阵地共建、资源联享，党员共管、党建联抓，文化共育、活动联办，区域共建、整体联动”的原则，实现了非公企由“单个”向“集群”、由“分散”向“联合”、由“垂直管理”向“区域化管理”的大党建格局转变，进一步提升全区非公企业党建工作整体水平。

一、阵地联建，实现资源共享

针对个别非公企业党员活动阵地设施不完善、功能不齐全的问题，充分发挥非公企业集群优势，推行党建阵地联建、联管、联用的建管新模式，实现党建阵地共建共享和利用效率最大化。一是阵地联建。根据各个园区内的非公企业分布情况，将非公有制企业划分为12个区域，在每个区域中确定1个规模较大、效益较好、党员人数较多、党建工作基础较强的企业作为中心企业，组织引导企业单独、联合出资建立区域党员活动中心。二是设施联建。在活动中心内设置教育培训室和文体活动室，配备上网电脑、DVD、投影等现代化电教设施和乒乓球、象棋、图书资料等文体设备，不断满足不同类型党员的个性化学习需求。三是制度联建。建立区域党员活动中心管理制度、活动守则，制定轮流组织、定期开放和预约开放制度。活动中心对所有职工开放，活动圈内每家企业党组织、每名党员及员工都可以免费使用。

二、党建联抓，实现组织共建

针对非公企党组织组建难，发展党员难、党员管理难等问题，充分发挥区域党建活动中心组织联建、党员共管的统筹优势，统一规划、部署非公企业党员队伍建设。一是组织设置一体化。在12个区域党建活

动中心分别建立区域型党总支，建立了以各镇街（园区）党委为统领，所指定的规模企业为核心，若干企业党支部为节点的全覆盖、网络化的组织设置格局，组织企业党组织开展党建工作。二是党员教育集约化。从区非公经济组织党工委、老干部党委、各镇街（园区）党委和区委党校教师中选派 24 名机关干部和理论教员，向每个区域党员活动中心派驻了 1 名党建指导员和 1 名理论教员，指导配合区域型党总支联合开展党员教育培训。三是党员管理动态化。突破传统的“封闭、静态、单一”的党员教育管理模式，积极探索“区域一体、动态管理”的党员教育管理新方式，在区域党建活动中心内设立党员服务站，为区域内所有企业党组织和党员提供教育管理、活动策划、政策咨询、党内业务办理等相关服务，实现了党员发展从单纯的企业内部发展向区域联合发展转变。

三、活动联办，实现文化共育

针对个别企业员工少、组织开展活动难、职工文化生活单一以及员工流动性大、素质参差不齐的问题，着力打造企业文化品牌，丰富企业员工文化生活，增强区域党建活动中心的凝聚力和向心力。一是共建企业文化。通过整合“活动圈”各企业的人力、物力、财力，举办企业报、企业网站、创作企业之歌等方式，开展党史知识、政策形势宣传教育，共育企业文化，实现活动圈内企业党的建设与文化建设同频共振。二是共建企业文明。将区域内环境治理工作一体化，对企业周边原来的 7 处“三不管”地带进行了综合治理。开展树立典型活动，每个共建区域内树立一个先进典型，引导带动区域内广大职工互学共进。三是共建职工之家。对于需要捐助的职工由区域内企业共同予以捐助，其中，有 2 名职工因出车祸和患病等原因，需要救助，在自身企业规模较小的情况下，得到了区域内企业的共同捐助 4 万余元，解决了燃眉之急。区域党总支开展联合演讲比赛、文艺汇演、体育竞赛等活动 13 次，使部分规模较小企业党员职工能够真正过上正常化的组织生活。

四、发展联手，实现效益共增

区域党总支把党建工作融入到企业的生产经营管理中，联合开展各项活动，调动广大党员的先进性，把党建优势转化为发展优势，把党建成果转化为发展成果，促进了非公企业又好又快发展。一是联合开展“设岗定责”活动。共有 345 名党员通过认领岗位、公开承诺，带头服务发展、服务企业、服务社会。二是开展“三比”活动。广大职工通过“比成绩、比贡献、比节约”，共为企业提出合理化建议 400 余条，已经采纳并形成制度 40 余条，进行技术改进 9 项，为企业共节约资金 130 余万元。三是开展“一区两岗”主题实践活动。广大党员职工通过创建“党员责任区、党员先锋岗、党员示范岗”，以身作则，爱岗敬业，积极投身到推动企业科学发展的实践中去，共制定班组奖惩细则 25 个，完善各种规章制度 9 个，排查消除安全隐患 16 个。

偃师市“五个一”加强非公企业党建工作

河南省偃师市委组织部

偃师市为切实加强对非公有制企业党建工作的指导和服务，采取“五个一”工作方法，实现了非公有企业党建全覆盖，确保非公有制企业持续、快速、健康发展。

选派一批党建指导员。实行派员帮建组建模式，对规模较大、员工较多而没有党员的企业，镇、村从熟悉党务工作的两委干部、机关中层干部、离退休老干部中选派了 67 名党建工作指导员，指导非公企业开展党建工作。目前已消除了非公有制经济领域党建空白点，实现党建工作在非公企业全覆盖。

发放一封公开信。为更好地引导企业出资人支持企业党建工作，在全市发放《致全市非公有制企业出资人的一封信》，号召各非公企业出资人积极支持和参与企业党建活动，围绕企业的生产经营发展，广泛开展科技攻关、技术比武、建言献策等各类活动，团结凝聚党员职工，促进非公有企业持续健康快速发展。

编印一套学习资料。为进一步提高非公企业党建工作的规范化程度，将全市非公有制企业党建工作要求、党建工作制度、党组织工作基本制度等有关资料汇编为《偃师市非公有制企业党建工作指南》，发放至每家非公企业，确保学习有资料、有内容、有制度，推动非公企业党组织标准化建设，从而达到非公有制企业有形覆盖和有效覆盖的统一。

建立一项培训机制。为不断提高非公有企业党建水平，偃师市将非公企业党组织书记培训纳入基层党组织负责人教育培训范围，通过组织举办理论学习培训班、交流座谈会等形式，分层次、分类别地对非公企业党组织书记和非公企业出资人进行教育培训，切实提高他们对非公企业党建工作的认识，推进我市非公企业党建工作不断向前发展。

开展一次党建活动。在全市非公企业党组织总开展“双强六好”党组织创建活动，“双强”即：党建强、发展强，“六好”即：生产经营好、企业文化好、劳动关系好、党组织班子好、党员队伍好、社会评价好。要求市委组织部、各镇（区）党委对活加强指导督查、考核评比，对活动中涌现出的先进党组织、优秀党员、优秀党务工作者给予表彰奖励。活动开展后各非公企业党组织设立党员示范岗 200 余个，收到党员职工合理化意见、建议 186 条，开展技术革新项目 19 项。

陕西白河：“四坚持”破解非公党建工作“四大难题”

白河县非公党工委

陕西省白河县坚持以非公有制企业“组织建设年”活动为抓手，按照有党员企业建组织、有组织企业抓规范、无党员企业抓党的工作覆盖的要求，坚持“系统抓、抓系统”，坚持分类组建，坚持统一标准，坚持机制保障，破解非公党建工作四大难题。

坚持“系统抓、抓系统”，破解领导机制和隶属关系难题。坚持“系统抓、抓系统”，将原来非公企业党建工作以“属地管理”为主转变为由企业主管部门“归口管理”，要求“谁负责管理服务、谁抓党建工作”，明确全县 169 家非公企业的包抓责任，经贸局负责规上企业，工商局负责小微企业、个体工商户、专业市场，交通局、住建局、国土局、粮食局、供销社分别负责交通运输、建筑、冶金矿产、粮贸、供销行业的非公企业党建工作，非公企业所在镇协助配合。组织对全县所有非公企业进行详查，按照已建党组织企业、有党员未建党组织企业、没有党员企业 3 个类别建全非公企业党建工作台账，开展“组织找党员、党员找组织”的“双找”活动，共找出流动党员和口袋党员 56 名。做到了企业性质清、业主身份清、组织设置清、党员数量清、职工人数清，准确掌握了全县非公企业党建工作情况。

坚持分类组建，破解党组织组建和提高覆盖率难题。根据非公企业党员人数及经营状况，采取独立、联合、挂靠以及在行业协会和专业市场组建党支部等多种形式推进非公企业党组织组建工作。目前，76 家有党员的非公企业，已有 70 家组建了党组织，组建率达到 92.1%，成立党支部 43 个。一是独立组建，凡是有 3 名以上正式党员，生产经营正常的企业，通过做企业主思想工作，转接党员组织关系，单独建立党支部，现已单独组建党支部 20 个；二是联合组建，对党员人数不足 3 人的或几个都是一个企业主的企业，按照“行业相近、地域相邻、方便工作”的原则，建立企业联合党支部，现已组建联合党支部 9 个；三是挂靠组建，对企业规模小、流动性大、仅有个别党员的企业，就近挂靠到机关事业单位党支部或村党支部，进行统一管理，开展党的工作，现已挂靠组建党支部 7 个；四是依托行业协会和专业市场组建。对一些仅有个别党员的小微企业和党员个体经营户，以及有一定规模的行业，通过组建行业协会，在协会建立党支部来实现党的组织覆盖和工作覆盖，现已组建 5 个个体私营企业协会党支部，1 个广告行业协会党支部；对规模较大的集贸市场，采用集中组建的方式成立党组织，现已组建县城集贸市场党支部 1 个。同时，对 93 家无党员的非公企业，采取选派党建工作指导员、组建工青妇组织和培养发展党员来实现党的工作覆盖，全县共选派 110 名党建工作指导员，52 家成立了工会、共青团或妇联组织，党的工作覆盖率达到 100%。

坚持统一标准，破解党组织规范化建设难题。按照“组建一个、规范一个、巩固一个”的要求，明确非公企业党支部规范化标准。一是按照有场所、有设施、有标志、有党旗、有书报、有制度的“六有”标准，抓好非公企业党支部活动阵地建设，使每个企业支部都有活动阵地。目前，37 个支部有单独的活动阵地，有 7 个支部与机关事业单位、村、社区共用活动阵地；二是统一印制“三册两簿一卡”，健全企业支部档案资料，如实记录反映活动开展情况，共发放各类卡册资料 500 余份；三是建立健全“三会一课”、党组织议事规则、党员先进行承诺、党员联系服务职工群众等各项规章制度，并在支部活动室上墙公示；四是创建庆华公司党支部等 10 个非公党建示范点，发挥典型的示范、引导、辐射和带动作用；五是开展以“学理论、学技能、学先进，亮身份、亮承诺、亮岗位，服务员工、服务企业、服务社会”为主要内容的“三学三亮三服务”活动，实行企业亮牌经营，党员挂牌上岗，创建“党员先锋岗”、“党员责任区”、“党员示范经营户”。县工商局党委把活动范围拓宽到个体工商户，253 个党员经营户已实行亮牌经营，130 家企业和 253 个党员经营户已向社会公开服务承诺。

坚持机制保障，破解工作持续推进难题。把非公党建工作作为全年党建组织工作的难点来抓，通过建立保障机制，确保工作持续推进、取得实效。一是建立完善激励约束机制，县委、县政府的优惠政策、先进典型评选、各类代表推荐和党员慰问帮扶等方面优先向有党组织的企业考虑；二是建立责任落实机制，县非公党工委和各企业主管部门党组织及相关群团组织签订了《非公党建工作目标责任书》，对各单位抓非公党建工作责任进行了明确；三是建立经费保障机制，非公企业党组织交纳的党费全额返还，对开展活动缺乏经费的党组织，按照每名党员不低于100元的标准给予适当补助，对培育验收合格的党建示范点每个给予奖补经费2000元；四是建立统筹推进机制，结合正在开展的群众路线教育实践活动，把非公党建工作中存在的问题作为活动中重点突破的问题，把非公党建任务作为活动边整边改的内容，统筹推进；五是建立督查考核机制，县非公党工委建立月报告、季通报、年考核的机制，将工作开展情况作为相关党组织书记述职的重要内容，纳入全县年度目标责任考核。

创先争优在党的先进性建设中的理论意义与实践意义

程天权

先进性是马克思主义政党的生命所系、力量所在。面对新形势新任务新要求，中国共产党只有自觉顺应时代要求和人民愿望，不断加强和改进自身建设，永不自满，永不懈怠，实事求是，不断创新，才能始终保持和发展自己的先进性，始终成为全国各族人民的主心骨和中国特色社会主义事业的领导核心。党中央关于开展创先争优活动的重大部署，是新世纪新阶段加强党的自身建设的重大举措，对于巩固党的执政地位、推进中国特色社会主义事业长远发展具有重要意义。

一、创先争优在党的先进性建设全局中的地位

先进性是中国共产党的性质和宗旨的根本要求，是中国共产党保持旺盛生机和蓬勃活力的源泉。中国共产党成立90多年来，始终代表先进生产力的发展要求，代表先进文化的前进方向，代表最广大人民群众的根本利益，因而能够始终保持和发展先进性，成为中国工人阶级的先锋队，成为中国人民和中华民族的先锋队，成为中国各项事业的领导核心，从而领导中国人民取得革命、建设和改革发展事业的一个又一个伟大胜利。

先进性是一个由多方面要素共同构成的有机整体，既包括从中央到基层各级党组织的先进性，也包括党员干部个人的先进性；既包括党的指导思想、路线纲领、奋斗目标、方针政策的先进性，也包括党的组织原则、领导体制、工作机制、运行程序的先进性。只有充分发挥从中央到基层各级党组织、每个党员、干部和党的整个有机体中所有因素、环节的先进功能，才能始终保持和发展党的先进性。

保持和发展党的先进性，党的中央领导集体是关键。党中央的团结、坚强领导、执政能力的提升，正确的理论路线纲领方针政策的制定，这些对于保持和发展党的先进性，具有决定性意义。邓小平理论、“三个代表”重要思想和科学发展观作为党的理论创新成果，是我们党指导思想上的与时俱进，是我们党最可宝贵的精神财富，是保持和发展党的先进性的根本保证。

党的先进性不仅体现在中央层面，体现在党的理论路线纲领方针政策方面，而且体现在各级党组织和全体党员身上。党的基层组织是党全部工作和战斗力的基础，党员是党的细胞和党的先进性的承载主体。因此，要保证中国共产党始终成为一个先进政党，就必须采取有效措施，通过完善制度和机制，使党的各种先进性要素充分发挥作用。具体来说，要使党的各级组织包括高层组织、中层组织和基层组织，使每个党员干部包括领导干部和普通党员，使党的理论要求和实践成效，都能够按照党中央的要求，按照先进性的要求去学习实践，从而在全国范围内形成党的先进性建设的整体合力，推动党的先进性建设不断发展。创先争优活动明确规定了先进基层党组织和优秀共产党员的基本要求，把党的先进性要求同基层党组织的工作职责、广大党员的岗位职责结合起来，指明了新形势下加强和改进党的建设的努力方向，对于激发各级党组织和广大党员的生机活力、提高党的执政能力、保持和发展党的先进性，具有十分重要的意义。

二、创先争优在党的先进性建设中的创新性意义

保持和发展党的先进性是马克思主义政党自身建设的根本任务和永恒课题。党的先进性是历史的具体的。保持和发展党的先进性作为我们党一以贯之的永恒主题，在不同的历史时期具有不同的具体内容和表现形式。创先争优活动作为新形势下加强党的先进性建设的重要举措、有效载体和有力抓手，赋予党的先

进性建设以鲜明的时代特色和崭新的时代内涵，为党的先进性建设注入了新的活力和强大动力。

创先争优凸显了新时期加强基层党组织建设和党员队伍建设的极端重要性。党的先进性历来是随着形势任务的变化而不断丰富发展的，是为实现党在一定历史阶段的历史任务服务的。站在新的历史起点上，我们党面临的执政考验、改革开放考验、市场经济考验、外部环境考验是长期的、复杂的、严峻的，党的领导水平和执政水平、党的建设状况、党员队伍素质同党肩负的历史使命在总体上适应的同时，还存在一些或轻或重的不适应的问题。我们党要带领人民战胜前进道路上遇到的一切困难和风险，要全面做好改革发展稳定各项工作，就必须切实搞好自身先进性建设。党中央明确指出，开展创先争优活动的整体要求，就是要充分发挥基层党组织的战斗堡垒作用和共产党员的先锋模范作用，促使他们在推动科学发展、促进社会和谐、服务人民群众、加强基层组织的实践中建功立业。这一要求，使党的建设伟大工程与促进党的事业发展相结合，使党的先进性建设与服务人民群众相结合，把加强党的先进性建设的重点放在基层组织和党员身上，把党的政治优势和组织优势转化为推动经济社会又好又快发展的强大力量，这是新时期加强党的先进性建设的重要创新。

创先争优明确了新时期评价基层党组织和党员先进性的基本标准。创先争优，内涵丰富，思想深刻，“先”字既要求各级党组织和广大党员在整个创先争优活动中时时体现先进性，又要求各级党组织和广大党员必须把先进性作为活动的基本定位和标准，基层党组织要努力做到领导班子好、党员队伍好、工作机制好、工作业绩好、群众反映好这“五个好”，党员要努力做到带头学习提高、带头争创佳绩、带头服务群众、带头遵纪守法、带头弘扬正气这“五带头”。创建先进基层党组织，争当优秀共产党员，能够得到先进、优秀荣誉的基层党组织和党员毕竟不多，但更重要的，是要通过开展这个活动，使每个基层党组织和党员都更好地发挥作用，更好地推动经济社会发展，更好地服务人民群众。这就要求开展活动既要注重结果，又要注重过程，通过在“创”与“争”上下功夫，对“优”与“先”进行评比表彰，明确方向，激发活力，增添动力，建设长效机制。充分发挥先进基层党组织“五个好”和优秀共产党员“五带头”作用，把是否为推动经济社会科学发展、服务基层群众、维护社会和谐稳定、加强基层组织建设等方面干实事、干好事、干成事作为检验活动成果的标准，从而把党组织和党员的先进性充分激发出来、发挥出来，实实在在地落实到具体实践中去。

创先争优为新时期党的先进性建设提供了范例。创先争优活动把党的先进性建设作为一个有机整体来考虑，突出了党的基层组织建设和党员队伍建设的极端重要性，提出了科学的总体要求、主要内容、方式方法，是新时期加强和改进党的先进性建设的重要创新。开展创先争优活动，通过多途径多形式宣传开展创先争优活动的重要意义，大力宣传创先争优活动的好做法、好经验，大力宣传各行各业先进基层党组织和优秀共产党员的先进事迹，有助于在全社会积极营造学习先进、崇尚先进、争当先进的良好风气。开展创先争优活动，要把典型引路与全面提高有机结合起来。通过发现、挖掘基层党组织、党员干部的先进和优秀典型，及时总结宣传他们的好经验、好做法，积极在全社会营造创先争优的良好社会氛围，从而推进创先争优活动向广度和深度不断拓展。

三、创先争优在党的先进性建设中的长效性作用

如何从体制机制上保障党的先进性，这是我们党始终关注并不懈探索的重大课题。历史和现实都表明，一个政党过去先进不等于现在先进，现在先进不等于永远先进；马克思主义政党赢得先进性固然不容易，在复杂的国内外环境中和长期执政的条件下保持和发展先进性更不容易。深入开展创先争优活动作为党的建设一项重要的经常性工作，一个很重要的目的，就是要探索建立一种在基层党组织和党员中保持和发展党的先进性的长效机制。

创先争优活动与我们党开展的历次学习教育活动一脉相承。始终保持和发展党的先进性，是马克思主义政党加强自身建设的永恒课题，是我们党历次学习教育活动的根本任务。远可追溯到延安整风，近可接上“三讲”教育，再到十六大以后开展的保持共产党员先进性教育活动和十七大以后开展的深入学习实践科学发展观活动，都以党的先进性建设为主线，并在理论和实践的结合上进行了积极探索，取得了宝贵经验，形成了一些规律性做法。尽管不同时期开展的集中教育活动的历史背景、基本内容、主要任务、实施步骤不尽相同，但每一次都紧紧围绕党的中心任务来谋划、来推进、来检验，把集中学习教育活动作为解放思想、统一认识、振奋精神、推进工作的重要举措和有力抓手，使全党的团结空前增强，创造活力和奋进动力广泛激发，战斗力和凝聚力空前提高。

创先争优活动无论是它的创新性意义还是长效性功能，本质上都是实践的，都是把党的先进性建设与

全面建设小康社会的实践紧密结合在一起，把推进党的建设与促进党的中心任务高度统一起来，把党的政治优势和组织优势转化为推动经济社会又好又快发展的强大力量。离开了党的建设和党领导的伟大事业，离开了党的组织、党员的积极参与和能动作用的发挥，创先争优就没有意义，也不可能搞好。按照党中央的部署和要求深入开展创先争优活动，能够使基层党组织通过各种行之有效的创新实践把党的基层组织建设成坚强的战斗堡垒；能够使广大党员在本职岗位上发挥最大的聪明才智，充分发挥先锋模范作用，从而涌现出千千万万个先进基层党组织和优秀共产党员，使党的先进性建设蔚然成风。

基层党组织与群众和社会的联系最为紧密、相互影响最为直接，面临的各种情况和考验最为复杂多样，尤其需要探索和建立切实可行、科学管用的保持先进性长效机制。创先争优活动作为巩固和拓展全党深入学习实践科学发展观活动成果的重要举措，也是建立党的先进性建设长效机制的一个重要探索。这一活动的持续开展，其成功的做法和经验，实施内容和评判标准，有效的运行机制、制度规范和方式方法，等等，都将经过总结提炼，转化为保持基层党组织和党员先进性建设的长效机制，并成为全党先进性建设长效机制的重要组成部分，为新时期加强党的先进性建设提供重要保障。

（作者系中国人民大学党委书记）

非公企业的党建创新

朱敏彦

党建工作要敢于突破传统的方法和方式，着力于党建理念与工作思路的创新、党的组织形式和活动方式的创新。只有这样，才能有利于党对非公企业的政治领导和经济监管，有利于团结凝聚非公企业职工群众努力工作，促进企业健康发展。

在非公企业，党组织的整体形象及影响力和号召力主要是通过党员个人的先锋模范作用来体现的，而这首先要以党员在“经济人”方面的先进性为前提。党员如果没有掌握先进的技术和技能，就难以很好地发挥先锋模范作用。

非公企业的党组织应以“业余、小型、多样”为原则开展党组织活动，把理论灌输与形象教育结合起来，把单向灌输与双向交流结合起来，把常规教育与电化教育结合起来，依托现代化手段，开展丰富多彩的活动。

改革开放以来，非公有制企业大量涌现，发展迅猛。如何抓紧在非公企业开展党的工作，加强党的建设，引导非公企业健康发展，密切党同职工群众的联系，巩固党执政的阶级基础和扩大党的群众基础，已成为当前党建工作的一个重大课题。

党的十六大报告明确指出：“加强非公有制企业党的建设，企业党组织要贯彻党的方针政策，引导和监督企业遵守国家的法律法规，领导工会和共青团等群众组织，团结凝聚职工群众，维护各方的合法权益，促进企业健康发展。”这就要求党建工作敢于突破传统的方法和方式，着力于党建理念与工作思路的创新、党的组织形式和活动方式的创新，大胆地试，大胆地闯。只有这样，才能有利于党对非公企业的政治领导和经济监管，有利于团结凝聚非公企业职工群众努力工作，促进企业健康发展。

理念创新，全面发挥共产党员在非公企业中的先进模范作用，对于推进非公企业党的建设意义重大。针对非公企业党员员工与企业隶属关系的特点，上海浦东新区在创新党建工作中提出了“以做好经济人为前提，充分发挥政治人作用”的党员先进性理念。所谓“以做好经济人为前提”，就是党员首先要充当经济上的“能人”，取得企业主的理解和认同。党员如果没有掌握先进的技术和技能，就难以很好地发挥先锋模范作用。所谓“充分发挥政治人作用”，就是要贯彻执行党的路线、方针和政策，模范地完成党交给的各项任务。在非公企业，党组织的整体形象及影响力和号召力主要是通过党员个人的先锋模范作用来体现的，而这首先要以党员在“经济人”方面的先进性为前提。

体系创新，建立和完善新型的组织管理体系，同样至为关键。非公企业党组织的建立应遵循因地制宜、因企制宜和“谁主管、谁负责”的原则，实行依托街道党工委和乡镇党委进行管理的属地管理、依托市区县专业条线党委进行管理的属条管理、依托投资方党组织进行管理的属资管理、依托行业协会党组织进行管理的属业管理、依托开发区和经济小区党组织进行管理的授权管理、依托各类中介服务机构党组织进行管理的挂靠管理等，并把各种管理模式有机结合起来。

模式创新，建立多种适应新形势要求的基层党组织，是推进非公企业党的建设的题中应有之义。在这方面，应坚持解放思想，实事求是，因地制宜，灵活创新，坚持从企业规模、党员人数、构成差别的实际出发，既重视组织形式的建立，更注重组织建立的实效，不搞“一刀切”，做到“成熟一个、建立一个、健全一个、巩固一个”。上海浦东新区在实践中大胆创新，已摸索出了许多适应新形势要求、具有特色的基层党组织模式。如针对大型商务楼聚集各类企业的特点，创建“楼宇党支部”；针对新区非公企业青年人集中的特点，建立“青年公寓党支部”；针对商业街非公企业集中的特点，建立富有特色的“一条街”联合党支部；针对部分无党员或党员数量少的非公企业，实行政治指导员制度等。

内容创新，把党的自身建设与企业发展结合起来，也是一项重大课题。应针对企业的自身特点，开展以“扩大影响力、增强凝聚力、提高战斗力”为主要内容的组织活动。通过明确活动主题、树立先进典型、加强分类指导，使非公企业的党组织加强自身建设，形成工作规范有序、活动丰富多彩、内容不断更新的良性运行机制。上海南汇区在推进非公有制企业党建工作中，积极做到“四个结合”，即搞好生产经营与党建工作相结合，促进企业发展；提高党员政治素质与提高岗位技能相结合，抓好党员教育；坚持原则与讲究策略相结合，化解劳资矛盾，维护企业稳定；党的活动与企业文化相结合，促进企业文化和精神文明建设，取得了良好的效果。奉贤区在非公有制企业中开展以“一个好的领导班子、一支好的党员队伍、一个好的工作机制、一套好的工作制度”为内容的“四好”企业的党组织创建活动，推动了企业的健康发展。

推进非公企业党的建设，还需要方式创新，以“业余、小型、多样”为原则开展党组织活动。非公企业的党组织应在“有利于党内生活，有利于党员管理，有利于企业发展”的前提下，主要以“业余、小型、多样”为原则开展党组织活动，把理论灌输与形象教育结合起来，把单向灌输与双向交流结合起来，把常规教育与电化教育结合起来，依托现代化手段，开展丰富多彩的活动。

江泽民同志曾指出：在新的形势下，如果我们党的建设和工作跟不上新的形势，适应不了新的变化，就不可能加强和改善党的领导；如果放任自流，不闻不问，那实际上就是放弃党的领导；如果简单地重复过去的传统方法和方式，就不可能收到好的效果，甚至还会适得其反。胡锦涛同志曾对上海基层党建工作作出重要批示，肯定了上海以社区党建为载体抓好“两新”组织党建工作的做法，并要求在实践中进行探索，总结带有规律性的东西，再用来指导新的实践。因此，我们各级党组织和领导干部都要自觉从巩固党的执政基础的战略高度来认识加强非公有制企业党建工作的重要性、必要性和紧迫性，大胆探索，勇于创新，用新的思路和方法，研究新情况，解决新问题，找准非公企业与党建工作的结合点，不断开创新时期非公企业党建工作的新局面。

（作者系上海市中共党史学会副会长、上海市委党史研究室特邀研究员、教授）

新形势下怎样发展党员

王金柱

近日，中共中央办公厅印发了《中国共产党发展党员工作细则》（以下简称《细则》），要求全党遵照执行。《细则》是贯彻党的十八大党建总目标总任务和落实党内法规制定工作五年规划的重要内容，是推进党建科学化的重要举措。

新形势下发展党员的重要遵循

党员是党的肌体的细胞和党的活动的主体，发展党员工作是党的建设一项经常性重要工作。1990 年中央组织部印发的《中国共产党发展党员工作细则（试行）》，对规范发展党员工作、保证发展党员质量发挥了重要作用。但是，过去 20 多年来我国经济社会的巨大变化和对外开放的深入发展，对发展党员带来一系列新情况和新问题。与此同时，从 20 世纪 90 年代初至今，党员的规模大大扩大了。1990 年初全国党员总数 4900 万，到 2012 年底全国党员总数超过 8500 万。数量的急剧增加，对党员的发展、党员的质量提出了新的课题和挑战。尤其是，十八届三中全会提出要全面深化改革，这将面临前所未有的挑战。对利益藩篱、制度天花板等一系列“硬骨头”，都要靠一个坚强有力的党组织和“特殊材料”制成的先进队伍才能啃下来。

另外，从目前党员发展环节来看，近年来各地区各部门结合实际，在发展党员工作实践中创造了不少务实管用的办法，积累了一些成熟经验。但也存在一些亟待解决的问题，比如：一些党组织在发展党员的时候放松了政治思想方面的要求，急于完成人数规模，在质量上有所忽视；有的党组织对发展党员缺乏统筹考虑和宏观把握，导致党员发展存在结构性问题，一些机关党员“富余”，而基层一线和新的社会领域党员“占比”太少；有的党员干部认为，只要把经济搞好了，推动经济增长了，就可以入党，把入党标准简单化，对理想信念和马克思主义价值观要求不够严格。又比如，有的同志总是有意无意地认为，党员越多越好，党组织越大越好，忽略了党不是一个无限膨胀的组织，党作为先锋队、党员作为先进分子，在全国人口中只能占少数，不可能成为多数。党员数量“粗放式”扩张、党组织规模无节制膨胀，不仅管理难度会越来越大，而且发挥的作用会加速递减。

因此，《中国共产党发展党员工作细则（试行）》已经不能完全适应形势任务变化的需要了，新《细则》是中国共产党应对新形势下党的建设面临的新形势、新任务和新挑战做出的重要部署，是从源头上提高党员质量、保持党员先进性纯洁性的重要举措，是做好新形势下发展党员工作的重要遵循。

提高质量是发展党员和优化结构的关键

新《细则》的内容体现了党的十八大、十八届三中全会和习近平总书记系列重要讲话精神，体现了党要管党、从严治党方针，体现了实践探索的新经验。党的十八大以来，党中央就党员队伍建设作出一系列新的重大部署。2013 年 1 月，习近平总书记主持召开中央政治局会议，对加强新形势下发展党员和党员管理工作进行专题研究部署。2013 年 2 月，中央办公厅印发相关文件，对严格发展党员程序、提高发展党员质量等提出明确要求。这次修订，正是依据上述精神和党章对发展党员工作有关内容进行了补充和完善，将中央提出的“控制总量、优化结构、提高质量、发挥作用”的总要求写入总则，对入党积极分子和发展对象的培养教育考察提出了新要求，细化了在流动人员中发展党员的要求，进一步严格了预备党员审批权限，对追认党员的标准和程序作出规定，强化了党组织的领导责任和把关作用。

修订后的《细则》，坚持以党章为依据，充分体现党章对发展党员工作的新要求；体现从严要求，对入党积极分子、发展对象、预备党员严格教育、严格管理、严格考察；突出问题导向，针对在流动人员中发展党员等新情况新问题作出明确规定；总结实践经验，把各地区各部门创造和积累的成熟做法和经验吸收进来；强化党组织责任，严肃工作纪律，切实发挥党组织把关作用；注重务实管用，既增加相关规定，又从实际出发简化一些程序。

《细则》提出了发展党员的新十六字方针，即“控制总量、优化结构、提高质量、发挥作用”，与原来的“坚持标准、保证质量、改善结构、慎重发展”的十六字方针相比，把“保证质量”改为“提高质量”，把“改善结构”改为“优化结构”，对发展党员质量和整个党员队伍结构的优化提出了新的更高的要求。

新十六字方针新增了控制总量的要求。《细则》规定，“坚持慎重发展、均衡发展，有领导、有计划地进行；坚持入党自愿原则和个别吸收原则，成熟一个，发展一个”，“禁止突击发展，反对‘关门主义’”。这意味着在党员发展的总量控制上，发展比例有所降低，更加注重质量，注重对入党积极分子的教育培养考察，要优中选优。新十六字方针还新增了“发挥作用”。这意味着要阻止把一些不犯什么错误，但也不起党员作用的人发展入党，要求党员必须发挥先锋模范作用。总之，新十六字方针，以控制总量为重点，实行发展党员总量调控，使全国党员数量年均增长控制在适当速度，党员队伍保持适度规模；以优化结构为关键，根据不同群体、行业和岗位特点，确定发展党员的重点，不断优化党员队伍结构；以提高质量为核心，坚持党员标准、加强培养教育、严格日常管理、严肃纪律要求，着力提高党员队伍整体素质；以发挥作用为目的，引导党员牢记宗旨、心系群众，立足本职、干事创业，充分发挥先锋模范作用，不断提高发展党员工作的科学化水平。

《细则》的核心是提高发展党员的质量，保持党的先进性和纯洁性。高质量合格党员的标准，在党章和相关党内法规中有明确的要求和规定。

把高质量发展党员和充分发挥党员作用有效结合起来

好制度必须科学，好规定重在落实，贯彻落实《细则》，要紧紧围绕保持先进性和纯洁性发展高质量党员，把高质量发展党员和充分发挥党员作用结合起来。

在发展党员的过程中，要把发展党员和党员管理有机统一起来，始终着眼于调动 8000 多万党员的主动性和积极性，让每个党员都负起责任、真正发挥先锋模范作用。通过建立和完善有进有退、进退有章的制度和机制，激发党员内生动力，增强党员的主体意识和自身活力。通过尊重党员主体地位，发挥党员主体作用，让广大党员参与到党组织活动中来；让党员有一种主人翁的感觉，释放出正能量来；让党员从“要我发挥作用”转变为“我要发挥作用”，从“沉默的大多数”转变为“活跃的大多数”；让基层组织从“要我搞党建”转变为“我要搞党建”，从“为了上级搞党建”转变为“为了党员搞党建”，全面提高党员队伍建设的科学化水平。

在发展党员的过程中，要按照“盘活总量，优化存量，控制增量，严把质量”的原则，科学精简队伍、清理队伍、优化队伍、提升队伍，夯实党员发挥作用的基础。盘活总量，重在挖掘党内潜力，增强党内活力，扩大党的影响力，提升党的吸引力；优化存量，重在坚定党员理想信念，提高党员能力素质，强化党员意识，增强党性修养；控制增量，重在科学规划，完善制度，把好入口，畅通出口；严把质量，重在坚持标准，加强考评，宁缺毋滥，确保先进。

在发展党员的过程中，要从党员队伍建设的薄弱环节入手破解党员发挥作用的难题。比如，“无职党员”发挥作用难的问题。这部分党员通常对自己的要求低，发挥作用不主动、不积极、有顾虑，遇事往往躲、退、让。对这些无职无权党员，要积极为他们创造条件和平台，让他们积极承担义务和责任。确有不合格并且短时期难以改正的少部分人，可以劝其退党。再比如，“守摊型党员”问题。这些党员认为干多干少一个样，开展工作时得过且过，做一天和尚撞一天钟，精神懈怠，不求上进。对这些党员，要进行有效的教育、约束和激励，并完善考核评估机制，尤其要加大群众对党员评价的权重，增强党员的责任心和危机感，促使其发挥作用。又比如，高龄老党员问题。这些老党员发挥作用差别比较大，要视情况而定，不能“一刀切”。对于能够发挥作用的，要用好这些“余热”；对于不能发挥作用的，要深入研究可否与在岗党员分开统计，在发挥作用上可否不做同样要求。总之，要解放思想，实事求是，从有利于党的薪火相传和兴旺发达角度出发，把统筹考虑高龄老党员问题作为党实现科学“瘦身”的一个重要课题。还比如，发展党员家族化、关系化、利益化问题。在基层新增党员中，有的地区出现发展党员家族化、关系化、利益化的现象，搞近亲繁殖、关系入党、有偿入党、入党交易。对于这种情况，要高度重视，严格规范，对触犯党纪党规的要坚决查处，果断处理。

（作者系中央党校党建教研部副教授，
党的学说与建设原理室主任）

四个结合增强非公经济党建工作影响力

刘　琳

党的十八大把创新基层党建作为全面加强党的建设的八个方面的重要任务之一，提出“创新基层党建工作，是夯实党执政的组织基础”，强调非公有制企业党建是基层党建的重要方面。为此，非公有制企业党建工作只能加强不能削弱。非公有制经济组织与公有制经济组织在许多方面存在差异性，其思想多元、利益多样、人员构成复杂、决策体系单一、党员所占比例较小、党建工作保障不稳定、思想教育是内生型渗透型的、经济与文化结合得比较紧密。基于这样的特点，增强非公有制经济组织党建工作影响力，必须坚持做到这样“四个结合”，即把开展党建工作与企业健康发展结合起来、与群团组织建设结合起来、与人才队伍培养结合起来、与企业文化建设结合起来。

一、引导党组织和党员围绕企业转型升级、立足岗位发挥作用开展党建工作

必须紧紧围绕推动企业科学发展主题、加快转变经济发展方式主线，引导党组织和党员围绕企业转型升级、立足岗位发挥作用开展党建工作。发展是解决一切问题的前提和基础，非公有制经济组织党组织要把促进非公有制经济组织发展作为党建工作的主题，围绕发展制定党建工作的目标任务、规划措施，围绕非公有制经济组织发展提供政策指导、凝聚各方力量，注入发展动力、发挥战斗堡垒和先锋模范作用。只有如此，才能不断扩大党组织的影响力、感召力，打牢党建工作的实践基础和群众基础，赢得广大职工的信任。因此，深入探讨和进一步健全“定责互动共建”的运行机制大有可为。

“定责互动共建”机制，作为一项非公企业党建运行机制，即通过明确非公有制企业主和党组织双方党建工作职责，促进非公有制企业党建工作与企业经营活动互动互利互进，实现非公有制企业健康发展和党建工作良性运行的“共赢”局面。一方面通过强化培训，夯实思想基础，让非公企业主进一步明确“支持非公企业党建就是支持企业的发展，加强今天的非公企业党建，就是赢得企业明天更好的发展”。另一方面坚持“企业和谐人人有责、和谐企业人人共享”的党建工作理念，将非公企业党组织的战斗堡垒作用和党员的先锋模范作用定位于促进非公企业发展壮大、为地方经济和社会多作贡献和推进和谐社会建设上，通过加强引导，围绕三个方面展开互动，即：在党组织建言献策与非公企业科学决策上形成互动；在开展主题实践活动与企业文化建设上形成互动；在加强党员队伍建设与加强非公企业人才队伍建设上形成互动。“定责互动共建”机制，创新性地解决了非公企业党建工作的动力机制问题，这就是“围绕发展抓党建，抓好党建促发展”，构建企业运营与党建工作的良性互动关系。让非公企业党组织更多地承担促进企业经营、帮助企业发展的经济功能；反过来受益的企业大力支

持党建工作，从而使党组织将会获得更大的发展空间和更多的支持力量，实现非公党建与企业发展“双赢”，构建共同富裕的和谐社会。

二、坚持“党建带工建、带团建、带妇建，工建、团建、妇建促党建发展”

坚持“党建带工建、带团建、带妇建，工建、团建、妇建促党建发展”，做到组织同步设置、阵地同步建设、制度同步完善、活动同步安排、检查评比同步进行。通过各种组织的设置和积极开展工作，努力倾听员工呼声，积极处理好工作时间、工作环境、劳资关系等员工敏感问题，正确处理好企业内部各种关系，促进企业稳定发展。

坚持党建、工建、团建一起抓，必须进一步建立健全党群工作一体化的工作机制。一方面，必须将新组建的规模以上非公企业党组织纳入到整体“党工共建”的工作体系，在建立党组织的同时同步建立工会组织、群团组织，通过党建带工建、党建带团建，以党建工作促进工会、群团组织工作，以工会、群团组织为载体来开展党建工作，通过党对工会、群团组织实施有效领导，进一步延伸党组织的触角，促进其党组织作用的发挥。另一方面，必须把握积极稳妥，循序渐进的工作原则。非公有制经济组织党建工作是一个新领域，必然有与机关党建、国企党建不同的特点和要求。因此，不可照搬原来的党建模式，而要认真研究新情况，解决新问题，积累新经验，以积极稳妥、循序渐进的工作原则开展工作。先抓条件成熟的企业，建立党组织并开展活动，总结一些典型经验逐步推开，以示范效应推动其他企业，积极实践，稳步推进。对部分暂时不具备组建党组织条件的，可采取选派党建工作指导员或联络员，建立工青妇等群众组织，发挥行业协会中党组织和党员作用等方式积极开展党的工作，达到以工建、团建促党建的目的。特别是在打工族比较集中的私营企业，应优先建立群团组织，进一步扩大党建工作联系员的覆盖面。党建工作联系员的人选可以是党员领导干部，也可以是一般党员；可以从党政群机关选派，也可以从企业或其他基层单位物色。联系员可以实行定点联系，也可以划片负责。各级领导要结合办联系点，带头当党建工作联系员。对上述两条途径仍然覆盖不到的，要纳入社区管理或指定有关主管单位党组织负责，通过社区党建联席会、社区服务站、社会治安网络等多种组织载体全面纳入，不能放弃联系。总之，非公有制经济组织党建工作与群团组织建设结合起来才能焕发巨大的活力和不断扩大影响力。

三、引导企业党组织将自身建设与企业人才队伍建设结合起来，引进人才、培养人才、激励人才

引导企业党组织将自身建设与企业人才队伍建设结合起来，引进人才、培养人才、激励人才，做到最先进的员工在党内，最优秀的人才是党员，进而提高党组织和党员在企业中的威信。把在实践中经过一段时间锻炼，懂技术、爱企业、工作责任心强、有发展前途的年轻同志作为人才推荐给党组织重点培养，做到人才培养与党员培养步调一致。使党员成为企业生产经营的“带头人”，党组织成为企业发展的“人才库”。因此，必须建立合理的人才推荐和党务干部输送机制，切实解决党组织工作力量薄弱的问题。地方和部门党组织要拓宽视野，有计划地物色、培训人才，逐步培养起一支结构合理、工作精明、在群众和业主中都有威望的党务工作者队伍。

加强非公企业党务工作者队伍建设，一是可以采取“职能部门推荐、面向社会招聘、单位内部挖掘”的选拔模式，让更多优秀党务人才脱颖而出。二是要加大党务工作者培训力度，不断提高党务工作者的政治素质、经营管理能力和党务工作能力，努力建设一批适应非公企业党建工作和生产发展双重需要的党务工作者队伍，为实现党务工作与经济发展的互促共振夯实基础，从而促进非公有制经济组织党建工作再上新水平、新台阶，进一步扩大影响力。三是推行“双培双推”新方法。“双培”即把企业非党员骨干培养成中共党员和把中共党员培养成为企业骨干；“双推”即把经营管理层中的优秀党员推选为党务工作者和把优秀党务工作者推荐进入经营管理层。通过“双培双推”，既培养了党的干部，又大大增强了党组织在非公企业里的影响力。

四、企业党组织在开展党建工作中应注意倡导和推进健康向上的企业文化建设

企业党组织在开展党建工作中应注意倡导和推进健康向上的企业文化建设，努力塑造有特色的企业文化以凝聚人心。通过经常组织丰富多彩的文化活动、体育活动、革命传统教育活动等作为载体，唤起员工的团队意识、责任意识，增强员工的归属感、使命感。

为此，一要注重培育企业的核心价值体系。努力使企业员工拥有健康向上的共同理想和价值取向，并把这种精神力量不断转化为推动企业发展的物质力量；注重塑造企业的团队精神，善于把企业员工的注意力和兴奋点引导到实现企业生存发展的大目标上来，形

成共渡难关、共谋发展的合力；注重树立企业的良好品格，带动企业牢固树立遵纪守法、求真务实、健康向上、廉洁自律意识，形成社会主义条件下非公有制经济组织应有的良好品格。二要加强制度建设，促进党员教育工作规范化。按照党章要求，结合非公企业特点，对党员教育的内容、形式、时间等用制度的形式规定下来，通过建立健全党员轮训制度、党员活动日制度、“三会一课”制度、党员思想汇报制度、谈心制度等有利于开展党员教育工作的规章制度，为企业党组织更好开展工作、发挥作用提供制度保障，逐步使非公企业党员教育工作走上正常化、规范化轨道。三要加强非公企业党建活动阵地建设。按照“四个一”的标准要求（即：有一面党旗，一套党建刊板，一套电教设备，一批学习读物）加强非公企业党员活动室建设，对于暂时不具备条件建设党员活动室的非公企业，通过加大投入或协调力度，积极争取非公企业主为党组织活动开辟阵地；对于规模较小的非公企业，安排其党组织到就近的社区党员活动室开展活动，确保党员学习活动规范化、经常化。总之，企业文化和党建工作不是孤立的、是相互关联和相互作用的。企业文化具有导向、凝聚、规范、鼓励功能，对发展企业、塑造员工有着重大作用，对社会也有着积极的影响，企业文化和党建工作的融合，对于加强和改进企业党建工作、增强党建工作影响力具有重要的推动作用。

（作者系深圳市委党校教授）

非公企业党员群众思想动态及思想政治工作的现状分析

（2014 年 3 月 14 日）

翟　志

为全面了解十八大后非公企业党员群众的思想动态，找准工作中的难点问题，有针对性地开展思想政治工作，上海市黄浦区委宣传部对区域内部分非公企业进行了实地走访调研，重点考察了东亚联合控股（集团）有限公司、上海人民企业集团等 8 家非公企业，召开座谈会听取意见建议，并通过分析历史资料等方式，形成调研报告。

党的十八大后非公企业党员群众关注热点

调研发现，非公企业对党的十八大给予高度关注，通过收看开幕式、组织内部局域网学习、参加专题报告会等形式开展学习。访谈中，大家对中央新一届领导班子的执政理念评价较高，普遍认为中央领导语言风格较朴实，政坛出现新气象，中央加强作风建设的八项规定深得人心。

企业员工反映的热点问题聚焦在社会民生领域。一是食品安全和环境保护问题。大家认为，当空气不能呼吸、水不能喝、食品不能吃的时候，改革开放的成就、GDP 增长都将失去意义，呼吁政府要把应该管的事情管起来，营造安居乐业的环境。二是非公企业生存发展环境。部分民营企业员工认为，民营企业虽然解决了 80%以上的就业岗位、贡献了 50%以上的税收，呼吁民营企业平等的国民待遇，鼓励民营企业参与世界竞争。同时，社会保障影响到员工对未来的信心，非公企业员工呼吁取消养老金双轨制，减免税负。三是实现中国梦的信心不足。部分员工反映，党的十八大描绘了美丽中国的伟大蓝图，但现实生活却给人带来许多反思，企业员工幸福感在下降，希望能够采取切实有效的措施，让“现实”早日赶上“梦想”的步伐。此外，有企业针对区域商务环境、党建工作中存在的形式主义提出了意见。大家希望新阶段的改革要把为人民群众谋利益作为根本目的，把公平正义作为最基本的价值取向以凝聚改革共识。

非公企业开展思想政治工作的特点

一是企业思想政治工作与企业文化建设相融合。做好企业思想政治工作，要在社会主义核心价值观与企业文化、企业精神之间寻找共同点、结合点，从而促使思想工作的软实力成为推动企业发展的硬增长。如上海景鸿集团有限公司以“实现两个历史性转折中的企业文化建设”为题，对集团员工作专题培训，逐步形成了“学习、诚信、进取、勤奋，创建学习型企业”等核心价值观和企业文化，激励员工为共同的事业而努力打拼。

二是企业思想政治工作与企业发展相适应。部分非公企业党组织紧紧围绕企业发展目标、重大任务、重大活动、重要节点开展思想政治工作，借势造势，因势利导，使思想政治工作有抓手、有载体，贯穿于企业改革发展的各个阶段。如上海人民企业集团党委立足企业“深化调整、挖潜提效、转型发展、打造精品”的发展主线，积极参与重大事项的策划、决策，依托企业职工宣讲团，反映员工思想和诉求，及时化解内部矛盾，促进企业效益提升、员工幸福感增强。

三是企业思想政治工作与以人为本理念相一致。许多企业重视调查、了解员工的思想动态和诉求意向，努力提高思想政治工作实效。一些非公企业针对党员分布在各个岗位、流动分散的实际情况，动脑筋、想办法，积极创新思想政治工作方法和手段。如上海双菱电梯工程有限公司党支部开展“党员岗位承诺”活动，上海色织三厂为在编和流动党员设立“党员接待日”。一些企业将思想政治工作融入人才队伍培养中，通过开展辅导报告、宣讲比赛、技术比武、实践考察等，培养一批政治可靠、业务精湛的骨干力量。

四是企业思想政治工作与党群工作大格局相统一。非公企业善于集中优势，将党群部门、工团组织、纪检监察部门的资源整合到思想政治工作“大循环”中来，形成聚合效应，推动思想政治工作取得实效。在上海世博会、抗震救灾、公益行动等重大任务中党组织第一时间发起号召，党员第一时间作出表率，提升了党组织在非公企业中的地位，并激发了广大员工爱岗敬业的工作热情。

非公企业开展思想政治工作的难点

一是思想政治工作的地位和成效取决于企业管理者。非公企业“老板文化”易成为主导，“老板”的个性特点直接决定着企业文化特色。访谈中发现，一部分民营企业老板曾在国有企业任职，受到国有企业的文化影响，思想工作仍沿用原国有体制的方式，语言体系、工作方法保持了传统特色。同时，一部分外资企业和民营企业党委书记在企业中地位高、工作实，出现了思想工作“书记抓、抓书记”的情况。

二是对思想政治工作缺乏科学理解和认识。访谈中发现，非公企业对党建工作有一定认识，但对思想建设缺乏科学理解和认识，一些非公企业虽有党组织，但无实质性的党建工作，把“党建”单纯理解为发展党员。部分企业习惯用企业经营管理及经济效益来衡量思想政治工作，忽视了思想工作精神引领、价值导向的作用，有的片面认为“只有建立在物质基础上才能教育”，忽略了员工精神需求。

三是思想政治工作者队伍逐步弱化。一部分非公企业党组织负责人为兼职，书记主要管生产经营，附带做党务政工，因而身份感和职务认同感不强。一部分非公企业党组织负责人虽然专职，但往往身兼数职，存在用日常事务替代思想政治工作，以文体活动代替企业文化建设，以职工培训代替思想教育，以物质关心代替人文关怀的现象。同时，企业思想政治工作者队伍专业化水平不高、青黄不接，政工人员进修培训机会较少，精神动力不足的现象普遍存在。

做好非公企业思想政治工作的建议

首先完善非公企业党建工作。一是健全组织架构、岗位设置，明晰党组织功能定位，选优配强党组织书记队伍，逐步实现党组织规范化管理。二是提升思想政治工作内涵，提出目标要求、创新工作方法、建立长效机制，多渠道了解员工队伍现状和思想动态，赋予思想政治工作以更大的活力。三是善用统战方法，将“政治性、人情味、艺术性”融入到思想政治工作中，针对不同群体的特点采用更加个性化的方式，求同存异，聚人心、暖人心。

其次把握以人为本工作理念。思想政治工作就是做人的工作。非公企业员工个性化、自主化特征日趋明显，做好思想政治工作必须适应这一时代发展的变化，坚持以人为本工作理念，认真研究非公企业员工的心理特征，切准思想脉搏，改进方式方法，坚持“一把钥匙开一把锁”，使思想政治工作始终跟上时代节拍。

再次探索非公企业思想政治工作特有规律。一是围绕企业发展，找准结合点，一方面可积极鼓励企业党组织成员与经营管理层交叉任职，另一方面可围绕企业发展方向、企业精神、企业文化等设计思想政治工作的活动载体和工作平台。二是围绕企业文化，找准共同点，建议探索将“老板文化”转变发展为老板和员工共同遵守的企业经营理念，并通过品牌文化活动等有形载体，使思想导向切实落实到企业文化的具体实践中。三是围绕企业员工，找准关注点，以满足员工多层次需求为工作导向，以员工满意与否为工作标准。四是围绕工作机制，找准聚合点，强化社会党工委、社区街道综合党委的引领指导作用，整合组织、宣传、统战及工商联等各部门的工作资源，选树一批非公企业优秀思想工作者，搭建非公企业思想政治工作交流展示的平台。

（作者系上海市思想政治工作研究会干部）

提高非公企业党建的科学化水平

周 挺

非公有制企业中的党组织是党联系非公有制企业党员和职工群众的桥梁纽带，是党在非公有制企业的战斗堡垒，是非公有制企业职工群众的政治核心。非公有制企业党组织建设情况如何、实际作用发挥得如何，直接影响着企业的健康发展和社会和谐稳定。如何加强非公有制企业党的建设，提高非公有制企业党的建设科学化水平，是当前基层党的建设面临的新课题。

党的十七届四中全会明确提出了“推进党的建设科学化”和“提高党的建设科学化水平”的科学论断和重大命题，这是我们党对当前自身建设所存在的各种问题进行深刻分析所提出的基本要求，也是解决党在新形势下所面临的各项任务的根本举措。非公有制企业是经济社会中最具活力和影响力的领域之一，也是当前基层党建工作的一个新领域。把握非公有制企业自身发展规律，探寻非公有制企业党建内在规律，推进非公有制企业党建科学化，对非公有制企业党的建设提出了新的更高的要求。

加强党对非公有制企业的领导，是促进非公有制经济发展的根本保证，也是在非公有制经济领域全面落实科学发展观的根本保证。提高党对非公有制企业的有效领导，是现阶段党的执政要求和经济社会发展的必然要求，也是推进非公有制企业党建科学化的新要求。事实证明，在非公有制企业中加强党的领导，帮助企业树立科学发展观，能有效避免和克服决策的随意性、盲目性。非公有制企业的党组织，要发挥好对企业的引导、监督和支持帮助作用，在职工群众中的政治核心作用以及在企业中的战斗堡垒作用。

加强对非公有制企业党员的教育管理。非公有制企业中的党员教育管理工作既是党建工作面临的新课题，也是思想政治工作新领域的具体体现。切实加强对非公有制企业党员的教育管理，使党员始终牢记党的性质和宗旨，坚定中国特色社会主义信念，在各自的岗位上，开拓创新，勤奋工作，为党的事业努力奋斗，是非公有制企业党建工作的主要任务。如何适应非公有制企业的组织形式，有效教育管理党员，保持党的先进性和纯洁性，对推进非公有制企业党建科学化提出了新要求。实践证明，只有加强对非公有制企业党员教育管理，通过先进性、纯洁性教育，不断加强自身的党性锤炼，自觉抵制各种腐朽思想的侵蚀，才无愧于共产党员这个光荣称号；才能在企业发展中发挥党组织和党员的作用，有效维护企业职工的权益；才能提高党员的工作能力和业务水平，在急、难、险、重任务面前发挥党员的先锋模范作用，党的组织建设的基础才能牢固，才能不断增强党组织的吸引力、凝聚力和战斗力。同时，非公有制企业要实现科学发展，加快转变经济发展方式，不仅需要更新发展思路，优化产品结构，强化经营管理，更需要加强党员、企业员工的教育管理，提高职工素质，需要共产党员在生产经营中步步朝前推进，努力实现党建工作目标与企业发展目标的有机结合。

党建工作运行机制是推进非公有制企业党建科学化的现实要求。党建工作运行机制，就是党建工作中各组成部分之间的联系和内在工作方式。非公有制企业党建工作运行机制是保证非公有制企业党建工作目标实现的根本保障。传统的基层组织党建模式已不能完全满足非公有制企业党建工作的现实需要。新形势下，建立一套科学的、符合实际的非公有制企业党建工作运行机制，进一步规范非公有制企业的党建工作，实现非公有制企业党建工作的最佳效益势在必行。面对新情况、新问题，我们只有用新的视角来研究和把握非公有制企业党建的基本规律，并据此开展党的建设，才能做好非公有制企业的党建工作。实践证明，科学的党建工作运行机制，有利于发挥党组织在企业建设中的作用，有利于非公有制企业党员为企业的发展献计献策，从而促进非公有制企业健康发展。

（作者系中共福州市委党校党建教研部主任）

努力提升党的建设科学化水平

雷国珍

党的十八大明确提出到2020年建成小康社会的宏伟目标。要实现这一伟大目标，关键在党。中国共产党要成为建设中国特色社会主义坚强领导核心，担负起领导建成小康社会、实现中华民族伟大复兴的历史重任，必须提高党的建设科学化水平。为此，党的十八大作了精心部署，在党的建设问题上提出了一系列新观点、新论述和新思想。

首先，明确了党的指导思想新内容。党的十八大明确指出，科学发展观同马克思列宁主义、毛泽东思想、邓小平理论和“三个代表”重要思想，是党必须长期坚持的指导思想。党的十六大以来，中国特色社会主义改革开放事业进入一个新的发展阶段，出现了一系列的阶段性特征。以胡锦涛同志为总书记的党中央，在继承和发展邓小平理论、“三个代表”重要思想的过程中，提出了科学发展观。科学发展观是马克思主义中国化、时代化、大众化的又一里程碑，是中国特色社会主义理论体系的最新成果。党的十八大把科学发展观作为党的指导思想确立起来，有利于统一认识，有利于推动全党全国各族人民在学习、实践科学发展观的基础上，进一步学好科学发展观，掌握好科学发展观，把科学发展观转化为推动经济社会又好又快发展的强大力量。

其次，明确了党的建设新目标。党的十八大明确提出“建设学习型、服务型、创新型的马克思主义执政党，确保党始终成为领导中国特色社会主义事业的坚强领导核心”。把“学习型、服务型、创新型”三者结合在一起，上升为全党的党建目标，意味着党建思路、工作方式、形象的转型。建设学习型政党，就是要不断学习、善于学习，系统掌握中国特色社会主义理论体系，学习践行社会主义核心价值体系，努力掌握和运用新思想、新知识、新经验。建设服务型政党，就是要坚持全心全意为人民服务的根本宗旨，坚持立党为公、执政为民的执政理念，始终把实现好、维护好、发展好最广大人民的根本利益作为自己的庄严使命。建设创新型政党，就是要不断推进党的建设实践创新、理论创新、制度创新，使党的建设不断适应党的事业发展要求，进一步增强党的创造活力。

再次，明确了党的建设新主线。党的十八大报告通过分析世情、国情、党情新变化给党的建设带来的新挑战，既坚持又完善，对党的建设主线进行了新的概括，指出要“牢牢把握加强党的执政能力建设、先进性和纯洁性建设这条主线”。中国共产党担负着团结带领人民全面建成小康社会、推进社会主义现代化、实现中华民族伟大复兴的重任，面对来自长期执政、改革开放、市场经济、外部环境四大考验和精神懈怠、能力不足、脱离群众、消极腐败四大危险，加强党的执政能力建设、先进性和纯洁性建设是有效应对考验、化解危险的必由之路，是我们党在新形势下不断夺取党和国家事业发展新胜利的基本要求。

最后，明确了党的建设新路径。党的十八大在全面部署加强党的思想建设、组织建设、作风建设、反腐倡廉建设、制度建设的同时，强调了当前及今后5年的党建工作重心是理想信念、党群关系、党内民主、干部人事制度改革、党管人才、基层组织创新、反腐败、党的纪律八个方面。这八个方面就是提高党的建设科学化水平的新路径。党的建设新路径体现了以改革创新精神推进党的建设新的伟大工程。通过这些新路径，不断增强党领导科学发展的能力，进一步巩固党的执政地位，使我们党始终走在时代前列，始终成为中国特色社会主义事业的坚强领导核心。

党要管党、从严治党，显示了中国共产党加强自身建设的紧迫感和责任感。党的十八大在对十六大以来党的建设的新鲜经验深刻总结的基础上，从新的历史起点出发，对提高党的建设科学化水平提出了更高的要求。我们相信，在以习近平同志为总书记的党中央领导下，按照党的十八大的总体部署，不断提高党的建设科学化水平，中国共产党充满希望，中国人民充满希望，中华民族充满希望。

（作者系湖南省委党校、湖南省行政学院副校长）

实现党的基层组织的功能转变

张荣臣

在党的组织体系中，党的基层组织是党设在社会的基层单位，是党的组织体系中最基层的组织形式，是党的组织基础。从党的各级组织的功能上讲，一般分为决策、执行和服务三个大的方面。十六大以来，党的基层组织建设进行了一系列的有效尝试和创新。其中，如何转变基层党组织功能的创新十分引人关注。

在功能定位上，从领导型基层党组织向服务型基层党组织转变，把党的领导核心作用体现在服务上。十六大以来，各地广泛开展创建服务型基层党组织活动。比如，在城市社区和农村基层建立党员服务中心，创新党员联系、服务群众的途径和方式；深化和拓展党员责任区、党员承诺、设岗定责、结对帮扶、党员义工、党员志愿者服务等活动，落实党员领导干部联系基层、接待群众等制度，切实帮助群众解决各种问题；城乡党组织积极组织协调有关方面为农民工提供就业、社保、住房、医疗、子女教育等服务，组织开展关爱农村“留守儿童”、“空巢老人”活动；完善党员考评办法，把党员联系和服务群众的情况纳入民主评议党员、党性分析评议和考核评优的重要内容。也就是想群众所想，急群众所急，办群众所需，建立党员联系服务群众的工作体系。

适应基层组织功能转变的需要，基层组织建设上大力推进党务公开。要服务好群众，离不开党内公开。推进党务公开，进一步扩大了党员的知情权，进一步深化了党员的参与权，完善了党员的选举权和表达权，加强了党员的监督权。知情是民主的前提和基础，参与是民主的重要渠道。十六届四中全会及其后来的一系列文件中提出，要逐步推进党务公开，其中重要目标就是使党员更好地了解和参与党内事务。实践中，许多党组织对同群众利益密切相关的重大事项，实行公示、听证等制度，扩大了人民群众的参与度，而“重大决策征求意见”制度有力地保证了党员群众更好地参与党内事务的决策权。实践证明，党务公开适应了党委领导、政府负责、社会协同、公众参与这一市场经济条件下社会管理的新格局，最大限度地调动广大党员和党的各级组织的积极性、主动性和创造性，进一步实行切实有效的党内监督，有利于党的基层组织更好地协调解决利益冲突，及时化解社会矛盾，推进社会主义和谐社会建设。

再者，通过开展创先争优活动，构建起服务型党组织的长效机制。几年来，各地通过开展创先争优活动，全面推进各领域基层组织建设，扩大基层党组织覆盖面，实现党组织和党的工作全社会覆盖，做到哪里有群众哪里就有党的工作、哪里有党员哪里就有党组织、哪里有党组织哪里就有健全的组织生活，哪里就有党员发挥先锋模范作用，使基层党组织真正起到推动发展、服务群众、凝聚人心、促进和谐的作用。

党的基层组织直接和人民群众相接触，因而基层党组织就成了人民群众认识党、判断党的直接窗口。党的基层组织建设，要从最广大人民群众的根本利益和要求出发，不断创新，实现党的基层组织的功能转变，以进一步增强党的凝聚力、吸引力和战斗力，提高党的执政水平和领导水平，更好地发挥党的基层组织的战斗堡垒作用。

（作者系中共中央党校教授）

五大理念推进非公企业文化建设

莫根虎

习近平总书记在《文化育和谐》一文中指出：“我们的祖先曾创造了无与伦比的文化，而‘和合’文化正是这其中的精髓之一。”多年来，超威集团积极践行“和合”文化，形成了以“资源共享、互惠互利、共同发展、长期共存”为核心的企业文化——“和合”文化，努力践行互惠、和谐、共享、共存、责任理念，扎实推进非公企业文化建设。

1. 践行互惠理念，努力实现企业与客户合作共赢。在超威，企业与客户不是一种简单的供求利益关系，而是一种相互依存的共享共赢关系。因此，超威一直本着合作共赢的精神，构架开放型合作模式，从联合生产到输出技术、管理、工艺，甚至最核心配方的合作，与 18 家子分公司建立“风险共担、利益共享”的人资、市场、技术、财务、采购、品管“六统一”合作机制，还创造性地运用“有限的风险共担、无限的利益共享”的采购、技术、工艺、管理、品质、品牌、销售“七共享”方式组建了 14 家联合体，带动他们在技术标准、生产工艺与人力资源管理上按照超威的统一标准进行合作，很好地实现了双方的合作共赢。

2. 践行和谐理念，努力实现企业与员工和衷共济。在超威，企业与员工不是一种简单的劳资关系，而是一对共建共享的利益共同体。超威倡导“赛马不相马”人才竞争机制，实施“企业家摇篮”培养计划，不论你是多高学历，来自何方，什么身份，只要努力，只要拼搏，这里就有他成功的机会和成长的台阶。高中毕业生刘孝伟，10 年拼搏成长为集团研究院院长。包片工吴建方、普通的农村妇女沈抱娣、高考落榜的杭忠琴、保安刘晓光等一批普通员工走上了公司主要负责人的岗位。超威建立了一套符合超威发展实际的工资、福利管理体系。职工实现了五险、劳动合同、集体合同、带薪年休假和年度体检“五个百”，让员工更有体面、更有尊严地生活。超威尊重员工意愿，落实员工在企业生产、经营、管理中的知情权、参与权、建议权，增强员工主人翁的使命感，努力做到企业待员工如亲人，员工爱企如爱家。

3. 践行共享理念，努力实现企业与行业和谐发展。在超威的理念中，企业与行业，也不是一种简单的市场竞争关系，而是一种合作共赢关系。超威在与行业企业的合作与竞争中，率先提出并积极实践大区管理营销模式、4S 服务专卖店模式、终端服务店模式、代理商公司化运营模式等品牌文化管理理念，迅速解决了产能、人才、技术、资本和管理的困局，推动整个行业产能的提升。引领新技术革新是超威履行行业责任的又一突出贡献。在工信部和环保部发布的《铅酸蓄电池行业准入条件》中，2013 年底是淘汰含镉超标企业的大限，在这一关键时刻，超威向同行开放了潜心研究 6 年耗资上亿元的无镉内化成核心工艺的“源代码”，为整个行业特别是中小企业的共同发展作出了巨大贡献，体现了一个行业龙头企业的无私胸怀。

4. 践行共存理念，努力实现企业与政府和睦相处。在超威，企业与政府关系，同样不是一种简单的依赖关系，而是一种鱼水关系。企业的生存和发展离不开政府的支持和帮助；而加快企业发展是政府的首要工作之一。企业与政府之间一旦建立融洽的政企关系，政府的资源和政策就能为企业更好地服务，企业发展了对政府的贡献也自然就越大。超威十分注重与各级政府和部门的沟通协调，主动争取资金、项目、政策扶持，2012 年，被省政府确定为全省 2 家纯电动汽车产业技术创新综合试点企业之一。超威电源研究院也被省政府列为“重点企业研究院”，1 人列入国家“千人计划”，保证了超威的技术始终走在行业前列。同时，超威不忘为政府分忧。超威每年为政府提供上亿元的财政收入，2012 年以来连续在市、县税收贡献上位居第一，为政府解决了上万人的就业问题。每当政府需要企业在公益、环保等方面作出贡献的时候，超威总是义不容辞，作出表率。

5. 践行责任理念，努力实现企业与社会和合共生。在超威，企业与社会的关系，同样不是一种各自独立的关系，而是一种共生共赢的关系。超威在快速发展中，始终不忘所肩负的社会责任。主动承担环保责任，集团投入了大量资金，引进了国内外先进的环保设备，实现了企业环保设施、三废排放、环保安全和职工健康“四达标”，环保指数要求远远高于国家标准，并且将即时环保指数在车间通过电子屏幕展示，接受广大员工和社会的监督，以自己的实际行动向公众诠释了“只要做得到位，铅酸蓄电池是不会有污染的”，以此来消除公众的误解和疑虑。超威不忘感恩百姓，设立了 2000 万元的冠名慈善基金，用实际行动来回馈社会，每年都安排数百万元资金专项用于帮扶救困、“慈善一日捐”、“光彩助学”、“爱心助学”、“五水共治”等公益事业。公司的善举得到了社会各界的广泛赞誉，也为公司可持续发展创造了和谐的社会环境。

（作者系浙江省长兴县委党校教师）

第六部分　理论热点及难点探讨（二）

非公党建要理清一个思路
抓好两个结合　坚持三个注重

南存辉

正泰集团始创于1984年，是一家民营股份制企业，产业涵盖低压电器、输配电设备、仪器仪表、光伏发电和高端装备制造等，产品销往90多个国家和地区，综合实力名列中国民营企业500强前茅，并被世界知名的波士顿咨询公司列为最有可能改变全球产业格局并挑战老牌跨国公司的33家中国企业之一。2006年在杭州成立了正泰太阳能公司，曾被评为中国杰出创新企业，最近出现比较多关于光伏行业的不利信息，在大多光伏企业深陷亏损的行业环境下，正泰太阳能依旧保持了较好的盈利水平。

正泰能有今天，与我们有一个坚强有力的党组织和一支战斗力很强的党员队伍是分不开的。上个世纪90年代初，正泰就开始积极探索非公有制企业的党建之路。1993年7月成立党支部，1995年6月成立党总支，1998年12月，中共正泰集团委员会成立，是浙江省第二个非公企业党委。经过十余载的发展，现已建有正泰集团党委、上海正泰电气党委、正泰太阳能党委，共有30多个党支部，逾千名党员。曾先后荣获“全国先进基层党组织”、“全国文明单位”、“全国学习型组织十佳标兵单位”、“全国五一劳动奖状”、“全国企业文化建设优秀单位”、“双强百佳党组织”等多项荣誉。

自成立党组织以来，在上级党组织的领导和关怀下，正泰结合企业自身特点，确定了党建工作目标和方向，积极发挥作用，取得了初步成效。我认为，非公有制企业要做好党建工作，关键要理清一个思路，抓好两个结合，坚持三个注重：

理清一个思路

理清“抓党建促发展”的思路，使非公有制企业党建工作为企业所需要，促进企业健康发展。正泰建立党组织，不是为了应付上级要求的“被建立”，而是主动提出“我要建”。

20世纪90年代初，正泰已初具规模，面临着如何扩张、如何壮大的问题。企业发展的关键在人，怎样做好员工的思想政治工作被提上日程。当时，我首先想到了党组织，主要基于以下三点考虑：首先，作为一个企业，不管是国企，还是私企，都是市场经济的产物，企业要发展壮大离不开党的路线方针政策的指导；其次，要把企业做大做强，关键是要调动广大员工的积极性。党员是员工中的骨干力量、先进分子，党建工作可以增强党员的先锋模范作用，起到示范效应；再次，只有建立党组织，思想政治工作才有组织依托。解决好员工关心的难点热点问题，才能进一步增强企业的凝聚力。为让党组织有一个好的带头人，1993年在正泰成立党支部初期，我多次上门恳请刚退居二线的温州市交通委办公室原主任吴炎到正泰主持党的工作。2007年浙江正泰太阳能科技有限公司在杭州落户，2010年底，随着正泰太阳能的跨越发展，为使正泰太阳能党建工作力量进一步加强，我又亲自上门恳请国企杭汽轮集团的原党委副书记金福娟到正泰太阳能主持党的工作。

只有支持、信任党组织，才能发挥其作用。这些年，我把正泰历任的三位党委书记摆到了师长、战友、舵手和内当家的位置上，我尊重并支持党委工作。虽然平时工作很忙，但是我会尽量参加党委的重大会议和活动。每年“七一”，只要时间允许，我无论在哪里，都会尽量赶回来参加党委召开的纪念活动。因为我清楚是党的改革开放的政策让我和我的企业有这样快速的发展，党的力量是企业发展的原动力。

抓好两个结合

首先，要与企业的生产经营结合起来。非公企业的党组织，要开展好党建工作，必须对自身的工作定位有一个清晰的认识。要做到与企业目标有机结合，时刻关心企业的生产经营活动，及时了解企业的阶段性工作重点、难点，要想企业发展所想，急企业发展之所急。其次要经常向董事会、总裁班子通报党组织的工作情况，并向他们征求对党组织工作的意见和要求，积极主动地支持和配合企业行政领导做好各项工作。为此，我积极搭建好党委书记和党组织参与企业生产经营活动的各种平台，让他们有知情权、参与权、充分发挥其政治核心作用。

多年来，党委紧紧围绕企业中心工作，以“企业需要、业主理解、职工拥护、党员欢迎”为原则，坚持“业余、小型、多样、务实”的活动方式，坚持在“创先争优”活动中注入党建工作新活力，找准党建工作与经济工作的结合点。为了使党组织进一步发挥参谋作用，公司早有规定，党委书记参加中层管理人员会议、列席公司董事会；部门党委书记参加各部门召开的会议和重大活动。企业重大决策首先认真听取党组织的意见。

在实践中不断摸索，正泰党委始终坚持着几大工作原则：凡是对公司科学发展有利的，积极去做；凡是能够凝聚人心、团结力量的，主动努力做；凡是能够提升正泰核心竞争力的，开拓创新地做；凡是对理顺员工思想情绪，加强员工思想政治工作，排除纠纷、化解矛盾、增进和谐的，体现以人为本、维护员工合法权利的，全力去做；凡是能够极大调动员工生产积极性的相关服务，当作本职工作去做。一直以来集团党委在全面贯彻落实党的方针政策，协助董事会、总裁班子把握正确的政治方向，帮助企业做大做强；提供思想政治保证等方面；充分发挥党组织的战斗堡垒和党员的先锋模范作用。

其次，要与企业文化建设相结合。企业文化是以共同价值观为核心而形成的群体意识和行为规范。党建工作与企业文化在总体目标和方向上是一致的。企业文化可以统一员工思想，党建文化则把正确的价值观渗透到企业文化的各个方面。党组织要把企业文化建设纳入非公有制企业党建工作范畴，实现企业党建工作与企业文化建设的相互融合、良性互动。正泰通过以党建文化引领企业文化建设，取得了积极的成效。

正泰集团党委在公司上下开展了“正泰价值观体系”大讨论，太阳能党委通过“寻找身边的雷锋”等活动，总结提炼出各个层面认同的价值观体系，即：“争创世界名牌，实现产业报国”的企业使命，“诚信守法、注重绩效、不断变革”的核心价值观，“和谐、谦学、务实、创新”的企业精神，“为顾客创造价值，为员工谋求发展，为社会承担责任”的经营理念，“致力于成为全球领先的清洁能源供应商和能效管理系列解决方案提供商”的战略目标。这成为正泰企业文化建设的核心。

坚持三个注重

一是注重队伍建设。做好非公企业党建工作需要一支强大的队伍。自建立企业党组织成立以来，正泰集团专门聘请了一批优秀党务工作者，将党群活动经费列入行政经费预算，确保了企业党建“有经费、有场地、有人员、有载体”。为认真做好党组织发展工作，集团设置了党委组织部、党委宣传部、党委办公室。各党支部对正式党员、预备党员、挂靠党员、流动党员、入党积极分子、写入党申请书员工都进行登记建档。有的放矢地开展思想政治工作，实现了有党员的地方就有党组织，有党组织的地方就有政治过硬、理想坚定的共产党员。通过“创先争优”活动与学习型组织建设，提高党员及全体职工素质。大力加强党员的经常性教育，政治理论、理想信念和思想道德教育，文化知识和业务技能培训，使党员真正成为生产技术熟练、先锋模范作用突出的先进群体。

二是注重创新载体。为了增强非公企业党建工作活力，需要不断创新载体，丰富内涵。正泰通过建立思想政治工作网络，畅通了沟通渠道。集团下属各单位根据党委的统一部署成立思想政治工作小组，以总经理为小组长，各部门经理、车间主管为组员，车间兼职组长为指导员。车间指导员每天负责员工思想状况统计，建立周报制度，形成有问题定期反馈、定期报告、定期交流的良好机制。还通过“总经理接待日”、“员工座谈会”、“解惑热线”等方式，进一步了解、掌握员工思想动态。

同时，正泰集团党委立足企业实际，积极创新活动载体，把员工的思想政治工作与企业的生产经营相结合。在多年探索的基础上找准着力点，推出了一个新载体，即把党、工、团小组建在基层班组上，打造“四结合”学习型班组。“四结合”学习型班组，以行政班组长为中心，党、工、团小组长紧密配合，加强思想政治工作，解决实际困难，带动员工共同成长。

三是注重党群共建。工会、妇联、团组织等群团组织，是扩大党的工作覆盖面和增强影响力的重要桥梁纽带。通过党组织的引领和带动作用，积极支持他们的工作，发挥作用，形成合力，构建和谐的企业环境。

正泰拥有健全的党、工、团、妇联组织，形成了“党建带团建，党工团妇互动，紧密联系，协同发展”的良好格局。党组织主要负责了解、掌握员工思想动态；工会发挥纽带作用，重在积极参与公司的民主管理，帮助职工解决福利待遇等后顾之忧；共青团则更多的是为青年开辟多渠道的学习、交流和沟通的活动阵地。通过党群共建，形成了组织对接、资源共享、共建互促的工作模式，增强了党建工作实效。

通过党团工作同步规划部署，力求把党的政治优势渗透到企业管理中去。利用文工团、读书俱乐部、英语俱乐部、青年科技爱好者协会、青年政研会五个正泰社团，集团党委、工会、团委、精神文明委等党群系统积极组织员工开展文艺体育、学术研究、文化沙龙活动，使正泰党组织具有了政治上的感召力，组织上的保障力，思想上的凝聚力，纪律上的约束力。

企业要保持健康持续的发展，必须一心一意依靠党组织，全心全意支持党组织。非公企业党建工作，不能做表面文章，要围绕企业发展所需、员工党员所盼、和谐社会所求。只有紧贴企业发展，坚持以促进企业健康发展为主线，使企业主和员工真正感受到党建工作的巨大力量，才能确保党组织在企业中有为有位，切实发挥作用。多年来的实践也充分证明党组织的工作为正泰的发展做出了资金和技术不可取代的作用。

（作者系正泰集团股份有限公司董事长兼总裁）

建立健全激励与保障机制，推动产业链党建可持续发展

林可夫

产业链党建以利益关系为纽带，通过大型龙头企业党组织示范带动、支持、帮助上下游协作企业建立健全党组织，开展党建共建活动，形成产业链内的纵向党建网络，与以横向联系为主的区域化党建网络相互补充，共同构建条块结合的党建格局，是非公党建的一种有益探索和创新。

正泰集团党委从今年6月以来，扩大非公党建工作内涵和外延，把正泰电器产业链上游412家供方企业和下游431家销售企业纳入正泰党委党建工作内容，率先探索产业链党建，取得了一定成效，从目前看，还存在以下问题：一是相当部分中小企业出资人持观望态度，动力不足，被动接受多，主动开展工作少；二是龙头企业内部开展产业链党建的动力尚不够充分；三是大部分小微企业党员稀缺，成立党组织难度大，整体上合力不够；四是产业链企业众多，龙头企业党建工作力量相对较小，党务经费不足。解决上述问题的根本途径在于建立健全动力与压力相结合的激励与保障机制。根据产业链的要素构成，解决上述问题，需构建以下五个机制：

一、建立龙头企业推动产业链党建工作的可持续动力机制

基本的方法是要把采购和销售两个党总支开展产业链党建工作的成效纳入到企业绩效评估体系之中。不可否认，当前正泰集团采购和销售两个部门的行政和党组织对产业链党建工作的态度是积极的，行动也是迅速的，但从根本上讲，由于产业链党建刚刚起步，动力机制尚不完善，其动力主要是来自于企业出资人特别是董事长南存辉对产业链党建工作的支持和集团党委的推动，而不是产业链本身的体制机制原因。从初期开展的工作来看，采购和销售两个职能部门行政和党组织总体上是支持的，但从长期来看，开展经常性的党建工作需要花费较多的人力、财力、物力和时间成本，两个部门的党组织不可能不考虑人力、财力、物力和时间成本对中心业务工作可能带来的各种影响。以往对采购和销售党支部的考核是建立在完成采购和销售任务基础之上的，产业链党建的工作成效目前尚没有列入党支部特别是党支部书记绩效考核。要确保产业链党建具有可持续动力，就必须把两个党总支开展产业链党建工作的成效纳入到企业绩效评估体系之中，并加强党委在部门考核工作中的分量，而这是一个系统工程，需要获取总裁班子的授权和人力资源部门的支持。

二、建立供方积极推动党建工作的动力与压力相结合机制

基本方法是把供方协作企业出资人对党建工作的支持、协作企业党建工作的成效与采购准入门槛、采购的总量挂钩。

（一）建立推动供方协作企业主动开展党建工作的压力机制。正泰当前执行的采购准入标准主要体现在零部件的各种技术指标上，主要方式是通过招投标，择优确定零部件供应商与采购量。构建产业链党建长效机制要求在零部件的采购准入标准上进行调整，充分发挥龙头企业的党建导向功能，把是否建立党组织和开展党建工作的成效与采购准入门槛和采购的总量挂钩。为调动各供方协作企业开展党建工作的积极性，一方面，正泰集团党委正在极力争取总裁班子授权，并与采购部沟通，推动采购部制定可行性计划，修改采购准入细则与投标资格。另一方面，由采购部对现有尚未建立党组织的供方协作企业进行督促，先由供

方协作企业报送党组织建设方案，然后由正泰电器采购部党总支协同正泰集团党委对协作企业进行实地调研，派遣党建指导员，帮助协作企业发展党员，对尚未建立党组织的协作企业提出建立党组织的最后期限，明确规定三年内不建立党组织的供方，正泰将逐步减少其采购数量。

（二）建立激励供方协作企业主动开展党建工作的动力机制。加强对产业链条上开展党建工作成效突出的协作企业进行表彰，加大产业链党建工作先进典型的发现、培育和宣传表彰力度，为产业链党建工作营造良好氛围。

三、建立党建指导员动力和责任机制

党建指导员是产业链党建工作的生力军，正泰上下游协作企业众多，仅正泰电器股份有限公司的就有供方协作企业412家，销售企业（单位）431家，实现对如此众多的企业（单位）进行党建工作指导，仅仅靠正泰党委和采购、销售两个党总支的力量显然不足，因此，建立一支具有极强战斗力的党建指导员队伍是当务之急。10月16日正泰召开了产业链党建结对帮扶会议，向39家企业派出了党建指导员。为确保党建指导员认真落实职责，一是要建立领导机制。二是要健全管理机制。要制定党建工作指导员工作例会制度、定期汇报制度、检查评比制度、考核奖励制度、教育培训制度等一系列规章制度，在企业党组织建立了指导员基本情况、考勤记录、学习培训、工作小结、考评及奖惩等档案资料，对指导员工作进行严格管理。三是完善督导机制。采取明察与暗访相结合、普查与抽查相结合的方式，及时从党员发展、教育管理、队伍建设、主题活动开展等方面进行督促和指导。不定期地派人到协作企业，征求企业出资人和党员职工的意见，检查了解指导员的工作表现和实际工作能力，及时帮助他们解决工作中遇到的问题。四是要建立考评机制。要制定《党建工作指导员管理办法》及《考核细则》，根据工作目标责任书对指导员进行考核，半年一小结、全年一总评，由本人作出书面述职报告，由集团党委做出考核结论。对工作积极、业绩突出的指导员予以表彰奖励；对工作不力、成效不明显的指导员进行诫勉谈话，并把考核情况作为提拔使用干部的重要依据，激发党建指导员奋发有为、力争上游的工作热情。

四、建立产业链党建的经费保障机制

大型制造企业产业链协作企业数量众多，如正泰集团仅正泰电器股份有限公司产业链上游供方企业有412家，下游销售单位有431家，把如此众多的协作企业组织起来开展活动所需的经费巨大，如果完全由龙头企业提供，势必加大龙头企业负担，最终导致不可持续。因此，建立起产业链的经费保障机制显得势在必行，宜采取上级支持，多方分担的原则建立经费保障机制。基本办法是：一是专门从正泰党委党务经费中抽出一部分资金，成立产业链党建基金，其来源主要是上级党费返还；二是积极与上级组织部门沟通，争取一部分资金；三是根据实际需要，动员协作企业，在自愿的基础上缴纳一定数量的会费（党建工作促进会会费）。

五、逐步建立健全工作机制，形成工作合力

产业链党建工作要靠龙头企业、协作企业、组织部门共同推动，形成合力。在产业链内部，在建立采购和销售两个党总支，加强对产业链各党组织的指导的基础上，要尽快建立正泰——供方协作企业联合党支部、正泰——销售单位联合党支部以及正泰——协作企业党建工作促进会，努力形成上级组织部门牵头，正泰党委统筹安排，党建工作促进会具体负责，正泰——供方协作企业党总支、正泰——销售企业党总支、协作企业联合党支部分工负责的相互配合、相互支持的工作格局。在相关组织部门层面，要形成市县乡三级组织部门相互配合的工作格局。

（作者系正泰集团党委书记、副总裁）

提高党建科学化水平
促进企业跨越式发展

祝义亮

党的十八大报告指出，要加大非公有制经济组织、社会组织党建工作力度，全面推进各领域基层党建工作，扩大党组织和党的工作覆盖面，充分发挥推动发展、服务群众、凝聚人心、促进和谐的作用，以党的基层组织建设带动其他各类基层组织建设。这一精辟论述既是对强化非公企业党建工作的定论，又为如何加强非公企业党建工作指明了前进的方向。

雨润控股集团作为全国非公企业中的重要一员，其党组织建设随着企业的发展而逐步成长壮大，截止

到2013年4月，集团已拥有4500名党员，164个基层党组织，分布于全国30个省、直辖市和自治区的300家子分公司，实现了党组织和党的工作覆盖率90%。去年以来，集团党委以中央非公企业党建工作会议精神为动力，以党的十八大精神为指引，积极适应控股集团多元化、跨区域化发展形势，不断优化组织设置，配强各级班子，严管党员队伍，打造活动阵地，活跃组织生活，通过组织、管理、教育、制度创新，全面提高集团党建科学化水平，充分发挥党在企业的政治引领作用，努力为集团全面发展谱写新篇。2012年，集团被中国领导科学研究会等单位评为“全国企业党建工作先进单位”，被江苏省委组织部评为“2010—2012年全省创先争优先进基层党组织”、“全省非公企业党建带工建‘四统筹一创争’活动示范企业”，年销售总额达1061亿元，综合实力位居全国企业500强第118位、中国制造业500强第46位、中国民营企业500强第8位、中国肉食品加工业第1位。

夯实基础，强力推进“两个覆盖”

坚持抓党建首先抓组织，抓组织首先抓机关的原则，克服重形式、轻基础等模糊认识，动员各经营层、党员骨干积极参与信息核查、组织筹建。每年根据机关职能部门党员分布情况，新建、调整健全支部组织，对不符合成立党组织的部门，在部门内设党代表，使党员和党建工作首先在机关实现100%覆盖。在对异地党组织实施双重管理办法指导下，主动与全国各地属地党组织联系，积极为子分公司开展党建工作排忧解难，推进全集团党组织覆盖率不断提高。2012年，通过层层努力，新成立二级党委3个、调整健全党总（支）部25个。为强化党建工作力度，经企业主力荐，党委考察、选举，实现了七大子集团党组织书记、总裁双职“一肩挑”机制。

健全制度，加强党员队伍管理

只有党员发挥了旗帜作用，党的工作才能对企业发挥促进作用。针对集团60%的党员身居经营领导层、流动性大的实际，一是坚持从细微处着手，及时更新花名册，月月更新党员信息动态表，在集团内部实行《流动党员证》，使每名党员始终处于组织监管之下、关心之中。二是完善制度，规范言行。通过下发《党员手册》，制定符合企业实际的《党员行为规范》、《党费收缴使用管理规定》、《党员常规教育》、《集团党员领导干部勤政廉洁若干准则》等制度，使党员始终感到组织的温暖和党员称谓的自豪，从而，不断规范党员工作言行，激发党员工作热情，为企业发展增强正能量。三是培养党务干部，提升党员队伍整体素质。采取交流、答疑、专家授课、以会代训等方法，提高党员党性觉悟和经营管理能力，增强党员参与集团人才选拔竞聘的实力，平均每年进集团人才库党员达300多人，为企业的发展提供了30%的中高级人才支持。四是严把入党关口。按照区委组织部要求，严格计划、培养、培训、考察、审批程序，增强党员发展的严肃性。去年机关发展19名党员，党委要求支部必须坚持考察、评议、支部大会表决及会场照片反馈制度，不走过场，不敷衍行事，并统一开展入党宣誓活动，使新党员深受洗礼。

突出教育，增强党的宗旨意识

针对民营企业党员长期忙于业务，疏于教育、党性意识滑坡等问题，党委通过问卷调查、开展党组织整顿、分级评定，查找党员队伍中存在的突出问题，集中开展了以突出理想信念为主题的专题教育，党办每季度编写教育提纲通过电子邮箱发各支部党员自学。党的十八大召开后，党办拿出3000元党费及时购买了中央党校著名党建专家教授十八大理论视频讲座碟片，每月利用机关《道德讲堂》阵地，组织党员开展十八大理论视频教育。同时，还购买了100本《十八大报告学习辅导百问》下发各支部开展学习教育。通过教育，涌现出一大批党员优秀员工，他们在完成突击任务、攻坚克难等方面较好的发挥了先锋示范作用。马鞍山雨润党支部每逢节日大生产组建党员突击队，主动为公司分担重担；湖南辉鸿雨润食品党委多年关心照顾企业老党员、老职工，安徽福润、中央商场党委带领工会时刻关心帮助困难职工排忧解难等典型事迹在集团上下、全国雨润传为佳话。

开展活动，激发党建工作活力

企业党组织活动不力，则党建工作死水一团。党委十分注重活动内容的设置和凝聚效应，凡组织党的活动，应具备三个“有利于”：即有利于增强党的凝聚力、有利于提高党员思想觉悟、有利于引领企业文化方向。为树立典型，见贤思齐，今年3月以来，党委在全集团广泛开展了《争创先进基层党组织　争当优秀共产党标兵》和《集中组织学习〈十八大报告学习辅导百问〉竞赛》活动，极大地调动了各级党组织开展党建工作的自觉性、主动性。一年来，集团党委先后组织机关党员赴马鞍山雨润开展党建观摩，观看《吴仁宝》、《郭明义》电影，赴南京高淳武家嘴村现场接受集体致富典型教育和基层党员干部廉政警示教育等大型活动4次，机关支部组织活动18次；2010年6

月开展创先争优活动以来，全集团参与党组织活动达8000人次，开展各层次的活动达300余次。通过开展灵活多样、丰富多彩的活动，集团内部出现了“三多”现象，即主动关心党建工作的员工多了，主动为公司担责分忧的党员多了，积极要求入党的员工多了，党组织的凝聚力、感召力、影响力显著增强。

重视宣传，丰富党建文化内涵

非公党建要为企业服务，除了要发挥“两个作用”外，对外则能发挥软实力作用。对此，我们十分感谢各级媒体对企业的关心帮助，自去年以来，省级以上报刊媒体先后10次大幅度宣传集团党建工作，《2012中国企业党建优秀成果集》收编了雨润《发挥党建政治优势　推动企业科学发展》一文，《金陵瞭望》、《南京日报》、《江苏经济报》先后多次刊发集团党委撰文和报道雨润发展及党建事迹，集团党委先后8次出席全国、全省党建工作会议并进行大会交流发言。同时，还多次与国内外社会政党、团体就开展非公企业党建工作开展了交流与探讨，先后接待了意大利左翼联盟、阿尔巴尼亚共产党、中央统战部、中央纪委考察团及全国各省、市、区党政机关、著名企业考察团30余个。上述一系列宣传交流活动，使雨润受益匪浅，使雨润党建拓展了视野，更好的为增强企业软实力，扩大集团社会声誉，推进集团走向世界发挥了政治影响。

感恩在心，发展成果回馈社会

党委响应企业主号召，积极投身于慈善等公益事业。一是主动参与驻地企地共建工程。与双和村举行结对帮扶共建活动，每年拿出15万元救济贫困党员群众、困难学生，参与社区文明建设。二是响应南京市委统战部号召，开展“同心·帮千户特困家庭”活动，组织100名高管每人每年出资10000元、5年内帮助2户贫困家庭脱贫。三是长期坚持在安徽大学、南京大学等4所高校设立助学金，每年资助100余名贫困学生完成学业。今年四川芦山“4·20”地震发生后，集团积极响应省委统战部号召，及时捐资100万元和10吨蔬菜以济灾民。自2003年非典灾难以来，集团先后捐资济灾达3.5亿元，多次获得国家慈善奖。

沐浴着党的阳光雨露，雨润从小到大走向成功，在经济改革的风口浪尖勇当改善民生生力军。作为引领企业政治方向的集团党委，我们深切感受到党建强发展强的意义所在，我们十分清楚一个飞速发展的雨润党建所肩负的历史使命。今天，在雨润冲出国门走向世界的新的征程中，我们将以党的十八大精神为指引，以改革创新精神不断开创非公企业党建工作新局面，永葆党的政治优势，带领雨润从辉煌走向新的辉煌！

（作者系雨润控股集团原总裁）

党建如何为企业发展提供正能量

——中化蓝天的探索与实践

陈　鹰

党的十八大提出实施创新驱动发展战略，把创新摆到了国家发展全局的核心位置。国有企业党建工作，如何为实施创新驱动发展战略、建设科技型企业提供正能量，如何为企业科学发展与技术创新提供精神动力和组织保障，是当前建设“学习型、服务型、创新型”基层党组织一项值得实践探讨的新课题。中化蓝天集团，作为浙江省首家省属企业与中央企业重组的示范企业，5年来的党建助推科技型企业建设探索实践，也许对我们破解这个课题会有所裨益。

一、创建“四好班子”，提高创新驱动战略决策保障力

全球500强企业中国中化集团是全国商贸企业唯一的国家级“创新型企业”。2008年6月，中化集团与浙江省国资委签订增资协议，与原浙江省石化建材集团重组成立中化蓝天集团。重组5年来，中化蓝天集团聚焦氟化工，以建设一流的现代科技产业集团为目标，克服金融危机和行业周期低迷的影响，以技术创新和管理创新为抓手，实施党建引领、创新驱动，先后承担国家科技支撑计划20余项，国家“863计划”2项，主持制定国家标准21项，行业标准12项。取得科研成果80多项，其中中国专利奖1项，行业协会科技进步奖12项，省级奖励6项，中化集团科技进步奖7项。申请专利累计174件。2012年实现主营收入146亿元，利润总额8.3亿元，近3年复合增长率达到25%。实现了技术创新与经济效益、社会效益的协同发展。

党建工作是国有企业独特的政治优势。创建“政治素质好、经营业绩好、团结协作好、作风形象好”的四好领导班子，是企业实现科学发展、实施创新驱动发展战略的根本保证。中化蓝天集团重组以来，领导班子在坚持“发展强、党建强”上达成高度共识，

班子成员一致认为企业健康发展必须坚持党建纪检和生产经营两手抓、两手都硬，虚实结合、刚柔并济、统筹兼顾。党建工作紧紧围绕中心工作，通过党委中心组定期理论学习交流、民主生活会、党政联席会及建立领导班子基层工作联系片等多种方式，融入经营、进入管理。党委注重在促进“四好领导班子”创建活动的规范化、系统化上下功夫。在学习贯彻科学发展观和创先争优活动中，公司领导班子集中上下智慧凝聚共识，聚焦氟化工主业，提出了“一强、二立、三支撑”的氟化工发展战略，为公司科技型企业建设明确了发展方向。

在实现企业科技创新与经济效益快速发展的同时，公司党建工作也结出了可喜的硕果。党委先后获“中央企业思想政治工作先进单位”、“中央企业党建带团建先进单位”和中化集团“四好领导班子”；企业文化建设获“浙江省优秀企业文化成果奖”；工会工作获得省建设建材工会考核一等奖、“浙江省工人先锋号”等，2013年所属企业获得“中华全国总工会工人先锋号”和“中央企业先进集体”等荣誉。团委先后获“全国青年文明号”、“中央企业青年文明号”、“中央企业五四红旗团委”、“浙江省先进团委”等荣誉。

二、创建“党建示范点”，增强科技创新平台建设队伍保障力

作为国内领先的含氟化学品研发和生产企业，中化蓝天拥有集资源开发、研发、生产、销售于一体的完整产业链，产品覆盖氟碳化学品、含氟特殊化学品、氟聚合物、无机氟化合物等。而科技创新平台建设，是企业的核心竞争力所在。公司旗下浙江省化工研究院始建于1950年，是我国唯一的国家ODS替代品工程技术研究中心和国家南方农药创制中心浙江基地等两个国家级工程中心的依托单位。公司同时还拥有两个博士后科研工作站和一个企业院士工作站，多个省级技术研发中心。

党委把创建“党建工作示范点”作为推进科技创新平台的重要抓手，通过深入开展以“建好基本组织、带强基本队伍、搞好基本活动、落实基本制度”为主要内容的“四基工程”，充分发挥基层党组织和党员在企业科技创新中的战斗堡垒和先锋模范作用，实现“五个提升”：一是基层党组织战斗力进一步提升；二是基层党组织书记素质进一步提升。选任渠道不断拓宽，教育培训得到加强，服务发展、服务群众的能力不断增强；三是党员队伍生机活力进一步提升。发展党员质量得到提高，教育培训和管理服务得到加强，激励关怀帮扶机制逐步完善，党员党性观念和党员意识不断增强；四是基层基础保障水平进一步提升。党务工作力量不断壮大，经费投入力度进一步加大，活动场所建设得到加强，基层党建工作信息化深入推进。五是基层党建制度化水平进一步提升。2013年7月份以来，中化蓝天作为中央第一批深入开展党的群众路线教育实践活动单位，扎实搞好三个环节10个步骤工作，很好地发挥了“党建示范点”的重要作用。

2008年以来，公司科技创新平台建设取得明显进展。共承担科研项目325项，科研投入较大增长，科研成果有机转化，科技人才队伍加强，开发了一批具有自主知识产权的技术，实现“出成果、出人才、出效益”。

三、创建“双培双带工程”，加强自主技术创新人才保障力

开展“双培双带”工程，主要目的是把基层党建工作与科技人才队伍建设有机结合起来，打造“党管人才、党管干部”的实现途径，通过“梯进培养”为企业自主技术创新提供人才保障。“双培”就是把党员培养成为专业人才和岗位能手，把专业人才和岗位能手培养成党员；把优秀人才培养成企业中、高层管理人员。“双带”就是要进一步发挥党员的先进性和模范带头作用；进一步发挥党员责任区的辐射带头作用，以高素质的党员队伍建设推动高素质的员工队伍建设。

具体做法是抓好四个环节：第一，调查摸底，确定培养对象。第二，突出重点，建立培带体系。第三，分类指导，落实培养措施。根据本单位事业发展需要，确定不同的培养内容、方法和手段。强化专业培训、岗位培养、组织帮扶，导师带徒。第四，不断完善提高，总结培养经验。党委注重在“培”字上下功夫，在“带”上求突破，不断探索长效机制。把领导班子作为关键来抓，把中层干部作为骨干来抓，把党员队伍作为基础来抓，把入党积极分子作为重点来抓，通过思路上“领”、制度上“扶”、信息上“引”、资源上“帮”、技术上“带”、措施上“促”，建设一支高素质的研发和科技管理队伍。

通过“双培双带”进一步促进了公司科技人才队伍建设，公司每年有15名科技骨干培养为党员，15名党员培养为科技骨干。重组以来公司科技人员从398人稳步增长到899人，其中博士28人，硕士366人。享受国务院政府特殊津贴专家8人，正高级职称15人，列入浙江省151人才工程培养人员17人，列入杭州市131人才工程培养人员17人（其中有8人已列入151人才）。

四、创建“文化生态区”，提升科研创新体系文化保障力

党建引领，文化聚力。作为一个重组企业，公司党委高度重视中化集团“创造价值、追求卓越”的核心理念和浙商精神的文化融合，抓系统规划、战略推进和文化落地，通过“2010 企业文化建设年”、“2011 企业文化落地年”和“2012 企业文化推进年”、“2013 企业文化提升年”，积极探索建立适应公司战略发展目标，富有中化蓝天自身特色的企业文化体系。

通过六大子文化建设，积极创建“文化生态区”，为公司科研体系建设提供文化保障力。(1) 唯实唯新、创先创优的创新文化。挖掘持续发展动力、增强市场敏锐性、树立良好品牌形象、营建学习文化氛围等为重点的创新文化；(2) 求真求精、尽责尽力的责任文化。致力于以地域文化为传承，积极构建使企业安全、持续、长远发展为特色亮点的责任文化；(3) 互尊互重、宽容宽厚的人本文化。致力于构筑以和谐共进为核心，以团结协作为助推，以人本管理为依托的人本文化，实现企业与员工的共同发展；(4) 忠诚热诚、立德立信的诚信文化。将诚信文化内化为企业哲学，并加以砥砺升华，强烈凸显集团的儒商和哲商风格，形成个性鲜明的中化蓝天文化品牌；(5) 重质重绩、提速提效的绩效文化。贯彻中化追求高业绩理念，通过组织的简约、流程的畅通、工艺的改进、工作的熟练、员工的职业化等手段，最终实现企业又好又快可持续性发展；(6) 修身修心、清政勤政的廉洁文化。

坚持企业文化与思想政治工作和党建宣传有机结合，发挥价值引导与思想凝聚作用。一是 3 月底，研究制定“企业文化提升年”活动初步工作方案。5 月中旬，确定公司“企业文化提升年”工作方案，并下发通知要求各单位认真抓好工作落实。二是组织“企业文化月”系列活动，积极推进六大子文化建设，探索建立科技、营销、基地班组、医药流通、工程设计及管理服务六个文化生态区，促进中化蓝天企业文化体系落地。三是 5 月至 9 月，结合公司重组五周年，组织开展了企业文化提升年系列活动共 8 次，包括组织开展“安全伴我行”——青年安全示范岗、安全倡议书、蓝庭安全技能沙龙、安全亲情寄语、高温季节安全预防、QHSE 图书汇等系列安全文化活动，“中化梦蓝天情——我与中化蓝天共成长”征文活动、杭州“西湖杯”足球联赛、2013 年新员工联谊茶话会、第四届篮球联赛及第三届篮球宝贝风采大赛等。9 月底，公司党委成功举办了中化蓝天首届红旗班组竞标及技能比武大赛，这项工作既是落实公司“企业文化提升年”的一项重要工作任务，又是深入贯彻党的群众路线教育实践活动，加强班组文化建设的一项重要战略议题，得到了中化集团党群部和公司领导的关心指导。

在创新文化引领下，公司开放式创新体系不断完善。与浙江大学等高校广泛开展战略合作，密切产学研合作，推动产业技术创新战略联盟组建。公司还与苏威、霍尼韦尔等国际氟化工巨头建有合作（合资）企业，与德国拜耳公司等开展国际技术合作。在内部管理方面，积极推进事业部制改革，整合内部资源，加强知识产权保护，促进企业转型升级，努力将公司打造成充满绿色魅力、竞争活力和团队合力的基业长青企业，为社会创造更大价值。中化蓝天重组 5 年来党建工作与科技创新紧密结合的实践探索，至少可以给我们以下启示：

1. 党委在坚持“科技服务产业、创新引领发展”的导向，在企业战略布局和产业规划各项决策中，要发挥政治核心作用，保障企业的科学决策、高效决策。

2. 在着力破解“科技投入产出不匹配、产学研用结合不紧密、科技管理体制不合理、人才辈出机制不完善”等企业科技创新现实难题中，基层党组织科发挥独特的政治优势、组织优势和人才优势。

3. 创建“四好班子”、“党建示范点”、“双培双带工程”、“文化生态区”等党建文化品牌的推进，能为企业科研创新体系建设，科技成果产业化，不断输送内生动力。

文化是创新的原动力，人才是创新的维他命，引进是创新的助燃器，合作是创新的黏合剂，营销是创新的推进器，机制是创新的催化剂，而企业党建工作，就是把这些要素有机整合在一起，为科技型企业建设提供正能量。

（作者系中化蓝天集团党委副书记、纪委书记）

让红色之光照亮外企职工的心田

余　放

安利（中国）日用品有限公司是美国独资企业，从事日化生产和营销。安利北京分公司现有党员 230 余名，其中经销商党员 170 名。我亲身经历了公司成立党组织、开展党建工作的全过程，对在外资企业开展党建工作有几点切身体会。

我的第一点体会是：搞好外资企业党建工作，取

得出资方认可是基础也是难点。如何才能迈过这一道坎？就是要尊重文化背景差异，洞穿外企高层的“思想屏障”，形成双方共识。

“外企搞党建有没有用，是不是多此一举？”相信很多外企高层都有这样的疑惑。由于中西方政治制度、文化背景、价值观念等诸多差异，一些外企高层虽然认识到在中国发展必须了解政策、尊重国情，但对建立党组织却心存顾虑，甚至有抵触情绪。

安利（北京）建立党组织、开展党的活动经历了一个循序渐进的过程。我作为党组织代表，参加了与外方高层沟通的全过程，深切感受到了他们的心理和行为变化。通过各方的努力，2007 年 6 月公司成立了党支部。但外方高层心中始终有一些疑问：党组织在公司到底能发挥什么作用？2009 年初，国际金融危机持续蔓延，党支部开展“为企业发展献策出力”活动，党员加班加点，保证了各项任务的完成。外方高层认识到党组织和党员的作用，“抓党建、促发展”成为他们的基本共识。自此，公司把党建工作列入企业发展战略，坚持招聘职工党员优先、教育培训党员优先、晋薪晋职党员优先，并按照每名党员每年 2000 元的标准划拨党建工作经费。2011 年 2 月，北京分公司升格为党委，公司高层悉数出席，向党员职工表示祝贺。

我的第二点体会是：搞好外资企业党建工作，方法灵活是关键也是重点。如何才能筑好党建工作平台？就是要汇聚众人智慧，探索一套有效的“外企党建工作法”，展示党建工作生命力。

我们以共同目标、共同利益、共同需求为纽带，将党建工作与职工需求和企业经营模式、人事管理紧密结合起来。一是搭建“三沟通”平台，把党组织建成劳资双方“桥梁纽带”。加强与公司高层、党员、职工之间的沟通交流，定期调查党员、职工的思想状况和实际困难，请管理层中的非党人士担任“特邀党外指导员”。在党委的协调下，公司建立“爱心基金”，帮助职工解决实际困难。二是创新“一刻钟”学习法，把党组织建成党员职工“学习课堂”。针对公司店铺分散的特点，在每天正式营业前一刻钟，以小组为单位由党员带领全体职工开展理论、政策、业务学习。此外，建立“党建天地”电子平台，推出党建时讯电子刊物，开展每月读一本书活动。三是建立“三培养”机制，把党组织建成党员骨干“成长基地”。结合企业人才梯队建设，深入开展“把党员培养成骨干、把骨干培养成党员、把党员骨干培养成高级经理人”活动。职工王星洁综合素质好，业务能力强，在党组织的培养下，由业务骨干成长为一名共产党员，走上了部门经理岗位。她的父亲高兴地说：“作为一名老党员，一直希望孩子也能入党，没想到孩子在外企也能加入党组织，孩子在这样的企业工作，我很放心！”目前，公司助理经理以上的骨干中，党员超过了 50%。

我的第三点体会是：搞好外资企业党建工作，最佳效益是根本也是焦点。如何才能彰显党建工作成效？就是要发挥党组织引领作用，发挥党员“示范效应”，实现党建和企业双赢。

我们把提高企业服务水平、树立企业良好形象作为党建工作的重要切入点。一是强化服务，提高企业核心竞争力。在北京的 10 家店铺设置了党员先锋岗，制定了服务标准、考核细则。通州店在党支部书记、营运助理经理史玉容的带动下，党员职工争当“服务之星”、“业务之星”，店铺服务质量和经营业绩得到很大提升，2011 年销售额同比增长 37.6%。二是引领文化，树立企业社会形象。引导企业履行社会责任，积极带领职工投身公益事业。组织“公益课堂进社区”、爱心捐款等活动，先后为灾区捐款 8 万多元，捐赠图书 1 万册，交纳“特殊党费”近 2 万元。成立 160 多支志愿者服务队，开展孤寡家庭志愿服务、救灾物资转运等活动。仅在北京奥运会期间，党员参与各项公益服务时间超过 13000 小时。公司党委被评为“全国非公有制企业‘双强百佳’党组织”、“北京市社会领域先进基层党组织”，公司先后获得“外商投资企业百强”、“首都劳动奖状”等荣誉。

如果有人问我：“党建在外资企业中发挥的作用是什么？”我会毫不犹豫地告诉他：“党组织就像一面金光闪闪的旗帜，引领我们向前，照亮我们心田，没有党建就没有安利辉煌的今天！”

（作者系安利（中国）北京分公司党委书记）

企业党建工作创新四路径

韩虎兵

党建工作是党的工作的重要组成部分，是推动企业发展的根本。每个企业的管理者只有充分认识党建工作在企业发展中的重要作用，将党建工作融入到生产经营管理中，不断探索和创新党建工作的方法，积极发挥党建工作的作用，才能有力促进企业的和谐发展。

路径一：党建工作要坚持以主题活动为重点，推动企业生产经营目标的完成

对于每一个企业而言，追求效益最大化是永恒的

目标。党建工作应该紧紧围绕企业创造最大效益的总目标来确定自己的工作目标，精心策划、统一组织一些直接为生产经营服务、体现时代特征和企业特点的主题活动，让员工在参与中视野得到开阔，思想受到启迪，市场意识和效益意识得到增强，进而促进企业生产经营任务的完成。为确保主题活动在深层次上与生产经营紧密结合，就要围绕企业生产经营的中心工作，有针对性地把企业总体目标进行科学合理的分解，具体落实到生产、经营、管理、后勤等各个环节，把党建工作有机地与企业生产经营相融合，使每位员工都明确岗位奉献与企业发展的关系，明白自己在岗位上应该为企业发展“做什么、怎么做”，从而把企业的效益目标、任务和要求落实到每个专业、每个岗位，成为全体员工的自觉行动，以此来夯实企业管理的基础。

路径二：党建工作要坚持以人才培养为中心，推动企业科技进步

现在许多企业尤其是国有企业富余人员多，而急需的技术人才、创新人才少，解决这一矛盾是企业发展的关键。企业一方面要尊重知识，重视人才，大力培养创新型人才，形成富有生机和活力的用人机制；另一方面，又要解决广大员工技术水平与工作需要互相适应的矛盾。努力提高员工队伍的文化素质，是新时期企业党建工作的迫切任务。要针对员工不同的文化层次，多为员工创造学习知识、掌握新技能的机会，引导员工勇敢面对新技术的挑战，努力钻研岗位技术，提高自身的技术素养，使自己成为“一门精、多门懂”的技术型工人。在企业科技攻关、难点解决等方面，党建工作要发挥好保证和服务作用，发掘每个员工的潜在能力，为企业献计献策。要通过有效的党建工作鼓励和保护每个员工的创新精神，使企业员工学有榜样，赶有目标，形成学先进、赶先进、超先进的良好风气。党建工作要充分肯定员工主人翁意识和创造活力，引导员工把个人利益、企业利益与国家利益有机结合，并在此过程中提高员工素质，增强党建工作的凝聚力。

路径三：党建工作要坚持以人为本理念，提高企业管理水平

要从企业整体发展、可持续发展的角度，把党建工作纳入企业整体发展战略中，合理设置政工岗位，突出政治优势，在实施管理过程中，对党建工作实施定量和定性相结合的全过程控制管理，与企业管理、考核同步进行。每月将党群系统的工作以任务书的形式下发，并逐项分解到人，明确完成时间、考核标准，使党群工作的目标、职责、考核环环相扣，贯穿始终，规范管理。通过强有力的党建工作来充分调动职工的积极性和创造性，保证企业生产经营任务的完成，实现企业经济效益的最大化。

路径四：党建工作要坚持以企业文化建设为载体，推动企业适应发展需要

企业精神是企业文化的核心，也是党建工作的重要内容，通过加强党建工作，培育健康向上的企业精神，并以此作为感召员工、教育员工、凝聚员工的民心工程；通过开展企业形象、策划、设计、讨论、展示等活动，强化员工的“形象”意识，使员工树立“厂兴我荣、厂衰我耻”的观念，激励员工为企业发展多做贡献；职业道德是企业文化的深层要素，是企业无形的法规，是同行业之间、员工之间公认的竞争标准，也是党建工作的基本要求，加强职业道德建设，可以实现岗位行为与工作质量的统一，形成层层负责、全员对工作负责、企业对社会负责的良好作风，从而增强企业参与市场竞争的独特优势。

（作者系山西国际电力集团工会主席）

以科学发展观为指导
提升非公企业党建水平

谢晓军

非公企业党建是新形势下党的建设的重要组成部分，是第三批学习实践活动的重点组成部分，也是构建和谐社会、推动科学发展的有力支撑。加强非公企业党建必须坚持以科学发展观为指导，在破解难题上下功夫，在发挥作用上做文章，努力提高非公企业党建工作水平。

围绕中心，解决好“定位不准”的问题。要紧紧围绕服务生产经营这个定位，增强抓非公企业党建的紧迫感，在非公企业党建中做到“三个确保”。一是确保地位上平等，对非公企业不论规模大小，贡献多少，在地位上一视同仁，做到不歧视，不压制，增强非公企业加快发展的信心；二是确保政策上透明，把党和国家及地方发展激励政策及时传达贯彻到非公企业，创造非公企业公平公正、竞相发展的市场环境；三是

确保服务上到位，积极为非公企业搞好力所能及的产前、产中、产后服务，进一步激发非公企业为社会做贡献、促发展的热情。

抓住关键，解决好“组织难建”的问题。要大力宣传非公企业党组织帮助加强管理、凝聚人心、提高效益的生动典型，提高非公企业业主对党组织促进、支持和保障非公企业发展的重要性认识，使他们致富思源、富而思进，把加强党的建设作为自身发展壮大的内在动力。要牢牢抓住业主的认可、支持、理解这个主线，按照先易后难、示范带动的原则，采取同步组建、单独组建、联合组建和行业统建等方式建立党的组织，切实做到“组建一个、巩固一个、规范一个”，不断扩大党的工作覆盖面，增强非公企业党建工作影响力。

拓宽思路，解决好“活动开展”的问题。一是“活动”推动。大力开展丰富多彩的党建活动，在活动内容上，坚持以服务生产经营为中心，开展劳动竞赛、技术比武、献计献策等实践活动，做到提升政治素质和业务技能相结合；在活动形式上，坚持集中活动与小型分散活动相结合；在活动时间上，突出利用工余班后、重大节庆开展活动，寓教于乐，教乐相融。二是“实事”拉动。按照“参与不干预、引导不强制、支持不拆台、服务不添乱、监督不迁就”的“五不”要求，把解决员工思想问题同解决实际问题紧密结合，从办实事、做好事入手，坚持以人为本、关心员工冷暖，增强党组织的凝聚力和号召力。三是“典型”带动。坚持把培育典型、树立标杆作为深化非公企业党建的突破口，坚持巩固老典型、培养新典型，发挥典型“链动”效应，扩大党建工作成果。

创新方式，解决好“发挥作用”的问题。一是引导党员奋发有为，教育党员树立有为才有位的观念，端正方向、主动作为，使“一名党员一面旗”的政治优势在非公企业中进一步扩大。二是用科学理论武装党员端正思想，巩固发展党员先进性教育活动成果，引导党员形成忧患兴党观念、阶级基础观念和改革发展观念，进一步发挥好先锋模范作用。三是用荣辱观念教育党员争做楷模，引导党员在企业做好员工，在社会做好公民，在家庭当好成员，规范党员言行，做好实践表率。四是用党纪法规教育党员树好形象，让广大党员办事不忘党的宗旨，创业不忘党员身份，经商不忘党纪国法，致富不忘社会责任，时刻保持政治本色。

（作者系甘肃张掖市甘州区委组织部干部）

加强和完善非公企业和社会组织党建工作

彭贵刚

非公有制企业和社会组织是党的基层组织建设和社会管理服务的重要领域，其能否健康发展事关党执政的经济基础、阶级基础和群众基础。因而，加强非公有制经济组织、社会组织管理工作，是新时期党的建设的重要任务。笔者就此谈一谈个人思考。

当前，社会结构深刻变动、社会组织形式更加多样，工业化、市场化、城镇化带来流动人口大量增加，以及非公有制企业和社会组织发展的新趋势，决定了加强非公有制企业和社会组织的党建工作，事关党的执政基础的巩固，事关社会转型和社会管理的加强与创新，事关非公有制企业和社会组织自身的健康发展。如果没有全局意识和大局观念，仍然局限于“自娱自乐”，就党建抓党建，就无法满足非公有制企业和社会组织快速发展对党的建设的迫切需要。

因此，各级地方党委必须顺应时代发展的要求，正视问题，直面挑战，以改革创新的精神加强和改进非公有制企业和社会组织的党建工作，特别是要下功夫、动真格建立实体性工作机构，开展实质性工作。

以改革和创新领导管理体制为重点，着力健全非公有制企业和社会组织管理体系。要以有利于非公有制企业和社会组织党建工作深入开展为原则，建立健全“党委统一领导、组织部门统筹协调、实体工作机构牵头抓总、行业系统具体指导、有关方面齐抓共管，一级抓一级、层层抓落实，上下贯通、步调一致、运转有序”的非公有制企业和社会组织党建工作领导管理体制。要赋予实体工作机构不断加强非公有制企业和社会组织服务管理的职能职责，并将其纳入社会建设和社会管理服务创新的大视野同步规划、同步组织、同步实施。要始终把抓党的组织覆盖和工作覆盖作为加强非公有制经济组织和社会组织服务管理的首要环节，按照不同企业、行业和区域特点，通过单独组建、联合构建等形式，大力推进党建覆盖网建设。同时，坚持以党建带工建、团建、妇建，积极引导非公有制经济健康发展和非公有制经济组织健康成长。

以构建和谐劳动关系为目标，着力提升非公有制企业和社会组织服务管理水平。要大力推进“综治进非公有制企业和社会组织”工作，力争全部规模以上非公有制企业都建立综治工作室（站），努力实现矛盾化解、治安防控、法律服务、预防犯罪、平安创建等“五进”。要广泛开展和谐劳动关系创建活动，建立健全员工工资集体协商、正常增长、支付保障机制，初步形成“企业协商谈增长、行业协商谈标准、区域协商谈底线”的工资协商模式。要总结推广义乌市工会社会化维权模式经验，积极构建县、乡镇、村三级劳动争议调处平台和预警、处理机制，将各类劳动争议化解在源头和基层。要持续推进“服务企业、服务基层”专项行动，着力为非公有制企业和社会组织解困减负，并通过广泛开展“共同约定行动”，积极推动非公有制企业和社会组织与职工凝心聚力保增长、同舟共济促和谐。

以搭建服务平台为抓手，着力促进非公有制企业和社会组织承担社会责任。一要搭建培育发展平台。试行民办非企业单位直接登记制度，开展社会组织等级评估工作，不断完善登记备案、培育管理、示范创建、财税优惠等政策制度体系。完善非公有制经济代表人士综合评价体系，开展“企业法制诚信”考察，深入推进“光彩事业”，引导他们承担社会责任、投身公益慈善事业。二要搭建政策服务平台。通过项目购买、项目补贴、项目奖励等方式，积极拓展政府和社会组织合作渠道，支持推动社会组织参与社会管理。三要搭建公共服务平台。结合深化“网格化管理、组团式服务”，全面建立区县、乡镇、村三级服务平台，形成纵向到底、横向到边的信息服务网络；总结推广宁波市海曙区建立区域性社会组织服务中心等做法，既为非公有制企业和社会组织提供优质服务，又引导他们参与社会服务和管理，切实承担社会责任。

（作者系重庆市委新经济社会组织工委研究室干部）

非公企业党组织书记需善用“七种武器”

范立明

2012年3月21日，全国非公有制企业党的建设工作会议在北京召开。中共中央政治局常委、中央书记处书记、国家副主席习近平会见会议代表并讲话。

召开全国性的非公企业党建工作会议，体现了中央对非公领域党建工作的重视，为加强和改进非公企业党建工作指明了方向，对进一步推进非公企业党建工作起到非常积极的作用。

毛泽东同志曾说：“政治路线确定以后，干部就是决定因素”。这次会议精神，归根到底需要各个非公企业的党组织书记去贯彻落实。而要借这次会议的东风，让非公企业党建工作上台阶、上水平，真正发挥党组织在企业中的战斗堡垒和政治核心作用，笔者以为各位非公企业的党组织书记还需要善于使用以下“七种武器”。

第一种武器是“学习”。“逆水行舟，不进则退”，企业处在改革开放和市场经济的最前沿，不论是生产方式还是经营管理理念都在不断的转型升级中，如果企业的党组织书记跟不上企业的发展需求，就有丧失先进性的危险。所以非公企业党组织书记需确立终身学习的理念，不断优化知识结构，提高工作水平，这样才有底气教育管理党员群众，为企业发展贡献自己的力量，提高党组织在企业中的地位和作用。

第二种武器是“思考”。“思路决定出路”，万事开头难，只要开局打好，就能逐步推进，扩大成果。非公企业党组织书记应该仔细思考自己的工作目标，即通过努力，能让企业整体面貌提高到一个什么样的层次。然后围绕这个目标，制定近期、中期工作计划和长期规划。首先做什么，再做什么，以后接着做什么，需要建什么工作网络，搭什么平台，怎样去培养自己的左右手，扩大党员队伍，当这一切都想好了，落实了，自己的工作开展就会顺手起来。

第三种武器是“沟通”。沟通是成功的保证，在非公企业，党组织既是上级党委建在企业中的一个战斗堡垒，又是企业管理层的得力助手，同时还是群众利益的代表者和维护者。所以党组织书记应该充分发挥自己沟通协调的作用，成为连接上级部门、企业管理者和职工群众三者之间的桥梁和纽带。实践证明，上级部门的有关政策通过党组织带给企业，往往贯彻效果更好。而一些涉及职工权益，维护职工切身利益的工作，交给企业党支部来做，可以落实得更到位。

第四种武器是“创新”。不能创新就意味着死亡，非公企业党的建设是党建工作的新领域，照搬传统的工作方法未必能收到预期的效果。所以非公企业党组织书记开展工作时要善于“创新”，经常开展一些企业支持、群众欢迎的活动，如党员志愿服务，企业文化创建，建立创先争优英雄榜、党员示范岗等等，扩大党组织的影响力。还可以借助现代信息技术推动党建工作，如建立企业党建OA系统，开通党建微博。当某几个节点上的创新实现员工面貌悄然变化后，业主、员工对党建工作的肯定与支持也会发生变化。

第五种武器是“谈心”。思想政治工作是构建和谐企业的法宝，现在企业的职工往往来自五湖四海，具有生活经历复杂化，地域文化多样化的特点，员工的思想素质和工作表现也参差不齐，企业党组织书记要多和他们交心谈心，尤其是要抓两头带中间。先进的员工要把他们树起来，精心培养，后进的员工要把他们扶起来，耐心的教育他们，扶一把，带几程。如果这两头的工人成为自己的朋友或者好同事，那么，党组织在企业中的凝聚力和向心力就出来了。

第六种武器是“服务”。服务是基层党组织永恒的主题，我们把企业的“企”字拆开，可以发现它是由三个“人”字组成，这个人就是职工群众，所以只有把人服务好了，企业党建工作才算成功。做好服务不能仅靠嘴皮子，更需要实际行动。对员工的生活一定要关心，要尽量为员工争取一些应得的待遇，对员工的困难尽量给予帮助。当企业员工都说你好了，认可你了，那你的工作就成功了。

第七种武器是“助手”。一个好汉三个帮，在非公企业党建领域，要做的事情很多，单靠党组织自己单打独斗是不行的，在这方面，工会、共青团、妇联等群团组织就是党组织的左膀右臂。因为工作职能的关系，群团组织和职工群众的关系非常密切，通过他们开展活动能有效地聚拢人气，形成亮点。当你把群团组织起来，活跃起来，党建工作就如虎添翼了。

（作者系武义县委组织部干部）

以“六化”着力提升非公企业党建工作水平

朱劲松

近年来，我市根据中央和省、市委关于非公企业党建工作的总体要求，围绕“六化”，在强基础中求提升，创新中求突破，以党建引领非公企业科学发展，取得了显著成效，涌现了一批以红豆集团为代表的“党建强、发展强、社会形象好”的民营企业，使非公经济成为推进我市“第二个率先”的重要生力军。全市民营经济增加值占地区生产总值的比重达到63.7%，纳税占全市税收收入的比重超过50%，经济效益指标居全省第一，有24家企业进入全国民企500强，非公企业从业人员184.82万人。全市非公企业党组织7524个，党员68909人，省市区三级党代表301人。全市规模以上非公企业党组织动态组建率保持在100%，非公企业党组织组建率85%。

（一）围绕总体布局系统化，在统筹规划中整体推进非公企业党建工作。一是加强调查研究。为进一步增强非公企业党建工作的针对性和实效性，年初，紧紧围绕非公企业党建的热点难点问题，在全市范围内组织开展了《100个非公企业党组织书记实证调查》等10个专题调研，并在下半年组织召开全市非公企业党建工作理论座谈会，为切实解决当前非公企业党建工作面临的主要问题和矛盾，大力推进非公企业党建工作提供决策参考。二是出台政策意见。在调查研究的基础上，根据全国全省非公党建工作会议精神，及时制订出台了《关于加强和改进非公有制企业党的建设工作的实施意见》，明确以打造非公企业党组织创造力、凝聚力、战斗力工程为重点，全面提升非公企业党建工作科学化水平。三是整体部署推进。市委领导高度重视，把非公企业党建工作纳入基层组织建设总体布局，作为基层组织建设年活动重点任务和考核内容，列入常委会专题讨论，并于5月底召开了全市非公有制企业党建工作创新推进会，全面部署和推进非公企业党建工作。

（二）围绕组织建设集约化，在夯实基础中提升非公企业党组织质量。一是提高党组织组建率。针对党员数量少，组织开展了“万名党员源头拓展行动”，采取五项措施，制订一项党员发展计划、组织一次非公企业党员情况排查、开展一次流动党员普查登记、举办一场党员招聘会、集中选派一批党建指导员，为在非公企业组建党组织、开展党的工作创造条件。组织开展了“万家非公企业党组织覆盖行动”，整体推进党组织组建工作，扩大党组织覆盖面，2012年党组织组建率比上年同期增长13%，在年内非公企业党组织组建率达到90%以上。二是创新组织设置方式。突破党组织设置的条块界限，注重发挥各类资源优势，以开发园区、商贸楼宇、专业市场和城市综合体等非公企业集中地和聚集区为重点，采取区域化联动，集成式联建，特别是对大量不能单独组建党组织的非公企业，通过工业集中区统建、行业协会联建、商贸区共建、大型骨干企业帮建、村（社）扶建等多种方式创新组织设置，扩大党组织覆盖面。三是优化提升党组织质量。组织开展“分类定级，争先晋位”活动，通过摸问题、找差距、学先进，把分类定级作为非公企业党组织整改提高，创优升级的过程，在定位中比水平，比干劲，比业绩。目前，全市非公企业党组织先进和一般占93.8%。

（三）围绕队伍建设专业化，在选优训强中提升非公企业党务工作者能力素质。一是抓培训提素质。围绕打造“服务发展能力强、凝聚员工能力强”的“双强”型非公企业党组织书记队伍，以三年一轮为周期，组织实施全市非公企业党组织书记培训计划，采取市、市（县）区、乡镇（街道）三级联动和分级培训的方式，大力开展党务工作者能力和专业素质培训。2011年全市就有5417名非公企业党务工作者参加集中培训。二是探索党务工作者择优选任新机制。今年，积极探索实施“社会化招聘、市场化选派、专业化培训、制度化激励”的专职党务工作者选任新机制。江苏宜兴经济开发区向社会公开招聘了15名专职党务工作者，派遣到相关企业担任党组织书记。开发区党工委、企业党组织对派遣的15名党组织书记进行双重管理考核，享受专职薪金。基础底薪5万元由企业发放，年终考核后，由开发区党工委按五星等级，发放效益薪酬，一级一万，为党务工作者提供有效激励保障。三是多渠道充实党建指导员队伍建设。打破条线分割，从工商、税务、工商联、民政等条线部门中选任一批党建工作指导员，到没有党员的企业开展党的工作，帮助有党员的企业建立党组织，指导新建党组织建章立制，开展活动。目前，全市已经建立了一支6651人组成的专兼职党建工作指导员队伍。

（四）围绕党建工作规范化，在创新突破中提升非公企业党建工作科学化水平。一是骨干企业开展党建标准化建设。在全市选择100家规模以上非公企业推广红豆党建标准化建设经验，进一步规范工作运行机制、规范活动阵地、规范组织生活制度，以规范化、标准化建设提升非公企业党建工作水平。二是开发园区探索党建规范化建设。围绕组织领导体制创新、党务干部专业化建设、党建资源整合优化等重点难点领域，进行探索实践，出台《全市开发园区党建工作规范化建设实施意见》，使全市非公企业党建科学化水平跃上一个新台阶。三是活动阵地体系化建设。按照“六有”标准，开展非公企业党组织活动阵地建设，为党组织和党员提供个性化、多元化服务。目前，全市建有园区党员综合服务中心64个，党员活动室5345个，党群工作站数1972个，基本形成了以室、站、中心为骨干的多层级多功能非公企业党组织活动保障体系。

（五）围绕创先争优岗位化，在服务群众服务企业发展中发挥积极作用。一是注重岗位服务贡献。按照“关键岗位有党员、示范带头有党员、构建和谐有党员”的要求，组织广大党员职工群众开展集中承诺、技术练兵、评比表彰、结对帮扶等活动，发动党员在岗位上建功立业，创造一流佳绩，推动企业又好又快发展。二是注重岗位人才荐优。组织开展“把党员培养成生产经营管理能手，把生产经营管理能手培养成党员；把经营管理层中的优秀党员推选为党务工作者，把优秀党务工作者推荐到经营管理层”为主要内容的“双培双推”活动，3年内培养5000名“党员职工拔尖人才”。三是注重岗位权益保障。大力开展企业“关爱职工，共创和谐”活动，推进职工代表大会制度、集体合同和工资协商制度建设，维护好职工群众的合法权益。全市已建职代会制度的企业3.3万家，占非公企业总数98%，工资集体协商企业达3.34万家。蠡园经济开发区被命名为全国模范劳动关系和谐企业和园区，法尔胜泓昇集团、俊知公司等11家非公企业被评为江苏省模范劳动关系。

（六）围绕党建资源一体化，在整合力量中为非公企业党建提供有力组织保障。一是建立一体化领导管理体系。我市建立了市、市（县）区、镇（街道）三级“两新”组织党工委，作为全市非公企业党建工作的专门领导机构。各市、（县）区“两新”党工委为加强对非公企业的组织领导，对所属区域的部分大型骨干企业、重点企业实行双重管理。目前，全市共有152家企业实行了双重管理，有力地保障了企业党建工作成效。二是建立党群一体化共建体系。深入开展党建带工建“四统筹一创争”活动（组织统筹覆盖、人员统筹配置、活动统筹安排、保障统筹落实，创建基层党组织、模范职工之家、争做优秀共产党员、文明职工）和党建带团建“三结对一创争”活动（党团组织结对、党团组织负责人结对、党团员结对，创建先进基层党组织、团组织，争做优秀共产党员、共青团），形成了党群工作“组织对接，目标同向，资源共享，活动联办”的一体化新模式，为非公企业党建提供了有力支持。三是建立一体化信息体系。通过网络优势开展党建工作。建立了全市非公企业党建工作网，通过开设网上党校、网上论坛、党建微博、党建QQ群等信息平台建设，推动了市、市（县）区、镇（街道）、村（社区）非公企业党建工作信息共享一体化、服务功能多元化。

（作者系中共无锡市委组织部干部）

破解非公企业党建难题 要企业认可党员发力

曾德斌

非公企业党建工作要顺利开展并发挥组织作用，必须得到企业的支持，以企业认可作为破解非公党建难题的突破口和着力点。这就要求党建工作者从实际出发，围绕企业发展促党建、搞好党建促发展的主题，积极营造企业认可的非公党建氛围。

以提高企业经济效益赢得企业认可。促进企业经济发展，提高企业的经济效益是赢得企业认可的前提和基础，是一项衡量党组织作用发挥程度的重要指标。非公企业党组织必须立足所在企业，积极发挥自身优势，把优势转化为生产力，围绕服务企业发展这一大局开展活动。

以发展企业内部文化赢得企业认可。优秀的企业文化能够优化企业的管理，锤炼出一支精干的队伍，也能够使企业得到社会的认可，增强其竞争力。非公党组织要根据所在企业的特点和实际，提炼出蕴含企业自身特色的个性企业文化，为企业锻造内力。

以凝聚企业员工团结赢得企业认可。非公党组织能否得到企业的认可，在很大程度上与党组织能否在企业中凝聚人心，进而形成强大合力有着密不可分的关系。非公党组织要求真务实，贴近企业，围绕企业中心不偏离、服务企业大局不放松、促进企业发展不动摇，把生产骨干发展成党员，把党员培养成标兵，形成党组织牵头，党员争当先锋表率，群众通力团结，共同努力求发展的一股冲劲，营造积极向上的奋进之风。

激发党员潜力是破解非公企业党建难题的关键点和制胜点。要经常开展党员先进性教育，组织专家和讲师为党员授课，既讲业务技术，也学理论知识、政策法规，把党员队伍打造成一支高素质的精英团队，才能使党组织焕发活力。党组织要落实党内关怀机制，把党组织的温暖及时送到党员心坎上，通过各种形式的温暖关怀举措，让党员看到组织，感受温暖，激发党员敢想敢闯的热情，激活党组织的每一个细胞。

（作者系江西省奉新县委组织部干部）

阜康产业园强化措施，创新载体，努力促进非公企业党建工作与经营发展互赢共进

李勇

为实现非公党建工作与企业经营相互促进的目标，使企业党建和企业发展同步合拍、共进互赢，阜康产业园积极把党的组织优势转化为发展优势，把组织活力转化为发展活力，有效地促进了产业园非公有制经济平稳较快的发展。

一是建立健全组织领导体制。成立了产业园非公有制企业党总支，负责产业园非公有制企业党建工作的协调、指导和检查督促。并配备了专职人员，逐步健全工作机构和相关制度，有效强化产业园党建，为扩大产业园非公企业党组织覆盖面打下基础，形成了产业园党（工）委统一领导，各支部齐心协力抓非公有制企业党建的工作格局。

二是积极探索属地管理模式。按照有利于党组织开展工作、有利推动企业发展的原则，结合行业特点，把行业管理与属地管理、有机地结合起来，对投产企业、在建企业等实行归口管理。如对优派能源、强联商砼等具备独立组建条件的，单独组建党组织；对于如宏盛源、天宝结构钢等尚不具备组建条件的非公企业，通过扩大团、工会等组织覆盖面，扩大组织工作覆盖面。

三是选派党建工作指导员。对党建基础薄弱或暂不具备建立党组织条件的企业，按片区划分，选派产业园11名党员干部到非公有制企业担任党建工作指导员，联系非公企业，切实加强非公企业党建工作。并在青年团员中加大动员宣传力度，做好企业负责人的思想工作，提供业务指导、政策咨询、党员组织关系限时接转等服务，为建立党组织创造有利条件。

四是创新党建工作活动载体。紧紧围绕企业的生产经营，通过“三个引导”，提高党组织活动的实效性。引导非公企业党组织把开展党的活动与企业的生产经营相结合，促进企业发展壮大：强联商砼设立了党员先锋岗、组建党员车队，在同行业起到了模范带头作用。引导非公企业党组织把开展党的活动与维护企业和职工合法权益相结合，促进企业稳定发展：国网能源、中泰矿冶、神火炭素、泰华煤焦化等为职工配套生活娱乐设施，切实丰富了职工业余文化生活。引导非公企业党组织把开展党的活动与提升企业文化品位相结合：通过产业园威风锣鼓队、泰华文艺演出

队、产业园篮球联赛等多种活动形式，进一步促进企业健康发展。

五是找准着力点建设坚强有力的支部班子。把产业园企业效益好、社会责任感强、职工认可度高的非公经济组织吸纳到党组织中来，把技术骨干培养成党员，把党员培养成技术骨干，积极拓宽选人用人渠道：优派能源党委、强联商砼党支部把管理层、技术层和生产骨干中素质好、能力强的党员选入党组织领导班子，培养适应非公有制企业特点的“两栖”型党务干部，同时，注意加强教育培训工作，努力提高企业党务干部业务素质和工作能力。

六是挖掘闪光点发挥党员队伍的先进性。一方面，把党员管理与员工管理衔接起来，与生产经营结合起来，以党员的先锋模范作用，影响和带动广大职工做好本职工作。紧紧围绕企业生产经营管理，大力开展创建“党员诚信企业”、“党员攻坚项目”等党的活动，有效提高企业经济效益。另一方面，按照“小型、多样、动态”原则，通过各种富有实效的学习教育活动，如中泰化学针对党员及先进职工代表的党课培训，每季度定期开展的送学活动，不断提高党员队伍的思想素质和业务素质。同时，加大发展党员工作力度，在严把党员质量关的基础上，2013 年产业园非公党总支新发展 24 名，同时积极引导企业优秀骨干人员向党组织靠拢，重点发展管理人员和技术骨干人员入党。

（作者系阜康市非公经济组织党工委干部）

群众路线教育
要贯彻“认真”二字

张宗仁

群众路线是中国共产党的生命线，是党的非常宝贵的优良传统。长期以来，自上而下关于类似于群众路线教育的活动屡见不鲜，比如“万名干部进万村挖万塘”、“万名干部进万村洁万家”等等，这些活动在形式上一般采取运动式，在一定的时间里突击深入基层、突击调查研究、突击办几件实事……时间一到，就忙于统计数字、总结成绩，实际效果怎么样呢？扪心自问地说是不尽如人意，有些甚至是劳民伤财。究其原因就是贯彻“认真”二字不够扎实。

党的十八大召开之后，一场自上而下，集中解决党内形式主义、官僚主义、享乐主义和奢靡之风的群众路线教育实践活动，即将在全党展开。广大党员、干部、群众在为之叫好的欣喜之余也难免有一些疑虑和担心，担心是不是老生常谈地用“形式主义”来解决形式主义的“运动”。客观地说，这种担心并非多余。怎样消除、化解这种“多余”的担心呢？必须在教育实践活动中充分贯彻“认真”二字，在“认真”二字上做文章、下功夫，来真的、硬的、实的。

伟大的导师毛泽东说：“世界上怕就怕‘认真’二字，共产党就最讲‘认真’。”群众路线教育的实践活动贯彻体现“认真”二字，首先思想认识要跟上，这是前提。在思想认识上，有毛泽东思想、邓小平理论、“三个代表”重要思想、科学发展观、实现中华民族复兴的中国梦等一系列的理论作指导，对于开展群众路线教育活动的重要性和必要性，都应该有一定的理论和文化素养把它阐述得精辟透彻，都能够“与时俱进”地上升一定高度来认识。但是，有很高的境界和认识还是远远不够的，更重要的是“行动”要跟上去，这才是保证活动不走过场、取得实质效果的关键所在。“行动”能不能跟上去，“认识”和“行为”能不能有机统一起来，能不能切实解决问题，这才是“试金石”。

“知政失者在草野”，群众的眼睛是雪亮的。习近平总书记说，是不是作秀，群众一看就知道。中央群众路线教育实践活动领导小组组长刘云山说，群众意见是一面镜子。群众不会只是看你“说”得怎么样，他的直观感觉就是看你“做”得怎么样。由此可见，群众路线教育实践活动“群众”是理所当然的主体。要充分相信群众、发动群众、依靠群众，让群众参与到活动的全过程中来，发挥他们的智慧和监督作用，是不是作秀、有没有实质效果、党员干部身上的“病”治的怎么样、群众的呼声和要求听进去没有、所反映的问题解决没有……一切由群众说了算。

当然，群众说了算“群众”也不能“和稀泥”当“老好人”，也不能让“和稀泥”的群众说了算。这就要注意切实避免那种“领导点将”请一些不坚持原则的“好好先生”来“民意测评”党员干部及其教育实践活动的成效，打几个钩钩，说一些你好我好大家都好的恭维话，或者象征性地提一些无关痛痒的希望和建议，那样难免又是有悖于党中央、人民群众所要求和期望的劳民伤财的“一阵风”。“劝君不用镌顽石，路上行人口似碑”。所以在制度的设计上一定要科学，要让那些能够坚持原则、敢于碰硬、公道正派、有一定思想头脑的能说、会说、敢说的“群众”代表绝大多数人民群众的利益说话，充分体现广大人民群众的意志，最大限度地把党员干部身上的毛病找出来，把老百姓的诉求说出来，把老百姓的愿望表达出来。充分做到了这一点，就可以实现党的群众路线教育实践活动的基本目标，真正体现“党员干部受教育，人民群众得实惠”，也才能真实体现出党中央的期望值和人民群众的期望值的完美统一。

（作者系湖北宜昌市夷陵区小溪塔街道办事处干部）

要搞好整党活动 纯洁党的队伍

何俊锋

2012年6月10日，《大众日报》刊登了齐淮东、姜国乐、杨国胜撰写的《山东寿光清退102名不合格党员系胡锦涛联系点》一文，大字标题赫然在目，感觉震撼——在寿光全市开展的党员登记工作中，102名不合格党员不予登记，120名党员暂缓登记，限期一年整改……

俗话说：流水不腐，户枢不蠹。因此，“能进能出”可谓纯洁党员队伍的必由之路。寿光的做法之所以值得关注，重点并不在于多少名党员未予登记、被清退出党，而是通过“半年一分析，一年一评议，两年一登记”的方式，疏通了党员队伍正常的退出机制。这是一次加强党员队伍纯洁性、先进性建设的崭新探索和生动实践，对全党来说都具有标本意义。邓小平同志曾经鼓励改革者要“大胆地试、大胆地闯”，寿光市的尝试与探索，需要胆识和勇气，更需要过人的智慧。目前来看，寿光的这种党员队伍纯洁机制至少有三点可取之处。

一、将笼统要求细化为具体制度

毛泽东同志曾经提出：“不清除废料，不吸收新鲜血液，党就没有朝气”。因此，无产阶级政党要吐故纳新。在十七届中央纪委七次全会上，胡锦涛同志强调党要“增强自我净化、自我完善、自我革新、自我提高能力”。党章规定：“党员如果没有正当理由，连续六个月不参加党的组织生活，或不交纳党费，或不做党所分配的工作，就被认为是自行脱党。”其实，党员队伍建设中“出”的制度安排并非没有，只不过在实际执行中，制度化的安排还不尽完善，对不合格党员缺乏硬性约束与处理办法，能“进”不能“出”一直是困扰各级党组织的难题。寿光市推行的党员队伍纯洁机制，既有明确时间安排，又分为“个人分析、民主评议、联席研究、组织考察等十二个步骤”，工作步骤完善，程序严谨规范，形成一整套严密周全的机制，是将笼统要求细化为具体制度的生动实践。

二、从“运动式”走向常态化

清退不合格党员，并非“开天辟地头一遭”，而是有前事之师、可资镜鉴者多。回顾党史，从1941年到1945年“延安整风”、1947年到1948年“土改整党”、1950年到1954年整风整党，1983年开始进行清理“三种人”，1998年开展“三讲”教育，全党层面大小整党十余次，每一次都既涉及精神信仰、思想作风整顿，也涉及“吐故纳新”，把不合格者清除出队伍。但是，无论哪一次集中整党活动，在清理不合格党员、净化党员队伍上都具有阶段性、“运动式”特点：规模和力度大、时间相对集中。寿光的探索以两年为一个周期，工作连贯、周而复始，较好地弥补了“运动式”整党后遗留下的时间空白，解决了缺乏一以贯之、常态化的纯洁党员队伍的措施和办法这一缺憾。

三、变事后惩治为事前预警

党章“开除党籍”的规定，实质上是一种底线惩戒，即在党员触犯党纪国法时予以惩治，倘若党员行为不触及底线，不触犯刑律，则很难触发并招致党纪惩处。也就是说，一名党员，即使信仰不坚定，表现不先进，哪怕群众都觉得他已没有“党员样子”，却依然能“安然无恙”待在党内，堂而皇之混下去。这直接导致有的党员赖在党内“滥竽充数”，混日子。寿光的做法，较好地解决了这个问题。“半年一分析，一年一评议，两年一登记”的过程，能使党员不断检查党性，检点行为，不断“照镜子”，校正方向，使理想更坚定、思想更纯净、行为更先进。有理由相信，党员队伍纯洁机制在进一步完善后，会成为保持党的纯洁性的新模式、好路子。

历史回顾：

1951年，结合土改复查开展整党整风，至翌年底结束。这次整风学习了1950年5月1日中央《关于整党的指示》和1951年4月9日中央召开全国组织工作会议通过的《关于整顿党的基层组织的决议》，按共产党员八条标准对照检查，通过批评与自我批评，较好地解决了一些党员存在的功臣自居、闹名誉地位，不安心工作，怕艰苦，脱离群众等问题。

1957年9月，在党内开展反对官僚主义、宗派主义和主观主义的“三反”整风运动，学习毛泽东《关于正确处理人民内部矛盾的问题》的报告和《在中国共产党全国宣传工作会议上的讲话》及有关整风文件，同时号召党外人士和人民群众帮助党整风，几次掀起大鸣大放高潮。不久转入反右派斗争。

1969年6月至1971年底，按照党的九大的错误方针，分期分批进行整党，组织党员学习九大文件，进行“自我革命”、“斗私批修”，农村还请贫下中农代表评议，最后“吐故纳新”重建组织。这次整党，恢复了各级党组织活动，但在思想上、组织上带来了很大混乱，“吐”了一些坚持实事求是、全心全意为人民服务的党员，其中有一些“造反”起家、违法乱纪的人被吸收入党并提到领导岗位。

1985年7月底至1987年春，根据《中共中央关于整党的决定》精神开展整党，具体分三步进行：第一步学习文件，内容是《中共中央关于整党的决定》、《关于党内政治生活的若干准则》、《中国共产党中央委员会关于建国以来的若干历史问题的决议》、《中国共产党章程》，以及有关增强党性、端正党风、严肃党纪、彻底否定“文化大革命”等重要文件和文章，理论联系实际，认识整党的必要性、紧迫性、整党的任务及对党员的要求。第二步对照检查，要求按照党章规定的党员必须履行的八项义务和实现全党思想上政治上高度一致的目标，纠正一切违反四项基本原则，违反党的十一届三中全会以来的路线的“左”和右的错误倾向，纠正以权谋私不正之风，反对派性、无政府主义、自由主义，发扬全心全意为人民服务的革命精神，改变党组织的软弱涣散状况。第三步进行党员登记。

这次整党历时最长，按照中央“统一思想、整顿作风、加强纪律、纯洁组织”的方针，在马列主义、毛泽东思想的指导下，依靠全党同志的革命自觉性，正确运用批评和自我批评的锐利武器，揭露和解决党内存在的思想、作风和组织不纯问题，以实现党风的根本好转。

整党：

建国初期的整党，根据中共中央“关于整党工作必须与‘三反’运动相结合”的指示，结合反贪污、反浪费、反官僚主义的“三反”运动，进行整顿党的组织。这次整党以思想整顿为中心，在党内普遍进行一次怎样做一个共产党员的教育，使全体党员都明白共产党员标准的8项条件。各基层党组织在组织党员学习党纲、党章和党员标准8项条件的基础上，对每个党员进行登记、审查和鉴定，对当时被定为混入党内的坏分子、阶级异己分子、蜕化变质分子清除出党，有部分候补党员被取消候补党员资格。通过这次整党，提高了全党的思想觉悟，纯洁了党的组织。但有少数党员受到了错误处理。

1962年的整党，结合城乡社会主义教育、“四清”运动进行整党。根据中共中央的指示，贯彻执行了以阶级斗争、社会主义同资本主义两条道路斗争为纲，放手发动群众，揭露和解决党组织和党员干部“四不清”的问题，并在此基础上进行党员登记。由于“四清”运动中的“左”倾错误，致使整党中错整了一批党员和干部，中共十一届三中全会后，“四清”运动中的冤假错案全部甄别平反。

1970年的整党，对“文化大革命”中陷入瘫痪的各级党组织进行整顿。整党以“50字建党大纲”为思想武器，批判所谓刘少奇的“黑修养”、“黑六论”，在党内实行“吐故纳新”。这次整党有部分党员受到组织处理，其中被错打成叛徒、特务、死不改悔的走资派，部分党员被开除党籍。中共十一届三中全会后，为他们落实了政策，恢复了党籍。“纳新”党员，则实行突击发展，一夜之间竟发出入党志愿书，突击发展党员，把一些根本不够党员条件的人拉入党内。“文化大革命”后经过清理，有一些被清洗出党或未予承认。

1978年的整党，这次整党，要求每个党员同江青反革命集团划清界限，进一步清查党内与江青反革命集团有牵连的人和事，解决好路线、干劲、团结、作风等方面的问题，以达到搞好工农业生产，迅速恢复和发展国民经济的目的。在这次整党中，对在揭批江青反革命集团及清查工作中领导不力的基层党组织作了整顿，加强了领导班子的建设。

1984年的整党，这次整党根据彻底否定“文化大革命”的要求，整党的基本任务是：统一思想，整顿作风，加强纪律，纯洁组织。整党步骤为：学习文件、对照检查、整改、组织处理和党员登记等四个阶段。

通过整党，广大党员增强了党性，提高了政治素质，在各自的岗位上起模范带头作用。在城市，整党前不起党员作用的后进党员，整党后转变较大。农村在整党中，全面清理联产承包以来的财务工作，清出有各种经济问题的党员。

整风：

建国初期的整风运动是从检查工作的方针、政策和领导作风入手，重点整顿县级以上领导班子的思想、作风。采取先上后下，先党内后党外，先己后人的原则，积极开展党内思想斗争，检查党员干部队伍中骄傲自满情绪和官僚主义、命令主义等不良工作作风，总结经验教训。对非党干部主要采取正面教育，提高觉悟，树立为人民服务的思想作风。这次整风的收获是：（一）揭发了领导工作中的官僚主义、命令主义倾向；（二）提高了干部的政策、思想水平；（三）加强了全党的团结，改善了各方面的关系；（四）进一步开展了全党的批评与自我批评。

1957年的整风，在各级党组织中开展以正确处理人民内部矛盾为主题，以反对官僚主义、宗派主义和主观主义为主要内容的整风运动。这次整风运动开始是健康的，广大党员和群众响应党的号召，向各级领导机关和领导干部提出了有益的批评和建议，许多党组织认真听取并初步采取一些整改措施，改进工作，转变作风。

习近平于2012年3月16日，在党刊《求是》杂志第6期上，发表的重要文章《扎实做好保持党的纯洁性各项工作》，我们必须认真学习。反复学习2011年7月1日胡锦涛在纪念建党90周年大会上的讲话和习近平2012年3月16日在中央党校春季学期开学典礼上的讲话《扎实做好保持党的纯洁性各项工作》，是每一位中共党员所必须的，是具有重要而深远的政治意义的，作为一名党员，不通过学习提高自身的政治素质是绝对不行的。脱离学习进步、脱离人民群众的党员是不合格的党员，是有损于党的光辉形象的党员，这样的党员应该清逐出党的组织。

思想政治工作是经济工作和其他一切工作的生命线，我们党历来重视思想政治工作在新的历史时期进行全面整党，要适应新的形势和任务，加强思想政治工作，而决不能稍许放松。现在进行全面整党，在全党范围内开展思想政治工作整顿势在必行。即这一大规模的，时间较长的，意义深远的思想教育活动，必将贯穿于整党的全过程，有效地保证整党任务的胜利完成。

在整党工作中一定要防止以做好事代替整党，从根本上提高党员觉悟。加强对村级整党的领导，注意防止和纠正基层党组织用办两三件好事就能代替整党的现象。现有少数农村党支部整党中只注意为群众办好事，有的支部甚至用做好事掩盖自己过去的不足或错误，个别党员也以为干两三件好事就算是整党了。因此，这些支部对思想整顿抓得不够，党员干部严重以权谋私和严重违法乱纪的问题就得不到很好解决。我们认为，要注意纠正这种现象。村级整党要着眼于对党员进行党的宗旨教育，帮助党员正确认识改革、开放、发展经济等问题，从根本上提高党员的觉悟。要结合整党解决支部领导班子中的问题，加强支部班子的建设，对农村党员干部的严重违纪问题，更应该在整党活动中认真查处。

通过认真细致地开展整党、整风活动，使每一位中共党员能够真正做到：查找自己的问题，弥补自己的不足，改正自己的错误。认真搞好批评与自我批评，努力提高自己的思想觉悟，不打折扣地履行党的宗旨，真正做到全心全意为人民服务。在全党开展整党、整风活动，努力强化每一位党员的素质修养，保持对党员的先进性教育，纯洁党的队伍，要着重树立和保持中国共产党廉洁奉公、勤政为民的光辉形象。

（作者系《党建通讯》副主编）

问企哪得红如许
为有党建动力来

——金沙县以十八大为契机为非公企业注入发展动力

周仕佳

金沙县迎着十八大的东风，推行“四企共建”（部企共建、地企共建、银企共建、村企共建）、建强非公企业党组织书记队伍和党建指导员队伍、引导非公企业导师服务团迅速发挥作用，切实做到非公企业党组织全覆盖，为非公企业发展注入动力，为全县工业经济的发展再添羽翼。

“四企共建”结对子谋新路

一是部企共建，激活结对活力。全县15家县直部门根据“资源共享、优势互补，项目带动、党建互帮，共同发展”的要求，以采取灵活多样的形式，激活部企双方党组织内在活力，服务企业健康发展。目前，全县打造了四个“部企共建示范点”——节能环保建材有限责任公司、奥斯科尔有限责任公司、瑞利乌蒙有限责任公司、恒隆煤矿有限责任公司。如：瑞利乌蒙有限公司，是县政务中心的“结对”企业，政务中心在政策和经济上大力支持，使得瑞利乌蒙发展提速。二是地企共建，促进互利双赢。全县26个乡镇与辖区内非公企业以“共谋发展思路、共兴地企经济、共办社会事业、共育文明新风、共建社会和谐”为准则，以结对共建的方式，实现党建工作联建、社会治安联防、计生工作联管、安全生产联抓、公益事业联办、经济实体联创，促进和谐企业建设，促进资源整合、互利双赢。全县244个村（社区）以“以点带面、有序推进、政策支持、规范管理”为目标，采取“多企一村、多村一企”的结对方式，已有146个村（社区）与企业进行了“村企共建”，覆盖率达81%。通过村企合一、村企结对等方式，建立村企联席会议制度、企业负责人到村兼职等制度，保持村企之间的经常性联系，及时沟通相关情况，促进村企相互融合、协调发展。三是银企共建，助推企业做大做强。金沙县联社、工商银行、农业银行、建设银行等金融部门按照“党委领导、金融支持、互利共赢、廉政共建”的原则，通过交流党建工作经验，增进对企业发展战略的了解，确保合理把握资金投向，拓宽业务渠道，推动基层党组织建设创新发展，促进双方把党的组织优势转化为企业的发展优势。今年以来，多家企业与这4家银行，协议贷款金额高达16100万元。四是村企共建，推进村企相互融合。金沙县244个村（社区）以“以点带面、有序推进、政策支持、规范管理”为目标，采取“多企一村、多村一企”的结对方式，已有228个村（社区）与企业进行了“村企共建”，覆盖率达93.5%。村企共建采取“公司+基地+村+农户”的模式，通过村企合一、村企结对等方式，建立村企联席会议制度、企业负责人到村兼职等制度，保持村企之间的经常性联系，及时沟通相关情况，拓宽了农民就业渠道，增加了农民收入，加快了农民脱贫致富步伐，为企业及村（社区）培养了人才，促进了企业和村级经济全面发展。

建强队伍优化经营环境

一是选优党组织书记队伍。按照守信用、讲奉献、重品行，懂经营、会管理、善协调，热爱党务工作和熟悉群众工作的标准，采取领导兼任、机关下派、公开考聘、企业自主选任等方式，全县已选优配强非公企业党组织书记45名，为企业开展党建工作，为企业出谋划策，为企业培养入党积极分子，并引导企业聘任党员职工到关键、示范岗位。二是配强党建指导员队伍。坚持“双向选择”的原则，按照政治素质好、协调能力强，熟悉企业经营管理，善于做群众工作，有一定党建工作经验的标准，采取个人自荐、组织推荐、业主选择、党委选派等方式，全县已从机关（事业单位）选派共646名党建指导员派驻企业，及时帮助企业制定党建工作计划，帮助企业建立党组织，积极优化企业与地方关系，优化企业生产经营环境。

导师服务团破解发展难题

一是抓实导师服务团工作，服务经济板块。金沙县“非公企业导师服务团”成员实行“一推一定”的方式推选产生。根据推选单位职能及企业的性质，将导师服务团分为7个团，分别联系和服务7大特色经济板块中的非公企业，结合企业需要深入企业调研指导，提供政策咨询、法律咨询、市场信息、技术指导等服务。“以农牧局牵头的这个非公导师服务团让我们尝到了甜头，我们一有困难，他们就来，一来就深入基地调研，为我们送来了大力的技术支持，为我们的产业规划提出了很多不错的建议。”金沙县台金公司法人代表袁静不由感慨道。二是“党员结对”突出“两联两帮”。导师服务团成员及“部企共建”的15家县直部门共推选30名党员与结对企业党员建立互帮互助机制。在具体工作中，突出“两联两帮”（党员干部联系企业党组织书记；部门党员联系企业党员。党员干部帮扶结对企业党组织书记加强班子建设，推进民主管理；部门党员一对一帮扶企业党员，注重思想交流），形成结对共建的“连心链”和一对一的“帮扶链”。主要措施是帮助企业党组织贯彻落实党的路线方针政策，充分发挥党组织在非公企业中的作用，收集非公企业党员和职工的意见建议，帮助非公企业及职工办实事解难题，引导他们在安全生产、产能提升等方面建功立业。

目前，全县692家企业实现党的工作和党组织全覆盖，建成共692名非公企业党组织书记队伍和646名非公企业党建指导员队伍，49名非公导师服务团队伍和30个党员互帮互助对子。全县党组织、党员为企业的经营发展提供合理化建议279个，为促进企业发展开展技术革新项目114个，据合理化建议、开展技术革新带来的经济效益917万元，为群众和社会做好事、实事290件，完成急难险重任务151件。

（作者系中共金沙县委组织部干部）

书写“非公党建”新篇章

——全国非公有制企业党的建设综述

（2012年3月20日）

《人民日报》

乘着改革开放的春风，中国的非公有制经济成长为社会主义市场经济的生力军。目前，我国非公企业产值占国内生产总值的60%，80%以上的城镇就业、90%以上的新增就业岗位由非公企业提供。独特的地位和贡献，决定了非公企业党建工作成为党的建设的重要领域和重点任务。

党中央高度重视非公企业党建工作。早在2002年，胡锦涛总书记就指示：加强非公有制经济组织党的建设，是增强党的阶级基础、扩大党的群众基础、提高党的社会影响力的需要，也是保护非公有制经济组织中广大职工合法权益和引导非公有制经济健康发展的需要。党的十七大和十七届四中全会，对加强非公企业党建工作进行了部署，习近平、李源潮等中央领导同志多次对这项工作提出明确要求。

按照党中央的统一部署和要求，各级党委紧密结合实际，不断解放思想，推动了非公有制经济的健康快速发展，巩固和扩大了党的执政基础与群众基础。

减少“空白”，扩大“覆盖”

“以前党员经营户就像散落在商海中的明珠，现在党组织把他们串起来了，使他们的先进性在商海中闪耀。”江西洪大集团公司总经理、党委书记余小玲感慨地说。

为扩大党的组织和工作覆盖，江西南昌市在年交易额亿元以上的34个市场中，全部建立了党组织。2011年，仅洪城大市场就有252人递交了入党申请书，新发展党员7人。

如何引导高科技知识分子向党靠拢？北京中关村科技园区海滨园党工委积极探索在高科技知识分子中发展党员的新路子，近年来培养入党积极分子2000余人，发展党员600余人，其中技术和管理骨干占85%以上。

截至2010年底，全国非公企业党组织组建率达到21.2%，其中规模以上非公企业党组织组建率达到96%；对暂时没有党员或不具备建立党组织条件的非公企业实行党的工作全覆盖；普遍向非公企业选派党建工作指导员或联络员，目前已选派28万多人，指导、联系企业60万户。

不当“花瓶”，不当“摆设”

“党建工作抓实了也是生产力。”作为非公经济大省，浙江省委以“党建强、发展强”为目标，推动了党建工作与企业发展相互促进。一度成为媒体关注焦点的“温州信泰集团董事长出走事件”发生后，集团党支部带领全体党员，顶住压力坚守岗位，做好员工思想政治工作，在促进董事长归国重组企业中起到了重要作用，充分发挥了凝聚人心、促进和谐的独特优势。

广西开展“亮身份、树形象、比贡献、争先锋”主题实践，全区非公企业党员开展技术革新项目8972个，带来经济效益54.83亿元。在创先争优活动中，广西三环集团党员技术攻关突击队公开承诺：“解决陶瓷包裹色釉黑斑问题，提高产品质量。”最终凭借过硬的技术，在全球500余家企业中竞争胜出，一举拿下英国威廉王子婚礼礼品用瓷订单。

倾力打造“头雁工程”

“群雁高飞头雁领”。抓好非公党建，选好配好党组织书记是关键。

辽宁省委针对非公企业没有合适书记人选，建不起党组织的问题，通过上级委派、组织推荐、公开招聘等方式，选优配强党组织书记。全省委派、推荐非公企业党组织书记1117名，招聘1998名，帮助3115户企业建立了党组织。营口群星集团董事长梁有学说“我经常在外跑项目，多亏有个好书记，帮我们建起了党组织，在家比我管得还板正。”

四川畅通选聘渠道，开展企业党组织书记“公推直选”试点。3年来，四川公开选拔了8600多名企业党组织书记。夹江县规矩水泥厂党委书记陈述伟感慨地说：“作为从领导岗位退休后的民营企业党委书记，我一定不负众望，发挥余热，甘当民营企业党建工作的拓荒牛！”

近年来，各地拓宽视野抓选配、强化培训抓提升、严格管理抓规范、落实保障抓激励，有效提升了党务工作者队伍整体素质。

打消“出资人”的顾虑

“老板”的理解和支持是做好非公企业党建工作的基础。三一集团董事长梁稳根坚持18年不间断向党组织递交申请，于2004年实现了入党夙愿。现在，三一集团每次在海外建厂，第一步就是建立党组织，做到业务开展到哪里，党的组织就设置到哪里。

安利公司的出资人曾认为：“外企搞党建没用，是没事为自己找事。”随着时间的推移，党工职工的业务素质、敬业精神和模范作用深深打动了出资方。1996年12月，安利在广州总部设立了党支部。如今，安利公司将党的建设工作列入公司发展战略。

各级党组织对出资人的教育引导、真情服务和政治激励，增强了他们的政治认同感、心理归属感和社会责任感。“十一五”期间，非公企业出资人积极参与光彩事业，实施项目6425个，到位资金978.86亿元，安排就业292.03万人，带动了786.63万人脱贫致富。在发生重大自然灾害时，非公有制经济人士踊跃捐款捐物，仅在汶川特大地震中就捐款捐物达62.4亿元，赢得广泛赞誉。

营造“非公党建”良好环境

近年来，各级党组织把非公企业党建纳入党建整体布局，健全领导体制，完善工作机制，使非公企业党建工作蓬勃开展。据统计，全国已有近50%的省份、60%的地级市、70%的县建立了非公企业党建工作领导机构，22个省份、248地级市、2264个县建立了联席会议制度。

北京市、县、乡自上而下成立社会工委和社会工作党委，负责非公企业和社会组织党建工作。浙江依托组织部门在省、市、县三级建立“两新”工委，负责非公有制经济组织和社会组织党建工作。甘肃、山西依托工商管理部门成立非公企业党工委。天津、内蒙古、山东等省区市，依托统战部或工商联成立非公有制经济组织党工委。

为了解决经费和场所问题，江苏、浙江、湖南、云南、安徽、湖北、内蒙古7个省区根据《公司法》的规定，要求非公企业党组织活动经费按职工年度工资总额3%～8%比例在企业管理中税前列支。广东、福建将非公企业党员缴纳的党费全额返还，广东每年从省级党费中拨出250万元，补助经济欠发达地区非公企业党组织。上海浦东新区、在渝中区设立非公企业党建工作专项资金并列入财政预算，每年给予每个党组织不低于2000元的活动经费补贴。

总结成功经验 深化规律认识 展示创新成果

——“践行党的群众路线理论研讨会”发言摘要

《求是》杂志

巩固和夯实党的群众路线的理论基础

把理论学习放在首要位置，重视发挥理论的指导作用，是历次党内集中学习教育活动的一条基本经验。实践表明，尽管不同时期开展的党内集中学习教育活动的背景、任务、内容、做法有所不同，但每一次都把集中学习教育活动作为解放思想、统一认识、振奋精神、凝聚力量、攻坚克难、推进工作的总动员，使全党创造活力和奋进动力得到广泛激发；坚持党的理论创新每前进一步、理论武装就跟进一步，教育引导广大党员、干部感情上真诚认同、政治上坚定信仰、行动上自觉运用马克思主义特别是马克思主义中国化最新成果，使党的创新理论得到广泛普及。

以习近平总书记系列重要讲话精神为指导，是这次党的群众路线教育实践活动的鲜明特色。党的十八大以来，习近平总书记发表的一系列重要讲话，为党的群众路线教育实践活动提供了最新、最权威的理论指导和学习内容。实践证明，各地各部门在开展群众路线教育实践活动过程中，自觉地把学习贯彻习近平总书记系列重要讲话丰富和充实于各环节和全过程，起到了凝心聚力、凝魂聚气的重要作用。同时，围绕党的群众路线教育实践活动与习近平总书记系列重要讲话的重大主题，理论工作者们也进行了深入的理论研究，形成了一大批理论成果，丰富和深化了新的时代条件下我们对于群众路线、群众工作的认识。我们要从理论的高度思考和认识党的群众路线教育实践活动，牢牢巩固和夯实党的群众路线的理论基础，把群众路线这个党的生命线永远坚持下去，把群众路线这个党的传家宝代代传递下去。

分析走好群众路线的重要意义，总结做好群众工作的内在规律，是广大理论工作者的庄严责任。习近平同志在十八届三中全会上指出，“我们中国共产党人干革命、搞建设、抓改革，从来都是为了解决中国的现实问题”。广大理论工作者要坚持问题导向，结合新形势、新情况、新问题研究新形势下贯彻党的群众路线，探索做好群众工作的内在规律，这样才能自觉践行庄严的历史责任。

（中共中央党校副校长 张伯里）

展现自我净化、自我纠错的强大能力

在我们党90余年的历史上，有两次意义伟大、影响深远的党建实践。一次是革命时期的延安整风，它为我们党夺取全国胜利奠定了厚实基础；另一次就是我们当下正在深入开展的党的群众路线教育实践活动。从目前已经显示出的成效来看，正在进行的群众路线教育实践活动确实为继延安整风之后，我们党在加强自身建设方面的又一个伟大创新之举。我们有理由相信，通过大规模的全党教育实践活动，必将为我们实现民族复兴的伟大中国梦提供坚强有力的保证。

我们党是用马克思主义理论武装起来的先进政党，具有批评与自我批评的优良作风是先进政党的显著标志之一。这个先进政党的政治基因，决定了我们党始

终保持着自我改正、自我纠错、自我修复的自净能力。实践证明，有无这个能力，是共产党与其他政党的根本区别，是先进政党与落后政党、退步政党的根本区别。纵观世界政党史上，像我们党这样每过一段时期都要进行一次自我清理和自我整肃，从而体现出一种充沛的历史自觉精神和历史主动精神的政党，还是不多见的，甚至是罕有的。

如同任何个人一样，任何政党都不可能不犯错误，问题在于：你能不能认识错误，进而改正错误。我们党过去能够精彩地做到，现在也能够出色地做到，我们正在以自己的行动向世人和世界宣示：强大的自净能力，是我们党的自豪之源、自信之根！

（中国社科院中国特色社会主义理论体系研究中心主任　尹韵公）

为践行党的群众路线做好理论舆论工作

党的群众路线教育实践活动开展以来，中央以身作则、率先垂范，各地区各部门各单位迅速部署、积极行动，取得重要阶段性成果。在第二批教育实践活动正在扎实推进之际，召开“践行党的群众路线理论研讨会”，对于深入学习贯彻习近平总书记系列重要讲话精神，认真总结教育实践活动成功经验，不断深化对党的群众路线理论和实践的规律性认识，具有重要意义。

光明日报是党中央指导意识形态工作的重要阵地。作为以理论宣传见长的中央党报，在开展党的群众路线教育实践活动中，我们特别注重发挥自身优势，围绕全党范围的党的群众路线教育实践活动加强新闻报道和理论宣传，通过推出重点报道、宣传先进典型、刊发重点文章、组织系列评论、开设专题专栏专版等形式，广泛深入宣传各地各部门贯彻落实中央精神、深化党的群众路线教育实践活动的主要举措、典型经验及最新理论研究成果。

教育实践活动伊始，本报在一版重点理论文章专栏“光明专论”刊发《夺取中国特色社会主义伟大事业新胜利的坚强保证——深刻认识党的群众路线教育实践活动的重大意义》等一系列文章，在理论界引发强烈反响；在去年6月18日即党的群众路线教育实践活动启动当天，《理论周刊》约请中国浦东、延安、井冈山干部学院的常务副院长围绕为民、务实、清廉主题，刊发一整版笔谈。本报还在全国范围开展“群众路线教育实践活动征文”活动，征文包括“理论思考”和“实践手记”两部分，及时反映、交流各地各部门各单位开展教育实践活动的好做法新经验、广大党员干部参加教育实践活动的体会感受以及对党的群众路线的理论认识。截至目前，光明日报总共刊登党的群众路线教育实践活动报道文章300余篇，理论文章100余篇，产生了良好的社会反响。

不少基层同志在抓党的群众路线教育实践活动工作的同时，纷纷给本报写来学习体会和研究文章，充分反映出党的群众路线教育实践活动所具有的广泛群众基础。我们期待各位专家学者能够创造出更多、更好的理论成果，光明日报将竭力为各位专家学者提供发表阵地。

（光明日报总编辑　何东平）

提高群众工作的制度化水平

群众工作制度化，是执政党群众工作的本质要求。提高群众工作制度化水平，一是要在群众工作方面及时转变思维方式，改变思想观念。要看到，作为执政党，我们不仅越来越需要，而且已经有充分的条件把群众工作的要求更多地通过法律法规和社会管理制度的形式体现出来，这点和过去革命时期有本质的不同。而且，从执政党领导经济社会长期有序发展和贯彻依法治国基本治国方略的要求来看，也只能这样去做。

二是要创造性地继承和弘扬党的群众工作传统优势，从制度层面不断丰富、发展和完善党的群众工作优势。党在历史上形成的群众工作传统是非常宝贵的，特别是在群众工作方法和艺术方面，但时代已经发生变化，我们必须在新的整体思路和整体制度设计前提下创造性地运用过去的经验，简单套用已经很难取得预期效果。

三是要把群众工作纳入到整个国家治理体系的完善和治理水平的提高这一总体目标下通盘考虑和设计。如果不从整个国家治理水平和治理能力的提高这一战略高度来通盘考虑，寄希望于通过一些具体方法的改进来解决问题，肯定是不行的。党的十八届三中全会明确提出实现国家治理体系和治理能力现代化的目标，正是一种基于顶层设计的战略思考。而提高群众工作制度化水平，则是实现国家治理水平和治理能力现代化的重要内容。

（中共中央党校党建部副主任　戴焰军）

群众路线是党的生命线

习近平总书记指出，群众路线是我们党的生命线和根本工作路线。实现党的十八大确定的奋斗目标，实现中华民族伟大复兴的中国梦，必须紧紧依靠人民。

坚持群众路线是实践党的宗旨的根本要求。中国共产党是中国工人阶级的先锋队，同时是中国人民和中华民族的先锋队。全心全意为人民服务、而不是为个人和少数人的利益服务是党的唯一宗旨，也是她区别于其他阶级政党的显著标志。坚持党的群众路线，就是要坚持人民群众是历史创造者的唯物史观，坚持人民利益高于一切，就是习近平总书记所说的："我们讲宗旨，讲了很多话，但说到底还是为人民服务这句话。"

坚持群众路线是推进党的事业发展的基本历史经验。得民心者得天下，失民心者失天下。建党 93 年来的历史经验反复证明，什么时候党的群众路线执行得好，党群关系密切，我们的事业就顺利发展；什么时候党的群众路线执行得不好，党群关系受到损害，我们的事业就遭受挫折。

坚持党的群众路线是实现中华民族伟大复兴中国梦的可靠保证。民族复兴凝聚着几代中国人的夙愿，体现了中华民族和中国人民的整体利益，是每个中国人的梦想。面向未来，只有坚持群众路线，为了群众、相信群众、依靠群众、团结群众，充分调动起人民群众的积极性、主动性、创造性，才能把 13 亿中国人组织起来，实现中华民族伟大复兴的中国梦。

（教育部社科中心主任　杨河）

践行群众路线重在为民办实事

群众路线是中国共产党依据唯物史观总结出的具有中国特色的政治路线、认识路线和工作路线。坚持群众路线，不是一个悬浮空中的口号，而是实实在在的行动。

首先，要坚持用正确的态度和真挚的感情对待群众和群众实践。要切实关心群众的利益，时刻把群众的安危冷暖放在心上，多想想困难群众和贫困地区，多做一些雪中送炭、急人所难之事，少做一些摆花架子的虚而不实之事，决不做劳民伤财之事。在领导方法、工作方法上要注意倾听群众呼声、集中群众智慧，减少失误。

其次，在全面深化改革实践中探索群众路线教育实践的新形式。增进人民福祉是全面深化改革的出发点和落脚点。应该广为宣传并真正落实改革的这一指导思想。在各个领域的改革中要依靠群众，充分调动和发挥人民群众的积极性。要在改革中让人民得到实惠，受到教育。

再次，结合工作实际开展群众路线教育实践活动。要把本行业、本单位和本职工作同群众路线教育实践联系起来。例如在高校，要关心师生利益，倾听师生呼声，吸收师生智慧，做好人才培养、科学研究和社会服务，从制度上解决群众需要，推动学校发展。在探索构建现代大学治理制度过程中，要充分发挥教师在治学和管理学校中的关键作用，办好人民满意的教育。

（中国人民大学马克思主义学院院长　郝立新）

中国革命、建设、改革与群众路线

新民主主义革命时期，群众路线是"党的根本的政治路线和根本的组织路线"。中国共产党诞生后就提出，"党的一切运动都必须深入到广大的群众里面去"；"中国革命运动的将来命运，全看中国共产党会不会组织群众，引导群众"；"党的总路线是争取群众"。群众路线就体现在作出重大决策的过程中、开创革命根据地的实践中、具体的战役战斗中、对待人民群众的行动中和党的全部工作中。

社会主义革命和建设时期，"必须不断地发扬党的工作中的群众路线的传统"。中国共产党执政后，恢复国民经济、土地改革、抗美援朝、"三反"、"五反"、大规模的经济建设等等，任何工作都需要依靠群众路线。在中共八大通过的党章中，第一次写上了"群众路线"。邓小平提出，坚持群众路线，要注意建立制度，加强监督，这是对群众路线的丰富和发展。

改革开放和现代化建设新时期，群众路线得到进一步丰富和发展。中国改革以农村改革为起点，农村改革来自人民群众的创造。创办经济特区也是坚持群众路线的结果。习仲勋主持广东工作期间，深入群众、倾听群众呼声，从群众中了解到一些地方经济十分困难，就和广东省委认真研究，要求划出一块地方，给予特殊政策，建立特区，迅速把经济搞上去。这一创意得到中央同意，经济特区应运而生。改革开放中的许多创造都是群众路线的产物。

（中共中央党史研究室宣传教育局副局长　薛庆超）

坚持群众路线是改革强军的根本举措

军队开展党的群众路线教育实践活动，既是新形势下加强军队党的建设、解决作风积弊的战略任务，也是培塑军队党员干部形象、汇聚官兵力量推进改革强军的根本举措。军队第二批党的群众路线教育实践活动已进入关键阶段，要认真学习贯彻习近平主席一系列重要指示，紧扣"严"这个标准、"深"这个要求、"实"这条路径，切实贯彻党的群众路线。坚持群众路线是我军从苦难走向辉煌的胜利之道。新形势下开展群众路线教育实践活动，就是要传承红色基因，弘扬优良作风，提高军队打胜仗能力，在维护国家主权安全和人民根本利益中再立新功。

坚持群众路线是凝聚官兵力量、实现强军目标的根本举措。实现中国梦强军梦面临大量新情况新问题新挑战，这既为广大官兵实现强军抱负、施展聪明才智提供了广阔舞台，也对官兵能力素质提出新的更高要求。要真正把官兵全部心思集中到实现强军目标上来，必须切实在教育实践活动中坚持高标准、严要求、重落实，按照规定程序和步骤，不折不扣抓好每一项工作，解决好作风上存在的突出问题，通过贯彻好群众路线，形成万众一心、所向披靡的强军大势。以更高标准坚持群众路线，迎接国防和军队改革大考。

（国防大学马克思主义教研部主任　任天佑）

继续把人民对我们党的“考试”考好

习近平总书记在河北省调研指导党的群众路线教育实践活动时强调，全党同志要不断学习领会“两个务必”的深邃思想，继续把人民对我们党的“考试”、把我们党正在经受和将要经受的各种“考试”考好，努力交出优异的答卷。

65年前，毛泽东率领中共中央机关从西柏坡向北平进发时，提出了“进京赶考”的重大历史课题，并希望全党同志都要“考个好成绩”。新中国成立后，我们党以其卓越智慧和领导能力，带领人民进行社会主义革命和建设，开辟改革开放历史新时期，向人民交出了令人满意、经得起历史检验的合格答卷。

在全面建成小康社会的今天，我们党面临着“四种考验”、“四大危险”，能不能在日益复杂的国际国内环境下破解一道道历史性考题，需要共产党人继续作出回答。当前正在深入开展的党的群众路线教育实践活动，既是着眼于“党要管党、从严治党”的重大部署，也是继续把人民对我们党的“考试”考好的重要保障。

继续把人民对我们党的“考试”考好，必须拧紧党员干部世界观、人生观、价值观这个“总开关”，必须消除党员干部能力不足和“本领恐慌”，必须扎严党风廉政建设的“篱笆和笼子”，真正做到干部清正、政府清廉、政治清明，永葆共产党人的政治本色。

（山东社会科学院院长　唐洲雁）

群众路线是国有企业竞争优势的重要来源

企业没有竞争优势就没有市场竞争力，就不可能做强做大。认真践行“一切为了群众、一切依靠群众，从群众中来、到群众中去”的群众路线，不仅是国有企业党组织始终保持生机与活力的法宝，同时也是国有企业赢得市场竞争优势的重要来源。

首先，践行群众路线，符合认识规律，有利于国有企业科学决策。企业领导团队如何根据瞬息万变的市场环境审时度势地做出科学的企业决策，是领导力的重要体现。事实上，“从群众中来，到群众中去”，同“从实践中来，到实践中去”的认识过程相吻合，是马克思主义认识论在领导工作中的创造性运用。国有企业认真践行群众路线，符合认识规律，是企业进行科学决策的前提条件。

其次，践行群众路线，体现职工意愿，有利于国有企业凝心聚力。职工群众是企业财富的主要创造者，是企业改革发展的根本动力。认真践行群众路线，必然要求国有企业坚持以人为本，切实贯彻“全心全意依靠工人阶级”方针，更加注重维护职工的合法权益，有利于增强国有企业的向心力和凝聚力，激发全体职工的积极性和创造力。

最后，践行群众路线，代表人民利益，有利于国有企业树立形象。认真践行群众路线，必然要求国有企业坚持以努力追求经济、社会和环境的综合价值最大化为己任，切实履行企业的社会责任。无疑，这有利于国有企业树立优美的社会形象，不断提升国有企业的无形资产。

（中国电力企业联合会文化建设与对外联络部副主任　徐耀强）

执政党作风建设的新境界

党的群众路线教育实践活动既取得丰富的实践成果，又取得了重要理论成果。尤其是习近平总书记关于教育实践活动的一系列重要论述和重大部署，丰富和发展了党的群众观点和群众路线的时代内涵，把执政党作风建设推进到一个崭新境界。

保持党同人民群众的血肉联系是教育实践活动的根本目标，更是作风建设的核心。始终保持党同人民群众的血肉联系是我们党顺应历史、把握未来的重要法宝；增强思想自觉和行动自觉是开展教育实践活动的前提和基础，更是作风建设的本质要求。作风建设实质上是在精神世界里搞革命。天津一手抓理想信念、优良传统、道德品行、先进典型等“六项专题教育”，一手抓化解信访积案、结对帮扶困难村和联系服务社区等“六项惠民服务行动”，以知促行、以行促知，以党性自觉促作风转变，力求达到“返璞归真、固本培元”的目的，这是作风建设的灵魂；坚持问题导向，聚焦“四风”突出问题，是教育实践活动的鲜明特色，更是作风建设的着力点。我们体会到，只有敢于向问题“叫板”，才能让群众“叫好”；“照镜子、正衣冠、洗洗澡、治治病”是教育实践活动的总要求，更是作风建设的指导原则。要动真碰硬、触及灵魂，不断增强党内生活的政治性原则性战斗性；作风建设在路上，是教育实践活动步步深化的动力，更是作风建设的永恒追求。

（天津市委宣传部副部长、天津市社科联党组书记 李 毅）

焦裕禄精神与群众路线的时代契合

习近平同志2009年在河南考察时曾把焦裕禄精神表述为“亲民爱民、艰苦奋斗、科学求实、迎难而上、无私奉献”五个方面，焦裕禄同志的这五种精神过去是、现在是、将来仍然是我们党的宝贵精神财富，永远不会过时。习近平同志在3月18日兰考考察的讲话中，从贯彻党的群众路线和焦裕禄同志的个性特征的角度，特别强调要学习弘扬焦裕禄同志“心中装着全体人民、唯独没有他自己”的公仆情怀，凡事探求就里、“吃别人嚼过的馍没味道”的求实作风，“敢教日月换新天”“革命者要在困难面前逞英雄”的奋斗精神，艰苦朴素、廉洁奉公、“任何时候都不搞特殊化”的道德情操，这是对焦裕禄精神进一步的深刻诠释。

习近平同志对焦裕禄精神的进一步诠释紧密结合党的群众路线教育实践活动的主题，具有强烈的现实感。第一，对党面临的“精神懈怠危险、能力不足危险、脱离群众危险、消极腐败危险”具有直接的现实警示性。第二，对传承中华优秀文化、建设社会主义核心价值观具有现实的精神引导性。学习和弘扬焦裕禄精神，是对中华优秀传统文化品质和中华民族传统美德的最好传承；是推动社会主义核心价值观“融入社会生活”的现实途径。第三，对克服党内不良风气特别是解决“四风”问题具有现实的实践示范性。在党的群众路线教育实践活动中，必须“把学习弘扬焦裕禄精神作为一条红线贯穿活动始终，做到深学、细照、笃行”。

（河南理工大学党委书记 王少安）

如何支持非公有制经济健康发展

新华网

新华网北京12月8日电《决定》提出，必须毫不动摇鼓励、支持、引导非公有制经济发展，激发非公有制经济活力和创造力，并作出了各项改革的具体部署。这不仅是坚持和完善基本经济制度、完善社会主义市场经济体制的内在要求，也对促进经济持续健康发展具有重要意义。

《决定》为进一步支持非公有制经济健康发展提供了理论依据。改革开放以来，随着经济社会发展和经济体制变革，我们对非公有制经济的认识也不断深化。最初只是“允许存在”；党的十三大提出，私营经济是公有制经济必要的和有益的补充；党的十四大提出，以公有制包括全民所有制和集体所有制经济为主体，个体经济、私营经济、外资经济为补充，多种经济成分长期共同发展；党的十五大把公有制经济为主体、多种所有制经济共同发展上升为社会主义基本经济制度，明确个体、私营等非公有制经济是社会主义市场经济的重要组成部分；党的十六大强调毫不动摇地巩固和发展公有制经济，毫不动摇地鼓励、支持和引导非公有制经济发展；党的十七大在“两个毫不动摇”的基础上提出，坚持平等保护物权，形成各种所有制经济平等竞争、相互促进新格局；党的十八大进一步提出保证各种所有制经济依法平等使用生产要素、公平参与市场竞争、同等受到法律保护。《决定》认真总结了改革开放以来的理论和实践，在功能定位上明确提出，公有制经济和非公有制经济都是社会主义市场经济的重要组成部分，都是我国经济社会发展的重要基础。这些新的表述，提升了非公有制经济的地位和作用，丰富和发展了基本经济制度的内涵。

《决定》充分肯定了非公有制经济对经济社会发展的重要作用，使进一步支持非公有制经济健康发展有了坚实的实践基础。据统计，2012年，非公有制经济占国内生产总值的比重已超过60%，在全社会固定资产投资中的比重已超过60%，提供的税收占全部税收的73.1%，成为经济增长的重要推动力量；大量创新型科技企业都是民营中小企业，涌现出华为、海尔等一批技术创新走在行业前列的民营企业，在促进科技创新方面作出了重要贡献；提供了80%以上的城镇就业岗位，成为解决就业的主渠道；在各种所有制经济中，个体、私营企业的税收增长是最快的。实践证明，改革开放以来，非公有制经济经历了从无到有、从小到大、从弱到强，在支撑增长、促进创新、扩大就业、增加税收等方面具有重要作用。

《决定》强调，支持非公有制经济健康发展，在政策待遇上要坚持权利平等、机会平等、规则平等，创造市场公平竞争的政策环境。一是完善产权保护制度，公有制经济财产权不可侵犯，非公有制经济财产权同样不可侵犯。二是废除对非公有制经济各种形式的不合理规定，消除各种隐形壁垒，保证各种所有制经济依法平等使用生产要素、公平参与市场竞争、同等受到法律保护。三是实行统一的市场准入制度，在制定负面清单（指凡是国家不允许生产的产品、经营的业务和针对外资的与国民待遇、最惠国待遇不符的规定，或业绩要求、高管要求等方面的管理措施等均以清单方式列明）基础上，各类市场主体可依法平等进入清单之外领域。四是国家保护各种所有制经济产权和合法权益，依法监管各种所有制经济。五是对污水处理、垃圾处理、公共交通等城市公用事业，要打破非公有制企业市场准入的“玻璃门”、“弹簧门”，制定非公有制企业进入特许经营领域具体办法。六是鼓励非公有制企业参与国有企业改革。七是鼓励发展非公有资本控股的混合所有制企业。八是针对私营企业家族管理模式不利于企业做大做强的问题，鼓励有条件的私营企业建立现代企业制度。九是扩大金融业对内对外开放，在加强监管前提下，允许具备条件的民间资本依法发起设立中小型银行等金融机构。十是健全技术创新市场导向机制，激发中小企业创新活力，改善科技型中小企业融资条件。十一是鼓励非公有制文化企业发展，降低社会资本进入门槛，允许参与对外出版、网络出版，允许以控股形式参与国有影视制作机构、文艺院团改制经营。支持各种形式小微文化企业发展。十二是鼓励社会力量、社会资本参与公共文化服务体系建设。

破解非公经济组织党建工作难题

人民网

党的十八大报告提出，加大非公有制经济组织党建工作力度，扩大党组织和党的工作覆盖面。非公经济组织党建工作是一个新领域，实践中存在不少难题。河南省郑州市上街区委结合实际，积极破解难题，推动非公经济组织党建工作有声有色地开展起来。

加强指导，破解“想建不知如何建”难题。一是制定新标准全面指导。上街区委严格对照基层党组织“五个好”标准，结合全区非公经济组织实际，制定了非公经济组织党组织规范化建设参考标准，包括队伍建设、阵地建设、机制建设、服务发展、共建和谐 5 个部分 30 多项指标，对非公经济组织党组织怎么建、做什么、怎么做等作了详细规定。二是基层党委一线指导。在非公经济组织集中的两个产业园区分别成立党委和党总支，负责园区非公经济组织党建工作。采取园区党委（总支）班子成员分包联系企业、召开党建协调会等措施，指导帮助非公经济组织解决党建过程中遇到的问题。三是选派党建指导员。从全区科级后备干部、离任党组织书记、优秀党务干部中选拔一批政治过硬、熟悉党务、综合素质高的党员，以派驻的形式进入企业蹲点，指导帮助未建立党组织的非公经济组织规范组建党组织，帮助已建党组织的非公经济组织开展党组织活动，促进党组织和党员发挥作用。

多管齐下，破解“符合条件不愿建”难题。一是属地党委促建。镇、街道、园区党委（总支）组建党建工作队，分包联系党组织组建难度较大的非公经济组织，上门开展宣传教育工作。二是管理机关协建。工商、税务等登记管理机关利用注册、年检等机会，向企业出资人宣传有关政策和组建党组织的重要意义，帮助其提高认识；同时，将企业信息变动、出资人意愿等情况及时向属地党委通报，协助开展非公经济组织党组织组建工作。三是行业商会督建。一方面，通过邀请非公经济人士参加工商联中心组学习、商会组织上党课等形式，宣传党的基础理论知识，提高非公经济人士对党建工作的认识，打消其思想疑虑；另一方面，树立先进典型，开展参观学习和经验交流活动，激发他们支持和参与党建工作的积极性。

宣传引导，破解“作用不大不想建”难题。一是宣传教育发动。采取新闻媒体宣传、深入企业座谈、交流经验引导等灵活多样的方式，不断加大对企业出资人的宣传教育力度，激发其积极支持和参与党组织组建工作，在非公经济组织中营造浓厚的党建工作氛围。二是学习培训触动。组织全区 40 多名企业出资人赴清华大学参加企业总裁高级研修班，采取异地培训、专家授课、学员研讨、实地考察相结合的培训模式，集中学习中央和省、市关于非公经济组织党建工作的有关政策以及非公经济组织党组织的地位和作用等内容，增强企业出资人支持和参与党建工作的内在动力。三是打造标杆带动。精心挑选 7 家基础工作扎实、党建活动丰富的企业作为非公经济组织党建示范点，选派 19 名党建指导员帮助其健全规章制度、规范组织生活、创新活动方式。采取实地参观、经验介绍、座谈交流等方式，使企业出资人深刻感受到党建工作为企业生产经营带来的好处，促使其对党建工作由疑虑转变为理解，并积极支持配合。

创新党员创先争优动力机制的调查与思考

中国共产党新闻网

深层探析党员参与创先争优的动力来源，有助于进一步健全完善创先争优激励动力机制，激发党员创先争优的持久活力。调查发现，当前少数党员创先争优动力不足的主要原因在于责任心下滑、进取心受限、荣誉心不强、趋利心有限。创新党员创先争优的动力机制，充分激发调动党员持久的积极性，是持续健康推进创先争优活动的关键。

（一）创新教育动员机制，挖掘由内而外的原动力。调查显示，68.3％的人认为党性认识是党员积极参与创先争优活动在思想认识上的主要因素，56.7％的人选择“党员的理想追求”，54.2％的人选择“党员的职业操守”。为此，要特别注重加强这三个方面的教育。一要加强理想教育，强化精神追求。要把理想信念作为各级干部教育主体班培训、入党积极分子培训和各类党员干部入职晋职培训的必修课，列为各级人才选拔考试、干部培养考察、竞争上岗、公开选拔的必考内容，促使党员增强身份意识，进一步坚定理想信念。二要加强党性教育，增强宗旨观念。依托红色旅游资源，设立专业化的党员党性教育学校，研究开发专门党性教育课程体系，采取情景式、模拟式、体验式的方法，增强党校教育的实效。要多组织开展“三同”活动，密切同群众的血肉联系，提高党性锻炼的实效。三要加强道德教育，增强职业操守。把职业道德教育，作为新进人员和新晋职人员必不可少的岗前培训，每个单位每年开展一次职业道德专项教育活动，提升党员职业道德修养。

（二）创新结果运用机制，激发持之以恒的创造力。据问卷调查统计，63.33％的党员认为现阶段的最主要需求是个人发展需求，是最高获选项。运用好创先争优活动推优结果，让先进者和优秀者得到优待、受到尊重、感到光荣，是激发党员持之以恒的创造活力的关键。一要与人才培养相关联。对在创先争优活动中表现优秀的，要优先选入各类人才库、优先给予高端培训机会、优先进行重点培养锻炼。二要与职务晋升相挂钩。要注重在创先争优活动中培养和发现优秀的党员干部，让承诺时结合实际、践诺时认真负责、考评时成绩突出的党员干部优先提拔重用。三要与其他荣誉相链接。可把通过创先争优活动评选表彰的党内荣誉作为综合性最高荣誉来认定，并建立与其他单项工作荣誉评定的横向、纵向立体链接网，提升党内表彰荣誉的含金量，彰显党内评比表彰的荣誉价值。

（三）创新文化引导机制，增强潜移默化的感染力。要借鉴现代管理学的经验，将创先争优融入本单位精神文化、行为文化、管理文化当中，积极营造创先进、争优秀的浓厚氛围，使党员在潜移默化中受到感染，进一步激发创先争优的光荣感，自觉、自发地投入创先争优活动。一要强宣传，用浓厚氛围感染人。让创先争优活动占据宣传栏、板报、内刊、网站等宣传阵地，在各种场合奏响创先争优的主旋律，做到人人熟知，带动人人参与。二要学先进，用身边典型带动人。注重从群众身边发现和树立典型，使典型贴近生活、贴近群众，让人觉得可敬、可信、可学，引导所有党员对标定位，形成学先进、赶先进、超先进的浓厚氛围，并激励先进典型不断鞭策自己更加创先争优。三要重情感，用人文关怀感召人。对老党员、生活困难党员重点给予生活上的关怀帮扶；对年轻党员、追求进步的党员重点在精神上鼓励、思想上点拨；对中层骨干党员、重点岗位的党员重点给予心理疏导、情感关怀，以人文关怀激发党员对党组织的认同感、归属感和荣誉感，从而自觉增强创先进、争优秀的热情。

（四）创新奖惩约束机制，提升双轮驱进的推动力。调查显示，68.3％的党员认为创先争优活动必须启动奖惩并用的激励机制，奖优罚劣、双管齐下，才能推动各级基层党组织和全体党员齐创先进、共争优秀。一要优化考评办法。要建立自上而下、层层细化、定性与定量相结合的创先争优考核评价指标体系，努力把“软任务”变成“硬指标”。二要加大奖励力度。设立创先争优奖励基金，参考社会公益基金管理模式，实行专人专管、专款专用，资金来源和使用情况全程公开。三要完善惩罚措施。要建立党员身份评议和审查制度，重点审查党员在创先争优活动中履行党员义务、兑现公开承诺、完成职责任务的情况。对表现较差、经多次提醒劝导无效的党员和身份评议审查不合格的党员实施惩罚和清理。

非公有制经济代表人士综合评价工作

中央统战部网站

一、综合评价工作开展的基本情况

开展非公有制经济代表人士的综合评价工作，是新世纪新阶段经济领域统战工作的一项基础性和开创性工作，是中央统战部五局近年来力抓的一项重点工作。此项工作自2005年启动以来，大致经历了局部试点、全面试行以及深入推动三个阶段。

一是局部试点阶段。2005年6月，在国家发改委、国家工商总局、国家税务总局、劳动与社会保障部、国家环保总局、全国总工会、全国工商联的支持下，中央统战部下发了《关于开展非公有制经济代表人士综合评价试点工作的通知》（统办发〔2005〕（五）38号），决定在山西、辽宁、上海、江苏、浙江、四川六省（市）和银川、温州二市开展非公有制经济代表人士综合评价试点工作。试点工作得到了当地党委和政府的重视和支持。山西、江苏、浙江、温州等省市的主管书记都作出了重要批示并提出了明确要求。如浙江省委梁平波副书记批示："同意此方案，所需经费请向财政厅专门报告"。各地抽调了精干力量，成立了由统战部牵头，工商、税务、劳动保障、总工会、工商联等部门负责同志参加的领导机构和工作班子，其中，上海、温州等地充分发挥工商联的作用，共同牵头组织试点工作。银川、温州的试点工作均由市委牵头推动。为保证试点工作的顺利进行，一些试点单位还划拨了专门经费，一些省市从高校、研究机构、机关聘请专家、抽调人员，组成模型设计小组，进行联合攻关，制定了试点方案并报党委和中央统战部。经过三个阶段的工作，到2006年初，各试点省市陆续提交试点总结报告。2006年3月底，中央统战部在杭州召开了综合评价试点工作总结会议，试点工作圆满结束。

二是全面试行阶段。在深入总结试点工作和调查研究的基础上，2006年8月，中央统战部正式下发了《中央统战部关于开展非公有制经济代表人士综合评价工作的意见（试行）》（统发〔2006〕14号），推动综合评价工作由局部试点向全国范围内展开。截止到2008年7月，全国有29个省市按照统发〔2006〕14号文件的要求，切实采取有效措施开展了综合评价工作。

三是深入推动阶段。为了进一步推动综合评价工作，2007年中央统战部重点抓了两个方面的工作。一要牢牢把握工商联换届这个契机，基本确立了"凡进必评"的原则。主要是通过文件、会议等形式强调要求各地在工商联换届过程中，必须坚持"凡进必评"原则，把开展综合评价作为对非公经济人士进行政治安排的前置程序和主要依据。这条原则在实践中得到很好的贯彻。比如，全国工商联换届中，就有1名常委人选和3名执委人选因综合评价不合格而未予以安排。二要与浙江省委统战部、浙江省工业大学合作，经多次调试成功研发了全国非公有制经济代表人士综合评价管理信息系统，并于2007年7月在杭州召开了综合评价软件操作培训班，各省、自治区、直辖市及15个副省级城市党委统战部软件操作人员参加了培训。培训班取得了良好效果，各地操作人员基本掌握了综合评价软件的操作要领，交流了各地开展综合评价工作的有关情况。下一步工作重点是加强调查研究工作，全面了解各地开展综合评价工作的进展情况，摸清存在的问题，明确下一步工作思路，并继续修改完善综合评价软件。

二、综合评价工作取得的积极成效

一是积极效果已经呈现，重要性和必要性获得广泛认同。各地普遍反映，随着综合评价工作的深入开展，其重要性、必要性和前瞻性日益凸现，也逐渐得到了地方党委、政府和有关方面的广泛认可和有力支持。

二是"凡进必评"的原则基本确立，成果应用机制逐步形成。在工商联换届过程中，各地在推荐安排企业家副会长时，都对人选进行了综合评价或有关部门综合评审，并把评价结果作为推荐和安排人选的主要依据。有的省市还把评价结果运用到对非公有制企业的各种考评工作中，从而实现综合评价成果运用的最大化。

三是统战部门切实发挥了牵头协调的作用，长效机制初步建立。通过综合评价工作，各级统战部门改变了过去较封闭的工作方式，加强了与政府部门的联系，在实际工作中树立了统战工作的权威性，形成了在党委领导下的统战部门牵头负责，各相关部门配合的格局，初步建立了综合评价的长效机制。

四是部分省市对现有的综合评价体系进行了积极探索。部分省市结合本地区的实际，通过深入细致的调研，对现有的综合评价体系作了修改、完善和补充。北京、大连、哈尔滨等地还自行研发了综合评价软件。

三、开展综合评价工作的重要意义

一是较好地贯彻落实了科学发展观。各地普遍认为，综合评价注重对非公有制经济人士政治思想、企业经营管理、履行社会责任和个人社会形象等方面的全面考察，注重把党的统战工作和政府部门业务工作相结合，注重群众的评价，这是贯彻、落实科学发展观的具体体现。

二是提高了非公有制经济代表人士选拔、培养和政治安排的有效性和准确性。与其他领域的统战工作相比，非公这个新的阶层出现的最晚，党的统战政策、理论相对比较薄弱，工作的规范化、制度化最弱。另外，长期以来，我们在非公代表人士的培养、考察、安排工作中带有一定的随意性。这主要是我们在人物的遴选、甄别上缺乏基本的标准、尺度，只能依靠平时接触的印象和政治安排时的突击考察，进入视野的非公人士的面、了解的深度以及所了解的情况的准确性都不够，不能做到广泛性、进步性和代表性的结合。建立非公有制经济代表人士综合评价体系，为选拔和培养非公有制经济代表人士确立“框架”和“尺度”，是新世纪新阶段经济领域统战工作的一项基础性和创新性的工作。

三是有利于有针对性地做好代表人士的思想政治工作。全面、准确掌握了非公有制经济代表人士的情况，包括优势和不足，将有效增强非公有制经济人士思想政治工作的预见性、主动性和针对性。

四是有利于统战部门和政府部门信息共享。综合评价的信息可与银行、工商、劳动、税务、环保等部门共享，对于加强统战部与政府部门的联系与沟通，拓宽新世纪新阶段统战工作的领域，扩大统战工作的影响，共同促进“两个健康”具有重要作用。这次试点工作中，有的地方统战部门与 10 个政府部门建立了协作关系，有的与 18 个部门建立了联系。

四、综合评价的主要内容和基本做法

（一）综合评价的内容。包括四个方面的内容：1. 思想政治素质。主要反映非公有制经济代表人士思想政治状况和现实表现，涉及政治态度、参政议政能力、企业文化建设及支持所在企业党、团、工会组织建设和发挥作用情况等 5 个评价要点。2. 履行社会责任情况。主要通过非公有制经济代表人士依法经营、参与社会公益事业、参与社会主义新农村建设以及参与构建社会主义和谐社会的情况，反映其社会责任意识，包括对待员工的态度、参与光彩事业、捐资助学、赈灾、扶贫等公益事业以及参与环境保护、自然资源保护情况 7 个评价要点。3. 企业发展与经营管理状况。主要通过企业的年检、纳税、信用、资产状况和行业地位以及企业发展战略、技术创新能力等情况反映非公有制企业经营管理水平、遵章守法和企业发展潜力等情况，包括 4 个评价要点。4. 个人修养及公众形象。主要涉及非公有制经济代表人士的个人操守及在业内和社会上的口碑，包括 2 个评价要点。

四个方面的内容被分解为 18 个评价要点，分别由主评单位和协评单位根据不同的指标项，按照 A、B、C、D 四级予以评定。统战部根据各部门的评定等级进行汇总，根据专门研制的软件进行分类处理，为代表人士建立正规的个人档案，并根据其发展变化的情况进行动态的管理。

（二）综合评价的组织领导。综合评价涉及的部门比较多，评价主体分为主评单位和协评单位。评价主体包括统战部、工商局、环保局、国税局、地税局、劳动和社会保障部门及安全生产部门、经贸委、科技部门、人民银行、工商联、总工会，是参与综合评价硬性指标评定的单位，主要是参与定量分析；协评单位主要包括人大、政协、公安部门、计划生育部门、法院、质量监督检验检疫、统计等部门，参与协助综合评价工作。由于此项工作涉及面广，参与单位多，根据试点阶段的经验，要取得好的效果，必须要在党委领导下进行，具体工作由统战部负责牵头。

（三）建立信息库。在开展综合评价中，评价对象自填的信息表、评价主体填写的部门意见表等等是评价对象的初始档案。统战部牵头召开联席会议，汇总各部门的评价情况，相关数据原则上每年更新一次。研制开发的软件系统将根据企业每年数据的变化，主要对企业的资产情况，包括利润、税收、资产负债率、职工人数、工资情况、安全生产、企业信用、银行资信等数据制成变化曲线图，从中了解评价对象企业的变化走势，一是便于统战部了解代表人士的情况，二是经有关部门告知代表人士企业的情况，在一定程度上防止风险的发生。

江西龙南创新举措破解非公企业党组织“边建边散”“边建边瘫”难题

徐 发 添

去年以来，龙南县以拓展党的工作覆盖面为目标，创新工作方法，组建了一大批非公企业党组织。截至今年 7 月，全县 79 家规模以上非公企业 100% 单独组建了党支部。由于非公企业的特殊性和党员的流动性，非公企业党组织很容易出现“边建边散”、“边建边瘫”的问题。如何强基固本，保持非公企业党组织的稳定性，使非公企业党组织保持旺盛的生命力呢？“求木之长者，必固其根本”。该县采取切实措施有效破解非公企业党组织“边建边散”、“边建边瘫”的难题。

一是开展结对共建活动，帮扶企业党组织“强筋健骨”。该县下发了《关于开展跟踪服务单位党组织与非公企业党组织结对共建的实施意见》，要求跟踪服务单位党组织与企业党组织结对共建，帮助企业党组织解决一个活动、办公场所，帮助企业党组织加强制度建设和自身建设、帮助企业党组织开展主题活动、帮助企业党组织加强企业文化建设、每季度至少与企业党组织联合开展一次活动、每个月为企业党员上一次党课。同时，下派党建工作联络员和指导员，加强工作指导，随时关注企业党组织的情况，帮助解决工作中的困难，协调党组织与业主之间的关系。按照“谁服务、谁组建、谁巩固”的原则，将非公企业党组织巩固情况列入非公企业跟踪服务单位的年终党建工作考评，实行“一票否决”，确保党组织正常运转。

二是壮大党员队伍，增强企业党组织“造血功能”。党员的数量和质量是党组织得以巩固和发挥作用的前提和基础。为此，该县在企业党组织抓好“三个培养”（即把企业骨干培养成党员，把企业党员培养成生产骨干，把党员生产骨干培养成企业、车间、班组负责人。），加大发展党员工作力度。同时，将企业主、企业负责人、中层以上管理人员、一线优秀员工作为发展重点，将他们发展为党员后，他们就会大力支持企业党组织的工作，企业党组织就有强大的生命力。在此基础上，加大企业党员先进典型的宣传力度，吸引优秀青年向党组织靠拢；企业招工时，在招工表上设置“政治面貌”一栏，对党员实行优先录用、“优先提干”。该县宏宇工艺品实业有限公司经理、党支部书记范信荣表示，今后招聘员工时，党员优先录用，在企业提干时，党员优先考虑。这说出了该县大部分企业负责人的心声，必将有效地壮大党员队伍。

三是加强规范化建设，增强企业党组织活力。为做好规范化建设工作，该县出台了《关于进一步加强非公企业党组织规范化建设的意见》和《龙南县非公企业党组织工作规范》，对企业党组织班子建设、阵地建设、党员队伍建设、党务工作者队伍建设、制度建设、活动方式六个方面进行规范。按照“巩固、深化、拓展、提高”的要求，加强规范化建设，增强企业党组织的活力。

四是积极开展活动，促进企业增产增效。企业党组织是否有生命力，关键要看它发挥的作用如何。该县企业党组织结合企业的生产经营开展班组竞赛、为企业提合理化建议、“党在我心中，我在员工中”、“五在前，当标兵”（业务技术钻在前，做生产技术的标兵；生产经营干在前，做完成任务的标兵；急难险重冲在前，做排忧解难的标兵；安全稳定走在前，做遵守厂规的标兵；表率奉献做在前，做服务企业的标兵。）、“三强三争”（强班子、强队伍、强素质；争当服务企业的标兵、争当业务技术的标兵、争当改革创新的标兵）等活动，使企业党员做到“平时工作看得出，关键时刻站得出，危急时刻豁得出”，促进企业增产增效，企业主看到党组织和党员在促进企业发展壮大中发挥着不可估量的作用，从而自觉支持企业党组织开展工作。同时，通过党组织的工作，加强企业文化建设，稳定企业员工思想，促进企业生产经营，不断提高企业党组织在员工中的威信，增强非公企业党组织的创造力、凝聚力和战斗力。

党建抓实了也是生产力

海　立

“非公有制企业的数量和作用决定了非公有制企业党建工作在整个党建工作中越来越重要，必须以更大的工作力度扎扎实实抓好。”一年多前，习近平同志在全国非公企业党建工作会议上发出动员令。一年多来，在党中央的高度重视下，各地各有关部门突出重点、推进创新，非公企业党建工作呈现出千帆竞发、百舸争流的良好局面。

数据令人振奋。到去年底，非公企业党组织数同比增加 18.8 个百分点，组织覆盖率提高 16.7 个百分点，全国新增党组织近半数集中在非公企业，具备组建条件的企业 99.95％建立党组织，近 50 万党建工作指导员活跃在非公企业党建第一线。

一年多来，旨在引领方向、助力发展的“双向互动”工作机制正落地生根，以党建强、发展强为目标的“双强六好”创建活动遍地开花，开放式党组织活动丰富多彩，共产党员志愿者、先锋岗、责任区、突击队让党旗熠熠生辉……党的工作为企业发展聚力，为企业文化铸魂，为职工成长搭台。“党建做实了也是生产力”，越来越成为广泛共识。

与此同时，非公企业党建“基础保障”得到全面提升。80％以上的地方党委成立工作机构，80％的省份就活动经费作出规定，近 80 万人次的党务工作者参加培训，数万个区域性党群活动服务中心投入使用——非公企业党建“有人抓、有人管、有工作条件”的要求正在变为现实。

“忽如一夜春风来，千树万树梨花开。”这一年多来，非公企业党建先进典型不断涌现。江苏红豆集团党委探索构建中国特色现代企业制度，天津津宝乐器公司“四融四促”，河南卫华集团建设服务型党组织，甘肃省庆阳市非公企业党建工作指导员权有让的先进事迹广为传播……一批老典型历久弥新，一批新典型崭露头角，他们是非公企业党建的拓荒牛、先行军。

成绩令人鼓舞，忧患亦须常记。应该看到，大量小微企业中仍有不少党建空白点，少数党组织和党员先进模范作用不突出，互联网等现代信息技术广泛应用对党建工作提出新课题，以改革创新精神破解难题、拓展阵地、规范提升的任务依然十分艰巨。

党的十八大提出，加大非公经济组织党建工作力度，建设基层服务型党组织。落实好中央精神，唯有继续加大力度，认真做好建设服务型党组织这篇大文章，才能为实现中国梦凝聚发展力量。

探索义乌特色非公党建新路子

徐涵兴

义乌市位于浙江省中部，是全球最大的小商品集散中心，素有“小商品海洋、购物者天堂”美誉。改革开放以来，义乌市依托市场这一平台，坚持“以商促工、贸工联动”的发展战略，非公有制经济得到了迅猛发展，以超过90%的贡献份额成为义乌经济的重要支柱。针对这一变化，义乌市委审时度势，顺势而为，及时将非公企业党建工作摆上重要议事日程，探索构建“覆盖立体化、制度规范化、活动正常化、干事有队伍、服务有作为、工作有保障”的“三化三有”党建工作体系，全面开展以争当“发展强、党建强”先进企业为主要内容的“双强争先”活动，以塑造发展品牌铸就党建品牌，以树立党建品牌提升发展品牌，走出了一条符合时代要求、体现义乌特色的非公企业党建新路子，有效提升了非公企业党建工作的科学化水平，为义乌经济社会发展提供了强有力的组织保障。

（一）立足“覆盖立体化”，着力夯实非公企业发展、党建的组织基础。扩大覆盖面，是抓好非公企业党建工作的前提和基础。受非公企业发展阶段、产业结构等因素的影响，义乌市规模以下非公企业占比达90%以上，对非公企业党组织组建提出了严峻的挑战。近年来，义乌市按照“先易后难、分类指导、稳步推进”的思路，探索推行“三个覆盖”的组建模式，形成了全方位、立体化的非公企业党组织覆盖网络。一是产业化覆盖，在镇街（工业园区）全面建立基层商会党组织，并以此为依托大力推进商会会员企业党的建设。二是区域化覆盖，在各类商贸区、工业园区、社区等企业相对集中的区域，采用园区统建、社企联建、村企共建、楼宇党建等方式建立区域性党组织。三是行业化覆盖，发挥行业协会产业相同、业务相近的优势，建立行业协会党组织，将协会会员企业全部纳入管理范畴。同时，对暂不具备建立党组织条件的企业，通过选派党建指导员等方式，帮助企业开展党的工作，为组建党组织创造条件。截至2月底，义乌市9940家非公企业中，已有6489家建立了党组织，非公企业党组织总体组建率达65.28%，并已实现党的工作全覆盖。

（二）立足“制度规范化”，着力夯实非公企业发展、党建的机制基础。科学完善的制度是推动非公企业党建工作的有力保证。近年来，义乌市高度重视加强党建工作机制建设，努力将非公企业党建纳入规范化、制度化、程序化的轨道。在党组织内部，统一制作发放《非公企业党建工作务实手册》，建立党员联系职工、党务五公开等工作制度，制定出台发展党员、组织关系接转专项意见，提升党组织内部运行水平；在党组织与企业之间，探索推行“党组织书记列席公司董事会、车间主任党员列席中层管理会议、班组长党员列席车间主任会议、普通党员列席班组长会议”的党员列席上一层行政例会制度，使党员能及时了解企业决策，更加主动参与企业生产经营。在党组织外部，探索建立区域党建联席会议、党组织书记定期例会等制度，不断完善“共驻、共商、共建”的党建运作形式。如2011年初，后宅街道党工委在召开党组织书记例会时，了解到辖区企业存在招工难的问题，及时组织区域内相关企业党组织开展“组团招工”活动，较好地解决了企业的实际难题。

（三）立足“活动正常化”，着力夯实非公企业发展、党建的动力基础。党组织能否正常开展活动，直接关系到非公企业党建工作的生命力。从2006年开始，针对非公企业党员人数少、活动氛围不浓的实际，义乌市积极整合区域党建资源，突破“单位党建”的局限，构建“活动网络共建、基础设施共用、党员教育共抓、活动载体共享”的“四共”工作机制，探索开展了非公企业党组织区域化活动。通过科学划分活动区域，按照“1＋1＋N”模式（1名党建工作指导员、1个牵头党组织、若干个企业党组织）设置党组织区域活动组织架构，对区域内企业党组织活动进行通盘考虑、统筹谋划，区域内非公企业党组织实行“轮流坐庄”，轮流组织开展区域活动，并吸纳辖区内所有流动党员参加活动，较好地实现了非公企业党组织活动由“单打独斗”向“群策群力”的转变，充分激发了非公企业党建工作活力。如2011年4月，义乌市稠江街道党工委选择场所条件较为优越的公司，围绕“义乌欢迎您”主题，举办了一台“春天放歌”大型诗歌朗诵会，辖区内所有非公企业党员、部分外来建设者共1000余人参加活动，取得良好效果。

（四）立足“干事有队伍”，着力夯实非公企业发展、党建的人才基础。近年来，义乌市按照“内强素质、外树形象”的要求，在加强党务干部、党员、企业主三支队伍建设方面作了积极的探索。在党务干部队伍方面，积极拓宽选拔渠道，从1999年起，就开始选拔优秀国企退休干部到非公企业任职，2002年，又探索面向社会公开招聘非公企业党务干部。同时，积极推行党组织与管理层“双向进入、交叉兼职”，提升党组织在企业的“话语权”。目前，全市非公企业党组织书记兼任副总以上行政职务的达40%以上。在党员队伍方面，全面开展“党员人才工程”建设，推行员工招录、技能培训、干部提拔党员“三优先”，不断提升党员队伍整体素质。同时，探索扩大外来建设者党员民主权利，2011年，有8名外来建设者党员当选为义乌市第十三届党代会代表。在企业主队伍方面，探索建立企业主支持企业党建工作的评价机制，把企业主对党建的支持力度作为推荐参选各级党代表、人大代表、政协委员的重要条件，作为企业参加各类评先评优的重要标准。

（五）立足“服务有作为”，着力夯实非公企业发展、党建的绩效基础。义乌市坚持把服务非公经济发展作为党建工作的立足点，引导党组织自觉把党建工作融入推动企业发展的主题中，实现企业发展和企业党建的互促共赢。一是品牌互动强服务。针对义乌许多企业主存在的文化程度不高、现代企业管理能力较为欠缺的实际，全面开展非公企业党组织星级考评工作，积极引导党组织在构建和谐劳动关系、引领企业文化以及帮助企业上市、参评名牌产品等方面发挥作用，助推企业提升发展品质。通过努力，目前，义乌市已有上市非公企业7家、行政认定中国驰名商标12件。二是拓宽平台强服务。积极开展党员“亮身份、展风采”活动，为党员发挥作用搭建有效平台，特别是从2008年开始，充分结合非公企业特色和企业员工的思想工作实际，有针对性地探索推行了以建言献策民主恳谈会、员工思想工作分析会、生产经营情况交流会以及新技术新工艺推广应用课为主要内容的“新三会一课”制度，将党内政治生活与企业生产经营紧密结合起来，赋予传统“三会一课”制度以全新的内涵，让党员在企业中发挥更大的作用，取得了显著的成效。

（六）立足“工作有保障”，着力夯实非公企业发展、党建的外在基础。义乌市着眼于助推非公企业党建工作正常开展和规范运行，积极强化非公企业党建工作保障。在组织保障方面，在市、镇（街道）两级均成立非公企业党建工作领导小组，形成职责明确、网络健全的组织体系。2010年，又顺应非公经济迅速发展的形势，及时成立市委两新工委，全面加强对非公企业党建工作的领导和指导，并在各镇（街道）建立相应工作机构，有效破解了非公企业党建体制机制难题。在经费保障方面，坚持多措并举、多元投入，通过畅通单位自筹、财政补助、党费支持“三条渠道”，积极推行企业税前列支、商会会费划拨、按人按年补助、镇街配套安排、工作补贴奖励、联系单位帮扶、党费全额返还、提供启动资金、场所规范奖励、星级示范奖励等党建经费“保障十法”，有效破解了非公企业党建经费难题。目前，义乌市仅市级财政每年就对非公企业党员发放人均不少于200元的活动经费补助，各镇（街道）不少于这一标准给予配套安排，并要求所有企业均单独划拨专项经费用于党组织活动，如义乌市新光集团、三鼎集团等公司每年用于党建活动的经费近百万元。

浅谈加强非公企业党建应着力解决的几个问题

张志荣

十八大报告中指出：加大非公有制经济组织、社会组织党建工作力度，全面推进各领域基层党建工作，扩大党组织和党的工作覆盖面，充分发挥推动发展、服务群众、凝聚人心、促进和谐的作用。作为非公企业工委，如何深入学习贯彻十八大精神，并有计划、有步骤引导和组织非公企业加强党建工作，我认为，应着力解决以下六个方面的难题。

一是多管齐下，解决非公企业党组织组建难问题。一要继续做好“双找双培”工作，建立健全基础信息资料。二要采取单独组建。对有3名以上正式党员的非公有制经济组织，督促尽快单独建立党组织。三要派员组建。对只有2名正式党员的企业，采取选派党建指导员担任支部书记的办法，建立党支部。党支部努力培养入党积极分子，待正式党员人数达到3名以上、条件成熟后，党建指导员撤出，由企业单独建立党组织。四要联合组建。对只有1名正式党员的非公有制经济组织，按照行业相近、地域相邻的原则，联合建立党组织。五要指导组建。对没有党员的企业，依托党建工作站指导企业建立群团组织，培养入党积极分子，努力为建立党组织创造条件。

二是分类指导，解决非公企业党建活动开展难问题。针对不同性质经济组织实际，一方面坚持围绕生产经营开展党的活动。把活动开展定位在发展需要、党员欢迎、业主乐意的范围之内，如“党员示范岗”、“党员责任区”等。另一方面围绕春节、中秋、国庆、元旦等重要节日，开展党员救济、“一帮一”扶贫等党组织活动，增强非公经济党组织凝聚力和战斗力，扩大非公党组织影响力，促进非公党建工作开展。

三是注重引导，解决非公企业党员发展难问题。一方面按照“坚持标准、保证质量、改善结构、慎重发展”的方针，把发展党员的重点放在企业生产经营、科技骨干和一线优秀员工，加强指导，悉心引导，有计划地做好入党积极分子培养和发展党员工作。另一方面，充分发挥并积极依靠工、青、妇等群团组织的职能作用，将其推荐的优秀职工、优秀共青团员作为发展对象加以引导和培养。

四是夯实基础，着力解决阵地建设不规范的问题。针对个别企业规模小、效益低，党建阵地建设不规范等实际问题，一要争取得到省市非公委的支持，为中型企业党组织配备党建工作设施、资料。二要把县非公委有限的经费用在为小型企业党组织免费配送有关设施、资料上。三要建议企业党组织自筹资金不断规范党建阵地。最终使企业党组织逐步实现有机构、有阵地、有经费、有制度、有活动、有资料的“六有”标准。

五是加强教育，着力解决党组织和党员作用发挥不明显的问题。第一，要认真制定培训教育计划，加强对党组织负责人和党员的党性、党纪、党规、党的宗旨的教育，牢固树立宗旨、党性意识。第二，要开展以“亮党员身份，亮服务承诺，争创一流业绩，争当优秀共产党员”为主题的“双亮双争”活动，引导党员自觉树立形象，在服务企业生产经营、服务客户中发挥“旗帜”和榜样作用。第三，不断升华“创先争优”活动，丰富活动内容、培育先进、选树典型，营造学习先进、赶超先进、争当先进的良好氛围。

六是多种渠道，解决非公企业党建经费难问题。一要加强宣传教育，提高私营个体经济业主对党建工作的思想认识。充分认识非公企业党建对加强党的建设和助推企业发展的积极作用，进而加大对非公党建工作的重视程度和支持力度，把党建经费列入企业正常开支的经费之中。二要建议将非公党建工作经费纳入地方财政预算，解决非公企业党建工作经费短缺问题。三要建议上级党委及组织部门把企业党组织上缴的党费返还企业党组织。

深入推进企业党建标准化建设

刘丽萍

党建标准化建设就是对党建工作制度、程序进行优化设计，以形成最佳的工作秩序，同时量化党组织、党员考核指标，制定科学的考核体系，以提高党建工作效率和质量，保证企业党组织充分发挥政治核心作用，为企业的科学发展提供坚实的组织保障、思想动力和智力支持，推动企业的科学发展和持续进步。

深入基层，加强调研，查找企业党建标准化工作的薄弱环节。调研工作是企业党建标准化建设工作中一个至关重要的环节。企业党建工作标准化建设的前期调研中，企业党组织要深入到生产一线党员中，坚持科学严谨的工作态度、求真务实的工作作风，实际调研基层党组织工作现状和基层党员思想、工作实际，仔细寻找存在的问题，突出薄弱环节，并对党建工作存在的问题进行研究分析，确定党建标准化工作的着力点；企业党组织更要注重分析总结，就重点工作的推进情况、基层党建的特点经验、工作思考和建议充分地作交流总结，明确党建标准化工作的重点、难点及亮点，最大程度地挖掘出企业内部的资源潜力，注重创新，打好党建标准化基础。

建章立制，有章可依，为企业党建管理标准化奠定基础。企业党组织要科学地进行“建章立制”，在制度层面上保证基层党总支、党支部各项功能的发挥以及党员旗帜作用的体现。一要实现阵地建设标识标准。要以党建工作标准化为核心，系统推进党组织自身建设。按照阵地标准建设、制度标准建设、执行效果评价三个方面的内容，依照统一、简化、协调、最优化原理，推行“优化传统、序化流程、固化创新、量化评估”工作法。要把所有的党总支活动室和有条件的党支部活动室建成标准化活动室，达到各级党组织所有的活动上下一致、标准统一。二要实现党建资料规范。对党总支状况、党员名册、规章制度、组织发展、计划总结、会议记录等资料规范化管理，使党总支、党支部工作条例明确，思路清晰。三要实现党建制度统一。要指导党总支、党支部健全“三会一课”制度、民主生活会制度、党员考核制度、党风廉政建设制度、党员责任制度、定期汇报制度等各项规章制度，促进党内生活制度化、规范化。四要最终实现党建特色鲜明。要鼓励企业各党总支、党支部在坚持党委统一管理标准的基础上，建设形成“一总支、一品牌”的特色鲜明的党建工作子品牌。

优化流程，规范程序，实现企业党建标准化过程可控、结果可知。党建标准化建设重在以制度流程建设为重点，以标准执行为核心，以工作质量、产品质量为落脚点。由于工作流程带有根本性、全面性、长期性和稳定性的特点，党建工作标准化建设要朝着量化、硬化、细化方向发展，从而实现“过程可控，结果可知”的目标。企业可以结合内控工作的要求梳理查找工作制度和业务流程中存在的问题和漏洞，并依据法律法规、文件制度要求进行整改，完善内部管理机制和监督机制，进一步提升企业防范风险的能力；企业可以通过优化流程，实现党建工作、生产经营工作在各领域、各环节、各工序、各岗位运行过程的标准化、规范化，全面培养党员、干部、职工自觉按照标准、制度、流程工作的良好习惯，使每名党员都置身于标准化管理中，最终实现工作质量、服务质量的全面提升。

精细管理，科学量化，实现企业党建和生产质量管理目标双赢。企业党建标准化就要处理好“政治学”和“经济学”的关系，通过党建标准化工作，积极为推进企业管理和技术创新，引领基层党组织坚持“精细化管理，持续化发展”的管理标准，在质量管理目标任务中向品种质量效益型转变，提升创效能力。在党组织和党员中，以党员先锋岗、党员责任区、党员挂牌上岗等活动突出岗位职责要求、质量要求，强化质量标准培训，积极开展质量零缺陷管理活动，质量减废劳动竞赛，党员身边无事故等活动，用各种方法调动党员群众对每一个生产环节实施有效的质量超前控制，标准化控制，生产出优质产品。

完善机制，科学考评，全面推行企业党建标准化建设的优化量化。坚决的执行力是所有管理活动取得实效的必要前提和重要保证。企业基层党组织要把党建工作标准的执行与考核结合起来，以考核促执行。对党建工作内容进行再次描述与量化，在建章立制、确定标准的同时，建立一套科学的考核评价体系，把标准的执行情况与各党支部的工作考评紧密结合起来，与政工干部的工作考评结合起来，以严格的考评作为有效执行的推动力。

经济特区基层党建科学化如何破题

姜建军

当前，我国改革进入深水区，各种社会矛盾凸显，基层党建面临的社会生态愈加复杂，基层党组织的阵地不断缩减、领导核心作用不断弱化。对位于深圳经济特区的产业大区——龙华新区来说，存在的问题尤为突出：全区管理人口 280 多万，户籍人口仅有 13 万。14000 名党员中，40%为“两新”组织党员，党员流动频繁，人员构成复杂，管理服务难度大。因此，对龙华新区来说，要想破解基层党组织的凝聚力不够、战斗力不足的问题，迫切需要一支具有强烈守土意识、责任担当、充满活力的基层党务工作者。

基层党务工作者是基层党建工作的具体谋划者和组织实施者。基层党务工作队伍的政治素养、能力水平、工作作风如何，直接关系到基层党建工作的开展，直接关系到党的执政基础。深圳市龙华新区探索以党务工作者专业化职业化建设为主要抓手，打造一支专业、专注、专心的基层队伍，构建党建规范化、制度化、程序化的制度体系，探索出一条提升基层党建科学化水平的新路子。

建设一支有现代化理念的基层党务工作者队伍。党的十八届三中全会强调要“推进国家治理体系和治理能力现代化”，这对党组织的结构、功能、领导方式、工作方式提出了新要求。龙华新区以工业为主导，电子信息业为支柱，外向型经济特征显著的产业发展格局和外来人口占常住人口绝大多数的社会现实，决定了党的领导方式和工作方式要与时俱进，适时调整。譬如，改善服务理念、服务方法和服务方式。龙华新区开拓了党代表工作室、社区议事厅、“五进社区”、下派社区“第一书记”等工作方式，了解社情民意，及时解决群众的利益诉求，增强党组织的吸引力，在为群众服务中争取威信和地位。与社区居委会等基层自治组织实行党群联动，努力使党内外力量合作互补、良性互动，进而切实推进党的群众工作。此外，龙华新区强调党务工作者要学习和熟悉信息网络，善于运用信息网络，提高运用信息网络进行引导和服务的能力。

完善一套有助于推进基层党建工作的保障机制。

完善的制度是实现党的建设科学化的关键环节和重要保证。只有把对党建的规律性认识外化为可操作的、系统的制度，才能为全面推进党的建设提供坚实保障，才能有助于调动广大党员干部的积极性。龙华新区先后构建了向基层选派各种党建队伍的联派联动机制、“四议一呼”的问题解决机制和以制度化、专业化、职业化为核心的一整套基层党务工作者管理体系，以及规范管理基层党建工作的“1＋5”系列文件，为党建工作注入了活力与动力，推动了党建工作的制度化、规范化、程序化。这些制度化、常态化的工作机制，使得基层党组织班子工作主动性明显提升，基层党务工作的吸引力明显增强。

基层党建的评判标准需由群众说了算。我们党的执政能力和执政地位从根本上说都来自于人民。一定意义上说，群众是否满意，是检验党的建设是否真正符合科学化的根本标准。龙华新区创新党建工作，始终牢牢把握服务群众的根本宗旨，以为人民提供满意服务为衡量工作成效的最终准绳。从在社区设置党代表工作室，到向社区选派第一书记，以及现在向社区派遣的专职党务工作者，其最终目的就是要真实了解群众的现实情况，切实解决他们的现实困惑。目前，龙华新区已向36个社区派出第一书记和专职党务工作者，通过约谈、走访社区居民，收集社情民意，一些长期困扰居民的老大难问题得到有效解决，群众对基层党组织的工作满意度明显提升，许多党务工作者已成为党在群众中的形象代表。

和田地区确定2014年非公有制经济组织党建工作重点

郑海泉

2014年，和田地区非公有制经济党组织党建工作将着重围绕七大重点工作任务抓好贯彻落实，着力推进非公经济党组织党建工作科学化和规范化进程，进一步提升非公有制经济党组织地位，充分发挥党组织作用，提高党的组织和工作覆盖率，积极引导非公企业健康发展和非公经济人士健康成长，促进非公经济组织党建工作上新水平。

一是抓规范管理，依靠建立健全工作长效机制夯实基础。把非公有制经济组织党建工作纳入年度绩效考核指标体系，建立非公党建工作目标管理考核细则，制定下发《非公党工委党支部工作手册》，狠抓工作落实，从严实施考核。加强制度建设，建立联系非公企业党组织制度、非公经济组织党建联席会议制度，健全长效管理机制。督促指导县（市）配备专职副书记和专职工作人员。各县（市）要积极协调，尽早落实机构编制、工作人员、工作经费。成立和田地区党建研究非公经济专业委员会、和田地区非公经济组织纪工委。指导帮助县（市）和非公企业成立纪检组织。

二是抓素质工程，依靠教育培训增强工作的能力和水平。认真学习贯彻中共中央政治局常委会会议和习近平总书记重要讲话精神，切实把思想和行动统一到习近平总书记重要讲话精神上来，统一到自治区党委和地委的部署要求上。按照分级培训原则，指导县（市）做好非公经济党工委专职书记、非公企业党组织书记培训工作。积极开展对非公企业出资人的教育引导工作，把非公企业出资人的教育培训工作纳入党校整体培训计划，健全与出资人定期谈话制度，做好深入细致的思想政治工作。指导帮助县（市）部分规模以上、社会影响较大的非公企业出资人到援疆省（市）学习考察。建立完善出资人联系结对制度和激励引导机制，将重视支持党建工作的优秀出资人，优先推荐为人大代表、政协委员和劳动模范。

三是抓思想建设，依靠学教活动不断肃清认识，统一思想。结合企业实际，本着企业需要、党员欢迎、职工赞成的原则，全面开展党的群众路线教育实践活动、非公有制经济人士理想信念教育实践活动、和田地区“三项活动”，重点是牢牢扭住社会稳定和长治久安这个总目标，把突出政治坚强作为正风肃纪的核心，抓住反对“四风”这个重点，着力查摆并解决的政治上不够坚强、“四风”方面存在的、非公党组织政治核心作用和党员先锋模范作用发挥不明显、非公有制企业党建工作成效不突出、职工群众反映强烈的切身利益等六大问题，不断提高认识，统一思想。教育引导非公企业党员充分认识新疆反分裂反暴恐斗争的长期性、复杂性、尖锐性，坚定政治立场，树立群众观点，弘扬优良作风，保持清廉本色；积极回应职工群众关切，关心职工群众切身利益，把改进作风的成效真正落实到非公经济党组织的群众工作中；坚决防止非公有制企业发生非法宗教活动、非法宗教出版物、非法宗教网络传播活动。

四是抓全面覆盖，依靠组织和工作覆盖来提升党组织地位。大力推进有形覆盖向有效覆盖转变。加强调查研究，全面细致掌握非公企业党建运行情况，重点抓好小微企业、个体工商户、专业市场和企业联合会（商会）、行业商会党组织组建工作。规模以上非公企业党组织组建工作，动态保持100%组建率，规模以下非公企业党组织组建工作，做到“应建尽建、能建必建、全面覆盖”。壮大党员队伍，指导各县（市）开展党员员工专场招聘会、流动党员“双找”、“三推荐三培养”等活动。大力推动群团组织建设，实现尚未建立党组织的非公有制企业开展党的工作全覆盖。结合和田非公有制企业普遍规模小，绝大多数属于小微企业的实际，对正常生产经营达到30人左右和30人以上的非公有制企业，单列发展党员数量的指导性计划，每年至少培养1名入党积极分子，凡有3名以上正式党员、条件成熟，都要单独建立党支部。加大在非公有制企业生产一线职工、专业技术骨干及经营管理人员中发展党员的工作力度，重视培养和发展少数民族职工以及妇女比较集中的非公有制企业中发展女党员工作。重点发展非公有制经济组织管理层、业务骨干以及群团组织负责人加入党的组织。

五是抓典型培育，依靠大力培育先进典型来不断增强影响力。按照“双强六好”的要求，创新活动载体，通过利用新疆非公党建网搭建和田非公党建宣传交流平台，立足企业实际，挖掘典型事例，创新非公党建工作新亮点。加强党建示范点建设，创建工作要做到“四个结合”，即紧紧与维护社会稳定、加强民族团结相结合、与企业生产经营发展相结合、与企业文化建设相结合、与和谐企业建设相结合，每个县培育2～3家非公企业先进典型。对党建工作做得好的非公企业，要积极探索，创新实践，在生产任务、贷款、培训、评优等方面给予优惠，调动企业做好党建工作的积极性。

六是抓服务功能，依靠加大企业党组织服务功能提振信心。做好非公经济组织党建工作，在围绕促进非公有制经济发展，着力在引导非公有制企业转变经济发展方式，提升科学发展水平上下功夫，着力在加强对非公有制经济人士的教育引导上下功夫，继续开展好非公有制经济人士理想信念教育实践活动，增强非公人士的“五信”，即：对中国特色社会主义的信念，对党和政府的信任，对自身企业发展的信心，对社会的信誉，对各民族相互间的信赖。把政治坚强作为衡量非公有制经济人士思想是否先进的重要标准，把非公经济人士紧紧团结在党和政府周围。积极开展非公企业党组织与机关党组织、农村、社区党组织以“书记联手、支部联建、党员联动，共建新农村、共建和谐社区、共建和谐企业”为主要内容的“三联共建”活动。引导非公企业党组织和党员履行责任、发挥作用。健全党员联系服务职工群众制度，服务企业科学发展，引导企业履行社会职责、投身社会公益事业。完善非公企业工资集体协商和劳动薪酬递增机制，构建和谐劳动关系。开展先进文化、新疆“三史”、民族团结进企业活动，促进企业和谐稳定。

七是抓经费保障，依靠抓好经费落实来保障工作正常开展。加强对各县（市）保障非公企业党组织经费文件落实情况的督促检查，建立并落实以财政拨付、企业配套为主，党费返还、社会捐助、投资经营、奖励补助为辅的党建工作经费保障机制。按照“六有”目标，强化非公企业党组织活动场所建设。要深入基层，大力开展非公经济组织党建研究工作。要推进非公有制企业党员现代远程教育工作，2014年底实现规模以上非公有制企业党组织远程教育全覆盖。

第七部分 非公党建管理机构的创新

（一）

用“五策”破“五难”不断提升非公企业党建工作水平

北京市委组织部

北京市委、市政府高度重视非公企业党建工作。近年来，针对非公企业“掌握底数难、发展党员难、建立组织难、发挥作用难、基础保障难”的问题，以科学发展观主题实践和深化创先争优活动为契机，用“五策”破“五难”，有力推动全市非公企业党组织的有效覆盖、有效服务和有效提升。

（一）建账与搭台，破解“掌握底数难”。推进工程集中摸。全市召开非公企业党建工作座谈会，启动“非公企业党建推进工程”，统筹调动条上、块上各单位多方力量，联动工商、地税、统计等多个部门，开展非公党建专项普查，逐户调研，查漏补缺，建立台账。完善机制常态化。各区县、系统在已建企业台账的基础上，结合每年的党内统计工作，定期集中人员、集中力量、集中时间，开展非公有制企业党建工作排查活动，摸清企业生产经营和党组织、党员队伍情况，及时完善数据。信息平台动态控。市、区（县）、街道（乡镇）和社区（村）四级，分层建立了非公有制企业党建工作基础信息数据库，定期维护，实时更新，完善了动态统计机制，做到了业主身份清、经营状况清、党员数量清、组织设置清、党建情况清。

（二）输血与造血，破解“发展党员难”。双向选择“输”一批。依托人才市场和职介中心，从复员退伍军人、高校毕业生中选拔优秀党员，整合各方力量培训和储备一批高素质的党员队伍，形成“红领”人才库，通过市场化的办法双向选择，有组织、有计划地向非公企业输送一批合格的党员职工。没有党员或党员人数少的企业，引导其设置一定数量的岗位来单独聘请党员职工。去年，向非公企业输送党员或引导企业招聘党员职工 2258 名。亮明身份“转”一批。在企业职工中广泛开展“组织找党员、党员找组织、党员找党员”的“三找”活动，深入企业详细摸底，将企业员工中的“隐性”、“口袋”党员寻找出来，科学核实身份，及时接转关系，组织开展活动。去年，帮助 3697 名非公企业“口袋”、“隐性”党员找到了党组织。提前介入“培”一批。深入开展把企业生产经营技术骨干培养发展成党员，把党员培养成生产经营技术骨干，把党员生产经营技术骨干培养成企业经营管理者的“三培养”活动，充分发挥工、青、妇等群团组织作用，实行群团组织推优制度，采取延伸考察、接续培养等办法，去年一年新发展非公企业党员 2999 名。想方设法“留”一批。针对企业党员职工流动性大的特点，企业党组织急员工所急，想员工所想，帮员工所需，解员工所困，在工资集体协商、孩子入托上学、配偶安置就业、交通通信补贴、生活住房补助、生病住院看望等方面，多方协调，努力创造拴心留人的和谐环境，稳定党员员工思想，留住了一批党员骨干。目前，全市非公企业党员 13.9 万人，占全市党员总数的 7.31%。

（三）指导与引导，破解“建立组织难”。选派人员指导建。市级层面面向党政机关、企事业单位、社区离退休党员干部，聘请了具有大专以上学历、身体健康、具有党务工作经验、有较强组织协调能力和管理水平的非公党建工作指导员 1200 名。各区（县）、街道（乡镇）也由组织部门和社会工作党委选派党员干部到企业担任党建指导员，选派或由企业聘请老干部、老党员担任企业顾问。推行应届大学生和合同期满的“大学生村官”进社区计划，连续两年选聘近 7500 名大学生社工，把优秀党员充实到商务楼宇工作站担任专职党务工作者。目前，全市共选派非公企业党建工作指导员 10107 名，联系指导 69640 家非公企业。关口前移督导建。与工商税务部门“联合”，动态了解企业新增数量，在项目立项、企业注册时坚持党建工作“审批前置”；与出资人、党员代表“联商”，做到项目建设时同步谋划党群组织。各区（县）通过行政服务中心，主动向企业主赠送党建工作宣传手册，告知党组织成立条件、组建流程、组建模式等，确保了企业生产经营与党建工作同谋划、同展开、同落实。形式多样灵活。结合企业实际，按区域分片、行业归口、产业集聚、品牌整合等要求，采取单独组建、区域统建、楼宇联建、行业领建等方式推进企业组建党组织。去年，与市委宣传部联合推进商业网站党建工作，与市交通委联合部署出租汽车行业党建工作，9家商业网站和15家出租企业先后建立党组织。目前，全市单独建立党组织5348个；建立联合党组织3020个，覆盖非公企业65096家；全市1297座商务楼宇，建立党组织1846个。2012年底党组织覆盖率由2011年底的42.8%提升至64.7%。

从重点突破走向系统创新 全面提升非公企业 党建工作水平

中共江苏省委组织部

改革开放特别是党的十六大以来，江苏省委始终站在巩固党的执政基础的高度，旗帜鲜明地提出要像抓非公经济一样抓非公企业党建工作，坚持在改革创新中破解难题，在系统创新中提升水平，走出了一条具有江苏特色、适应发展要求的非公企业党建之路。

一、总结推广典型经验，重点突破非公党建难题

非公企业是党的建设的新兴领域，难点和矛盾集中在基层，创新和活力来源于基层。我们尊重基层首创精神，总结推广基层新鲜经验，坚持以点带面，破解非公企业党建难题。一是破解非公企业特别是外资企业党组织组建难题。总结沃尔玛、麦德龙南京店等外资企业建立党组织的成功经验，召开外资企业党组织组建工作推进会，推广突出政策宣传、突出服务发展、突出文化交融的做法，推动全省非公企业组建党组织工作取得重大突破。截至去年底，全省有26万户非公企业建立了党组织，占非公企业总数的85.9%。二是破解非公企业党组织作用发挥难题。推出红豆集团党建标准管理、沙钢集团党建绩效管理、苏宁电器集团党建文化管理等一批管理创新典型，以及基层党建九大工作法，印发全省非公企业党组织书记。不少非公企业党组织书记表示，基层党建工作法解决了想抓不会抓、想干不会干的问题，为党的工作在非公企业“进得去、站得住、展得开”理清了思路、提供了办法。

二、加强三支队伍建设，壮大党建工作力量

坚持党组织书记、党建工作指导员和出资人“三支队伍”一起抓，在规范管理中培养壮大非公企业党建工作力量。一是选优训强党组织书记。采取内选、外聘、委派、公推直选等方式，从企业内部、机关干部、复转军人、大学生村官中选拔党员人才担任党组织书记。实施素质提升计划，着力打造“服务发展能力强、凝聚职工能力强”的党组织书记队伍。省财政每年拿出1000万元专项资金，采取“省级示范+市县联动”方式，持续开展大规模培训。确保了党组织书记每年至少参加1次集中培训，新任党组织书记3个月内接受任职培训。去年全省有4万名非公企业党组织书记经培训考核获得党务工作者资格证书。二是多渠道选派党建工作指导员。集中选派5000名年轻后备干部到非公企业挂职，明确一岗双职，加强考核考评。安排3000多名退二线干部到企业进行帮扶。实行大学生“村官”和非公企业双向选择、村企互动，每人联系指导3～5家非公企业。三是教育引导出资人。实施千名民营企业家后备人才培养计划，采取党校学习、导师帮带、挂职锻炼等方式，培养一支对党有感情、支持党的工作的企业家后备人才队伍。波司登公司总经理高晓东拜华西村老书记吴仁宝为师后，深有感触地说：“与父辈相比，我们欠缺一份对事业的执着，向吴仁宝这样的老前辈学习，无论是思想素质还是管理水平，都有很大提高。”

三、融入中心激发活力，充分发挥党组织作用

生存与发展始终是非公企业的头等大事，只有融入中心、服务发展，才能以党建“软实力”催生企业发展“硬实力”。一是打造发展保障中心。全面推行党组织与企业管理层双向进入，建立联席会议制度，使党组织与企业思想上同心、目标上同向、行动上同力。全省3.6万家规模以上非公企业中，1.9万名出资人担任党内职务，2.6万名党组织书记进入管理层。开展非公企业与高校、科研院所、国有企业和金融机构党组织统筹共建活动，启动500多个重点项目，实现党建

资源共享和企业发展共赢。二是打造人才培养中心。开展“科技企业家培育工程”，用5年时间，培养1000名具有持续创新能力的党员企业家。实施“党员蓝领成才计划”，建成300多个党员职工培训基地，举办1100多次党员职工岗位技能培训班，3.7万名党员职工通过培训获得技术等级证书。三是打造权益维护中心。把服务群众、做好群众工作作为党组织的核心任务，通过建立“谈心接待日”、劳动争议调解等制度，维护职工权益。以“创业创新创优、争先领先率先”的新江苏精神引领企业文化建设，培育具有行业特征、企业特点、职工群众认同的团队精神和核心价值。

四、建立健全制度机制，提升党建工作水平

以破解难题、提升科学化水平为目标，健全完善非公企业党建工作制度和机制。一是创新管理体制。对大型非公企业党组织，推行由上级组织部门与企业所在地党委双重管理模式，已有245家企业党组织列入省、市组织部门双重管理范围，解决了企业党组织管理层级与企业规模影响不相匹配、党建工作缺乏有效指导等问题。对规模以下非公企业党组织，由开发区、乡镇（街道）、村（社区）分片划区设立综合党组织，配备专门人员加强管理，推动党的工作全覆盖。二是建立经费保障机制。会同财政、税务等部门下发文件，按职工工资总额千分之五从企业管理费中计提党组织工作经费，据实税前列支，从制度上保证非公企业党建工作经费。对落实党建经费有困难的，采取全部返还党费、统筹使用党群组织活动经费等方式，确保党组织有钱办事、正常活动。三是强化活动阵地保障。依托基层党员服务中心，建设1.8万个区域性非公企业党组织活动平台，向区域内非公企业党组织和党员免费开放，使之真正成为联系党员的纽带、教育党员的阵地、服务党员的窗口。

创新载体　深化机制提升非公企业党建工作科学化水平

内蒙古自治区区委组织部

抓好组建工作，扩大企业党建覆盖面。为切实做好非公有制企业党组织的组建工作，由组织部和直属机关党工委、旗工商局、民政局派专人深入到企业开展调查摸底，全面普查非公有制企业党的基层组织建设情况，经过摸底调查，从企业中筛选出从业人数比较稳定、对形成一定规模的27家企业中建立党建台账，对已建立党组织的8家非公有制企业进行规范化建设工作，为进一步扩大非公有制企业党组织覆盖面奠定基础。

抓好制度建设，加强企业党建动态管理。在抓好非公有制企业成立党组织的同时，我旗制定出台了《旗领导联系非公有制企业党建工作责任制》和《党建联络员工作职责》制度，按照“经济组织发展到哪里，党的工作就开展到哪里”的要求，对全旗5家规模以上企业实行了党建“2＋1”的辅助管理模式，20名党政领导成为10户非公有制企业党建联系领导，5名科局党支部书记成为企业党建工作联络员。

抓好宣传教育，延伸党建工作向企业注入动力。提高私营企业经营者对党建工作的认识是私营企业党建工作顺利开展和企业党组织充分发挥作用的重要保证。充分利用项目推进会、企业联席会议、广播电视宣传等方式，积极向广大私营企业经营者宣传党对私营企业党建工作的政策，宣传党的基层组织在私营企业中的作用，把企业党的建设纳入到企业的经营管理之中，并从时间、经费、场地予以支持。

抓好党建活动，丰富企业党建内容。以“兴企先锋”为载体，在企业中广泛开展“创先争优”、“双强六好”活动，结合全旗“科学发展大讲堂”、“干部下基层”等活动，对企业业主、企业党组织负责人、企业党员进行集中培训，使企业党的基层组织在企业中切实发挥先锋模范和战斗堡垒作用奠定了基础。企业党组织的活动不仅发挥了监督、督促企业自觉遵守国家的法律法规和贯彻党和国家的方针政策的作用，而且能够积极主动组织企业职工参与企业经营管理，解决生产经营中的实际问题，做到了应建尽建，拓宽了党的工作范围，保证党的工作在非公企业的正常开展。

对整体提升非公企业党建工作科学化水平的几点认识

宁夏回族自治区非公有制经济组织工委

推进组织工作科学化是一项长期任务、系统工程。加强非公有制经济领域党建工作、整体提升非公企业党建工作科学化水平应从八个方面入手。

一是坚持齐抓共管。非公企业党建工作涉及多个层面、多个部门，要通过建立健全运行机制，把大家的力量凝聚起来、作用发挥出来，形成组织部门牵头抓总，成员单位发挥职能优势，各司其职、齐抓共管的工作机制。同时要注重发挥非公企业党建工作的各有关部门和街道、社区等基层单位的作用，建立非公企业党建工作持续推进工作机制。要积极搭建国有企业和非公企业之间党建工作的交流互助平台，推动国有企业和非公企业之间党建工作的交流合作。必要时可建立非公企业党建工作联席会议制度，采取定期召开座谈会、交流会、研讨会、论坛等形式，使各级、各方、各企业交流经验、研讨问题、推动工作。

二是优化组织设置。坚持实现非公企业组织和工作“两个覆盖”的目标，因地制宜、因企制宜，创新组织设置方式，加大区域性党组织、行业性党组织的建设力度；坚持党群共建，注意党组织建设和工、青、妇等群团组织建设的协调配合、相互促进，使非公企业党组织的总体布局、组织设置更加科学合理。要规范组建模式，对单独建、联合建、依托建、挂靠建等组建模式进行完善，对各类非公企业党组织要从党组织书记选拔配备、工作制度、日常管理等重要环节上提出明确而规范的要求。

三是加强分类指导。非公企业的资本构成、规模大小、行业类别等情况不同，党建工作的基础、存在的主要问题和面临的重点任务以及企业的文化背景也不同，另外出资人的价值观念、对党建工作的态度也各不相同。要根据不同情况，有针对性地进行指导。如对于民营企业，要宣传党的路线方针政策，引导他们坚定地走中国特色社会主义道路，成为与党同心同德的中国特色社会主义建设者；对于港澳台资企业，要深入细致做好工作，消除他们的顾虑，拉近与他们的心理距离；对于外商投资企业，要着重宣传公司法的有关要求和党建工作的作用，让他们认识到支持党建工作既是中国法律的规定，同时也是促进企业健康发展的需要。

四是建立联系制度。开展非公企业党建工作，既要注重扩大覆盖面，也要注重抓好重点企业、重点开发区（工业园区）、重点人员，发挥示范带动作用。自治区党委组织部下发了《建立自治区非公有制经济组织党建工作联系点通知》，在全区确定了20家规模以上、50家规模以下非公企业作为直接联系点，重点加强指导。区、市、县三级组织部门、非公工委都建立了领导干部联系非公企业等制度，直接联系了一批有影响力的非公企业。截至目前，全区县级以上党委组织部门或非公党建工作机构直接联系非公企业党组织508个。今后，各级组织部门或非公企业工委必须进一步加大力度，完善重点联系、双重管理制度，确保党建工作指导到位、抓出成效。

五是丰富活动载体。当前非公企业发展领域越来越宽、任务越来越重、要求越来越高，通过培育好的载体为面上推广积累经验，显得尤为重要。要按照建设学习型、服务型和创新型党组织的目标要求，在非公企业继续深化以党建强、发展强为目标，以生产经营好、企业文化好、劳动关系好、党组织班子好、党员队伍好、社会评价好为标准的“双强六好”党组织创建活动，促进非公企业党组织履职尽责创先进、广大党员立足岗位争优秀，拓宽党组织发挥作用的途径，搭建党员发挥作用的实践平台。要深入开展非公企业服务型党组织创建活动，广泛设立党员示范岗、党员责任区，开展党员承诺、践诺、评诺活动，搭建党员持久发挥作用的实践平台。

六是拓展问题研究。要把非公企业党建工作放在党的执政能力建设、国家和自治区经济社会发展的大背景下来思考，把握非公企业和非公经济的发展趋势，开阔视野，理清思路。要认真研究怎样通过非公企业党建工作，增强企业家的政治认同感，注意研究他们的价值取向和政治诉求；认真研究怎样通过非公企业党建，促进企业和社会的和谐稳定；注意研究通过党建工作，团结凝聚非公企业广大职工群众，帮助企业建立和谐劳动关系；认真研究怎样通过非公企业党建，使非公企业成为国家和自治区发展战略的重要力量等。

七是提炼总结经验。注重挖掘、总结和提炼非公企业党建工作的好做法、好经验，做到学习有目标、工作有标杆，以先进典型带动面上工作。近年来，中组部根据不同领域党建工作的特点，总结提炼基层党组织和基层干部学得会、用得上、可操作的工作规程。如在村级总结推广了“四议两公开”工作法，在乡镇推广了“文建明工作法”，在社区推广了“百步亭工作法”等等。在非公企业领域，我们也要探索形成一套符合企业实际、深受职工群众欢迎的工作机制，打造具有非公企业明显特色的党建工作品牌。

八是加大基础保障。经费和场所是开展非公企业党建工作的重要保障。从基层组织建设年分类定级情况看，被评定为“一般”或“较差”的党组织，很重要的一个原因，就是工作保障不到位，发挥作用无依托。要按照中央和自治区党委要求，加大非公企业党建工作经费投入和阵地建设力度，着力解决非公企业党组织开展活动缺经费、少场所等困难。要按照有场所、有设施、有标志、有党旗、有书报、有制度的“六有”标准，加强非公经济组织党组织活动场所规范化建设。要采取资源整合、企业自筹、上级党组织支持相结合的方式，帮助党员数量较多、具备条件的非公企业建立相对固定的活动场所。

（办公室主任　杨　琳）

关于非公有制经济组织党建领导体制和工作机制的问题研究

天津市非公有制经济组织工委

全国非公有制企业党的建设工作会议 2012 年 3 月 21 日在北京召开。会前，中共中央政治局常委、中央书记处书记、国家副主席习近平同志会见与会代表，强调非公有制企业是发展社会主义市场经济的重要力量，非公有制企业的数量和作用决定了非公有制企业党建工作在整个党建工作中越来越重要，必须以更大的工作力度扎扎实实抓好。随后下发的《关于加强和改进非公有制企业党的建设工作的意见》（中办 11 号文件）对加强和改进非公企业党建工作进一步提出了明确要求。为进一步扎实推进非公经济组织党建工作，巩固党的执政基础、推进党的建设新的伟大工程，本文在对本市非公有制经济组织党建领导体制机制现状及存在问题进行梳理总结的基础上，分析提出了加强非公党建领导体制和工作机制的办法。

一、我市非公有制企业党建工作体制机制现状

近年来，随着经济发展方式转变和对外开放步伐的不断加快，我市非公有制企业发展迅速，占全市经济总量的比重越来越大。据统计，截至 2012 年 6 月，全市私营企业户数 16.58 万户，上缴税收 215.72 亿元。非公党建发展不断深入。全市非公企业党组织达 6806 个，党员 52580 人，非公经济党组织覆盖企业 80460 个（其中单独建党组织 4044 个，建立联合党组织 2762 个、覆盖企业 76416 家），覆盖率 93.8%。

在此基础上，本市非公有制党建工作的体制机制初步形成：

（一）“一统四级”的纵向领导体系。

按照“纵向管得住、横向能覆盖”的基本思路和谁主管谁负责、管事管党相一致的原则，本市建立了市委统一领导，市、区县、街道（乡镇）、社区四级联动的“一统四级”非公企业党建工作领导体制。在市委统一领导下，市委组织部牵头抓总，市级层面上成立市非公经济组织党工委，作为统战部的派出机构，负责全市非公有制经济组织党建工作的指导、协调、研究、推动和服务；各区县成立非公经济组织党工委，按属地管理原则负责本地区非公企业党建；街道（乡镇）成立综合党委；社区、工业园区、商务楼宇成立统合党总支。

（二）“一点三为”的工作思路。

把促进非公企业健康快速发展作为党建工作与经济工作结合点，使党的活动为非公企业发展所需要、为党员和广大群众所欢迎、为非公企业主要出资人所理解支持。全市各级党组织坚持“一点三为”的工作思路，把党组织活动融入非公企业生产经营各个方面，围绕促进非公有制经济健康发展和非公经济人士健康成长主动、积极服务，努力实现目标同向、互促共进，在服务中深化党建工作、体现作为，切实得到了非公企业党员和广大群众的欢迎，赢得了大多数企业所有者和经营者的理解与支持。按照“领导班子好、党员队伍好、发展业绩好、群众反映好”的标准，开展非公企业党建工作示范点创建活动，不断创新党组织和党员发挥作用的实践载体和方式方法，推动非公企业科学发展和谐发展。

（三）“四建两管”的横向网格模式。

采取独立建、联合建、挂靠建、区域建和依托管理、属地管理的方式，加大在非公企业中的党组织组建力度。市委组织部与各区县党委组织部签订了目标任务责任书，制定了具体工作推动方案，明确了组建党组织工作目标任务、总体安排、方式方法和检查验收的质量要求。对符合单独组建条件的非公企业，积极推动单独组建；对暂时不具备单独组建条件的，大力推进网格化组建。以街道社区、各类开发区、工业园区为重点划分网格，定网定格定责，明确相关工作机构和责任人对辖区内非公企业党建工作的目标责任。在街道依托街道党员服务中心、商务楼宇党员服务站建立综合党委，分街区（楼宇）、领域、行业建立非公企业党支部，将暂不符合单独组建党组织条件的非公企业纳入党的组织和工作覆盖范围；在各类开发区、工业园区依托管理机构挂靠或联合建立党支部。同时积极发展综合党委、行业或区域联合党支部“党组织孵化器”作用，通过发展党员、帮助招聘党员职工、发挥党建工作指导员作用等方式，促进所覆盖的企业尽早单独建立党组织。

（四）实现了非公企业党建情况“一库四清”。

各级组织部门与工商、人力社保等部门密切配合，

通过按图索骥、对号入座、电话访查、入户调查等方法，对非公企业生产经营和党建工作进行登记造册，定期开展拉网式调查，加强和改进非企业流动党员教育管理，实现了非公党员分布情况的准确定位。各区县各系统全部建立了非公企业信息库，实现所属基层组织和单位的数量与规模清、党员分布清、党组织和党的工作覆盖面清、党的工作隶属关系清。在建成全市三级党员信息库的基础上，各基层党组织普遍建立了流动党员档案、流动党员名册和信息数据库。召开了非公企业基本情况核查工作专题分析会，逐区县检查验收核查结果。国资、金融等系统也按照要求对本系统非公企业基本情况进行了深入调查摸底。

（五）涌现出一批典型和好的经验做法。

滨海新区把非公企业党建工作与社会管理创新相结合，制定了非公企业服务管理“3344”实施方案，努力实现对非公企业的网格化、精细化服务，实现了非公企业党建的党员、工作、组织、楼宇四个全覆盖。在2012年3月召开的全国非公党建工作座谈会上，滨海新区代表天津在会上交流了有关工作经验。河东区非公经济党工委通过“街域统筹、联合组建”、“党群一体、同步推进”等措施实现了组织覆盖和工作水平双提高；通过创新制度，完善党员职工服务管理、发展党员等机制做到“组建一个、规范一个、巩固一个”。南开区非公经济党工委建立健全“条建块补、条块结合”的非公党建工作机制，确保有党员的非公企业建立党组织、没有党员的非公企业有党的工作。狗不理集团党委在党建实践中总结出了“引导、融入、服务、维护”的八字工作方针，积极探索充分发挥政治核心、政治引领作用的新思路，将党建工作与企业发展进行了有机结合。天津山西商会成立了基层党建工作推动组，制定了工作职责，查找影响基层党建工作的问题，采取创新组织设置的针对性办法，使基层党建工作不断取得成效。

二、非公有制企业党建工作存在的突出问题

（一）组织领导体系有待进一步理顺。

非公企业党建工作需要充分发挥各部门的职能优势，形成齐抓共管的合力。目前，市非公有制经济组织工委作为市委统战部的外派机构，依托工商联建立，办公室地点在市工商联，职能定位是指导基层党建工作。在布置工作时需要借助区县组织、统战部门，和市委组织部或统战部联合发文，有些文件需要同时下发区县组织部、统战部、非公经济组织创先争优活动指导小组，才能保证基层党工委工作渠道通畅。非公经济组织工委的不独立性，职能定位、组织系统的不完善性，很难发挥非公企业党建的牵头作用。

（二）市区两级非公党工委保障机制不到位。

市党工委没有编制和职数、没有经费预算，开展工作需要随时申请经费。已经成立非公党工委的区县也基本上是依托区县工商联建立，各区县党工委普遍存在没人干事、没钱干事、没场所议事等困难，实施每项工作时都面临很多困难，有的区县因为某些原因还未成立非公经济组织党工委。在经费方面，目前我市从市、区两级管理的党费中对新组建的非公企业党组织按每个1000元标准拨付启动经费，但非公企业党组织在日常活动经费方面尚没有固定渠道。

（三）非公党建工作横向协调难度大和调查摸底工作难。

市非公经济组织党工委工作涉及工商、财政、税务、人力资源和社会保障、商务等部门，不具备召集、协调这些单位的资格和能力，以往主要靠凭人熟和面子办事，在社会管理中的牵头作用很难发挥。此外，很多非公企业的数据都融在乡镇街道社区的统计之中，在历次按照全国非公经济组织创先争优指导小组部署的要求进行摸底统计时，各区县指导小组上报的数据与工商部门、组织部门的统计数据相差甚大。本着数出一门的原则，以往是采信市委组织部的数据。但并不能全面掌握非公企业党建情况、落实责任，对及时发现并解决工作中存在的问题造成了很大困难。

（四）非公企业党务干部队伍建设急需进一步加强。

非公企业党务干部队伍状况与新形势、新任务、新要求不适应。当前，非公企业党务干部队伍主要存在以下问题：一是队伍老化，数量上不能满足大量新建党组织的需求，滞后于企业发展，制约了非公企业党组织全覆盖目标的实现；二是人员素质参差不齐，人员素质参差不齐，知识结构与工作能力、工作要求存在较大差距，经验型的党务干部比较普遍，专业型、复合型党务干部明显匮乏，高层次、能力型党务干部尤为短缺；三是选拔途径相对单一，大多数非公企业党组织书记主要从企业内部产生，派的比较少，面向社会公开选拔更少。通过上级党组织考察、选拔，虽然有个别企业采取自主报名的方式，但由于宣传不到位、渠道不够多，最终报名人数少，导致无更大选择余地；四是干事的平台有待拓展和完善，存在着新成立的非公企业党组织书记缺乏工作经验、缺少相应培训渠道等问题。

三、非公有制企业党建体制机制创新的建议

科学、合理的工作领导机制，是提升非公有制经济组织党建工作领导水平，推动非公有制经济组织党建工作的重要保障。应在现有领导机制模式的基础上，从党的建设规律和未来发展需要出发，进一步健全完善非公有制经济组织党建工作的领导机制。

（一）健全领导机构。

非公有制经济组织党建领导方式可以多样，但无论采取何种模式，其核心组织不应是一个松散的联席会议或是协调小组，而应是一个有相应人员编制、有必要经费来源保障的组织健全、职责明确的一级机构。要有健全的组织体系、要配备必要的人员编制，要选配高素质的干部队伍。要为非公有制经济组织党建领导机构开展活动创造条件、提供保障。将非公有制经济组织党建工作所需经费，纳入年度财政预算，为落实非公有制经济组织党建工作提供坚实的保障。

对照中办发 11 号文件，“县以上地方党委一般要有非公有制企业党建工作机构，统筹负责非公有制企业党建工作。具备条件的，可单独为实体工作机构，并内设纪检机构；不具备条件的，可依托或挂靠有关职能部门，做到有人员编制、有经费保障，建立健全沟通协调、督促检查、考核评价等制度。”我市应该属于具备条件的地方。为此，应加速推进区县建立非公经济组织工委，解决市级工委腿不齐的问题；适当调整两级工委的功能定位。中办 11 号文件要求非公企业党建工作机构“统筹负责非公企业党建工作”，这就突破了市委组织部领导同志提出的“指导、协调、研究、督察、服务”的定位。建议恢复到市委办公厅文件赋予我们的直管和指导两重职能。鉴于目前我市的非公企业点多面广，可选择少数较大直属会员企业先行直管试点，以后逐步扩大，同时对区县工委工作实施指导。各区县工委大都靠挂在工商联，可直管会员企业党组织，指导非会员企业的党组织。

（二）完善保障机制。

解决好非公党建工作的保障问题，不仅要求解决好市区两级工委的编制、职数和经费，还要制定相关政策要求对非公企业党建经费做出明确规定。

一是对市区两级工委发挥职能，开展培训、考察、调研、表彰奖励等工作给予必须的编制、人员及经费保障。二是多种渠道保障非公企业党建经费。建议通过市和区县财政对非公企业党建进行专项拨款、加大非公企业党费返还比例、争取非公企业支持等多种方式，保障非公企业党建过程中所需的各项经费。出台并落实将非公企业党组织工作经费纳入企业管理费用并税前列支的政策。参考浙江等地做法，支付并提高非公企业专职党建工作人员薪酬、非公企业党建指导员和志愿者津贴、维持非公企业党组织运转和非公企业党组织活动经费等相关支出。考虑建立多渠道筹集的非公党建专项基金。三是加强工作力量配备。加速推进区县非公经济组织工委建设，在非公企业相对集中的各类开发区（园区），设立企业党委或综合工委。四是加大活动阵地建设力度。统一规划建设党群活动服务中心，逐步实现国有企事业单位、机关和街道（乡镇）、村（社区）党组织与非公企业党组织活动场所共用、资源设施共享。五是加大在非公企业的党员发展力度。加大在非公企业生产一线职工、专业技术骨干和经营管理人员中发展党员的力度，重视在农民工中发展党员。注意培养和吸收符合条件的非公企业主要出资人入党。六是加大对非公企业流动党员的管理。创新流动党员管理服务，引导和督促他们及时接转组织关系，参加组织活动。

（三）建立非公党务工作者人才培养机制。

在队伍建设方面，中办 11 号文件明确要求“要选优配强党组织书记，壮大党务工作者队伍，提升能力素质，强化管理和激励。使他们干事有平台、待遇有保障、干好有发展。”我们建议：

1. 企业党组织书记采取内推、外荐和尝试公招三种方法产生，要制定相关办法，保证企业党组织负责人的素质和能力。不断扩大非公企业党建工作指导员和志愿者队伍，从机关在职干部、“退二线”的党员干部、复转军人和其他热心党群工作的同志中选拔优秀党务工作者。尝试推行非公企业专职党务工作者资格准入制度，制定各种具体指标规范非公企业党务工作者队伍。

2. 要保证企业党组织书记每年都要参加一次培训。市和区县适当分工，市级工委负责示范性培训，区县工委负责轮训，形成制度机制。市级工委拟采取送培训上门的方式，与区县工委共同完成培训工作。

3. 不断扩大党建志愿者队伍，从机关、国企等单位挑选优秀党务工作者，以结对子或抓点带面等方式，不断提高非公企业党建工作的水平。

（四）建立薪酬激励和考评机制。

加强对非公企业党建工作的责任考核和制度建设。将非公企业党建工作纳入党建工作总体布局，并将其作为区县、乡镇（街道）党委书记履行基层党建工作责任制专项述职和相关部门领导班子考核评价的重要内容，建立健全目标管理、定期研究、情况通报、领导干部联系点等制度。从制度上对非公经济组织工委

本身的职能、权限、工作程序进行保障与规制；完善非公企业党组织工作内容、工作方法、工作保障的规定；建立对非公企业党组织班子成员的人身、岗位、晋升、薪酬等待遇的保障制度及相关的救济制度，避免他们因党的工作而受到不公正待遇；完善非公企业党员发展的程序、考查等制度；进一步完善对非公企业出资人评先评优、政治安排，党委统战、组织部门事先征求非公企业党组织、非公企业党建工作机构和地方工会组织意见的制度。加大对非公有制企业党建工作典型的宣传力度，开展评选先进工作，形成全社会支持非公有制企业党建工作的良好氛围。

中办 11 号文件规定“地方各级党委要把非公有制企业党建工作纳入本地区党的建设总体布局，并作为市、县委书记履行基层党建工作责任制专项述职和相关部门领导班子考核评价的重要内容，建立健全目标管理、定期研究、情况通报、领导干部联系点等制度。党委组织部门要加强统筹协调和工作指导，纪检机关和统战、工商、财政、商务、工商联等部门和单位要结合各自职能，协同做好有关工作。”建议：

1. 将非公企业党建工作列入各级领导班子及干部考核内容，作为党委书记履行党建工作责任制专项述职的内容。

2. 抓紧研究制定相关政策，完善财政拨付、党费返还、税前列支以及人才引进等实施办法。

3. 建立市和区县两级工委与有关部门联席会议制度，请组织或统战部门召集，定期分析形势，协调工作，相互支持，共同推进。建立非公工委向党委及其组织、统战部门报告工作制度，及时统筹安排非公企业党建工作。

4. 按照“六有”标准，加强非公企业党组织活动场所的规范化建设，统筹资源，共建共享，使党组织活动有场地。

5. 对非公企业党务工作者实行年度评价制度，纳入专项述职考核，纳入“两代表一委员”的选人视野。

按照中央部署要求，从全局高度全面谋划非公企业党建工作，创新工作机制，解决重点问题，使我市非公企业党建工作再上新水平。

（课题组成员：王志君 苏连珺 张乃源 倪建学 焦 来）

（二）

以创新永葆党建活力

——厦门创新“1＋N”模式提升非公党建科学化水平

林世雄　蒙少祥

近年来，厦门市着眼于夯实党在非公有制企业的执政基础，全面推行以“1＋N”为特色的非公有制企业党建工作模式，不断扩大非公领域党的组织覆盖和工作覆盖，提升非公有制企业党建工作科学化水平，取得显著成效。

齐抓共管增合力

厦门市紧抓领导体制这一关键，构建1个专门机构牵头抓总协调，多级多个部门（单位）各司其职联合推动，改变以往组织部门单兵作战局面。

成立了厦门市委非公企业工委及其办公室，统筹协调全市非公有制企业党的建设工作。非公企业工委20个成员部门定期召开碰头会、通气会，齐抓共管，形成合力，推动非公企业党建工作开展。如组织、工商部门联合出台《措施》，鼓励党建工作成效显著的非公企业申请认定驰名商标、著名商标和省知名企业字号等；科技、经发部门将非公企业开展党建工作成效作为评定重点工业企业和成长型中小企业的指标之一，并给予资金扶持等。

因企制宜广覆盖

围绕扩大覆盖面这一重点，厦门一方面对只有零星党员、暂不具备单独组建条件的企业，采取建立联合党组织形式扩大覆盖面；另一方面对已成立党组织的非公企业，通过选择1家基础较好的企业党组织为主体，联合N家区域内（行业上下游）企业党组织，成立联合党委（党总支）。

目前，全市已单独建立党组织2121个；建立联合党组织465个，覆盖6591家企业，覆盖率达43%。在实践中，按照“地点相近、行业相关、地缘相同”的原则，突出区域整合，率先全省成立海西汽配城党总支、花鸟市场联合党支部；突出地缘乡情，组建重庆商会联合党支部、温州商会党支部、南安商会党支部等15个商会党组织。

党群联动显作用

厦门通过两种形式实现：一是以片区内1家相对成熟的党组织，与N家工作开展一般的党组织联建，实现党员联管、资源共享。二是在企业内部搭建党群共建平台，密切与企业行政组织、群团组织合作关系，实现优势互补，活动一体。

目前，全市已有230多家企业党组织搭建了不同形式的合作共建平台，“党群共建工程”蓬勃发展。如将党建工作融入企业生产经营管理，与工会组织联合开展科技攻关、技能比武、“金点子”征集等活动，助推企业发展。去年，全市非公企业党组织共提合理化建议1052条，为企业带来效益1.6亿元。

服务企业促发展

厦门突出服务这一根本，构建以干部深入企业服务为主，N种服务渠道为辅的非公企业党建服务网络。

深化干部服务主渠道，采取“领导挂钩定点服务、干部驻街包企蹲点服务、党建指导员（兼职组织员）包片服务”三种形式，深入非公企业广泛开展帮扶解难。三种服务内容各有侧重，市、区、镇（街）三级党员领导，每人均挂钩联系3～5家重点非公企业，重点帮助企业解决增资扩产、人才引进、融资上市等重大问题；抽调30名干部组成10个驻街（镇）包企工作组，每个工作组重点联系5家企业，蹲点服务1年，帮助打造一批重点台外资企业党建示范点；建立251人的党建指导员和兼职组织员队伍，重点帮助指导做好建章立制、发展党员、换届选举等具体党务工作。2012年，各级干部主动走访服务2100多家（次）企业，帮助企业解决各类困难问题3300余件。

（作者系福建日报记者）

江苏镇江市科技新城推出“六融”法提升非公企业党建工作水平

王 维 张 健 余宽平

“人才流动快、党员流动繁、活动开展难”，这是非公企业党建工作中普遍存在的问题。如何开展好非公企业党建工作，镇江科技新城的“六融”工作法，加强了非公企业党组织的创造力、凝聚力和战斗力，提升了非公企业党建工作科学水平，成为非公企业党建工作的新亮点。

目前，科技新城有500多家非公企业，有党员560多名，有110多个基层组织。科技新城党群服务中心负责人黎永康昨日告诉记者，他们创新推出的“六融”工作法，即融心、融合、融情、融力、融魂、融和。

以“融心”为切入点，贴紧中心，彰显企业组建力。对此，恩坦华汽车零部件（镇江）有限公司负责人陆琦感受很深：恩坦华是一家有近20年历史的企业，如何进一步凝心聚力，公司党支部重点开展了“我的工厂、我的家”主题活动，党组织带领党员干部深入车间、科室、班组，体察民情，汲取民智，收集意见、建议5大类26条。这些意见、建议，助推恩坦华2013年实现销售10亿元，今年预计可达12亿元。黎永康说，与恩坦华一样，科技新城的众多非公企业实施了助建家、巧组织等多种多样的“融心”活动。

以“融合”为关键点，强化核心，提升企业向心力。500多家非公企业结合各自实际，实施了形式多样的“融合”工程：一是打造领航工程。推举21个党组织负责人，作为示范引领“我是党员，从我做起，看我行动”创先争优活动的领跑人；二是实施双培工程。实施“人才强区，人才先行”战略，把骨干人才培养成党员，将党员培养成人才骨干；三是深化擂台工程。把业务学习与技术竞赛结合起来。开展“科技攻关比赛，技术能手擂台、质量标兵比武”等竞赛，培育员工争先意识，提升劳动技能水平；四是老总讲坛工程。营建“总裁俱乐部”、“老总讲师团”、“女性创业成才讲堂”，让企业老板与出资人积极支持并主动参与党建活动；五是创建旗帜工程。实施“5A双强六好标准化”创优活动，推进“企业劳动关系和谐先进单位”与“劳模工作室标准化”创建活动，确保党组织工作位居全区前列，力争成为全市乃至全省非公党组织的一面旗帜。

以“融情”为兴奋点，凝聚人心，强化企业感召力。对于“融情”，江苏华飞建设集团有限公司党委副书记丁道荣感慨多多：华飞有8000多名员工，其中有许多是外来农民工。如何让员工有归宿感？在众多员工心目中，华飞做了一件非常“了不起”的事——这么多年，从不拖欠一分农民工工资。华飞员工黄贵宝说，每当年底看到有拖欠农民工工资的报道，我就感到自己很幸运。在外打工，图的就是在年底能顺利拿到工资，然后高高兴兴回家过年，与家人团圆。据了解，许多非公企业都有自己的特色“融情”亮点：建立“一站一厅六室”，即党建指导站，健美健身厅、党群活动室、书报文化室、谈心交流室、乒乓活动室、人才培训室、志愿服务室；坚持“四必谈四必访”；组织“四述四评四提升”等。

以“融力”为触角点，设计精心，增强企业影响力。一是确立一个理念，即“非公企业党建工作的高端设计，始终立足于发展，目的始终着眼于发展，措施始终服务于发展，成效始终围绕发展来检验”的理念；二是创新“两化”特色。即以科技新城区域为半径，将企业设计为“专业片区、产业园区、商务楼区、孵化器区”若干网格，在每个网格确定一个规模较大、效益较佳、党员较多、党建较强的企业为中心点，推行党建区域化；以创建500平方米、功能较齐全的“科技新城党群服务中心”为载体，打造“阵地联建，资源共享；党群联手，文化共创；活动联抓，党员共管；整体联动，区域共建”的党群一体化建设特色；三是推行三级联创。在目标管控上，明确党组织书记是党建第一责任人；在规范台账上，建立“一册、一账、一表、一品、一述”。并推行“园区党委、党群办、党建指导站”金字塔“三级联创”目标，整合科技、招商、经济、财务、群团等部门党建力量，形成全方位、多层面抓非公企业大党建的格局。

以“融魂”为落脚点，品牌强心，激活企业软实力。记者在艾科科技（镇江）有限公司看到，这家公司的“融魂”工作开展得颇具特色——在三楼办公场所拿出数百平方米，设立了咖啡室、酒吧、影视厅、桌球及谈心室。员工王锐说，在这里工作，心情特别舒畅，真的是“魂”都“融”进公司了。而建立“党建QQ群、工会QQ群，短信微信平台”，发行《极光之声》《一周快讯》《质量板报》《非公企业党旗红》画册等，成为众多非公企业的一批“融魂”党建创新品牌。

以“融和”为归属点，和谐暖心，增强企业持续力。各非公企业还开展了“融和”行动：一是融和创新发展。贴近企业经济，主动参与重大事项决策，多提合理意见与建议，引导党员岗位创新，深入开展“党员佩徽亮身份、党员示范亮承诺、党员身边无事故”等活动；二是融和党员成长。结合党员的特长，实施“急、难、险、重”工程，让党员在一线闪光、在一线锤炼、在一线创业、在一线成才；三是融和员工群体。主动协调集体、资方、员工三方利益关系，维护其合法权益，及时化解劳资纠纷，促进和谐劳动关系的构建；四是融和人才科技。采取外引内招、外培内聘多项举措，引进创新创业人才团队 51 个，领军型人才团队 20 个，国家“千人计划”人才 5 人，省“双创”人才 13 人，市“331”人才 42 人，名列全市前茅。新认定高新技术企业 15 家，新增省级科技型企业 67 家、省级以上企业研发中心 5 家、省级两化融合试点企业 4 家、各类研发平台 7 个、孵化毕业企业 42 家，完成专利申请 1407 件，组织申报市级以上各类科技计划项目 350 多项，同比增长 25%；五是融和社会和谐。积极引导非公企业主动参与社会各项公益事业活动，大力开展“社会爱心妈妈”、“微光志愿行动”、“点燃生命希望”等志愿公益活动，积极担当社会责任感，提升企业发展持续力。

（本文来源：《镇江时报》）

成都市提升非公企业党建工作水平

成都市委组织部

近年来，成都市在推进非公企业党的组织和工作覆盖的基础上，坚持以“规范党建工作、服务科学发展”为主题，以“五有五服务”为标准，大力推进规范化服务型党组织建设，有效提升非公企业党建工作水平。目前全市非公企业党组织覆盖率达到 69%，其中 73%以上党组织达到规范化服务型标准。

坚持“五有标准”，推进规范化建设。

一是有标准的党员活动室。采取区域共建、村企联建、企业自建和企业出资、党费补贴、财政支持等投入办法，建设党员活动室。全市已投入 4000 多万元建立党员活动室 2269 个。

二是有规范的工作制度。建立健全党组织议事规则、三会一课、党员发展、党员教育管理、民主评议党员、党组织和董事会双向列席、党务公开等 12 项工作制度，编印非公企业党建工作指南 4 万册，用于指导非公企业党建工作。

三是有坚强的领导班子。选好配强有政治引领力、党建创新力、员工凝聚力、发展促进力的党组织领导班子。建立健全领导班子教育培训制度和领导班子成员党建工作实绩考核制度，切实加强非公企业党组织领导班子建设。

四是有鲜明的活动载体。科学设置企业需要、业主支持、党员欢迎、员工拥护的党组织活动载体，实现党组织活动常态化。

五是有稳定的工作经费保障。建立健全保障有力、渠道多元的党建工作经费保障机制，企业把年度党建工作经费纳入管理费预算，采取实报实销、党费全额返还、地方财政补助等方式予以解决。近三年来，全市各级财政共配套非公企业党建工作经费 5000 余万元。

围绕“五个服务”，打造服务型组织。

一是服务中心大局。组织宣讲团深入非公企业党组织宣传党的路线方针政策和市委市政府重大决策部署，积极引导企业参与构建和谐成都等各项中心工作。

二是服务企业发展。非公企业党组织围绕企业的生产经营任务制定党建工作目标，充分发挥政治优势和组织优势，帮助企业应对危机、化解矛盾、渡过难关。他们组建党员先锋队、突击队、服务队 790 个，设立党员示范岗 9300 个，成为推动企业发展的中坚力量。

三是服务职工群众。非公企业党组织领导工会、共青团等群团组织，着力解决职工群众困难，广泛开展文化活动，促进企业构建和谐劳动关系，切实维护职工群众合法权益。近三年来，企业党组织与工会联合开展维权帮扶 5000 余次，为职工群众解决工作生活困难 7000 余人次。

四是服务奉献社会。非公企业党组织积极引导企业回报社会，广泛参与公益事业。近三年共开展公益活动 7500 余场（次），仅汶川地震捐款就超过 8000 万元。

五是服务广大党员。非公企业党组织广泛运用数字互动电视、互动视讯系统、手机党报等新型载体加强党员教育培训，开展创业交流会、经营管理沙龙、青年党员联谊会等活动，让广大党员感受到党组织的贴心服务，吸聚许多优秀分子向党组织靠拢。2011 年全市非公企业发展党员 1861 名，占发展党员总数的 13.02%。

贵州贵阳："四个强化"提升非公企业党建科学化水平

贵阳市委组织部

近年来，随着我国经济体制改革的逐步推进，非公有制经济组织也快速发展起来，在社会经济政治领域发挥着越来越不可替代的作用。作为西南地区的中心城市之一，贵阳市近几年非公经济也呈现出蓬勃发展的势头。2012年，非公经济占全市生产总值的比重为47.6%，2013年上半年占比上升到49.3%，部分城区非公经济的财政贡献率甚至高达97%，非公经济组织已成为全市社会主义市场经济的重要组成部分。党的十八大指出，要毫不动摇地鼓励、支持、引导非公有制经济发展，保证各种所有制经济依法平等使用生产要素，公平参与市场竞争，同等受到法律保护。同时也要求，加大非公有制经济组织党建工作力度，全面推进各领域基层党建工作，充分发挥推动发展、服务群众、凝聚人心、促进和谐的作用。为了进一步夯实党的执政基础，贵阳市围绕服务经济社会发展实际，通过强化组织建设、强化运行管理、强化作用发挥、强化社会责任，不断提高非公企业党的建设科学化水平，初步形成了"组建先行、管理配套、作用发挥、义利兼顾"的党建工作格局。

一、强化组织建设，提高非公企业党组织覆盖面

面对发展迅猛的非公企业，党的基层组织如何发挥战斗堡垒作用，团结带领非公经济领域贯彻党的理论和路线方针政策、落实党的任务，是我们当前亟待研究解决的重要课题。提高党在非公有制经济组织的覆盖面，是推进和提升非公有制经济组织党建工作的基础。针对非公企业行业差异大、党建工作起步晚，党员流动性强，党组织动态覆盖不及时以及部分非公企业业主对加强党的建设认识不够等问题，为了解决非公企业"有形"覆盖不足的情况，贵阳市不断完善工作举措，着力提高全市非公企业党建工作覆盖面。

一是摸清底数建台账。组织人员深入各地各部门及非公企业调研了解情况，对全市非公企业及其党组织建立情况进行全面排查摸底，并根据非公企业所属行业、不同类型、运行状况、员工人数、党员数量、组织设置、负责人身份、管理关系等情况，分别建立台账，确保非公企业党组织后续长效动态管理。通过召开专家咨询会，借助"外脑"的力量，深入分析非公企业发展形势，寻求党建工作切入点，查找存在的问题，努力找准工作方位。

二是创新方式抓覆盖。以属地、属业为依托，从便于企业发展出发，采取单独组建、挂靠组建、联合组建等方式，灵活组建非公企业党组织。如依托产业园区抓组建，通过成立产业园区党委，做好入园非公企业党组织组建工作，并根据工作需要，把支部建到产业链、建到项目组、建到工地上、建到团队中。依托楼宇抓组建，把每幢独立的商务楼宇视为一个联合体，在非公企业聚集的写字楼、商住楼等广泛建立党组织。依托市场抓组建，把进入专业市场的非公经济组织组织起来，统筹抓好党组织组建工作。目前，贵阳市1591个非公企业党组织覆盖了4892个非公企业，全市共选派1147名非公党建指导员，实现了全市非公企业党建工作动态全覆盖。

三是科学管理抓巩固。按照"突出重点、分类指导、强化措施、全面覆盖"的原则，积极探索务实管用、灵活便捷的党组织设置形式和工作方式，不断扩大党组织覆盖面。对已建立的党组织，不断巩固提高，对软弱涣散的党组织认真整顿。对已建立党组织的非公企业因各种原因被注销、不再开展活动的，按程序及时调整党组织，并将所属党员的组织关系及时转入其居住地或新就业单位党组织进行管理。

二、强化机制建设，提高非公企业党组织战斗力

科学的党建工作运行机制是提升党建工作科学化水平的重要保障。在实际工作中，一些非公企业重"建党"轻"党建"，一些非公企业党建工作缺乏活力，党建工作和企业生产经营发展融入度不高，党建工作的"有效"覆盖亟待加强。为了提升非公企业党组织战斗力，建立与全市经济社会发展相适宜的非公企业党建体系，做到党建工作定位准确、结构优化、布局合理、覆盖广泛，近年来，贵阳市以"三个着力"为重点，不断探索完善非公企业党建工作体制机制，先后出台了一系列文件，推动非公企业党建工作规范化、制度化建设，有效提升了非公企业党组织的战斗力。

一是着力构建"属地为主，条块结合"的区域化党建工作格局。如何使党建工作融进大量广泛分布的非公企业、小微企业和个体工商户，一直是党建工作的难点，贵阳市采取"属地为主，条块结合"的党建工作方式，推动非公企业形成聚集效应，实现优势互补。如在非公企业聚集的产业园区，坚持"围绕经济

抓党建、抓好党建促发展”的工作思路，成立园区党委，各区（市、县）党委书记兼任园区党委书记，作为园区党建工作的第一责任人，同时配备专职抓党建的党委委员，园区内的乡镇、社区、非公企业等党组织有关负责人兼任园区党委副书记或委员，定期召开工作例会，共同决策推进区域党建工作，服务企业生产发展。为了保证企业得到“全方位”服务，各区（市、县）还选派懂企业经营管理和项目推进的党员干部到企业挂职，选派党建指导员、联络员联系服务企业，在实现帮助企业解决生产经营困难的同时，同步推进党建工作，确保工作不留“死角”。目前，全市各区（市、县）共选派了62名党建指导员分类指导企业党建工作，选派100名机关干部到非公企业挂职，切实推动了非公企业党建工作“有效”覆盖。针对大量分散的小微企业和个体工商户，贵阳市以行业相近为原则，由行业行政主管部门牵头行业党建工作，助推行业协调发展。如云岩区卫生监督局与社区党委在餐饮业发达的飞山街组建以餐饮行业成员为主体的“飞山街饮食一条街党支部”，组织开展特色菜系交流、餐饮行业经营管理交流等一系列活动，将优秀的饮食文化、企业文化和管理理念在成员单位中进行推广，促进了行业的共同提升，逐步形成以自我管理、自我服务、共筑共建为理念的行业共同价值体系，从而推动了行业的共同发展。党支部组建不到1个月的时间内，就有12名“隐形”党员亮出了身份，20余名流动党员转接了组织关系。

二是着力完善党建工作机制。为了进一步加大非公企业党建工作力度，贵阳市成立了非公和社会组织党工委，选强配优抓非公和社会组织党建工作队伍，定期研究分析全市非公企业党建工作发展状况，不断总结工作经验，督促、指导、协调全市非公企业科学开展党建工作。先后研究制定了《关于加强工业园区党的建设工作的指导意见》、《关于加强和改进非公有制企业党的建设工作的指导意见（试行）》、《贵阳市非公有制企业党组织经费保障办法（暂行）》《关于进一步加强非公有制企业党员活动室标准化建设的指导意见》、《关于选派干部到非公有制企业挂职的通知》、《关于进一步加强个体工商户党建工作的通知》等一系列文件，建立完善非公企业党组织工作制度和党员日常教育管理制度。在非公企业聚集的产业园区提出“三建三服务”的工作思路，推动园区非公企业党建有序发展。建立园区党委书记党建工作专项述职制度，于2012年底组织进行了首次专项述职，并将评议结果在干部考核和选拔任用中加以运用。建立健全了区（市、县）党员领导干部服务园区建设、联系指导园区党建工作机制，党建工作指导员和企业党务工作者激励机制，非公企业工作经费保障机制，建立党费返还制度，对企业上缴的党费全额返还，并通过县级财政预算支持，按每名党员每年100元的标准，将企业党组织活动经费纳入预算。

三是着力形成常态化的党建服务体系。按照有场所、有设施、有标志、有党旗、有书报、有制度的“六有”标准，加强非公企业党组织活动阵地建设。目前，全市各个产业园区已累计投入近千万元，打造标准高、功能全、人性化的园区党员服务中心。南明区还引入了“党建COD”（党建行政中心）的概念，在园区建立了1400平方米的园区党员职工服务中心和党建体验馆，为提升党建工作有效覆盖奠定了基础。注重从非公企业从业人员职业特点、内在需求出发，充分利用现代信息技术，因地制宜、灵活多样地开展组织活动，把党建工作融入非公企业发展中。不断加大非公企业党组织队伍建设，着力培养选拔守信念、讲奉献、重品行、懂经营、会管理、善协调、热爱党务工作的非公企业党组织书记。不断加大非公企业党务工作者培训力度，多次组织非公和产业园区党务工作者赴非公经济发达的地区开展党建工作专题培训，着力提升非公企业党建工作的能力和水平。

三、强化作用发挥，提高非公企业党组织影响力

党建工作的目的在于推动发展、服务群众、凝聚人心、促进和谐，以党的基层组织建设带动其他各类基层组织建设。针对部分非公企业党组织作用发挥不够，党组织与企业生产经营的融合度不高，党组织没有真正成为与企业主与员工的桥梁纽带等问题，贵阳市着力激发非公企业党组织活力，构建党组织和党员发挥先锋模范作用的平台，提高党组织影响力。

一是发挥引领发展的作用。充分发挥党组织的政治优势、组织优势，积极参与企业决策，引导非公企业牢固树立科学发展观，严格遵守国家的法律法规，自觉履行各项社会责任。围绕企业转型发展的实际需求，党组织在凝聚人才、培养人才、服务人才中发挥积极作用，引导经营管理层加大人才投入，重视人才培养，优化人才结构，落实人才待遇，营造有利于优秀人才干事创业的良好环境，以优秀人才的加快集聚推动企业加快转型，为企业持续发展、长远发展提供强大动力。通过开展“双争三满意”（争做岗位能手、争做优秀共产党员，党员满意、群众满意、企业满意）、“亮身份、树旗帜、作表率”、“我是共产党员，我为企业献良策”、“技能大比武”等特色鲜明、内容

丰富的实践活动，促进非公企业和社会组织发展，提升管理效能。

二是发挥引领文化的作用。“一年企业靠产品，十年企业靠人才，百年企业靠文化。”把党的思想政治工作与企业文化建设结合起来，善于运用文化的力量凝聚党员职工群众，统一意志行动。用社会主义核心价值体系引领企业文化，培育具有时代特征、行业特色、企业特点，并为企业职工群众广泛认同的企业精神，增强职工团队意识、进取精神，为企业又好又快发展提供强大精神动力。遵循企业和社团文化建设的内在规律，帮助培育企业和社团文化，树立业态精神，塑造非公企业的良好形象。

三是发挥引领服务的作用。非公企业党组织积极搭建员工和业主之间有效沟通的平台，及时发现和化解各类矛盾纠纷，推动建立和谐劳动关系，维护党员和职工群众的合法权益。引导业主正确处理与国家、职工的利益关系，引导职工群众自觉支持和服从企业管理层的重大决策，形成良性互动推进企业发展的良好局面。在非公企业中推行“有话向党说”制度，党员员工与普通员工结成对子，了解员工生活、倾听员工心声、疏导员工情绪、反映员工诉求，力所能及地解决企业及员工的困难。

四、强化社会责任，提高非公企业党组织贡献率

企业的社会性决定了企业要承担一定的社会责任，非公企业也不例外。非公有制企业党组织要充分认识企业在发展中应承担的基本社会责任，要在推进企业承担社会责任的进程中发挥作用。近年来，贵阳市广大非公企业紧紧围绕经济社会发展大局，坚持义利兼顾，找准回馈社会的切入点，在企业发展过程中主动承担社会责任，以结对帮扶、党员志愿者活动等方式服务社会、回馈社会。但部分非公企业业主缺乏社会责任意识；部分非公企业党组织党员党性意识淡化，没有把个人目标同党的建设的整体目标结合起来。贵阳市积极引导企业主动承担社会责任，主动回馈社会，主动投身到同步小康建设、生态建设、和谐稳定等活动中。

一是投身到同步小康建设中。在市委、市政府提出2015年提前在全省实现全面小康后，全市广大非公企业党组织积极行动起来，通过结对共建，定向帮扶等措施，积极帮助农户找路子、出点子、谋发展，实现企业与农户“双赢”。贵州威门药业、贵阳新天药业等公司党支部开展“手拉手、齐步走”活动，与新场乡王坝村、百宜乡百宜村等结对共建，建起600亩四季红药材原料基地、300亩苦参基地，带动药业产业化基地3万多亩，既推动企业发展，又增加1万多户农民收入。

二是投身到生态文明城市建设中。在全市加快建设生态文明城市过程中，广大非公企业党组织以生态文明建设为己任，通过开展演讲会、报告会、座谈会、社区服务等多种形式，有针对性地宣传环境保护相关知识，动员和号召职工主动参与志愿活动，成为生态文明理念的传播者、监督者和见证者。如贵阳市新生活物业服务有限公司党支部以“抓好党建强服务”为宗旨，引导公司党员职工300余人，抓好用足物业公司老年业主需求最近的地缘优势，融党建于社区养老平台探索建设中，围绕“老有颐养、老有所学、老有所乐、老有所为”的需求，着力建设老年业主“幸福晚年”服务工作，为构建绿色和谐社区树立了典型。

三是投身到维护社会和谐稳定中。全市广大非公企业在社会建设、化解社会矛盾等过程中，出钱出力，主动作为，以实际行动奉献社会、回报社会，树立非公企业“诚信为民、乐于奉献”的良好形象，促进社会和谐进步。如市西商会党委在市西社区党委的带领下，积极搭建“市西‘非公’党组织‘爱心驿站’”党建工作平台，建立长期帮扶、按需帮扶、对口帮扶机制，对市西社区内老党员、贫困户、残疾户、农民工子女、环卫工人等弱势群体进行长期帮扶，架起了党和政府联系群众的桥梁。

金昌市多措并举全面提升非公企业党建工作水平

甘肃省金昌市委组织部

近年来，金昌市坚持“围绕发展抓党建，抓好党建促发展”，紧密结合创先争优和基层组织建设年活动，健全保障机制，创新活动载体，有效提升了全市非公企业党建工作水平，促进了非公经济持续快速健康发展。

强领导　建制度　健全保障机制

市委坚持把非公企业党建工作列入全市党建工作总体规划，作为市、县（区）党委书记履行基层党建工作责任专项述职和相关部门领导班子考核评价的重要内容，强力推进非公企业党建工作创新发展。一是强化组织领导。市委先后制定出台了《关于加强和改进非公有制企业党的建设工作的意见》等指导性文件，成立了由

纪检、组织、宣传、统战、发改等17个部门单位组成的市委非公企业党建工作联席会议，对全市非公企业党建工作进行总体安排部署，形成了推进非公企业党建工作的整体合力。二是理顺工作体制。市、县（区）依托工商部门全部成立了非公企业党工委，在全市8个基层工商所（分局）建立了非公企业党建工作站，实行“两块牌子、一套人马”，推行“一岗双责”，确保非公企业党建工作有人管、有人抓。同时，按照属地管理为主、分类管理为辅的原则，进一步理顺了非公企业党组织隶属关系，构建了责任明晰、领导有力、运转有序的工作格局。三是强化经费保障。建立了财政支持、企业出资、党费补助相结合的经费保障机制，明确规定非公企业党组织活动经费按职工工资总额的5‰列入企业财务计划税前列支，非公企业党员交纳的党费全额返还企业党组织作为活动经费。2009年以来，市、县（区）累计投入非公企业党建工作经费200多万元，全市80%的非公企业党组织达到了有场所、有设施、有标志、有党旗、有书报、有制度的“六有”标准。

强力量　建组织　推动工作覆盖

注重发挥工商部门职能优势，积极探索有效推动非公企业党建工作的办法和途径，实现了非公企业党组织应建全建和党的工作全方位动态延伸。一是派驻党建指导员帮建。从工商、工信、科技等部门单位，先后选派125名政治立场坚定、政策理论水平高、党务工作经验丰富、创新意识和组织协调能力强的业务骨干到非公企业担任党建指导员，帮助企业开展党的工作。2013年，还选派11名大学生村官到非公企业担任党群专干，进一步加强了非公企业党建工作力量。二是实行“双报双推”助建。充分发挥工商部门对企业登记、交易、退出进行全程监管的优势，在非公企业申请登记和年检时，督促引导企业填写《企业党建工作情况申报表》和《企业党建工作情况年报表》，做到企业名称清、所在地址清、从业人数清、党员数量清、组织设置清、业主身份清“六清”。三是建立联系点包建。建立市级领导干部非公企业直接联系点37个，市委领导多次深入非公企业调研，督促具备条件的非公企业加快党组织组建步伐，指导已建立党组织的企业规范开展党建工作，推动非公企业党建工作由“突击抓”向“常态抓”转变。四是推进党群互动共建。在全省率先成立了非公企业团工委和工会工作委员会，在不具备党组织组建条件的非公企业中，先行建立非公企业群团组织，扎实开展群团工作，并通过“推优入党”把优秀团员、技术骨干、三八红旗手培养成党员，为企业全面开展党建工作创造条件。

强措施　创载体　实现互促共进

注重把党的建设融入企业生产经营、文化建设等各项工作之中，切实促进非公企业健康发展。一是积极发挥助推企业提质增效的“加速器”作用。成立非公企业项目党支部23个，党员技术攻关小组89个，组建党员突击队38支，设立党员责任区76个，党员示范岗360个，围绕企业生产经营、完成急难险重任务及促进科学管理、增产降耗，广泛开展“立足岗位做贡献同步小康当先锋”、“争创党员示范岗”等活动，促进党组织履职尽责创先进、广大党员立足岗位争优秀，为非公经济转型跨越发展提供了强大动力支持。二是充分发挥促进企业和谐发展的“调节器”作用。大力开展党内帮扶关爱活动，近年来各级党组织在春节、七一等节日期间走访慰问生活困难非公企业党员500多人次，发放慰问金20余万元；市党内帮扶关爱基金为5名非公企业党员业主发放无息借款18万元，支持发展壮大生产经营；在流动党员较为集中的非公企业，免费为党员提供教育培训、就业维权等服务1800多人次，使非公企业党员感受到了党的关怀和温暖，促进了员工队伍稳定和企业和谐发展。三是着力发挥引领企业承担社会责任的“传感器”作用。深入开展“双思双想”（致富思源、富而思进，致富想着党员身份、时刻想着社会责任）等活动，引导非公企业业主和党员职工在扶贫帮困、捐资助学、爱心助老等公益事业中发挥党员的先锋模范作用。近年来，全市非公企业共为遭受自然灾害的舟曲、岷县等灾区群众捐款捐物100多万元；资助困难学生150名，资助金额达35万元；为城乡贫困群众、教育事业发展和新农村建设捐助款物共计200多万元，有力促进了全市经济社会发展。截至目前，全市2378户非公企业共建立党组织613个、共有党员2029名，今年前三季度实现增加值40.38亿元，占全市生产总值的21.4%。

创新机制实干巧干
新经济组织党建
“泸州模式”绽放异彩

泸州市委组织部

近年来，泸州市委高度重视在新经济组织领域开展党建工作，组建了专门的新经济组织党建工作机构。

全市新经济组织党组织和党员以高度的政治责任感和历史使命感，大胆探索、开拓进取、创新创优，积极推行“54321”工作法，全力打造“机制＋重点＋载体＋互动＋亮点”的新经济组织党建“泸州模式”，党建工作开展得有声有色，呈现出“党旗飘起来，发展强起来，中国酒城？醉美泸州靓起来”的生动局面。

“五项机制”集聚党建能量

创新党建管理机制，整合部门资源。2012年6月，在市委的重视和支持下，成立了“中共泸州市新经济组织委员会”，办公室设在市工商局，由市工商局党组书记、局长任市新经济组织党委书记，市工商局增设1名党组成员、副县级工商干部担任专职副书记，市经信委、市住建局、市商务局、市地税局、市工商联、市个体私营企业协会的相关领导同志担任市新经济组织党委委员，并明确了各成员单位的工作职责。市新经济组织党委负责统筹全市新经济组织党建工作，指导市级相关职能部门党委、各区县新经济组织党委、园区党委抓好非公有制企业、外商投资企业、专业市场和个体工商户的党建工作。全市7个区县参照市级模式，设立了新经济组织党委，配备了领导班子，并由区县工商局增设1名党组成员、副科级工商干部担任专职副书记，落实了党委办公室和具体工作人员，从而在全市范围内建立起了“工商部门牵头＋相关职能部门配合”的新经济组织党委管理机制，整合了相关职能部门资源力量。

建立双指推进机制，增强党建力量。由于新经济组织点多面广分散，仅靠市、区县新经济组织党委的力量来管理显然是不够的。为此，泸州市推行“党建工作指导站＋党建工作指导员”办法，在全市115个乡镇街建立了新经济组织党建工作指导站，由乡镇街党务副书记任指导站站长、工商所所长任副站长，相关部门的党员为成员，整合了乡镇街党委和工商等职能部门的优势资源力量，形成了齐抓共管的新经济组织党建工作格局。各新经济组织党建工作指导站着力于“组织保障、制度保障、人员保障、经费保障、载体保障”“五个保障”，夯实新经济组织党建工作的基础。全市从党政机关、企事业单位的领导干部、优秀大学生村官、退二线党员领导干部中选派出新经济组织党建工作指导员3888人，帮助新经济组织建立党组织和开展党建工作。市新经济组织党委还编印《新经济组织党建工作指南》、《新经济组织党建工作指导员党务知识手册》、《泸州市新经济组织党建工作制度汇编》等，帮助党建指导员提高党务知识和工作能力。

建立经费保障机制，保障工作运行。泸州市建立了“财政补助、党费拨返、企业赞助、党员自愿捐助”的党建工作经费投入机制，将新经济组织党委和新经济组织党支部的党建工作经费、企业党组织负责人的工作津贴、示范党组织的远程教育设备经费等列入财政预算开支；实行党费全额返还；将新经济组织党组织工作经费纳入企业管理费用，逐步建立起税前列支制度；鼓励党员自愿捐助党建工作经费等。2012年，全市财政支付新经济组织党建工作经费约148万元、党费返还约8.5万元、企业支出党建工作经费约221万元、党员自愿捐资约62万元，有力地保证了新经济组织党建工作的开展。

建立党群共建机制，实现互促共进。按照“计划共订、遇事共商、阵地共建、活动共办”的“四共”机制开展党群共建活动。全市建立新经济组织工会组织2745个，团组织474个，“党群活动中心”455个，“职工之家”588个、“青年活动中心”159个。2012年，举办各类培训班77期、培训6111人次，开展岗位技能活动371次、参与人员23241人次，举办就业招聘会123次、解决就业岗位7827个。通过多措并举建党组织、多种形式开展党的工作，实现了党的组织覆盖全域化、党的工作覆盖全域化。

建立目标管理机制，保证工作落实。建立起市新经济组织党委考核市级相关职能部门和区县级的新经济组织党建目标，内容设置了“市级相关职能部门党委主要领导、区县委书记是否重视新经济组织党建工作，党建机制和机构是否健全，党建工作经费是否落实，党建台账是否健全，组织覆盖面如何，党员发展情况，活动阵地是否规范，作用发挥如何，示范党组织的打造情况，党建制度是否健全”等，考核结果作为市级相关职能部门和区县基层党建工作考评、“四好”领导班子先进集体评选等方面的重要依据。区县级也建立了考核乡镇街新经济组织党建工作指导站和新经济组织党组织的党建目标管理制度，层层签订新经济组织党建工作目标责任书，将考核结果作为评先评优的依据，并同新经济组织党组织的党建工作经费和党组织负责人的工作津贴挂钩等。

“四个重点”夯实党建基础

重抓党组织覆盖。按照“有利于组建、有利于管理、有利于活动”的“三个有利于”原则，采取“招商同步宣传、入驻同步登记、投产同步建党、建党同步规范”的“四同步建党”工作方法，在全市新经济组织法人单位中单独建党委21个、党总支18个、党支部751个、联合建党支部506个，建立个体户党支部26个，还通过将企业挂靠相邻企业、村、社区党组织办法，使党组织覆盖率达60%以上。采取查找一批“隐性党员”、接转一批“外来党员”、发展一批“新党员”的“三个一批”办法和“把党员培养成业务骨干、把业务骨干培养成党员，把党员业务骨干培养成中高层管理人员”的“三步曲”培养法，发展壮大新经济组织党员队伍，2012年新发展党员301名。全市现共有党员8378名，培养入党积极分子1639名。

重抓党建联系点党建工作。市新经济组织党委坚持“重点联系，带动全面，促进新经济组织党建工作整体水平提高”的工作思路，按照“基础择优、地域均衡、分类兼顾”的原则，建立新经济组织党建联系点31个。市新经济组织党委领导成员每年深入每个联系点开展调研活动1次以上，2012年帮助企业解决在开展党建工作和生产经营中的困难问题145件，指导党建联系点进行规范化建设，将联系点打造成示范点，影响带动其他党组织开展好党建工作。

重抓党组织书记队伍建设。积极推行“书记抓、抓书记”新经济组织党建“领头雁”工作方法，按照“守信念、讲奉献、重品行，懂经营、会管理、善协调，热爱党务工作和熟悉群众工作”的标准，选优配强新经济组织党组织书记，全市从企业人员中选配党组织书记414人。纳溪区推行“董事长兼任书记”的工作模式，龙马潭区建立新经济组织党组织书记信息库，目前入库人数100余人。加强新经济组织党组织书记理论、文化、技能培训，2012年举办培训班12期，培训716人次，组织党组织书记到外地学习考察220人次。建立党组织书记报告工作、“双述双评”制度、考核制度，对考核合格的党组织书记按100～200元/月的标准给予工作补贴；推动企业建立健全党组织书记薪酬待遇保障制度，建立党组织书记劳动合同变更、解除或终止前向上级党组织备案制度。大力提倡让党组织书记“吃苦在先、奉献在先、分配在优”和“有面子、有位子、有票子”，增强他们的荣誉感和归属感。

重抓企业出资人教育引导。树立“抓出资人就是抓党建、抓党建必须抓出资人”的理念。一是在教育上给予重视，在企业出资人中开展“致富根源怎么看、加快发展怎么干、回报社会怎么办”大讨论活动，让企业出资人认识到在企业中开展党建工作既是政治责任，又是企业可持续发展的需要；二是在培养上作为重点，2012年在企业出资人中发展党员26人；三是在政策上给予优惠，将党建工作列入企业评先评优的重要依据，如在评选“守合同重信用企业”、“文明诚信市场”、“质量信得过单位”、“诚信企业”、“纳税先进单位”等工作时设置党建考核内容，促使企业出资人重视和支持党建工作。四是在政治上给予鼓励，从企业出资人中推选市区党代表54人、人大代表95人、政协委员103人、劳动模范11人。五是在作用上予以感化，通过党建工作凝聚人心、促进发展、提升形象，让企业出资人真切感受到：“红色党建文化是企业核心竞争力”，抓党建是“最实的投入、最大的财富、最亮的品牌、最好的优势”。

“三个载体”突出党建主题

泸州市将“学习十八大精神，建功156发展战略，放飞‘中国梦’”确立为党建活动主题，通过丰富载体开展活动，加强新经济组织党的先进性、纯洁性建设。

“双强六好”树典型。广泛开展“双强六好”创建活动和党员“亮身份、亮承诺、亮形象”活动，设立“党员责任区”294个、“党员示范岗”991个、“党员志愿者服务队”36个。2012年受到市、区县级表彰的先进基层党组织28个、优秀共产党员和党务工作者57人、党建之星12人。广泛开展“关键岗位有党员、攻坚克难有党员、困难面前有党员，党员手中无次品、党员身边无事故、党员行为无违规”的“三有三无”活动，激发党员职工争当先锋、争创一流的热情。如四川科瑞德制药有限公司党支部围绕打造“创新型医药企业”的目标，组织开展“建言献策、技术攻关”和评选“质量明星、服务标兵、管理明星”等活动，2012年党员建言献策42条，技术创新申请专利16件，有2个项目获科技进步奖，为公司创造效益2000多万元。

“爱心行动”促民生。开展了“100户企业帮扶100个行政村”的“三联三帮”工程，促成304个新经济组织党支部与联系村签订帮扶协议。开展村企共建“党员教育共抓、组织生活共过、矛盾纠纷共调、文明新风共育、发展成果共享、和谐家园共建”的“六共”活动，近年来，累计向农村注入帮扶资金1300多万元，极大地改善了农村生产生活面貌。新经济组织党组织和党员做到“平时工作看得出，关键时刻站得出，危急关头豁得出，利益面前让得出”，在2012年7月23日泸州遭受特大洪灾中，全市新经济组织党组织打响了一场高举党旗战洪魔的战役，迅速组织出动15000人次，募集捐款捐物折合人民币292.8万元，交纳特殊党费2.9万元，党的先进性得以生动展现。

“维护权益”促和谐。党组织着眼维护职工权益、维护各方权益、关爱职工，起到“主心骨”、“润滑剂”、“贴心人”作用。积极推行新经济组织人文党建“五必访”制度，即企业遇到困难时必访，企业生产经营管理中遇到大事必访，企业业主个人或家中有大事必访，企业与周边单位或群众发生矛盾冲突时必访，每逢节假日和企业庆典时必访，做到“企业发展到哪里，党的服务就跟进到哪里”。泸州众大科技公司开展“双爱”活动：“企业爱党员”——公司每年投入10余万元用于党支部开展活动，先后出资125万元，奖励优秀党员82人次，为15名优秀党员配送股份、赠送住房，建立职工工资增长机制；“党员爱企业”——公司党员组建技术攻坚队、科技项目革新小组等，开发新产品，为公司带来经济效益1200万元等。

“两化互动”实现同频共振

坚持“围绕经济抓党建，抓好党建促发展”工作思路，注重方法促进“党建科学化、发展效益化”“两化互动”，做到党建工作与经济工作“齐步走”，党建助推发展实现“同频共振”，“党组织创先进、党员争优秀、企业得发展、职工享实惠”得以生动演绎。

注重既要指导党建工作又要指导经济发展“双指导”。2012年以来，市、区新经济组织党委共开展新经济组织党务工作者、企业出资人培训共66班次2939人次，培训内容既有党建理论，又有市场经济知识、法律法规知识和职业技能等。龙马潭区组织20余名新经济组织党组织书记和党建工作指导员到温州、义乌、杭州等地学习考察，既学到了党建经验，又学到了先进的生产经营管理理念，并灵活运用到所在企业开展党建工作和企业生产经营中。市、区新经济组织党委还通过调研、检查等方式，指导企业改进党建工作，并现场提供职能服务。如2012年4月10日，市新经济组织党委在众大公司调研党建工作时，现场解答了公司提出组建“集团公司”有关登记注册问题。

注重既要服务党建工作又要服务经济发展“双服务”。一是服务党建文化建设。市、区新经济组织党委主办《新经济组织党建专刊》、《工作动态》，建立新经济组织党建QQ群，泸州机械园区党委建设文体广场、党群上网室、阅览室、谈心茶园并将党建文化搬进食堂、搬进宿舍，纳溪区建立新经济组织党建网页，泸县主办《龙城党旗红—非公企业党建专刊》，巨洋集团党支部主办了《巨洋华苑》刊物，中云房地产开发有限责任公司成立“书香中云”读书协会和进行新闻媒体宣传，《四川日报》以“八千共产党员亮身份勇担当”报道了泸州市新经济组织党建工作，提升了全市新经济组织党建工作的形象和影响力。按照“企业需要、业主理解、职工拥护、党员欢迎”的原则，坚持“业余、小型、多样、务实”的活动方式，组织开展健康向上的红色文体活动，2012年全市新经济组织党组织共开展文体活动480多次，参与党员和群众5.8万人次，增强了新经济组织党建工作的活力。二是服务企业经济发展。建立和完善支持企业发展的“五个服务体系”，即建立为企业提供政策、商业、科技、交通、劳务等各方面信息的信息服务体系；建立为企业解决资金需要的金融服务体系；建立为企业提供各类各层次人才的人才服务体系；建立为园区企业发展提供科技支撑的科技服务体系；建立开展创先争优活动服务经济发展体系，如在开展创先争优活动中，全市新经济组织党组织和党员提合理化建议7000多个，开展技术革新项目1290多个，提合理化建议、开展技术革新带来的经济效益188亿元。

注重党建工作促经济发展、经济发展促党建工作“双促进”。泸州市在党组织和党员中广泛开展“发展生产干在前、急难险重冲在前、促进和谐走在前、遵纪守法做在前”的“四在前”活动。在开展创先争优活动中，全市新经济组织党组织和党员全市提合理化建议7003个，开展技术革新项目1290个，为群众和社会做好事、实事21478件，完成急难险重任务1745件，提合理化建议、开展技术革新带来的经济效益188亿元，完成生产销售量648亿元，实现利润83亿元。2012年，泸州民营经济增加值完成603.6亿元，民营经济占GDP比重达58.6%，经济贡献率已占泸州市“大半壁江山”。党政领导和企业人员真切感受到了党建工作在促进经济健康快速发展方面所发挥的作用，从财政支出增加了新经济组织党建经费的投入力度，许多企业出资人也愿意给企业党组织开展党建工作所需的“时间、人员、场地、经费”等方面给予大力支持。

注重新经济发展成果体现在党建融入，新经济党建成果体现在发展贡献“双体现”。2012年，全市私营企业发展到15884户，投资者人数41752人，雇工人数145095人，同比增长10%以上；全市个体工商户117579户，从业人员143903人，同比增长13%；外资企业发展到94户。全市小微服务企业实现了“户均资产高、营业收入高、人均工资高”的良好态势，个体私营企业从业人员年均工资3万元以上。泸州市通过“强抓党建融入发展，推进发展抓强党建”，实现党建工作与新经济组织发展“双提速”效果，达到了新经济组织党建工作“让社会满意、让员工满意、让业主满意”的“三满意”目标。

“一批亮点”提升党建品位

泸州市各新经济组织党组织立足实际、大胆探索、勇于创新、善于提炼、推广提高，打造出独具特色的党建工作亮点，汇集形成全市新经济组织党建“亮点工程”。

园区实行“模块化”组团式建党。江阳区辖区有中国白酒金三角酒业集中发展区、泸州机械工业集中发展区、泸州轻工业园区，投产企业 195 家，通过创新建党模式集中建党活动，园区企业建党率达 90%以上。一是探索“地方主管＋国企牵头”联建模式。江阳区委与泸州老窖集团公司党委联合在酒业集中发展区建立非公企业党委。目前，园区非公企业党委已划归市委管辖。实行“党务工作者联派、党员队伍联管、重大活动联办、党建阵地联建、经费保障联筹”的“五联”机制。二是探索“园中园”建党模式。在轻工业园区以皮具、箱包、汽车销售、电器生产等 6 个产业“园中园”为主体建立党总支或党支部，归口轻工业园区党工委管理。三是探索“园区党委＋商会党组织”建党模式。在机械工业集中发展区建立党工委横向覆盖园区所有企业党组织，纵向覆盖茜草街道、泰安镇机械行业商会党组织体系。四是建立流动党员支部。在园区建立流动党支部，将不具备建党条件企业的党员纳入流动党员支部管理。

建立党内帮扶协会打造“红色会所”。合江县成立全国首个党内帮扶协会，现有会员单位 22 个，其中企业 14 个，部门单位 8 个。党内帮扶协会引导会员企业把党的建设与企业生产经营紧密结合，把党内帮扶协会打造成企业的“红色会所”、“精神家园”。一是开展帮扶关爱活动。组织会员深入开展“阳光助学”、“给力新农村”等活动，2012 年共帮扶慰问党员群众 400 余人次，解决实际问题 530 件，列支帮扶资金 300 万余元。二是强化学习提素质。通过召开季度学习例会，互相参观学习、组织外出参观学习、组织到高校短期集中培训等方式进行充电，提高会员素质。三是开展企业文化。先后举办了“非公党建花盛开”、“春风化雨党旗红”、“春暖符阳党旗红”、“给力帮扶党旗红”等联谊活动，丰富了职工的文化生活，提升了企业的文化品位。四是共谋发展壮大。协会把帮助企业做大做强作为一项重要任务，先后帮助解决了金泰燃料公司煤炭经营许可证、互惠港阜公司码头合同纠纷、宋袁食品厂二期工程用地报批手续等一些影响和制约企业发展的重大问题。此外，协会会员还共同出资 1200 余万元成立“给力投资公司”，整合资金、信息等资源，拓展经营发展，收益所得的 10%用于协会开展帮扶活动。

“六好”标准打造示范党组织。按照“阵地建设好、工作制度好、领导班子好、党员队伍好、经费保障好、活动载体好”的“六好”标准和“看有形象，听有内容，学有经验，赶有目标”的“四有”要素，打造示范党组织 61 个。纳溪区将中云公司党支部打造成“诚实守信责任党支部”；将利达公司客运党支部打造成为“平安和谐、优质服务党支部”。泸州西南商贸城党委、泸州物资产业集团公司党委、古蔺郎酒厂党委、四川天寿药业公司党支部、叙永县永宁个体私营企业协会党支部等示范党组织多次接受上级领导检查、外地单位学习考察并获得高度肯定。

泸州市还积极探索“组建（Setup）、标准（Standard）、服务（Service）、系统（System）、保障（Security）、评分（Score）”的“6S 管理”模式；“组织设置与活动开展并举，力量下沉与经费保障并举，党性教育与业务培训并举，上级考核与单位考核并举，典型塑造和品牌打造并举”的“五个并举”工作法；“覆盖全域化、书记专业化、报酬绩效化、活动规范化”的“四化”模式；“向组织献计、向企业献策、向我看齐”的“三向”活动等做法，精心培育打造特色亮点工作，已收到明显成效。

泸州市通过开展新经济组织党建工作促进了新经济组织快速健康发展，新经济组织党建“泸州模式”也逐渐成熟并凸显作用。新经济组织党旗高高飘扬，成为泸州市一道亮丽的风景线。

大同市全面提升非公企业党建工作科学化水平

大同市委组织部

今年以来，大同市认真落实中央、省委精神，坚持“点上出经验、面上求突破、整体抓推进”的工作理念，深化思想认识，破解工作难题，全力推进全市非公企业党建工作，初步构建起非公企业党的组织和工作“两个 100%全覆盖”组织体系，使全市非公党建工作取得了阶段性成果。

工作“五到位”，非公党建实现“全覆盖”

截至 2013 年 9 月底，全市有各类非公有制企业 10837 户，其中 1556 户非公企业有正式党员 5804 名。在有正式党员的 1556 户非公企业中，单独建立党组织的 534 个，联合建立党组织的 581 个，共建立党组织 1115 个，基本实现了非公有制企业党的组织和工作“两个全覆盖”。

领导重视，安排部署到位。全省实施非公企业党组织集中组建计划动员会召开之后，大同市委高度重视，立即召开市委常委会议进行专题研究部署，先后出台了《关于在全市实施非公有制经济组织党组织集中组建方案》、《关于加强非公党建有关问题的通知》、《关于进一步理顺非公经济组织党组织有关工作的通知》等多个文件。以明确工作目标、加强组织指导为重点，成立了非公党建工作领导组，挂牌成立12个县区非公工委，依托61个工商所建立了非公党建工作指导站，非公工委专职副书记和机构人员相继配备到位。市委组织部多次召开动员会、座谈会、培训会，传达上级会议精神，紧锣密鼓地安排部署全市非公党建工作，保证了集中组建工作顺利推进。

创新方式，组织覆盖到位。按照“先大后小、先易后难、先组建后规范”的原则，任务倒逼，分类指导，限期组建，全市非公党组织覆盖面不断扩大。根据全市非公企业党组织组建实际情况，确定了单独组建、联合组建、街区联建、挂靠组建、党群共建等多种形式组建党组织。同时，各县区委因地制宜，因企制宜，积极创新非公企业党组织组建方式，有力地保证了集中组建工作顺利完成。按照市非公工委3～4人、县区非公工委2～3人的标准，抓紧配备了专职人员，做到有专人抓、专人管。全市共配备12名专职非公工委副书记，专兼职工作人员64名，并制定出台了沟通协调、督促检查、考核评价等20多项工作制度，进一步规范了全市各级非公工委自身建设工作，为在全市非公党建工作顺利开展提供了坚强的组织保证。

完善制度，保障机制到位。市非公工委率先在全省实行了非公党建工作“登记申报、年检年报、同步覆盖”制度，从源头加强党组织组建工作。具体讲就是要求非公企业在工商部门申请设立的时候，填写《非公有制经济组织党建信息表》，经基层工商所确认已组建党组织后，方可办理企业审批手续。另外，在每年的非公企业工商年度审验时，填写《非公有制企业党建工作情况年报表》，实现注册登记、年检验照与组建党组织同步进行。加强了领导联系点制度建设，建立了党建指导员、联络员制度，推行了《大同市工商局指导非公企业组建党组织联系表》、《大同市非公有制经济组织党建情况统计表》、《非公有制企业党建工作情况登记表》、《党员（预备党员）登记表》、《非公企业党员基本信息统计表》、《市非公经济组织行政区划分布统计》等“六表一簿”档案台账管理制度，将全市非公企业党组织、党员、党建指导员信息全部录入大同市非公有制企业党建工作信息管理系统，形成非公党建数字化管理模式。

培树典型，示范带动到位。今年以来，全市各级组织部门、非公工委进一步狠抓了非公党建工作的规范化建设，开展了示范点创建活动，全市共创建非公党建工作示范点60个，涌现出一批非公企业党组织先进典型，在带动全市非公企业党建工作整体上水平起到了典型引路作用。

加强引导，发挥作用到位。集中组建工作结束后，在各级组织部门、非公工委的积极倡导下，全市广大非公企业党组织开展了一系列主题实践活动。大同唯实机电设备有限公司联合党支部通过开展设立“党员责任区”、“党员示范岗”，组织开展模范党员示范行动，促进企业效益不断提升，极大地增强了党的工作在非公企业中的吸引力和感召力，一大批高学历、懂技术的人才加入到了企业团队，企业的规模和效益迅猛扩大。大同华林公司、吴官屯煤业、泰瑞集团等企业党组织成立了公司文体活动委员会，建立了党员活动中心，积极开展职工联欢会、篮球联赛和歌咏比赛等活动，增强了企业的凝聚力。全市非公企业党组织还充分发挥政治优势，引导企业主在履行社会责任、反哺社会中彰显价值。大同华林公司已连续几年拨专款开展“暖春”活动，为困难员工家庭送温暖、为社会失业人员送岗位，帮助困难员工渡难关。公司认真履行企业的社会责任，始终树立“小华林、大社会”奉献精神。从公司成立至今，已累计为社会捐款捐物1000多万元。大同市达胜房地产开发有限公司董事长郭忠，致富不忘回报家乡，先后投资1亿元，在老家浑源县注册了种植养殖公司和皮毛加工公司，解决地方就业，增加农民收入，用一名老党员的实际行动，在反哺社会、回馈社会中为党旗增辉。

积极“回头看”，确保党组织作用充分发挥

全市非公党建工作已经从集中组建阶段转入规范运行发挥作用阶段的实际，为了巩固和扩大“两个覆盖”成果，按照省、市部署，今年，全市各级非公工委对去年集中组建非公经济组织党组织工作成效认真组织进行了“回头看”，按照党组织组建标准，对已建立党组织但质量不高、活动开展不经常、作用发挥不明显的非公企业指定专人负责，限时整改，通过积极“回头看”，全市非公党组织组织活动开展了起来，党员作用发挥了出来。

强化培训，提升党员素质。按照《2013年大同市发展党员工作指导意见》文件要求，非公工委制定下发了《关于做好2013年非公有制企业发展党员工作的通知》，积极指导非公企业党组织抓好发展党员工作。今年上半年各级非公工委举办入党积极分子培训班9

期449名，目前已按组织程序考察并发展第一批非公党员131名。此外，全系统分27批次对全市非公企业党组织书记进行了专题培训，系统学习了党建业务知识，全面提高了非公企业党组织书记的实际工作能力。

规范管理，理顺组织关系。全市各级党（工）委认真贯彻执行省委关于对党组织实施属地归口管理的精神和《关于进一步理顺非公经济组织党组织有关工作的通知》要求，落实非公工委属地管理职责。各级非公工委在组织部门的指导和支持下，将原来隶属于机关工委、乡镇街道党（工）委等管理的非公企业党组织，归口到各级非公工委管理，或者实施“双重管理”。

经费保障，夯实工作基础。全市各级非公工委组织非公有制经济组织党组织认真学习了省委组织部、省非公工委等五部门联合制定的《关于落实非公有制经济组织党建工作经费的通知》文件精神，通过列入企业管理费用、企业赞助、党员自愿捐助等形式，多渠道解决党组织工作经费。各级非公工委积极协调有关部门，将2014年非公工委工作经费纳入同级财政预算。

典型示范，增强组织活力。在全市非公企业党组织中普遍开展了“职工有归属感、党员有荣誉感、业主有成就感”的培树活动和“双强六好”创建活动，组织开展了“双找双培”、“党员责任区”、“党员示范岗”等主题实践活动。广灵县在非公企业中开展了“双培养两增强”活动，增强了党的工作的吸引力和感召力。南郊区非公工委创新思路，大胆尝试，推行“633”工作法，取得较好效果。大同新成新材料股份有限公司党支部结合企业生产经营特点，设立了“党员责任区”、“党员示范岗”，组织开展了模范党员示范行动，促进企业效益不断提升，主要产品太阳能光伏热发电用特种石墨材料，市场占有率排名国内第一，该企业产品成为了大同市今年举办的SD中国国际新能源参展商品，受到普遍好评。6月21日，省委常委、组织部长汤涛深入到该企业，就企业党建工作情况进行了调研，并给予肯定。

坚持目标同向工作同步促进党建工作与公司发展“双赢”

庞大大同汽车园区是一家容纳高、中、低档汽车及汽车配件销售等相关产业的购物中心。2012年，辖区20家汽车4S店组建成立联合党支部。一年来，党支部充分发挥党组织在非公经济组织中的政治优势，凝聚广大党员和职工群众开展生产经营，园区内企业经济效益不断增长。支部今年7月被南郊区委组织部评为“全区先进基层党组织”。

（一）坚持政治引领，提升企业社会层次，让党支部成为企业发展的“方向盘”。

支部坚持原则性与灵活性相结合，正确处理抓党建与抓业务的关系，积极参与园区经营销售管理。园区党支部紧密结合园区工作机制，提出了“抓好组织机制建设、抓好政策宣传教育、抓好制度健全完善、抓好党员作用发挥、促进庞大汽车园区的发展壮大”的“四抓一促”的党建工作格局，支部操舵手“方向盘”的作用在园区企业中凸显。

（二）激活示范作用，突出党员社会地位，让党员成为企业生产经营的“排头兵”。

支部通过实施“三大工程”，发挥党员模范作用，让党员成为企业生产经营的“排头兵”。

一是启动“党员亮化承诺”工程。在全体党员中开展“五把、五在前”活动，即“把党员党徽戴起来、把党员身份亮出来、把党员形象树起来、把党建标语贴出来、把党员作用显出来”和“政治业务学在前、生产经营干在前、技术创新走在前、遵纪守法严在前、服务职工办在前”，开展党员公开承诺，并将承诺书张贴上墙以提醒督促党员兑现承诺，真正做到言必行、行必果。

二是开展“金点子原动力”工程。党员带领员工为企业发展出谋划策。公司全年共收到员工各类意见建议300多条，采纳60多条，已实施28条，创造经济价值130多万元。

三是实施“党员先锋岗”示范工程。支部党员全部安排到重要岗位，发挥先锋模范作用。庞大南郊公司郑州海马4S店总经理魏星总结出了“五个一”准则，即说好每一句话、接好每一个电话、接待好每一个客户、办好每一件事、做好每一天的工作。在他的带领下，该店实现了汽车销售收入比建店初期翻两番的好成绩。

（三）坚固党的阵地，激发群众参与活力，让党组织成为凝聚青年力量的“吸铁石”。

打造一块充满生机与活力的党建阵地，成为凝聚力量的源泉和吸引广大青年向党组织靠拢的营地是庞大人孜孜不倦的追求。

一是公司党支部积极作为不当“摆设”。支部坚持以人为本，重视职工诉求，在支部的参与下公司为1600多名职工缴纳五险一金，社会基本保险基数平均增长10%。

二是立足园区特色，活泛载体，积极开渠引流汇聚活动开展的“活水池”。利用传统节日契机，组织职工开展各类文体活动，既弘扬了中华优秀传统文化，又陶冶了职工高尚情操。

三是传承爱心，回报社会，组织全体党员群众积极参与铸造“公益魂”。多次组织全体党员参加各类公益爱心活动，慰问山区教育，资助贫困学生，捐款捐物，奉献爱心，传递正能量。

自2012年庞大大同汽车园区党支部成立以来，企业党建工作欣欣向荣，员工面貌精神焕发，企业文化不断积淀，品牌价值正在形成。在党组织的引领下，企业步入了持续健康发展的快车道。

围绕发展抓党建　依靠党建促发展

山西仟源制药股份有限公司是以研发、生产、销售抗感染药为主的科技型企业，是大同市首家非公有制上市企业，也是抗感染药类扩张潜力的国内领先企业。公司党委下辖四个党支部，党员79名，2013年，公司党总支被中共大同市委表彰为“红旗党组织”。近年来，公司党委按照“管理配套、活动开展、作用发挥”的思路，一手抓企业党组织建设，一手抓党组织作用发挥，初步形成了企业经济发展与党建工作相互促进、相互推动的良好局面。

（一）建立健全合理的党建工作机制，是搞好党建工作的重要保障。

该公司通过建立“一体三位”工作机制（即车间主任兼党支部书记、工会分会主席），使党建工作与生产经营工作做到了“五同”即：同布置、同检查、同考核、同表彰、同落实。“一体三位”工作机制的实行，使各项工作均得以高效贯彻执行，不仅圆满地完成了生产任务，党委、工会布置的各项工作都能较好地得到落实。

（二）创新活动载体，发挥党组织和党员队伍的作用，是搞好党建工作的重要基础。

借助讲党课、红色旅游、党员挂牌上岗、重温入党誓言等活动载体，对广大党员经常性进行党的宗旨和革命传统教育，较好的规范了广大党员言行。在公司的各项事务中，党组织和党员充分发挥引领、超前、中坚骨干作用。经过多年来不懈的努力，党建工作在企业喊得响、抓得实、信得过，真正融入企业的方方面面，并与企业经济工作同步发展、相辅相成。

（三）设身处地为员工着想，抓好员工福利待遇，是搞好党建工作的重要目标。

公司工会出面设立员工互助基金，每年为400多名员工解决因拆迁、处理红白事、治病等生活中出现的暂时困难；党委出面协调行政领导建立了资助员工子女就学机制，每年为十几位考上大学的职工子女提供五六万元学费，累计达40多万元；每逢重大节日（中秋节、春节），公司还要为近70名特困员工提供困难补助。公司提供多方面培训机会，全面提升员工综合素质。员工们私下说，公司虽然是私企，但党组织让我们普通员工实实在在分享到改革的成果，感受到党的温暖，在这样的企业工作和国企没什么不同。

几年来，该公司党委坚持以人为本，坚持尊重人、关心人的理念，抓党员队伍的思想建设，抓党组织作用的发挥，深入细致的开展职工思想政治工作，较好的理顺了广大员工的情绪，强化了员工爱岗敬业的意识，调动了生产积极性，推进了企业的健康发展。

党企同频共振谋发展医患和谐共建保安康

大同新建康医院党支部成立于2007年，现有党员44名，内设4个基层党小组。近年来，医院党支部以“亮诚信品牌、建满意医院、当服务先锋”为标准，紧紧围绕“一个统筹、两个满意、创建三个一流”主题活动，探索出一条以党支部“创先争优”带动医院科学发展、实现党建工作和医院发展互促共赢的新路子，有力地推动了新建康医院在我市民营医疗卫生行业的发展。

（一）坚持党建工作“一个统筹”的方针，不断加强医院党支部思想建设、组织建设和作风建设，推动党建工作健康发展。

为充分发挥党支部在医院建设和管理中的战斗堡垒作用，院党支部先后制定了支部、党员学习制度和医技培训计划，坚持每周一次政治理论学习和业务培训，支部每月召开一次会议，每季召开一次民主生活会，每半年召开一次党员大会。全面推行党支部公开承诺和党员公开承诺制，组织党员签订党员承诺书。设立党员示范岗，以党员为标杆积极开展了“三个一切”活动（一切为了患者、一切方便患者、一切服务于患者）。努力实现党员教育工作的科学化、规范化、制度化，不断提高党员队伍素质，出现了党员精神面貌好，宗旨意识强的良好工作局面。

（二）坚持以“两个满意”服务为宗旨，不断营造良好医德医风环境，大力推进党员立足岗位“争先创优”活动引向深入。

院党支部在认真抓好党建工作的同时，结合医院的中心工作，大力创建“组织坚强有力、党员作用突出、工作基础扎实、服务态度优良、患者群众满意”为目标的医院，起到了引领和助推作用。院党支部在做好党员“创先争优”活动的同时，坚持同开展“公共卫生优质服务月”、“医院质控管理效益年”等活动有机结合起来，丰富了党组织创建活动和精神文明建设的内涵，极大调动了全体党员和医护人员爱岗敬业、全心全意为人民服务的工作热情。

（三）坚持以创建“三个一流”为标准，不断提升医院医学科技含量和医疗技术水平，促进党建工作和经济效益的双丰收。

医院长期致力于打造品牌、创建特色，各项工作党支部都及时介入，参与把关，提供决策、建议、监督实施。党建工作在不断深入开展的同时，也促进了医院经济快速发展，这就更加有效地激发了医院党建工作的活力和医院经济发展的动力，增强了党组织在非公企业发展中的政治核心作用，较好地实现了“党组织坚强有力、党员作用突出、工作成效显著、患者群众满意”的奋斗目标，实现了非公企业党建工作与经济发展的和谐统一，为推动医院跨越发展提供了坚强有力的组织保证。

几年来，在新建康医院党支部的带领下、在全体共产党员的共同努力下，党组织的凝聚力、吸引力、战斗力不断增强，党员的先锋模范作用得到了充分发挥，医院的思想建设、组织建设和作风建设进一步加强，极大地促进了医院的全面发展。

党建引领企业发展上水平

山西广灵精华化工集团有限公司拥有总资产10多亿元，员工1500多名，近十年来累计为国家贡献3.8亿元，出口创汇3.5亿美元，成为广灵县域经济的龙头企业。公司现有172名党员，分布在集团公司党委下设的机关部室和5个分（子）公司的6个党支部。近年来，该公司党的建设走出一条政治优势彰显、职能作用突出、创新活力增强的非公企业党建工作成功之路，有力地促进了企业的改革和发展。

（一）把党建工作重点定位于发挥两个作用，使其成为企业改革发展的“导航仪”。

精华集团20多年来发展壮大的事实证明，充分发挥党组织的政治核心和政治引领“两个作用”，团结带领全体党员和职工群众自觉投身于企业发展事业是精华的制胜法宝。

该公司在我市民营企业中较早设立了党组织。集团公司形成董事会决策中心、党委会政治核心、经营层管理中心“三心合一”的组织领导体制，公司重大事项均通过党政联席会议讨论议定。良好的党建工作基础汇聚成精华强大的发展合力，公司打造出一支较高素质的管理团队和职工队伍，一大批先进人物从优秀共产党员中脱颖而出，先后涌现出8名省部级劳模、11名市级劳模。

（二）把党建工作内容贯穿于生产经营管理全过程，使其成为企业改革发展的“助推器”。

把企业党建工作和企业管理有效结合是非公企业发挥党的政治核心和政治引领作用的基本形式。目前，该公司股东会、董事会、经营层、监事会高中层管理团队中党员占到80%以上，党员队伍分布在集团公司各条战线的关键环节岗位，实现了哪里有职工，哪里就有党员，哪里就有党组织，有效地保证了党建活动开展、党员作用发挥以及党的形象塑造和影响。

坚持开展“党员身边无事故、党员身边无次品、我为党旗添光彩”活动，广大生产管理和一线的员工党员公开承诺自己工作岗位绝不能有安全隐患，绝不能让不合格的半成品从自己手中转到下一个工序，同时还经常性提出改进安全质量控制和改造落后工艺的建议，党员职工成了企业安全生产和质量管理的主力军。

（三）把党建工作形式融入到企业文化建设活动中，使其成为企业改革发展的“润滑剂”。

精华集团在半个世纪多的发展历程中，形成了独具特色的企业文化体系。通过报纸、网站、广播等主要载体，组织开展丰富多彩的文化活动，不断丰富企业文化内涵。设立专项教育奖励基金，对历年考取清华、北大以及其他各类名牌院校的困难学生给予资助。几年来，累计投资500多万元参与捐资助教、扶贫济困、抗险救灾等社会公益活动。

十多年来，广灵精华集团积极探索新形势下企业党建工作新路子，取得了一些经验和成效。今后，他们将继续深化党委引领、党员带头、全员参与的“双强六好”党组织创建活动，使党的政治优势进一步转化为企业的竞争优势和发展优势。

党建强则企业发展强

大同泰瑞集团建设有限公司是一家集房地产开发、市政设施建设、河湖整治、物业管理、园林绿化、汽车旅游于一体的大型集团公司。党支部于2006年成立，2012年5月升格为总支委员会，下辖七个党支部（其中两个临时党支部），共有63名党员。

就如何实现企业发展和党建工作互促共赢，该公司作了一些有益的尝试并取得了明显成效。

（一）创新工作方法，促进企业的良性发展。

针对泰瑞集团公司下设子公司多、员工布局分散、流动性强、部分项目地域跨度大的特点，他们主动改革目前的组织形式，从党支部升格为党总支委员会，下设七个党支部（其中两个临时党支部）。选派行政主要负责人担任党支部书记，生产经营与党建工作“一肩挑”；对行政主要负责人不是党员的选择副职承担；对党员人数不足三人以上的，在公司范围内调整充实；对跨市、县（区）且施工周期在两年以上的项目部，成立临时党支部。

在开展党建活动时，以党支部为基础，把党员、劳动模范以及职工中的先进分子组织起来，积极开展多种知识讲座，利用电教化培训、交心谈心等形式，形成了一个群众性的思想政治工作网络。在施工关键单位、主要环节、主要部门及技术攻关小组都有党员的身影，围绕企业的现状和经济发展，更好地去开展党建工作，促进企业的良性发展。2012年党总支被市委评为“优秀基层党组织”。

（二）注重工作实效，既当“推进器”，又是“黏合剂”。

作为民营企业的党总支，要始终坚持企业必须听党的话，跟党走；必须坚持守法经营，照章纳税；必须顾及社会形象与信誉；必须保障职工的权益与诉求。这既是基层党组织的基本责任，也是“底线”。该公司管理层自觉地把企业发展、个人成长与国家富强、民族振兴和社会进步结合起来，利用自身的资源和优势，宣传企业的所作所为，成为企业发展、形象提升的“推进器”。党总支全力协助企业处理好企业与外部之间的关系、领导与员工之间的关系，促进管理层相互之间关怀，努力化解分歧与矛盾，当好“黏合剂”。

今年8月，公司党总支针对公司在执行安全生产方面暴露出的问题，适时建议董事会进行思想、作风、纪律大整顿，决策层、管理层、操作层分别查找问题，寻找根源，对查找出的248个问题、63条建议，董事会召开民主生活会，认真开展批评与自我批评，从自身上找原因、找症结，研究论证，确定解决问题的措施与办法。通过整顿，各项规章制度更加完善，各部门之间更加协调，部门执行力明显增强。

该公司决策层在实践中深深地感到，私营企业投资人的价值取向是抓好党建工作的根本，党组织书记的综合素质和业务能力是搞好党建工作的关键，创新工作方法、注重工作实效是搞好党建工作的有力保障。他们将继续秉承“党建强则企业发展强”的理念，充分利用集团公司党建阵地，借力党组织的政治优势，为全面促进泰瑞集团真正早日成为“百年老店”目标而不懈奋斗。

滁州市实施“双非工程”运用非领导职务干部资源加强非公党建工作

李广忠

今年以来，滁州市针对一批工作经验丰富、能力较强的党员领导干部因年龄原因改任非领导职务后工作任务较轻的实际，在全市实施“双非工程”，即从全市党政机关已改任非领导职务的干部中择优选派一批到非公企业担任党建指导员，通过“虚职实用”，既用足用活非领导职务干部资源，又加强了非公企业党建工作。

一、坚持“三个注重”，做到人岗相适

为使选派的非领导职务干部人岗相适、人尽其才，在对全市改非干部情况进行全面摸排并建立数据库的基础上，从企业发展和党建工作需要出发，坚持“三个注重”择优选派，一是注重“帮得上”，从发改委、经信委、开发区等经济部门，以及规划、城建等与企业生产经营、项目建设紧密相关的部门选派人员驻企；二是注重“帮得好”，从曾经从事党务工作，熟悉党建业务的干部中选派；三是注重“帮得实”，从平时组织掌握的事业心责任心强、工作务实扎实的干部中选派，着重解决企业实际问题。通过个人申报、单位推荐、组织部门审定等程序，全市共选派改任县、科级非领导职务党建指导员270多人，其中县级干部50人、科级干部220多人，采取一人多企方式，指导700余家非公企业，工作周期2年。

二、围绕“五项职责”，充分发挥作用

明确非领导职务干部主要承担五项职责：即指导做好基层党组织建设工作、促进企业发展工作、企业文化建设工作、服务职工群众工作、维护和谐稳定工作。党建指导员充分发挥自身人头熟、党务熟、懂经济、会管理、善协调的优势，因企制宜，制定工作计划和实施方案，规范规章制度，组织开展了党员联系群众、党员先锋岗、服务型党组织建设、亲情1＋1、节能降耗我先行、党员突击队等系列活动；建立了问题梳理登记、交办、解决、反馈工作链，对自身无力解决的问题，由派出单位通过结对共建形式支持解决，或由市县非公工委协调解决。非领导职务干部党建指导员派驻以来，共指导建立党组织226个，培养发展党员345名，所驻企业全部建立了志愿者服务队伍，开展了服务型企业党组织创建活动；帮助企业解决各类难题937个，涉及人才培养、劳动保障、税收政策、金融支持、科技创新等各方面，促进了企业逆势发展。

三、建立“三项制度”，严格管理考核

为防止选派工作流于形式，促使非领导职务干部扎下身子工作，一是建立驻企业工作制度，规定每人每月驻企时间不少于10天，通过抽查，定期通报；二是建立定期报告制度，撰写工作日志，每季度向派出单位和市委非公工委报告工作，每半年进行一次述职；三是建立年度考核制度，出台专项考评办法，明确履

职、民主测评、工作制度遵守及表彰加分四项考评内容，考评结果向派出单位反馈，存入干部档案。对考核优秀的，进行表彰奖励。

四、强化“四项保障”，营造良好环境

强化培训保障。对非领导职务干部党建指导员量身设置课程，坚持集中培训与分散学习相结合，采取邀请专家授课、先进典型现身说法等方式，重点进行新形势新任务新政策等方面的知识培训，以县市区和开发区为单位，累计开展培训18次，培训人员600余人次。强化经费保障。市县两级共拿出200多万元专项经费，支持非领导职务党建指导员开展工作。强化后勤保障。市、县非公工委、指导员派出单位和企业所在园区管委会为每名党建指导员每月提供一定的交通、生活等补贴。强化宣传保障。通过工作简报和市内主流媒体大力宣传非领导职务干部“虚职实用”的典型事迹，有效激发了他们的成就感、荣誉感和自豪感。

（作者系滁州市委组织部干部）

连云港市创新模式
破解非公企业党建难题

何阿春　陆文龙　何肖楠

近年来，江苏省连云港市随着大开发、大建设、大发展步伐的加快，非公经济迅猛发展。在充分调查研究的基础上，连云港市于2010年6月，在经济技术开发区、灌南县经济开发区、赣榆县柘汪临港产业区等国家级、省级、县级园区进行了试点，以园区管委会为依托，在不增设机构、不增加编制、不增添企业负担的基础上，按照“一站五中心”模式，建立了非公企业党群工作站。建立以后，连云港市通过“五个统筹”，保证工作站正常运转、发挥作用。

阵地统筹建设，解决场所问题。针对大部分园区开展党建工作无固定的办公场所，大部分企业特别是中小企业党员、职工缺乏固定活动场地，该市打破传统以企业为着力点的党建工作思维，按照区域化大党建思路，以园区为支点，建立了党群工作站，明确职责定位，对园区内党群活动阵地进行了统筹规划建设、统筹管理使用，面向园区企业所有党员和职工开放。按照功能划分，在党群工作站内设立“五个中心”，即党组织活动中心、党员教育培训中心、党员和职工管理服务中心、企业发展交流中心、企业人才举荐中心，对配套设施进行了统一配置。

人员统筹配备，解决人的问题。该市针对园区党建力量相对比较薄弱，党务工作者全部是兼职，对党建工作投入的精力严重不足，且有部分党务工作者对党建业务不熟悉这一实际，一方面注重加强对现有党务工作者的教育培训，通过专家讲座、举办培训班、组织外出参观等方式，加强对党务工作者的党务知识培训，并针对园区党建工作的特点开展经济、管理、科技等方面的知识培训，提高园区党务工作者的综合素质。另一方面拓宽优秀党务人才的选任渠道，把素质高、懂党务、组织协调能力强的党务人才选拔到党群工作站，推进园区党务工作者专业化、职业化建设。

经费统筹落实，解决钱的问题。对欠发达地区而言，经费问题始终是开展党建工作的一个制约瓶颈。该市在试点工作中，进一步拓宽经费筹集渠道，采取了“三个一点”的办法，设立非公企业党群工作站专项基金。一是财政拨一点。积极争取财政的支持，将党群工作站工作经费列入财政预算，专门用于解决部分专兼职人员的工资问题。二是园区出一点。园区管委会从行政经费中适当地出一点，专门用于园区内非公企业党建工作。三是党费划一点。县、区委组织部每年从留存党费中划拨一点，专门用于支持园区非公企业党建工作，非公企业党员所缴纳的党费实行全额返还，保障了工作站的正常运转。

工作统筹推进，解决机制问题。为保证党群工作站的各项工作健康有序开展，连云港市将党群工作站的工作纳入园区党工委工作整体规划，同部署、同落实，并本着简便、易行、管用的原则，建立健全了五项制度，从机制层面对党群工作站的工作加以规范。一是建立了党建工作会商制度。每年年初召集企业党组织负责人会商研究制定全年党建工作计划，并在党群工作站和企业进行公示，年中和年末分别召开企业党组织负责人例会，总结半年或全年党建工作推进情况，集中研究下一步工作。二是建立党建工作联席会议制度。建立由组织部门、园区党工委、群团组织、经济综合部门等组成的联席会议，每年召开不少于2次联席会，专题研究党群工作站运行中出现的新情况、新问题，提出解决问题的具体措施。三是建立党建工作分片包干制度。按照地域相邻、行业相近的原则，将园区企业划分成若干片区，工作站全体人员实行分片包干，具体负责片区内企业党建工作的协调、督查和联络工作。四是建立党建工作恳谈制度。定期组织企业党组织负责人、出资人、党员、职工代表召开党建工作恳谈会，听

取他们对党群工作站工作开展情况和企业党建工作的意见和建议。五是建立党建工作督查通报制度。对照企业年初党建工作计划，定期组织进行督查，并将督查情况及时向企业出资人和董事会进行通报。

活动统筹开展，解决作用发挥问题。在园区建立党群工作站，不是为了建站而建站，关键是要发挥作用。连云港市依托党群工作站，实施了“三大计划”，努力把党群工作站打造成党群共建平台、服务企业发展平台。一是实施“党员蓝领成才计划”，推动非公企业党的组织、党员和工作覆盖。顺应“企业需求、员工需求”，依托大型骨干企业职工学校、职业技术院校、职能部门的职工培训中心，建立了35个党员蓝领成才培训基地，以培训为突破口，加强对党员蓝领的党建业务知识和岗位技能培训，把非公企业蓝领工人培养成技术骨干、把技术骨干培养成党员、把党员技术骨干培养进入企业决策管理层，推进非公企业党的工作覆盖。二是实施“岗位先锋计划”，服务企业发展。依托新医药、新材料、新能源和新装备制造业等大型龙头企业实验室，建立企业科研平台，组织引导党员技术骨干投身技术创新，在推动企业产业转型升级、提高企业核心竞争力方面建功立业。三是实施“牵手行动计划”，促进党组织作用的发挥。组织园区企业党组织与村党组织开展结对共建，解决非公企业党组织活动形式单一、党组织和党员作用发挥不够充分的问题。组织开展了“百企联百村，牵手谋发展”村企统筹共建活动。坚持优势互补，园区企业利用资金信息和技术优势，帮助农村发展高效生态农业、培育新的经济增长点；村利用自身产业优势、土地资源、集体资产等条件，通过合股、租用、转让等形式与非公企业进行合作，通过帮助非公企业建立原材料生产基地、生产配套产品、提供产品包装或三产服务等形式，谋求共同发展。

（作者系《企业党建参考报》记者和通讯员）

吉林通化：开展“六建一创”活动　提升非公企业党建工作水平

通化县委组织部

通化县159户非公有制企业99户建立党组织，其中74户规模以上企业组建率达100%，年经营收入607332万元；从业人员16611人，有党员2213人，成立党组织69个，其中党委11个，党总支6个，独立党支部40个，联合党支部12个。

一、背景与起因

加强非公企业党建工作，是党的基层组织建设的一个新的重要领域，是不断巩固和加强党的执政基础、扩大党的群众基础的需要。通化县针对非公企业党建工作中存在的党组织组建难、党组织领导班子选配难、党员队伍建设难、党建工作制度健全难、党组织活动开展难、党组织经费保障难等问题，结合工作实际，开展了以新建一批设置科学的党组织、建设一个坚强有力的领导班子、建设一支素质优良的党员队伍、建立一些特色鲜明的活动载体、建立一套务实管用的规章制度、建立一种多方投入的保障体系，创建“活力和谐企业”为主要内容的“六建一创”活动，全面加强非公企业党建工作。

二、主要做法

（一）推进非公有制企业“六建”工作。

1. 新建一批设置科学的党组织。坚持“应建尽建、立体延伸、全面覆盖”的原则，推进党组织覆盖率达到100%，其中有3名以上党员的企业党组织单独组建率达到100%，有3名以下党员的企业党组织联合组建率达到100%，没有党员的企业选派党建工作指导员达到100%，扩大党组织在非公有制经济领域的覆盖面和影响力。一是开展摸底调查。对全县非公有制企业干部职工队伍、党员队伍、生产经营等情况进行全面普查，建立基本情况台账，为组建党组织打好基础。二是创新组建模式。对有3名以上正式党员的企业，单独建立党组织；对党员人数少、不具备单独建立党组织条件的企业，采取同类企业联建、挂靠联建等方式建立党组织，地域跨度相对较远的企业，探索建立网上支部，推动设置形式创新；对暂时没有党员的企业，选派党建工作指导员，做好培养、发展党员等工作，推动建立党组织；在规模以上非公有制企业中，把党支部、党小组覆盖到分厂、子公司中，设置在车间、班组上，延伸建立党组织。三是强化组建措施。开展“党建结对”活动，由县级领导干部、涉企部门、组工干部与企业结成党建帮扶对子，指导、督促、推动组建党组织；开展“一建七送”活动，对新组建党组织的企业送一块标牌、一面党旗、一笔党建经费、一个党员远程教育终端接收设备、一张党建图版、一套党建图书、一组党建卷柜。每年，县委举办一次新组建党组织“集中授牌”仪式，由县委主要领导颁发标牌，由党建工作示范点企业和新组建党组织企业代表分别作经验介绍和表态发言，营造重视党建、支持党建、推动党建的浓厚氛围。

2. 建设一个坚强有力的领导班子。按照政治素质好、推动发展能力强、凝聚职工能力强的“一好双强”标准，选好配强党组织班子，建设一支懂经营、会管理、善协调的党务干部队伍，提升党组织班子战斗力。党委班子配备书记1名，副书记1名，组织、宣传、纪检等委员3～5名；党总支班子配备书记1名，委员2～4名；党支部班子配备书记1名。主要措施有：一是内部选拔一批。按照党员推荐、企业同意、上级党委考察的程序，从企业中选拔合适人选担任党务干部；二是推荐选派一批。对内部暂时没有合适人选的企业，由企业提出申请，县委组织部从副乡（局）级后备干部中选派有党建工作经验的优秀干部担任党务干部；三是公开招聘一批。由企业、县委组织部、县人力资源和社会保障局等部门联合制定方案、组织考察，面向社会公开招聘一批有党建工作经验的优秀人员担任专职党务干部。

3. 建设一支素质优良的党员队伍。着眼于发挥党员先锋模范作用，强化培养管理措施，建设一支素质过硬、作风优良、业务精通的党员队伍。一是开展“双推双培”活动。按照“坚持标准、加快发展、改善结构、发挥作用”的原则，在认真组织党员和职工推荐的基础上，重点在生产一线职工、优秀青年职工、优秀管理人员中发展党员，把生产经营骨干培养成党员。组织广大党员学技能、提素质，把党员培养成生产经营骨干，为企业发展多做贡献。做好党员组织关系接转工作，建立流动党员信息管理档案。并根据党员从事的岗位，编入党支部、党小组，理顺党组织关系，参加党组织活动，发挥党员作用。二是实行党员公开承诺制。实行定诺、审诺、亮诺、督诺、评诺“五步承诺法”，组织党员依据岗位职责、企业发展需求作出承诺，明确保障措施和完成时限，与党组织签订承诺责任书，并通过会议、公告栏等途径公开，接受职工监督。年末由党组织负责考核评比，进行表彰奖励，促使党员发挥作用，实现思想觉悟争先、岗位工作争先、专业技术争先、遵纪守法争先、关键时刻争先“五争先”目标。三是开展党员“季评季议”活动。党组织结合企业工作重点，确定每季度评议主题，并进行自评互评，找出差距、改正不足、促进工作。根据评议结果，评出每季“党员之星”，树立正确工作导向。

4. 建立一些特色鲜明的活动载体。按照“企业支持、党员欢迎、职工拥护”的要求，创新载体，组织开展一些特色鲜明、行之有效的活动，增强党组织凝聚力。在活动内容上，根据企业生产经营、技术革新、新产品研发、降低成本、市场开拓以及企业转型升级等方面，设计开展符合企业实际、内容鲜明、形式多样的主题实践活动。在活动形式上，坚持大型活动和小型活动、工作时间活动和业余时间活动、集中活动与分散活动相结合，以小型、业余、分散为主，切实增强实践活动的吸引力和实效性。

5. 建立一套务实管用的规章制度。着眼于提升党组织功能，充分发挥党员作用，建立健全各项工作制度。重点建立健全党组织活动、联席会议、新“三会一课”、党建带工建带团建带妇建、党员教育管理等方面制度，并积极探索把凝聚党员职工有成效、开展党建工作有成果、服务企业发展有成绩的好经验、好做法形成工作制度，提升党组织工作规范化、制度化、科学化水平。

6. 建立一种多方投入的保障体系。着力构建企业自筹、党费支持、财政补助“三位一体”的经费保障体系。一是企业自主投入。各企业为党组织开展活动提供必要经费，保障日常活动顺利开展。二是党费适当支持。实行非公有制企业党员缴纳党费100％返还制度，由县委组织部负责统计企业党组织上交党费数额，并做好监督管理工作，确保党费支出用于党建工作。三是财政专项补贴。由县财政列支党建专项经费100万元，按照企业党组织申请、县委组织部审核、县财政划拨的程序，为企业党组织提供经费补贴。要求企业将党员活动室建设纳入办公场所建设之中，加大资金投入，完善配套设施，为党组织开展活动提供固定场所，创造必要条件。

（二）创建“活力和谐企业”。

1. 围绕营造良好发展环境开展创建工作。充分发挥企业党组织政治优势、组织优势和群众优势，为企业创造良好的内外环境，促进企业健康发展。一是建立企业与职工之间的和谐关系。通过组织开展“谈心接待日”活动、困难党员职工“牵手帮扶”活动和推行党员职工诉求代理制，维护好职工权益、帮扶好困难党员职工、化解好矛盾纠纷，建立企业职工双方相互理解、相互支持、相互依存的和谐关系，促进企业发展。二是建立企业与资源环境之间的和谐关系。按照科学发展观的要求，积极引导企业统筹好企业发展与自然环境、资源能源之间的关系，注重节约资源和保护环境，大力提高自主创新能力和资源能源利用率，走集约化、可持续发展道路。三是建立企业与社会之间的和谐关系。积极引导和监督企业遵守国家的法律法规，坚持诚信经营，使企业始终坚持正确、健康的发展方向。引导企业通过结对帮扶、村企联建、订单合作等方式，加大对农村的援助力度，争做工业反哺农业政策号召的响应者。引导企业及其经营管理者自觉承担社会责任，热心参与社会公益和慈善事业，提升社会美誉度。

2. 围绕凝聚发展合力开展创建工作。建立企业经营管理层与党组织协调制度，企业在研究发展思路、制定发展战略、作出工作决策时，与企业党组织召开沟通协商会议，使企业发展和党建工作有机结合，实现双促进、双提升目标。在规模以上非公有制企业中，推行“双向进入、交叉任职”模式，党组织班子成员与董事会、监事会、经理层党员交叉兼职。做好群团组织帮带工作，坚持对工会、团委、妇联等群团组织工作的领导，抓好群团组织组建工作，实现党的工作和群团工作统一谋划、统一部署、共同实施、共同考核，形成推动企业发展合力。

3. 围绕增强发展实力开展创建工作。企业党组织牢固树立“党建也是生产力”的理念，把党建优势转化为发展优势，把党建成果转发为发展动力，提高企业发展成效。一是提升企业战略竞争力。积极为企业经营管理层、骨干力量创造理论培训、外出考察、高校深造等机会，促使他们更新经营理念、掌握现代管理方法、提高战略眼光，科学制定企业发展规划，正确处理眼前利益与长远利益、局部利益与整体利益、短期行为与长期行为之间的关系，形成企业真正的、健康的、持续的战略竞争力。二是提升企业人才竞争力。做好企业人才培养、管理工作，形成以事业聚人才、以待遇引人才、以感情留人才的良好氛围。通过组织开展知识讲座和技能培训、优秀人员与党员职工“人才结对”、技能人才“业务竞赛”、评选“技术标兵”和“岗位标兵”等活动，做好企业人才培养工作，建设一支关键技术叫得响、关键岗位靠得住、关键时刻拉得出的企业人才队伍，为企业发展提供人才支持和智力保障。三是提升企业文化竞争力。通过各类主题教育活动和文化体育活动，培育企业精神，陶冶职工情操，营造团结和谐、奋发向上的企业文化，打造企业文化品牌，夯实企业发展基础，提升企业发展内涵。

（三）切实加强对“六建一创”活动的组织领导。

1. 加强领导，落实责任。建立了活动领导机构，明确职责，落实责任，把“六建一创”活动摆上重要议事日程，形成了“抓书记、书记抓”工作局面。

2. 精心组织，注重实效。根据不同行业、不同类型、不同规模企业的特点，整合资源，从资金、技术、人才、项目、信息等方面进行重点帮扶，为活动开展创造有利条件。通过专题调研、召开座谈会、经常性督查和随机抽查等形式，及时了解活动进展情况，解决活动中存在的问题，提高活动成效。各企业结合自身实际，创新工作思路和工作方法，认真组织开展好“六建一创”活动，进一步增强党组织的创造力、凝聚力、战斗力，促进企业健康、快速、和谐发展。

3. 宣传表彰，营造氛围。通过电视、报刊、网络等媒体，大力宣传成功做法和典型经验，充分发挥典型的示范带动作用。加大表彰奖励力度，营造比学赶超的良好氛围，推动活动深入开展。

三、主要成效

1. 党组织覆盖面进一步扩大。2011 年，共为 27 名县级领导干部建立了非公企业联系点，向企业选派 37 名党建指导员，新组建党组织 16 个，其中联建党组织 3 个，占企业总数的 10.1%。并举办了集中授牌仪式，为新组建的 16 户非公企业党组织实行了“七送”。

2. 党组织领导班子进一步配强。通过内部选拔、推荐选派、公开招聘等方式，调整企业党组织书记 17 人，其中 10 人外聘，3 人选派，4 人内部选拔，有效提升了党组织班子的战斗力。

3. 党员队伍素质进一步提升。依托县委党校建立了“通化县非公企业党员培训中心”，依托县职业教育中心建立了“通化县非公企业党员培训基地”，依托非公企业党建示范点建立了“通化县非公企业党员实训基地”，提高了培训的针对性和实效性，使企业党员队伍整体素质进一步提升。

4. 党组织活动成效进一步提高。全县各企业党组织广泛开展了“我为企业发展献一策”、“一个党员一面旗”、“党员责任区”、“党员先锋岗”等活动。在此基础上，医药企业党组织开展了“新产品研发攻坚年”活动，矿产企业党组织开展了“安全生产零事故”活动，化工建材企业党组织开展了“节能改造增效益”活动，使活动与企业的生产经营、产品研发、节能改造有机结合起来，提高了活动成效。其中东宝集团党委组织党员技术攻关小组，成功攻克了人胰岛素生产难题。通化化工股份有限公司党员提出的缩短精细化工车间机器开机时间和改进生产工艺的建议为公司每年节约成本近 4 万元。大泉源酒业党委凝聚企业党员、职工的集体智慧，成功获得国字号“双遗产”殊荣。

5. 党组织工作制度进一步健全。印制了《通化县非公有制企业党组织制度汇编》，健全了党组织议事规则和决策程序制度、党组织和党员联系服务群众制度、党组织和董事会（管理层）联席会议制度等 28 项工作制度，使党组织开展工作有了制度保障。

6. 党建经费保障进一步强化。通过对企业家进行高校培训、域外考察和举办企业家节等有效措施，赢得了企业家的理解和支持，营造了良好的党建工作氛围。各企业对党建工作经费能够根据需要及时划拨，保证党组织正常开展工作。振国集团将党建经费列入集团年初预算，每年列支 2 万元，并且规定不得随意挪用。如果有特殊需要，还可以申请追加。

外资企业党建工作研究

中共成都市温江区委组织部

近年来，作为非公有制企业重要组成部分的外资企业已经成为促进温江“三宜”卫星城建设的生力军，面对新形势、新任务、新需要，如何将外资企业特有的管理模式和经营理念与基层党建工作进行有机融合，是当前我们面临的一个重要课题。温江区采取发放调查问卷、走访企业座谈等方式，围绕党组织覆盖问题、党组织作用发挥问题等 7 个方面开展调研，历时 1 个月，完成了外资企业党建工作研究调研报告，具体如下。

一、基本情况和主要做法

截至 2014 年 5 月 30 日，温江区注册外资企业 37 家，规模以上 22 家，主要集中在海峡两岸科技产业开发园，从业人员 7767 人，其中党员 110 人，入党积极分子 11 人，已单独建党组织的 9 家，联合建党组织的 5 家。温江区结合本地实际，围绕外资企业党建工作的特点、重点和难点，抓住关键环节、采取有效措施、大胆实践探索，力争促进全区外资企业的健康有序发展。

（一）四措并举建党，扩大双覆盖，健全组织体系。摸清底数、管理服务优化建党。由区委组织部牵头，组织投促局、国税局等职能部门，联动相关镇（街道）、村（社区），对全区注册登记的外资企业开展拉网式排查，完善外资企业党建工作台账，实现外资企业党建“五清”，即生产经营状况清、出资人身份清、企业职工人数清、党员个人情况清和企业建党意向清。根据工作台账、业主意愿和本地实际，制定“外资企业建党 2013—2015 三年规划”，开展“服务对接·业主恳谈”、党员“三找”、标准化创建三大活动，加快外资企业集中建党，并对新建党外资企业，按“五有五服务”标准统一配送 1 面党旗、1 块标识牌、1 枚印章、1 套制度和党建学习资料。典型打造，以点带面示范建党。打造外资企业党建示范点，将党建基础较好、工作机制较完善、党组织核心作用发挥好的外资企业，确定为党建工作示范点，结合“挂包帮”活动，每名区级领导带领 2～3个部门对口帮建 1 个示范点，捆绑力量进行提档升级，同步完善年度考评机制，对达标的采取以奖代补方式予以奖励，不达标的适时摘牌，实行动态管理，形成党建标杆单位带头、其他企业奋起直追的“竞争激励型”党建格局，提升外资企业党建工作整体水平。党建联盟，结对共商合作建党。按照园区、校区、社区“三区融合、三区互动、联动发展”的工作思路，成立党建合作组织“企学社党建联盟”，邀请娃哈哈、曼可顿等 5 家外资企业加入联盟，成员单位采取召开联盟大会等形式共商共建，并按照平等自愿的原则与未建党组织企业结对开展合作共建，相互分享党建经验、提供党建资源、创造党建条件，打破党组织“条块”界限，实现了党建工作区域融合、互动联动发展。分类指导，整合力量推进建党。在外资企业相对集中的区域，建立党群工作指导站，对符合条件的，坚持单独建立党支部；对暂不具备条件的，按照“先群建、再党建，先组建、后完善”工作思路，整合工会、共青团、妇女组织等群团力量，注重以群团工作促党建，对暂不能建立党组织的，先行建立群团组织，发挥其桥梁纽带作用，积极整合资源，共同开展活动，在实践中逐步赢得外商的理解和支持。

（二）突出三大特性，综合提档升级，打造活动阵地。突出科学性，统筹配置公共服务。在外资企业集中入驻的天府街道，划分梓潼、学府、海科三个组团，每个组团实施 3＋10＋N 的公共服务功能配置，优化社会管理和公共服务的整体配套布局。3，即在每个组团配套建设一个公共服务综合体、一个文化广场和一个品质生活街区三大主体工程；10，即在每个公共服务综合体内设行政便民服务中心、党员服务中心、居家养老中心、社会组织服务中心等十个公共服务空间；N，即在 10 个空间里按需设置 N 种公共服务项目，回应不同群体的具体需求，确保工作触角多方延伸、服务层次全面覆盖。突出针对性，量身打造服务功能。在党员服务中心，专门配套“四室六窗口”（党员职工培训室、电子图书阅览室、心理辅导室、劳动纠纷调解室四个功能室和党建服务、困难职工帮扶、社保服务、就业服务、就学服务、人才服务六个服务窗口），为外资企业党员提供组织关系接转、政策咨询、生活帮扶等多项服务内容，大力提升基层党建科学化水平。突出便利性，充分释放综合功能。根据外资企业员工的工作实际，按照“你下班，我上班”的方式将公共服务综合体的 3＋2 读书荟、健身房、舞蹈排练室、电子阅览室、培训室等服务项目的服务时间延长至晚上 9

点，定向提供错时服务，实现综合体服务价值最大化。通过综合提档升级活动中心，建设集“‘一站式’便民服务中心、‘实用性’培训教育中心、‘开放型’群众活动中心”于一体的“大活动中心”，打造一流的外资企业发展软环境。

（三）实施三大工程，开展专业化建设，建强骨干队伍。实施领头雁工程。采取党员推荐、员工推荐、业主推荐等民主推选方式，选好配强外资企业党组织负责人及班子成员，定期进行党史知识、党务工作常识等内容的系统培训；提倡党组织负责人兼任企业群团组织负责人，积极参与所在企业的重大决策活动，提升外资企业党建影响力。实施红色指导员工程。采取业务部门“派”、机关干部“挂”、年轻干部“选”、社会公开“聘”等多种方式，选派一批思想正、业务精、作风好，熟悉党建、熟悉产业发展的党建指导员，跟踪指导外资企业党建工作；区委组织部牵头实行分级分层培训，举办外资企业党务工作者示范培训班，通过外出考察、现场教学、集中培训等方式，全面完成外资企业党建指导员、党务工作者轮训。实施党员培优工程。坚持把党员发展成企业骨干，把企业骨干吸纳为党员，通过定期辅导，一对一带培等方式，加强在外资企业中选择优秀青年培养力度，引导其积极向党组织靠拢，同时充分激发党员的组织归属感和身份荣誉感，使其成为党员发展的基点，确保发现一个，培养一个；探索构建区域一体的党员动态管理体系，对加入“党建联盟”的外资企业，采取同上党课、同过组织生活、同参加活动、同享受党内关怀的“四同步管理”；建立星级评议制度，从企业、社区重点工作参与度、贡献度等进行考核定星，考核结果作为向辖区推荐“先进党员”的依据，在创先争优中激发外企党员的积极性、主动性和创造性。

（四）实现三个转变，创新活动方式，增强组织吸引力。从封闭式向开放式转变。突破传统党建模式，依托远程教育系统，建立外资企业党建网络，开设党员发展、网络党组织、企业服务、用工信息发布等栏目，并以官方微博、区域党建QQ群、农信通三大信息平台为依托，建立“空中组织生活长廊”，持续推送党内关怀短信、组织生活动态、党性教育与修养等内容，吸纳外资企业党员申报网络学时制教育，跟班开展网络学习，突破时间和空间界限，实现人才交流和资源共享。从被动式向参与式转变。充分调动党员主观能动性，在拟定活动计划、策划活动主题、细化活动准备、具体执行实施等环节，以党支部为单位轮值策划，听取党员意见、融入党员智慧，促使党内活动贴近党员需求，更受党员欢迎；根据外资企业党员的学习需求，开展主题为“读一本好书，舒筋壮骨、锤炼党性”主题活动，围绕城市更新、产业发展、公共服务、社会治理等内容，以讨论调研、演讲培训等形式开展专题学习，并从不同视角畅谈对企业发展、社区建设的意见建议，鼓励党员对区域中心工作建言献策。从边缘化向中心化转变。镇（街道）、村（社区）、“三联系”单位协同外资企业，常态开展“党员活动日”、“党员责任区”等主题实践活动，形成“关系在企业、活动在社区、奉献在双岗”的党内活动新方式，共同推动“六联六牵手”服务，即组织联建、工作联动、服务联手、文明联创、治安联防、军民联心，党建牵手抓、城建牵手创、安全牵手防、计生牵手管、服务牵手献、文体牵手办，鼓励外资企业党员积极参与到城市管理、文明劝导、灾害救济、定期慰问、助学帮困、技能培训等各类志愿服务中，激发队伍活力，增强党建合力。

（五）健全两大机制，加强工作保障，夯实组织基础。一方面，健全党建工作指导机制，提供个性化帮扶。完善领导机制，成立区委“两新”组织党工委，落实编制、人员和经费，作为实体机制，统筹负责全区外资企业党建工作，配套协调沟通、督促检查、考核评价等制度，做到有人管事、有经费干事；完善管理体系，按照党组织隶属关系为主、条块结合原则，园区主抓产业发展，镇（街）承担党建服务职能，形成区委“两新”党工委牵头抓总、镇（街）党（工）委属地管理，园区党工委和区级业务主管部门党组织协作配合的党建格局；健全工作推进机制，25个联席会成员定期召开党建联席会，集体研判外资企业党建工作，按照“1+1”包干责任制，1个联席会成员单位联系1个外资企业，通过组团服务、专项服务、联动服务，帮助外资企业解决在项目审批、科技信息、政策法律、生产经营等方面的实际困难，争取业主对党建工作的认同和支持，并负责指导做好党员培养、党组织孵化、党的工作开展等；对规模较大、党员较多、社会影响较大的外资企业，在不改变党组织隶属关系前提下，由区委“两新”工委直接联系指导思想组织、工作制度、队伍建设。另一方面，完善党建资源保障机制，提供物质支撑。落实党建经费保障，建立财政拨付、党费全额拨返、留存党费项目补贴等制度，按党委、总支、支部分别给予5000元、3000元、1000元标准，保障外资企业党组织活动正常开展，并对外资企业党组织集中授牌、集中发放党组织活动经费、集中开展党组织书记培训；出台“税前列支”制度，将外资企业党组织工作经费按不超过2%的比例，纳入企业管理费用，有效调动企业党建积极性。

二、当前外资企业党建工作存在的主要问题及原因分析

问题一：党在外资企业的群众基础和工作基础仍显薄弱。通过党建组团、外资企业建党项目招投标等创新性工作方式，温江符合建立党组织条件的外资企业建党率已达81%，其余外资企业党员也都纳入到就近的“两新”组织党员之家参加组织生活。虽然外资企业党的组织覆盖面正逐步扩大，但党在外资企业中的群众基础和工作基础仍较薄弱，主要表现为：党组织对外资方和普通职工群众的影响力有限，“存在感”有待进一步提升；企业员工认为党组织与自己“关联度”不高，依靠党组织解决自身利益问题的“自发性”不强；党组织对群众的吸引力和凝聚力不够，普通群众入党意愿不强、动力不足。

原因分析：外资企业特殊的产权制度和组织制度决定了外资企业党组织具有“先天营养不良”的特点，外商作为出资方和法定负责人，由于社会制度、意识形态、文化背景等方面存在巨大差异，对在本企业建立党组织接纳程度低，一般对党建工作持中立观望态度；企业员工流动速度快，在一切向业绩看齐、缺少人文关怀的环境中容易抱有“两耳不闻政治，一心只向钱看”的心态，加之党组织在外资企业开展工作难度大，短时间内难以体现出对企业的政治引领作用，在维护职工切身利益等问题上也难有作为，致使普通职工群众对党组织的作用不抱有过多期望，这些均导致外资企业党组织缺乏稳定的群众基础；受党员发展调控政策限制，外资企业每年党员发展数比较少，党员零散分布于各家企业之中，多数外资企业中的党员队伍始终处于小众或真空状态，这也影响到党的工作基础。

问题二：党建工作的科学化水平有待提升。温江外资企业党组织积极转变工作思路，充分借助信息化手段提高党建工作能力和水平，取得了初步成效，但离实现党建科学化仍有一定差距，主要表现在：党的组织生活基本制度执行力有待加强，组织活动在有效对接党员内在需求上需要深下功夫；党组织日常工作更多侧重于党员教育管理，参与外资企业决策的路径有限，服务党员、服务职工、服务发展的能力尚需提升；党建工作与外资企业实际结合不够紧密，有时存在“自弹自唱”演独角戏现象，在有效调动党员、群众推动企业发展的积极性上尚需加强，党组织作用发挥力度不够。

原因分析：部分外资企业党组织对工作职责和角色定位不清晰，对开展党建工作的思路存在误区，未能明确认识到自身使命是在推动企业科学发展中赢得群众支持和出资人认可，进而不断增强党在外资企业中的群众基础和组织基础；多数外资企业党组织没有专设工作机构，书记也多为兼任，由于忙于完成本职工作而无暇顾及党建工作，导致党建工作“说起来重要，做起来次要，忙起来不要”；党建工作方式单一，缺乏新意，未能有效贴近群众和企业需求，工作成效不明显；上级党委与外资企业党组织联系不够紧密，难以形成有效的工作体系和工作程序，自上而下的思想引领和工作指导力度总体偏弱，影响到上级最新政策和要求在外资党组织中的传达和贯彻。

问题三：党员队伍内生动力需进一步激活。温江区在外资企业党建中，十分重视对党员职工的教育和管理，以党员培优工程为抓手，不断增强党员的主动性和积极性，外资企业党员队伍整体素质有了较大提升，但依然存在一些问题：个别党员参加组织生活意愿度较低，对党建工作有消极、被动情绪；部分党员没有充分发挥先锋模范带头作用，在日常工作中表现不够突出，不能有效辐射带动身边群众争当先进；少数党员对自身的党员身份没有荣誉感和自豪感，将自己等同于普通群众，关键时刻站不出来，危急关头豁不出去。

原因分析：在外资企业中，党员流动性强，与党组织存在游离状态，不能很好地接受党内生活锻炼，容易放松对自己的严格要求；受外来文化的长期影响，个别党员人生价值观出现偏向，理想信念发生动摇；少数党员认为企业主对党员有偏见，担心党员身份会影响到个人晋升和职业发展，对党组织提出的要求“响应度”不高；相较体制内党建工作，外资企业党组织对党员的约束力较弱，不易激发党员的先进性；部分党员认为党组织在外资企业中没有地位，认识不到党组织的重要意义和价值，对党建工作抱有无所谓态度；有的党员功利思想较重，存在“做党务工作会占用个人时间”的顾虑，不想主动参与党建工作。

三、进一步提升外资企业党建工作的对策及建议

（一）积极谋求外资企业党建工作的突破点，巩固组织基础。以发挥服务功能为支撑点，着力提升党组织认可度。以提升服务能力、增强服务实效为路径，认真分析党员、员工和企业不同的现实需要，通过措施务实、效果明显的服务工作赢得管理层的认可和普通群众的拥护，夯实党在外资企业的群众基础和组织基础。党建基础薄弱的党组织要克服贪大求多的倾向，

从细节入手、小处着眼，切实解决党员群众的实际困难；基础相对坚实的党组织在做好基本服务工作前提下，可着眼于员工利益维护、企业发展建言献策等具有可操作性和实效性的方面，以实实在在的服务进一步增强党建工作在外资企业中的影响面和支持度。以健全工作机制为保障点，引导党建工作走向制度化轨道。深入研析外资企业运行体系的特点，找准外企党建实际问题，创新工作机制提升党的建设科学化水平，引导外资企业党建从经验性工作向制度化工作转变。设立外企党组织与管理层定期沟通机制或党组织书记列席高层会议制度，促使党组织能及时了解企业发展思路、阶段重点和工作动向，为党建工作深度融入外企文化建设和经营发展等各层面提供制度保障；针对外企党员流动性强的特点，建立党员干部流动预警机制和梯队培养机制，确保主要党员干部在离开企业后，党组织能及时补充后备力量，尽量减少因个人离开而对党建工作造成的不利影响。以双方互利共赢为契合点，推动党建工作与外企发展有机结合。深刻把握外企以业绩为先、以利润为重的基本特点和根本追求，顺势而为，以推动企业经济发展作为党建工作的重要出发点，将党的“组织工作”与外资企业“经济工作”结合起来，实现双赢局面。围绕企业生产经营管理制定党建目标，站在外资方立场换位思考问题，紧密对接外资方需求，以务实管用的党建工作充分调动党员、职工的积极性，凝聚起推动外企发展的正能量；推行项目工作法，重点瞄准制约企业发展的一两个重点问题，制定时间表和路线图，争取上级党组织支持和帮助，想点子、出实招，为外企发展发挥党组织力量。以党群联动共建为切入点，拓宽党组织作用发挥渠道。充分利用外资方认可工会地位、尊重工会决策的优势条件，加强同工会等群团组织的联动共建，拓展发挥党组织作用的渠道。经企业员工选举等法定渠道，使党组织书记尽可能兼任工会主席，或发展工会主席成为重要党务干部，为党组织更好地在外资企业中开展党建工作提供便利条件；指导工会做好维护职工切身权益等本职工作，有意识地将党的工作思路通过工会贯彻落实，使工会工作有效配合党建工作开展，协同实现党组织在外资企业中的作用和意义。

（二）紧紧抓牢党员作为党组织细胞关键点，激发内生动力。注重把握党员“兴奋点”，提升思想教育工作的实效性。紧贴党员思想实际做好教育引导工作，从外资企业党员更关注国际时事政治的“兴趣点”入手，邀请专家、学者上“特殊党课”，将党的政治主张和制度理念融会贯通到国际形势与地区局势的讲解分析之中，以潜移默化的方式引导外企党员树立正确的世界观，筑牢共产主义的理想信念；根据外企员工希望获知外资方所在国风土人情和重大新闻的特点，整合网络学习课堂资源，将国外风俗、历史沿革、新闻解读等内容与政治理论课程“打包”捆绑学习，督促外企党员主动增强自身政治修养。注重关注潜在的隐性需求，增强党员对党组织的归属感。将关心关爱外企党员作为党建工作的一项重要内容，在关注党员个人婚姻、困难帮扶等显性需求的基础上，更要在满足党员心理调节、压力疏解等隐性需求上下功夫，注重进入党员内心世界，使党建工作做到党员心坎里，增强外企党员对党组织的归属感。主动收集党员在情绪管理、心理减负等方面的需求，针对外企党员工作负担重、心理压力大、安全感相对较低等实际问题，借助社会组织力量为外资企业党员配备心理咨询师，使他们在人生迷茫、遇到挫折等困难时期能够得到党组织的关怀和帮扶；举办素质拓展、情商培训等形式多样的减压活动，增强外企党员员工抗压能力，为党员发挥中坚力量注入精神动力。注重创造良好的成才环境，提升党员业务能力和素质。坚持实施党员素能提升工程，以不断增强党员员工业务素质和工作能力为目标，打牢党员发挥先锋模范带头作用的能力基石。通过定期举办读书分享会、业务交流论坛等活动，督促党员之间互相学习借鉴优秀工作经验，共同提升业务水平；挖掘优秀党员的资源价值，将工作经历丰富、业绩突出的党员与一般党员结对，以优帮弱，带动党员队伍素质整体提升；与国内一流培训机构对接，由上级党委出资统一购买企业员工急需的专业知识培训音视频和书籍资料，面向党员开放；与驻区高校合作，根据党员能力短板组织集中培训，以“短、平、快”和实用性强的培训内容为重点，努力为外资企业党员提供优质的学习教育机会，为他们成长为企业生产经营管理等各条战线上的骨干人才创造更好的条件。注重构建科学的激励机制，调动党员发挥先进作用积极性。加强与外资方沟通，建立党员职务、薪资晋升机制，拓宽优秀党员尤其是优秀党务干部的上升空间，以富有吸引力的职业发展前景激励党员发挥先进作用；推行党员积分制度，将群众口碑、为企业发展做出的贡献、参加党组织生活等情况量化为具体的分值，积分靠前的党员享有参加业务培训、获得专业知识资料等优先权和选择权，积极构建权责对等、付出与回报一体的党员教育管理体系；从外资企业党员队伍中推选先进典型，强化身边人、身边事对党员群众的感染力和影响力，增强外企党员的荣誉感和自豪感，以标杆的力量树立精神旗帜，激发党员队伍的活力，引导外资企业党员争先进、当优秀。

（三）切实找准党建指导工作的着力点，强化保障效力。积极争取管理层支持，推进外企党建工作自上而下开展。上级党组织要做好外企管理层的工作，通过解决企业困难、赋予政治荣誉等方式赢得外资方对党建工作的真心认同和支持，变“要求抓党建”为“主动抓党建”，为外企党组织更好地开展工作营造有利环境。定期与外企管理层进行沟通交流，深入了解企业在发展过程中遇到的实际难题，从政策倾斜、人才引进等方面提供相应帮扶，助力企业实现生产增效、业绩提升，使外资方切身感受到党委的关心，不断增强其对党的情感认同；畅通外资企业中方高层管理人员参政议政的渠道，在确定人大代表、政协委员候选人时，将重视和支持党建工作、所在企业党组织作用发挥显著的中方高层管理人员纳入推荐视野，以政治荣誉和地位激发外资企业主动配合做好党建工作。深入抓好党组织书记，打造引领外企党建工作的中坚力量。将党组织负责人队伍建设作为加强外资企业党建的关键工作，为提高外企党建科学化水平找好领头羊。在党组织负责人换届改选时，尽量挑选党性坚定、政治责任感强的中高层管理人员作为党组织书记后备人选，将其对企业的管理权与对党组织的领导权有机结合，推动党组织决策能够有效落实；借助党建联盟等资源，组建外企党组织书记联谊会，加强外企党务工作者之间的沟通和交流，碰撞工作思维，开拓党建视野；定期为外企党组织书记量身打造培训项目，通过外出观摩学习、典型案例分享等形式切实提高党组织负责人开展好党建工作的能力和水平。

进一步用好党建指导员，提升外企党建工作专业化力度。对外企党组织进行全面梳理，将党建工作开展“吃力”的党组织作为重点帮扶对象，选派作风过硬、素质优良的党建指导员进行一对一的党建“扶贫”，找准问题症结，补足薄弱环节，以“工作无起色不松手，组织不壮大不罢休”的要求做好党建指导工作；实行党建指导项目制，以项目化为抓手，确保指导员开展工作不虚不空有落点，并根据项目完成难度配套相应的活动经费，使党建指导员有动力、有资源指导做好外资企业党建工作；从项目实际成效、外企管理层和党组织客观评价等方面，对党建指导员进行定期考核，根据考核结果及时调整指导员队伍，防止指导流于形式、工作浮在面上，将党建指导员队伍真正用好、用实。

（作者系温江区委常委、组织部长　王　庆）

扩大覆盖面　增强影响力
不断提升非公企业
党建工作水平

中共点军区委组织部

点军区于2011年12月12日成立非公企业工委，近年来在区委的直接领导下，立足自身实际，以推进“五个基本、七个体系”建设为总体要求，按照健全组织、理顺关系、规范工作、示范推动、发挥作用的总体思路，着力从以下四个方面下功夫，使非公企业党建工作在探索中不断加强，在实践中逐步规范，全面提升非公有制经济组织规范化、制度化和科学化水平。

一是着力在组织建设上下功夫，实现企业党组织和工作全覆盖。坚持“非公有制企业发展到哪里，党的工作就延伸到哪里”的原则，把工作重心放在提高党组织组建率和党建工作覆盖面上。将“规范基层党组织设置”作为突破口，突出抓好非公企业支部建设，成立了非公企业工委，根据各企业建立党组织的具体情况，合理设置好其隶属关系。与乡镇（街办）党（工）委完成了非公企业党组织关系移交，规模以上非公企业党组织关系由区非公企业工委直接管理，规模以下企业由所在乡镇（街办）党（工）委管理，明确了管理责任，理顺了管理关系，增强了管理的有效性。按照有利于党员教育管理、有利于加强党建工作、有利于促进企业发展的原则，区别非公企业发展规模、党员人数、行业特点等不同情况，采取独立建支、联合组建、属地挂靠等方式，积极稳妥地在非公企业中建立党的组织，撤销了2个空挂的企业三类支部，实现了基层党组织规范设置全覆盖。2012年新成立3个党支部，分别是点军街办非公企业联合党支部（含4家非公企业）、宜昌飞瑞球体制造有限公司党支部及联棚乡非公企业联合党支部（含3家非公企业），新成立湖北龙腾红旗电缆（集团）有限公司党委。截至目前，全区共成立非公有制企业党组织10个（党委3个，党支部7个），覆盖非公有制企业15家，党员人数达到400多名。

二是着力在队伍建设上下功夫，提高企业党务干部和党员队伍整体素质。针对许多非公企业党员少，不具备建立党组织条件的实际情况，重点抓好党建工作指导员“选、培、管”等工作。采取了企业主管部门和企业双向选择、区委组织部审定的方式，在配备专职党务工作者的基础上，从区直部门、乡镇街办退出实职领导岗位、享受科级待遇、工作经验丰富、身体健康的党员干部中选派13人担任非公企业的党建指导员。党建指导员下派到各企业后，在充分发挥指导、协调、监督作用的同时，积极做好入党积极分子培训和党员纳新工作，为党员人数少、不具备建立党组织条件的非公有制企业尽快建立党组织奠定了基础。同时，从区委领导中向非公企业党组织补充选派一批“第一书记”，实现非公企业二、三类党支部全部覆盖，切实推动基层党组织晋位升级工作落到实处。加大非公企业党员的发展力度，继续开展“三推一促”（推荐下岗党员职工到非公有制经济组织和社会组织就业、推荐优秀员工入党、推荐优秀党员进入管理层，促进非公有制经济组织和社会组织和谐发展）活动，积极推荐优秀职工特别是企业管理骨干和技术能手入党。注重“三个培养”，即把非公有制经济组织的党员培养成生产骨干，把生产骨干培养成党员，把党员生产骨干培养成班组、车间、企业负责人。注重在一线职工中发展党员，采取措施加强指导培养，坚持成熟一个，发展一个，确保党员发展质量。2013年，宜昌三峡塑业党支部、湖北龙腾红旗电缆（集团）有限公司党委共2名同志被吸收为中共预备党员。湖北龙腾红旗电缆（集团）有限公司党委在庆“七一”主题党日活动中，8名预备党员如期转正。

三是着力在作用发挥上下功夫，增强企业党组织创造力和凝聚力。按照基层组织建设规范示范年的要求，建好用好党支部活动阵地。制定《点军区关于推进非公党建“五联一化”建设的实施意见》，下发《关于进一步规范执行“三会一课”制度的通知》，对党支部基础性活动进行规范。结合实际，修订完善非公企业党支部学习教育、党务公开、党员发展、民主评议、文明创建等制度，并规范上墙。注重发挥党员服务中心的作用，开展丰富多彩的党建活动。广泛开展“党员示范岗”、“党员责任区”、劳动竞赛、技术比武等主题活动，营造“创先争优”、“迎创推”的浓厚氛围。在节假日期间，积极组织党员职工开展送温暖献爱心、与困难职工结对帮扶等活动，增强企业职工对党组织的认同感和归属感，充分发挥非公有制经济组织推动发展、凝聚人心、服务职工、促进和谐的作用。湖北龙腾红旗电缆（集团）有限公司党支部先后拨款5万余元开辟了党员活动室，建立党员宣传园地，每年拿出2万余元经费用于支部开展活动，培植企业文化。宜昌三峡塑业有限公司党支部领导坚持“四必访”，即员工家中有红白喜事必访、员工子女高考中榜必访、员工生病住院必访、员工有特殊困难必访，真诚关爱员工。

四是着力在典型示范上下功夫，树立企业党组织党建工作标杆。积极引导企业党组织按照“抓典型、树导向，抓培育、促辐射”的工作思路，重点在规模较大、生产经营稳定、党建工作基础较好的非公企业党组织中，开展非公党建示范点创建活动，积极培育非公党建典型，湖北龙腾红旗电缆（集团）有限公司、三峡塑业有限责任公司、宜昌市东方印刷机械有限责任公司党支部被授予了全区非公企业党建工作示范点。通过召开全区非公企业党建工作现场会，及时总结提炼创建过程中的新鲜成果和典型经验，采取多种形式进行广泛宣传，从而发挥引导、带动和辐射作用，使其他非公企业党组织学有榜样、赶有目标，有力推动了全区非公党建工作整体水平。组织开展“十佳党组织”、“十佳支持党建工作业主”、“优秀党务工作者”等评选表彰活动。注重推介先进典型，做到一个典型一面旗，一批典型带全局，营造学先进、赶先进、争优秀的浓厚氛围，推动党组织履职尽责创先进、党员立足岗位争优秀，实现非公经济组织科学发展、职工得实惠的目标。在今年“七一”表彰中，乐星湖开电气有限公司党委副书记王协平被评为市级“优秀党务工作者”，三峡塑业有限公司党支部组织委员廖永红被评为区级“优秀党务工作者”，湖北龙腾红旗电缆（集团）有限公司党委党员杨经保被评为区级“优秀共产党员”。

河南鲁山：“五步工作法”提升非公企业党建科学化水平

崔振兴　赵　伟

河南省鲁山县立足于创新机制、破解难题，积极探索以“强组织，促规范，激活力，创品牌，重实效”为内容的“五步工作法”，努力实现非公企业党建工作的全面覆盖和有效管理，全面提升非公有制企业党建科学化水平。

第一步：以“全面覆盖”为目标，抓组织建设

一是强化引导，解决好思想认识问题。针对部分企业主对党建工作不重视、部分企业党员漏管、企业党建工作难开展等问题，成立了鲁山县非公有制企业

党建研究会。研究会通过定期召开理论研讨会、座谈交流会、现场观摩会等形式，使企业主普遍提高了对党建工作的认同感，从思想上重视、从行动上支持企业党建工作。

二是健全组织，解决好组织设置问题。对符合成立党组织条件的68家规模以上企业全部单独建立了党组织。对于130家规模以下企业，根据实际情况，符合成立党组织条件的28家，单独成立了党组织，对于暂时不符合成立党组织条件的，由相邻的几个企业联合或同一主管部门所分管的企业进行联合，成立了31个党组织。对于3个暂时没有党员的小型企业，按照属地原则挂靠在所在村的村党支部，由村党支部明确一名支部委员，作为党建指导员，指导企业开展组织活动。

三是配强班子，解决好有人管事问题。本着便于工作开展的原则，积极引导党组织班子和企业班子交叉任职，目前全县非公企业党组织班子中，70%以上为企业的中高层管理人员，同时还引导熟悉党务工作的退休干部到企业做党务工作，充实非公有制企业党务工作者队伍。专门编印了《非公有制企业党建工作指南》，先后3次组织全县近200名企业负责人、党务工作者进行业务培训，提升企业党务工作者业务水平。

第二步：以“规范工作”为目标，抓机制创新

一是坚持联席会议制度，形成抓企业党建的合力。由县委组织部牵头，每季度组织县直相关单位和部分企业党组织负责人召开联席会议，听取企业党建工作汇报，共同研究、积极解决非公企业党组织在组建、工作开展等方面遇到的问题，使非公企业党建工作常抓在手。

二是探索经费保障机制，确保组织活动正常开展。探索推行了党建经费“三方”筹措的方法，即：效益好的企业，按照职工工资总额0.5%至2%的比例，由企业提取一点；对经费确有困难，但党建工作搞得较好的非公企业党组织，由县委组织部以奖代补形式补贴一点；对于特别困难的企业，由县直工委、县工商联等单位组织企业及社会组织募集一点。如：汇源化工集团投入资金10余万元，建成高标准的党建活动室，并按月拨付1万元活动经费，为党员学习教育、开展活动提供了良好条件。

三是建立达标考评机制，推进工作规范化。实行百分制考核，半年初评，年终总评，根据考评结果将企业党组织分为优秀党组织、达标党组织和未达标党组织三类，考评为优秀的党组织，作为非公企业党建示范点重点培养；对未达标的企业党组织，对党组织负责人谈话，通报批评、限期整改。

第三步：以“激发活力”为目标，抓活动开展

一是搞好“三个结合”。企业班组例会和党组织“三会一课”相结合，生产经营与党建工作同安排、同部署；企业技术攻关和党组织主题活动相结合，把党员先锋模范作用发挥到抓生产、强技术上；职工文娱活动和党员思想教育相结合，寓教于乐，调动党员职工参与组织活动的积极性。如：金海龙商贸公司党支部、在职工晨会中开展党性教育，提出党员要以优秀党员标准、职工要以党员标准严格要求自己，树立了公司良好的企业形象。

二是抓好“三个培养”。把党员培养成业务骨干、把业务骨干培养成党员、把党员业务骨干培养成中层以上干部，使党员身份在企业“香”起来。一年来，全县非公有制企业党组织共发展党员146名，52名党员业务骨干被企业任命为中层以上管理人员。

三是争当“三类标兵”。开展争当“生产标兵、销售标兵、科技标兵”活动，引领党员职工在抓生产、促销售、技术攻关等方面创先争优。如：金凤花卉公司党支部引导10多名党员争当销售标兵，使公司2012年销售收入突破2000万元，同比增长30%。

第四步：以“创建品牌”为目标，抓水平提升

一是推进晋位升级，为品牌创建打基础。对全县127个非公企业党组织进行分类定级，按照“先进创示范、一般晋位次、后进抓整改”的思路，使每个党组织都有晋位目标。一年来，创建企业党建示范点7个，一般提升为先进26个，3个后进党组织全部得到有效转化。

二是积极培育典型，为品牌创建树标杆。精心挑选基础条件好的迷王制衣公司、金泽电器、方圆集团、奔宝皮件公司等7个非公企业党组织，作为党建示范点，从活动场所、党建氛围、档案资料、工作制度、活动开展等各方面，制定标准，安排专人蹲点指导，高规格创建。

三是注重宣传推广，为品牌创建造氛围。去年以来，先后召开了3次现场会、推进会，组织先进典型作交流发言，后进单位作表态发言。创办《鲁山民营企业党建之窗》刊物，集中宣传企业党组织的典型做法，形成了争创党建品牌的良好氛围。

第五步：以“融入中心”为目标，抓作用发挥

一是在推动企业生产发展中发挥作用。把企业党建定位到推动企业发展上来，目前全县财政税收的80%以上来自非公有制企业，成为全县经济建设的主力军。县产业集聚区先后开展了“争先跨越”、“提速攻坚”行动，2012年工业项目投资47.7亿元，企业收入61.4亿元，同比增长24.5%。

二是在推动旅游产业发展中发挥作用。先后在旅游景区、宾馆酒店等12个旅游企业成立了党组织，成立了旅游服务中心党支部，将从事旅游品销售业的党员商户纳入管理。通过开展“亮身份、树形象”等活动，树立了鲁山旅游的良好形象。

三是在推进新农村建设中发挥作用。以“百企帮百村”活动为平台，引导非公企业党组织与农村党组织结成帮建对子，发挥企业在资金、人才等方面的优势。截至目前，全县56个企业先后帮建了66个新型农村社区和2个中心镇，累计投入帮扶资金3.87亿元，有力推进了新型农村社区建设。

广东肇庆高新区“三大模式”创出“两新”党建发展新道路

李燕萍　林冬阳　刘　玮

广东肇庆高新区作为国家级高新区，凭借区位、交通、土地资源的优势，吸引了海内外广大客商的关注，众多企业争相进驻，区内非公有制经济迅猛发展，成为助推高新区经济快速发展的强大动力和重要支撑。但是，与蓬勃发展的园区经济相比，当时的非公党建工作相对滞后。2007年初，区内“两新”组织党组织仅有5家，愿意表明身份的党员只有12名，发出去的《党员调查表》犹如石沉大海，党建工作在“两新”组织中迟迟未能推开。这时肇庆高新区企业党工委（2012年6月更名为“肇庆高新区‘两新’组织党工委”）应运而生。

六年过去了，肇庆高新区“两新”组织党工委凭借一支高效、廉洁的团队，争为争位，做了大量富有成效的工作，以“三大模式”推进“两新”党建的跨越发展，探索出一条党组织的覆盖面和影响力不断扩大、“两新”组织得到稳定和谐发展的共赢良性发展之路，在推动经济又好又快发展和构建和谐社会方面起到了重要作用，为我区“全国模范劳动关系和谐工业园区”增添光彩。

一、以“情、理、章”模式，抓“两新”组织党组织建设

党建工作开展初期，由于没有工作基础，工作人员经常遇到门难进、脸难看、人难找的尴尬局面。在工作中，区“两新”组织党工委充分利用与总工会、工商联合署办公的优势，凭借多年来与企业建立的情感基础，先易后难，寻找突破口。仅2007年下半年就组建了“两新”组织党组织33家，找到、吸收党员230多名。

这份成绩单引起了区党委的高度重视，并从人、财、物等方面加大对“两新”组织党工委的支持力度：配置10名党建指导员以充实人员，拨出专款为全区“两新”组织党组织负责人每月发放150～300元的岗位津贴，并列入财政预算，每年达20多万元。

“组建难”的坚冰开始融化，区“两新”组织党工委趁势而上，对“两新”组织业主动之以情、晓之以理、明之以章，总结创造出“情、理、章”组建模式，挥出三把利刃破冰前行。一是以“情”感动“两新”组织，打好感情基础。区“两新”组织党工委积极主动上门为“两新”组织协调供水、供电、环保、市政、税务、消防等部门，排忧解难。同时，通过帮助兴建宣传栏和职工书屋，搭建招工平台，解决职工子女入学难，处理劳资纠纷、工伤事故等问题，让“两新”组织真正感受到党组织的关怀和帮助，纷纷主动要求建立党组织。二是以“理”促进沟通，破解组建顾虑。对于以“情”感动不了的“两新”组织，区“两新”组织党工委就明之以理。企业的主要任务是发展经济。在企业中建立党组织，能够更好地发挥党组织的战斗堡垒作用和党员的先锋模范作用，团结带领广大员工为企业做贡献，从而提高企业的经济效益，达到“双赢”。我们通过发放资料进行宣传指导，举出大量党组织助推“两新”组织发展的成功典型，让“两新”组织业主清楚认识到党组织能帮助“两新”组织发展，转而支持党组织的建立。三是以“章”规范组建，完善组建机制。对于个别“不讲情、不讲理”，但又符合组建条件的“两新”组织，我们以中共中央组织部的相关文件为依据，要求他们按照《党章》的规定建立党组织。同时，结合各类评先活动，规定未成立党组织的“两新”组织不能参评，从而促进组建。

二、以“1∶1”以上发展党员模式，发展壮大党员队伍

抓组织建设关键是抓队伍建设。针对当时正式党员人数偏少、难以在非公经济中发挥作用的现状，2011年，高新区“两新”组织党工委创造性地提出了“1∶1”以上发展党员模式，即要求每名党员至少培养一名入党积极分子。开展这种模式，首先要求每名党员同志提高自身的党性修养，树立起“以我为榜样，向我学习”的先锋模范意识。然后，通过党员对积极分子进行“传、帮、带”，引导积极分子向党组织靠拢，将这些骨干和精英培养成党员，并对这些党员和入党积极分子进行有效管理，从而不断壮大“两新”组织党员队伍、提高党员和积极分子的素质。

在区“两新”组织党工委的带领和指导下，各“两新”组织党组织和党员切实发挥先锋模范作用，团结带领身边的员工，为“两新”组织的经济建设做出了巨大的贡献，许多党员通过1∶1模式，找到了自身价值，党组织和党员的地位得到了极大的提升。

党的先进性辐射到各个领域，树立了党的威信与形象。很多中高层管理人员、高素质人才也主动申请加入党组织，参加党工委的培训，如港资企业天福公司总经理许天增，台资企业宝信公司的协理、工会主席范成军，台资企业伟成公司厂长陈凡庆、工会主席段亚平等经过组织培养考察，现已成为光荣的共产党员。尤其党的十八大会议召开后，越来越多的热血青年向党组织靠拢。他们更加坚定党的路线，对党的光明前途充满了信心，渴望早日成为党员。

1∶1的模式让一名党员带一名积极分子，带出了接近2倍的效果。目前，全区“两新”组织在职党员742多名，是2007年初的61.8倍；入党积极分子从无到有，现在已培养了1400多名。

三、以孵化中心模式，实现党的组织和工作100%全覆盖

按照《党章》规定，区“两新”组织党工委对于有3名以上党员的“两新”组织做到了应建尽建，但是肇庆高新区“两新”党建发展还是遇到瓶颈：当时党组织也仅覆盖到区内43%的“两新”组织，还未能覆盖到有零星党员和没有党员的微小型企业。如何把这些还未达到组建条件的微小型企业纳入到党建工作的统筹管理？如何让流动党员、地下党员发挥作用？如何让党的组织和工作做到100%全覆盖？

通过深入“两新”组织调查摸底，区“两新”组织党工委理顺了薄弱环节，决定在区内打造一个孵化培育党员、党组织和党务工作人才的综合服务平台，并于2012年4月，在省内率先谋划建设“两新”组织党组织孵化中心，对区域内党组织建设工作进行集约化管理。此项目还列入了2012年全省基层党建创新“书记项目”，由市委徐萍华书记牵头主抓。孵化中心主要通过“四建”，即建阵地、建组织、建队伍、建机制，进一步扩大了党的工作覆盖面，优化了区域党建资源，构筑了一个动态开放、区域互动的党建工作体系。

一是建阵地，让孵化工作“有平台”。区“两新”组织党工委积极打造“孵化”平台，设置了占地面积150多平方米的孵化中心阵地，主要建设了“三厅”、“三室”，即：服务厅、议事厅、展示厅；谈心室、学习室、图书资料室。此外，还配套设置了远程教育设备、电子触摸屏、墙上公开栏（包括职责、流程、人员信息）、服务电话、电脑、办公桌椅等。同时，建立了“孵化数据库”，制作了《党组织孵化中心简介》、《联合党支部职责》、《党组织通讯录》、《挂钩联系“两新”组织党组织名册》、《孵化成果名册》、《党员名册》、《预备党员名册》、《新发展党员名册》、《入党积极分子名册》，城中、临江、沙沥《片区联合党支部覆盖两新组织名册》等12本台账，使“两新”组织党建工作进展一目了然，做到数字清、底子明。

二是建组织，把微小型企业“网进来”。将全区“两新”组织按照地域特点划分了沙沥、城中、临江工业园3个片区，以片区为单位成立了3个联合党支部，并各设1名支部书记和3～5名支部委员，将18名党建指导员全部挂钩到区内已投产但暂未达到建立党组织条件的“两新”组织，负责宣传贯彻党的方针政策，做好发展党员工作，加强对流动党员的管理，将党的工作全部覆盖到这些“两新”组织。

三是建队伍，让党组织“壮起来”。首先，区“两新”组织党工委结合我区实际，将18名党员干部挂钩到全区315家“两新”组织中，对全区微小型企业进行调查摸底，寻找、发现隐形党员、口袋党员、地下党员，并建立台账，将这类党员纳入孵化中心统一跟踪管理。其次，借助联合支部的平台，通过“1∶1”以上发展党员模式，充分发挥联合支部委员和企业党员的先锋模范作用，在20人以上的“两新”组织中培养3～5名以上入党积极分子，以此逐步孵化党员。此外，要求企业招聘员工时优先录取党员，通过培养发展和招工优先录取党员等方式吸收党员。等党员队伍壮大后，及时指导帮助条件成熟的“两新”组织建立独立党支部，形成孵化效应。

四是建机制，推动党建“转起来”。通过打造“十三个统一”（即统一配置公章、牌匾、党旗、挂幅、

“意见建议箱”、党群一体化宣传栏，制作党工组织义工队队旗、党员徽章，设立示范岗，向正式党员发贺信，印发党组织负责人名片、会议记录本，赠送档案盒等），建立基层组织考评机制，开展“亮牌子、亮身份”的“双亮”活动等，引导基层党组织和党员充分发挥作用，赢得业主的支持和员工的认可，让党组织在“两新”组织中“稳得住”，逐渐“生根发芽”。

经过半年的探索和实践，“孵化”的做法有了显著的成效：孵化中心覆盖全区已投产但暂未达到建立党组织条件的“两新”组织183家，孵化党组织31个（其中，独立组建10个，联合组建21个），孵化党员151名（其中新发展党员46名），孵化积极分子672名。孵化中心建设有效推动了“两新”组织党组织的发展，党建工作呈现出良好的发展态势，还有一批新的“两新”组织被党组织的向心力吸引，正朝着党这个核心靠拢。

目前，全区“两新”组织党组织108家（其中党委1家，联合党总支1家，联合党支部20家，独立党支部86家），覆盖“两新”组织315家，覆盖率达100%；在职党员742名，培养了1403人的入党积极分子队伍。

（作者系肇庆市高新区“两新”组织党工委干部）

界首市推出“四步走”工作法帮助党建指导员快速进入角色

张永涛

非公企业党建指导员是一个新生事物，如何推动派驻的党建指导员开展工作是一个难点，界首市推出“四步走”工作法，帮助党建指导员快速进入角色，实现了党建工作与企业发展互促共赢。

（一）摸清企业及党组织情况，做到心中有数。为开展好帮扶工作，要求首批100名党建指导员深入企业一线，多渠道了解企业状况和企业党组织情况。一是摸清楚企业的情况，包括企业规模、生产经营情况、产值、利税情况，从业人员情况等等，为下一步工作做好铺垫。二是摸清企业建立党组织的情况。包括企业是否建立党组织，如何建立以及建立时间等。三是摸清企业的党员状况。包括党员数量、党员关系所在地情况。同时对“口袋”党员进行一次摸底排查，进一步完善企业党员台账，根据企业党员数量及时变更企业党组织组建方式。

（二）加强党组织规范化建设，做到标准统一。指导非公企业按照统一标准，加强党建业务建设。一是按照“十有”标准，抓好阵地建设，为开展非公企业党建工作创造必要的条件。天能电池集团（安徽）公司，投入资金1万余元，购买彩电、电脑等设备，更新办公座椅。二是加强党支部资料建设。把与党支部相关的公司简介、基本台账、有关文件、宣传报道、活动记录等材料整理归档以备查阅。三是落实各项制度，规范组织生活。落实非公企业党建工作《党组织任期目标制度》、《党员“三会一课”制度》、《“创先争优”制度》等十项制度，加强非公企业党建制度化建设。

（三）壮大企业支部党员队伍，延揽培养人才。引导党建指导员入企后，采取了积极有效措施，壮大非公企业党员队伍。一是认真排查“隐形党员”、“口袋党员”，引导和督促他们主动亮明身份、参加党的活动。二是在企业招工时，重点招聘一部分党员职工，为企业引进党员人才。三是积极发展党员，制定年度发展党员计划，继续实施“双培工程”，加大在生产一线职工、专业技术骨干和经营管理人员中发展党员力度。国家级循环经济区田营工业区的康瑞鑫电子科技有限公司通过招聘党员职工的方式，引进3名党员，单独建立了企业党支部。

（四）搭建非公企业党建活动载体，促进作用的发挥。积极引导党建指导员搭建适合企业状况的活动载体，促进非公党组织和党员作用的有效发挥。一是引导争创“双强六好”企业，指导企业党组织制定争创方案，组织开展各种活动，推动争创工作。二是开展界首市提出的“争当岗位能手，为企业创效益；争做诚信员工，为企业树形象；争创公益模范，为社会做贡献”的“三争三为”主题实践活动，督促指导非公企业支部认真开展活动，确保不走形式，不走过场。三是指导企业党支部根据自身情况，紧紧围绕企业生产经营、企业文化建设等设计形式多样的活动载体。

（作者系安徽界首市委组织部组织室科员）

老边区通过“四强化”“四提升”实现非公组建“四个百分百”

辽宁省营口市老边区党工委

为进一步抓好规模以下非公有制企业党建工作，老边区通过加强宣传引导，整合党建工作资源等方式，实现了规模以下非公有制企业党建“四个百分百”目标，即100%的符合单建条件的规模以下非公有制企业都单独组建党组织；100%的有党员的规模以下非公有制企业都有党组织联建或挂靠；100%的规模以下非公有制企业党员都纳入党组织管理；100%的规模以下非公有制企业都有党建服务覆盖。

（一）强化引导，提升认识，夯实组建基础。一是加强整体舆论宣传。依托非公企党建QQ群、手机短信平台等媒介开设专栏，进行非公有制企业党建工作系列报道，重点宣传党组织服务企业发展的生动事迹；向有建党意向的规模以下非公有制企业赠阅《非公有制经济组织党建工作手册》、《共产党员》等书刊；在各镇街行政服务中心大厅、工商、税务等服务窗口摆放党建咨询服务资料，供随时取阅。二是加强业主教育引导。采取上门宣传、印发《致中小企业业主的公开信》、邀请企业主参加非公有制企业党建工作通报会等方式，加强沟通引导。三是加强党员感召凝聚。实施非公有制企业党员“回家、暖家”工程，开展“党组织找党员，党员找党组织，党员找党员”的“三找”活动，使45名规模以下非公有制企业“隐性”党员“回家”；推行开放式组织生活，建立以规模非公企党建为中心的区域党建活动中心，让党员就近就便参加党组织活动、拓展交流等，让党员“暖家”。

（二）强化联动，提升合力，强势推进组建。一是开展集中行动。开展了“规模以下非公有制企业党建百日行动”，广泛发动各镇街、社区（村）对辖区规模以下非公有制企业开展拉网排查，做到“企业经营状况清、职工人数清、党员数量清、业主想法清”。对未建党组织的进行分析排队，按照先易后难、分步组建的原则，制订组建时间表和指导联系人，强化组建落实。二是推进协作联动。设立“两新”工作委员会，吸纳工商分局、工商联和工青妇等10个部门作为委员会成员，建立区非公有制企业党建工作联席会，齐抓共管规模以下非公有制企业党建工作，形成工作合力。三是坚持督查推动。坚持规模以下非公有制企业党组织组建销号管理制、组建进展月通报制；开展规模以下非公有制企业党建分级督查点评，即区委每半年一次点评各镇街辖内规模以下非公有制企业党建覆盖情况，并将相关情况进行了通报，增强督导效果。

（三）强化联建，提升活力，推进组建统筹。一是社区（村）挂靠组建。按照属地化管理原则，拓展社区（村）党建范畴，依托社区（村）党组织为规模以下非公有制企业提供挂靠组建。已联系帮助组建了12个联合党组织，覆盖了51家企业，涵盖了121名企业党员。二是行业（市场）联建。以行业（市场）为单位，组织行业相近或在同一市场内经营的企业建立联合党组织，通过整合到一个党组织来开展党组织活动，先后组建了老边大市场联合党支部等。三是龙头企业带建。依辽宁德曼耐火材料有限公司，吸纳其周边4家党员数量少的企业，整合成立了联合党支部。

（四）强化机制，提升效率，加快组建进度。一是联络员机制。从机关、镇街选聘相关党务同志担任非公党建联络员，经常走访联系，提供人才、政策及党建服务，加强感情联络。二是联抓联促机制。整合工商、税务等部门力量，推进企业发展与党建工作同步实施，如在工商企业注册登记和年检时，征询企业党建工作情况，并提供党组织组建服务等。三是任务分解机制。每年梳理一次未建的规模以下非公有制企业情况，确定年度组建任务目标计划，并层层分解到相关单位和部门，每月上报组建动态，推动组建进度。

广饶县实施“四项工程”提升非公有制企业党建水平

刘志强

一是阵地工程。积极开展非公有制企业党组织阵地建设规范提升活动，按照“六有四上墙”的标准，加强党员活动室建设，做到：有场所、有牌子、有党旗、有设施、有资料、有档案，基本情况上墙、党员信息及岗位设置上墙、党务制度上墙、学习成果上墙，为党员学习和活动创造有利条件和环境。此外，指导规模以上企业党组织引导加强企业文化建设，主持创办企业报，如驰中集团党支部主办了《驰中人》、金泰集团党支部主办了《金泰报》、兴源集团党支部主办了《兴源报》等，不断拓展党建工作阵地。

二是龙头工程。按照“政治素质高、党务工作熟、经济工作通、协调能力强”的标准，通过企业出资人兼任、从企业领导层选任、从机关事业单位离退人员中聘任等方式，建强非公有制企业党组织书记队伍。目前已有80余名企业出资人担任了企业党组织书记。同时，对非公有制企业党务工作人员进行培训，通过专题培训、“以会代训”等形式，培训企业党务人员420余人次；同时组织企业党务工作者参加各类产业论坛30余次，使企业党务工作者不仅“熟党务”，而且“懂厂务”、“会业务”，大大提升了与企业主沟通、独立谋划和组织企业党建工作等方面的能力。

三是先锋工程。着力加强党员队伍建设。一方面，在党员发展工作中，引导各企业党组织注意在生产、工作第一线和各类专业技术业务骨干、青年员工中发展党员，坚持做到“三培养”：即“把一线生产能手培养成中层骨干，把中层骨干培养成入党积极分子，把入党积极分子培养成合格党员”，保证党员队伍素质。另一方面，积极发挥党员先锋模范作用。引导企业党组织通过组建“党员突击队”，设立“党员文明岗”，划分“党员责任区”，广泛开展“党员志愿者服务”、“党员身边无事故”、“党员帮贫致富”等各种方式，充分发挥党员的先锋模范作用。

四是亮点工程。深入开展“创建企业党建工作示范点”活动，积极引导各企业党组织创新经验、打造品牌、服务发展。在全县着力培养选树了华泰集团、驰中集团、宇通集团、义乌市场、圣光集团等一批新的党建工作典型；同时指导各乡镇（街道）重点培养树立各自的工作亮点和典型，建立一大批形成不同层面的工作亮点和典型。其中华泰集团党委被表彰为“全国创先争优先进基层党组织”，另有 2 个企业党组织被东营市委确定为全市基层党建工作示范点。通过典型带动、亮点展示，发挥了积极而良好的典型引导和示范带动作用，激发了企业抓党建工作的热情，促进了全县非公有制企业党建工作健康快速发展。

（作者系广饶县非公有制经济组织党工委副书记）

陕西白河：五项举措大力推进非公企业党组织组建工作

陕西白河县非公党工委

为不断加强非公企业党建工作，努力提升非公企业党组织覆盖率，陕西白河县根据“因企制宜、灵活组建、追求实效”的原则，五项举措大力推进非公企业党组织组建工作。截至目前，全县共有 169 家非公企业已建立党组织 35 个，其中单独建立党组织 18 个，联合建立党组织 17 个。

调查摸底，夯实组建基础。积极在全县非公企业中开展组织建设年活动，组织经贸、工商、交通、住建、国土等部门为骨干力量，对全县 169 家非公企业上门走访，组织填写《白河县非公有制企业情况核对登记表》，结合非公企业注册、登记、年检的记录和全县非公企业党建工作普查的原始资料，对所掌握的信息进行认真细致的核实、汇总和造册，实现企业性质清、业主身份清、组织设置清、党员数量清、职工人数清的目标，同时建立起非公企业党建工作台账，为有效推进非公有制经济组织党建工作奠定基础，提供工作保障。

明确隶属，理清组建思路。按照属条管理为主，属地管理为辅的模式划分隶属关系，实行“系统抓，抓系统”。经贸局负责经贸行业非公企业党建工作，重点是规上企业；工商局负责小微企业、个体工商户、专业市场党建工作；交通局、住建局、国土局、粮食局、供销社分别负责交通运输、建筑、冶金矿产、粮贸、供销行业的非公企业党建工作。对全县 59 家已建立党组织的非公企业，按现有党组织隶属关系抓好规范化建设。非公企业所在镇协助主管部门抓好相关工作。

教育引导，降低组建难度。做好企业主的教育引导和思想发动工作，积极宣传一些非公企业党建的成功经验，从而使企业主认识到在企业开展党建工作的重要性、必要性和重大意义，使企业主明确他们今天的发展得力于党的好政策，非公有制企业的壮大发展一刻也离不开党的领导，离不开国家政策的支持和扶持，只有坚持了党的领导，非公有制企业才能健康发展。《公司法》也为非公企业开展党建工作提供了法律依据，使企业主充分认识到非公企业党组织不是可建可不建，而是必须建。

因地制宜，灵活组建方式。采取独立、联合、挂靠、注入四种方式推进非公企业党组织组建工作。独立式，即凡是有 3 名以上正式党员的企业，挂牌单独建立党支部；联合式，对党员人数不足 3 人的企业，按照行业相近、地域相邻、方便工作的原则，联合其他企业建立党支部；挂靠式，对企业规模小、流动性大、仅有个别党员的企业，就近挂靠到机关党支部或村党支部，进行统一管理，开展党的工作；注入式，对企业规模较大、职工较多，有 2 名党员的企业，由主管部门党委或所在地党委选派党建工作指导员，将党建工作指导员的党组织关系转入企业，组建党支部。

规范整合，提升组建质量。组织非公企业党组织主管部门对全县原来已经组建的非公企业党组织，按照原隶属关系进行详查，凡是具备单独组建条件的，要单独建立党组织；对党员流失，人数低于 3 名的党组织，要积极进行联合重组；对已停产或注销的企业，党组织无法正常开展活动的，要按规定程序进行撤并。规范整合工作仍由原非公企业党组织主管部门负责，以此全面提高非公企业党组织整体质量。

运用信息化手段破解工业园区非公党建难题

中共猇亭区委组织部

猇亭是湖北深圳工业园所在地，是宜昌国家级高新区的核心园区，也是全市正在倾力打造的首个千亿级工业园，非公经济近年来发展迅猛，截至目前，全区非公经济组织有 400 多家，其中规模以上非公企业近 100 家，非公经济党组织 108 个，党员 1567 人。我们积极运用信息化手段，依托互联网和手机通信终端，打造“工业园区网上党员群众服务中心”，创新非公党建工作方式方法，破解非公企业党建系列难题，取得良好实效。

一、创建网上党支部，破解非公企业党组织覆盖难

工业园区非公企业量大面广、党员流动性大，尤其是大量规模以下企业员工少、党员少，一直是影响党组织有效组建的突出问题。我们采用三种模式，创建“网上党支部”，成功实现组织全覆盖。一是基层支部虚拟化。针对辖区非公经济组织党员分布特点，我们建立了工业园区网上党员群众服务中心，设立区委非公党工委，工业园区党委，企业支部三级网络，分级管理。申请注册了网络域名地址，向社会广泛公布。流入企业党员只要登录注册，在网络留言发帖，区级管理员便可依据申请信息，督促下级管理员尽快与申请人取得联系，将其组织关系及时转接，及时安排编入支部开展活动。在今年开展的组织找党员，党员找组织的活动中，共有 20 多名流动党员，口袋党员主动亮明身份，通过网上支部与组织建立了联系。二是实体支部网络化。对非公经济组织已经组建党支部，党员电脑网络普及率达到 60%以上的，逐步在“网上党支部”建立新家。目前，已有 88 个实体支部在网上安“家”。支部组建虚实结合，双线运行，实现了对实体支部工作的有益补充。三是联合支部手机化。对暂不具备单独组建条件的，按照地域相邻、产业相通、工作方便的原则，分类在手机 WAP 网上建立流动党员，大学生党员，行业联合党支部等。目前已有 12 个联合支部的 45 名党员在手机 WAP 网上有了“家”，党员随时打开手机，就可以进入“网上党支部”开展活动。在此基础上，选派 35 名机关干部担任非公企业党建联络员，并对 100 多名企业网络管理员进行专门培训，实现对网上党支部的有效管理。“网上党支部”的建立，伴随着互联网的无限延伸，确保哪里有党员哪里就有党的组织。

二、建立信息数据库，破解非公企业党员管理难

针对工业园区非公企业党员流动性大、党员难管理的实际，区委组织部联合中国移动研发了工业园区党员信息数据库，各基层支部对在册党员和流动党员进行摸底调查，对普通企业员工也一并建立电子档案，做到非公企业党员和职工的底数清、情况明，并进行分类管理。一是实名注册机制。党员加入“网上党支部”，必须以党员姓名和手机号码为识别码，制订统一的信息采集模板，实名申请，批准通过的由权限管理员发放“电子身份证”，无论何时何地，凭“电子身份证”即可登录，参加活动、接受教育。既能保证园区党组织与每一位党员随时随地进行互联互动，又能保证党员信息的安全。二是积分管理机制。每名党员的电子档案，详细记录个人基本情况、党费缴纳情况、参加组织生活和义工活动情况等 38 个方面的内容，由各级管理员根据制定的党员在线积分办法，对党员上网、用网量化赋分，定期通报排名，实行学分制管理，凡没完成组织安排的任务，管理员及时短信提醒完成。三是科学应用机制。运用信息库对党员和普通职工年龄结构、文化结构、性别结构、职业结构等比例的统计结果，科学制定党员发展年度工作计划，合理确定党员发展的结构比例，提高发展质量，优化发展结构。信息库为党员管理与服务提供了技术支撑，切实加强了对园区党员队伍的分类管理，实现党员管理全覆盖。数据库建立以来，通过信息库查询党员信息 192 人次，利用信息库统计分析党组织领导班子成员年龄、结构、学历、性别等调整配备 36 人，通过信息库形成党员情况调查报告 6 篇。

三、搭建手机互联网，破解非公企业党建活动开展难

针对园区中小企业多、党建资源分散、党员职工的作息时间不一致、组织活动难开展等情况。工业园区网上党员群众服务中心按照“一个企业一个网络阵地”的思路，开发了系列功能来开展党组织活动。一是联系功能。建设“网上直播间”，开通“恳谈交流室”，实现党员在线“互动式”交流；设立“调查中心”，广泛征求党员群众对重大事项的意见建议，畅通民意表达渠道。二是培训功能。开辟“网上党校”，通

过选学课件等形式开展党员网络教育，实现党员、干部和入党积极分子网上自主学习。三是服务功能。开通“手机党报”，定期向党员编发“红色”短信；设立“党员诉求”专栏，为党员表达意愿诉求搭建平台；创建“党员活动室”，为党员参加党内活动提供便捷化、人本化服务。截至目前，在网上共开展党员沟通谈心600多人次，开展网上“三会一课”近320次，上传学习心得200多篇，党员通过网络转接组织关系110多人次，利用平台视频点播系统，在企业先后组织专题片《信仰》集中收看20多场次，累计收看党员、职工5000多人。贯彻落实党的十八大会议精神的短信编发后，有800多名党员在第一时间通过短信向我们报告了个人感想和体会。辖区新洋丰肥业党总支通过信息平台，先后开展各个层次网上座谈会28次，参加员工286人，收集意见119条，解决了一大批党员、职工反映的生产生活问题，一线职工感叹说：原来生产紧张，党支部活动难以组织，我们是有爹无娘，现在有了网上平台，可以和亲人说上几句心里话，才真正有了“娘”啊。

四、整合新媒体资源，破解非公企业党组织作用发挥难

工业园区网上党员群众服务中心信息平台整合了园区党建基础信息系统、非公企业党建工作手机信息系统、党员干部现代远程教育平台三大资源，形成了一个覆盖工业园区各级党组织、辐射全体非公企业党员群众的信息化网络体系，构建出“点对点管理、心贴心服务、个性化教育”的党建工作模式，有效破解了党组织作用发挥难的问题。一是发挥信息平台内容新、形式活、与时俱进的优势，做实非公企业党建。迎合青工思想活跃的特点，改变了传统的单纯管理模式，寓服务于管理中，开辟喜闻乐见员工论坛，网上互动等内容板块，丰富沟通渠道，拉近了组织和党员间的距离，广大党员形象地称其为装在口袋里的党组织，克服了党员流失率高，党组织建设难题，有效地凝聚了广大党员，实现了两个全覆盖。二是发挥网络影响面广、影响力大的特点，做活非公企业党建。精心设计“比技能、比奉献”，“创园区标兵、创党建特色”，“以争当标兵促队伍建设、以党建工作促园区建设”的“双比双创双促进”等网上主题实践活动，通过手机信息平台及时发布动态信息，将优秀的党员形象在网上晒出来，形成比学赶超的良好氛围。发动各支部围绕服务企业、服务社会做了大量工作，党组织在党员职工心目中的地位也不断上升，群众基础不断扩大，党组织的凝聚力逐渐提高。到今年10月，入党积极分子队伍已经超过400人，比去年全年增加5倍多，一批在企业的中层干部、技术岗位能手、模范员工都表达了入党的愿望。三是发挥网上平台传递信息快速便捷，节省成本的优势，做优非公企业党建。网上党建平台把传统党建80%内容搬上了虚拟空间，克服了工学矛盾，迎得了业主的欢迎和党员的支持，变不理解不欢迎到主动创造条件开展党建，一大批企业主、企业中层管理人员主动加入党组织。2011年全区非公有制经济的增加值达到118.89亿元，同比增长30%以上。园区企业纷纷出资建立实体党员活动阵地和网上活动中心，在宏观经济下行的大背景下，实现了党建工作与非公经济发展的同频共振、互动双赢。

汉中市非公有制经济组织百名党支部书记培训班成功举办

汉中市非公有制经济组织党工委

2013年9月16日，市委组织部、市非公有制经济组织党工委、市工商局联合在市委党校举办了全市非公有制经济组织百名党支部书记培训班，来自全市非公企业的144名党支部书记、党务工作者参加了培训。省工商局党组成员、副局长、省个私企业党委书记田中智，市委组织部副部长蒋艾栋，市工商局党组书记、局长谢世才出席开班仪式并作动员辅导讲话，省委党校教授岳东锋、市委基层办副主任柏海成作了精彩专题授课，市非公有制经济组织党工委书记李建强主持培训班并小结。

培训班上，市工商局党组书记、局长谢世才就提高非公党建认识、责任感和主动作为抓好非公党建工作进行辅导，指出全市工商系统要紧紧围绕非公党建工作“五个三”要求，认真抓好11项具体工作，开创全市非党建工作新局面。省工商局党组成员、副局长、省个私企业党委书记田中智介绍了全省开展非公党建情况，总结了汉中非公党建工作取得的成绩，并对下一步汉中非公党建工作提出新的要求和目标。市委组织部副部长蒋艾栋作开班动员讲话，他要求，全市要充分认识提高加强非公党建工作紧迫性，创新探索非公党建工作方式方法，进一步提高非公企业党建率、覆盖率，扩大非公企业党员队伍，发挥非公企业党组织基层堡垒作用，促进企业和经济发展。省委党校岳

东锋教授作了《以高度的责任感和改革创新精神推动非公经济组织党的建设》的专题讲座，围绕为什么要开展非公企业党建，如何开展非公党建，开展非公党建解决哪些问题作了精彩授课。市委基层办副主任柏海成结合汉中实际就开展非公企业党组织活动、党支部书记如何开展工作作了专题辅导。

此次培训安排紧凑，准备充分，培训内容针对性、实用性、指导性强，培训效果良好，对进一步统一全市非公党建工作认识，提高非公经济组织党支部书记工作水平，推进全市非公党建深入开展起到了积极作用。参训人员纷纷表示，将以此次培训为契机，对过去工作进行一次"回头看"，用所学知识指导非公党建工作实践，进一步规范业务工作，提升整体工作水平，及时总结推广好经验好做法，不断推进全市非公企业党建工作科学发展。

横到边纵到底　在生产经营一线贯彻党的精神

——金沙县非公企业深入开展党的群众路线教育实践活动

金沙县委组织部

金沙县在全面深入开展第二批党的群众路线教育实践活动的浓烈氛围中，引导非公企业正确处理工学矛盾，切实做到生产经营与开展活动两不误、两促进，形成非公企业开展教育实践活动实现横向到边全面覆盖、纵向到底深入开展的良好局面，并为企业找到发展之"魂"，为地方经济社会发展添上给力一笔。

上下联动，推动教育实践活动全面覆盖

自全县启动党的第二批群众路线教育实践活动以来，金沙县制定了《党的群众路线教育实践活动"1＋4"方案》，将非公企业纳入开展教育实践活动的主要序列，通过党组织的隶属指导、企业所在地管辖管理、县委督导组分片督导等责任类别与企业进行"X＋1"结对包保督导，实现非公企业开展教育实践活动横向到边全面覆盖。截至目前，全县58家单独建立党组织的非公企业正在所属乡（镇、街道）党委（党工委）的指导和县委督导组的督导下有序地开展活动，其他687家挂靠建立党组织的企业也依靠所挂靠支部同步开展教育实践活动。

在各级党委政府的领导下，企业党支部进行了周密安排和具体实施，认真组织企业全体党员落实"学习教育、征求意见"第一环节任务，其中不但有许多党员业主积极参与，还得到许多非党员业主的大力支持，形成了上下联动推动教育实践活动全面覆盖有序开展的良好氛围。据统计，全县开展活动的非公企业共有745家，其中党委1个、联合建支部1个、单独建支部56个、挂靠建支部687个，企业参与活动党员547人，共开展集中学习146次，深入生产经营一线交心谈心293次，向业务主管部门、生产经营一线职工、周边群众征求意见累计78次，获得意见累计161条、合理化建议53条。

深入推进，形成开展活动助产助学的良好氛围

金沙县在25个乡（镇、街道）均选取一个非公企业打造党建示范点，并树立了结合企业发展需要的党建品牌，如台金农业有限责任公司的"村企共建，和谐发展"、祁兴煤矿的"安全生产，爱已爱厂"等。在教育实践活动中，这些企业党组织以开展教育实践活动为切入点，进一步丰富党建品牌内容，形成了纵向到底深入开展活动助学助产的良好氛围。

金沙县台金农业有限责任公司党支部按照"两不误、两促进"的要求，利用党员职工闲暇时间，组织集中学习中央、省、市、县的文件精神，组织党员职工观看《杨善洲》、《生死牛玉儒》、《焦裕禄》等党性教育影片，针对在公司务工，家里又种植有农作物的27名员工，采取在农忙集中时间为他们放假的方式，助力农作物的抢收（种）工作。

金沙县祁兴煤矿党支部以重点解决组织制度不健全、执行不严格，开展组织活动不正常、不规范，党员发展、教育和管理不到位，融入生产经营不够，服务发展、服务员工、服务社会不到位等问题，积极开展边学边查边改工作，将征求到的意见整合为11条，分别从职员上下班交通出行、午间伙食团、职工休息室等方式解决职工的生产生活困难，以召开班前会、周生产例会、半月安全会等方式解决公司安全生产问题，积极扮演业主与职工之间的桥梁纽带角色，为公司的稳步发展发挥了重要作用。

企业发展之"魂"，就是正确的价值观与信仰

金沙县节能环保建材有限责任公司党支部书记、工会主席龙光德和金沙县冠香坊食品有限责任公司支

部书记、董事长罗兴邦在开展教育实践活动第一环节中的体会，直指本源。

“习总书记在兰考指出‘转作风必先强党性’，党性就是我们共产党员的信仰所在，就是全心全意为人民服务的宗旨所在，强化党性修养能让残缺的生命发出完美甚至辉煌的光彩，党性堕落则会使完美的生命变得苍白甚至邪恶。”这是龙光德在学习习总书记在兰考指导教育实践活动讲话精神后的认识。该公司把“照镜子、正衣冠、洗洗澡、治治病”的总要求作为落脚点，在生产运输、产品质量、降耗提效、服务质量、职工权益等方面形成“边学边查边改，人人有责”的机制，开创了党建与发展的双赢之路。

“社会主义核心价值观，就是要建设中国特色社会主义的理想和信仰，就是为人民服务的人生观，就是坚持真理、崇尚科学的科学观，就是集体主义道德观，就是真善美相统一的审美观，它对促进我们经济社会进步起着巨大的推动作用，它就是我们企业发展的‘灵魂’。”这是金沙县冠香坊食品有限责任公司党支部书记、董事长罗兴邦在谈到开展教育实践活动时的体会。该公司秉持“以农为本、富民兴邦”的企业宗旨，以立足农产品深加工为立厂之本，以带动农民增收致富为己任，力争在“十二五”末实现销售总收入 3 亿元以上，成为国家级农业产业化经营重点龙头企业。目前，该公司已建立农特产品种植基地 3.5 万亩，带动种植农户 1.5 万户，解决农村剩余劳动力 500 余人就近就业，为金沙县进一步深化农业产业化作出了较大贡献。

第八部分　非公企业党建创新模式

外企党建——陈惠芬“融合工作法”

昆山市沪士集团党委

人物背景：陈惠芬，女，昆山市沪士集团党委书记，先后荣获全国优秀党务工作者、江苏省劳动模范、江苏省优秀思想政治工作者等荣誉称号。公司党委先后被评为苏州市先进基层党组织、苏州市十佳非公有制企业党建工作示范点。

外资企业投资主体是境外投资者，其政治信仰、文化背景、价值取向、管理方式与我们有很大差异，按一般模式在这一领域开展党的工作，很难“进得去、站得住、展得开”。陈惠芬在十多年党务工作实践中，创造性地将“融和”的理念运用到外资企业党建工作，在融和中主动作为、提升地位，在融和中彰显能力、树立形象，提高了党建工作的针对性和实效性。这一工作法被称为“融和工作法”。

一、基本内涵

“融和工作法”立足外资企业实际，遵循“为企业所需要、为党员所欢迎、为职工所拥护”的原则，充分吸收包容并蓄的吴文化精髓、亲商安商的服务理念、持续创新的进取精神，把党的工作与企业生产经营有机融合，实现党建工作在利益共生中得到加强、感情相融中得到支持、文化认同中得到升华。其核心要义是，与外商情相融，与员工心相通，与企业利相合。

二、主要做法

一是坚持方向引领，把教育引导融入亲商服务。是指企业党组织通过建立制度双向沟通、主动服务排忧解难、文化认同形成共识，做好对资方的教育引导。

——建立双向沟通制度。建立党组织与企业管理层共同学习制度，引导和监督企业遵守国家法律法规，保持健康发展方向。建立党组织与企业管理层联席会议制度，共同研究重大问题，帮助企业形成正确决策。建立企业民主管理制度，定期召开民主恳谈会，开展“为企业发展建言献策”活动，为企业科学决策服务。

——提供生产生活服务。向上级党组织和政府有关部门反映企业合理诉求，争取政策、金融、财税等方面支持，为企业营造良好的发展环境。为台商做好寻医问药、子女入学、家政联系等服务工作，帮助他们解决后顾之忧。

——打造共同价值取向。根据两岸文化同宗同源的特点，将开放、包容、融合、和谐的理念融入企业文化建设，形成“成长、常青、共利”的核心价值观，为企业发展提供精神动力。

二是坚持有为有位，把组织活动融入生产经营。是指围绕生产经营中心，开展“三亮”、“三区（岗、组）”、“三比”活动。

——开展“亮身份、亮承诺、亮形象”活动。亮身份：要求党员在工作中全部亮明身份，在个人识别卡上注明“中共党员”字样，接受职工监督。亮承诺：党组织、党员通过宣传橱窗、公告栏、显示屏等对外公开承诺，请群众监督。亮形象：开展“三有三无”主题实践活动，要求做到“关键岗位有党员、困难面前有党员、突击攻关有党员，党员身边无事故、党员身边无次品、党员身边无违章”。

——开展创设“责任区、先锋岗、攻关组”活动。以车间、班组、科室为单位，划分党员责任区。在生产管理、生产经营、技术创新、市场营销、权益维护等岗位，通过民主推选的办法，设立党员先锋岗。围绕技术创新、产品研发，成立党员技术攻关组。

——开展“比技术、比创新、比成绩”活动。开展岗位技能竞赛、技术比武、争做技术标兵等系列比学赶超活动，提高党员职工业务技能和创新能力。

三是坚持劳资平等，把利益协调融入和谐共建。是指把做好群众工作作为党组织工作的重点，维护职工权益，协调各方关系，构建和谐企业。

——多渠道联系职工群众。印制联系服务卡，发放给每位员工，卡片上留有党组织工作职责和联络方式。设立职工意见箱、开设网上“党员职工之家”，畅通职工意见反馈渠道。

——多途径解决职工困难。建立员工住院、工伤、分娩“三必访”制度，设立企业职工互助基金，采取“企业出、职工捐”等途径筹措资金，定期组织开展“送温暖献爱心”活动，帮助职工解决实际困难。

——多举措维护职工权益。建立“谈心接待日”、劳动争议调解等制度，推动建立企业利润员工分享机制，实施员工福利待遇递增计划，在昆山外资企业中第一个推行员工住房公积金制度，第一个实现养老、医疗、失业、生育、工伤等“五金保障”，并实行员工子女教育补助金制度。

三、工作启示

“融和工作法”针对外资企业的特性，把党的要求与企业需求相融和、党员群众利益和企业利益相融和、党组织建设与企业发展相融和，不仅推动了企业健康发展，也让党旗在外资企业高高飘扬。开展外资企业党建工作，赢得信任是前提。“融”得进才能“化”得开。党组织只有以心换心，真心实意助企业谋发展、帮员工谋利益，才能赢得业主的信赖，得到员工的拥护。发挥作用是关键。融入企业不等于虚化弱化。党组织围绕生产经营主动作为，有效发挥作用，做到关键岗位有党员、重点攻关有党员、困难面前有党员，以党组织的先进引领企业的先进，就会真正赢得尊重，拥有话语权。巩固执政是根本。融入企业开展党建工作，不断优化非公党建生态，放大党建“红色效应”，让广大业主和员工思想上认同党，感情上贴近党，行动上紧跟党，切实巩固党在新经济领域的阶级基础和群众基础。融入企业，巩固执政，我们党的基业就会坚如磐石。

红豆集团实施党建工作标准化管理

红豆集团党委

红豆集团是一家大型民营企业集团，现有员工2.2万名，其中中共党员1007名。多年来，集团在企业发展过程中高度重视党建工作，不断以更高、更规范化的标准向前推进，先后被评为中国工业党建先锋单位、全省优秀基层党组织、省廉政文化进企业示范点。近日，集团党委开全国之先河，将质量管理体系标准引入企业党建工作，成为全国首家通过ISO9001—2008党建质量管理体系认证的民营企业党组织。

（一）围绕一个核心，引领企业发展方向。坚持把企业党委作为政治核心，董事会、监事会、经理层中的主要负责人进入党委。在实施党建质量管理体系认证过程中，集团党委确定“把党的政治优势转化为红豆的发展优势”和“建成落实科学发展观的坚强政治核心，打造红豆产业行业标杆”，既体现公司党建宗旨，又体现现代企业管理特色的党建质量方针和质量目标，有效解决了企业经营发展与党建工作“两条线”问题。以实施党建质量管理体系认证和广泛深入开展创先争优活动为契机，采取“公推差额直选”方法进行党委换届选举，全面实行党政交叉任职，集团党委委员100%依法进入董事会成员、监事会、经理层；及时对集团本部和子公司基层党组织管理体系进行调整，二级公司全部升格建立党总支，三级公司单独建立党支部，并在柬埔寨建立中国第一个民营企业境外支部，实现党建工作和企业发展同步化、全覆盖。

（二）塑造两种品格，增强企业发展动力。坚持把党的建设与促进企业经营发展相结合，铸就企业的“红色品格”和“绿色品格”。一是强化组织建设，铸就红色品格。将卓越绩效管理引入党建工作，使组织和个人在推进过程中得到进步和发展。广泛开展“三级企业评先进、二级公司评优秀、集团总部评标兵”活动，鼓励党员员工争当企业典范、争当条线明星、争当业绩冠军。设立88个党员示范岗，发挥优秀党员先锋模范作用。分别与无锡海关、中石化管道储运公司、108家外协企业等单位签订党建结对统筹共建协议，开创大型民企与政府机关、央企、供应外协单位进行大规模党建“统筹共建”新模式。二是实施企业转型，创建绿色企业。通过建立党建工作质量管理体系，将党建工作与生产经营活动完美融合，正确引导企业发展方向。专心做强微笑曲线两端，将生产环节全面实施外包。实施“百才工程”，计划用一年时间，引进博士、高级工程师等各类海内外高层次人才100名。积极响应国家和省号召，大力培育发展战略性新兴产业，全力发展高科技后备产业。人工培育红豆杉并掌握快繁技术，成功提炼抗癌药物—紫杉醇针剂，年生产能力达10亿多元。2007年，集团在柬埔寨西哈努克港建立经济特区，成为首批通过商务部、财政部考核确认的境外经济贸易合作区，以及首个两国签订框架协议的合作园区。

（三）发挥三大优势，创新企业发展模式。集团党委认真总结将党的政治优势转化为企业发展机遇优势、人才优势、和谐优势经验，结合“现代企业制度＋党的建设＋社会责任”民企发展模式，全新导入质量管理体系理念，进一步创新现代民企发展模式。一是抓住机遇优势，创新现代党建管理。2010年下半年，集团党委经过认真讨论，决定将ISO19001—2008质量管理体系导入党建工作，并于12月8日正式启动实施。在推进过程中，严格按照ISO9001—2008标准要求，制定党建质量方针和质量目标，编制质量手册等体系文件，坚持将有形覆盖向有效覆盖转变。通过实施党建质量管理体系认证，建立PDCA循环方法，实现党建工作规范化运作，培养一批既懂党的管理又懂生产经营管理的干部。二是巩固人才优势，增强企业发展活力。结合开展创先争优活动，将“五好五带头”要求细化为公司经营管理具体指标：提出四个方面、“12个比和12个看”要求，引导各党支部在转型升级、绩效管理、构建和谐企业和党的建设等方面比先进、找差距，争创优秀党支部；提出三个方面、9个指标标准，要求广大党员在学习能力、工作业绩、廉洁自律等方面作表率，争当优秀党员，激发普通员工比学赶超。三是彰显和谐优势，延展红豆幸福实践。建立一系列程序控制党建工作全过程，结合“让群众得实惠”争先创优活动质量标准，使企业发展更加规范、先进、科学。通过红豆杉种植，实现以工促农、建设新农村。通过与清华大学、江南大学合作，深度开发紫杉烷类化合物，使紫杉醇针剂价格每三年降低一半，造福癌症患者。积极构建和谐职企关系。2010年集团三次提升职工工资，平均增幅达49.6%（最高达64%）。积极创造公平竞争机会，将竞争上岗机制落实到每个岗位、每名员工。积极实施正面激励机制，开展星级员工评比，从中优先选拔管理层人员。

传化集团“13588”党建工作机制的深度解读

传化集团党委

传化集团创建于1986年，现已发展成为以化工、物流、农业、投资为核心业务的大型民营企业集团。2009年实现营业收入114.9亿元，利税13.4亿元。1998年集团建立浙江首家民营企业党委，现下设2个党总支、16个党支部、1个流动党员管理站，共有党员485名，占员工总数的13.2%。多年来，集团党委牢固树立“党建工作抓实了，也是一种生产力”的核心理念，以“职工群众满意、经营组织满意、上级党组织满意”为工作目标，以“参与经营管理、引导健康行为、团结凝聚职工、协调多方关系、推动健康发展”为己任，不断创新工作机制，深入开展创先争优活动，使党组织和党员在服务和推动企业转型发展中发挥了重要作用。集团先后成为省市区非公党建示范点，并荣获浙江省先进基层党组织、全国思想政治工作先进单位、全国“五一”劳动奖章、全国模范劳动关系和谐企业等称号。1999年胡锦涛同志对传化党建工作做出重要批示。2000年江泽民同志亲临传化视察。2010年8月习近平同志对传化集团和谐劳动关系建设做出重要批示。在传化，党员已经成为企业发展最重要的依靠，党组织和党员作用的发挥已经成为推动企业发展的强大动力。在多年的党建工作实践中，传化集团形成了独具特色的“13588”党建工作机制，其主要内容是：

树立一个党建核心理念，构建三制联动的组织协同体系，明确党组织五大功能定位，创设八项党建特色制度，形成八大和谐创建机制。

一、树立一个党建核心理念

传化集团党委从企业发展的实际出发，牢牢把握企业追求经济效益最大化的经营管理目标和党组织追求政治价值最大化的党建工作目标，坚持围绕中心、服务发展，牢固树立起“党建工作抓实了，也是一种生产力”的核心理念，以“职工群众满意、企业经营组织满意、上级党组织满意”为目标，实现企业发展与党建工作之间的利益整合和组织整合，找到了企业党建工作的切入点和发展空间。这不仅体现了企业经营组织的效益追求，也符合企业党组织的政治追求，使不同领域、不同类型、不同层面的组织和个人的目标和行为趋向一致，真正把员工、业主和党组织连接成一个目标、价值和命运的共同体。

二、构建三制联动的组织协同体系

科学、合理的组织设置、人员配备和管理模式是企业党组织开展党建工作的重要保障。在多年的党建工作实践中，传化党群组织和企业经营组织之间，坚持“目标同向、作用互补、相互监督、共同发展”的工作方针，通过构建交叉兼职制、联席会议制、工作联动制三项制度为主要内容的组织协同体系，搭建起党群组织与企业经营组织的组织协同架构，实现组织共建、信息共享、活动共抓，使党组织领导下的群众工作跟董事会领导下的经营工作做到了相得益彰。实践也证明这样的经营组织对经营管理的负责，党群组织对企业健康发展负责的组织协同体系，使企业党群组织同样成为保证企业健康持续发展的重要支撑。

一是实行交叉兼职制。传化集团明确推行党组织与经营组织之间“交叉兼职”以及“党组织书记进董事会，工会主席进监事会，党委成员进经管会”等机制，按照“党性强、懂经营、会管理、善于做群众工作”的标准，选好配强企业党组织领导班子。由集团副总裁陈捷同志任集团党委书记，集团党委专职副书记许旺泉同志兼任工会主席，下属各企业管理层普遍兼任党委下属各总支、支部书记。目前，传化集团316名中高层管理人员中，有党员153名，占48.4%。其中，集团9名董事会成员中，有党员6名，占66.7%；17名企业总经理中，有党员14名，占82.4%。

二是建立联席会议制。集团党委每年都根据公司董事会确定的年度发展目标与发展战略，召开党、企、工、团联席会议，年初就两大组织年度工作安排进行充分对接，年中就工作进展情况进一步统一认识、全面协调，由此形成“信息共享、工作互通”，提升了党组织工作的实效性，确保党组织的工作“融入企业、服务发展”，真正实现了企业党建与企业行政、经济管理的同部署、同管理、同考核。

三是实施工作联动制。在企业开展的一些重大活动上，如2008年的“三好”（好上司、好同事、好下属）活动、2009年的“双优”（培育优秀管理者、打造优秀管理团队）活动、2009—2010年的学习实践科学发展观活动，都以集团党委牵头、党委和董事会共同发起的形式来推进，在推动组织的观念转型、能力转型等方面取得了非常好的效果。

三项制度的建立，充分发挥了党组织在企业转型升级中的引领作用，实现了党建与经济同步发展。2010年，传化进一步加大了集团、产业、企业董事会和经管会党员成员进入各级党组织领导班子的比例，适当增加联席会议的频次，建立重点工作立项办法，全面启动两大组织的盘点和人员配置工作，并借助专业咨询机构共同推进企业激励机制的优化完善，为党组织在企业转型发展中更好地发挥作用打下坚实的组织基础。

三、明确党组织五大功能定位

从企业建立之初，传化集团就充分认识到，在企业建立党的组织对于增强企业的凝聚力，构建和谐劳动关系，发掘员工工作的积极性、主动性和创造性，促进企业健康发展等方面具有企业管理组织所不可替代的重要作用。党建工作一旦融入企业管理工作中，不仅能够为企业的发展创造一个充满生机和活力的内部环境，而且能够营造一个良好的政策环境和社会环境。企业党组织确立了“参与经营管理、引导健康行为、团结凝聚职工、协调多方关系、推动健康发展”等五大功能定位，使党建工作的开展有了明确的出发点和落脚点。

1. 参与经营管理。集团党委坚持在企业生产经营上当助手，做配角，做到参与不干预；在企业精神文明建设上当主角，挑重担，把企业文化建设作为党组织主要任务来抓。

2. 引导健康行为。集团党委提出，一方面，要使企业党建工作服务企业的生产经营活动，通过发挥党员的先锋模范作用，带领广大职工奋发拼搏，为企业发展排忧解难；另一方面，引导企业走健康发展之路，协调好企业目标与社会发展目标之间的关系；引导业主和高管树立“以人为本”的思想，努力为员工着想。

3. 团结凝聚职工。集团党委认为，构建和谐劳动关系是企业党组织的重要任务。党组织要落实和实现职工的合法权益，关心和维护职工的合法利益。要坚持以人为本的理念，善于倾听职工的呼声，把职工的利益放在首位，为职工群众办实事、办好事，通过凝聚职工，发挥职工的主动性和创造性，为企业经营发展贡献力量。

4. 协调多方关系。集团党委认为，要整合各种资源，调动一切有利于合法经营、提高生产的积极因素。不仅要代表投资方、管理者的利益，维护其合法收益，更要代表广大职工的根本利益，维护他们的合法权益。在各方利益冲突的过程中，企业党组织当仁不让，要主动协调利益、调解纠纷。

5. 形成发展合力。集团党委深知，只有凝聚企业内部不同类型、不同层级、不同身份人员之间的共识，引导他们平等相待、和睦共处，才能形成合力共同办好企业。

四、创设八项党建特色制度

传化集团党委十分注重发挥党员的先锋模范作用，以落实党员“三高四先”为目标，找准党员自身发展和企业发展的结合点，创设了八项具有传化特色的党建工作创新性制度，强化目标导向和示范引领，以党员争优秀带动员工争优秀，以员工争优秀引领企业创先进，实现了活动本身和企业发展的同频共振、良性互动。所谓“三高”，即要求党员具有“高职业素质、高专业技能、高工作绩效”。一方面，对党员在思想觉悟、专业技能和工作业绩上提出了具体的要求；另一方面，要求企业党组织必须紧紧围绕这一目标来创设各类载体、开展各项活动。所谓“四先”，即针对不同领域、不同层级、不同类型的党员实际，提出“科学管理理念与工作方法党员要先学习、先进技术与工艺装备党员要先掌握、职业操守和流程规范党员要先遵循、攻坚克难和工作外派党员要先挑担”。

1. 党员示范岗、责任区制度。

集团党委根据党员所在岗位进行“设岗定责”，在完善落实党员示范岗等活动基础上，推行“党员责任区”、“党员示范岗”等制度。责任区、示范岗的主要内容包括“三有三无”。即困难面前有党员、重要岗位有党员、突击攻关（抢险）有党员；党员身边无事故、无次品、无违纪，充分展现了共产党员的先进性。

2. 党员亮身份、明承诺制度。

集团党委要求所有党员在岗位上亮出党员身份，公开服务承诺，接受职工监督，做到“平时工作看得出、关键时刻站得出、危机时刻豁得出”。如，传化物流基地党总支开展模范党员经营户评比，分别从16个纬度对高素质党员进行对照。党组织把这些党员模范经营户上墙公示，既为其他党员经营户树立标杆，也推动了党员经营户素质的不断提高。

3. 党员“五个一”活动制度。

即要求党员：掌握一项过硬技术，创造一项工作业绩，帮助一名困难职工，培养一名入党积极分子，争做一名优秀党员。同时，要求每个党员年初有规划，半年要小结，年终进行考核评比，平时各支部建立活动台账，及时记录党员开展“五个一”活动情况。年终实行单项评比，评选出一批“五个一”活动先进个人进行单独表彰。

4. 党员民主听证制度。

传化集团于1995年建党组织后就首创“党员早知道”制度，并在2004年逐渐形成党员民主听证制度。规定集团重大决策、重大制度出台都事先听取党员意见，保障党员职工在经营管理活动中的积极性。近期在制定“十二五”战略规划中，集团把党员民主听证论证会开到了车间、班组。

5. 党员政治生日勉励制度。

党组织在党员入党纪念日，通过赠送政治生日贺卡、与党员谈心谈话的方式，肯定党员的工作成绩，提出新的更高期望和要求，了解党员所遇困难和问题，同时指出其存在缺点和不足。

6. 党员民主评议“三票制”。

为完善绩效目标管理体系，激励党员立足岗位奋勇争先，按照“支部五个好”和“党员五带头”的要求，实行党员“民主评议三票制”（党员自评互评及支部审评一票，企业经营组织和党员的业务主管一票，职工代表评议一票），根据“三票”综合评议情况，最后评定党员为“优秀”、“合格”或“不合格”，促使“让优秀党员有自豪感、让普通党员有压力感、让后进党员有内疚感”，形成你追我赶、创先争优的氛围。

7. 不作为党员预警谈话制度。

当党员思想、政治、工作和作风等方面存在明显问题但又达不到党纪处分标准时，党组织对其进行告诫谈话，并要求其限期整改。

8. “三必解”、“四必访”、“五必谈”制度。

“三必解”：有困惑必解释、有困难必解决、有要求必解答；

“四必访”：生病住院必访、红白喜事必访、天灾人祸必访、职工生日及党员政治生日必访；

“五必谈”：新人入职必谈、工作调动必谈、表彰处罚必谈、年度总结必谈、个人有想法必谈。

五、形成八大和谐创建机制

传化集团党群组织围绕构建企业和谐劳动关系，以服务企业转型发展、服务员工职业发展、服务和谐环境建设、服务党员作用发挥为重点，在实践中形成了八大和谐创建机制。

1. 充分互动的党群共建机制。

坚持党建带群团，统筹工作推进，做到“三同步”（工作同步部署、活动同步谋划、考评同步开展），充分发挥党群组织的职能作用，合力彰显党群工作活力。一是工作同步部署。紧紧围绕企业中心工作，凡涉及目标一致或相近的年度重点工作，由党群联席会议讨论，制定具体工作措施，将党群工作统一部署、统一配置力量，做到在指导思想和总体思路上贴紧、重点工作和措施上合拍、工作效果和发展态势上共振；二是活动同步谋划。根据工作要求、工作对象的相关性，按照“灵活、务实、多样、高效”的原则，积极探索党群联合开展活动的有效途径，构建联动平台，实现优势互补，形成整体合力，把党员、职工、团员、妇女的思想统一到推动转型发展的目标上来，把智慧和力量凝聚到推动转型发展的要求上来，不断增强党群组织开展活动的参与面、影响力和实效性；三是考评同步开展。积极发挥联席会议的作用，每年由集团党委联合工会、团委和妇联等部门联合对党群工作开展情况进行考核；积极培育和宣传先进单位和个人，树立起“听有内容、看有形象、学有经验”的先进典型，推动面上工作的开展。

2. 自主多样的教育培训机制。

一是推动学习型组织建设。在全体党员和员工中，开展“读一本好书”活动。充分利用传化网上大学、网上图书馆、党员远程教育系统等信息化平台，引导广大党员和员工加强学习，增强理论素养和业务能力。开展“寻找标杆”活动，把标杆学习和标杆管理引入到创先争优活动中来，从党性修养、职业素养、工作能力和业绩贡献等方面确立自己的学习对象，把“党员争优”活动行为化、经常化。二是打造网络学习平台。针对工学矛盾突出的实际，2008年集团党委依托网络信息技术，启动党员远程教育系统，并链接浙江大学百万数字图书馆资源，建立“传化网上大学”着力推进党员远程教育平台建设，创造性地建立起传化网上大学、网络图书馆和网络视频会议系统等组成的信息化平台，探索出了非公企业党员和员工远程教育的新路子。2009年，又斥资数十万元，建立新版E-learning网上学习平台，购买大量电子培训教材，目前已有上百门网络课程可供选择，开辟了员工学习教育的新阵地。三是探索开展分类教育。积极发挥群团组织作用，结合团中央在传化试点的“青年分类教育”工作，积极开展青年员工座谈会、论坛、沙龙、知识竞赛等主题活动，及时化解青年员工的思想困惑与遇到的困难问题，引导青年员工树立远大的理想和正确的人生观、价值观，在推进传化事业大发展中建功立业。

3. 分层分类的人才培养机制。

集团党委引导企业树立“事业以人为本，发展以人为先”的企业人才观，一方面建立分层分类培育体系，推动员工在学习中提升素质、在实践中增长才干。集团依托人力资源管理平台，将员工划分为管理、营销、技术等6大类和基础层、骨干层等4大层，实施个性化培训，提供相应的培训时间、资金保障。建立新员工入职培训计划——启航学院；构建骨干—经理人—高级经理的伴随职业通道的系统规范的培训机制；鼓励职工参加政府和企业组织的职业晋级培训；投资600万元开办管理者高级培训班；每两年组织一届职工技能大比武。2009年，集团实施培训3743项，培训62072人次，年人均培训63课时。另一方面积极实施党员人才工程，牵头制定集团打造学习型组织目标规划，与集团中长期人才发展规划相衔接，畅通职工职业发展通道，积极开展以“三个培养”为主要内容的党员人才工程，切实把党员培养成人才、把人才培养成党员、把党员人才培养成经营管理骨干。三年来，集团党委向经营组织推荐和输送干部30人，114名骨干培养对象已有44人提拔为中层干部。

4. 职绩双向的分配保障机制。

完善合理透明的薪酬体系和激励机制，坚持做到了“四个务必”，即：务必确保员工基本收入稳定，大幅度提高一线员工固定工资比重；务必确保员工收入稳步增长，建立工资静态和动态相结合的增长机制；务必确保员工分配公平公正，以岗位定薪、以业绩定酬，让每位员工都可以为自己算账；务必确保员工福利不断改善，确保“五险二金”和带薪休假全覆盖，力争2010年企业员工最低年收入突破3万元。五年来，企业利润年均增长12.74%，员工工资年均增长17.8%。

5. 依法民主的协商对话机制。

传化坚持以人为本的发展理念，让职工做企业的主人，坚持奉行“尊重员工就是尊重自己”、“受尊重才有尊严”、“有体贴才有体面”、“有好心情才能生产出好产品”、“以人为本”的理念，努力把企业营造成“党员之家”、“职工之家”、“人才之家”，通过建立民主听证、民主评议、职工代表大会、工资集体协商和建立职工网上论坛等一系列协商对话机制，让职工对企业的事务有发言权、知情权、参与权和表决权，同时做到依靠职工办企业、依靠职工来推动企业的创新发展。

6. 活力和谐的企业文化机制。

集团党委主导企业文化体系建设，在企业内部建立了“三个统一”，推动了“四个转变”，实施了“七个激励”。“三个统一”，即：积极促进个人价值观、企业价值观与社会主流价值观相统一，个人目标、企业发展目标与社会发展目标相统一，国家、社会、股东、员工的利益相统一。“四个转变”，即员工与企业之间从传统的雇用与被雇用观念转变为树立利益共同体、命运共同体、事业共同体的观念，从以利益为劳动关系的连接点转变为以感情为劳动关系的连接点，从以管理约束为手段维系的劳动关系转变为以企业愿景激励为手段维系的劳动关系，从以满足员工的基本需要为主转变为以满足员工的发展需要为主。“七个激励”，即：文化理念激励人、发展前景激励人、作为机会激励人、企业形象激励人、工作氛围激励人、薪酬分配激励人和福利保障激励人。集团党委把“三个统一”、“四个转变”和“七个激励”作为企业文化建设的重要内容，贯穿于企业经营管理的方方面面，大力营造开放、平等、相互尊重、相互关爱的大家庭氛围，从根源上培育健康型员工，打造健康型企业。

7. 以人为本的关心关爱机制。

员工是企业最宝贵的资源，是企业发展最基本的依靠力量。传化集团党委大力倡导“关爱职工就是关爱企业”的观念，提出让员工“有尊严的工作、体面的生活”，着力从生产生活等方面关心职工，充分调动和发挥广大职工的积极性、主动性、创造性。例如，通过党委牵头、群团组织齐抓共管，传化在浙江民营企业中率先建立职工代表大会制度，率先试点推行养老保险并较早实现“五金”全覆盖，率先推行“企业年金”制度，率先建立困难党员（职工）帮扶基金。建立党群干部任职津贴制，鼓励积极负责地做好党群工作。在党组织的工作推动下，职工的劳动条件和工作环境不断得到改善，“稳定的职业保障、稳定的报酬增长、公平的成长机会”成为凝聚人心的重要法宝。近五年来，职工收入年均保持15%的增长，关键人才离职率控制在2%以下。2010年，经过党委和董事会的反复讨论，传化提出了“消灭3万”的目标，调整基层员工的收入水平，缩小上下工资差距。这些年来，集团共投资1.92亿元用于建设职工生活区，改善工作生活条件，加强职工劳动保护，给员工创造优美、舒适和安全的职业环境与工作氛围。

8. 积极有为的社会责任机制。

传化深知，企业的经营活动离不开社会的支持，回报社会、奉献社会是企业义不容辞的责任。按照“工业反哺农业”的要求，集团党委积极引导企业经营管理层，大力实施“反哺社会工程”，动员企业主动承担社会责任。全面开展“村企结对共建新农村”活动，发挥党组织的政治优势和组织优势，建立村、企党组织定期交流工作经验。集团与建德市三都镇结对帮扶四年来，在积极履行好省、市、区、镇各级慈善公益事业职责的同时，完成和超额完成帮贫扶贫任务，仅由市委组织部牵头的帮扶结对活动，共送去资金57万元，还与三都镇的羊峨村开展基层党组织结对活动。通过村企结对，发挥了企业优势生产要素对农村的辐射带动作用，有效促进了社会主义新农村建设。传化集团累计捐助社会公益事业已达1.3亿万元，每年组织职工参加无偿献血活动，近三年中共有534名职工参加，共计献血15.4万毫升。

勇立商务楼宇党建潮头
引领非公企业和谐发展

叶青大厦党委

叶青大厦党委作为北京市第一家商务楼宇，从成立至今，在北京市、朝阳区各级领导的关怀与支持下，经过大胆创新，工作制度不断完善，组织规模不断扩大，党建工作得到了蓬勃发展，受到党和国家领导人的高度关注，为全国非公经济领域开展党建工作树立了榜样。2010年8月23日，中共中央政治局常委、中央书记处书记、国家副主席习近平同志在中共中央政治局委员、北京市委书记刘淇同志的陪同下，来到叶青大厦调研非公企业党建工作，充分肯定了叶青大厦党委在基层党建工作中付出的努力与创新。习近平同志在讲话中指出：“叶青大厦开展党建工作一是有探索，二是有力度，还有一个是认真。党建工作内容全面，有积累，体现出了制度化、规范化、成体系的特点，对激发企业活力起到了作用。”长期以来，叶青大厦党委以服务企业、服务经济、服务社会、服务员工成长为宗旨，以“需求出发、服务入手、利益贯穿、活动凝聚、组织带动”为工作指导思想，在大厦内开展党建工作，逐步实现了驻厦企业党组织围绕企业生产发展抓党建，抓好党建促发展，企业发展强党建的良性循环，使大厦党建工作具有更强大的生命力。

一、以组织带动健全工作体系

一是建立了两级党组织网络。依托叶氏集团建立大厦党委，依托驻厦企业建立党支部，形成以楼宇为单位的组织体系。在驻厦企业党组织设置上，大厦党委根据企业具体情况，对于企业规模较大、职工和党员队伍比较稳定的公司，就在企业内建立独立党支部；对于有党员但暂不具备建立党组织条件的企业，根据行业和楼宇分布相近的原则，采用多企联合的形式，建立联合党支部。在大厦党委委员的选配上，采取席位制的办法，尊重各个支部的民主权利。二是建立工作体系。构建以楼宇党组织为基础，非公企业为主体，周边组织和群众密切参与的区域化的工作格局。充分发挥商务楼宇优势，有效整合驻厦企业的人员、场地、经费等资源，密切加强楼宇内企业之间的联系。大厦党委和下属15个独立企业党支部一起带领驻厦130家企业开展活动，有效实现了党建工作和企业发展的双促双赢，党委的工作也得到了楼宇内企业的充分认同。

二、以服务入手推动企业发展

一方面，大厦党委整合楼宇内部资源，提出“有事找党委”的口号，开展推进企业党组织成立、接转党组织关系、入党积极分子跟踪培养、党员志愿活动等日常党务活动。大厦党委出版《叶青大厦时讯》，及时宣传党和政府的方针政策、大厦党委工作动态以及驻厦企业信息，为驻厦企业间实现资源共享、加强交流与合作搭建平台。另一方面，大厦党委积极联络外部资源，通过多种途径，为驻厦企业提供企业宣传、招商引资、投资指南、政策咨询等有针对性的服务，开展协会组织服务、教育培训服务和慈善公益服务等社会服务，充分发挥企业发展“加速器”的作用。例如，参与发起成立中关村电子城西区高新技术企业孵化联盟，为驻厦企业引进更多的政策与资金支持等工作。邀请工商、税务、公安等部门进入大厦为企业办理营业执照年检、税务登记、外来人口服务等政务工作，方便企业经营，受到企业欢迎。

三、以创新引领提升党建活力

一是观念创新。将物业服务与党建工作有效结合，满足驻厦企业、党员、员工的政治需求，促进新的社会阶层向党组织靠拢，开展主题鲜明、丰富多彩的党建活动，为企业软实力建设提供服务。

二是制度创新。建立党委席位制、在党委中设立统战委员、设置《党员民主议事规程》，在党内事务上，强化纪委委员对党内民主制度落实的监督管理职能，充分尊重党员的主体地位。尝试建立大厦党委选举制度、实施人事档案管理、提供猎头服务、促进人才交流、提供信息共享平台等。

三是活动方式创新。叶青大厦党委将城乡合作共建与党建工作有效结合，以同心品牌活动为契机，带领驻厦企业开展了一系列推进城乡一体化建设的共建活动。一是同心•扶贫共建，与怀柔区渤海镇六渡河村的贫困户建立了一对一帮扶关系，以捐资捐物和采购农产品的形式，帮助农民提高经济收益，对他们给予经济上的支持，帮助他们解决实际困难。二是开展了同心•合作共建，叶青大厦结合怀柔区发展规划，在怀柔区渤海镇北沟村，投资5000万元与当地乡村合作兴建一座旅游精品国际酒店，充分依托当地有利的自然环境，同时把集团五星级写字楼的先进物业管理经验融入其中，形成新型乡村社区管理新模式，为解决当地富余劳动力提供了岗位。三是开展了同心•党组织共建，与怀柔区渤海镇北沟村开展党组织共建工作，共同打造“叶青•北沟党员之家”，通过共建活动，在带动乡村思想政治建设和精神文明建设的同时，也为大厦党委开展党员、统战成员教育建立了基地，起到了很好的宣传和教育作用，为城乡共建和推进城乡一体化建设做出了贡献。

四、以活动凝聚促进和谐建设

一方面大厦党委将党建工作与构建和谐的楼宇文化相结合，针对青年员工的个性特点和兴趣爱好，开展了群众性的文化生活和多样性的文体活动，如叶青大厦乒乓球比赛、党员迎新年联欢会、激情滑雪一日游、快乐爬楼比赛等。另一方面叶青大厦党委打破了以往党组织活动仅向本组织所属党员开放的模式，将统一战线作为党建工作的延伸，邀请非中共优秀人士与党员一起参加活动。在创先争优活动中，叶青大厦党委启动了“324”工程，即：以“三百”为目标，培育百个健康成熟企业、评选百名优秀共产党员，推荐百名社会领域党外人士列入统战工作视野；深化“两推”工作，每年推荐20名社会领域非中共优秀人事参加工商联等组织参政议政或推优入党；注重“四个结合”，与巩固和深化科学发展观实践教育活动成果紧密结合、与积极参与朝阳区推进“新四区”发展战略紧密结合、与加强党内民主制度建设紧密结合、与实践基层党组织统战工作社会化紧密结合。在统一战线工作的不断深化下，叶青大厦党委的工作覆盖面进一步扩大。同时，大厦党委不断加强与民主党派的合作共建，去年10月在北京市委统战部和民建组织的指导支持下，率先在叶青大厦成立民建支部。今年5月26日和6月14日，在上级领导的关怀下，叶青大厦又先后成立叶青大厦侨联组织和叶青大厦党外知识分子联谊会，进一步为非中共优秀人士参政议政拓展了平台，受到了驻厦企业的热烈欢迎。

今年4月13日，中共中央委员、全国政协副主席、中共中央统战部部长杜青林在北京市委常委、统战部部长牛有成等中央、市、区主要领导同志的陪同下来到叶青大厦视察商务楼宇统战工作，对叶青大厦党委支持统一战线工作给予了高度评价，对驻厦企业优秀员工在推动国家经济建设和社会发展中发挥的作用给予了高度赞扬。同时也为继续探索创新楼宇统战工作，发挥楼宇统战工作优势作用作出重要指示：“楼宇统战工作凝聚起来才有希望，组织起来才有作为，行动起来才有价值。”

多年来，以党建为龙头的企业发展模式，使得叶氏集团越来越规范和成熟，叶青大厦也越来越健康和谐。叶青大厦党委将坚持以商务楼宇党建工作引领和谐企业建设，不断深化创先争优活动，主动参与新农村建设，承担起更多的社会责任，为建设社会主义和谐社会贡献力量！

复星集团：党建是提升企业软实力的保障

复星集团党委

“在复星最近十年的成功发展历程中，党建工作始终把董事会的难点作为企业党组织工作的重点，把握好‘党的要求、社会需求、企业追求、员工诉求’四者的有机融合，不断提高企业党建工作有效性，使之成为提升企业发展软实力的坚强保障和有力支撑。”谈起党建在企业发展中的作用时，复星集团党委书记、副董事长兼CEO梁信军深有感触地表示。

2001年7月，在中共上海市委、中共普陀区委的指导和支持下，复星集团成立了上海第一家民营科技企业党委。10年来，复星集团党委围绕中心抓党建、抓好党建促发展，使党建成为提升企业发展软实力、推动生产力向前发展的重要保证，党建工作促进了企业又好又快发展。2010年，复星集团实现营业收入446亿元，净利润42亿元，合计上缴税收69亿元；连续数年稳居中国企业前100强，连续4年蝉联中国民企纳税总额第1位。

复星集团党委自身也获得了长足发展。据了解，复星集团党委现下设3个产业党委、2个直属党总支、1个直属党支部。集团党委先后获得首批“上海市非公有制企业五好党组织”、“上海市非公有制企业党建工作示范点”、“全国先进基层党组织”、“上海市学习型企业标兵单位”、“上海市劳动竞赛先进集体”、全国非公企业“双强百佳党组织”等荣誉称号。

创新组织建设

据梁信军介绍，近10年以来，复星集团党委从实际出发，摸索党组织在企业中的地位和作用，不断创新工作机制，加强组织建设，加大党建工作力度，为企业发展提供组织保障。

完善组织体系形成党建合力。复星集团党委积极发挥党组织核心作用，完善工作机制，参与组织管理。在纵向上，探索完善，形成了“党委建在产业上、支部建在项目上”的党组织覆盖架构，确保组织活动有效开展；在横向上，明确各管理职能部门、群众组织在加强党建工作中应承担的责任和义务，形成党建工作合力。

创新机制加强组织建设。建立党组织负责人选拔机制，由党员大会直接选举产生最受群众信赖、最优秀的党员行政人员担任各产业党组织负责人。建立基层支部书记预备培养机制，针对民营企业人员流动快、区域分散等特点，对支部书记进行1∶1预备培养，做到早准备早培养，确保党的工作有人做，不断线。借助集团职工优秀人才分会这一平台，在工作实践中发现人才、培养人才，推动优秀人才加入党组织队伍，使党组织干部与企业行政干部形成互动、互通。完善党员日常管理机制，制定《党员、入党积极分子考评手册》，要求每一位党员和入党积极分子做10件实事好事，以实实在在的活动体现党员先进性。

围绕中心工作开展组织活动。复星集团2009年4月牵头负责筹建中国民营企业联合馆并负责世博运营期间的保障工作，为保证建设和运营服务安全高效，复星党委率先成立世博会民企馆临时党委，发挥了党组织的政治优势，保障了民企馆的正常运行。世博期间，中国民企联合馆共接待中外游客213万人，其中VIP嘉宾超过11万名，成为具有良好口碑的人气场馆之一。

注重价值引领

梁信军认为，企业文化价值观是企业核心竞争力的重要体现，党组织应该积极有为，成为企业文化的倡导者、实践者和推动者。

据了解，复星集团积极将价值引领作为文化建设内核。集团党委积极协助企业经营管理层确定企业发展方向，准确把握和深化企业文化内核。创业之初复星提出了“修身、齐家、立业、助天下”价值理念，注重学习、追求团队合作、规范透明、阳光创富。随着企业的多元化战略的实施和推进，2006年复星集团党委协助公司提出了“汇聚成长力量”品牌理念，汇聚具有共同价值观的各种力量。在此基础上，进一步提出了“创造价值、分享发展”的核心价值观，为企业发展奠定了团结奋斗的共同思想基础，引领实现了股东、管理层、员工的共同价值取向。

坚持引导企业切实履行社会责任。在加快复星集团国际化进程中，复星集团党委积极倡导创建环境友好型、资源节约型、社会友善型的企业。通过科技教育基金、扶贫帮困基金、慈善医疗基金等不同方式向社会奉献爱心，历年捐赠累计超6亿元，特别是去年以来主动协调推动其他民企一起建设阳光向上、自律发展的健康商业生态环境。上海世博会期间，牵头15家行业领军企业共同建设运营上海世博会中国民企联合馆，为世博会成功举办做出了积极贡献。

复星集团的努力赢得了社会的认可。复星集团连续两年被《福布斯》中文版评为中国内地民营企业慈善榜排名第二。郭广昌董事长先后荣获中国光彩事业奖章和中国最富有社会责任感十大民营企业家称号。复星医药、复地集团、高地资产三家企业被评为上海市文明单位。复星集团荣获“全国最具品牌影响力十大企业”、全国先进民营科技企业、全国“双爱双评”先进企业、全国慈善十大企业、全国先进企业科协以及“上海市五一劳动奖状”、上海市员工最满意的“十佳企业”、上海市模范职工之家、上海市科普示范企业、上海市特色工会成果奖等荣誉称号。集团党委已经成为推进优秀企业文化的倡导者、实践者和推动者。

实施人才战略

复星集团党委坚持党管人才、人才兴企的思路，树立“以发展吸引人，以事业凝聚人，以工作培养人，以业绩考核人”的人才观，积极开展创业型团队、学习型组织的建设，提倡团队竞争，整体提升员工综合素质。

复星集团围绕公司战略重点，积极实施人才战略。建立“引进老师”等人才引入和培养机制，近年来，引进总监以上管理人员上百名，硕士以上专业人才上千名。同时，集团党委始终秉持“把骨干发展成党员，把党员培养成骨干”的思路，注重党务干部培训与企业高管培训的结合，既注重培养党员的理论知识，又提高他们的经营管理能力，从而造就一支复合型骨干队伍、一支兼职的党建工作志愿者队伍。2011 年，为适应全球化发展战略，打造一支具有全球资源整合能力的中国专家团队，集团以建立复星的“黄埔军校”——复星党校和管理学院为平台，分类分层次开展人才实战培训和网上培训。

凸显科技特色

复星集团是一家依靠科技创新发展起来的企业，推动科技进步是企业发展的永恒动力。据了解，复星集团党委成立以后，就把服务企业科技创新作为重要工作摆上议事日程。

2001 年 10 月，复星集团成立了上海第一家民营企业科技协会，积极发挥了三大作用：一是为科技人员提供一个相互学习和交流的场所，不断提高企业科研管理整体水平；二是通过组建各类协会，形成企业内部职称评定和专业水准鉴定权威；三是整合集团内部各种资源，构建各合资合作企业和各产业的服务平台，成为集团党委与企业科技人员沟通联系的桥梁纽带。

据了解，复星集团党委重点推进党建特色活动，设立了“岗位科技创新奖励基金”。每年拿出 20 万元，奖励在岗位学习中写出高质量文章、在岗位创新活动中作出重要贡献的员工。活动开展以来，成效显著，近三年申报新发明专利 318 项，其中产品专利 258 项。复星集团获得国家科技部及五部委的奖励和“上海市职工科技创新示范基地”荣誉。

从 2010 年起，复星集团把发展目标定位在：“成为专注中国成长动力的世界一流投资集团”。希望凭借业已形成的遍及全国的产业布局、商业网络渠道、业务商务资源，积极对接、投资全球“升级消费、资源能源、金融服务和工业化升级”领域的知名企业、领先品牌，积极实践“中国动力嫁接全球资源”的特色业务模式，在中国企业全球化道路上探索出一条风险小、效益高的独特路径。

梁信军表示，在追求这一更高的奋斗目标的过程中，复星集团党委将继续坚持把推动企业的健康发展作为第一要务，坚持党的要求、社会需求、企业追求、员工诉求有机结合，与时俱进抓创新，探索实践求实效，努力把集团党委建成党的路线方针政策的贯彻者、科学发展的推动者、企业和社会稳定的维护者、企业各方利益的协调者、企业文化的引领者，为落实“十二五”发展规划做出新贡献。

三一重工党建之路探访：把党的理想化作企业梦想

三一重工集团党委

在民营企业如何开展好党建工作，发挥好党组织作用，促进非公有制经济又好又快发展，这是事关党的执政能力建设和当代中国经济社会发展的时代命题。在湖南，民企标杆三一集团坚持“创先争优”不动摇，以自己的生动实践做出了精彩回答。

十几年来保持每年 50%以上的增长，2007 年实现销售额 135 亿元，2008 年为 209 亿元，2009 年实现 300 亿元，今年将突破 500 亿元……

这是三一飞速发展的一组数据。如今的三一，是公众眼中不断做大做强的民营企业，是国内具有国际声誉的民族企业标杆。

与之辉映的，还有这样一组数据——三一现有党员 2000 多人，是湖南省党员人数最多的民营企业；三一核心决策层 60%是党员，在中层干部中，党员比例超过 30%；三一每年下拨不低于 100 万元的党建专项经费……

这组数据，在全国民营企业中同样少有媲美者。

“紧紧依靠党建工作，促进经济发展，是三一长期以来的法宝。”三一董事长梁稳根说。

长达 20 多年的个人追求

“我入党的日子与我的生日一样，记得很牢。”直至今天成为外界公认的湖南“首富”，各种荣誉纷至沓来，对于梁稳根来说，2004 年 5 月 20 日从来没有在自己记忆中褪色。这一天，他终于站在了鲜红的党旗下，激情洋溢地宣读入党誓言。而为了这一刻，他已经等待了18年。

1983年，梁稳根大学毕业分配到兵器工业部洪源机械厂。上班伊始，他的改革想法就折服了当时的管理者，很快被提升为厂体改办主任。“在这里，我继大学之后，第二次递交了入党申请书。那时我已经当了处长。”

在梁稳根下海后，又向地方党组织递交了入党申请书。1990年，当时的湖南省委主要领导非常关心梁稳根申请入党的事，并嘱托娄底行政专员唐之享去办理。但随后，梁稳根被遗憾地告知：因为企业雇员人数超过七人，他不能入党。这样，梁稳根三次申请都没有入成。

党的十六大以后，允许雇员人数超过8人以上的民营企业老板入党了。2004年5月20日，梁稳根成为三一党委成立以后的第一个入党培养对象，终于圆了孜孜以求20多年的入党夙愿。

“我加入共产党以后，把党的事业和三一事业融为了一体，三一才真正找到了方向!”2007年10月，在北京梅地亚新闻中心，十七大代表梁稳根在接受31家中外媒体采访时感慨万千。

民企发展也离不开党

华为CEO任正非有一个著名的论断：“一个企业如果不认同主流意识形态，哪怕有天大的本事，也将一事无成。”

从大学生到国有企业中层干部再到民营企业董事长，不管身份怎么转变、无论财富有多少增长，梁稳根对党的满腔热忱从来没有改变过。与时俱进的是他对党的认识、对民企党建工作的认识。

梁稳根坦陈，自己最初入党的动机不很明确，只觉得是一件很光荣的事，因为当时农村女孩找对象都要找党员。直到自己开始创业以后，才懂得入党要有追求，才认识到只有与党的事业联系起来，才能实现自己的理想。

“中国没有共产党，就没有改革开放的形势，也没有民企发展的沃土，三一能够破土而出，完全得益于党的改革开放。”五年来，三一跨越发展形成60%的年平均增长规模，营业额突破300个亿以上。而在2004年以前，营业额为20多个亿。梁稳根感慨地说，其中的重要因素之一，在于党建工作产生“一股强大的精神动力”。

与此同时，梁稳根开始主动思考另一个重大问题：中国民营企业飞速发展，产值占全国总GDP的半壁江山，在湖南达到60%以上，新增就业占80%。如何让党牢牢占领民营企业这块重要阵地?“加强民企党建工作力度，是提高党执政能力的重要方面!”梁稳根掷地有声，作为民营经济的代表，三一必须存忧党之心、负兴党之责!

三一党委书记向文波也在多种场合表示，加强党的建设，三一义不容辞。为此，集团设立了专门的党委办公室与党员活动室，成立湖南省首家民营企业党校。

让党建工作深植企业文化

党的建设与企业文化建设，着力点都是在思想层面。三一把握两者的共同点和结合点，让党建工作根植于企业文化之中，形成一种持久的动力。

出生于1986年9月的田防青，2006年加入三一重工起重机公司，2008年因表现优秀当选为臂架班长，2009年被提名为起重机公司送读中南大学的优秀员工。2009年，田防青递交了入党申请书，光荣地成为预备党员。“在我身边，许多有能力、有影响的员工都是党员。很自然地，入党成为了三一很多80后员工的追求。”田防青告诉记者。

把党员培养成优秀员工、把优秀员工培养成党员，田防青的故事是三一党建举措“双培”计划的一个典型。近年来，公司每年都有数百名青年积极向党组织靠拢，在新党员中，有80%以上是管理技术骨干。

认识决定高度，态度决定成败。如今，在三一，董事长梁稳根个人对党的高度认知，已经成为三一董事会、三一员工的普遍认识。集团的党员活动室曾经是梁稳根的办公室，现在成了一间专门供党员们交流和活动的场所。在这里，每月一次雷打不动的党员例会，通过电视电话视频系统，传输到三一集团在全球的每一个角落；在三一，每天早上响起的第一支歌是《歌唱祖国》……

三一党建工作开展得既轰轰烈烈又扎扎实实，在这里，党的追求理想已然化为企业的发展梦想!

党建为力帆插上腾飞翅膀

冉隆松

力帆力帆，卓尔不凡。这是社会上广泛流传的一句赞美词。近些年来，力帆集团党委紧紧扭住“发展为本、党建为魂”这根弦，围绕企业生产经营目标，充分发挥党组织战斗堡垒作用和党员先锋模范作用，演绎出了一曲经济建设、党建工作“水乳交融、互促共赢”的腾飞乐章，企业从一家生产摩托配件的小作坊成长为多元化经营的大航母。集团公司连续多年入选中国企业 500 强，连续 4 年实现销售收入超 100 亿元。集团党委先后荣获“全国先进基层党组织”、“重庆市先进基层党组织”、“重庆市‘两新’党建工作示范党组织”等称号。

一、构筑坚强有力的战斗堡垒，促力帆飞得更稳

一是建组织。在企业刚满 4 周岁的时候，1996 年，力帆较早地成立了党支部。随着企业做大做强和党员队伍壮大，党支部于 2000 年升格为集团党委。下设 1 个党委、1 个党总支、11 个党支部，形成了党委、党总支、党支部、党小组四级管理体系。二是强班子。为有利于党组织发挥作用，集团党委按照党政“双向进入、交叉任职”要求，除 1 名党委书记和 1 名总支书记为专职党务工作人员外，其他党委成员、总支成员、支部书记均为集团副总裁或下属公司总经理、经理等。党组织班子成员中 2/3 以上进入了企业领导层，从制度上保证了党组织参与企业重大决策，提高话语权和引导力。三是壮队伍。力帆乘用车有限公司是力帆集团下属的一个子公司，最初只建立党小组，有党员 13 名。后来通过发展党员和转入党员，党员增加到 21 名，成立了党支部。现在，力帆乘用车公司党员已达 334 名，党支部升格为党总支。目前，力帆集团共有党员 530 人、入党积极分子 60 人。企业高层管理人员中有党员 150 人，约占党员总数的 30%。党员已成为推动力帆腾飞的“红领方阵”。

二、构建创先争优活动平台，促力帆飞得更快

一是大力推行党员“三带头四公开”。“三带头”，即党员带头宣讲政策、带头维权服务、带头技术攻关。“四公开”，即公开党员身份、公开工作岗位、公开党的活动、公开工作绩效。“三带头四公开”，使党员亮身份、亮形象、亮工作、亮贡献，有效激发了党员工作动力，增强了党员先锋意识，促进了群众对党员的全程监督。由于集团公司研发、生产、经营的骨干人才大多是党员，而且党委把组织党员技能提升、技术改造、科研攻关、创意创新作为服务促进企业发展的主要工作来抓，因此党员成为了企业又好又快发展的第一推手和第一资源。在集团研发的 4448 个国内外专利中，党员带头攻关、参与设计开发的达 60%以上。

二是坚持实施党组织“五大行动”。在“金点子”行动中，党组织动员、组织广大党员积极为企业生产经营出谋划策，多提合理化建议。在“好伯乐”行动中，凡是集团人员调动、聘任必须征求所在单位党组织的意见，集团党委建立青年人才和后备干部库，每年进行青年人才和后备干部推荐，近年来，先后向集团推荐了 50 多名干部，这批干部成为了企业的中坚力量。在“啄木鸟”行动中，集团党委设立董事长信箱和书记信箱，发动党员和员工对企业工作提意见、挑毛病，为企业把脉、开药、治病。在“三讲评”行动中，围绕讲评产品质量、讲评工作质量、讲评服务质量的要求，促使党员、员工牢固树立“质量就是企业生命力”的意识，进一步增强企业竞争力。在“动力源”行动中，集团党委及时宣传报道工作典型，表彰奖励先进党组织和优秀党员、员工，兴起争先进、学先进、赶先进的热潮，营造奋发有为、昂扬向上的工作氛围。

三、构思务实管用的工作方式，促力帆飞得更高

一是工作上分，思想上合。党委在领导群团、精神文明建设、思想政治工作等党建工作中当好主角的同时，在企业经营管理中坚持当好配角，与企业行政同舟共济，形成推动企业发展的强大合力。二是任务上分，目标上合。在工作中，党委不干涉具体行政事务，不干预具体经营活动，不干扰企业重大决策，但主动搞好保障服务、主动参与研究决策、主动提出意见建议，为完成企业目标、实现企业腾飞凝聚智慧和力量。三是制度上分，行动上合。党组织、群团组织严格按各自规章办事，但工作上协调配合，行动一致。党委书记、团委书记、工会主席坚持参加总裁办公会，及时了解公司生产经营等情况，反映党员、员工对企业的意见、建议和要求，使企业党的工作与行政工作形成良性互动。近年来，力帆集团始终保持着良好的发展势头，各项经济指标处于行业前茅。在抗击金融危机冲击中，力帆折冲樽俎、逆势飞扬，继续保持行业领先水平。力帆股票 2010 年 11 月 25 日在上海证券交易所隆重上市，成为国内资本市场首家民营车企，也是全球金融危机阴霾消散后的第一家上市汽车、摩托车板块企业。

四、构造责任企业的公众形象，促力帆飞得更远

一是突出人本管理。本着贴近党员需求、贴近员工需求、贴近企业需求的“三贴近”原则，真情关心党员和员工，坚持做到“五必访”，即：员工有喜事必访、有挫折必访、生病受伤必访、重大家庭变故必访、

节日对老干部和困难员工必访，送去党组织的关爱，体现“家”的温馨。根据重庆地区CPI的变化，多次上调员工工资和“五险一金”基数。投资40多万元修建多功能活动中心，广泛开展“唱读讲传”、技能培训等活动，丰富员工精神文化生活，提高员工就业再就业本领。二是热心公益事业。树立“致富思源、富而思进”意识，响亮提出和倾力实施力帆式“光彩工程”。公司成立至今，慷慨解囊5000多万元，在全国修建了100所力帆“光彩小学”。截至目前，力帆集团累计向社会捐赠善款7000多万元。力帆集团热心公益慈善、敢于社会担当的企业精神，犹如力帆的品牌效应一样，在企业界和社会上广为传播。

（作者系重庆市委两新工委研究室干部）

安利(中国)日用品有限公司抓党建促发展

蓝　文

从1995年进入中国市场开始，安利公司就充分认识到外资企业是非公经济的重要组成部分，积极开展党建工作，发挥党组织的战斗堡垒作用和党员的先锋模范作用，既可以为企业正确发展提供保证，又可以为企业做强做大提供动力支持。

抓党建促发展成为公司的自觉行动。10多年来，安利公司始终坚持结合自身特点和经营实际，加强组织建设，发挥党员作用，促进党建工作与企业发展互惠共赢。

在组织建设方面，安利公司是中国外资企业党建工作的先行者。

开业第二年，公司即在广州总部成立了党支部，开始了党建工作与外企文化融合的探索。2005年4月，江苏南通分公司成立党支部，成为南通私营企业联合委员会党委领导下的第一个外资企业党支部。2007年6月，北京分公司党支部成立，成为外企云集的北京市东方广场写字楼内第一个企业党支部。2009年，经上级党组织批准，广州党支部及北京党支部分别调整为党委和党总支。2010年，盐城分公司、江西分公司、天津分公司、启东分公司、内蒙古分公司党支部成立，上海党总支成立直销人员党支部，开直销行业从业人员党建工作先河。同年，公司分布各地的15个党员活动室正式挂牌……

本着成熟一个发展一个、既不盲目激进也不限制发展的原则，安利（中国）公司党组织建设稳步推进，覆盖面不断扩大。截至目前，安利公司共成立党组织29个，覆盖17个省区市，员工党员超过420名。

在开展工作方面，安利（中国）公司创新举措、提高效率，建立从上到下的学习机制，定期邀请政府主管部门、党校专家教授讲课，介绍国家方针政策，帮助企业高层加深对国家政策法规的了解和认识；利用党组织优势，建立企业与地方政府、企业与相关职能部门通畅有效的沟通渠道；创办《党建时讯》、《安利党建通讯》等电子期刊，为员工党员提供便捷、统一的学习资料；推广“每天一刻钟”学习活动，让学习成为每日工作的一部分，提升员工整体素质……

卓有成效的党建工作强化了党组织对企业的政治引领力，提升了企业的核心竞争力，增强了员工队伍的凝聚力，成为安利公司健康发展的强大动力和重要保障。

同时，安利公司在非公企业党建领域的努力创新，得到上级党组织的认可和表彰，公司成为非公企业党建领域的先进典型。

2011年，安利北京分公司党委获得全国非公有制企业“双强百佳”党组织称号，该分公司成为唯一获此殊荣的外商独资企业。

2012年3月，安利北京分公司党委书记余放代表公司参加全国非公企业党建工作会议，并作为外资企业代表发言。

2012年11月，在党的十八大首场记者招待会上，安利公司因党建工作成绩突出，受到相关领导点名表扬……

据统计，从1996年第一个企业党组织成立至今，安利公司各地党组织荣获嘉奖110余项。

“这些荣誉不仅是对安利公司党建工作的肯定，也对我们下一步工作提出了更高的要求。在未来的日子里，我们将进一步发挥基层党组织和广大党员的作用，带领30多万名营销人员，建立更多的战斗堡垒，为促进科学发展、构建和谐社会，奉献更多的力量。”安利公司负责人表示。

据悉，安利（中国）公司将努力实现3个目标：一是保持在非公企业党建领域的标杆地位，继续探索企业党组织与公司业务发展相融合的发展方式，组织与公益和志愿服务相结合的品牌活动，塑造专业、积极、有社会责任感的外企党员新形象，争做“让组织放心，让消费者认同”的企业。二是结合公司业务发展，逐步推进党组织覆盖范围，直到实现公司经营区域党组织全覆盖。三是进一步加强党员队伍建设，采取“统一思路、各地培养”的方式，统一公司内部党员队伍建设思路、党员甄选评价标准，因地制宜开展形式多样的活动，持续发展和培养党员，在壮大党员队伍的同时，提高党员素质。

天福集团总裁李瑞河：最靓招牌是党建　建议台企试试

廖珍妹

天福集团总裁李瑞河的名字，绝对响当当。因为他投建了世界最大的茶博物院和全球第一所茶叶高校，去年9月，天福集团成为在港上市茶企“第一股”。

但是，介绍到天福的特色，李瑞河会告诉你：天福最靓的招牌是党建，是共产党员。

李瑞河告诉导报记者：“我亲眼见到台企党建模式的好处，作为台资企业，我要呼吁我的同行兄弟们大胆用。”

这一模式，也得到省委组织部的肯定。如今，漳州市委在全市推广台资企业党建“天福”模式。

李瑞河：共产党员让企业发展了

李瑞河回忆，刚到大陆投资时，对共产党员知之甚少。一次偶然谈话中，他得知，贴身助理林伯琪，财务经理、保安经理，甚至司机等全是共产党员。这一度让身为台湾国民党员的李瑞河，笑称“原来，我一直处在‘四面共歌’当中啊”。

1999年，开明的李瑞河，决定在台资企业中成立党支部。如今，天福集团有200多名党员。企业主管中，80%是共产党员，中层干部90%是党员。2011年9月15日，集团党委荣获全国非公有制企业“党建强、发展强”双强百佳党组织。

实践证明，这些共产党员不负众望。李瑞河在接受导报记者采访时说：“我亲眼看到了，共产党员发挥作用让我的企业团结了，发展了。”

“包括我的儿子在内，都看到共产党员以身作则，不仅一点负面作用没有，还让企业更加团结、发展。所以我希望，台企的兄弟们都去看看。”李瑞河说。

党组织推荐的人才，从未被拒

一个不负众望的党组织领头人——林伯琪，带领共产党员冲在了天福发展的最前线。

林伯琪说，在天福发展中，天福茶博物院、天福茶学院等各个项目的立项、跑、谈、施工、经营管理，协调员工关系等等，全是共产党员在主抓。

林伯琪回忆说：“老板（李瑞河）看在眼里，所以他经常跟台商朋友介绍，他大部分时间不在企业，将企业的事务交给党组织管理，他放心。”

据了解，在天福内部，有个叫“乐捐”的规定：所有违反纪律的人，必须要接受资金处罚，罚金用于做善事。而李瑞河告诉导报记者，所有违纪“乐捐”的名单中，没有一个共产党员。

正是这种相互信任，李瑞河定下两条非明文规定：1. 党员借款不需要担保人；2. 公司中层岗位及主管选调，共产党员优先，员工要担任企业中层领导职务必须经过党组织推荐。

林伯琪补充说：“至今，只要是党组织推荐的人才，李瑞河先生从没拒绝过。”

省委组织部肯定“天福”模式

在党组织与企业的齐抓共建下，天福集团壮大了，成为漳浦首个纳税上亿元企业。

在这一发展过程中，漳浦县委组织部的一位工作人员，很有感触。2009年，面对金融危机冲击，漳浦县委组织部及时与天福管理层沟通，实现了“三不”口号的实施：3年内不裁员、员工薪俸不减、不拖欠员工工资。这一举措有效地稳定了人心，促进天福度过金融危机，稳健发展。

“我们的作用是调动、发挥党员作用，让企业、员工清清楚楚看到效益。我们将组织部门的作用，概括为‘亲商、安商、扶商’的对台资企业理念。”该工作人员说。

漳州市委组织部相关负责人表示，“天福”党建的精髓，恰恰在于，创造性地将台企党建与企业生产经营、员工队伍建设和践行社会责任紧密结合。用三句话概括就是：为企业争效益、为员工谋福利、为党旗添光彩。

今年7月24日，省委常委、组织部部长姜信治在漳州调研基层组织建设时，给予高度评价。

“天福”模式要做成品牌

十几年磨一剑。台企党建经过十几年的发展，终于出成果了，那么应该如何推广、利用，让它惠及更多漳州台商，甚至是所有非公企业呢？

导报记者在漳州市委办《关于进一步加强基层党建工作机制建设意见》通知中，找到了答案：漳州将以台资企业党建工作“天福”模式为蓝本，推行党建与非公有制企业发展互促共赢的党建工作模式。做大做强漳州市台资企业党建品牌，提升漳州市非公有制企业党建工作水平。

除了规定的出台，我们还欣喜地看到了近期的目标任务：确定首批数十个非公企业进行试点推广，年底前培育一定数量党建强、发展强的台企党建工作示范点。

漳州市委组织部相关负责人说，台企党建“天福”模式，是漳州经过十几年实践探索出来的，可以说是漳州党建工作的一张“名片”。接下去，市委、市政府准备将这一模式打造成能够有力推动党的建设与企业发展共促双赢的党建科学化路子，让这一模式受到业主认可、党员欢迎、群众支持，并为全市非公有制企业党建工作提供一个好的样板。

天福党建模式

包括“三先”解疑虑；“三双”抓组建；“三为”强作用；“三创”求共赢。

• “三先”解疑虑：先交心得理解，先服务获信任，先表率赢认可。

• “三双”抓组建：双向进入强班子，双向融合强机制，双向培养强队伍。

• “三为”强作用：为企业争效益，为员工谋福利，为党旗添光彩。

• “三创”求共赢：争创模范企业典型，争创党建文化品牌，争创两岸交流平台。

浙江正泰集团党委——丰富载体提供“适销对路”的服务

魏 杰

非公经济的快速发展和非公经济从业人员剧增，对我国经济、社会发展带来广泛而深刻的影响。在非公企业中，党组织的服务功能怎样体现，基层服务型党组织怎样建设？

面对这个没有现成答案的崭新课题，浙江正泰集团党委的经验或可借鉴。十多年来，正泰集团党委把自身功能定位在“帮助、督促董事会和总裁班子把企业做大做强，服务、凝聚、团结职工群众”上，通过党、工、团与行政班组“四结合”的共建载体，把党的政治优势转化为企业发展优势，赢得了出资人和企业员工的认同。

沉下去，落到底——把党、工、团小组建在行政班组上

“建设基层服务型党组织必须要沉下去，落到底。企业的底在哪里？就在班组。”正泰集团党委书记林可夫介绍道，正泰集团1993年建立党支部，1998年建立党委，下辖45个支部，共有党员1100多名。为使党组织的服务载体建设贴近实际、贴近员工，集团党委将党、工、团小组直接建在行政班组上，开展了“四结合”班组建设。

其中，党小组负责抓好员工学习，掌握员工思想动态；工会小组重在民主管理，切实维护员工合法权益并解决员工后顾之忧；团小组负责岗位学技术、岗位练兵、技术革新、人人成才和组织业余文体活动。党、工、团小组长各司其职，帮助行政班组长实现“负责任地做好产品”目标。

“我们班组有112人，以前就我一个人开展工作，现在党、工、团几位小组长能够第一时间发现问题，大家一起解决，给我帮助很大。”配电电器制造一部一车间DZ15LE班组行政班组长付庆根说道。零部件制造部焊接加工部一车间三组行政班组长杨谋圣则发现，“四结合”活动开展以来，职工产能增长了8%，产品的一次送检合格率也提高到了99.7%。

如今，正泰集团党委已经建立了287个“四结合”班组，占到了行政班组总数的85%，今年年底将实现全覆盖。目前，集团党委又把妇联小组建在班组上，“四结合”班组正在向“五结合”发展。

“你需要，我服务”——提供“适销对路”的服务

今年夏天，温州气候格外炎热，企业出现了员工流失现象。洞悉这一情况后，党委办公室立即牵头解决，调整起点工资、改善工作环境，稳定了员工队伍。

“服务不是‘我决定，你服从’，而是‘你需要，我服务’，党组织就要解决员工工作生活中的实际困难和切身利益。”——林可夫道出了集团党委的服务理念。

然而，集团员工人数众多，怎样获悉员工的需求？党组织提供的服务怎样才能“适销对路”？

一方面，遍地开花的“四结合”班组，及时将需求信息传递上来。集团党委还推行了“五必谈，四必访”制度——要求基层党组织负责人对每名员工做到“岗位变动时必谈，受到批评或奖励时必谈，遇到困难时必

谈，与人发生矛盾时必谈，提干或入党时必谈；家庭有纠纷时必访，生病住院时必访，生活有困难时必访，家有丧事必访”，了解员工具体的、个性化的需求。

另一方面，集团党委从2011年开始实行“年度民生工程”制度，每年年初持续一个月左右的调研，摸清楚员工的共性需要。

例如，针对流水线上的员工长期重复一个动作的问题，有的班组就实行了轮岗调岗机制；针对员工的发展需求，党委与人社部门合作开展培训，去年仅正泰温州地区，就开出了1700门课程，6万多人次参与；针对员工业余生活单调的问题，在集团党委的争取下，集团出资1200万元建设了2000多平方米的职工之家，每晚吸引几百人来这里活动。

对于流水线作业的企业，员工心理健康问题不容忽视，针对这一需求，集团党委、工会实行了EAP计划（员工援助计划）。该计划构建了三级心理干预机制，专门培养了一支心理咨询师队伍，目前共培养84名心理咨询师，其中8人得到国家级认证。

“生活中难免有不少的压力与困惑，心理健康援助服务给了我很大帮助。”一位接受过心理咨询服务的员工说，心理服务给她带来了归属感。在如今招工难成为制造企业重大难题的背景下，正泰的员工队伍维持了稳定。

延伸服务范围——党建标准向上下游企业输出

今年3月24日是个星期天。这天，正泰集团党建指导员吃过午饭就冒雨赶到协作企业浙江中大电缆制造有限公司，就“四结合”班组建设等党建经验进行指导、交流。

比照正泰经验，中大公司党支部让党员、工会、妇联干部走到重要岗位上带动员工。一段时间后，党支部书记发现了变化：往年每次献血通告贴出去，参加者寥寥无几，今年竟然有二十多人报名参加。

这是正泰集团党委服务上下游企业党建工作的一个生动缩影。

随着企业发展壮大，正泰集团去年销售额破300亿元，上下游企业总共有800余家，这些企业的整体实力关乎正泰集团的可持续发展，于是，集团以党建为突破口加强与产业链企业的合作发展。

一方面，集团党委服务上下游企业的党建工作。采取输出党建工作标准、开展支部结对共建、选派党建指导员等多种形式，帮助上下游企业建设服务型党组织，促进企业服务员工、凝聚人心。去年6月以来，集团党委在供方企业中建立了16家支部，在销售企业建立了5个支部。

另一方面，集团党委服务上下游企业的发展。通过党组织结对共建等途径，及时反馈市场信息、进行技术交流合作等，帮助企业调整发展战略、提升水平。

“不论是服务员工，还是服务产业链企业，终极目标还是搞好生产，让企业以优质产品服务社会赢得市场获取利润。”林可夫说。这也引发了出资人南存辉的认同：“这些年来，正泰党委以其富有创造性的工作，为我们企业的发展做出了不可磨灭的贡献。”

（作者系《中国组织人事报》记者）

非公党建“卓尔模式”：党组织与企业发展同行

陈宇昕

“卓尔是湖北省非公企业的排头兵，也是湖北省非公经济组织党建的一面旗帜。”这是全国创先争优指导小组给予卓尔党建工作的高度评价。日前，湖北卫视《湖北新闻联播》节目头条播出《汉口北：让党员在非公企业有“娘家”》，非公经济党建有了“卓尔模式”：通过党建工作凝聚企业共识，通过组织活动发挥先锋作用，真正实现党组织建设与企业发展同行。

“企业发展到哪里，党组织就建到哪里；党组织建到哪里，群团工作就延伸到哪里；哪里有员工，哪里就有党的工作；哪里有党员，哪里就有党的组织。”这是卓尔企业党委书记、董事长阎志对企业党建工作的总体要求。在实际工作中，卓尔企业始终坚持把党建工作与生产经营紧密结合在一起，严格执行“五个同步”、“新三会一课”等工作制度。

党的领导和经营管理实现“一肩挑”

目前，卓尔企业党委下设5个党总支和18个党支部，所有总支书记都由党委成员兼任，同时兼任相关子公司的行政总裁或总经理，实现了党的领导和经营管理“一肩挑”。卓尔企业党委将传统意义上的“三会一课”制度与企业发展、联系职工有效地结合起来，找到了一条企业开展组织生活的有效途径：

一是党建与经营管理协商沟通会，每月召开一次。在每月一次的协商沟通会上，党委成员兼企业领导层都会就企业发展、党建工作和与职工利益密切相关的重大问题一起交换意见沟通思想，进行协商解决。

二是员工思想恳谈会，每两个月召开一次。卓尔企业党委将“人本”理念贯穿于企业党建工作的始终，引导企业尊重员工、善待员工，在依靠员工、凝聚人心中集聚活力。员工思想恳谈会本着上对企业负责、下对员工负责的态度，及时反馈给企业经营管理层，并协助做好思想政治工作，促进企业与员工之间的关系和谐发展。

三是党组织建言献策恳谈会，每季度召开一次。卓尔企业党委积极开展“我为卓尔做大做强做贡献”的献计献策活动，引导、鼓励党员和员工为企业发展做贡献，每季度组织召开一次建言献策恳谈会，通报企业生产经营状况和需要进一步强化的工作重点，对党员和职工群众提出的意见和建议进行归纳梳理，把创先争优与企业科学发展紧密结合起来。

四是总部大讲堂。卓尔企业创建并坚持了“总部大讲堂”的学习模式，定期聘请专家学者为党员和员工讲授丰富多彩的内容。同时，还结合企业实际开展各项培训，锻造高素质的职工队伍，为企业发展提供人才支撑。

卓尔还创立了“五个同步”工作制度：一是企业在登记注册新的子公司时，同步组建新的企业党组织；二是企业制订业务工作计划时，同步制定党建工作计划；三是企业安排资金计划时，同步安排党建工作经费；四是企业进行员工培训时，同步培训党员和申请入党积极分子；五是企业进行总结表彰时，同步表彰先进党组织和优秀共产党员。

基层党群组织与员工形成“合力”

在企业党组织建立之初，卓尔企业就同步建立起了共青团卓尔企业委员会、工会、妇联等群团组织群团组织，形成了党建工建双向联动机制，使群团组织功能与党组织功能相结合，做到了活动阵地同步建设、共同使用、优势互补，使基层党群组织和员工一起形成了创建和谐企业的合力，也逐步完善以党组织为核心、群团组织为基础、党员为支撑、团员和广大员工共同参与的组织网络。卓尔企业还坚持把群团组织作为发展入党积极分子的重要源头。

同时，卓尔科学整合资源优势，将群团组织活动场所与基础设施建设纳入到企业发展规划和党建工作规划，按照“共建共享、一室多用”原则，统筹规划、同步建设了“党员职工活动中心”、“工会妇联”组织办公场所、“谈心室”、“会议室”、“卓尔大课堂”等，进一步激活和拓展阵地服务功能。

企业党委还同步设立了纪律监督与风险控制委员会，由董事会成员出任委员会主任，着力加强对党员的理想信念、职业操守、社会公德、廉洁自律教育，形成了浓厚的廉政建设氛围。日常工作中，负责工程发包、建筑材料采购把关、质量监控、资产管理、广告发布的许多中高层干部，都自觉坚持“三不”原则：请吃不到，送礼不收，人情不讲，企业去年上缴现金礼品总额超过30万元。由于党员带头、预防在先，卓尔企业到目前为止从未发生过一例经济违纪案件。

汉口北国际商品交易中心是湖北省、武汉市两级政府的重点项目，从一期工程建成开业之日起，党的组织就与商家网点的建立相伴相生，使这个“中部最大、中国最好”的商品批发市场从起步就置于党的领导之下，同时也极大地增强了各路商家进场入户的决心和信心：有党组织在，我们一百个放心！

通过组织活动发挥先锋带头作用

为了发挥党组织优势作用，促进企业科学发展，卓尔企业确定了党组织的中心任务——保证企业发展的正确方向；企业党组织发挥作用的主要途径，就是深入持久地开展各种丰富多彩的党建活动。

因此，企业党委紧紧围绕生产经营，持之以恒地开展了以“一个支部一面旗，一名党员一颗星”为核心内容的“党员责任区、党员先锋岗”等主题活动，把党组织的优势作用与企业发展紧密结合，着力解决企业面临的热点难点问题。

在活动开展中，每个党员都明确了各自的责任区，每个重要岗位都设立了党员先锋岗，各级党组织和广大党员在企业发展的每个阶段、在企业各个重要部门和关键岗位上，都以自己的政治核心和先锋模范作用把党的政治优势转化为企业的凝聚力、战斗力和核心竞争力。

汉口北党总支开展了“进社区、寻市场，解难题、送服务”活动，得到了商户由衷的赞许。为了规范管理，提高效率，企业党委还参与制定了《卓尔标准》，从统领企业发展的战略、规划，到企业的行动标准、行为规范、通行的各项管理规定等多方面进行了统一规定和详细界定，为企业党员和员工设立了行为准则，在非公有制企业的纪律建设方面取得了较大成绩。

卓尔企业党委先后被评为湖北省非公有制企业先进党组织、“全省非公有制企业双强百佳党组织”，被武汉市委组织部授予“创先争优先进示范点”，企业妇联被授予“巾帼创业基地”。

未来，卓尔企业将严格按照“组织创先进、党员争优秀、企业有发展、群众得实惠”的目标开展党的建设，把过去管用的做法坚持下去，把新鲜有效的经验探索总结出来，更好地实现党的组织和党的工作的全覆盖，让党的政治优势促进企业不断成长壮大！

浙江超威集团：落实“三三”机制　构建和谐超威

莫根虎

浙江超威集团，是一家专业从事动力型、储能型蓄电池研发和制造的全国行业龙头企业、香港上市公司。经过短短的十几年的快速发展，集团已从创立时销售收入的几十万元到去年的三百亿元。集团在发展过程中，不仅规模迅速扩大，销售连年翻番，而且十分注重企业和员工的利益共享，践行“三个理念”、构建“三个关系”、提供“三个保障”，努力构建和谐超威，得到了全体员工的高度赞同，并获得了“浙江省创建和谐劳动关系先进企业”荣誉称号。

一、践行三个理念，提高员工自我满意度

一是大力践行共赢共享理念，提高员工的幸福感。超威集团长期以来坚持以员工为本，努力使员工与企业共享发展成果。随着企业规模的扩大和效益的提高，员工的收入水平、社会保障、福利待遇等也得到了同步增长，外地员工能够享受免费公寓和夫妻房，公寓还配备了空调、彩电和网络等设施，享受住房公积金、通讯和车补等待遇。目前，超威的员工实现了“五个百”：即100%享受“五险”、100%签订劳动合同、100%签订集体合同、100%享受带薪年休假，100%享受年度体检，让员工有体面、有尊严地工作和生活。

二是大力践行绿色生态理念，提高员工的安全感。超威集团始终坚持以人为本、安全为重的原则，把职工的生命健康放在首位。长期开展“车间送健康、盛夏送清凉、寒冬送温暖”活动，在生产中引进了国内外先进环保设备和生产流水线，企业环保指数要求远高于国家标准，确保员工健康。并在酷暑严冬季节采取有效措施，保证舒适和生产环境。集团还建立了卫生保健网络，在各车间配备卫生保健员，《卫生保健手册》人手一册，为员工提供一个安全、放心的生产环境。

三是大力践行共同发展理念，提高员工的成就感。超威集团始终坚持人的全面发展，形成了“双六优先”的人才培养机制，优先把技术骨干、岗位标兵、劳动模范、爱岗敬业、遵纪守法、突出贡献的员工培养成党员，优先把优秀党员提拔任用、学习培训、评先表彰、奖励激励、推荐代表、职称晋升。目前，集团的部门和子分公司20多个负责人都是自身培养的，使企业成为全体员工展现才华、贡献智慧的大舞台。

二、构建三个关系，强化企业社会责任感

一是大力构建和谐劳资关系，强化企业的使命感。超威集团虽是民营企业，但又是上市公司，所以，集团一直以来将员工放在重要位置，关爱和善待员工，倾听员工的呼声，尊重员工的意见，保障员工的权利，解决员工的困难。在开展征集员工“金点子”活动中，很多建议和方案都得到了采纳，并产生了较好的经济效益和管理效率，极大地激发了员工的参与热情。当员工遭遇困难时，公司及时伸出援手，多种渠道为员工解除困境。今年以来，已救助困难职工121名，救助金额达80多万元。今年5月，集团还安排专人远赴山西广灵县，向身患重病的超威代理商曹中杰送去了17万元爱心款。

二是大力构建和谐社企关系，强化企业的责任感。说起蓄电池，人们很自然地要把它与环境污染联系起来。超威集团坚持把清洁生产、绿色生产、保护员工、保护环境放在首要位置，积极履行保护环境的社会责任。引进、安装国内外行业最先进的环保设备和自动化生产线，以更严格的国家标准进行生产，既保障了员工身体健康，也保障了周边百姓和环境安全，十几年来，一直把安全生产、清洁生产、绿色生产放在十分突出的位置，生产车间的环保指数要求远高于国家标准，并且将即时环保指数在车间通过电子屏幕展示，接受广大员工和社会的监督。同时，超威集团还发展不忘社会，积极参与“慈善一日捐”、“光彩助学”、“爱心助学”等活动。近年来，超威集团每年都向社会各界捐助爱心资金达数百万元。

三是大力构建和谐人际关系，强化企业的义务感。人际关系不仅指员工之间的关系，更重要的是员工与领导层的关系。员工是企业的主体和主人，是创造效益的源泉。作为企业，集团把关爱员工、服务员工当作应尽的职责和义务。集团创建了“心灵港湾工作坊”平台，配备了完备的设施和专业心理工作人员，当员工遭遇情感挫折、岗位变化、身体不适、家庭变故、人际障碍等方面的问题时，及时提供心理咨询，做到早发现、早疏导、早纠正、早康复，为员工创造一个相互信任、相互理解、相互促进的人际氛围。集团还通过开展干部蹲点、民生电话簿、心声园等活动，全方位和多渠道了解员工的呼声和需求，倾听他们的意见和建议，从而密切党群和干群关系。

三、提供三个保障，提高和谐构建落实率

一是提供组织保障，夯实和谐构建的组织基础。为了构建和谐劳动关系，集团党委首先完善健全组织机构，逐步形成了“党委领导、工会主体、支部督导、团妇共建”的组织工作体系，党委将构建和谐劳动关系作为全部工作的重要内容，工会负责落实实施党委工作要求，支部对工会工作进行督促检查，团委和妇联号召动员团员青年积极参与，在集团上下构建了人人参与和谐建设、人人共享和谐成果的良好局面。

二是提供经费保障，夯实和谐构建的物质基础。构建和谐劳动关系，理念是导向，实践是关键，保障是根本，而经费的物质保障是必不可少和物质基础。集团每年都有专项的党办经费、工会经费、公益经费，通过财务制度来加以保障，保证了党群工作和公益活动的正常开展。今年集团还耗资千万元，建设了2000多平方米的《超威文化展厅》和《红色超威》党建展厅，全面展示了集团在思想建设、组织建设、经济建设、廉洁建设、队伍建设等方面的历程和成果，全面展示了党员职工努力奋斗、无私奉献、健康成长的足迹和风采，为党员和职工搭建思想、政治、工作等方面学习、教育和交流的平台。

三是提供制度保障，夯实和谐构建的制度基础。好做法如何才能持续地坚持下去，这需要制度来保障。正如邓小平所说的，制度更带有根本性、全局性、稳定性和长期性。因此，近年来，超威集团在总结构建和谐的劳企关系、商企关系和社企关系有益探索的基础上，形成了书记蹲点制度、民生电话簿、“心灵港湾”约谈制度、职工合理化建议奖励制度、工资集体协议、工时管理制度和带薪年休假制度、体检、困难职工帮扶救助制度、“金点子”评选制度、劳动竞赛制度、师徒结对制度、党员帮扶制度等十多项相关制度，并且仍在不断地总结完善之中。

（作者系浙江省长兴县委党校高级讲师）

天能集团采取“四条措施”不断加强党建工作

天能集团党委

企业发展经济以赢利为目是天经地义的，但是企业发展的动力、发展的保证从何而来？企业实现科学发展的源头活水是什么？天能集团认为是党的组织建设。近年来，集团党委充分发挥了党组织的战斗堡垒作用，采取“四条措施”不断加强非公企业党建工作。

夯实党建工作基础。集团先后投资50多万元打造了党、团、工活动阵地，包括党员活动室、电教室、图书资料室、乒乓球室、篮球场及宣传栏，并分别配置电脑、VCD机、电视机、投影仪等现代化视听设备。同时搞好调查摸底。针对党员来自四面八方，来自各个部门、各种身份的实际，集团党委把党建工作与日常生产经营相结合，随时了解、掌握企业党员动态，掌握了解党员思想状况和生活困难，适时调整工作方式和重点，及时为党员排忧解难。如在调查中党员提出了食堂餐补标准，提高善食质量等生活问题。集团党委研究，决定力推食堂改革工程，目前员工伙食标准在原基础上提高了三分之一，食堂用餐人数达到了100％。

搭建党员活动平台。党委书记张天任强调：“企业是靠人来支撑的，而党建抓的正是人的思想政治工作，党建能够最大限度地团结人、凝聚人、激励人，产生巨大的精神力量，并进而转化为巨大的生产力。”集团党委从搭建党建活动平台入手抓好党建工作，让流动党员找到自己的“家”。近年来，党委先后组织开展了“保持共产党员先进性教育”、“我为党旗添光彩，我为发展献力量”、“树天能品牌，五心服务”、“这里就是党员的家”凝聚人才工程和科学发展观的学习教育及“创先争优”等系列活动；并结合企业发展实际，将“三会一课”制度落实在部门、在车间、在班组。党委还结合企业实际，充分发挥青年党团员的优势，组织开展了“《天能之歌》月月唱”，“员工篮球周周赛”、“广场舞天天跳”，员工运动会、艺术节、书画比赛、劳动竞赛、中秋赏月、春节大联欢，消防安全大演练、民兵实战训练、唱红歌、演讲比赛等群众文化活动异彩纷呈。通过各项活动的开展，集团流动党员找到了自己的家，党员队伍不断扩大，发展到今天近500多名党员，要求入党的积极分子也逐步增加。

注重党员思想引领。集团党委始终把打造一支高素质的员工队伍放在突出位置，为了搞好理论武装，坚持正确的舆论导向，使天能党员与企业的发展同步，学理论、学技能、学科学，集团办起了《天能报》、天能网、《天能政研》，每逢周末天能集团总部就变成了学习交流的课堂。搞好思想引领，努力培养党员的人生观、价值观和职业道德观，有针对性举办各类理论、技能及业务培训班50多次，培训党、团员及青年员工2000多人；办各类学习专栏20多期。今年上半年，受全球第二轮金融风暴的影响，党委专门召开了经营工

作会，在会上张天任书记提出了应对新一轮金融风暴的十大举措，鼓励党员坚定信心，齐心协力，抢抓机遇，战胜困难。

树立党员先锋典范。集团党委紧紧围绕企业生产实际和生产经营目标任务开展党建工作，充分发挥共产党员的先锋模范作用，在全集团组织开展了“争先创优活动”，活动中涌现了一批员工典范和优秀共产党员。去年，集团大力表彰了20名优秀共产党员、20名劳动模范、50名先进工作者，16个先进集体。同时，集团党委将表彰的先进集体和个人编成了《榜样》一书，做到人手一本，以榜样引路，在全集团上下形成学先进、赶先进的热潮；努力构建了企业、员工的生命共同体、利益共同体和发展共同体。集团党建工作先后荣获“湖州市党建工作先进单位”、“湖州市非公党建工作示范点”等荣誉称号。2011年张天任董事长荣获“浙江省优秀共产党员”称号。

党旗飘扬在前　企业发展向上

——江西山谷投资集团修水企业党总支实施“三二工程”纪实

郑 兴 林

一、基本情况

江西山谷投资集团修水企业党总支下属六户企业，共设5个党支部，现有党员48名，党小组12个。多年来，党总支按照“围绕发展抓党建、抓好党建促发展”的工作思路，紧贴集团实际，积极探索和实施“三二工程”，把加强党组织建设作为促进企业健康发展的重要任务，努力做到非公经济组织发展到哪里，党的组织就延伸到哪里，党的工作就开展到哪里。目前，集团固定资产突破6个亿，就业人员达2000人，成为修水民企工业的“领头雁”，企业党组织先后多次被市委、县委、县直机关工委、工业园党工委评为“先进基层党组织”、“红旗党支部”等荣誉称号。

二、主要做法

一是以“两抓”为重点，大力探索加强非公企业党组织建设新路子。加强非公有制经济组织党建工作，基础是抓好党组织的组建，选好配强党组织班子。我们本着有利于企业发展，有利于加强党的领导，有利于发挥党组织作用的原则，重点抓好党组建设和党建指导员队伍建设。在党组织建设方面，坚持有3名以上党员的企业都要建立党的组织。结合山谷投资集团实际，按照区域划分和系统、行业相同的原则，先后成立了1个党总支，5个党支部。在此基础上，不断健全和完善机制，先后制订了党支部工作细则、三会一课制度、党员发展制度、流动党员管理规定等十多项制度。根据“六有”的要求，加强场地设施建设，要求每个支部的活动场所不少于30平方米，并配备好办公设备和党建资料，真正做到“硬件过硬，软件规范”；在选好配强党组织负责人方面，按照讲党性、重品行、懂经营、会管理、善协调、热爱党务工作和熟悉群众工作的标准，选好配强党组织负责人。山谷集团下属6家企业，其中有一家党员人数较少，不具备成立支部的条件。针对这种情况，我们通过向县非公党工委请示，由县委组织部选派了一名责任心强、善于做群众工作的党建指导员负责该企业的党组织工作。对党建指导员，实行定责、定岗、定目标，职责分明、任务明确，充分发挥党建设指导员在非公企业党建中“理论宣传员、活动指导员、发展服务员”的作用。

二是以“两找”为手段，努力扩大党组织覆盖面。中央明确提出，要扩大基层党组织覆盖面，全面推进各领域党的基层组织建设，实现党组织和党的工作全社会覆盖，做到哪里有群众哪里就有党的工作、哪里有党员哪里就有党组织、哪里有党组织哪里就有健全的组织生活和党组织作用的充分发挥。为扩大非公企业党组织的覆盖面，我们在工作中始终坚持“两找”：一为组织找党员。针对当前非公有制企业中个别党员不愿意亮明身份的现象，每年我们都要通过走访调查的形式，对山谷集团所属企业的党员情况进行全面摸底，积极查找“隐形”党员和“口袋”党员。同时，做好广大党员的教育引导，大力宣传企业中的生产模范和技术标兵，不断增强广大党员的荣誉感。在此基础上，不断健全完善党组织开展活动的条件设施，创新活动载体，丰富党组织活动内容，增强党组织吸引力、凝聚力，使广大党员主动参与到党组织活动中来中。通过努力，所属5个企业，先后有6名“隐形”党员，主动亮明身份，回到党组织中来。二为党员找组织。在调查摸底过程中，我们发现企业中还存在部分流动党员。一些流动党员反映，他们不知道党如何转接组织关系，有党员身份却过不上组织生活。针对这种情况，企业党总支一班人经过研究，出台了《流动党员管理规定》，积极为流动党员能过上组织生活创造条件。针对每名流动党员的不同情况，及时转接流动党员组织关系，不能转组织关系的，一并纳入支部统一管理和教育，使每名党员都能够找到“娘家”，过上组织生活，发挥党员应有的模范带头作用。通过开展“两找”活动，集团企业杜绝了“隐形”党员、“口袋”党员的存在，党组织覆盖面达100%。

三是以“两发展”为目标，不断推动企业科学发展和党建工作上水平。把党建工作融入到企业生产、经营、管理的全过程，促进企业科学发展。以创先争优为主线，广泛开展党员示范岗、党员责任区、党员公开承诺和“四有四无”活动，引导党员当好政策宣传员、发展调研员、生产战斗员、管理监督员、技术研究员、矛盾调解员；以党组织政治教育为职工提神鼓劲、以党员示范引领为职工作出表率，以技术攻关、劳动竞赛、岗位练兵等活动为载体，引导职工钻研业务技能，融入企业发展，以主人翁精神为企业发展竭心尽力，形成党组织引导党员、党员带动职工、全员共谋发展的强大动力。在推动企业科学发展上水平的同时，也不断推动党建发展上水平。在广大党员队伍中大力开展“党旗飘扬在前，企业发展向上”主题实践活动和“我是党员，向我看齐”的形象建设年活动。推行“四沟通”、“五对接”、“十必访”党建工作机制。“四沟通”，即：企业的重大问题与员工沟通，工作岗位调整时与员工沟通，工作任务发生变化时与员工沟通，工作遇到困难时与员工沟通；“五对接”，即：党支部工作安排与公司董事会重大决策相对接，党支部思想政治工作与企业文化建设相对接，党支部关爱工程与企业困难职工结对帮扶相对接，党支部争先创优与企业评先评优相对接，党支部的先锋工程与企业的效能建设相对接；“十必访”，即：员工工伤或因病住院必访，员工在同事之间或家庭发生较大纠纷必访，员工工作表现与思想情况发生较大波动必访，员工对管理人员有较大意见必访，员工家中遇到婚、丧大事必访，员工家中发生灾难或生活出现重大困难必访，员工受到组织处分必访，员工在社会生活中遇到重大法律纠纷必访，逢年过节对员工的军烈属、企业先进生产工作者、病员、家庭生活困难户必访。这一系列活动的开展，有力地促进了党建工作的顺利开展，不断增强了党组织的凝聚力、战斗力。

三、取得成效

近年来，山谷投资集团不断发展壮大，呈现出快速健康发展的良好势头。公司APT生产线年产5000吨，白酒生产线年产5000吨，精制粮油加工线年产3600吨，石英粉生产线总投资近3个亿，年产4500吨；湘赣公司支部建立共产党员科技创新示范岗，有四名党员组织科技攻关创新工艺申报专利，取得产品回收率提高2%的效果，成为同行业佼佼者；山谷香粮油公司党支部建立党员产品营销包干方案后，该厂生产的精制大米迅速占领了县内主要市场；修水县赣宁实业党支部“一班人”发扬艰苦办企业的作风，脚踏实地，在倾力抓好该企业项目建设的同时，千方百计引税源，为当地财政作贡献，至上半年完成税收600多万元；修水湘赣有色金属有限公司投资近亿元，技改扩建年产量由原来1500吨提升到5000吨，新生产线各项工业指标均达到设计要求，公司连续三年创税逾千万；近几年，在公司董事长胡经国先生的带头倡议下，先后帮助偏僻乡村修建水泥路、架设桥梁多处，资助县内多所小学完善教学设施，在助残救困、救灾布施等社会公益事业中，共投入660多万元。

四、经验启示

江西山谷投资集团修水企业党总支以实施“三二工程”为抓手，大力开展“党旗飘扬在前，企业发展向上”主题实践活动后，达到了生产和社会影响“双赢”的目标，呈现出“党建强，发展强”两旺的局面，主要有以下四点启示：

启示一：坚持围绕发展抓党建，抓好党建促发展，是做好非公有制企业党建工作的基石。山谷投资集团的发展状况和实践表明，非公有制企业党建工作与非公有制企业发展状况密切相关，生存和发展是企业的头等大事，只有发展好了，企业才会更加重视党建工作，将更多的精力投入党的建设。同时，搞好党的建设，又是促进企业发展的重要保证。两者相辅相成，相得益彰，必须紧紧围绕企业的生产经营管理开展党的工作，使企业党组织更好地在企业职工群众中发挥政治核心作用，在企业发展中发挥政治引领作用。

启示二：坚持从非公有制企业实际出发，不断创新非公有制企业党建工作，提高党建工作科学化水平，是做好非公有制企业党建工作的重要条件。党建工作要求高，思想性强，必须结合公司的实际情况进行。要融入企业抓党建，紧紧围绕贯彻落实党的方针政策和企业重大决策来谋划、安排和落实工作，不断增强党建工作实效性；要跳出党建抓党建，将党建工作与行政及经营管理等工作相结合，不断拓展党建工作领域；要广泛深入群众，倾听职工意见，集中职工智慧，充分调动广大群众的积极性、主动性、创造性，为企业发展建设贡献力量；要贴近改革发展稳定实际、贴近党员职工思想实际开展党建工作，有效解决企业改革发展中的重大问题和涉及职工切身利益的突出问题。只有这样，党建工作才能在探索中有所进步、在创新中有所发展，才能使各级党组织和广大党员在思想、工作、作风等方面始终保持和发展先进性。

启示三：坚持典型示范带动，不断提升非公有制企业党建工作整体水平，是做好非公有制企业党建工作的有效举措。在非公企业党建和企业发展的各个领域，通过大力培育、及时发现、积极鼓励、广泛宣传典型，培育一批符合“非公有制党建工作示范企业、守合同重信用公示企业、著名驰名商标企业”三合一的企业典型。在中国特色社会主义事业建设者、企业党组织书记、党建指导员、党务工作者等各个方面，选树一批典型，逐步形成非公有制企业党建工作的示范群。

启示四：坚持以人为本，是做好党建工作的关键。坚持以人为本是做好非公企业党建工作的根本方法。要始终把尊重理解和关心关爱党员员工作为工作的重要内容，从思想、工作、生活等各个层面，为每一位职工提供帮助，让他们切实感受到组织的温暖。要敢于坚持原则，在职工群众的合法权益受到侵害时，能够挺身而出，积极维护职工群众的合法利益。要大力加强企业文化建设，构建共同的价值理念，培育积极向上、与时俱进的企业精神。要紧紧抓住建设组织这块阵地，精心开展主题活动，使党组织更好地发挥鼓舞人、凝聚人、激励人的作用。

（作者系九江市非公党工委干部）

第九部分　非公党建的经验总结

（一）

加强非公有制企业党建工作必须加大改革创新力度

甘肃省委组织部

随着社会主义市场经济体制的逐步完善，甘肃省非公有制经济得到长足发展。2006年全省私营企业达到4.2万户，从业人员53.6万人；全省个体工商户33万户，从业人员57.5万人；全省非公有制经济实现经济总量825.8亿元，占国民生产总值的36.3%；私营个体经济纳税占全省国税收入的7.93%，地税收入的11.7%。截至2007年9月底，全省非公有制企业建立党组织2158个，有党员33363名；全省共有3名以上党员的非公有制企业2345户，建立党组织的有2279户，应建已建率为97.2%；全省共有规模以上非公有制企业1194户，建立党组织的有839户，组建率为70.3%，有党员17649名。

一、近年来全省非公有制企业党建工作情况

从发展历程看，近年来甘肃省非公有制企业党建工作大体经历了三个阶段。在2002年之前，基本处于起步探索阶段，到2002年底，全省非公有制企业共有2.3万户，从业党员近5000人，建立党组织的有1312家；以2002年12月全省非公有制经济组织党建工作会议为标志，全省非公有制企业党建工作进入了加快发展阶段，各地根据会议部署，加大了在符合条件非公有制企业建立党组织的力度，到2006年底，全省非公有制企业建立党组织的达到1867家，从业党员2.6万人；在2005年开展的保持共产党员先进性教育活动中，非公有制企业党组织的党员教育管理、活动方式方法、工作实际成效，都迈上了一个新台阶。2007年4月，胡锦涛总书记作出重要批示后，全省各地按照中央和省委要求，一方面在提高非公有制企业党组织组建率上下功夫，另一方面在完善规章制度、探索党组织发挥作用的途径上积极努力，使非公有制企业党建工作进入了规范发展阶段。半年来，全省非公有制企业党组织组建率又提高了3.5个百分点，并在开展活动、发挥作用上，呈现出了良好的发展势头。概括起来，进展及成效主要有以下六个方面。

（一）对非公有制企业党建的认同感进一步增强，开展工作的氛围初步形成。

与全国相比，甘肃省非公有制经济发展相对滞后，企业规模小，发育程度低。长期以来，对非公有制企业开展党建工作存在一些顾虑和偏见，环境和氛围并不宽松，影响和制约了这个领域党建工作的发展。党的十六大以来，中央加强非公有制企业党建工作的政策进一步明确，发展环境进一步宽松，加上甘肃省国有企业改制任务基本完成，陆续出台了鼓励、支持和引导非公有制经济发展的一系列重大政策措施，非公有制企业进入了快速发展的新时期。这些都为开展非公有制企业党建工作创造了良好条件，使各方面的认同感进一步增强。一是各级党委更加重视非公有制企业党建工作。各级党委和党员领导干部初步转变了党的执政基础主要在公有制经济，抓不抓非公有制企业党建工作无关大局的认识；初步转变了非公有制企业产权归业主所有，在非公有制企业党建领域投入时间、精力和资金不划算的认识；初步转变了非公有制企业党建基础差，工作难度大，付出努力很难出政绩的认识。普遍认为，加强非公有制企业党建工作，对于夯实党的阶级基础、扩大党的群众基础、拓展党的工作阵地、更好地坚持党的领导具有重要意义。二是大多数业主能够理解和接受党建工作。业主对非公有制企业党建工作的态度经历了一个从排斥到接受、从疑虑

到理解、从应付到支持的过程。在问卷调查中，95.8%的业主认为在非公有制企业开展党建工作很有必要。绝大多数业主认为党组织在抓职工队伍建设、团结凝聚人心、树立企业形象等方面有不可替代的作用。从调研情况看，党员业主对党建工作的认同感比较强，规模较大、管理规范的企业业主对党建工作的支持力度比较大，业主在机关事业单位、国有企业和部队有工作经历的，比较重视党组织作用的发挥。三是非公有制企业中党员对党组织的亲近感和归宿感得到增强。大多数企业的党员能积极响应党组织的号召，积极参加组织活动，有一定的自豪感和荣誉感，初步改变了前些年“党员不党员，只差两毛钱”的情况。在一些生产、服务岗位特别是大型超市，党员敢于亮出自己的身份、挂出党员的牌子、公开自己的承诺，发挥了示范表率作用。比较突出的如酒泉富康家具公司、天水麦积区桥南建材市场等，鲜明地挂出了共产党员示范户牌子。武威市凉州区 26 辆出租车标明“共产党员示范车”，就像一面面流动的党旗飘扬在大街小巷，展示着共产党员的风采。大多数流动党员接转组织关系的主动性和积极性有所增强，特别是经营业绩好、党组织作用发挥好的企业，“隐性”党员和“口袋”党员相对较少。从党员来源地域看，本地党员对党组织的归属感和依赖感相对弱一点，外地党员特别是沿海地区来的党员相对强一点。四是多数职工比较认可党组织在企业中的地位和作用。问卷调查中，64.2%的职工认为企业党组织的作用发挥得好，86.8%的职工认为企业党组织在增强职工凝聚力方面成效显著，73.6%的职工认为党组织要发挥好作用，最需要处理好的是党组织和职工的关系，其次才是与企业主的关系。从各企业情况看，优秀青年职工入党的积极性比较高，在党组织作用发挥较好或经济效益好、规模大的企业，向党组织靠拢的风气更加浓厚，一些企业入党积极分子的数量超过了正式党员。

（二）党建工作领导力度进一步加大，各负其责、全面推进的工作格局初步建立。

在党的基层组织建设中，非公有制企业党建工作是一个全新的领域，在领导体制、工作机制和方式方法上没有现成的模式可以借鉴。尽管中央和省委出台了一些指导性意见，但大多都比较宏观、比较原则，在具体操作中，许多环节缺乏明确规定。全省各级党组织特别是党委组织部门不等不靠，大胆探索，积极工作，初步构建了党委全面领导、组织部门牵头抓总、相关部门各负其责的工作格局。一是成立领导机构，明确工作职责。兰州、定西、金昌、武威、白银等市成立了非公有制企业党工委，作为市委的派出机构，主抓非公有制企业党建工作。嘉峪关、酒泉、天水、平凉、甘南等市州建立了非公有制企业党建工作领导小组、指导委员会或联席会议制度，定期研究解决遇到的困难和问题，协调各部门共同抓好工作。二是出台指导意见，积极引导规范。各地召开工作会或座谈会，对非公有制企业党建工作进行研究部署，14 个市州和绝大多数县区都出台了指导意见和政策措施，从目标任务、工作措施、活动方式等方面，对非公有制企业党建工作进行规范。武威市专门召开“两新”组织党建工作现场会，白银市召开全市非公有制经济组织党建工作座谈会，肃州区召开了非公有制企业党建工作观摩会，交流经验，推进工作。三是派驻干部帮助工作，及时协调解决问题。对党建基础薄弱、党员人数较少或没有党员的非公有制企业，在征得业主同意的前提下，下派党政机关和街道社区干部担任党建工作指导员或联络员，甘州区、临夏市等地下派干部到党建基础较好、经营规模较大的企业挂职、任职，帮助开展工作。截至目前，全省共向 3455 户企业下派了 2033 名干部。四是加大考核力度，靠实工作责任。一些地方把非公有制企业党建工作列入党建工作考核内容，细化考核项目，量化考核指标，严格目标责任，促进任务落实。敦煌市制定了详细的目标考核办法，对非公有制企业党建工作进行严格的量化打分评比。秦州区对非公有制企业党建工作一月一通报，一季一例会，半年一督查，一年一考核。同时，在中组部和省委组织部建立联系点的基础上，大部分市县确立了领导干部非公有制企业党建工作联系点，了解掌握情况，协调解决问题，推动面上工作。五是注重培育典型，发挥示范带动作用。各地注意把发现培养、宣传推广先进典型，作为推动非公有制企业党建工作的重要方法，通过创建党建工作示范点或示范区、评选表彰先进等方式，引领各企业提高工作水平。兰州市确定了 10 户党组织建立早、党建工作好、经济发展快的企业，作为党建工作示范点。秦州区把非公有制企业党建工作示范点纳入全区基层党建示范网络，统一进行创建和管理。

（三）党组织组建工作进展顺利，应建企业党组织全覆盖的目标初步实现。

各级党组织加大动员引导力度，强化工作措施，全省有 3 名以上党员企业建立党组织的比例，由 2002 年的 56%提高到目前的 97.2%，符合条件的企业党组织基本实现了全覆盖。在工作要求上，各地普遍提出并坚持“三个同步”：对改制的国有企业和集体企业，在改制过程中同步调整党组织设置；对新建的非公有制企业，凡是具备条件的同步建立党组织；对暂不具备成立党组织条件的，先行建立群团组织，把党的工作同步向企业渗透。在工作方法上，各地坚持抓难点、抓大户、抓示范，把经营规模大、职工人数多、在当地有一定影响的非公有制企业作为组建工作重点。对业主有思想顾虑、积极性不高的，通过思想动员、学习培训、实地观摩等方式，帮助他们提高认识。敦煌市敦煌山庄是一家外资企业，通过做思想动员工作，外商积极支持成立了党支部，并开展了丰富多彩的活动。在组建方式上，综合各地的做法，大体可以归纳为“5+1”模式，即五种党组织组建模式和一种党员关系挂靠模式。一是独立组建。有3名以上党员的企业，原则上单独建立党组织。目前，全省独立组建的非公有制企业党组织共1501个，占总数的69.5%。二是转制改建。国有及集体企业在改制过程中，党组织同步改建。这类党组织共有525个，占24.3%。三是联合组建。党员人数不足3人的企业，按照区域相邻、行业相近的原则，建立跨企业的联合党组织。这类党组织共有118个，占5.5%。四是依托组建。依托工业小区、开发区、市场管理机构，以及工商联、协会、商会等，建立区域性或行业性党组织。五是村企联建。村办改制企业和村党组织联合建立党组织。除此之外，对一些不具备党组织组建条件企业的党员，其党组织关系接转到就近党组织，实行挂靠管理。

（四）教育引导和巩固提高工作抓得比较紧，党建工作初步规范。

在抓组建工作的同时，各地坚持“组建一个巩固一个、巩固一个提高一个、建好一个带动一片”的思路，下大力气抓教育引导和巩固提高工作，努力提高党建工作的规范化水平。一是注重对业主的教育引导。业主的理解和支持是搞好非公有制企业党建工作的重要条件。问卷调查中，认为企业主的态度是影响非公有制企业党组织发挥作用的关键的占32.1%，是选择比例最高的项目。在转变业主态度方面，各地不搞强迫命令，而是耐心细致地做好沟通引导工作。通过把业主纳入党校主体班次进行培训、积极稳妥地做好在业主中发展党员、推荐优秀业主代表参政议政，激发他们的政治荣誉感和社会责任感，提高他们支持党建工作的自觉性和主动性。白银市举办了4期业主培训班，培训人员150人次，定西市安定区组织40多名业主到兰州大学经济管理学院学习，金塔县组织36名业主赴福建、浙江进行党务和管理知识学习考察。兰州市把业主是否积极主动支持企业党建工作，作为推荐人大代表、政协委员人选的主要标准；把业主是否具有较高的政治素质和良好的社会形象，作为评选先进民营企业和确定重点支持企业的重要条件；把业主是否支持党的群众工作，作为授予劳动模范等荣誉称号的重要条件。二是注重党员队伍建设。在党员发展上，各地基本能够做到按标准和程序培养发展党员。甘州区实行了理论培训制、跟踪考察制、公示制、票决制、责任追究制、推优入党制“六项制度”；安宁区实行“三推一考三票决”制度，以公推公选、群团推优、组织推荐的方式推选入党积极分子，由区委组织部统一进行培训考试，由党小组、支委会、支部党员大会进行票决。在党员教育上，甘州区、凉州区等地注重分类培训，分层施教，对业主党员、中高层管理人员党员、党组织负责人、普通员工党员分别确立了教育培训的重点。肃州区福华建业公司成立了非公有制经济党校，定期邀请党校讲师和有关专家给员工上党课。在流动党员管理上，各地充分发挥《流动党员活动证》的作用，大多数流动党员能正常参加党组织活动。酒泉市开展了党员找组织、组织找党员，党员与所在党组织联系、党员与流动地党组织联系、党员所在地组织与流动地党组织联系的“两找三联”活动。三是注重为党组织活动搭建平台。各地从企业实际出发，设计并开展了主题突出、内容丰富的党建活动，组织企业积极参加，激发了当地非公有制企业党建工作的活力。武威市开展了以建立党组织、完善党建工作运行机制，促进企业增效、促进职工增收为主要内容的“双建双促”活动。张掖市开展了争创标兵党组织、争做优秀党务工作者、争当爱岗敬业模范党员，积极为企业图发展、为员工谋利益、为党旗添光彩的“三争三为”活动。酒泉市广泛开展了党员承诺制，等等。

（五）企业党组织积极主动开展工作，作用得到初步发挥。

各非公有制企业党组织坚持从实际出发，紧紧围绕企业生产经营和职工队伍建设，积极主动开展工作，党组织的影响力和号召力得到增强。一是大多数企业党组织负责人在企业的地位比较高。据统计，全省非公有制企业实行党组织书记和业主“一肩挑”的有1203个，占企业党组织总数的55.7%。还有许多企业党组织负责人由企业中高层管理人员担任，为党组织在企业开展工作奠定了基础。二是一些企业党组织在干部考察任用等重大事项决策中发挥重要作用。张掖新世纪房地产公司党支部虽然实行书记与董事长分设，但赋予党组织参与企业重大问题决策的重要职权，特别是要求党组织严把人事任免关、员工录用关和员工考核关。在重大问题决策上，实行党组织“先知、先议、先执行”。兰州格瑞特主食配送有限公司把中层领导干部的考察任用权交给党支部。同时，一些企业党组织开展了合理化建议征集活动，积极为企业发展建言献策。三是绝大多数企业党组织在思想政治工作和精神文明建设中作用发挥较好。大多数企业把思想政治和精神文明建设工作主要交给企业党组织。问卷调查中，83.3%的业主、88.7%的党员和职工认为，党组织发挥作用带来的最大好处是开展思想政治工作，增强了职工凝聚力。酒泉银兴纸业有限公司注重通过发挥党组织的作用，加强领导班子思想政治建设，每年召开党员领导干部民主生活会，认真开展批评与自我批评。兰州黄河集团、兰州高压阀门厂、武威海石公司等企业，依托党组织提炼宣传企业核心价值观，推进企业文化建设。四是各企业党组织普遍开展了丰富多彩的党性实践活动。在开展创建“党员示范岗”、“党员责任区”、“党员身边无事故”等活动的同时，各企业创造性地设计开展了一系列党性实践活动。兰州市世纪广场物业管理公司党委开展了“我为企业做贡献”和“党员活动室＋党员＋党员联系户＋贡献”的“四位一体”党性实践活动。陇原中天生物工程有限公司党支部开展了学理论、比奉献，学技能、比实绩的“双学双比”活动。五是大多数企业为党建工作提供了一定的经费支持。总体来看，各企业党组织活动经费比较少。多数企业的党建经费，一般实行业主同意并审批、实报实销。武威市医药公司每年从董事会基金中列支党员活动基金，年均1万元左右。兰州众邦集团公司每月给每名党员发放50元津贴。兰州国智民贸有限公司党员活动经费按职工年度工资总额的1%列支。

（六）对非公有制企业党建工作的探讨进一步深入，思路和方向初步明确。

各地注重加强调查研究，开展研讨和交流，着力探讨和解决重点难点问题，各级党组织和党员领导干部抓非公有制企业党建工作的思路更加清晰，方向更加明确，信心更加坚定。各地根据中央和省委精神，分别制定了抓非公有制企业党建工作的总体思路。如兰州市的“探索途径、加大组建，服务企业、加强指导，典型带动、争创特色”的24字工作方针，张掖市的“健全组织、理顺关系、规范工作、发挥作用”，平凉市的“服务、引导、促进、规范”，天水市的“统一部署、分类指导、整体推进、重点突破”，等等。在工作原则上，各地不仅坚持“为企业所需要、为党员所欢迎、为职工所拥护、为业主所支持”和“小型、业余、分散、务实”等原则，而且还将这些原则具体化。如兰州市提出党建工作与生产经营同向性原则，张掖市提出参与不干预、引导不强制、支持不拆台、服务不添乱、监督不迁就的“五不”原则。白银市提出少开会、多交流，少集中、多分散，少灌输、多启发的“三多三少”原则。在抓工作的切入点方面，各地本着实事求是、突出实效的精神，提出了一些具体要求。比如，兰州市把争取业主的配合支持作为切入点，采取精神上激励、政治上关心、扶持上优先的做法，在政治待遇和评先选优方面予以照顾。敦煌市把非公有制企业党建工作重点定位在沟通政企关系、协调劳资关系、密切党群关系上，放在为员工做好事、办实事、解难事上。

总的来看，经过几年的努力，甘肃省非公有制企业党建工作在建立党组织、扩大覆盖面、健全领导体制、组织开展活动等方面，取得了一些进展和成效，其中也不乏亮点。但总体上还处于起步探索和逐步规范阶段，在理论研究、配套政策、工作指导等方面还比较滞后，制约了非公有制企业党建工作的发展。

二、甘肃省非公有制企业党建工作存在的差距和不足

从全国来讲，非公有制企业党建工作普遍存在认识难统一、组织难建立、作用难发挥、工作难指导等问题。就甘肃省而言，非公有制经济总量少，企业规模小，党员从业人数比较少，仅占非公有制企业从业人数的6.2%，开展党建工作的困难更多、难度更大。截至2007年9月底，全省1194户规模以上非公有制企业党组织组建率为70.3%，低于全国第二季度87.7%的平均水平。主要原因是省内规模以上非公有制企业党员人数少，有188户企业没有党员，占15.75%；有130户企业党员人数在3人以下，占10.89%。从调研的情况看，非公有制企业党建工作中存在的差距和不足主要表现在以下六个方面。

（一）对非公有制企业党建的认识还不到位。

尽管这些年对非公有制企业党建工作的认识程度有了很大提高，但相对来讲，甘肃在这方面思想不够解放，环境不够宽松的情况依然存在。一是个别领导干部对非公有制企业党建工作的重要性认识不足。有的认为在国有和集体单位开展党建工作天经地义，投入时间精力抓非公有制企业党建工作，就是为私人老板出力干活，特别是认为把有限的资金花在非公有制企业党建工作中，就等于花在私人老板身上，想不通，不支持；有的认为对非公有制企业只要照章纳税就行，不必建立党组织；有的存在畏难情绪，怕业主不支持、不配合，不敢理直气壮抓党建工作。二是业主的思想顾虑依然存在。部分业主对在企业中建立党的组织、开展党的活动存在顾虑，有些人认为，建党组织对企业发展没有帮助；有些人担心有了党组织自己就会成为被监督的对象，降低自己的权威；还有些人认为建

立党组织会影响企业正常的生产经营，增加企业负担。在对业主的问卷调查中，认为党组织应该维护职工合法权益的仅占8.3%，认为应该引导和监督企业依法经营的仅占12.5%。三是党员积极性不高的问题比较突出。非公有制企业中的党员大多数是下岗职工和农民工，相当一部分人存在自卑感和失落感，工作的目的主要是为了养家糊口，对建立党组织、开展党的工作缺乏应有的热情。一些党员对接转组织关系嫌麻烦、怕影响原有利益，还有个别党员甚至不愿亮明身份。四是一些职工对党建工作比较淡漠。普通职工普遍看重业主的权威，只顾打工挣钱，对党建工作漠不关心，加入党组织的愿望不强。

（二）抓党建工作的机制还不健全。

从全省来讲，目前还没有真正形成非公有制企业党建工作由党委统一领导，各有关部门密切配合、齐抓共管的工作格局。作为基层党建的重要领域，主要由各级组织部门来抓，由于工作面宽量大，力量显得不足。与非公有制企业工作相关的各部门，如宣传、统战、发改、财政、经委、工商、税务、劳动保障、中小企业局等，没有形成沟通联系、协调配合、共同推进党建工作的机制，一些地方还存在目标任务不明确、责任制度不健全、考核体系不完善等问题。

（三）企业党组织隶属关系不规范。

受历史原因和行业分布影响，当前甘肃省非公有制企业党组织隶属关系复杂多样。归纳起来主要有六类：一是地方党委管理。一些规模较大、党员人数较多的企业党组织，直接隶属市州或县市区党委管理。二是党委派出机构管理。比如兰州的非公有制企业党工委、武威的“两新”组织党工委、金昌的中小企业党工委、庆阳的企业党工委、张掖的机关工委等。三是政府部门党组织管理。主要集中在经济部门。四是群团、社团党组织管理。包括工商联、个体劳动者协会、商会和行业协会等。五是示范区、开发区党组织管理。六是街道社区和村党组织管理。这种隶属关系的复杂多样和不规范，对加强非公有制企业党建工作带来了许多弊端。由于管理非公有制企业党建工作的部门和机构众多，不利于统一组织领导、统一指导协调、统一考核监督。一些企业党组织隶属于政府部门的下属单位，管理层次比较多，上级党组织的政策要求很难及时传达下去，甚至有的企业党组织连有关文件都看不到，造成政策难贯彻。一些地方由机关工委管理指导非公有制企业党建工作，大多数政府部门由机关党委管理指导所属企业党建工作，个别地方存在支部套支部、支部管支部，甚至小支部管大支部的现象，工作指导不力。

（四）制度措施与企业需求不对应。

上级党组织不能根据非公有制企业的特殊性质和实际需求来制定政策和措施，要求的企业往往做不到，企业需要的又不能提供。在具体工作中存在着“四多四少”的现象：上级党组织对党建工作要求多，服务企业发展的少；对党建工作检查评比多，帮助解决实际困难少；政策上原则规定多，结合实际分类指导少；好企业关注得多，困难企业关心得少。调研中一些企业希望上级党组织多组织教育培训，提供必要的学习资料和电教设备，考核评比不能搞“一刀切”，要充分考虑企业实际，避免工作指导和企业实际相脱节。

（五）企业党组织作用发挥不明显。

从各地情况看，普遍存在重组建、轻规范，重健全党组织人员配备、轻发挥党组织职能作用，重文体娱乐活动、轻党的组织生活的现象。反映在实际工作中，一是党务工作者组织领导作用发挥不好，党建知识比较欠缺，抓党的工作思路不清。许多党组织成立后，还不清楚自己在企业中的职责任务。二是党员先锋模范作用发挥得不好，尽管党员作为整体来讲，在思想素质和业务技术上高于普通职工，但也有一些党员特别是非企业领导党员和非技术骨干党员，与一般员工差别不大。三是党组织宣传贯彻党的方针政策不力，一些重要文件和精神不能及时传达贯彻到党员和职工中去。四是引导监督职能履行不到位，唯业主之命是从，工作缺乏主动性和创造性。

（六）理论研究和宣传氛围不浓厚。

甘肃省非公有制企业党建工作底子薄、起步晚，尽管这些年进行了积极探索，在实践中创造了一些好做法好经验，但总体上缺乏理论研究和深入探讨，许多重大难题还没能从根本上突破。相对于基层党建其他领域，对非公有制企业党建工作的宣传比较欠缺，对基层典型经验总结提炼的比较少，舆论氛围还不浓厚。

三、非公有制企业党建工作中需要探讨的几个问题

调研中我们感到，影响甘肃省非公有制企业党建工作的因素，既有体制机制和工作措施等方面的问题，也有认识方面的问题，特别是还存在一些需要认真研究探讨的理论问题。归纳起来，主要有以下五个问题。

（一）非公有制企业党组织职能如何定位的问题。

职能定位问题是非公有制企业党建工作中需要解决的首要问题，也是目前争论最多的问题。2000年5月，江泽民同志在江苏、浙江、上海党建工作座谈会上的讲话中提出，非公有制经济组织党组织“都要在企业职工中发挥政治核心作用”。这一论断对非公有制

企业党组织进行了初步定位，但十六大报告和《党章》并没有明确这种定位。现有的相关党内法规和条例中，对非公有制企业党组织只有工作目标、原则、方针和发挥作用等方面的要求，尚缺乏操作性强的措施。目前，对非公有制企业党组织如何定位，大体有这样几种观点：一是认为应成为企业的政治核心；二是认为只能在员工中成为政治核心；三是认为应成为党在企业的坚强战斗堡垒。我们认为，给非公有制企业党组织进行定位，必须充分考虑党组织“应该干什么”与“能干什么”的辩证统一关系，既要体现党的性质和原则，也要充分兼顾非公有制企业的特点。

（二）非公有制企业党组织发挥什么作用的问题。

《党章》明确规定，“非公有制经济组织中的党的基层组织，贯彻党的方针政策，引导和监督企业遵守国家的法律法规，领导工会、共青团等群众组织，团结凝聚职工群众，维护各方的合法权益，促进企业健康发展”。2000 年中组部《意见》中规定了 8 项具体职责。甘肃省一些地方也对党组织发挥作用进行了积极的探索和总结。比如兰州市的“服务、引导、保证、监督”8 字方针，酒泉市的“宣传、凝聚、监督、促进”4 个作用，秦安县的“政策宣传、参与决策、监督制约、依法维权、协调服务”5 项职能，山丹县的“参与参谋、示范带动、团结凝聚、协调维权、引导监督”5 个作用。这些表述基本贯彻了《党章》和中组部《意见》精神，也符合企业实际。从对业主的问卷调查情况看，企业党组织发挥作用的内容依次是：宣传贯彻党的方针政策（45.8%）、带领职工发展生产（29.2%）、引导和监督企业依法经营（12.5%）、维护职工合法权益（8.3%）、开展企业文化建设（4.2%）。在党员和职工对同一问题的问卷中，二、三项次序有所不同，“维护职工合法权益”占 24.5%，“引导和监督企业依法经营”占 9.4%。这一方面说明业主和普通党员职工希望党组织发挥作用的侧重点有所不同；另一方面也说明无论是业主还是普通党员职工，对党组织发挥引导监督和维护权益作用的认同感不强。我们认为非公有制企业党组织的职能作用大体可以归纳为以下六个方面：一是在贯彻落实政策上发挥宣传引导作用；二是在企业生产经营上发挥服务促进作用；三是在党员队伍建设上发挥教育管理作用；四是在职工队伍建设上发挥团结凝聚作用；五是在维护各方权益上发挥沟通协调作用；六是在群众组织工作上发挥领导支持作用。

（三）非公有制企业党组织书记如何选配和培养的问题。

开展非公有制企业党建工作，关键是要有一个好的领导班子，特别是要有一个好的党组织书记。在书记人选方面，目前基本由业主指定后再进行党内选举，或由业主同意后由上级党组织委派任命。从作用发挥看，由业主直接担任书记有利于提升党组织地位，便于开展活动、推动工作。但在规模较大、党员和从业人员较多的企业，业主担任书记在时间和精力上往往投入不足，不利于党的活动正常开展。在关于由谁担任党组织负责人更有利于发挥党组织作用的问卷调查中，选择企业主的占 66%，选择党建指导员的占 21.4%，选择企业其他负责人的占 11.3%。从甘肃省企业发育程度和党员职工的意向看，目前应鼓励由党员业主担任企业党组织书记。在调研中我们还发现，甘肃省一些企业特别是规模较大、经营规范的企业，聘请党政机关退休党员领导干部到企业任党组织书记，这些企业的党建工作搞得都比较好，业主也非常欢迎。在书记素质方面，有的地方提出一些标准和要求，综合起来可以归纳提炼为“四高一好”，即政治素质高、业务水平高、党务工作热情高、在企业中的级别地位高和群众基础好。我们认为“四高一好”应成为全省非公有制企业选配党组织负责人的基本要求。

（四）非公有制企业党组织如何开展活动的问题。

非公有制企业党组织应该开展哪方面的活动，才能既丰富党员职工的文化生活，也能对党员起到教育管理作用，是企业党务工作者普遍疑惑的问题。综合各企业的做法，我们认为党组织的活动要紧紧围绕企业发展来设计和开展，在活动重点上应实现四个转变，一要从脱产集中向业余分散转变。把学习时间尽量安排在生产淡季，把学习地点尽量安排在班组车间和党员生产生活基地。二要从单一刻板向综合灵活转变。把党员活动从原来单一的开会学习拓展到岗位练兵、岗位竞赛、评先创优等形式多样的具体活动中。三要从文体娱乐活动为主向主题实践活动为主转变。开展一些文娱活动是必要的，但还要注意突出党性教育、组织生活等主题，把开展活动与提高党员素质结合起来。四要从对党员的管理向引导党员发挥作用转变。不仅要通过收缴党费、教育灌输、严格组织生活等措施，增强党员组织观念，把党员“管住”，更要通过切实有效的工作措施，引导党员体现先进性，发挥党员先锋模范作用，把党员“管活”。

（五）对非公有制企业党建工作应如何加强领导指导的问题。

在加强和改进对非公有制企业党建工作领导指导的必要性上，目前已基本达成共识。但怎样去加强和改进，采取哪些措施才能推动工作，还需要深入研究。我们认为，重点要解决好以下三个方面的问题。一要解决好思想认识问题。甘肃省非公有制企业党建工作要有大的突破和进展，首先要在解放思想，尤其是转变领导干部的思想观念上下功夫。要从党委负责同志和相关部门领导干部做起，强化抓非公有制企业党建工作的意识，保证有必要的时间和精力履行“党要管党”的职责。要认真做好业主的团结、引导、教育工作，帮助他们提高思想认识，真正理解和支持企业党组织开展活动，发挥作用。二要解决好制度机制问题。要建立健全党委抓非公有制企业党建工作责任机制，形成各方齐抓共管的工作机制，理顺企业党组织领导和管理体制，建立健全激励和保障机制，努力推进非公有制企业党建工作制度化、规范化。三要解决好工作方法问题。在制定政策和出台措施上，一定要充分考虑非公有制企业实际情况和需求愿望，紧紧围绕促进企业发展开展工作。在对业主关于上级党组织要在政策上着重为企业解决哪方面问题的问卷调查中，75％的认为应帮助营造宽松的发展环境，37.5％的认为应帮助协调与政府部门的关系。这启示我们，指导非公有制企业党建工作不能只盯企业党组织自身，要放宽眼界，处理好企业与政府、企业党组织与上级党组织、企业党建与整个党的建设的关系，充分利用执政党的政治资源和组织资源，通过加强党建工作营造宽松环境，促进非公有制企业健康发展。

四、进一步加强非公有制企业党建工作的几点具体政策建议

党的十七大指出，要“全面巩固和发展先进性教育活动成果，着力加强基层党的建设”，要“落实党建工作责任制，全面推进农村、企业、城市社区和机关、学校、新社会组织等的基层党组织建设”；并要求通过优化组织设置，扩大组织覆盖，创新活动方式，解决基层组织经费保障、活动场所等实际困难和问题，充分发挥基层党组织推动发展、服务群众、凝聚人心、促进和谐的作用。这既为我们加强非公有制企业党建工作进一步指明了方向，也提出了更高的工作要求。根据十七大精神和甘肃省非公有制企业党建工作的现状，现提出如下具体建议：

（一）成立专门机构，主抓非公有制企业党建工作。

建议省、市、县三级分别成立非公有制企业党的工作委员会，作为各级党委的派出机构，在党委领导和组织部门指导下，具体负责领导、指导和协调非公有制企业党的建设工作。

（二）建立联席会议制度，研究解决重大问题。

建议建立党委统一领导，组织部门牵头，非公有制企业党工委、宣传、统战、工商、税务、工会、共青团、工商联等有关部门和单位参加的非公有制企业党建工作联席会议制度，定期听取成员单位有关情况汇报，研究解决有关问题，安排部署非公有制企业党的建设方面的主要工作。

（三）努力提高非公有制企业党组织组建率。

考虑到甘肃省非公有制企业党组织组建方面的最大难点，是企业中党员人数过少，有的甚至没有党员，建议从两个方面予以解决：一方面加大在非公有制企业内部发展党员工作力度；另一方面通过在人才市场举办党员专场招聘会、设立党员专区、为党员提供便捷服务等方式，多向非公有制企业输送党员。

（四）调整非公有制企业党组织隶属关系。

按照建立统一规范管理体制的要求，调整理顺党组织隶属关系。基本思路是，目前由机关工委、政府部门和工商联及其他群团、社团管理的，原则上归并到同级非公有制企业党的工作委员会管理；挂靠村党组织和社区党组织管理的，原则上划归所在地乡镇党委或街道党工委管理，规模以上企业划归县（市、区）或市（州）党委管理；已经由市（州）、县（市、区）党委和开发区、示范区党组织管理的，隶属关系可以保持不变。在具体工作中，要注意因地制宜、因企制宜，尊重企业意愿。

（五）建立非公有制企业党建工作登记告知、年检年报和季报通报制度。

工商部门在非公有制企业登记申报时，向企业发放由组织部门和非公有制企业党工委提供的宣传资料，宣传建立党组织的必要性和方法步骤。在非公有制企业年检时，引导企业填写《非公有制企业党建工作情况年报统计表》，核实党组织和工会、共青团等群众组织组建及党建工作开展情况，统计情况要及时汇总上报同级组织部门和非公有制企业党工委。建立非公有制企业党建工作季报通报制度。各级组织部门对本地区非公有制企业党组织组建及党建工作开展情况，进行统计汇总，分析问题，研究对策，按季度逐级上报，并在一定范围内进行通报。

（六）为非公有制企业党组织提供经费保障。

建议非公有制企业党组织活动经费每年由企业党组织根据工作需要和节约的原则，编制年度预算，一般应按职工年度工资总额的5‰列入企业财务计划。党组织活动经费凭真实合法的凭据，由税务部门在税前据实扣除。日常开支由党组织负责人提出申请，按企业财务规定核报。非公有制企业党员交纳的党费全部返还，五年不变。企业党组织活动经费仍有困难的，可采取上级党组织从党费中补助一部分、企业支持一部分等办法予以解决。

（七）加强对非公有制企业主和党务工作者的教育培训。

建议将非公有制企业主和党务工作者纳入全省党员干部教育培训计划，各级党校每年应至少举办两期非公有制企业主和党务工作者专题培训班。各级组织部门每年有重点地选择部分规模以上企业主进行外出学习考察。

（八）深入推进理论研究和舆论宣传。

建议省上多召开一些理论研讨会、座谈会，专题研究非公有制企业党建工作。在省内新闻媒体开辟专栏，进行集中宣传，营造非公有制企业党建工作的良好氛围。

提升非公企业党建工作科学化水平的实践与思考

江苏省委组织部

江苏是东南沿海经济强省之一。2010 年，全省非公有制企业达到 30.9 万家，实现生产总值 63543.6 亿元，占全省各类生产总值的 2/3，成为推动全省经济发展的重要力量。全省非公有制企业建立党组织的 164000 家，党组织组建率为 52.9%，比 2009 年提高了 9.2 个百分点；单独建立党组织的 57986 家，建立联合支部的 106014 家，去年一年共有 29797 家非公企业新建党组织，3.5 万家规模以上非公有制企业动态保持党组织全覆盖。中央政治局常委、国家副主席习近平同志在部分省（区、市）深入学习实践科学发展观活动调研座谈会上指出：“江苏非公有制经济组织党建工作不断探索，有相当的基础，工作开展得比较深入”。中央政治局委员、中组部部长李源潮同志对我省非公有制企业党建工作也给予了充分肯定。根据党的十七届四中全会关于提高党的建设科学化水平的要求，全省各级党组织贯彻落实科学发展观，以创新党组织设置为重点，以党组织书记职业化管理为关键，以创先争优为动力，以党组织统筹共建为抓手，积极探索党组织和党员发挥作用的有效途径，不断扩大非公企业党的组织和工作的覆盖面，有效提升了非公企业党建工作的科学化水平。

一、我省推进非公企业党建工作科学化的主要做法

1. 分片划区创新组织设置，努力实现党组织和党的工作在非公经济领域的有效覆盖。适应全省经济结构的深刻变化，积极探索党组织设置的新形式，进一步扩大党组织和党的工作在非公有制经济领域的覆盖面和影响力。一是按片区设立区域性党组织，覆盖规模以下非公企业。在动态保持规模以上非公有制企业党组织全覆盖的基础上，制定下发《关于推动规模以下非公有制企业党组织有效覆盖有效管理的意见》和《关于推动新社会组织党组织有效覆盖有效管理的意见》，在开发区（工业园区）、乡镇（街道）、村、社区设立若干个区域性党组织，党组织书记由上级党组织负责人兼任，并配备专门工作人员。目前，全省共建立区域性党组织 6430 个，覆盖 8.6 万家规模以下非公企业，规模以下非公企业组建率达 46.8%，提高了 10.2 个百分点。二是按照行业特征归口管理非公企业党组织。以特色产业为依托，明确行业特征明显、产业关联度高的规模以下非公有制企业党组织和党的工作，由所在地行业协会党组织或产业链党组织进行归口管理，企业所在地党委或行业主管部门通过整合资源，为党组织提供必要的活动经费和场所保障。目前，全省共建立各类行业或产业链党组织 897 个，覆盖规模以下非公企业 7850 家。三是改进城市非公企业党组织设置。在非公企业集中的商务楼宇、大型专业市场设立综合党组织，在外出务工党员集中地建立流动党员党支部，方便流动党员参加组织生活、正常发挥作用，实现城市基层党建工作“三个同步”，即非公企业发展与党组织设置同步、党组织设置与开展党的工作同步、党群组织开展活动与党员教育管理同步。

2. 积极推行党组织书记职业化，努力实现非公企业党务工作者的有效管理。从选任培训、管理监督、激励保障等关键环节入手，着力提升非公企业党组织书记队伍管理的制度化、规范化水平。一是建立非公企业党组织书记择优选任机制。打破行业、地域、身份等界限，从本地致富能手、机关干部、退伍士兵、返乡创业党员、优秀大学生五个渠道拓宽非公企业干部来源。泰州、宿迁、连云港、扬州等地从市、县、乡镇机关选派 3562 名优秀干部到非公企业挂职或任职，其中泰州选派 100 多名后备干部到非公企业脱产担任党组织书记，任期 2 年。在具备条件的规模以上非公企业采取“公推直选”方式产生党组织书记。对于由业主党员担任党组织书记、党员人数较多的，原则上配备一名副书记具体抓党建工作，推动大型骨干非公企业党组织书记专职化。全省 3.2 万名规模以上非公企业党组织书记中，从企业中层以上管理人员中选拔的有 2.7 万名，占总数的 82.5%。推行符合条件的非公企业党组织负责人通过法定程序兼任工会主席，

目前“一肩挑”的比例已达62.3%。二是健全党组织书记学习培训机制。建立规模以上非公企业党组织书记初任培训、集中轮训和专题培训制度。实施非公企业党组织书记服务转型升级素质提升计划，省财政专门划拨1000万元建立专项资金，用于开展非公企业党组织书记和党员骨干培训，省市县三级联动，共培训4万名规模以上非公企业党组织和片区综合党组织书记，推动非公企业党组织书记从业余型向专业型、从事务型向服务型、从执行型向创新型转变。充分发挥党校教育主阵地作用，整合高等院校等各类培训资源，通过远程教育终端、各级党建网站，采取菜单式选学、在线自学等多种形式，切实提高培训实效。三是完善党组织书记目标管理和激励关怀机制。实行规模以上非公企业党组织书记年度目标考核制，推行岗位承诺制。省市县三级普遍设立非公企业党建工作专项经费，明确规定各级党委留存党费的10%用于非公有制企业党建工作。2005年、2006年，省委组织部会同有关部门连续两次下发非公有制企业党组织活动经费问题的通知，明确党组织活动经费按职工年度工资的千分之五列入企业财务预算，据实在税前列支。昆山市围绕“领导班子好、党员队伍好、工作机制好、工作业绩好、群众反映好”的党组织创建目标，每年年初由上级党组织与非公企业党组织书记签订党建工作岗位目标责任书。每年年底，由组织部和新经济社会组织工委牵头，企业上级党组织具体实施对非公企业党组织书记目标考核，并向非公企业党组织书记发放岗位津贴、权益保障资金和退休荣誉金。

3. 深入开展党组织统筹共建，努力实现非公企业党组织和党员作用的有效发挥。引导非公企业党组织通过整合资源，建立开放式党建工作格局，在促进企业科学发展、服务职工群众中发挥先进作用。一是国企民企统筹共建。采取省、市、县三级联动，向有参与意向且业主比较开明、党建工作基础相对薄弱的规模以上非公企业和省部属国有企业发放了统筹共建意向表，全省共有732家国有企业与2328家民营企业签署统筹共建协议，成功建立起互补双赢的新型合作伙伴关系。共建企业按照地域相邻、行业相近、产业关联、活动便利的基本原则，实行强强联手，重点在组织统筹联建、信息统筹共享、文化统筹交流、人才统筹培养、活动统筹安排、经营统筹合作等方面进行统筹共建。省委组织部以党建工作为纽带，召开“深化统筹共建、推动科学发展”江苏民营企业家高层峰会，参加统筹共建的民营企业共启动298个生产合作项目，总投资额近32亿元，1093家民营企业党组织达到了县（市、区）党建工作示范点的要求。二是党群组织统筹共建。根据中央和省委关于深入开展创先争优活动的要求，省委组织部提出以非公企业党群组织“四个统筹”，即组织统筹覆盖、人员统筹配置、活动统筹开展、保障统筹落实为抓手，通过党群统筹、整合资源、形成合力，推动群团组织覆盖服务非公企业党的工作覆盖。镇江市委组织部指导当地群团组织依托公安部门管理资源，创新组织设置方式，在全市外来务工青年中建立106个团组织，吸纳团员1.8万人，覆盖青年4万多人，并广泛开展推优入党工作，引导青年员工积极向党组织靠拢。全市共有282名外来务工青年递交了入党申请书，发展党员46名，为非公企业建立党组织创造了条件。三是非公国企结对创先争优。省委组织部专门下发通知，在全省开展国企民企党组织深化统筹共建、结对创先争优活动，主要采取四种方式进行：共同承诺。承诺的主体是统筹共建企业党组织及党员。共建企业党组织对服务和促进企业科学发展、履行政治和社会责任、提升党建工作水平等方面作出承诺，并采取适当方式向职工群众公布，接受群众监督；双方党员立足岗位实际，提出参加活动的具体打算和目标任务，向广大职工群众作出承诺。交叉点评。建立共建企业党组织深化统筹共建、结对创先争优活动交叉点评制度。要求共建企业党组织每半年召开一次创先争优活动交叉点评会议，共建企业党组织领导班子成员、党员代表、群众代表参加，交叉点评统筹共建结对创先争优的开展情况、主要成效和不足，明确下一步努力的方向。相互评议。组织共建企业党员群众对深化统筹共建、结对创先争优活动情况进行满意度测评。测评内容主要包括组织统筹联建、信息统筹共享、活动统筹安排、人才统筹培养、文化统筹交流、经营统筹合作等，以及创先争优活动主要成果。联合表彰。注重选树共建企业党组织深化统筹共建、结对创先争优活动的先进典型，大力宣传新鲜经验。2011年“七一”前后，由省委组织部表彰统筹共建创先争优先进基层党组织。共建企业党组织联合表彰统筹共建创先争优活动中的先进基层党组织和优秀共产党员。

4. 实施党员蓝领成才计划，努力实现非公企业党员服务科学发展能力的有效提升。在加强非公企业党建工作中，我们坚持以建设高素质党员蓝领人才队伍为目标，加大党员人才培养力度，在服务企业转型升级中育才聚才用才，在育才聚才用才中推动企业转型升级。一是整合各类工作资源。依托大型骨干企业、职业技术院校、劳动和社会保障等部门的职工培训中心建立党员蓝领成才教育基地，并采取党费划拨、统筹企业职工教育培训经费等方式，设立党员蓝领成才专项资金，专款用于党员蓝领成才培训工作。省财政每年安排专项资金用于非公企业党员职工培训，保证党员蓝领成才计划顺利实施。二是健全教育培训机制。完善非公企业党员蓝领人才岗位、学历、基地“三位一体”的培训体系。坚持技能培训与学历教育并重，整合校企资源，推进教学点进企业，切实提高党员蓝领文化层次和技能素质。推行项目化教学和菜单制选学，依据企业转型发展方向确定培训目标，依据企业人才培养需求设计教学项目，依据党员蓝领实际需要提供选学菜单，使教学更加贴合企业发展、贴合党员实际。鼓励非公企业通过岗位练兵、岗位培训、技术比赛等，促进党员蓝领在岗位实践中成才。三是创新成才活动载体。广泛开展党员示范岗、党员先锋岗、党员责任区等活动，发挥蓝领党员人才在科技创新、企业管理、节能降耗、安全生产等方面的先锋模范作用。目前，全省非公企业已培育近100个“党员蓝领示范培训基地”，1000多名“党员蓝领骨干人才”，5000个“党员蓝领示范岗位”，一大批党员蓝领人才在非公企业生产经营和关键技术岗位上发挥着重要作用，实现了党员蓝领人才自身价值和促进企业发展的有机结合。

二、推进非公企业党建工作科学化水平的实践体会

回顾近年来我省非公企业党建工作的实践，我们体会到，推进非公企业党建工作科学化，必须紧跟时代发展变化，紧密结合非公企业实际，不断研究非公企业党建工作面临的新形势新任务，努力用科学的方法破解难题、推进工作，使非公企业党的建设始终与时俱进、充满活力。工作中我们着力在以下几个方面下功夫。

1. 找准科学定位，注重统筹谋划，把握非公企业党建工作规律性。抓好非公企业，才能打牢党的新经济领域的执政基础；实现党组织和党的工作有效覆盖有效管理有效提升，才能服务企业科学发展。一是始终把服务科学发展推动转型升级作为非公企业党建工作的出发点。紧紧围绕服务经济发展方式转变、促进非公企业转型升级这个主题，制定提升非公企业党的建设科学化水平意见，下发多个配套性文件，明确阶段性非公企业党建工作的目标任务、工作重点和具体措施，推动党的工作在非公有制经济领域的全面覆盖。二是始终把发挥党组织和党员作用作为非公企业党建工作的着力点。通过选优配强班子、建好队伍、聚集人才、创新组织设置、开展大规模培训等，增强非公企业党组织和党员队伍活力，推动非公企业党组织和党员在携手抵御国际金融危机、加快推进转型升级中有效发挥作用。三是始终把职工群众满意作为非公企业党建工作的落脚点。大力提升非公企业党组织和党员推动发展、服务群众、协调利益、化解矛盾的能力，结合非公企业实际深入开展创先争优活动，努力解决群众最关心最直接最迫切的问题，让业主和职工群众发自内心地称赞：“党组织最可信，共产党员最可爱”！

2. 突出工作重点，坚持分类指导，增强非公企业党建工作针对性。坚持共性与个性相统一，在分类指导中增强针对性，是加强非公企业党建工作的有效方法。根据不同发展阶段中央和省委的决策部署，提出不同的工作重点，“十一五”初期全力推进规模以上非公企业党组织组建工作，并取得突破性进展；“十一五”末重点抓规模以下非公企业党组织有效覆盖有效管理；“十二五”抓非公企业党组织和党员作用有效发挥服务转型升级。根据不同群体党员的年龄、文化、职业特点，明确创先争优的不同要求，党组织书记着力提高服务科学发展能力、作好骨干表率，党建工作指导员着力增强沟通协调和党建指导能力，在职党员要立足岗位、争创一流业绩。根据苏南、苏中、苏北非公企业发展水平的不同，确立非公企业党建工作不同要求。在抓好基础工作的同时，经济发达地区着重在非公企业党组织书记职业化管理、推动党组织作用有效发挥上下功夫，经济欠发达地区着重在抓好党组织和党员服务发展“双跟进四转换”上下功夫。

3. 选树先进典型，放大示范效应，体现非公企业党建工作时代性。先进典型是科学理论与社会实践相结合的产物，具有鲜明的时代特征和个性特点，充分发挥先进典型的示范引领作用，是推动非公企业党建工作的重要方法。一是大力选树走在时代前列、可信可学的典型群体。先进性教育活动以来，先后选树了邓建军、陈惠芬等多个在全省有广泛影响的先进典型。二是坚持贴近实际、贴近群众宣传典型。充分运用各种宣传资源，在媒体开辟专栏，组织先进事迹报告团，全方位、多层次地宣传典型，营造学先进、赶先进、争先进的浓厚氛围。三是通过学用典型来推动实践。总结推广外资企业党组织书记陈惠芬“融和工作法”，以先进典型各具特色的丰富实践，诠释党的先进性深刻内涵，增强了非公企业党建工作的感染力，为非公企业党组织开展工作提供了生动教材。

4. 紧贴企业实际，推进改革创新，激发非公企业党建工作创造性。创新是提升非公企业党建工作科学化水平的动力源泉，创新必须自下而上实践、自上而下推广。一是注重围绕重点工作推进创新。着眼于优化非公企业党组织书记队伍结构、提升能力素质，明

确非公企业党组织书记党性观念强、懂经营会管理、善于做群众工作的高素质、复合型标准。开展大规模培训活动，探索选派机关、企事业单位干部和大学生到非公企业挂职。二是注重围绕难点问题推进创新。针对非公企业党组织组建难、发挥作用难的问题，联合工商、民政等部门实行非公企业登记申报推动建立党组织、年检年报推动党组织发挥作用的“双报双推”制度，开展“万名党员职工招聘”活动解决非公企业输送党员不足难题。针对外来务工人员党员管理难问题，建立江苏省流动党员管理系统，开辟了加强外来务工人员党员管理的新途径。三是注重围绕关键环节推进创新。联合财政、税务部门制定文件，通过财政投入、设立专项资金等途径，形成稳定规范的非公企业党建工作经费保障机制。充分尊重基层首创精神，从今年起省委组织部在全省开展城市基层党建创新工作项目化管理，定期召开现场会议进行督促推进，大力营造非公企业党建工作创新创优的浓厚氛围和良好环境。

三、推进非公企业党建工作科学化面临的新挑战

面对新的形势和任务，我省推进非公企业党建工作科学化既有难得的机遇，也面临新的挑战。

1. 经济结构深刻变化，党在非公有制经济领域的工作还相对薄弱，党的工作布局要按照科学化要求进一步优化。当前，我省经济结构发生显著变化，非公经济总量占全省 GDP 三分之二以上，而非公企业党组织组建率尽管已达 43.7%，在全国处于领先地位，但距离全面有效覆盖还有不小的差距。经济结构的深刻变化，迫切需要我们打破行业、领域间基层党建相互独立、自成体系的格局，以统筹的理念和方法抓好党建格局的调整和优化，推动基层党建工作从传统领域向以非公企业为重点的新经济社会领域全面拓展，推进不同领域党建工作的融合和共建，使党的工作更加有效地覆盖社会各个领域。

2. 社会管理体制深刻变革，基层党组织权责不对称，党务工作力量要按照科学化要求进一步增强。当前，我省工业化、市场化、城市化进程加快，公有制为主体、多种所有制经济共同发展的局面基本形成。全省非公经济领域从业人员达 2170 万人，非公企业从业人员等新的社会阶层正成为社会发展的重要力量，越来越多的“单位人”变成了“社会人”。社会管理体制的深刻变革和企业追求经济利益的原始特征，使非公企业党组织权责不对称、要求不匹配的矛盾日益突出。另外，非公企业党务人才源头不足，能力强、素质高的党员人才普遍不愿意从事企业党务工作。非公企业党务工作岗位缺乏吸引力，部分党员先进性作用不够明显，党的工作力量要按照科学化的要求进一步强化。党员和党务干部是推进党的工作、加强党的建设的基本力量，这支力量不强，抓非公企业、打基础的工作就难以落到实处，党建工作科学化水平就难以提升。

3. 利益格局深刻调整，党员主体意识增强，党组织的工作方法要按照科学化要求进一步改进。随着利益格局的深刻调整，社会开放度日益提高，信息技术广泛运用，党员民主意识、竞争意识、参与意识不断增强，党的工作方法要按照科学化的要求进一步改进。经济转型升级、企业科学发展离不开党组织的坚强领导和党员的广泛参与。如何通过信息技术快捷高效地传播党建工作信息，占领网络阵地，利用先进的传媒技术有效吸引和正确引导党员职工；如何运用现代技术手段拓宽社情民意表达渠道，搭建党组织和党员快速沟通平台；如何提高非公企业党组织应对舆论热点事件的能力等，都成为新时期非公企业党建工作的重要课题。

四、进一步提升非公企业党建工作科学化水平的思考

提高非公企业党建工作科学化水平是一项长期任务，必须在继承和发扬优良传统的基础上，不断探索行之有效的新方法新手段。2011 年，是江苏“十二五”规划开局之年，转型升级关键之年，也是建党九十周年。当前和今后一个时期，我们将以党的十七大、十七届四中、五中全会精神为指导，深入贯彻落实科学发展观，以加强党的执政能力建设和先进性建设为主线，坚持改革创新，深入开展创先争优活动，努力构建开放型非公企业党建工作新格局，不断提高非公企业党建工作科学化水平。

1. 树立以人为本理念，全面推进非公企业党组织书记规范化管理。加强非公企业党建工作，关键在于不断提高党务人才综合素质，把最优秀的党员人才选拔到非公企业党组织书记岗位上来，进一步激发非公企业党组织书记的内在动力。一是拓宽渠道选好人。研究制定加强非公企业党组织书记队伍建设的意见，引导和激励他们立足非公企业、干事创业。打破地域、单位、行业、身份限制，注重从本地致富能手中选拔一批、从机关干部中选派一批、从退伍士兵中选培一批、从返乡创业的党员中选用一批、从优秀大学生中选育一批，着力解决非公企业党务人才来源较窄、后继乏人的问题。组织全省 1000 名省、市、县（市）机

关党组织书记、职能处室负责人挂职担任1000家非公企业党组织专职副书记。全面推行非公企业党组织书记通过法定程序兼任工会主席。二是强化培训育好人。实施非公企业党组织书记素质转型提升培训计划，以“服务转型升级，促进科学发展”为主题，实行省、市、县三级联动，对全省40000名规模以上非公企业和片区综合党组织书记进行培训，全面打造一支专业型、服务型、创新型非公企业党组织书记队伍。会同相关部门继续做好民营企业家后备人才培养工作。三是提高待遇激励人。建立健全非公企业党务工作者待遇保障制度，探索适当发放岗位津贴，维护非公企业党组织书记合法权益。结合创先争优，继续选树各类先进典型，开展学好、用好先进典型活动，今年“七一”前夕省委将集中表彰一批优秀非公企业党组织书记。

2. 坚持民主开放取向，进一步激发非公企业党建工作活力。主动适应党员职工民主意识、参与意识、维权意识、公平意识日益增强的新趋势，以更加开放的视野，开明的姿态，开阔的胸襟，积极构建使党员知情、请职工参与、让社会评判的党建工作机制，不断提高非公企业党组织发动群众、组织群众、凝聚群众的能力。一是健全民主决策、民主管理、民主监督制度。结合创新先争优领导点评、群众评议，建立和完善党组织书记与党员谈话谈心制度。健全党组织与经营管理层联席会议、党内情况通报、党群组织共同议事、党组织重大决策征求业主意见等制度，积极拓宽党内事务上情下达的渠道。积极探索党员职工参与党内事务、定期评议非公企业党组织领导班子成员的有效途径，实现党员对党内事务的广泛参与和有效监督。二是改革和完善非公企业党组织选举制度。逐步扩大非公企业党组织公推直选范围。三是提高党组织书记实践党内民主的能力。加强以党章、党员权利保障条例等为主要内容的党内民主教育，引导党组织书记自觉践行党内民主原则，带头推动企业民主建设。加强与企业经营管理层的沟通协调，开展正常的党内组织生活，定期召开党员大会或党员代表大会，广泛搭建党员参与党内民主的实践平台，在具体实践中强化民主意识、提升民主素养。

3. 推行区域统筹共建，为加强非公企业党建工作集聚优质资源。促进各种要素在领域、地域间流动，推动非公企业党组织互联互建、统筹共建，逐步形成资源共享、功能互补、共同提高的开放型非公企业党建工作新格局。一是深化组织区域化设置。以开发园区、乡镇（街道）、村（社区）和行业协会为基本单元，加强区域性党组织建设，构筑以区域党组织为核心、非公企业党员为主体、群团组织共同参与的开放型党建工作体系。大力推进规模以下非公企业党组织分片划区管理，推动不具备条件建立党组织的非公有制企业建立工会和共青团组织，努力实现非公企业党组织和党的工作全面覆盖。二是推进资源区域化配置。整合区域内组织、人才、阵地等资源，充分利用党员服务中心（站、点），为党员发挥作用搭建平台。引导各类人才资源在区域内各个党组织之间有序流动，着力推动人才资源向非公企业转移，不断壮大非公企业转型升级、科学发展的骨干队伍。建立区域党组织活动、培训基地，为规模以下非公企业党组织开展活动提供阵地保障。三是推进党建工作区域化推进。建立区域性党建工作协调机构，推动机关、高校、科研院所等领域党组织和党员加快融入区域党建，与非公企业统筹开展党的活动，发挥党员作用。

4. 运用现代科技手段，切实增强非公企业党建工作的实效性。运用现代科技手段开展党的活动，是加强非公企业党建工作的一个重要方向。一是利用信息化手段创新党内活动形式。以党建网站、协同办公系统、党务工作软件等信息化载体建设为重点，加快非公企业党组织基本信息管理和服务体系建设，搭建党建信息化平台，为党员提供政策咨询、接转组织关系、参加组织活动和开展组织生活等服务。二是利用信息化手段拓宽党组织联系服务群众渠道。运用党建网站、远程教育网络等为群众提供科技培训、政策咨询、法律援助等服务。结合深入开展创先争优活动，组织党员职工对党组织和党员进行网上评议、网络推优。三是利用信息化手段健全党建工作项目督查机制。鼓励有条件的非公企业建好党建工作网站，或在企业网站上建立党建工作板块，构建服务党员群众、双向互动交流的平台，充分反映党员诉求。利用党建网站建立健全服务党员群众实事项目督查机制，通过公开承诺、群众评议、党员志愿服务等多种形式，落实党组织服务群众实事项目，把党组织关心群众落到实处。

5. 健全党建体制机制，为非公企业党组织开展工作提供保障。提高非公企业党建工作科学化水平，必须以科学的制度为保障。一是创新非公企业党建工作领导体制。建立健全省、市、县（市、区）新经济社会组织党的工作委员会，具体负责协调和指导本地区非公企业党建工作，加强对全省新经济社会领域党建工作的领导。全面推行新经济社会组织工委“大工委制”，建立党委统一领导，组织部门牵头，宣传、统战、工商、税务相关部门和工会、共青团、工商联、个体私营企业协会等有关单位参加的非公企业党建工作会议制度，形成各负其责、齐抓共管的工作格局。

二是开展联评联创转型升级示范非公企业工作。会同有关部门制定下发《关于在全省开展联评联创转型升级示范非公企业的意见》，以党群部门和政府部门联合考评、企业党组织与企业联合创建转型升级示范非公企业的方式，统筹整合行政管理资源，将非公企业生产经营、社会贡献、党的建设等作为考核的重要内容，把考核结果运用于对企业的政策支持、荣誉表彰以及政治安排，推动全省非公企业由主要依靠物质资源消耗向自主创新驱动转变、由粗放型增长向集约型发展转变。三是完善非公企业党建工作投入保障机制。推行非公企业党组织和群团组织活动经费统筹使用，建立健全非公企业组织党建工作经费保障机制。推动党组织活动经费在企业管理费中专项列支、据实税前扣除政策落实到位。省财政每年拿出1000万元建立专项培训资金，用于非公企业党务工作者培训经费补助。探索推行对规模以上非公企业党组织书记实行目标考核管理，对非公企业党务工作者给予岗位津贴，使非公企业党建工作经费获得长期、稳定、有效的制度保障，确保非公企业党组织的独立性和党的先进性。

关于非公有制企业党组织功能定位问题的调研报告

天津市非公有制经济组织工委

党的十七大明确提出：要做到哪里有群众哪里就有党的工作、哪里有党员哪里就有党组织、哪里有党组织哪里就有健全的组织生活和党组织作用的充分发挥。加强非公经济组织党建工作，不仅是巩固党的执政基础、推进党的建设新的伟大工程的要求，也是实现我国经济社会又好又快发展的客观要求。探索新形势下非公企业党组织的功能定位，是当前非公党建工作的当务之急。

一、现状及问题

（一）天津市非公党建工作概况。

截至2010年底，我市民营企业有15.59万户，注册资本亿元以上的民营企业达770余户；民营经济总量占全市GDP的40%；在全市科技型中小企业中，有97%是民营企业；全市非公有制企业党组织4141个，覆盖企业11834家。目前全市规模以上非公有制企业全部建立了党的组织。

（二）非公党组织相关问题调查分析。

本课题组采取问卷调查、汇报会、调研会、座谈会、外出学访、专题论坛等形式，对非公有制经济组织党建工作情况进行了分类调研。被调查的对象分别为：中共党员业主（抽样41人占13.4%）；非中共党员业主（抽样46人占15.1%）；党员员工（抽样72人占23.6%）；非党员员工（抽样89人占29.2%）；非公企业党组织负责人（抽样24人占7.8%）；非公企业党务干部（抽样12人占4%）；政府机关干部（抽样21人占6.8%）。

前期调研表明：我市非公企业党建工作取得了长足发展与可喜成就的同时，非公企业党组织依然存在职能发挥保障机制不力、组织运行环境欠佳、党务工作者素质参差不齐、党组织与非公企业融合程度不够等6个方面的问题，集中表现为党组织功能界定模糊或显现不足、党组织的政治核心地位未能得到切实有效的贯彻与保障。必须要进一步强化非公企业党组织的政治核心地位，明确非公企业党组织相关功能，通过建立非公党组织运行保障机制等有效措施，推动非公企业党建工作不断提升，保证非公经济健康发展。

（三）存在的主要问题。

1. 非公有制经济组织党组织发挥职能作用缺乏有效保障。党的十六大修改的《党章》、2005年修订的《公司法》已经从法律的角度确定了非公企业党组织为企业及员工的政治核心定位，但非公企业党组织政治核心地位的保障和落实不到位，突出表现是开展党建工作的人才缺乏、党组织负责人有双重角色冲突、缺乏发挥职能作用的基本要素、经费保障不到位，同时还存在开展活动时间和场所难以保证等等问题。

2. 开展非公党建工作的整体环境欠佳。一是部分单位不能正确看待发展非公有制经济和发挥党组织作用的辩证关系，存在着“重经济、轻党建”的思想，致使部分党员“群众化”、党组织“边缘化”；二是部分非公有制企业主特别是一些非党员业主，对党组织的作用认识不足，对建立党组织缺乏热情，担心党组织开展活动占用时间、人力、财力，影响企业正常生产经营，增加成本支出；三是部分党员党性意识淡化，一门心思保住饭碗，没有把个人目标同党的建设的整体目标结合起来，有的甚至不愿把党员身份亮出来等等。

3. 非公党务工作者队伍整体素质亟待提升。一是思想认识局限。部分党组织书记认为自己首先是为企业主“打工”，党组织要在企业主的首肯下才能建立，开展活动也需要企业主提供一定的物质条件。二是工作能力欠缺，党务工作经验不足，忙于处理企业岗位事务，在党务工作方面的精力投入上受到牵制，影响了党的工作；三是综合素质不强。对企业经营管理不熟悉，没有把党建工作同企业的生产经营活动有机地结合起来，出现“两张皮”现象。

4. 非公企业党组织与非公企业的融入程度不理想。由于非公企业的特殊成长经历，大部分企业并不是创建企业的同时成立党组织，而是在企业发展到一定阶段源于企业发展需要，或源于上级组织要求而在非公企业内部建立的一个组织机构。部分国企转制过来的非公企业中，由于其党建工作基础较好，有一套融于企业管理体系的党的组织系统，其定位相对准确职能发挥较好，部分企业的党建工作已经成为企业发展不可或缺的要素，但是相当多转制带来的思想、观念和利益的冲突也还存在党组织融入企业发展的困惑与疑难。

5. 企业中的部分党员与职工对党的认知度上有偏差。部分企业对党建工作的重要性认识有偏差，存在一定的排斥心理。有的认为，党组织对企业发展没有帮助；还有的认为，党组织会增加企业负担，影响企业正常的生产经营；有的还担心，有了党组织自己就会成为被监督的对象。非公企业的语言体系以公司制的管理体系为主，而非公党组织语言体系大部分来源于机关、事业单位、国企等现有的语言，非公企业中的员工对党的现行语言体系理解不深，影响了大家对党的路线、方针、政策的透彻理解，从而产生了价值观的混沌。相当部分非公企业内党员大多是下岗职工、农民工和外来工，相当一部分人存在自卑感和失落感，工作的目的主要是为了养家糊口，对建立党组织、参与党的活动缺少应有的热情。

6. 上级党组织与企业党组织的沟通渠道不够通畅。调研发现，由于目前非公党务工作者队伍不够壮大、组织机构不够完善、党组织职能作用发挥不到位，部分上级党组织与企业党组织的沟通渠道还不够畅通，信息传递还不够灵敏，在促进非公企业党建工作与发展非公有制经济同步推进、协调共建上有欠缺，还存在上级党组织对企业党建工作指导少，与党员沟通交流少的现象。

二、非公企业党组织定位及功能研究

（一）非公经济组织党组织功能定位研究的相关理论基础。

党的组织是党根据自己的纲领和章程，按照民主集中制原则，由全体党员组织起来的统一的有机体，是从党中央到党的各级基层组织以及广大党员群众的统一体。《党章》规定，企业、农村、机关、学校、科研院所、街道、人民解放军连队和其他基层单位，凡是有正式党员 3 人以上的，都应当成立党的基层组织。

非公经济组织的党建工作，是党的基层组织建设的有机组成部分。中共中央组织部早在 2000 年就颁发了《关于在个体和私营等非公有制经济组织中加强党的建设工作的意见（试行）》。文件指出：非公有制经济组织是党的建设工作的一个重要领域。在非公有制经济组织中建立党的组织，开展党的工作，加强党的建设，充分发挥党的思想政治优势、组织优势和密切联系群众的优势，是坚持和完善社会主义初级阶段的基本经济制度，保证监督党和国家的方针政策、法律法规贯彻实施，引导非公有制经济健康发展的需要。

1. 恩格斯的“社会合力论”。恩格斯早在 1890 年提出的“社会合力论”就是把对社会产生推动作用的力，看作一个由无数相互交错力量所形成的一个合力。无数个相互交错、相互作用、相互渗透的力不是孤立地、单独地对社会发展发挥作用，而是融合为一个“总合力”来推动社会发展，这个总合力的方向应该是推动社会螺旋式上升、波浪式发展进步的一个有方向的“场”。合力思想启示：必须协调处理好各种动力要素的关系，发挥各种动力要素的整体最大功能，以党建带群建，从而持续快速地推进非公企业科学发展。

2. 企业的社会文化场理论。在非公企业的发展过程中，特别是改革开放以来，中国特色社会主义社会文化场对非公企业发展已经形成一个合力，对非公企业发展始终产生推动作用。非公企业的党建工作和企业文化决定了与这个合力的夹角，可以推动党建工作引领企业文化，让企业内部更趋于协同、更趋于和谐。同时，通过非公经济企业党组织的建设，通过公共关系和企业文化建设，使企业的发展方向和社会的主流文化方向和党与国家的期望、政策要求紧密结合起来，使企业能够更有效地借用、吸纳社会资源，推动企业更快发展。

3. 社会组织结构与功能理论。帕森斯指出：任何社会行动系统为了保证其本身的存在、持续以及有效性，必须具备功能性和实用性。党组织在非公经济组织中的政治核心定位，决定了党组织的职能、活动目标和任务及开展工作的方式和途径。非公经济组织的党建工作必须着力于明确定位、发挥功能、指向明确、对策得当。参考社会组织结构—功能理论，结合非公党建工作实际，只有不断创新，非公党建工作的才能不断发展，我党的政治优势才能持续转化为发展优势。

（二）政治核心地位是非公企业党组织的基本定位。

中国共产党是中国社会主义事业的领导核心，是全国各族人民的领导核心。非公有制企业是我国社会主义市场经济的一个重要组成部分，其党组织是新形势下党的组织体系重要组成部分，也是党的执政体系在经济领域中的重要组成部分。非公有制企业党组织在工作中必须始终贯穿和集中体现党的意志，必须发挥党组织服务群众、凝聚人心的重要作用，只有保证政治核心地位才能提高非公企业党组织的凝聚力、吸引力和战斗力。党的十六大修改的《党章》、2005 年修订的《公司法》已经从法律的角度定位非公企业党组织为企业及员工的政治核心，同时强调坚持党的领导是保障非公经济健康发展的前提。

非公企业资本的私有性质决定了其党组织的政治核心地位必须予以相应的保障：党组织有确定的法律地位，企业主与党组织有趋同的价值观，党组织负责人具有相应的企业身份是保障企业党组织政治核心地位的三要素。非公企业党组织的政治核心地位不仅仅是由企业党组织自身发挥作用获得的，而是一个系统工程，需要全党和全社会合力攻坚。只有保证非公企业党组织在企业中的政治核心地位，才能保证党组织发挥应有的职能和作用。

（三）非公企业组织党组织应发挥的四大功能。

1. 引导功能。

引导功能就是要求企业党组织利用各种宣传阵地，向业主广泛宣传党的路线、方针、政策和法律法规，引导和监督企业依法经营、照章纳税，坚持正确的生产经营方向。通过多种形式加强对党员、员工的教育管理，并通过发挥党组织的战斗堡垒作用和党员的先锋模范作用，潜移默化地影响群众，从而实现党对全社会的正确引导。

2. 凝聚功能。

凝聚功能就是要求企业党组织改进工作方式，创新工作载体，使党建工作和企业管理、精神文明建设融为一体，不断增强企业党组织的凝聚力和感召力。企业党组织通过行之有效的思想工作，把企业职工的人心凝聚起来，使大家团结一致、共同奋斗，形成推动企业科学发展的强大合力。

3. 服务功能。

服务功能就是按照“上级党组织为下级党组织服务、党组织为党员服务、党组织和党员共同为群众服务”工作思路，服务企业发展、服务员工成长。党的宗旨是全心全意为人民服务。党的基层组织直接面对人民群众，在利益的表达和协调中起着十分重要的作用。通过党组织服务党员、党员服务民众的过程，使党的路线、方针、政策深入人心，通过把服务功能进一步发挥、延伸和放大，不断加强党组织的创造力、凝聚力和战斗力，促进基层党建工作提升水平，促进企业健康发展。

4. 统战功能。

统战功能就是非公企业党组织在积极搭建参与社会管理、维护企业稳定的组织体系过程中，一方面引导党员发挥作用，一方面沟通出资人促使其支持在企业内开展党建工作，在构建和谐企业过程中发挥党员与积极分子作用，带动广大员工、群众，形成广泛的统一战线。非公企业党组织作为党和政府与企业沟通的桥梁，积极参与企业的市场运营，维护市场经济秩序稳定。非公经济组织作为社会基本组织单元，企业党组织有责任、有义务做好企业内特殊群体与员工的稳定工作，以维护社会稳定，在构建社会主义和谐社会中发挥作用。

三、找准定位、明确功能，在创新中实现非公党建工作的突破

非公企业党建发展已经进入了一个新的历史时期，同时也面临诸多新的问题需要破解。我们始终牢牢把握科学发展观的精神实质，按照党中央国务院促进非公企业发展的一系列方针政策，把多年来的非公党建的探索和实践，特别是把各类非公企业党组织开展工作的典型经验和突出案例加以提炼，找准非公党建的定位、明确非公党建的功能，从解决影响和制约非公企业党组织发挥职能作用的问题入手，在助推非公企业做优、做大、做强过程中，为即将腾飞的非公企业插上非公党建的翅膀。

（一）健全机制、完善措施，确保实现非公党组织作用的充分发挥。

1. 健全非公党组织的管理机制、完善非公党组织的制度建设。一是明确党组织按地域组建责任。抓好党组织组建工作，按照属地管理为主的原则抓好规模以下非公有制经济组织的党组织组建工作。二是分行业推进指导工作。非公有制经济组织党组织组建率目标要达到 100%，同时要按行业有序推进、分类指导非公党建工作。三是党委组织部门与非公经济组织工委在领导与指导非公经济组织加强党建工作上要各司其职、形成合力。建立强大的组织管理体系保证非公企业党组织在筹建、组建、发挥作用等各个过程有组织依托，有专人联系，有定期指导，有跟踪服务。四是将非公党组织负责人列入党的组织甄选与培养体系。选聘与培养一批政治立场坚定、专业素质精良、人际沟通过硬的党组织负责人，建立非公党组织与体制内党群干部的相互流动机制，为非公党建工作奠定人力资源基础。可考虑先从规模以上非公经济组织起步，

将非公党务工作者专业化、职业化进程提上日程。

2. 建立与创新非公党建的保障机制、完善非公党组织开展工作的基础保障措施。用有效的机制、有力的措施和大胆的实践确保非公企业党组织应有的地位，有位才能有为。法律上界定非公企业党组织的地位，是加强和改进非公有制经济组织党建工作必须解决好的战略性问题，关系整个非公有制经济组织党建工作的全局。在法律上做了明确规定的，还需要在实践中通过多种途径和措施来保证文件规定落实到位。要以正常经费来源为保障，确保非公党建工作正常开展。应将非公党建经费列入党的执政成本，待条件成熟后可列入财政预算。贯彻落实中组部〔2000〕14号文件党费返还的有关规定，能够解决非公企业党组织开展活动的一些问题，但与目前非公企业迅猛发展的形势需要还有一定差距。目前我市在推进“全覆盖”过程中采取的“三建三送”方式得到基层普遍认可，但要保证和推进非公企业党建工作还须加大经费提留力度。我们建议用“三个到位”的办法保证非公企业党建经费：一是企业提留到位。从企业产值或利润中按照一定的比例提取党建工作经费，保证党建工作的正常开展。二是党费留存到位。从收缴的非公企业党费中按一定的比例留一部分，按照各企业的生产经营情况适当给予补贴。三是党组织补贴到位。上级党组织可设立专门的非公企业党建工作经费，根据企业规模、效益及开展党建工作情况等实际，采取补助、奖励等形式给予经费支持。建立与创新非公党建工作保障机制是一个系统工程，需要摸清情况、结合实际提出务实有效的解决办法，还要专门研究下大力量提出加强和改进的意见。我们建议市委组织部与市非公经济组织工委深入调研、尽快出台《关于加强和改善我市非公经济组织党建工作的意见》，就职能与地位、经费与人才等与非公企业党组织开展工作紧密相关的重要问题，提出明确意见并遵照执行。

3. 创建与维护加强非公党建沟通机制、完善非公党组织活动的平台建设。党组织要建立与业主、党员、员工的长效沟通平台，以有效的沟通保障有效的服务，进而有效地发挥党组织的作用。同时借助现代科技建立非公经济组织党组织信息平台，运用信息化载体架构非公经济组织党组织体系的长效沟通机制。建立开发非公党建信息管理系统，实现党建管理流程化、信息化、网络化，实现党务工作的现代化，提高党建管理平台的应用率，发挥平台对基层党务工作开展情况的工作指导、沟通协调、监督检查功能，构建思想建设、组织建设、文明建设、反腐倡廉建设、工青妇建设五位一体的布局。

（二）创新服务、突出实效，努力实现非公党建和非公经济发展同步。

1. 加强党员队伍建设促进企业发展，努力实现非公党建与非公企业发展的紧密融合。强化“把骨干培养成党员，把党员培养成骨干”工作，注意吸收优秀职工特别是优秀青年职工入党。适度放宽非公经济组织的党员发展名额限制，吸纳更多条件成熟的非公企业出资人、关键岗位经理人、骨干员工特别是技术带头人加入党组织，壮大非公企业党员队伍，提高非公企业党员群体的整体素质，及其在企业中乃至所在产业领域中的影响。

2. 加强创新提高非公党建工作科学化水平，努力实现非公党建与非公企业发展的点面结合。第一创新党组织设置形式提高科学化水平。非公党组织建设的创新，必须适应基层党组织人员流动大、分布复杂等特点。不断探索新思路、新方法，结合实际灵活处理、有效管理。结合天津特点建议在低碳产业园、设施农业园等主导产业清晰、集中度高的产业聚集区，积极开展“产业党建”，推动基层党组织建在产业基地、发展链条和经济合作组织中，实现党组织设置与产业发展同频共振，增强党组织引领科学发展的能力。尝试依托地域纽带，打造“楼宇党建”模式。适应招商引税、总部经济和楼宇经济迅猛发展的实际，积极探索实践楼宇党建工作模式，通过设置组建楼宇党组织，对商务楼宇进驻企业的党建工作实行统筹安排，对企业党员实行统一管理，实现党的工作有效覆盖。第二创新工作载体提高科学化水平。科技发展日新月异，实现信息化工具与党建工作的有机“嫁接”可以大大提高党建科学化水平。党建信息管理系统，可以对基层党员的管理“点对点”、服务“心贴心”、教育个性化，使党员管理的“手臂”更长，党员服务的路子更宽，党员培训的课堂更大，党建工作的效率也更高。第三创新活动载体提高科学化水平。积极运用网络等新型信息沟通方式，创新非公企业党组织生活的方式。可通过企业网站建立党总支网上阵地，组织党员和员工第一时间了解国内外政治、经济和社会生活信息，使互联网成为宣传马克思主义创新理论和党的路线、方针、政策的重要阵地，形成强有力的网上主流意识形态。还可以通过支部QQ群召开网络会议，建立支部网页和博客，开辟党委信箱、支部信箱和网上论坛等以增强党组织生活的吸引力和感染力。

3. 探索非公党建工作的综合评价，努力实现非公党建质量与企业综合实力的同步增强。一是党建工作列为企业申报党和国家的项目支持的评价要素。二是党建工作列为企业与企业出资人参评社会各级各类荣誉的评价要素。三是将企业党组织纳入企业申报政府资助项目审批流程，并做内部预审的评审。建立企业年度综合评价机制，将党建列为评价要素，由工商联统筹，工商、税务、海关等监管机构与金融机构等参与评价，并以此作为企业的信用评级参考依据。将党建工作列为非公企业的综合评价要素，通过综合评价结果与社会资源分配相衔接，使非公党建工作在融入企业文化、促进企业发展、提升企业核心竞争力等方面的工作成果化“虚”为“实”，产生社会效益的同时也获得经济效益，使党建工作真正成为非公企业发展不可或缺的要素。

（三）固本强基、与时俱进，不断提升非公党建工作理论和实践水平。

1. 加强党务工作者队伍建设与党组织负责人培养，不断提升非公党建的工作水平。积极拓展非公企业党务工作者来源，不断改善结构提升素质，建立一支政治坚定、业务精通、开拓创新、素质良好的非公企业党务工作者队伍。一是多种渠道选拔党务工作者。通过内部培育、外部引进、聘请企业党务专家、组织选派、公开招聘等多种方式和渠道充实党务工作者队伍。二是定期开展培训。采取系统培训、实地锻炼、岗位实践等方式，不断提高党务工作者的综合素质和工作能力。三是逐步建立党务工作者工作责任制和考核制。认真做好党务工作者的考核工作，考核结果作为评先评优、晋职晋级的重要依据。四是重视党务人才的储备和开发。逐步建立健全党务人才储备库，并根据工作需要和双向选择的原则，及时向相关单位推荐输送优秀党务人才，允分发挥他们的作用。我市非公经济组织工委在每年定期培训非公党务工作者同时，已着手建立天津市非公党务工作者人才库，为非公党建工作不断提升水平提供源源不断的人才保障。

2. 加强非公党建理论研究队伍建设，不断提升破解非公党建发展问题的能力。目前，非公有制经济组织党建工作必须在继承的基础上大胆探索，进行非公有制经济组织党建理论创新，增强非公企业党建工作有效性，为解决实践中出现的新问题提供有效的指导。这是我们党在新形势下不断提高执政能力过程中必须正视并努力解决的崭新课题，建设一支非公党建理论研究队伍，迫在眉睫。今年 4 季度，我市非公经济组织工委拟成立“天津市非公党建理论研究会”。队伍主体由党委、政府与非公经济和党建工作相关部门领导，高校、院所专业从事非公经济研究、党建理论研究、企业管理体系研究的专家学者，在非公企业一线从事党建工作并有一定成绩的党组织负责人参与进来。通过理论研究队伍，专题深入研究非公党的建设的历史经验，努力探索非公党建的建设规律；深入研究分析非公企业党的建设面临的新形势新任务新挑战，提高非公企业党的建设科学化水平要着力破解的难点、重点问题；深刻研究非公党的建设科学化的本质内涵，提出提高非公党的建设科学化的途径和工作机制。

3. 加强非公党建人才队伍和志愿者队伍建设，不断提升非公党建队伍的规模和质量。要缓解非公企业党建人才紧缺问题，首先要落实党委系统干部基层联系制度，鼓励与引导企业搭建非公企业的“政委体系”，让企业中的党员群众能够直接感受到来自党的组织体系内的关心。上级党委组织部门和相关主管单位要根据基层党组织隶属关系进一步完善管理机制，组织培养一批热爱非公党建工作、具有一定知识水平和能力的党员，作为党建志愿者非公党务工作者长期规划。在人员编制一时难以解决的情况下，想方设法充实党建志愿者队伍，把优秀的党建志愿者充实到基层，以党建联络员或指导员的身份投入工作，以缓解非公企业党建力量不足问题。同时建立非公企业党建指导员、党建联络员责任制，划分工作对象，明确工作要求，着力形成非公企业党建指导、协调、服务网络，在组织覆盖尚未实现的情形下，确保工作覆盖。

（作者系天津市非公经济组织工委办公室原副主任　苏连珺）

海南省非公党建工作综述

海南省工商联

一、海南省非公有制经济组织党建工作基本情况

海南省非公有制经济组织党工委成立于 2010 年 2 月，隶属于省委组织部，是全国较早设立省级负责非公企业党建机构的省份之一。党工委设委员 9 名，其中书记 1 名，由海南省工商联党组书记担任，专职副书记 1 名，编制在省工商联内。其他 7 名委员分别由省委统战部、省旅游委、省工信厅、省财政厅、省商务厅副厅、省地税局副局、省工商局的党员领导干部担任。办事机构设在海南省工商联民营企业组织工作处。

海南省非公有制经济是国际旅游岛建设的重要力量。据统计，2012 年海南省非公有制企业近 10 万家，占全省企业 80%以上，非公有制经济纳税 635.47 亿

元，占全省税收总额的88.5%，解决了90%以上的城镇新增就业，非公企业职工总数占全省职工的大多数。全省非公企业党组织和党员也已经达到一定规模。目前全省有23201家企业具备开展党的工作条件，非公企业党组织1229家，党员26716名。

二、党工委成立以来的主要工作及其成效

1. 开展调查摸底，夯实工作基础。

一是开展调查研究，切实掌握党建工作基本情况。近两年来，特别是2012年以来，海南全省各市县对在工商部门登记在册非公企业进行全面调研，逐家排查摸底，摸清了职工数、党员数、出资人身份、营业收入以及企业地址及联系方式等基本情况。各市县普遍对企业党建情况进行登记造册，建立党建工作档案，实行台账管理，使得一直以来困扰全省非公党建工作的“底数不清、情况不明”的问题得到了基本解决。

二是努力推动市县建立领导机构和工作机构。特别是以贯彻落实中办11号文件为契机，积极推动市县建立非公党建工作机构。目前全省除定安和三沙市外，其他已有17个市县及洋浦开发区，先后成立了非公党工委。各市县均以各种形式和途径调配干部力量来加强非公党建工作，如昌江县成立企事业党工委，负责非公企业党建工作；文昌市通过调剂增加工商联1名专职副主席职数，主要负责非公党建工作，琼海市决定借调两名工作人员负责非公党建工作。

三是理顺非公企业党组织的隶属关系。各市县非公党工委成立后，按照属地管理原则，根据企业自愿，理顺非公企业党组织隶属关系，加强对本地非公企业党组织的管理和指导，对于一些规模较大，党员较多、影响较大，或是跨地域的企业党组织，为了便于加强对党组织管理和指导，实行属地管理的同时，上一级党工委也可直接联系，有的直接由省非公党工委直接管理。如从省国资委接转海马投资集团党委，华盛公司党委从分散在各有关市县中划转等，从根本上解决了非公企业党组织多头管理及管理不到位的状况，非公企业党组织的管理和指导工作力度明显加强。

四是努力探索非公企业党建工作新机制。在贯彻中办11号文件中，省非公党工委组织力量深入市县，深入企业调研，认真总结全省非公企业党建工作的好做法、好经验，广泛听取各有关方面的意见和建议，在此基础上，从全省非公企业党建工作的实际出发，针对全省非公企业党建工作的重大问题，包括领导机制、工作机制、保障机制以及两支队伍建设、发挥党组织和党员作用等问题提出意见和建议，形成了《关于加强和改进非公有制企业党的建设的意见》，供省委决策参考。与此同时，在工作中形成了一整套好的工作方法和有效做法，为深入开展非公企业党建工作提供了条件。

2. 扎实开展“百日攻坚、扩大覆盖”活动。

“百日攻坚，扩大覆盖”活动，是为了加强全省非公有制企业党建工作，落实基层组织建设年部署的重要举措。这是近年来全省在非公经济组织中时间最为集中、取得明显成效，并积累成功经验的一次党组织创建活动。这次活动以组建党组织为重点，工作目标明确，工作责任落实，工作措施得力。各市县成立领导小组和工作机构，形成组织部门牵头抓总，各有关部门和单位紧密配合，党工委具体负责领导的工作机制。全省各市县普遍推行非公企业党建工作责任制，有的市县建立了党政领导联系非公企业党建工作制度，有关领导亲自挂帅，全省共派出了1388名党建工作指导员，深入当地非公企业调查研究，指导开展党建工作。各地按照“边调研、边组建”要求，通过采取单独建、联合建、挂靠建等方式，全省新建党组织272个。同时坚持党建带工建、团建、妇建，新增非公企业工会、共青团、妇联组织2167家。通过党组织找党员，党员找党组织的“双找”活动，新发现非公企业中零散党员700多名，并使之过上了正常的组织生活。洋浦、琼海、东方、临高、昌江等市县的党组织数实现翻番，海口市多措并举新建党组织104个，取得了突破性进展，全省共建立了非公企业基层党组织1229家，有效提升了我省组织和工作覆盖，已组建的党组织与具备条件应建的党组织的比率即组建率达到89%，规模以上企业基本实现了党的组织全覆盖。

3. 深入开展“创先争优”活动，促进企业健康发展。

2010年4月以来，我们根据中央和省委的统一部署，在全省非公有制企业党组织中，以“推动加快经济发展方式转变，促进企业实现科学发展”为主题的创先争优活动。这是在非公有制经济组织中开展的持续时间最长、覆盖企业最广、参加人数最多、活动成效最为显著的一次党内教育活动。活动中，省非公党工委按照“企业所需要、党员所欢迎、职工所拥护、业主所理解”的原则，坚持做到“三个结合”：即党建工作与企业生产经营相结合，党建工作与维护各方合法权益相结合，党建工作与企业文化相结合。积极创新载体，改进活动方式。举办非公企业“党旗在飘扬”演讲比赛活动，组织开展全省非公经济组织先进基层党组织、优秀共产党员、优秀党务工作者和党建之友评选表彰活动，通过成立项目党支部、党员技术攻关小组，设立党员示范岗、党员责任区等，引导党员立

足岗位亮身份、作表率，做到“制度建起来、党旗飘起来、企业精神树起来”，引导非公企业党组织和党员创先争优，引导企业加快转型升级，构建和谐企业，科学谋划发展方向。当前正在全力推进非公企业党组织创先争优的常态化长效化。

4. 建立了基层党组织分类定级、晋位升级的长效机制。

根据中组部《关于建立基层党组织晋位升级长效机制的指导意见》和海南省委组织部的相关通知精神，结合全省非公有制经济组织的特点，省非公党工委对各市县非公经济组织建设实行宏观指导，对直属党委实行具体指导，认真组织直属党委对所属126个支部进行了分类定级。各级党组织以支部为单位，对组织设置、领导班子、组织制度、经费场所保障、作用发挥等情况进行了一次全面深入的调查，并按照定级标准和程序，分别建立党组织台账。坚持“抓两头、带中间”，注重发挥先进党组织的示范带动作用，促进后进党组织晋位升级。为了切实推进晋位升级常态化长效化，今年3月，又专门下发了《关于建立党工委直属基层党组织晋位升级长效机制的意见》，每年年初有安排部署，年中有督促检查，年末有考核验收，形成长效工作机制。

三、非公党建工作存在的主要问题

一是规模以下非公有制企业党的组织和工作覆盖有待加强。主要是企业生产经营不稳定，党员数量少、流动性大，有些党员不愿亮明身份，“口袋党员”、“隐形党员”在不同程度存在，有的党组织“今年建、明年撤”。“新手书记”多，党建工作力量比较薄弱。

二是党组织和党员发挥作用不够理想。有些党组织负责人党建工作意识、能力、水平有待提高，有些党员对在非公有制企业中发挥先锋模范作用还存在一些模糊认识，一些党组织在企业中的地位被“边缘化”。

三是党建领导和工作机制有待进一步建立健全。目前我省在贯彻落实中办11号文件精神方面，还没有出台具体实施意见，非公企业党建工作中的一系列重大政策问题没有明确。已经成立非公有制企业党工委的，普遍存在无编制、无人员和经费不到位的问题。

四、进一步抓好非公党建工作的设想

1. 进一步贯彻落实中办11号文件精神，重点解决非公党建工作人员、经费不足等突出问题。中央办公厅《关于加强和改进非公有制企业党的建设工作的意见（试行）》是当前和今后一个时期开展非公党建工作的政策依据，要推动纳入党委中心组学习计划和党校教学计划，不断提高全党特别是领导干部对非公有制企业党建工作重要性的认识。要学习和借鉴兄弟省份的做法，制定出台具体实施意见，把中办11号文件中的原则要求转化为贯彻落实的具体措施，把非公党建工作列入市、县委书记政绩考核范围，作为市、县委书记履行基层党建工作责任制专项述职和相关部门领导班子考核评价的重要内容。着力解决党建机构编制和经费场地保障等重点难点问题，在当前中央关于编制“只减不增”的总要求下，要协调省编制部门通过内部调剂解决人员编制问题。注意整合人力资源，通过从党政机关或有关部门和单位抽调人员的方式，解决工作人员不足的问题。加强经费保障，将非公党建工作经费和专项经查纳入地方财政预算，建立非公党建指导员、非公企业党组织负责人适当的工作津贴补助制度。按照“六有”建设标准，加强非公企业党组织规范化建设，使其符合党的基层组织建设的要求。抓紧推行企业党组织工作经费纳入企业管理费用，并实行税前列支制度，多渠道解决非公企业党组织的工作和活动经费不足的问题。

2. 建立创先争优活动的长效机制，积极探索党组织和党员发挥作用新途径。采取多种形式大力宣传创先争优活动的丰硕成果、成功经验，大力宣传非公有制经济组织创先争优活动中涌现出来的先进基层党组织和优秀党员，引导非公有制企业党组织和广大党员牢固树立创先争优的共同价值理念。要把创先争优融入到企业日常生产经营中去，融入到党员的岗位职责中去，坚持创在平时、争在本职，使创先争优成为加强基层组织建设的经常性动力。探索建立党组织负责人参加或列席企业有关重要会议制度，以及党组织的有关重要会议、活动，邀请出资人列席制度。党组织有关重要活动，要主动征求出资人意见，取得出资人的理解和支持。推进党员管理教育信息化，建立健全流动党员管理模式。推进党群活动一体化，加强党员教育培训。关心党员的政治、工作和生活，注重帮助解决实际问题，增强党员的归属感和荣誉感。

3. 进一步加强党组织书记、党建指导员“两支队伍”建设，夯实非公党建工作基础。积极探索专兼职结合、以兼职为主的党组织书记任职模式，努力建设一支政治强、业务精、懂经营、会管理的党组织书记队伍。加大党建指导员选派工作力度，研究制定党建工作指导员选派和管理办法，提高工作的科学化和规范化水平。建议省市举办党务干部和党组织书记培训班，企业党组织书记每年至少参加1次集中培训，提高培训的针对性和实效性。

4. 加强宣传引导，积极培树典型，切实增强企业出资人重视支持党建工作的自觉性和主动性。把做好出资人的宣传引导工作，摆上非公企业党建工作的重要议事日程。建议建立和落实党政领导干部联系非公企业党建工作制度，党政领导要身体力行地做企业出资人的思想工作，引导他们充分认识做好党建工作的重要性，着力培树和宣传企业出资人中的先进典型。党建指导员深入企业调查研究，通过经常走访谈心拉近与出资人的距离，定期座谈征求企业意见，真心实意帮助解决企业实际困难，逐步打消非公企业主对党组织工作的顾虑，进一步赢得他们对党建工作的接受和支持。积极创造条件，吸收做好党员条件的出资人入党工作，努力推动他们积极向党组织靠，发挥其积极作用。

（作者系海南省工商联民营企业组织工作处副处长　邓芬芳）

抓好“五个基本”、“七个体系”建设　努力开创社区党建工作新局面

中共咸宁市委

咸宁市共有城市社区94个。2010年以来，我们按照省委的统一部署和要求，扎实推进“五个基本”、“七个体系”建设，奋力创建社区党建工作示范市，初步形成了“整合资源强基础、项目推进强功能、机制创新强队伍、重心下移强管理、党建引领强服务”的咸宁社区党建模式。主要做法是：

一、乘势而上，明确社区党建工作目标

社区是城市的细胞和基础。市委、市政府高度重视社区建设工作，特别是随着建设鄂南经济强市战略的全面推进，我市社区建设尤其是社区党建工作得到明显加强，但与我市经济快速发展、城区急剧扩张、人口不断增加的新形势以及人民群众的新期盼相比，社区党建工作也存在一些不适应、不符合的问题。2010年以来，中央和省委明确要求我市把学习实践活动的联系点办成创先争优活动的示范点，市委先后作出了创建全省党的基层组织建设示范市和统筹城乡发展的战略决策，为我市在较高的起点上加强社区党建工作提供了难得机遇，创造了良好条件。如何抓住机遇，乘势而上，全面提高社区党建工作整体水平，夯实党在城市的执政基础，使之成为服务群众、凝聚人心、优化管理、维护稳定的示范区，是市委一班人思考的重大课题。为此，市委将社区党建工作纳入今年建设鄂南经济强市第三次座谈会的专题调研内容，市领导多次深入社区开展调研，并赴上海、武汉、南京、杭州等地学习考察社区党建工作。在此基础上，市委研究提出了高标准推进全市社区党建工作，努力创建社区党建工作示范市的目标。力争通过三年的努力，到2012年全市94个城市社区全部达到省级示范社区标准，3个县（市、区）建成省级和谐社区建设示范单位，市区24个社区建设成为全省示范社区；建成并完善市、区、街、居四级信息化网络，推进社区管理与服务手段的现代化，着力构建“数字社区”，使全市社区呈现出管理有序、服务完善、环境优美、文明和谐的良好局面。

二、强基固本，夯实社区党建工作基础

我们在推进社区党建的过程中，注重整合各方资源，夯实基层基础工作。一是建强队伍，确保有人管事。采取留用一批、招聘一批、选调一批、招录一批、挂职一批“五个一批”的办法，努力建设一支高素质的社区干部队伍；依托市县两级党校，每年把社区干部集中轮训一次，不断提高社区党员干部队伍适应新形势、完成新任务的能力。近年来，先后选派52名机关干部到社区任职，公开招聘1073名社工人员加强社区工作。二是加大投入，确保有钱办事。建立政府投入为主导、街道投入为基础、部门投入为补充的多元化投入机制，不断加大社区建设力度。仅2010年，市区两级整合资金3000多万元，其中货币资金1600万元，土地划拨折算资金1000万元，文体、园林、办公设施配套折算资金400万元，一次性完成市区16个社区办公活动场所和相关服务设施配套建设任务。在建设过程中，市直各部门表现出了很强的大局观念，对各项行政性、服务性收费能减则减、能免则免，千方百计降低社区建设成本，为社区建设提供了强有力的保障。三是建好阵地，确保有场所议事。城市用地可谓寸土寸金，规划选址是社区建设的首要难题。我们本着“有利于服务群众、有利于长远发展”的原则，在土地十分紧张的情况下，按照老城区300～500平方米建筑面积，新城区800～1000平方米建筑面积的标准，拿出城市发展热点地区、临街一线和人流集中的黄金地段用于市区社区办公活动场所建设。市委、市政府主要领导和分管领导多次主持召开部门协调会、现场办公会，采取国有资产划拨、收储土地划拨、共

建单位支持、棚户区改造等多种方式，协调解决社区建设用地问题。市委制定下发了《社区党组织“五个基本”、“七个体系”规范化建设二十条》，以项目化的方式，规范推进社区办公活动场所建设。同时，鼓励各县（市、区）采取联建、购买、置换、改扩建等方式解决社区办公活动场所建设难题。崇阳县采取资产置换的办法，将一些县直部门整合到新建的28层发展大厦办公，将这些单位的原办公楼置换给社区，一次性解决了6个社区办公活动场所问题。四是完善制度，确保有章理事。规范完善了社区党组织工作制度、社区居委会工作制度、社区党员群众服务中心工作制度、社区社会组织培育和参与制度、社区事务听证会制度、楼栋门院管理制度、业主委员会工作制度等各项规章制度，实现社区管理规范化、制度化、科学化。

三、完善体系，增强社区党建工作活力

我们坚持把服务群众作为社区建设的出发点和落脚点，把“七个体系”作为党组织功能强化的核心要素，突出重点，狠抓落实，努力把社区建设成为党委、政府离不开的坚强堡垒，党员群众离不开的温馨家园。一是按照全覆盖的要求，完善组织领导体系。按照社区建总支、小区建支部、楼道建小组的要求，健全组织网络，并将党组织向辖区内的商业街、工业园区、商务楼宇延伸。规范建立社区党建联席会，努力构建区域化党建工作机制。实施“党员安家”工程，确保有党员的地方就要有党组织，有党组织就要开展党的活动，使党的组织和党的工作做到区域内全覆盖。二是按照惠民生的要求，完善服务群众体系。每个社区建立了党员群众服务中心，规范设置党群服务、计划生育、劳动保障、民政残联、治安民调、文明创建等6个窗口，编印党群服务指南，公布19类服务项目和相应的服务流程，开通社区服务热线，配备社区便民服务车，配套建立社区卫生服务站、爱心超市等，面向社区单位和党员群众开展各项便民服务、承诺服务、帮扶服务、志愿服务。咸安区温泉办事处白茶社区积极推行“45666”工作模式，打造服务型社区，深受辖区居民欢迎。三是按照树新风的要求，完善宣传教育体系。每个社区配套设置现代远程教育中心、图书信息室、市民学校、文化广场、书画室、宣传栏等，深入开展政策、文化、卫生、体育和文明礼仪“五进社区”活动，涌现出一批学习型、和谐型、康乐型社区。崇阳县路口社区街舞队、通山县凤池社区太极拳队等，成为当地一道亮丽的风景线。咸安区永安办事处文笔路社区为社区书画爱好者的书法、绘画提供展示平台，老年活动室和室外通道里外结合，展示的都是当地居民自己的画作，老年朋友们还随时可以来这里下象棋，培育了团结和谐、积极向上的社区文化。四是按照保民安的要求，完善和谐稳定体系。每个社区设置说事（谈心）室、警务室，有条件的社区开通网上QQ聊天室，同时积极开展社区干部下访活动，听民声、解民难、化民怨、保民安。咸安区温泉办事处组织社区党员干部开展“六访”到户听民声、“六报”及时知民情、“六线”畅通解民难活动，构筑起维护社会稳定的“第一道防线”，把各类矛盾有效地化解在基层，化解在萌芽状态。五是按照顺民意的要求，完善民主管理体系。每个社区设置“意见箱”、“公开栏”、“回音壁”等，同时积极推进基层党组织直选，全面推行“五议五公开”，深入开展社区干部目标管理、公开承诺、挂牌服务。咸安区永安办事处阳光社区在公开栏上及时公开党务、居务、财务、事务，居民有意见和建议直接张贴在公开栏，社区干部在第一时间受理、整改，并将处理结果在“回音壁”上公开，扩大了党员群众的知情权、参与权、选择权和监督权。

四、着眼长远，建立社区党建工作长效机制

我们立足当前，着眼长远，注重边实践、边探索、边总结，及时将行之有效的经验和做法以制度的形式加以规范，着力构建社区党建工作长效机制。一是健全会商决策机制。市委和各县（市、区）委社区建设工作领导小组每月召开例会，商议决策有关社区建设重大问题。建立了市、县领导联系社区制度，深入开展结对帮扶。各成员单位各司其职、各负其责，主动做好社区工作。市民政局出台了“村改居”配套措施、市国土局建立社区建设用地预留制度、市规划局将社区建设纳入房地产开发前置审批项目之中，形成了齐抓共管的工作格局。二是健全共驻共建机制。推行社区党建共驻共建工作目标管理责任制，由各县（市、区）社区建设领导小组组长与驻区单位“一把手”签订责任书，广泛开展“党员教育联办、干部监督联管、社区文化联建、社区环境联创、社区管理联抓”活动，实行事情共商、资源共享、难题共解、文明共创、活动共办，千方百计为社区群众做好事、办实事、解难事。三是健全激励保障机制。市委专门出台政策，把社区工作经费、干部工资、党员活动经费纳入市、县两级财政预算，确保社区干部工资不低于当地城镇职工平均收入水平，社区干部养老、医疗保险实现全覆盖。四是健全考核评价机制。市委把创建全省示范社区作为考核各县（市、区）和乡（镇、办）领导班子工作业绩的重要内容，实行月查季评，年终考核。各

县（市、区）和乡（镇、办）将“五个基本”的考评细则分为组织建设、队伍建设、制度建设、活动建设和保障建设等项目，形成百分制考核标准，制定进度表，实行达标项目销号制。通过一级抓一级，促进了社区党建工作各项任务的落实。

三到位　三保障　三加强　三载体　抓非公党建　促经济发展

中共通化市委组织部

近年来，通化市委坚持“强基础、抓规范、提层次、助发展”的思路，采取“三个到位”、“三个保障”、“三个加强”和“三项载体”等措施，有效地推动了全市非公党建工作的健康快速发展。目前，全市2634户非公企业已全部建立了党组织，实现了非公党建的“双覆盖、双增强”。

一、确保“三个到位”，筑牢党建工作架构

领导重视是做好非公党建工作的关键。通化市着力从组织领导、组织设置和班子配备三个方面入手，筑牢党建工作架构。

一是组织领导到位。通化市委高度重视非公党建工作，成立了非公企业党建工作领导小组，2012年还专门召开了市委常委会，研究成立非公有制企业和社会组织党工委相关事宜，各县（市、区）也都成立了非公企业和社会组织党工委，负责非公企业党建工作，极大地增强了非公企业党建工作的主动性和实效性。建立了领导干部联系非公企业党建制度，市、县两级领导干部每人联系1～2户非公企业，全市共建立领导干部联系点418个，每年深入联系点1500多次，形成了党委领导、党政合力抓非公企业党建的工作格局。

二是组织设置到位。按照“覆盖、巩固、规范、提高、壮大”五步法，抓规模以上企业党组织的规范、提高、壮大，抓未建企业和新建党组织的覆盖、巩固、提高，坚持“条块结合、因企制宜”，合理设置党组织。先后组织开展了“党组织组建百日攻坚战”、“一建十送”、派驻党支部等活动，全市向不具备建立党组织条件的非公企业派驻党支部1296个，派出党员干部3685人，实现了党的组织和党的工作“双覆盖”。

三是班子配备到位。提倡“党组织、董事会、经营者、监事会”交叉任职，配齐配强党组织班子。协助非公企业选拔党性强、懂经营、会管理的党员领导或中层干部兼任党组织书记。对没有合适人选的企业从地域、行业等相关部门上级党组织选派党组织书记，同时派驻党建工作指导员。2012年，全市共选派党建工作指导员3316人，其中副科级以上干部1893人，极大地提高了企业党组织班子的领导能力。

二、实施“三个保障”，夯实党建工作基础

保障有力是做好非公党建工作的前提。通化市着力从制度保障、阵地保障和经费保障入手，夯实党建工作基础。

一是抓制度保障。制定了《关于进一步加强和改进非公企业党建工作的意见》及细则等文件，对全市非公企业党建工作进行了规范。建立了非公企业党建工作调度会制度，定期召开党建工作会议，及时发现问题、解决问题，总结推广经验，指导面上工作。建立了非公企业党建督导制度，按照非公企业党建工作考核细则，不定期进行督查，通过量化考核，每年年终予以表彰奖励。

二是抓阵地保障。按照有明显的组织标识、有固定的活动场所、有较好的办公设施、有完备的电教设备、有规范的党建制度、有必要的党建经费的“六有”标准，抓好非公企业党组织的阵地建设，对于没有达标的，市、县两级组织部门都进行了帮建。目前，全市规模以上非公企业党组织都达到了“六有”标准，小型非公企业党组织都有活动场所和电教设备，能够较好开展党的活动。

三是抓经费保障。建立以企业税前列支为主，党费全额返还、财政资助为辅等办法，实现了非公党建经费投入新突破，每年为每个规模以上非公企业党组织划拨党建经费1000元；通化县、柳河县每年还从财政划拨100万元作为非公企业党建工作专项经费，并为非公企业党组织书记按党委、党总支、党支部3个层次，每月每人发放200元、150元、100元党务工作者补贴。2012年，全市共为非公企业党组织划拨工作经费340万元。

三、推进“三个加强”，提升党建工作层次

建强队伍是做好非公党建工作的重点。通化市着力从加强党务工作者培训、加强党员发展和加强党员教育管理入手，提升党建工作层次。

一是加强党务工作者培训。通化市每年举办1次非公企业党务干部培训班，各县（市、区）每年至少组织1次非公企业党务工作者培训班，采取理论培训

和域外考察相结合的方式，重点培养企业党组织书记和党建工作指导员，并对派驻党支部工作人员进行了专门培训，提高他们做好现代企业管理和党建工作的能力。2012 年，全市共举办非公党建工作培训班 30 期，培训党务工作者 3144 人。

二是加强党员的发展工作。坚持“十六字”方针，按照“严格程序、注重一线”的要求，着力组织实施了“123 火种计划”，即严格按照相关规定，在具备条件和保证质量的基础上，使职工在 20 人以上的非公企业每年力争发展 1 名以上新党员，职工在 50 人以上的非公企业每年力争发展 2 名以上新党员，每个非公企业每年力争培养 3 名以上入党积极分子，把优秀企业经营者、企业中层管理人员、生产经营一线职工和专业技术骨干培养成党员。采取“就近、就时、就需”的办法，实行党的积极分子错时培训，利用企业职工闲暇时间开展培训，取得了较好的效果。2012 年，全市非公企业有党的积极分子 2398 人，培训党的积极分子 966 人，发展党员 458 人。

三是加强党员的教育管理。开展“三双”活动，即实施“双向进入、双向培养、双向考核”为内容的党员教育管理模式，对企业党员进行调查摸底，建立党员信息库，记录党员的基本情况、现实表现和主要业绩，作为年终评先选优和推荐进入企业管理层的依据。推出党员不下岗、党员子女入学补助和党员子女优先就业等优惠政策，鼓励企业隐身党员亮明身份，激发企业党员的积极性和主动性。2012 年，全市共找回“口袋”党员 312 人，推荐录用党员职工 217 人，推荐到企业生产经营关键岗位 321 人，推荐党务干部到企业核心决策层 53 名。

四、创新“三项载体”，助推党企和谐发展

引领发展是做好非公党建工作的目标。通化市着力围绕企业和谐发展、党群共建和创先争优创新载体，助推党企和谐发展。

一是围绕企业和谐发展创载体。开展了“和谐发展型党组织”创建活动，围绕促进企业发展这个中心，开展“固本强基、创新发展和形象提升”三项工程，促进企业实力提升、塑造和谐企业文化、形成企业党建特色、助推通化经济发展。从关心职工生活角度出发，推进“送温暖”工程，做好暖人心、稳人心、得人心工作，扎扎实实为职工特别是困难职工办实事、做好事、解难事，增强了企业的向心力和凝聚力，形成了“企荣我荣”的“一盘棋”思想。2012 年，全市企业党组织共开展帮扶活动 748 次，帮助解决各类难题 655 件，为职工群众和社会做好事、实事 5171 件。

二是围绕企业党群共建创载体。充分发挥党组织的引领作用，以党建带群团建，以群团建促党建发展，把工、青、妇等群团组织凝聚在党组织周围。通过整合工会、共青团等群团组织力量，开展“情系百姓，温暖民心”、“三访三问”、“建言献策”等党群共建活动，广泛征求各方面意见和建议，维护了企业的稳定，促进了企业的和谐发展。2012 年，全市非公企业党群组织共征求意见建议 1728 条，采纳意见建议 879 条。

三是围绕党内创先争优创载体。以企业需要、业主支持、党员欢迎的方式在非公企业党组织中开展创先争优活动，通过开展“党员示范岗”、“技改我争先”、“降耗我先行”等活动，充分发挥党员的示范引领作用，引导职工群众以“有为”赢得“有位”。通过开展“创建学习型组织、奉献型党组织、改革型党组织”等活动，进一步提高了党组织的凝聚力和战斗力，把广大党员群众凝聚到创先争优活动中来。2012 年，全市非公企业共建立党员先锋岗 1525 个，开展技术革新 334 项，带来经济效益 3.2 亿元。

几年来，通化市通过持之以恒的抓非公党建工作，涌现出万通药业、阜康酒精等全国非公有制企业“双强百佳党组织”和“全国创先争优先进基层党组织”，东宝药业、金马药业等 8 户上市企业，支撑着通化经济的发展，实现了非公经济和党建工作的融合发展。

成都市温江区探索建立“两新”组织党建联盟推进区域化党建工作

成都市温江区委组织部

温江区在推进区域化党建进程中，突破传统管理模式的影响，打破行政隶属关系的限制，探索建立“两新”组织党建联盟，初步形成“条块结合、相融互动、多方共赢”的区域党建新格局。

一、主要做法

（一）立足助推产业升级建医药行业党建联盟。

充分利用科技园区生物医药企业集聚的优势，在园区党工委和属地街道党工委的指导配合下，由产业龙头四川科创医药集团牵头发起，召集 48 家企业成立生物医药行业党建联盟，通过“组织规范建立、党员联合管理、活动共同开展”，以园地党建互动共融有力

推动行业规范化建设和产业规模化经营。

1. 组织规范建立。在保证质量的前提下加大党员发展力度，为联盟成员单位建立党组织创造条件；创新党组织建立方式，采取单独组建、联合组建、培育组建等方式，有效扩大联盟成员单位党组织覆盖面；在联盟内部综合调剂派驻党建指导员，指导联盟成员单位规范建立党组织，实现联盟成员单位党建工作全覆盖。

2. 党员联合管理。充分发挥党建指导员、联盟优秀党务工作者的“传帮带”作用，切实提高联盟党务工作者的整体工作水平；严格按照党员发展要求，确保联盟成员单位党员发展质量，对入党积极分子和递交入党申请书的职工实施一对一跟踪带培，确保成熟一个发展一个；整合党建联盟组织资源，创新联盟党员联合管理方式，采取“同上党课、同过组织生活、同开展活动、同享受党内关怀”的“四同步”管理办法，有效加强对联盟党员的管理联系。

3. 活动共同开展。联盟成立以来，通过联合举办演讲比赛、入党积极分子培训班和召开“畅谈中国梦推动医药健康产业新发展”座谈会等活动进行统一思想，凝聚企业发展力量，促进企业、园区和谐建设。组织联盟成员单位参与属地社区“党建联创、社区联建、治安联防、教育联盟、文化联欢、科技联姻、人才联动”等“七联互助”活动，解决企业员工的实际需求，提升党员群众的归属感。目前，已在22家联盟成员单位开展计划生育服务200余人次，解决子女入学12人，开展各类培训20期1300余人次，提供志愿者服务岗位126个，有力推动了联盟单位互助共赢。

（二）立足整合资源优势建花木行业党建联盟。

结合区域内花卉产业发达的特点，在万春镇探索建立“行业+党组织+党建联盟”工作模式，联合80多家企业成立花木行业党建联盟，通过孵化党组织、打造党建活动阵地、建立专项扶持经费等方式，推动产业和党建互动相融、共同发展。

1. “三种模式”孵化党组织。按照“企业单建、专合组建、个体联建”的原则，对重点大企业进行单独孵化，打造党建示范点；将花木合作社整合组建，纳入村（社区）党总支，共同开展组织活动；对个体经营大户以区域形式进行联建，整合万春片区、踏水片区、镇子片区三个花木企业示范带党员人数较少的企业成立联合支部，提高组织工作覆盖面。

2. “六有三化”打造阵地。在“六有”标准基础上，整合温江花木、党建等信息资源，开通联盟网站平台，实现联盟党建网格化、信息化、效能化，将万春花木物流港打造为集业务办公、组织活动开展、花木信息发布等为一体的党建规范化活动阵地，为联盟内企业提供花木销售、培育种植、技术培训等信息。

3. 建立专项扶持经费。在万春镇建立100万元的党建联盟专项担保基金，为联盟内企业提供无偿金融帮扶服务；引导联盟企业设立互助基金，采取会员按约定比例认缴的形式不断扩充互助基金，促进会员企业共同发展。目前，花木行业党建联盟共有会员83家，从业人员数千人，2012年实现交易额1.72亿元。

（三）立足满足居民需求建社区服务党建联盟。

根据新型居民集中居住区社会管理服务的现实需求，在涌泉街道凤凰社区探索构建了以党建联盟带动自治联盟、行业联盟、群众联盟、社会联盟，共同推进城乡环境共治、文明城市共创、社会治安联防、矛盾纠纷共调、困难群众同帮的工作体系，形成了党群联动、资源共享、服务多元、覆盖全面的区域党建新格局。

1. 优化组织设置。社区党建联盟根据地缘、业缘、趣缘原则分为5个党支部，并按照“定权责、立规范，工作有合理待遇，干好有发展前途，退岗有一定保障”等“一定三有”原则落实配套制度，制定联盟章程，推进联盟工作常态化开展；结合社区新居民素质较高、网络使用频繁的特点，探索建立以网络为载体的“空中党建联盟”，组建联盟网络支部，开发建设联盟网站和网上服务大厅，以网上直通车的形式将服务延伸到居民家中。

2. 推进居民自治。在社区党建联盟运作下，参照议事、决策与执行相分离的办法，组建凤凰社区议会，作为社区事务的决策机构和监督机构，提高居民自治意识和水平；实施党员“亮明身份”，结合党员个人特长推行联盟党员设岗定责，并将岗位名称、服务内容、责任范围等制成公示牌进行公开。

3. 实施党群联动。联盟党组织牵头组建党群工作志愿队、服务工作志愿队、综治维稳志愿队、精神文明工作志愿队4支志愿队伍，依靠群众化解社会矛盾、维护社会稳定，形成党组织引领、群众参与、党群联动工作格局；引进和培育海峡职业技能学校、绿芽新市民艺术团等社会组织，积极创造条件提升居民服务、丰富群众精神文化生活。

二、主要特点

（一）完善机制，统筹规划党建联盟发展。

由“两新”组织党工委牵头，镇（街道）、相关职能部门按照属地管理为主、条块结合的原则进行业务指导，社区党组织协调配合，鼓励辖区内的党政机关、“两新”组织、教学科研机构、农民集中安置区和商住小区党组织等加入联盟。综合考虑产业发展型、居民服务型等不同类型的党建联盟具体情况，制定试点工作方案，围绕共同目标制定阶段性发展规划，议定联盟章程，成立联盟理事会、联盟秘书处分别负责决策重要事项和处理日常事务，建立联盟定期会议制度、工作信息通报制度、资源共享制度等一系列工作制度规范，确保联盟工作有序正常开展。

（二）以点带面，激活组织杠杆功能。

按照“先聚合、再整合”的工作思路，充分利用联盟中党建基础较好单位的既有党建工作优势，与其他成员单位分享党建经验、提供党建资源、创造党建条件，实施人才共育、产学共促、制度共创、政策共商、服务共推，并逐步拓展联盟的工作范围和活动领域，形成党建标杆单位带头、成员单位奋起直追的“竞争激励型”党建格局。

（三）明确职能，促进作用最大发挥。

明确党建联盟功能定位，将党建联盟打造成为区域党建工作的抓手和联盟成员单位健康发展的推手。依据联盟的不同构建形式，明确各领域基层党组织的功能定位、联系服务群众的职责任务，比如村（社区）党组织重点履行好聚人心、抓发展、保稳定、促和谐的职责，企业党组织重点履行好打造知名品牌、创办诚信企业、建设先进文化、承担社会责任的职责。按照组织推动、成员需要、便于参与的原则，围绕联盟发展积极献计献策，在联盟范围内建立互帮互助机制，加强信息共享、人才共育、金融互助等方面的交流合作，在推动成员单位做大做强的同时提高联盟整体实力。

三、工作启示

（一）健全保障机制是做好党建联盟工作的坚实基础。

党建联盟作为推进区域化党建工作的一种创新探索，不是正式的社会组织，与党组织、行政机关也没有隶属关系，要保障其正常运转并发挥作用，温江区出台了相应的政策，夯实了工作基础。在机构上，专门成立了“两新”组织党工委，定期组织行业主管部门、镇街等召开党建联席会，通报工作推进情况，研究解决重点难点问题；在人员上，选派一批政治素质高、业务工作熟、群众工作经验丰富的调研员担任党建工作指导员，到“两新”组织宣传方针政策，指导帮助建立党组织和群团组织，协调处理生产经营活动中的疑难问题，为组织发展创造良好的生产生活环境；在经费上，允许单独建立党组织的非公企业党建经费在税前列支、全额拨返“两新”组织党员缴纳的党费、视党建工作情况给予相应的党费补贴、党建经费纳入区级财政预算等，特别是在万春探索了企业自筹资金维持联盟运转的方式，有一定的推广借鉴价值。

（二）探索灵活方式推进建党是做好党建联盟工作的重要前提。

按照现行党章规定，单位须有3人以上的党员才能单独建立党组织。由于现阶段“两新”组织党员数量相对较少，相当多的单位只有1～2名党员，不具备单独建党的条件，对推进党建工作影响较大。截至2012年7月，全区共建立“两新”组织党组织104家，单独建党率仅为1%。为此，温江区按照“条件适度放宽、先建立后规范”的原则，对符合条件的单位采取单独组建、企业联建、行业统建、楼宇共建、区域合建、村企联建等方式进行组建，并在严把入口关的前提下对“两新”组织发展党员在名额上予以政策倾斜，并鼓励单位“兼职”党员、社区党员将组织关系转入“两新”组织帮助建党，确保党建联盟在有组织、有阵地的情况下更好地开展活动，发挥作用。

（三）提高“两新”组织业主（主要负责人）积极性是做好党建联盟工作的关键环节。

由于非公企业具有逐利性、社会组织也有自己的业务范围，部分“两新”组织业主（主要负责人）对党建工作重要性认识不足，党建积极性不高的问题还比较突出，党建工作很大程度上是靠上级党组织单方面推动，稍一松懈，整个工作便有可能停滞不前。温江区就如何提高业主（主要负责人）党建积极性，通过采取财政经费支持、提高政治待遇、加强沟通联系等方式进行了一些有效探索：建立了党建经费税前列支制度、党费拨返制度、财政（党费）补贴制度等，加大对“两新”组织党建经费财政支持力度；优先把党建标杆“两新”组织业主（主要负责人）推荐为“两代表一委员”，对党建表现突出的进行表彰奖励，定期开展“党建之星”评选活动，在政治上增强其荣誉感；建立领导干部定点联系制度，定期与“两新”组织业主（主要负责人）进行座谈、交流，及时为其排忧解难，使他们自发向党组织靠拢；要求党组织始终围绕非公企业生产经营、社会组织业务职责开展活动，将党建融入到“两新”组织发展中，促进“两新”组织增产、增效、增誉，赢得业主（主要负责人）真心支持，变“要求抓党建”为“主动抓党建”。

（四）采取有效形式开展活动是做好党建联盟工作的有力推手。

组织建好了、人员到位了、经费保障了，要发挥党建联盟的作用，就需要采取党员群众喜闻乐见的形式来开展活动、凝聚人心。科技园医药行业党建联盟定期召开联席会，共商行业发展大计；划拨专款用于员工教育培训，促进人才合理流动；建立联盟爱心基金，体现企业社会责任，树立温江医药行业品牌良好形象。万春花木行业党建联盟协同区农发局组建“花木技术专家超市”，邀请辖区花木龙头企业代表、高校专家、区农发局专业人士及相关技术能人搭建党建联盟专家队伍服务平台，服务于花木企业党建联盟的产业发展，定期开展技术培训指导，将党建服务融入产业服务；涌泉社区服务党建联盟积极对接辖区居民生活需求，把支部阵地建设和凤凰社区市民活动中心、公共服务站提档升级结合起来，积极探索建立居家养老、医疗健康、心理辅导等个性化、专业化服务，努力将其建设成为服务居民的平台、联系群众的桥梁、收集诉求的渠道、动员社会的支点。

（作者系温江区委常委、组织部长　王　庆）

张家口桥东区委念好“建、管、带、活”四字经筑牢非公党建先锋堡垒

河北省张家口市桥东区委

随着非公经济的快速发展，如何实现非公党建创先争优，助推企业发展已成为新时期党建工作的新课题。张家口市桥东区委紧紧围绕实现区域经济科学发展这一主题，结合区情实际，从强化组建、完善机制、提升素质、激发活力等环节入手，做到企业建立与党组织建立同步、企业发展与组织壮大同行，不断筑牢非公有制企业党建先锋堡垒。

一、念好“建”字经，扩大非公企业党组织覆盖面

（一）分类管理抓组建。为理顺关系、强化责任主体，区委在全市第一个成立了非公有制经济党工委，采取大、中型企业区委直接抓，小型企业各街道党工委分头抓的办法，通过单独建立、联合组建等形式，确保做到“成熟一个、组建一个、巩固一个、带动一个”。对不符合建立党组织的非公企业，采取领导包抓、责任到人的方式，累计派驻党建指导员113名。

（二）典型带动抓组建。为实现大组建推进大发展，区委采取典型带动的方式，2007年9月，在张家口龙兴实业集团有限公司成立了全区第一个自行组建的非公有制企业党委。2010年11月，作为全市知名民营企业，河北蓝鲸商贸集团有限公司经过五年的发展壮大，由原来的党总支升格为党委，为全区非公企业党组织的成长壮大提供有益借鉴。

（三）行业归口抓组建。针对商贸行业规模小、分布散，部分企业不符合单独组建党组织的实际，区委积极探索非公党建新路子，按照行业归口的原则，对红旗楼商会各成员单位进行资源整合，建立了全市第一家街道行业党委，实现经营优势互补、党建资源共享，着力推进区域化党建新格局。

二、念好“管”字经，促进非公企业党建规范化管理

（一）严把制度关。每半年一次对全区非公经济党组织、党员及经营状况情况进行摸底，对部分规模以上、党建工作有一定特色的企业进行重点调研，定期召开非公企业党建联席会，通过走出去、请进来等多种形式广泛开展创业发展培训。结合全区非公有制企业实际，制定下发了《关于加强非公有制企业党组织建设的意见》、《关于加快发展个体私营经济的若干规定》及《党政领导下访帮扶企业工作制度》等一系列文件，为企业发展提供制度保障。

（二）严把体系关。在原来设立企业党工委、非公有制经济党委的基础，将非公有制经济党委升格为非公有制经济党工委，新成立商贸企业党工委，由分管区领导分别担任党工委书记，并为每个党工委配备了专职副书记和工作人员，专门负责协调和指导非公有制企业党建工作。大力推行了“非公有制企业党建工作指导员”制度，从区直部门、街道、社区选派98名素质高、作风过硬、熟悉党务工作的优秀干部作为党建工作指导员，加快组建力度。

三、念好“带”字经，增强非公党组织凝聚力和战斗力

（一）抓好班子建设。区委因企制宜，三管齐下抓选配。首先是内选任职，从处于企业管理层的优秀党员中选任，全区共有18家非公有制企业党组织领导成员均来自企业中层以上的管理干部；其次是外聘兼职，部分企业在建立党组织初期，为缓解党组织薄弱，作用发挥乏力的情况，聘请机关党务干部兼任党组织负责人，实现传帮带。再次是邀请任职，邀请长年从事党务工作的离退休干部担任党组织书记，以丰富的经验帮助企业做好党务工作，实现企业效益与党建工作的双赢。

（二）强化教育培训。采取分级培训的办法，每年依托区委党校举办非公企业党务干部培训班，通过集中辅导、座谈交流、外出参观等多种形式，努力提高党务干部的政治素质和业务能力，今年以来举办各类

培训16期，受训党员干部761人次。专门在龙兴实业集团党委成立全市第一家非公企业党校。另外，为推动全区非公党建工作整体上档升级，区委每半年召开一次全区民营企业党建现场会，观摩学习党建工作经验，以优带弱，共谋发展。

（三）壮大党员队伍。针对非公企业多数员工主人翁意识薄弱、雇佣观念较浓、人员流动性大和党组织发展外来员工入党顾虑多等问题，区委采取区、街道、社区、企业“四级联管”的办法，从落实培养责任，狠抓入党积极分子教育管理入手，建立了入党积极分子“双重培养”制度，即建立基层党委负责人与企业党组织共同与入党积极分子结对培养制度，“手把手”、“面对面”地帮扶辅导。

四、念好“活”字经，丰富非公企业党建活动载体

（一）先锋模范作用服务企业发展。在非公企业中广泛开展了“筑坚强堡垒、树先锋形象、促和谐发展”活动。一方面，积极创造条件参与企业决策，从管理层或技术骨干中选配党组织班子成员，扩大党员在企业决策层中的比例，增强党组织影响力和渗透力。目前，全区20家非公有制企业党组织实现了书记、企业主“一肩挑”。另一方面，充分发挥党员的先锋模范作用，引导党员积极为企业出谋献策，当好市场经济信息员。新八达岭商贸配送中心党支部职工党员郑朝飞，在公司召开经贸洽谈会期间，积极向公司提出商品展示、促销方案等合理化建议，使公司订单比往年提高了50%。

（二）文化强企增强党组织向心力。积极引导企业党组织依托企业文化阵地，组织职工开展“学文化、学科技，争当行业标兵”活动，提高企业核心竞争力。张家口市机械制造有限责任公司党支部等企业党组织，开展的“企业是我家，发展靠大家”、“我为企业增光彩”等主题活动，在企业中形成了生动活泼、团结进取、健康向上的良好氛围。

（三）战斗堡垒作用提供组织保证。企业党组织找准党建工作与生产经营的结合点，着力实现了党建工作和企业发展相互促进，相得益彰。一方面发挥党组织为企业发展保驾护航的作用，在企业遇到急、难、险、重的时候，广大党员挺身而出，同心协力帮助企业渡过难关。东正建材有限责任公司党员积极投身技术改革，仅用2个月就完成了生产新型空心砖的研发，实现了年产值2500万元。另一方面发挥凝聚人心作用，以宣传贯彻《劳动合同法》、《工会法》为重点，加强与企业主的沟通和协商，做好集体合同的签订工作，以法律形式维护职工和企业的合法权益，协调劳资关系，营造企业和谐劳动氛围。

太平桥街道四创新四解决
着力推进商务楼宇工作

北京市丰台区太平桥街道党工委

2013年是深入贯彻党的十八大精神、推动党风建设的关键年，是基层组织的建设年，也是大力弘扬北京精神之年，以此为契机，太平桥街道坚持把商务楼宇作为工作重点，转变思路，统筹谋划，整体推进，有创新点、有针对性的解决队伍建设、组织设置等工作中存在的突出问题，不断推进“两新”组织党建工作影响力和覆盖面，促进了辖区商务楼宇工作的全面提升。

一、创新制度模式，着力解决“队伍怎么带”的问题

一是建立“1+2”考核管理体系，完善党建工作者考核机制。制定了一套《商务楼宇党务工作者目标管理考核细则》，考核体系中覆盖了日常考核和创新工作两套考核办法，明确了楼宇党建工作者的工作目标与任务。二是制定“六制度一办法”，完善楼宇工作站运行机制。制定实施了《党务工作者例会制度》《党务工作者学习制度》《商务楼宇工作站活动经费使用管理办法》等六项管理制度一项管理办法，详细阐明了商务楼宇党建工作者的学习制度、工作汇报制度、走访制度，工作站开办活动制度、经费使用流程等细则，为楼宇党建工作的发展提供了制度保障。三是实行“三二一”工作法，完善党建工作者管理机制。为做好一项工作，带好一支队伍，在具体工作中实施了“三二一”的工作法，即工作站人员每周走访企业不少于三次；每月由街道组织部牵头召开两次工作例会；工作站每月一个活动主题。通过走访企业，开展活动，汇报工作等手段，使党建工作者增强才干，增长本事，为非公党建事业的长远发展奠定了坚实的队伍基础。

二、创新设置模式，着力解决“组织怎么设”的问题

一是优化党组织设置，实现党员发展畅通化。如，针对糖人街、尚西泊图等联合党支部架子空、人员散、支部力量弱化的问题，将楼宇党建工作者充实到楼宇支部，人员重组，支部优化，由原有5个支部优化为9

个支部，包含5个联合党支部，4独立党支部，覆盖了25家非公企业。解决了联合党支部发展党员热情低、党组织生活重视不够的问题，同时疏通了党员发展途径，增强支部的支撑作用，督促了党组织生活开展情况。实现了组织形式上的“避虚就实”、具体工作中的“化繁为简”和思想观念上的“整齐划一”。今年以来六座商务楼宇共发展了2名党员，新增发展对象3名，新增入党积极分子5名，新递交入党申请书18份。

二是成立流动党支部，实现工作衔接无缝化。对亮明身份，组织关系无法接转的流动党员，从联合支部剥离出来，就近联合，3人以上者成立流动党支部。流动党员既可以充实到党的活动小组，在党的活动小组内发展作用，也可以吸收到联合支部中，发挥党员的作用，流动性强、灵活度高，充当了党支部与党员活动小组之间的“接驳器”，实现了工作无缝化对接。截至目前，成立了4个流动党支部，覆盖了12家非公企业。

三是建立党的活动小组，实现工作开展灵活化。针对目前商务楼宇党员少，党组织覆盖不全、但很多人愿意参加组织活动的特点，吸收“入党积极分子、递交入党申请书者、支持党建工作积极分子”三部分人员，将其纳入党的活动小组，放低党组织的活动门槛，今年以来，共设立了10个党的活动小组，并指派有党务工作经验，有影响力的党员及楼宇党建工作站的专职工作人员担任党的活动小组长。党的小组发挥了“排头兵”的带动作用，今年活动开展以来有18人递交入党申请书，新增106人参加活动，志愿者队伍52人，通过党的活动小组盘活楼宇资源，重新整合配置，使现有的政治资源、人力资源的优势得到了最大程度的发挥，增强了党组织凝聚力、吸引力。

三、创新活动模式，着力解决“活动怎么搞”的问题

一是转变过去“吃大锅饭”开展活动的模式，各工作站每月一主题，每月有活动。随着各工作站影响力逐步扩大，时机逐渐成熟，街道工委改变了合力抱团发展的思路，让各个工作站另起炉灶，独立开展各站工作，在发展中壮大自己，摒弃了过去“大锅饭”形式下各个站相互依赖难以发展的态势，在工作站之间形成了创先争优的良好氛围。二是转变过去就党建论党建活动的思路，各工作站创新活动载体，寓党建工作于企业经营管理和企业文化建设中。针对楼宇员工“短工化”现象凸显，楼宇员工没有归属感，企业人文关怀少的问题，各楼宇工作站转变“就党建抓党建”的思路，以“围绕文化抓党建，抓好党建促发展”为出发点，在各商务楼宇内征集楼宇精神、开展文化系列活动，通过建立文化社团、乒乓球社团、摄影社团、环湖接力、告别单身、牵手联谊等活动，增强楼宇的凝聚力，加大党建关怀力，促进非公党建工作发展与企业健康发展同步进行。三是转变过去单独依托党建活动的思路，各工作站积极依托所辖社区、物业、党员服务中心、街道各职能科室的资源开展活动。3月份以来，街道工委组织部、党员服务中心整合辖区资源，组成党员志愿者讲师团奔赴各楼宇进行宣讲，推动了楼宇从业人员“践行北京精神，做文明有礼北京人”的热潮；融信大厦商务楼宇工作站依托党员服务中心资源开展了“流动书屋进楼宇贴心服务为员工”的活动；财富西环商务楼宇工作站依托物业开展了“关注生态环境　共享健康生活”主题健康日活动。糖人街、尚西泊图商务楼宇工作站依托所辖社区资源开展了“践行雷锋精神，构建和谐楼宇”活动，推动了商务楼宇学雷锋高潮。通过转变思路，开展特色活动，达到各商务楼宇活动氛围好、形式多、效果佳的目的。

四、创新宣传模式，着力解决“品牌怎么亮”的问题

一是利用街道OA信息平台，将工作动态最快捷最及时地发布到太平桥街道公共信息平台，增强商务楼宇工作站在辖区的影响力。二是利用信息直通车，将工作动态信息直接发送到区委组织部，畅通了信息渠道，便捷了宣传途径，增强了太平桥地区商务楼宇工作在市区的影响力。三是利用《党建通讯》，将工作动态、主要做法、经验发布到扶刚文化传播中心《党建通讯》，通过《党建通讯》刊物发布到市、区、辖区非公单位，在非公领域内扩大商务楼宇工作站的影响力。四是利用网络平台，搭建丰富的宣传载体，通过利用创先争优微博、太平桥红色港湾党建博客、两新组织QQ群等形式，全面宣传太平桥地区商务楼宇工作，树起太平桥地区商务楼宇工作站整体品牌。

安徽省滁州市抓承诺、重服务，扎实推进创建服务型企业党组织活动

滁州市委非公经济和社会组织工委办公室

创建服务型企业党组织活动开展以来，滁州市不断创新载体、完善制度，引导非公企业广大党员立足

岗位做贡献，争创业绩比先进，着力提高企业党组织的整体服务能力和水平。一是广泛参与。全市3880户独立法人非公企业、1349个非公企业党组织、10900名非公企业党员积极踊跃参与创建活动。参与创建活动的非公企业党组织和党员数占比达96.8%、96.9%。二是承诺践诺。1013个非公企业党组织制定上报年度服务计划书，并将作为年终上级党组织考核评议的重要依据。活动中，6712名非公企业党员与所在党组织签订“党员岗位承诺书”，承诺事项10532件，人均1.6件，涉及技术攻关、节能减排、职工增收、平安建设、志愿服务、廉洁自律等多个方面。通过开展共产党员岗位承诺活动，逐步实现广大党员的自身素质有新提高、党的基层组织建设有新加强、党群关系要有新改善、各项工作有新推进的“四新”目标。三是志愿服务。在企业党组织的领导下，通过有效整合力量，全市组建志愿者服务队伍848支，其中单独建立459支，联合建立389支，覆盖企业1793户，每名志愿者在企业或居住地认领至少1个服务岗位，每年参加不少于3次志愿服务活动。四是量化评诺。各地还不断创新活动方式，通过“定标准、抓考评”，把创建工作引向深入。琅琊区积极开展创建星级服务型党组织活动，科学设置星级评定指标，把服务型企业党组织创建量化、具体化，对企业党组织进行星级评定，坚持“抓两头、带中间”，发挥五星级党组织的示范带动作用，抓好无星党组织的整顿转化。

通过扎实有效的服务活动，不仅巩固了非公企业党建工作基础，突出了示范带动效应，彰显了活动成效，而且使党组织和党员的工作得到了广大群众的认可，群众对党组织的满意度达到90%以上。

（作者系工委办公室干部 李广忠）

点军区非公有制经济组织党建工作调研报告

中共点军区委组织部

非公有制经济作为充满活力的市场经济主体，是建设中国特色社会主义事业的重要力量。但与非公经济的迅猛发展，非公经济组织的党建工作严重滞后。非公企业党建工作是党的建设的重要领域，各级党委及其组织部门应适应非公有制经济快速发展的形势，按照党中央的要求和部署，把加强非公有制企业党建工作摆上重要议事日程，不断加大党在非公有制经济组织中的组织覆盖和工作覆盖，不断改进党组织的工作方式，引导企业党组织紧紧围绕企业生产经营开展活动，充分发挥党组织和党员作用，为非公有制经济发展提供重要政治保证。

一、点军区非公有制经济组织党建基本情况

近年来，点军区非公有制经济得到了较快发展，已经成为全区经济增长的重要力量、地方税收的重要来源、吸纳就业的重要渠道。随着中央和省一系列决定的出台，我区非公党建工作也进入了较快发展阶段。2011年12月12日，中共点军区非公有制经济工作委员会成立（简称非工委），与区工商联（总商会）合署办公。目前，全区共有非公企业党组织10个，党委3个，党支部7个。今年年初撤销党支部1个。在区委领导和区委组织部的精心指导下，全区各级党组织在加强非公有制企业党建方面进行了积极探索和不懈努力，工作机制进一步创新和完善，党组织和党的工作覆盖面进一步扩大。先后组织开展流动党员“安家工程”、“五好”创建、“创先争优”、创建非公企业党建示范点、星级服务型党组织建设等活动，非公企业党组织凝聚力、影响力不断提升。湖北龙腾红旗电缆（集团）有限公司党支部荣获2011年度全省非公企业“双强百佳党组织”。

二、非公有制经济组织党建具体实践

非公有制经济工作难点多、经验少，可供借鉴的模式不多。这就要求我们敢于创新，敢于突破，在工作思路、工作内容和工作方法方面多思考、多研究、多摸索。点军区按照健全组织、理顺关系、规范工作、发挥作用的总体思路，从拓途径、建机制、提意识、搭平台等方面着手，坚持抓点带面，整顿后进，推介典型，使非公企业党建工作在探索中不断加强，在实践中逐步规范。

一是强化组织领导，明确隶属关系。根据各企业建立党组织的具体情况，合理设置好其隶属关系。与乡镇（街办）党（工）委完成了非公企业党组织关系移交，明确了管理责任，规模以上非公企业党组织关系由区非公企业工委直接管理，规模以下企业由所在乡镇（街办）党（工）委管理，理顺了管理关系，增强了管理的有效性。

二是强化分类指导，加快组建步伐。按照有利于

党员教育管理、有利于加强党建工作、有利于促进企业发展的原则，区别非公企业发展规模、党员人数、行业特点等不同情况，采取独立建支、联合组建、属地挂靠等方式，积极稳妥地在非公企业中建立党的组织。2012年成立点军街办非公企业联合党支部（含4家非公企业）、宜昌飞瑞球体制造有限公司党支部、联棚乡非公企业联合党支部（含3家非公企业）。

三是强化专人指导，严格选派党建指导员。针对许多非公企业党员少，不具备建立党组织条件的实际情况，还有针对性地重点抓了党建工作指导员“选、培、管”等工作。按照“隶属谁主管，谁负责选派”的原则，采取了企业主管部门和企业双向选择、区委组织部审定的方式，筛选确定了13名综合素质高、工作经验丰富、责任心强的党建工作指导员。党建指导员下派到各企业后，在充分发挥指导、协调、监督作用的同时，积极做好入党积极分子培训和党员纳新工作，为党员人数少、不具备建立党组织条件的非公有制企业尽快建立党组织奠定了基础。

四是强化典型指导，树立工作标杆。积极引导企业党组织按照“抓典型、树导向，抓培育、促辐射”的工作思路，重点在规模较大、生产经营稳定、党建工作基础较好的非公企业党组织中，开展非公党建示范点创建活动，积极培育非公党建典型，湖北龙腾红旗电缆（集团）有限公司、三峡塑业有限责任公司、宜昌市东方印刷机械有限责任公司党支部被授予了全区非公企业党建工作示范点。通过召开全区非公企业党建工作现场会，及时总结提炼创建过程中的新鲜成果和典型经验，采取多种形式进行广泛宣传，从而发挥引导、带动和辐射作用，使其他非公企业党组织学有榜样、赶有目标，有力推动了全区非公党建工作整体水平。在今年“七一”表彰中，乐星湖开电气有限公司党委副书记王协平被评为市级“优秀党务工作者”，三峡塑业有限公司党支部组织委员廖永红被评为区级“优秀党务工作者”，湖北龙腾红旗电缆（集团）有限公司党委党员杨经保被评为区级“优秀共产党员”。

三、非公有制经济组织党建存在的制约因素

点军区非公有制企业党建工作虽然取得了一定的成效，但也存在一些影响非公有制经济组织党建工作向深层次迈进的制约因素，主要表现为：

（一）思想认识不到位。部分企业负责人对在企业中建立党的组织，开展党的工作认识不够，存在着典型的“重经营发展，轻党建工作”的认识误区。致使在党建工作上支持不够，抓得不紧，管得不多，党建工作随意性大，甚至存在“有组织、无活动”的情况。

（二）党组织力量薄弱。主要体现在非公企业党员比例较低，党组织的氛围不够浓厚。此外一些规章制度也不够统一规范，这些都影响了企业党组织作用的发挥。部分企业党组织只是企业的附庸，根本没有独立性。

（三）党务工作者缺乏工作经验。企业党务工作者大都由企业负责人兼任，即使有专职党务工作者也多缺乏工作经验，对党的基本知识、组织活动程序不了解，开展党的工作不得法，方法单一，党的工作与企业生产经营“两张皮”，党务工作不规范。

（四）党员教育管理难开展。由于大多数非公企业规模小，党员少且流动性大，工作时间不固定，党员队伍不够稳定，有的党组织未能及时接转组织关系，同时受企业经营状况、工作时间、场地、经费等多方面因素影响，党员不能按时参加组织生活，接受党的教育。

四、进一步抓好非公企业党建工作的对策与建议

针对新情况、新问题，研究新思路、新对策，切实加强和改进非公有制企业党建工作，是当前和今后一个时期基层组织建设的重要而紧迫的任务之一。

（一）对已建立党组织的企业继续推行非公企业党建指导员制度。进一步规范企业的各项规章制度，指导帮助企业坚持好“三会一课”制度，开展好党组织活动和企业职工活动。对部分重点企业的党支部派遣党员领导干部担任书记。

（二）开展“一对一”结对共建帮扶活动。主要是以“一对一”为活动形式，以“四个一”为活动内容，以“双促进”为活动目标。“一对一”就是选择基础条件好，党建工作有特色的机关党支部和企业支部结对，全方位帮扶；“四个一”就是每月机关党组织负责人到企业指导了解一次党建工作情况；每季度机关党员和企业党员集中过一次组织生活；每半年共同上一堂党课；每年为企业解决一两个实际困难和问题。“双促进”就是通过活动的开展促进企业党建工作规范化制度化，促进机关党组织更好地围绕经济建设中心加强党建工作。

（三）加强对企业负责人和党务工作者的培训。建议将规模企业负责人纳入市区干部教育培训范围，在举办的一些政治理论和政策法律法规培训班上，组织他们积极参与，向他们宣传党和政府关于非公经济的各项方针政策，鼓励引导和支持非公经济组织发展壮

大。让他们能够学习领会党在一个时期内的中心工作和主要政策精神，体会到党对企业的支持鼓励和关心，增强他们自觉做好党建工作的责任心和事业感。

（四）加强检查指导。要经常定期不定期地深入到非公党组织中，加强联系和沟通，强化督查，及时发现和解决党建工作中存在的问题。帮助和指导非公党组织做好在组织活动开展、党员发展、党员活动室的建设、学习教育资料的提供、“三会一课”的学习记录、党员组织关系接转等方面的工作，促进非公党建工作的进一步规范。

山东省广饶县非公有制经济组织党建工作概述

广饶县非公有制经济组织党工委

山东省广饶县辖 9 个乡镇（街道），2 个省级经济开发区，人口 50 万，面积 1138 平方公里。全县现有非公有制企业党组织 396 个，其中党委 7 个，党总支 19 个，党支部 370 个，党员 2590 名。近年来，广饶县把加强非公有制企业党的建设摆上重要位置，坚持抓组建、抓规范、抓提升，不断增强创先争优活力，以党建工作引领非公有制企业发展，有力地促进了全县非公有制企业的快速健康发展，形成了党的建设与非公有制企业发展互融共进的良好局面。

一、抓组织领导，确保齐抓共管

（一）县乡两级联动，强化领导机制。把加强组织领导作为推进非公有制经济组织党建工作的总抓手。县委成立了分管领导牵头，组织、宣传、统战等 20 个部门组成的非公有制经济组织党建工作联席会议，明确了各成员单位的职责任务。建立了县级领导干部联系非公有制企业制度，县级党员领导干部每人联系一家非公有制企业，重点指导推进党建工作。县委常委会议定期听取非公有制经济组织党建工作情况汇报，并就有关问题进行研究部署。依托县工商联成立了县委新型经济组织党工委，2010 年更名为县非公有制经济组织党工委，并对其职能进行了调整强化，增设了专职副书记，具体负责县委以及联席会议对全县非公有制经济组织党建工作部署、安排的组织实施、调度指导和检查考核工作。在各乡镇（街道）以及县直有关部门单位，分别成立非公有制经济组织党建工作领导小组，在 9 个乡镇（街道）成立商会党总支，形成了以县委（组织部）牵头、非公有制经济组织党工委全面指导、各乡镇（街道）和有关部门党组织具体抓落实的工作机制，有力地保障了企业党建工作的开展。

（二）实行“双向述职”，压实工作责任。实行非公有制企业党建工作目标责任制，按照“抓书记、书记抓”的工作思路，自 2010 年开始，全面推行非公有制企业党组织书记“双向述职”制度，进一步压实责任，强力推进落实。年初，按照党组织隶属关系，由各基层党（工）委与所属非公企业党组织书记签订目标责任书，明确年度党建工作的具体内容和目标要求。在此基础上，企业党组织向全体党员群众作出公开承诺，进行公示，接受党员群众监督。年底，就企业党建工作开展情况组织“双向述职”：对上，由非公有制企业党支部书记向各基层党工委进行述职，接受评议；对下，由非公企业党支部书记向本企业内的党员和职工代表进行述职，接受评议，评议结果作为评先树优的重要依据之一。

（三）强化宣传引导，营造浓厚氛围。通过多种途径引导全社会切实提高对加强非公有制企业党建工作重要性和紧迫性的认识，营造了共同重视、关注、支持非公有制企业党建工作的社会氛围。一方面，加强对企业出资人特别是新一代企业出资人的教育引导。通过选派党建联络员广泛宣传中央及省市县委加强非公有制企业党建工作的方针政策；建立落实企业党建经费税前列支制度，由组织、财政、税务等部门联合制定印发《关于落实非公有制企业党组织工作经费的通知》，对非公有制企业党组织工作经费的列支形式、资金来源等做出明确规定；实行非公有制经济人士综合评价制度，对重视企业党建、工作成绩突出的非公有制经济人士，作为推荐参加评选优秀企业家、优秀社会主义事业建设者、劳动模范以及作为“两代表一委员”优先人选。另一方面，对党建工作成绩突出的企业进行大张旗鼓的宣传。去年以来，在县电视台开辟党建频道、每年在《广饶大众》报开设“党建强企”宣传专栏，先后对 30 多家非公企业党建工作的特色做法和经验及时进行宣传，收到良好效果。

二、抓组织建设，夯实工作基础

（一）注重组织组建。把非公有制经济组织党组织组建工作作为重中之重。按照“成熟一个，组建一个，建立一个，巩固一个”的思路，确定了“四百”工作目标，即具备组建条件的企业 100%建立党组织、党组织班子健全率 100%、党组织作用发挥率 100%、50 人以上的非公有制经济组织有党员 100%。2011 年以来，按照党员“一方隶属、多重管理、全程作用”的模式，加大“兼合式”党组织建设力度，对符合党组织组建条件的，及时建立健全企业党的组织，按照这一模式，全县新建“兼合式”非公有制企业党组织53个。其中单独建立党组织45个，联合建立党组织8个。广饶县经济开发区实行企业党建“组织联设、队伍联建、阵地联用、活动联办、保障联筹”的“五联”模式，较好地整合了企业资源，强化了企业建党力量，探索出了加强经济园区企业党建工作的成功之路。今年7月，为进一步扩大非公有制企业党的组织覆盖和工作覆盖，在全县部署开展了非公有制企业党建工作“集中攻坚行动”，通过全面调查摸底、健全工作台账，根据企业党组织情况和党员情况，集中开展一轮党组织组建。集中攻坚行动以来，已单独组建党组织的企业34个，联合或挂靠的党组织覆盖企业65个，大大提高了非公企业党组织覆盖面。

（二）注重党务队伍建设。坚持科学选人、建强队伍，精心做好党支部书记、党建指导员两支队伍建设工作，为开展非公有制企业党建工作提供组织保障。一是选好党组织书记。对已成立党组织的非公有制企业，按照“政治素质高、党务工作熟、经济工作通、协调能力强”的标准，选优配强党组织书记。鼓励党员企业主要出资人担任党组织书记，引导他们主动为企业党组织开展活动、发挥作用提供条件；对于企业主要出资人不是党员或不适宜担任党组织书记的，注重从企业管理骨干中挑选、培养党组织负责人，最大限度地争取企业领导层的支持，确保党组织班子的凝聚力、战斗力。目前，全县非公有制经济组织党组织中有81名企业主担任了党组织书记。同时，选派机关年轻党员干部到企业挂职锻炼，在参与企业经营管理的同时，帮助开展党的活动。2012年以来，先后组织选派12名县乡机关事业单位退休人员到非公有制企业担任“第一书记”，对工作薄弱党组织党建工作进行指导。二是选派党建指导员。对未建立党组织的非公有制企业，制定《关于向非公有制企业派驻党建工作指导员的通知》，建立非公有制企业党务工作者人才库，选派党务干部到非公有制企业担任党建工作指导员，着力解决非公企业党建活动少、党建力量弱、工作不会抓等问题。去年至今，全县选派480多名党建工作指导员到非公有制企业，帮助组建群团组织、健全工作制度、开展基础性活动，壮大了企业党的工作力量。今年以来，在全县部署开展向重点企业选派“驻企联络员”工作，面向全县181家企业，选派181名科级及科级以上干部担任驻企联络员，各乡镇（街道）对应每个企业配备1名联络人员，共同帮助企业抓项目、搞协调、抓党建、强基础。三是注重强化队伍培训。坚持把非公有制企业党组织书记和党建指导员纳入党员干部教育培训总体规划，依托各类党校、行政学院和高校，采取“党校集训、高校培训、外出考察、实践锻炼、集中研讨”等培训方式，提高企业党组织书记素质。每年组织举办一期企业家年会，目前已连续举办11期。2012年以来，先后组织了赴清华大学参加“转方式、调结构”高级研修班、赴浙江大学参加“进浙大、学浙商”成长型企业科技创新与转型升级高级研修班等，增强了独立谋划党建工作、组织开展党建活动、做思想政治工作、协调处理有关矛盾等方面的能力，为抓好党建工作、推动企业发展提供有力保障。

（三）注重阵地建设。2011年以来，围绕规范阵地建设，连续开展“党建工作规范化建设月”活动，指导各乡镇（街道）高标准建设了一批功能完善、设施齐全的非公企业党员活动中心，全部做到了“六有四上墙”（即：有场所、有设施、有牌子、有制度、有资料、有党旗；党员形象、岗位分工上墙，工作制度上墙，学习成果上墙，工作计划上墙），使党员活动阵地标志突出、特色鲜明、氛围浓厚，做到场所设施标准化、管理制度公开化、活动开展正常化。特别是把制度建设作为重中之重，指导各非公有制企业党组织健全完善“三会一课”、无职党员设岗定责、党员承诺以及党费收缴“两公开、三登记、四核对”、发展党员“四票决、三公示”等基础制度的基础上，实行县乡党委建立非公经济组织党建联席会议制度，探索建立党员激励机制、党员关怀机制，促进党建工作规范提升。

三、抓载体创新，凝聚强大合力

紧紧围绕服务和推动企业发展，不断创新活动载体，用主题鲜明、各具特色、内容丰富的党建活动凝心聚力，使党组织始终成为企业坚强的政治核心，使广大党员始终成为推动企业发展的先锋标兵。

（一）围绕激发党建工作活力，发挥政治核心作用，广泛开展创建“红旗党支部”活动。认真贯彻落实胡锦涛总书记视察广饶重要指示精神，自2010年开始，部署开展“红旗党支部”创建活动，着力提升企业党组织工作活力。创新设计“学华泰、学李建华”、“党建工作规范化建设月”等一系列活动载体，把“红旗党支部”标准具体化，在非公有制企业党组织叫响“创五好、争红旗、促发展”口号，有力地激发了企业党组织发挥优势、积极作为、服务发展的积极性，成为推动企业科学发展的坚强政治核心。活动开展以来，有4个企业党支部被县委表彰为“红旗党支部”，21个企业党组织被县委表彰为“先进基层党组织”。

（二）围绕推进创先争优，增强工作动力，积极开展“双诺双评”活动。自2010年开始，我们以党支部分别向上级党组织和党员群众、党员分别向所在党组织和党员群众公开承诺，接受党组织和党员群众民主评议，广泛开展“双诺双评”活动。全县非公企业党组织和广大企业党员年初承诺、年中践诺、年终评诺，有力地提高了凝聚力、向心力和战斗力。

（三）围绕推进“转方式调结构扩总量增实力上水平”，促进企业科学发展，开展“共产党员在行动”活动。今年以来，组织引导各企业党组织立足实际，充分发挥党员作用，积极推进企业自主创新、经营管理、节能减排等方面工作，加快企业转型提升，不断扩大竞争优势，在新一轮发展中抢占制高点。各企业党组织围绕这一主题，深入实施“共产党员工程”，广泛组织开展“党员公开承诺”、“党员文明岗”、“党员责任区”、“党员志愿者服务”、“党员身边无事故”以及“我为应对金融危机献一策”等活动，特别是在重大项目建设、科研攻关等企业发展关键时期，设立临时党支部，成立党员突击队，推进实施，使企业发展到哪里，党的工作就覆盖到哪里，涌现出一批素质好、技术高、肯吃苦的党员生产标兵，为企业转调升级、科学发展增添了巨大活力。去年以来，各企业先后组建“党员突击队”560支，设立“党员示范岗”4800余个，划分“党员责任区”1700余个，提出合理化建议2760余条，完成急难险重任务380余件，开展技术革新项目205个。

（四）围绕助村帮民致富，共圆中国梦，部署开展共筑美好家园活动。发挥企业党组织作用，引导全县非公有制经济人士积极为政府分忧，主动承担社会责任，积极参与“民企助学”、“民企助村”、“民企助残”等活动，把发展成果与社会共享，以实际行动把个人成长梦、企业发展梦与广大群众的梦想连在一起。2012年以来，组织全县480多家企业分别与553个村结成帮扶对子，着力发挥村企在制度建设、阵地建设、党员教育、活动载体等方面的优势，加强交流合作，实现资源共享，促进共同发展。今年以来，先后组织非公企业开展了“慈心一日捐”、“捐资助学·奉献爱心”等活动，25家会员企业被表彰为广饶首批“最具爱心慈善企业”，10名企业家被表彰为“最具爱心行为楷模”。据不完全统计，近年来，全县非公企业向农村投入资金2800多万元，帮扶贫困户1200余户，帮助近200名家庭贫困学生圆了大学梦。

四、抓工作融合，扩大工作实效

做好党建工作与其他工作融合的文章，不断深化企业党建工作内涵，克服党建工作与企业发展“两张皮”现象，扩大了党建工作实效。一是与企业文化建设相融合。引导企业党组织担当企业文化的倡导者和推动者，大力倡树先进发展理念，积极组织举办以“爱党、颂党”为主题的文化活动，在加强企业文化建设的过程中深化党的建设。各企业党组织在每年“五一”、“七一”、“十一”等重要节日期间，通过召开专题组织生活会、党团员会议、职工代表座谈会，组织参观党史展，举办以歌颂党、歌颂社会主义为主题的演讲比赛、知识竞赛、歌咏比赛等方式，加强党员的党性教育。绝大多数企业党组织自主创办了企业报，拓展了党的工作阵地。山东宇通集团把文化建设作为党建工作的重要内容，逐步发展形成了浓厚的红色宇通文化、创新竞进文化、亲情孝道文化氛围，成为企业闪亮品牌。二是与群团工作相融合。坚持把群团工作纳入企业党建工作的总体范畴，统筹规划，引导其结合自身优势，积极创设活动载体，组织开展争创“青年文明号”、“巾帼文明示范岗”等活动，引导青年职工创新创效，发挥示范带动作用，实现党建与群团工作的相互融合促进，增强了党组织的创造力、凝聚力和战斗力。山东圣光集团以促进企业发展为目标，不断深化青年创新创效活动，承办了由共青团山东省委、山东省青春创业促进会主办的“圣工生态漆青春创业计划”，并与上海知名培训公司签订长期培训合同，为有志青年提供了创业支持。三是与企业科学决策相融合。在非公企业广泛建立并落实“双向互动工作机制”，党组织书记参加或列席企业管理层重要会议制度、党组织与企业管理层沟通协商和恳谈制度，党组织要邀请企业出资人、经营管理人员参加相关活动，把党组织活动与企业生产经营管理紧密结合起来。在非公企业中，党组织参与企业发展战略、中长期发展规划以及重要改革方案的研究制定，牵头开展重点项目攻坚，抓好党务公开、厂务公开，帮助企业科学解决关系职工利益以及协调处理用工、资金等难题，努力打造安全和谐企业。在国际金融危机中，山东华泰集团党委号召开展“暖身运动”，提出“不停产、不放假、不裁员、不减薪”，温暖了职工的心，稳住了职工的心，华泰集团被全国工商联、全国总工会表彰为“全国关爱员工优秀企业”。四是与加强企业家队伍建设相结合。今年以来，各企业党组织充分发挥“一条红线”的作用，帮助指导非公有制经济人士开展理想信念教育实践活动，收到了良好效果。期间，县委、县政府专门制定印发了《关于加强企业家队伍建设的意见》和《广饶县“优秀企业家”评选管理办法》，围绕企业家培养、加强创业扶持、强化服务保障等方面提出具体政策措施，突出做好企业出资人教育引导工作。其中，对党员出资人，教育引导他们遵守党规党纪和执行党的决议，服从党组织的教育、管理和监督；对非党员出资人，教育引导他们树立中国特色社会主义共同理想，在党的领导下坚定走中国特色社会主义道路。举办了“民营企业家与中国梦”主题报告会，系统、全面、深入地讲解了“什么是中国梦”、“怎样实现中国梦”等重要问题，教育引导企业出资人自觉把企业发展梦、个人成功梦融入全县发展大局，在全县广大企业出资人中引起强烈反响。

近年来，广饶县先后涌现出 51 个非公企业党建工作示范点，体现和代表了全县非公有制企业党建工作水平。其中山东华泰集团党委先后被表彰为全国“双强百佳”党组织、“全国创先争优先进基层党组织”，并被山东省委确定为“山东省基层组织建设示范点”；山东华誉集团、山东驰中集团党委被评为“东营市基层党建工作示范点”。涌现出了全国人大代表、全国劳动模范、全国优秀党务工作者、华泰集团董事长、党委书记李建华为代表的一批优秀企业家和一大批企业生产一线“优秀共产党员”，成为引领和带动广饶县非公有制企业广大党员职工干事创业、创先争优的典型代表。同时，党建工作的不断加强，有力推动了企业的健康快速发展。至 2012 年底，有 5 家企业入围中国企业 500 强，9 家企业入围中国制造业 500 强，4 家企业入围全球轮胎 75 强，销售收入过百亿元企业达到 9 家。

（作者系广饶县非公有制经济组织党工委副书记　刘志强）

旗帜飘扬耀荆楚
党建风采显华章

——湖北省大冶市灵乡镇党建工作纪实

中共灵乡镇党委

走进灵乡，一栋栋别致的高楼鳞次栉比，错落有致；一条条宽阔的公路车水马龙，人来人往；一个个生态文明新村纷呈竞秀；一家家民营企业如雨后春笋般集群发展。看“十里长街”、观“两纵六横一环”、赏 19 层天缘商贸小区大楼，映入眼帘的感觉是一幕“小城镇品位、大城镇气魄”的格局。

这是一块丰腴殷实、钟灵毓秀的土地，在 137 平方公里的版图上，具有上千年采矿史，三百年冶炼史，近百年革命史。全镇总人口 5.8 万，流动人口 1.2 万，辖 18 个行政村，5 个社区，1 家镇管矿业集团和 1 家省管工业园，中央直属企业武钢灵乡铁矿在该镇至今已有几十年历史。近几年来，镇党委始终秉承“党建促经济，转型促发展”的宗旨，让农村基层党建工作推动着这个资源强镇正步步向城镇化、现代化迈进。

正是有了党委在新形势下注重党的建设，使全镇基层党组织的凝聚力、活力逐年提升。目前，全镇共有党员 1846 名，其中农村党员 1065 名，占党员总数的 57.7%，党委直属党组织 72 个，其中基层党委 4 个，总支 9 个，支部 59 个；村（社区）党组织 23 个，镇直部门党组织 30 个，企业党组织 12 个（非公企业 11 个，公有制企业 1 个），事业单位党组织 1 个，社会组织党组织 6 个。

近年来，我镇先后荣获：全国文明镇、全国重点镇、全国先进基层党组织、全国小康建设明星乡镇标兵、全国巾帼致富示范镇、全国经济综合开发示范镇、全国群众体育先进乡镇、湖北省十强镇、中心镇、文明镇、湖北省乡镇党委“十面红旗”单位等荣誉。2012 年 3 月又被湖北省委、省政府批准设立为湖北省经济强镇行政管理体系试点镇。坳头村荣获全国文明村、巾帼示范村、镇司法所获得全国模范司法所。镇域经济实力曾一度雄踞黄石市乡镇之首。2011 年全镇完成工农业总产值 166 亿元，完成固定资产投资 31.02 亿元，综合财政收入 2.62 亿元，上交税收 1.7 亿元，农民人均年纯收入达到 9648 元，2011 年全镇综合实力居全省乡镇第四，经济总量成为湖北省首强镇。

全面促进，不断夯实基层党建基础。科学发展，跨越发展，干部是第一要素，作风是第一保障。如果没有一个坚强的领导班子和一支过硬的党员干部队伍，要实现经济持续快速发展、社会和谐稳定只能是一句空话。2012 年是基层组织建设年，为此，我们将基层党组织建设作为一切工作的统领，常抓不懈。首先，我们利用节假日先后邀请多名省内著名专家学者教授来镇上作报告，为广大党员干部开阔眼界，转变观念，提高素质打牢了基础。为政之要，首在得人。我们在认真落实省委确定的“七上八下”和“五个一批”用人导向方面，将富有灵乡特色的“四种人”为之转化，按“富村配正人，强村配能人，穷村配贤人，散村换新人”的原则，使基层党组织焕发出了新的活力。不仅如此，我们还创新举办了“干部论坛”活动，让镇村干部走上讲台、现身说法来共同为灵乡经济社会发展出谋献策。为引领群众致富，我们又实施了村党支部书记“1+N”创业致富工程，建立党员“双带”基地 12 个，培养农村致富带头人 78 名。目前，全镇 21

个村集体经济收入全部达到5万元以上，最高的达到589万元。我们在全省率先推行了村干部工资统筹、离任老村干部与老党员生活补贴制度，每年用于村干部工资发放的资金达100万元，有效解决了村干部后顾之忧。

打造平台，不断转变干部工作理念。为民服务是根本，创先争优无止境。我们以“五务合一”（即党务、村务、商务、医务、服务）建设为抓手，投入近80万元建设镇村便民服务中心共计24个，有效将便民服务下移到最基层，群众对政府工作满意度持续提高，服务中心旺了人气、党员干部降了脾气、干群增了和气、基层组织树了正气、广大群众享了福气，基层组织服务功能不断增强，党员群众服务中心逐渐成为了推动发展、凝聚人心、促进和谐的服务综合体和联系群众、组织群众、服务群众的平台。为落实“一线工作法”，我们创新开展了“一挂五联”活动，84名镇干部和直属部门负责人，每人蹲挂一个村组，联系一个贫困户、一个信访户、一个致富户、一个空巢老人户、一个老模范户，坚持一月一行动，一月一主题，党员干部下基层、接地气，争做群众的知心人、贴心人、热心人。我们创新用人方法，不断探索“把村干部当镇干部用”机制，实行镇村干部千分制考核，激发干部干事创业激情，激励村干部在新农村建设中开拓创新，争先创优。

把握重心，持续坚持经济转型发展。转型是永恒的发展主题。谁先转型，谁就能赢得主动，抢占先机，成为发展的强者。灵乡是一个矿产资源大镇，但矿产资源总有挖完的一天。“十一五”期间，我镇党委就确立了经济转型发展战略，建成省级工业园区——灵成工业园，逐步将企业从“地下”转入“地面”，主要围绕打造“湖北省模具工业园”这一品牌，先后引进了武汉重冶、武钢轧辊项目等13家特钢、模具制造企业。目前，共有入园企业72家，入园项目85个，安置农民就业9800人。通过实施积极有效经济转型政策，我镇产业结构由模具加工制造业逐渐取代了矿业经济占主体的地位。同时，农业产业化进程不断加快，7000亩枫桥油茶基地、2500亩花卉苗木种植基地带动了近5000农民实现特色农业发展。我镇长期依赖矿业经济的局面有了明显改变，矿业在经济总值中由最高峰时的85%下降到目前的47%。目前，我镇初步形成了工业为主体，农业和服务业协调发展的产业结构。

统筹发展，持续坚持城乡齐头并进。实现城乡统筹发展就是要公平对待农民，使农民获得平等的教育、就业、公共服务和社会保障等权益，这是我们农村基层党组织义不容辞的责任。自我镇被列为全省新农村建设试点乡镇和城乡一体化试验区以来，我们抓住机遇，率先拉开全省新农村建设大幕，首先从基础建设着手，一是投资1600万元全面实施镇区道路“硬化、绿化、亮化、美化”，拉开“小城市”骨架；二是投资2000万元实施长江引水工程；三是投资2100万元配套、完善、扩大建设小商品市场、集贸市场、商贸小区，农民跟市民一样同享现代公共服务；四是投资1900万元硬化乡村公路198公里；五是投资8600万元进行了谈桥城乡一体化试验区建设，功能逐渐完善，农村逐渐走向社区化。全镇用于城镇化建设和新农村建设资金共计2.5亿元，城镇化率已达55%，农村每个村庄基本达到了“休闲有游园、运动有场所、学习有专栏、议事有阵地、出行水泥路、环境洁亮美”的目标，村民跟市民一样享受着现代生活。

关注民生，持续坚持社会和谐发展。投入社会管理就是投入发展，抓民生就是抓住了社会管理的源头，我们以“强党建、抓经济、促发展”为出发点和落脚点，坚持把民生关怀作为凝聚民心、发挥民力、集中民智的重要方法和途径。我镇党委确立了“和谐灵乡”目标，并将关注、改善民生作为工作的重中之重。继在全省率先免征农业税，率先实现免费九年义务教育后，我们成立了“五老和谐会”，以老党员、老干部、老教师、老退伍军人、老劳模等组成“五老”调解组织并组建综治工作网络，充实基层综治工作力量，推进群防群治，强化了农村群防群治队伍建设，完善了村级社会治安防控体系。为镇村矛盾纠纷协调化解尽职尽责。村有“五老”，如拥“一宝”。同时，还新建了敬老山庄，“五保”对象集中供养率达到86%。耗资1500万元改建了镇卫生院、高标准建设了19个村级卫生室，解决了群众“看病难”问题，全镇医疗卫生事业在黄石、大冶两市一直处于领先地位；投资3700万元新建和改建中小学，实现适龄儿童就近入学，促进了义务教育均衡发展；全镇农村居民参加新型合作医疗总户数突破万户，总人数达41600人，参合率达100%。先后对1890个劳动力进行就业技能培训，使1291名失地农民和农村富余劳动力向非农产业转移，越来越多的农民实现了“就地进城”的梦想。

站在新的历史起点上，我们信心满怀，我们将继续坚定不移地高举党建旗帜，抓好经济，促进发展，保障和谐，实现灵乡的再次跨越和腾飞。让我们一代又一代勤劳致富的灵乡人民，一次又一次地谱写出翘首荆楚大地的绚丽华章。

弥勒市工商局在抓非公有制企业党建工作中显出新亮点

云南省弥勒市工商局非公党建办公室

弥勒市工商局在践行党的群众路线教育活动中，为在全局非公党建结对的红河云牛乳业有限责任公司中做好非公党建工作，采取多形式、多内容的方式。5月17日晚7：30时，受红河云牛乳业有限责任公司邀请，弥勒市工商局党组成员、副局长王国琦率局非公党办相关人员一行到场为该公司党员上党课。

此次授课，采取授课、座谈交流的方式。

此次授课，按弥勒市工商局党组安排，由中共弥勒市委组织部选任的红河云牛乳业有限责任公司党支部常务书记刘绍安授课。

党课以“非公企业在新时期如何做好党建工作”为课题，从提升认识；要创建科学的发展理念和管理理念；要注重在企业中发展党员、发展组织的方式；抓好提升企业党员的巩固率；企业领导要处理好企业内外关系，为企业的党建工作增添新的活力等六个方面，阐述了非公企业在新时期如何做好党建工作的方法和途径。

党课结束，共同展开了畅所欲言的交流座谈。

座谈中，红河云牛乳业有限责任公司党支部书记赵云洪对支部的情况作了介绍：我们公司党支部现有一个党支部，有正式党员23人、预备党员10人，在正式党员中领导岗位占15人，其中高层领导占2人、中层领导占10人、一般领导占3人，今晚所有党员全部到会。同时还介绍，从国家食品药品监督管理总局（2014）第16号公告关于公布小麦粉等11类食品国家监督抽检结果中得知，此次抽检覆盖全国7719家食品企业、抽检样品共21682批次，不合格食品有56个项目，我们红河云牛乳业有限责任公司生产的多喝奶、云牛乳业2个品牌均为合格食品。

座谈中，公司党支部参会的党员纷纷相继发了言，归纳为“弥勒市工商局在红河云牛乳业有限责任公司抓非公党建的工作中，采取了多形式、多内容的方式显现出几个亮点：一是党组班子重视的亮点，自3月份以来局党组班子几位领导带领相关人员到我们公司就党建、生产经营等工作作指导已达3次，尤其是今天晚上王副局长放弃双休时间、利用公司的岗外时间率相关人员来为我们公司上党课，使我们深受感动；二是主动服务的亮点，市局抓非公党建的同志每到一次主动过问公司的党建工作和生产经营工作情况，得知公司党支部在党建管理上还没有找到规范管理之道，主动为公司党支部提供了各种规范的党务管理样本，为公司党支部如何科学管理、规范管理提供了有章可循的依据；三是工作方式的亮点，市工商局为我们公司的党建工作创建了一个宜企、宜人的环境，依附公司的人文环境、生产经营环境来开展党建工作，启发了我们公司做好党建工作的信心和决心。”

座谈会结束，市工商局副局长王国琦作了指导、总结、表态性的发言：通过公司党支部书记赵云洪对公司的党建工作、生产经营情况介绍，公司对党建工作比较重视，既打牢了基础又抓出了成效；公司在生产经营中体现出管理有方、经营有道，可喜可贺。这充分说明，党建在企业中与生产经营是不可分割的，党建是促进企业发展的动力，企业是促进党建工作发展的良好基地。希望公司进一步加强对党建工作的认识，要看到加强非公经济党建工作，既是巩固党的执政基础的需要，也是推进非公经济健康发展的时代要求；在公司今后的党建工作中有什么困难和问题提出来，我们共同探讨、共同合作、共同努力，共同把公司的党建工作推上一个新台阶。

秦都区双照街道办围绕“一二三四”促进辖区经济大发展

陕西咸阳市秦都区双照街道办

今年来，秦都区双照街道办坚持以科学发展观为指导，以加快发展为目标，以打造全省最优投资环境为总抓手，以“三争三做创五星”和打造“党性强、品行正、重实干、爱百姓”的秦都干部品牌活动为载体，锐意进取，开拓创新，改进作风，狠抓落实，大力发展农村集体经济，强力推动工业振兴，以“一二三四”力促全办经济大发展。

紧扣“一个主题”紧紧围绕全力建设“五个秦都”这一主题，努力将办事处打造成经济实力雄厚、城乡一体发展、治安秩序良好、文化教育繁荣、管理服务温馨、人际关系融洽、环境美丽宜居的新双照。

突出“二个重点”突出汽车商贸物流园和华夏农业生态文化产业园两个园区建设重点，全力做好园区内的招商引资、项目建设、环境保障和服务协调等工作，努力将汽车商贸物流园打造成西北一流、全国知名的集销售、车展、物流于一体的综合汽车产业园区，奋力将华夏农业生态文化产业园打造成西北最大、全国领先的统筹城乡发展试验区。

强化“三项活动”开展打造全省最优投资环境、“驻二晋一创五星”和争当“党性强、品行正、重实干、爱百姓”的好干部三项活动，要始终把为民办实事作为各项工作的出发点和落脚点，把抓好党的建设作为富民强办的坚强保障，以“驻二晋一创五星”活动为载体，不断加强基层党组织建设，着力抓好党员干部教育和管理，努力打造一支拉得出、用得上、靠得住的钢班子、铁队伍。

实施“四千工程”以大棚蔬菜、大路菜、优质杂果、红薯为依托，优化种植和产业结构，实施“千亩调整”工程；以华夏农业生态文化产业园为依托，大力发展苗木花卉、农业体验等产业，实施“千亩流转”工程；以农广校、农村合作社、农业协会为依托，切实加强农民培训，提高群众综合素质，实施“千人培训”工程；以“俏嫂子”舞蹈队、“娃他婆”艺术团为依托，大力开展文化活动，实施“千人文化”工程。

白河：坚持“五抓”举措
全面提升非公党建工作水平

白河县非公党工委

为加强基层服务型党组织建设，促进非公企业健康发展，白河县以组织建设年活动为契机，坚持“五抓”举措，固本强基，开拓创新，确保全县非公党建工作水平全面提升。

多措并举抓覆盖，明确工作目标。党的组织覆盖坚持“企业生产经营拓展到哪里，党的基层组织建设就延伸到哪里，党员作用就发挥到哪里”的原则，采取单独、联合、注入、挂靠等组建方式，对86家有党员的非公企业全部组建党组织。党的工作覆盖通过向非公企业选派党建工作指导员，在非公企业中成立工会、共青团、妇联组织，党员领导干部联系非公企业等方式，使无党员的83家非公企业能够积极开展党的工作。实现有党员的非公有制企业，党组织组建率达到100%；无党员的非公有制企业，党的工作覆盖率100%。

全力以赴抓队伍，夯实工作基础。按照守信念、讲奉献、重品行，懂经营、会管理、善协调，热爱党务工作和熟悉群众工作的标准，选优配强非公企业党组织书记。从企业主管部门中选派80余名熟悉党务、素质优良、作风过硬的党员干部担任非公党建指导员，指导企业开展党的工作，为企业发展提供服务。在全县所有企业中开展“组织找党员、党员找组织”的“双找”活动，摸清流动党员，找出口袋党员。按照将企业人才培养成党员、将党员培养成企业技术能手、把党员中的优秀分子培养为管理人员的要求强化党员管理。积极做好非公企业党务工作者和非公党员的教育培训工作，组织工商局党委举办非公企业党建指导员培训班1期，培训人员40余人。

结合实际抓载体，彰显工作特色。在党员中组织开展“学理论、学技能、学先进，亮身份、亮承诺、亮岗位，服务员工、服务企业、服务社会”为主要内容的“三学三亮三服务”活动，实行党员挂牌上岗，公开岗位职责和服务承诺，创建“党员先锋岗”、“党员责任区”、“党员经营示范户”，发挥党员的先锋模范作用；在党组织中深入开展“评星晋级、争创双强”活动，充分彰显非公企业党组织的政治核心和政治引领作用，确保在省市验收时，实现二星级及以上党组织占总数的20%以上，未评星定级的控制在30%以下。

以点带面抓规范，展现工作成果。按照有场所、有设施、有标志、有党旗、有书报、有制度的“六有”标准，采取资源整合、企业自筹、党费补助和财政支持相结合的方式，在普遍抓好非公企业党组织活动阵地建设的基础上，建设10个高标准的党员活动阵地。健全落实企业党组织“三会一课”、党组织议事规则、党员先进性承诺等规章制度，做到“三册两簿一卡”齐全（“三册”即：党员名册、入党积极分子名册、党员先进性建设管理手册；“两簿”即：支部活动记录簿、党费交纳登记簿；“一卡”即：党员先进性建设管理卡），实现组建一个，规范一个，巩固一个。按照“双强六好”标准，创建10个非公党建示范点，充分发挥典型的示范、引导、辐射和带动作用，努力把点上的经验转化为面上的做法，从而全面提升非公党建工作层次和工作水平。

强化保障抓机制，确保工作实效。一是建立经费保障机制。非公企业党组织交纳的党费全额返还，对开展活动缺乏经费的党组织，按照每名党员不低于100元的标准给予适当补助。对培育验收合格的党建示范点每个给予奖补经费2000元。二是建立党员领导干部联系非公企业党组织制度。要求非公企业主管部门领导班子成员每人联系1～2家非公企业，定期到企业指导开展工作，协调解决困难问题，确保党建工作和经济效益互促双赢。三是建立督查考核机制。坚持经常性的督促检查，建立月报告、季通报和年考核制度，将工作开展情况作为相关党组织书记述职的重要内容，纳入全县党建工作年度目标责任考核。

偃师市“五个一”加强非公企业党建工作

河南省偃师市委组织部

偃师市为切实加强对非公有制企业党建工作的指导和服务，采取“五个一”工作方法，实现了非公有企业党建全覆盖，确保非公有制企业持续、快速、健康发展。

选派一批党建指导员。实行派员帮建组建模式，对规模较大、员工较多而没有党员的企业，镇、村从熟悉党务工作的两委干部、机关中层干部、离退休老干部中选派了67名党建工作指导员，指导非公企业开展党建工作。目前已消除了非公有制经济领域党建空白点，实现党建工作在非公企业全覆盖。

发放一封公开信。为更好地引导企业出资人支持企业党建工作，在全市发放《致全市非公有制企业出资人的一封信》，号召各非公企业出资人积极支持和参与企业党建活动，围绕企业的生产经营发展，广泛开展科技攻关、技术比武、建言献策等各类活动，团结凝聚党员职工，促进非公有企业持续健康快速发展。

编印一套学习资料。为进一步提高非公企业党建工作的规范化程度，将全市非公有制企业党建工作要求、党建工作制度、党组织工作基本制度等有关资料汇编为《偃师市非公有制企业党建工作指南》，发放至每家非公企业，确保学习有资料、有内容、有制度，推动非公企业党组织标准化建设，从而达到非公有制企业有形覆盖和有效覆盖的统一。

建立一项培训机制。为不断提高非公有企业党建水平，偃师市将非公企业党组织书记培训纳入基层党组织负责人教育培训范围，通过组织举办理论学习培训班、交流座谈会等形式，分层次、分类别地对非公企业党组织书记和非公企业出资人进行教育培训，切实提高他们对非公企业党建工作的认识，推进我市非公企业党建工作不断向前发展。

开展一次党建活动。在全市非公企业党组织总开展“双强六好”党组织创建活动，“双强”即：党建强、发展强，“六好”即：生产经营好、企业文化好、劳动关系好、党组织班子好、党员队伍好、社会评价好。要求市委组织部、各镇（区）党委对活动加强指导督查、考核评比，对活动中涌现出的先进党组织、优秀党员、优秀党务工作者给予表彰奖励。活动开展后各非公企业党组织设立党员示范岗200余个，收到党员职工合理化意见、建议186条，开展技术革新项目19项。

猇亭工业园区创新推出网上党员群众服务中心

中共猇亭区委组织部

“工业园区网上党员群众服务中心”整合了园区党建基础信息系统、非公企业党建工作手机信息系统、党员干部现代远程教育平台三大资源，形成了一个覆盖工业园区各级党组织、辐射全体非公企业党员群众的信息化网络体系，构建出“点对点管理、心贴心服务、个性化教育”的党建工作新模式，有效破解了非公党建系列难题。

一是服务组织工作大局，提升党建工作科学化水平。服务平台实现了党员管理一网通、组织活动一站通、服务发展一点通，破解企业党建工作中存在的难题，降低了党建工作的人力、物力成本，提高了工作效率。服务平台在企业中的成功应用，积累了党建管理系统研发经验，练就了一支专业的管理应用团队，为推动组织系统信息化建设，提高组织工作科学化水平提供了一个好的范例，为服务平台向机关事业单位、居村社区延伸奠定了基础。

二是服务党员、职工需求，增强党组织凝聚力。一大批党员职工通过平台提出意见和建议，针对反馈的流动党员活动开展难的问题，我们在全区开展了“组织找党员、党员找组织”活动，先后有230多名流动党员主动亮明身份，参加组织活动。对于员工反映的活动设施建设问题，宜化园区党委在第一时间筹资200多万元，新建和改扩建了游泳池、塑胶篮球场、电子阅览室等活动设施。新洋丰肥业党总支对收集的119条意见进行梳理汇总，提请公司领导班子集体研究，解决了一大批党员、职工反映的生产生活问题。服务平台的推广应用，打造了企业党组织“家文化”的理念，提升了员工的幸福感，增强了党员的荣誉感，党组织的凝聚力、影响力和吸引力不断增强。

三是服务生产经营，实现党建与企业发展互动双赢。依托服务平台，形成了以党组织为核心，党员、员工团结参与，共同推动企业发展的“同心圆”。有20多家企业党组织利用平台提供的邮件系统，建立了内部办公系统，有1万多名产业工人通过平台参加了网上问卷调查和考试培训，显著降低了企业办公工作成本。党员职工利用服务平台，开展各类技能比武和竞赛活动，累计为企业节省资金1000多万元。网络信息时代，依托服务平台，在企业传播党的知识，传递党的力量，服务企业发展需要，得到业主的一致好评，同频共振共同筑牢企业党建基础，互动双赢真正形成党建强、发展强的企业党建品牌。

安徽寿县“四抓四促”提升非公企业创建服务型党组织水平

中共寿县县委组织部

安徽寿县现有非公企业346家，从业人员11256人，其中党员798名，法人企业306家。非公企业创建服务型党组织活动开展以来，寿县以“双强六好”为目标，以“三服务三促进三加强”为主题，以“三有两评”为抓手，扎实开展了创建活动。

抓安排部署，促规范开展。结合全县非公企业实际情况，制定出台了《寿县关于在非公有制企业党组织中开展创建服务型党组织的实施方案》，召开了全县各乡镇及园区分管负责人动员推进会，对创建非公企业服务型党组织主要内容、实施步骤和活动安排进行了安排部署，统一模式印发了党组织服务计划书、党员服务承诺书和志愿者队伍花名册表样，要求各企业党组织以此为蓝本，深入开展服务型党组织创建活动，细致完备的安排部署确保了创建活动扎实推进。

抓组建力度，促组织保证。扩大党组织覆盖面，规范组建是创建服务型党组织的根本保证。寿县紧紧围绕非公企业的经营状况、职工数量、党员人数等基本情况，通过“双找”等活动，全面摸清企业党员底数，对具备组建条件的非公企业及时进行了组建，确保组建全覆盖；通过规范党员发展方式，把党员培养考察融入平时的生产生活中，做到成熟一个、发展一个，对优秀职工、技术能手等对象有组织进行引导，进一步畅通了非公企业从业人员的入党途径；通过党建指导员的选派，实现非公企业党的工作全覆盖，着力推进服务型企业党组织创建活动。今年先后两次召开了选派党建指导员、部分企业负责人和企业党组织书记会议，县乡共选派66名党建指导员驻企开展党建指导工作，并给予县党建指导员每人每月400元工作补贴。截至目前，全县306户独立法人非公企业共组建党组织141个，覆盖非公企业301户，党组织覆盖率达98%，其中单独组建党组织的企业87户，比去年单独组建的72户新增15户，单独组建率达到28.5%；共培养入党积极分子213名，发展党员61名。

抓督查调度，促创建效果。督查调度是创建服务型党组织的重要抓手。结合《寿县党建工作积分制管理办法》，对创建企业服务型党组织活动各项工作进行量化分值，定期通报，并将其纳入基层组织建设“三级联创”活动的重要考评内容，成立了由县委非公工委成员单位组成的督查指导组，明确了成员单位职责和分工，形成齐抓共管的工作合力。7月份，督查指导组共分六组深入到各企业党组织督查服务型党组织创建活动开展情况，主要查看企业党组织是否召开会议讨论制订年度计划书、党员有没有结合自身实际公开承诺、党员志愿者队伍有没有成立并开展活动，是否在党务公开栏、宣传栏等进行公示，接受群众监督等。通过督查，对发现问题的企业党组织，及时通报了所在乡镇党委，督促限期进行整改。截至目前，全县141个非公企业党组织全部制定了年度服务计划书，并报送县委非公工委办公室备案；700余名党员作出了服务承诺2360多项，各企业党组织建立了志愿服务队97支共覆盖企业294家，党员承诺书和志愿者队伍已全部报乡镇党委备案。

抓典型宣传，促示范带动。典型宣传是推动创建服务型企业党组织的重要手段。通过召开部分党组织书记经验交流会、工业园区现场观摩会等形式，大力宣传创建服务型党组织的活动内容和形式，指导企业制作宣传标语，设立党员责任区、示范岗等标牌和志愿服务标识，督促党员佩戴党徽，营造浓厚氛围；积极总结和培育创建活动中的好做法、好经验、好典型，充分发挥电视、报刊、网络等媒体作用，大力推广先进典型，抓点带面，推动了服务型党组织创建活动深入扎实开展。其中通过对安徽楚井坊酒业党组织结合创建活动开展的每月评选销售标兵及“楚井坊励志助学金”活动，三祥羽毛、华祥食品有限公司等企业结合创建活动开展的“三亮三争三培养”活动，以及全县培育打造华祥食品、乐林钢构等县委非公工委双重管理企业20余家的典型宣传和辐射带动，有力地促进了企业党建工作和企业发展的互促双赢，营造了创建服务型党组织的良好氛围。

（二）

非公企业党建工作发展势头良好

甘肃组工网

2013年10月至12月，中组部开展了非公企业党建工作专项督查。在各地自查基础上，对山西、吉林、江苏、浙江、海南、四川、贵州、甘肃等8省进行了实地督查。从督查情况看，非公企业党建工作取得积极进展。

非公企业党建持续推进工作机制初步形成。各地把非公企业党建放在本地区经济社会发展大局中谋划，普遍出台配套文件，召开会议部署，建立健全领导体制和工作机制。天津、陕西、广西等21个省区市党委书记主持常委会专题研究或作出批示。10个省区新设立非公企业党建工作机构，辽宁、重庆将工作机构调整为依托组织部门设立。目前全国有25个省区市和88.6%的市地州、82.4%的县市区设立非公企业党建工作机构。各地普遍把非公企业党建纳入市、县委书记专项述职和领导班子考核内容，层层抓好落实。各级组织部门认真履行牵头协调职责，推动建立非公企业党建工作联席会议制度，发挥统战、工商、财政、商务、工商联等部门和单位职能优势，形成各级高度重视、各方齐抓共管、持续推进落实的工作局面。

非公企业党组织和党的工作覆盖面明显扩大。各地把扩大组织覆盖作为基础性工作，下大力气摸清底数、分析情况、推进组建。针对一些具备条件的企业仍未建立党组织的情况，整合各方资源，普遍开展集中组建活动。河北、内蒙古、上海、甘肃等地建立组织、工商、税务等部门信息共享机制，结合企业登记申报、年检年报抓组建。福建开展3轮集中组建活动，党组织覆盖率提高31个百分点。针对不同区域、不同行业非公企业实际，分类推进组建。在各类园区、商务楼宇、行业协会建立综合党委，推动组织联建、阵地联用、活动联办，扩大组织覆盖。北京成立首都互联网协会党委，在搜狐、网易等18家网站新建立党组织，对百度、新浪等37家知名网络企业党组织实施统一管理。针对大量中小企业党员少、暂不具备组建条件的情况，采取发展新党员、找“口袋”党员、招党员职工等方式壮大党员队伍，通过选派党建工作指导员、开展党群共建等方式推进工作覆盖。江苏开展“万名党员源头拓展行动”，将60%的新增党员发展名额向非公企业倾斜；山东找出“口袋”党员5万多名。截至2013年9月，全国非公企业党组织覆盖率达59.8%，比全国非公企业党建工作会议召开前提高22.2个百分点。

非公企业党组织作用逐步显现。各地引导非公企业党组织围绕服务企业发展、服务职工群众开展活动，党组织政治核心和政治引领作用得到越来越多的企业和职工认可。一是广泛开展“双强六好”创建活动，设立党员示范岗、党员责任区，搭建发挥作用的有效载体。浙江开展“双强争先”活动，推动企业技术革新、管理创新，帮助企业应对危机、转型升级；河南卫华集团党委征集“金点子”，为企业创收3600多万元。二是引导非公企业党组织加强对工会、共青团等群众组织的领导，在建设先进企业文化、构建和谐劳动关系、塑造企业社会形象等方面发挥作用。山东、贵州等地非公企业党组织坚持“四必访、五必谈”等制度，浙江平湖市在外资企业设立“书记工作室”，反映职工诉求、解决职工困难、关爱帮扶职工。三星电子苏州公司党委推动企业建立和谐劳动关系的做法，得到三星集团中国总部的肯定和推广。三是积极推动非公企业党组织融入企业治理结构，探索党组织发挥作用的长效机制。内蒙古、湖南、宁夏等11个省份推行非公企业党组织班子成员与管理层“双向进入、交叉任职”，天津津宝乐器公司建立党组织与管理层联席会议制度。不少企业负责人说，党建做实了也是生产力，做强了就是企业核心竞争力。问卷调查显示，77.8%的出资人和68.3%的职工认为党组织作用发挥“好”。

非公企业党组织带头人队伍得到加强。各地以党组织书记为重点，从选配、培训、管理等环节入手，加强非公企业党务工作队伍建设。普遍采取内部选、上级派、社会聘等方式配强党组织书记，陕西80%的党组织书记担任企业管理层职务，浙江温州、湖州向全国公开选聘319名非公企业党组织书记人选，新疆、吉林、安徽等9个省份建立非公企业党务人才库。抓好培训提升，省、市两级普遍开展示范培训，县级抓任职培训和集中轮训，近两年共培训非公企业党务工作者93万多人次。加强规范化管理，江西、湖北、广西等地建立目标管理、述职评议等制度，江苏昆山、四川宜宾、杭州余杭区探索建立非公企业党务人才资格认证制度。注重关怀激励，山西、海南、西藏等12个省份建立非公企业党组织书记工作津贴制度，广东给予非公企业专职党组织书记每人每月2000元工作津贴，浙江、重庆面向非公企业党组织书记招录机关和事业单位工作人员。

非公企业党建工作环境进一步优化。一方面，普遍采取税前列支、党费拨返、财政支持等方式，为非公企业党建工作提供物质保障。黑龙江、河南、贵州等12个省份出台经费保障办法，北京、天津、云南、青海等地按照每名党员每年50～300元不等的标准把非公企业党组织活动经费纳入财政预算，并给予新建党组织启动经费。近两年，各地新建、改扩建综合性党群活动服务中心1.9万多个。另一方面，加强出资人教育引导，抓好舆论宣传和典型推广，营造各方重视、支持非公企业党建工作的良好氛围。目前，全国县级以上领导干部建立非公企业联系点12万多个，组织部门和非公企业党建工作机构直接联系9.4万家非公企业党组织，近两年培训非公企业出资人31.5万人次。问卷调查显示，80.6%的出资人表示“非常支持”党组织在企业开展活动。同时，广泛宣传中办11号文件和全国会议精神以及工作进展情况，总结推广江苏红豆集团、陈惠芬“融和工作法”、天津津宝乐器等一大批先进典型，营造各级重视、各方支持非公企业党建的良好氛围。

从督查情况看，各地各有关部门在推进非公企业党建工作中，仍存在一些困难和问题。比如，一些省份非公企业党建工作机构不健全，大量中小企业实现党组织覆盖难度较大，一些非公企业党组织作用发挥不明显，一些地方非公企业党建工作分类指导不到位等。下一步，各地各有关部门要以第二批教育实践活动为契机，以加强基层服务型党组织建设为统领，以解决问题为导向，夯实党在非公企业的执政基础。

宁夏回族自治区：充分发挥非公企业党组织的作用

人民网

2013年初，宁夏共有非公有制经济单位34万余个，非公有制企业占全区企业总户数的99%，非公有制经济吸纳就业达到134万人，GDP比重达到48.9%。2011年4月，《中共宁夏回族自治区委员关于进一步加强和改进非公有制经济组织党的建设工作的指导意见》颁布，全区各地、各单位以及各非公有制经济组织按照要求，从各个方面加强党组织建设，取得了一定成效。截至2013年6月底，全区非公有制企业建立党组织2711个，覆盖企业8725家，覆盖率为60.64%。规模以上非公有制企业党组织和党的工作基本达到全覆盖。

一、党组织和党员在非公有制经济组织中发挥了重要作用

（一）发挥政治引领作用，保证企业正确的发展方向。

党组织发挥优势，将党和国家的方针政策传达给企业，引导企业贯彻落实党的方针政策，遵守国家法律法规。引导督促企业合法经营，保障企业健康有序发展。一些企业将文化建设作为党建工作的重要内容，用社会主义核心价值体系引领企业文化建设，加强理想信念、社会公德和职业道德教育，培养党员和员工的团队意识、责任意识和进取意识。引导企业履行企业社会责任，参与光彩事业，积极扶危济困。宁夏浙江商会党总支在雅安地震发生后，迅速组织党员捐款赈灾，奉献爱心。许多企业组织党员培训学习，宣讲党的路线、方针、政策及中央和自治区关于促进非公有制企业发展的意见、在非公有制企业中开展党建工作的重大意义等，进一步增强党员职工的党性意识。

（二）紧密结合企业发展实际，推动企业健康发展。

党组织创新活动方式，与企业发展紧密结合起来，增强活动效果。通过创办企业报、企业刊物和企业网站，开展劳动竞赛、技术比武等活动，提高员工工作技能。宁夏正旺农牧科技有限公司开展了“讲服务、讲团结、讲奉献、比质量、比效率、比贡献”的“三讲三比”活动。青铜峡市恒源建设有限公司党支部请消防队教官，对中层以上干部进行了为期10天的军训，培养干部雷厉风行的作风。吴忠市安麦龙清真食

品有限公司党建指导员金淑珍结合企业生产原料供应与农户联系比较密切的实际，帮助企业挂靠蔡桥村建立党支部，发挥支部带动作用，促进村级发展、群众增收，企业增效。

（三）党员发挥先锋模范作用，带领更多的员工为企业献计出力。

在党组织的引导下，非公有制企业积极开展“把党员培养成生产技术骨干，把技术骨干培养成党员，把党员骨干培养成中层管理人员”活动，让党员站前台、唱主角，有效地体现了党组织的力量与作用。吴忠市东星塑料制品有限公司等许多企业设立了“党员示范岗”“党员责任区”，宁夏吉运集团等企业要求党员戴党徽，时刻铭记自己是一名共产党员，处处以共产党员的标准严格要求自己，增强党员的责任感和荣誉感。由于企业领导的重视和党员的先锋示范作用，积极要求进步，非公有制企业申请入党的员工明显增多。

（四）发挥教育引导作用，培养管理人才和业务骨干。

党建指导员等党务工作者通过给党员职工讲党课、带党员职工学党章等活动，提高党性观念、组织纪律观念，进一步丰富了企业党组织的活动内容和活动形式，有效加强了非公有制企业党员的思想建设，调动了广大党员的工作积极性。银川龙盘市场有限公司党支部组织党员和员工围绕“打工的意义是什么”等内容，展开了多种形式的大讨论；定期组织员工到延安和六盘山等革命圣地参观学习，用党的优良传统来吸引、团结、引导党员群众，使党组织的凝聚力得到进一步提升。

（五）发挥协调作用，推动构建和谐企业。

积极参与对外协调，争取企业各项优惠政策得到全面落实。积极协调做好党组织与行政组织、群团组织的关系，职工与业主的关系、党员与职工关系，非公有制经济组织与政府的关系，为企业健康发展创造了良好的内部环境。宁夏富荣化工公司党总支为公司36名困难职工发放困难补助2.2万元。宁夏中航郑飞塞外香清真食品有限公司、青铜峡市恒源建设有限公司等许多企业党支部在员工患病时到医院和家里看望慰问，在多个方面关爱员工，企业凝聚力、向心力增强，劳资关系和谐稳定。

二、非公有制企业党组织发挥作用存在的困难

（一）对党建工作重视不够。

一是有的管理部门认为企业主要是发展生产、获取利润，党建工作好坏与否对企业发展影响不大，没有必要下大力气抓，党组织机构不健全，机制不完善，影响了作用的发挥。二是部分业主怕开展党建工作影响正常生产经营，对党组织工作不支持、不配合，不能把党建工作与企业发展同安排、同考核、同落实，出现一手硬一手软现象。三是部分党员存在雇员心态，认为工作不稳定，不愿意暴露党员身份，成为“口袋党员”“隐性党员”。

（二）党务工作人才匮乏。

非公有制企业里许多党务工作者来自社会各个方面，个人经历、文化程度和思想觉悟差别较大，对如何围绕非公有制企业特点灵活多样地开展党建工作、协调好与业主的关系等缺乏相应党务知识和工作经验，造成党组织书记难选，开展党组活动效果不明显。党务工作者兼职的多、专职的少，兼任的行政过多，忙于处理日常事务，在党务工作方面的精力投入不足。一些党务工作者认为自己是在为企业主打工，因而不能理直气壮地开展工作，党组织的工作缺乏独立性和创造性。有的非公有制企业中党务干部的待遇与经营管理人员、专业技术人员比相对较低，且长期在党务工作岗位工作，难以得到调整和交流，工作积极性不高。

（三）非公有制企业的不稳定性影响了党建工作的开展。

小企业占非公有制企业的绝大多数，注册成立快，关门倒闭也快，导致形成党建工作新的空白点；企业分布相对分散，注册地和经营地、人员工作地分散，制约党建工作；企业经营活动流动性大，企业用工制度灵活，人员流动性大，党员人数不稳定，企业党组织难以实施有效的教育管理，这都一定程度上束缚了企业党建工作的开展。

（四）活动经费没有保障。

党组织活动经费主要是由企业自行承担，企业党建经费没有明确规定。通常是在开展较大活动时临时申请活动经费，要看企业主的意愿和觉悟，党组织的自主权非常有限。而更多的企业主更愿意把钱花到有立竿见影效果的工作上。因为缺乏经费，也使一些本应开展但支出较大的活动无法开展。

三、充分发挥党组织作用，紧密联系群众，推动企业健康发展

（一）建立完善相关制度，密切联系群众。

一是建立党组织参与企业重大事项制度。党组织要广泛征求各方意见，及时向企业提合理化建议，积极出谋划策，使企业决策更科学、更合理。二是建立党组织与企业主沟通交流制度。主动沟通信息，定期

向企业负责人通报党建工作计划和工作情况，向党员介绍企业负责人的意图及企业经营情况，营造企业主与企业党组织相互认同、团结合作的良好氛围。三是建立企业领导层和职工约谈制度。分析职工思想动态和生产情况，研究具体措施。企业解聘党员职工，应征求党组织意见。提拔重用或处分党员应向党组织通报。党组织可向企业推荐人才，包括重点培养、学习深造、提拔重要对象。

（二）完善党员教育、管理、服务机制。

一要选配好党组织负责人。选拔政治信念坚定、党性观念强、有较强的组织能力和协调能力，能够与出资人合作共事的党员，担任非公有制企业中的党组织负责人。二要按照党章要求，坚持“严格标准，保证质量，改善结构，慎重发展”的方针发展党员，绝不能降低标准，用“能人、富人”标准代替党员标准，以“名人、业绩”代替党员标准，以“带动力”、“影响力”代替党员标准。三要加强党员管理。在非公有制企业中工作超过半年的党员，都应转移正式的组织关系，对暂未建立党组织的，党员关系应由属地党组织或管理部门党组织管理。对于组织关系不愿转、不让转、不便转的“隐性党员”和“口袋党员”，要耐心细致地做好思想工作，动员教育他们自觉办理组织关系转移手续，保证每个党员都能够参加组织活动。

（三）结合企业发展需求开展党组织活动。

一是非公有制企业党组织的坚持“沟通政企关系、密切党群关系、构建和谐劳资关系，促进企业发展”这一工作定位，工作着力点应放在发挥党组织的战斗堡垒作用和党员的先锋模范作用，积极探索“灵活多样、务实有效”的活动方式，富有成效地开展工作上。二是党组织开展活动应注意非公有制企业生产经营的特点，灵活调整活动时间。注重精心预备活动内容，精心选择活动载体，注重把组织党员学习党的基本理论和路线方针政策与市场经济知识、企业生产经营知识等结合起来，不断提高非公有制企业中党员的思想政治素质和技术管理水平。三是党组织工作要坚持原则性与灵活性的统一。对日常工作中非原则性事务不纠缠，对涉及生产经营方向和职工权益的重大问题，要通过适当途径，有理有节地坚持和争取，引导和监督企业依法经营，以推动企业发展的实际行动赢得出资人的支持。

（四）进一步完善党建指导员制度。

一要择优选派。主要选择在有一定规模、生产经营稳定、职工人数较多的非公有制企业，通过选派党建工作指导员，协助企业成立党组织，实现有企业员工的地方就有党员，有党员的地方就有党的组织，有党组织的地方就有正常的组织活动，扩大党的工作覆盖面和党组织凝聚力、号召力、影响力。二要明确职责。党建指导员应重点做好发展党员和组建党组织工作，引导并监督企业中的党员履行党员义务，领导或指导工会、共青团等群众组织按照各自章程开展工作，协调企业内部各方面关系，保障职工合法权益，为企业发展提供良好的环境。三要监督考核。要注意借助多种形式对党建指导员工作开展情况进行考核。对于恪尽职守、成绩显著、企业干部职工反响良好的党建指导员予以表彰奖励；对于工作敷衍应付，企业干部职工反响较差的党建指导员，给予批评教育，并取消党建指导员资格；对于违反有关规定和工作纪律，使企业生产经营遭受损失，造成负面影响的，将视情节轻重给予纪律处分并依法处理。

春风化雨旗更红

——各地深入推进非公企业党建创新巡礼

崔　静　魏　杰

这是一支不可忽视的重要力量——占全国企业总数超过七成的非公企业，是我国社会主义市场经济的重要组成部分，已成为吸纳社会就业的主渠道，自主创新和参与国际竞争的生力军。

这是一项不容小觑的重要任务——在量大面广、类型多样的非公企业开展党建工作，如何赢得出资人的支持？如何既做到“全覆盖”，又实现“强作用”？如何更好地整合资源，实现“党企双赢”？

2012年3月，中办印发《关于加强和改进非公有制企业党的建设工作的意见（试行）》。此后，中组部召开全国非公有制企业党的建设工作会议，对以改革创新精神加强非公企业党建工作作出全面部署。

齐抓共管破难题，春风化雨旗更红。一年多来，各地认真贯彻中央精神，着力抓好健全体制机制、扩大“两个覆盖”、发挥“两个作用”、建设“两支队伍”、加强出资人教育引导和基础保障等重点任务落实，非公企业党建工作取得新的重要进展。

扩大“两个覆盖”：打造企业发展“独特优势”

身为一名台资企业家，福建天福集团总裁李瑞河如今对企业内的共产党员和党组织没有疑虑，只有欣赏："我亲眼看到共产党员发挥作用让我的企业团结了、发展了"，"我亲眼见到台企党建的好处，作为台资企业，我要呼吁我的同行兄弟们大胆用"。

让李瑞河实现这样的观念转变并非易事。天福集团党委书记兼总经理林伯琪说，老板之所以对共产党员高看一眼、厚爱一层，恰恰在于党组织创造性地将党建与企业生产经营、员工队伍建设和践行社会责任紧密结合，概括地说就是"为企业争效益、为员工谋福利、为党旗添光彩"。

星星之火可以燎原。如今，在天福集团所在的福建省漳州市漳浦县，46 家规模以上的台资企业全部单独建立了党支部，同时建立了 4 个台企联合党支部和 5 个台企及其他非公企业联合党支部。福建省 6000 多家台资企业中，已有 2143 家企业建立党组织 1413 个，党组织覆盖率达到 35.7%。

提高非公企业党的组织覆盖和工作覆盖，是非公企业党建工作的一项重要内容。一年多来，各地坚持拓展领域、创新方式、突破难点，通过发展壮大党员队伍、优化组织设置、开展党群共建，不断扩大党的组织和工作覆盖面。

——江苏省实施"源头拓展行动"，将 60%以上的新增发展党员计划用于非公企业，进一步增强党在非公企业的影响力、号召力。

——浙江宁波全面开展全覆盖"百日行动"，对尚未建立党组织的非公企业，通过选派党建联络员、培育入党苗子、组织群团活动等，确保党的工作覆盖到每个企业。

——吉林省实施"火种计划"，在非公企业组建"派驻党支部"，做好培养积极分子、发展党员、推荐录用党员职工等工作。

…………

人们欣喜地看到，各地党员队伍不断壮大。据统计，去年全国非公企业新增党员 35.4 万名，其中新发展党员 16.2 万名；在从业人员 50 人以上的非公企业中，有党员的企业比例已达到 86%。

人们欣喜地看到，各地党组织覆盖率大幅提升。截至 2012 年底，全国已建立非公企业党组织 53.6 万个，覆盖企业 147.5 万户，占企业总数 54.3%，同比提高 16.7 个百分点。其中，具备组建条件的企业党组织组建率达 99.95%。

发挥"两个作用"：党建工作与企业发展"同频共振"

在广东立白集团，总裁陈凯旋在企业党组织成立之初就明确表态："公司各项费用都有预算，但党组织的费用不受预算限制，只要是有利于党建工作，有利于企业发展，我都支持。"

陈凯旋深知，正是由于"红色阵地"的壮大，越来越多员工凝聚在集团党委周围，与企业发展同频共振，才让立白集团逐渐壮大为全国日化行业的龙头企业。

和陈凯旋一样，不少非公企业出资人都尝到了发展党组织、培养党员给企业带来的"甜头"：

——业务技术钻在前。为推进企业科技创新，河南卫华集团党员技术攻关组组织设计制造了 600t 造船龙门起重机、400t 欧式结构起重机，创造了世界新纪录。党员技术骨干还引领卫华集团先后获得专利证书 264 项，获得国家、省市级科技成果 60 多项。

——生产经营干在前。为有效应对金融危机，天津津宝乐器有限公司党员骨干带头拓展国内外市场，企业销售额不降反升，实现"零"裁员、"零"降薪。

——急难险重冲在前。在 2012 年发生的"6·29"新疆劫机事件中，海航 GS7554 机组中的 3 名党员带领其他机组成员临危不惧，与妄图劫持飞机的 6 名歹徒殊死搏斗，最终在旅客的协助下成功制伏歹徒，保卫了飞机和旅客的安全。

——关爱职工想在前。在集团党委的建议下，江西正邦集团先后投入 1000 万元修建专家楼、员工公寓，投入 100 多万元补贴员工食堂，还设立了"外来党员阳光驿站"，力求让每一个员工都能感受到"家"的温暖。

——引才育才思在前。浙江奥克斯集团各级党组织扮演"引才使者"、"识才伯乐"、"育才良师"、"留才保姆"的角色，积极实施"三培养"工程，把新员工培养成生产经营能手，把生产经营能手培养成党员，把党员生产经营能手培养成企业经营管理骨干。

——贡献社会行在前。云南德宏后谷咖啡有限公司把党的活动开展到田间地头，以 124 名党员为骨干的 800 名技术指导员队伍，通过"一面党旗＋一辆摩托＋一把锄头"的方式，帮助当地咖农解决生产过程中遇到的问题，带动 30 万各族咖农脱贫致富。

…………

有作为，才有地位。积极有效的党建工作，为企业注入了"正能量"。与此同时，卓有成效的服务，也让党组织在企业站得住脚、说得起话，赢得了出资人的信任。

正如河南卫华集团董事长韩红安所说："加强党组织建设，我们愿意投资，也舍得投资，因为党组织培养了队伍，营造了正气，服务了发展，这是用钱买不来的东西。”

加强“两支队伍”：选优配强“领头雁”

“火车跑得快，全靠车头带。”抓好非公企业党建，选优配强带头人是关键。

一年来，各地通过多样化选用、规范化管理、专业化培训、制度化激励等方式，加强以党组织书记和党建工作指导员为重点的党务骨干队伍建设，使他们干事有平台、待遇有保障、干好有发展。

——拓宽渠道“选优”。各地普遍建立非公企业党务工作人才库，采取内部选、上级派、公开招等方式，选优配强党组织书记。据统计，全国非公企业目前共有专职党务工作者16万名、兼职党务工作者65.6万名。

——分级分类“训强”。在中组部率先举办非公企业党组织书记示范培训班的带动下，各地普遍把非公企业党组织书记培训纳入本地党员干部教育培训总体规划，省、市两级抓好示范培训，县级开展任职培训和集中轮训。去年全国共举办各类培训班1.2万个，集中培训77.5万人次，其中，新任党组织书记参训16.5万人次。

——激励保障“管好用活”。各地通过建立健全目标管理、报告工作、述职评议、考核评价等制度，加强党组织书记规范化管理，拓宽非公企业党务工作者发展空间。

一年多来的实践与成效，让人们更加认识到，开展非公企业党建工作，离不开各级各方的重视支持，离不开体制机制的有力保障。

为了健全完善体制机制，各级党委把非公企业党建纳入本地区党的建设总体布局，加强顶层设计。目前，全国24个省区市、341个市地州和2330个县市区设立了非公企业党工委，共配备专职工作人员6000余名。

江苏、内蒙古、甘肃等26个省区市建立直接联系或“双重管理”工作机制，直接联系近7万家非公企业党组织，抓大带小、以点带面，提升非公企业党建工作整体水平。

党建强，则发展强；党建活，则企业活。这已经成为众多非公企业成功的秘诀所在，也将成为更多非公企业的必然追求。

（作者系《中国组织人事报》记者）

奏响“双强”进行曲

——浙江省非公有制企业党建工作综述

陈红艳

日成交量350亿元！阿里巴巴在今年的“双十一”再次刷新销售纪录。惊叹网购盛宴的同时，我们更关注背后的故事。近年来，阿里巴巴集团党委充分发挥党组织和党员的模范作用，带头落实以社会责任为重要指标的“业绩与价值观并重”的考核激励制度，努力使党员都成为最优秀的员工，涌现出了全国道德模范吴菊萍、毛陈冰等党员先进典型，推动了企业跨越式发展。

在浙江，像阿里巴巴这样的例子并不少见。

作为全国民营经济先发地，浙江积极探索非公企业党建工作，打造了在全国有较大影响力的浙江“样板”。近几年来，围绕“党建强、发展强”目标，浙江非公企业党建更是创新不断，演绎出一首首和谐动听的“双强”进行曲。

“顶层设计”引领体制机制创新

早在2011年4月，经浙江省委批准同意，在省委组织部挂牌成立了省委新经济与新社会组织工作委员会（简称省委“两新”工委）。这是浙江省委作出的一项重大决策，也是当时浙江“两新”组织党建工作体制机制的重大创新。从顶层设计出发，浙江省委“两新”工委这个新生的机构担负起了特殊的使命。

如今，浙江11个市、90个县（市、区）全部建立“两新”工委，绝大部分乡镇（街道）都已成立“两新”工委或相应工作机构。

浙江还探索了大部制抓非公企业党建。“两新”工委牵头，多部门联动，实现了“两新”组织党建部门实体运作，统筹了部门资源，整合了各方力量。这个跨党委、政府部门，被称为“11+3”的大部制工作体制，作为非公企业党建领导体制重大创新，以其务实、高效受到全国的高度关注。

“两新”工委与属地党委“双重管理”是浙江非公企业党建又一创新举措。在浙江，108家省级“双强百佳”党组织被列入省级“双重管理”，全省共有3866家企业党组织被列为市县“双管企业”，形成了示范引领、争先进位的良好态势。

“通过‘双重管理’能更及时地学习领会到党的重要政策，接受高层次的党建培训，让我们做得更好。”

众泰集团董事长、党委书记吴建中说。

“支持”与“保障”两词，始终贯穿于浙江非公企业党建工作的实践中。

各级“两新”工委针对非公企业面临的困难，开展了系列克难攻坚行动，建立了定期走访制度，并在经费保障上大力度支持非公企业党建工作：明确企业党组织工作经费纳入企业管理费用，在发生年度据实税前扣除；企业党员缴纳的党费全额返还给企业党组织，用于开展党建活动……数据显示，去年全省各级支持非公企业党建的经费达3.7亿元。

“双强争先”推动全面提档升级

自2010年10月浙江正式启动深入开展争当“党建强、发展强”先进企业活动以来，全省非公企业党建工作呈现出你追我赶的火热局面。

着眼于“扩面提质，固网强基”，按照“党的组织、党的工作、理顺关系、区域化党建、有效活动、工作保障”六个全覆盖的要求，通过消除盲区、克难攻坚、增强党组织的活力，实现从“有形覆盖”到“有效覆盖”的转变。

有形到有效，一字之差，知易行难。党的十八大召开前夕，一场以“集中摸排流动党员、集中配备党建工作指导员、集中推进园区党建工作、集中组建区域性党组织、集中推进契约化党建、集中培训党组织书记、集中推介一批好经验”为内容的“七大集中行动”宣告大捷，“组织覆盖、工作覆盖”全覆盖目标实现。

1998年7月，传化集团成立了全国非公企业第一个党委。今天，“传化党建”成了浙江非公企业党建的一面旗帜。在总结提炼可复制推广的“实践样本”基础上，浙江开始推进非公企业党建“标准化”工作。去年按照“有坚强的领导班子、有优良的党员队伍、有完善的规章制度、有健全的保障机制、有明显的工作成效、有良好的社会评价”的标准，浙江对全省已建党组织均进行了评分定级，其中，1865个未达标企业党组织在十八大召开前全部实行了整改转化。

浙江还打造了非公企业党建特色品牌——“双强争先”大讲坛，至今已举办了6期，推出了一系列涉及政治、金融、党建的高水平讲座。此外，包括“双强学堂”在内，全省各级开设了9762个党组织官方微博，通过积极构建网上网下互动机制，拓展了工作阵地，活跃了党内生活。

“三支力量”构筑坚强队伍保障

非公企业党组织书记、党务工作者和出资人是助力浙江非公企业党建的“三支力量”。

近年来，浙江全省通过内部推优、公开招聘、组织下派等方式多渠道选优配强党组织书记。

迄今，浙江共培训非公企业党组织书记5.1万人次，其中新任党组织书记1.43万人次。培优推优，浙江一半以上的企业党组织负责人成为企业高管。“党组织书记中，大专以上学历的占近一半。”省委组织部“两新”组织党建处负责人介绍。

与此同时，指导温州、湖州等地面向全国公开招选非公企业党组织书记人选和党务工作者，帮助企业引进和招选党务人才200余名。选派6.6万名非公企业党建工作指导员，联系指导24.3万家非公企业。

“孤雁单飞”已提升为“群燕共舞”。

2013年6月9日，十几位国内党建问题专家汇集杭州市余杭区，研讨、剖析余杭“红领职业通”这一非公企业党建领域新探索。关于党务工作者职业化管理问题，浙江再次试水。

非公企业党建能否顺利开展，出资人起着非常关键的作用。党员出资人、非党员出资人及新生代出资人队伍同步抓。这项工作在浙江被命名为“红色接力”。其中，“两新”工委的“直接联系出资人”制度，让双方的互动更充分更紧密。近年来，浙江将新生代出资人培训从党校走到世界顶级企业与高校。一路受教育的新生代出资人信心更坚：“在传承中创业创新!”“企业梦就是中国梦的基石。”

在浙江，越来越多的优秀出资人被推荐为“两代表一委员”，他们对非公企业党建的作用亦从“争取支持力量”转变为“重要推动力量”。

“围绕中心”促进实质作用发挥

有作为，才有地位。

浙江非公企业党组织之所以能充满生命力，关键就是紧紧围绕企业生产经营管理中心开展工作，助力企业创新转型。

“谁是党员，看看平时的工作表现就知道。”祐康集团的员工有这样的共识：重要岗位必有党员、紧急任务必有党员、重大创新必有党员、创新大奖必有党员。

全国创先争优先进基层党组织万丰奥特集团党委把专业特长相近的党员集合起来组建“党员创新先锋队”，如摩轮公司一厂厂长叶映月带领党员攻关小组，攻克彩带轮工艺难关，不但使公司每年盈利近1000万元，还抢占了技术制高点，树立了行业旗帜。

走进伟星集团各个厂区，处处可见“党员示范岗”、“党员先锋岗”。集团党委书记吴水方说：“‘伟星’从一个名不见经传的小厂发展成为如今年销售额超50亿元的国家大型企业，企业党建功不可没。一个企业没有党组织，就如一辆车没有方向盘。只要队伍建设好，企业永远垮不了。”

在推动企业攻坚克难、转型升级的过程中，广大企业党组织切实发挥了先锋作用。

金融危机来袭时，为了给身处困境的企业建言献策当好参谋，浙江的许多企业党组织探索出生产经营情况交流会、职工思想政治工作分析会、建言献策恳谈会和新技术与新工艺推广应用课的新“三会一课”。如今，通过党组织活动为企业提合理化建议，已成为一种常态。

“党建工作做实了就是生产力，做强了就是竞争力。”这是浙江许多企业的共同心声。

“青春党建”一词，可谓浙江非公企业党建2013年度热词。今年年初，浙江省委“两新”工委制定下发《指导意见》，明确了深化党建带团建工作、推动实施“青年菁英计划”、统筹开展党员青年志愿服务活动等八方面重点内容和举措，把浙江省长达20多年的非公企业党建探索逐步推向新的高潮。

打造组织聚合力，激扬青春正能量。在“青春党建”工作的推动下，越来越多的浙江年轻人以成为党员而自豪。在十八届三中全会精神的指引下，“后继有人”的浙江非公企业党建迈开了新的步伐。

数据

·截至2013年9月底，浙江共有非公企业30.8万家，已建党组织4.7万个，覆盖29.2万家非公有制企业，党组织组建率达95.8%。

·在“两新”工委体制下，将组织、统战（工商联）、民政、工商、纪委、宣传、科技、司法、财政、商务、经信11家党政部门列为工委委员单位，同时将工会、共青团、妇联作为列席单位。通过资源整合，形成了“11+3”的大部制工作格局。

·2011年6月3日“浙江两新党建”官方微博正式开通，及时发布党建信息，交流党建经验，努力打造宣传浙江“两新”党建工作、服务浙江“两新”组织的新平台。截至2013年10月底，“浙江两新党建”官博粉丝数已达278827人。

名词

双强争先

浙江省委组织部等部门联合下发《关于在全省非公有制企业中深入开展争当“发展强、党建强”先进企业活动的实施意见》，对“双强”先进企业提出6条具体标准，即生产经营好、发展成效好、劳动关系好、文化建设好、履行社会责任好、党组织自身建设好。由浙江省委“两新”工委主办的“双强争先”大讲坛，主要面向全省非公企业出资人包括新生代出资人、党务工作者、高级管理人员及从事非公企业党建工作的同志，旨在促进党建工作与企业发展的融合共进，助推非公企业科学健康发展。

红色行动

浙江在全省非公有制企业全面组织实施“红色堡垒、红色标准、红色引领、红领计划、红色示范、红色互动、红色在线、红色之家”等系列“红色行动”，打造了极具浙江特色的“两新”组织党建工作体系。

双强学堂

浙江“两新”组织微博互动平台“双强学堂”，每周一至周四由省市县“双强”企业进行微博值班。轮值当日，负责话题策划的“双强”企业在官方微博抛出话题，并以逐条跟帖、转播的形式主持互动。

双重管理

实行“双重管理”制度是浙江非公有制企业党建工作的创新举措，即在保持企业党组织隶属关系不变的基础上，制定出台10项具体举措，由各级“两新”工委对重点非公企业进行直接管理和指导，与企业属地党委一起共同帮助企业党组织做好党的建设各项工作。

青春党建

青春党建是浙江省“两新”组织党建工作的特色品牌，是针对“两新”组织特别是非公企业青年群体大量集聚的实际，着眼于增强党在这一领域的凝聚力和影响力，按照推进基层服务型党组织建设、发挥实质作用和“双强争先”要求，对两新组织党建工作的重大系统性创新。青春党建工作以“激情、向上、活力、奉献”等青春属性为目标指向，努力打造以“凝聚青春力量、增强青春活力、奉献青春激情、共圆青春梦想”为基本内涵的党建工作组织方式与工作格局。

声音

非公企业主感言：

总结吉利的成长历程，反复证明了一个道理：没有党的领导，就没有吉利的今天；只有坚持党的领导，企业才有正确的经营方向，才有强大的精神动力；只有听党的话，永远跟党走，中国才有和谐的发展环境，才有持久的生机活力，世界才有安宁，才有更为美好的明天。我作为党的富民政策的受益者，理所当然要有感恩之情、报答之心，主动重视和关心党建工作，在政策、时间、场所、人员、经费等方面给予集团党委有力的支持和保障。

——吉利控股集团董事长　李书福

在市场经济条件下，民营企业劳动关系方面的矛盾客观存在。但不具有对抗性，完全可以通过平等合理的沟通、协商、协调来解决。由谁来解决？我认为企业党组织最合适。因为企业党组织是企业与员工最信赖的“娘舅”，是企业经营者最好的事业伙伴，是联系企业与员工的桥梁和纽带，是企业构建和谐劳动关系的组织者、推动者和实践者，在引领导向、助推发展、服务员工、凝聚人心等方面具有不可替代的独特优势，能够代表各方面利益、协调各方面矛盾，促进劳动关系和谐。

——杭州娃哈哈集团董事长兼总经理　宗庆后

新生代出资人感言：

中国企业的党建具有鲜明的中国特色。党建工作的意义之一是让人在组织中发挥最积极的作用。我党在长期的革命和建设过程中积累了丰富而宝贵的经验，这些都是西方没有的。所以，非公企业党建工作是中国特色的创新的人力资源管理模式，是中国企业管理的一项秘密武器。

——宁波方太厨具有限公司总裁、党委书记　茅理翔

能在延安宝塔山重温入党誓言，让我们这些“新生代”们更增强了责任感、自豪感与光荣感。我们应该结合上一辈思想和自己的思想，借鉴西方制度管理，结合中国文化，不断提升企业的档次和水平。

——青年乘用车集团有限公司执行董事　庞彩萍

非公企业党组织书记感言：

非公企业党建工作能否做好，除了出资人支持以外，党组织科学定位是关键，文化建设是核心。我们始终把党组织定位于帮助、协助董事会做好工作，维护员工合法权益，推动企业科学发展。同时，以企业文化建设作为党建工作的切入口和最重要载体，实现文化落地生根。

——正泰集团党委书记　林可夫

非公企业党务工作者感言：

在非公企业开展党建工作，只有与企业发展交互融入，与党员员工成长成才同频共振，才能真正体现党建工作生命力，使业主由“要我做”转变为“我要做”，使党员员工“被动公转”转变为“主动自转”。只有这样，“双强争先”活力才会竞相迸发。

——浙江泰普森休闲用品有限公司
党委副书记　胡永志

我们要通过工作，争做企业政策法规宣传员、和谐企业协调员、企业文化培育员、强企富民服务员和组织建设推进员，把党组织的政治优势转化为发展优势，把党员的模范带头作用转化为推动企业发展的骨干力量，为非公企业发展注入强劲动力。

——浙江青田县巾帼服饰有限公司
党建指导员　朱丽蔚

非公企业一线党员感言：

一个党员的表现直接影响着党的形象，更影响着党在人民群众中的威信。我作为基层的一名普通党员，将立足本职，勤勤恳恳，以生命的光和热来回报企业、回报社会、回报国家。

——党的十八大代表、浙江桐昆集团
车间班长　胡晓丽

社会需要相互的支撑、相互的安全感、相互的责任感，我作为一名党员，更应该充分发挥好模范带头作用。今后，我要努力多做些对社会有益的事情，用爱传递更多的正能量。

（作者系《中国组织人事报》记者）

高原党旗处处红

——西藏非公企业党建工作综述

张　琪

今年以来，我区着眼全区发展稳定工作大局，围绕促进非公经济健康发展和非公人士健康成长主体，按照“围绕发展抓党建，抓好党建促发展”的总体目标和自治区“五放”、“六支持”发展非公经济的新要求，结合我区实际，做好规划，探索创新，不断推进非公经济组织党建工作在扩大“两个覆盖”、发挥“两个作用”、建设“两支队伍”上实现新突破。

着力“三抓”建强“两支队伍”

抓配备。把政治标准放在首位，把企业中的业务骨干和领导班子成员选拔为党组织书记。在102名自治区工商联会员企业党组织书记中，有42名是公司董事长或总经理，其余大部分是中高层领导或业务骨干，基本上实现公司的决策层都有党员。

抓培训。区非公党工办协调区党委组织部干部教育处和区党校联合举办的第一期全区非公有制企业党务工作者培训班，安排一周时间对41名党务工作者进行专题培训。自治区工商局组织500人（次）非公党员进行了培训，还专门选派了2名非公经济组织党组织书记前往国家工商总局行政学院进行7天非公党建工作培训。全区各级工商机关采取资源整合、企业自筹、工商系统支持相结合的方式，帮助非公有制经济

组织建设相对固定的活动场所，为非公党组织送去《党章》、《非公有制经济组织创先争优与党建工作问答》、《十八大报告学习百问》、《中国工商报》、《非公有制经济组织党组织工作手册》、《非公党建专刊》等党建方面相关书籍和报刊，并按照“六有”（有场所、设施、标志，有党旗、书报、制度）标准加强活动场所的规范化建设。在各级工商系统的努力下，新组建的非公经济组织党组织基本都有规范化的活动场所。

抓指导。圆满完成第三批非公企业党建指导员选派工作，全区300名党建工作指导员全部到位并开展工作，大大加强了党工委的指导力量和非公企业的党建工作水平。目前，在自治区统一向非公企业选派党建指导员的带动下，此项工作已经在山南地区、拉萨市等地市逐步推广，区工商局也在系统内选派184名指导员帮助非公经济组织开展党建工作。

扩大“两个覆盖”推进重点工作

按照自治区第八次党代会提出的党组织和工作“全覆盖”目标，区非公党工委积极开展“双培双找”活动（把企业技术骨干培养成为入党积极分子、把入党积极分子培养成为技术骨干，组织找党员、党员找组织），上半年全区非公经济新发展党员180名，培养入党积极分子236人，全区非公有制经济组织中党员达到6219名。采取企企联建、村企联建、挂靠组建等模式，新组建了36个党支部，改选5个党支部，全区非公经济党组织达到294个，党组织覆盖进一步扩大。同时，加大党建带工建、带团建、带妇建工作力度，全区非公企业中72家建立工会组织、8家建立团组织、5家建立妇女组织。

自治区工商局组织非公经济组织党组织和非公党员开展扶贫济困、赈灾救灾、义务劳动等各类公益活动，共捐款40余万元，提供无偿服务50余次。拉萨市城西工商分局辖区内非公经济组织在党员的带领下，认真学习自治区及拉萨市工商局三月份维稳工作会议精神，主动排查本企业生产经营活动中各类安全隐患，与城西工商分局维稳工作领导小组共同维护辖区社会稳定，实现“持续稳定、长期稳定、全面稳定”。日喀则地区工商局制订《关于在全地区工商系统及非公经济党组织中开展“我的梦•中国梦”主题知识竞赛活动的方案》，在系统干部职工和全地区非公经济组织中开展知识竞赛活动。山南地区工商局制定《关于建立健全山南地区工商系统非公有制经济基层党组织和党员承诺践诺制度实施办法（试行）》，并督促各县工商局、非公有制经济基层党组织及非公党员签订公开承诺践诺书。林芝、昌都、那曲、阿里地区工商局纷纷以升国旗、唱红歌、演讲比赛等形式庆祝“3•28西藏百万农奴解放纪念日”。日喀则、山南、阿里地区工商局组织非公经济党员开展争当“五个先锋”（创业发展先锋、爱岗敬业先锋、诚信自律先锋、促进和谐先锋、奉献爱心先锋）和承诺“三个一”（确定一个为企业争产目标、提出一条管理建议、做好一件帮扶实事）主题活动，1300余名非公党员公开承诺，签订公开承诺书。

建立长效机制发挥“两个作用”

全区工商系统将非公经济党组织分类定级、整改提高工作进行常态化管理，建立长效工作机制。对“三个领域”（个体工商户、专业市场、农牧民专业合作社）的党组织设置情况、党组织书记履职尽责情况、班子建设情况、党员队伍情况、党组织和党员发挥作用情况、创先争优情况、规章制度建立和执行情况、活动场所管理使用情况、存在的主要问题、党员干部和群众的意见建议进行调查摸底，做到非公党建工作情况明、问题清、措施实。山南、阿里地区工商局已对今年评定的18个一般党组织，6个后进党组织制定具体的整改措施，并指导实施。

目前，派出的党建指导员积极组织党员职工学习党的十八大精神、全国两会精神和有关法律法规等方面知识，帮助企业发展党（团）员、理顺党组织关系、帮助加强制度建设、帮助企业维权等，还结合西藏维稳工作实际，推动非公企业成立维稳工作领导小组，签订《维稳责任书》。部分指导员还积极帮助企业反映困难，对于这些问题，区非公党工委召开专题会议进行集中研究，采取“领导包案”办法，积极帮助解决。工作中，涌现出一批像班典（区公安厅退休干部）那样的积极宣传党委政府方针政策、真心为企业办实事解难事、为职工群众维权的先进党建指导员典型，受到企业员工和出资人的欢迎和拥护。

（作者系《西藏日报》记者）

党旗添亮色

——湖南省非公企业党建综述

张斌　刘文韬　欧阳春

放眼三湘，一种力量正在成长。

从“小股力量”到占据“半壁江山”，从单纯追逐利润到党建生产“一根绳”……由南而北穿行而过的湘江水，见证着湖南非公有制经济一次又一次刷新的新纪录。

这种活力的背后，是非公企业党建工作凝聚的巨大向心力。

党组织从有形覆盖到有效覆盖

走进株洲市芦淞区大街小巷的服饰鞋帽市场，人群熙熙攘攘，交易忙碌不停。

2012年，针对芦淞市场群流动党员多的特点，株洲市不断加强和改进党组织设置方式，实现了党组织和党建工作在43个服饰鞋帽专业市场的全覆盖。经过“内外兼修”，芦淞正展现出新的发展活力。

“在继承中创新，在创新中发展”，带着这个思路，全省各级党委着力推进非公企业党的建设，努力提升非公企业党建科学化水平。

2011年2月，省委成立非公有制经济组织党工委，将办公室设在省工商联。第二年又成立省非公经济组织纪工委。目前，全省14个市州、122个县市区都成立了非公党工委或“两新”组织党工委，1179个乡镇（街道）建立了抓非公企业党建工作机构，全省各级党员领导干部共建立非公企业党建工作联系点4160个。

为了推动非公企业党组织集中组建，省委组织部、省非公有制经济组织党工委选择长沙市宁乡县为全省样本，出台全省集中组建工作考核方案。同时，注意分类指导，突出重点，并切实抓好分类定级、晋位升级。

通过集中组建和查漏补缺，我省初步建立了实现“全覆盖”的长效机制，真正实现非公企业党建工作从有形覆盖到有效覆盖。

据统计，近年来，我省新组建非公企业党组织2万余家，仅2012年就新组建党组织10113家。目前，全省非公企业党组织总数达3.8万家，占全省基层党组织总数的25%左右。

党建带来经济效益提升

2002年，大汉控股集团有限公司在全省非公企业中率先成立党委，在企业内部积极开展创建先进基层党组织活动，坚持践行责任与业绩高度统一的红色文化，用红色文化培养员工的责任感，积极打造政治先进的核心竞争力。

到2012年，大汉集团实现销售收入193.69亿元，综合实力位居全国服务企业500强第167位、湖南省民营企业第2位。

近年来，我省积极探索非公企业党组织发挥政治核心作用和政治引领作用的有效途径和办法，使党组织真正成为党在非公企业中的坚强战斗堡垒。

新华联集团、三一集团、老百姓医药连锁有限公司、隆平高科等一批规模大的民营企业，党组织负责人都由董事会成员担任，全过程参与企业决策和落实。在湖南开源集团，集团党委委员全部由公司高管人员担任，占董事会成员的80%以上，集团部门经理以上人员78%是党员。

全省非公企业先后建立各类“党员先锋岗、党员责任区、党员示范岗”2万多个，引导广大党员在产品优化、工艺改进、技术革新、管理创新等重点任务中创先争优，帮助企业提升市场竞争力。

王令珍是艾华集团股份有限公司的一线员工党员，她提出引线振动盘改进方案被采纳后，每年为公司节约材料成本40多万元。她还带领班组改进钉卷机平送道，杜绝铝箔划伤，产品合格率提高了1个百分点，使生产效益明显提升。

湖南吉利汽车工业有限公司组织党员开展“生产现场诊断、产能优化改善”活动，共申请国家专利45项，为公司创造经济效益8000多万元。

企业党组织还在构建和谐劳动关系、团结凝聚职工等方面发挥作用。去年，平和堂（中国）有限公司党委针对大批骨干营销人员离职的情况，及时开展调研并提出解决方案，赢得资方的高度认同，大幅度提高普通一线员工工资，增幅达40%。

企业党建带来了经济效益的提升。截至2012年底，我省共有私营企业24.89万户、个体工商户168.04万户，非公有制经济实现增加值12791.20亿元，占GDP比重57.7%。

全员争优，活力无限

非公企业出资人是企业的“龙头”。为进一步帮助非公企业出资人健康成长，各级党委将出资人的教育培训纳入党校、行政学院培训计划，引导出资人参政议政、参与社会事务的管理和监督。

步步高商业连锁股份有限公司董事长王填十分支持企业党建工作，公司党委下有党总支3个、党支部23个，共有党员639人，公司发展取得了良好的社会效益和经济效益，王填本人也先后获得中国光彩事业奖、优秀中国特色社会主义事业建设者等荣誉称号，并当选为全国人大代表。

针对非公企业党员少的现状，我省注重在企业中层以上管理人员、技术骨干和一线优秀员工中发展党员，仅2012年，全省非公企业就发展党员6203名。党员员工带头爱岗奉献、带头争创佳绩，在企业上下形成了比学赶超、全员争优的浓厚氛围。

“不仅团队更加融洽了，企业在内部管理、人才队伍建设、企业形象等方面都尝到了甜头。”拓维信息党委副书记罗振兴告诉记者，以党建促发展这一理念已上升至公司的发展战略，仅去年就收到员工入党申请书 335 份，其中包括取得美国绿卡的高端科技人才、新进的应届大学生，还有公司自身培养的核心技术骨干等。

党建还强化了企业的社会责任感，广大非公企业积极参与社会公益活动。在“万企联村、共同发展”活动中，6200 多家非公企业与 9100 多个村开展合作对接，推进构建城乡基层党组织互帮互助机制，3100 多家企业党组织与农村党组织结对共建，16000 多名企业党员与农村党员结成帮扶对子，合作开发产业项目 1.2 万多个，为社会公益事业捐赠资金 5 亿多元。

（作者系《湖南日报》记者）

（三）

党的群众路线教育实践活动也非常适用于非公企业

——国家工商总局非公党建工作联系点河南圆方集团党委怎么认识群众路线教育实践活动

河南圆方集团党委

河南圆方集团作为一家民营企业，虽不在第一批开展教育活动之列，但我们不等不靠，自觉按照活动的方法和步骤，自行探索、自我加压，抓调研、转作风、增效益、促发展，结合企业发展需求，在第一批群众路线教育实践活动中，我们就自发地开展了一系列丰富多彩、特色鲜明、成效显著的群众路线教育实践活动，先进行了实战“演练”，为第二批在非公经济组织党组织中正式开展积累了宝贵的经验。我们的具体做法是：

一、思想领先，率先启动

去年6月，党中央部署在全党开展群众路线教育实践活动，民营企业不在第一批开展之列，但集团党委认为“四风”之害，不仅存在于机关单位，也潜藏于民营企业，坚决反对“四风”，两者虽然方式方法不同，但是总体要求一致。集团将促进企业发展、加强内部和谐稳定作为教育实践活动的出发点和落脚点，把反对“四风”与企业文化有机融合，清除弊病陋习，开足最大马力，助推企业高速发展。集团党委成立了党委书记任组长、党委副书记任副组长的企业群众路线教育实践活动领导小组，并结合企业实际，制订了详细的活动方案，出台了强有力的具体措施。

二、严格标准，整治四风

集团党委把落实“八项规定”、整治“四风”作为群众路线教育实践活动的重要内容，让集团省费用增效益，让职工群众受教育得实惠。

（一）反对形式主义。精简会议，改进会风、文风。集团19周年年庆与半年工作会合并召开，会期压缩成半天，不发纪念品、不挂彩旗、市区以外的代表吃盒饭，节约经费5万元。2014年春节团拜会、工作会、表彰会、学习会四会合一，节约经费20万元。同时集团对召开的会议时间做出明确规定：周办公会不超过半个小时，月办公会不超过一个小时，高管学习会延长到2个小时。

（二）反对官僚主义。建立督导室，加大考核力度。党委成员经常深入基层，通过微信了解基层情况，通过《薛书记（集团党委书记、总裁薛荣）有约》宣传党建，积极帮助基层解决问题。督导员深入基层，检查督导各种决议落实情况，及时发现并妥善处理基层存在的问题。《圆方文化月刊》改变过去集中报道集团发展及老板故事的传统做法，更加贴近基层、贴近实际、贴近员工，更多报道员工身边的事和员工自己的事，受到员工一致好评。

（三）反对享乐主义。将原来的接待会所改为员工活动场地，将原来的接待灶改为公共食堂，接纳基层办事员工和机关人员就餐，接待外部宾客严格规定，严禁超标。实施车改，补助费用，包干到车到人，强化了车辆维护保养，减少了车辆维修费用。

（四）反对奢靡之风。节约是圆方人的光荣传统。活动中，集团上下注重把厉行节约的思想理念贯穿到日常工作和生活的方方面面。活动以来，公司办公经费降低了1/3，招待费降低了50%。节省下来的费用，一是用于残障人事业，集团每月至少举办两次大型帮扶活动，圆了许多残障人的梦；二是用于救助困难职工和社会上的弱势群体；三是用于职工福利，改善员工生活、生产条件；四是用于员工文化体育活动的投资；五是加大培训工作投资力度。

三、完善措施，助企发展

（一）完善集体决策。

为了解职工群众的所思、所想、所需，集团党委班子成员和高层管理人员分成5个调研小组，深入各公司和基层项目点调查研究，切实走到职工群众中去，广泛听取民声。通过调研，大家深深感到：企业的生存发展牵动着3万员工的生存和他们的家庭幸福、社会的稳定，重大决策由老板自己拍板定案的做法已不能适应企业的发展要求，集团大事须由集体研究决定，以确保决策的科学性、合理性和可行性。

（二）加强企业文化建设。

为凝聚企业正能量，丰富企业文化建设，一是成立圆方商学院，满足求知需求。二是改版《圆方文化》，丰富宣传内容。加大对党建知识的传播和对劳模、先进人物及基层员工的宣传。三是完善企业文化，增强员工凝聚力。去年下半年，在活动中经过反复总结提炼，谱写了《圆方之歌》，达到人人会唱《圆方之歌》。

（三）引进先进管理方法。

在教育实践活动中，为提高工作效率，提升管理水平，集团一是实行晨会制度。先后2次进行晨会PK大赛，激发员工工作热情，真诚服务客户。二是实行8S管理。成立8S管理督导委员会，坚持每周六定期检查，每周两次不定期检查。三是探索实行积分制管理绩效考核法，采取扣加分的方法，衡量每个管理人员执行力的落实情况。四是推行“五项管理”工作法，为500多名项目经理以上管理人员每人印发一册“五项管理行动日志”，为量化细化考核、评价执行力提供可靠的依据。五是物业公司成立督导部，由集团领导和机关各部门负责人坚持伴督导走基层。通过一系列的考核监督，促使每一位员工尤其是各级管理人员，积极主动地投入到自己的工作中，从内心深处将执行力变成自己的自觉行动。

（四）加强党建知识传播。

为扩大党建知识宣传，集团一是成立工作室。克服办公用房紧张的困难，投资10万元建立了《薛书记有约》录播室，系统宣传党建相关内容。去年下半年以来，工作室邀请民间资深党史专家蔡明瀚一起谈党史，每月2期，每期40分钟，在优酷网播放，已累计录制22期。二是成立党建培训梦工厂。组建宣讲团队，研发党建教育课程，聘请优秀党校专家、一线党务工作者为讲师，走进工厂、学校、机关、社区义务上党课，深受听众欢迎。仅2013年就义务培训15场，受众近万人。党委书记薛荣不但受省委组织部邀请为全省非公党建培训班讲党课，还受国家工商总局邀请于去年“七一”前夕为全国个私协会系统非公党建座谈会暨延安精神主题教育活动上做党课培训。

集团自开展活动以来，作风得到了改善，规章制度得到了完善，效率得到了提高，职工满意度得到了提升。集团党委以其大胆探索、勇于实践的行动证明了党的群众路线教育实践活动不仅适合党政机关、企事业单位，也非常适用于民营企业，是降低企业运行成本、提高工作效率的有效途径，是聚人心干事业、鼓士气促发展的有效载体，最终达到增加企业效益、打造和谐企业的目的。在第二批群众路线教育实践活动中，我们河南圆方集团党委将按照上级的要求，继续扎扎实实开展好活动，力争取得更大的效果。

加强四大建设　提升企业文化

浙江超威集团党委

超威集团创立于1998年，是一家专注于从事动力型、储能型蓄电池研发和制造的全国行业龙头企业。十五年来，已从当初的微小企业发展成为上市公司、中国新能源电池行业综合能力第一名、中国企业500强，县市第一纳税大户。回顾发展历程，超威能有如此辉煌的成就，企业文化发挥了极其重要的作用。

一、加强企业文化理念建设，为企业发展引领方向

超威的迅速崛起，首先得益于先进文化的引领。文化产生理念，理念决定实践。超威在十几年的发展历程中，已逐步形成了以“和合文化”为核心、具有超威特色的企业文化——“资源共享、互惠互利、共同发展、长期共存”——“和合超威文化”。

“和合”思想是中国传统思想文化中最富生命力的文化内核和因子。“资源共享”是和合之根，是正道。“互惠互利”是和合之理，是商道。“共同发展”是和合之魂，是人道。“长期共存”是和合之梦，是天道。超威人在十几年的打拼、奋斗和成长中深深懂得：竞争是市场经济永恒的法则，但超威人更加懂得：共存共赢才是企业发展最终的追求。只有天道、商道、人道、正道四道并行，企业才有光明的前景。只有天人合一，商企共赢，企业才有长久的未来。从超威的迅速崛起中，超威人还获得了赢得市场竞争的真谛和法宝：三流的企业靠价格，二流的企业靠质量，一流的企业靠科技，而伟大的企业则要靠文化才能赢得竞争和明天。因此，超威在发展的历程中，每走一步，都力求实现“四共”：与全体超威人共富、与政府共荣、与代理商共赢、与全社会共享。正是在“和合超威”理念的引领下，超威在发展过程中得到了员工、政府和社会全方位的支持和帮助，企业才能迅速崛起，这一理念也将成为超威实现伟大公司使命的重要思想。

二、加强企业文化队伍建设，为企业发展奠定基础

先进的企业文化要靠人来落实，企业文化的规划和方案要靠人来制定，具体的企业文化活动也要靠人来主办。这是加强企业文化建设重要的组织保障。

一是完善组织体系。集团成立了党委和纪委，实现了党组织和党员在子分公司的全覆盖，将党建和文化建设贯穿和渗透到每一个车间和部门。集团还成立了党校、工会、团委、妇联、人才培训基地和超威集团商学院，在对集团各个层次的培训中融入党建和文化建设的内容。二是高层亲历亲为。总裁杨新新作为党委书记，亲自倡导和践行“和合文化”，从百年超威的企业愿景来思考和规划经济和文化建设，与生产经营一道定期听取党建工作和文化建设的汇报，并作具体指导，把抓党建和文化与抓生产经营放在同等重要的地位。三是配强党建工作队伍。在县委的大力支持下，聘请了有丰富的理论和实践经验的党校原常务副校长，负责集团党委的党务工作，向全社会公开招聘党务干事和党群专员，强化党建和文化工作。四是加强宣传队伍建设。集团专设宣传部，在党委的领导下，共同进行内外宣传和文化建设工作。

三、加强企业文化阵地建设，为企业发展增添活力

企业文化阵地是企业文化建设不可缺少的条件，是开展企业文化活动的重要载体。超威集团在思想做到重视，人员上做到到位，资金上做到保证，力求建成全省一流的企业文化阵地。

一是努力办好超威网站。通过网站党建专栏，报道集团在党建和文化建设方面的新闻和成果。二是精心办好《超威报》。定期出版，使各子分公司、各车间部门、当地政府的相关部门以及社会更多的人了解超威的文化建设。三是建设一流的党建教育中心和文化展示中心。集团耗资2000多万元，建成全省规模最大的党建和文化展厅，面积达2500平方米，全面展厅集团在党建和文化建设方面的举措和成果，成为对外宣传的一个重要窗口和员工接受教育的重要阵地。四是高标准建设新能源广场。集团投入1000多万元建成新能源广场，为员工创造一个良好的工作环境，还能使人们在“超威屋”带来绿色能源、生态文化的快乐体验。五是全力建好“心灵港湾”和“心声园”阵地。在“心声园”，员工可以舒心地表达自己的心愿，尽情地释放内心的感受，支部将员工的心愿和感受进行收集、整理、分类，逐一答复、反馈或落实。在“心灵港湾”为员工提供专业、温馨的心理咨询、指导和服务，解决因工作、生活、家庭等方面带来的困惑。

四、加强企业文化制度建设，为企业发展提供保障

集团在加强党建和文化建设的实践中，十分注重经验的总结和理论的探索，将切实有效的做法加以提炼，形成规范化、标准化的制度，为企业文化建设提供理论支撑和制度保障。

一是加强党建文化规划建设。集团制定了关于党建和文化建设的三年规划，对指导思想、主要目标、主要措施、目标分解等方面进行了总体部署，使工作做到远在规划，近有安排，分步实施，落到实处。二是加强主题活动制度建设。在开展主题活动中，形成了超威集团非公党建标准化建设手册、网络管理制度、心灵港湾约谈制度、民生联系制度、心声对话制度、书记蹲点制度、廉洁承诺制度等十多项相关制度，为企业的党建和文化建设提供稳定、长期、可靠的制度保证。三是加强责任考核制度建设。党建和文化建设职责有明确的分管部门，每项主题活动和每项工作都有明确的分工落实到人，事前有计划，事中有监督，事后有总结，做到事事有人管，件件有着落，年年有考核，并与责任人的评优、晋升、奖励直接挂钩。

（作者系浙江超威集团党委办　莫根虎）

注重民族团结进步
促进企业和谐发展

——嘉誉集团党总支先进集体事迹简介

嘉誉集团

嘉誉集团是一家民营股份制企业，下设独立子公司、合作分公司10余家，涉足旅游接待、房地产开发、物业管理、商贸流通、免税品销售、矿山机械代理、文化艺术传媒、小额信贷、医药批发配送等业务领域。注册资本5800万元，投资规模突破3亿元，利税总额上千万元，近期正在酝酿与中海油、利勃海尔等企业联手合作和药材种植、仓储、加工及下游终端产品生产组合上市事宜。现有核心员工和作业队伍1000余人，其中少数民族员工近200人，属典型的以汉族员工为主、多民族员工组合的流动团队。现有中

共党员120余名，重点培养对象14名，积极分子40余名。党群基层组织齐全，党总支和工、青、妇设在集团公司，下设10个基层党支部。多年的辛勤培育和精心呵护，民族团结进步这朵奇葩在嘉誉系统持续绽放。作为民族团结进步休闲花园的守护者——总支委员会，依然如故恪守职责，始终如一挥洒汗水，不断谱写嘉誉民族大家庭的和睦之歌。曾被多家合作伙伴和蒙古国商团誉为“民族团结的使者”。他们的理念和口号是：永远做民族团结的模范，永远做边境少数民族地区安宁、社会繁荣稳定的和谐使者。其主要做法有三个方面。

一、充分发挥党群组织职能，促进企业民族团结文化建设

以建立党群组织活动基金会的手段，作为日常活动开展的经费保障，促进组织职能的充分发挥。以实施党群工作者津贴制形式激发工作热情，保障日常主动性的持续发挥。党总支始终坚持用马克思主义民族观、宗教观、历史观、文化观对干部员工进行教育，坚持不懈地开展马克思主义民族理论和党的民族政策的学习教育活动，引导各族员工正确认识民族关系；不断强化干部员工维护民族团结和社会稳定的自觉性。2011年5·11、5·15事件发生后，总支及时召开支委扩大会、支部扩大会和积极分子扩大会，多层面教育引导大家不听信谣言，不传播谣言，不参与聚集活动，始终保持了全系统员工的稳定情绪和良好的经营秩序。在组织带领影响下，各族干部员工紧密团结，旗帜鲜明地反对民族分裂，在工作、学习、生活中相互了解、相互支持，“三个离不开思想”深入人心，凝注了各族干部职工亲如兄弟姊妹的民族亲情，团结友爱、无私奉献精神蔚然成风，促进了互帮互助的同事友情和携手并肩的民族亲情，有力地促进了企业民族团结文化建设。总支始终把民族理论学习、民族政策教育和民族团结大局作为员工队伍思想作风建设的基础内容来抓。并格外注重对民族团结先进集体和个人事迹的学习，鼓励和引导大家向先进典型学习，树立爱国家、爱人民、爱社会主义、爱内蒙古、爱锡盟、爱嘉誉的时代风范；树立“三个离不开”的思想；教育人们从自身做起，从点滴做起，爱岗敬业、无私奉献。采取寓教于乐的方式，加深各族员工之间的感情。

二、尊重少数民族习俗　树立稳定大局意识

5·11、5·15事件发生后，针对境外反动势力的分裂活动，各级党组织分别在员工中及时开展了以“不听谣、不信谣、不传谣、不聚集”为主题的学习教育活动，组织各族干部员工反复学习白象群书记的讲话精神，要求支部成员、党员干部要带头发挥模范表率作用，务必提高警觉性和政治敏锐性，做好本职工作，决不给分裂分子以可乘之机。逢年过节，党群组织成员通常与本级业务领导一起，以挨家挨户进行探望形式走访基层员工。由于组织重视，领导带头，模范执行民族政策，长期不懈抓民族教育，“三个离不开”的思想深入人心，各族员工群众之间相互信任，彼此尊重，人人讲民族团结，人人争做民族团结的楷模。遇有民族干部员工的婚、丧、嫁娶，需要出车、出人帮忙时，组织领导总会按民族和传统习俗及时给予安排，如工作不忙通常亲自参加，送去组织上的关心和温暖，用实际行动体现对民族习俗的尊重，又展现了各族员工之间的互敬互爱、友好和谐的嘉誉大家庭局面，大大增强了企业凝聚力和员工向心力。嘉誉组织领导不仅从生活上关心民族员工，还注重提高他们的业务素质，使其业务能力和综合素质得到明显提升。充分利用每年民族团结表彰月等活动，把民族团结同爱国主义教育、贯彻《公民道德建设实施纲要》有机结合，同为各族职工群众办实事、办好事有机结合。

三、加强领导、健全机构、强化机制，促进民族团结工作制度化

为使民族团结之花持续绽放，还成立了以总支书记为组长、各支部书记为成员的领导小组，加大领导力度，以层层签订目标责任书的形式，列入干部管理考核责任制，以专门成立党群工作部的形式，健全机构，强化督查力度，推行民族团结责任制，采用目标管理、逐级考核、标准量化、百分考评的方法，年初签订责任状，年内实施定期督促，年末考核并兑现奖惩。用制度化手段使得影响民族团结、影响环境稳定的矛盾隐患得以及时化解。为强化对党员干部员工进行马克思列宁主义、毛泽东思想民族观的教育，强化党的民族理论和民族政策教育，还结合党员培训，适时融入民族理论、民族政策内涵，培训结束时组织考试，并把考试成绩作为评选先进的条件；还倡导汉族员工学习少数民族语言活动，结成“一帮一”、“一带一”对子，取得明显成效。把创建文明科室、五好家庭、文明个人等各项常规性活动与民族团结有机结合起来，制定了具体的办法和制度，使民族团结在内容和形式上更富具体化，利用每周末下午党群组织活动时间，举行座谈联谊活动，各族职工在娱乐中交流感情，增进友谊，从而达到嘉誉企业和谐大家庭的内部氛围。

强基固本打基础
创新发展谱新篇
——江西三木党支部争创服务型党支部

郑兴林

江西三木制造有限公司成立于2004年4月，注册资金500万元，是一家专业从事办公用品研发、制造及销售为一体的大型企业，隶属于中国三木控股集团公司。公司2007年2月成立党支部，目前共有员工330多人，共有党员11名。党支部成立以来，在工商联党组和机关党委的热情关怀和直接领导下，采取了一系列行之有效的措施，积极抓好党建工作，使党组织的战斗堡垒作用和党员的先锋模范作用在公司得到了充分的发挥。坚持“抓好党建促生产，凝聚人心兴企业”的总体思路，紧紧围绕保安全、促生产这一中心，把党建工作与经济工作有机结合起来，同布置、同检查、同考核、同奖励，使党支部的凝聚力、号召力和战斗力进一步增强，为企业又好又快发展提供了坚强的政治保证。

一、抓支部，充分彰显党组织的战斗堡垒作用

一是大力发挥党支部的核心作用。2009年针对公司的发展状况，公司党支部立足实际，深入思考，向公司提出了扩大再生产的意见。公司通过市场调研和论证，最终决定于2010年10月份起在江西三木再次兴建一幢3万平方米的综合大型生产车间，总投资约1亿元人民币。现5号楼已投入使用，其中专设了接待室、样品展示厅和党员活动室。后又提议将集团其他产业逐步向江西转移，将集团公司后期的主导产品之一的削笔机全部生产线迁往江西三木，项目建成后预计年产能7000万件，产值可达1.5个亿，届时将新增就业岗位600多个。2012年2月份党支部提议公司改善员工福利，提高工资待遇，公司根据党支部的建议，在2月份为员工缴纳养老保险，2013年3月为员工缴纳了工伤保险和医疗保险，同时公司每年提高员工工资待遇，平均工资不低于1600元，增长6%。其中，一线职工平均工资比上年增长9%。二是完善体制机制，企业建章立制管理规范。制定并完善了支部的《党员管理制度》、《党员学习制度》、《民主评议党员制度》等20余种规章制度，重点解决党员在思想、作风、廉政建设方面存在的问题，促使支部各项工作走向规范化、制度化。三是细化目标任务，党建工作责任制落实到位。支部与各党员签订了《党支部工作目标管理责任书》，围绕“政治核心作用、组织制度建设、思想作风建设、党风廉政建设、精神文明建设、综合治理工作、群众组织领导、党建创新活动”等八个方面进行目标量化考核，切实把党建任务落实到人，责任到位，做到季度检查、半年考核、年终验收。

二、抓载体，充分发挥党员先锋模范作用

一是大力实施“同心圆”工程。由党支部牵头，从关心职工生活，为职工办实事、办好事、维护合法权益等方面入手，切实加强思想政治工作，形成了公司职工同心、各类组织同力、工作目标同向的良好局面，促进了各项工作又好又快发展。二是深化党员“分层承诺，争星晋级”活动。党支部按照党员所从事岗位、工作性质和特点，将党员分为企业管理层党员、班组长党员和职工党员三个层次，每个党员重点围绕帮扶济困、生产经营等方面承诺1～2件实事，现共承诺实事26件，已落实25件，履诺率达到96%；党支部设置了“共产党员岗”、“党员先锋岗”、“党员模范岗”三个层次的先进岗位，11名党员全部挂牌上岗，月评议考核获得优秀的，奖励1颗红星，季度评议考核获得优秀的，进行表彰奖励并晋级为党员先锋岗，年度评议考核获得优秀的，晋级为模范岗，共评选出党员先锋岗4名，公司上下形成了“创先争优”的良好氛围。三是推行“双向进入，交叉任职”。由公司副总经理担任党支部书记，推选党性强、懂经营、会管理的党员骨干进入班子，到中层管理岗位任职，使党的工作自觉及时地渗透到了企业决策和经营管理之中，实现了党建工作与生产经营的良性互动。四是深入开展“三培和谐企业”创建活动和“四有四无”活动。公司党支部把“创先争优”和“三培”有机结合，将活动拓展延伸到一线职工当中去，现把4名党员培养成了业务能手，把2名业务能手培养成了入党积极分子，把1名优秀党员培养成了中层管理人员，真正做到关键岗位有党员、困难面前有党员、突击攻关有党员、维稳一线有党员，党员身边无违纪、党员身边无事故、党员身边无次品、党员身边无隐患。五是广泛开展形式多样评选和内部劳动竞赛评比活动。通过培养、举荐基层员工优秀人才，并开展“季度优秀员工”、“年度优秀员工”、“优秀班组”、“年度优秀班组”、“先进工作者”、“先进管理者”、“十佳个人”、“先进个人”、“优秀部门”等活动（直接奖励现金，

600～5000 元)，丰富了员工的业余文化生活，增强了员工生产积极性，激发了企业生产活力，党支部的凝聚力、号召力和战斗力进一步增强。自活动以来现被评为“年度优秀员工”的有 62 人；“季度优秀员工”36 人；28 个班组被“优秀班组”；公司“年度优秀班组”三个组，生产二组曾被评为“九江市优秀班组”；“先进工作者”4 人，“先进管理者”1 人；每月进行机台手晋升评比活动，从而提高员工的操作技能，形成一职多能，培养多面人才；每月进行质量评比，从而提高产品质量，并形成奖励，使员工明白质量是企业的命脉，增强员工质量意识。六、加强了党的组织建设。认真落实党员发展目标及规划，狠抓了积极分子培养和启蒙教育，本着积极慎重的发展方针，大力宣传，以能入党为荣，成熟一个发展一个，现共发展党员 6 人，完成了发展规划，员工积极提交入党申请书，有 10 名职工写了入党申请书，有 2 名确定为党的积极分子，壮大了党员队伍，增强了组织发展的后劲。

三、抓基础，使党建工作与企业生产相互推进

一是强本固基，不断加强阵地建设。2010 年，公司党支部向公司申请投入 6 万元建成 100 多平方米的党员活动室（内设乒乓球、台球等各种文体活动设备，因公司进行重新规划，现暂时转移)、500 平方米的篮球场 1 个（目前又在扩建，篮球场拆除，待重新安装)，公司每年投入几万元为党组织开办“元旦晚会表演”，由党支部组织，员工自编自导自演，参与达 35%，即丰富了员工业余文化生活，也给员工展现自我与展现才艺的平台，同时亦党支部开展形式多样的党员教育、群众文体活动提供了良好的条件，以此不断提升党员的精神面貌。二是狠抓培训，不断提升党员素质。公司党支部采取落实“三会一课”制度、集中培训、组织观看影视教育片等多种形式，狠抓了党员思想教育，党员素质得到进一步提高。上半年共开展各类培训 6 次，参加培训 47 人次。三是开展了多项公益活动突出主题，不断提升职工爱党热情。为更进一步激发广大党员爱党、爱祖国、爱社会主义的热情，坚定理想信念，永葆先进性。在公司党支部的提议下，从 2007 年起公司每年都拨出 6 万～7 万元，用于党支部开展各项活动，以奖励表现优异的党员、职工，现已赴革命圣地井冈山进行红色旅游、以及三清山、婺源、河南、海南、横店等多地旅游，对于非常优秀人员，公司安排至德国旅游；劳动节前组织 50 人一行，以“永修、三木是一家，环境靠大家，伸出你我之手，劳动最光荣”为主题的义务劳动活动，对永修白莲公园所有区域的垃圾进行了全面清理，调动了广大员工广泛参加公益劳动的热情，提高个人思想道德素养、增强团队凝聚力；每年“七一”期间，组织党员到县革命烈士纪念塔下缅怀先烈；每年年初组织党员职工分别对永修不同的敬老院进行慰问活动，以此来激励广大党员职工投入生产经营，真正为企业又好又快发展作出贡献。激发了企业生产活力，党支部的凝聚力、号召力和战斗力进一步增强，为企业的发展取到了积极的推进作用。

（作者系九江市非公党工委干部）

坚持“三个争做”增强服务发展动力

北京新奥特集团党委

在推进非公企业党建工作过程中，北京新奥特集团党委积极探索党建工作有效途径，创新党组织活动方式，科学搭建党建载体，坚持和细化“三个争做”，把服务企业发展融入中心任务、融入岗位职责、融入制度建设、融入长效机制，坚持党内带党外、党员带群众，不断提升服务企业的能力和水平，增强企业科学发展、创新发展、和谐发展的动力。

一、争做企业创新的推动者

为解决产业需求和企业发展与资源匹配之间存在的问题，新奥特集团党委集中科技人员中的党员力量解决和探索企业与国家产业发展过程中所需要的重点关键技术及应用难题，不断提升党组织在高科技企业中的作用与价值。2010 年至 2011 年，新奥特集团党委持续开展了两个“党员创新年”活动，他们在坚持传承、融合、创新的基础上，鼓励党员带头进行知识创新、技术创新、产品创新，集中党员中的科技骨干力量成立了“共产党员科技创新攻关小组”，同时积极组织入党积极分子和优秀员工广泛参与，先后完成了“基于 DRM 的数字媒体内容交易服务平台”等项目，取得了 6 项专利受理和 1 项软件著作权。

在“共产党员科技攻关项目”及“党员创新年”活动获得多项研发和技术成果之后，集团党委及时将好的经验、成功的做法、创新手段上升为制度，要求全体党员坚持“本职岗位创新，工作环节创新，日常

工作创新，持久发展创新”。从2012年起，集团党委又把企业亟须解决的重点项目的实施、研发和产品规划等确定为党员“先锋工程”。为保证“先锋工程”的方向性、目标性，集团党委开展了“书记工程”，成立了以两位党委副书记、3位支部书记为核心的“先锋工程”领导小组，负责项目的组织管理、方案设计、技术研发、质量控制和技术实施，突出党组织的战斗堡垒作用，强化党员的骨干力量和奉献精神，使项目更加细化明确、责任落实到岗到人，组织保障更加有力，参与“先锋工程”的每个党员都明确任务目标，党支部与项目、党委与企业、党员和党组织之间有机互动，党群形成合力，取得了一批重大技术创新成果。

2012年以来，党员“先锋工程”中的《山东广播电视台高清后期制作合成综合网络系统（全国实施的第一个以最新产品“敦煌”为主体的高清后期制作合成综合网络系统）》和《贵州省广播电视信息网络股份有限公司电视综合门户系统》均通过了由国家广电总局和广电总局科技司、中央电视台等单位和专家的鉴定。鉴定认为，这两个项目设计理念新颖，具有创新性，系统稳定高效，可扩展性强，有重要的社会意义和推广价值，各项技术指标达到了国内领先水平。同时，党员“先锋工程”小组还参与了《福建台高清全媒体新闻综合生产和运营管理平台项目》、《四川广电中心全台高标清异构制播网络系统项目》的现场鉴定工作。

其中，党员“先锋工程”重点项目之一的“新一代电视台网络化制播系统及重大应用”项目获得了科学技术进步奖一等奖。项目成果已经在中央电视台和海内外多家电视台得到广泛应用，圆满完成了近年来我国多项重大活动的电视转播，为电视台向下一代网络化制播系统的发展走出了一条新的技术发展路线。该项目中新奥特共申请发明专利12项，获得授权发明专利10项，占项目授权专利的50%，计算机软件著作权登记3项，占项目总软件著作权登记数的27%。在党员的带动和影响下，企业员工积极参与企业的创新发展，企业的创新成果不断涌现，截至2014年5月底，共申请专利1141项，获得专利授权253项，其中发明专利209项，实用新型专利44项，取得软件著作权130项。拥有1项国家战略新兴产品、2项国家自主创新产品、4项国家重点新产品、7项北京市自主创新产品、1项中关村新技术新产品。

新奥特集团党委从增强创新意识、提升创新能力、提高创新水平入手，把创新作为党员增强本领、服务发展的有效途径，在技术研发领域广泛地开展职业技能竞赛与技术创新活动，成立了跨学科、跨岗位的职工创新工作室。在推动创新上，企业党组织与企业组织有机地实现了目标同向、互促共进，形成了浓厚的团队创新氛围。

二、争做企业决策的参与者

集团党委牢牢把握非公企业党组织政治核心的职责定位，以当好企业参谋（助手）为切入点，以工作实绩赢得股东和管理层的支持，成为企业决策的参与者。1. 拓展参与决策的资源：党委充分发挥与上级党组织联系紧密的优势，及时将党和国家的有关精神传达给企业，为企业发展提供正确的政策导向；2. 畅通参与决策的渠道：党委连续多年组织开展“我为企业发展献计献策”活动，通过设立书记信箱、意见征求栏等，动员广大党员积极为企业发展出谋划策，党员和员工提出的意见建议90%以上被企业采纳；3. 增强参与决策的实效：目前集团各个关键岗位和核心部门均有党员干部，他们在集团各部门的决策中发挥着重要作用，集团每年评选出的优秀员工中，党员就占到了60%以上。集团党委负责人代表党组织直接参加公司总裁会议，参与企业的发展决策，为企业决策提供组织服务和政治思想工作的保障。

在争做企业决策的参与者过程中，集团党委还切实做好“两个把握”，即：把握好党组织发展与保障企业核心竞争力建设的关系，把握好党建工作与员工全面发展的关系，推动企业党建工作贴近实际、增强实效，增强对广大员工的吸引力、渗透力和影响力，积极把握企业发展导向。近些年来，集团党委先后组织开展了“立足岗位比贡献”、“建设节约型企业”、“主人翁精神年”等活动，自觉地把党组织参与决策服务融入“争科学发展之先、创企业和谐之优”的实践之中，努力把党的先进性、模范性、创新性融入企业生产和经营管理及团队建设的决策过程，有力地推动了企业的和谐发展、持续发展。

三、争做企业文化的建设者

集团党委始终把企业文化建设作为企业党建的一项重要内容。第一，坚持培育积极向上的企业精神、建设企业先进文化，全面提升企业员工精神文明建设和思想道德水平。充分发挥舆论导向作用，关注企业内外精神文明建设的典型和经验。注重企业精神文明成果的转化，及时总结和推广企业精神文明建设中涌现出的典型人物和经验，以“身边人身边事”影响和教育员工，激励员工发扬团结友爱，助人为乐和集体主义精神。第二，坚持用社会主义核心价值体系引领企业文化建设，自觉履行社会责任。“宽厚平实、志存高远”“完善自我、回报社会”的企业文化不断发扬光大，“新奥特献血日”、“新奥特植树日”、“新奥特献爱心”等活动已经深入人心、形成制度。多年来，企业累计捐献公益款项3000多万元。第三，广泛开展员工读书活动和寓教于乐、健康向上的文体活动，开设了“职工图书室”，藏书20000余册，涉及管理、营销、技术、经济、人文等多个领域供员工借阅，并定期更新书目保证图书的时效性。第四，加强文化传播载体建设，党建文化墙、企业文化墙、集团党建网、党建Q群、企业Q群、新奥特学习交流Q群、电视宣传屏、企业报等发挥出积极的作用，有力地服务和支持了企业文化建设。其中，新奥特报自2004年以来连续获得北京市工商联系统内报内刊优秀奖。

企业文化建设有力地推动了企业精神文明建设，提高了广大员工的思想道德水平，企业和谐发展、健康发展，企业面貌焕然一新。企业先后被评为北京市“海淀区文明单位”、“海淀区学习型组织示范单位”、海淀区“五五普法”先进单位和北京市工商联系统“文明单位标兵”及“首都文明单位”，2011年以来有70多位员工被海淀园工委、海淀园工会、海淀区和北京市及国家行业组织评为优秀、先进和标兵。

北京新奥特集团党委坚持开展的“三个争做”，凝聚团队发展合力、激发企业创新动力、彰显企业党建引领力，受到各方高度肯定和积极评价。集团党委先后荣获“北京市先进基层党组织”、“北京市创先争优先进基层党组织”、“北京市思想政治工作优秀单位”等荣誉称号，企业被国家发改委认定为“国家级企业技术中心”和“三网融合数字视频技术国家地方联合工程实验室”，是科技部、中科院、北京市联合认定的“百家创新型试验企业”和“北京市企业技术中心”、国家火炬计划重点高新技术企业。在发展数字视频产业方面已经成为国内领先、具有国际竞争力的行业标杆企业。

（作者系新奥特集团企业文化部宣传员　缪金华）

第十部分　加强非公党建的体会（一）

学习邓小平关于发展非公有制经济的重要论述

蔡 福 金

党的十一届三中全会以来，在党的改革开放政策的指引下，非公有制经济异军突起，蓬勃发展，在我国经济建设中发挥了积极作用，成为人们普遍关注的一个重要问题。党的十四届三中全会通过的《建设社会主义市场经济体制若干问题的决定》，重申了“坚持公有制为主体、多种经济成分共同发展的方针”，强调各种经济成分长期共存、合理分工、平等竞争、一视同仁，为非公有制经济的发展进一步指明了方向。然而，对非公有制经济这一新生事物，社会上仍存在这样或那样的议论；而且，一些非公有制经济人士自身也存在种种疑虑。在这种情况下，认真学习邓小平关于发展非公有制经济的重要论述，对认清“为什么必须发展非公有制经济”以及“发展非公有制经济应注意哪些问题”，促进非公有制经济的健康发展，无疑是十分必要的。

一、发展非公有制经济是社会主义本质决定的

邓小平在1992年春天南方谈话中，提出了社会主义本质的科学论断。他说：“社会主义的本质，是解放生产力，发展生产力，消灭剥削，消除两极分化，最终达到共同富裕。”（《邓小平文选》第3卷，第373页）邓小平高度概括社会主义本质的五句话，包含三层深刻的含义：

第一层，“解放生产力，发展生产力”。这是社会主义的重要物质条件，也是社会主义的根本任务，是衡量是非取舍的根本标准。

第二层，“消灭剥削，消除两极分化”。这是体现社会主义在生产关系方面的特征。要做到这一点，必须实现生产资料国家所有和集体所有，建立公有制为主体的经济。

第三层，“最终达到共同富裕”。这是社会主义的奋斗目标和最终目的，是社会主义的最大优越性和特点。

从分析社会主义本质的含义，可以看到：社会主义要消灭贫穷，最终达到人民共同富裕，就必须大力发展生产力；而要大力发展生产力，就必须坚决采取一系列“解放生产力，发展生产力”的有效措施。邓小平设计的路子是：

一是整个国家的工作重点必须果断地从“以阶级斗争为纲”转移到社会主义现代化建设上来，确立“经济建设为中心”。

二是从根本上改变束缚生产力发展的经济体制，建立起充满生机活力的社会主义经济体制。从农村到城市，在经济、科技、教育、政治等各个方面，进行一系列改革。

三是实行开放政策，吸引外资，利用外资，包括允许外资在中国办工厂。

四是吸收资本主义中一些有用的方法来发展生产力。是当作方法来用的，目的就是要加速发展生产力。

五是实行国家、集体、个人一起上的方针，坚持公有制为主体，发展多种经济成分。

六是允许一部分地区、一部分人先富起来，激励、带动整个国民经济波浪式地向前发展，逐步走向共同富裕。

从以上分析，可以清楚地看到，我们允许和鼓励个体、私营和外资经济的发展，其目的就是为了迅速发展生产力，逐步消灭贫穷，最终达到共同富裕。这是由社会主义本质决定的。

二、发展非公有制经济，不是发展资本主义，不会破坏社会主义经济，归根到底有利于社会主义

十一届三中全会以来，邓小平在这方面有许多论述。归纳起来，主要有：

（一）发展非公有制经济，不是发展资本主义。

早在1979年11月，邓小平会见外宾时就指出：

"外资是资本主义经济，在中国占有它的地位。但是外资所占的份额也是有限的，改变不了中国的社会制度。"（《邓小平文选》第2卷，第235页）还指出："社会主义的经济基础很大，吸收几百亿、上千亿外资，冲击不了这个基础。"（《邓小平文选》第3卷，第63页）邓小平对经济基础进行量的对比分析，说明发展一些外资经济不是也不可能发展资本主义，不会改变社会主义制度。

邓小平深刻批评社会上某些形而上学的观点。他在1992年春天南方谈话中指出："有人认为，多一份外资，就多一份资本主义"，"三资多了，就是资本主义的东西多了，就是发展资本主义。这些人连基本常识都没有。"（《邓小平文选》第3卷，第373页）

（二）发展非公有制经济，不会影响公有制经济为主体，不会破坏社会主义经济。

1985年10月，邓小平在会见外宾谈话时说："我们吸收外资，允许个体经济发展，不会影响以公有制经济为主体这一基本点。相反地，吸收外资也好，允许个体经济的存在和发展也好，归根到底，是要更有力地发展生产力，加强公有制经济。"（《邓小平文选》第3卷，第149页）

这个道理很明显，因为非公有制经济只是也只能是作为社会主义经济的补充。就拿私营经济来说，十多年来私营经济确有长足的发展。但从总体上看，它仍处于发育发展阶段。到1994年底，全国注册的私营企业有42万户，注册资金1389亿元，从业人员635万人，产值超过500亿元。而全国国有资产1993年底总量为34950亿元（不含资源性资产和军队中的国有资产）。可见，私营企业的资产在全社会总资产中只占很小的份额。

而且，私营企业多是小作坊，经营者多是小业主。在规模、管理、资金、设备、技术、产品质量等方面，与国有企业相比，还没有形成明显的优势。

在能源、交通、矿产、高科技、金融等关系国计民生的重要产业中，国有企业占90%以上，占绝对优势。国有企业在整个国民经济中居于主导地位。非公有制经济只是一个很小的补充。

（三）发展非公有制经济，归根到底有利于社会主义。

党的十一届三中全会后不久，1979年10月，邓小平以新加坡为例详细分析吸收外资的好处说："外国人在新加坡设厂，新加坡得到几个好处，一个是外资企业利润的百分之三十五要用来交税，这一部分国家得了；一个是劳务收入，工人得了；还有一个是带动了它的服务行业，这都是收入。我们要下这么个决心，权衡利弊，算清账，略微吃点亏也干，总归是在中国形成了生产能力，还会带动我们一些企业。"（《邓小平文选》第2卷，第199页）邓小平1992年春天南方谈话中，结合姓"社"姓"资"问题，进一步说明"三资"企业有利于社会主义。他说："我国现阶段的'三资'企业，按照现行的法规政策，外资总是要赚一些钱。但是，国家还要拿回税收，工人还要拿回工资，我们还可以学习技术和管理，还可以得到信息，打开市场。因此，'三资'企业受到我们整个政治、经济条件制约，是社会主义经济的有益补充，归根到底是有利于社会主义的。"（《邓小平文选》第3卷，第373页）

邓小平对发展非公有制经济的好处有许多论述。我们理解，发展非公有制经济的好处，归纳起来，大概有以下几个方面：

1. 有利于加快发展社会主义生产力，有利于提高综合国力；

2. 有利于推动建立社会主义市场经济体制，有利于扩大市场交易和市场竞争；

3. 有利于吸收外国和国内人民手中的资金和游资，用于国家经济建设；

4. 有利于增加税收；

5. 有利于劳动就业；

6. 有利于学习国外先进技术和经营管理；

7. 方便人民生活；

8. 可以带动一些企业和服务业的发展。

三、发展非公有制经济不会产生新的资产阶级

党的十二届三中全会通过《关于经济体制改革的决定》，我国的改革从农村发展到城市。在这个时期，小平同志深刻分析我国改革的形势和阶级结构的变化情况，明确指出：发展非公有制经济，不会产生新的资产阶级。主要论述三个方面的观点：

（一）个别资产阶级分子可能会出现，但不会形成一个资产阶级。

1985年8月，邓小平在会见外宾谈话中，谈到发展个体经济、外资经济时，尖锐指出："会不会产生新的资产阶级？个别资产阶级分子可能会出现，但不会形成一个资产阶级。"（《邓小平文选》第3卷，第139页）在党的十二届三中全会期间，邓小平在中顾委的讲话中肯定指出："按照现在开放的办法，到国民生产总值人均几千美元的时候，我们也不会产生新的资产阶级。"（《邓小平文选》第3卷，第91页）

为什么不会产生新的资产阶级呢？邓小平指出，因为"基本的生产资料归国家所有，归集体所有，就是说

归公有。”（《邓小平文选》第3卷，第139页）“只要我国经济中公有制占主体地位，就可以避免两极分化。”（《邓小平文选》第3卷，第149页）而且，“社会主义特征是搞集体富裕，它不产生剥削阶级。”（《邓小平文选》第3卷，第236页）马克思主义的阶级观认为，阶级是与特定生产关系相联系的、在经济上处于不同地位的社会集团。显然，阶级是这样的一个集团，而不是指个别分子。因此，第一，我们始终坚持公有制为主体，从生产关系和阶级基础方面，避免产生新的剥削阶级；第二，我们运用经济、法律等手段，促使非公有制经济服从于社会主义经济，发挥积极的补充作用；第三，我们运用经济、法律等手段，加强对非公有制经济的引导、监督和管理，保护合法的经营和收入，打击违法行为。这样，个体劳动者和私营企业主，作为我国社会主义社会的非基本的社会群体，就从属于工人、农民两大基本阶级，成为发展社会生产力的帮手，成为建设社会主义的一支生力军，不会形成一个新的资产阶级。

（二）社会主义的国家机器是强有力的，一旦发现偏离社会主义方向，可以及时纠正过来。

邓小平充分预测到开放的风险性，指出：“我还说，我们社会主义的国家机器是强有力的。一旦发现偏离社会主义方向的情况，国家机器就会出面干预，把它纠正过来。”（《邓小平文选》第3卷，第139页）

雇工问题，用不着急于解决。

雇工，是社会上议论的热点，也是改革开放中需要认真把握的一项重要政策问题。1984年10月，邓小平在党的十二届三中全会上指出：“还有的事情用不着急于解决。前些时候那个雇工问题，相当震动呀，大家担心得不得了。我的意见是放两年再看。那个能影响我们的大局吗？如果你一动，群众就说政策变了，人心不安了。你解决一个‘傻子瓜子’，会牵动人心不安，没有益处。”（《邓小平文选》第3卷，第91页）

邓小平在1992年春天南方谈话中，要求从改革的全局认识和把握雇工这类问题。他说：“像这类问题还有不少，如果处理不当，就容易动摇我们的方针，影响改革的全局。城市改革的基本政策，一定要保持稳定。……有了这一条，中国就大有希望。”（《邓小平文选》第3卷，第373页）

四、发展非公有制经济必须坚持公有制为主体和共同富裕两条根本原则，避免两极分化

按照邓小平的思想：贫穷不是社会主义；要消灭贫穷，不发展生产力不行；要发展生产力，不改革开放不行；要改革开放，不发展非公有制经济不行；那么，发展非公有制经济，究竟应当注意哪些问题呢？邓小平在这方面，主要论述三个观点：

（一）始终坚持公有制为主体和共同富裕两条根本原则。

在党的十二届三中全会通过《关于经济体制改革的决定》后不久，1985年3月，邓小平在全国科技会议上指出：“我们允许个体经济发展，还允许中外合资经济和外资独营的企业发展，但是始终以社会主义公有制为主体。社会主义的目的就是要全国人民共同富裕，不是两极分化。……总之，一个公有制占主体，一个共同富裕，这是我们必须坚持的社会主义的根本原则。我们就是要坚决执行和实现这些社会主义原则。”（《邓小平文选》第3卷，第110页）

邓小平这段话非常精辟，非常重要。应当这样理解：（1）从地位上看，“公有制为主体和共同富裕”，这不是一般的方针政策，而是社会主义的两条根本原则，是关系到社会主义本质、特征和优越性的原则问题；（2）从立场上看，对这两条原则必须坚决执行，不能有任何动摇。尤其是在有人鼓吹“私有化”的舆论中要坚定不移；（3）从时限上看，这两条根本原则，必须贯穿改革开放的始终。“无论怎样开放，公有制经济始终还是主体。”

（二）非公有制经济是社会主义经济的补充。

1985年8月，邓小平在会见外宾谈话时指出：“在改革中，坚持社会主义方向，这是一个很重要的问题。……发展一点个体经济，吸收外国的资金和技术，欢迎中外合资合作，甚至欢迎外国独资到中国办工厂，这些都是对社会主义经济的补充。”（《邓小平文选》第3卷，第138页）在这里，邓小平明确了非公有制经济的地位和作用：公有制经济（国有和集体所有的经济）是主体，非公有制经济（外资、私营和个体经济）是补充。

应当如何界定公有制经济为主体和非公有制经济的补充地位呢？按照邓小平建设有中国特色社会主义理论，党的十四届三中全会制定的《关于建立社会主义市场经济体制若干问题的决定》，重申了“坚持以公有制为主体，多种经济成分共同发展的方针”，界定了公有制经济为主体地位的内涵：

（1）公有制经济的主体地位是就全国来说的，是就总体意义而言的，并不意味着任何地方任何产业都一样。也就是说，在有的地方、有的产业公有制经济不一定都是主体；

（2）公有制经济的主体地位主要体现在国家和集体所有的资产在社会总资产中占优势。国有经济的比重不一定都要达51%以上；

（3）国有经济的主导作用是国有经济控制国民经

济命脉产业，合理划分国有经济的分布范围；

（4）公有制经济和非公有制经济都要一视同仁，平等参与市场竞争。

弄清了公有制经济主体地位的内涵，非公有制经济的补充地位自然也就清楚了。

（三）允许一部分地区、一部分人先富起来，目的是为了达到共同富裕。

早在十一届三中全会前夕，1978年12月，邓小平在中央工作会议闭幕会上的讲话中，就明确指出："在经济政策上，我认为要允许一部分地区、一部分企业、一部分工人农民，由于辛勤努力，成绩大而收入先多一些，生活先好起来。"（《邓小平文选》第3卷，第152页）后来，他又多次阐述这一重要政策。1985年9月，他说："鼓励一部分地区、一部分人先富起来，也正是为了带动越来越多的人富裕起来，达到共同富裕的目的。"（《邓小平文选》第3卷，第142页）

那么，如何从"先富"达到"共同富裕"呢？邓小平的基本构想是：

（1）对先富裕起来的个人，要有一定的限制，如征收所得税；提倡他们自愿拿钱办教育、修路等公益事业；但不搞摊派，挫伤他们的积极性。

（2）先富裕起来的地区，可以包一个或两个贫困地区，一个省包一个或两个省；可以通过多交税收和转让技术等方式，支持贫困地区的发展，但不能削弱发达地区的活力，不能鼓励吃"大锅饭"；设想在本世纪末达到小康水平的时候，考虑突出地提出和解决这个问题。

（3）先富起来的地区经济还要继续向前发展，不发达地区又大都有丰富的资源，发展潜力很大。这样，逐步缩小和解决先富地区与贫困地区的贫富差距，最终达到共同富裕。

（作者系中央社会主义学院原副院长）

良性互动　互利共赢　着力增强企村发展活力

——福州市扎实推进"企村结对"活动

郭荣贵

为了充分发挥非公企业党组织和农村党组织优势和作用，引导社会力量参与新农村建设，发展集体经济、促进农民增收、建设美丽乡村，福州市通过组织开展"企村结对"活动，推进农村党建工作与非公企业党建工作良性互动，非公企业与农村经济互利共赢。自2008年活动开展以来，共组织全市1024家企业与739个村结对共建，落实合作及帮扶资金22.51亿元，实施各类项目3256项，使50多万农民群众直接受益。

一、坚持因企因村制宜，结对共建模式多样化

围绕社会主义新农村建设，引导非公企业和村党组织根据各自的实际需要、经济实力、资源条件、地理位置等具体情况，开展形式多样的结对共建活动。一是"一企一村"型。由一家企业与一个村，通过双方党组织结对共建，带动企业参与村产业发展、劳动力培训、基础设施和公益事业建设等。二是"一企多村"型。由一家有实力的企业与多个村，通过双方党组织结对共建，带动实施公益性或经营性项目，推动村经济社会发展。通过采取"一企一村"和"一企多村"的结对共建模式，仅2011—2012年，非公企业先后与永泰、闽清、罗源等偏远欠发达乡镇、村，对接帮扶项目30项，落实帮扶资金近500万元。今年又启动了"百企联百村、共建新农村"活动，计划两年时间，组织100家非公企业共投入帮扶资金2000万元，惠及100个农村。目前已有14个异地商会榕籍企业家与14个偏远贫困村签订结对帮扶协议，共签约涵盖村容村貌整治、村道及桥梁建设等近20个公益项目，涉及帮扶资金1500余万元。三是"多企一村"型。由多家企业与一个村，通过多个党组织结对共建，带动多家企业集聚力量支持一个村建设。目前全市采取此种形式的企业共712个、村223个，企业共帮助修建村道1520多公里，为农村困难群体捐款1790万元。四是"企村合一"型。企业党组织负责人按程序推荐担任村"两委"负责人，用企业经营理念来推动新农村建设。目前，全市有62位非公企业党组织负责人兼任"村官"，其中兼任村书记、村主任21人。

二、搭建互惠共赢平台，结对共建目标同步化

发挥非公企业与村各自资源优势，推动企村结对共建由启动初期的扶贫、慰问等单向"输血"式帮扶，转变为在党建、经济、社会事业等领域双向互动，搭建起农村发展、农民增收和企业做强、党组织创优的"多赢"平台。一是同步建强组织。开展"农村经验进企业、企业经验进乡村"活动，通

过阵地联建、制度联抓、党员联管、活动联办，促进支部同步建强、党员踊跃争先。企业党支部提供双方党员共同学习场所，并积极向村党员介绍企业管理、供求信息等方面知识；村党支部发挥党建业务相对熟悉的优势，为企业党员开展党内生活基本制度等专题辅导，达到共同提高的目标。据统计，活动开展以来，发挥农村党组织建设优势，共帮助63家非公企业党组织加强规范化、制度化建设，企业党组织共帮助170个村制定完善建设发展规划。二是同步发展事业。引导企村双方围绕产业延伸、资源开发、基础设施建设、发展环境营造等方面深化合作，形成利益共同体。如洪宽工业园区党委与所处的溪头村党支部结对共建，驻村企业投入3800多万元支持村中道路、公园建设，并通过企业党员帮带200多户村民致富。三是同步促进和谐。开展“企村结对、共创和谐”活动，把企业文化建设和培育文明乡风结合，联合开展环境整治、矛盾调处等工作，促进企村和谐共处。通过举办体育比赛、文艺汇演、“三下乡”等活动，带动形成企村文明新风尚。

三、健全工作推进机制，结对共建活动常态化

一是建立健全组织引导机制。企村结对共建活动由组织部门牵头，非公企业工委负责指导，企村党组织负责实施，实行“三个优先推荐”、“三个优先支持”即：优先推荐基础较好、有条件在近期取得突破性进展的新农村建设示范村，优先推荐发展相对落后、急需经济帮扶的村，优先推荐班子强、共建积极性高、结对活动易出成效的村；对结对共建的企业，从投融资、税收、用地三方面给予政策优先支持。二是建立健全契约共建机制。企村坚持党建为媒、项目带动，通过签订共建协议，明确共建项目以及双方的权利义务。创新了公益捐款型、合作开发型、产业带动型、发展顾问型、招商引资型等多种结对共建联建模式。同时采取召开新农村建设联席会议、企村党情沟通会、恳谈会、文化建设座谈会等方式，确保结对共建任务落到实处。三是建立健全考评激励机制。建立健全共建目标公开承诺、领导公开点评、群众公开评议等制度。近两年来，有117名结对共建表现突出的优秀企业主和党组织负责人，被优先推荐为政协委员、人大代表以及市工商联执常委，有效促进活动常态化开展。

（作者系中共福州市委组织部副部长、市委非公企业工委书记）

加强非公企业党建 促进民营经济发展

董晓冰

加强和改进非公经济组织党建工作是新形势下，出现的新情况、新问题、新要求，因此要不断探索非公企业党建工作的新办法、新途径，及时研究解决工作中出现的新情况、新问题，创造性地开展工作，发挥作用，把非公企业党建工作作为推动民营经济发展的经常性动力；作为促进民营企业和谐的经常性保障；作为服务职工群众的经常性机制；我就将三年来在学习工作中的认识和感想与大家作一交流，主要谈两个问题：

一、为什么要加强和改进非公经济组织党建工作？

二、怎么样加强和改进非公经济组织党建工作？

首先来谈第一个问题：

一、为什么要加强和改进非公经济组织党建工作

1. 加强和改进非公经济组织党建工作，是实现我市经济快速发展的必然要求。

非公经济组织与我国改革开放的伟大事业相伴而生，历经三十多年风雨洗礼，从无到有，从小到大，从拾遗补缺到鼎足而立，已成为我国国民经济的重要组成部分，成为发展中国特色社会主义事业的重要支撑力量。党的十八大重申，要毫不动摇地巩固和发展非公有制经济，毫不动摇地鼓励、支持、引导非公有制经济发展，并强调“保证各种所有制经济依法平等使用生产要素，公平参与市场竞争，同等受到法律保护。”此论断终于再次肯定了民营经济的重要地位，展示了民营经济的广阔前景，为我们指明了加快发展的方向。

近年来，我市各级各部门按照市委、市政府的决策部署，全面贯彻落实各项支持政策，着力推动民营经济加快发展，我市民营经济数量不断增加，规模不断扩大，质量不断提升，已成为新增就业的主要渠道，财政收入的重要来源，自主创新的重要源泉，是推动我市经济社会又好又快发展的重要力量。主要表现在：（几组数据）2012年我市民营企业数已达19132户，同比增长17.4%，个体工商户128505户，同比增长

7.8%；民营经济增加值592.7亿元，（同比增长17.9%），占全市生产总值GDP（962.5亿元）的59.5%；全市固定资产投资514.9亿元，其中民营企业固定资产投资318.7亿元，（同比增长7.4%），占全市的61.9%；全市外贸进出口总额11亿美元，其中民营企业进出口总额8.63亿美元，（增长25.3%），占全市进出口总额的78.5%。民营企业税收71.08亿元（+27.6%），占全市税收136.6亿元的52%，民营企业从业人员46.3万人，占新增就业的80%以上；拥有授权专利1300个，（同比增长31.98%），占全市授权专利70%以上，这些成绩足以表明，民营经济已经成为我市加快发展的主力军，改革开放的主动力，增收富民的主渠道，在阜阳加速崛起中的地位举足轻重。民营企业能否全面深入贯彻落实科学发展观，加快转变经济发展方式，更加注重推进结构调整，加快自主创新、加强节能减排、深化制度改革、促进企业发展，直接关系到我市经济快速发展、社会和谐稳定目标的实现。非公经济组织中的党组织和扩大党员处于改革发展稳定的第一线，担负着贯彻党的方针政策，引导和监督企业遵守国家的法律法规，领导工会、共青团等群众组织，团结凝聚职工群众，维护各方的合法权益，促进企业健康发展的重要职责和任务（十七届四中全会和十八大党章中明确）。加强非公企业党建工作，对于引导民营经济又好又快地发展，实现我市科学发展、社会和谐、加速崛起具有重大的现实意义。

2. 加强和改进非公经济组织党建工作，是民营企业实现科学发展的客观需要。

目前，我市非公有制经济已进入一个新的发展阶段，民营经济完全可以大发展、快发展。一是政策机遇。我市已纳入国家实施中原经济区建设、沿海地区产业加速转移、省委振兴皖北力度加大等重大机遇和政策。2月22日，省委、省政府召开了高规格的发展民营经济大会，李斌省长主持会议，省委书记张宝顺作了重要讲话，出台了一系列《关于大力发展民营经济的意见》，5月3日市委、市政府召开了全市优化环境、招商引资、民营经济发展暨“四风”动员大会（兴学风、赚作风、清政风、树新风）。在激发主体活力、拓展发展空间、加大财税支持、改善金融服务、加强用地保障、强化人才支撑、优化发展环境、加快督查考核等方面制定了一系列前所未有的、含金量高的支持、扶持优惠政策，制定出台了优化经济环境的措施，开展“四风”行动意见等四个文件，（要学习、掌握；用足、用活、用好政策。利用网站和文件汇编进行宣传）。目的就是进一步解放思想、凝聚力量、转变作风、提升效能、强化责任、促进发展。最大限度地激发民营经济的发展活力，让民营经济得到充分发展、快速发展、优质发展。

二是潜力优势。我市有一千多万人口、农业大市、百亿粮仓、煤电能源、庞大的市场等诸多资源优势。三是规律所至。阜阳经过多年积累，内生动力持续增强，特别是工业化率已达35.8%，标志着我市整体进入工业化城镇化加速推进的新时期，长期蓄积的势能全面释放，蕴含着巨大的投资和消费需求，民营经济完全能够顺势而为、大有作为。一方面，我们要认清形势，抢抓机遇，坚定发展的信心、决心和雄心，另一方面，我们也要清醒地看到，我市民营企业还存在诸多不适应科学发展要求的问题，（从宏观上看）与发达地区相比，我市民营经济发展还不够充分，总量偏小，实力偏弱、产业层次偏低，相当多的民营企业还处于产业链的低端，管理水平和生产效率不高，盈利能力较低，抗风险能力较差，做大总量、提升质量的任务艰巨而又繁重，纵观各地，没有民营经济的大发展，就没有区域经济的大繁荣。我市虽然民营经济发展较快，同时民营企业平均生存期较短，技术水平低、人才短缺的矛盾越来越突出；虽然民营经济发展的政策环境、市场环境、法制环境更趋完善，同时市场准入、融资支持等政策落实不到位、管理服务不到位等问题尚未从根本上得到解决；虽然民营经济在国民经济总量中的比重不断提高，同时加工制造业多数企业基本处于产业价值链的低端环节，资源成本、环境成本、用工成本不断上升，自主创新能力弱，产品技术含量低；虽然民营企业机制灵活、决策简捷，同时许多民营企业的现代企业制度没有真正建立，还沿袭“家族式管理、作坊式生产、粗放式经营”的运作模式，股权结构单一封闭，所有权、经营权尚未分离，法人治理结构不规范，内部管理制度不健全，管理水平不高，决策风险偏大，这些阶段性特征和成长中的问题，很大程度上影响了民营企业的发展，加强和改进非公经济组织党建工作，对于引导民营企业树立科学发展观念、转变发展方式，推进体制、技术、管理创新，商业模式创新，走“重科技、树品牌、优结构、强管理之路”，提升民营企业科学发展水平具有重大的现实意义。

3. 加强和改进非公经济组织党建工作，是巩固党的执政基础的重要举措。

非公经济组织是党的基层组织建设的重要领域。目前，我市非公经济组织中的党建工作还十分薄弱，普遍存在“开展活动难、发挥作用难”的问题，有的党组织领导班子软弱涣散，无法发挥应有作用；有些党组织党员分散，流动性强，难以有效开展活动；有的党组织在活动内容和活动方式上没有充分考虑党员要求和企业实际。开展活动往往流于形式；有的党员党性观念和党员意识淡薄，不能发挥先锋模范作用，甚至不愿公开党员身份、接转组织关系。(这些问题影响着党员队伍的生机活力，影响着党在人民群众中的形象和威信，削弱了党组织的创造力、凝聚力、战斗力，必须切实加以解决。）党的十七届四中全会早已明确提出，要抓紧在非公有制经济组织建立党组织，贯彻党的方针政策，引导和监督企业遵守国家法律法规，团结凝聚职工群众，维护各方合法权益，促进企业健康发展，探索发挥作用的方法和途径。这些为加强新形势下非公有制经济组织党建工作既提供了重要指导，又强调了探索。加强和改进非公企业党建工作，充分发挥基层党组织的战斗堡垒作用和党员的先锋模范作用，促进非公有制经济健康发展和非公经济人士健康成长，对于增强党的阶级基础、扩大党的群众基础、夯实党的执政基础具有重大的现实意义。

二、怎么加强和改进非公经济组织党建工作

2010年开展的第三批学习实践科学发展活动和2011年开展的创先争优活动，为加强和改进非公经济组织党建工作探索了一条行之有效的途径和方法，建立组织、制定方案、确定主题、分段实施、学习调研、检查分析、整改落实、总结提高，建立长效机制，常抓不懈、持之以恒。

按照“推动科学发展、促进社会和谐、服务人民群众、加强基层建设”的总体要求，推进了民营企业党建工作，扩大了党组织的覆盖面和党的工作覆盖面，有许多好做法、好经验非常值得总结和推广。下面我就如何加强和改进非公企业党建工作谈谈我个人的看法：

第一，要建立党组织。(要抓好三种组建方式）不断扩大党的组织和党的工作覆盖面。在创先争优活动中，尤其是2012年，在市委组织部的直接领导和推动下，采取单独、联合、挂靠等三种组建方式，我市非公经济党组织的覆盖率由27%提升到80%以上，扩大了党组织和党的工作覆盖面。但联合、挂靠的党组织只是过渡措施，而不是长久之计，因此，不宜时间太长（1—2年）要尽快培养党员，创造条件，单独建立党组织。因为各企业的生产、经营、管理状况不同，难以有针对性地开展工作、发挥作用。

第二，要抓住三个关键人物，即：出资人、党组织主要负责人、党建指导员。一要注重对企业主的引导教育。在非公经济组织中，法人代表是党员的比不是党员的重视党建工作；从国企改制的企业比其他非公企业重视党建工作；现在比前几年有越来越多的法人代表重视党建工作。要向法人代表（企业主）宣传、教育、引导，让他们认识到搞好党建，对于促进企业和谐发展、提高员工的生产积极性、增加企业的凝聚力、增强企业的软实力和竞争力的重要作用，从而自觉支持所在企业建立党组织，主动为所在企业党组织开展活动、发挥作用提供必要条件。二要选优配强党组织的主要负责人，即书记。非公企业党组织负责人大多数都是兼职的，除要完成其他工作任务，还要承担党建工作职责，党组织发挥作用如何，关键在于党组织负责人特别是书记，要花更多的时间和精力谋划和组织落实党建工作，起到牵一发动全军的作用。因此，要注重把党性强、懂经营、会管理、善于做职工群众工作的经营管理骨干和企业技术人才中的党员选拔到企业党组织主要负责人的岗位上来，加强培训，提高能力，真正发挥非公企业党组织书记“第一责任人”的作用。三要选派党建指导员。对暂时没有合适党组织负责人人选的，要采取与企业协商后，由上级党组织推荐或选派的办法解决。目前，全市各县、市、区均选派了党员干部到非公企业指导党建工作或挂职，党建指导员的首要任务就是要尽快发现和培养党员，创造条件，组建党组织，使非公企业党建工作经常化、制度化、规范化。

第三，要重点抓好三项工作。一要积极做好党员发展工作。2月14日，中共中央办公厅（中办发〔2013〕4号）文件印发了“关于加强和改进新形势下发展党员和党员管理工作的意见”的通知，各非公企业党组织要严格把关，抓好入党积极分子的培养、考察、培训、教育和管理等各个环节，做到成熟一个发展一个。通过“双优双培”激励先进，以“双优双培”为抓手，为着力点，开展党建工作。即把优秀员工（一线职工、企业技术骨干及经营管理人员）培养成党员，把优秀党员培养成企业生产、经营、管理的骨干，引导广大职工积极向党组织靠拢，这样既调动了党员生产经营的积极性，又使党员队伍不断壮大，党员结构不断优化，党员作用不断增强，党组织的影响力和带动力不断扩大。二要注重发挥党员的作用。立足本职岗位，创新活动载体，如争当生产模范、技术标兵、营销能手、管理行家、提出一条合理化建议、创造一项优秀业绩、帮助一名困难职工、培养一名积极分子、争做一名优秀党员等，通过设立“党员示范岗”、“党员责任区”、党员服务窗口等形式，充分调动广大党员投身企业发展的积极性和主动性，做到关键岗位有党员，困难面前有党员，突击攻关有党员，把党员的先锋模范带头作用转化为推动企业科学发展的骨干力量。

建立党员干部直接联系群众制度，重点联系职工群众和生活困难群众，听取和反映群众意见，帮助解决群众困难，注重维护群众合法权益，始终保持党同人民群众的血肉联系。三要充分发挥非公企业党组织的作用，坚持以企业生产经营为中心，以服务企业健康发展为目标，紧密结合各自企业的生产、经营实际，围绕“促进生产经营、凝聚职工群众”这一主题，切实改进党组织的活动方式，即：将党小组会开成建言献策会，支部会开成问题解决会，党员大会开成经验分享会，使党支部成为党员议事的平台，解决问题的后台，促进企业和谐发展的舞台，真正做到“围绕经济抓党建，抓好党建促发展。”如：在第三批学习实践科学发展观活动中，国贸党委开展了“我为企业发展献良策”活动，为企业提出合理化建议 20 多条，取得了较好的经济效益和社会效益；市直非公经济党组织积极广泛开展了向困难职工“送温暖、献爱心”活动，帮助困难职工解决实际问题，渡过难关；帮助企业做好矛盾化解工作，促进企业和谐发展，增强了职工对企业的归属感和责任心，激发了企业发展的活力。

第四，要抓好三个结合。即把非公企业党建工作与工会、共青团等组织建设相结合、与企业文化建设相结合、与本企业的生产经营、管理相结合，这样才能发挥更大的作用和实效。一要与工会、共青团等组织建设相结合。一些企业有几十人、几百人，但党员只有几人、十几人，这些党员浑身都是铁也打不了多少钉，因此每次活动，不能仅仅只是党员的事，而应该是党员发挥先锋模范带头作用，团结和依靠广大职工群众，把工会、共青团等组织建立起来，团结和带领工会、共青团等组织，一道开展活动，发挥作用，只有这样党组织才能形成强大的合力和动力，促进民营企业又好又快地发展。二要与企业文化建设相结合，使党的思想建设、作风建设与企业文化建设有机融合，用先进文化引领和凝聚职工，体现对职工的人文关怀，更加尊重职工，实行人性管理；营造崇尚先进、学习先进、争当先进的浓厚氛围，树立先进典型，大力宣传先进典型，表彰奖励先进典型，充分发挥先进典型示范作用，典型带动作用，导向引领作用；不要认为宣传工作只是党委、政府新闻媒体的事，各企业党组织要抓住宣传的主动权，为先进员工鼓与呼，企业的每一项业绩都有他们的贡献。企业与员工是一荣俱荣、一损俱损。调动职工群众关心企业前途，服务企业发展的积极性，主动性、创造性，同心协力，凝聚正能量，和谐共振，促进民营企业做大做强。三要与本企业的生产、经营、管理的实际相结合。非公企业党组织开展活动难，没有能够与本企业的生产、经营、管理的实际结合好，没有找准切入点和结合点，没结合各自企业的实际加以解决。因为，非公企业党员行业分布广泛，职业构成多样，一定要区别不同行业、不同企业、不同岗位，分类指导，充分考虑企业生产、经营、现状的不同，切实发挥非公企业党组织的主体作用，分别提出有针对性的指导意见和要求，努力把非公企业党建工作具体落实到推动企业科学发展上，落实到推动企业管理创新、技术创新、体制创新，商业模式创新上，落实到为企业发展多干实事上，落实到维护职工合法权益、多为职工排忧解难、促进企业和谐上，落实到改进作风、提高企业效益上，努力使非公企业党建为企业所需要，为党员所欢迎，为职工所拥护，为业主所支持。在创先争优活动中，阜阳嘉海服饰公司党委紧密结合企业生产经营实际，按党员所在岗位特点，确定“在生产一线党员以提高技术水平为载体，争当技术标兵；在质量检测管理岗位上的党员以严把质量为载体，争当保证质量标兵；在机关后勤岗位的党员以服务员工、奉献企业为载体，争当服务标兵”的活动主题，提高了党员参与活动的积极性。华联集团党支部以党员带动全体员工参与的“创先进团队、争优秀员工”为活动主题，结合年终评优评先，扎实开展创先争优活动。

总之，非公企业党组织一定要紧密结合各自企业的生产、经营、管理的实际，不断探索非公企业党建工作的新办法、新途径，及时研究解决工作中出现的新情况、新问题，创造性地开展工作，发挥作用，把非公企业党建工作作为推动民营经济发展的经常性动力；作为促进民营企业和谐的经常性保障；作为服务职工群众的经常性机制；加大工作力度，切实履行工作职责，努力在民营企业中形成“组织创先进、党员争优秀、企业有发展、职工得实惠”的生动局面，为促进我市民营经济大发展、快发展，做出积极的更大的贡献。

（作者系中共阜阳市委统战部副部长、市工商联党组书记、市非公经济党工委书记）

扎实认真抓好年度考核

赵岳平

又到了年度考核之时。中组部为此于 2013 年 12 月 10 日专门下发了《关于改进地方党政领导班子和领导干部政绩考核工作的通知》。开展年度考核是加强干部管理的重要举措，只有通过深入细致的考核工作，才能全面客观、公正准确地了解领导班子的现状、领导干部的德才素质和工作实绩，才能合理配置干部资源，优化班子结构，增强整体功能，形成好干部脱颖而出、竞相涌现的生动局面。

虚心接受群众监督。领导干部要把接受年度考核作为改进工作和提高自我的契机，以饱满的热情、诚恳的态度接受考核，自觉接受组织和群众的监督。要认真总结一年来在加强理论学习，履行岗位职责，坚持廉洁自律，反对“四风”等方面的情况，认真剖析和改正自身的不足，带头揭短亮丑，带头红脸出汗，带头排毒治病，紧密结合开展党的群众路线教育实践活动抓好抓实这项工作。

科学设置考核内容。要针对不同类型领导班子和领导干部的工作职责、岗位特点，明确各有侧重的考核内容，增强针对性和实效性。对领导班子要突出科学发展导向，看经济、政治、文化、社会、生态文明建设和党的建设的实际成效。对领导干部要突出政治态度、思想品质、工作思路、组织协调、依法办事、心理素质、精神状态、工作作风、履行职责成效，解决复杂问题以及基础建设、廉洁自律等内容。同时，对党委部门和政府部门也要结合工作特点各有侧重。在进行指标考核的基础上，还要通过深入细致的谈心谈话活动来全面、深入地考核干部。

认真撰写述职报告。要防止和克服六种不良倾向：一是越位，如党组织书记的报告只写经济工作甚至政府工作，而履行党建责任制情况语焉不详。二是缺位，对明显存在的问题一笔带过，甚至有意回避，而对成绩大写特写。三是“老面孔”，把上年的述职报告只改个时间，“新瓶装旧酒”。四是“通稿”，有的由秘书代劳，有的互相抄袭甚至网上下载，千人一面、千篇一律，拿到会上相互撞车。五是用“我”代替“我们”，把班子甚至单位的成绩全部写成“我”的功劳，贪天之功据为己有。六是用“做了”代替“做成了”，述职内容大多是“进行式”，甚至是“将来式”，鲜有“完成式”，忙忙碌碌 365 天，一年下来都没有做成几件事情。

客观公正进行测评。人心一杆秤，群众的眼睛是雪亮的。年度考核既是对领导干部工作的考核评价，也是对与会人员思想觉悟的检验，其准确程度如何，关键在于与会人员能否出以公心，公正无私地对被测评对象进行评价。与会人员一定要本着对组织负责、对事业负责、对同志负责、对自己负责的态度，结合平时了解掌握的情况，按照测评要求，对照每项测评内容，独立思考，既不影响他人，也不受他人影响，对被测评对象的情况进行辩证分析，作出全面、客观、公平、准确的评价。

认真谋划来年工作。年度考核既要“回头看”，又要“向前看”；既是总结工作、发扬成绩的过程，也是查找不足、改进工作的良机。要以年度考核为契机，巩固扩大“大走访”活动成果，访贫问苦送温暖，访事问果“打句号”，访贤问计谋新年，进一步把思想统一到中央的决策部署上来，把力量凝聚到干事创业上来，树立新的目标，坚持务实创新，提升履职实效，努力争做好干部，努力创造一流业绩，为实现全面建成小康社会目标作出新的贡献。

（作者系中共岳阳市委组织部常务副部长）

从“场、圆、点”三维模式诠释“两个作用”

苏连珺

党的十七大、十七届四中全会都明确提出，要以“改革创新精神全面推进党的建设新的伟大工程”。随着非公有制经济总体规模不断扩大，从业人员不断增多，综合影响不断提升，非公有制企业党建工作的重要性和紧迫性日益凸显，改革创新的任务逐步加剧。探索新形势下发挥非公企业党组织的作用、彰显党组织的先进性，越来越成为一个亟须认真研究和解决的重大课题。

一、非公党建“场、圆、点”三维模式的基本思路

近年来非公党建“两个覆盖”工作力度加大、收效明显，新建党组织快速增加，非公经济独特的作用和贡献，决定了非公企业已经成为党的建设的重要领域。非公企业党组织的建设不是单纯为了“建”，更重要的是在企业职工群众中发挥政治核心作用，在企业发展中发挥政治引领作用。在非公党建工作实践中，我们在研究非公企业党员、党组织、党的自身建设基础上，从实际出发研究其特殊规律——党组织发挥作用的路径、方法、关联要素，发现党组织发挥作用不是单纯孤立地、自发地进行，必须置于上级党组织领导之下，是在自上而下建立的责任体系中，准确定位、

强化保障、组织到位、执行有力的结果。因此，要完整、准确地诠释非公企业党组织“两个作用”的发挥，需要将其还原到一个三维模式中说明概念、理清要素、阐述关系、分析效果。

（一）“场”是“社会合力场”的简称。恩格斯在1890年9月21—22日致约·布洛赫的信中，提出了他著名的社会合力理论。他指出：“历史是这样创造的：最终的结果总是从许多单个的意志的相互冲突中产生出来的。这样就有无数互相交错的力量，有无数个力的平行四边形，而由此就产生出一个总的结果，即历史事变，这个结果又可以看作一个作为整体的、不自觉地和不自主地起着作用的力量的产物。”恩格斯提出的“社会合力论”就是把对社会产生推动作用的力，看作一个由无数相互交错力量所形成的一个合力。无数个相互交错、相互作用、相互渗透的力不是孤立地、单独地对社会发展发挥作用，而是融合为一个“总合力”来推动社会发展，这个总合力的方向应该和推动社会螺旋式上升、波浪式发展进步的一个有方向的“场”相一致。“社会合力场”要充分发挥党的政治优势和组织优势，以巩固党的执政基础、扩大党的群众基础为目标，集中各种资源、调动各方力量把社会合力以“场”的方式作用于个体，彰显党组织的先进性，促进非公企业科学发展。

（二）“圆”是“发展同心圆”的简称。胡锦涛总书记在去年党外人士迎春座谈会上指出：“中国共产党成立以来90年波澜壮阔的历史和实践充分证明，思想上同心同德、目标上同心同向、行动上同心同行，是中国共产党领导的多党合作和政治协商制度最鲜明的特质，是我们不断夺取革命、建设、改革事业胜利的有力保证”。同心同德是思想上的最高境界，要求以中国特色社会主义理论体系增进共识；同心同向是目标上的高度契合，要求以全面建设小康社会、实现中华民族伟大复兴坚定信念；同心同行是行动上的根本准则，要求以推动科学发展、促进社会和谐共同实践汇聚力量，不断增强多党合作事业的生命力、凝聚力和创造力。在这里借助“同心”思想的理念，以引导非公企业出资人真正认同党的领导地位和执政地位，坚定不移跟党走，带领企业员工始终不渝与党团结奋斗、同心同德，把“同心”思想转化为生产力，在非公党建工作实践和服务社会的实践中彰显“同心”价值。我们还可以将各个以非公经济组织为圆心的企业“同心圆”统一到以党的中心工作为圆心的社会“同心圆”内来，以利益共赢共享推动非公经济组织出资人与党同心、与员工同心，在党的领导下同心协力，赢得企业科学发展、健康发展的丰硕成果。

（三）“点”是“活力增长点”的简称。使非公党建工作成为企业活力的“增长点”就是按照科学发展观的要求，把党组织的政治优势转化为组织优势，引导非公经济人士社会效益和经济效益同顾，企业责任和社会责任共担，以组织力和生产力的方式作用于企业，使党建工作成为非公企业科学发展、健康发展、和谐发展的生产力要素，使非公党建工作成为保证“两个健康”的新“增长点”。通过党组织和党员发挥作用形成经济效益“增长点”；党组织引导帮助企业出资人更好地履行社会责任形成社会效益“增长点”；党组织健全有助于提升企业整体形象，形成企业信誉度“增长点”；党的工作维护职工权益，凝心聚力、稳定队伍，形成企业内聚力“增长点”。

二、“场、圆、点”三维模式与发挥“两个作用”的关系

非公党建工作具有系统性、综合性、敏感性的特点，是个社会化的系统工程，需要发动全社会的力量，使非公企业的发展始终置身于有利的“社会合力场”中，与党的发展同向，与社会发展同力，企业党组织要把握好方向，起到“引路人”的作用；在企业发展过程中，党组织要团结凝聚广大员工，在引领、服务过程中，与非公企业出资人、广大员工同心同德，共同绘就促进企业发展“同心圆”、劳资关系和谐“同心圆”，在共同富裕的和谐之路上同心同行；在企业内部，党组织要以建设员工队伍、树立团队精神、培养企业文化、提升科技实力等增长点为支撑，找准结合点、选对切入点、抓住着力点，提活力、增效益，促进企业科学发展、和谐发展。

“场”、“圆”、“点”三个层面之间是紧密联系、相互促进的，互为充要条件。非公企业党组织发挥好作用，不能仅仅依靠自身的力量，要在全社会和整个组织体系中形成合力，给予基层组织源源不断的支持。非公企业党组织自身强只能培育“盆景”，非公党建工作体系强才能灌溉“森林”，自身强只能强一时，体系强才能拥有持续的动力，发展才可持续。无数个非公党建成功案例表明，凡是党建强、发展强的企业都是以内在的“同频”赢得外在的“共振”，以外在的“支撑”促进内在的“发展”，创造健康、和谐的环境更有助于发挥好党组织的“两个作用”。

非公党建与传统党建工作相比最大的区别就是工作对象不同。非公企业的资本构成、规模大小、行业类别和文化背景不同，面广、线长、量大，不可预知的变量多。从复杂多变的工作对象中分出层次、理清头绪，需要寻找共性、把握个性、分析要素、找准定

位，才能共享资源、发挥作用。从企业需求上寻找共性。非公企业有“小、散、流、变、杂”等特点，不同领域、不同行业、不同规模、不同发展阶段的企业情况纷繁复杂，很难用同一种标准、同一个模式提要求，但同样是这些企业，其对人才的需求、对效益的追求、对良好企业发展环境的渴求是相同的。从创新载体上把握个性。非公党建与传统党建最大的区别就是不便于采用统一模式开展工作。非公企业出资人在能力、素质、信仰、追求上具有很大差异，决定其在企业发展战略和企业发展定位上有很大差异，也会表现在对非公党建工作的认知上。极大的个体差异决定了方法形式上不能“一刀切”，而是要结合实际、因地制宜、把握个性、创新载体开展活动，才能赢得企业支持、老板满意、员工欢迎。从企业发展上分析要素。企业发展离不开人才、文化、管理和资源，党组织开展活动、发挥作用就是从这些发展要素中寻找结合点、切入点、着力点，使出资人支持党建，使企业发展受益于党建。从体系建设中找准定位。非公企业党组织是非公经济领域最基层党的组织，非公党建工作具有超强的时代性和创新性，其理论体系、语言体系都需要通俗化、大众化、深入浅出，才能被广大基层党务工作者理解、掌握、执行，才能在实践中具有超强生命力；其组织体系、保障体系要灵活、及时、及时跟进，才能符合非公经济组织党组织的特点，与时俱进地发挥其应有作用。从互动格局中共享资源。在“点”上发挥作用人才是关键。在“圆”上形成影响保障是关键。在“场”上产生效应体制机制是关键。构建“场、圆、点”三维模式，是使非公党建工作从工作体系上上下贯通，工作环境上和谐互动，工作资源上共享共生，使作用在基层组织的社会合力不衰减，形成更多促进社会进步和企业发展的同心圆、增长点。

三、发挥“两个作用”的启示与思考

2010年以来，天津市各级党组织以创先争优活动为契机，深入实施党的组织和党的工作全社会覆盖工程，大力推动体制机制创新，着力破解重点难点问题，不断提升非公有制经济组织党建工作科学化水平。截至2012年6月底，全市正常经营的民营企业有85735家，共有党员52580人，已建立非公企业党组织6806个，覆盖企业80460个（其中单独建党组织4044个，建立联合党组织2762个，覆盖企业76416家），非公企业党组织覆盖率达到93.8%。2011年4月成立了天津市非公经济组织工委，对全市非公企业加强管理，不断积累经验。创新基层党组织管理机制，坚持“一统四级”、“四建两管”的经验及河东区创新组织模式等做法得到了中央领导同志和中央组织部的充分肯定。全市各级党组织坚持“一点三为”的工作思路，把党组织活动融入非公企业生产经营各个方面，围绕促进非公有制经济健康发展和非公经济人士健康成长主动、积极服务，努力实现目标同向、互促共进，在服务中深化党建工作、体现作为，切实得到了非公企业党员和广大群众的欢迎，赢得了大多数企业所有者和经营者的理解与支持。

（一）在“点”上发挥作用——凝心聚力打造“增长点”。打造“增长点”就是加强团队建设、和谐劳资关系，围绕企业的生产经营管理，发挥党组织战斗堡垒作用，找准服务企业加快转型升级、实现更好更快发展目标任务的切入点和着力点，帮助企业理清发展思路，查找突出问题，提出意见建议，推动企业健康发展。将党建与企业打造增长点结合典型示例。天津聚龙集团大力构建“一二三四五六”的党建工作体系，围绕“促进企业科学发展”的一个中心，明确“打造组织放心、企业满意、群众欢迎的优秀党组织，建设效益显著、技术进步、文化健康的优秀企业”的两个目标，大力建设“以党建为方向，以文化为路径、企业社会效益与经济效益的同步发展”的三个基础工程，确定“以引导企业发展与区域经济发展同向、董事会与党委同力、企业新建事业单元与党组织建设同步、党员与企业发展同心”的四同精神作为指导思想，坚持“定好调、选好人、站好位、做好事、结好果”的支部建设“五好”为支部建设的原则，重点抓好理念创新、组织创新、机制创新、载体创新、活动创新、模式创新的六创的工作举措，深入开展创先争优活动。天津久安集团发展方向难以确定的时候，党支部主动站出来，提出了“强科技、重人才、创品牌”的发展目标，建议公司从国外购置高精设备保证科技领先，又根据不同岗位的需求引进高层次人才，协助企业策划“以产品打造品牌，以品牌促进效益”的品牌战略，年内实现注册资本增加一倍，销售收入增加一个亿。为提高企业发展水平、促进企业生产经营，党员们充分发挥模范带头作用，献计献策，为企业发展上水平添砖加瓦。

（二）在“圆”上产生影响——同频共振画好“同心圆”。“同心圆”就是“同心”思想在非公经济领域党的工作中的具体体现。党组织围绕非公企业发展中心确定工作中心，通过开展扎实有效的工作，增进职工群众与党同心，企业出资人与党同心的决心与信念，并化作与党同心同行的行动。党组织要正确引导非公经济人士的利益诉求，以利益表达理顺情绪、扩大共识，以利益调整化解矛盾、融洽关系，扩大利益认同，在巩固共同利益的基础上，团结一切可以团结的力量，同心同德，群策群力。党建工作成为凝心聚力的同心行动典型示例。天津山西商会党委从实际出发与全体党员和企业共同制定了“提高职工工资15%～25%的计划”，在积极帮助商会企业发展的同时，同步推动上调员工工资，在和谐企业创建和创新社会管理等方面做了大量有益的探索。天津日商卫生科技发展有限公司党支部积极推行员工利益与公司利益挂钩的理念，培养员工终身就业的能力，企业发展与员工成长息息相关。每年工会组织理论知识培训上百场次，分批次组织员工军训，建立管理学院对员工进行技能培训，成立“青年就业见习基地”，与知名培训机构合作打造员工执行力。有效维护员工合法权益，在重大决策出台之前，均提前召开职工代表大会，听取职工代表意见建议，被评为全国“关爱员工、实现双赢”优秀企业。

（三）在“场”上形成效应——上下聚合形成“社会合力场”。按照恩格斯的“社会合力论”，借助物理学概念，党的建设已在全社会形成一个“社会合力场”。这个“场”的思想基础就是社会主义核心价值体系，组织基础就是“两个覆盖”的工作体系和基层组织体系，平台基础就是以服务基层党组织、党员和党务工作者为载体，以服务非公企业发展为目标，以物质基础为保障，正在建立并逐步完善的各种体制机制和服务平台。这个代表先进生产力和先进文化的场，引领与推动非公企业不断趋于社会主流发展方向前进，也就是非公有制企业党建工作与非公有制经济健康发展目标同向，在引领、服务非公经济组织科学发展、健康发展中紧扣主题、贯穿主线、顺势而为。将党建与企业核心文化建设相融合典型示例。天津狗不理集团党委把建设企业文化和弘扬民族品牌相结合，把党建工作融入企业发展的各个层面，成为企业发展不可或缺的生产要素。天津岐丰集团党支部将创先争优与企业文化建设相结合，用党建文化引领企业文化建设，使企业党支部班子成员既成为企业文化的设计师，更成为企业文化的示范者，企业管理、精神文明建设、党组织建设融为一体，确保企业和谐发展，党的工作和内涵充分体现在各具特色的企业文化中。

非公党建工作把促进“两个健康”作为出发点和落脚点，非公企业党组织“两个作用”的发挥对促进“两个健康”至关重要，与“两个覆盖”工作和“两支队伍”建设紧密相关。通过我们持续不断的努力，要在全社会形成支持非公党建工作的浓厚氛围，以非公企业党组织的影响带动广大非公企业出资人与党同心同德、同心同向、同心同力，带领广大党员、员工为企业发展爱岗敬业、团结拼搏。在实践中不断探索“两个作用”发挥的新途径、新方法、新理念，使非公党建理论研究工作成为马克思主义理论中国化、大众化的新里程。

（作者系天津市非公有制经济组织工委办公室原副主任）

对新时期少数民族干部工作的思考

拜四俊　陈　志

毛泽东同志早就指出，要使革命和建设事业后继有人和永葆旺盛的生命力，必须善于培养、使用、提拔青年中的杰出人才。建立一支德才兼备的少数民族青年干部队伍，是落实党的民族政策和民族区域自治制度的重要内容，是做好民族地区工作的重要保证，是加强党对民族工作领导的重要体现。作为新世纪一代少数民族青年干部，是中华民族全面振兴的栋梁和骨干，在社会主义现代化建设和西部大开发的伟大实践中起着前赴后继和举足轻重的作用。因此，加强民族地区青年干部包括妇女干部的培养选拔工作是我们面临的现实而紧迫的重大课题。那么，怎样才能做好新形势下少数民族青年干部的培养选拔工作呢？笔者认为，应从以下几个方面着手抓起：

一、突出重点，抓住关键

一是要从基础抓起，加快培养少数民族青年干部队伍，十分紧迫的任务是加快推进民族教育的发展，只有解决好这一问题，才能够不断扩大少数民族各类干部的来源，为少数民族青年干部的成长提高奠定基础。在大力发展民族教育的基础上．还要通过各种途径，每年优先选拔一定数量的少数民族高等院校毕业生到基层工作，锻炼成长；在整个后备干部队伍中，为少数民族后备干部划出一定比例。通过各种有效措施，为加快少数民族青年干部队伍建设创造条件。

二是要压担子。坚持干部队伍建设“四化”方针和德才兼备原则，拓宽识人、用人视野，多渠道发现、培养和使用少数民族青年干部。各级组织人事部门要为他们提供宽松、舒适的工作环境创造条件，要充分信任，大胆放手，安排他们到主要岗位上任职，让他们为加快民族地区的发展施展自己的才能，发挥更大的作用，对特别优秀的少数民族青年干部，应破格提拔使用。

三是要着力培养提高。各级党组织和团组织要制定切实可行的工作规划，拓宽培养渠道，加强培养教育的力度，不断提高少数民族青年干部的专业文化素质。要从政治上严格要求，加强理论特别是邓小平理论的学习，认真贯彻江泽民同志“三个代表”和“以德治国”的重要思想。加强马克思主义的民族理论学习，加强各方面业务知识的学习，不断提高他们的政治素质和科学文化素质，使他们不断成长进步。

少数民族青年干部是我们党的宝贵财富，是做好民族地区工作不可替代的重要力量，担负着加快民族地区发展，实现各民族共同繁荣进步的重要历史职责。一定要着眼于党的事业，着眼于大局，着眼于根本，高标准严格要求自己，多方面磨炼提高自己，以更好地适应形势和任务的需要。作为党的青年干部，首先要牢记自己的党员身份，要讲党性，讲原则，坚持按党性原则办事，自觉用马克思列宁主义、毛泽东思想特别是邓小平理论武装思想，用党的民族政策指导工作，从适应社会主义现代化建设、适应本职工作要求出发，不断提高自身业务素质和实践能力，高质量地完成党和人民交给的任务。要在正确处理民族宗教问题方面充分发挥少数民族青年干部的作用。少数民族青年干部土生土长，与本民族成员有着广泛的联系，对本民族和民族地区情况比较熟悉，在处理民族宗教问题上应该也完全能够起到一种独特的作用。特别是在遇到一些棘手的问题时，一定要按照党和政府的要求，从讲政治的高度出发，积极主动，放手工作，努力维护和发展各民族团结稳定，共同发展的大好局面。

二、要增强开拓观念，不断提高创新意识

开拓和创新是紧密联系在一起的。开拓精神与创新意识是建立和发展社会主义市场经济体制对新世纪少数民族青年干部的必然要求，在社会主义现代化建设和西部大开发的实践中，要注重培养选拔那些勇于开拓、敢于创新的少数民族青年干部。要有所建树，有所作为就必须大胆创新，勇于开拓。邓小平同志说：“没有一点闯的精神，没有一点‘冒’的精神，没有一股气啊、劲啊，就走不出一条好路走不出一条新路，就干不出新的事业。”江泽民同志说：“创新是一个民族进步的灵魂，是国家兴旺发达的不竭动力。”我们的各项工作也是这样，要有新思路，要有新要求。开拓创新要“敢”字当头．敢于突破传统，不拘泥于老祖宗的条条框框，不迷信权威，不崇拜偶像，不因循守旧，敢为天下先，要敢于突破自我，不断寻求新的自我，不满足现状，不为点滴成绩而昏昏然，飘飘然，更不能固步自封，刚愎自用。要坚持四项基本原则，坚持“三个有利于”的标准，坚持“三个代表”重要思想，既要解放思想，又要实事求是，立足现实，放眼未来，超前思考，超前决策，以超人的胆略和气魄大胆地试，大胆地闯，开创新世纪的伟业。开拓创新要讲究策略，注意方法，还要有信心，有毅力．有不怕困难顽强拼搏的精神。少数民族青年干部只有不断地创新，才能适应成长成才的需要和时期发展的需要。因此，做好选拔培养他们的工作一定要注重增强开拓观念，提高创新意识。

三、加大培养选拔的力度

各级统战部门和团组织都要立即行动起来，拿出切实可行、行之有效的办法，积极配合组织部门做好少数民族青年干部人才的培养选拔工作，为西部大开发不断培养和输送青年人才。其一，加强少数民族青年干部的培养选拔，为实施西部大开发做好干部准备，这是西部大开发具有的艰苦性、复杂性和长期性的迫切需求。其二，加强对少数民族青年干部的培养工作，是解决民族地区干部队伍状况与新形势新任务不相适应这一矛盾的必然选择。其三，培养选拔少数民族优秀青年干部工作，关键在于选人用人的观念要有一个大的转变。要转变注重使用“稳妥型”青年干部的倾向，大胆培养选拔“创造型”的青年干部。新形势迫切需求青年干部必须要有超前意识和预见性；要有对市场作出快速反应的能力；要熟悉政策，理解政策，能准确吃透上级精神，要能创造性地贯彻党的路线方针政策，敢于决策和善于决策。要转变对干部“求全责备”的思想观念大胆提拔虽有缺点毛病，但确有真才实学而政绩突出的青年干部。因此，对少数民族青年干部，根据其特长，选配到适当的岗位上，在实际工作中磨炼。要转变“论资排辈”的做法，大胆选拔有发展潜力的优秀青年干部。不能把干部工作简单化，更不能论资排辈，平衡照顾。各级组织人事、统战部门和团组织要善于发现青年，对那些确有培养发展前途的少数民族青年干部特别是青年妇女干部，该培训的要舍得送出去培训，缺乏经验的要下决心放到基层锻炼，对那些真正有潜力的青年干部要早交任务，早压担子，使他们在实践中增长才干，为民族地区的发展和繁荣再立新功。

四、制定优惠政策，吸引青年人才，实施人才资源的合理配置使用好现有人才，积极从国外引进人才，大力培养少数民族地区的各类青年人才。

为使青年人才留得住，干得好，要按照社会主义

市场经济体制的需求，加快建立少数民族地区青年人才的竞争择优机制。破除“论资排辈”、“求全责备”的传统观念，做到用人不疑，疑人不用。深化干部人事改革制度，建立正常的、规范的、科学的青年人才选拔培养制度。组织人事部门对青年人才的使用和合理流动要放开，减少用人上的一些不必要环节，努力营造各类青年人才脱颖而出的氛围，对少数民族地区工作的各类人才特别是青年妇女人才，在本人待遇、安置和子女入学与就业上制定优惠政策，从政治上关心爱护，从生活上注意解决实际困难，使他们的劳动能够得到社会的承认和应有的回报，以便吸引更多的科技管理人才到民族地区来投资、开发、建设和施展才华，为少数民族地区的发展献计献策，贡献力量。

总之，开发西部，青年人才特别是少数民族青年领导人才是关键，只有实施青年人才战略，才能加快民族地区的发展和西部大开发的步伐。青年人才是创业之本，任何一项伟大的事业都是科技进步和人才辈出、精英密集、智力推动的结果。因此，努力做好新时期少数民族青年干部的培养选拔工作至关重要，必须引起各级党团组织和统战工作部门的高度重视，加大对少数民族青年干部培养的力度，不断向西部地区输送新鲜血液，为实施西部大开发的伟大战略提供坚实的组织和人才保障。

（作者一系共青团宁夏区委机关党委专职副书记，作者二系《党建通讯》主编）

科技扶贫“创”新路，我为党旗增光彩

——威县高效农业示范基地建设掠影

安庆杰　刘志奇　董奎廷

路漫漫其修远兮，吾将上下而求索

2012 年河北省威县被国务院扶贫办确定为黑龙港流域干旱区国家扶贫开发重点县。威县县委、威县人民政府多次召集有关部门分别进行了一系列专题调研：

贫困地区农业增产、农民增收、农村稳定，开发扶贫路在何方？制约我国现代农业发展的农技推广服务“最后一公里”如何突破？河北省第八次党代会提出的：一产抓特色的战略目标如何实现？

2014 年初，威县县委、威县人民政府为落实河北省委“一产抓特色、二产抓提升、三产抓拓展”和邢台市委“还邢台青山绿水，走生态发展之路”总体目标，提出了“建设千亩科技示范园，打造百里优质林果产业带，实现农民家庭收入增万元”的总体规划（以后简称为“千百万”工程）。决定由威县科协、威县老科协组织实施，涉农部门和乡村积极配合。

产业是创造国民财富业的主要部门，只有产业得到发展，才会有经济的发展、区域的振兴、民生的改善，才能为和谐社会，打下坚实的基础。

威县区域产业特色不明显，农业产业化水平低。但是三十年来棉花一产独大的现象没有多大改变。威县第一产业有棉花、蔬菜、果品，农业产业化水平低，农民还以农业为主要收入来源。调整农业产业结构，培育新兴产业，为农民持续稳定收入奠定基础的任务是非常艰巨的。在市场经济条件下和现实的科技推广体制很难胜任，因此科技扶贫不仅要有科学规划的组织者，更需要一批忠诚党的事业，想干事、干成事的实践者。

荀子·大略第二十七：口能言之，身能行之，国宝也。口不能言，身能行之，国器也。口能言之，身不能行，国用也。口言善，身行恶，国妖也。治国者敬其宝，爱其器，任其用，除其妖。

在原县委副书记、原县人大常委会副主任、现任县老科协会长苏桂珍的带领下，经过多次外出考察和研究论证，确定了“以创建威县高效农业示范基地为抓手，依托优质秋月梨生态特色，以优质果品产业发展为核心，突出示范带动和项目整合，突破资金、技术和市场三个瓶颈，强化农业科技推广，创新发展机制，统一规划，分步实施，成为现代农业发展先进理念、模式、机制、效益的集成示范基地。”

他们在基地建设中时刻注意密切党群干群关系、重塑党员干部形象，不失时机地加大科技推广力度、加快农村产业扶贫的步伐，为新农村建设提供智力支持和经济基础。他们普通共产党员的行为被誉为“科技播火者”、“信息咨询台”“致富风向标”，成为当地一道亮丽的风景，他们的言行为党旗增了光、添了彩。

一、高效农业示范基地的地址选择

威县高公庄乡草楼村基本情况：

威县是革命老区，草楼村历史上是一个树木荫闭、林果茂盛的地方，草楼村在抗日战争中曾经是冀南行署银行、兵工厂（手榴弹制造）和宏济医院所在地。由于战略位置、自然环境独特和群众基础稳固，1938 年冀南 51 个抗日县政府参议员大会在此召开。草楼村的前辈为新中国的解放做出过巨大贡献和牺牲，日伪军先后两次火烧草楼，有 17 名先烈长眠于此。

由于自然、人文和社会环境诸多因素，2011 年底草楼村总人口 2018 人，耕地 3200 亩，农业劳动力 998 人，常年外出打工人员 560 人。农民人均纯收入 1100 元左右，是一个典型的以农业为主的贫困村。

现任草楼村党支部书记陈振虎，积极与县科协、县林业局、县扶贫办等有关部门联系，提出了依靠科技和政策（国家退耕还林、扶贫开发优惠政策）的支持，再造千亩优质高效梨园的规划设想。

二、破解科技扶贫难题

科技扶贫关键在于农业新技术、新产品推广，重点在于解决县级推广机构到农户间的“最后一公里”路程。如何突破农业、科技、扶贫开发、土地、林业等涉农部门的单打独斗现状，实现技术、资金、人才、项目有效整合。笔者认为只有通过培育新型农民，提高农民的科技文化素质和致富能力，才能为农业增产、农民增收和改变乡容村貌提供有力的人才保障，而培育新型农民的有效途径就是集中力量整合资金建设高效农业示范基地（高科技示范园区），增强带动辐射广大农民依靠科技致富能力。

2012 年 2 月下旬，县科协副主席董奎廷、县老科协秘书长王运浩、县林业局原办公室主任、县果树研究所长李西享带领部分干部、科技示范户代表，历时一星期对山东省名优新特果树品种进行考察，开阔了眼界，增强了干部群众的致富信心。

三、党员敢带头，群众有劲头

3 月上旬，县老科协会长苏桂珍、县老科协副会长县科协主席刘海龙、县老科协副会长张长江，邀请兴隆县秋月梨专业合作社理事长张江、山东省秋月梨苗木基地王中法，在高公庄乡草楼村委会办公室院内，召开秋月梨生产前景和管理技术培训会，与会群众挤得水泄不通，种植热情高涨，但是对是否能够成功心存疑虑。

针对群众“想致富、没门路；有项目、怕风险”的小农意识。首先县科协、县老科协组织部分党员干部集资入股，建设 300 余亩的威县高效农业示范基地。在党员干部的带动下，草楼村 56 户党员、群众栽种秋月梨 216 亩。根据目前的秋月梨长势和基地建设中一个个共产党员的形象影响，今冬明春，1200 亩退耕还林项目正在有序进行，千亩秋月梨果园建设正在稳步推进，打造一村一品的秋月梨专业村指日可待。

四、威县高效农业示范基地效益和社会效应

威县科技示范园区规划面积 1700 亩，位于威县西沙河流域中心地带高公庄乡草楼村西西沙河东岸。

威县西沙河、老沙河流域有沙荒益林地 10 万多亩，历史上这一带很多是林果区，由于品种老化、管理落后、树势衰落、产量低、品质差、种植效益比种棉花还差，造成了大面积林果树的消失，近三十年来多数已改为棉田，种棉亩收入在 1000 元左右徘徊。特别是近几年棉花市场的波动，造成种棉花效益下降，种棉亩纯收入在 500 元左右。

据了解，威县高效农业示范基地是千亩科技示范园的一期工程，由县科协和县老科协党员干部联系部分草楼村民集资建设，总投资 750 万元，2012 年计划投资 140 万元。

该园区建设规划 1700 亩，目前已经完成秋月梨 350 亩、优质迎霜红桃 30 亩、引进优质葡萄 10 亩、短枝苹果 20 亩、优质大枣 10 亩，嫁接黑美人西瓜 110 亩，优质三白瓜提纯复壮 20 亩，多杆多穗黑玉米 15 亩，优质花生“花育 33”和“秋艺 168”对比试验田 76 亩。基地内已有国内名优新特果树 16 个。

该基地的建设将为威县西沙河和老沙河流域方圆 100 余里近 10 万亩沙荒益林地改造起到积极的示范效应。该项目不仅具有防风固沙、蓄水保墒改善生态环境的生态效益；丰产期每亩可创造经济效益 2 万余元，全村仅此一项直接收入可达 3000 万元，人均增收 15000 元．必将成为农民调结构促增收的又一新的产业增长点。

威县“千百万”工程项目实施后，丰产期全县可创造直接经济效益 20 多亿元，整个产业收入 30 亿元。

威县高效示范基地规划为集科技示范园、旅游观光园、休闲采摘园于一体的有机果品出口基地，打造花果飘香的百里特色果品产业带上的明珠和灯塔，必将“创”出一条科技扶贫和产业扶贫的科学发展新路。

五、扫描基地建设中的共产党员形象

1. “大姐大”苏桂珍——巾帼不让须眉。

苏桂珍，女，中共党员，现年 67 岁，曾任威县县委副书记，县人大委员会副主任，现任威县老科技工作者协会会长。在科技扶贫方式、基地定位、品种选择，都有独到见解。先后“北上”承德与秋月梨合作社会长张江考察适合本县梨树新品种；在苗木运输的关键时刻，亲自带领技术人员“东征”山东，严把苗木品质和刨、运、栽各个关口，确保了苗木质量，成

活率达到95%以上。在基地建设中一个想干事干成事的“大姐大”形象得到广大群众交口称赞。

苏桂珍如是说：高效农业示范基地建设，也许是我晚年给群众能做的最大的一件事，但是仅靠我们自己是远远不够的，它比两万五千里长征需要的时间更长，它需要我们两代人的共同努力，才能体现出科技扶贫、技术推广、农民增收和新农村建设的综合成果。

2.“老黄牛”张长江——不须扬鞭自奋蹄。

张长江，男，中共党员，现年64岁，曾任张营乡、南里村乡党委书记，现任威县老科协副会长、威县红歌会会长、健身气功辅导员。

他父母已经80多岁，子孙满堂，正在享受天伦之乐。就在接到筹建基地的同时，这一切就与他无缘了。四个月以来，年迈父母很少见到孝顺儿子，年幼孙子更难见到慈祥爷爷，恩爱的夫妻两人吃饭的时间存在着时间差，家庭成员之间的沟通也只好用电话来联系。

比起想当年在乡里工作时，忙得有过之无不及，就连爱人住院期间，他也很少陪同在病房里。整天工作在一起的同事，亲切的称其为“张队长”、“张主任”，就在连降两级的称呼中，他正在努力实现角色的转变，体现出一个共产党员贡献余热的“老黄牛”风采。

张长江如是说：我是在党组织的人，服从命令听指挥是我的准则。

3.正科级“农民工”董奎廷——农民增收我快乐。

董奎廷，男，中共党员，现年48岁，现任威县科学技术协会副主席。上车后是司机、外出时是采购员、晚上是资料员、领导来基地调研和参观时是摄像员、干活时是“正科级农民工”。

他生长在农村、毕业于农校、参加工作在农业局，曾从事过农村调查、统计调查、计划生育、组织纪检、科普宣传等部门工作。但是工作的中心从来就没有离开农村、农业、农民，因此字“裕德”，号“半农”。

在基地初创期，撒粪、犁地、耙地、打畦、栽树、浇地、播种、育苗、除草、打药各个环节都会看见他熟悉的身影，被群众称为正科级“农民工”。

董奎廷如是说：“农民工”就是为农民而工作，农民增收就是我的快乐。

4.“三宝”工程师李西享——舍小家为大家，心甘情愿。

李西享，男，中共党员，现年56岁，林业工程师。曾任林业局办公室主任、森林防护站站长，现任老科协常务理事，威县果树研究所所长。

“家庭宝贝”李西享幼年丧父，无兄弟姐妹，由母亲一手拉扯长大。七十高龄的母亲和牙牙学语的外孙在工作之余增添了不少生活的乐趣。

“致富宝贝”李西享对家乡怀有深厚感情，同样是家乡的致富风向标，他的4亩6分地小试验田，硬是带动起来了家乡300亩葡萄种植。为乡亲们依靠科技致富，起到示范效应。几年来累计示范推广名优新特果树品种12个，其中桃树新品种秋玉晚桃，2011年经过河北省科技厅专家评审。

“技术宝贝”李西享不仅拥有林业工程师职称，更是基地的“技术宝贝”，从苗木定植、育种地整理、病虫害防治等所有技术业务都由他具体安排指导，身体力行。

今年由于整天忙于示范基地建设，自己缺少时间管理自家的试验田，今年经济损失已超过3万多元。

李西享如是说：舍小家为大家，我心甘情愿。

5.“推广专家”刘海龙——走自己的路让别人去说吧。

刘海龙，男，中共党员，现年47岁，现任威县科学技术协会主席，威县老科协副会长。具有从事农技推广的丰富经验，多次谋划培训实施方案和课件，在科技推广这个舞台上尽展了自己的人生风采。刘海龙如是说：我是农民的儿子，与农业有着深厚的感情，在农业科技推广上，走自己的路让别人去说吧！

6.“行家里手”王运浩——建设新农村，俺也有份。

王运浩，男，中共党员，现年57岁，现任科协副主任科员、县老科协秘书长。

“行家一出手就知有没有”这句话用在王运浩在多杆多穗黑玉米播种上再贴切不过了。三十年前练就的功底，现在使出来仍然是令人刮目相看。县科协副主席董奎廷对出苗情况调查后说：“多杆多穗黑玉米，人工播种的出苗情况比机播的整体要好，王秘书长功不可没”。在基地建设的关键环节都会看见他身手不凡的一个矫健身影。王运浩如是说：建设新农村俺也有份。

7.“弃商归农”的党支部书记陈振虎——先富带后富同走小康路。

陈振虎，男，中共党员，现年43岁，现任草楼村党支部书记。

具有多年经商经验且已经先富裕起来的他，面对家乡贫穷面貌，依然回村担任党支部书记，挑起带领全村群众致富的担子。他积极利用县老促会、县科协、县扶贫办、城乡规划局等单位的智力和财力支持，谋划新农村发展规划。仅千亩梨园建设后，每亩可创造经济效益2万余元，全村仅此一项直接收入可达3000万元，人均增收15000元。

陈振虎如是说：先富带后富同走小康路，是对一个共产党员的起码要求。

8. "马上办主任"王桂旗。

王桂旗，男，中共党员，现年 49 岁，现任草楼村村民委员会主任。

曾经在部队大熔炉锻炼、复员后搞过建筑、经过商，是一个走南闯北见识广，首先自己实现小康的典型。当选草楼村村民委员会主任后，改变家乡落后面貌的使命感使他如芒刺在背，对农民依靠科技致富的需求，更是到了饮鸩止渴的地步。对威县高效农业示范基地落户草楼，表现出极大的支持，对基地建设中需要协调的问题，都能够及时解决，被誉为基地建设中的"马上办主任"。

王桂旗如是说：新农村建设的主体是农民，没有科学素质的提高就没有新农民；没有新农民的积极参与，就没有新农村；只有在高效农业示范基地的带动下新农村建设的步伐才能加快。

9. 诸侯联动、群英会战。

扶贫办主任刘宝华、县国土资源局长高长英、县农业局长刘朝瑞、县林业局长李涛、县水利局长林金迎、县开发办主任李东、高公庄乡党委书记王力、高公庄乡政府乡长王智建等就服务于基地建设和威县"千百万工程"的有关事项带领业务人员多次进行调查研究，老促会领导林金森、王华君、袁振鹤、史作杰等多次到基地分析论证，有力支持了基地建设。

六、领导支持

县委副书记安庆杰、副县长刘志奇、董占坤多次听取县科协、县老科协基地建设的工作汇报，就基地建设所需人才、资金等给予了大力支持。

3 月 29 日，邢台市科协主席关跃刚、市老科协会长李英民等人视察指导基地建设工作。

4 月 6 日县长吕志成在副县长董占坤及高公庄乡主要负责同志的陪同下，带领县农业、林业、水利、扶贫开发等部门主要负责同志，来到高公庄乡草楼村"威县高效农业示范基地"进行工作调研。

5 月 22 日县委书记段小勇陪同邢台市老促会领导连振经等市县领导参观调研。

6 月 6 日，省扶贫办主任扈双龙来我县调研扶贫开发工作。市扶贫办主任张跃进、副书记王向农，县长吕志成、副县长董占坤、县长助理王宏刚、县扶贫办主任刘宝华陪同调研。

七、日志摘要

1. 2 月 19 日—24 日，董奎廷、王运浩、李西享等同志到山东省考察名优新特果品和苗木基地。

2. 2 月 28 日，董奎廷、王运浩到草楼村南基地测土取样。

3. 3 月 6 日，董奎廷、张长江、李西享深州考察苗木基地。

4. 3 月 8 日，董奎廷、张长江、李西享大曹庄联系有机肥（牛粪）事宜。

5. 3 月 22 日，每亩 5 方的牛粪铺满地，链轨拖拉机开始深耕犁地。

6. 3 月 27 日，秋月梨地耙好，开始打畦，防渗管道开始安装。

7. 3 月 27—29 日，苏桂珍、李西享、郑建山东拉梨苗。

8. 3 月 29 日，邢台市科协主席、老科协秘书长关跃刚考察基地。

9. 3 月 30 日，仁里集林业专业队开始栽种秋月梨苗。

10. 3 月 31 日—4 月 3 日，开始给秋月梨苗浇水。

11. 4 月 6 日，威县县长吕志成在副县长董占坤及高公庄乡主要负责同志的陪同下，带领县农业、林业、水利、扶贫开发等部门主要负责同志，来到高公庄乡草楼村"威县高效农业示范基地"进行工作调研。

12. 4 月 6 日，下午，刘海龙去清河火车站拉优质葡萄苗。

13. 4 月 16 日，县委常委、宣传部长田立宪、副县长高振防陪同邢台市老促会领导连振经等视察基地。

14. 4 月 17 日，李西享、郑建去深州购杜梨种子。

15. 4 月 22 日，董奎廷、王运浩去广宗联系枣苗扩种事宜。

16. 4 月 26 日，苏桂珍、刘海龙去石家庄省老科协汇报基地建设情况。

17. 4 月 27 日，苏桂珍会长向来基地调研的中科院等专家汇报基地建设情况。

18. 5 月 5 日，重新规划后的办公室开始建设。

19. 5 月 21 日，多杆多穗黑玉米播种后喷施除草剂。

20. 5 月 22 日，段小勇书记陪同邢台市老促会会议代表参观基地建设。

21. 6 月 2 日，苏桂珍、刘海龙、郑建去安平拉围墙用网。

22. 6 月 6 日，省扶贫办主任扈双龙来我县调研扶贫开发工作。市扶贫办主任张跃进、副书记王向农，县长吕志成、副县长董占坤、县长助理王宏刚、县扶贫办主任刘宝华陪同调研。

23. 6 月 11 日，张营乡供电所考察用电线路。

24. 6 月 11 日，山东省秋月梨基地主任王中法来基

地走访调研

25.6 月 12 日，基地办公室自来水通水。

八、百日会战的感悟

从 2 月 19 日威县高效农业示范基地开始筹建至今已经四个多月了，基地内种植工作现已基本完成，主要工作转向管理，在领导满意、群众赞扬的一片片贺声中，有些很值得我们思考和总结。

1. 用事业凝聚人心。

从家庭出发到基地 64.5 里，每天来回 69.8 公里，我们每天单调地重复着一件事，早六点从家里出发——基地劳动——晚九时回家休息——早六点再出发——再到基地劳动——晚九时再回家休息……，这样单调而辛苦的工作，在连续 130 多天的时间里，每天疲劳的回家后连澡就懒得洗，负责基地建设的张长江、董奎廷、李西享三同志，迎朝阳送晚霞在“朝六晚九”的工作时间表内仅在路上就走了近两万里，加上外出考察在路上的时间就达两万多里长。

张长江因为劳累过度和饮食条件的限制，虽有药物控制但血糖仍居高不下，董奎廷、李西享两人的体重平均下降了 8 斤，他们用晒黑的皮肤、勤劳的汗水、基地建设的实际行动，密切了与群众的联系，情景还原了当年“党员为革命流血牺牲，群众节衣缩食大力支持”，形成了“我建基地为群众致富引路，众乡亲来劳动为我帮忙”鱼水之情。

“退休的”、“离岗的”、“在职的”，“40 后”、“50 后”、“60 后”使用什么魔法能够把他们凝聚在一起？

老科协会长苏桂珍如是说：一是农业科技推广事业的召唤；二是全心全意为人民服务的党性要求；三是探索科技扶贫与农民持续增收的责任，把我们凝聚在一起。

2. 把共识变为行动，把行动变为成果。

回想起威县高效农业示范基地创建过程，是我们在威县县委的正确领导下。“科学”规划加“拼命”工作的过程，再一次体现了“有条件要上；没有条件，创造条件也要上”的铁人精神。历经 4 个月的默默工作终于建成了 500 多亩地的一期工程，在这成绩的背后凝聚着威县高效农业示范基地建设一班人的智慧、汗水和对科普事业的忠诚，诉说着科技推广工作者的酸、甜、苦、辣……

威县县委书记段小勇，在接见邢台市市老促会会议代表参观高效农业示范基地时说：“贯彻河北省第八次党代会提出的‘一产抓特色，二产抓提升，三产抓拓展’的战略目标，威县科协系统谋划早，行动快，措施得当，办法灵活，不失时机的把共识变为行动，把行动变为成果，建成了威县高效农业示范基地，成为威县百里高效林果产业带的样板，为再造威县农民增收的增长极做出了贡献。”

3. 伟大来自平凡。

把每一个简单的事情做好，就是不简单；把每一件平凡的事情做好，就是不平凡！在连续 130 多天的时间里，我们每天都重复这样单调工作，才取得今天基地建设的成绩。

“积土成山，风雨兴焉。积水成渊，蛟龙生焉”，我们默默做好每项服务农民、服务农业、服务县域经济发展工作，忠实实践着全心全意为人民服务的宗旨！时刻牢记自己是一个共产党员干部。

近年来我们转变科普思路、创新科普手段、完善科普网络、强化科普人员素质，争创“三满意工作单位”。即讲给农民听（科普下乡培训），做给农民看（科技示范户带动），带着农民干（高效科普示范基地辐射）——使农民满意；单项工作搞突破（科普惠农、调查研究、宣传报道），科普工作上水平——叫上级领导部门满意；围绕中心服务大局（紧紧围绕经济建设这个中心，以农业增效、农民增收为目标，坚决响应和维护县委县政府提出的各项方针政策，全力维护威县改革发展和稳定这个大局），整体工作上台阶——让县委、县政府满意。中国科协“科普动态”2010－06 期科普活动栏目刊登了《开拓进取结硕果科普惠农三满意》为题介绍了威县科协创建“三满意工作单位”的事迹。

“不积跬步，无以至千里；不积小流，无以成江海”，我们把每一件科普惠农的小事做得及时、做得到位、做到农民满意为止。

1. 开展了威县科普电影进百村活动。

发放农业技术资料《威县农业新技术使用手册》累计 3 万余册，发放科普挂历 10000 张，发放各种优惠卡 10 万余元。

2. 科普示范基地建设扎实有效。

2010 年在贺营乡魏村与河北省产业协会建设了 460 亩“懒汉西瓜王与棉花间作基地”；在常屯乡东辛店村建设了近 300 亩“绿豆与棉花间作基地”被省科协评为全省“先进科普示范基地”。

3. “科普惠农服务站”带动农民增产增收效果明显。

已建成科普惠农服务站 16 个辐射 148 个村 33000 户。累计为农民减少支出 1360 万元，累计增加收入 2.3 亿元。

4. “科普惠农大礼包”普惠群众。一是配方施肥套餐；二是科学管理套餐；三是病虫害防治套餐。

“骐骥一跃不能十步；驽马十驾，功在不舍”。我们就是从一点一滴的平凡小事做起地，几年来，紧紧围绕提高广大农民科学素质这个中心，加大宣传力度，在“科学普及与科技致富”这块沃土上辛勤工作，不断探索科技扶贫和产业扶贫的新路子，有力推动了全县科普事业的发展，增强了农民科技致富的能力。取得了一定成绩，同时县委、县政府对我们今后的工作提出了更高的要求，带来了巨大的工作压力，此文仅对威县高效农业示范基地建设工作做一简要回顾，其他科普工作略一概述，以《科技扶贫“创”新路，我为党旗增光彩》为题的汇报，作为迎接党的九十三周年华诞的献礼。

（作者一为威县县委副书记，作者二为县人民政府副县长，作者三为县科协副主席）

坚持“三个代表”重要思想 大力培养优秀年轻干部

拜四俊　陈　志

江泽民同志指出：“我们党要做到三个代表”，关键在于建设一支能适应新形势新任务要求的高素质领导干部队伍，特别是培养和选拔好跨世纪担当重任的一批接班人。立足当前，放眼未来，培养和选拔大批德才兼备的优秀年轻干部，对党的事业的兴旺发达和国家长治久安，具有重大的现实意义和深远的历史意义。因此，各级党委要重视对优秀年轻干部的培养、选拔和任用，在具体工作中必须实现四个突破。

一、在用人观点上要有突破

培养选拔年轻干部是事关全局的重大问题，我们党历来重视培养选拔年轻干部。但是，长期以来，有些领导用人、选人观点保守，认为优秀年轻干部必须出类拔萃，十分成熟，或者用经验丰富的老同志的标准来衡量年轻干部，总觉得年轻干部在许多方面不如意，过分看重年轻干部的缺点和不足，忽视他们的长处、优点和潜力，不是用辩证唯物主义全面和发展的观点看待，而是光看短处，放大缺点，求全责备。有人论资排辈，平衡照顾，把领导职务当成社会福利平均分配。这样长此以往，势必影响年轻干部的健康成长，也违背了党的干部政策。

（一）树立发展的观点，摒弃成熟了再用的观点。应该承认，年轻干部与老干部相比，在工作阅历、实践经验、领导艺术等方面确实没有老同志成熟，正因为他们还年轻，阅历短，要求他们具备老干部那样成熟的素质是不现实的，要求他们超前成熟也是不可能的。任何事物都是不断发展的，年轻干部也有从不成熟到逐步成熟的发展过程，只要他们有发展潜力，有培养前途就大胆使用，早压担子。特别要爱护和支持勇于探索、创新的干部，允许他们犯错误，帮助他们不断总结经验，增长才干，在实践中学习成长，不能等到完全成熟了再用。

（二）树立最佳使用期观点，摒弃论资历排辈观点。长期以来干部培养选拔工作中存在论资排辈现象，是造成年轻干部成长缓慢的一个重要原因。在使用干部上往往不是根据胜任工作的能力和专长，首先考虑的是资历的深浅和党龄的长短，使得一些人容易成为不求有功，但求无过的庸庸碌碌的太平干部。在下者则熬年头，积极性不能充分发挥。德才兼备的年轻干部有朝气、有闯劲，如能及时培养提拔，知人善用，扬长避短，就能最大限度地发挥他们的才能，如果长时期冷冻在后备库里，原有的热情和高涨劲头日渐消逝，错过了最佳使用期，即使勉强提拔使用，昔日强烈的事业心也荡然无存，有可能也是当一天和尚撞一天钟，给党的干部事业造成莫大的损失。事实证明，按论资排辈选人，年轻干部永远难以成长起来。邓小平同志强调：“要选人，人选好了，帮助培养，让更多的年轻人成长起业。他们成长起来，我们就放心了”。要把那些政治上坚定、文化层次高、专业知识功底深厚并在最佳使用期的优秀年轻干部大胆选到领导岗位上来，彻底打破论资排辈的陈旧观念。

（三）树立重视基本素质观点，摒弃求全责备的观点。选干部应重视干部的德才基本素质。如果把德才兼备的干部看作是好干部，那么有潜力、有培养和发展前途的德才兼备的干部则是优秀干部。看一名干部有无潜力，有无培养和发展前途，主要看有无优势，这些优势集中体现在干部的年龄、知识、能力、环境和事业心上，根据优势原则培养选拔干部，应重实绩、重公认、看主流、看本质、看发展、看优势、平等竞争，公开择优，从工作出发，关心爱护干部，多看优点和长处，帮助改正缺点和短处，客观、公正地评价年轻干部，在坚持政治标准的前提下，不求全责备，量才任事，用其所长，避其所短，为优秀年轻干部的合理使用创造有利条件。

二、在岗前培养上要有突破

“三个代表”要靠人来实现、靠队伍来保证。年轻干部是党的干部队伍中最有朝气、创新意识最强的中坚力量，能否真正“代表”，希望就寄托在充满生机与活力的年轻干部身上。在年轻干部的培养教育上坚持“浇水”、“施工”、又“修枝”、“打杈”，即精心培养，又加强管理，发现他们有缺点、毛病，就及时指出和帮助，把可能出现的问题消除在萌芽状态。培养年轻干部必须把提高政治素质放在首位。实践证明，政治上出现问题，往往是从忽视理论学习和修养开始的。要保持政治上的坚定性，离不开理论上的坚定性；要保持理论上坚定性，离开学习是万万不能的。学习是前提、是基础。新的世纪，新的形势，要求我们学习的东西太多了，最重要的是下功夫学习马列主义、毛泽东思想，特别是邓小平理论，“三个代表”重要思想及党的路线、方针、政策，为提高政治素质打好理论基础。

（一）强化党校学历培训。党校是培养干部的摇篮，其阵地和熔炉作用发挥得如何，直接影响到干部成长的快慢，意义重大而深远。要通过培训，使年轻干部熟悉马克思主义基本原理，善于运用马克思主义基本观点、方法去研究问题、解决问题，加强理论修养，提高理论水平，增强党性锻炼的自觉性。把对于干部的培训、轮训与对干部的使用结合起来，把经过党校培训的情况作为选拔优秀年轻干部的重要依据，切实提高广大年轻干部的整体素质。

（二）强化岗位专业知识培训。党和人民的事业需要的干部是多方面的，坚实的理论功底，扎实的专业知识，都是工作不可缺少的。要以各级党校为依托，运用多种形式，分层次对年轻干部进行以宏观经济、市场经济基础知识、法律、金融、科技、历史等为主要内容的岗位专业培训，使年轻干部尽快成为改革开放和现代化建设的内行。

（三）强化实践锻炼。实践锻炼是干部成长的一条重要经验，实践出真知，实践出人才。要鼓励支持年轻干部勇于实践、勤于实践、善于实践、在实践中增长才干。可采取到基层挂职、蹲点负责重点工程的实施等，给年轻干部压担子，使他们经风雨，见世面，在实践中尽快成长。近年来，我区选派的一大批优秀年轻干部到基层，到农村挂职锻炼，不但促进了当地经济发展，也使部分优秀年轻干部在基层的磨炼中脱颖而出，成为经济社会发展的主力军。

三、在干部考核上要有突破

干部考核是对干部进行考德、考能、考勤、考绩的综合过程，是管理、教育和提高干部质量的重要措施，也是督促干部高质量、高效率完成工作任务的重要措施。长期以来，干部管理制度中缺乏严格的考核，往往干好干坏一个样，干与不干一个样，甚至无功受禄，有过不责，平庸者升迁，优秀者埋没，干部的奖惩与升降同其工作之间缺乏紧密而必然的联系，干部中的官僚主义、玩忽职守和消极怠工由此而产生。

（一）扩大考核面，充实考核内容，全面考核干部的德、能、勤、绩。既要注重考核工作实绩，更要注重分析政治思想和道德品质，尤其要看关键时刻的表现，看能不能经受住重大政治风浪的考验；能不能经受住名、利、权、色的考验；能不能做到把党和人民的利益摆在高于一切、重于一切的位置上，真正做到“三个代表”。

（二）拓宽考核时限，将八小时以内和八小时以外考核结合起来。按照江泽民同志在中纪委四次会议上的讲话精神，既要考核干部在单位工作的表现，又要考核他们在八小时工作以外的社会交往等情况，防止考核失实、失真。

（三）注重群众公论，增强考核的透明度，实施公示制、预告制和试用制。这样就要以有效地杜绝过去在小圈子、小范围、由少数人考核干部的局限性，客观准确地了解和把握干部的工作状况及其思想、作风等方面的表现，使成绩突出者受到鼓励和提拔重用，使工作平平者得到及时指导和帮助。

（四）加强对年轻干部的经常性管理。年轻干部正处在成长时期，在改革开放和市场经济条件下，面临的诱惑和考验很多，能否抵挡各种诱惑，抗得住各种腐朽思想的侵袭，健康地成长和成熟起来，光靠其自身是不够的，党组织要从党和人民事业的高度、从关心年轻干部的角度出发，严格要求、教育、管理和监督，帮助他们进一步坚定理想信念，牢固树立马克思主义的世界观、人生观和价值观，全心全意为人民服务。年轻干部也要加强自身党性修养，不断提高精神境界，砥砺品德、陶冶情操，自重、自省、自勉、自励，经受住各种诱惑和考验，自觉遵守党纪国法，自觉接受群众的监督，尽快成长起来。

四、在干部交流上要有突破

实行干部交流制度，对于干部增长才干，提高素质，克服不正之风，具有重要的意义。近年来，各级党委对干部交流工作是比较重视的，但力度还不够，特别是对年轻干部的纵向交流、横向交流方面显得薄弱。有些只注重异地交流，注重向外推荐干部取经学习，而忽略了在本地的不同部门，同一部门的不同岗位上的交流，致使有些年轻干部在同一部门培养，同一部门使用，一用不变，由于工作的局限性，视野放不开，知识面难扩展，即使选配到重要岗位也显得力不从心，难以驾驭。加之长期在同一部门，干同样的工作，轻车熟路，惰性增强，素质提高慢。因此，对优秀年轻干部，特别是有发展潜力的干部要让他们涉猎一些领域，多到艰苦的地方完成急、难、险、重任务中锻炼考验，为担当更重要的领导职务，担负更繁重的工作任务做好准备。近几年各地在干部交流上进行了有益的尝试，一大批优秀年轻干部脱颖而出，走上了领导岗位，为经济和社会发展做出了贡献。政治路线确定之后，干部就是决定的因素。始终坚持“三个代表”，培养和选拔一大批能担当重任的领导干部，是适应新形势、迎接新挑战，全面推进社会主义现代化建设事业的必然要求，只要从党的事业的长远出发，充分营造出干部培养成长的有利环境，党的事业就会后继有人，也会因之而兴旺发达。

（作者一为共青团宁夏区委机关党委专职副书记，
作者二为《党建通讯》主编）

重选　重带　重用　重管
抓好年轻干部培养

王　庆

习近平同志在全国组织工作会议上专门指出，“加强和改进年轻干部工作，要下大气力抓好培养工作。”培养选拔年轻干部是党的一项战略性工作，事关党的事业薪火相传，事关国家长治久安，组织部门要抓好这项工作，必须坚持组织精心培养和干部自我修养并重的思路，重选年轻干部、重带年轻干部、重用年轻干部、重管年轻干部，帮助其成长、成熟、成才。

要重选年轻干部，指明路助其成长。年轻干部作为国家发展建设事业需要的基石，肩负着人民群众的殷切希望和历史重托，组织部门必须严把入口关，真正把那些看得准、有潜力、有发展前途的优秀人才纳入组织视野。近年来，温江区用开阔的视野、开放的胸襟、开明的环境、优惠的政策，采取人才引进的方式，在全国范围内公选吸纳了一批政治素质高、文化修养好、综合能力强、工作作风优的年轻干部，由组织部门统筹调配指导人员，帮助他们确定职业生涯规划，提升了年轻干部的核心工作能力，助其在日常工作中“高看一度、深想一层、先行一步”，关键时刻能“站得住、镇得住、顶得住、守得住”。通过树立正确的培养目标，让年轻干部找到存在的差距、明确进步的方向，归根结底，培养根在立德，就是要让年轻干部常修为政之德，通过树立良好的职业道德、社会公德、家庭美德，并在此基础上提升政治品德和党性修养，以全心全意为党和人民服务的“大德”来保持端正的品行作风；培养贵在立学，面对复杂多变的国际形势和艰巨繁重的国内改革发展任务，通过重点高校培训和境外高层次培训等方式，让年轻干部丰富知识储备，完善知识结构，打牢履职尽责的知识基础；培养重在立行，让年轻干部立足自身岗位，切实把书本知识转化为实际工作能力，能干事、会干事、干成事，做到知行合一。

要重带年轻干部，压担子促其成熟。针对年轻干部普遍具有工作经历单一、人生阅历单纯的“短板”，温江区采取“老＋新”“一对一”“传帮带”的方式，推行“轮岗交流、换位思考、一线锻炼”的工作方法，培养出了一批数量较充足、门类较齐全、专业较配套、素质较优良的后备干部队伍。要继续总结运用这些行之有效的做法制度，坚持在艰难困苦环境中锻炼年轻干部，重点安排他们到位置相对偏远、条件相对艰苦、基础相对薄弱的乡镇乃至村社挂职，让他们在服务基层的最前沿践行“亲民、爱民、为民、利民”的群众路线；坚持在急难险重任务上锻炼年轻干部，专门选派他们参与主题活动推动、重大项目建设、自然灾害抗击等重点工作、难点工作，让他们在发展建设的练兵场增强统揽全局、组织协调、抵御风险的能力；坚持在复杂矛盾纠纷里锻炼年轻干部，轮流选派他们到拆迁安置、信访维稳等利益冲突巨大、群众关注密切的部门岗位去工作，让他们在维护稳定的第一线真正增智慧、长才干、担大任、做大事。

要重用年轻干部，给位子帮其成才。要实现中华民族伟大复兴的“中国梦”，将温江建成西部最具魅力的一流强区，必须牢牢把握“信念坚定、为民服务、勤政务实、敢于担当、清正廉洁”的好干部标准，勇于破除束缚干部成长的陈旧观念，努力形成人尽其才、才尽其用、用当其时的良好局面。在年轻干部选拔任用上，坚持重德才、重基层、重实绩、重公认，要讲台阶而不唯台阶，论资历而不唯资历，按照民主公开竞争择优的原则，不断加大竞争性选拔干部力度，对经过实践检验的年轻干部，要有敢为事业用人才的胆识和气魄，用贡献和实绩消除社会对年轻干部工作能力的惯性质疑，让干部越能挑担子越有位子；在年轻干部配备使用上，按照结构搭配合理、效用发挥最大的原则，围绕班子职能职责和形势需要、围绕阶段工作任务和长期发展战略，在综合研判的基础上将年轻干部选拔充实到党政领导班子，保证领导班子充满生机活力、党和人民的事业后继有人；在年轻干部考核评价上，将日常考察作为考准考实的重要基础，建立干部工作实绩档案跟踪分析了解，推进延伸考察进学校、进企业、进社区，通过听其言、观其行、察其德、辨其才，重点考察其关键时刻的表现、危难关头的担当、复杂局面的应对，真正把年轻干部看清识准。

要重管年轻干部，设警戒免其滑坡。干部的党性修养、思想觉悟、道德水平需要终生努力，按照从严治党、从严治吏的要求，温江区建立了干部监督员队伍，构建了干部约谈长效机制，完善了“日常考察—谈心谈话—跟踪问效—调整不适宜担任现职干部”管理监督链，帮助年轻干部改造主观世界、加强党性修养、加强品格陶冶。明年，区县层面将开展群众路线教育实践活动，围绕聚焦“四风”问题，我们将坚持经常性谈心谈话，跟踪了解年轻干部思想、工作、生活情况，特别针对发现到的政治思想、道德品质、履行职责、工作作风、勤政廉政等方面的苗头性问题适时开展警示约谈，做到早提醒、早纠正，引导他们珍重人格、珍爱声誉、珍惜形象，努力成为讲党性、重品行的垂范者，爱岗位、甘奉献的引领者，讲诚信、遵规章的先行者。

（作者系中共成都市温江区委常委、组织部部长）

浅谈如何做好非公党建工作

方　斌

非公企业中的党组织是党的基层组织的重要组成部分，是职工群众的政治核心。要使其充分展现时代特征，以期在加速经济发展进程中充分迸发党的活动优势和强劲张力。党组织要在支持和保证非公企业发展，监督企业依法经营，维护员工合法权益，宣传党的路线、方针、政策方面发挥自己的作用。

一、加强党组织对企业的指导作用

非公企业规范运作依靠社会法制意识、法制环境的制约，同时也取决于经济组织内部的环境及个体素质。许多非公企业出于对利益的追求以及对自身的地位和长远发展存在某种不确定感，对企业经营行为的规范和整体素质的提高不够重视。党组织就是要探索党的建设和企业发展两者之间的最佳结合点，发挥帮助、促进和监督的作用；积极引导和监督企业遵守国家的法律、法规。推进企业的体制创新、制度创新和科技创新，提升非公企业的经济实力，全面提高企业素质和市场竞争力。要建立参与企业决策的工作机制，推荐优秀党员担任企业骨干，提高党员在企业决策和管理层的比重，直接或间接参与企业决策。可以说凡是党组织政治核心作用发挥得好的企业，企业的经济效益就提高得快，就会充满无限的生机和活力。

二、加强思想政治工作，增强企业活力，为创建活动奠定基础

开展思想政治工作是党建工作的一项重要内容。在非公企业中要想把思想政治工作真正做好，就要将思想政治工作与经济工作结合起来。我们首先要认识到，企业的各项业务活动和经营管理，是思想政治工作载体，思想政治工作是完成各项工作任务的重要保证。二者互相依存，互相渗透。有些企业认为思想政治工作只处于从属地位，这种想法是错误的，思想政治工作搞得不好会严重影响企业发展。在深化改革和经济发展过程中，矛盾出现反复，有时旧的矛盾解决，新的矛盾又随之产生。因此企业要做好思想问题，保证整体的稳定和发展，要实现思想教育与加强经济管理相统一。

注重思想政治工作，必须做好几项基础工作，首先要提高职工队伍的基本素质，一个企业要长远发展，必须培养一支高素质的职工队伍，职工的风貌是最能代表一个企业的精神面貌。做好思想政治工作要调动职工积极性，努力营造宽松和谐的企业环境，以利增强企业的向心力和凝聚力，为企业不断发展壮大注入活力，确保职工在企业中的正当权利。要加强工会作用，还要实行政务公开，以利于发挥职工对企业进行民主管理、监督的积极性。这样企业上下一定能互相信任，同心同德共谋企业发展。

人人都是管理者，人人又都被管理这应该是我们思想政治工作的最高境界。我们要更加重视个体利益和价值，应该探索更加尊重人的个性化发展的思想政治工作模式，要真正实现大众化管理，要从内容、方式、手段上突破固有模式，实现思想政治工作的延伸。非公企业面临着适应市场化进程的企业构建，要在市场中全力以赴求生存求发展，压力非常大。因为如此，

我们更要做好党建工作，引导企业在追求经济利益的前提下，保持稳定的局面，同时逐步建立起现代企业制度，营造健康的企业文化，真正实现非公企业的可持续发展。

三、以人为本，发掘非公有制经济企业的自身潜力

在提倡以人为本的政治、经济、社会大环境下，非公企业经济发展人的因素是不可忽视的。党建工作的切入点首先是抓班子、带队伍，以人为本。要加强领导班子建设，真正发挥其带头作用。在加强领导班子建设中，我们要通过严格的党委例会制、强化民主意识、坚持集体领导、树立民主作风；建立健全并严格落实工作目标责任制、实行跟踪考核、定期述职、接受民主评议；定期召开民主生活会、开展健康的批评与自我批评、不断完善自我。通过这些行之有效的做法，提高企业的整体合力。

非公有制企业党组织在帮助企业留住人才、激活人才发挥积极性方面同样可以大有作为。要把一线员工、业务骨干、工程技术人员团结在自己周围，把支持工会，争取和保护职工群众的合法权益作为利益调整的重点，建立合理稳定公开的、有利于非公有制经济组织妥善处理劳动关系的分配制度，有针对性地开展以密切联系群众、尊重理解和关心职工作为基本内容的思想政治工作，把思想政治工作渗透、融合、落实到企业方方面面。通过进行党的知识、组织纪律、价值观念、职业道德等方面的教育，树立员工社会主义主人翁意识，明确自己在私营企业工作也是为建设有中国特色社会主义事业做贡献，在私营企业工作同样是光荣的。引导他们由追求高收入向追求做贡献方向努力，形成蓬勃向上的企业团队，把党组织的战斗堡垒作用、党员的先锋模范作用贯穿到企业生产经营过程中，充分发挥广大党员的先锋模范作用，从而使自身的凝聚力、感召力和战斗力转化为强大的企业竞争力。

四、加强党建工作，树立非公有制经济企业的精神，构建企业文化格局

非公有制企业文化是有中国特色社会主义文化的一部分，它的发展既是非公有制企业确立企业精神，树立良好的企业形象，提高企业素质的内在需求，也是造就有理想、有道德、有文化、有纪律职工队伍，提高非公有制企业人员的思想道德水平和科学文化素质、发展有中国特色社会主义文化，建设社会主义精神文明的需要。因此，党组织在规范和引导非公有制企业健康发展的过程中，应该帮助非公有制经济组织构建自己的企业文化格局，大力加强非公有制企业精神文化建设。

当前，对于非公有制组织而言，遵守诚信理念在加强非公有制企业精神文化建设当中有非常重要的地位。党组织要加强以爱岗敬业为中心的职业道德建设调动员工积极性创造性，推进企业健康发展。我们要把精神文明建设落到实处，并将其提高到一个新水平，要加强公路人世界观改造，树立公路人良好形象。企业的信誉本身就是无形资产，也是其核心竞争力的重要的方面，一个企业不守诚信，不仅对非公有制组织的形象会造成直接损害，也会严重阻碍非公有制经济的健康发展。党组织要充分发挥自身对企业管理、监督作用，加强守法意识和道德意识，帮助引导非公有制经济人员，树立正确的世界观、价值观、人生观。使非公有制企业从原来的过分追求经济利益升华到回报社会、回报祖国和实现人生价值的理念上来，重塑诚信理念，自觉地把企业自身的发展与国家的发展结合起来，把个人富裕与全体人民的共同富裕结合起来，把遵循市场法则与发扬社会主义道德结合起来。

对于公路养护企业来说，树立企业精神，构建企业文化格局，重点要加强行风建设，努力为全社会提供优质服务和满意服务，树立公路部门的良好形象。为切实加强行风建设，我们要在积极开展三观、四有和公民道德等思想教育的基础上开展文明在交通、甘当铺路石，养路谱新篇为内容的群众性文明窗口创建活动。

五、加强党群工作，进一步研究探索适应非公有制经济企业特点的党建工作新模式

1. 积极研究探索，创建适应非公有制经济企业特点的党建工作新模式。

在非公有制企业开展党建工作，必须要通过工会实现党组织意图。非公有制企业的设置、领导体制、工作思路、工作方法、活动方式都与其他领域党组织的职能作用有明显差异，为党建工作的开展带来了很大难度。而工会组织作为工人阶级的群众组织，其职能得到法律的承认，开展活动具有法律保障，因此要利用工会在非公有制企业的地位和作用，以党建工作促进工会工作，以工会为载体，开展党建工作，做到党组织和工会组织对应设置，人员相互兼职，工作形成合力。

党建工作内容可以通过开展工会活动这种形式在非公有制企业得到落实，使得企业员工始终接受我们党的教育，坚定社会主义的理想信念，阵地意识不断

增强。把群团组织置于党的领导之下。

2. 健全组织，规范非公有制企业的党建工作。

首先是要在非公有制企业中健全组织。在非公企业中建立党组织是加强非公有制经济组织党建工作的基础和前提。要对非公有制企业党组织的设置和隶属关系、地位作用和职责任务、活动方法和方式、党员教育管理和发展党员工作、党建工作的领导等问题作出了具体的规定，引导企业遵守国家的法律法规，进一步明确党组织在非公企业中的政治核心作用，使工会、共青团组织在党组织的领导下充分发挥其职能，真正做到以工会工作推动党建工作，以党建工作来带动共青团工作，使非公有制企业党建工作的内容、形式更加明确和规范。

3. 充分发挥非公有制企业党组织功能作用。

非公有制企业的党建工作，不能单纯地搞以党的建设为主要内容的活动，而应把党群活动同企业的生产经营和企业发展有机地结合起来，要在员工中发挥政治核心作用。要坚持宣传开道，典型引路，大力宣传典型事例，善于挖掘多途径多形式发挥作用的先进经验和典型做法。党组织要把搞好生产经营、促进企业健康发展作为开展党的活动的出发点和落脚点，号召党员干部和全体职工积极投身于企业的经营和发展中，扩大党在非公有制企业中的号召力和影响力。使党组织在非公有制企业当中的作用得到充分发挥，从而进一步提高企业的经济效益，促进企业健康、稳定发展。

（作者系江西弋阳县人民政府副县长）

运用“四大法宝”建设强有力基层党组织

王京凯

基础不牢，地动山摇。基层党组织是党的领导和执政的重要基础，只有每一个基层党组织都坚强有力，整个党的组织才能朝气蓬勃、充满活力。运用好坚持民主集中制、开展批评和自我批评、严格党内生活、加强党的团结统一这“四大法宝”，是我们党实现自我净化、自我完善、自我革新、自我提高的锐利武器，对加强党的建设，提高各级党组织的创造力凝聚力战斗力具有重要意义。

用好民主集中制，提高基层党组织科学决策水平。目前基层仍存在“一把手”说了算、部分领导执政以自我为中心、班子会议讨论不充分等问题，严重影响了基层党组织的民主科学决策水平。要强化督查指导。积极引导党员干部树立立党为公、执政为民的原则立场，并熟练掌握民主集中制的规矩、方法等，增强其贯彻落实民主集中制的自觉性，提高其贯彻执行民主集中制的能力；加强对民主集中制贯彻执行情况的考核评估和监督检查，对贯彻执行不力、发生重大偏差和失误的，要严肃追究相关单位和个人责任。要落实好民主制度。完善党的领导制度和工作机制，坚持集体领导和个人分工负责相结合，凡是重大事项必须经会议充分酝酿、民主决策，真正把集思广益与统一意志结合起来，保证民主议事、集体讨论、科学决策。落实好党务公开制度，对决策事项，特别是涉及群众切身利益的事项，要及时全面公开，广泛收集各方面意见，进一步接受社会各界监督，进而提高决策的公正性和科学性，同时也为推动决策的贯彻落实打下坚实基础。

开展批评和自我批评，推动基层党组织自我完善发展。批评与自我批评是中国共产党的三大优良作风之一。在开展群众路线教育实践活动中，有的同志查摆问题不敢触及思想实际，不敢深究、不敢揭短，只是敷衍了事，要拿出整风的气魄和力度，切实用好批评和自我批评这一利器。要坚持方向，立场坚定。无论批评自己还是批评他人，都要立场坚定、公正客观，以“团结—批评—团结”为原则，开展深入有效的批评和自我批评，切忌从个人恩怨、得失、利害、亲疏出发开展批评，凡事出于公心、为谋公利。要有的放矢，切准要害。坚持实事求是，分清是非、辨别真假，批评有根有据、切中要害，对存在的问题深度剖析、触及灵魂，以真正达到红红脸、出出汗、排排毒、治治病的目的。要端正态度，不走过场。勇于抛开面子，“闻过则喜、从善如流”，虚心接受批评，推心置腹交换意见；要敢于揭短亮丑，敢于揭露矛盾，不做“老好人”，批评与自我批评不留情面，进行积极的思想斗争。

严格党内生活，强化基层党组织功能作用。严格的党内生活，是保持党的先进性和纯洁性的重要保障。基层党组织开展党内生活，普遍存在活动少、质量不高、覆盖面不广等问题。要坚持创新活动内容、方式方法，利用基层党员干部喜闻乐见的形式，如举办党建沙龙、党员联欢会，开办共产党员手机报、电视栏目、专题网站、党建微博等，强化党员教育培训，创新党内生活模式，增强党内生活的吸引力、号召力；

要坚持和完善“三会一课”等好制度好做法，克服形式主义、自由主义等不良风气，建立党内生活考核和激励机制，强化党员干部日常管理，提高党员出勤率，保证党内生活质量，健全基层党组织生活；要加强和规范流动党员管理，积极探索流动党员管理新方式，加快推进“两新”组织和社区党建工作，扩大基层党组织覆盖面，努力做到有党员的地方就有党组织，有党组织的地方就有严格的党内生活。

加强党的团结统一，实现基层党组织持续健康发展。团结统一是党的生命、党的力量之所在，是党组织开展一切工作的前提和基础。要强化党员教育。突出理想信念、党的性质和宗旨、优良作风教育，引导党员干部牢记党的要求，讲党性、顾大局，不搞小派别、小集体，不搞宗派主义，立党为公、执政为民，不谋私利、谨慎用权，坚持真理、发扬民主，紧跟党的步伐不掉队、不变质，切实增强党性修养，改进工作作风，自觉维护党的团结统一。要严明组织纪律。以开展群众路线教育实践活动为契机，进一步严明党的组织纪律，严格贯彻落实从严治党、从严治吏要求，加强基层党组织纪律建设，教育引导党员干部自觉遵守党的纪律，对党负责、为党争光，永远忠诚于党，自觉维护中央权威，自觉在党的带领下扎实推进各项事业，努力推动基层党组织持续健康发展。

（作者系中共临沭县委常委、组织部部长）

撑杆一跃好跨越

——石首市高基庙镇强党建促发展大步上纪略

蔡　华

晴空万里、艳阳高照的初夏，江南古镇高基庙镇这个新型的工业大镇、现代农业强镇、省级边贸重镇，到处是一派生机勃勃的景象。不管是工业、农业、还是社会事业、党的建设、各条战线莺歌燕舞，城乡处处欣欣向荣。

高基庙镇紧紧围绕经济抓党建、抓好党建促发展这个目标，以“健全基本组织、建强基本队伍、开展基本活动、完善基本制度、落实基本保障”五个基本为重点，狠抓班子建设、阵地建设、廉政建设和作风建设，党建工作与经济工作和社会事业相结合，使党建工作具体化、物质化、有形化。

在党的九十周年华诞到来之际，抓党建、促发展已成为全镇各级党组织和党员干部的工作主题。无论是在田间地头，还是在企业车间，都能看见党员干部忙碌的身影；无论是在党员服务中心，还是在街道社区，都能看见党员干部服务的场景。一幅幅生动的画面，一个个感人的故事，都记录着高基庙镇各级党组织的坚实步伐，展现着高基庙镇党员干部为民办实事的精神风貌。

2011 年以来，高基庙镇共投资 293 万元，新建、改造扩建社区和村部 4 个。在 22 个村，1 个社区和镇政府机关建起了党员群众服务中心、廉政文化栏，开展了“搭建服务平台、树立先锋楷模、建设经济强镇”为主题的创先争优活动。走进党员群众服务中心，宽敞明亮的办事大厅，美观醒目的服务标志，朴实可行的党建制度跃然纸上，村民们不出村、到本村就可以办成事。津南村今年为村民代办各类证件 300 多件，代付合作医疗、新农保等款项 10 多万元。把建设现代强村、生态文明靓村、富强和谐新村作为发展目标，使党员和群众明确了自己在村级建设中的责任和任务，纷纷想着谋事和办事，大大增强了党支部的战斗力和凝聚力。由于工作到位、服务得体，近三年津南村没有发生一起刑事案件，无一人劳教劳改，无一人上访告状。做到了在家务农舒心、外出打工安心、党员群众开心。

为了把党建工作落到实处，高基庙镇成立了党建工作领导小组，党委书记蔡华任组长，党委副书记、镇长程鹏和副书记刘子云、付方方任副组长，各村各单位也相应成立了党建工作小组，明确了党建工作的任务和目标。全镇 41 个党支部、1140 名党员上下一心，把党建工作纳入目标管理考核体系，与招商引资、农业生产、计划生育等工作同部署、同考核、同结账，把党建的政治优势、组织优势转化为看得见、摸得着的经济社会效益优势，夯实了基层组织和党员干部想干事、能干事、干成事的思想基础，在干事创业中锻炼了干部，提高了威信、凝聚了民心。

招商引资规模化

近两年，高基庙镇运用党建和经济工作相结合的办法，促进了全镇经济的大发展。全镇共引进和发展工业企业 60 家，其中县级规模企业 8 家，从业人员 510 人。主要工业门类有：汽配、冶金、机械、玻璃、建筑等，主要工业产品有：玻璃、汽车配件、精细农产品、免烧砖、矿山支架、塑料制品等。2011 年，工业总产值 26500 万元，实现工业增加值 9200 万元。

高基庙镇始终把招商引资作为发展工业和工业兴镇的生命线。明确村、镇直单位一把手为招商引资第一责任人，制定了“五五”招商引资工程，即5名干部、5个专班、5个项目、5000万签约、5万元奖励。以商招商、友情招商、优势招商。镇委书记蔡华亲自前往广州、深圳、北京、沈阳等地，与多名老总进行洽谈磋商，成功地引进了一批规模企业。石首市格瑞特有限公司，专门生产民用建筑平板玻璃。去年新增两条压延玻璃生产线，日产玻璃260吨，产值达到1亿元，税收2000万元。2011年引进企业8家，其中规模较大的6家。湖北好味源食品有限公司在高基庙街道西端征地150亩，投资1.5亿元，主要经营淡水鱼加工和冷冻。湖北旭耀米业征地110亩，投资1.2亿元，兴建年加工大米5万吨的大型粮食加工厂。征地50亩，引进宜军建材，成立石首市宜军新型建材有限公司。投资2000万元，新上蒸压环保免烧砖项目，年生产免烧砖2000万块。同年水畔金都商品房住宅开发商进驻高基庙镇，在紧靠石首城区南端的肖家岭村征地107亩，规划投资3个亿，设计建筑商品房1572套，总建筑面积23万平方米。信佳石材征地100亩，投资3000万元进行石材精深加工。万利达置业征地100亩，投资1000万元，建高档休闲度假旅游区。

招商引资的巨大成功，给高基庙镇的经济腾飞插上了强健的翅膀，给全镇人民带来了实实在在的好处。2011年12月，高基庙镇政府被评为石首市工业兴市考核第一名。

农业产业现代化

高基庙镇委始终把组织创产业、党员创事业、群众创家业“三创三业”活动融入到各项工作中，充分发挥了各级党组织和党员的作用，带动了全镇现代农业的大发展。

2011年高基庙镇争取国家平整土地项目，全镇平整土地22000亩，建设吨粮田5000亩，开展了小型农田水利基础工程建设。种植国标3级以上优质稻面积4万亩，占全镇稻谷总面积的98%，养殖三元杂交猪和名特优水产品均在养殖总数的80%以上。全年农业产值35838万元，农业增加值8871万元，比2007年增加51.7%，农民人平纯收入7842元。

高基庙镇是传统的农业大镇，要建成现代化农业强镇，必须走高效农业之路。发展高效农业，是促进农村经济发展，推动农业结构调整，帮助农民增收的有效途径。根据这个思路，高基庙镇加大了对农业的投入，实现了粮田田园化、种植全优化，养殖规模化、沟渠泵站配套化。

2011年投资3300万元，对王家咀、马家垸、荷伍、长河、高桥、显济坛、俞家铺七个村22000亩农田开展了土地平整、农田水利基础设施建设和沟渠疏洗、硬化，通过土地整理，增加土地673亩，土地平整率由92.7%提升到95.7%。同时新修机耕路35038米，硬化沟渠35000米。为了实现科技兴农、良种良法全优种植水稻，今年3月在保贞堂村办了“六统一”早稻育秧点。全村集中40亩苗田，由村统一购种、统一耕整、统一秧盘、统一薄膜覆盖、统一施肥、统一防治病虫，40亩早稻优质品种“湘早46号”移栽大田800亩，如今秧苗茁壮、长势喜人，显示出常规稻无与伦比的强劲优势。养殖上成规模发展。全镇养殖三元杂交猪50头以上的有300多户，100头以上的有150多户。利用废弃小学校舍发展养鸡50万只，其中养殖规模在1万只以上的有15户。利用湖泊众多，水域辽阔的资源，大力发展养鸭，上津湖周边的喻家碑、桥堰堤、打鼓台、津南等村养殖水域面积5000多亩，每年出笼鸭在50万只以上，水禽养殖户已发展到400多户，年创经济效益500多万元。近几年，镇政府加大了对沟渠路闸和泵站的投入力度，所有农田全部实现了渍能排、旱能灌、旱涝保收。2010年投资360万元开展了江波渡小型农田水利专项工程建设，对域内病闸险闸进行了重建和改造。2011年，对水利大动脉民建河进行了整治。民建河高基庙镇段面全长6.5公里，用了两个月时间，投资850万元，采用挖机水旱操作、上下起卷的办法，共开挖土方50万立方米，整条河底宽30米，面宽50米，完全按设计要求开挖到位。当年借助“三万”活动东风，全镇共筹资974万元，开挖堰塘214口2000亩，建堰塘节制闸260座，清挖疏洗沟渠214条291700米，新建和维修泵站129座，装机容量2072kW。如今，全镇所有沟渠堰闸和泵站都整旧如新，配套到位，4万多亩农田排灌自如，为夺取农业大丰收打下了坚实的基础。

社会事业一流化

顺应民心，才能赢得民心，赢得民心，才有牢不可破的繁荣与和谐。

镇委、镇政府围绕干部群众关心的“七难”问题，顺应民心，改善民生，让全镇人民共享发展成果。一是解决“出行难”。镇委、镇政府下定决心，坚持高投入、高质量、高水平推进道路硬化工程。投资558万元，分别对津南路和喻家碑路进行了硬化。这两条公路长18.8公里，解决了偏远村特别是两省边界群众行路难问题。二是解决“走读难”。镇政府机关干部大部分住在石首城区，由于没有住宿楼，每天上班要两头跑，像学生读书走读一样。去年，镇政府投资 765 万元，在镇政府机关院内新建了一栋公寓楼。公寓楼高 6 层共 48 套，建筑面积 5100 平方米，目前已全部竣工。三是解决群众“就医难”。镇政府投资 200 万元，新建了卫生院住院大楼。住院大楼共 3 层 24 间，建成后，新增病床 40 张。同时投资 120 万元，购置了全自动生化分析仪，500 毫安 X 光机和西门子彩超等大型仪器，开设了妇、外、儿、内等科室，一般常见病都能在本镇卫生院治愈。四是解决“读书难”。投资 176 万元，新建镇中学女生公寓楼 1 栋，公寓楼 3 层 24 间，每间住宿 12 人，女生住宿问题得到了解决。为了鼓励学生努力学习，为国家输送更多的有用人才，近几年，镇政府每年都要拿出一定的资金，对考上一本的高基庙籍学生给予奖励。2011 年，镇政府拿出 10 万元，对 20 名考上一本的学生每人奖励 5000 元。五是解决“养老难”。镇政府投资 350 万元，把原来的两个小福利院合并为一，搬迁到方便、安全、宽敞的新福利院。护理人员由原来的 4 人增加到 12 人，房屋由 25 间增加到 75 间，入院老人由 50 人增加到 124 人，让 74 名无法入院的老人全部住进了福利院。六是解决“现代化办公难”。今年镇政府投资 180 万元，新建司法所大调解中心和向阳社区办公楼，为大调解中心购置了电子显示屏、投影仪、监控视频、办公用车等现代化办公用品，装备一律现代化。七是解决街道“美化难”。近几年，高基庙镇共投资 500 多万元，对群众反映强烈的高基庙街道进行了全面的整治。街上新栽四季常青风景树 1000 株，延伸段移栽广玉兰和枇杷树，整修和新建下水道 4500 米，向阳路 1 公里闹市区铺设了彩砖，所有支街都进行了硬化。街道安装路灯 70 盏，彻底通明。购置垃圾桶 50 个，架设大型公益广告牌和电子广告牌 4 个，街道设施基本齐全。现在集镇街道整洁宽敞，车辆行人井然有序，集镇居民和谐康乐。各村对民生问题也非常重视，肖家岭村从 2008 年起，5 年没有找群众收过一分钱，包括政策允许征收的“一事一议”款项。年年为群众办好事办实事，所有建设费用，全部由村里支出。2008 年，肖家岭村投资 80 万元，实行全村电网大改造。新增变压器 2 台，新栽高压电杆 80 根，架设新电缆 8000 米，解决了原来电线老化和电压过低的问题。2000 年投资 30 万元，建成 2、3、5、6 四个组的通组公路 2.2 公里，解决了偏远组群众出行难的问题。2010 年，争取省环境综合整治项目 40 万元，建垃圾池 100 口、硬化沟 500 米、垃圾填埋场 1 个，修建污水引流沟 1000 米，解决了环境卫生村容整洁问题。2011 年，投资 20 多万元架路灯 85 盏，全村所有集体农庄和通往工业园区的路旁全部安装了路灯。

宏伟蓝图目标化

站在新的历史起点，高基庙镇委镇政府将以科学发展观为统领，坚持快速发展，和谐发展，力争“十二五”期间，着力打造“荆州第一镇”。

本届党委、政府任期五年内，高基庙镇将致力于实现五个更加：

——党建更加出色。党建同经济工作深度融合，发展党建为民生，发展经济促党建，用党建工作统领经济，统领全局。

——经济更加发展。到 2015 年，实现工农业总产值 20 亿元。农业经济快速发展，农民人平纯收入达到 1.2 万元，财政收入突破 1 亿大关。全镇规模工业企业达到 30 家。农业种植成规模，养殖名特优，服务一条龙，产品深加工，全速向高效农业迈进。

——环境更加美化。集镇功能更加配套，城镇进一步靓化，环境质量全面改善，力争建成国家级生态乡镇。实现村、组公路全覆盖。加强中心村庄建设，居民点公共设施全面配套。

——社会更加和谐。民主法制宣传和教育更加普及和深入人心。精神文明建设进一步加强，公共服务体系更加完善，社会事业快速发展，各类矛盾有效化解。

——人民更加幸福，城乡居民生活水平快速提升，公共服务设施逐步完善，社会保障日益加强，文化生活全面普及和提高。

尾　声

“高庙巍峨，基础巩固”，这是五代十国时期南平国高太子亲笔为高基庙题写的对联。千百年过去了，高基庙历经风霜雨雪，依然巍巍挺立在湖北省的最南端。她东傍上津湖、西抵藕池河、北靠石首城区、南与湖南省华容县万庚、鲇市镇交界，踞湘鄂之要塞，把荆楚之门户。似一颗璀璨的明珠，镶嵌在江汉、洞庭湖平原交汇处。

近几年，高基庙镇运用党建工作和经济工作相结合的办法，按照“五个基本”的要求开展活动，围绕经济抓党建、抓好党建促发展，促进了全镇经济的大发展。各级党组织上下一心，把党建工作纳入目标管理考核体系，与招商引资、工业发展、农业生产、社会事业等工作同部署、同考核、同结账，把党建的政治优势、组织优势转化为看得见、摸得着的经济和社会效益优势，夯实了基层党组织和党员干部心往一处想、劲往一处使，想干事、能干事、干成事的思想基础，形成了党建工作上台阶，经济工作迈大步的可喜局面。

2011 年，高基庙镇委、镇政府领导全镇人民，高起点开展招商引资，高标准开展农田水利基本建设，不断提高广大群众的物质文化生活水平，全镇社会经济全面发展，取得了令人瞩目的成绩，多项工作居全市之首。仅 2011 年一年，高基庙镇就获得了六项殊荣：石首市工业兴市考核第一名、烟草工作第一名、新型合作医疗工作第一名、农水建设工作第一名、农业工作第一名，镇委书记蔡华被评为全国第六次人口普查先进个人。2011 年，全镇实现工农业总产值 7.5 亿元。其中工业产值 26500 万元，农业产值 35838 万元，分别比 2007 年增长 35.1%、21%、49.9%。财政收入 2000 万元，比 2007 年增长 52%，农民人均纯收入达到 7842 元，比 2007 年增长 53.3%。高基庙是名副其实的新型工业大镇、现代农业强镇、省级边贸重镇。

（作者系中共石首市高基庙镇党委书记）

宁洱县非公有制经济组织党建工作问题研究

罗宗寿

党的十八大报告提出，要“加大非公有制经济组织、社会组织党建工作力度，全面推进各领域基层党建工作，扩大党组织和党的工作覆盖面，充分发挥推动发展、服务群众、凝聚人心、促进和谐的作用”。新《党章》规定：“非公有制经济组织中党的基层组织，贯彻党的方针政策，引导和监督企业遵守国家法律法规，领导工会、共青团等群众组织，团结凝聚职工群众，维护各方的合法权益，促进企业健康发展。”这对于巩固党的执政基础、推动经济平稳较快发展具有重大而深远的意义，也是对非公有制经济组织中党的基层组织的职责和任务作出的明确规定，指明了党组织发挥作用的途径和方法。本文在深入走访调研的基础上，总结了近年来宁洱县抓非公有制企业党建工作的经验，找出了工作中存在的问题，并初步提出了相应的对策建议。

一、基本情况

截止到 2013 年 6 月底，全县共注册非公有制企业 411 户，其中规模以上 27 户，规模以下 384 户。有个体工商户 8572 户，从业人员 19167 人。共有党员 294 人，建立党组织的有 13 户，其中党委 1 户，党总支 1 户，党支部 11 户（联合党支部 3 户）。选派党建指导员 13 名，建立领导联系点 16 个。

二、宁洱县非公有制企业党建工作主要做法

如何加强和改进非公企业党建工作，不断巩固党的执政基础，已经成为新时期党建工作的一个热点和难点问题。中共宁洱县委组织部积极创新工作理念、改进工作方法、创建活动载体，逐步建立适应新形势、符合新要求的非公有制企业党建工作新机制，非公有制企业党建工作日趋活跃，呈现出良好的发展态势。

（一）广泛宣传，营造良好氛围。

按照中央、省、市关于如何进一步加强和改进非公企业党建工作的有关精神和部署，县委将非公有制企业党建工作纳入全县重要议事日程，并作为党组织书记履行基层党建工作责任制专项述职和相关部门领导班子考核评价的重要内容。切实加强非公有制企业党建工作的领导责任，把非公有制企业党建工作作为党的基层组织建设重点，按照“扩大覆盖、突破重点、抓大促小、分类指导、发挥作用”的工作思路，全面加强非公有制企业党组织建设。

（二）全力以赴，抓好组织覆盖。

党的基层组织是党的全部工作和战斗力的基础，我县在抓非公有制企业党建工作中，采取发展党员与组建党的基层组织并重的工作思路。

一是严格标准，把好关口。在发展党员上，始终坚持发展党员的“十六”字方针，严格标准，把好入口关。通过县、乡党校加强对入党积极分子和党员发展对象的教育培训，从源头上抓好党员队伍素质，做到培养有目标，发展有对象。在发展党员程序上，一是坚持民主测评推荐制度。二是坚持“票决制”。在支部大会讨论接收新党员时，采取无记名投票的方式，既充分发扬了发主，又保证了在非公有制企业中发展党员的质量。

二是配套联动，分类组建。在加强非公有制企业党的建设工作中，我县根据企业的情况和经营管理的特点进行。按照规模以上抓巩固，规模以下抓拓展；有党员的抓组织覆盖，无党员的抓工作覆盖的总体思路，努力实现党的组织和党的工作在非公企业全覆盖。

凡是有 3 名以上正式党员的企业，都要单独建立党组织。对暂不具备单独组建条件的企业，采取联合建、依托建、挂靠建等建立党组织，全面实现企业党的组织和工作覆盖。要求非公有制企业在开业之时只要具备建立党组织条件的，就要既挂企业之“牌”，又挂党组织之“牌”，坚持做到基层党组织和非公有制企业同步建立。在实践中，采取三种组建模式：1.“改制保留式”。对原集体所有制企业改制为私营企业且格局未变的，仍保留原党组织建制，并随企业新的名称进行更名。2.“单独建支部”。对具有一定规模，生产经营相对稳定，正式党员 3 人及以上，且有合适党支部书记人选的新办非公有制企业，采取单独建立党支部。3.“属地挂靠式”。对规模较小，党员人数少，不具备单独或联合建立党支部条件的非公有制企业，采取属地管理的原则，统一挂靠到村党组织。通过建立健全企业党的组织和选好配强党支部书记，不仅加强了党对非公有制经济的领导，增强了党在农村的社会影响力与凝聚力，而且保证了党在非公有制企业各项方针政策的贯彻落实，促进了非公有制经济的健康发展。目前，全县具备条件的 49 家非公有制企业已全部组建了党组织，其中有 3 名以上正式党员的 13 家非公有制企业都建立了党组织，党员人数不足 3 人的 36 家非公有制经济组织通过挂靠所在地乡（镇）、村（社区）党组织参加活动，实现了规模以上非公有制经济党组织单独组建率 100%，规模以下非公有制经济组织应建已建率 100%，非公有制经济组织党员纳入党组织管理、参加党组织活动率 100%的“三个百分之百”。

（三）明确责任，强化业务指导。

以加强队伍建设作为提升非公企业党建工作水平的重要抓手，抓实抓好抓成效。建立了领导分片包干联系制度和下派党建指导员联系制度，对领导小组成员职责任务、联系行业、重点企业作了明确的要求和安排，对建立党组织的非公有制企业下派党建指导员，分片包干，落实责任。

一是选优配强党组织书记队伍。按照思想政治素质好、组织协调能力强、懂经营会管理、有群众基础的标准，通过内部选优、上级选派等方式，配齐配强非公企业党组织书记。

二是优化党建工作指导员队伍。以强化对非公有制企业党建工作的指导，选派了 20 名有高度责任感、具备一定政策理论水平、丰富的党务工作经验，熟悉企业经营的干部作为党建指导员，并明确了工作职责，保证选派的党建指导员为企业需要、党组织满意、群众认可。

三是建立党员领导干部联系点制度。按照无党员的抓工作覆盖的要求，选派 16 名（均为实职副科及以上党员干部）非公有制经济组织和社会组织党组织集中组建活动领导小组成员，具体联系非公有制企业，加强调研指导，帮助解决实际问题，为非公企业党建工作的开展营造良好环境，进一步扩大了党的工作在非公企业中的覆盖面。

三、存在的问题

非公有制经济组织党建工作的理论和经验不多，存在许多新情况新问题，需要进一步加强和改进。

（一）企业数量种类多，规模大小不一，分布面广，生产季节性突出、人员结构松散，党员流动性大，“年初 3 名党员年底没有党员”的现象比较普遍，党组织难建立。

（二）党组织和党员作用发挥不明显。有些企业党组织由于不能参与企业经营管理过程，因而在保证、监督党的方针政策和国家法律法规在企业贯彻实施方面还有困难。一些党员长期游离于党组织之外，成为“隐形党员”，有的甚至不愿暴露自己党员身份，对企业缺乏归属感。有些劳动密集型企业，党员的流动性较大，缺少集中学习活动时间，搞活动比较困难。导致党组织对党员的监督管理不力，党员的先进性体现难，作用发挥不明显。

（三）有的党组织活动无经费、无场所，在群众中的吸引力和影响力不大，发展党员缓慢。普遍存在活动少、经费难保障的问题。一些党员片面的追求个人利益，导致企业思想政治工作内容单一，缺乏实效，致使党组织凝聚力、号召力降低。

（四）部分党务工作者缺少工作经验，投入党建工作的时间精力少。由于党务工作者自身素质能力与非公企业现状还有不相适应的问题，党务工作者理论知识和工作水平有待提高。党建工作也不平衡，企业党务工作者待遇不高，导致企业党务工作者工作积极性不高。

（五）管理体制机制不顺，未成立非公经济组织党工委。2012 年 9 月，省委办公厅下发文件要求各地成立非公有制经济组织党工委，但至今还没有成立。非公有制经济组织党组织隶属关系不统一，有的非公企业党组织仍然隶属于县工业商务和信息化局、供销社、工商局、乡（镇）、社区。多头领导，多头管理，没有形成统一的工作体制机制。

四、对策建议

随着社会主义市场经济体制的逐步完善，非公有制经济的重要地位越来越突出，如何加强非公企业的党建工作，是建设有中国特色社会主义的新课题。

（一）提高认识是根本，加强领导是关键。要从党的建设伟大工程的高度去认识在非公有制经济中加强党组织建设的重要性，“基础不牢，地动山摇”，做到“凡是有群众的地方就要有党的工作，凡是有党员的地方就要有党的组织，凡是有党组织的地方就要有党的活动”。党把非公有制经济作为社会主义经济的重要组成部分，同样把加强非公有制经济领域的党的领导作为重要工作任务。不能因企业性质不同而放弃党的领导；不能因工作的特殊性而虚设党的基层组织；不能因业主的信仰不同而改变政治原则。

（二）理顺党组织隶属关系。按照“区别对待，分类指导，形式多样，注重实效”原则，理顺非公有制经济组织党组织的隶属关系，建立分级管理体制，加强指导帮助。

（三）加大非公有制经济组织党组织书记培训力度。将培训纳入各级党校主体培训班，定期进行党务工作和工作能力的培训，把党建工作有机的融合在创新企业制度上。组织非公企业党组织负责人研讨和学习参观。非公企业党组织负责人的任免、管理和待遇应进一步明确和规范。

（四）加大宣传力度。通过各种新闻媒体，加大对非公有制经济组织党建工作的宣传力度，营造良好舆论氛围。提高非公有制经济组织党组织在各类表彰中比例的同时，进行专门表彰，如评选非公企业党建先进单位、优秀党员业主、经济党建双强企业等。积极维护非公有制经济组织党务干部合法权益，建立激励机制，提高政治经济待遇，增强荣誉感，提高工作积极性。

（五）尽快成立非公有制经济组织党工委。今年3月12日，省委常委、组织部长刘维佳做出了“德宏州的做法很有推广价值，非公经济和社会组织党工委的组建可以采取‘德宏模式’，在州县两级全覆盖的基础上推进省级非公经济和社会组织党工委的建立”的重要批示。因此，我们要按照省委的统一安排部署，结合实际，克服困难，积极探索，全力打造具有“德宏特色”的非公经济党建工作模式，挂靠县委组织部合署办公并由分管组织的组织部副部长兼任书记，成立相应的领导机构和工作机构，配备工作人员，为做好非公经济党工委工作提供组织保证。

（作者系宁洱县委组织部副部长、政协委员）

“三步走”践行党的群众路线

班立江

开展党的群众路线教育实践活动，是党中央贯彻落实十八大精神的重大战略部署，充分体现了党践行“为民、务实、清廉”主题的决心和信心。密切联系群众，改进工作作风，不仅是对领导干部的要求，更是对每名基层党员的根本要求。

要经常“照镜子”，认清“我是谁”。曾经，密切联系群众是党领导中国革命取得胜利的“三大法宝”之一，而如今，脱离群众已成为摆在全党面前的“四大危险”之一。因此，认清我是谁，正确摆正自己的位置，是密切同人民群众血肉联系的关键，是党员干部修身立命的前提。党员干部要经常用群众这面“镜子”照照自己，对照群众期盼、群众评价，发现自己身上的缺点和毛病，及时自我纠正、自我净化，更好地为群众服务。

要校正“方向标”，明确“为了谁”。历史上多少次农民英雄上马打天下，闯过了生死关，下马坐江山，却过不了享乐观，就是因为把“为了谁”这个问题搞错了，坐上江山只顾自己享乐，不为他人考虑。群众利益无小事，涉及群众切身利益的事，再小也不能含糊，新时期党员干部更要紧密围绕群众路线开展工作。当前，有的党员干部对群众缺乏真情，“门难进，脸难看，事难办”的现象仍有不同程度地存在。党员干部只有站稳群众立场，学会换位思考，带着感情做工作，坚持与群众站在一起，同群众坐在一条板凳上，真正做到心贴心、实打实地去帮助群众，才能获得群众的拥护和支持。

要甘当“孺子牛”，知道“怎么做”。“党的好干部”、“人民的好公仆”焦裕禄，经常带领干部访贫问苦，钻进农民的草庵、牛棚，同普通农民同吃同住同劳动，亲身感受农民疾苦，这种朴素爱民的工作作风让人钦佩。这就告诉党员干部，只有时常来到群众身边，在思想上重视群众、在感情上亲近群众、在生活上照顾群众、在工作上依靠群众，群众才有可能接受、认可我们，把我们当成自己人。同时要清楚地认识到，群众的智慧和创造力是一座采之不竭的宝藏，解决群众问题，就要拜人民群众为师，踏踏实实地学，恭恭敬敬地问，对群众反映强烈的问题，既要“记下来”、“带回去”，更要“分析透”、“落实好”，善于从中总结经验教训、创新工作思路、改进工作方法，提高业务能力。

（作者系中共临沭县委组织部常务副部长、老干部局局长）

构建非公党建大格局 促进园区经济大发展

杨青山

宜昌市猇亭区是湖北深圳工业园所在地和宜昌国家级高新区的核心园，是全市正在倾力打造的首个千亿级工业园区，园区内非公经济发展迅猛，已占据全区国民经济“半壁江山”。区委秉持“以一流党建，促一流业绩”的核心理念，遵循“凝聚人才、服务企业、助推发展”的总要求，坚持党建观念创新、工作机制创新、工作载体创新和工作方法创新，在工业园区创造性设置园区大党委，积极开展党的工作，扩大党的影响，取得了显著成效。

一、把握大方向。深刻理解认识党的十八大关于“加大非公有制经济组织党建工作力度”的战略要求和重大意义，明确新形势下加强非公企业党建工作必须坚持的正确方向。一是引导非公企业出资人和职工群众对党的认识。不断强化理论认同、道路认同和制度认同，始终听党话跟党走，从思想高度上认识抓好非公党建的重要意义，争做中国特色社会主义合格建设者。区非公委与区委统战部、工商联等相关部门制定了非公企业党建工作联席会议机制，对企业出资人进行思想教育与引领，竭力为企业解决生产经营中的困难和问题，有效增强党组织的凝聚力和影响力。二是坚持以党建引领企业科学发展。充分调动一切积极因素，把党的政治优势和组织优势转化为推动企业发展的强大力量。重点在配强园区党委、支部班子，强化组织功能上下功夫，把党组织建设成为坚强战斗堡垒。在非公企业大力推行党组织班子成员与决策经营班子成员“双向进入、交叉任职”，提高了企业党组织参与企业重大决策的能力。定期举办非公企业主和非公企业党务工作者培训班，不断提高党务工作者引领企业发展的能力。三是牢固树立“抓好党建工作，促进经济发展”的工作理念。全区各项中心工作始终突出党建的主体地位，在项目建设中，坚持党建工作与项目建设同步谋划、同步建设，项目建设到哪里，党组织的建设就到哪里。

二、构建大格局。始终把非公企业党建列为基层党建工作的重中之重，坚持制度创新、工作创新，逐步构建了党委统一领导、组织部门牵头抓总、非公工委负责落实、相关部门积极参与、条块上下联动、各方协同推进的非公企业党建工作新格局。一是设立园区大党委，创新组织设置体系。按照“地域相邻、行业相近、数量适度、便于管理”原则，在企业相对集中的产业集群园区设置“园区党委”，将原来相对独立的非公企业党组织及其党员纳入到一定区域范围进行统筹管理。目前已设立宜化、兴发等12个园区党委；对党组织关系不在猇亭的大型非公企业，在不改变党组织隶属关系的情况下，以园区党委模式，统一纳入全区大党建工作范畴。二是成立了非公有制企业党建工作委员会，作为区委的独立工作机构，对全区非公企业党建工作进行协调和指导，并为每个非公企业选派党建联络指导员，对企业党建工作进行专业指导。三是将非公有制企业党建工作纳入全区党的基层组织建设整体规划、目标管理、效能考核，并作为党组织书记履行党建工作责任制专项述职和领导班子考核评价的重要内容。成立了专门的非公党建工作督查小组，定期对全区非公党建工作情况进行考评督办。

三、落实大投入。为基层党组织开展活动提供必要保障，是新时期推进非公企业党建工作的重要保证。猇亭区大胆探索、创新实践，逐步形成了以企业自筹为主、财政投入为辅、党费补助和系统支持为补充的非公党建经费投入保障机制。一是坚持企业自筹为主。建立了企业党建工作经费税前列支制度，企业党组织根据工作需要，按照不低于职工工资总额5‰编制年度预算，纳入企业财务计划，在企业管理费中列支，全区企业每年度可筹集党建活动经费5000多万元。二是加大财政投入。将非公有制企业党建工作委员会、园区党委、规模以上非公有制企业党组织建设的工作经费纳入区级财政预算，并建立了非公党建工作经费随经济发展水平正常增长而逐年增加的财政保障机制。2012年，按照区委非公党工委10万元、每个园区党委5万元、每个规模以上非公企业1万元、每个新组建的非公党组织5000元，党建工作联络员每月300元的标准，共计划拨资金200万元。三是实行党费留存全额返还。对非公有制企业党组织上缴的党费，按照相关规定对区级留存部分全额返还企业党组织。2012年共返还非公企业党费10万多元，重点用于组织和支持非公有制企业党组织开展活动，以及培训、表彰奖励优秀党务工作者。

四、奉行大服务。始终将党建工作的目标定位为同企业共发展、与员工同成长，切实发挥党组织推动企业发展、服务凝聚职工、维护和谐稳定的作用。一是围绕企业长远发展提供服务。在实际工作中，把优质高效的政务服务作为促进党建工作的先导，深入企业、深入基层，积极开展形式多样的“暖企行动”，通过提供政策、优化服务、改善环境，以个性化解决方案服务企业，建立与企业出资人的紧密合作关系，让企业出资人切身感受到党委政府服务企业发展的真诚态度，切身感受到企业发展与党建工作的相互促进。二是围绕企业生产经营难题提供服务。为帮助非公企业解决融资难、担保难问题，区委非公有制企业工作委员会、区工商局与区内相关银行共同开展了“认定信用商户、帮扶企业融资”活动。为5家党支部所在企业发放贷款3500万元；同时还为25家小微企业争取到了邮储银行的企业融资贷款8500万元，累计授信达1.2亿元；帮助新组建党支部所在的企业认定了4件宜昌市知名商标，申报了2件省著名商标，极大的支持了非公企业的发展。三是围绕党员职工的需求提供服务。针对非公企业青年专业技术人才集聚、网络交流频繁等特点，专门投资10万元研发“工业园区网上党员群众服务中心”信息平台，设立企业服务、政策咨询、党情传递、大事记等网络服务内容。开辟“网上论坛”，做到企业有建议网上出对策、党员有求助网上能办理、员工有呼声网上有回应，将“网上服务”延伸到“线下落实”，实现了“网上线下”的良性互动，增强了服务的时效性和便捷性。目前一大批优秀的基层组织带头人和青年人才，他们兢兢业业、默默工作，成为引领非公党建、助推企业发展的正能量。

五、促进大发展。猇亭区积极探索工业园区党建工作新路子，构筑以园区党委为核心、企业党组织为基础、区域内有关党组织共同参与的区域化党建工作格局，实现党的建设和经济发展有机融合、同频共振。一是党组织的战斗力、凝聚力显著加强。在非公企业中开展“党员承诺制”、“党员先锋岗”、“党员责任区”和“支部建在项目上、党旗插在工地上”等活动，为党员发挥作用搭建平台。2012年，全区非公企业党员共提出合理化建议3012条，开展技术革新项目829个，实现经济效益8.99亿元。针对非公企业专门组织实施了“千名企业家和创业者培育计划”，每年选派30名大中型企业高管到清华、北大等著名高校培训。同时，大力推进企业文化建设，塑造企业精神，广泛开展“送温暖献爱心”、“反哺社会工程”等活动，既增强了党组织的凝聚力、战斗力和创造力，又扩大了企业的社会影响。2012年全区30家非公企业中，有1300多名员工向党组织递交了入党申请书，一些企业高管也纷纷要求加入党组织。二是党员干部攻坚克难，争做先锋模范。广大党员爱岗敬业干在前、企业发展谋在前、技术创新走在前，1500多名党员干部组成的100多支项目服务队、“帐篷工作队”和“背包工作队”进驻工地、驻扎一线，对项目建设提供“点对点”、“保姆式”服务，有力地推进园区建设发展。三是项目建设提速增效，企地关系融洽和谐。通过“大党委”工作机制，园区在征地拆迁、就业用工、道路修筑等工作上能够与各方相关主体紧密沟通、顺畅协调，社会环境稳定，促进项目建设提速增效。四是企业发展健康有序、区域经济跨越发展。2012年，园区非公企达到180多家，实现工业产值533亿元，同比增长15.5%，实现工业增加值139.01亿元，同比增长38%，固定资产投资125亿元，同比增长25%，吸纳就业人员38300多人。党建工作的持续给力，园区经济发展实现了“总量”和“质量”的双跨越，一座城中有园、园中有城、产城一体、兴业宜居生态工业新城初具雏形。

（作者系中共宜昌市猇亭区委常委、组织部部长）

临沭县柳编工业园区“七联共建”编织非公企业发展“常盛之花”

王京凯

近年来，山东临沭县非公有制经济迅猛发展，柳编行业作为一个特色产业，已逐渐成为全县经济最具活力、最有竞争力的重要领域之一，但由于柳编企业的分散性，企业党建工作滞后于企业发展，阻碍了“党建领航”作用的有效发挥。为此，临沭县按照“行业相近联合建”的原则，及时成立了柳编工业园区党总支，积极推进规范化、经常化、品牌化的区域型党组织建设，激发了非公企业党建工作活力，为企业健康发展提供了坚强的组织保证。

一、基本情况

临沭县柳编工业园区位于327国道以北，郑山街道北沟头社区以东，现有美艺、晴朗、北大荒、正大等7家工艺品公司入驻，共有职工600余名，党员11

名，流动党员40余名。自2012年建立党总支以来，始终把服务于企业发展作为党建工作的出发点、落脚点，以“为员工谋利益、为企业图发展、为党旗添光彩”为宗旨，不断创新工作思路，坚持阵地联建、党建联动、业务联手、人才联育、技术联攻、文化联荣、活动联谊“七联共建”，充分发挥了党组织的政治核心、战斗堡垒和先锋模范作用，探索出了一条适应形势发展、与经济社会转型相结合、推动企业科学发展的创新之路。

二、主要做法

（一）坚持阵地联建。按照“地域相邻、行业相近、产业相关”的原则，建立了园区党总支。党总支以“抓阵地、强基础”为重点，创新打造党组织“堡垒工程”，实现阵地联建。按照“联建、联管、联用”的原则，在晴朗工艺品有限公司设立了柳编工业园区党员服务中心，并建立了党建办公室、党员活动室、会议室、阅览室和情感交流站等“四室一站”，为园区企业党建工作开展提供了保障。中心将“情感交流站”作为联系沟通和关爱员工心理的重要载体，遵循“来必接、接必理、理必果”的工作原则，由2名工作经验丰富、为人热情、在业内德高望重的人员担任“知心大姐”，切实做到知情、解难、暖心。通过谈心谈话，深入交流，解疑释惑，先后为50余名党员职工谋路子、解心事、融感情，取得了良好的效果。

（二）坚持党建联动。园区党总支牢固树立“党的上级组织为下级组织服务、党组织为党员服务、党组织和党员共同为群众服务”的服务型党组织工作理念，坚持党建联动，推动企业党建工作理念由“管理”向“服务”转变。积极推行党总支班子成员挂点工作制，每人挂点一至两个企业，负责企业党建工作。同时，还建立了企业党建指导员制度，一个企业派驻一名党建指导员，专门指导企业开展党建工作。目前，园区党总支班子开展学习10余次；先后带领党员职工到菏泽、青岛、安徽等地学习；共有7名党建指导员到岗到职，先后开展活动20余次。依托“双找双培”活动把党员组织起来，管理起来，无论组织关系是否在本企业，均组织参加党总支的统一活动，严格按照党员标准管理考核，树立了党员的良好形象。深入开展“立足岗位、兴企增效”活动，创新开展“一名党员一面旗”主题实践活动，有效激发了党员的主体意识。通过“三会一课”等形式，对党员进行基本路线教育和树立科学发展观教育，党员的思想觉悟得到不断提升。近年来，园区党总支新发展党员2名，培养入党积极分子7名，涌现出了一批在柳编发展之路上迎风前进的先进工作者。

（三）坚持业务联手。将园区柳编产业进行整合，从杞柳种植、加工到柳编工艺品设计、生产，建立“专业化分工清晰、上下游产品配套”的生产体系，有序培育规模实力较强的产业集群，强力推进产品多元、成本管控、市场定位、客户回访、人才强企等多项管理措施，为企业发展提供有力支撑。在批发采购、订单洽谈、广贸交流等方面加强合作，为企业发展规避风险。成立了全县柳编企业标准联盟，制定柳编行业标准，规范柳编行业发展。坚持实行“共采共检共用”制度，提高出口产品质量，进一步推动临沭柳编产业又好又快发展。

（四）坚持人才联育。按照“联选、联培、联管、联用”的原则，整合企业资源，建立跟踪培养体系，通过公开、竞争、比选，确定重点对象进行培养，采取“蓝领讲堂”、远程教育等方式，大力组织党员开展岗位培训、技能培训和学历教育，通过定期考评强化动态管理，积极为广大党员职工成长打造“快速通道”。组织开展党员与新员工“结对带教”活动，为他们早日上岗“铺路子”。组织技术骨干外出学习，开阔职工视界，丰富职工阅历。近年来，先后组织10名党员与百余名新招聘合同工结对带教生产操作技能；组织20余场外出学习活动，为企业发展凝聚了人才，储备了后备力量。

（五）坚持技术联攻。以开展“双强双争”活动为抓手，将“服务生产经营，促进企业创新发展”作为工作重点，组织技术职工联合开展技术攻关，突破传统柳编工艺，创造多材料复合编织工艺，把柳编、藤编与其他原材料及绘画技术有机相结合，制造出笔画类、仿生类、仿古类等产品。组织园区企业开展“柳编设计大比武”、“柳编技艺大比武”，通过竞赛的方式发现人才、挖掘技术、创新点子。目前，企业自主培养技术型人才80余人，高薪引进人才10人，共有6项技术获得国家专利，助推企业发展驶入“快车道”。

（六）坚持文化联荣。以创建群众性活动组织为平台，积极开展主题鲜明、健康向上的文体活动，努力使活动适应企业党员特点、具有较强的感染力和吸引力。通过开展“关爱员工、共创和谐”活动，帮助100多名员工解决子女就学等实际困难。通过开展“晴朗主题日”、“美艺临沭行”、“柳编行业年会”等活动，加强企业之间的沟通交流。通过开展“柳编趣味运动会”，将柳编文化融入到体育运动，促进职工沟通感情、加深了解、建立友谊。每年“七一”节，均组织党员职工到革命纪念地接受革命传统教育；今年春节前夕，党总支共走访慰问困难职工23人。

（七）坚持活动联谊。积极引导园区周边村居以成立柳编专业合作社的形式，引导更多的群众从事柳编产业开发，切实提高其经营性、资产性、政策性收入，带动周边村居发展。先后组织10余场次人才交流会，充分吸收附近村居的剩余劳动力，帮助群众增收致富。定期组织园区党员职工开展技术大比武、文体活动、党性教育等，不断增强园区党员职工的凝聚力和向心力。园区企业在自身发展的同时，不忘回报社会，积极开展“村企结对子”活动，一家企业帮扶一个村居，一个部门帮扶一名困难群众；美艺、晴朗等企业多次举办“献爱心、送温暖”活动，共捐款10万余元救助特困失学儿童和困难职工120多人次，增强了企业社会责任感，树立了良好的社会形象。

三、几点启示

通过开展“七联共建”，有效探索了区域党建工作的新模式，有力加强了园区党建工作，使党的思想优势、政治优势、组织优势与企业的发展优势紧密结合，使党组织和党员作用在非公企业得到充分发挥，使党的路线方针政策在非公企业得到全面落实，使党的工作更有效地为企业生产经营服务，推动非公企业健康快速发展。

一是新形势下加强非公经济领域党建工作要以业为基。非公企业点多面广，情况复杂，党员身份多样、流动性强。行业相近联合建，已成为发展壮大非公企业党组织的“孵化器”，实现了由“分散”向“整合”转变，有力地推进了有党员的非公有制企业实现党的组织全覆盖、没有党员的非公有制企业实现党的工作全覆盖，做到了非公有制经济组织发展到哪里，党的组织就建立到哪里，党建工作指导员就选派到哪里，党的工作就开展到哪里，消除了“空白点”。

二是新形势下加强非公经济领域党建工作要以企为主。企业健康向上发展，企业党建才有载体。企业党建必须紧贴企业发展中心，才能保持旺盛的生命力。因此，非公企业党组织要以服务企业发展作为工作的基点，积极为企业发展出谋划策，帮助企业协调解决发展过程中的各种难题。同时充分发挥党组织的战斗堡垒和党员的先锋模范作用，团结凝聚广大党员职工，教育引导他们共同致力推动企业发展，以党建工作的实际成效彰显其无可替代的重要作用。

三是新形势下加强非公经济领域党建工作要以人为本。人是企业的核心，以人为本是非公企业党建工作的根本方法。非公企业党组织从“心”开始强化员工对党组织的归属感，要把尊重理解和关心关爱党员、员工作为工作的重要内容，从思想、工作、生活等各个层面，为每一位职工提供帮助，通过全面营造文化氛围，大力建设组织阵地，积极倡树先进典型，精心开展主题活动，让他们切实感受到组织的温暖。

（作者系中共临沭县委常委、组织部部长）

新的历史条件下改进和加强企业基层党组织建设的思考

曾令广

基层党组织是党在社会基层中的战斗堡垒，是党的全部工作和战斗力的基础，是党的领导和党群血肉联系得以实现的最终保证。中国共产党经过90年的发展壮大，已经由建党初期的50多名党员发展到现在的8026.9万名党员，成为领导13亿人民建设有中国特色社会主义的世界第一大执政党。从党员队伍的总体情况来说，党员队伍的主流和基本面是好的，但也存在一些不容忽视的问题。企业基层党组织如何在新的历史条件下改进和加强党的建设，继续保持党的蓬勃生机和活力，这是摆在企业基层党组织面前的一项重大课题。笔者试作如下思考：

一、企业基层党组织建设面临的新问题

（一）所处的时代特点发生了重大变化：一是要深化对社会主义市场经济规律的知识。二是企业发展任务和管理方式出现了新变化。三是企业由经济型组织向保障型组织转变。四是企业由快速发展转变为又好又快发展。五是党组织自身发生的重大变化——人才观念的重大转变。六是基层党建工作要始终与基层中心工作主旋律紧密结合。

（二）企业基层党建工作所面临的主要问题：一是对党建工作的重要性和必要性认识不足或片面理解。二是重经济。轻党建，重物质文明建设，轻精神文明建设。导致经济硬，党建软，使本来务虚的工作更加“虚化”。三是有的党员公仆意识淡化，党性观念淡薄。四是党建工作与新形势的新要求不相适应，缺乏创新与活力。五是许多党员没有经过艰苦生活和复杂斗争环境的磨炼和考验，只是组织上入党，还没有真正从思想上入党，缺乏坚定的理想信念。还有一些党务干部自身素质不高，没有充分认识到思想上入党的极端

重要性，甚至让一些不信仰马克思主义、动机不纯的投机分子也混入了党的队伍。还有的人公开说：“入党为当官，道理很简单：有官就有权，有权就有钱。”这样的人一旦掌握了一定的权力，对党、对国家、对社会的危害会更大。由此可见改进和加强党的建设十分必要和紧迫。

二、改进和加强企业基层党组织建设的有效途径

新形势下党的建设工作要坚持以邓小平理论和“三个代表”重要思想为指导，深入贯彻落实科学发展观，尤其是把胡锦涛总书记在建党90周年大会上的讲话中关于“办好中国的事情，关键在党”这一指示落到实处，真正把党建设成为实现中华民族伟大复兴的组织者，推进者和实践者，永葆先进性。

（一）明确企业基层党组织的功能定位。

1. 地位作用。企业基层党组织是党在企业中的战斗堡垒，在企业职工群众中发挥政治核心作用，在企业发展中发挥政治引领作用。

2. 主要职责。（1）宣传贯彻执行党的路线方针政策。（2）团结凝聚职工群众。（3）维护各方合法权益。（4）建设先进企业文化。（5）促进企业健康发展。（6）加强自身建设。进一步增强党组织的创造力、凝聚力、战斗力。

（二）着力抓好党建工作重点。

1. 切实抓好党支部建设。

首先，抓好支部班子建设。特别是加强以党组织书记为重点党务工作队伍建设。要按照守信念、讲奉献、重品行、懂经营、会管理、善协调、口碑好、热爱党务工作和熟悉群众工作的标准，选优配强企业基层党组织书记。企业基层党支部处在企业工作生产活动的第一线，是企业党的建设最前沿阵地，是企业党组织工作的最终落脚点和战斗力的凝聚点，是企业党建工作的关键所在。实践证明，只要有一个政治上党性强，理论水平高，工作能力强，有开拓创新精神，群众基础好，威信高的支部，工作就能做得扎实有效。焦裕禄、孔繁森、杨祖州、郭明义等都是我们广大党员学习的楷模。他们的光辉人生在平凡中显出高贵，在朴实中透出奇伟。

其次，要围绕经济抓党建，抓好党建促经济。要紧密围绕深化改革，把企业职工思想政治工作贯穿到工作的各个方面，把解决热点、难点问题作为党组织工作的重点。建立起双向互动工作机制。按照企业需要，党员欢迎，职工赞成的原则，把党组织活动与企业生产经营管理紧密结合起来，实现目标同向、互促共进。

再次，坚持“两手抓，两手都要硬”的方针。要正确认识经济与政治辩证统一的关系。在市场经济条件下，企业要成为市场的主体，就必须树立正确的生产经营思想，明确企业应承担的社会责任。不能片面强调经济效益而不顾社会效益，要努力求得两个效益的统一，要努力使三者的利益都得到兼顾，更不能损害国家和人民的利益。在追求物质文明建设的同时，不能对精神文明建设而不顾。必须做到“两个文明一起抓，两个任务一起下，两副重担一肩挑，两个成果一起要”。只有这样，双文明建设才能同步进行，社会才能和谐发展。

2. 加强党员管理，增强党员党性，提高党员素质。《中共中央关于加强党的建设几个重大问题的决定》中明确指出：“加强和改进党的基层组织建设，要以提高素质，增强党性为目标，切实加强和改进党员教育和管理工作”。党员是党的肌体的细胞，做一名共产党员，必须要高标准。严要求，必须有吃苦在前，享受在后，廉洁奉公，乐于奉献的精神，更要有坚定的理想信念和全心全意为人民服务的思想。要采取多种形式加强党员的思想教育，组织党员学习培训，增强党性锻炼是提高党员素质的重要手段，要对党员有组织、有步骤、分阶段、分层次地学习马克思、列宁主义、毛泽东思想、邓小平理论和“三个代表”重要思想，深入贯彻落实科学发展观，学习党章等理论知识，要深刻领会和掌握基本理论和基本观点，不断提高解决党员思想认识问题和工作中遇到的实际问题的能力和水平，引导党员树立信心，树立全局观念，始终坚持以经济建设为中心不动摇。要用发展的眼光和辩证的方法正确分析和判断当前的形势，正确认识眼前利益和长远利益，局部利益和整体利益的关系。

加强党员管理和教育，拓展工作领域。要结合基层工作实际不断完善和制定规范制度，如“党员三会一课制度”，“党员活动制度”，“民主测评制度”，党员干部“廉政保证金制度”，“廉政谈话制度”，“年度廉政报告制度”等，对党员管理起到较好的作用。

3. 创新党员教育管理服务。

主要体现在：尊重党员主体地位，保障和落实党员的知情权、参与权、选举权、监督权。加强党员教育培训，注重把党员培养成生产经营骨干，把生产经营骨干培养成党员。从思想、工作、生活上关心党员，及时反映涉及党员切身利益的重要情况，健全党内激励、关怀、帮扶机制，注重解决老党员和生活困难党员实际问题，增强党员的归属感和荣誉感。

要深入开展创先争优活动。结合企业实际，以党

建强、发展强为目标，按照生产经营好、企业文化好、劳动关系好、党组织班子好、党员队伍好、社会评价好的标准，广泛开展“双强六好”党组织创建活动和党员示范岗、党员责任区、党员公开承诺活动，促进企业党组织履职尽责创先进、广大党员立足岗位争优秀，抓好示范带头作用，促进创建良好运行。

（三）企业基层党建工作要拓展新思路、创建新方法，探索新路子。

笔者知晓湖南省花垣县烟草专卖局（分公司）多年来切实加强党支部的建设，着力塑造企业群体形象，在实践中取得丰硕成果，主要有以下几个方面：

局历届党组班子和机关党支部高度重视党建工作和文明创建工作，特别是2009年后以张建中为党组书记的新一届班子更加重视党建工作，以党建工作为抓手，促进各项工作的有效开展，把支部战斗堡垒作用和党员的先锋模范作用发挥到最好，四个文明建设和谐发展，齐头并进、硕果辉煌。

花垣县烟草专卖局（分公司）现有在岗职工58人，其中女职工15人，在职员工中党员25人，大专以上学历45人，初级职称12人，中级职称14人。近年来，把抓党建促文明建设放在首位。一是领导高度重视；二是创建有机制；三是创建措施细；四是创建成效好。花垣县烟草专卖局（分公司）2005年以来连续获县委、县政府授予“文明建设先进单位”，2008—2009年获州委、州政府先后授予“文明建设先进单位”和“文明建设标兵单位”，2010年获省委、省政府授予“文明单位”称号。在行业内2010—2011年被湖南省烟草专卖局先后授予“优秀县级局”和“优秀县级分公司”。局党支部多次被县委授予“先进基层党组织”称号。

几年来，花垣烟草积极主动承担社会责任，着力奉献社会。花垣县烟草专卖局（分公司）支持该县新农村建设，投入8000多万元用于烟基建设工程（即机耕道、水池、沟渠、管网、烟叶育苗大棚、烤房建设等），深受广大烟农和农民群众的感激和好评。烟叶生产为山区农民增收21988.38万元，为国创利17547.67万元，纳税8237.41万元。积极开展党员带头全员参与为“地震、冰灾”捐赠、“爱心包裹”、“慈善一日捐”、“无偿献血”，为弱势群体送温暖献爱心活动，捐赠款55080元。2012年3月局党组、支部组织党员干部20余人积极参与州、县开展的“千名干部下基层，排忧解难促和谐”活动，七天时间与农民群众同吃、同住、同劳动，深入调研办实事解难题，党员干部与特困烟农结成帮扶对子，党员带头，全体职工参与捐赠，共办实事52件，帮扶村安装高杆灯、水塘清淤、建洗澡堂、帮助特困户解困等捐赠57500元。

抓党建提素质，塑造群体形象。采取形式多样、生动活泼的学教方式，兴趣浓烈。比如：组织党员干部、职工开展廉洁勤政、反腐倡廉、警示教育活动，他们采取走出去和请进来的方式进行，走出去：即重上井冈山，再走长征路到遵义、去延安，到西柏坡感受回忆革命烽火的艰辛，学习继承发扬党的优良传统作风，重宣入党誓词，挑起继往开来的时代重担，共同把党建设好。又组织党员到湘西州监狱亲临其境，零距离进行参观，予以警醒和警示教育，大家都深有感悟，起到很好的效果。请进来：即请公检法部门、党校教授等到单位上廉政党课，剖析相关犯罪案件，以深化教育效果。

积极开展创先争优活动，开展创“文明股室”，创“五好家庭”，评选“先进工作者”、“七·一”表彰“优秀党员”，开展生产技术能手比赛，读书学习知识测试评优等多种形式活跃生活、开心工作，营造和谐浓厚的环境氛围。

（作者系湖南省花垣县烟草专卖局局长）

加强商会党建工作，促进商会健康发展

张世伦

天津市山西商会成立于1997年，商会目前下设建筑分会、晋中分会、物流分会和建材分会。

商会党委建制，下设纪律检查委员会，建筑分会、晋中分会、物流分会三个党总支。目前商会党委所属共计31个党支部，还有一个商会团委。

我商会近几年来加强党建工作的创新做法和成效，得到了中央、市、区委的高度重视先后到商会视察指导学习实践科学发展观活动工作。

2009年11月17日　国家民政部新社会组织学习实践活动第五巡回指导组曹国英组长等3人，来我商会指导。

2009年12月3日　国家民政部部长李学举、副部长姜力、天津市副市长只升华等16位领导到我商会。

2009年12月5日　由中华全国工商联研究室巡视员、原中华工商时报总编辑黄文夫，全国工商联研究室涂文处长率领的调研组一行5人到我商会调研。

2010年1月12日　中央第四巡回检查组组长张维庆等领导，深入天津山西商会视察指导。

2010年2月26日　本人前往北京参加全国先进社会组织表彰暨社会组织深入学习实践科学发展观活动总结大会，并代表全国受表彰的新社会组织上台领奖。

2011年2月12日　天津市副市长只升华深入我商会进行调研、座谈。

2011年6月30日　被评为“天津市优秀党务工作者十大标兵”，受到张高丽书记等市领导亲切接见合影。

2011年7月1日　中共中央授予本人“全国优秀党务工作者”荣誉称号。

2011年7月8日　民政部创先争优活动办公室朱春林处长等4人来商会调研考察。

2011年7月18日　全国工商联副主席李路率调研组来我商会考察。

2011年11月7—8日　在北京“全国工商联商会建设工作会议”上作了“以加强商会党建为抓手，促进会员企业科学发展”的大会交流典型发言。全国政协副主席、全国工商联主席黄孟复，中央统战部副部长、全国工商联党组书记、第一副主席全哲洙发表重要讲话，并给予我商会高度评价。

2012年3月9日　全国非公有制经济组织创先争优活动指导小组成员兼办公室副主任、全国工商联研究室巡视员黄文夫等领导，到我商会进行调研。

2012年8月1日　中央政法委副秘书长、中央综治办主任陈训秋等中央综治委领导，在津听取了我会以党建为抓手，推动创新社会管理，促进社会和谐稳定的工作汇报。

2013年1月17日　全国工商联主席王钦敏、秘书长欧阳晓明在津做商会工作座谈调研时，本人做了商会推动会员企业转型发展和商会参与社会管理创新方面的汇报。

2013年5月20日　全国工商联党组副书记、副主席黄小祥来津视察天津山西商会并听取了我商会率先开展“晋商会员企业理想信念教育实践活动”的创新做法与成效的汇报。

2013年6月24日　市委副书记王东峰等领导到商会考察座谈。

天津市委五次向中央发了我商会加强党建工作经验的简报；人民日报、新华社先后向中央发出了内参；商会党组织连续7年，被评为区级或市级先进党组织。

下面是我对非公党建活动提出的新理念、新思路和应当采取的新举措。

一、加强社会组织党组织建设必须选准的六个着力点

第一，着力引导“以加强商会党建为龙头，推动商会和会员企业走科学发展道路”的方向。

2007年6月商会成立了党支部，2008年1月成立党总支，2010年1月改建成党委。并建立了协调一致的工作机制，即：“商会的年度工作计划和每项重大决策，要经商会党组织扩大会议讨论通过。商会党组织成员列席商会理事会或其他重要会议”，引导会员企业走健康科学的发展道路。

第二，着力实现基层党组织和工作全覆盖，创新两新组织党建工作。

1. 制定对策，实现基层党组织全覆盖。

成立了“基层党建工作推动组”深入会员企业进行调研，查找出影响基层党建工作的22类难点问题，研究制订了《商会会员民营企业党建工作22类难点试行解决办法》，有针对性地采取不同方法进行解决。分别以加强思想教育、提高党员意识，协调理顺关系，和企业负责人谈话，创新组织设置形式，选好支部书记，单独建、联合建、临时建、流动建、挂靠建，选派党建指导员等“一难一策”的不同方式逐个解决。

在筹建四个基层分会的同时宣布成立分会党组织。选举党性强、素质高的会员企业党员出资人担任分会会长兼党总支书记。

2. 打造“三员队伍”，实现基层党的工作全覆盖。

一是选派党建工作指导员

2008年11月商会向“天津稀有金属交易市场有限公司”等几家无党员的会员企业选派首批党建工作指导员试点成功的基础上，开始对还没有成立党组织的企业指定了指导员。已先后向68家规模型或重点型会员企业指派了指导员。我们制定了“党建工作指导员七项工作职责”，其核心是二条，一是加快推进建立党组织；二是开展党的工作。都不同程度地取得了工作效果。

二是确定党建工作联络员

对规模以下的会员企业，包括小微企业，领导层里没有党员的，企业只有一两名党员的，由商会党委确定一名党员为党建工作联络员。联络员隶属商会党组织管理，其主要工作职责是负责商会和企业之间的党建工作联络，把商会党委提出的具体工作部署，及时与企业投资人沟通落实，同时，助推企业开展党建工作的进度。

三是聘任党建工作推动员

商会党委经过考核，选择那些思想政治素质较高、

积极支持企业党建工作的非党员出资人，聘任为党建工作推动员。其主要职责是协助商会党组织在其企业建立党组织，并开展党的工作。

实践证明，由党建工作推动员推动建立企业党组织，进度是快的。

我们还按照“坚持标准，保证质量，改善结构，慎重发展”的方针，加强了发展壮大党员队伍的工作。积极培养和发展符合条件的企业骨干入党。同等条件下，优先考虑在企业党员空白点或党员数量少的企业中发展新党员。近年我们在企业骨干中，共发展了新党员 45 名，许多成为了我们的党建联络员。

2012 年 3 月，实现了商会基层党组织和党的工作全覆盖。我们的经验也在全国正式推广。

第三，着力加强党务工作者和企业投资人素质能力培训。

1. 加强以党组织书记为重点的党务工作者能力素质培训。

培训的思路是：“结合实际，灵活多样，喜闻乐见，长效开展，务实管用”。

培训的效果是：学有所悟，学有所获，学有所用，学有所效。

培训的范围是：党支部书记、党建指导员、联络员、推动员、团支部书记和入党积极分子。

培训的方式是：由商会党组织安排，除每年的集中培训外还有专题培训、经验交流、现场观摩培训和远程教育培训、“单兵教练”等。

培训的内容是：除基础性和党员先进性教育培训外，其他的培训内容是根据了解到党务工作者们缺什么补什么的专题培训。具有针对性、实效性。

2. 加强会员企业出资人综合素质培训。

通过聘请专业人员、以听课、开会、座谈、参观、现场互动等多种方式，不断开展法律、法规、职业道德、诚信自律、企业财务管理、现代融资方式、外向型企业知识、现代企业经营、营销等培训活动，使出资人的思想道德水平、驾驭现代企业的素质、水平不断提高。并积极推动倡导和组织学历较低的企业出资人提高学历，攻读大本、研究生。

第四，着力加强对基层党组织和党员发挥作用的指导。

1. 建立“两个相互促进”和推动“两个培养”。

在商会的协调下，基层党支部与企业投资人之间普遍建立了“两个相互促进”制度，即：“企业党组织邀请出资人参加党组织的学习和活动，听取出资人对党支部和党员在生产经营中发挥作用的意见和建议”、“企业党组织负责人列席企业管理层重要会议”制度。

“两个培养”是商会党组织要积极推动企业出资人把企业骨干培养成为党员，把党员培养成企业骨干。近两年，有 36 名企业党员被提拔为企业中层或企业领导班子成员。

2. 把党建工作融于生产经营之中。

商会党委牵头，与本市 8 家商业银行结成战略伙伴，为会员企业获得贷款授信 60 亿元人民币。与本市 6 家大专院校结合，建立了人才库，把适合会员企业需要的本、硕、博专业人才毕业后及时推荐给企业。组织专家深入从事夕阳产业的会员企业，进行“专、精、特、新、强”的企业发展论证或新项目论证，为企业提出可持续发展方案，推动了一批会员走上科学发展道路。利用信息渠道优势，推动会员与国内外优势企业联合发展，已经促成多家会员企业与韩国三星中国总部、美国 IBM 公司、新加坡 CDL 公司、台湾 LED、美国温特姆公司、中国东软、中国电信等的联合发展。

党委通过树立、表彰的科技自主创新、现代企业文化建设、诚信经营、转变企业发展方式等各种类型的示范典型 46 家，并组织广大会员开展“互看互学互评”的现场观摩活动。在观摩活动中同时促进了企业间合作共赢的机遇。

党委负责的商会宣传部，及时利用网站、视频、会刊、QQ、微博、大小会议等各种媒介、平台，广泛宣传企业典型、企业品牌、企业动态，使党建工作有机地融于企业经营之中。还与中央及天津、山西的主流媒体建立了联络关系，及时介绍商会健康发展新闻及会员企业的科学发展典型，为企业品牌推广助力。仅 2012 年，由主流媒体发布商会与会员企业科学发展报道 60 余篇。

经过努力，商会 93%以上的会员企业实现了转型升级，一批会员企业成为了行业龙头和品牌企业。“天津金大地能源科技有限公司”等 11 家科技自主创新企业成为科学发展典型。通过对 12 家高科技自主创新企业如“碳材料科技”、“地热节能科技”、“镁合金科技”、“环保建材科技”等进行重点帮扶，目前已全部实现开业。如“天津盛象塑料管业有限公司”在帮助他们解决了市场推广、科技人才推荐、资金等难题后，企业迅速发展，目前已经成为全国塑料排水管材行业龙头老大。易科美德生态建材公司在商会帮助下，成为了全国知名的生态建材科技小巨人。

第五，着力解决让职工群众得实惠的问题。

商会党委与全体党员企业共同制定了“提高职工工资 15%～25%的计划”。经过三年的努力，目前，我商会 90%以上的非公企业职工收入水平达到或超过同行业平均水平。对稳定职工队伍起到了明显作用。

商会党委还提出了要在会员企业里“消灭”困难职工家庭的要求，尽最大努力为职工营造良好的工作环境。为提供住宿的员工改善生活环境脏乱差问题，要求企业党组织组织党团员关注、参与这些工作。增强党组织的凝聚力。

第六，着力加强和创新社会管理。

商会开展了“四无三提高”主题实践活动。四无是：“产品质量无伪劣，安全生产无事故，企业员工无上访，诚信经营无投诉。”三提高是：“提高企业核心竞争力，推动转型发展，提高员工幸福感指数，提高关爱困难群体、履行社会责任水平。”并向社会做出公开承诺。

我们在“四无三提高”活动中，涌现出了一批获市级、国家级诚信类荣誉大奖的企业。先后树立了“津乐园饼业有限公司”、“晋乡居餐饮连锁店”、“天津金茂集团”、“天津深圳海外装饰工程有限公司”等28家企业为标杆单位，带动和影响更多的会员企业参与主题实践活动。

二、研究新思路、制定新举措，不断开创非公党建新局面

今年2月，我商会党委以“树立社会主义核心价值观，开展理想信念教育”为目标，积极探索、大胆创新，在商会组织中开展了“一转二争三服务”的主题实践活动。

一转是：助推会员企业实现转型升级全覆盖。

针对我商会还有13%的会员企业仍在从事没有竞争力的产业产品的情况，进一步加强了商会“转型升级服务中心”的力量，逐个深入企业调研，组织专家论证，帮助企业提出转型升级发展方案，做好解难题工作。目前，已助推了12家企业以跳产、向高附加值产业链延伸、联合发展、企业制度创新等方式，走上现代企业道路。帮助5家企业，走向全国和世界发展。如会员东义镁科技公司投资5亿元收购了美国一家跨国企业；会员众志传媒文化公司出资控股香港品牌文化广告公司，迅速成为国内有竞争力的品牌文化产业。

二争是：争当依法治企模范，争当清廉经营标兵。

争当依法治企模范。以推动会员企业建立健全依法治企制度机制为方式，重点以企业依法纳税、诚信履约、切实履行劳动法、合同法、工资法，防范投资合作、重大合同签约法律风险等为重点目标。

争当清廉经营标兵。重点结合许多党员是在非公企业中负责物资采购、业务外包、工程招标、财管管理、职务消费、市场公关、人员聘用、上缴税收等重要岗位上，需要通过教育、监督和建立有效的防范机制，减少和避免党员利用工作便利出现职务侵占、资产挪用、资金抽逃、市场欺诈、偷工减料、偷税漏税、生活作风、向国家公职人员行贿等各种党员违纪问题。

今年6月27日，我们成立了天津市山西商会纪律检查委员会。结合清廉经营方面容易出现的重点问题，开展为民务实清廉教育，并建立有效监督。我们也将积极探索民间商会推动非公企业纪检工作的有效途径和方法。

“三服务”是指：服务企业职工群众、服务消费者群众、服务社会困难群体。

服务企业职工群众。重点推动企业建立健全职工收入增长机制。

服务消费者群众。坚持诚信经营经验，保证给社会消费者提供合格产品，兑现每一项消费者服务承诺，公开承诺不出现消费者投诉曝光问题。

服务社会困难群体。向会员企业提出了“会员企业投资人，人人都当社会志愿者”的要求，要求每人做一件履行社会责任的好事实事。

在开展“一转二争三服务活动”中，党委坚持“开门搞活动，党群要互动”，吸收两名商会群众副会长为领导小组成员。以交流会、观摩会等形式吸引推动广大非党员投资人参加。以远程教育方式，通过商会网站，企业、党、团、积极分子QQ群，微博，建立了党建系统、会员企业、可实时在线、可互动的动态办公、管理、宣传、培训、沟通平台，有效利用现代网络技术，方便、灵活、及时将商会党委的意图普及到各个会员企业的各个层面。

今后我们将继续探索商会党建工作，促进商会健康发展。

（作者系天津市山西商会党委书记、会长）

时代要求加强非公有企业党的工作

黄佳君

中国共产党中央委员会总书记、中共中央军事委员会主席、中华人民共和国主席、中华人民共和国中央军事委员会主席习近平在会见全国非公有企业党建工作会议代表时强调，非公有企业是发展社会主义市场经济的重要力量。非公有制企业的数量和作用决定

了非公有企业党建工作在整个党建工作中越来越重要，必须以更大的工作力度扎扎实实抓好。加强非公有企业的党建工作，是加强党对非公企业领导的需要。近几年来，随着经济发展速度的加快，民营经济迅速崛起，已成为我国经济发展的半壁江山。面对新的形式，如何加强非公企业党组织的建设，保证党的方针政策在非公有企业中得到贯彻落实，已经成为党务工作者十分关注的课题。

一、加强和改进非公有企业党的工作需要与时俱进

随着市场经济在我国的发展，非公有制企业出现了数量特别大、分布特别广、类型特别多、人员特别杂、管理特别松的表面现象。由于上述表面现象的出现，就实际存在了非公有企业的党员来源不一样、语言不一样、素质不一样、需求不一样、心态不一样的复杂局面。非公有企业的特点的多样性、艰巨性和复制性也给党务工作提出了与时俱进的新要求。因而非公有制企业的党务工作必须因地制宜、因人制宜、因时制宜、因事制宜给予加强和改进。

一是在非公有企业中的党组织的设置上要掌握灵活性：凡是有 3 名以上中共正式党员的非公有企业，都应被要求成立党的支部委员会。对中共正式党员不足 3 名的企业，应按照就地就近的方式，去除行业以及地域界线，建立联合党支部；或者将少数党员的组织关系挂靠在当地企业或村庄的党组织。对于没有中共党员的非公有企业，应由当地党的委员会像选派大学生到村庄任职一样，选派优秀的党员人学生到非公有企业中去任职，从事和覆盖党的工作。

要根据非公企业的实际，坚持解放思想，大胆探索，勇于创新，不断提高非公有党组织建设的力度。要在准确掌握非公企业的党员人数、来源和基本情况的基础上，因地制宜，科学设置党的基层组织。坚持“企业发展到哪里，党的组织就建到哪里”的原则，采取就近、方便、灵活的组织设置方式，坚持做到成熟一个组建一个，建立一个巩固一个。真正解决“有党员、无组织”的问题。

二是在非公有企业中的党务工作要掌握保障性：地域党的委员会要切实加强对非公有企业中的党务工作的领导、落实责任，健全机构、配强力量，对民营、外资等不同规模、不同类型的非公有企业要注重分类指导，以增强党的工作的针对性和实效性。在加强和改进非公有企业党建工作中，务必抓好“两个覆盖”，就是要抓好党的组织覆盖和党的工作覆盖；务必发挥好党组织“两个作用”，就是党组织要在职工群众中发挥政治核心作用，在企业发展中发挥政治引领作用；务必加强“两支队伍”建设，就是要加强党支部书记和党建工作指导员队伍建设，为开展非公有企业党务工作提供坚实的保障条件。

非公有企业党组织在实际工作中要高度重视加强非公企业党员的思想建设。针对非公企业特殊环境下党员组织观念淡薄实际情况，应在非公企业的党员中间深入开展党的基本路线、党员标准、价值观念、职业道德等方面的教育，树立全心全意为人民服务的宗旨意识和正确的世界观、人生观和价值观，积极发挥党员的先锋模范作用和党组织的战斗堡垒作用。

非公有企业党组织在实际工作中要积极创新党的活动方式。企业党组织围绕企业生产经营，组织党员开展党员“责任区”、“先锋岗”、“示范岗”、“一个党员一面旗”等活动，引导党员履行党员义务，发挥“党员站到哪里红一片，走到哪里红一线”的辐射带头作用。

非公有企业党组织在实际工作中要协调好企业主与群团组织的关系，赢得企业主对党建工作的信任和支持。要协调好企业主与职工的关系，以理服人、以情感人，顾全大局，依法维权。要协调好企业与各种社会团体的关系。为非公有企业的发展营造一个良好的外部环境，为社会、为国家多作贡献。

二、加强对非公有企业中党员队伍的管理

党中央领导 8600 万党员和全国各族人民一道以经济建设为中心、实行改革开放、顽强拼搏、在各行各业都取得了举世瞩目的成就；为国家的富强、民族的复兴做出了名垂青史的功绩；全国 156 万个非公有企业、社会团体、民办非企业单位中的党组织和广大党员也为这个伟大壮举做出了可歌可泣的贡献。怎样才能加强和改进对非公有企业中党员队伍的管理？对党员实行党员证管理制度就是加强非公有企业党员思想、作风和组织教育的良好载体。

证件管理是人类社会发明且十分有效的群体管理办法，全世界大多数国家都对公民实行绿卡、护照、身份证管理机制，正如我国总工会给会员颁发会员证；团中央给团员发团员证；学校给学生颁发学生证一样，证件管理是一种科学的、有效的、长期的管理方式。对党员实行党员证管理制度是中共山东省滕州市委 1988 年党内制度建设的研究成果，拥有成型的两万余字的可行性研究总结报告、中国共产党党员制度实施条例（试行草案）。在对千名党员调查问卷中，有百分之九十五的党员同意对党员实行党员证管理制度；有百分之九十五的党员认为实行党员证制度有创造性、

对党员管理有益处。时任中共山东省委书记的姜春云同志曾批示中共山东省委组织部向中共中央组织部打报告：建议在全国党内采纳这项党建制度。中共中央组织部也以（1989）13号文件予以肯定：对党员实行党员证管理制度是党的建设的重大举措。

当前，经过全国很多省市县和行业党组织对党员实行党员证管理的长期实践以及无数次模拟推演，已经充分证明对党员实行党员证管理制度是一种长效的科学的从严治党的工作机制，这项党建举措也完全能够自然地、和谐地融入到非公有企业中的党组织和党员的正常的组织生活中去，并且不会产生任何不良的副作用。

三、中国共产党党员证的内容和功能

中国共产党党员证既是中共正式党员资格证，也是党员的荣誉证，更是一本浓缩了的《党章》。党员证的封皮为鲜红色的，上方刊有烫金的党徽。第一页是党员的基本情况，包括党员姓名、性别、民族、出生年月、文化程度、籍贯、工作单位、证件编码、加盖所在党委钢印的党员照片；第二页是入党通知书；第三页是入党誓词；第四至第七页是党员必须履行的义务；第八页至第十页是党员享有的权利；第十一至第十三页是党的民主集中制的基本原则；第十四页是党员道德行为准则。后边的内容是年度民主评议党员的记录，党员获奖记录；党员受纪律处分记录；党员党费交纳记录卡；以及党员证使用说明书。它的主要功能：一是党员证是鲜红色的，上方刊有烫金的党徽，这寓意着党和人民利益高于一切，这是无数革命先烈用鲜血染红的党旗，号召一代代共产党人要高举着党的旗帜——为实现共产主义奋斗终身二是党员的基本情况，这是一个党员的个人档案，尤其是证件编码，通过这个编码，在国内任何地方都可以通过网络查证党员的组织关系所在地。三是入党通知书，这是一个预备党员在转正之后由所在党组织发给的通知书，它是一个党员党籍的证明。四是入党誓词，党员义务，党员权利，党的民主集中制基本原则。这些都是党的章程中的经典条文，让党员随身携带是为了让党员时时处处重温自己入党的誓词，履行党员义务，维护自身权利，为党努力工作。五是党员道德行为准则，现在各行各业都在讲究职业道德，“八荣八耻”就是共产党员的道德行为准则，把“八荣八耻”刊入党员证就是提醒每个共产党员要率先垂范，模范执行“八荣八耻”。六是年度民主评议党员记录，这是实际记录一个党员在支部大会上年度评议结果，它提醒党员本年度如是合格党员，下年度就要争创优秀党员。七是党员获奖记录，这是一个党员一生的荣誉档案，它时时激励党员争创优良的成绩。八是党员受纪律处分记录，这个记录会成为一个警钟时时敲响在犯错误党员的耳边，接受教训，痛改前非。九是党员党费交纳记录卡，这是党员交纳党费时间和金额的记录。总之，党员证是党组织发给党员证明其党籍的证件，持有党员证的党员，可以向临时工作和居住地的党组织申请过3至6个月的党内组织生活。使每一个党员时时处处置于党组织的联系、教育、监督、管理之中，以此增加党的凝聚力、向心力和战斗力。

（作者系中国共产党党徽胸章、党员证设计者）

第十一部分　加强非公党建的体会（二）

天津聚龙集团创造非公党建新模式
——全力开拓民营企业国际化发展之路

孙卫军　邱爱秒

天津聚龙嘉华投资集团有限公司（以下简称聚龙集团）是一家以食用油脂为主业的民企集团，总部位于天津港保税区，在天津市、江苏省靖江市和印度尼西亚共和国设有七个成员企业，现有海内外员工 7000 人，其中外籍员工 5600 余人。进入油脂行业 20 年，集团现已形成了集油料作物种植、油脂加工、港口物流、粮油贸易、油脂产品研发、品牌包装油推广与粮油产业金融服务为一体的完整的棕榈油产业链。近年来，集团棕榈油年贸易额占国内市场份额近 20%，已经连续六年位居内资企业首位，2012 年集团国内外营业收入总额 140 亿元人民币。

为了掌握棕榈油的源头资源，寻求企业更大发展，聚龙集团于 2006 年在印度尼西亚建成了中国企业在海外的第一个棕榈种植园，目前拥有总面积近 10 万公顷的棕榈种植园，并于 2011 年初建成了中国企业在海外的第一个棕榈油压榨厂，建立了有效的上游原料供应保障体系，为维护国家粮油安全做出了贡献。在企业发展壮大的同时，聚龙集团始终不忘履行企业社会责任，2013 年雅安地震后，集团第一时间迅速反应，在地震发生当天紧急召开党委和董事联席会议，经研究决定，向芦山地震灾区捐款捐物总计 800 万元人民币。

多年来，在不断践行企业社会责任的同时，聚龙集团也获得了来自社会方方面面的肯定和支持，先后获得了“中国十佳民营粮食集团”、“最具全球竞争力的中国公司 20 强”、“2012 年度 CCTV 中国年度品牌”、“中国百佳粮食企业”、“金蜜蜂 2012 企业社会责任中国榜”、“2012 年度中国轻工业百强企业”等荣誉称号。

作为非公有制经济组织，聚龙集团始终高度重视企业党建工作，不断强化基层党组织的战斗堡垒作用。2006 年，成立龙威粮油党支部，共有党员 7 人；2009 年，作为学习实践科学发展观的非公企业代表向天津市委组织部进行专题汇报，并将经验和做法向全市非公企业推介学习；2010 年，成立龙威粮油党总支，下设天津、华东、海外三个党支部；同年，成立全国非公经济组织中第一家海外联合党支部，创新了国内企业海外生产基地党员教育管理模式，《支部生活》、《企业党建》、《天津日报》、天津电视台等多家媒体报道集团党建工作经验；2011 年集团党委成立，进一步健全和规范了企业内部的组织架构、管理体制、运行机制；同年 4 月，新华社《国内动态清样》以《天津一民企设海外党支部探索党建新模式》为题，刊发送呈省部级领导的专题内参，对聚龙集团创新非公企业海外党组织建设经验进行了报道；同年 10 月，参与完成《关于非公有制企业党组织功能定位问题的调研报告》，获得“2011 年度非公有制经济组织党建研究优秀调研成果一等奖”和“2012 年度天津市工商联系统优秀调研成果一等奖”；2012 年 9 月，集团党委被确定为天津市党建联系点；2013 年 4 月，集团被天津市委组织部、天津市非公有制经济组织工委确立为“非公有制企业党组织直接联系点”。目前，集团现有党员 170 余人，下设龙威粮油党总支、海外联合党支部、金融联合党支部、机关职能系统党支部以及华东区党支部等多个党组织。

由于在海内外党建工作中的突出表现，聚龙集团党委先后获得了“滨海新区新经济组织党建工作示范点”、“天津市‘五个好’企业党组织”、“天津市非公经济组织优秀党组织”、“天津市创先争优先进基层党组织”等 20 余项荣誉称号。

在“走出去”发展过程中，聚龙集团制定了“一二三四五六”的党建工作体系。即：确定了党建工作“促进企业科学发展”的“一个中心”；明确了“打造组织放心、企业满意、群众欢迎的优秀党组织和建设效益显著、技术进步、文化健康的优秀企业”的“两个目标”；树立了“以党建为方向；以文化为路径；以企业社会效益与经济效益同步发展为目标”的“三个基础”；确立了以“企业发展方向与国家及地方发展方向同向；企业新建单位与党组织成立同步；董事会与党委同力；党组织与企业发展同心”的“四同”指导思想；突出了以“定好调、选好人、站好位、做好事、结好果”的“五好原则”；创造了以“理念创新、组织创新、机制创新、载体创新、活动创新、模式创新”为主要内容的“六创”新举措。

聚龙集团始终坚持党的领导，在集团重大决策中始终突出集团党委的政治核心领导作用，始终坚持企业发展方向与国家、地方发展方向同向，将企业发展小战略与国家发展大战略相结合，勇敢肩负民生重任。

“四同”思想为非公党建统领全局

一是始终坚持企业发展方向与国家及地方发展方向同向。在企业的发展过程中，只有将企业的命运与国家、民族的命运紧密联系在一起，才能有长远的发展。只有将企业发展的小战略与国家发展的大战略有机地融合在一起，才能取得更大的发展。在国家打好调结构优化升级攻坚战中，聚龙集团积极调整企业发展方向和路径，做到企业发展保持与国家、地方发展方向一致。

二是始终坚持企业新建单位与党组织成立同步。做到“企业发展到哪里，党组织就组建到哪里，党的作用就体现在哪里”，不断加强党组织管理和党员教育，开展好组织生活，形成了富有生机与活力的党组织运行机制和党员活动方式，做到“流动不流失，离乡不离党，教育不断线，管理不放松”。同时，始终坚持党建工作的“四同步”，选好配强基层党支部书记，建立健全党支部班子，突出抓好党支部一班人的思想政治教育，不断增强党政同心，共谋发展的活力。

三是始终坚持董事会与党委同力。集团党委确立了“围绕中心做工作，融入管理起作用”的基本思路，围绕生产经营管理中的重点、热点和难点，团结董事会成员一道，从政治角度营造气氛，发挥优势，凝聚合力，始终把发挥党委和董事会整体合力，共谋企业发展大计作为党建工作的重中之重，对关系集团方向性、全局性、战略性的问题、领导干部的选拔任用、大额度资金使用以及涉及员工利益等方面的重大问题，始终做到不经过调查研究不决策，不征求各方面意见不决策，不经过集体研究不决策。

四是始终坚持党组织与企业发展同心。围绕推动企业“走出去”发展战略、预控经营风险、精干高效团队等工作，把解决经营生产中的难点作为党组织活动的重点，把提高经营成效、工作实效作为重要的检验标准，使党建工作成为企业价值链上的重要环节，成为推动公司发展的重要力量。在质量创优、挖潜降耗、提高生产效率等方面深化“党员责任区”、“党员示范岗”活动，真正打造“一个党员一面旗、一个支部一个堡垒”。

“六创”新举措为非公党建提供动力

一是理念争创，引导企业用好“非公企业发展的第三种力”。大力推进“研究型企业”、“学习型党组织”建设，积极开展非公企业文化与党建理论研究，借鉴物理学中的场理论，提出了推动企业发展的“社会文化场理论”，强调企业生存的社会环境是一个有方向的社会文化场，这个场无时无刻不在发挥作用，牵引并约束企业沿着社会主流文化的方向发展，并将这种场的作用力称为“非公企业发展的第三种力”，它与企业家能力、企业生产资源的作用力共同推进着企业的发展，而党建工作与企业文化建设的重要意义就在于它可助推企业这三种力更紧密地协同，从而引导企业在社会所期望的方向上健康发展。

二是组织争创，搭建非公企业“政委体系”。聚龙集团党委书记、董事长杨学犟十分重视党组织建设，积极学习借鉴党组织工作经验，着力打造很有特色的非公企业“政委体系”。在日常人事安排方面，突出“两个优先”：优先安排党员担任公司各个分支机构的管理负责人；优先安排党员作为后备干部，并选派多名党员到国内外生产基地重要岗位工作。在积极分子培养与组织发展方面，着意“两个培养”：大力培养条件成熟的关键岗位管理干部入党；提前培养非党员管理干部的思想政治工作能力与组织领导能力，引导其在为党组织贡献力量的过程中更好更快地成长。在企业管理中，参照我军“支部建在连上”的优良传统与做法，由总支负责人负责组建企业思想政治工作队伍，并参与公司的员工关系管理，为创建和谐企业做贡献。

目前，集团共有20多位党员担任了集团及各成员企业中高层以上管理岗位，集团各区域、各职能系统的主要负责人中至少有一名党员，初步形成了“一把手（党员或非党员同志）管业务、扛指标，二把手（党员）管队伍、抓思想”的党建与业务相互协同的管理格局。

三是机制争创，试行“党员绩效考核”长效机制。集团党委注重长效机制建设，实施了“党员绩效目标承诺”和“党员绩效考核”，以“岗位业绩、组织贡献、个人素养”为主要内容，做好公开承诺。按照“目标从上向下层层分解，从下向上逐级承诺、从上向下逐级考核”的原则，运用目标管理的“SMART”方法，对各位党员提出了具体的、可衡量的、可达成的、有结果要求的、有时间限制的承诺目标，以季度为单位，对党员的践行承诺情况实行量化考核，考核结果作为党员年度评优与年终绩效奖金发放的参照依据，不仅将党员承诺落到了实处，还通过与企业绩效管理的有机融合，初步构建了党员“创先争优”的长效机制。

四是载体争创，运用互联网架起非公企业党建工作桥梁。针对企业中党员工作地域分散的实际情况，集团党委充分发挥国际互联网的载体优势，通过OA协同办公软件、MSN群、QQ群与个人微博等方式，开展跨地区、跨国界的组织生活，进行学习培训，开展党建知识竞答，不仅加强了国内外党员间的思想和工作交流，而且具有支持跨国界沟通、信息可长期保留等优势，让传统的组织工作打破了地域与时间的限制，大大提高了党的基层组织工作的及时性与长效性。

五是行动争创，围绕本职岗位创实效。聚龙集团党委确立了“让党员自我实现”、“企业党组织与以党员为主要负责人的部门共创先进”、“党员立足本职岗位，争当业务尖兵”的活动主题。对于担任集团总部领导与主要部门负责人的党员同志，突出在集团经营模式的选择、管理改革的方向上体现与落实行动争创；对于基层工作岗位的党员，侧重在提交合理化建议、降低能耗、节约成本、促进创新等方面体现行动争创；对于在海外棕榈种植园一线的党员同志，则就海外党员组织管理如何与投资国当地民众的和谐相处来落实行动争创。通过重温入党誓词等活动，引导大家将体现党员先进性与提升本职工作、推动公司发展结合起来，在党组织带动下，全体职工主动参与技术革新与技术改造。仅2012年，集团党员就提出合理化建议87条，16条建议被应用于企业节能降耗改造项目上，为企业节约成本700多万元，切实发挥了广大党员的创新引领和模范带头作用。

六是模式争创，“走出去”建立海外党支部，实现海内外基层组织双覆盖。作为全国第一家“走出去”在海外建设棕榈种植园的油脂企业，聚龙集团提出了“走出去、扩大覆盖面；融进去、增强影响力；立起来、抢占新阵地”的要求，创新了国内企业海外生产基地党员教育管理模式。海外党支部同志结合自身工作特色，深入一线、艰苦奋斗，不仅为企业海外事业拓展做出了突出贡献，而且积极融入当地环境，为当地社会发展贡献力量，先后开展捐款资助失学儿童、送医下乡、送文化下乡、产业合作政策宣讲、语言培训与海内外员工大联欢等形式多样的支部活动，为企业周边近20个村落里的6000余户幼童、老人和有特殊困难的村民提供了免费体检与医疗咨询，与外籍同事、合作伙伴建立了深厚的友谊。同时，聚龙集团还投入大量资金在当地修建交通、水电等基础设施、民族宗教设施、医院学校等公共设施，改善了当地居民的生产生活条件，获得了当地政府和民众的肯定和支持。

理想信念教育为非公党建注入新的活力

在非公党建工作中，聚龙集团党委积极引导集团各级领导和广大股东进一步坚定中国特色社会主义道路自信、理论自信、制度自信，走中国道路、弘扬中国精神、凝聚中国力量，增强集团各级领导及广大股东对中国特色社会主义的信念，对党和政府的信任，对企业发展的信心。紧紧围绕“企业梦”和“中国梦”的主题，充分发挥党组织的优势，将“企业梦”与“中国梦”紧密相连，正确认识“企业梦”在实现“中国梦”过程中所担负的历史使命，以“中国梦”引领企业发展，以“中国梦”引领企业“建设中国粮油行业的优秀企业”，以“中国梦”引领企业为保障国家粮油安全做出更大的贡献。同时，在企业“走出去”发展过程中，聚龙集团将理想信念教育实践活动与着力开展跨文化建设相结合，以“走出去”和“引进来”相结合的方式开展跨文化建设，促进文化融合。通过中国籍员工“走出去”进行专业培训和选拔印度尼西亚籍员工到中国学习汉文化，进行汉语言培训，逐步建立了跨文化学习培训的长效机制，不断促进两国文化的融合和发展，为企业党建工作不断注入新的活力。

站在新的起点，聚龙集团上下时刻不忘民生责任的重大，我们将时刻铭记习近平总书记在全国非公有制企业党的建设工作会议上的要求，不断完善企业党建规划，以非公党建为核心，着力突出党委的政治核心领导作用，着力巩固发展壮大基层党组织，着力扩大党组织的凝聚力和影响力，在集团国际化进程推进中，在海内外事业蓬勃发展中，切实发挥好广大党员的创新引领和模范带头作用，为实现“建设中国粮油行业的优秀企业”而奋斗，为伟大的“中国梦”贡献力量。

（作者一系集团党委副书记、集团行政总经理，作者二系党委办公室主任、集团公关副经理）

积极“三为”强党建 服务企业强发展

周建民 莫根虎

非公企业党建工作能否作为、如何作为？是摆在非公企业党组织和党务工作者面前的一个现实课题。浙江超威集团党委坚持围绕发展抓党建、抓好党建促发展，积极为生产经营“出点子”、为员工解惑“开方子”、为企业发展“育才子”的实践探索，给了我们有益的启示：非公企业党建工作大有作为。

一、为生产经营“出点子”，推动企业加快发展

非公企业党建工作的结合点在哪里？这是党建工作有所作为要明确的一个问题。只有找到了这个结合点，党建工作才有一个有力的抓手，才能发挥它在企业发展中的政治引领作用。

集团党委在实践中深深地体会到，党建工作结合点就是为企业持续健康发展当好参谋，搞好服务。以这个结合点为重要抓手，集团党委广泛开展了一系列的“出点子”活动。深入开展“我为企业发展献一计”的“金点子”活动。活动得到了广大党员和干部员工的积极响应，参与热情非常高涨，近千名干部员工献计两千多个，点子来源覆盖了集团的各子分公司、各公司内的各个部门，内容涉及生产、安全、营销、研发、工艺、流程、环保、节能、管理等诸多方面，这些建议中，有的已经得到采纳、应用和推广，有的已经进入讨论研究程序，有的已经得到不同层次领导的重视。“金点子”活动的开展，既发挥了党员的先锋模范作用，强化了员工爱企爱岗的主人翁意识，融洽了员工与公司的关系，又提高了企业的生产管理效率和经济效益，促进了公司的健康发展。

像“金点子”活动这样的载体还有许多，并且已经常态化、制度化。比如，“书记蹲点日”、“班子接待日”、“民生电话簿”、“党员职工结对联系”等活动，通过多种渠道和方式，随时随地都能了解一线党员和员工在企业发展过程中发现的问题、他们对这些问题的看法以及如何解决的想法和思路，这些问题和思路为企业高层解决迫切问题和实现远景规划提供了最直接、最现实的参考素材，得到了全公司上下一致的肯定和认同。

只要把党建工作与生产经营和管理紧密结合，促进效率和水平的提高，党建工作就一定大有作为。

二、为员工解惑“开方子”，关爱员工身心健康

非公企业党建工作的着力点在哪里？这是党建工作实践着力要解决的问题。超威集团党委在工作中，始终把情系员工作为党建工作的另一个重要抓手，把情感交流和培养作为企业文化建设的重要载体，努力把党组织和群团组织建设成为员工的温暖之家、心灵之声，充分发挥党组织在职工群众中的政治核心作用。

集团制定了“书记蹲点制度”，从党委成员到支部成员和群团负责人，必须确定到一个子分公司、或支部、或班组、或部门驻点联系，与一线党员、员工同生活，同劳动，感受他们在思想上、工作上和生活上的所思、所想、所惑、所盼，知道他们想什么、要什么，准确掌握一线党员和员工的基本民情和思想动态，并记载《蹲点日志》，发现问题，及时解决或反馈，重大问题向集团主要领导报告。

集团还在各级管理层中推行“民生电话簿制度”，每个党员与员工进行一对二或一对多的结对，保持经常性的密切联系，随时把握他们的思想状态，特别是当遇到思想波动、情感挫折、人际矛盾、生活困难、工作阻力、身体不适、家庭不和等情形时，必须在规定的时间内与员工开展谈心，并尽最大努力为他们排忧解难。

在这同时，集团正在各车间和部门设立“心声园”，员工无论是在工作上还是生活上，或者是思想上，只要有什么想法、看法、要求、愿望和建议，甚至是牢骚，都可以随时在“心声园”里表达，支部有专人负责信息的收集、分类、处理或转送、答复或反馈，创造一个人人能说话、有问必有答的平等、民主、和谐的工作环境。

集团还创建了“浙江省心灵港湾工作坊示范点”，在上述过程中，对各种问题进行梳理和处理时，除了给予物质帮助等方法外，我们注意到，许多问题的根源并不在于物质或待遇的多少，而是求得心理平衡。所以，对于这些员工，就在专业心理咨询人员的指导下，特别重视从心理上加强引导和疏导，通过心理测试、心理发泄、尽情倾诉等多种手段，使他们释放心中的“怨气”，走出思想的误区，输入健康的正气，回归正常思维，从而保持一颗平常心投入到工作和生活中去。

只要把党建工作做到员工的心坎上，帮助他们释疑解惑，党建工作就一定大有作为。

三、为企业发展“育才子”，强化企业人才支撑

非公企业党建工作的关键点在哪里？这是党建工作中要解决的一个深层次的问题。

企业发展关键在人。因为人是生产力中最重要的因素，也是决定企业发展动力和方向的最关键的因素。集团党委紧紧抓住教育人、引导人、培育人这一企业发展的“牛鼻子”，努力把党建的组织优势转化为企业发展的人才优势，把党组织在企业发展中的政治引领作用落实到“人”。集团在注重引进人才的同时，十分重视培养人才。目前，集团共拥有教授、博士、硕士等各级各类专业技术人才二百多名，除了田昭武、陈清泉、邱定蕃等6位院士和日本杉本丰成、德国伽池、英国莫斯利、清华大学欧阳明等18位国际国内新能源技术顶尖专家，大部分都是通过自身培养成长起来的。

深入实施“双六优先”工程，努力把骨干人才培养成党员，把优秀党员培养成骨干人才。在发展党员时，优先发展技术骨干、岗位标兵、劳动模范、爱岗敬业、遵纪守法和突出贡献的优秀员工，对优秀党员，享有优先提拔、学习培训、评先表彰、奖励激励、推荐代表和职称考评的机会。这一工程已经结出累累硕果。刘孝伟，从一名普通技术员成长为共产党员，教授级高工，集团研究院院长。吴建方，从包片工一步一个脚印，成长为山东超威公司总经理。普通的农村妇女沈抱娣，现已经走上了集团浩天公司常务副总经理岗位。高考落榜的杭忠琴，经多个岗位磨炼，被委任为安徽永恒公司总经理。刘晓光从公司保安做起，通过七年奋斗，集团将河南超威公司生产副总的领导重任交给了他。以上只是“双六优先”工程成果的一个缩影。目前，包括集团董事长在内的高层领导，十七家子分公司的主要负责人中，大多都是通过自身培养成长起来的。还有一大批党员骨干正在健康成长，他们思想稳定、工作积极、情感深厚、精神饱满，是集团持续健康发展的中坚力量和中流砥柱。

深入实施“素质能力提升”工程，集团充分发挥“超威大讲堂”各个阵地的作用，不断提高党员干部和骨干的思想素养、工作技能和管理水平。利用集团党校阵地，对入党积极分子和党员加强党史、党章、党性的教育培训，加强企业使命、企业文化、企业规范的学习培训，加强党的纪律、廉洁自律和警示教育，把政治坚定、素质优良的员工吸收到党内来，把党员教育培养成为员工身边的旗帜和榜样。《光荣超威人》一书中表彰的80多位优秀党员、营销标兵等就是他们的典型代表。利用集团商学院和人才培训基地，有计划、分层次、分类别地对不同部门、不同岗位的技术骨干力量和管理人员进行专业培训，邀请行业顶级专家、教授、专业人士讲课，并开展互动交流和研讨，加强培训的针对性和实效性，不断提高管理的理论水平和实际能力，提高专业技能效率，提高技术攻关能力。尹纯洪发明的快速脱膜法，使工效提高10%以上，而且好懂易学，在集团得到全面推广。蔡修坤带领车间团队先后发明了充电立夹、抽酸模具等7项创新项目，节省了时间、确保了质量、控制了成本、提高效率2至3倍，每年至少节约各项费用100多万元，还保护了环境。这样的案例比比皆是。利用校企合作平台，与清华大学、哈尔滨工业大学、浙江大学等院校机构密切合作，加强对集团高层领导的培训，学习MBA核心课程，学习高级经理管理课程，掌握行业前沿发展形势与动态，并赴国外进行学习考察，使集团决策层领导开拓国际眼光，培养战略思维，提升决策能力。

只要把党建工作作为企业持续发展的人才培养基地，为企业发展源源不断地培养人才，党建工作就一定大有作为。

（作者一系浙江超威集团党委委员、党委办主任，
作者二系浙江省长兴县委党校高级讲师）

山东常林：非公党建成为“红色生产力”

莫立富

在常林，党建工作不是摆设和花瓶。常林集团党委是临沂市最早成立党组织的非公有制企业，党支部建立到了生产线上，并且充分发挥了党员的先锋模范带头作用，各级党组织和党员已经成为支撑企业发展的中坚力量。

“企业建到哪里，党建工作做到哪里”这是常林集团党委坚持的党建工作思路。2011年，常林集团与意大利赛迈集团合资成立了山东常林道依茨法尔机械有限公司，合资公司党支部、工会、团支部同期建立。

2012年，企业与江苏丹阳一家企业签约合作成立山东长和科技股份有限公司，今年该公司党支部、工会、团支部也同步建立。

常林集团党委下设十六个支部，覆盖了集团公司各个生产经营部门，实现了党建与企业生产经营的协调发展和良性互动。

党委班子成员依法按照规定和程序进入董事会、监事会、经理层班子，从体制上保证了党组织在公司法人治理结构中的政治核心地位。各党支部书记都从车间主任、经理中产生，多数在生产一线，营销，技术，后勤，党员大多数是劳模、标兵、技术骨干、班组长，以此提高党员在生产线上的带头作用，提高企业发展的核心竞争力。下属企业中川液压公司成为挖掘机用系列液压产品在成套性和系统集成方面属于国内唯一一家取得突破的单位，产品填补了国内空白。

在常林，处处能看见体现党建载体的丰富活动内容，将党建活动完全融入到企业生产经营中，收到了良好效果。常林集团不仅开展了“党建强、发展强”、“党员示范岗、责任区”、“党建带工建、团建、妇建”、“五不五比”、“党员工间课堂”、“道德讲堂”等党建活动，而且还开展了“合理化建议”、“导师带徒”、“读书比赛”、“大学生恳谈会”等活动，使党组织成为员工成长成才的“良师益友”，以此凝聚员工的合力，增强了企业发展的内生动力。

常林的企业精神，即“崇尚科技创新，树立竞争意识，提倡忠诚敬业，追求文明富裕”，这二十四个字彰显了企业科技创新的主体地位，宣示了企业公平正义的竞争理念，明确了员工的职业操守，突出了企业发展的价值走向。二十四个字，从1993年至今已有20年，企业发展与员工的健康成长、幸福生活紧密地联在一起，这种培育以“双赢”为核心的企业文化，成为企业发展的核心和灵魂。

是什么让保证了党建工作在企业开花结果？是和谐企业的创建，是党群组织的合力。党建带工建，转变工会服务职能，使工会真正成为联系企业与员工的桥梁和纽带。党委积极开展了建设服务型工会的探索，确立了“共建和谐企业、共享发展成果、共创公平正义、共显体面尊严”的创建目标。同时，积极开展党建带团建活动，让青年成长成才，增强青年员工的使命感和责任感，提高企业整体的执行力和凝聚力。2011年，企业被评为“全国模范劳动关系和谐企业”；技术员工李合永被评为“2011年度临沂市杰出青年岗位能手”；沈怀海成为“沂蒙青年榜样”。2012年，武宜果荣获“全国五一劳动奖章”。

常林集团党委积极探索党群服务体系建设，构建了以党委牵头，形成党支部、团支部、基层工会为主体的服务架构体系。建立了人才工作领导小组，聘请中国运载火箭技术研究院首席专家、中国工程院院士曾广商为首席科学家，博世力士乐中国区总经理钟默博士为总裁，中国液气密协会高级顾问、液压专家王长江为高端装备研究院院长，哈尔滨工业大学仿真研究专家刘明教授为首席专家，日本铸造专家渡边博美为铸业公司总经理，同时，组建了德国、瑞典、意大利、日本等60余人的专家科研团队，为企业发展提供坚实的人才保障和智力支撑。截至目前，已累计引进国内外高端人才177人，其中行业领军人物和技术精英73人，引进国外智力项目49项，解决技术难题100余个。建立了党员、员工与企业沟通桥梁，通过恳谈会、网上论坛、信箱、《山东常林报》等多种形式来进行信息收集与传达，掌握了思想引导的主动权。建立了临沭县首家职工服务站，职工服务站提供生活救助、健康咨询、就诊、心理援助、应急、职工诉求、技能提升、文体活动、通信、购物等20多类服务，站内的爱心超市、爱心药房等载体和设施将为企业职工提供一系列优惠服务。设立了康乐中心、篮球场、羽毛球室、台球室、乒乓球室、KTV、棋牌室等活动场所，成为职工健身娱乐的好去处。

常林集团党委抓好党建活动载体。定期组织“七一”红歌赛、篮球友谊赛、健身操大赛、拔河比赛、登山比赛、演讲比赛、读书竞赛和红色教育、港澳游等文体活动。其中，职工篮球赛已连续举办了十六届，技术比武举办八届。寓教于乐，增强了企业的凝聚力和向心力，在员工中形成了“企兴我荣、企衰我耻”的主人翁意识。

常林集团党委通过扎扎实实的党建活动，不仅扩大了党在非公有制企业的覆盖面和影响力，更为企业创造了巨大的经济效益，实现了党建与企业发展的共进双赢，使党建工作真正成为了企业发展的软实力，使党建成为一种“看得见、摸得着”的生产力。

根据常林集团的战略规划，在未来五至十年内建设一个“以高精度铸造为基础，以高端智能农业装备和工程机械为主体，以液压件、发动机、变速箱和传动系统为核心的千亿高端装备产业园”的战略目标。届时，产业园不仅成为临沂发展新型工业的一个“标杆”项目，还能够很好地拉动地方物流、服务等行业的发展。

（作者系山东常林集团党委干部）

从"驻京办主任"到节能专家

龚锋民

"这是一个需要巨人，正在润泽巨人，宇寰倡首的时代!"

他曾给恩师政治学老师王尚真先生题字赠旗："讲政治、不搞政治，为人师表!"

2009年12月26日，由他发起组织的枣庄十九中同学三十周年联谊会上，他以"点燃同学真情圣火，共谱和谐发展之曲"为题演讲，被到会的王尚真先生称为："已超越了当年我讲政治的水准。"

1994年，人民日报社社长、西泠印社顾问、著名书法家邵华泽先生亲题"怀远"以赠之。

他，就是1981年毕业于枣庄工业学校"黄埔一期"电气自动化专业，有着30多年专业技术经验的老共产党员，被业界尊称为"老龚"的节能专家龚锋民。

20年来，龚锋民走过了从"驻京办主任"到节能专家的漫漫人生。

"驻京办主任"的上下求索

"路漫漫其修远兮!"

1981年，中专毕业的龚锋民第一步踏上了原齐村区的枣庄化纤印染厂新上项目建设工地，跟随厂书记王学渊（曾任齐村区委副书记、市纺织工业局局长)、厂长褚福山（曾任山亭区副区长、市机械局局长）负责新上项目的电气设计施工；接着被区抽调到在青岛首届小交会上引进的德国花生酱生产线项目建设指挥部，负责坐落在店子镇的枣庄市乳制品厂引进项目的翻译协调和电气技术中方负责人。工作之余，龚锋民在王希文、鲍延毅、胡小林老师的教导下，补上了大专中文文学素养，这一切都为他今后的发展奠定了基础。

1993年7月31日，是龚锋民记忆犹新的日子。这一天，他肩负着市中区人民政府的委托，到北京建立市中区人民政府驻北京联络处。在去北京的夜车上，他怎么也睡不着：

接令北上建京联/一夜酷似一周年/兴衰沉浮谁来定/只惜来回时光延

他思考最多的是怎样把"驻京联"办好。也因此，他的夫人从一位贤淑达人的化验员，为了支持丈夫的事业成为枣庄早期的下岗工人。

第二天，一下火车，他直奔位于北京鼓楼外大街中轴路附近的中国人民解放军总政治部大院，代表市中区人民政府签下了租驻总政办公场所开办"驻京联"的协议。

从总政检察局原局长李宣俊将军处借了一辆大金鹿自行车，他开始谋划先把北京的小道搞清楚。北到五环外的西三旗，南到三环外的方庄，着实让龚锋民跑个够。

路熟了，工作重心转移。1993年9月13日，龚锋民接到"市中编发〔1993〕7号"文《关于同意成立区人民政府驻北京联络处的批复》，明确的职责是"代表区政府在北京办理有关公务，进行经济、技术等方面的联系"。按时任市中区人大副主任、主抓"驻京联"的刘大才讲："根据区委田玉茂书记的要求，'驻京联'的主要工作就是'引技术、引人才。"

一位从事了十余年专业的工程技术人员，尽管持有"驻京办主任"的招牌，想进国家机关、高等院所也不是件容易事。龚锋民凭借着搞技术的钻劲"借力"工作。他首先认真拜访了区政府聘请的枣庄籍在京的有影响的老领导、专家顾问，借助他们"穿针引线"。总政原检察局局长李宣俊将军偕夫人亲自挂帅，解放军装备学院副院长、著名军旅作家贺茂之将军摇旗呐喊，很快"驻京联"与众多国家机关、科技院所挂上了钩。

想取到真经也不是件容易之事，怎样打动有"经"之人？地方能否承载了都需要好好对接。

当时，北京四通可以说是叫得响的产、学、研的领头雁，龚锋民瞄准四通集团新技术研究所，以甘当小学生的精神打动了研究所所长陈慎卿博士，力促陈博士亲携新研制的国内首个电钥匙智能电卡科研项目来市中传经送宝，这在当时"电卡"是常人想象不到的，——虽然现在各行业都广泛使用了。田玉茂书记在欢迎宴上讲："龚锋民同志到'驻京联'工作不久，能把全国最著名的科研院所之一——四通新技术研究所的所长陈博士请来，本身就是'驻京联'取得的成绩"。随即市中掀起了引技术、引人才的高潮。

要取真经还要向高层、深层靠拢，那高层、深层不是接触玩的，哪能那么容易接近。龚锋民又生一计——"曲线法"。《首都经济信息报》总编辑李佐贤先生在京城是位能"呼风唤雨"的人物，半年多时间，成为了龚锋民的老朋友。1994年4月6日，李佐贤先生打来电话："老龚吧，给你一次机会，明天你到人民大会堂参会，来我处取票，你接触高层的机会到了。"

1994年4月14日，由人民日报社主办的"迈向二十一世纪的中日经济论坛"在人民大会堂举行。人民日报社社长邵华泽先生亲自主持，北京市市长李其炎、日本驻华大使到会，中日企业家五百余人参会，著名经济学家罗元铮作经济学专题报告。这个经怎么取呢？差距太大了，不好对接，总得有点收获吧？坐在一旁的李佐贤先生看出了他的想法，指点迷津：“人民日报社邵华泽社长就住在你们办事处总政大院，他德高望重、平易近人，可认识一下。”

中午共进自助餐时，龚锋民斗胆踏上特别招待席，还没靠近就被工作人员叫住：“先生，邵社长正在招待日本大使，属外事活动，请勿靠近。”他顾不得这些了，转身就把“驻京联”的名片递到了邵社长手上，还真管用，邵社长一看同住一个大院，又是政府设的办事处，放心的递回一张签有宅电的名片，温和的说：“我现在正接待外宾，会后可到我家做客。”

高层的大门终于打开，邵社长得知一个县级政府、能在早期为地方经济发展设立“驻京联”时给予了肯定。后期交往中，欣然书赠“‘怀远’——锋民同志惠存”，勉励他做好工作中的每一件事，努力为社会做贡献！邵社长的关心支持给龚锋民注入无穷的精神力量，“驻京联”的工作也因此步入有序的开展之中。

1996 年，根据区政府意见，“驻京联”暂时撤回，龚锋民放下“驻京联”这个二级行政单位负责人的招牌，报名参加了市中区第七批干部下派，进驻西王庄乡于官庄村，在当年刘伶醉酒的圣地，他思考着。

致力于电力节能的专家

刘伶醉酒处，促使龚锋民清醒。就在下派的同时，他实现了从“驻京办主任”向电力节能专业的转型——从事专业技术是他的天职。

早在 20 世纪七十年代上初中时，龚锋民就被数学老师李允堂先生称为：“数学大王”，课堂上遇到了难题往往他总能解出；上高中时，十九中上海籍老师张文娟任命他为班级数学课代表；工业学校就读时，龚锋民逻辑思维完全上升到了微积分型。一次午饭，他怎么也吃不下去，同学邵长敏、赵思宏相劝，问了几次，他才说：“微积分考试只得 98 分，失 2 分真亏。”在龚锋民的成绩档案中，高等数学微积分、电力拖动自动控制 100 分是正常的。

毕业后，他仍习惯用微积分思考。1984 年 2 月 12 日，在由徐州开往枣庄的火车上，列车到达山家林站时，龚锋民记住了这个时刻，至今还保留在他的笔记本上。一个电力拖动自动控制领域，全面反映电机动态运行的“临界转差率”，龚锋民用微积分在这一刻推证出该定理。

这对当时只有中专专业水平的他，能用高等数学证明电机的动态运行科学定理是不多见的。后来在与全国著名电机专家大连电机厂厂长任海科博士交流中，任博士审阅了龚锋民关于临界转差率的微积分论证给予了评价：“解开了电机动态学临界转差率微积分论证的金钥匙。”由龚锋民设计的工业锅炉自动控制节能系统平均节电 30%以上，早在 1988 年 3 月 4 日被市劳动局锅炉科推广应用。

龚锋民在钻研专业知识的同时，更注重实际的应用。

早在 1983 年，他参加了枣庄市首届电能平衡研讨班，在研讨班上，他认真对照所学专业，写了三万多字的《电机分析》、《电能平衡测试与节能》及《电能利用率与电能平衡分类详解》。也因此，进一步奠定了他扎实的专业技术功底，为他致力于电力节能的事业储备了足够的营养。

研讨班刚结束，9 月 10 日，他就被齐村区经济委员会以“齐经字〔1983〕24 号”文，抽调到区经委作为区电平衡测试队技术负责人，对全区工业电平衡测试，由他设计的齐村区水泥厂高压电容补偿节能开了枣庄企业电力补偿节能的先河，被区政府领导予以好评。1997 年，在为高焕友租赁的永安水泥厂制定节能方案时，高总问了一句话：“龚工，还有更好的节能措施吗？”龚锋民查阅了大量国内外节能资料，发现工业变频器在电机节能控制领域是值得推广的好产品。于是，他自筹 11200 元，购买了一台华为 22kW 变频器，对立窑卸料电机进行节能试验。一个月过去了，测试电表节能 60%多，龚锋民怎么也不敢相信，又测试一个月，电表显示仍节电 60%多。他如实向高焕友作了汇报，高总说：“这可是件了不得的事，你再检索一下国外资料。”龚锋民电话咨询了西门子公司北京办事处专家，得到结论是：“这是科学的、正常的”。变频器用在风机、调速电机上节能在 20%～80%。其中，用于离心风机节能中，每降低 10%转速，节能 30%；用于滑差电机调速节能更显著。这在枣庄业界一公开，立即掀起了变频节能的旋风，龚锋民也因此把变频器的节能应用定位为“二十一世纪工业控制和节能的革命性新技术。”

创办节能研究所，整合科技人才资源。

针对民营中小型企业普遍存在技术力量薄弱的现象，2004 年 3 月 15 日，报请市中小企业局领导批准，龚锋民创办了枣庄第一家民办节能研究所——龙一节能研究所，研究所聘请希望集团董事局主席、研究员、“华人诺贝尔奖”获得者刘永言先生担任名誉所长。龙一节能研究所创立后，依托上海电科所、山东大学科研技术，充分发挥高科技、人才优势，整合枣庄中小企业人才技术资源，很快研制出高科技节能产品——“龙一”变频器；针对水泥企业γ射线料位仪对人体的辐射，研制出了龙一智能卸料电耳，彻底取代γ射线料位仪，消除了γ射线对人体的辐射危害，受到企业普遍欢迎。

帮企业支招，解企业节能难题是龚锋民的强项。

某集团公司早在七年前，花10余万元购买了某节能中心推荐的芬兰产245kW风机变频器一台，运行一年半因故障停机，芬兰青岛办派人检测要求先汇25000元再修，集团老总生气要砸了它。龚锋民得知后，把该变频器请到龙一节能研究所，凭他多年的经验，采用上海电科所技术成功给予了激活，这台先进的洋变频器被龚锋民给换了大脑，现重新回到该企业的生产线拖动着除尘设备，发挥着良好的环保节能效果。

去年，一水泥企业3150KVA电力变频器已满负荷，又新上700kW负荷，想不增容仍用原变压器硬拼。为此，找到了龚锋民。他深入该企业从高、低压变压器到各主机设备走了一圈，现场粗落一算，到办公室无偿开出了三味“猛药”：

从主副变随机高压补偿中挖300KVA负荷；

从低变自动补偿中挤近200KVA负荷；

从2台245kW风机电机中，通过采用龙一变频器节约200KVA负荷。

厂方按以上良方，实施后开启了设备，省去高、低压开关柜、变压器投资共20余万元，节省工期30余天。

龚锋民的“节能专家”名号叫响了，“老龚节能优选法”在许多中小企业的供、配电和节能最优设计咨询方案中，成为了首选，不仅使企业省时节约，更为国家节省大量铜材。2010年7月1日，上海电器科学研究院院长陈平先生得知后，亲自在电科院约见龚锋民，并就节能领域的合作进行了积极探索。

如今，龚锋民又与国家环境光催化工程技术研究中心付贤智院士专家工作站合作，采用龙一和谐光催化技术，消除家庭及办公场所甲醛、苯等对人体造成的危害。他自信，节能环保的路越走越实。

创办协会、建设惠民园，努力回报社会

龚锋民出生于一个革命家庭，骨子里流淌着正义的血。其祖母早在1942年加入中共党组织，是枣庄妇女界早期入党的进步人士之一，在当时被尊称为“龚大娘”，其祖母在抗战时期毅然送子从军，相继培养出“抗战、解放两兄弟”。龚锋民的大伯龚震华参加了8年抗日战争和3年解放战争，是原山东省副省长朱其民的入党介绍人，解放初期曾任临城区（现薛城）第一届区委副书记兼组织部部长，20世纪50年代中期调到国家机关党委，一度工作在刘少奇主席、朱德总司令身边；二伯龚苏华参加了三年解放战争后，成为张云逸将军参加开国大典后，从山东省人民政府机要处亲点的爱将，跟随张云逸将军南下广西建省。龚锋民从小受到革命家庭的教育，一身正气做人，从不愿摧眉折腰。

2002年3月15日，应全市民营水泥企业的重托。龚锋民协助鲁南著名企业家高焕友先生创办了枣庄市（民营）水泥行业协会，人民日报社原社长邵华泽先生欣然亲题会名。协会针对民营企业在入世后受到的不公平待遇，认真研究党和政府的政策，三上北京、七奔济南，历时2年零13天，先后得到国家发改委、国家电监委、国电公司及山东省人民政府过问，使困扰民营企业多年的不公平待遇——“农电管理费”得以取消，仅此一项全市民营企业每年节省电费开支7000余万元，全省民营企业同时受益。

“服务兴会、协调立会”，是枣庄市（民营）水泥行业协会的服务宗旨；“遇到困难找协会”成为了全市民营企业的共识。这期间，有的企业动辄受到几十万元的行政罚款，协会据有关政策法规均有效地给予化解。

2006年，全国水泥会议在高焕友先生的筹备下，如期在枣庄中粮大厦召开，国家建材局原副局长、中国水泥协会名誉会长、水泥专家李检之先生亲临会场讲话，作为我市协会秘书长的龚锋民参与筹办了这次会议，并在大会上作了《切实履行行业协会职能，力推民营水泥企业大发展》的发言，引起极大关注，吉林、内蒙古等地方水泥企业纷纷到我市协会寻求建会经验，龚锋民还把协会服务职能延伸到枣庄外地的创业者，打出了枣庄协会的品牌，扩大了枣庄水泥在全国的影响。

2009年春节临近，协会副会长王光立打来电话：“秘书长，你得帮我个忙，我在黑龙江佳木斯接近中俄边界的地方投资建了一个粉磨站，当地要我上35KV变电所，投资需75万元，我给你订好机票了，你得帮我解决这个难题。”

这确实是个难题，玩惯了10KV电的水泥老板，花70多万元上35KV变电所，就像小孩子骑惯了童车却让他开飞机，摸不到边也想象不到，光设计工期就得一个月。机票定了没办法，去吧！

下了飞机又转了几次车，终于在第二天上午11点到达位于中俄边界2.6公里的厂区，看罢现场，龚锋民发话了：“晚上把几个关键人物请来按我意图办

就行”。

王光立一听龚锋民发话还有些担心：“秘书长，俺听你的；不过，这些当地林区的负责人，没上过大项目，不好缠。”“按我的意图办就行！”龚锋民的话掷地有声。

晚上6点，地方供电主管来了，矿产资源主管来了，环评监察负责人也到场了。这确实是一出重头戏，只见龚锋民不慌不忙，以协会秘书长的身份，全面介绍了枣庄水泥在全国的发展态势、技术水准，及下一步协会引导企业与当地合作的诚意，促使对方给予开绿灯，到会人员当场表态，“按秘书长最简易，也是最牢靠、最节省的方案组织施工”。省去近60万元投资，缩短工期近2个月，为王光立赢得了时间、赢得了效益。晚饭还未结束，龚锋民决定立即乘车返回。当地三客人想方设法买票，并亲自送到火车站台，龚锋民一语：“我仿佛从此走向革命道路”！给他们留下难忘的回忆！

回报家乡、报效社会是龚锋民早有的心愿。

2008年，龚锋民征得家里长辈的同意，毅然把位于薛城区沙沟镇龚庄村的老家大院扒了，“退院还民，建设惠民园”，提供给乡邻作为活动场所。平整后打好水泥地，摆上大理石桌，会长高焕友看后深为感动，赠奇石刻“缘”以作留念，人民日报社原社长邵华泽老前辈得知后非常高兴，亲题“惠民园”书赠。

东开和谐路/西让三尺巷/南余二丈地/北依怀远堂

龚锋民在“惠民园”刻上了他的心迹：

天擎日月星/地润众生灵/人间须正道/生命唤真情

已近天命之年的龚锋民无论是干事创业，还是与人交往，仍一如既往地保持着火一样的激情和真诚率直的天性。他喜欢忙里偷闲，看看书、写写文章，往往多有收获，2007年8月15日，《鲁南晨刊》发表了他创作的《人间须正道、生命几多情》，在社会中引起积极反响。2011年1月28日，《枣庄日报》发表的《厚德方能载物》（记述他与人民日报社原社长邵华泽16年的情缘），市政协原副主席王序晔看后欣然题诗祝贺：

新春伊始读大作/追思先贤启后学/玉兔呈祥降人间/协会为企贡献多

他时刻在思考，时刻在探索；

茫茫人海芸众生/名利追逐永无穷/谁主沉浮千古论/吾独幽处绘丹青

（作者系枣庄市民营水泥企业协会秘书长）

十八届三中全会：为非公经济展示广阔前景

杨学寿

十八届三中全会，是在十一届三中全会召开35周年之际召开的一次十分重要的会议，既是全面深化改革的动员会，又是未来一个时期改革发展的部署会。全会审议通过的《决定》，明确提出了全面深化改革的指导思想、重要方针、目标任务、政策举措，创造性地提出了一系列新观点、新举措，是指导新形势下全面深化改革的纲领性文件。习近平总书记在会上的重要讲话，深刻阐释了新形势下全面深化改革的重大意义和方针原则，对贯彻落实全会精神，全面深化改革提出了明确要求。

非公企业必须深入学习、深刻领会全会精神，结合实际贯彻落实，推动企业改革发展实践。

（一）进一步坚定理想信念。对于非公企业的发展而言，理想信念就是灯塔，指引企业的发展方向；理想信念就是源泉，激发企业的潜能和智慧；理想信念是支柱，给予企业无限的信心和保障。改革开放35年来，我们国家取得举世瞩目的成就，最重要就是坚持党的领导，坚持党的基本路线不动摇，确保改革正确方向。非公企业是改革开放的最大受益者，没有中国共产党的领导，没有党的改革开放政策，就没有中国经济的腾飞，更没有非公企业的发展。非公企业能成长为中国经济的重要力量，归根结底来自党创造的良好经济发展环境。非公企业必须坚信共产党的领导。党的十八届三中全会吹响了全面深化改革的号角，我们必须在真学真懂真信真用党的最新理论成果和路线、方针、政策上见成效；必须增强中国特色社会主义的道路自信、理论自信和制度自信，增强实现宏伟目标的信心和决心；必须始终与党和政府同心同德、同心同向、同心同行。

（二）进一步增强发展信心。党的十八届三中全会对非公经济有了十分鲜明的定位，首次提出了“两个都是”的表述，强调“公有制经济和非公有制经济都是社会主义市场经济的重要组成部分，都是我国经济社会发展的重要基础”；在产权保护上，明确提出“非公有制经济产权同样不可侵犯”。这些新表述、新举措，再一次释放出改革红利，为非公经济发展指明了方向，拓展了更大的发展空间，提供了全面有力的保障。让非公企业者“腰杆更硬”。可以说，非公经济由此迎来加快发展的又一个“春天”。我们要以学习贯彻十八届三中全会精神为契机，深刻把握深化改革的重大机遇，积极做实体经济的“坚守者”，树立讲质量、铸品牌、做长远的意识，把主业做久做实、做强做大；优化产品结构，改善经营方式，加大转型力度，主动参与创新驱动发展，积极投资战略性新兴产业、现代服务业和现代农业，努力做好品牌性、战略性和引领性强的重大项目，努力在新一轮发展中实现新的跨越，为实现中国梦做出应有贡献。

（三）进一步转变观念。《决定》指出，要“使市场在资源配置中起决定性作用”。这对非公企业既是利好消息，又提出了新的要求。强调市场的决定性作用，必然有助于建立企业自主经营、公平竞争，消费者自由选择、自主消费，商品和要素自由流动、平等交换的现代市场体系，有助于完善主要由市场决定价格的机制。非公企业不能再习惯于依赖政府做主导的角色，不能还像过去那样凡事“找市长不找市场”，处处希望政府多支持，多倾斜。市场不相信眼泪，不同情弱者，不出让机会。我们必须在了解、分析、研究、预判市场上下功夫，强化自己的市场承受能力，向市场要效益。同时，非公企业要戒除贪大求全的毛病，少做超出自己掌控能力的事。盲目扩张，一旦企业出现问题，不仅自己陷入困境，甚至殃及政府。非公企业必须加快建立现代企业制度。要逐步摆脱亲缘纽带式管理方式，建立产权明晰、制度健全、决策科学、管理严谨的经营管理体制。要结合自身实际，分析行业态势，制定科学合理的企业发展规划。要健全人力资源管理系统，重视人才智力因素，合理使用人才，有效管理人才，充分发挥人才作用，促进企业健康发展。

（作者系立天集团董事长）

大力推进“五化”建设，不断提高非公企业党建科学化水平

侯金玉

十八大提出“要创新基层党建工作，夯实党执政的组织基础，全面提高党的建设科学化水平。”这对非公企业党组织提出了新的更高要求。我们认为，非公企业党组织要大力推进学习常态化、制度规范化、队伍优质化、活动经常化、阵地标准化建设，不断提高党建科学化水平。

一、推进学习常态化，夯实非公企业党建工作基础

讲学习是共产党员必备的素质之一。学习是一个人安身立命的基础，是保持共产党员先进性的前提，是我们事业发展的本钱。非公企业党组织要精选学习内容、搭建学习平台、完善学习机制，推进学习常态化。

突出四个学习内容。一是政治理论。学习政治理论，让党员始终保持政治信念的坚定性、政治立场的原则性、政治鉴别的敏锐性、政治忠诚的可靠性。二是企业经营管理知识。学习和生产经营结合，学习运用国内外先进管理方法，努力使党员成为“管事理财”的行家。三是专业技术。学习业务知识，苦练业务技能，提高业务能力，使党员成为本职岗位的行家里手。四是道德规范和文明礼仪知识。学习公民基本道德规范和文明礼仪知识，加强社会主义荣辱观教育、爱国主义教育、理想信念教育，不断提高党员职工的思想素质和道德水平。

搭建四个学习平台。一是学习培训平台。建设好图书室、阅览室，订购党建、企业管理等方面的报刊，以适应不同层次党员职工阅读学习。定期组织形势教育，及时学习时事政治和上级会议精神。定期聘请专家就党员职工关心的问题举办专题讲座，组织党员职工外出参观交流、学习取经。二是学习交流平台。定期组织学习交流会、学习笔记展阅，交流学习经验，畅谈学习体会。三是信息沟通平台。充分利用企业网站、报纸、QQ 群、短信平台、学习专栏，发布学习内容，推荐好书好文章，交流学习成果。四是宣传展示平台。利用会议、展板等形式，宣传学习活动扎实有效的典型，大力表彰“争创知识型员工”活动开展得好的车间、班组。

建立四个学习机制。一是组织领导机制。成立党组织书记亲自抓、其他班子成员分工抓、党政领导一起抓的学习领导小组，定期研究部署，督促检查。研究制定学习型党组织、学习型企业建设的实施方案、学习计划、考核办法等文件。层层动员，提高认识，营造人人学习、自觉学习、终身学习的浓厚氛围。二是激励约束机制。把学习情况作为民主评议党员、管理人员年度考核和评先评优及提拔使用的重要依据。对在各级各类学习评比活动中获奖的，给予奖励；对参加各级各类培训的，除全额报销各种费用，还给予适当补助；对在县以上报刊发表体会文章、研究成果，给予奖励。深入开展“争创学习型党组织、争做学习

型党员”、“争创学习型企业、争做知识型员工”活动，每年评选表彰先进集体和个人，颁发证书和奖金。三是高效运行机制。丰富学习内容。除重点落实的四个方面学习内容，还组织党员职工学习法律法规、健康知识、安全知识和沟通技巧等，不断完善知识结构，提升综合素质。活化学习方式。采取集中学习、分组学习、业余学习相结合的方法，重在学习效果。探索新的学习载体和形式，如：短期培训、参观考察、心得交流、理论测试、技术比武、实践操作、知识竞赛、征文演讲等，增强学习的趣味性、吸引力。四是长效工作机制。完善党组织和董事会定期集体学习制度，重要理论共同学习，集中研讨。完善党支部“三会一课”制度，完善集中学习日考勤制度，把软任务变硬，把硬任务变实，增强学习的约束力。

二、推进制度规范化，完善非公企业党建工作机制

制度建设是党的建设科学化的重要保证。非公企业党组织要建立健全制度，用制度来规范党组织的各项工作、约束党员的思想行动。

制度建设要遵循严肃性、实效性、群众性、时代性原则，既准确体现上级党委要求，又符合企业实际，既与时俱进、不断创新，又保持相对的稳定性和连续性，既由群众参与制定，又依靠群众监督执行。

非公企业党组织重点要建立健全并认真落实以下几方面制度：

领导班子建设制度。要按照《党章》、党的有关规定和国家法律法规，制定党组织工作职责、书记、副书记、委员职责以及党组织议事规则。

党内生活制度。健全党内民主决策、“三会一课”、民主生活会、党员学习、民主评议党员等制度。

发展党员制度。建立“三培养”、“四推荐四票决四公示”（“四推荐”就是党支部通过董事会和管理层推荐、全体党员推荐、群众代表推荐和群团组织推荐等四种途径，选出优秀员工作为入党积极分子预备人选；“四票决”就是在确定入党积极分子、确定发展对象、接收预备党员、预备党员转正等四个环节实行票决制度；“四公示”就是对入党积极分子、发展对象、预备党员和即将转正的预备党员进行公示）等制度。

联系服务群众制度。建立党组织领导接待日、党员联系职工群众、党内关怀、党组织与党员定期谈心谈话、党组织主导的维护职工权益保障等制度。

监督管理制度。建立健全党员责任区、党员示范岗、党组织书记述廉述职、党内监督、党务公开、党风廉政建设、党费收缴、流动党员教育管理等制度。

党建带群团制度。建立加强对工会、共青团、妇联组织的领导制度。

党组织与管理层沟通协调制度。建立党组织负责人与经营管理层交叉任职制度、党组织与经营管理层双向沟通制度和党组织负责人列席决策层会议、党员列席管理层会议、高层人员列席党员大会的“三列席”制度。

三、推进队伍优质化，把握非公企业党建工作关键

党员是党的肌体的细胞和党的活动的主体，党员队伍建设是党的建设基础工程。加强非公企业党员队伍建设，是提高党的凝聚力、保持党的先进性、巩固党的执政基础、发挥党组织“两个作用”的需要。非公企业党组织要在强化党务工作者队伍建设、加强党员教育管理、壮大党员队伍等方面下功夫，推进队伍优质化。

加强以党组织书记为重点的党务工作者队伍建设。一是多渠道选人。按照素质优良、结构合理、数量充足、专兼职结合的要求，通过内部培育、上级选派、组织推荐、公开选聘等方式，选配组织满意、企业需要、出资人欢迎、群众拥护党务工作者。二是专业化培训。建立健全非公企业党务工作者培训教育信息库，创新培训教育的方式和内容，通过岗前培训、一对一帮带形式，有针对性地开展党务知识、群众工作、法律法规、企业经营管理等方面的培训，提高做好群众工作的本领和服务企业发展的能力。三是规范化管理。建立健全非公企业党组织书记和党建工作指导员目标管理、绩效考核、述职评议制度。四是多层次激励。权益保障激励。推动企业建立健全党务工作者待遇保障制度，鼓励企业把党组织书记纳入高管序列。建立党组织书记劳动合同变更、解除或终止前向上级党组织备案制度。党组织书记因坚持原则遭受不公正对待时，上级党组织要给予帮助和支持。经济待遇激励。上级党组织可给予非公企业党组织书记和党务工作者适当的工作津贴，对在年终考核中评定为优秀的党务工作者发放奖金；每年“七一”和“两节”，走访慰问一批非公企业党务工作者。政治待遇激励。在“评优评模”表彰上向非公党务工作者倾斜，推荐符合条件的党组织书记作为各级党代会代表、人大代表、政协委员人选。

加强党员教育管理。按照《关于加强新形势下发展党员和党员管理工作的意见》要求，坚持经常性教育和集中教育相结合，加强党员教育。抓好学习培训。采取办培训班、上党课、举行报告会和组织专题讨论

等形式，组织党员集体学习，倡导党员自学。加强实践锻炼。通过党员责任区、党员先锋岗、党员承诺、设岗定责、结对帮扶和志愿者服务等方式，组织党员立足本职岗位服务群众、加强党性锻炼。加强日常管理。组织党员参加党的活动，做好党员组织关系和党籍管理，坚持“三会一课”、开好组织生活会、民主评议党员、党员权利保障、党员向组织汇报思想和工作等制度。坚持原则，及时处置不合格党员。不断改进流动党员管理方法。

拓宽渠道壮大党员队伍。遵循“坚持标准、保证质量、改善结构、慎重发展”的方针，坚持“有计划发展、质量第一、入党自愿、个别吸收、群众公认”的原则，按照保持党员队伍先进性和纯洁性的要求，落实“四推荐四票决四公示”制度，把好骨干队伍选苗和培训关、入党积极分子确定和培养关、发展对象确定和政审关、预备党员接收关、预备党员教育考察转正关，确保发展党员质量。

四、推进活动经常化，激发非公企业党建工作活力

活动是活力的体现。党组织活动经常化，才能增强号召力、战斗力和向心力。非公企业党组织必须认真谋划、精心组织，推进活动经常化，着力激发党建活力。

围绕推动企业科学发展，创新活动载体。以促进企业健康发展为目标，把党的活动与生产经营管理有机融合，实现同频共振、互促共进。深入开展“双强六好”创建活动，充分发挥党组织的政治核心作用；广泛开展“一名党员一面旗”、“我为企业献计献策”、“三有三无”（关键岗位有党员、困难面前有党员、突击攻关有党员；党员身边无事故、党员身边无次品、党员身边无违章）、“三亮三示范”兑诺（亮身份、亮形象、亮成绩，示范岗位、示范车间、示范班组）等活动，充分发挥党员先锋模范作用，增强企业党建工作成效。

围绕凝聚职工群众，创新活动方式。为党聚才，为事业聚才，善于引进人才，准确选好人才，科学用好人才，使非公企业真正成为创业创新创意的“人才高地”。全面开展“手挽手、一帮一”帮扶活动，帮助员工解决实际困难。建立党内激励、关怀、帮扶机制，使党员感受组织的温暖。加强和改进思想政治工作，注重人文关怀和心理疏导，主动关心、热忱服务党员和职工群众，使党组织真正成为职工群众的“主心骨”和“贴心人”。

围绕促进企业和谐，创新活动手段。积极维护职工群众合法权益，建立“谈心接待日”、“员工约谈日”和“工资集体协商”等制度，在企业内努力营造人与人相互尊重、相互理解、相互支持的和谐氛围。积极与党委、政府和有关部门沟通协调，既支持政府各职能部门依法行政，又为减轻企业不合理负担撑好保护伞，为企业保驾护航，既主动向政府职能部门争取企业在政策、技术、资金、土地等多方面给予支持，又大胆监督企业守法经营，引导企业增强社会责任感，关爱社会，奉献社会，多为国家做出新的贡献。

围绕建设先进企业文化，创新活动载体。按照中央要求，把党建工作与企业文化建设互通共融，引领企业建设先进文化。教育引导党员、职工和企业出资人，坚定中国特色社会主义共同理想信念，把个人梦、企业梦与中国梦紧密结合起来，为实现中国梦团结奋斗。积极帮助企业总结、提炼独具魅力的企业文化核心价值观，培育、宣传充满朝气和活力、充满凝聚力的企业文化，增强员工对企业和企业党组织的自觉认同。积极推进先进企业文化阵地建设，坚持开展文体活动，丰富党员职工文化生活。加强社会公德、职业道德教育和法制教育，促进诚信经营。以学习型党组织建设带动学习型企业建设，提升企业职工整体素质，增强企业发展软实力，推动企业平稳健康快速发展。

五、推进阵地标准化，打造非公企业党建工作平台

党建活动阵地是党建工作的重要平台和载体。加强党建活动阵地建设，是有效开展工作、加强党员教育管理、团结带动职工群众的需要。非公企业要按照“硬件建设到位、配套设施完善、档案资料齐全”的原则，抓好党建活动阵地标准化建设。

硬件建设达到“十有”：有党员活动室、有党务宣传栏、有党员电教设备、有党建图书资料、有党建工作制度、有党建工作档案、有党旗党徽、有党组织牌匾、内刊有党建专栏、有党建网站。

制度标牌“十上墙”：党旗、入党誓词上墙，党组织工作奋斗目标上墙，党员的权利、义务上墙，党员的照片上墙，党员承诺上墙，党组织设置情况、班子成员名单、工作职责上墙，党务公开栏上墙，党建荣誉栏上墙，党员活动园地上墙，党建工作制度上墙。

文档资料做到完整、规范、有序。各种记录完整，收集好党组织活动记录本（学习和活动考勤、“三会一课”记录、党员民主生活会、民主评议党员、党员活动记录等）、党费收缴登记本等。各种名册齐全，整理好党员名册、入党积极分子名册、发展对象名册等。各种文件完好，保留好上级党组织下发的各类文件、

简报等。其他各类资料，党员奉献、党员科技攻关、企业文化活动等党支部活动类资料，企业党建工作发展历程、荣誉证书证件、领导视察、工作计划和总结等综合类资料都一一实行归类管理。

（作者系立天集团党支部书记）

响应中国非公党建，推进生态城市建设

杨　楠

自1978年12月党的十一届三中全会以来，我国经过30多年的改革开放，中国特色社会主义市场经济体系初步建立，非公有制经济组织也有了长足的发展，非国有经济提供了80%的城镇就业岗位专利发明的65%，技术创新的80%，进出口贸易的85%以上，成为国民经济的重要组成部分，约占整个国内生产总值的70%，由此可见我国非公经济为社会主义市场经济的发展做出的重要贡献。

非公有制经济、公有制经济关系及非公党建

公有制经济，是指国有经济、集体经济以及混合所有制经济中的国有成分和集体成分。公有制的主体地位主要体现在：公有资产在社会总资产中占优势，国有经济控制国民经济命脉，对经济发展起主导作用。公有制的实现形式是指公有制经济在微观领域中的具体表现，实际上是指资产的经营方式或组织形式。

非公有制经济是指在公有制经济以外的各类所有制经济。主要包括个体经济、私营经济、外资经济等。个体经济，是由劳动者个人或家庭占有生产资料，从事个体劳动和经营的所有制形式。它是以劳动者自己劳动为基础，劳动成果直接归劳动者所有和支配。

在社会主义初级阶段，社会主义公有制经济为主体，多种所有制经济共同发展是经济建设的基础。公有制经济与非公有制经济虽然性质不同，但是也不是完全对立的关系，而是相互融合、共同发展的关系。在经济建设中，公有制经济的发展需要同时发展非公有制经济，非公有制经济的生存和发展依赖与占主体地位的公有制经济。

随着非公有制经济组织的迅速发展，从业人员的不断增加，大批优秀人才将投身其中，非公有制经济组织中党员的数量也不断增加。随着非公有制经济组织中党员数量的增加，党员的教育、管理及发挥其先锋模范作用等方面的问题日渐凸显，迫切需要在非公有制经济组织中建立健全中国共产党的组织。中国共产党作为执政党，作为整个国家和社会的领导者，为了巩固党的执政地位、扩大党的影响力和群众基础，必须加强非公有制企业党的建设，加大在社会团体和社会中介组织中建立党组织的工作力度。

非公党建必须既符合党的要求，又符合企业实际，实现党建工作与企业发展互相促进。工作重点是完善非公有制经济党建领导机制和工作机制、完善非公有制经济党组织建设理论研究和模式的建立，要切实加强党对非公企业党建工作的领导和对非公有制经济组织中党员的管理问题，确保非公党建工作有人抓、有人管、有工作条件，为非公企业党组织发挥作用提供有力保障。

开展非公有制企业党建工作，必须要真正理解这项工作的目的和精髓，真正找准工作的切入点和着力点，以看得见、摸得着的党建工作成效，实现企业发展与企业党建的互促共赢，实现党对非公有制经济的有效领导。

陆易斯通集团简介

陆易斯通集团作为卓越的生态城市运营商，专业的城市生态系统方案解决供应商，通过城市生态系统、低碳产业与循环经济、投融资和国际招商引资来实现中国生态城市建设。陆易斯通集团致力于开展国际生态城市建设与推广，广泛地参与中国的城市建设，在众多城市城镇更新改造、土地多维利用、投融资、生态景观建设以及生态建筑等方面积累了丰富的实践经验。在中国成功运营十余年，获得了众多令人瞩目的优秀案例和行业荣誉。

陆易斯通集团作为国际生态城市建设与推广的领航者，世界生态城市建设与推广的顶尖品牌，开创了中国生态城市建设与推广的里程碑。

陆易斯通集团荣获"'里约+20'峰会'联合国秘书长办公室高级工作人员—国际绿色经济协会(IGEA)'中国绿色经济杰出贡献企业"荣誉称号。奠定了可持续发展在中国，可持续发展在陆易斯通，可持续发展在城市生态系统。

陆易斯通集团于1997年在美国加利福尼亚州成立，陆易斯通集团秉承"多渠道、多形式、多领域"的经营理念，"稳健经营、科学决策"的工作态度，持续、快速、稳定地发展。过去，陆易斯通创立了优良

的企业价值观和文化，公司重发展、求创新，为顾客提供全面、周到、细致的服务，为顾客实现项目、品牌、销售三方面价值的最大化；今天陆易斯通在城市综合运营的多元化发展的道路上阔步前进，融合了国外先进的生态城市建设理念，打造中国特色的生态城市建设模式；未来，陆易斯通凭借前瞻的眼光和专业的能力为中国的城市建设与发展注入更强劲动力，引领国人走向社会主义生态文明新时代——建设美丽中国！

陆易斯通集团参与公益基金，建设生态城市

陆易斯通集团参与了国际生态城市（建设）推广基金、国家森林公园（建设）推广基金、国际城市艺术（建设）推广基金。我们的主要任务是：依法募集公益基金，接受自然人、法人、其他组织的捐赠和政府资助；宣传发动社会各界积极参与；组织实施公益项目，开展公益活动；参与合作与交流，提升国际影响力。

随着世界经济的五大进化趋势：复杂型经济、知识经济、融合经济、直接参与经济和地球环境经济。中国国际生态城市建设及推广迫在眉睫、尤为重要。

生态城市建设行动目标：一、资源节约：节约利用水资源，强化节水措施；严格保护土地资源，集约、节约利用城镇建设用地，提高土地使用效率；建设清洁能源节约型城市，大力引进电力、天然气等优质能源，因地制宜地发展新能源和可再生能源。二、环境友好：以环境承载力为基础，以遵循自然规律为准则，以绿色科技发展为动力，倡导生态文明，构建经济社会与环境协调发展的社会体系。三、经济持续：在确保资源的可持续利用、生态环境良性循环条件下，以可持续发展，是一种注重长远发展、健康发展的经济增长模式。四、社会和谐：建设社会主义和谐社会，是一种民主法治、公平正义、诚信友爱、充满活力、安定有序、人与自然和谐相处的社会。五、创新引领：把增强自主创新能力作为发展科学技术的战略起点，走出具有中国特色的自主创新道路，推动科学技术和各个不同领域的创新。

陆易斯通集团总裁杨楠获得多项荣誉及参加的会议

杨楠总裁作为中国生态城市建设与推广的第一人，致力于用卓越的思维和方法来推广和建设“生态城市”，并将之作为毕生的奋斗目标。她把过硬的设计技术与市场营销策略完美艺术的结合起来，将国外先进的生态城市建设理念与实践经验引入中国。杨楠总裁频繁地来往于中美两国之间，为两国的发展和交流做出了卓越的贡献，在2001年到2012年长达11年时间的艰苦实战中，她总结出众多利于中国生态城市建设的宝贵经验。杨楠总裁指出：要用生态文明的思想指导经济建设；用生态城市建设与推广的理论建设国家；用城市生态系统的方法指导建设。对于一个地区经济的发展，是商业模式的创新与资本运营的结果，才能逐步走向可持续发展的现代生态文明城市。

杨楠总裁获得的荣誉：2008年度中国地产最佳合作伙伴区域推动力人物，2010中国十大品牌女性，中国优秀民营企业家，中国百位杰出女民营企业家，“十二五”居易中国十大先锋人物，中国经济建设百佳创新人物，中国城市规划行业十大最具社会责任总裁，中国改革开放30年建筑规划园林景观设计行业影响力领军人物。

杨楠总裁于2011年4月18日晚应邀参加在北京隆重举行的“2011品牌中国（女性）电视慈善颁奖晚会”。

杨楠总裁于2012年1月16日应邀参加在石景山召开的“2012中国可持续发展论坛暨中国可持续发展研究会学术年会”。

杨楠总裁于2012年6月15日—6月22日应邀赴里约参加联合国可持续发展大会。在大会期间出席了“资源环境与可持续发展大会”，总裁杨楠在边会向联合国报道的主题：“中国生态城市建设的模式与商机”。杨楠总裁主张的“绿色革命，生态中国”，以低碳产业为手段、循环经济为途径所共同构建的城市生态系统，陆易斯通集团将开创中国生态城市建设的新局面。还出席了“里约＋20”峰会——中巴清洁能源与可持续发展论坛，“中国的绿色经济转型：努力，实践与未来”会议，“里约＋20”峰会——生态文明论坛会议，“里约＋20”峰会——国合会20年。

杨楠总裁于2012年7月13日应邀参加在丽江举办的“中央统战部中国统一战线‘同心’宣传座谈会”。

杨楠总裁于2012年8月28—30日应邀参加在深圳会展中心如期举行的“2012中国（深圳）国际节能减排和新能源科技博览会”。

杨楠总裁于2012年9月26日应邀出席在江西南昌举办的“首届华侨华人赣鄱投资创业洽谈会”。

杨楠总裁于2013年4月27日至28日应邀参加了在潍坊举办的2013中国房地产发展与生态文明建设论坛暨第二届潍坊住宅产业博览会。

杨楠总裁于2013年5月25—27日应邀参加在贵州省贵阳市举行的第十五届中国科协年会，杨楠总裁

的论文《加快生态城市建设共圆“中国梦”》，经十五届科协会第二十四会场学术委员会评审，被收录至《发展战略性新兴产业和生态保护》论文集。

杨楠总裁于2013年6月3日从北京出发，作为中国企业代表团成员，开启了2013IGEA巴西之行为期10天的行程，此次巴西之行，以巴西的工业及基础设施建设为市场目标，尤其针对将于巴西里约召开的2016年奥运会场馆建设，提供绿色建筑与城市绿色经济发展领域的系列合作计划。

陆易斯通集团积极响应非公党建工作

“五位一体”是十八大报告的“新提法”之一。经济建设、政治建设、文化建设、社会建设、生态文明建设——着眼于全面建成小康社会、实现社会主义现代化和中华民族伟大复兴，党的十八大报告对推进中国社会主义事业作出“五位一体”总体布局。

陆易斯通集团在积极进行中国生态城市建设的同时，积极响应党组织关于非公有制经济组织党建工作的号召，在积极贯彻党建政策、理论和模式的基础上，积极探索实践适合本公司的非公党建道路和措施，用以指导工作建设。在公司生态城市建设过程中，始终把加强党建工作作为企业发展的内部需要，以促进企业发展为基本出发点，按照党的指示认真探索指导本公司党建工作的办法和措施，着力在增强非公有制经济组织党建工作的创造性、针对性和实效性。努力建立健全组织领导体制，把党员管理与员工管理衔接起来，与生态城市建设结合起来，以党员的先锋模范作用，影响和带动广大职工做好工作。其次，按照“小型、多样、动态”原则，通过各种富有实效的学习教育活动，不断提高队伍的思想素质和业务素质。

公司每月15日组织党员学习。学习党的路线、方针政策、党的基础知识、科技知识和岗位技术知识。比如：公司开展了学习“十二五”规划为主题的党组织活动，通过学习会议的精神实质，陆易斯通深感责任的重大，作为一家卓越的生态城市运营商，我们要认真学习和贯彻落实会议精神，把加快转变经济发展方式贯穿于经济社会发展的全过程和各领域，在转变中谋发展，朝着全面建成小康社会的奋斗目标不断前进。在生态城市建设工作中，落实好全会精神，增强责任意识，不断创新。公司还组织以学习十八大为主题的宣传教育活动。报告中提出了“加快完善社会主义市场经济体制和加快转变经济发展方式”的思路，鼓励、支持、引导民营企业的发展，保证各种所有制经济依法平等使用生产要素、公平参与市场竞争、同等受到法律保护。让我们深深地看到了党中央正以前所未有的力度支持和帮助民营企业发展。十八大确立了“科学发展观”重要思想的指导地位，以人为本的理念一直贯穿始终。党的十八大的召开，为我企今后的生态城市建设工作指明了方向和奋斗的目标——全面建成小康社会、共享发展成果。为此，我公司将深入贯彻党的精神，在城市规划与生态城市建设过程中，坚持科学发展观，坚持以人为本的思想，坚持创新，以更加优异的业绩回报社会，为全面建成小康社会贡献力量。

陆易斯通集团的展望

伟大的时代国人自强不息，祖国磅礴复兴，陆易斯通人气指山河上下，描壮丽之城池，筑秀美之家境，引华夏绿色革命，领环球生态中国。

现在，生态城市的建设之路才刚起步，城市生态系统尚存诸多空白，它需要我们长期地探索、持久地实践、不断地完善，更需要我们共同关切、共同参与、共同努力。

未来，在党组织的领导下，陆易斯通集团（LST）将一如既往地致力于中国国际生态城市建设与推广，紧密围绕国家“十二五”规划“两纵三横”城市化战略格局，向城市综合运营的多元化发展，服务于中国城市化进程，进一步扩大集团在国内的市场份额，树立国际生态城市建设与推广的领航者的良好形象。陆易斯通人将继续为“挖掘土地的潜质，升华城市的价值”而前进，倾力打造国际生态城市建设与推广的顶尖品牌，引领中国绿色革命，实现生态中国。

陆易斯通人通过20年的努力，实现中国生态城市建设与推广的全面覆盖，并向2032年“里约＋20”献礼！

（作者系美国陆易斯通集团总裁）

党旗迎风展　铸就天地梦

——天地伟业数码科技有限公司党建事迹札记

戴　林

天津天地伟业数码科技有限公司是从事安防监控产品研发、生产、销售的民营高科技企业，产品出口60多个国家和地区，是全球安防50强、中国安防监控行业龙头企业之一。天地伟业的企业愿景是："做一家人性化的公司，使团队大多数人能够快乐工作、生活，分享企业成功；做一家业界优秀的公司，在技术和管理上有所作为，争取对行业发展作出贡献；力争在2025年，达到员工5000人、产值180亿。"作为天津市滨海高新区首家非公有制企业党委，天地伟业党委一直致力于实现这个"天地梦"。公司成立党支部时，产值只有几百万，成立党总支后产值几千万，成立党委时实现了产值几个亿。天地伟业已经连续九年获得"中国安防十大品牌"，产品先后应用于北京天安门、奥运会鸟巢、上海世博会、达沃斯论坛、中国运载火箭试验中心、伦敦希斯罗机场等大型工程项目中。

天地伟业公司历经短短几年的发展，在科技创新、文化建设和党建工作等诸多方面取得了一系列显著成果，成为行业领军企业以及天津市科技型企业发展的"小巨人"典范，尤其是作为非公企业积极创新实践党建工作，在全国非公企业党建工作中树起一面鲜艳的党旗。

天地伟业公司2008年成立公司党委，现有党员近300人。一直以来积极探索在企业内开展学习实践活动的有效形式，坚持让党的先进思想和价值追求融入公司发展理念和经营宗旨之中，让党的工作贯穿于研发、制造和营销等各个环节，保障和促进了企业的健康发展。中共中央政治局委员、国家副主席李源潮同志曾在2010年6月考察天地伟业公司创先争优等党建工作时给予肯定，现天地伟业公司党委已经成为天津市"创先争优工作直报点"、全国先进基层党组织、全国非公有制企业双强百佳党组织；中共中央政治局常委、全国人大常委会委员长张德江同志2012年2月曾考察天地伟业公司时，对公司发展也给予高度评价。

天地伟业公司党委和广大党员为了积极响应中央号召，积极开展丰富多彩的党建活动，并把活动各项环节落实到工作中，为企业科学发展注入了新的活力，促进了党建工作的开展和企业的发展。

一、突显企业特色，深入开展创先争优活动

天地伟业公司党委坚持贴近实际、突显特色，以"推动加快经济发展方式转变，促进企业实现科学发展"为主题，把创先争优活动融入企业发展中心任务，充分发挥基层党组织的战斗堡垒作用和党员的先进模范作用。

开展理论与实践结合的教育活动。组织党员利用工余时间认真学习科学发展观，参观革命纪念馆和天津市规划展览馆等，重温入党誓词，围绕"入党为什么，党员图什么，为党做什么"、"如何学先进，讲奉献，比贡献"、"在工作中如何体现共产党员的先锋模范作用"等专题，开展交流研讨工作，并进一步细化争创先进基层党组织和优秀共产党员的具体标准，把优秀成果转化为推动企业持续发展的动力。多位党员干部参与大型项目科研，成果入围"国家重点新产品"，在创先争优的热潮下，公司多项技术荣获"天津市科技进步奖"。

积极开展专题讨论和总结。党委还设立多个学习园地，做到在学习读本上有痕迹，在学习重点内容上有记录，在学习讨论中有认识，每名党员都撰写了学习体会，并加强了思想交流。在深化理论学习的基础上，通过专题组织生活会、公司例会、个别谈话等多种形式，征求广大党员职工的意见和建议，确保创先争优活动取得明显成效。

开展党员先锋岗活动。把"组织创先进、党员争优秀、企业有发展、职工得实惠"的目标要求与"力争在2025年，达到员工5000人、产值180亿元"的"天地梦"发展结合起来，在部门之间、党员之间通过开展"比学习、比干劲、比创新、比贡献"活动，从而牢固公司党委的建设基础，增强党组织的战斗堡垒作用，加强党员的先锋模范作用，提高党员职工的创新意识。

开展建议征集活动。在公司党委倡导下，各党支部纷纷开展了"为企业发展提金点子"、"党员承诺制"、"党员责任区"等主题实践活动，掀起比学赶帮的竞赛热潮，围绕企业发展重点、难点问题，要求每位党员每月至少提一条合理化建议，让党员想办法、出主意，为不断完善公司各项工作发挥更大作用。

通过以上活动的开展，党组织和广大党员干事创业热情进一步激发，从而形成岗位争先进、业务争一流、个人争优秀的良好局面。

二、建立岗位评比表彰机制，激发全员干事创业热情

公司把创先争优活动融入经营管理工作之中，建立党员带头发挥作用，全员参加创先争优的评比表彰机制，以党员先锋模范作用带动职工创先争优，以党组织的战斗堡垒作用促进优秀部门建设，推动创先争优活动取得实效。

建立月份和年度评比表彰机制。每月都会进行一次优秀员工和优秀团队的评选，并且会把每月的评选结果发放在公司内网以及各部门板报上，对优秀员工以资鼓励，让全体员工借鉴学习。值得一提的是，凡是优秀员工中的党员，在板报个人表彰图片上都会加

上一枚党徽，鞭策其他党员向优秀党员看齐，带动非党员职工向党员学习。

结合业务实际设计奖项。针对各部门的业务特点和职工的实际情况，设立个性化奖项，如营销本部设立的“销售状元”、“销售新星”、“合作共赢奖”、“商务标兵”、“优秀办事处”；生产本部设立的“兢兢业业奖”、“勇挑重担奖”；行政办公室设立的“微笑之星”等等，让全体职工更直观地了解先进、有针对性地学习先进。公司年终表彰的奖项设置也是独具匠心，例如“品质标兵”、“研发标兵”、“业绩突出奖”、“勇往直前奖”、“实干奖”、“最佳新人奖”、“无事故奖”等等，让获奖者的优点和贡献更突显，更具代表性。

从精神和物质上给予双重奖励。优秀员工和优秀团队在给予荣誉称号的同时，还享有公司物质上的双重激励。在给予职工精神荣誉的同时，也帮助职工提高了物质生活水平，进一步激发了职工创业干事的热情。

三、高度重视党员表率作用，促进企业科学发展

党员在企业发展和技术创新中发挥着重要作用，公司党委围绕企业发展积极开展各项工作，不断提升党员队伍、人才队伍等方面建设水平。

长期坚持大力引进党员优秀人才。公司每年都优先招聘党员、学生干部和有社会责任感的优秀人才加盟企业，放到重要岗位，大胆使用。近年来招聘的职工中党员比例逐年递增，其中今年招聘的应届大学毕业生中党员占42%，一大批党员和优秀人才的加盟，提升了职工队伍的整体素质。

天地伟业公司一直以来凭借雄厚的科研实力开创市场和品牌，科研团队中百分百本科学历。公司党委号召党员干部在科研团队中发挥榜样作用，建立了国家“博士后科研工作站”、“院士专家工作站”。

以党组织的先进性凝聚优秀人才。公司党委充分发挥党组织推进先进文化的主导作用，注重加强引导工会、企业文化促进会、文体部等十五个俱乐部，抓住“五一”、“七一”等节日庆祝时机，组织员工运动会、参观革命展馆、年度旅游、团队拓展训练等丰富多彩的活动，加强对党员和员工的思想教育。公司主要负责人还定期组织召开企业文化培训交流会，亲自跟年轻员工一起畅谈工作中的得与失，为他们解答思想上的矛盾与疑惑，帮助年轻人在职业生涯发展的初期找准方向。一系列以人为本的思想教育和文体活动，不仅丰富了党员理论学习的方式，还增强了员工队伍的生机和活力，极大地增强了他们爱岗、爱企的团队意识和责任意识。很多家在外地的党员员工说：“公司党组织为我们营造了一个温馨、和谐的氛围，让我们有家的感觉，能在这里工作是我们的幸福!”。

公司将党的先进的价值追求和健全的工作机制融入公司发展理念和经营宗旨之中，经过多年的探索与实践，总结出“党政合一”的有效工作方式，这种方式不仅可以增强党建工作的实施力度，还可以有效整合公司资源，以便更好地开展党建工作，推动企业持续发展。同时，将党的工作机制贯穿于企业管理的各个环节，提高企业管理水平和竞争力，有力保障和促进了公司健康发展，引领公司成长为优秀民营企业。

十八大报告指出，要毫不动摇鼓励、支持、引导非公有制经济发展，这更加坚定了天地伟业全体员工干事创业的信心。近几年，天地伟业始终保持高位快速发展势头，自成立以来，始终保持每年销售额和利润40%的平均增长率，荣获国家火炬计划重点高新技术企业、国家火炬计划软件产业基地骨干企业、全国软件百强企业、全国精神文明先进单位、全国商标战略实施示范企业、全国守合同重信用先进单位等称号……这一系列荣誉标志着天地伟业公司党建工作硕果累累，带动企业迈入了科学发展的快车道。

（作者系天津天地伟业数码科技有限公司董事长、党委书记）

绿色坚守，只为圆父亲“百年远泉绿色之梦”

——江西远泉林业股份公司总经理林贻校纪实

鲁　明

江西远泉林业股份有限公司成立于2011年12月，拥有十余个自主苗木生产基地，苗木种植面积近5万亩，为江西省内最大、全国苗木种植规模名列前茅的绿化苗木产业基地。经营范围涉及苗木、茶叶种植与销售，园林绿化及市政工程建设。公司总资产近20亿元，年销售收入2亿元。而统领这艘绿色航母的掌舵人却是一位刚过而立之年的年轻人——林贻校。

林贻校，江西远泉林业股份有限公司总经理，中共党员，1983年3月出生，中国农业大学园艺专业本科生，高级工程师、园艺师。

从父亲手中接过30年林业种植王国沉甸甸担子的

那一刻起，他读懂了父亲的良苦用心：坚守这块绿色土地，带领乡亲们走绿色发展之路，圆“百年远泉绿色之梦”。

一、追寻父迹，无怨无悔

高考填写志愿，勿容商量，强势的父亲为他选择了中国农业大学园艺专业，目的就是要他回来继承父业。虽不是自己十分情愿的选择，但看到父亲二十余年辛苦打拼所创造的苗木产业王国，2005 年从北京中国农业大学毕业，就义无反顾地选择回来帮父亲做绿色产业。

“先做人，后做事”，父亲说：“这么大的企业，你什么都不知，不行，要从基层做起。”父亲就把他放到最基层，有意培养他，从最基本的工作做起。先到园林绿化公司施肥、养护，整整干了半年多。要他在基层认认真真做事、踏踏实实做人。

林贻校没有辜负父亲的期望。他在人们怀疑中逐渐成长起来。

2007 年 2 月，公司收购了一家临近倒闭的县办集体企业大米加工厂，父亲把他放到米厂做大米的加工和销售，要历练他掌握经营企业的本领。面临周边方圆不到几平方公里，大大小小的粮食加工厂就有几十家，造成同行竞争激烈，利润空间极微，批发一斤大米才几厘钱的利润，这就要求经营者必须掌握企业经营：从企业管理到成本核算，从市场营销到与方方面面的人打交道，在干中学，学中干，从而掌握了不少书本上学不到的东西。

时至今日，从他父亲林远泉荣登 2014 年 3 月份《赣商》杂志封面人物的记者谈话中，就可看出民营企业创业者与继承者的微妙关系：

父子二人隔空对话

GS：父亲在您心目中是怎样的人？

林贻校：我从来没有追过星，也没有任何偶像，我爸就是我这辈子最崇拜的人。

GS：在企业管理和生活中，父子会出现冲突吗？一般会是谁妥协？

林贻校：我有时候肯定会有一些自己的想法，2008 年还自己出去做过一段时间，有些时候在公司里，也感觉像被空置，有力使不上。我爸早就习惯了他一个人说了算。但是我的意见他很尊重，只要我提出，他就会和我沟通，一般情况下，都还是听他的。

GS：您小时候和父亲相处的时间多吗？

林贻校：在大一来公司实习之前，我是很难见到他的，他从早到晚都待在公司，我们一直在上学。小时候，他不带我们出去玩，也没买过玩具。我在同学中，有时都特羡慕别人。

GS：您想过什么时候让父亲退休颐养天年吗？

林贻校：60 岁吧，因为抽烟，他的身体也不是很好，过去累了那么多年。再有六七年时间，也许我就可以独立支撑了。

GS：您对远泉的未来是怎么设想的？

林贻校：在农业这个链条上，做深产业链，延伸到工业上，做好主业，支撑百年远泉。

GS：您在儿子心目中会是偶像型的人物吗？

林远泉：那不存在。就是平常一老爸。

GS：在企业管理和日常生活中，父子会出现冲突吗？一般会是谁妥协？

林远泉：年轻人肯定会有自己的想法，只要他提出来了，就给他解释，做通思想工作。年轻人一般会想得少一些，我就要提醒他一下。

二、历经磨砺，终成大器

小荷才露尖尖角，粮食加工厂管理刚有起色、走向正轨，林贻校还没来得及喘口气，2008 年，公司在中国最美乡村婺源县投资数千万元的以苗木和茶叶为主，种植规模 5000 余亩的旅游观光项目。父亲给他压担子，调到集团任副总经理兼这个开发项目的总经理，让他全权负责该项目运作与管理，以锻炼和增长他的才干。

摆在他面前的是怎样一幅景象？荒山沟壑，野草丛生，人迹难觅。一切从头开始。

想在路边租个二层楼办公，当地村民用怀疑的眼光打量这群不速之客，都不愿意出租房屋给这些外乡人。没办法，他带领员工自己动手，在临近山上的水库边，开出一片平地，盖上几间小平板房，拉上临时电线照明，就把公司开办起来。2010 年的冬天山区非常寒冷，空调成了摆设，只好生火取暖。深夜一场大雪，笼罩着工地和山区，小平板房门口的空地上厚厚的积了近一尺深的雪，山上的鸟兽都不见踪迹！他和舅舅、表弟几个人坐在火炉边聊天聊工作。太冷了，几个人喝上点酒暖和暖和。

而到了夏天，山区的蚊子特别多，尤其水库边潮湿地，很适合蚊虫的滋生。到了晚上一开门，成群的蚊子就往屋里涌，虽然装了纱门但不管用，蚊子还是钻了进来，山区的蚊子毒性大，脚被咬麻了，脚背、手上、脸上都被蚊子叮咬得红一块、肿一块。他也曾多次反复拷问自己的内心：我是一名现代大学生，真的要一辈子面朝黄土背朝天？这难道是自己想要的生活？一定要沿着父亲设定的路走下去？何尝不想去开创另一个行业呢！但看到父亲的期待，上百人的家族和亲属都在农村跟随父亲打拼苗木产业，看到在这块红土地上与公司命运相关的数万乡亲在家乡门口种植苗木的劳作身影，看到公司近千人的员工，他坚定起来，他没有别的选择，只能前行，只能担当，只能坚守！

2010年1月，婺源发大水。一棵古老的千年香樟树，被洪水冲倒。村里人眼看着倒下的大树无法扶起，就把树的根系砍断，枝杈锯掉，准备拉到家具厂作木材卖掉。

香樟是上乘的家具材料，香樟是江南特有的树种。

用其制作的家具一直是江南百姓家庭上乘的选择，它特有的幽香，以及用它雕刻的各种工艺品，千年不腐不烂，它抗虫蚀的特殊功能，自古以来受到人们的青睐。

而当时这棵要4个成年人才能围抱的千年香樟更是上乘木材珍品，其利用价值为无价之宝。

林贻校得知这个消息，一种想把千年古樟救活的使命油然而生，立刻赶往村庄找到村支部书记。

他对书记说："我公司想把这棵千年古樟抢救过来！"

"这是我们村的风水树。能救过来，我给你！"

林贻校欲救香樟古树的话，感动了村支书。他的诚意和愿望，也感动着全村老百姓，祖祖辈辈在这棵树下长大、戏耍，庇荫，如能救活那是一件无量的积德功劳。

书记说："这样，本来这棵树光卖木材价值五万元，看你成心想救它，这是我们的子孙树，我们要两万吧！"

林贻校答应了，他说："如果我栽活了，这树就以你们龙腾村的名字来命名，叫'龙腾古樟'。"

书记和村民们欣然赞成。

"这棵树，我们拉了三天三夜啊！"林贻校不无感慨地对笔者说："我们用七十吨的吊车，把树吊到大平板车上。路很窄，我们先派人在前面拓路，弄一段开一段，压倒了庄稼，还压到了电线杆，有一段在倒车时还撞到了人家厂房的一角。拉到起拖的路段，村民们放鞭炮，为他们村千百年来的风水树送行。"

树干长十七米，重五十三吨，要穿越山间小道，运输特别困难。由于树大，拖车长，拐弯特别难，经过农田、河边，车轮深陷，只好前面用挖土机拽着拖板车，后面用推土机推。

整整干了一个晚上，才几里的路程，拖板车才从村庄爬上了小路。上了水泥路，到公司的基地仅有一点五公里，又拉了两个白天一个晚上。

三天两夜没合眼，等树栽下后，他和几名员工迈着灌铅般的步子到小平板房倒头就睡，一睡就是十六个小时！这是盛夏的七月，在闷热的平板房里呼呼大睡，没有洗脸，更没有洗澡……

奇迹发生了。这棵来自龙腾村的千年古樟，两个月后，在远泉生态休闲观光茶园长出枝叶来了。人们瞅着它越长越茂盛，个个脸上荡起欣慰的笑容……

三、追梦绿色，福泽乡里

梅花香自苦寒来。2012年12月，林贻校担任了远泉林业股份有限公司的总经理。年过半百的父亲对他充满期待。

远泉林业股份公司目前发展有十余个苗木生产基地、茶叶基地，一个园林绿化公司，员工三百余人，季节性用工上千人。如何把传统林业做成现代林业，做大做强，做品牌，他一直思索着、实践着。

他认为：技术的革新是企业发展的依托，品牌的培植是企业形象建立的途径。两者能为企业带来活力与生机。

在他的推动下，公司积极引进技术与人才，注重新品种的引进开发、老品种的改良，并加大新技术的推广力度。为此，共聘用了江西农大教授、中国农科院茶科所研究员、高级工程师11名。引进东魁杨梅、天草蜜柑、乐东拟单性木兰等新品种20多个，并繁育了大批苗木。公司共有各类优质苗木4000余万株，大批优质苗木为解决普通树增产不增收问题找到了一条有效途径。公司每年的利润额70%来自新品种、新技术的引用。

他着力加大品牌的创建培植力度，树立企业形象。他深知，质量与信誉是企业生存与发展的根本。远泉林业股份公司苗圃的苗木每年以96%的达标率，通过了林业局组织专家的抽检。"远泉"牌商标被认定为中国驰名商标和评为江西省著名商标。

他还将自己所学知识应用于对野生植物、珍贵苗木抢救性移栽、引进新品种、新技术上推广应用进行了大胆探索。在他主持下，上饶县白茶种植和珍贵苗木移植填补了上饶县林业技术的空白，上述两项成果被上饶县人民政府评为"科学技术一、二等奖"。他因此当选为上饶市野生动植物保护协会会长。

"以农为本，振兴江西，艰苦创业，奉献社会"——这是远泉林业股份公司的企业宗旨。他把它作为自己办企业的座右铭，致富不忘回报社会，做有责任感的青年企业家，在他的推动下，通过"公司＋基地＋合作社＋农户"的经营模式，以订单农业的形式共吸引4457余户贫困户培育苗木，以公司的技术、资金解决农户的生产忧患，每年带动他们增收1604万元，户均增收3600元，形成了"农户围着产业转，产业围着龙头转，龙头围着市场转"的格局。同时，历年来扶持村办小学、修桥建路、架设输电线路、帮助贫困户发展果园、以优惠价给贫困户供苗木等共捐助款项达300余万元，为建设和谐新农村作出了贡献。

在他的运营管理下，江西远泉林业股份公司近年发展迅速，现已成为“农业产业化国家重点龙头企业”，“第十一届中国绿色环保健康产业示范企业”。

他为此得到社会各界的赞誉，先后获得“服务农村青年转移就业先进个人”、“中国光彩事业国土绿化贡献奖”、“先进造林大户”。

四、文化兴企，党建助企

目睹父亲“三落三起”的创业史，无不是靠党的富民政策、各级政府的大力扶持而走向成功，父亲打心眼里感谢共产党，多次说“民营企业就是要跟共产党走，这个大方向不能变”。为此，在2003年父亲组建江西远泉实业集团时，父亲就主动要求上级党组织到公司建立党支部，而林贻校也是在公司发展成为共产党员的。

在林贻校成为股份公司总经理后，党建工作成为他一项重要日事工作。作为青年企业家，他深知企业文化在企业发展中的重要性，成功的企业都有自己独特的企业文化和核心价值观，而党的先进性、党员的模范作用无不是企业先进文化的内核，将党建工作与企业文化有机结合起来，打造具有远泉林业股份公司特色的企业文化和民营企业党建工作大有文章可做。

为此，在公司录用新员工相同条件下规定共产党员优先，提拔管理干部时共产党员优先，评选优秀员工时共产党员优先，优先发展优秀青年入党，为公司培养党的后备力量。在经费上、活动时间上给予大力支持，积极组织党员开展建功立业活动，以模范行动影响员工，积极挖掘党员的闪光点为企业文化注入灵魂：在2008年的特大冰雪灾害中，公司共产党员冲在第一线，连续工作十几天加班加点护树、剪枝的顽强拼搏精神；在2013年冬季造林绿化工作中，为突击完成上级交给的任务，公司全体共产党员身先士卒，冒着风雪严寒、踩着泥浆肩扛树苗的敢打敢拼的艰苦创业精神；为拿下重要园林绿化工程，党员干部白班连着夜班十几个小时加班制作招投标书的团队协作精神。协同父亲，组织团队，精心提炼、编制了企业宗旨、精神、格言、企业歌曲等一系列企业文化内核。在2009年建国六十周年的全市歌咏大会上，组织策划的远泉之歌、远泉宗旨、远泉精神、远泉格言在各参赛代表队中大放异彩，博得观众一片喝彩声，得到与会各级党政领导的赞扬与肯定。

每当建党周年纪念的日子，他都要组织公司全体党员学习最新党中央的文件精神，学习邓小平理论、“三个代表”、科学发展观思想，将新时期的党建工作融入在公司日常经营当中。组织党员参观上饶集中营茅家岭监狱，缅怀新四军革命先烈，坚定政治信仰；组织新老党员面对党旗宣誓，重温入党誓词，激励为党事业工作豪情；组织党员干部参观考察上市园林绿化公司的先进理念、先进管理，为公司发展献言献计。而这些使公司大多数流动党员员工（公司拥有各类党员60余名）有一种归属感、找到娘家的感觉，一系列活动使公司党员的自豪感、责任感、荣誉感、成就感油然而生。

富有特色的党建工作得到上级党组织的肯定，他也于2013年被授予江西省非公有经济组织“优秀共产党员”荣誉称号。

五、志存高远，开创未来

党的十八大报告首次提出建设美丽中国，并把生态文明建设放在了突出地位。父亲和他都敏锐地感到这是促进远泉林业股份发展的新机遇：积极筹划，抓住机遇，要在园林行业大干一番。确立股份公司的主要工作目标就是筹备上市，这是父亲和他追寻绿色梦想的必经之路。

他深知，上市是一个系统化的工程，对企业的产业规模、品牌效益、规范管理、盈利模式都有很高的要求。他带领公司全体员工全身心致力于财务规范化、财务电算化、健全公司管理体制、确定中介机构等一系列上市筹备工作，并摒弃传统中小企业排队上市的方法，紧抓机遇，利用2013年推出的“新三板”平台挂牌上市，并规划好上市后的远景：上市后企业将着力建设产品研发团队，通过资源开发来掌控产出效益，进而引领企业往更好的方向发展，让远泉林业在科学化、产业化的轨道上越行越远，并通过自主创新研发新品种，促进整个苗木行业的发展，力争五年内成为国内苗木行业的前三甲。

在宽敞的办公室里，一幅出自名家的“天行健，君子当自强不息”书法醒目地装帧在他的座椅的墙后方。推开窗前，凝思眺望对面青山，公司茂密的人工造林、苗圃映入眼帘，他深情地对笔者说：党的十八大以来，以习近平总书记为首的党中央提出了中华民族伟大复兴的中国梦，这也是我们远泉林业股份公司的梦，在建设绿色生态文明社会中，远泉林业绿色事业将大有作为：公司规划到2021年中国共产党建党100周年，建成一个市场（苗木交易市场）、一个园区（农林业产业园区）、一个动植物园（旅游生态观光园）、苗木基地种植10万亩，将在江西省主要地级市和华东区、华北区、中南区、华南区、西南区设立以苗木生产基地为依托，以园林绿化工程建设为驱动的综合性分公司，形成年收入产值过百亿元的国内林业产业化的大型企业集团。目前投资近3亿元、用地300亩的江西第一家苗木交易市场——远泉花木博园已于2013年12月底投入运营，占地500亩的农林产业园已立项，占地2万亩、总投资30亿元的动植物园已列入政府扶持的重点工程项目。

中国梦、强国梦，这是一个追梦的伟大时代，有梦者事竟成！坚守绿色，继承父志，祝愿林贻校与他的绿色王国成为实现中国绿色之梦的践行者。

（作者系江西日报集团赣商杂志外联部主任）

学习十八大精神 助力非公企业发展

——对中国共产党非公党建的理解和认识

崔玉国

举世瞩目的十八大已经胜利结束，新的历史起点的号角已经吹响，蓝图已经绘就。作为服务非公企业的组工干部，我们应当把思想和行动统一到党的十八大精神上来，以脚踏实地的精神、开拓创新的态度、勇争一流的决心，立足本职，立足实际，用十八大精神武装头脑、指导实践、推动工作，奋力开创非公党建工作新局面，为全面建成小康社会、夺取中国特色社会主义新胜利提供坚强组织保证。

通过对十八大报告的学习，作为服务非公企业的组工干部，我有三点感受：

一是充满信心。信心来源于国家对非公企业发展越来越重视。十八大报告中明确强调，毫不动摇鼓励、支持、引导非公有制经济发展，特别提出，保证各种所有制经济依法平等使用生产要素、公平参与市场竞争、同等受到法律保护。这一提法具有定海神针的作用，进一步为非公企业发展定了神、壮了胆、鼓了气、加了油。可以说，在实现全面建成小康社会的目标中，非公企业的地位更加突出了、舞台更加广阔了、前景更加美好了。

二是感到振奋。在非公有制企业已经成为中国就业主渠道、各类新社会组织蓬勃发展的今天，越来越多来自这些企业和组织的优秀人员亮相党的全国代表大会。民营企业家成为党代表，始于2002年的十六大，有7人当选；2007年的十七大，当选人数增至17人；2012年十八大，增至24人。改革开放以来，非公有制经济已经发展成为我国社会主义市场经济的生力军。目前，我国非公企业产值已占到国内生产总值的60%，解决了全国80%的城镇就业和90%的新增就业。

三是责任重大。报告对非公企业党建工作提出了新的要求，作为一名服务非公企业的组工干部，我备加感到肩上的责任和使命。新世纪以来，特别是党的十七大以来，非公企业党建工作进入了一个前所未有的快速发展阶段。推动非公有制经济科学发展取得新成果；扩大党的组织有形覆盖、强化党的工作有效覆盖实现新突破；参与和服务社会管理、构建和谐劳动关系彰显新优势；完善非公企业党建工作理论、政策、机制取得新成绩；党的建设和企业文化建设有机结合，形成了齐争共创的新局面。当前，非公企业党的建设虽然取得了阶段性成果，但仍然存在一些急待进一步探索和解决的问题。作为一名组工干部，对于做好非公企业党建工作感到责任重大的同时，也激发了我自觉思考工作和努力干好工作的动力。

通过对十八大报告的学习，我认为要做好非公企业党建工作，应着力做好以下几项工作：

第一，加强非公企业党建工作，要围绕促进企业发展开展工作。十八大报告指出："必须坚持解放和发展社会生产力。"通过对十八大报告的学习，我认为紧扣企业发展抓党建，非公企业党建工作就能抓出生产力。在宏观层面上，我们要为非公企业健康发展当好"导航灯"，使非公企业的发展不迷失方向、不偏离航向。由于我市阜康酒精党委在为企业发展过程中较好的发挥了保驾护航的作用，被评为全国创先争优先进基层党组织。在中观层面上，要为非公企业健康发展当好"智囊团"，充分发挥党组织的人才优势，积极主动地参与重大问题决策，提出合理意见和建议，推动企业科学管理、开拓市场、革新技术、节能减排、提高效益。2012年，我市企业党组织和党员向企业主提出合理化建议1728条，开展技术革新项目334个，提合理化建议、开展技术革新带来的经济效益达3.2亿元。在微观层面上，要为非公企业健康发展当好"战斗队"，组织带领党员发挥模范作用，勤奋工作，优质服务，努力把党员队伍建设成为企业主放心、信任的骨干队伍。2012年，我们认真开展"三双"活动，找回"口袋"党员390人，推荐企业生产经营关键岗位217名党员，推荐党务干部到企业核心决策层岗位53

名。实践证明，这些同志对企业发展都发挥了积极的作用，得到了企业主的充分信任。

第二，加强非公企业党建工作，要围绕维护企业和谐开展工作。十八大报告对和谐劳动关系提出了新要求。通过对十八大报告的学习，我认为紧扣企业和谐抓党建，非公企业党建工作就能抓出凝聚力。我们要通过抓好非公企业党组织建设，促进非公企业和谐发展。一是促进企业内部和谐。党组织要依托自身的群众工作优势，主动加强与企业主、职工的沟通，充分发挥桥梁纽带作用，畅通职工的诉求渠道，维护各方合法权益，使党组织真正成为职工群众的“主心骨”、“贴心人”，努力构建和谐融洽的关系，形成共促发展的合力。二是促进企业外部关系的和谐。党组织要积极推动企业诚实守信、公平竞争、合作共赢，敦促企业依法经营、照章纳税、踊跃公益，树立企业良好的社会形象。同时，还要充分发挥组织部门自身优势，努力成为非公企业与上级党委、政府和有关职能部门的桥梁和纽带，积极争取各方面的支持，为非公企业创造更为宽松的发展环境。2012 年，全市共向非公企业派驻临时党支部 1296 个，派出党员干部 3685 人，实现了非公企业党的组织和党的工作“双覆盖”。企业党组织积极发挥作用，通过整合工会、共青团等群团组织力量，开展“情系百姓，温暖民心”、“扶困助贫送温暖”等活动，实实在在地为职工群众解难题、办实事。2012 年，企业累计投入数百万元，为职工群众办好事实事 5171 件，极大地促进了企业和谐发展。

第三，加强非公企业党建工作，要围绕塑造企业文化开展工作。十八大报告深刻阐述了加强文化建设的重要性和紧迫性，指明了文化建设的前进方向。通过对十八大报告的学习，我认为紧扣企业文化抓党建，非公企业党建工作就能抓出推动力。文化引领风气之先，企业文化时时刻刻影响员工的行为，与企业经营息息相关。要抓好企业文化建设，我认为应坚持以人为本原则、发展创新原则和突出重点原则“三个原则”；重点把握总结与提炼、继承与创新和认同与认知“三个环节”；着重抓好学习文化建设、制度文化建设和管理文化建设“三项工程”；努力构建组织保障体系、行为规范体系和考核评价体系“三个体系”。充分发挥党组织的先进文化优势，把党建工作与打造企业团队精神、增强企业凝聚力融合起来，帮助企业培育先进企业精神，营造健康向上的工作环境，树立全体员工的共同价值观，充分激发企业员工的积极性和创造性。我市企业党组织充分利用重大节庆日开展了丰富多彩的文化活动，引领企业文化发展，逐步形成了具有鲜明特色的企业文化。吉林万通集团“造好药，为人民”的企业文化核心理念，充分体现了共产党员全心全意为人民服务的宗旨和优秀企业家的社会责任。通化振国实业集团公司企业文化建设的做法在中宣部召开的企业文化建设座谈会上进行了交流。

第四，加强非公企业党建工作，要围绕凝聚优秀人才开展工作。十八大报告指出：“企业的发展、科技的创新归根结底是人才的竞争。”通过对十八大报告的学习，我认为紧扣凝聚人才抓党建，非公企业党建工作就能抓出竞争力。人才资源是企业发展的核心竞争力，非公企业要发展壮大，就要最大限度地开发利用好人才资源。一是“育”好人才。坚持重要人才重点培训、优秀人才强化培训、年轻人才经常培训、紧缺人才抓紧培训，创新人才培养方式，增强各类人才的实践能力、创造能力、就业能力和创业能力。二是“引”好人才。加强引才引智载体建设，努力依托产业优势打造人才优势，依托人才优势支撑产业发展的良性“互动”。三是“用”好人才。积极探索和完善适应非公企业发展、满足非公企业人才愿望的引导手段和有效机制，引导各类人才服务非公企业发展。通化东宝集团通过重点培养企业原有优秀年轻人才冷春生，成功研发基因重组人胰岛素，使中国成为世界第三个可工业化生产胰岛素的国家，让中国人用上了国产胰岛素，从而极大地增强了企业的核心竞争力。我们要坚持人才强企的原则，充分发挥党组织的政治工作优势，推动非公企业做到以事业留人、以感情留人、以待遇留人，努力营造各类人才发挥作用的良好环境，为非公企业发展助力添彩！

（作者系通化市委组织部组织二科副科长）

仁怀非公党建创新载体打造特色

王洋政

仁怀市非公企业党组织紧密结合企业生产经营实际，切实找准党建工作的切入点，创新主题载体，打造特色党建，逐步形成了形式多样、各具特色的企业党建文化，推动生产发展。

创新生产经营载体。针对非公企业出资人对开展党建工作存有疑虑，怕影响生产经营管理、增加企业经济负担的实际，企业党组织坚持“为企业需要、为业主理解、为职工拥护、为党员欢迎”的原则，创新主题载体，灵活开展党组织活动，推动企业发展。如：国宝酒厂党支部开展以“三加强一助推”（加强阵地建设、加强制度建设、加强队伍建设，助推企业发展）为主题，开展劳动竞赛、岗位练兵等活动；酒中酒集团党委围绕企业生产经营，开展以创“双好”（政治引领好，思想凝聚好）基层党组织，争“三优”（学习优秀，作风优良，业绩优异）党员为主题的争创活动，着力提升企业管理能力和团队建设。

创新文化建设载体。企业党组织把企业党建工作和打造企业团队精神、促进企业文化提升、增强企业竞争力相融合，努力培育健康向上的企业文化。如：超一集团党委开展以“实干兴事业·文化兴企业”为主题，以“党群共建、队伍建设、扶贫济困、保障维权、文化创建”为载体，建设企业文化；爽净公司党支部围绕“讲孝道、懂感恩、负责任”为主题，以开展“三个一”（掌握一项过硬技术、帮助一名困难员工、创造一项优秀业绩）活动为载体，努力培养企业感恩文化、孝心文化、责任文化；保安公司以创建“三服务”（服务企业、服务茅台、服务社会）为主题，开展“创先争优”大评比、“讲述我身边的感人故事”等活动，构建人文保安。

创新道德教育载体。仁怀市非公企业党组织还不断建立完善企业党员联系职工群众制度，主动维护职工群众的利益，及时化解矛盾，教育引导职工树立主人翁意识，增强对党组织和企业的归属感。如：怀庄集团党委坚持开展以“双思四不忘”（致富思源、富而思进，办事不忘党的宗旨、下海不忘党员身份、经商不忘遵纪守法、致富不忘社会责任）为主题的思想教育活动；糊涂酒业党支部开展以“四心行动”（统一思想聚人心、组织关怀暖人心、保障权益稳人心、赢取信赖得人心）为主题的凝心聚力活动，增强员工责任意识和归属感，激发员工活力，助推企业发展。

（作者系贵州省仁怀市委组织部干部）

基层党员干部
必须时刻牢记“我是谁”

张宗仁

“我是谁”的问题看似简单、普通，但是，对于基层的党员干部来说，要真正进入角色、搞清楚、弄明白，实际上就是关系到世界观、人生观、价值观、利益观的大问题。

基层党员干部来自于人民群众，又有别于普通群众。它是从人民群众中走出来的优秀分子，其主要作用是为人民服务、替人民说话，也就是我们常说的“人民公仆”。这就是党员干部的特殊性，作为基层党员干部要时时刻刻保持清醒的头脑，千万不要忘记我们是为人民服务的“公仆”。当前正在全国自上而下开展的群众路线教育实践活动就是要从灵魂深处把这个问题弄清楚。这个问题弄明白了，才能很好地正确地对待自己，正确地对待人民群众。这个问题解决好了，其他任何问题都会迎刃而解。

我是谁？我是党员、是干部、是为人民服务的“公仆”。这就是自己的身份，就是对自己的定位，就是自己所处的位置。

清代一县官写了一副名联：“得一官不荣，失一官不辱，勿说一官无用，地方全靠一官；吃百姓之饭，穿百姓之衣，莫道百姓可欺，自己也是百姓。”封建社会的县官就有这样的思想境界，我们作为中国共产党的地方“父母官”，以什么样的姿态去思考、去作为由此可见一斑。老百姓需要我们，我们也离不开老百姓。应该知道，我们吃百姓之饭、穿百姓之衣，理所当然地要为老百姓办事。也应该知道，我们的老百姓可亲、可敬，同时也可怜。

老百姓处于社会最底层，他们的生活是多么艰难。为了生计、养家糊口，为了一点微薄的收入去上班、打工，疲于奔波，特别是广大的农民朋友，为了从贫瘠的土地上收获一点微薄的希望，不得不脸朝黄土背朝天地“锄禾日当午”。可我们的工人、农民朋友们为社会创造的财富、做出的贡献是巨大的：现代化的城市、宽敞的马路，离开了他们谁来建设？现代化的机械设备、交通运输工具、靓丽漂亮的服饰，离开了他们谁来生产？我们吃的可口的饭菜、美味佳肴，离开了他们谁来种地、养猪？我们之所以能生存、能过上幸福生活，就是有了他们这样的老百姓，没有他们是万万不能的。可是，他们的付出和回报很不成比例。这就是他们的可亲、可敬、可怜之处。

可是，现实的工作、生活当中，有一些“官”现象有意或者无意地伤害着老百姓。有的同志缺乏应有的同情心，“站着说话不腰疼”、病在别人身上无关自己的痛痒，不知道老百姓办点事有多难。现在有些地方“官多”、“衙门多”，有的老百姓办事不知道到哪里、该找谁，跑了这里跑那里，问了这个问那个，一晃半天过去了，可事仍未办成。特别是有的老百姓为了个人的利益和诉求“上访”时，有的干部不以为然，不问其诉求合不合理、要求过不过分，都以"刁民"、"扯皮"者待之。话太难听了，太伤尊严了。既然是"刁民"、"扯皮"的，其结果肯定不会有好果子吃，更谈不上解决问题了。对此，我有不同的看法，有些问题应该区别对待，不能一概而论。如果其诉求确实合理，就认真地予以办理、落实。如果来访者的要求确实不合理、无法满足，给他和风细雨地、耐心细致地多说几个"为什么"不就行了？如果真是"刁民"、"扯皮"的，不听解释缠访、闹事的，可以用道德的、法律的手段去约束他、惩罚他。

应该设身处地地想一想，他们并不是"无事干"才来麻烦"政府官员"的，确实是有事才登"三宝殿"。他们的时间同样很宝贵，从某种角度上说比"政府官员"的时间还要宝贵得多，因为他们的生活不能"旱涝保收"。

"刁民"、"扯皮"之人有之。能说出这种话的人也应该属于"另类"。况且，有些上访者的要求是合理的，其诉求也是完全可以解决的。广东省委副书记朱明国到广东乌坎村调研时说，基层老百姓有些合理的诉求反映之后，有的部门、有的干部采取遮、掩，久拖不决，小问题酿成大问题，甚至到最后不可收拾。这话道出了许多问题的实质。对老百姓的合理诉求，要认真对待。解决比不解决好，早解决比迟解决好。反正是要解决的，何乐而不为？

身处社会底层的老百姓，社会对他们本来就不够公平，如果再在感情上伤害他们，岂不是在伤口上撒盐吗？所以，要带着深厚的感情去对待我们的衣食父母。他们确实伤不起。

为人是一世的，为官是一时的。要记住，我们本是百姓（至少曾经是），我们的父辈、祖先也是百姓。要牢记，我们是"人民公仆"，人民群众有诉求向我们表达、寄希望于我们这是顺理成章、天经地义，我们责无旁贷！

（作者系湖北宜昌市夷陵区小溪塔街道办事处干部）

贵州省毕节市七星关区"四个一"层级管理加强非公党建发展新机制

孔德福

为加强非公企业党组织建设，促进非公企业持续健康发展，毕节市七星关区推行"四个一"层级管理模式，着力建立健全非公党建长效机制，抓实打牢非公企业党建基础，促进非公党建工作常态化、长效化和制度化。

一企一表，摸清情况解难题

为摸清非公企业生产经营和党建工作基本情况，帮助企业解决是实际问题，我区制定《毕节市七星关区非公有制企业党建工作调查登记表》，按照"一企一表"原则，要求每个乡镇办事处对各自辖区内的非公有制企业基本情况及党建工作情况进行调查登记，摸清企业基本情况，做到内容翔实，数量清楚、情况明确。同时，利用调查登记企业基本情况的有利契机，积极开展调查研究，帮助查找实际问题，帮助理清发展思路、帮助明确发展目标、帮助制定解决措施，加强培训指导，提高企业主和党组织书记管理企业和抓党建工作的能力水平，促进企业持续健康发展。截至目前，全区调查登记非公企业 2500 余家，理清思路 300 余条，帮助解决问题 500 余个。

一人一表，摸清家底思良策

针对非公企业党员数量少，党组织组建难度大等问题，我区在非公企业中组织开展"组织找党员、党员找组织、党员找党员"活动，通过组织谈话查找、党员日常查找、自己寻找组织等方式，查找"隐形党员"，动员"隐形党员"主动亮明身份，及时转接组织关系，为组建党组织创造条件。对查找出的党员，采取"一人一表"方式，认真填写《党员信息采集表》，摸清党员数量，做好归档管理。截至目前，全区查找"隐形党员"35 人，其中转接党组织关系 12 人。对于党员人数少的，积极做好发展党员工作。一是按照"坚持标准、保证质量、慎重发展"方针，加强教育培训，注重在一线职工、技术骨干、管理人员中发展党员，成熟一个，发展一个，宁缺毋滥；二是积极向非公企业推荐、输送党员。企业招聘时，优先录用共产党员；推介工作时，优先推荐共产党员到企业就职。

一乡一表，加强管理显成效

根据"一企一表"和"一人一表"信息收集情况，各乡镇办认真填写《毕节市七星关区非公企业基本情况和党建工作情况统计表》（台账），对辖区内的非公企业实行台账式管理，明确专人负责，进行跟踪服务，定期按时更新，形成长效机制。建立企业台账月报告制度，明确每月 26 日为更新日期，更新完毕及时报区委党建办。对新入驻企业，要进行调查登记，建立信息档案，纳入管理范围；对老企业，动态更新生产经营状况、党员流动数量、工作开展情况等，掌握生产经营状态、发展方向，提供政策、资金、销售等咨询服务，解决生产经营实际困难，促进企业健康发展。

一区一表，把握大局明方向

根据各乡镇办每月更新台账，区委党建办对结果进行汇总，形成汇总表。进行数据分析，全面掌握全区非公经济发展态势和党建工作开展情况，加强统筹调度，对全区非公经济发展进行宏观调整和把控。根据国家方针政策，大力发展节能环保的高科技企业，引导和鼓励创新，增强企业产品的科技含量和市场竞争力，走绿色环保的可持续发展道路。对于企业党员数达到3人以上的，及时单独建立党支部，发挥党员先锋模范作用、发挥党组织在职工中政治核心作用和在企业中的政治引领作用，积极引导企业走可持续发展道路。

（作者系毕节市七星关区委组织部干部）

浅谈加强基层党组织建设的积极作用

冀　胜

胡锦涛总书记强调，党的基层组织是党全部工作和战斗力的基础。我们党团结带领全国各族人民取得的一切成就，都和广大基层组织和共产党员的不懈奋斗紧密联系在一起的。我们党的事业在基层，血脉在基层，活力在基层，切实加强基层建设，既是党的优良传统，也是行之有效的工作途径。

党的十七届四中全会将加强和改进党的基层组织建设作为提高党的执政能力，全面推进党的建设伟大工程。党中央又把2012年作为“基层组织建设年”，是进一步加强和改进党的基层组织建设、提高党的执政能力、巩固党的执政地位的重要举措。

加强基层党组织建设，在社会主义建设中，有它积极的作用，主要表现在以下几方面。

一、加强基层党组织建设，能更有效地维护社会稳定、促进社会和谐

党的基层组织植根于人民群众之中，担负着直接联系群众、组织群众的重要责任，在维护社会稳定、巩固党的执政基础方面发挥着至关重要的作用，为维护社会稳定提供了坚强的组织保证。现代社会是一个利益多元化的社会，人民群众既有经济上的利益要求，也有政治上的利益诉求。为了更好地满足人民群众的利益要求，维护社会的稳定，需要在国家和社会之间通过建立一种政治沟通机制，来实现社会的利益表达。党的基层组织实际上就是在党和社会之间起一个政治沟通的作用，把他们所了解的人民群众的利益要求和呼声及时反映上去，把党和政府的各项具体方针政策落到实处，充分地满足人民群众的利益要求，促进社会的稳定。

当前党的基层组织建设还难以很好地适应维护社会稳定工作的需要。有些基层干部的整体素质还不能适应新形势新任务的要求，与“三个代表”重要思想的要求相比还有较大差距。一些干部宗旨观念不强，缺乏事业心和责任感，严重脱离群众；有的法制观念淡薄，不善于做新时期、新形势下的群众工作，作风不民主，办事不公道，方法简单粗暴等，直接或间接地导致了大量群众上访，因此，切实加强基层党组织建设，能更有效地维护社会稳定、促进社会和谐。

二、加强基层党组织建设，能更有效地提高党的执政能力

基层党组织的建设是党的整个执政能力体系中的一个重要组成部分，是党的执政能力建设的落脚点。只有每一个基层党组织都健全、都有活力，才能把党中央的路线、方针、政策，充分地贯彻、落实，我们整个党组织才能坚强有力、朝气蓬勃。

加强基层党组织执政能力建设，是新时期基层党组织党建工作所面临的重要课题。加强基层党组织执政能力建设，关键是充分发挥基层党组织政治核心作用，做好几个方面的工作：

1. 加强党员的思想教育。经常了解党员的思想状况和工作表现，充分发挥广大党员在教学、科研、管理等工作中的先锋模范作用。

2. 加强党的组织建设。要增强党组织的凝聚力和战斗力，在发展党员时应坚持标准，积极培养，严格程序，推行党员发展公示制度，确保党员发展质量，努力实现质和量的统一。

3. 反腐倡廉，加强党纪教育。要提高对抓好党风廉政建设重要性的认识，进一步增强责任感和紧迫感，把党风廉政建设作为一件大事来抓。在做好党的制度建设的同时，对党员做到警钟长鸣。

4. 严格组织生活，加强与实际工作的联系。坚持和完善“三会一课”、“党员领导干部过双重组织生

活”、“民主评议党员”等制度。积极探索基层党组织的活动方式和工作方法，求真务实，做好党员的思想政治工作，确保党的路线、方针、政策的贯彻落实。

三、加强基层党组织建设，能更有效地密切党同人民群众的血肉联系

加强基层党组织建设的一个重要环节就是扭转党风问题。党风问题，关系党的生死存亡。作风不好，就会严重脱离群众、脱离实际，就会严重影响人心背向，危及党的生命。我们党在长期斗争中形成了理论联系实际、密切联系群众、批评和自我批评的作风。在新的历史条件下，我们要发扬党的优良传统和作风，坚持党的群众路线，反对和纠正官僚主义和形式主义。要推行热心服务，热情办事，热线联系的工作机制。深入持久开展访民情、解民难、帮民富、保民安的“四民”活动。特别要注意到困难大、矛盾多、工作被动的地方和乡村去，在探索规律、尊重实践的基础上，通过扎扎实实地干，去改变一个地方、一个乡村的面貌。广大干部要大力弘扬说实话、做实事、重实际、求实效的风气，兴办各项事业既要尽力而为，又要量力而行。要认真执行党纪国法，坚决反对吃喝风、玩乐风和打牌赌博风。要突出解决领导干部在作风上存在的问题，把作风建设作为领导干部的考核内容、作为选拔干部的重要标准。要坚持不懈地开展党风廉政建设和反腐败斗争，保持党的先进性和纯洁性。

四、加强基层党组织建设，能更有效地提高党员干部服务人民群众的能力

加强基层党组织建设要提升党员干部的忠诚度和宗旨意识。党员干部的思想行为和价值选择在社会上具有重要的示范意义，将党员干部的思想道德建设纳入全社会思想文化建设体系中，既是保持党员干部队伍思想纯洁的迫切需要，也是示范带动群众进一步认同社会主义理论体系，从而更加拥护党的领导的现实需要。

在经济建设中提升党员干部的发展引领力。能不能抓住机遇，乘势而上，既是对基层党组织和党员干部工作能力的考验，也是加强基层组织建设难得的契机和舞台。

在社会建设中提升党员干部服务群众的能力。社会建设事关社会公平和正义，是群众感知、判断党的执政能力的重要途径和基本标尺，党的基层组织和广大党员干部在社会建设中负有义不容辞的责任，必须不断提升服务群众的能力和水平。

总之，基层党组织是党的重要组成部分，它的建设进程直接关系到新时期内整个党的建设这一新的伟大工程，直接关系到党能否进一步巩固和发展先进性和纯洁性教育活动的成果，直接关系到党在中国特色社会主义道路上实现中华民族的伟大复兴的历史使命。

（作者系山西省大同市新荣中学副校长）

分类争创　设岗定责
争创活动纵横网格化
激励创业责任到党员

——淮阳县大连乡扎实开展创先争优活动

郑瑞同

淮阳县大连乡位于淮阳县东部，辖域面积 87 平方公里，人口 83000 人，耕地 90000 亩。党委辖 40 个党支部（乡机关支部 1 个，中心校支部 1 个，老干部支部 1 个，卫生院支部 1 个，工商联支部 1 个，农村党支部 32 个，中学党支部 3 个）。全乡有党员 1609 名，其中农村党员 1406 名。

几年来，特别是自去年 5 月份开展“创先争优”活动以来，大连乡在县委、县政府的正确领导下，在县委组织部的关心和指导下，围绕主题，创新载体，明确目标，分类实施，强化带动，丰富活动内容，注重活动实效，很好激发了全乡党员干部干事创业热情，有效把党员干部工作动力转化为了生产力，有力推动了全乡经济社会的又好又快发展。今年以来，全乡没有发生一起重特大案事件，安全生产零事故，全乡实现零上访，为以党建开路的全面工作开创了新局面，彻底扭转了被动落后的局面。

一、强化组织，广泛宣传，营造创先争优良好氛围

开展创先争优活动是党的十七大提出的一项重要政治任务，是推动科学发展观在基层落实的重大举措，是进一步加强基层组织建设和党员队伍建设的需要。乡党委高度重视创先争优工作，研究方案，制定措施，创新方法，成立了由乡党委书记任组长，党委副书记、纪检书记任副组长，乡直有关单位负责人任成员的创先争优活动领导组，同时全乡 40 个基层党支部成立相

应组织，形成了一把手总负责，层层抓落实，分工负责、协作配合的工作机制。为把创先争优活动方案、精神传达到每一位党员，乡党委相继召开5次促进会，3次党支部负责人及党员代表座谈会，各基层党支部共召开党员生活会、公开承诺会、群众评议会200多场，乡党委高标准制作了“创先争优”活动宣传栏，悬挂横幅50幅，刷写标语500多条，广泛在全乡宣传创先争优活动方案及目的意义，形成了人人了解创先争优、人人有创先争优理念、人人积极参与的良好社会氛围。

二、分类实施，创新载体，明确创先争优目标任务

为确保全乡各行业、各领域党员广泛参与创先争优活动，在本行业、本领域和本职岗位上发挥先锋模范作用，争创一流，推动发展，乡党委分类实施，创新载体，结合大连实际，把全乡基层党组织和党员划分为五大领域，突出重点，明确目标任务，重点实施。

一是农村党支部和党员：以“当好带头人、建设新农村”为主题，以深化和拓展党建三级联创和推进“四议两公开一监督”活动机制为载体，要求党支部发挥战斗堡垒作用，结合各自实际，理清发展思路，明确发展目标，并把农村无职党员作为创先争优活动的生力军，设岗定位，明亮身份，做到“五带头、五争当”，为群众做示范做标杆，把党员作用体现到新农村建设各个方面。

二是乡机关党支部和党员：以“争当四个先锋、实现四个一流”为主题，以开展“讲党性、重品行、做表率”、“争创学习型党组织”活动为载体，党组织充分发挥领导和监督作用，通过落实服务承诺制、首问负责制、限时办结制等制度，推动机关党员干部立足本职、争创一流、服务基层、服务群众，发挥示范表率作用，在本职岗位上作出一流业绩。

三是教育党支部和党员：教育党支部突出以“推动科学发展、办人民满意教育”为主题，以“教书育人做楷模、服务发展当先锋”为活动载体，在党员中开展“六比六创”活动，以党员队伍建设带动教职工队伍建设，提高教育教学水平，推动教育事业全面发展。

四是卫生院党支部及党员：卫生院党支部突出“构建和谐医患关系，促进卫生事业全面发展”为主题，以“树立良好医德医风、做人民健康卫士”、“创建先进科室、争当优秀医务工作者”等为活动载体，开展争创“党员示范窗口、党员示范岗”活动，要求党员树立“医患一家亲、病人是亲人”的理念，以精湛的技术、优质的服务、无私的奉献，发挥党员示范带头作用，打造一流服务窗口，创造一流工作业绩。

五是我们以这次创先争优活动为契机，建立了工商联党支部，明确工商联党支部要突出“发挥职责作用，服务非公经济发展”的主题，以“与党一心、守法经营、科学发展”、“促进生产经营、争做服务先锋”等活动为载体，通过开展“五个一”活动，凝聚党心人心，把自身发展与全乡发展结合起来，把个人富裕与共同富裕结合起来，为大连经济科学发展、和谐发展、跨越发展当先锋、做贡献。

三、强化带动，激发活力，推动经济跨越发展

为确保创先争优活动取得实效，乡党委围绕“支部比发展、党员比奉献、干部比服务”的指导思想，着眼于激发全乡党员干事创业活力，强化各党支部和党员模范带动作用，引导党员争模范，引领群众创事业，把基层党组织的战斗堡垒作用发挥好，切实承诺践诺办实事，提高服务水平，推动经济跨越式发展。创先争优活动开展以来，全乡40个基层党组织累计公开承诺事项220多条，为群众办实事60多件，党员与农户结对262对，找致富项目11个，帮助发展养殖户43户、种植户16户、经商户81户，修建乡村公路5条13.5公里，修建生产桥24座，实施新农村建设7个村，修建村内水泥路19公里，实施农业现代化建设项目6个村，新打机井130眼，增加有效灌溉面积1万亩，实施农田机井项目1个，引进1500万元以上项目1个，办理孤儿救助19人，落实五保、优抚待遇户300多人，调处矛盾纠纷87起，帮助群众解决入户口难等难题76个，开展便民服务接待群众7000多人，办理服务事项3000多项，切实服务了群众，推动了经济社会和谐发展。

一是支部发挥战斗堡垒作用，积极推动新农村建设。各基层党支部都能结合各自优势，理清发展思路，发挥战斗堡垒作用，带领群众发展经济，积极为群众找项目、找门路，办实事、办好事、谋发展。

陈洼行政村党支部创先争优活动以来，党支部书记郑继云和支部一班人，在做好计划生育、稳定等中心工作的同时，真正为村里发展着想，制定发展规划，狠抓发展不放松，争取农业“井井通”项目一个，争取资金120万元。为使项目顺利实施，郑继云自筹配套资金3万元，带领本村群众挖沟、埋线、建井阀等，使全村800亩耕地解决了灌溉问题。组织群众修村内水泥路5条3.3公里，解决了群众出行难问题，建设沼气120池，大大改善了村里环境面貌。代庙、龚桥

行政村党支部分别在支部书记查天峰、龚磊带领下，认真落实社会治安防范措施，在村里安装了手机大喇叭和电子视频监控，并组织党员带头带领群众轮流巡逻值班，为群众站岗放哨，一年来没有发生一起偷盗案件。

二是机关党员增强服务意识，为群众办实事办好事。机关党员从群众最关心、最直接、最现实的利益入手，结合各自岗位实际，通过开展“亮牌示范”、“党员先锋岗”、“党员示范窗口”等活动，立足本职，发挥示范表率作用，服务基层，服务群众，争创一流。乡党委以这次创先争优活动为契机，为提高服务水平和办事效率，高标准建设了党员群众服务中心，民政、财政、计生、司法、信访等部门合署办公，“一站式”服务，共接待群众7000多人，为群众办理各类事项3000多个，切实提高了办事效率，为群众解决了实际困难。我乡党员、财政所长王国松同志在创先争优活动中，认真践行承诺，亮牌示范，每天坚持在工作岗位上最早一个到岗，最晚一个下班，在政策咨询和事项办理中时时处处发挥党员模范带头作用，累计接待群众1000多人，办理事项300多项，得到了群众的认可和称赞。大连一中支部党员、校长李恩中多年来一直在教育工作岗位上默默奉献、教书育人，在这次创先争优活动中，李恩中组织大连一中教职工开展“六比六创”活动，自己带头，比党性、比学习、比干劲、比业绩、比奉献、比形象，树标杆、抓管理、抓教学，努力改善教学环境，提高教育水平。在李恩中的带领下，大连一中新建学生食堂一座，宿舍楼一座，教学环境大大改善，教学水平明显提升，中招考试大连一中升学率达97%，考入重点中学达62%，校园文明班级14个，达82%，得到了社会的认可，学生家长反映良好。

三是无职党员设岗定责践诺，带头致富惠乡邻。通过开展“亮牌示范”、“设岗定责”、“结对帮扶”等活动，乡党委充分发挥农村无职党员中的致富能手、经济能人、经济大户作用，调动他们参与创先争优、甘于自觉奉献、带领共同致富的积极性，激发活力，凝聚党心人心，使党员的先进性在无职党员身上也摸得着、看得见。为切实把无职党员积极性调动起来，乡党委指导到位，以村党支部为单位，设置勤劳致富模范岗、社会治安维护岗、政策法规宣传岗、村务财务监督岗，安全生产监督岗、村容村貌卫生岗等岗位，采取自我认岗、支部定岗、群众荐岗等方式，为无职党员定岗定责，通过自由结合，与困难党员、困难农户结为“对子”，结对帮扶。全乡农村无职党员共设岗628个，结帮扶对子275对，其中为139户找到了致富项目或致富门路，效果十分明显。

龚桥行政村无职党员龚绍海是该村养殖能手，办有3万只规模养鸡场一个，养鸡、养猪技术当地一流，而且乐于助人。自设为龚桥村科技推广示范岗后，龚绍海感觉自己的技术有了用武之地，他为结对户龚建伟提供资金1.5万元，帮其建3000只的蛋鸡养殖场1个，同时他定期为盛文海、孔令国等养猪户交流情况，讲解防疫、饲养技术，帮助解决实际困难和问题。在他的带动下，龚桥的畜牧养殖业得到发展壮大，龚桥村也成了大连乡养殖专业村。大连村无职党员连瑞营自被群众推荐为民事调解岗后，对群众说“作为一名党员，最怕有事不便管，有劲使不上，设岗定责，是群众对我的信任，我一定尽到责任，为群众管好事”。设岗定责以来，调解村民纠纷9起，成功调解了大连一中与群众的占地纠纷及邻里纠纷等，今年大连村没有发生一起上访或民转刑案件。陈竹园行政村无职党员杨春灵被村党支部定为社会治安岗后，充分发挥党员先锋模范带头作用，尽职尽责，不讲价钱，不计得失，每天坚持组织群众义务巡逻，站岗放哨，陈竹园行政村的社会治安状况良好，群众满意，没有发生一起被盗事件。

四、督导到位，量化考核，确保活动开展落实到实处

为确保创先争优各项活动落实到位，增强党组织凝聚力和战斗力，深化党建三级联创，乡党委成立了由书记任主任的创先争优考评委员会，下设三个督导检查组，分别由党委副书记、党委委员任组长。督导检查组采取经常性检查、随机抽查、召开汇报分析会等方式，对各党支部活动开展情况督促检查，总结交流经验，研究解决问题，指导活动开展。并组织党员群众代表对照各阶段目标任务进行考核评比，一季度一评议，半年一总结，一年一总评。考核采取百分制，按照“五个好、五带头”标准，基层党支部的考核由乡党委组织，党员的考核由所在支部组织。考核结合全乡中心工作、业务实际和工作实绩，细化量化各项目标任务，根据不同项目指标设分评分，根据积分高低设星定档，91分以上分别设为“十星级”先进党支部和“十星级”模范标兵，每下降5分减去一个“星”，70分以下不设“星”，视为不合格，由督导检查组督促其限期整改。同时对考核先进的基层党支部和优秀共产党员进行大张旗鼓的表彰奖励，激励先进，鞭策后进。

创先争优活动开展以来，三个督导检查组分别深入40个党支部进行了督促检查，召开汇报小结会6

场，解决问题33个，推广了乡机关党支部、中心校党支部、卫生院党支部及陈洼党支部、周庄党支部、龚桥党支部等15个党支部的先进做法，有力推动了活动顺利开展，激发了全乡各基层党支部创先争优的活力和动力，深化了党建三级联创，增强了党组织的凝聚力和战斗力。

五、正确引导，引向深入，推进创先争优新发展

随着创先争优的不断发展，我们把创先争优工作与当前其他工作的新做法相结合，赋予新意，创新内容，开创工作，引进了“六大员”制度。在全乡选择三个村开展“六大员”制度试点。三个村共选拔“六大员”18名，其中党员9名，占50%，使党员在新的工作中使上劲、说上话，带好头。目前，3个村“六大员”已全面上岗，正式开展工作。

（作者系淮阳县大连乡党政办干部）

甘肃省古浪县加强非公党建助推企业经济快速发展

段生辉

近年来，古浪县按照“围绕发展抓党建、抓好党建促发展”的总体工作思路，积极探索新形势下非公企业党建发展的新路子，不断创新工作机制、丰富活动载体，努力提高非公党建工作科学化水平，使非公党建和非公经济迈上相互促进、共同发展的良性轨道。截至目前，全县非公企业共501家，从业人员4660人，共建立非公企业党组织162个，在册党员739名。

（一）健全组织机构，整合党建领导力。一是成立非公有制经济党工委，选拔政治坚定，懂经营、会管理，熟悉热心党建工作、有群众基础、善于协调各方面关系的党员担任非公有制企业党组织负责人。二是选派党建工作指导员，对非公企业党组织的组建及党务工作进行督促和指导。

（二）扩大组织覆盖，增强政治影响力。积极探索非公有制企业党组织组建方式，在全面摸清掌握各企业党组织和党员情况后，根据企业规模、党员人数、行业特点等不同情况，采取单独建、联合建、挂靠建、归口建、属地建等模式，积极稳妥地在非公企业中建立党的组织。目前，全县已建立非公企业党组织162个，其中党委1个，党支部161个，党组织覆盖率达到32.3%。

（三）注重双向培养，壮大队伍战斗力。着力把企业法人代表、管理人员、企业骨干、优秀职工培养发展成党员，着力把优秀党员职工培养成企业管理人员，使党员带领企业员工不断进步，党组织带领企业共同发展。近两年共发展党员28名，培养企业管理人员191名。

（四）健全规章制度，提高工作执行力。一是县委制定出台《关于加强和改进非公有制经济组织党的建设工作的实施意见》，为切实推进非公有制经济组织党建工作顺利开展提供政策支持。二是各基层党支部在坚持开展正常活动的同时，注重加强自身建设，建立健全党支部工作制度、“三会一课”制度、支委工作职责、党员联系点制度等，并认真抓好落实，使非公企业党建工作步入了正常化、规范化、制度化轨道。

（五）抓好教育培训，提升企业竞争力。将非公企业党组织培训纳入全县干部培训总体规划，制订了《全县非公企业教育培训计划》，举办专题培训班3期，培训党组织负责人和党员86人次。定期组织非公企业主和党组织负责人外出考察学习，使他们开阔眼界，拓展思路，加快企业转型升级，提高企业核心竞争力。

（六）优化投资环境，增强招商吸引力。从2010年起，县上投入基础资金1.43亿元，建立古浪工业集中区和双塔、土门两个工业园区，并出台《古浪工业集中区招商引资优惠政策》和《古浪县招商引资奖励办法》，吸引一批优秀企业纷纷落户古浪、投资建厂。目前，海纳塑业、天力元生物等24家企业已入驻工业园区，其中8家已建成投产。

（七）典型示范带动，凸显表率感召力。努力打造一批特色鲜明、富有活力、带动作用强、社会影响大的非公有制企业党建工作示范点，发挥典型示范带动作用。在鑫森公司、华惠麦芽、荣昌猪场、天源酒业4个非公企业党建示范点的引领下，其他非公企业也迅速行动，纷纷建立起了党组织。

（八）履行岗位职责，增强组织凝聚力。一是注重把企业发展与非公党建结合起来。充分发挥党员在非公企业中的先锋模范作用，深入开展“立足岗位做贡献，同步小康当先锋”、“作用发挥年”、“联村联户、为民富民”等主题实践活动。二是注重把打造企业团队精神与党建工作融合起来。开展岗位练兵和技能比赛活动，积极引导党员争当岗位能手、技术明星等。三是注重把发挥党员示范作用与企业技术革新结合起来。争创技术革新、节能降耗、生产安全等“党员示

范岗”65个，开展技术革新13项。四是注重把推进企业文化建设与增强党的凝聚力结合起来。广泛组织开展为企业建言献策等活动，广泛听取党员和职工的意见，为企业领导决策科学化、民主化服务。

（作者系甘肃省古浪县委组织部干部）

红安非公企业群众路线教育实践活动唱好“三重奏”

张景阳

第二批党的群众路线教育实践活动在红安县非公企业中如火如荼地开展，县委组织部非公工委对整个活动做了精心准备、周密安排。在红安县娃娃哈有限责任公司徐河水总经理办公室，他说道：“群众路线活动的开展对于我们非公企业来说至关重要，我们将充分利用这次活动的机会，在开展党的群众路线教育实践活动中着重唱好‘三重奏’。”

开展好群众路线教育实践活动，就必须深入学习，唱好“学习曲”。我们要以科室、车间、班组等为单位，利用班前班后、饭前饭后等业余时间，学习《党章》、党的十八大和十八届三中全会精神、习近平总书记一系列重要讲话精神等。深刻领会开展党的群众路线教育实践活动的时代背景、现实意义和长远影响。另一方面，要结合岗位需要、企业发展特点，钻研相关业务知识，提升个人技能、本领和服务企业的能力。

开展好群众路线教育实践活动，非公有制企业的党组织和党员必须坚持唱好“服务曲”。要切实走到职工群众中去，广泛听取民声，了解职工群众的所思、所想、所需，增进党群关系，对职工反映强烈的困难和问题及时协调解决，化解企业与职工间的矛盾，维护职工的合法利益，不断扩大党的影响力和吸引力。

开展好群众路线教育实践活动，就必须赢得企业业主的支持，唱好“共赢曲”。非公企业经营的目的是赢得利益，因此要开展好教育实践活动，就要做到和企业的发展目标同向，实现共赢。要教育引导非公企业党员时时处处起到表率作用，要勇于担当，攻坚克难，破解企业技术和发展难题，增强企业的技术创新能力和市场竞争力。

红安县非公企业在开展党的群众路线教育实践活动中，紧密结合企业实际，勇于创新，做到日常工作有创新，重点工作有抓手，难点工作有突破，使党的群众路线真正根植群众，受到职工群众的拥戴！

（作者系红安县委组织部干部）

淮阳县大连乡“四到位”激发基层党建新活力

郑瑞同

淮阳县大连乡共有基层党组织（支部）40个，包括农村党支部32个，机关党支部1个，中心校党支部1个，中学党支部3个，卫生院支部1个，工商联党支部1个，老干部党支部1个，共有党员1609名，其中农村党员1406名。

自开展“创先争优”活动以来，大连乡在县委、县政府的正确领导下，在县委组织部的关心和指导下，围绕主题，创新载体，明确目标，分类实施，强化带动，丰富活动内容，注重活动实效，切实把党员干部工作动力转化为生产力，极大激发了全乡党员干部干事创业热情，有力推动了全乡经济社会的又好又快发展。

一、宣传教育到位，营造创先争优良好氛围

开展创先争优活动是党的十七大提出的一项重要政治任务，是推动科学发展观在基层落实的重大举措，是进一步加强基层组织建设和党员队伍建设的需要。自开展“创先争优”活动以来，乡党委高度重视，多次召开班子会议研究部署，商榷方案，制定措施，创新方法，成立了由乡党委书记任组长，党委副书记、纪检书记任副组长，乡直有关单位负责人任成员的创先争优活动领导组，同时全乡40个基层党支部成立相应组织，形成了一把手总负责，层层抓落实，分工负责、协作配合的工作机制。为把创先争优活动方案、精神传达到每一位党员，乡党委相继召开6次促进会，4次党支部负责人及党员代表座谈会，各基层党支部共召开党员生活会、公开承诺会、群众评议会200多场，乡党委高标准制作了“创先争优”活动宣传栏，悬挂横幅50幅，刷写标语500多条，在全乡广泛宣传创先争优活动方案及目的意义，形成了人人了解创先争优、人人树立创先争优理念、人人都积极参与的良好社会氛围。

二、工作措施到位，增强干部干事创业的有为意识

为确保全乡各行业、各领域党员广泛参与创先争优活动，在本行业、本领域和本职岗位上发挥先锋模范作用，争创一流，推动发展，乡党委分类实施，创新载体，结合大连实际，把全乡基层党组织和党员划分为五大领域，突出重点，明确目标任务，重点实施。

一是农村党支部和党员：以“当好带头人、建设新农村”为主题，以深化和拓展党建三级联创和推进“四议两公开一监督”活动机制为载体，要求党支部充分发挥战斗堡垒作用，结合各自实际，理清发展思路，明确发展目标。同时把农村无职党员作为创先争优活动的生力军，设岗定位，明亮身份，做到“五带头、五争当”，为群众做示范做标杆，把党员作用体现到新农村建设各个方面。

二是乡机关党支部和党员：以“争当四个先锋、实现四个一流”为主题，以开展“讲党性、重品行、做表率”、“争创学习型党组织”活动为载体，党组织充分发挥领导和监督作用，通过落实服务承诺制、首问负责制、限时办结制等制度，推动机关党员干部立足本职、争创一流、服务基层、服务群众，发挥示范表率作用，在本职岗位上作出一流业绩。

三是教育党支部和党员：教育党支部突出以“推动科学发展、办人民满意教育”为主题，以“教书育人做楷模、服务发展当先锋”为活动载体，在党员中开展“六比六创”活动，以党员队伍建设带动教职工队伍建设，提高教育教学水平，推动教育事业全面发展。

四是卫生院党支部及党员：卫生院党支部突出“构建和谐医患关系，促进卫生事业全面发展”为主题，以“树立良好医德医风、做人民健康卫士”、“创建先进科室、争当优秀医务工作者”等为活动载体，开展争创“党员示范窗口、党员示范岗”活动，要求党员树立“医患一家亲、病人是亲人”的理念，以精湛的技术、优质的服务、无私的奉献，发挥党员示范带头作用，把模范带给身边，打造一流服务窗口，创一流工作业绩。

五是工商联党支部及党员：以创先争优活动为契机，明确工商联党支部要突出“发挥职责作用，服务非公经济发展”的主题，以“与党一心、守法经营、科学发展”、“促进生产经营、争做服务先锋”等活动为载体，通过开展“五个一”活动，凝聚党心、人心，把自身发展与全乡发展结合起来，把个人富裕与共同富裕结合起来，为大连经济科学发展、和谐发展跨越发展争当先锋。

三、示范引领到位，增强党员尽职尽责的争优意识

为确保创先争优活动取得实效，推动科学发展，促进社会和谐，服务人民群众，加强基层组织，乡党委围绕“支部比发展、党员比奉献、干部比服务”的指导思想，着眼于激发全乡党员干事创业活力，强化各党支部和党员模范带动作用，引导党员争模范，引领群众创事业，把基层党组织的战斗堡垒作用发挥好，切实承诺践诺办实事，提高服务不水平，推动经济跨越式发展。创先争优活动开展以来，全乡 32 个基层党组织累计公开承诺事项 220 多条，为群众办实事 60 多件，党员与农户结对 262 对，找致富项目 11 个，帮助发展养殖户 43 户、种植户 16 户、经商户 81 户。修建村内道路 33 公里，铺设下水道 5.9 公里，建设沼气 2830 池，实施安全饮水 2 个村 1600 多户，实施门房改造 1800 多户，修建垃圾收集场 13 个。完成 7 个村的农业现代化建设任务，实施面积 10000 亩，新打机井 260 眼，新建桥梁 37 座，清淤沟渠 3500 米，共完成土石方 24000 立方米，新增有效灌溉面积 5000 万亩。引进 1500 万元以上项目 1 个，引进 500 万元项目 3 个。抓实抓好民政各项工作，全年共纠正、新增低保人口 253 户 827 人，发放低保、五保及优抚资金 276 万元。实施白内障复明手术 87 例，筹资 15000 多元开展对困难户、五保户进行慰问帮扶送温暖活动。教育办学条件明显改善，新建学校宿舍楼、食堂各 1 座 300 多间，更新 6 所小学电教设备和课桌椅。另外，全力维护社会稳定，调处矛盾纠纷起，帮助群众解决入户难等难题 76 个，开展便民服务接待群众 7000 多人，办理服务事项 3000 多项，切实服务了群众，推动了经济社会和谐发展、跨越式发展。

一是支部发挥战斗堡垒作用，积极推动新农村建设。各基层党支部都能结合各自优势，理清发展思路，发挥战斗堡垒作用，带领群众发展经济，积极为群众找项目、找门路，办实事、办好事、谋发展。

陈洼行政村党支部自创先争优活动以来，党支部书记郑继云和支部一班人，在做好主划生育、稳定等中心工作的同时，真正为村里发展着想，制定发展计划，狠抓发展不放松，争取农业“井井通”项目一个，争取资金 120 万元。为使项目顺利实施，郑继云自筹配套资金 3 万元，带领本村群众挖沟、埋线、建井阀等，使全村 800 亩耕地解决了灌溉问题，还组织群众修村内水泥路 5 条 3.3 公里，解决了群众出行难问题，建设沼气 120 池，大大改善了村里环境面貌。另外，

该村党支部加大作物布局调整力度，瞄准黄花菜种植优势，在党员的带头下，全村落实烟叶种植面积260多亩，为该村找到了新的经济增长点。另外代庙、龚桥行政村党支部分别在支部书记查天峰、龚磊带领下，认真落实社会治安防范措施，在村里安装了手机大喇叭和电子视频监控，并组织党员带头带领群众轮流巡逻值班，为群众站岗放哨，一年来没有发生一起偷盗案件，确保了社会治安稳定，赢得了群众满意。

二是机关党员增强服务意识，为群众办实事办好事。机关党员从群众最关心、最直接、最现实的利益入手，结合各自岗位实际，通过开展"亮牌示范"、"党员先锋岗"、"党员示范窗口"等活动，立足本职，发挥示范表率作用，服务基层，服务群众，争创一流。其中，乡党委以这次创先争优活动为契机，为提高服务水平和办事效率，高标准建设了便民服务大厅，民政、财政、计生、司法、信访等部门合署办公，"一站式"服务，共接待群众7000多人，为群众办理各类事项4500多个，切实提高了办事效率，为群众解决了实际困难。我乡党员、财政所长王国松同志在创先争优活动中，认真践行承诺，亮牌示范，每天坚持在工作岗位上最早一个到岗，最晚一个下班，在政策咨询和事项办理中时时处处发挥党员模范带头作用，累计接待群众3700多人，办理事项1500多项，得到了前来办事群众的认可和称赞。大连乡一中支部党员、校长李恩中多年来一直在教育工作岗位上默默奉献、教书育人，在这次创先争优活动中，李恩中组织大连一中教职工开展"六比六创"活动，自己带头，比党性、比学习、比干劲、比业绩、比奉献、比形象，树立标杆，抓管理、抓教学，努力改善教学环境，提高教育水平。在李恩中的带领下，大连一中新建学生食堂一座，宿舍楼一座，教学环境大大改善，教育水平明显提升，今年中招考试大连一中升学率达100%，考入重点中学比例达62%，校园文明班级达到18个，达91%，得到了社会的认可，学生家长反映良好。

三是无职党员设岗定责践诺，带头致富惠乡邻。通过开展"亮牌示范"、"设岗定责"、"结对帮扶"等活动，乡党委发挥农村无职党员中的致富能手、经济能人、经济大户作用，调动他们参与创先争优、甘于自觉奉献、带领共同致富的积极性，激发活力，凝聚党心人心，使党员的先进性在无职党员身上也摸得着、看得见。为切实把无职党员积极性调动起来，乡党委指导到位，以村党支部为单位，设置科技带动致富岗、精神文明建设岗，社会治安岗、民事调解岗和义务志愿服务岗等岗位，采取自我认岗、支部定岗、群众荐岗等方式，为无职党员定岗定责，通过自由结合，与困难党员、困难户结为对子，结对帮扶。全乡农村无职党员共设岗628人，结帮扶对子275对，其中为139户找到了致富项目或致富门路，效果十分明显。

龚桥行政村无职党员龚邵海是该村养殖能手，办有3万只养鸡场一个，养鸡、养猪技术当地一流，而且乐于助人。自设为龚桥村科技带动致富岗后，龚邵海感觉自己的技术有了用武之地，他为结对户龚建伟提供资金1.5万元帮龚建伟养蛋鸡3000只，同时他定期为盛文海、孔令国等养猪户交流情况，讲解防疫、饲养技术，帮助解决实际困难和问题。在他的带动下，龚桥的畜牧养殖业得到发展壮大，龚桥村也成了大连乡养殖专业村。大连村无职党员连瑞营自被群众推荐为民事调解岗后，对群众说"作为一名党员，最怕有事不便管，有劲使不上，设岗定责，是群众对我的信任，我一定尽到责任，为群众管好事"。连瑞营说到做到，设岗定责以来，他一共解决村民纠纷9起，其中他成功调解了大连一中与群众的占地纠纷，成功调解了连强宅基地纠纷等，今年大连村没有发生一起上访或民转刑案件，社会大局稳定。陈竹园行政村无职党员杨春灵被村党支部定为社会治安岗后，充分发挥党员应有先锋模范带头作用，尽职尽责，不讲价钱，不计得失，每天坚持轮流组织群众义务巡逻，站岗放哨，陈竹园行政村的社会治安状况良好，群众满意，没有发生一起被盗事件。

四、督导检查到位，确保活动开展落到实处

为确保创先争优各项活动落实到位，增强党组织凝聚力和战斗力，深化党建三级联创，乡党委成立了由书记任主任的创先争优考评委员会，下设三个督导检查组，分别由党委副书记、党委委员任组长。督导检查组采取经常性检查、随机抽查、召开汇报分析会等方式，对各党支部活动开展情况督促检查，总结交流经验，研究解决问题，指导活动开展。并组织党员群众代表对照各阶段目标任务进行考核评比，一月一小结，一季度一评议，半年一总结，一年一总评。考核采取百分制，依照《关于对全乡机关党支部和党员实行百分制考核的意见》和《关于对行政村党支部和党员实行百分制考核的意见》执行，根据积分高低，设星定档，95分以上党支部为五星级党支部，90分以上党员为四星级党员，以后每降低5分下降一个档次，减去一个星级，75分以下为不过关，重点整改。考核评分要结合全乡中心工作，结合各支部工作实绩，结合各党员岗位特点，量化、细化目标任务，增强考核针对性，评分结果作为评选表彰先进的重要依据。同

时，对农村无职党员加强考核评比，结合设岗定责情况，设星定档，每帮助实施一个致富项目、调处一起矛盾纠纷或帮群众解决一项难题计一个星，十星以上定为优秀，八星以上定位良好，五星以上定位合格，三星以下定位不合格，对考核优秀的推荐为县优秀共产党员，并进行表彰奖励。自创先争优活动开展以来，三个督导检查组共深入40个党支部进行了督促检查，召开汇报小结会6场，解决问题33个，肯定乡机关本身党支部、中心校党支部、卫生院党支部及陈洼党支部、周庄党支部、龚桥党支部等15个党支部的先进做法，有力推动了活动顺利开展，增强了全乡各基层党支部创先争优的活力和动力，深化了党建三级联创，增强了党组织的凝聚力和战斗力。

（作者系淮阳县大连乡党政办干部）

都昌县选派党建指导员助力非公有制企业发展

鲍燕燕

为进一步提高非公有制企业党建工作水平，扩大党组织工作的覆盖面，都昌县积极探索加强非公党建工作的新路子，通过“选好、用好、管好”党建指导员队伍，实现了企业发展和党建工作提高的双赢。

明确选任标准，注重选优配强。选优，即，依据以德为先、以才为要、以绩为本的原则，把思想素质硬、党性观念强、工作作风实、工作态度端正的机关党务干部选派为党建指导员。明确参与选派人员均要有大专以上文化程度、年龄50岁以下，有3年以上党务工作经历；采取自主报名与党组织推荐相结合的办法选聘，并由县委考察组进行实地走访考察后，确定最终人选并报县委组织部备案。配强，即，依托县委党校，每年至少集中举办一期非公企业党建指导员培训班，邀请高校教授、企业家和优秀党务工作者授课；以多重锻炼、开阔思维为立足点，采取外出实地考察、观摩讲解等形式，提高培训的针对性和时效性。自2012年以来，该县先后选派91名党建指导员帮助企业开展党建工作；县委党校开展2期大规模的轮训，培训190人次。

细化职责任务，注重工作实效。把“围绕经济抓党建，抓好党建促发展”作为出发点和落脚点，按照“一人一企”的方式，重点把小型企业和无党员企业列入派驻范围。一是扩大党建工作覆盖面。在具备条件的企业，按党的要求，指导企业建立党组织，在条件不具备的企业，做好入党积极分子的培养工作，为今后党组织的建立奠定基础。二是借鉴国有企业有力经验，立足实际，因企制宜，充分发挥党建指导员的特长和优势，参与企业的经营管理活动，帮助企业解决实际困难。三是把企业的文化建设作为党建工作水平、树立企业形象的有力举措，在每年的“七一”、“十一”开展内容丰富、形式多样、员工喜闻乐见的主题教育实践活动，并开展“党员挂牌上岗”、“党员先锋岗”、“党员帮扶”等亮牌活动，激发了党员的主人翁意识。自2012年以来，全县305家非公有制企业在党建指导员的帮助下新建党组织57个，覆盖率达100%；有270名职工递交了入党申请书，培养入党积极分子和建党发展对象84名，发展党员18名；建立“党员先锋岗”、“党员示范岗”近700个；万宜集团党建指导员邵国强同志，依靠自己善于调解矛盾纠纷特长，承担公司的维稳工作，先后处理矛盾纠纷4起，排查安全隐患6处，赢得了员工的一致好评。

健全工作机制，注重严格管理。县委成立非公有制企业党建指导员联络办公室。要求党建指导员每月至少深入企业开展工作2次，县委组织部、县非公有制党工委每季度至少召开一次派驻地企业主、党建指导员见面会，并对工作实行“一季一督查，半年一通报”；把非公有制企业党建指导员纳入全县干部考核体系，通过召开党支部大会、企业职工代表大会，多方听取企业主、党员和职工的意见；综合运用组织测评、现场考察、个别谈话等方式，重点考察党建指导员为企业办实事和遵规守纪情况，并量化打分。对工作实绩突出的，予以表彰奖励，不能胜任工作的，及时进行调整，并将考核结果记入个人档案，作为干部评优评先的重要依据。

（作者系中共都昌县委组织部干部）

新农村建设：立足创新抓“联创”　构建和谐促发展

郑瑞同　王　磊

立足创新抓“联创”构建和谐促发展——淮阳县大连乡实施“三级党建联创”全面推进新农村建设。

大连乡位于淮阳县城东部，东与郸城县接壤，西与城关镇毗邻，乡政府驻地大连距县城9公里，全乡辖32个行政村，179个自然村，365个村民组，83921口人，有1个党总支部，39个党支部，农村党员1406名。

2007年以来，大连乡党委政府对“三级党建联创”工作高度重视，认真按照县委部署，以乡创“五好”党委，村创“五好”党支部为工作目标，结合农村基层组织建设实际，始终把加快新农村建设作为根本出发点和落脚点，把加强乡村党员干部队伍建设，发展农村经济，增加农民收入，构建和谐社会作为主要内容，并着力不断深化、不断创新、不断完善，相继开展了“双强”工程建设，保持共产党员先进性教育活动，“解放思想、改革创新、开放开明”主题教育活动等，并通过一系列“活动”提高了全乡党员干部整体素质，加强了干部队伍建设，提升了“联创”工作水平，加快了新农村建设，促进了全乡经济社会的全面发展。近年来，我乡社会治安综合治理、林业生产、纪检监察信访工作接连荣获全市先进单位，安全生产、重大动物疫病防控、团委、劳动和社会保障、民族宗教工作荣获全县先进单位，乡综合位次在全县21个乡镇场中位居前列，树立了新形象，实现了新突破。

一、转变作风，求真务实，切实加强党委班子自身建设

乡党委班子是全乡党员干部队伍的领导核心，按照创建“五好”乡党委标准，乡党委把加强党委班子自身建设作为抓好“三级党建联创”的重中之重。

1. 加强学习，适应新形势。

三年来，乡党委坚持每半月开展一次乡党委中心组学习，每周例会组织党员干部学习一场，把邓小平理论、“三个代表”重要思想、科学发展观知识、市场经济知识、“三农”工作知识及法律法规等作为学习主要内容，与时俱进，转变新观念，适应新形势，提高了每个班子成员的政治理论水平和群众工作能力。

2. 真抓实干，转变新作风。

乡班子成员始终围绕“三级党建联创”活动要求，在工作中高度负责，对分管的工作亲自深入一线，按照目标要求，带头抓落实，层层抓落实。乡党委坚持每周召开一次专题会议，听取班子成员汇报，集体研究，破解工作中遇到的困难和问题，确保各项工作任务高标准按时完成，全乡形成了人人抓落实、齐抓共管的工作格局。

3. 深入群众，提高凝聚力。

为深化“三级党建联创”活动，乡党委以经济发展为主线，创新“联创”内容，把增加农民收入、加快新农村建设作为目标任务，建立联系点制度，班子成员与行政村、学校、企业建立联系，经常性地深入实际，深入群众，帮助联系点解决实际困难，走进农户，帮助困难群众、困难党员解决实际问题，为他们想办法、找出路，帮助他们脱贫致富。近年来，通过乡党委班子联系群众，共帮助45户困难群众和困难党员发展养殖、种植或从事个体经营，走上致富道路；帮助诰康针织厂、大连电动助力车厂、代庙新型墙体建筑材料厂等6家企业解决发展中实际困难和问题20多个。党委班子成员联系群众制度，切实转变了领导干部工作作风，拉近了党群、干群关系，树立了党和政府的新形象，大大提高了党委的凝聚力和向心力。

二、选用强人，优化结构，提升农村党支部建设水平

针对农村基层党员干部队伍结构不合理、素质不高和村党支部软弱涣散的实际情况，乡党委在“三级党建联创”活动中，进一步强化“双强”工程建设，坚持在全乡以公开选拔和民主选举为主的选人用人机制，注重发现、培养和选拔自己致富能力强和带头致富能力强的“双强”型支部书记，真正使党支部在新农村建设中起到“领头雁”作用。一是乡党委采取建立致富能人储备库储备人才、通过村委换届选举优胜劣汰、下派大学生村干部增添活力三管齐下，先后发现储备“双强”型人才22人，新任村支部书记7人，下派大学生村干部11人，优化了干部队伍结构。二是加大对党员干部培训力度，先后组织行政村党员干部参加市、县干部培训6次，乡内培训11次，组织乡内外新农村建设观摩学习12次，很好地解决了思想观念落后、创新意识不强和引导带富不力的状况。三是建立健全党员干部管理制度，突出以监督考核为重点，加强对农村党员干部的管理和使用，实行党务公开，接受群众监督，不断强化自身建设，打造了一支廉政、勤政、务实、高效的农村基层党员干部队伍，提升了农村党支部的建设水平。

在“双强”工程建设中，全乡32个行政村有18个村达到了“双强”支部标准，成为“五好”村党支部，105名村级党员干部中50%以上有创业项目。其中，代庙村支部书记查天峰通过外出考察、调查研究，引资1000多万元，建设了新型墙体建筑材料厂，年受益达200万元以上，自己致富后，他帮助3户困难户发展畜牧养殖，帮助10多户困难户发展种植，使他们逐步脱贫致富，带动了全村群众创业致富的积极性。谷庄村支部书记赵勋明致富能力强，建有大型养殖场一座，养肉牛

80头，肉鸡3万多只，谷庄村主任付来峰建养牛场一座，养肉牛68头，同时他们号召全村养殖户扩大规模，成立养殖业协会，有力推动了全村养殖业的发展，大大提高了群众收入。同时，谷庄行政村党支部认真组织进行新农村建设，全村新修村内道路11条7000多米，实施安全饮水1200户，打沼气220池，改造院墙、门房100多户，院墙刷白30000多平方米，并建有文化大院、农村超市、卫生室等配套设施，成为全乡新农村建设的“亮点”，市、县领导多次到谷庄检查指导，对谷庄的新农村建设给予了充分肯定。

三、加快发展，构建和谐，推进新农村建设

按照“发展经济、强乡富民、构建和谐”的工作思路，乡党委不断加大结构调整、平安创建工作力度，构建和谐大连，努力推动全乡的新农村建设工作。

第一，乡党委结合实际，发挥烟叶生产传统优势，以邢吉屯、赵楼、齐庄为中心，发展烟叶种植，制定烟叶生产扶持办法，对种烟大户给予奖励和扶持，每年由乡财政为烟农发放补贴达10多万元，调动了广大烟农种烟的积极性，使我乡烟叶种植面积每年保持1200亩以上，亩均效益达3000元以上。

第二，大力发展畜牧养殖，加大对养殖业的扶持力度，2011年乡党委共帮助养殖户协调信贷资金150多万元，新建养殖小区3个，对全乡养殖业发展起到了龙头带动作用。到2011年底，全乡实现了养殖业向规模型转变，规模养殖户达到386户，建养殖小区5个，禽类存栏达48万只，生猪存栏达4.2万头，羊存栏2.8万只，其中存栏1000头以上规模养猪场5个，存栏10000只以上规模养鸡场7个，我乡成为全县的畜牧养殖大乡。同时，并引导谷庄肉鸡养殖场、刘峰肉鸡养殖场等与县华英集团联姻，签订肉鸡生产合同，大大推动了我乡畜牧养殖的产业化进程，起到了龙头带动作用。

第三，不断加大平安创建力度，建立了打、防、控一体化的防控体系，2008年我乡平安创建工作成效显著，分别被市、县评为平安创建工作先进单位，7个行政村实现了全年“零发案”。2011年乡党委进一步加大社会治安综合治理力度，投资12万元，组建了24人的专职巡防队，设置了6个治安卡点，32个行政村安装手机大喇叭，并在各村逐步安装电子视频监控系统，大大提高了群众安全感，使我乡平安创建工作提升到了一个新水平，为人民群众创造了一个安居乐业的生活环境。

第四，按照以点带面、分类实施、全面推进的原则，我们把支部班子强、基础较好、效果明显的谷庄行政村作为新农村建设的“典型”，动员全乡向谷庄学习，多次组织村支部书记、党员群众代表到谷庄观摩、学习经验。2008年，孙庄行政村投资60多万元，全村新打沼气50池，改厕40户，改造门房80多户，修建村内道路3000多米，院墙统一刷白30000多平方米，初步完成了新农村建设任务，打造了我乡新农村建设的又一“亮点”。2011年，我们进一步加大力度，按照新农村建设的标准和要求，在陈洼、孔寨、郭寨、磨七店、曹庄、林楼、赵楼7个行政村同时开展新农村建设，前期的村容村貌整治、门房改造、院墙刷白等工作已经结束，7个行政村都安装了电子视频监控系统，目前正在修建村内道路、建设沼气、修建下水道等，班子成员每天到一线督促指导，支部书记、包村乡干部认真组织，广大群众积极参与，全乡形成了新农村建设的高潮。

通过近年来的努力，我乡的“三级党建联创”工作取得了明显成效，基层党组织的领导能力、协调能力和服务能力得到了切实提高，党员干部的事业心、责任心和发展意识得到了进一步增强，各项责任目标任务年年顺利完成，实现了经济社会又好又快发展，全乡基层党组织成为了一支具有号召力、向心力和凝聚力的坚强战斗堡垒，为加快全面建设小康社会步伐提供了强有力的组织保证。

（作者系淮阳县大连乡党政办干部）

新疆额敏县打好“三张牌”扎实推进非公企业群众路线教育实践活动

丁　超

第二批教育实践活动启动以来，新疆额敏县结合非公企业发展实际，着力打好学习、服务、共赢“三张牌”，扎实推进非公企业群众路线教育实践活动。

打好“学习牌”，实现党性教育“零遗漏”。编印《非公经济党组织开展群众路线教育实践活动学习手册》、《应知应会手册》、《中央领导系列重要讲话精神汇编》，连同典型教育影片组成“学教营养套餐”发放到各非公企业手中；开展县直部门与企业“心连心”结对活动，由结对部门负责人为企业党员上党课，引导企业党员开展学习教育；建立非公企业QQ群和微

信群，及时将活动信息进行发布，方便企业党组织第一时间获取相关信息；在企业内部，充分利用企业网站、宣传栏、黑板报等平台，及时登载党的知识、群众路线知识等主题内容，让企业党员随时触及学习内容进行自主学习，增强理想信念。

打好“服务牌”，实现党群关系“零距离”。为更好地服务企业，建立健全协调联络机制，明确专人负责与各企业沟通联系，开展了“上门访”、“下去宣”、“广泛听”、“挂牌督”、“及时办”的“五位一体”服务升级活动，及时解决企业困难和问题；在企业内部，90余名企业党员深入到职工群众中去，坚持“微笑多一点、脾气小一点、服务勤一点、距离近一点”的服务理念，广泛听取民声，建立民情登记台账，分类记录职工群众的所思、所想、所需，并进行动态更新，先后解决职工中反映强烈的困难和问题47件，收集群众对企业发展的意见建议32条，提升了职工群众对企业的满意度，不断扩大党的影响力和号召力。

打好“共赢牌”，实现发展双促“零障碍”。坚持把开展好群众路线教育实践活动与企业的发展结合起来，以“政企联建党旗红”活动为主要载体，成立“商企之家”党支部，选派14名党性强、思想好、业务精的党建指导员到非公企业开展党的工作，为企业提供政策咨询、党建指导、协调关系、督导指导等服务。坚持“党建为企业服务，党建促企业发展”的思路，通过开展党性教育、做好党员发展、安全生产培训等，教育引导非公企业党员时时处处起到表率作用，企业党员勇于担当，攻坚克难，破解企业技术和发展难题，先后有20多名非公党员在企业生产、销售、管理等各个层面担任重要岗位和职务，成为非公企业的主心骨。增强企业的技术创新能力和市场竞争力，做到党组织建设和企业经营的共赢。

（作者系额敏县委组织部干部）

立足实际　探索创新
着力构建太平桥街道
非公企业党建工作新格局

宋艳杰

太平桥街道位于新西城、丰台、海淀三区交界处，辖区东至国家气象局管理处仓库及马连道东粮库西墙外与新西城区接壤，南至京沙铁路，西至西三环南路，北至铁路与海淀区接壤，面积约9.81平方公里，常住人口6.5万人，辖区商务楼宇6座（融信大厦、中盐大厦、财富西环、鹏润家园、尚西泊图、糖人街）。

一、太平桥街道非公企业基本概况

太平桥街道现有非公企业1245家（含楼宇非公企业435家），员工11968人，规模及以上企业16家；已建党组织（含自建）15个；党支部覆盖非公企业22家；党员143人，覆盖非公企业65家，占非公企业数5.2%；企业外商投（独）资7家；港澳投资4家；社会团体3家；非公企业现已建团组织24家；工会组织77家；妇联组织22家。其中6座商务楼宇中非公企业共计435家，占辖区非公企业总数34.9%；员工7640人，占辖区非公企业员工总数63.8%；党员70人，占党员总数49%；商务楼宇已建党组织（含自建）11家；截至2011年9月辖区6座商务楼宇切实实现非公有制经济组织、社会组织党组织和党的工作全覆盖。

二、太平桥街道开展非公企业党建工作存在的问题

1. 党员职工的流动性和不稳定性。部分非公企业负责人受企业经济效益影响，对党建工作缺少认同感，积极性不高；企业员工、党员流动性强，发展积极分子难，导致党组织开展工作不顺畅，阵地建设难。

2. 非公企业党建工作机制还不健全。街道工委对在非公经济组织、社会组织党组织党建工作指导中还没有建立起全面性、稳定性和长期性的长效机制，“五站”协调、高效、统一的开展工作还没有走上规范化轨道，街道工委对“五站”协调、高效、统一的开展工作还缺乏系统性、针对性、实效性工作指导。

3. 党内组织生活和党内活动不能定期开展。非公经济组织、社会组织党组织自身建设还不完善，党的各项制度形同虚设，还存在说在嘴上、写在纸上、挂在墙上的现象，部分两新企业存在党员流动性大，作用不发挥或难发挥等党组织建设不规范的问题，少数成立了党组织的非公企业，开展党建工作随意性大，趋于走形式，这些都还需要我们在今后工作中不断探索，逐步加以解决。

三、太平桥街道“非公企业”党建工作的经验与对策

针对街道“非公企业”存在的问题，太平桥街道工委以创先争优活动为抓手，创新工作载体、加强分类指导、服务企业所需，在不断改进工作思路的同时，

积极协调各方，建立长效机制，强化工作落实，通过“四为”“六抓六促”，确保非公有制经济组织（以下简称非公）、社会组织党建工作全面顺利推进。现将工作中经验与对策总结如下：

（一）加强领导，创新机制，构建非公企业党建新格局。

1. 健全组织领导，完善工作机制。街道成立社会工作党委，书记由街道工委副书记兼任，主要负责辖区非公企业协调、指导和检查督促。具备条件的非公企业采取单独建或联合建的方式建立党支部，支部由书记作为第一责任人，分工明确、各负其责，齐力协力抓好辖区非公企业党建的工作格局。

2. 探索非公企业党建工作新模式。非公企业具有一定特殊性，在管理、开展非公企业党建工作需要大胆探索、积极进取、采取灵活多种办法推进党建工作新模式。一是树立非公“标杆支部”。推进、扩大、带动在辖区非公企业影响力（如：以扶刚文化传播中心党支部的宣传作用），建立“以点带面”的影响效果，既为辖区非公企业党建工作树立起榜样，又可推动同行业间党建工作开展。二是在“三有一化”基础上，拓宽为“六有”（既：有人员、有场地、有资金、有制度、有内容、有成效）的工作方针，通过“六有”工作，为非公党建工作的开展营造了一个良好氛围。

3. 选派党建工作指导员。对党建工作基础薄弱或暂不具备建立党组织条件的企业，街道选派党建指导员、专职党务工作者指导、协助、配合非公企业开展党建工作开展。

（二）以“六抓”为手段，达到“六促进”，开拓非公企业党建工作的新思路。

1. 抓机制，强制度，促规范管理。在推进非公经济组织、商务楼宇党建工作开展上坚持为企业所需要、为业主所理解、为党员所欢迎、为员工所拥护的“四为”工作方针；在工作方法上采取“以老带新、以新促老、优势互补、定人定责”的方式，实行楼宇党务专职新老搭配，共同走访，分工负责的工作机制；在工作内容上落实“七个一”举措：一是街道社会工作党委每月召开一次工作例会；二是对楼宇企业、员工发放一封倡议书；三是公开一部热线电话；四是街道领导或主管领导每季度走访一次楼宇重点企业；五是每半年在楼宇内企业负责人、党员、员工中征求一次对楼宇党建工作的合理化建议；六是街道每半年至少与辖区商务楼宇企业搞一次联谊（座谈）活动；七是打造由楼宇党员、员工组成的志愿者队伍。初步形成党组织联系企业、服务员工、促进发展的长效机制。

2. 抓班子，强基础，促组织覆盖。街道工委针对商务楼宇中非公企业“规模小、党员少、流动快、人员分散，商用民住混合”的特点，把抓组建、抓班子作为党建工作全覆盖的重要基础工作，加强对非公经济组织、社会组织党组织负责人的培训，扩大党组织在非公经济和楼宇企业中的覆盖面，促进非公领域党组织建设；通过QQ、博客、手机短信、召开座谈会、联谊会等形式，拓宽与非公企业、党员、积极分子、员工的沟通联系渠道，做到信息动态管理，及时更新楼宇企业概况，夯实基础数据；按照分类指导、先易后难的原则，找准突破口，通过单独建、联合建等灵活方式，加强楼宇党组织建设力度。

3. 抓学习，强队伍，促素质提高。街道工委在区委社会工委组织新招党务专职培训的基础上，针对辖区5座商务楼宇的实际情况，结合楼宇工作的特点，从工作方法、工作对象、工作要求、工作职责、工作难点等方面，采取经验交流、实地体验、理论学习、业务考核等形式，对今年新招收的5名楼宇党务专职，进行为期一周的培训，采取点对点、面对面、手把手方式的传帮带，充分调动了楼宇工作者的工作积极性，增强了大家的使命感和责任感，同时也为大家在楼宇党建工作中起好步，上台阶打下坚实基础。

4. 抓服务，树形象，促工作开展。坚持党建引领，把工会、共青团、妇联、计生、综治工作一并纳入商务楼宇工作站，整合服务资源、拓宽服务内容，为楼宇企业、党员、员工打造全方位、多功能、综合性服务工作站。依托街道党员服务中心，为楼宇党员提供技能培训、文体娱乐、心理辅导、政策咨询等多种服务，做到非公企业“企业规模无大小、员工事无大小”，竭尽所能，提供帮助。如：根据摸底调查，了解到企业员工对社会保险、人事档案接转知识缺乏、对购买房、车等政策有需求，根据实际情况，安排了两场专业知识讲座。请街道相关科室做定向咨询；街道优化办对新入驻辖区企业进行招商引资的情况说明，使入驻企业对辖区投资环境有进一步认识。通过各项服务，促进辖区经济发展，为非公企业党建工作顺利开展奠定基础。

5. 抓活动，聚力量，促和谐发展。街道工委积极创新活动载体，搭建活动平台，不断增强党组织的凝聚力和感召力。相继举办首届商务楼宇“莲花八月”主题摄影展、“浓情中秋月·欢聚太平桥”中秋联欢会、“和谐杯”乒乓球比赛；非公企业60余家单位，100余人参加活动，并选出一二三等奖若干名；通过活动，切实体现将辖区非公企业凝聚在一起、加深了解、促企业间和谐、推进了辖区经济发展，加强了党组织的凝聚力。

6. 抓社区党建，树品牌，促双赢局面。太平桥街道商务楼宇开展党建工作初期，探索采用社区党建开展模式，在加强社区特色品牌建设同时，拓宽非公企业党建工作开展，延伸服务范围。按照有利于加强社区商务楼宇内非公企业党组织组建力度，有利于促进非公企业流动党员的管理、教育和服务，有利于发挥街道社区党建优势，提高社区党建工作同时促进非公企业党建工作开展的原则，抓好商务楼宇党组织的规范建设。

（作者系北京市丰台区太平桥街道楼宇党建工作者）

滁州金鹏建设集团党总支“三服务”抓党建

李广忠

滁州市金鹏建设集团党总支成立于 2013 年 1 月，下设 3 个党支部，党员 98 人（含预备党员 6 人，流动党员 26 人）。公司党组织积极探索现阶段非公企业党建工作的新方法、新途径，努力把党建工作打造成企业经济发展的“推进器”。

一、理清思路，服务发展

调整组织架构，健全制度。集团董事长、总经理亲任党总支书记，明确领导班子分工，落实民主生活会、“三会一课”等制度。成立流动党支部，党建工作全覆盖。专门成立以流动人员和农民工党员为主的流动党支部，配备专人负责，使党建工作不留盲区。围绕企业经济建设抓党建。找准党建工作与企业经济建设的切入点，号召党员立足岗位，积极为企业经济发展献言献策，做到“一名党员就是一面旗帜”。2011 年被评为安徽省民营企业 200 强、纳税 150 强，2012 年产值近 20 亿元，纳税 6487 万元。

二、创新举措，服务员工

关爱职工，提升形象。开展“十加一”帮扶困难员工活动，资助和帮助员工子女就学、就业；开展员工生日送蛋糕和祝福的“圆心”活动，使员工感受到党组织和企业的关怀。创新“企业文化中心”。建立起集党、团、工、妇、道德讲堂等为一体的“企业文化中心”，为企业员工的各项文体活动、员工培训、学习、法制和爱国主义教育提供良好的环境和场所。

三、彰显特色，服务社会

公司力邀两名有 30 多年党龄，同时具有机关、企业党建工作经验的转业干部加盟集团，专职负责党建工作。成立金鹏“爱心基金会”，开展爱心捐助活动。筹募 80 多万元爱心基金，开展捐资助学爱心行动。先后为凤阳小岗村中心小学、腰铺小学、市儿童福利院等单位爱心捐款 30 余万元；帮扶困难家庭和贫困大、中学生等捐助 16 万多元。支持部队建设，开展“双拥”活动。与武警滁州市消防支队建立了军民共建单位；冠名组织滁州市“金鹏杯”双拥篮球赛；出台文件给予转业、退伍及伤残军人在购房政策上优惠。集团双拥工作累计投入资金 20 余万元。

（作者系滁州市委非公经济和社会组织工委办公室干部）

基层干部要忠实践行党性和人民性相统一原则

张宗仁　黄高军

“党性”和“人民性”本来就是不可分割的统一体，这是中国共产党的性质和根本宗旨所决定的。离开“人民性”谈“党性”，就是没有根基的空中楼阁、无本之木，是空谈；离开“党性”谈“人民性”，就是一种无政府、无组织的自由化。所以，二者密不可分、互为依存。

作为身处经济和社会建设最前沿的基层党员干部，与人民群众打交道最多、涉及的人民群众的利益关系最直接，一定要忠实践行“党性”和“人民性”相统一原则。认为讲“党性”就是只对上级负责，不对下负责去顾及基层人民群众利益，或者一说到“人民性”就是片面强调人民群众利益，而不择手段地维护某一部分人的小团体利益，这两种倾向都是对“党性”和“人民性”的歪曲。

基层干部怎样践行党性和人民性相统一原则呢？坚持党性，就是坚持正确的政治方向，站稳政治立场，坚决同党中央保持高度一致，做政治上的清醒人、明白人。坚持人民性，就是坚持全心全意为人民服务的宗旨和立党为公、执政为民的执政理念，坚持群众路线，密切联系群众，在理想信念上坚定，廉洁上清正，做一个有本事有能力，符合时代要求、能够担当重任的为人民办事的党员干部。“人民性”是中国共产党“党性”的最突出的特点，是以最广大人民群众为基础构筑的社会各阶层的利益共同体。基层干部就是要把实现好、维护好、发展好最广大人民根本利益作为出发点和落脚点，以此来体现自身的党性修养。在实践中，从思想到行动必须认真解决好四个问题，自觉做“党性”和“人民性”相统一的忠诚实践者。

解决好对人民群众的态度问题。要把握好人民赋予的权力，为人民掌好权、用好权，不能失职失责、以权谋私。要坚决克服对待人民群众“门难进、脸难看、话难听、事难办”的颐指气使的“机关病”。要时刻牢记为人民服务的宗旨，想问题、做决策、干工作都要把为人民群众谋利益作为出发点和落脚点。“群众是真正的英雄”，是历史的主人，是推动社会向前发展的决定性力量。要虚心向人民群众学习，要从内心深处敬畏他们。只有虚心向人民群众学习，才能不断汲取智慧和力量，团结和带领人民群众把各项工作推向前进。

解决好同人民群众的感情问题。感情是党群干群关系的纽带和基础。只有在感情上同群众打成一片，才能在思想上与群众共鸣，在行动上与群众合拍。一方面，任何时候都不能忘本，党员干部本身就是人民群众的一分子，是在人民群众中成长起来的，应与人民群众同呼吸、共命运。如果忘记了这一点，在感情上与人民群众渐行渐远，最终便可能做出背离人民群众的事情。另一方面要带着感情做工作，特别是广大基层党员干部，与群众接触最多，只有对群众怀着深厚的感情，工作中才能更好地发挥主观能动性和创造性，真正把群众的事当成自己的事办，把群众的呼声作为第一信号，把群众的需要作为第一选择，把群众的利益作为第一考虑，把群众的满意作为第一标准。也只有如此，才能赢得群众的信任、理解和支持，为解决难题、做好工作打下基础。

解决好工作作风和手段问题。基层党员干部要适应新形势的新要求，必须在密切联系、努力服务群众方面多做新文章，不但要注重解决态度和感情问题，而且还要注重解决工作作风和方法上的问题，以作风赢得民心，把联系群众、服务群众的工作做深、做细、做好。当前，在工作作风和方法上，群众反映强烈的两个问题，一是形式主义，二是官僚主义。要解决好这些问题，必须把对上负责与对下负责统一起来，把言与行统一起来，发扬脚踏实地、真抓实干的良好作风，采取科学严谨、符合实情的工作方法。一要倾听民声，了解民意。群众的呼声，直接反映出他们在生产生活实践中的真实意愿，是其根本利益的综合体现。因此，党员干部应该把群众的呼声作为了解情况、思考问题、制定政策、开展工作的首要信息来源和基本依据。既要身到，与群众打成一片，更要心到，当群众的贴心人。只有这样，才能真切地感受群众的情绪，清楚群众的需要，增强互信，消除隔阂，为科学决策取得第一手资料。二要公平公正，让人信服。既要以情感人，坚持以人为本，善于换位思考，设身处地为群众着想，实事求是地研究和解决群众的困难，又要以理服人，把政策讲透彻，把道理说明白，耐心做好解释沟通工作，赢得群众的理解和支持，还要在原则问题上做到铁面无情，不徇私情，不带偏见，主动接受群众监督，使群众信服。三要真抓实干，力求实效。要从群众最关注、最迫切的事情抓起，以实事聚民心，不搭花架子，不搞形象工程。在工作安排上，不仅“想到”、“说到”，还要“抓到”、“做到”，定下来的事情就要雷厉风行、抓紧实施，部署了的工作就要检查督促、一抓到底，做到“定一件、干一件、成一件”。

解决好保障和改善民生问题。民生问题连着民心，是群众利益的最直接载体。抓住了民生问题，就抓住了构建和谐社会的关键。一要善谋富民之策，在解决就业、住房、教育、医疗等群众最关心、最直接、最现实的利益问题上狠下功夫，让群众共享改革发展的成果。二要恪守安民之责，坚持从平安建设抓起，让群众安居乐业，吃的放心，住的安心，过的舒心，确保社会和谐稳定。三要多办为民之事，注重把干部作风的转变体现在行政效能上，把高效的服务寓于经常性工作中。以实事凝聚民心，把关注民生真正落实到为群众办实事的具体行动上。以帮扶温暖民心，加大对低收入阶层和困难群体的生活保障力度。

（作者系湖北夷陵区校讯通街道办事处干部）

创新党建工作　助推企业发展

——康普药业一笑堂分公司党支部工作纪实

杨鑫铸

康普药业一笑堂分公司党支部成立于2007年10月，现有党员14名，支部委员3名。公司拥有员工120人，2011年公司营业收入2600万元，创利润550

万元，交纳税金330多万元，2012年一笑堂投入科研经费100万元，企业生产值持续增加，在湘潭市中药生产企业中名列第一。

康普药业一笑堂分公司党支部自成立以来，积极探索非公企业党建工作新思路、新方法，党组织影响力不断扩大，支部的创造力、凝聚力、战斗力显著增强，企业效益连年提升。几年来，公司董事长曾培安、副总经理朱晓波先后评为“党建之友”；常务副总张春盛作为湖南省优秀企业代表出席了2010年9月1日中组部在北京召开的全国非公有制经济组织党建工作调研座谈会并作专题发言；支部年年被评为县级优秀基层党组织，成功创建了县级基层党建示范点。

几年来，一笑堂支部通过规范完善工作机制，发挥党员先锋模范作用，助推企业又好又快发展，成效显著。

一、规范完善党组织工作机制

党支部始终注重强基固本，打牢工作基础。注重以理论武装头脑，强化自身素质与能力提高，结合一笑堂党员数量少、分布不均的特点，支部的日常学习、活动，党员全部都参加。党支部在坚持完善“九个制度”的基础上，创新建立两个工作机制：一是建立了管理人员管理工作机制。运用“培养、选拔、考核、晋升、测评、聘任”的方法，2010年以来有3名管理人员晋升主管、3名员工晋升为班长；二是建立了发展党员教育工作机制。即“申请人的启蒙教育、列为积极分子的跟踪教育、发展对象的重点教育、预备党员的延伸教育”。2008年至今，发展党员8名，按期转正6名，现一笑堂拥有入党积极分子10多名。党支部努力破解人才匮乏制约企业发展的难题，实施育人计划，推出了把优秀员工培养加入党组织，把优秀党员培养为企业骨干的“双优双培工程”，“建立科学、公平的晋升机制”、“推行提升中层管理团队素质的值周厂长制度”、“创建关心员工，爱护人才的和谐企业”等管理举措，为一笑堂分公司发展储备了中、高层管理人员5名，知识型人才2名，中级制剂工5名，高级制剂工3名；推荐湘潭县团县委委员1名、湘潭县党外知识分子联谊会理事1名、县政协委员1名。一笑堂重要管理岗位和关键技术部位90%以上是党员，党组织的凝聚力和党员的影响力在企业中发挥了重要作用。

党支部始终把维护企业与员工的利益放在首位，为公司分忧解难，理顺关系，化解矛盾；为员工谋利益，维护正当合法权益。2011年，党支部就员工薪酬（工资集体协商）问题开展调研，征求工会和员工意见，主动向公司领导反映，协助管理层制定了合理的增资方案，调动了广大员工的工作积极性。

二、先锋模范作用表现突出

一笑堂分公司党支部贯彻县非公有制经济党工委开展“双强六好”等活动要求，积极打造学习型党组织，围绕“打科技牌、走创新路”的工作思路，支部成立了党员技术人员攻关小组，对公司主打产品——肝复乐胶囊提油工艺，制粒、防潮技术课题进行攻关，经过数百次的试验、肝复乐提油量提升30%，公司产品质量得到新的提升跨越，市场反响极好。2011年优秀党员彭和平在锅炉工岗位上，克服人手紧、任务重、时间长、环境差等困难，确保蒸汽的供应，同时革新废弃药渣处理工艺、降低煤耗，为企业年节支增收10万元以上；李明、陈丰、赵绍球、程洁娜、胡娟、王鑫、唐献荣、胡双花、周岭、马彬彬等先后被评为市、县优秀党员、优秀党务工作者、优秀党员示范岗等称号。党支部大力开展“千万帮扶”、“送温暖”等活动。2013年3月，支部向公司管理层提出合理化建议被采纳，公司投资20多万元，为职工改善住宿环境，安装了空调，修建洗澡房、健身房等。三年来，党支部扶贫帮困、捐资助学等46人次，捐款达10多万元；累计为职工办实事、好事20多件，营造了“厂兴我荣、厂衰我耻”、和谐、进取的发展氛围。

三、助推企业又好又快发展

抓好党建促发展，党支部结合企业实际情况，紧紧围绕争创“五个好”先进党组织与“促进企业发展”这个中心，精心组织开展“争创三型党员”活动。以“创先争优当先锋”为主题，开展了“我学习、我思考”，努力争做学习型党员；以“立足本岗，争当先锋”为主题，努力争做先锋型党员；以“亮出党员身份，向我看齐”为主题，努力争做奉献型党员的“三型党员”争创活动。全体党员在特殊时期，毫不犹豫冲锋在前；在日常工作中，全体党员立足本职，大胆创新，无私奉献，出色完成各项目标任务。在党员干部带动下，全体员工你追我赶，一笑堂生产产值连年递增，2012年公司克服全球经济放缓带来的不利影响，实现弯道超车，营业收入达2700多万元，上交税金300多万元，在湘潭市中药生产企业中排名第一。

（作者系湘潭县非公党工委办公室干部）

价值，在心血与才智交融中彰显

——记共产党员、江苏省劳动模范、盐城捷康公司总工程师丁振友

郭开国

坐落在苏北黄海之滨的盐城捷康三氯蔗糖制造有限公司，创办短短9年时间，其敢为人先、不畏强权的胆识和勇于创新、开拓经营的实绩，不仅令国内工商界、经贸界折服，而且在国际上也享有较高的声誉。目前，捷康公司是中国三氯蔗糖行业中获得政府批准建设的最大规模企业；是中国第一家由上市公司参与投资的企业；是中国第一家主动参加美国知识产权调查并被认定生产工艺不侵权的企业；是中国第一家在美国、欧洲设立专业直销公司的企业；是中国三氯蔗糖行业第一家进入国际知名食品企业的中国供应商。裂变中的公司，连续多年被省、市、县表彰为“创汇大户”、“纳税大户”等，获得“国家高新技术产业”称号。

在捷康公司这炫目的业绩和耀人的荣誉背后，人们不能忘却有着这样一个默默无闻、埋头苦干的工程技术人员，因为在捷康公司的迅猛成长、壮大、发展中，倾注了他的心血和才智。他，就是优秀共产党员、江苏省劳动模范、江苏省“五一”劳动奖章获得者、盐城捷康三氯蔗糖制造有限公司总工程师丁振友。

历经艰辛　骄子也曾拆翅

人到中年的丁振友，出生在上世纪60年代困难时期的洋马镇新灶村，是个地地道道的射阳人、农村人。因他小时候患过小儿麻痹症，体质较差，且是家中唯一的男孩子，宠爱担忧丁振友将来种不了地、养活不了自己的父母，便经常念叨要他用功读好书。也不知是丁振友从小就拥有读书改变命运的危机感，还是本就智商过人，从小学到高中，他没要父母和老师操过心，一直是村小学、镇中学年级里的尖子生，不仅每个学期被学校表彰为“三好学生”，而且在全县初中数学竞赛中还荣获一等奖。家中简陋的堂屋墙上贴满了他获得的金亮耀眼的奖状，给普通农家增添了一道亮丽风景。

寒门出栋梁，鹤乡添骄子。1980年高中毕业，丁振友以优异成绩考入当时的盐城工业专科学校，也就是现在的盐城工学院，学的是机械制造专业。大家可千万不要小看了这一高考结果，这在当时可是一个了不得的成绩，那一年，丁振友是洋马镇唯一的高考中榜生，全县也就10多个人，哪像现在遍地都是大学生。

扎实的功底，好学的态度，刻苦的钻研，三年高校攻读，担任学习委员的丁振友以36门功课优秀的成绩毕业离校，被分配到国营射阳县水泥厂。祖辈面朝黄土背朝天种地，自己离开土地吃上“皇粮”，丁振友满怀抱负投身工作，从技术员干起到担任副厂长，一步一个脚印，先后负责完成水泥厂一期、二期技术改造的设计和施工，产品质量、企业效益名列全市同行之先。

1990年，为了照顾新婚妻子和对未来小家庭的考虑，他放弃了自己在水泥厂多年积攒下来的人脉和地位，申请调入坐落在县城中的县化肥厂，负责设备及新品开发。坚信“企业兴旺我兴旺”道理的丁振友，一到任，便一头扎入工作之中，反复调研，日夜思考，针对生产工艺改造和新品开发提出了一整套合理化建议。然而，习惯了计划经济模式、不愿承担市场风险的企业决策体制，给满腔热情的丁振友浇了一盆凉水，厂主要领导认为他的方案太超前，就这么被搁置了下来。后来，等厂领导回过神来，再欲实施丁振友提出的方案时，病入膏肓的企业已无起死回生之力。为了生活，丁振友这个本想在岗位上干出一番事业的技术“骄子”，只得留职停薪远赴扬州打工，2003年受邀回到射阳化工园区，担任技术顾问。

伯乐出现，搭起施展平台

坎坷的考验，磨难的锤炼，没有压垮和消磨掉丁振友对新知识、新技术的追求，反而潜移默化地使得他所拥有的技术理念与实践知识得到了有机融合，并在实际工作中得以体现。

千里马常有，伯乐却难觅。也该深藏着的丁振友显露峥嵘，报效家乡这片热土了。2005年9月，致力工业兴县的吴金山决定创办三氯蔗糖项目，慕名找到丁振友，真诚邀请他到捷康负责技术这块。几番接触，丁振友认准吴金山是个值得信赖、值得共事的企业老总。2006年初，丁振友正式进入盐城捷康公司。

隔行如隔山。从机械设计专业转行到化工产业上，丁振友也曾经历过艰难的跋涉。为能尽快进入角色，他抓住一切可以利用的时间，强学硬记，触类旁通，逐渐掌握了化学工程、电气控制工程、管理工程方面的知识。他在看书学习和思考问题时，常常废寝忘食，

即使有人高声叫他也时常反应不过来，因而被众人称为“书痴”。他为人谦逊，不耻下问，同事们都喜欢和他打交道，很快便成为公司中的技术权威。

三氯蔗糖是一种新型的非营养型强力甜味剂，甜度相当于蔗糖的600倍，它代表着当前甜味剂发展的新潮流。同时，三氯蔗糖是通过美国食品药物管理局（FDA）论证，迄今为止是全球公认的最重要、最健康、无热量、无脂肪甜味剂。它的面市，对肥胖症、糖尿病、高血糖、高血脂以及心脑血管患都是一个福音。

万事开头难。为能抓紧研制生产出这一市场广阔、前景看好的新产品，丁振友全身心地投入其中，与专业技术人员一起反复试验，经过100多个日日夜夜，攻克一个又一个技术难关，终于研制出世界上最新一代三氯蔗糖产品。正是这个研制过程，从而为公司后来主动出击胜诉美国337调查“官司”打下了坚实基础。

“振友，你就放心大胆地工作，需要资金、人员什么的，尽管说，我们定会全力支持。”吴金山及董事会的信任与支持，给了丁振友巨大动力。2006年10月，丁振友承担下10吨三氯蔗糖试装置放大到100吨生产一期工程的设计工作。他夜以继日，把时间和精力全部用在了设计上，精心思考，反复比较，先后完成了工艺流程、工艺设备选型、工艺设备平面布置的设计以及电气装置、仪表控制装置等大量的工艺改进，并编制了成套的工艺文件。2007年9月，该套装置一次试产成功，实现了中国第一条100吨三氯蔗糖生产线的实际运行，开创了中国三氯蔗糖生产规模化的先河。

激流勇进，奇迹不断创造

市场大潮汹涌澎湃，科技创新永无止境。DMF溶剂是三氯蔗糖生产中的主要原料，其回收率的高低和质量直接关系到项目的生存和效益。按照原有工艺生产，水分比例问题始终难以达到标准要求。同时，因回收的稀液含盐量较大，在精馏过程中极易堵塔，DMF发生分解产生二甲胺臭味，给厂区及周边空气环境带来影响，且产品酸度高，不能在生产中重复利用，只能作为廉价的产品出售。

丁振友紧盯这一问题，通过调查中外大量相关资料分析借鉴，组织技术力量反复试验攻关，花费仅4个月的时间，彻底解决了回收DMF的酸度和空气中的二甲胺臭味大及重复利用等难题，使公司所拥有的回收利用DMF技术处于国内最先进、塔效率指标达到世界一流水平，年可为盐城捷康公司增加净收益上千万元。

2008年12月公司引进氯化5＃油工艺，在试生产过程中出现大量焦油料，成品收率不到20%，油料消耗明显偏高。丁振友发现后，坚持跟班研究，终于找出问题根源。随即对装置中存在的缺陷重新进行了设计改造，使氯化生产趋于正常，成品收率有了大幅度的提高。

技术创新就是生产效率。生产中，处处留心、时时琢磨的丁振友认为产出效益仍有潜力可挖，便尝试着对酯化和氯化反应机理进行了调整，生产工艺进行了改造优化，不仅提高了设备的运转率、增加了产量，而且产品有了质的提升，仅此项技改每月就可帮公司创收近百万元。

2009年7月开始，公司为提高盐城捷康公司市场份额，保持中国第一、世界第二地位，决定新上两套400吨三氯蔗糖二期工程项目，工程的规划与设计这副重担再一次落在丁振友的肩上。

“要搞就搞世界一流的。”丁振友又一次投入紧张的规划设计之中。他没有简单地重复既有的工艺流程、设备装置，而是采用了国际上当前最为先进的自动数字控制技术。规划是蓝图，设计是基础。丁振友吃住在公司，放弃了周末假日，没日没夜地工作着。每当谈起这些，他深感最为对不起的是妻子陈兰，多少年来，自己就没过问过家中的事情。就这样，他先后完成了新一期工程的工艺流程、工艺设备平面布置、设备基础、管架布置、管架结构等全套千余张图纸的规划与设计，为公司节约了近千万元的设计费用。

工程实施中，丁振友坚持跟班作业，参与设备采购的技术服务，对设备的制造细节提出具体要求，保障设备质量；参与设计安装，对安装中出现的难点和疑点，与施工人员现场商量解决办法，对设计中存在的不合理地方及时进行修订，消除各种安全隐患。在新型智能仪表安装中，他反复研读资料，搞清安装调试关键点，指导电工仪表工精心安装、科学调试，确保了接线的正确和可靠；参与整个工程的调试与试车，修订完善工艺文件，使工程项目得以顺利投产，形成年产1500吨三氯蔗糖规模。

捷康的辉煌来之不易，是公司董事会抢占先机、大胆用人、不畏艰难、勇于创新的结果。丁振友，一名捷康员工，他立足本职岗位，以自己的聪明才智和全部心血彰显出他的个人价值，为捷康发展注入了活力。几年间，丁振友共为公司申请获得8项国家专利和4项国际专利，其中两个项目获江苏省科技创新奖。他本人先后多次被市、县表彰为“优秀共产党员”、“先进科技工作者”。2009年5月，他荣获江苏省“五一”劳动奖章称号，2010年5月被授予“江苏省劳动模范”。

（作者系江苏射阳水利局干部）

开展“三争三为”主题活动 服务企业和谐发展

张永涛

为发挥非公有制经济组织党组织和党员先锋模范作用，进一步增强党组织的创造力、凝聚力和战斗力，丰富服务型党组织创建载体，界首市在非公企业党组织中开展“争当岗位能手，为企业创效益；争做诚信员工，为企业树形象；争创公益模范，为社会做贡献”的“三争三为”主题实践活动。

争当岗位能手，为企业创效益。要求企业党支部紧紧围绕“围绕经济抓党建，抓好党建促发展”的整体目标，按照因人制宜、分类施教的原则，切实加强对党员业务技能培训。对生产一线职工党员，重点抓好岗位技能培训，通过开展“岗位练兵”、“技能大比武”、“爱企业、钻业务、讲贡献”等多种形式的主题活动，提高企业员工的岗位技能，实现为企业创效益的目标。2012 年以来，安徽聚力机械制造有限公司通过开展“技能大比武”活动，有 5 项职工发明获得国家“实用型、新型专利”，大大提升职工岗位技能水平和创新能力。

争做诚信员工，为企业树形象。要求企业党组织，紧紧围绕遵章守纪开展活动，通过开展法律、安全生产知识竞赛活动，促进党员争当诚信员工，保证、监督党路线方针政策和法律法规在企业得到贯彻执行。对管理人员中的党员，重点抓好经营管理知识及诚信理念培训，并通过“请进来、走出去”的办法提高他们的管理水平，为企业树立良好形象。

争创公益模范，为社会做贡献。积极引导企业党员、企业出资人爱国守法、感恩回报，在推动企业快发展、增效益的同时，积极通过开展节能降耗、“党员先锋岗”、社会救助、支持公益事业等活动为社会做出贡献。安徽华信生物药业股份有限公司已连续 15 年开展“梦飞燕园——送北大学子”活动，受益学子 700 多人；2011 年 8 月在省儿童少年基金会主办的“爱心成才行动”捐助仪式上，朱慧秋女士向省儿基会捐款 30 万元，以帮助新考入大学的家庭贫困女大学生完成她们的人生梦想；2013 年四川雅安地震发生后，公司党总支立即开展捐款献爱心活动，筹得爱心捐款 33 万余元。

活动开展以后，通过党员承诺、践诺，增强了党组织的向心力、凝聚力、战斗力和广大党员的责任感、使命感、自豪感，在服务企业科学发展、服务构建社会和谐、服务基层组织建设的实践中建功立业。

（作者系安徽界首市委组织部干部）

风雨二十一年

——记修水县工商联副主席 渣津商会会长、党支部书记胡才一

郑兴林

提起胡才一这个名字，在修水县渣津镇乃至修水西片地区 17 个乡镇的个体工商户，民营企业中，无人不知，无人不晓。他二十年如一日，诚诚恳恳，兢兢业业，耕耘在工商联（商会）这块民间“心田”的沃土上。

风风雨雨二十一载，始终坚持把个体工商户的呼声作为第一信号，把民营企业的需求作为第一选择，把非公有制经济的利益作为第一考虑，把全体商会会员的满意作为第一标准。用忠诚、责任、敬业、奉献、诠释出一名普普通通，非公有制经济中共党员的“孺子牛”精神。

胡才一，1976 年参加工作，1983 年加入中国共产党。历任公社供销社经理，区供销合作社主任，兼党支部书记。1984 年进修江西财大马克思主义基础理论专业与工商管理专业。1992 年初，在国有集体企业改制的热浪中，他率先垂范，首批带头下岗，退公进私，弃职从商。

正当他作出决策，准备整装待发，随大批有志之士南下沿海“淘金”创业，合伙去深圳办厂时，一个温馨的声音，让他留了下来。

时任中共渣津区工委书记的龚水生，找上了胡才一的家门，语重心长地说：“小胡啊，渣津是全国 100 个试点镇之一，发展速度较快，将有一批富裕起来的农民向集镇转移，由农民变为市民，变为商人，市场经济将会更加繁荣壮大，需要商会组织作牵头人。区委考虑你担任过区供销社主任多年，有一定的市场管理经验和组织能力，办商会你是最好的人选”。此时的胡才一，心里七上八下，是去是留，理不清头绪没有底气，他想：“商会毕竟是个民间组织，又没有财政支

持，一切都是空白，甚至连工资都要自己奉献”。在外出创业，还是留下来建商会，这个“私”与“公”、“得”与“失”的十字路口中。他义无反顾，以一个共产党员的毅力，选择了不辜负区委的信任和期望，“个人服从组织，小局服从大局，外出办厂创业，服从商会组织建设”。谁料，从那时起，他在乡镇商会会长的岗位一干就是21年。1998年商会成立党支部后，兼任党支部书记又是15年。

1992年，商会成立之初，除了一块牌子外，既没有办公场所，也没有办公人员，更没有办公费，是会长胡才一“光杆司令”把所有都包了，胡才一把自己家庭的房子无私地腾出一间来做办公室，没有经费就在自己家里拿，没有办公人员，他自己动手上门登记造册，制订规章制度，传达起草各类文件，办出一期期商会简讯；仅1996年一年，胡才一就贴出办公经费900多元。硬是凭着对工作的热心，打开了一片天地，开创了渣津工商联（商会）工作的新局面，21年来他用实践探讨出了一条“乡镇基层商会组织是乡镇党委、政府联系非公有制经济的‘心桥’和县级工商联（总商会）会务拓展，基层组织建设的细胞”。

在21年的商会工作实践中胡才一会长，读懂了一部“服务经”。在帮扶民营企业和个体工商户时，他立足把住“脉”，突出“情”，讲究“活”，注重“实”。在服务中坚持用热心帮助人，用行为感化人，用真情感召人。

为帮助渣津镇生产的皮鞋打入外地市场，胡才一通过多个途径与外地商会联系，并在南昌、浙江、福建等地建立销售网点，如今，渣津皮鞋不仅有自己的品牌，而且远销福建、湖北等地。1998年个体户卢小航、卢金标想发展制革项目，却苦无资金，知悉这一情况后，胡才一主动将自己的房产证拿给卢小航、卢金标作抵押，帮助筹措资金，如今卢小航在东莞市已发展成为资产几千万的老板，并积极回报社会，为故里水源乡捐资几十万元。

个体工商户胡望满、徐小兵因经济合同纠纷，被人告到九江市中级人民法院民事庭，在作庭外调解时，胡才一会长主动帮助二人做代理人，协助调解纠纷，让其与对方达成共识。

1998年渣津挂面厂反映崇阳县白霓镇装运面粉设卡收费，胡会长二次到崇阳县工商局反映情况，得到该县工商局的重视，取缔了不合理的收费。

余墩乡机砖厂业主吴念君，在占用林地方面被林业公安派出所执法检查，胡才一会长往返于余墩和县城，协调处理好林地占用一事，既让会员受到了教育，增强对林业法规的认识，又提高了业主的思想觉悟，更支持维护了执法部门的工作，营造了当地和谐气氛。

会员朱洪丁在湖南临湘市装运液化气，由于手续不齐全，货物被扣押半个月，胡才一会长得知后，先后三次赴湖南协调，最终得以妥善解决。古市镇石材厂员工发生车祸，胡才一会长闻讯后，第一时间赶到现场组织抢救，派人办好入院手续，并多次到医院探望。2009年，胡才一因风湿关节炎在医院打点滴，老板蔡定玉邀请他一同前往湖南平江考察项目，他二话没说，拔下针头就走。

身为会长、党支部书记的胡才一，非常关心爱护老一辈工商业者，继承和发扬老前辈“听毛主席的话，跟共产党员，走社会主义道路的光荣传统”，经常组织走访慰问工商界老同志，对他们节日有慰问，平时有走访，病中有看望，逝世有悼念。

在国有、集体企业改制后，原供销社、国药店、食品站、手工业联社在乡镇没有了机构，退休人员的工资由社保负责，老职工失去了组织的关爱。胡才一会长主动承担起关心改制企业的“退管”工作，视他们为工商界的宝贵财富，经常组织企业退休人员学习和活动。让他们感受商会这个大家庭的温暖，这一行动对减轻社会压力、维护社会稳定起到了积极的作用，得到了当地党委政府和民政、社保、工会等部门的高度赞扬和充分肯定。

原供销社退休的抗美援朝老干部匡翰香，原老一辈工商业者朱珊芳，原供销社干部万耀堂等老同志逝世后，胡才一会长组织商会班子成员几天几夜帮助料理后事，主持召开追悼会。

原渣津粮管所职工胡胜，因下岗后家庭生活困难，妻子多次上诉法庭要离婚，胡才一会长了解情况后，主动到他家里做思想工作，让其破镜重圆。去年5月和今年9月份，胡胜因患白血病，二次病危，胡才一会长帮助到社会募捐资金3000元，为其抢救生命。并主动与县粮食局、县民政局如实反映情况，求得救济。把党的温暖通过商会组织送给下岗职工，在场的家属亲友及邻居都非常感动。

个体工商户廖伟文，是奉新县人，因病中年亡故，遗下患有耳听力障碍的妻子和古稀开外的老父亲、三个年幼的女儿，在渣津镇举目无亲。胡才一会长得知后，主动召集部分执委会的成员，帮助料理后事，根据他家庭的实际情况，以商会的组织名义，写出专题报告，如实向镇政府反映困难状况，让这个家庭及时得到民政部门的低保照顾。

安徽客商王启明的父亲王宗发老先生，因年岁已高在渣津去世。胡会长携商会班子成员帮助办理丧事，还主动打电话与安徽省定远县王的村里联系，了解王宗发同志的生平事迹，以商会组织出面为其写出讣告，成立治丧小组并召开追悼会，还组织100多位个体工商户送葬。王启明的家人感激地说“修水人真好，启明一家在这里打拼我们放心”。通过这件事更加激励了异地在渣津镇经商户，感受到“家”的温暖。

马坳镇马坳街个体工商户阮长满家中漏电起火，会员黄卫星家中洪水浸冲，胡才一会长得信后，租摩托车，从渣津赶到马坳帮助救灾。

胡才一会长还多次到广东省深圳、惠州、汕头、浙江省温州、金华等地帮助农民工维权护权，为农民工挽回工伤事故，拖欠工资等经济损失100多万元。而他自己却不收取当事人的任何费用。渣津镇龙坪村菜农胡江波的儿子胡匡儿，在温州市龙湾区务工，被电击伤亡。因属于承包项目出事，老板不愿意赔付伤亡金。胡才一会长在温州一星期几经周折，通过多方协调为其争取17万元的伤亡补助金。胡江波含泪说：“胡会长为我们农民工维权，不收钱提供法律服务，真难得啊！”就连在场的温州市龙湾区的相关干部也为修水县工商联干部热心维权的行为所感动并赞扬，当事老板也动心地说：“这个钱应该出”。

用爱去呵护人，用心去关顾人，用真情去唤醒人，用忠诚去对事业的执着追求，已成为胡才一会长的工作“德行”。

在修水县西片地区的非公有制经济人士中，就连一些家庭矛盾都来找胡会长调解，个体户有心里话，真情话，去找胡会长聊聊，让他拿个主意，心里更踏实。坚持有事必办，有求必应，有难必帮，是渣津商会的服务宗旨。“有困难找商会，找胡会长”已成为修水县西片地区个体工商户和民营企业主的“口头禅”。

为引导个体私营经济由分散型向规模型转变，组织建立民间行业性的经济组织，增强企业内劲，胡才一会长积极向当地党委政府和县工商联、县民政局报告于1999年1月18日和1999年6月26日先后组织建立了渣津屠商同行业协会和渣津镇农用运输车队。对强化服务职能、加强同行业联系、规范交通安全管理均起到了积极的推动作用。

自1998年起胡才一会长每年都组织拍摄《发展中的渣津商会》、《幕阜商人》、《修水西片经济》等电视录像片，宣传介绍渣津镇及西片地区17个乡镇非公有制经济的发展情况，推介招商引资政策，为党委政府发展镇域经济提供了很好的素材。

在认真履行工商联（商会）工作职能中，胡才一会长准确把握“充分尊重，广泛联系，加强团结，热情帮助，积极引导”的工作方针，脚踏实地做好党和政府联系非公有制经济人士的桥梁纽带，甘做乡镇经济发展的奠基石，21年来，他“参政议政甘当党政助手，亲商扶商搭建工商桥梁”。为增进与外界工商联（商会）的联系，拓宽商贸市场，胡才一会长领导渣津商会的民营企业厂长经理，每年都要到周边的湖南省岳阳市的云溪区、平江县、汨罗市，长沙市的浏阳县；湖北省咸宁市的通城县、崇阳县、赤壁市通山县等地学习考察，让会员广交朋友，了解市场加强合作。并与湖南省平江县长寿镇商会，湖北省通城县隽水镇商会结成友好乡镇商会。同时还组织了几次本片区的民营企业家到深圳、温州等发达地区学习考察，让他们开拓视野提升智商。据不完全统计，胡才一会长平均每年帮助会员解决各类矛盾纠纷和提供经济服务在200件次以上。

21年来，他的“工作日志”、“学习笔记”、“心得体会”、“调研论文”装订成册，40多本，字字句句都记载着一个中共党员对事业的赤胆忠诚。肩负着县工商联副主席，县总商会副会长渣津商会会长，党支部书记的胡才一，21年来一直严格要求自己做好三件事，即：“党委政府想做的事、非公有制经济要做的事、工商联（商会）职能要求做的事”。树立商会干部的“紧迫感、责任感、荣誉感”，自觉坚持中国共产党领导下的道路自信，理论自信，制度自信，内强素质外树形象，能正确处理好执政与参政、权与非权的关系，树立有为有位的服务理念。胡才一同志当会长21年，兼任党支部书记15年，他基本做到以“主动求重视”，争取党政部门的支持，以“合作求共识”与各职能部门搭建工商桥梁，以“务实求信任”热心为会员服务，以“作为求地位”得到社会各界对商会组织和他本人的公认。

在21年的履职过程中，胡才一会长尽量避免和克制工作中的独角戏和被动感，主动争取地方党委、政府和社会各界对商会工作的关注与支持，他坚持每月向渣津镇党委、政府汇报工作一次，每年至少向西片地区其他16个乡镇党委政府领导请示汇报工作一次，求得“齐抓共管，分工合作”，探索出乡镇商会发展的新思路。

作为商会党支部书记的胡才一，事事处处以共产党员的准则严格要求自己，永葆中共党员在商会组织的先进性，他经常在中共党员和非公有制经济人士中倡导，“我是中共党员，要带头做加快发展的先行者，合法经营的示范者。共同致富的促进者，牢记宗旨的领路者”。“用思想领先，履行义务领先，提高素质领先，塑造形象领先”的良好人格魅力做好商会的领头人。

胡才一经常走访商会党支部的每一个党员和入党

积极分子，鼓励他们一是将经济做强，增强致富思源，富而思进的“底气”。二是将党建做优，提高党员在民营企业，个体工商户中的影响力。三是将服务做好。尽心尽责为群众谋利益，用“尊重之心，激励之心，合作之心，沟通之心”结对帮助社会弱势群众，弘扬光彩事业，多做慈善事业。

自1998年成立党支部成立以来，身为党支部书记的胡才一，特别注重在民营经济人士中培养“靠素质立身，靠勤奋创业，靠业绩进步，靠品德做人”的四靠人才。入党积极分子，发展为中共党员，增强商会党组织的新鲜血液。今年就在招商引资企业，修水（福建）恒兴鞋兴有限公司发展了一名异地企业管理人才，吴金锰入党，并按照入党条件，严格审查，保证了党员的政治质量。在胡才一和党支部成员的关注下，每年都有一名优秀民营企业骨干在党旗下庄严宣誓，成为一名光荣的中国共产党员。他们都能以火一般的激情，火一般的信仰，火一般的执着投入经济建设。

胡才一会长还积极参政议政，建言献策，21年来先后向县政协和渣津镇政府提过上100份提案和建议书，如《关于进一步改善个体私营经济发展环境的建议》、《在个体私营经济中广泛开展法制宣传教育》、《呼吁关爱国有集体改制、破产企业退休职工的晚年生活》、《建议营造一个氛围，优化两个服务，加大三个力度，推进乡镇工业园区建设》、《如何寻找挖掘民间资金，缓解民企融资难》等都得到相关部门的重视与采纳，特别是《加强对民办教育的领导，鼓励、扶助民办教育发展》的提案，被评为县优秀提案。《我县义务教育应均衡发展》被评为县论文竞赛一等奖。县政协十一届五次会议上，他撰写的提案《关于渣津镇建立畜牧大市场》，得到有关部门重视，2008年8月该项目已启动。县政协十三届三次会议，他撰写的提案《关于建议规范网吧管理，保护青少年健康成长》被评为县政协四大重点督办提案之一。

胡才一会长逢人就说：“中共党员是社会主义市场经济建设中的一盏灯。灯是标杆，是榜样，是方向，要充分发挥先锋作用，照亮周围，引领方向”。他每年都要为商会内的中共党员、入党积极分子上一至两堂党课，传授“理想与信念”教育，同时还组织中共党员入党积极分子到革命烈士陵园重温入党誓词，接受革命传统教育。他在会员中以身作则，身教重于言教，并告诫自己，商会会长，党支部书记是教育人者，必须首先受教育，他用“十自”作为办事、为人、处世的座右铭，即“政治上自明，思想上自强，求知上自学，纪律上自严，作风上自律，经营上自奋，生活上自检，做人上自尊，事业上自爱，交友上自谅”，以“十自”把握好六度，即“思想上有深度，工作上有力度，处事上要大度，形象上有风度，娱乐上有尺度，烟酒上不过度”。用六度严格要求自己当好六员，即“经济形势预报员，困难企业护理员，提升档次宣传员，企业发展策划员，拉动内需推销员，民营企业调解员”。保持勤动脑，善思考，勤动嘴，多协调，勤动手，愿待劳。诚心诚意为会员服务了21个春秋。

如今，“年过知命”之外的胡才一会长还在前行，他的“无偿服务”仍在继续，在他的带动下，渣津商会一批中青年非公有制经济人士正在不断加油进取，积极开展社会公益事业，常务副会长林平安投资1200万元建设的渣津自来水厂，解决了6万余人的生活用水；副会长修水兴旺石材公司董事长陈最健积极支持新农村建设，累计向黄龙乡小庄村、卢庄村等捐资60万元修建村级公路，会员程小明向社会敬老院的孤寡老人捐赠价值6200元的生活用品。

胡才一会长为基层商会的建立与发展，默默地奉献了21年，他的足迹跑遍修水西片地区的民营企业，他早出晚归，心中想着的只有工作，只有事业，只有会员，只有服务。而从没有装着他自己的个人得失和小家庭。21年来在县、镇党政领导、县委统战部、县工商联领导的耳目里，听到的只有胡才一会长对工作的汇报，从来未听到过他对自己工资和生活待遇的请求。这就是一个中共党员，党性绽放的光辉。

一分耕耘，就有一分收获，有为就有位，渣津商会自1996年起连续16年被评为九江市工商联（总商会）和修水县工商联（总商会）表彰的“先进单位”、“红旗商会”等荣誉称号。多年度荣获中共修水县委、县人民政府表彰的“先进基层单位”、“优秀基层党支部”等奖励。从1992年到现在商会累计受市、县、镇三级党委、政府部门奖励30多次，胡才一会长21年来受县、镇党委、政府、县政协和县机关党工委、市、县工商联（商会）表彰的“优秀共产党员”、“优秀党务工作者”、“先进个人”、“优秀政协委员”、“优秀提案奖”、“论文竞赛奖”、“优秀会员”等50多次。《中国人民政协报》、《中国人民政协网》、省、市、县党报、党刊，江西《光华时报》、省市县工商联（总商会）会刊，多次报道了渣津商会和胡才一会长的工作业绩。今年9月份九江市政协副主席，市委统战部部长黄大明来修水指导工作时，专程到渣津商会调研基层商会建设，对渣津商会和胡才一会长的工作给予了充分肯定。由中共修水县委统战部、中共修水县委宣传部主办的《幕阜下党旗红》专题片，用题为《以党员的名义——记县工商联副主席，渣津商会会长胡才一》在修水电视台一、二套连续播放了十八次。胡才一会长的工作得到了党委政府的公认，他被推选为修水县政协十一、十二、十三、十四届委员；九江市工商联（总商会）十二、十三、十四、十五届会员代表大会代表，十五届市工商联执行委员；修水县工商联（总商会）第六、七、八、九、十届会员代表大会代表，八届县工商联执委、常委；九届、十届县工商联执委、常委副主席。还受聘担任了县纪委特邀监督员，县公安、财政、卫生、工商税务、供电等多家单位行风监督员。并由县人大常委会任命为修水县人民法院人民陪审员。

更值得胡才一会长欣慰的是，他被光荣地获准作为全省五个公民之一和全市五个公民之一，旁听江西省人大常委会和九江市人大常委会。

胡才一会长说：面对荣誉和社会的认可，觉得身上的担子更重，只有用“感恩”二字来表达内心的激动。他还说：“我是很幸福的，风风雨雨21年做了自己喜欢做的事业，作为一名党员，党和人民的事业永远在我心中，今后，只要我身体还能支持，这条路就一定坚持走下去……”

（作者系九江市非公党工委干部）

心系群众　鱼水情深

——云南马龙县以“五个五”方法做好群众工作

萧晶文

“心贴心入户交流听民意，手牵手结对帮扶解民忧”、“思想上尊重群众、感情上贴近群众、工作上依靠群众”……在云南省马龙县城市或农村，这些醒目的“红色标语”随处可见，烘托着浓厚的群众工作氛围。该县突出“五个五”，落实干部直接联系群众制度，强化群众观点、坚持群众路线、改进群众工作、维护群众利益，扎实做好新形势下群众工作。

“五必问”，做群众的知心人。即户情必问、经济状况必问、发展愿望必问、存在困难必问、就医就学必问。干部对结对联系的农户，常入户访问，促膝谈心，对农户的家庭人口、年龄结构、身体状况、经济收入、生产资源、入学就医、致富计划、存在困难等情况熟记于心，并逐户建立家庭台账，为帮扶工作提供准确依据。全县共有省、市、县、乡172个单位（部门）的干部4200余人挂村709个、联户12000余户，共驻村调研4500余天，组织群众恳谈会860余场，每户均建立翔实的家庭情况台账。

“五必访”，做群众的爱心人。即春节期间必访、春耕生产必访、红白喜事必访、生病住院必访、遇难受灾必访。干部对结对联系的农户，做到亲友关系，常态帮扶。在春节期间，积极入户慰问，对老人、小孩、病残人员送去温暖；在村耕生产时节，及时掌握农户种植计划、旱灾情况和面临的困难，并在农资筹备、农业科技等方面进行帮助；在农户有红白喜事时，积极帮助农户组织策划，倡导移风易俗，做到节俭实效，安全卫生；在农户生病住院时，及时探访，了解病情，帮助联系医院、“新农合”资料收集、报销等；如农户遇难受灾，帮扶其稳定情绪、树立信心、挽救损失，联系民政救助，如遇特大灾害，及时在单位和社会发动捐赠救助活动。全县2012年春节期间，干部走访慰问孤寡人员、老党员、困难党员1000余人，发放慰问物资30余万元。春耕生产期间，送出化肥、种子、农药等物资20余万元，落实水库维修、坝塘开挖、管道架设、打井等项目40余个，人畜饮水全部保障，春耕生产有效促进。

“五必帮”，做群众的热心人。即上学就业遇到困难必帮、生病住院遇到困难必帮、法律知识必帮、农科技能必帮、致富产业必帮。干部对结对联系的农户，针对实际需求，积极帮助解决孩子上学、孩子就业、外出务工、矛盾纠纷、产业发展等问题。积极联系劳动部门、企业，帮组农户解决就业需求；如农户发生矛盾纠纷，及时联系，讲解相关法律知识，晓之以理，动之以情，化解矛盾，避免农户矛盾冲突或上访闹访；根据农户的资源优势，为其提出发展增收思路，并在生产中联系农科部门，或通过网络、书籍为农户提供技术保障。全县干部热心帮扶农户搞好生活、谋求发展，形成人人和谐氛围、人人创业热潮。通过“支部＋公司＋农户”模式，发展壮大了黑山羊、深沟鸡、肉牛、仔猪和食用菌、玫瑰花等种、养产业，农户户均增收1万元；通过招商引资，建立马鸣双友牧业公司、马鸣爆竹厂、马过河旅游开发等企业，解决大批劳动力就业，明显拉动地方经济发展。

“五个一”，做群的指路人。即每户教会一项致富技能、选准一条致富路子、选准一个致富产业、建立一本家庭理财账本，培养一名致富能手。干部对结对联系的农户，因人制宜，发挥优势，帮助其掌握一项养殖、种植、加工等致富技能；帮助其发展一项优势产业，传统产业做到形成一定规模，新兴产业做到可行实效；积极把农户发展成致富能手、致富带头人，培养为党员、村组干部。目前，全县有乡土人才3500余人，年纯收入1万元以上的农户达80%，发展种、养业投资规模在10万元以上的农户300余户，有75%的村组干部为致富带头人。

“五结合”，做群众的领路人。即结合开展创先争优活动、结合基层组织建设年活动、结合社会管理创新、结合“跨越发展先锋行动”、结合会管理创新工作。干部在直接联系群众工作中，深入实际、深入基层、深入群众，锻炼本领，增长才干。精心指导基层组织建设，创建先进党组织；在非公企业和社会组织中建设党、工、青、妇组织；对后进党组织提出整改提升方案；积极推行“四议两公开”工作法，落实“一事一议”制度，开展无职党员设岗定责、群众民主评议干部等活动，促进农村管理民主、设施完善、环境优美、安全和谐。目前，全县无“党员空白村”，各村组达到有党员、有支部、有活动、有堡垒作用，规模以上非公企业建立党组织全覆盖，非公中、小企业和社会组织组建工、青、妇组织率为85%。图为马龙县大庄乡干部参与群众修建抗旱水池。

（作者系云南省马龙县组织部干部）

如何提升非公企业党建的发展力度

刘绍安

在新形势下，就如何提升非公企业党建的发展力度，笔者认为：各级党务部门及党务工作者应从提升认识、转变理念、延伸服务等方面入手。

一、提升认识，就是要从党建在治国理政中、在非公企业中的地位来提升认识

党建在治国理政中的地位：党的十八大报告在“全面提高党的建设科学化水平”部分提出：“我们党担负着团结带领人民全面建成小康社会、推进社会主义现代化、实现中华民族伟大复兴的重任。”这显明地确立了党建在治国理政中的地位。

党建在非公企业中的地位：在新形势下随着国家管理体制的改革、经济发展结构由过去“单一的公有制经济”向新形势下“多元经济并存”的方式转化，因此非公有制企业从数量上增多、规模上扩大、发展上超前、既拓宽就业渠道又促进非公有制经济的迅猛发展，并成为我国推动经济增长、社会进步的主要力量，由此非公党建在我国现阶段的经济社会发展中的地位显得尤为重要。由此可见，在非公企业中抓好党建工作，有利于进一步扩大党建的覆盖面；有利于进一步巩固党在非公有制经济领域的执政基础、执政地位；有利于增强非公有制经济组织党组织的创造力、凝聚力和战斗力；有利于党引领非公企业沿着中国特色社会主义的建设道路前行，使企业依法、健康、提速地实现科学发展、和谐发展、跨越发展。

二、转变理念，就是要在非公企业中把党建工作的管理理念由唯从式向自为式转变

在新形势下党务部门对非公企业党建发展方式要转变新的管理理念，不能再沿用过去唯从式“没有党员找党员、党员不够派党员、没有组织建组织”的思维模式，这种唯从追求“党建组建率”的模式不适应新形势下企业党建的发展规律，还会给企业的党建发展工作带来被动的局面。

在新形势下我们要围绕非公企业的发展前景和奉献胸怀去创新党建的发展方式，要通过激活非公企业员工和非公企业业主共抓党建的自为性来提升非公企业的“党建质量率”。在激活非公企业员工积极参与党建的自为性方面：应从牵引员工的价值取向入手，把员工对劳务、技能付出所获仅为生存、生活平淡的价值取向，引向以党员对劳务、技能付出所获首要为企业发展、国家富强、社会进步作奉献的高尚价值取向转化；在激活非公企业业主抓党建的自为性方面：党务工作者要创建双向互动抓党建的工作机制，用“参与重引导、支持重协调、组建重规范、管理重制度、监督不迁就、发展靠合力”的党建方式来激活企业业主抓党建的自为性，使抓党建与企业生产经营管理相结合，实现目标同向、互促共进、共同发展的目的。

三、延伸服务，就是要围绕党建发展与企业发展的互补关系去服务

党建发展与企业发展的互补关系，是通过在企业中有了党员建组织、有了组织促发展的互补关系。在企业中发展党员，我们要在适应企业发展的各类人才中去引导、培养、诱发他们对企业发挥创造力、奉献力、对党的事业有忠诚心、有奉献精神的积极分子中去发展，耐心细致地做到成熟一个发展一个；有了党员建组织，我们要按照企业发展所至的党员人数和企业的规模、布点的适宜性去组建党的组织机构；建了党的组织机构，就要建立相应的规范管理制度，使党组织在企业中发挥领

导核心作用，使党员带头引领企业沿着中国特色社会主义的建设道路前行、带头宣传贯彻好党的现行路线方针政策、带头团结凝聚企业员工力量、带头干事创业、带头构建企业的新型和谐劳动关系、带头维护企业的合法权益、带头创建既健康又先进的企业文化氛围，使企业依法、科学、和谐、跨越地发展。

只有这样才能使非公企业业主在抓企业党建中产生自为性，才能在企业中扩展党建的覆盖面，才能提升企业党建的质量率和发展力，才能使企业提绩增效展现良好的发展前景，才能激活非公企业对所在地区经济社会发展、党和国家的建设事业的奉献情怀。

（作者系云南省弥勒市工商局干部）

秦都区双照街道办吹响发展集结号，打响群众致富攻坚战

张一飞

近年来，咸阳市秦都区双照办坚持以科学发展观为指导，以改善民生为目标，以建设美丽乡村为统揽，坚持把建设美丽乡村与产业发展、农民增收和民生改善紧密结合起来，大力发展农村集体经济，统筹城乡发展和社会各项事业，全办经济社会呈现出又好又快的发展。

加大新农村建设和村容村貌整治力度。紧紧抓住城西快速干道建设的机遇，上召新村建成投入使用，群众喜迁新居。龙南、肖渡、肖何庙等9个村实施了村容村貌和街景提升工程，全办36个村街道基本实现硬化，28个村实施了人饮工程，建成35个村级阵地场所、27个群众文化广场、36个农家书屋，各村基本达到了“五化”，解决了群众“六难”的问题。大力开展农村环境卫生整治活动，筹资45万元为全办36个村配备了清扫员和垃圾桶、三轮车等工具设施，要求各村做到生活垃圾日产日清，建筑垃圾及时清运，每天两扫四保洁，每季度召开一次农村环境卫生大整治和环境卫生观摩评比活动，实行重奖重罚制度，办、村两级共投入资金43万元，清理三堆5800车，清理野广告1300多处，拉运垃圾600吨，群众居住环境大为改善。集中开展312国道、咸马路、旅游路等公路沿线环境卫生整治，动用大型机械92台次，拆除乱搭乱建及违章建筑10000平方米，铲除杂草50平方公里，清理垃圾2000吨。

防控并举推进社会稳定工作。以创建“平安双照”为目标，坚持“打防结合，预防为主，专群结合，依靠群众”的原则，以“平安创建”为载体，不断加强“两率一度”宣传，成立街道治安巡逻队和上召新村警务室，全力做好群众来信来访工作。全年接访36起，调处各类纠纷24起237件，化解矛盾212件。开展普法教育36次，悬挂横幅75条，出动宣传车120辆次。自筹50万元建成南上召、北上召、庞南刘、龙南和消渡五个村的视频监控工程。认真落实安全生产责任制，定期对各单位进行安全大检查，全年辖区未发生一起重大安全事故。积极落实食品安全法规，认真贯彻落实农村家宴申报制度，各村、各单位设立监督员共47人，对红、白喜事、集体用餐严格把关，检查监督，全年未发生一起食品不安全事件。

夯实党建基础，强化战斗堡垒作用。积极开展“驻二晋一创五星”群众路线主题教育活动，为群众办实事72件，龙南村、龙北村为群众安装了太阳能，覆盖率100%，龙北村、大王村拓宽街道3200米，整修排水沟1060米。建成了肖渡村、南上召村、北上召村3个党建示范村。对后尹村、庞东村、前张村、北寺照村新建的村级活动场所进行了规范，配备了桌椅版牌，远程教育工作管理规范，苏家村荣获市级远教终端示范站点。做好文明村镇、文明校园申报工作，申报区级文明单位8个，市级文明村1个，区级文明校园3个。做好新闻宣传报道工作，在区级以上媒体发表新闻稿件218篇。组织“俏嫂子”舞蹈队、“娃他婆”艺术团参加全市全民健身活动启动仪式及全区群众文化艺术成果展，引起了极大反响。

各项社会民生事业稳步推进。全办民政、卫生、计生、文化、教育等工作齐头并进，协调发展，群众幸福指数逐步提高。五大保险扩扩面任务全面完成，19046人参加新农保，为37270人退发230万元新合疗个人缴费部分，258户798人月发放农村低保金95180元，为16名五保供养对象发放供养金35670元，为110户贫困群众发放救助和救济款6.33万元。城乡居民生产生活调查进展顺利，计划生育工作常抓不懈，坚持做到“三查两清一服务”，高度重视“三新创建”工作，依托消渡村新农村建设，筹资4万余元建成了消渡村新型人口文化园，全年共三查13148人次，三查率99.8%，两清率达到100%，流动人口统计准确率100%，持证率100%，人口自然增长率控制在4.87‰以内。

（作者系咸阳秦都区双照街道办干部）

偃师市三抓三促 提升非公企业党建工作水平

卢明花

偃师市通过抓组织建设、抓阵地提升、抓活动开展三项措施，提升非公企业党建工作水平，发挥非公企业党组织的政治引领作用，促使企业破困境、战危机、转型升级、科学发展。

抓组织建设，促动态覆盖。一是对企业党组织设置实行动态管理。对企业党员人数达到3名以上的，及时单独组建党组织；不足3名的，及时联合建立党组织；对倒闭破产企业，及时撤销党组织，确保党组织覆盖率100%。二是依托行业协会，建立行业党组织。针对无党组织的企业，依托各类协会建立行业党组织，提高党的工作覆盖面。三是非公企业党建工作与招商引资活动相结合。对引进的规模以上非公企业，在项目落地时同时开展党建工作，规划办公场所同步规划党组织活动阵地，招聘员工注重招收党员职工，配备班子兼顾考虑党组织负责人，竣工投产同步建立党组织。目前，我市共建立非公企业党组织96家，其中单独组建74家，企业联建党组织7个，行业统建3个。

抓阵地建设，促形象提升。要求建立党组织的非公企业，按照“有场所、有设施、有标志、有党旗、有制度、有书报”的“六有”标准，定目标分步骤规范建设党组织活动阵地，完善宣传阵地和职工文体活动场所。召开非公企业党建现场会，组织各乡镇非公企业党组织书记参观了3家党建阵地建设档次高、形象好的示范点企业，并下发简报明确非公企业党建阵地打造提升标准，让非公企业党组织阵地打造学有榜样，做有标准。开展“阵地提升月”专项活动，利用一个月时间，对各乡镇上报的示范点企业全力打造，严格按照“六有”标准，提升阵地形象，同时发挥示范带动作用，以点带面，促进所有非公企业党建阵地提升，为党建活动的开展奠定基础。目前，已有4个乡镇的8家企业阵地提升达到市级示范标准，5个乡镇的6家企业达到乡级示范标准，组织部给予其奖补共计6万余元。

抓活动开展，促作用发挥。确定目前至年底一段时间为非公企业党建主题活动集中开展阶段，以“双强六好”党组织创建活动为抓手，全面开展党建活动。在非公企业党组织中开展“晋星升级”活动，在党员工作中开展“争先锋、创佳绩”活动，在党员学习教育上开展“五学四议三帮”活动，在党员联系群众上开展支部成员联系企业领导、普通党员联系生产经营骨干活动，同时健全职工民意收集回应机制，不断扩大党组织的影响力、凝聚力、战斗力。除开展以上五项党建主题活动以外，市委组织部还鼓励各企业有“自选动作”，创新开展符合企业生产经营实际、具有特色的活动。通过“规定动作”和“自选动作”，促进党建活动扎实开展，形成较大影响和浓厚氛围，发挥党组织的凝聚力和政治引领作用。

近期，岳滩镇以“双强六好”党组织创建为目标，把党员活动融入非公企业生产经营，设立“党员责任区”、“党员先锋岗”，开展“技术攻关”、“技能竞赛”等活动，组织党员在本职工作岗位和急难险重任务重中勇挑重担，发挥先锋模范作用。大口镇在非公企业开展“争先锋、创佳绩”活动，设置爱岗敬业、工作创新等“十大先锋”岗，要求党员结合自身岗位和企业实际，制定争创目标，并填写“争先锋创佳绩”承诺书，有力地激发了党员职工的积极性。

（作者系中共偃师市委组织部干部）

谋划布局　转变职能　搭建平台　努力开拓开发区发展和服务队伍建设的新局面

——着力建设服务型党工委，丰富拓展“金沙之路”的内涵和外延

周仕佳　陈莹

贵州金沙经济开发区（以下简称开发区）党工委以开展第二批党的群众路线教育实践活动为契机，着力建设服务型党工委，以实际行动把转变工作作风、提升服务能力真正落实到开发区发展的“末梢神经”上，不断丰富拓展的“金沙之路”的内涵和外延。

谋划布局，打造企业集聚发展的“新高地”

筑得“暖巢”才能引“凤凰”来栖。作为县域经济又新又好又快发展战略的“重头戏”，开发区在为入驻企业提供众多优惠扶持政策的前提下，充分发挥资源、区位优势，加大投资力度，强力推进配套基础设

施建设，力争打造“企业集中、产业集群、项目集聚、资源集约”的新高地。

“县委、政府对我们很支持，开发区党工委也是，只要我们有困难，就及时帮助解决，非常实在!”贵州多鑫达科技有限公司负责人覃飞安不由得赞叹。该公司自入驻以来，开发区党工委多次派员帮助解决用工、用电等问题，助其两个月内就顺利建成投产。

“一区多园”的主体框架（一区即整体形成集工业、科研、商贸、文化、物流于一体的经济增长核心区，多园为装备制造园、特色食品产业园、高新技术园等），初步描画出开发区未来发展的蓝图。

为进一步优化政务环境，开发区党工委深化行政审批制度改革，精简审批事项，减少审批环节，优化审批流程；为进一步优化投资环境，开发区党工委为投资规模大、拉动效应好的入驻企业，提供建设好的标准化厂房（第一年全免租金，第二年免70%，第三年50%，以后也是根据“一事一议”给予解决）。

通过加大交通、供水、电力、通信等“九通一平”基础设施建设力度，开发区投资硬环境得到极大改善。截至目前，开发区项目建设总投资208.7465亿元，其中道路、电力、污水处理、环保等基础设施和标准厂房建设累计投入总额为108.5亿元。

“凤凰”爱“暖巢”，外企纷至沓来，项目落地开花，现已进驻开发区的项目118个，其中产业项目81个，投产企业47家，2013年就实现了100.6亿元的工业总产值，新一轮大发展的“热潮”扑面而来。

转变职能，发动经济转型发展的“新引擎”

在丰富拓展“金沙之路”——开放带动、转型发展内涵和外延的进程中，开发区党工委主动将“命令式”管理向“服务式”管理转变，提供“一站式”优质服务，催化入驻企业在这片热土上“开花结果”，助力业主实现创业兴业的梦想。

开发区党工委以开展党的群众路线教育实践活动为契机，建立了“1+X”和“X+1”联系服务企业机制，围绕提升服务水平、以服务换投资、促进项目加快建设的工作目标，积极协调周边乡（镇、街道）、村（社区），整合各业务部门力量，开展大走访、大排查、大调解等活动，确保落地项目的正常施工。

“打工不必去远方，家乡就有好工厂；就近打工好，不用再远跑；照顾老和小，挣钱不会少。”经济开发区党工委委员、管委会副主任王体端一边喊着口号，一边向前来咨询的群众作介绍。为有效帮助解决投产企业用工问题，开发区党工委大力开展干部—企业—群众“面对面、心贴心”服务活动，组建8个工作组深入各乡（镇、街道）及周边兄弟县市为企业招工。截至目前，共开展集中宣传活动248场（次），发放宣传资料80000份，有效解决了14380个就业缺口。

开发区党工委紧紧抓住反对“四风”这个重点，要求党员领导干部深入企业和生产一线，倾听民声、传递民意，真心实意地帮助解决业主和职工的生产生活问题，在扮演好“掌舵人”角色的同时，更端好了“服务员”的“盘子”，着力推动开发区成为地方经济的增长极和城市建设的新亮点。

搭建平台，搭建吸纳农民就业的“大舞台”

为有效破解农民工失业和就业困难的双向难题，开发区党工委着力为农民工搭建创业就业的“大舞台”，进一步推动农民工自谋职业、自主创业，帮助农民工进城就业、就地就业。

针对农民工服务工作的空白点，开发区常设对外服务窗口，为农民工提供政策咨询、职业介绍、就业指导、创业扶持等服务；设立开发区LED用工服务滚动显示屏，开通了移动短信服务平台，有效促成用工单位和农民工双向对接，为企业和务工人员架通了联系服务的桥梁。

针对征地拆迁中产生的“失地农民”，开发区党工委协调企业在同等条件下优先对其进行录用，让他们能够就近就业和照顾好家庭。目前，已有468名“失地农民”就地务工。

为提高农民工的职业技术能力，培养更多符合企业需求的职员，开发区积极协调县职教中心、县人社局等部门，根据企业用工需求和岗位分布情况，开展岗前培训、技能提升等各类订单式培训，着力提升企业用工质量和职员对企业的融合度。

（作者系中共金沙县委组织部干部）

寿县：“三举”培育典型助推非公企业党建工作

李景忠

近年来，寿县大力培育非公有制企业党建工作典型，先后培育安徽华祥食品、楚井坊酒业等企业21余家，通过典型企业的辐射和示范带动，有力地提升了全县非公企业党建整体工作水平。

一是力举典型企业基础工作。坚持“成熟一个组建一个、组建一个巩固一个”的原则，通过开展组织找党员、党员找组织的“双找”活动，在全面排查摸底的基础上，采取领导班子成员联系组建、党务干部包保组建、选派干部帮扶组建等多种形式，大力推进典型非公企业党组织组建工作。坚持抓好典型企业党组织培养发展党员工作，把党员培养考察融入平时的生产生活中，做到成熟一个、发展一个，对优秀职工、技术能手等对象有组织进行引导，进一步畅通企业从业人员的入党途径。坚持抓好典型企业的工作制度、场所阵地及组织活动，按照“八有”标准，规范党员活动室建设，建立健全“三会一课”、组织生活会、民主评议党员、党员发展等基本工作制度，规范企业活动记录，建立基础台账，做到开展活动有记录、有痕迹。

二是力举典型企业载体建设。结合生产实际，开展“党员承诺”、“党员责任区”、“先锋模范岗”、为企业建设和发展出“金点子”、“岗位大练兵”、“生产能手比赛”、“销售能手评选”等活动，引导职工钻研业务技能，融入企业发展，以主人翁精神为企业发展竭心尽力，企业党员和员工紧紧凝聚在党组织和企业周围，为企业的发展献计献策。安徽楚井坊酒业组织开展“楚井坊励志助学金”活动，八公山豆制品公司企业党组织打造企业文化品牌名片，三祥羽毛、华祥食品有限公司等企业开展“三亮三争三培养”活动，裕皖制衣、福润禽业、远翔油脂等企业开展“非公企业爱心回报社会”，每年向社会捐款捐物达200万元，有力地促进了企业党建工作和企业发展的互促双赢。

三是力举典型企业辐射带动。注重发挥典型企业的辐射带动作用，通过召开企业主培训会、经验交流会、现场观摩会等形式，大力宣传典型企业推动发展、服务职工、凝聚人心、促进和谐的做法成效，尤其在党员员工诚信守法经营，热心公益事业，立足本职岗位，学技术、强素质、作贡献等方面进行浓墨重彩，同时指导其他企业制作宣传标语，设立党员责任区、示范岗和开展志愿服务，积极总结企业生产发展中的好经验、好典型，充分发挥电视、报刊、网络等媒体作用，大力推广先进典型，抓点带面，其中通过对安徽楚井坊酒业党支部每月开展一次环境卫生检查评比、每季度评选一次销售标兵以及三祥羽毛有限责任公司把开展技术攻关作为“党员先锋工程”等企业的宣传，有力的营造了宣传典型、重视典型的良好氛围。

（作者系中共寿县县委组织部干部）

东凯集团永奏党建凯歌

——广西东凯集团非公党建纪实

周树宁

走进总部设在南宁市高新区高新大道89号的广西东凯投资集团大厦，乘电梯直上10楼。电梯门一打开，映入眼帘的十几块公司牌匾，其中第一块是：“中国共产党广西东凯投资集团有限公司委员会。”第二块是“中国共产党广西东凯投资集团有限公司纪律检查委员会。”中间由镰刀和锤头组成的党徽格外鲜红耀眼。走上11楼是集团办公场地和会议室，在集团党委书记、法人代表卢光昌同志的接待员桌上，“党员先锋岗”牌放在显著位置，同样使人浮想联翩，这是个什么性质的单位呢？

走进集团会议室，整幅墙挂满了琳琅满目的牌匾，其中有两块格外引我注意，一块是“中共广西东凯投资集团委员会东凯国际商业广场流动党支部”，另一块是：“中共广西东凯投资集团委员会流动党员之家”。霎时间，“流动党员支部”和“流动党员之家”一直在我脑海中打上了深深的烙印，“流动党员”是谁呢？

在集团公司的文化长廊上，有两块宣传园地栏同样十分吸引我。一块是：“中国共产党广西东凯投资集团有限公司委员会学习园地”，上面有党委领导一班人的照片和职务称谓，还有“入党誓词”呢！另一块是：“共青团广西东凯投资集团有限公司委员会学习园地”，上面同样有团委领导一班人的照片和职务称谓，同样有“入团誓词”。这说明广西东凯集团不但党建工作做到家，团建方面同样做得出色。这是个什么单位呢？党建团建两面旗帜同样辉煌！

沿着文化走廊，我在寻找东凯集团党建团建的足迹，结果有两幅喷绘宣传引起了我极大的兴趣。俗话说：“入门看八字”，我首先看看东凯集团的第一手材料，然后再深入采访集团法人代表、党总支部书记卢光昌同志和办公室副主任李泉同志，这篇《中国共产党非公党建年鉴》稿就显得丰富多彩，有证有据了。其中一幅喷绘主题是：“发挥党建核心作用，推动企业跨越发展”，另一幅则是：“深入开展创先创优活动，推动东凯集团跨越发展”，还有一幅主题是：“党建促经济发展，东凯工地党旗红”。从中使我对东凯集团在党建方面有了初步的了解，当我看到《中国共产党非公党建年鉴》征稿启事，我决定进一步采访组稿。

广西东凯投资集团，始创于1985年。2008年12月，也就是中国举办奥运会那一年，组建成立投资集团，下设8个子公司。集团总部设在南宁市高新区高新大道89号广西东凯投资集团大厦。

东凯投资集团于2009年3月成立公司党委，下辖2个党总支部，5个党支部，共有共产党员63名，其中流动党员42名，预备党员9名，入党积极分子15名。由于集团党建建设搞得有声有色，2013年共有40多名职工主动向党支部递交了入党申请书。

集团公司党委书记、法人代表卢光昌同志是一位具有近40年党龄的军转干部民营企业家。他的社会职务很多，其中他是全国优秀民营企业家、广西杰出民营企业家、中共南宁市民营企业家联合会总支部书记、常务副会长、西乡塘区工商联荣誉主席等。集团党委在卢光昌书记直接领导下，取得了辉煌的成绩，集团党委先后荣获广西壮族自治区“先进基层党委”和南宁市和西乡塘区“先进基层党委”称号；同时连年获得“规范化管理先进单位”、“精神文明先进单位”、“抗旱先进企业党组织”、“拥军模范党总支”等多项光荣称号。多年来，先后有11名党员被评为南宁市工商联系统“优秀共产党员”和南宁市民营企业家协会的“优秀共产党员。”

集团党委书记、董事长卢光昌在取得上述荣誉称号基础上，还先后被凤山县、横县和桂平市评为“爱心企业家”。

《中国共产党章程》第十章第四十九条明文规定：“中国共产主义青年团是中国共产党领导的先进青年的群众组织，是广大青年在实践中学习中国特色社会主义和共产主义的学校，是党的助手和后备军。共青团中央委员会受党中央委员会领导。共青团的地方各级组织受同级党的委员会领导，同时受上级共青团上级组织领导。”根据党章规定和结合东凯集团具体情况，团建工作搞得活跃。

东凯投资集团现有职工220多人，平均年龄仅39岁，青年职工占总人数近60%，针对团中央将团员青年年龄调整为35岁的实际情况，公司决定成立共青团广西东凯集团委员会，团委书记由广西东凯投资集团总经理卢培华同志担任。这样集团党委书记由董事长卢光昌同志担任，形成了党团领导都是第一把手，有效地领导和组织先进分子共同来推动集团建设的发展。团委书记卢培华同志也多次获得南宁民营企业家联合会和西乡塘区工商联颁发的优秀个人称号，使集团党委和团委都具有先进性。

在党建方面，东凯集团党委有什么经验值得民营企业学习呢？在集团发展经济效益和社会效益两方面取得成绩如何呢？这是我对东凯投资集团党建关注的重点。

众所周知，民营企业是中国国民经济的重要组成部分，民营企业的发展好坏直接影响到国民经济的发展。

《中国共产党章程》总纲指出：“中国共产党是中国工人阶级的先锋队，同时是中国人民和中华民族的先锋队，是中国特色社会主义事业的领导核心，代表中国先进生产力的发展要求，代表中国先进文化的前进方向，代表中国最广大人民的根本利益。党的最高理想和最终目标是实现共产主义。”具有近40年党龄的集团党委书记卢光昌同志，不仅从严要求自己，而且深知党对集团公司职工的绝对领导的重要性，因此，在公司经济效益的创建方面，狠抓党建建设，走一条“围绕经济抓党建、抓党建促经济发展”的东凯集团特色发展道路，取得了令人满意的效益，他的主要做法是——

（一）坚持把发展作为执政兴企的第一要务，抓大事、谋大业、促发展。正如习近平总书记所说：“打铁还需自身硬”。作为集团党委书记的卢光昌同志以共产党的标准严格要求自己，带领集团员工大力推进创新工程，实施结构调整工程，建立和完善经营管理机制，不断实现集团公司的跨越和总体战略规划的推进，近年来跟集团公司先后合作开发的项目有：广西东凯集团商业广场、南宁市江南区星光大道238号玫瑰园住宅寓楼、南宁市科园大道27号科技大厦、南宁市荔园路3号广西东凯国际商业广场、南宁市心圩江东路三支路、南宁市科园大道495号汇金大厦、南宁市江南区苏圩农贸市场、南宁市高新大道广西东凯投资大厦、武鸣东盟商务大酒店、南宁市江南区大沙田开发区金地嘉园、南宁市江南区海大道中段金地花园、南宁市高新大道6路广西东凯商务大酒店等重大项目，都取得了令人瞩目的好效益，使公司现有固定资产达到3.5亿元。这与“执政兴企”是分不开的，值得民营企业同行们学习和推广。

（二）坚持把班子建设作为自身建设的核心点，提高执政力，增强凝聚力。主要表现在以下几个方面：从政治上提高标准，以制度建设作保证，抓作风建设树形象，严格监督考核强自身。由于集团公司多种经营，包括房地产开发、综合市场、建筑业、旅游业、文化产业和农业产业等，产地和工地分散，如何管理呢？集团党委把支部建立在各项部上，通过党员的先锋作用带领广大职工发挥生产力作用。党支部工作定位是：“到位不越位、用权不越权、出场不炫耀、做事不抢功。”把“流动党员支部”和“流动党员之家”建到项目工地上，使农民工党员“想做事、敢做事、能做事、做成事的意识和能力普遍提高”，同时形成了“树正气、讲团结、求发展”的良好氛围。在党建中，对中层领导干部深入开展“转作风、树形象、促发展”活动，对流动党员从规范入手，严管理、严整顿、严肃党纪政风，为广西社会发展做出了突出贡献。

（三）坚持把创新作为企业党建工作的原动力，不断拓宽思路，创新方法。集团党委按照勇于实践、大胆创新的原则，在党建工作的思路、机制、内容和方法上不断进行有效探索和尝试。集团安排社会人员2000多人，加上集团中高级专业技术人员，平均年龄仅39岁。如何管理这支团结、敬业、求实、高效的人才队伍呢？集团党委把推行党建工作质量管理体系作为党建工作创新的突破口，把落实先进性教育作为党建内容创新的重点，把高度社会责任感作为党建水平的着眼点，认真做好党建团建各项工作。与此同时，牢记党的“代表中国最广大人民的根本利益”。常怀回馈社会之心，积极投身公益事业。多年来，集团公司先后缴纳国家税收3000万元，捐资农村道路建设、学校建设、抗旱救灾共计42万元，给革命老区老红军生活补贴近200万元，得到了各级领导、群众的高度赞扬。集团党委将一如既往地做下去。

（四）坚持把党建活动作为激活工作的主载体，抓主题，保目标、增效益。集团公司是民营企业，提高效益，增加收入，永远是公司追求的目标。由党委牵头，每年确定一个主题，由党支部组织，以党小组为单元，以党员为骨干，职工广泛参与党建主题活动，公司上下拧成一股绳，一心一意谋发展。

（五）坚持发展思想政治工作优势，唱响主旋律，打好主动仗。在深入开展主题教育活动中以“新机制、新形象、新发展”为教育主题。深化“凝聚青年为企业服务”的工作思路，致力于加强企业共青团的组织和能力建设，提高团员青年素质，有效引导、教育、培养、激励青年在工作中发挥积极性。共青团青年是祖国的未来，也是集团公司发展的后备力量。根据青年的特点，通过政治学习、组织生活和团日活动等，大力提倡团员青年的自主参与性，达到了凝聚智慧的作用。集团团委制订了《青年工作小组管理的作用》，从工作内容和职责都作了细分，团委决定在人力、物资、技术和信息四大资源方面发挥青年的聪明才智，整合资源，为集团公司发展服务，收到了良好的效果。团委开展青年喜闻乐见的活动，丰富青年人的文化生活，关心青年人立业成家大事，为青年人解决后顾之忧。在安全生产方面，开展“安全生产月”活动，普及法律知识教育，团委邀请法律顾问授课，对“三违”职工进行心理疏导，坚持以人为本，“铸造生命线，唱响主旋律”，给青年搭建大有用武的平台，邀请广西民族大学教授给青年作“如何做一名优秀职工”，怎样“节能减排”和“法律普及”等专题报告，使团员青年在政治思想方面有了很大的提高，去年就有40多名青年职工主动向党支部递交了入党申请书。团委书记卢培华同志多次获得南宁民营企业家联合会和西乡塘区工商联颁发的优秀个人和先进个人称号，为团员青年树立了榜样。

广西东凯投资集团公司党建团建方面在南宁市乃至广西民营企业中是做得很好的单位，多次获得了上级党委和政府的奖励，同时也获得了职能和主管部门的奖励。实践证明，在中国共产党的统一领导下，依照民营企业的特点，按照中国特色社会主义路线、方针和政策办事，民营企业同样得到经济效益和社会效益双丰收，对国家和社会作出应有的贡献。

（作者系中国散文学会会员、广西作家协会会员、广西民间文艺家协会理事、世界华文文学家协会终身会员）

路在脚下闪光

——湖北省大冶市还地桥镇还桥村党支部书记胡福建和“两委”一班人工作纪实

丁学文

阳春时节，天气晴好，在我们的车还没进还桥村之前，顺便听到一首百姓歌谣：“还桥村、好风光，新村建设是榜样；别墅连排洁又美，碧波荡漾映红墙；老幼安康农家乐，社会和谐富路长”。听得我们一行人如痴如醉。

还桥村位于世界青铜文化发祥地、全国重点镇还地桥镇镇区中心，大冶市的西北部，与国家级矿山公园大冶铁矿相比邻，省道铁贺线穿腹而过，是大冶市西北部和还地桥镇的政治、文化、经济、商贸、交通中心。村域版图面积6.8平方公里，辖22个村民小组，26个自然村庄，全村有956户，人口4618人。其中党员59名，支部成员3名，女党员6名，预备党员2名，是中央政策研究室固定的调查点。

据介绍，以前的还桥村是大冶市有名的“头疼村”，打架斗殴、抹牌赌博、违法犯罪等现象时有发生，村里

“脏、乱、差”现象十分严重。当我们带着还桥村为何有着如此巨变的谜底走进村民中间时，村民们给了我们一个肯定的答案：“是胡福建书记和村干部一班人带领我们全体村民迎难而上，奋发进取、克难攻坚、顽强拼搏才一步一步走到今天的啊！”在还桥村，只要提起胡福建书记，村民无不竖起大拇指说：“还桥村的巨变凝聚着胡福建书记的全部心血和汗水啊！他是我们发家致富的带头人啊！我们还桥村不能没有他呀！”对此，胡福建书记总是一笑了之，他常说：是群众的信任，我才有了施展的机会和空间，还桥村的变化靠的是党的惠民政策，靠的是众人的力量，靠的是村“两委”一班人的努力，功劳归大家，我只是牵了个头……我只有全心全意为党工作，牢记宗旨，不辱使命，才能对得起村民的重托和他们那神圣的一票。

风雨同舟　迎难而上

今年43岁的胡福建，是一位集勤奋和智慧于一身的血性男儿。胖胖的身材，黑黝黝的脸，语言中表露出自信和刚毅。善良和纯朴的农民气质在他身上表现得淋漓尽致。他爱家乡、爱百姓、爱事业，尤其对农业、农村、农民更是情有独钟。为了这块生他养他的黄土地、为了生活在这块黄土地上的父老乡亲，他克服了常人难以想象的艰辛、付出了常人难以想象的汗水。从2000年3月担任村长起到2005年书记村长一担挑的这几年间，还桥村翻天覆地的巨大变化，村容村貌的巨大改观，文明创建的累累硕果，村民素质的快速提高，无一不是胡福建心血、汗水和智慧的结晶。胡福建书记上任伊始，面对还桥村的历史欠债、赌博成风、治安混乱等一大堆历史遗留问题，他看在眼里，急在心上，他食不知味，夜不安枕。他的脑海里总是冥思苦想着一个问题：“怎么样才能使还桥村尽快富裕起来？怎样才能使老百姓安居乐业，怎样才能把村里的‘两个文明’建设搞上去？怎样才能让村民们生活得有品位、有尊严？”思来想去，他采取了自力更生、奋发图强、内引外联、积水养鱼的战略，始终抱着乐观与奋进的态度。当时村里经费紧张，连招待费和村干部的工资都无法支付。对此胡福建就自掏腰包，自寻门路，四处筹资，商讨对策，身体一天一天地消瘦下去，这期间高血压、肠胃病等又时常发作。妻子看在眼里痛在心上，有时不免埋怨两句：“福建呀，村里的事是你一下子能干好的吗？万一你的身体搞垮了，我们一家老小今后的日子怎么过啊？”说归说，但妻子还是一直都在背后默默无闻地奉献着并支持着他。面对妻子的关心、疼爱，胡福建心里也内疚过，觉得欠妻子的太多太多。村里很多村民也是一再嘱咐胡福建：“福建啊，村里这么重的担子压在你的肩上，你的身体千万不能垮呀！”听到这话，胡福建书记的眼眶湿润了。他想：多好的百姓、多好的乡亲啊！我就是磨掉了几层皮，瘦掉十斤肉也要把村里的工作搞上去！决不能让老百姓失望，更不能因难而退。为了尽快处理好村里这些历史遗留的棘手问题，胡福建进行了深入的调查、走访，广泛听取党员和群众意见，掌握了大量的第一手资料，得出了这样的结论：“要发展必须先解放思想，只有思想解放了，眼界才能开阔，境界才能提升，思路才能放开，天地才能宽广，才能行之有效地为全村百姓谋福祉。”

在胡福建书记的办公室里，可看到墙上挂着这样两句格言，一句是：“解放思想需要有开拓者的勇气、智者的才气、德者的大气”；另一句是：“脚步达不到的地方，眼光可以达到；眼光达不到地方，思想可以达到”。胡福建始终认为：思路决定出路，行为决定结果。解放思想必须要着眼长远、着眼未来、开阔思路、脚踏实地。要借鉴好的经验，把外出取经和开门迎客两者结合起来。首先，他组织全村党员集体重温入党誓词，以我是党员我光荣来增强党员的荣誉感和使命感。强调党员干部要充当解放思想的“排头兵”。然后安排党员和村干部到红色地区和经济发达地区进行考察，把全村党员干部的思想统一起来，做到思想同心、行动同步、工作同向。通过外出考察并结合该村实际，还桥村务实、科学、完整地制定出了一个中长期发展计划，那就是要在上级党委、政府的正确领导下，继续以“深入贯彻落实科学发展观”为指导；以“村级集体经济科学转型发展的新农村建设”为重点；以“生产发展、生活富裕、乡风文明、村容整洁、管理民主的发展思路”为原则；以“大力开展新农村建设”为主线，全面带动“以商强村、以工富村、以农稳村、以工补农、工商富民”的全新发展战略。

心系百姓　彰显本色

还桥村在依托区位优势的同时，大力推进新农村建设。近年来，该村在紧紧围绕建设经济强村和全面小康的战略目标中，重点做好“五通、五改、四清”工作。五通即“通路、通水、通电、通电话、通闭路”；五改即“改水、改厕、改圈、改灶、改沟渠”；四清即“清除村前屋后垃圾；清除门口塘、排水沟的淤泥；清除道路障碍物；清除土木结构的旧房屋”，让新农村园区建设上升到一个新水平。要做好这些工作，一是从路入手，他们不惜投入380万元巨资，硬化村级公路22公里，确保全村水泥公路组组通、户户通。二是投入210万元，组织实施村民饮水工程，安装自来水管道12公里，为全村956户统一安装了自来水，使全村安全用水率达到了100%。为了搞好这项惠民工程，胡福建书记和“两委”一班人日以继夜，深入到全村每户村民家中调查问访，征求意见，制订方案，稳步推进。在还桥村无论大小事务，事先都要向党员干部通报，然后再召开村民大会讨论通过，哪怕是一分钱的小事也都是大伙说了算。这些年，全村每年新上项目的投资数额都很大，没有一个人对胡福建说长道短，原因是村民们有着百分百的知情权、参与权和决策权。胡福建亲民爱民，尽心竭力为村民办好事、办实事，把党的温暖送到每一位村民的心中。在相继不到半年时间里，村里又投资180万元建沼气池200余口，使全村部分村民用上了洁净的新能源。投入10余万元补贴农户改厨、改厕、改沟、改圈。投入18万元改造门口塘15口。这些，既方便了村民，也造福了子孙。三是着力改善村民生活中的“菜篮子”工程。在积极引导村民大力发展商贸业的同时，鼓励村民共办经济实体，发展特色农业。在此期间，由于政策优惠、发展有望，一大批外来投资企业纷纷落户还桥村。随着该村人口的不断增多，村里原有的一个小农贸市场供应能力明显不足。为此，胡福建书记和村“两委”一班人下定决心，于2009年又投入1600万元资金，对村农贸市场进行了大面积改造和扩建，改扩后的新农贸市场为一大型标准化二层建筑。其中一层为农贸市场，二层为服装百货市场，一、二层市场还免费为村民建起了一个个规划整齐、布局合理的经商摊位，目前全村经商户由3年前不到200户发展到现在的380余户。营业收入由原来的3100万元增加到现在的8000万元，在两层市场上，还兴建了一幢共6层、总投资2400万元、建筑面积达2万多平方米、可容纳160户村民居住的现代化小区。随着这幢商居楼的落成，该村的民生工程又增添了一大闪光点。很大程度上激发了村民从事商贾的热情，为村级经济的发展奠定了坚实的基础。

工作中，胡福建书记总是提醒“两委”一班人：一定要干干净净做事、踏踏实实做人，处处以身作则，事事率先垂范，要求村民做到的事党员干部必须首先做到。工作中他积极倡导“三责”作风：即履岗尽责、大胆负责、严格问责。不仅如此，村里的每项工作都聘请了老党员、群众代表参与监督，严把各项工作质量关，做到各项工程指标必须达标，每件事必须让全村群众放心。在安排村“五保户”的衣、食、住、行上更是精心尽意，村里“五保户”的生老病死全部由村里统一负担。在安置住房中对“五保户”的房屋置换条件可同等于其他村民户。如此人性化的决策，让那些“五保户”感受到了切实的温暖和关爱。胡书记给自己订立了一个规矩，不管是村里哪位村民有了为难事，他必须第一个到场，现场办公，全心全意为村民排忧解难；不管是哪位村民生病住院，必须是自掏腰包，买上慰问品前去探望，不花村里一分钱。他牢记宗旨，不辱使命，为官清廉，严于律己。对自己的家人和亲属更是约法三章：不得利用自己的这点权力来捞取半点好处，不得利用自己的名义和别人谈生意、发生经济往来，不得收受任何礼品、礼金、购物券。明白做事、清白做人、屁股坐正、腰杆挺直。无论是村干部还是村民，都说胡书记办事讲党性、讲原则、有人性、有风格。如今，走进还桥村的任何一个地方，映入人们眼帘的是村民们那一张张幸福的笑脸和对未来生活充满希望的美好憧憬。

借风行船　引资发展

在不断引进项目，大力发展第二产业的同时，加大巩固发展商贸业的力度，通过狠抓招商引资、项目建设来发展和巩固第二产业。该村按照“两型社会”、“城乡统筹”建设规划要求，坚持不引进高污染企业、高能耗企业、损农企业等“三不原则”，将一批科技型、环保型、劳动密集型企业招引进来。到目前为止已引进黄石永丰针织、深圳曼斯特服饰、江苏天伦、湖北高威、和顺冶金、机械制造等多家企业。今年还启动了还桥工业新区开发建设。投资6000万元的黄石相繁肥业有限公司；投入1.2亿元的安徽巢湖神工机械有限公司；投资2.2亿元的深圳冠牌光电有限公司；投资1亿元的维尔斯京酒店管理中心等一大批市场前景广阔、科技含量高、发展潜力大、环保节能的企业已与该村正式签约，有的已破土动工。北京盛华晨投资担保有限公司准备投入4个亿，目前正在洽谈中。第二产业的迅猛发展，可为村民提供2000余个就业岗位，村级积累每年可创40万元，村级经济发展有了可靠的资金保障。

近年来，围绕大冶市委提出的深入贯彻落实科学发展观，推进城市转型，奋力争当城乡统筹发展排头兵的工作目标，该村起步早，落实快，他们按照借鸡下蛋，积水养鱼的发展模式，使还桥村的发展一年一个新台阶，各项事业真正跃入了健康、规范、良性、快速、科学发展的快车道。

生态文明　百姓和谐

以工补农，大力推进农业产业化。在抓好工业和招商引资的同时来完善以工补农这一模式，依托丰富的土地和山场资源，加大农业产业化基地规模建设，与种植业、林果业和养殖业结对帮扶，并对丘陵、山场、荒芜土地和沟壑凹地进行土地整合，扩大集约化流转经营规模，推行景观农业经营模式，发展高效农业经济。到目前为止，已建成林果基地1个；绿色无公害蔬菜基地 2 个；休闲观光基地 1 个，养殖基地 1 个，形成了“一户一品种、一品一特色”的农业产业化格局。通过发展三大产业，使全村总产值突破 3 亿元。村民人均纯收入 6600 元，全村不仅解决了温饱问题，而且正逐步向小康水平迈进。全村有 80%以上的村民分别建起了二、三、四层的小洋楼，90%以上的村民拥有彩电、冰箱、洗衣机、空调等家用电器，还有相当部分村民用上了电脑，购买了小轿车。村民生活的改善和村级经济的壮大，应验了胡福建书记常挂在嘴边的那句：“无工不强，无商不富，无农不稳”这一至理名言。现如今，还桥村工、农、商齐头并进，布局科学合理，为社会主义新农村建设探索了一条合理、有效的新途径。

为弘扬精神文明建设，提高村民素质，还桥村在大力发展村级经济的同时，坚持两个文明建设一起抓。一是每年组织全体村民开展“好媳妇”、“文明村民”、“十星级文明农户”等评选活动。通过评选彰显先进。二是丰富村民文化娱乐生活。村里有一支 60 人组成的威风锣鼓队和 140 人组成的舞龙舞狮队，还有采莲船队、秧歌队、舞蹈队、三支乐队清一色由农民组成的业余文艺娱乐团体，他们在全村定期和不定期地开展文艺演出活动，极大地丰富了村民的业余文化生活。村里还建有 8 个篮球场，并配备了乒乓球台、象棋、牌类等，建有健身场所两处，对参加各项比赛和健身运动的领先者予以物质“奖励”。三是联合黄石市第四人民医院对全村 60 岁以上的老年人实行定期体检，发现病情，及时救治；对有困难的老党员、老干部及老、弱、病、残的群众实行慰问和帮扶；每年的重阳节，村里都要为这些老人开展各种形式的娱乐活动，使他们真正感受到老有所依、老有所乐、老有所为的温暖和自豪。四是积极创办“农家书屋”，倡导“知荣知耻，正己修德”新风。还桥村在还地桥镇率先建起了一个高标准的“农家书屋”，由一位村干部担任管理员，现有藏书 14000 册，这里既有文艺书刊，又有养殖、栽培等农民实用的技术书籍，还有许多图片和光盘。每周的星期二、四、六全天候对村民开放，为增长村民文化知识和技术技能提供了一个良好的学习场所。在这里村民们既脱去了贫知又脱掉了旧有的习俗，极大地陶冶了村民们的思想情操。

古诗云：“半亩方塘一鉴开，天光云影共徘徊。问渠哪得清如许，为有源头活水来。”还桥人都能畅饮农家书屋这源头活水，都能够在农家书屋里不断攀登人类进步的阶梯，胡福建真正地笑了，他笑得阳光灿烂、他笑得心安理得……

一雁领头　群雁高飞

俗话说得好，“火车跑得快，全靠车头带”。如今的还桥村在书记胡福建的带领下，可谓是“一雁领头，群雁高飞”。

十年来，胡福建书记对村中的一些重大决策和事项，事先都要积极主动地组织听取党员干部和村民们的意见，从不搞“家长式”或“一言堂”做法。他以人为本，勤字当头、听政议政、还政于民、广开言路、集思广益，各项工作科学规划、合理安排、精益求精、井井有条。使村“两委”的决策真正变成了村民自觉参与的实际行动。十年间全村共举行听政议政会 40 余次，深得群众信赖，极大地增强了各项工作的执行力和透明度，密切了村“两委”同村民之间的关系，消除了隔阂。还桥村这些浓墨重彩的大手笔，无一不是凝结着以胡福建为中心的“两委”一班人的心血和汗水。在他的影响和带领下，全村上下一致，同心同德，共同瞄准一个“靓”字、打造一个“美”字、攀登一个“高”字，依托优势、齐心协力，不断打造着还桥村和谐美丽的新家园。应该说这是奋进的十年、闪光的十年、辉煌的十年。

现如今，还桥村是：“文明乡风传千里，村容村貌换新颜，民主管理大进步，村民和睦人心安”。作为还桥村的领雁人胡福建也多次得到了各级党委、政府的充分肯定和表彰，并光荣当选为“大冶市第四届党代表、人大代表”。十年间，还桥村曾先后六十多次荣获各级党委、政府和有关部门的嘉奖，各类奖牌、奖旗数不胜数。这些荣誉，着实让全体村民感受到了一种无比的骄傲和自豪。村民们对胡福建、对村干部大都怀有一种感激之情，异口同声地用“金杯银杯不如百姓口碑，金奖银奖不如百姓夸奖”这样一句口头禅来肯定胡福建和村干部们的工作。而胡福建书记却总是谦逊地说：“我做的还很不够，离党的要求、离老百姓的愿望还差得很远。即使取得了一点成绩也是上级领导关心、支持，村民配合、帮助的结果。一个人的能力再强也是有限的，一个人的眼光再远也是有限的，一个人的谋事能力再高同样也是有限的，三个臭皮匠顶一个诸葛亮。只有充分发挥大家的聪明才智，各抒己见、各展所长，阳光办事，我们这个班子才有智慧、才有活力、才有战斗力，村民才拥护。作为村支书，我既是参与者也是决策者，同时还是执行者。我这个书记是否当得称职，关键在于决策是否民主、管理是否科学、办事是否透明。我们做任何事情都要经得起检验，决不能搞阳奉阴违、暗箱操作那一套，更不能一言堂”。胡福建常告诫村里的党员干部：“人无远虑、必有近忧”，要未雨绸缪，未来的路要靠我们还桥人自己去走，要想建设和谐美好的新家园，打造魅力还桥，我们要始终记住从零开始……这就是胡福建一个基层村支书的博大胸襟和优秀共产党员的高尚情怀。

胡福建在村支书和村干部的岗位上一干就是十多年，十年的风风雨雨，十年的艰辛拼搏，练就了他艰苦创业、奋发有为、自强不息，敢为人先的信心、决心、恒心、耐心和勇气。十年中，他废寝忘食、公而忘私、勤勤恳恳、任劳任怨、立党为公、执政为民、践行宗旨、不辱使命，忠实地履行着一个村干部和优秀共产党员的光荣职责，用青春和热血谱写了一曲当代共产党人“一心为民、甘愿奉献、践行宗旨、不计得失”的时代赞歌。他的事迹可圈可点、可歌可泣、令人敬佩、使人折服、给人鼓舞、教人力量、壮人胆气、催人奋进！我们深信，在上级党委、政府的坚强领导下，在以胡福建为首的村“两委”班子的带领下，在全体村民的共同努力下，还桥村的明天一定会更加美好！

（作者系《三农通讯内参》通讯员）

乌金在磨砺中闪光

——记贵州凸山田煤业集团董事长康雪林

钟健民

人生在跌宕中奋进，金子在磨砺中闪光。

湖南省双峰县蛇形山镇的“雪老板”，贵州凸山田煤业集团董事长、娄底籍二十大杰出贡献人物（经济类）之一、双峰县政协委员康雪林就是这样一个人。他从一名普通的镇干部，几经周折，几度春秋，在西部放歌，终于成长为一位拥有数千万元资产的优秀企业家，把煤矿办得风生水起！而今，他在数百米的地下，开采着乌金，同时也开采着人生的深度和广度。

蛇形山飘起入春以来的第一场丝丝细雨，黄昏才见到日影，入夜满地湿淋淋一片，我和几个同伴走进了一栋装饰别致、灯光柔和的阁楼，坐在一间漂亮的房间里，开始了与康雪林成为朋友以来的第一次有些深度的思想交谈。

细雨纷纷扬扬，飘舞在乡镇五颜六色的灯光中，还有一片常青树林，匆匆而过的人影，隔着玻璃在眼前恍惚，像一个梦境，有着童话般的色彩。然而，这时康雪林思维的犁铧，却在现实的土壤中深深耕耘……由于康雪林一向低调做人，勤恳做事，许多人对他的名字还很陌生，但一提起贵州凸山田煤业集团的“雪老板”，不少人会“啊”地一声，知道，他就是贵州凸山田煤业集团的董事长、总经理，一个从市场经济大潮中滚打出来的“老板”。

我的几位同事围席而坐，因为多是往日好友，不乏随便的感觉，而外表普通、身材壮壮、衣着简朴的康雪林，如果在另一个场合与他相遇，大约不会引起同伴们特别的注目。但随着交谈的深入，我明显感觉到，同伴有些挑剔的目光，已跳过乡村多得一见的雨景，被这个男子汉奋斗的历程，追求不息的精神，以及被岁月风雨无数次打磨过的思维，所深深吸引……

20多年来，市场经济的魔力，使中国社会发生了深刻变化，一大批在大浪淘沙中生存和发展起来的企业，在实践中领悟到，企业除了矿井、机器、煤炭和销售以外，还有一个首先对人，进而对企业价值产生根本影响的东西，那就是“企业文化”，因此近些年来，一大批作为“企业文化”传播载体的“企业之歌”，在蛇形山企业界如雨后春笋，蔚成一片引人注目的文化景观。

经过这次的雨夜深谈之后，我更加理解这不是康雪林的一时兴起之举，他总是在积极而清醒地选择着每一个机会，当然，作为一个精明的“老板”，他不会不希望以最合理甚至是最低的成本，创造最大的价值。成功带来了兴奋，所以就有了这个雨夜的促膝长谈。他说：“做人，做事，很重要的一点就是‘恰如其分’，这个度不那么容易把握。分寸拿捏准了，一切就成为艺术，成为人生过程中的一种享受”。他常说：“人活着，要有点境界。”

在此我们不能不就他的特别经历造就他特别的性格和特别的追求来加以阐述：现年50岁的康雪林，本是蛇形山镇的一名普通干部，在由一个毛头小伙成为一个拥有数千万元资产的优秀企业家的过程中，自有许多鲜为人知的酸甜苦辣，自有他颇富传奇的人生……

康雪林家住蛇形山镇秋湖村，兄弟姐妹五人，只能靠父亲那一点挖煤的工资来维持生计，他酷爱读书，学习成绩在学校总是第一，由于他家庭贫困，高中毕业后，只得弃学。他在家总是以一个长子的角色分担家庭的重担，顶替父亲去蛇形山鸡公山煤矿上班。1988年他自费考入了湖南省煤炭干校，他如鱼得水，这为他今后创业打下了坚实的基础。成为国家干部的康雪林，仍然回到鸡公山煤矿担任生产矿长。一分耕耘一分收获，不到两年，鸡公山煤矿面貌焕然一新，年产值达500多万元，创利税80多万元。后又转战越山、砂山煤矿、到蛇形山镇担任企业党总支书记。他屡战屡胜，2003年他抓住企业转制的机遇，毅然停职创业，先后创办了洪寺煤矿、秋湖预制厂，承包了鸡公山煤矿。

资本雄厚了，第二年，他利用国家西部开发契机，再次组织人员，在贵州省六盘水市创办了贵州凸山田煤业集团，年产值达8000万元以上，每年创税收1500多万元，安排劳力400多人，康雪林迎来了事业上的又一个春天。康雪林办企业不像一般人，他特别注重安全投入，注重创新管理，他大刀阔斧，采用先进设备，将凸山田煤矿推上了安全发展、跨越发展的道路。同时，他积极向当地献计献策，支持当地公益事业的发展，尽显双峰县政协委员的风采。高原的雨，也像今夜的雨一样，一度又一度地飘过中国大地，他在贵州省六盘水凸山田煤矿组建了蛇形山镇流动党支部，30多名党员在康雪林的主持下，认真开展着创先争优活动。在创先争优会上，党员们庄严地写下了公开的承诺书，并共商了支部的承诺，为当地以及家乡蛇形山多奉献爱心，还发展了6名新党员。雨还在门外下，房内却暖烘烘的。

不知是他对贫苦人神虔诚膜拜，还是他对贫苦人情有独钟，反正，在他灵魂的深处，始终有一个解不开的贫苦人情结：在他家乡的秋湖村，有一个与他原来一样在煤矿下井的康和平，和平老婆得了癌症，“雪老板”不忘贫困人之难处，即给康和平2万元，还义务承担他两个女儿读书的一切费用；蛇形山的洪桥、扶州两所小学危房改造，他分别送去5万元作课桌费用；一条泥泞小路通往一栋低矮的土砖房，身患股骨头坏死又年近六十的父亲，智障的母亲，还有一个正在读初二的弟弟，这就是蛇形山镇坝塘村陈卫国的家庭现状，贫困的家境催人奋进，他去年以优异的成绩考取了宁夏大学物理电气信息学院，然而高昂的学费却又成了这个家庭的沉重负担，2011年8月6日，“雪老板”一行闻讯冒着毛毛细雨来到了陈卫国家中，这个18岁的少年脸上阳光中略带腼腆的笑容，让人无法把他和他的生长环境联系起来，“雪老板”一见到小陈同学，“算我的”，二话没说，鼓励小陈安心学习。近年来，蛇形山镇党委政府致力于教育事业建设，去年该镇关工委对全镇46名贫困大学新生、高中新生实行扶助，组织企业界以及社会各界知名人士开展了一系列帮扶活动，在“雪老板”的带动下，组成了“蛇形山镇教育基金会”，筹集资金30多万元，及时帮助了一个个蛇形山的贫家子弟顺利入学。历年来，“雪老板”多次捐资助学，累计捐款超过百万元之多。

而今康雪林又找准了另一个方向。不忘生养他的秋湖村，他决定个人捐资在该村全面推进新农村建设，此项目于2011年正式启动，目前投资已达1200余万元。3月11日，他带领秋湖村干部和村民代表来到娄底市经济开发区省级新农村建设示范村——中阳村学习取经，中阳村到处都呈现出新农村建设的新气象，尤其是其美好的规划前景、实实在在的建设成果给全体参观学习人员留下了深刻的印象。康雪林更是信心满怀，当即表示将继续不遗余力，为秋湖村的新农村建设添砖加瓦，把昔日的秋湖村变成一个现代新农村的乐园。

康雪林虽然经常自称是个“企业人”，但随着交往的深入，我所感受到的，似乎更多的是文人的气息，学者的特质，而胸怀这种追求的人，他的精神世界更为高贵。2009年，为繁荣蛇形山镇楹联艺术和农村文化，由镇文化站主编的对联集《蛇形山楹联萃》，“雪老板”在资金上鼎力相助，出版问世。2011年9月，双峰康氏文化研究会在康雪林等人的发起下，在蛇形山镇曹来村康氏宗祠正式建立，这是蛇形山镇由民众自发建立的第一个民间群众文化组织，全国各地代表400多人参加了大会，为鼓励优秀学子继续深造，为帮助贫困、残疾人员摆脱困境，为共同探讨中华民族悠久的文化进行收集、挖掘、整理和收藏。

人生很短，康雪林常说：“我活五十年，要相当于别人的一百年。所以我需要特别敬业，特别讲究效率，计划今天做的事，再晚也不能拖到明天。我好像在止不住地往前跑，刹不住车，有时候也感到撑不住，被压得喘不过气来，但我必须坚持。”康雪林全是靠自己勤劳的双手、聪明的头脑、奋斗不息挣来的资金无偿地投入社会、回报社会、乐意于公益慈善事业，我想：全社会都少见。

雨还在下，但这却是个让我心灵沉醉的雨夜。深夜，我走在蛇形山的大街上，预兆丰年的细雨，依旧有韵律地洋洋洒洒。我的耳边总是飘忽着康雪林所写的那让人一听难忘的旋律：

美丽的蛇形山
拥抱千年的春秋
唱起感动生活的歌……

（作者系湖南双峰县作协会员、双峰县政协文史特邀研究员、娄底日报通讯员、双峰县诗联理事）

第十二部分　非公党建地方重要活动

（按地区拼音字母排序）

（一）安徽省

安徽合肥探出非公经济人士思想政治工作新路

新　生

“针对合肥市非公经济人士的特点，工商联创办了‘合肥市民营企业家讲坛’，不定期开展学习讲座。至今已举办 34 期，共有 1.1 万多人次参加了学习，加上其他形式的培训，全市各级工商联共组织有 2 万多人次参加学习。学习内容涉及政治、经济、科技、法律等，授课者有专家、学者、领导干部，也有民营企业家。安徽省委常委、合肥市委书记吴存荣还带头给企业家们授课。”如何开展好非公经济代表人士的思想政治工作？合肥市工商联副主席贾东明在介绍合肥经验时介绍说。

近年来，合肥市非公经济发展较快，成为最具活力的新的经济增长点。一批有实力、能力强、素质好，有影响、有潜力、文化水平相对较高的非公经济代表人士涌现出来。合肥市各级工商联充分认识统一战线在实现党和国家的中心任务中所肩负的光荣使命，解放思想、实事求是、勇于实践，大胆创新，积极探索新形势下开展非公经济代表人士思想政治工作的新办法和新途径，积累了一些经验，取得了一定的成绩。

“望闻问切”，通过扎扎实实的调研，合肥市工商联摸清了新形势下开展非公有制经济人士思想政治工作出现的新情况、新问题，针对发现的问题，他们充分尊重、广泛联系、加强团结、热情帮助、积极引导的方针，围绕“两个健康”工作主题，探索非公有制经济人士思想政治工作的新思路、新方法、新途径，开出了自己的“药方”——开展了一系列行之有效的思想政治工作，非公经济人士思想政治水平明显进步，参政议政意识与能力明显增强，社会责任感明显提高。非公经济代表人士思想政治工作的“合肥模式”也得到了各方的好评。

形成“会议加培训”制度

贾东明介绍说，除了“合肥市民营企业家讲坛”外，合肥市工商联还通过执委会、常委会、工作交流会、企业家俱乐部、联谊会等多种形式，组织非公经济人士认真学习“三个代表”重要思想、历次党代会精神、党中央、国务院有关重大会议精神和安徽省委、省政府和合肥市委、市政府有关文件，形成“会议加培训”的制度。合肥市工商联还经常组织企业家们外出培训考察。如多次组织民营企业家赴中央党校、北大、清华、科大等国内顶级院校学习培训，赴北美、欧洲、港澳台地区参观考察并与当地商会组织交流学习。合肥还采取了政府出资的办法：市、县（区）两级将举办企业家高级人才管理培训班费用纳入同级财政，由政府买单。仅 2012 年一年，财政为非公企业培训就拨款达 200 余万元，有近 300 名企业家参加了市县两级组织的高校研修。与此同时，合肥市工商联还自办《合肥民商》会刊和工商联网站，加强宣传思想工作阵地建设。会刊每月一期，每期 1000 份，免费邮寄给执委以上会员和党政机关领导阅读。内容为传达党和政府的方针政策、解读法律法规，报道工商联工作动态，宣传民营企业的创业、创新、发展和奉献业绩。通过学习培训，引导他们开阔视野，认清形势、明确责任，增强政治意识和历史责任感，牢固树立社会主义荣辱观、道德观，不断提高政治素质、爱国情操和法制观念。

搭建参政议政平台

合肥市工商联十分重视搭建参政议政平台，先后建立了与合肥市经信委、工商局等12家政府部门的对口联系制度，市领导对口联系企业制度，工商联界别政协委员界别活动制度等。不定期组织非公经济人士参加各类座谈会、联谊会、协商会等，增进了解，反映诉求，同时对政府制定相关政策建言献策，增强了非公经济人士参政议政意识。多年来，除了常规的参政议政之外，每年均邀请市委、市政府主要负责同志为民营企业家讲解经济发展形势，企业社会责任和帮助企业释疑解惑，鼓舞信心。非公经济代表人士与市领导面对面接触，了解合肥发展的大政方略和措施政策，反映企业的意见建议。在合肥市人大、市政协会议上，工商联界别的代表、委员先后提交多份专题发言、个人提案和团体提案，受到政府各级部门的高度重视，有些提案被吸收到政府决策意见中。通过积极引导，提高了非公经济人士参政议政能力，发挥了参政议政和参与社会事务管理的作用。

合肥市工商联还十分重视社会荣誉对非公经济代表人士健康成长的激励作用，对那些在企业发展、社会贡献、关爱员工、扶贫济困、回报社会等方面做出突出贡献的非公经济人士给予大力表彰和宣传，并形成制度持续多年。同时，市工商联还与省工商联、市委统战部共同开展“优秀中国特色社会主义建设者”表彰、百强民营企业排序表彰、先进行业协会商会表彰等。市工商联会员多人获得全国、省、市劳动模范、五一奖章、五四奖章、三八红旗手、创业带头人、关爱员工的优秀企业家等各种荣誉和奖励。我们认为，通过社会荣誉的激励，使非公经济代表人士事业有奔头，社会有地位，学习有榜样，赶超有目标，激发了他们奋勇争先发展、努力奉献社会的政治热情。

注重解决实际问题

在开展非公经济人士思想政治工作中，合肥市工商联坚持以经济建设为中心，始终不渝把发展作为第一要务，紧紧抓住非公经济发展过程中的突出矛盾、热点难点问题，把解决思想问题和帮助解决实际问题紧密地结合起来。他们高度重视维护非公企业合法权益，对企业在创业及发展中遇到的问题及时给予帮助。如企业提出的政策如何贯彻落实问题、重视行业发展问题、商会总部经济问题、民营企业投资项目建设用地问题、民营企业用工问题、企业因规划调整拆迁影响企业经营发展问题、企业规范问题等等，合肥市工商联在调查核实的基础上通过“工商联直通车”制度，利用各种机会与有关部门协调沟通。创办了《信息快报》、《情况反映》、《签报》等简报，针对企业反映的问题，采用不定期、一事一报的方式直接送达市委、市政府、市人大、市政协主要负责同志和有关部门。仅2012年一年，为企业解决和协调问题40多起，使许多困扰企业发展的问题得到较为圆满的解决，维护了企业的合法权益。对于民营经济发展中面临的共性问题，合肥市工商联则通过调研报告的方式，提出意见和建议，分别在不同的媒体上刊出，并在合肥市政协大会上发言，有一定的社会影响力，有很强的针对性，对促进民营经济的健康发展发挥积极的作用。

“工商联在做非公经济代表人士思想政治工作中也还存在一些问题，主要表现为做非公经济代表人士思想政治工作渠道单一，网络弱化，部门未形成工作合力，制约个体私营经济发展的因素仍然很多，需要解决的矛盾还十分突出。为此，我们在探索和实践非公经济代表人士思想政治工作的过程中，需要不断发现新情况、研究新问题，要十分清楚非公经济代表人士在想什么，需要我们做什么，针对工商联的职能特点和目前工作中存在的问题，我们进行了研究和思考。”贾东明介绍说，“思考一：面对变化的新形势，各级工商联只有不断加强学习，更新观念、提高认识，不断探索和研究非公经济代表人士的概念和内涵，才能找准做非公经济代表人士思想政治工作的着眼点和自身位置。思考二：各地情况千差万别，只有因地制宜，主动出击寻求配合，才能找到做好非公经济代表人士思想政治工作的新途径、新方法。思考三：做好非公经济代表人士的思想政治工作，要解决好体制问题，强化组织领导，建立和完善各项工作制度。”

省委组织部、省委非公工委举办全省非公企业党建工作指导员示范培训班

（2014年9月22日）

安徽省非公工委

9月15日至19日，全省非公企业党建工作指导员示范培训班分南北两片分别在安庆、淮北举办。省委组织部部务会成员、省人才办主任王益灵，省委组织部部务会成员、省委非公工委专职副书记唐汝平分别

出席两片培训班开班式并讲话。

部领导在讲话中对去年以来派驻非公企业党建工作指导员工作进行了回顾，并就进一步加强党建工作指导员队伍建设、促进更好发挥作用提出了明确要求。部领导指出，进一步做好派驻工作，是促进非公企业健康发展的迫切需要，是加强和改进非公企业党建工作的现实要求，是推动党员干部直接联系服务群众的重要举措。部领导强调，党建工作指导员要按照“五句话”的目标要求，认真履行职责，充分发挥作用，重点在服务企业发展上下功夫，在提高企业党建工作水平上下功夫，在帮助企业凝心聚力上下功夫。部领导要求，党建工作指导员要注重学习，切实增强工作本领；讲究方法，不断提高工作质量；改进作风，自觉树立良好形象。部领导强调，各级党委组织部门、非公工委要高度重视派驻工作，加强组织领导，加强队伍建设，加强宣传引导，确保派驻工作取得实效。

培训班开设了《当前我省民营经济发展形势及相关政策》、《加强党的建设工作，助推企业科学发展》等专题辅导，淮北市委组织部、怀宁县委组织部以及3名优秀党建工作指导员作了交流发言，学员分组进行了讨论。参训学员纷纷表示，培训班组织严密、安排紧凑，形式灵活、内容丰富，通过培训进一步增强了抓好非公企业党建工作的信心和决心，明确了下一步工作目标，学到了好的工作经验和方法，将把培训班所学运用到实际工作中，圆满完成派驻工作各项任务，不断提高非公企业党建工作水平。16个市部分派驻非公企业党建工作指导员，市委非公工委专职副书记，部分县（市、区）委非公工委书记共200人参加培训。

邓向阳在亳州宿州调研时强调着力提高非公企业党建工作水平

（2014年11月22日）

安徽省委组织部

11月19日至21日，省委常委、组织部长邓向阳赴亳州、宿州市调研基层党建工作。调研中，邓向阳对亳州、宿州两市经济社会发展和组织工作取得的成就给予肯定。

邓向阳先后深入亳州芜湖现代产业园、宿州经济技术开发区及现代制鞋产业城、宿州高新技术产业开发区等园区企业，了解非公企业党建情况。他指出，非公企业党组织是党在企业中的战斗堡垒，加强非公企业党建工作，事关党的执政基础的巩固，事关经济社会发展，事关非公企业健康发展。

邓向阳强调，要继续加大工作力度，提高党组织单独组建率，不断壮大企业党员队伍，积极探索党的工作覆盖的有效途径。坚持标准条件，采取多种形式，选优配强党组织书记。高质量选派党建工作指导员，规范化管理，优质化服务，定量化考核，确保党建工作指导员充分发挥作用。广泛开展“双强六好”企业党组织创建活动，找准工作着力点，提升党组织建设内涵，树立党组织良好形象，促进非公企业党组织充分发挥在企业职工中的政治核心作用和企业发展中政治引领作用。

（二）北京市

北京市强力推进非公企业党建

——一年来新建非公党组织1139个，发展党员2999名

北京市委组织部

去年来，北京市在加强组织领导、组建工作、载体建设、队伍建设以及基层基础保障上下功夫，强力推进非公企业党建工作。截至2012年12月31日，北京市共建立非公企业党组织8368个，覆盖企业70444家，党员13.9万人，占全市党员总数的7.31％。

去年，北京市召开了全市非公企业党建工作推进会，各区县迅速行动，结合实际研究制定非公企业党建实施意见并召开专项推进会，启动了非公企业党建“提升工程”、“活力工程”等活动，集中精力提高非公企业党建工作水平；各单位把非公企业党建工作作为“一把手”工程，建立起目标管理、联席会议、领导干部联系点等制度，形成了条块结合、上下联动、层层抓落实的非公企业党建氛围。

全市依托行业协会、商务楼宇、专业市场、商业街区、工业园区、村（社区）党员活动场所，利用“流动党员服务中心”等载体，开展“我心向党”、“呼唤流动党员回家”等主题活动，为非公企业建立党组织创造条件。一年来，新建党组织1139个，占非公企业党组织总数的13.6％；积极引导3697名非公企业“口袋”党员、“隐性”党员找到党组织，向非公企业输送党员或引导企业招聘党员员工2258名；加大在非公企业中发展党员力度，去年新发展非公企业党员2999名。同时，成立全国首家互联网协会党委，推进在重点网站建立党组织工作，百度、新浪、优酷等商业网站均建立党组织。截至2012年12月，全市非公企业党组织覆盖率达到64.7％。

加强载体建设，探索非公企业党组织发挥作用的着力点。全市8210个非公经济组织参加分类定级，重点督促“一般”、“较差”党组织的整改工作；开展“亮身份、强素质、争先锋”、“科技攻关助力企业发展”等活动，建立党组织参与企业决策、服务职工群众、协调劳资关系等制度，形成了以安利集团党委为代表的外企党组织、百度党委为代表的新兴媒体党组织、北京现代党委为代表的制造业党组织和合谷党支部为代表的餐饮服务业党组织、京东商城党委为代表的电子商务党组织、汉能集团党委为代表的光伏能源企业党组织、中复电讯党委为代表的电子服务业党组织、叶青大厦党委为代表的商务楼宇党组织等一批非公企业党建典型。

做好党建工作指导员选派工作，离任社区党务工作者、机关事业单位“退二线”干部、复转军人等成为非公企业党建工作指导员的主要来源，全市共选派非公企业党建工作指导员10107名，联系指导69640家非公企业。各区县通过发放交通和通讯补贴等形式激发党组织负责人的工作积极性。采取“示范培训＋普遍轮训”的方式，抓好非公企业党务工作者教育培训工作。去年来，共组织非公企业党组织负责人培训15104人次，非公企业党建工作指导员培训18388人次。

加强基层基础保障，基层党组织工作和活动经费标准从党员年人均100元统一提高到200元，对非公企业党费实行全额返还。各区县普遍按照非公企业党委5000元至3万元、党总支2000元至1.5万元、党支部2000元至1万元的标准为新组建的非公企业党组织提供启动经费。通过政府购买的方式，2012年按照每人每年1万元的标准，聘请1200名退休老干部担任非公企业党建工作指导员。结合区域化党建工作，新建或整合现有资源建立781个党群活动服务中心，实现了非公企业集聚的地区都有党组织活动场所。

北京市工商局深入非公企业调研群众路线教育实践活动并召开全市工商系统非公企业党建工作推进会

（2014 年 5 月 22 日）

中国共产党新闻网

4 月 3 日，北京市工商局派出调研组与朝阳工商分局和辖区工商所一同走访了和君集团有限公司党委。公司党委副书记田毅、品牌与业务管理部副经理赵长城接待来访。田毅副书记介绍了公司发展情况和党建工作情况，并就在非公企业中如何开展党的群众路线教育实践活动、更有效地开展党建工作进行了交流。和君集团成立于 2011 年 6 月，前身为北京和君咨询有限公司。在地方党委和各级工商部门的支持下，企业于 2013 年 5 月成立了公司党委。一年来，党委积极发展党员、培养入党积极分子，建立健全组织各项制度，积极开展宣传教育活动，党建工作开展富有成效。目前，党委共有党员 260 余名，党支部 5 个。根据上级的要求，公司党委正在深入开展党的群众路线教育实践活动。

北京市工商局调研组对公司非公党建工作给予高度评价，对公司党委成立一年来的工作给予充分肯定。希望公司党委结合党的群众路线教育实践活动扎实推进党建工作，在党建工作与企业发展相结合的探索方面取得更大成绩。同时表示，北京工商部门将结合职能对公司的发展和党建工作给予积极支持。

4 月 9 日，北京市工商局、市私营个体经济协会召开工作会，部署 2014 年全市工商系统推进非公企业党建工作。北京市工商局副局长、推进非公有制经济组织党建工作领导小组副组长李异讲话。市工商局非公党建领导小组成员单位、各工商分局主管领导、各区县协会负责同志参加会议。李异副局长在讲话中深刻阐述了工商系统做好非公企业党建工作的重要意义，要求认真贯彻国家工商总局太原会议精神，紧紧抓住第二批党的群众路线教育实践活动这个难得的机遇，推动北京市工商系统非公党建工作迈上一个新台阶，并就 2014 年度工作提出五点要求：

（一）建立健全非公党建工作制度机制。在国家工商总局、市委和市委社工委的领导和指导下，深入贯彻市工商局党组文件精神，建立健全分局非公党建工作领导小组，完善制度机制。充分发挥市协会社会组织党建工作委员会的职责，建立健全协会非公党建工作机制，建立有效的组织领导机构，明确工作职责和任务分工，全面推进非公党建工作。

（二）加大工作力度，进一步扩大非公企业党的组织覆盖和工作覆盖面。要以推进非公企业特别是个体工商户、小微企业和专业市场党建工作为重点，以开拓创新、求真务实的精神，因地制宜、因企制宜，抓紧建立党的组织，积极开展党的活动，进一步消除覆盖盲点和空白点。尤其要注意在非公组织比较集中的开发区、工业园区、商务楼宇、专业市场中建立党组织。对没有党员的企业，可通过选派党建工作指导员、联络员以及建立工青妇群众组织等方式，积极开展党的工作。要普遍开展个体工商户、小微企业和专业市场建立党组织的集中组建活动。认真抓好依托私个协会、依托专业市场、依托私个协会所属行业组织建立党组织的工作，着力把个体工商户中的党员和流动党员组织管理起来。

（三）高度重视基层党组织带头人队伍建设。制定党建工作计划，适时召开支部书记学习培训会、党务工作会、党建研讨会、联系群众座谈会，举办党务干部培训班或党建工作经验交流会、观摩会等，推动党建工作的深入开展。

（四）指导开展好在非公企业党组织中开展的群众路线教育实践活动。在教育实践活动中，积极打造服务型党组织，做到哪里有企业发展需要、有急难险重任务、有职工群众关切，哪里就有党的组织和党的工作。积极创新活动载体，为党组织和党员发挥作用搭建平台，已建立党组织的要全面开展党员“亮身份、讲诚信、作表率”、“一个党员一面旗”、党员责任区、党员示范岗、党员结对帮困等活动，激励党员充分发挥先锋模范作用，进一步增强党组织的凝聚力和创造力，让广大群众切实感受到党的群众路线教育实践活动带来的变化。

（五）突出典型，抓好宣传，营造非公党建良好氛围。要加强联系点建设，培育先进典型，以典型推动，以典型引路。对工作中涌现出的先进事迹和好经验、好做法，要组织进行实地调研，通过各种宣传手段，如报纸、杂志、广播、电视以及网络、微博等新型传播媒体，及时宣传推广，营造加强非公企业党建工作的良好氛围，进一步扩大影响力。

（三）重庆市

重庆武隆："三字经"强化非公党建人才队伍建设

（2014 年 2 月 24 日）

武隆县委组织部

人才队伍建设是非公党建工作所遇到的难题之一，为了化解这一难题，武隆县创新工作思维，转变工作方式，以"三字经"为抓手，积极推动非公党建人才队伍建设。

一是"训"。即加强非公党务工作者的教育培训。建立健全非公企业党务工作者的教育培训机制，通过集中学习、分别指导和咨询释疑等多种方式和电子信息、网络聊天等多种平台灵活开展各类教育培训活动，确保一周一小训，一月一大训，并由县委组织部非公党工委和县工商局非公党办相关工作人员对各非公企业进行方位无缝化的党建业务指导，全面提升其党的政治理论素养和党建具体工作的操作水平，确保各企业（行业、协会）精准有效地完成党建工作。

二是"压"。即敢于给年轻党务工作者压担子。让优秀的年轻人才挑重担，是武隆的一项重要举措。年轻党务工作者开展工作的经验不足，工作方式不够灵活，但是往往有新观点、新思维，有工作激情，针对这些特点，武隆局大胆启用年轻人，给予他们独立开展工作的平台，并建立相关激励机制，通过压担子，使年轻党务工作者很快成长为优秀成熟的党务工作的业务能手。

三是"挖"。即挖掘非公经济系统内的潜在人才。武隆局把全县非公企业的从业党员都纳入考察和挖掘的范围，在日常教育培训和党员集中活动过程中发现潜在人才，并通过甄别和考察，进一步重点培养，使其逐步成为专（兼）的党务工作者。

重庆永川区两新组织"红色家园"党建联盟会成立

（2014 年 1 月 8 日）

郭发祥

党建该怎么抓？3 日下午，区委常委、组织部部长陈智指出，把党员的先进性同党员的日常工作联系起来。

当天，永川两新组织"红色家园"党建联盟会成立，9 家企业入会。会长唐元华表示，该会主要为发挥党组织的战斗堡垒作用和党员的先锋模范作用。以党建为媒介，发挥集群效应，提高发展水平；以党建为抓手，实现资源共享、服务共给；以党建为引擎，发挥职能部门作用，推动解决原先一家一户做不了、一家一户效益不能最大化的问题。

陈智强调，打造党建联盟会，要在"同"字上下功夫，做到组织同建、活动同办、党员同管、文化同兴；在"联"字上做文章，做到联心、联动、联谊；在"实"字上出成果，做到措施实、作风实、成果实。同时，处理好联盟组织与联盟企业、关系不变与方式要变、自主活动与联盟活动、联盟目标与企业目标的关系。他希望，入会企业积极参与联盟会活动，推动联盟会发展；主管部门要积极帮助联盟会探索运行模式，做大做强"红色家园"党建品牌。

据悉，党建联盟会是我区 22 个服务型党组织建设示范项目之一。联盟会将重点建好"创业之家"、"文化之家"、"学习之家"、"和谐之家"、"爱心之家"，最终探索形成增强党建工作实效的新模式。

（四）福建省

福州非公党建“百日攻坚行动”掀热潮

福州市委组织部

“开展‘百日攻坚行动’是夯实党的执政基础、创新社会管理、助推企业发展的需要，要站在加强党的建设，推进全市经济社会科学发展新跨越的高度，充分认识实现非公企业党组织‘两个覆盖’的重大意义，切实增强抓好‘百日攻坚行动’的责任感和紧迫感。”在日前召开的福建省福州市委非公企业工委委员（扩大）会议上，中共福州市委常委、市委组织部部长陈元邦强调，要以“六个工作法”为抓手，确保非公党建“百日攻坚行动”目标的如期实现。

为进一步加强和改进福州市非公企业党建工作，推进党的组织和工作覆盖，今年3月以来，福州市正式开启非公企业党组织覆盖“百日攻坚行动”。此项活动由福州市委组织部牵头，市委非公企业工委组织实施，市县两级宣传、统战、台办、外经贸、工商、税务、工商联、工会、共青团等部门及乡镇（街道）党（工）委协调配合，共同推进。

为确保活动的顺利开展，此前，福州已先期在长乐市开展试点。

“我们的目标是，力争到6月底，实现党的组织和工作四个‘100%’：规模以上非公企业党组织单独组建率100%，有党员的企业党组织覆盖率100%，从业人员50人以上的企业党员覆盖率100%，所有非公企业党的工作覆盖率100%。”中共福州市委组织部副部长、市委非公企业工委书记、市工商联党组书记郭荣贵表示。

郭荣贵介绍，为确保上述目标的实现，此次行动将分三个阶段实施：准备工作阶段主要对全市企业和党员的分布、数量等基本情况进行彻底摸查，逐个核实，并建立健全非公企业党建工作台账；集中组建阶段通过单独组建、联合组建、优化设置组建、创造条件组建的方式，循序有效地推进非公企业党组织覆盖工作；巩固提高阶段要求各乡镇（街道）党（工）委对开展非公企业党组织集中组建活动进行“回头看”，按照规范化建设的要求，帮助新建企业党组织落实活动阵地、管理制度，确保做到“组建一个、规范一个、巩固一个”，促进党组织工作的制度化、规范化建设。

福州非公企业类型多、分布广、规模不等、情况千差万别，如何确保在6月底前实现“四个100%”的目标，成为摆在全市非公企业工委面前的一道难题。

“我们的秘籍就是‘六个工作法’。”郭荣贵表示，“具体来说，就是分类指导法、区域共建法、输血造血法、领导挂钩法、宣传引领法及考核保障法。”对此，郭荣贵一一作了解读：

分类指导法。按照分片划区、产业集聚、品牌整合、属地管理等要求，理顺各个企业党组织的隶属关系，根据实际情况（有3名以上正式党员的、暂时不具备单独建立党组织条件的、暂时没有党员的）进行分类指导，创新组建工作的方式方法。

区域共建法。以各类工业园区、商品市场、商务楼宇等为单位分区划片，以片区为单位统筹区内所有党组织的各项活动，发挥区域内拥有优质资源的党组织的龙头带动作用，以强带弱，使党组织资源整合、优势互补、整体推进，实现党的组织和党的工作全覆盖。

输血造血法。“输血”主要是向企业输送党员和党建指导员。党员输送主要有三条途径，即开展“党员找组织，组织找党员”活动、举办党员职工专场招聘会以及调整党员发展结构比例，把党员发展计划向非公企业倾斜；党建指导员输送则主要依托从党政机关、企事业单位选派。“造血”，就是要为组建党组织创造必要条件。

领导挂钩法。通过成立“百日攻坚行动”领导小组、签订责任状、建立领导干部联系点等形式，落实各级党组织负责人的管党责任，形成全力推进非公党建的良好氛围。

宣传引领法。采取扩大媒体宣传报道、组织现场观摩、典型事例正面引导等多种方式，在社会上营造浓厚的党建氛围，提高企业业主对党建工作的认识，引导非公企业主重视党组织、信赖党组织，赢得他们对党建工作的理解和支持，为非公企业组建党组织创造条件。

考核保障法。建立党组织覆盖“百日攻坚行动”责任制，把组建情况作为党建目标考核的重要指标。市委非公企业工委建立旬督查通报制度，对各县（市）区组建率进行排名，通报情况送市、县两级党政主要领导和分管领导。市委组织部、市委非公企业工委将适时派出督察组对各县（市）区党组织“两个覆盖”推进情况进行专项督查。

“福州是省会中心城市，开展非公党建活动具有良好的基础和条件。各县（市）区及市直各相关部门一定要拓宽思路、创新方法、强力组织、务求实效，全力打好‘百日攻坚行动’攻坚仗，力争省会福州非公企业党组织‘两覆盖’工作走在全省前列。”郭荣贵寄望说。

福州市党建和民企发展“联姻”共赢

福州市委非公企业工委

“福州工商系统的非公党建开展历史早、基础好、发展快，从台江区的‘党员诚信店’，到晋安区全省首创的非公党建信息网，都紧密结合着市场经济的特点和企业发展的需求，形成了区域党建的品牌效应，通过加强诚信经营教育、健全组织机制等举措，使党建工作和企业发展互促共赢。”日前，国家工商总局个体司副司长、总局推进非公党建领导小组副组长、领导小组办公室常务副主任韩旭在福州市开展非公党建工作调研时，充分肯定了福州工商系统的非公党建成效。

夯实组织和队伍基础

“小微企业、个体私营户、专业市场这些群体，量很大，面很广，如何把党的组织覆盖到这些群体，对服务型党组织的建设至关重要。”福州市委组织部副部长、市委非公企业工委书记郭荣贵一语点破了福州非公党建队伍覆盖的重要性。

要扩大党组织和党的工作在非公企业覆盖，坚实的组织基础是关键。为此，福州市工商局根据福州区域经济发展的实际，下发了《关于进一步加强非公企业党建工作的通知》，并结合“百日攻坚行动”，对全市小微企业、个体工商户和专业市场三类非公经济组织的党组织组建情况开展摸底调查，了解掌握非公企业党建工作基本情况，逐步建立非公企业党建工作台账和非公企业党员基本信息电子数据库，为积极推进党组织组建工作和扩大党的工作覆盖面打下坚实基础。

为筑牢非公党建工作支撑点，福州多措并举，狠抓党组织书记、党建指导员和非公企业党员三支队伍建设。在党员覆盖方面，福州市工商局结合企业登记、年检、验照、市场巡查等工商业务工作，依托个私协会，通过了解掌握非公企业中的党员和党建工作情况，引导党组织找党员、党员找党组织，帮助流动党员、“口袋”党员回到组织。福州市私营企业党委书记、市个体劳动者协会会长王秀钦告诉记者，在摸底排查中，今年上半年就有70多名流动党员、“口袋”党员、“隐形”党员亮出身份，就近纳入管理。

群雁高飞头雁领，非公党建要抓好，选好配好书记是关键。福州工商局在开展非公企业党组织书记队伍状况调查和培训的基础上，根据企业党组织特点，把企业中层以上管理骨干中的党员培养成党组织书记，建立了一支政治坚定，业务精湛，工作努力的非公企业党务干部队伍。

立足实际焕发生命力

台江区自古以来就是福州有名的商贸经济区，这里万商云集、商铺林立，有着近2万家非公有制企业在这片热土上投资兴业，成为了台江经济发展的主力军。如何把这些数量庞大、流动分散的非公企业党员集聚起来，发挥力量，为当地非公经济发展注入新的活力，成为了台江区工商局服务探索的焦点。

在台江区工商局的积极努力和引导下，近年来，有300多家“特殊”的店铺逐渐成为消费者认可的品牌，而这样“认可”源于台江区在非公党建上推出的“党员诚信店”建设密不可分。据了解，台江区的“党员诚信店”是由党员经营户提出书面申请，经个私协、街道党工委、工商局和组织部进行层层审核把关评选而出。为把诚信经营效应从党内拓展到党外，台江区积极开展“一带三”活动，组织各家“党员诚信店”带动三家以上群众个体工商户开展诚信经营，并介绍群众经营户入党，不断增强非公党建工作活力，带动形成诚信经营的良好环境。台江区工商局通过完善监督体系，建立党员经营户动态信用资料库对经营户进行实时监督。自2007年评选出首批64家“党员诚信店”以来，台江连续开展了4批评选活动，目前全区共有“党员诚信店”520家。

为了使党建工作服务企业发展不流于表面，让党员真正把组织生活过起来，使党组织能及时帮助非公企业党员解决一些工作和生活中遇到的困难，福州晋安区工商局与区委组织部结合实际，共同搭建了晋安区非公党建网，让党员在网上安家，力求服务在每时每刻。“网站的开设不仅给我们非公企业的党建工作提供了展示的平台，也为我们非公企业党员间的交流互助打开了一扇全新的窗口。”党员经营户张胜经常借助“晋安区非公党建网”和其他非公企业党员交流经验分享心得。

培育典型带动全面

王秀钦告诉记者，在发挥工商部门职能、体制、队伍优势和个体私营企业协会作用，做好个体工商户、专业市场、小微企业党建工作的同时，个私协也努力引导非公企业党组织发挥应有的作用，培育打造了盛辉集团、龙川集团、建州集团、美可食品、星辉建筑装饰公司、天福集团等一批省、市非公企业党建工作先进示范点和党建工作品牌，通过抓典型，树品牌，扩大党的组织和工作在非公企业的覆盖面。

党旗飘扬企业兴。在盛辉物流集团董事长刘用辉看来，在民企中开展党建，不仅是新时期加强和改进党的思想政治的需要，也是企业抓住机遇、加快发展的需要。基于此，刘用辉对党建工作抱以极大热忱，在福州市私营企业党委的支持和帮助下，盛辉物流从最初的一张桌子、一部电话、5名党员发展到现在8个党支部，拥有党员166人，并探索出了“2345”党建工作品牌。公司党委也在2011年被评为全国非公企业“双强百佳”党组织，2012年荣膺全国及福建省创先争优先进基层党组织称号。

为进一步发挥党员的先锋模范作用，福建龙川集团党支部今年开展了“三不、三无、四争当”党建品牌创建活动，使党支部成为龙川集团的一座堡垒。

在盛辉集团、龙川集团党建品牌的示范带动下，福州非公企业纷纷加入了党建工作的队伍，形成了各具特色、百花竞艳的党建品牌。“通过典型示范带动和辐射作用，使非公党建在点上的工作经验在面上开花结果，从而在更深的层次上，在更广的范围内发挥出非公党建工作品牌的聚集效应，才能进一步巩固非公企业党组织作用和地位，促进非公企业健康发展和非公经济人士健康成长。”郭荣贵说。

从“小股力量”到竖起“党建品牌”，从单纯追逐利润到党建生产“一根绳”……由北而南穿行而过的闽江水，见证着福州非公经济一步步地跨越和发展。在郭荣贵看来，这种活力的背后，是非公企业党建工作凝聚的巨大向心力。

福建省工商局召开全系统推进非公企业党建工作经验交流会

（2014年7月16日）

福建省工商局

6月9—10日，福建省工商局在泉州市安溪县召开全系统推进非公企业党建工作经验交流会。来自各区市工商系统的主要领导和分管非公党建工作的负责人，以及全省相关组织部门分管非公党建工作的有关负责同志参加了会议。福建省工商局党组书记、局长叶木凯参加会议并讲话。国家工商总局推进非公党建工作领导小组副组长、个体司副司长韩旭，福建省委组织部组织处处长林斌到会指导并讲话。会议由福建省工商局党组成员、副局长黄培惠主持。

会上，安溪县工商局、厦门市工商局、泉州市工商局、莆田市工商局、福州台江区工商局、宁德市蕉城区工商局6个单位先后作了推进非公企业党建工作经验交流发言；福州市、漳州市、三明市、南平市、龙岩市、宁德市工商局分别介绍了本单位开展非公党建工作情况。

福建省工商局党组书记、局长叶木凯代表省工商局党组作了讲话。讲话总结回顾了全省工商系统推进非公企业党建工作，既肯定了成绩，又指出了问题。同时，对全省工商系统下一步推进非公企业党建工作作了部署并提出了明确要求。叶木凯强调，全省工商系统要从全局的高度，充分认识推进非公企业党建工作的重要性，进一步增强使命感、责任感和紧迫感，抓住关键环节，切实履行职责，在推进非公企业党建中发挥更大作用。

（一）加大组建力度，努力实现“两个覆盖”的目标要求。要在党委、组织部门的统一领导下，以个体工商户、专业市场和小微企业为重点，帮助、督促具备条件的非公企业做好党组织的组建工作。要配合组织部门，指导非公企业党组织做好在生产一线职工、专业技术骨干及经营管理人员中发展党员的工作，培养发展符合条件的企业出资人入党。要深入开展组织找党员、党员找组织的“双找”活动，及时将在非公经济组织中的党员找出来，争取将在个体工商户、专业市场和小微企业工作的党员全部编入组织，纳入管理。

（二）加强“两支队伍”建设，激发组织活力。要指派政治素质好、有一定党务工作经验的党员（包括退居二线的党员干部）或聘任退休的党员干部担任非公企业党建指导员，对口指导相应的非公企业党建工作，帮助企业组建党组织、健全工作制度、开展经常性活动。各市、县（区）工商局要积极争取当地党委、组织部门的支持，组织对党建指导员进行系统化、专业化的全面培训。要抓好基层党组织负责人的党务工作理论与实践教育培训，提高非公企业党务工作者的政治素质和业务能力。要加强对非公企业出资人和个体经营者的管理教育，引导他们认识加强党建工作与企业发展目标的一致性，主动支持党建工作。形成企业出资人、群众、党员各方共同支持党建工作的良好局面。

（三）指导推进非公企业服务型党组织建设，充分发挥党组织和党员作用。要引导企业党组织积极发挥引领作用，围绕企业生产经营管理开展党的活动，服务企业经营发展，引导和监督企业自觉遵守国家法律法规。要引导企业党组织切实维护职工群众合法权益，积极反映群众诉求，协调各方利益关系，及时化解劳资纠纷。要引导企业在推进社会管理创新中发挥积极作用，帮助企业完善内部治理结构，健全规章制度，改善员工工作和生活环境，有针对性地做好职工群众的思想工作。要引导企业加强企业文化建设，组织开展丰富多彩的企业文化活动，加强企业员工道德培养，培育积极向上的企业精神。

（四）坚持统筹兼顾，推动非公企业党建工作与当前工作有机结合，与党的群众路线教育实践活动有机结合。要指导好非公经济组织党组织和党员深入开展党的群众路线教育实践活动，不断转变工作作风，密切与企业、群众的联系，通过建立“基层联系点”，把非公企业党组织作为联系对象，继续深入开展“万家企业大走访”活动，经常性走访企业，帮助解决实际问题。要与工商职能工作有机结合，通过开展非公党建工作，大力宣传工商登记制度改革，帮助企业用好优惠政策，助推企业发展壮大；加强市场监管和法制宣传，帮助提高非公企业守法意识，坚持诚信经营、规范管理，自觉抵制制假售假、商业贿赂等违法行为，自觉维护消费者合法权益；培育非公企业主体意识，推动落实市场业主责任制，实现社会协同共治。要与宣传先进典型有机结合，切实发挥先进典型的示范带动作用，推动非公企业党建工作的整体提升。

叶木凯要求，切实加强领导，形成推进非公企业党建工作的整体合力。

（一）强化组织保障。各级工商局党组要把非公企业党建工作作为一项重要政治任务，纳入总体工作规划，与业务工作同部署，同落实、同考核，定期研究部署非公党建工作。要强化非公党建领导小组及办公室的作用，有条件的地方应单独设置领导小组办公室，并安排必要的工作力量。要重视非公党建干部队伍建设，认真解决工作中遇到的困难和问题，关心爱护非公党建干部，努力营造拴心留人、爱岗敬业的良好环境。要加大非公企业党建工作经费保障力度，同时积极争取当地财政专项经费支持，保障各项工作顺利有效开展。

（二）强化协作配合。推进非公企业党建工作必须坚持省委的统一领导，要在当地党委、组织部门、非公企业党工委的领导下积极作为、开展工作，做到多请示、多汇报。要坚持系统管理和属地管理相结合。

（三）强化工作指导。要坚持系统上下联动，健全完善省、市、县（区）工商局结对指导共建机制，省局非公党建领导小组各成员党支部均已挂钩相应的设区市工商局，要进一步加强工作指导，重点督促挂钩的设区市工商局抓好全市工商系统非公党建工作；省局非领导小组成员单位党支部、各设区市工商局所有党支部也要结合党的群众路线教育实践活动，挂钩一个县（市、区）工商局，深入调研了解基层工作情况，对口指导其开展非公党建工作。各级工商局党员领导、非公党建领导小组组长、副组长、成员单位负责人、工商所所长（工商所政治指导员）要带头示范，确定2～3个具备条件但未建立党组织的非公企业或个体工商户作为直接挂钩联系企业，帮助建立党的组织，开展党的工作。

（四）强化责任落实。要建立健全“一把手”总负责、班子成员分工负责、有关职能部门具体执行落实的责任分工体系。省局下半年将组织开展一次检查活动，各级工商局也要将非公党建工作纳入绩效考评，加大监督检查力度，推动工作落实。各级工商局非公党建领导小组成员单位、有关处（科、股）室、工商所要充分按照职责分工，积极参与，共同推进非公党建工作。各级个私协会要进一步加强自身建设，充分发挥成立时间久、组织机构健全与个私企业联系广泛密切的优势，在推进会员企业特别是个体工商户、专业市场和小微企业党建工作中切实承担更大的责任。未成立党组织的协会和分会应在当地党委组织部门的领导支持下，积极创造条件成立党的组织，具备条件的应于7月底前成立挂靠在协会（或分会）的党组织，把零星、流动党员组织起来，并起到发展党员、“孵化”党组织的作用。

福建省委组织部组织处处长林斌代表省委组织部作了讲话，对福建省各级工商部门大力推进非公有制企业党建工作给予了充分肯定，并就下一步如何发挥好工商系统职能作用提出了建设性意见。

最后，国家工商总局推进非公企业党建工作领导小组副组长、个体司副司长韩旭作了讲话。他对福建省工商局召开这次非公党建工作经验交流会给予了充分肯定，同时提出了指导性意见。韩旭副司长要求福建省工商系统要进一步大力配合地方各级组织部门继续深入扎实地做好非公党建工作，认真总结近两年的工作经验，为推进非公企业党建工作做出新的贡献。

（五）甘肃省

非公企业开展群众路线教育实践活动的几点思考

（2014 年 5 月 23 日）

张掖市非公企业党工委

非公有制企业作为第二批党的群众路线教育实践活动的重要开展对象，小微企业居多、员工流动性大、生产经营活动繁忙、转型升级压力较大，为确保党的群众路线教育实践活动扎实开展，既不“走样变形”，又能贴近实际“接地气”，取得令职工群众满意的效果，必须在因企制宜、灵活多样、注重实效上做文章，注意正确把握和处理以下四个方面的问题：

（一）目标尽量务实，活动简便易行，克服“机关化”倾向。非公企业以市场为导向、以效益为中心、以生产经营为大局，如果脱离企业实际，提出过高的目标任务和繁琐要求，容易招致企业主和党员职工队伍的反感，不利于活动深入推进。非公企业中的教育实践活动要简洁明了，主线突出，不宜面面俱到、刻板教条，或者以机关党建的思路开展活动、检查督导工作。会议要简短、务实、高质量，学习等要分散化进行、小型化开展，尽量不占用生产经营时间。充分体现形式多元化、活动便捷化、学习碎片化、组织人性化的特点，积极服务于企业生产经营大局。活动要重在学习教育和思想触动，集中解决非公企业党组织软弱涣散、党组织班子及成员“四风”问题、“两个作用”发挥不强和党员队伍中理想信念不坚定、党员意识淡漠、作用发挥不明显、联系群众不紧密、损害职工合法权益等问题。

（二）争取业主支持，注重因企制宜，加强分类指导。离开企业出资人（负责人）的有力支持，党的群众路线教育实践活动将难以深入。因此，要立足非公党建工作对象的特殊性，积极争取出资人（负责人）在场地、人力、经费、时间等方面对教育实践活动的大力支持。要树立问题导向，具体落实到企业，有什么问题就集中解决啥问题，不能搞千篇一律“一刀切”，要根据企业的大中小、行业的差异性、效益的好中差，分行业、分类型、分门别类地做出指导。

（三）区分层次，找准切入点，反对“四风”掌握火候分寸。非公企业的产权、经营权、管理权和法律责任主体，都集中于企业负责人（出资人），这种特点决定了不宜将反对“四风”的矛头过多集中到非公企业出资人。因此，非公企业党组织反对形式主义、官僚主义、享乐主义和奢靡之风，应当掌握分寸，重点解决下列问题：提高对“四风”危害严重性的认识，解决党员出资人在企业决策时的主观性和随意性问题；解决在企业管理中脱离实际的形式主义、漠视职工冷暖、制度缺乏人文关怀等问题；解决生活中自我要求不严，道德滑坡、生活奢华、攀比摆阔等问题；解决不履行法定义务，侵害职工合法权益问题；解决企业生产经营中不讲诚信，不守法经营，污染环境、不正当竞争等问题，引导党员出资人把更多的精力和财富用到提高自身素质、推动企业发展、担当社会责任、净化社会风气上。

（四）转变作风，服务发展，在解决实际问题中推进教育实践活动。开展活动的最终落脚点是推进非公经济发展，因此，必须牢固树立“发展才是硬道理”的思想，活动要为发展开道引路，为非公经济转型跨越服务。要注重在帮助中“指导”，在解困中“树威”，用行动和实效，取得企业主的支持和党员职工的拥护。同时，领导小组办公室和督导组在工作中要作风务实，服务为先，坚持“多指导、少督导；多帮忙、少责难；多灵活、少僵化；多服务、少添乱”的原则，帮助相关企业多办实事好事，解决难事大事，确保活动取得实效。

全省非公经济组织表彰大会召开

（2014 年 7 月 3 日）

甘肃省非公党工委

在建党 93 周年之际，7 月 1 日上午，全省非公经济组织“立足岗位做贡献　建设小康当先锋”活动表彰大会在省工商局召开。非公经济组织100个“建设小康先锋号”、100名“建设小康先锋岗”和100名“优秀党务工作者”受到嘉奖。

省局党组副书记、副局长、省非公企业工委书记刘为民出席会议并讲话。党组成员、副局长苏文辉主持会议并作会议小结，党组成员、副局长邓晓龙宣读《关于对全省非公有制经济组织“建设小康先锋号”“建设小康先锋岗”和“优秀党务工作者”进行通报表彰的决定》，党组成员、副局长陈其，党组成员、纪检组长李平安，副巡视员郭怀芳出席会议并为受表彰的代表颁发奖牌、证书。

刘为民在讲话中就今后如何围绕打造非公党建工作“升级版”，进一步深化“先锋引领”行动强调，全省各级工商部门和非公企业工委一要坚定信心，不断增强做好非公党建工作的责任感和自觉性。要贯彻落实好中央组织部部长赵乐际对工商部门开展非公党建的重要批示，省委书记王三运在省工商局调研时提出打造非公党建工作“升级版”的要求，自觉增强做好工作的责任感和使命感。二要夯实基础，在开展好教育实践活动中不断扩大组织覆盖。要严格按照中央、省委和国家工商总局的部署，深入研究和创新工作方式方法，不断壮大党员队伍，扩大党组织覆盖。以第二批教育实践活动为契机，扎实做好非公经济组织和流动党员管理工作，确保党员队伍稳步壮大、党组织数量稳步增加、党组织覆盖稳步扩大、党的工作覆盖稳步提高。三要激发活力，不断深化“立足岗位做贡献　建设小康当先锋”活动。要结合分级管理的新特征、新情况和新问题，加快梳理工作思路、调整工作部署、完善工作措施，落实责任，加强沟通，务求实效，充分激发党组织和党员发挥作用的合力，为非公经济占全省经济总量的半壁江山而不懈努力。四要加强研究，积极适应改革形势下工作要求。要深入基层，建立多层次、多领域、多学科，由专家学者及从事党建工作者组成的理论调研小组，积极破解工作中的难题。

苏文辉在小结讲话中就落实会议精神指出，各级工商部门和非公企业工委要认真学习好、领会好、贯彻好、宣传好会议精神，研究制定出更具体、更符合实际的贯彻落实措施。要结合实际，通过各种媒体采取集中宣传、相互交流等方法，宣传先进事迹、成功经验、典型做法。要认真分析新形势，研究新对策，制定切实可行的推进措施；进一步加强组织领导，靠实责任，切实把“立足岗位做贡献　建设小康当先锋”活动抓紧抓好；把开展活动与党建工作、与教育实践活动、与促进企业发展结合起来，统筹安排、分类指导、抓好典型、稳步推进。

“建设小康先锋号”代表、完美公司甘肃分公司王沂彦，“建设小康先锋岗”代表、白银陇源之星信用担保有限公司董事长兼党支部书记张宏凯，“优秀党务工作者”代表、定西市安定区非公企业工委高新荣在大会上发言。

据介绍，全省非公经济组织“立足岗位做贡献　建设小康当先锋”活动从2012年12月开展以来，方向明确，主题突出，作为非公企业党组织落实“先锋引领”行动的具体措施，有效解决了党组织和党员作用发挥难的问题。活动开展以来，省局党组、省非公企业工委周密组织，有序推进，制定了详细的实施方案，各级非公企业工委普遍建立了领导干部“1234”试点联系制度，全省确定活动试点企业1277个。各地创新方式，注重实效，紧密贴近企业实际，丰富活动内容，“我为企业献一计”“五比五创”“控亏增盈、党员先行”等一批党员欢迎、企业支持、职工参与度高的劳动生产竞赛活动火热开展。据不完全统计，活动开展以来，全省非公企业党组织和党员共提出合理化建议21.8万条、开展技术革新项目3.8万个，为企业创造经济效益达80多亿元。

会议以视频形式召开，主会场设在省工商局。省局机关各处室局及直属事业干部职工，部分受表彰的代表在主会场参会。各市州局班子成员，机关科室及协会人员，县区非公企业工委委员，辖区内受表彰的单位代表和个人等共1000多人在分会场参加会议。

甘肃省非公经济组织教育实践活动座谈会在兰州召开

（2014年8月15日）

秦　华　王金雪

人民网兰州8月14日电（记者王金雪）甘肃省非公经济党的群众路线教育实践活动座谈会今天在兰州召开，甘肃省工商局党组书记、局长，省非公经济组织教育实践活动指导小组组长郭承录主持会议并介绍了甘肃省非公经济组织教育实践活动开展情况。国家工商总局非公党建工作领导小组副组长、个体司副司长韩旭出席会议并发表讲话。

郭承录局长在讲话中表示，第二批群众路线教育实践活动开展以来，甘肃省非公经济组织教育实践活动指导小组严格按照国家工商总局和甘肃省委教育实践活动领导小组的安排部署，坚持把地方党委领导与省工商系统指导有机结合，积极探索符合非公经济组织特点的活动方式，强化分类指导，创新活动载体，破解党建难题，加强党组织建设，促进企业发展，全省非公有制经济组织教育实践活动扎实有序推进。

郭承录指出，甘肃省工商局广泛听取基层一线党组织的意见建议，坚持分类指导，根据非公经济组织不同规模和出资人身份采取不同的措施。以群众路线教育实践活动为契机，着力扩大非公党建的组织覆盖，围绕破解组建难的问题，狠抓组建工作，不断发展壮大非公有制经济组织党员队伍，着力加快党组织组建步伐，整合党建资源。自群众路线教育实践活动开展以来，在全省非公有制企业中新转入和找出“口袋党员”533名，新发展党员111名，新培养入党积极分子3218名，全省共新组建党组织669个，建立非公企业区域性综合党组织、党建工作站、党员服务中心共93个，有效加强了非公企业党建工作。同时，在活动开展过程中注意紧密结合非公经济组织生产经营实际，注重指导各级非公企业工委和企业党组织精心设计活动载体，确保活动特色鲜明、推进有力、富有成效。

国家工商总局非公党建工作领导小组副组长、个体司副司长韩旭在讲话中指出，甘肃省工商局在开展非公经济组织群众路线教育实践活动中的做法和经验证明了党的群众路线教育实践是全覆盖的，并且注重分类指导，没有搞一刀切。非公有制经济是我国社会主义市场经济的重要组成部分，非公经济组织的党建工作与机关、国企等不同，需要职工和群众的积极参与，要注重实干，要紧密结合企业自身的情况，真正使员工得实惠、企业得发展，从而进一步推动整个社会经济的发展。

会上，兰州市工商局和临夏回族自治州和政县工商局负责人介绍了各自开展群众路线教育实践活动的情况。同时来自4家非公企业的党支部书记也介绍了各自的经验和做法。

上午，韩旭副司长一行还走访了兰州三家非公有制企业，了解他们开展群众路线教育实践活动的情况。

（六）广东省

广东廉江：健全“三项制度”，强化“两新”党组织规范化建设

廉江市委组织部

为充分发挥“两新”党组织在服务企业、服务社会、服务基层发展的积极作用，今年来，广东廉江市在抓好“两新”组织党建工作覆盖的基础上，加大领导指导工作力度，健全三项工作制度，着实提升“两新”党建工作效能，不断加快“两新”党组织规范化建设。

（一）健全党建指导员配备制度，工作开展有方向。根据“两新”组织的实际情况，加大“两新”组织党建工作的领导和指导力度，健全向成立之初的“两新”党组织下派党建工作指导员的工作机制，为促进规范化建设开好头、起好步。

一是坚持标准，选贤任能。该市按照“德才兼备、实事求是、服务基层、促进发展”的工作思路，对党建工作指导员的选派条件、工作职责、考核管理等内容进行明确规定，通过下派、任命、推荐等方式，从组织系统中选派一批素质强、懂业务、有责任的党建工作指导员。今年来，该市共派出了20名党员干部到规模以上非公企业和社会组织指导开展党建工作业务指导和“两新”党组织及示范点创建工作。成功创建康福医院、红星瓷厂等一批先进党支部。二是科学管理，确保实效。在选好指导员的基础上，针对“两新”组织的多变性和从业人员的流动性的特点，该市制定了党建工作指导员管理办法。建立了党建工作指导员月报制度，每个月由各基层党（工）委、党支部和党建指导员逐级上报相关情况，及时掌握非公经济组织和新社会组织党建情况；建立党建工作指导员例会制度，每半年度召集一次派驻企业业主和党建工作指导员例会或座谈会，听取党建工作指导员工作汇报、业主的意见和要求，交流经验，帮助解决工作中存在的问题和困难。

（二）健全考核评价制度，工作推进有动力。该市在制定《廉江市非公有制经济组织和社会组织党建工作考核办法》的基础上，以绩效考核为抓手，稳步推进“两新”组织党建工作考核评价制度建设，进一步形成了责任明确、考核规范、评价科学、奖惩分明的“两新”组织党建工作评价体系。

一是实施绩效自评找差距。按照《广东省财政支出绩效评价试行方案》等要求，该市从今年5月份以来，积极组织“两新”组织党建经费使用绩效自评工作。全市89个“两新”党组织围绕资金申报、建设目标、保障机制、经费管理、组织管理、经济性、效率性、效果性、公平性等内容认真进行自评，向社会发出900多份调查问卷、征集了一大批意见和建议、形成89份自评报告，找出了问题和不足。二是实行同步考核补不足。该市根据省、湛江市委有关精神，制定实施了《廉江市非公有制经济组织和社会组织党建工作考核办法》，根据“围绕党建抓班子，抓好班子促党建”的工作思路，分类量化制定党组织书记和党组织考核标准，从德、能、勤、绩四个方面17条明细考核“两新”党组织书记；从政治素质好、队伍建设好、制度执行好、活动开展好、关系协调好；按照班子建设、阵地建设、活动开展、常规管理、影响力五个方面19条明细考核“两新”党组织，通过党组织书记和党组织同步考核，对照考核结果，针对不足，制定工作方案，及时完善、弥补工作缺漏。

（三）健全经费保障制度，工作落实有成效。结合上级工作要求，该市在上级补助的基础上，实行党费补助一点、财政划拨一点、社会赞助一点的“三个一点”的办法，确保“两新”党组织各项工作顺利开展，取得成效。

一是明确保障标准。对新建立的“两新”党组织，市、县（市、区）两级财政按3000元标准拨付启动经费；根据党员实际数量，每名党员每年按400元的标准拨付活动经费；对党务工作者的津贴，按省、市、县（市、区）标准拨付，其中，全职党支部书记每人每月2000元、兼职党支部书记每人每月500元，全职党建工作指导员每人每月300元、兼职党建工作指导员每人每月100元。大大提高了“两新”组织加快健全党组织，开展活动的积极性。目前，大部分“两新”

党组织设立了办公场所，配备了班子，完善了各项工作制度。二是严明支出范围。为确保“两新”经费落实到位，做到专款专用，该市对经费的使用范围、金额和用途，都做了统一规定，确保经费用于党员和入党积极分子的教育培训和组织活动开展、党员教育报刊、资料和设备订阅和购买，补助生活困难党员以及“两新”组织党组织书记、党建工作指导员工作津贴等党建工作中。三是规范支出程序。对办公经费和活动经费的开支，该市实行严格的会计、出纳分设，明确规定经费的使用要由“两新”组织党组织书记、党（工）委组织委员、党组织关系所在的党（工）委负责人等共同审核、签字确认后方可开支。同时，对使用情况在一定范围内定时定期进行明细公开，主动接受党员群众的监督，切实防止虚报、冒领和套用经费的行为。

广东乳源东阳光实业：四大举措争创省“两新”党组织“百强”

黄海龙

广东省乳源县东阳光实业发展有限公司是韶关市第一家成立党委的民营企业。该公司党委成立于2004年，下设3个党总支，15个党支部，共有党员177人，党组织覆盖率达100%。近年来，公司党委按照“组织建设抓巩固，队伍建设抓提高，制度建设抓规范，活动方式抓创新，作用发挥抓结合”的党建工作思路，紧紧围绕“为瑶乡当先锋，打造活力企业”主题，以强化党组织功能为重点，以建设和谐发展企业为目标，以“四大活动”推进创先争优活动，实现了企业发展与党建工作互进双赢，跻身省“两新”党组织“百强”。2011年度，该公司实现年销售额51亿元，上缴税收2亿元，税后利润2.5亿元。

党员齐“亮相”。开展“挂牌上岗”活动，通过设置党员责任区、党员示范岗等载体，增强党员服务意识，激发党员爱岗敬业、争当能手的热情，树立党员良好形象。全公司共设立党员示范岗40多个，设置骨干党员风采展示栏9个。通过党员亮牌示范，倡树“向党员学习、向党员看齐、做党员光荣”的风气，进一步增强党组织的凝聚力和战斗力。优秀党员陈锦雄说：“挂牌上岗后，我感到责任重了，压力大了，必须处处当标兵，事事作榜样，用自己的言行举止体现党员的先进性”。

党员互“竞赛”。在党员中开展“每月之星”技术管理创新评比活动，在立足生产岗位上“比贡献、争创业务标兵；比技术，争创工作能手；比降耗，争创节能先锋；比质量、争创先进模范；比安全、争创平安班组”，使党员的先锋模范作用发挥在岗位上，体现到生产经营活动中，真正成为企业发展的“助推器”。今年以来，公司先后投入技术革新资金3000多万元，让党员带头攻关，完成中高压化成箔、电子铝箔制造、硫酸体系改造等10多项技术改造；与中国科学院金属研究所等单位合作，研发出铝电解电容器用高档电极材料及其生产技术与产业化等专利技术17项，其中9项获国家发明专利授权，8项获国家实用新型专利授权。

党员多“献策”。开展“我为公司献计策”活动。重视科技、激励创新，充分调动广大员工的聪明才智，营造人人关注公司发展的良好氛围，为科研开发创造有利条件。活动开展以来，通过发放征求意见表、召开座谈会、设立征求意见箱、职工提案等多种形式，向党员职工征集到各类意见建议200余条。通过“献策”，公司科技创新硕果累累，科研创新提案125项，新申请专利10项，新授权专利14项，为企业带来了巨大的利润。

党员共“帮扶”。通过开展党员与困难员工的“一对一”及组织对困难员工帮扶活动，解决困难员工的实际问题，让困难员工得到及时救助，充分体现公司大家庭的温暖。通过“企业出一点、党员捐一点”的方式，多渠道筹集经费，建立“党员爱心基金”，对困难员工及时进行帮扶。目前，公司党员共与300多名困难员工结成帮扶对子，筹措帮扶资金55万元，先后帮助困难员工275名，使他们得到及时救助，进一步体现了党组织的关怀，增强了党组织的感召力、凝聚力。

广州非公经济党组织召开纪念建党93周年大会

（2014年7月1日）

广州市委组织部

2014年6月30日下午，广州市非公经济党组织召开纪念建党93周年大会，表彰立白企业集团党委等80

个先进基层党组织、谢旭辉等80名优秀共产党员和林开群等40名优秀党务工作者。市委组织部副部长、市“两新”组织党工委书记洪英平等出席大会颁奖并讲话。市委统战部副部长、市工商联党组书记张镜初主持会议。全市各级非公经济党组织、受表彰的先进集体和优秀个人共260余人参加了大会。

洪英平充分肯定了我市非公经济组织党建工作取得的成绩和本次表彰活动的重要意义，对受表彰的先进基层党组织、优秀共产党员和优秀党务工作者提出了四点要求：一是要树好标杆，做好示范，在思想上争先锋，在行动上作表率；二是要发挥党务工作者、党员和党组织的综合优势，扩大党组织影响，创造党建新佳绩；三是要在成绩面前找差距，互相学习，取长补短，永葆党组织和党员的先进性；四是要以开展党的群众路线教育实践活动为契机，促进创先争优的常态化，激励更多的非公企业党员向更高的荣誉冲刺。

会上，“先进基层党组织”代表广州市立白企业集团党委副书记王冬、“优秀共产党员”代表联瑞集团总裁谢旭辉、“优秀党务工作者”代表广州市博仕机电工贸有限公司党支部书记林开群代表发言。

据悉，广州市非公经济组织党委成立四年以来，坚持“围绕经济抓党建，抓好党建促发展”的工作思路，着力加强调研指导和教育培训，先后开展了“创先争优”、“百日攻艰”、“百日扶元”和“党员出资人先锋行”等活动，建立了65个非公经济党建工作示范单位、10个非公经济组织纪检工作示范单位、30个非公经济组织重点联系党组织，促成了53家非公企业党组织与市直机关党支部结对共建。

（七）广西壮族自治区

广西非公企业党组织“成长·活力”工程见成效

——规模以上非公企业党组织组建率达100%

（2014年12月4日）

乔晓莹

自治区党委实施非公企业党组织“成长·活力”工程以来，全区各地在非公领域全面播撒“党的种子”，把党组织和党的工作触角延伸到每个角落，努力实现有3名党员的企业党组织覆盖率、从业人员50人以上的企业党员覆盖率、所有非公企业党的工作覆盖率“三个100%”的目标；同时，不断激发党组织和党员队伍生机活力，加快建设以党组织书记为重点的高素质党务工作者队伍，多样化选用、规范化管理、专业化培训、制度化激励。

如今在我区，9000多个非公企业建立了党组织，规模以上非公企业的党组织组建率达到100%，实现了对非公企业党组织书记、党务工作者和党员培训的全覆盖。全区各地各单位正在努力将“成长·活力”工程打造成为夯实非公企业党组织建设的“基础工程”、发挥非公企业党组织作用的“活力工程”、促进非公经济健康发展的“改革工程”，实现非公企业党建工作与非公经济发展双促进。

（八）贵州省

深化非公党建工作载体 全力助推金沙提速发展

周仕佳

金沙县不断开展“四个共建”、“非公企业导师服务团”、“党员互帮互助”、“四送四交办”、创建“非公党建典型示范点”等活动，不断深化非公企业党建工作载体，全力助推非公经济体提速发展。

一是围绕“四个共建”，实现党组织和党建工作全覆盖。金沙县采取“部企共建”的方式，由15家涉企县直单位与开发区规模以上企业形成结对共建对子，为新进企业的入驻和正常生产创造良好的外部环境。各乡镇与辖区内非公企业以“地企共建”的方式，实现党建工作联建、社会治安联防、安全生产联抓，促进和谐企业建设。工商银行、农村信用联社等4家金融机构以“银企共建”的方式，通过交流党建工作经验，增进对企业发展战略的了解，确保合理把握资金投向，推动基层党组织建设创新发展，把党的组织优势转化为企业的发展优势。各村（社区）采取“多企一村、多村一企”，村企党组织负责人交叉任职等方式，促进村（社区）与企业进行“村企共建”，加快村企相互融合、协调发展，目前“村企共建”覆盖率已达93.5%。

二是创建“导师服务团”及“党员互帮互助”机制，深化党建工作载体。金沙县从全县34家涉企县直单位中抽调49名党建工作能力强，专业知识过硬的党员干部组成7个非公导师服务团，以分片联系的方式对口联系七个经济板块，每月定期不定期到各个经济板块的非公企业进行党建帮扶，政策服务，技术指导等工作；在开展“部企共建”的15家县直单位中分别抽选2名党员干部与共建企业支部党员结成对子，在思想、工作、生活、学习上进行互相帮扶，并在企业技术攻关、销售渠道，员工间的矛盾纠纷等方面提供协调服务。

三是大力开展“四送四交办”活动，积极发挥企业党组织作用。金沙县积极开展“送组织、送政策、送服务、送关爱”四送活动，并为企业发展提供积极有力的“把评先选优交给组织办理、把企业文化营造交给组织办理、把协调服务交给组织办理，把矛盾调解交给组织办理”四交办活动。自“四送四交办”活动开展以来，全县党员、党组织为企业的经营发展提供合理化建议279个，为促进企业发展开展技术革新项目114个，提合理化建议、开展技术革新带来的经济效益917万元，为群众和社会做好事、实事290件，完成急难险重任务151件。

四是全力打造非公有制企业党建典型示范点，增强形象影响力。金沙县在全县范围内采取非公党建示范点一推一评的方式，不断打造非公党建示范点，目前，全县有市级以上非公党建示范点2个，县级非公党建示范点7个。在非公企业党建工作相关培训中，带领参训人员前往各示范点参观学习，积极发挥其先锋引领作用。

目前，金沙县692家企业实现党建和党组织全覆盖，其中单独建45家，联合建1家，挂靠建646家，共有党员586名。建成共692名和646名的非公企业党组织书记队伍和党建指导员队伍，在非公党建工作中发挥着党组织政治引领和核心作用，着力促进非公企业实现党建强和发展强的两强目标。

（作者系中共金沙县委组织部干部）

2014年贵州省非公和社会组织党建工作调度会在贵阳召开

（2014年9月17日）

贵州省非公和社会组织工委

9月5日，全省非公和社会组织党建工作调度会在贵阳市召开。会议回顾总结了今年以来全省非公和社会组织党建工作进展情况，专题研究了党工委各成员单位如何结合自身职责、发挥自身优势，统筹推进党建工作，并就扎实推进非公企业和社会组织发展型服务型党组织建设进行了安排部署。

会前，与会人员先后到燕京啤酒（贵州）有限公司、新生活物业管理公司和田田外语学校，对其党建工作进行观摩学习。

为充分发挥各级统战、工商、民政等职能部门作用，形成工作合力，此次会议采取市（州）工委成员单位和非公企业、社会组织代表交流发言，工委副书记分别提出要求，工委书记主持会议并作总结的方式进行。会上，省委统战部副部长、省工商联党组书记、常务副主席、省委非公和社会组织工委副书记刘朝容同志，省民政厅党组副书记、副厅长、省委非公和社会组织工委副书记甄燕驰同志，省工商局党组成员、副局长、省委非公和社会组织工委副书记丁琨同志分别从统战（工商联）、民政、工商部门如何结合部门工作职责、统筹推进党建工作的角度，对下一步工作进行了安排部署，进一步明确了今后的工作重点和具体措施，使各成员单位抓党建的任务更加明确，定位更加清晰，进一步增强了分工协作、齐抓共管的工作合力。

省委组织部副部长、省委非公和社会组织工委书记郑德川同志作会议总结讲话。郑德川同志在总结讲话中总结了省委非公和社会组织工委成立一年多来各地实践探索出的好做法，肯定了今年以来全省非公和社会组织党建工作进展情况，分析了工作中存在的差距和不足，并就扎实推进非公企业和社会组织发展型服务型党组织建设进行了专题部署。郑德川同志强调，一是要在提高覆盖上做文章，切实在提高认识上、在提高质量上、在扩大覆盖上做文章。二是要在队伍建设上下功夫，切实在选优配强上、在教育培训上、在管理激励上下功夫。三是要在作用发挥上抓引领，坚持与发展同向、与党委同频、与群众同心、与文化同步。四是要在党建创新上重实效，围绕服务发展抓突破，围绕解决问题抓整改，围绕深化改革抓创新。五是要以实际行动来抓落实，切实在发挥工委作用上、在形成工作合力上、在强化工作保障上、在培育选树典型上抓落实，努力形成整体推进非公和社会组织党建工作的合力，推动非公和社会组织党建工作取得更大成效。

会上，贵阳市民政局、贵阳市工商局、仁怀市工商联、贵州安凯达公司党支部、纳雍县农民讲师协会党支部5家单位作了会议交流发言。

省委非公和社会组织工委联席会议成员单位分管领导和联络员；各市（州）党委组织部分管副部长（非公和社会组织党工委书记），统战部、民政局、工商局分管领导；贵安新区政治部分管副主任；各市（州）负责非公和社会组织党建的科长，以及省委组织部有关处室的负责同志参加会议。

（九）海南省

海南省非公经济组织党工委与省工商联联席会议在海口召开

海南省工商联

2014年1月16日下午，海南省非公经济组织党工委与省工商联（总商会）联席会议在海口召开。会议由省委统战部副部长、省工商联（总商会）党组书记、省非公经济组织党工委书记田德毅主持，省委组织副部长李萍出席并讲话。会议主要研究2014年省非公有制经济党工委与省工商联（总商会）在工作上如何联手合作、共创佳绩。省非公经济组织党工委委员陈耀、唐卓贤、刘自更、王澄寰、张少珍，以及省工商联（总商会）领导及有关负责同志王胜、徐凤、黄琅、梁生彬、庞一涛等参加会议。

在会上，大家结合自身工作实际，紧紧围绕“2014年省非公经济组织党工委与省工商联（总商会）联手合作、共创佳绩”会议主题，进行热烈讨论和研究，各抒己见提出了许多宝贵的意见和建议。省委组织部副部长李萍在讲话中指出，我省非公有制企业党建工作在我省整个党建工作中越来越重要，必须以更大的工作力度扎扎实实抓好。今年我省非公有制企业党建工作主要从以下四个方面来开展：一是在争取以大量的小微企业为重点，争取扩大“两个覆盖”等方面有突破。二是健全工作机制、加强工作力量。三是着力抓好非公有制党组织作用的发挥。四是发挥省非公经济组织党工委和省工商联（总商会）两个班子成员单位的职能作用，形成强大的工作合力，共创佳绩。

田德毅书记在会上强调，今年省非公经济组织党工委与省工商联（总商会）领导班子要创新工作方式方法，在工作上发挥各自优势、紧密结合、互相助力，形成强大的工作合力，共同推进省非公经济组织党工委和省工商联（总商会）的工作。加大我省非公企业党组织组建力度，扩大党的组织覆盖和工作覆盖，全面摸清市县非公党组织，重点是小微企业基层组织党建工作的底数，不断提升我省非公有制企业党建工作水平，引导和促进非公企业健康发展；总结推广非公党建典型经验，重点突破非公党建难题。

海南重视非公党建工作　非公企业党组织已超2600个

（2014年6月19日）

罗　霞　杨华艳

记者今天（18日）从省工商联（总商会）获悉，我省高度重视非公党建工作，在体制机制、组织覆盖、队伍建设、基础保障等方面采取一系列措施，加强非公企业党组织的建设。截至目前，我省已建立非公企业党组织达2600余个。

近年来我省深入开展“百日攻坚、扩大覆盖”活动，扩大党的组织和工作覆盖。据统计，我省现有符合党建工作条件的非公有制企业16488家，建立非公企业党组织2632个，覆盖企业7190家；建立工青妇组织6865个。

在2010年成立省非公党工委的基础上，除三沙以外的我省18个市县已全部成立非公党工委，成员单位包括统战部、工商联和财政、工商、地税、工信、商务、旅游等职能部门。

（十）河北省

全省组织部长座谈会要求下半年着力抓好创先争优等四方面工作

（2014 年 7 月 29 日）

河北省委组织部

日前，我省召开组织部长座谈会，认真贯彻落实中央、中组部今年以来一系列重要会议和刚刚结束的省委理论学习中心组学习会议精神，总结上半年工作，部署下半年工作；同时，对全省组织系统深入开展创先争优活动进行安排部署。省委常委、组织部长梁滨出席会议并讲话。

会议要求，下半年全省组织工作，要紧紧围绕转变经济发展方式、促进经济又好又快发展，着力抓好四个方面的工作。一是着眼于形成推动科学发展、富民强省的强大动力，深入扎实地抓好创先争优活动。二是着眼于建立充满活力的用人机制，坚定不移地推进干部人事制度改革。三是着眼于提升干部选拔任用公信度和组织工作满意度，毫不放松地严厉整治用人上的不正之风。四是着眼于为转变经济发展方式提供人才支撑，一以贯之地抓紧抓好人才工作。

会议强调，各级组织部门要强化首当其责和带头示范意识，以更高标准、更大力度把组织系统创先争优活动抓紧抓好。

河北邢台桥东四措并举给力非公企业党建工作

中共邢台市桥东区委组织部

中国网 4 月 23 日讯　河北省邢台市桥东区按照“围绕经济抓党建，抓好党建促发展”的总体要求，从“摸底数抓组建、重指导抓规范、载体新促发展、引导好报社会”四个方面着手，切实加强非公有制企业党建工作，取得了明显成效。

摸底数，抓组建。组织精干力量，对全区的非公有制企业的党建情况进行了一次“地毯式”的摸底调查，切实做到“六必情，两到位”即：企业性质、经营状况、职工人数、业主身份、组织设置、党员数量“六个必清”。党组织负责人到位、党建指导员到位“两个到位”。对非公有制企业党建情况进行了分类排队，建立了非公有制企业党建工作台账。使党建工作具有了针对性。目前在全区规模以上非公有制企业均建立了党组织。

重指导，抓规范。针对非公有制企业党员的教育培训、企业活动的开展两项难点工作进行指导。把思想教育和岗位能力培训作为首要任务来抓，增强党员党性修养，提高业务能力。同时规范了非公有制企业党组织中八个基本制度，即：“三会一课”制度、党务公开制度、党员目标管理制度、党员联系群众制度、民主生活会制度、发展党员工作制度、民主评议党员制度、党风廉政建设制度等，并为非公有制企业制作了格式、内容、材质统一的党建展板，在党员活动室内悬挂。

载体新，促发展。按照“企业需要、党员欢迎、职工拥护、业主支持”的基本要求，把非公有制企业党建工作的立足点放到服务企业发展、促进企业生产经营和关爱职工上来。蓝鸟公司党委深入开展“技术大比武”、争当“企业先锋”、京深驾校党支部开展争创“党员教练示范岗”、创建“青年文明号”、宏途交通器材党支部开展“百面红旗迎国庆”、“我为企业献一策”、“给困难职工送温暖”等活动。通过活动的开展提高了企业员工的凝聚力和向心力，为企业健康发展奠定了坚实的基础，促进了企业更好更快地发展。

引导好，报社会。对全区的非公有制企业进行有力的引导，使他们把社会责任作为己任。大力开展公益活动，主动回馈社会。华业通讯党支部为希望工程捐款一万元，为罹患白血病“熊猫血”女孩捐款 1.5 万元，宏途交通器材有限公司党支部同西大街街道的部分困难户进行了“一对一”长期帮扶。新天利工贸有限公司党支部，组织员工向福利院捐款捐物，向邢台血站义务献血。这些非公有制企业的做法，受到社会各界的一致好评。既回报了社会又提高了企业的知名度，实现了双赢。

（十一）河南省

全市非公有制企业党建工作推进会要求扎实推进“双全工程”全面提升非公企业党建工作水平

董帅奇　朱朝星

“加强和改进非公有制企业党建工作，是引导非公有制经济健康发展、打好工业强市攻坚战的迫切需要，是发挥基层党组织堡垒作用、夯实党的执政基础的迫切需要，是构建和谐劳动关系、促进社会稳定的迫切需要，是全面推进基层组织建设年、提高党建科学化水平的迫切需要。”9月4日，在尉氏县召开的全市非公有制企业党建工作推进会上，市委常委、组织部部长谢玉安要求，全市各级党组织要以基层组织建设年为契机，把非公企业党建工作摆在更加突出的位置，全面提升开封非公企业党建工作水平。

谢玉安就抓好非公企业党建各项工作的落实提出具体要求。一要创新工作载体，扎实推进“双全工程”。要在所有的产业集聚区（园区）中全部派驻党工委，按照有关程序和双向选择的原则在所辖企业中全部派驻党建工作指导员；要先在产业集聚区（园区）中实现党的工作和组织的全覆盖，然后逐步扩大到全市所有的乡镇和街道办事处。二要加大组建力度，实现党的工作“两个覆盖”。要以“双全工程”为抓手，不断壮大党员队伍，灵活设置党组织，着力解决队伍问题和组建问题，实现党的组织和工作的全覆盖。三要明确功能定位，发挥非公企业党组织“两个作用”。非公企业党组织要在企业职工群众中发挥政治核心作用，在企业发展中发挥政治引领作用，促进企业健康发展，服务广大职工群众，建设先进企业文化，不断彰显党组织的先进性。四要壮大工作力量，强化建设“两支队伍”。要选优配强非公企业党组织书记，采取内部民主选举、上级党组织委派、面向社会公开选聘等多种方式，从企业生产经营管理骨干党员、大学生村干部、复转军人和党政机关、国有企事业单位优秀党员干部中选配。要加强党建工作指导员队伍建设，管好用好这支队伍，严格条件、加强管理、严明纪律，形成一套完善有效的工作机制，充分发挥党建工作指导员的作用。五要加强教育服务，做好非公企业出资人的“两个引导”。组织部门和行业主管部门要把出资人作为重要工作对象，做好教育引导和服务引导，积极引导出资人健康成长，充分调动他们支持企业党建工作的积极性。

谢玉安强调，非公企业是基层党建工作的新领域，加强非公企业党建是一项开创性、探索性很强的工作。全市各级党委和组织部门要落实领导责任，健全工作机构，搞好分类指导，加强宣传引导，推动非公企业党建工作不断取得新进展、新成效，形成以党建支持非公企业、服务非公企业、助推非公企业、提升非公企业的良好态势。

会前，与会人员到尉氏县产业集聚区党建综合服务体、鑫旺棉业有限公司、华誉木业有限公司等地，对该县非公企业党建工作开展情况进行了实地观摩。会议印发了《关于以产业集聚区（园区）为载体在非公有制企业中开展“双全工程”的实施方案》。尉氏县委组织部等4家单位负责人作了经验介绍。

河南郑州惠济：“五抓五注重”为非公党建“保驾护航”

陈选举

近年来，河南省郑州市惠济区迎宾路街道为确保非公企业党建工作扎实开展，认真落实党建工作责任制，依托“五抓五注重”探索出非公企业党建工作的新路子、新方法，有力地推动了非公企业健康快速发展。

抓组建，注重实现组织全覆盖。街道本着“有利于组织管理、有利于开展活动、有利于参加组织生活、有利于发挥作用”的原则，按照“成熟一个，组建一个”的要求，从实际出发，经过调查摸底和指导帮助，又成功挖掘组建非公企业党组织9家，实现了党组织在非公企业中的“落户”与延伸。

抓规范，注重提升党建工作水平。街道按照“有组织抓规范、已规范抓提升”的要求，积极探索非公企业党建工作新理念、新方法、新举措，通过单独组建、联合组建、村企联建等多种方式，根据工作的统一规范，选派一批“党建工作指导员”，选拔一批“党建工作联络员”，将辖区两个非公党组织成功打造成精品亮点，实现了资源的共享和合理运用，促进非公党建工作上台阶、上水平。

抓载体，注重党组织作用发挥。结合企业实际积极开展“党员示范岗”、“社会帮困基金”、“党员奉献日”等特色主题实践活动，各企业主动把党组织活动与企业经营相结合，把党建工作融入企业生产经营、融入职工文化生活，在党员队伍中深入开展服务之星、销售之星等评选活动。近年来，已挂牌命名党员先锋岗20个，党员示范岗8个，为社会、学校提供慈善捐款和公益资金30余万元，激发了企业党员活力与热情，实现了“企业需要、业主支持、党员拥护、群众欢迎”的良好目标。

抓硬件，注重阵地规范化建设。要求辖区非公企业党支部按照“六有”标准和党员“教育有场所、活动有阵地”的目标建设完善支部基础设施，着力打造“有形阵地”建设。目前，已投资建成面积600平方米的天马汽车贸易园区党员服务中心，高标准配套党员管理办公室、联谊访、红色沙龙、多功能培训室、励志书屋等10多个功能室，打造了集党员教育、管理、培训、娱乐等功能于一体的活动场所。

抓队伍，注重扎实的人力保障。街道从抓好“三支队伍”着手，确保非公党建工作抓实抓强。一是抓好非公支部书记队伍建设。街道注重完善对企业党组织书记的培养使用、规范管理等机制。同时，按照每年4次的标准举行非公企业党支部书记培训班，通过集中讲学、现场观摩、座谈交流等形式，提升其政治素质和管理水平。二是抓好非公企业党建指导员队伍建设。实行有效的企业党建指导员“蹲点联系”制度，既助力企业发展也助企业党建工作开展，打造出一支素质好、能力强、水平高的专业化、职业化党建指导员队伍。三是加强企业党员队伍建设。组织观看红色电影、重温入党誓词、上公司“晨会党课”等形式，在企业党员中大力开展理想信念教育，提升企业党员思想政治素质、宗旨意识和党性观念。开展各类公益活动和技能比武活动，增强党组织凝聚力和党员的战斗力。

（十二）黑龙江省

黑龙江阿城："新三会一课"助推非公企业科学发展

阿城市委组织部

近年来，哈尔滨市阿城区不断探索加强非公企业党组织建设和助推企业发展互动双赢新模式，拓宽非公企业党组织发挥作用渠道，在坚持定期召开"三会一课"的基础上，推行以"职工思想汇报会、党员议事会、党企沟通会、党员技能课"为内容的"新三会一课"，不断增强非公企业党组织活力，助推企业加快发展。

围绕"心气顺"营造非公企业的和谐氛围，开好职工思想汇报会，发现问题。以"促进企业发展，维护职工权益"为主题，非公企业党员充分发挥联系群众的纽带作用，通过谈心谈话、发放征求意见表、设立征求意见箱、组织企业党组织负责人接待日活动等方式，在工作中收集职工群众对企业"不满意、不理解、不顺心"的事项，了解职工群众的实际需求和对企业宏观发展及运营细节的合理化建议。对于职工群众反映集中的共性问题，采取上下联动的方式，由党组织书记定期找党员进行面对面谈心，党员向党组织不定期汇报，及时了解掌握情况，分析梳理出迫切需要解决的问题，及时做好职工群众的思想政治工作。对于其中不合理的、个别的反映，及时在思想上排解疏导，化解矛盾，让职工群众舒心工作。通过营造企业凝聚人心，党组织作用发挥，职工心齐气顺的良好氛围，不断增强企业凝聚力和内在发展动力，真正将党的政治优势转化为生产力。

围绕"献良策"搭建党企共建平台，开好党员议事会，研究问题。非公企业党组织积极参与企业的生产经营管理，参与企业的重大问题决策，为企业的发展出谋划策，把促进企业发展作为党建工作的出发点和归宿。以推动企业发展为核心，以发挥党组织和党员作用为支撑，以党员议事会为载体，搭建党企共建平台。除参加党支部例行组织生活外，对关系企业、职工利益问题和关系企业发展方向问题以及生产经营中的重大问题，提合理化建议。企业党组织综合前期掌握的情况，按照事情的轻重缓急和不同类别，初步确定"沟通会"主题，并在企业厂务公开栏公示后，在综合反馈的意见基础上，最终确定需要讨论协商的问题。企业通过广开言路，鼓励党员积极建言献策，集思广益，使党员知无不言，增强了对企业的归属感。

围绕"双满意"实现企业职工互动双赢，开好党企沟通会，解决问题。党组织通过党政沟通会积极参与企业重大问题决策，贯彻党的方针政策，引导和监督企业遵守国家的法律法规，维护各方的合法权益，促进企业健康发展。党企沟通会主要讨论党员议事会确定的主题事项。会议由主题的提议者、提议者所在的班组、科室的党小组负责人和行政负责人、职工代表、议题所涉及工作的经营管理层分管领导、职工代表共同参加。涉及全局性问题，企业决策层领导亲自参加。围绕事先确定的主题进行沟通、解释、论证，确保沟通实效，达到职工、企业"双满意"。会后由党组织牵头，拟定问题解决方案，设定处理时限，并向企业行政部门和上级党组织备份，由企业主督促落实。针对"党企沟通会"反映出来的问题，党组织引导党员开展以带头科技攻关、带头抓好质量生产、带头抓好安全生产、带头为企业经营献计献策、带头联系一名困难或后进职工为内容的"五带头"活动。2011 年全区 49 个非公企业党组织、1862 名非公企业党员共完成 146 个技术攻关项目，提出有价值意见 1786 条，带来经济效益达 1800 多万元。在劳资保障上，党组织的作用发挥得更为明显，全区的劳资纠纷比去年同期下降 34%，为企业稳定和谐发展作出了贡献。

围绕"三培养"培育生产经营骨干，上好党员职工技能课，增强本领。围绕"两推三培"工程的开展，致力于把党员培养成企业技术骨干。企业党组织根据生产经营实际，每两月组织一次技能培训，增强党员职工的基本业务技能，提高党员职工的破解难题，技术攻关的能力，提高党员职工工作业绩。围绕企业生产开展劳动技能竞赛，发动和号召党员在完成企业的急、难、险、重的任务中，在克服企业的技术、管理难点上发挥重要作用。积极开展"岗位技术创新能手”、“双比双争”竞赛等主题实践活动，引导党员始终牢记自己是一名共产党员，处处发挥先锋模范作用，真正做到一个党员一面旗帜。华泽集团玉泉酒业有限公司党委建立4个以共产党员名字命名的党员责任示范岗，在生产经营中起到了较好的先锋示范作用，在企业职工中产生了良好影响。

黑龙江省召开会议表彰非公经济人士　优秀中国特色社会主义事业建设者

黑龙江省非公党工委

1月24日，黑龙江省在北京举办黑龙江籍在京企业家座谈会，共商加快龙江非公有制经济发展大计。黑龙江省委常委、统战部长赵敏出席会议并讲话。副省长张建星通报了省两会的主要精神。省政协副主席、省工商联主席洪袁舒介绍了全国工商联十一届四次常委会议筹备情况。

赵敏代表省委对黑龙江籍在京企业家们不忘龙江乡情，为助推家乡发展做出的贡献表示感谢。她说，多年来，在京的黑龙江籍企业家们发扬龙江优良传统和光彩精神，志存高远，实业报国，为国家和龙江经济社会发展做出了巨大贡献，树立了龙江企业家的良好形象。

赵敏强调，今年是黑龙江省全面深化改革的第一年，省委十一届四次全会对全省新一轮改革做出了总体部署，确定了以“五大规划”为切入点的改革措施。“五大规划”涵盖农业、工业、现代服务业、对外开放和生态等各个领域，为非公有制经济发展拓展了广阔的舞台。希望广大企业家们不弃龙江时机，充分认识龙江在区位、科教等方面的独特优势，以及全省经济社会发展的大好形势和“五大规划”带来的重大历史机遇，坚定发展信心。希望企业家们不负龙江众望，突出自身优势，选好投资项目，不断将自身做大做强。更希望北京黑龙江商会充分发挥桥梁纽带作用，组织广大企业家更多地了解和宣传“五大规划”和“十大重点产业项目”建设，为龙江经济社会发展建言献策，同时积极投身家乡建设，并通过自身的影响力，吸引生产要素向龙江聚集，开展招商引资引企活动。省委、省政府将一如既往地关心、支持非公有制经济发展，全力优化经济发展环境，让广大民营企业放手发展、放心发展、舒心发展。座谈会上，企业家代表围绕促进龙江经济社会发展踊跃发言，提出了很多建设性的意见和建议。

（十三）湖北省

湖北统战部部长：增强非公经济人士对党和政府的信任

（2014 年 2 月 24 日）

《湖北日报》

全省深入开展非公有制经济人士理想信念教育实践活动电视电话会议 21 日召开。省委常委、统战部部长张岱梨出席会议并讲话。

张岱梨指出，去年 5 月开展非公有制经济人士理想信念教育实践活动以来，各级党委政府高度重视，广大非公有制经济人士积极参与，活动取得了阶段性成效。

张岱梨强调，深入开展非公有制经济人士理想信念教育实践活动，是引导非公有制经济人士增强全面深化改革自觉性和坚定性的必然要求，是非公有制经济竞进提质、升级增效的迫切需要，是贯彻党的群众路线、为非公有制企业创造良好环境的重要举措。她强调，要围绕“楚商与中国梦”这一主题，在改革创新、狠抓落实上下功夫，扎实推进教育实践活动。要充分发挥基层组织的作用和非公有制经济人士的主体作用，不断扩大活动覆盖面。要着力解决思想问题和现实问题，寓教育于服务之中，使广大非公有制经济人士增强对中国特色社会主义的信念、对党和政府的信任、对企业发展的信心和对社会的信誉，促进非公有制经济健康发展和非公有制经济人士健康成长。

电视电话会议设立了省级主会场，各市、州、县设分会场。民营企业家代表以及宜昌市、武穴市、监利县和武汉市莆田商会作了大会发言。

铸就坚强战斗堡垒

——武汉市全面推进党的基层组织建设综述

（2014 年 9 月 26 日）

湖北省委组织部

近年来，湖北武汉市以基层服务型党组织建设为统领，牢固树立大抓基层的鲜明导向，更加注重强基固本，更加注重整体谋划，大力实施党的基层组织建设“堡垒工程”，全面推行基层党组织建设基本规范，强力推进基层党建重点项目全覆盖，不断提高基层党组织的创造力、凝聚力和战斗力，努力把每一个基层党组织打造成为坚强战斗堡垒。

区域联建各方联动　充分发挥区域内各级党组织的作用

近些日子，江汉区唐家墩街活动不断：街道 100 多名女性朋友享受到了市十一医院党总支“粉红丝带关爱季”活动送来的免费义诊服务；陈家墩社区在市林业局党员志愿者的辛勤劳动下再添新绿；由唐蔡社区辖区内十多个单位党组织及志愿者捐款组建的“微爱基金”，最近又筹集基金 1.9 万元，计划帮助 8 户居民解决一批实际困难……一时间，辖区内医疗、林业等资源纷纷注入社区，为居民提供服务。

像唐家墩街这样，以街道党工委为统领、各方协调联动的领导机制，在武汉市已十分普遍，这是该市街道社区区域化党建的一个缩影。

武汉市坚持把党的组织植根于社会各个基层单位和社会各个阶层，加快形成“横向到边、纵向到底”的基层党组织体系。在街道（乡、镇）党（工）委的领导下，推进街道社区、开发区（园区）、乡镇村党建区域化，全面实行街道和园区“大工委”、社区和村“大党委”体制，充分发挥辖区自管党员、机关在职党员和区域内各级组织的作用。

在农村，区域化党建为产业发展注入了更多活力。蔡甸区奓山街下辖湖北省村级党组织“十面旗帜”之一的星光村，年均工农业总产值达数亿元，然而仅一步之遥的红焰村、新安堡村却还是贫困村。为此，奓山街党工委探索出了一条联村发展、共建互赢的乡镇村区域化党建之路。以星光村党委为龙头，联合周边红焰、新安堡、丘林、三红四个基础相对较弱的村级党组织，组建集团党委，实行“1+×”的联村发展，以强带弱，共同致富。2013 年，星光村集体经济收入超过 4000 万元，红焰、新安堡两个贫困村集体收入也突破了 300 万元。

工业园区在党建工作的引领带动下，也硕果累累。全市三十多个开发区（园区）党工委充分发挥统揽全局、协调各方的核心作用，由“垂直管理”向“区域整合”转型，由“条块分割”向“条块结合、以块为主”转变，延伸领域构筑覆盖全面的组织体系，形成合力构筑全员参与的联建体系，给开发区（园区）经济发展注入一股强劲的“红色动力”。

“充分发挥园区党工委、区域和行业党委、企业党组织的整体资源优势，健全党建工作网络，创新党员管理方式，拓展作用发挥途径，努力实现党建工作与企业发展的‘双赢’。”东湖开发区生物产业基地企业综合党委常务副书记李敦强介绍说。用党建工作带动产业发展，生物产业基地近五年主要经济指标以年均40%以上速度增长，综合实力跃居我国生物产业前三名。

五务合一资源下沉　全面提升“战斗堡垒”服务功能

“笑声闹家园，笑容飘街道，流金的岁月年年好……”每天，武昌区东亭社区党员群众服务中心文体活动室总会响起悠扬的歌声，居民们在 100 平方米的标准舞蹈室里翩翩起舞。室外，“东亭大舞台”正上演着居民自编自演的文艺节目，老人、娃儿们相依而坐，其乐融融。

“以前，社区只有一个活动室，妇女、老人、小孩得分时段活动，现在 3000 平方米的服务中心办事、购物、活动样样行，居民有事没事都爱来社区转转。”社区党委书记王学丽说，这都得益于“五务合一”建设的成果。

坚持满足需要建起来、开展服务用起来、发动群众活起来、凝聚人心强起来，武汉市积极深化拓展社区（村）党务、居（村）务、服务、商务、事务“五务合一”建设，先后投入 30 多亿加强阵地建设，让三千多个社区、村都有一个便捷服务、便利活动、便于议事的综合平台，全市 1000 平方米以上的党员群众服务中心达到 53%。

阵地是硬件，服务是软件，硬件软件一起抓，战斗堡垒才够强。每到周四，省电社区同心律师工作室的门口总是人头攒动。让居民不出社区，就能享受到专业法律服务，这是该市坚持整合部门服务资源进社区，市司法局推行“律师进社区”全覆盖的工作成果。

在江城，类似这样把惠民政策和服务资源直接送进社区、村的还有 30 多个职能部门。文新广局积极推动文化服务资源下基层；公安局警力下沉，使全市治安防控水平明显提升；农业局、农科院定期把致富技能直接送到革命老区、边远乡村，让农民不出村就能享受到专业指导……

“社区要提升服务功能，不仅需要职能部门的帮助，还得有属于自己的资源。”东西湖区将军路社区党支部书记陈永清说道，“每年市里下拨的 20 万元社区惠民项目资金为我们解除了后顾之忧。”每年由市、区两级财政投入 2.5 亿多元，为每个社区提供 20 万元的专项资金，用于实施社区服务类、活动类、管理类和基础设施建设类等惠民项目，这让社区党组织服务群众的底气足了起来。

近年来，武汉市在为基层减负的同时，稳步提升社区和村干部报酬待遇，加大从优秀社区、村“两委”成员中考录公务员、招聘事业单位人员的力度，为提升基层组织服务功能提供了有力保障。

完善机制　规范运行　让“战斗堡垒”紧密联系服务群众

“当时多亏了黄科长在场，耐心跟居民做工作，这才避免了一起严重的居民纠纷。”说起驻点干部黄利民，江汉区前进街燕马社区副书记程恰有说不完的话，“去年他还向街道争取了 10 万块钱经费，帮助我们拆除了违建车棚，新建了 62 个花坛，社区环境一下亮了起来。”

用制度管人管事，完善基层党组织和党员干部服务群众的机制，让服务群众的“最后一公里”真正变成了“零距离”。市委要求街道、乡镇干部全员参与驻社区、村塆工作，确保每个社区、村都有驻点干部，同时明确工作时间、工作职责。街道、乡镇干部纷纷走进街头巷尾、田间地头，主动认门、认人、认亲、认事，一批群众关心的棘手问题得到有效解决。

从点到面，从一个社区、一个村、一个机关、一个企业的经验到全市面上的总体要求，武汉市坚持全面规范与突出重点相结合，总结提炼“百步亭社区党建工作法”等一批联系服务群众的成功经验做法，规范成为 6 个领域的 26 个基层党建重点项目，以项目为载体，推进工作落实。

在每个城区，大力推行党员干部与群众直接联系的“书记直通车”、“群众直通车”和“上访直通车”制度，落实有困难找党员、要上访找书记的制度，引导群众合理表达利益诉求。

在社区，全面推广街道和社区党组织领导下的社区居委会、业主委员会、物业服务企业“三方联动”服务机制，妥善协调处理服务管理的相关事宜，主动服务社区居民。

在机关，普遍建立党员领导干部工作联系点，组织机关党员干部进村开展结对帮扶，推动党员干部下基层、转作风、惠民生。

在国有企业，组织广大党员以“一个支部一个堡垒，一名党员一面旗帜”为目标，广泛开展“党员示范岗”创建活动，引导激励党员在企业生产经营管理的实践中立足岗位、干事创业，充分发挥在全面深化国企改革、破解生产经营难题、完成急难险重任务等方面的先锋模范作用。

…………

在大力推进基层党建重点项目的同时，围绕具体项目的实施，武汉市积极探索过程化、常态化、信息化的考核评价办法，加大基层党建工作在全市绩效目标考核中的比重，采取调研摸底、明察暗访的形式，定期通报反馈情况，逐步构建出各级党委大抓基层组织建设的动力机制，有效推动了各项工作的落实。

亲历者说　新沟桥街社区居民王敏

长江之滨，青山脚下，生活在新沟桥街蒋家墩社区的我，越来越感到幸运。近年来，我们社区的基础设施更齐备了，党员群众服务中心里配备的多功能室给我们开展业余活动提供了场所，有点头疼脑热也能去卫生服务站看看，比以前方便多了，这是党建工作为老百姓带来的实惠。

厂前街铁铺岭社区书记徐海明

社区党员群众服务中心建好后，居民办事方便了，参加活动多了，看着居民满意的样子，作为社区书记，我别提有多开心了，干劲也更足了！以后要更加珍惜这个舞台，把服务中心这个家经营得更温馨、更热闹。

纱帽街廖家堡社区党委书记刘莉

近几年来，基层党建工作取得了很大的成效，社区办公用房变大了，居民活动场所增加了，群众需求一定程度上也得到了满足，居民群众对基层党组织的认同感也得到了提升。特别是今年市委专门下发了为社区减负的文件，我觉得社区干部直接联系服务群众的精力和时间更多了。

红卫路街组工干部

积极帮助各社区群众解决困难问题，是一名组工干部的基本职责。在对社区进行党建工作敦促和检查过程中，看到各个党员群众服务中心的党建宣传栏将服务内容、负责人联系方式等信息公布出来，看到志愿服务队与群众在功能室或社区广场有序开展活动的热闹场面时，我深深感到，党建工作对服务群众、发挥党员作用具有深远意义，我们必须继续深入实施“堡垒工程”，为更多群众服务。

东荆街乌金大队党支部书记王保植

近几年来，市委、区委狠抓基层党组织建设，树立起了抓基层、打基础的鲜明导向，人、财、物等资源向基层倾斜力度加大，基层党组织服务群众的资源和手段逐渐多了起来，服务群众的能力和水平有了很大提高，我们服务群众的底气也更足了。

（十四）湖南省

三措并举，湘潭县非公党建百日集中组建成效明显

杨鑫铸

“今年能在我们2家旅游伞企业成立党组织，是对我们旅游伞人的一种肯定，我们公司180多号人也终于有归属感了！”近日，湘潭兴旺工艺伞业有限公司总经理赵延贵激动地说。

为调动石鼓镇传统旅游伞企业的发展积极性，石鼓镇党委积极为企业发展出谋划策、解难纾困，通过在私营企业开展党建工作，帮助企业解决“成长的烦恼”，2012年9月全镇成功组建2家非公有制企业党组织。“围绕经济抓党建，抓好党建促经济”，2012年石鼓镇累计产旅游伞达600多万把，实现产值2000多万元，辐射带动农村劳动力就业2000余人。

2013年9月，中国湖南（第四届）旅游产业博览会在长沙市橘子洲景区民俗文化园举行，以湘潭竹缘工艺伞厂为代表的石鼓镇乡村特色旅游企业展出数十种不同工艺的油纸伞，工人现场表演油纸伞的制作技艺，充分展示传统油纸伞的独特魅力，石鼓镇油纸伞亮相第四届湖南省旅博会，获得参展中外客商一致好评。

为充分发挥非公有制企业基层党组织的战斗堡垒作用和共产党员的先锋模范作用，按照“抓落实、全覆盖、求实效、受欢迎”的工作要求，湘潭县非公有制经济党工委三措并举，非公党建百日集中组建行动成效明显。即首先从理顺体制入手，解决全县非公有制经济组织和社会组织（简称两新组织）党建工作面临的突出问题；其次从现实情况上着手，摸清家底，掌握真实、原生态的第一手两新组织党建资料；再次从创新组建上入手，制定实施方案，科学合理分配组建任务，确保高效、优质完成目标。

至9月底止，全县新组建非公组织党组织119家，超额提前完成目标个数。目前，全县共组建两新组织党组织242家，党员2015人，1183家非公有制企业实现全覆盖，增强了党的凝聚力、战斗力、影响力。2012年，湘潭县非公有制经济党工委荣获全省创先争优先进基层党组织称号。据不完全统计，2013年湘潭县非公有制企业党组织和党员共向企业提出合理化建议（意见）2600多条，开发新产品（新技术）80多件（项），为全县非公有制经济带来直接经济效益5亿多元。非公有制企业的发展壮大和党建工作实现了相得益彰，互促共进，带动了县域经济的飞速发展。

（作者系湘潭县非公有制党工委办公室干部）

非公巡回指导一组来怀指导工作

（2014年6月11日）

湖南省非公有制经济组织党工委

6月5日，湖南省非公有制经济组织党的群众路线教育实践活动领导小组副组长、巡回指导组一组组长、省非公有制经济组织党工委副书记、省工商联副主席陈宏忠一行4人，深入市全城污水处理有限公司党委、市德天集团党委、市天龙集团党总支、市浙江商会党支部，就非公有制经济组织开展党的群众路线教育实践活动进行了督导调研，并进行了座谈。听取了怀化市非公有制经济组织和社会组织党工委关于怀化市非公有制经济组织开展党的群众路线教育实践活动前段和今后工作安排的情况汇报。

通过实地走访及听取情况汇报后，陈宏忠一行向怀化市党的群众路线教育实践活动领导小组副组长，市委常委、组织部长、统战部长、市非公有制经济组织和社会组织党的群众路线教育实践活动领导小组组长、市非公有制经济组织和社会组织党工委书记江波同志反馈了情况。对怀化市非公有制经济组织党组织前段教育实践活动开展情况给予了充分肯定。他指出，怀化市非公有制经济组织教育实践活动谋划早、开局好、督导勤、培训快、效果实，工作很有特点、很有特色，已经走在全省的前列。关于今后工作，陈宏忠

强调，结合怀化自身特点，应重点做好七个方面的工作：一是抓平衡。要按照务实管用的原则，既要抓好示范点培植，更要抓好基层支部群众路线活动的开展，确保活动的“规定动作”落实到每一个支部、每一个党员身上。二是抓主要活动。要把党的群众路线教育实践活动确定的各项活动抓好抓实抓出成效，要以各项活动为载体推进群众路线教育实践活动的深入开展，真正收到实效，避免走过场、搞形式。三是抓助推企业发展。要把党建工作与业务工作有机融合，使党的群众教育实践活动与企业经营实际、生产实际相结合，采取灵活多样的形式，解决企业党员在“四风”方面存在的问题，解决企业发展中存在的具体问题，将党建工作的优势转化为推动企业发展的强大动力。四是抓业主参加。要注重把业主纳入到活动中来，引导非公业主把思想和行动统一到中央、省委、市委的决策部署上来，积极投身到教育实践活动中去，发挥表率作用，争做教育实践活动的支持者、参与者和推动者。五是解决具体问题。要将解决问题作为群众路线教育实践活动最终落脚点，紧紧抓住反对“四风”这个重点不放，切实解决好在活动中出现的理想信念、宗旨意识、群众观念、最终纪律、企业发展和职工切身利益等问题，使活动不虚、不空、不偏、不走过场。六是抓督促检查。要严格按照活动方案和工作要求，认真履行各督导组的职责，进一步加大对市直、县（市、区）活动开展的督促和指导，推动每个环节各项工作落实，对发现的问题要及时纠正，督促解决，有效传导压力，确保活动质量，防止降格过关。七是要抓典型推荐。要继续加人对示范点的培植，及时总结提炼上报活动中好做法、好经验，善于发现、深入挖掘一批叫得响、立得住、群众公认的先进典型，加大宣传报道力度，使基层党组织和党员干部学有标杆、赶有榜样。

市委常委、组织部长、统战部长、市非公有制经济组织和社会组织党工委书记江波对于巡回督导组一组来怀调研指导、陈宏忠书记对怀化市非公有制经济组织党的群众路线教育实践活动的关心及党的各项工作的支持重视表示衷心的感谢，表示一定尽全力按照巡回督导组的要求抓实抓好后阶段的群众路线教育实践活动。

市党的群众路线教育实践活动联络三组副组长、市非公有制经济组织和社会组织党的群众路线教育实践活动领导小组副组长、市非公有制经济组织和社会组织党工委委员杨勇汇报了我市非公有制经济组织教育实践活动前段情况和今后工作的安排。他指出，全市教育实践活动在安排部署上坚持了“真干”，成立了由市委常委、市委组织部长、市委统战部长、市党工委书记江波牵头负责的群众路线教育实践活动领导小组和2个联络组、10个督导组，明确由市直98名党建工作指导员同时兼任活动督导员。4月10日召开了全市动员部署会议，下发了方案和督导手册，并多次进行了专项督导。在学习教育上坚持了“真学”，分别邀请了上海大学社会学系顾骏教授、青岛市委党校党史党建教研部副主任、教授刘桂英对开展群众路线教育实践活动进行了专题集中培训，编印了1100余本群众路线实践活动“口袋书”，统一设计了宣传栏模板，全市共开展了各类群众路线教育实践活动专题培训32次，培训基层党组织书记1217人。在责任落实上坚持了“真压”，建立起了市（县）党工委负总责、行业（系统）、基层党组织抓落实的活动责任机制，在市直建立了16个领导小组联系点，将活动任务和整改要求按照时间节点和工作节点分解到相关单位。在行业指导上坚持了“真抓”，指导全市9大行业（系统）制定了活动方案，在行业（系统）遴选出了65个示范培植点，对1个党委、7个党总支、38个基层党组织进行了专项检查，确保活动不偏不倚。目前，全市共派出联络组39个，督导组121个，指导1253个基层党组织开展活动。

（十五）吉林省

吉林辽源市将非公企业派驻党组织纳入信息库统一管理

刘世源

吉林辽源市在深入实施“双覆盖双增强”工程中，建立了非公企业党组织和党员信息库，并将非公企业派出党组织情况纳入信息库统一管理，切实提高了非公企业党建工作的规范化、信息化水平，取得良好成效。

结合排查摸底、进行集中建库。市委组织部在全市开展了非公企业党建工作调查摸底工作，建立了党建基础台账，依托全国党员管理信息系统软件，建立了全市非公企业党组织和党员信息库。按照党组织管理权限，将非公企业党组织名称、建立日期、企业类型、在岗职工数等30余项信息纳入信息库管理，并重点采集党员、发展对象、积极分子的年龄、民族、学历、入党时间、专业技术职务等80余项信息。目前，全市将适合开展党建工作的876家非公企业、2002名企业党员、1168名积极分子全部纳入信息库管理。

纳入派驻信息，丰富管理内容。为加强对派驻党支部的信息管理，在不影响原单位组织关系的基础上，市委组织部将派驻党组织中的905名选派人员，全部纳入信息库管理，并将280个派驻党支部数全部纳入年终党内信息统计，充分反映全市非公企业党的组织和工作覆盖总体情况。利用信息库对派驻党支部工作情况进行信息化管理，实行在网上接转组织关系、记录派驻党支部活动情况，以及加强党费网上管理，努力强化派驻党支部工作的信息保障。

依托信息网络，实行动态管理。依托“大组工网”网络平台，利用全国党员管理信息系统，在市委组织部建立信息库数据汇总中心，在各县（区）建立分中心，通过分级授权的方式，与分中心信息库互联互通、资源共享，实现全市非公企业党组织和党员信息库的实时、动态更新维护，努力为全市非公企业党建工作提供及时、完整、准确的信息服务。

（作者系辽源市委组织部干部）

吉林辉南：非公有制经济占总量85%

（2014年4月9日）

张　巍　鄢铭庭

辉南县以助推民企发展为抓手，进一步推进非公有制企业“双覆盖双增强”工程，切实提高服务民企发展能力。目前，非公有制经济占全县GDP总量85%，成为推动县域经济快速发展的中坚力量。

把抓覆盖作为基本前提。这个县强化非公有制企业党建工作，在逐户调查后，明确组建类型、责任主体、方法步骤和完成时限，并根据组建党组织难易程度分出档次，制定组建办法，分层次组建。目前，全县共有7人以上非公有制企业149家，其中单独成立党组织78家，派驻党支部71家，实现了党的组织和党的工作在非公有制企业双覆盖。

把夯基础作为根本保证。他们注重选优配强领导班子，从管理层、企业主和退居二线进入非公有制企业工作的机关干部中选任非公党组织书记68人；利用全县人才库、后备干部等资源，选配100名热心党务工作、能力素质过硬的年轻干部到非公有制企业担任党建指导员，实行一岗双责；对新组建党组织的非公有制企业实行“一建九送”，共提供党建资金、物资10万余元；在33个非公有制企业设立了党组织活动场所，协调机关、事业单位对非公有制企业开放活动场所14处。

把提素质作为关键因素。将表现突出、发展潜力大的优秀员工列为入党积极分子进行重点培养，避免盲目发展。去年这个县共举办非公有制企业入党积极分子培训班2期，培训120人，发展党员53名；组织技术专家、高级技师对优秀党员进行“一对一”指导帮带，在学习培训等方面优先安排，条件成熟时，由党组织向决策层推荐，充实到企业关键岗位，为企业发展注入新生动力。目前，已有54名党员成为企业骨干，进入企业决策层，形成了“最先进的群众在党内、最优秀的人才是党员”的局面。

把助发展作为核心内容。开展了创建“服务效能型”非公党组织活动，引导非公党组织和党员发挥作用。全县非公有制企业设计“党员示范岗”、“党员诚信岗”、“党员亮身份”等活动载体30多个，开展各类活动100余项。华兴粉末冶金有限公司党支部设立“节能增效岗、科技先锋岗”等争创岗位，征求到企业发展的好点子20多个，解决生产技术难题8个；长龙药业党委引导党员做带头销售的模范，今年销售额同比增长15%；康达医院开展了“党员带头作表率”活动，赢得患者认可；富涵汽配公司党支部为村民提供就业岗位30多个，带动群众增收致富。

省工商局孙景发局长到非公党建联系点调研

（2014年10月13日）

吉林省工商局

为进一步了解掌握我省工商系统非公党建工作情况，研究下一步非公党建工作发展思路和措施，9月25日，省工商局副局长孙景发一行来到非公党建工作联系点吉林省华诚伟业汽车贸易集团股份有限公司党委开展非公党建工作专题调研。

公司党委副书记李凤才向省局各位领导介绍了集团公司党建工作情况，吉林省华诚伟业汽贸集团股份有限公司党委成立于2000年，是上级党委在2000年第一个批准成立党委的私营企业。新来的员工和有业务往来的客人对公司的评论是四个没想到：一是没想到私营企业党组织还这么健全；二是没想到私营企业还能发展党员；三是没想到私营企业中员工还有不少要求入党的；四是没想到党组织对员工这么关爱。

孙景发副局长详细了解了企业的党建情况，对集团公司党委注重党建工作，把企业建设和经营发展与党建联系在一起，组织党员活动，凝聚士气的做法和党建工作开展取得的成果给予充分肯定。

（十六）江苏省

江苏沭阳："数字工作法"解决非公党建"四失"难题

江苏沭阳县委组织部

针对非公党建工作中存在的"四失"难题，江苏沭阳积极创新"数字工作"法，不断开创工作新局面。

"三字要诀"解决党员"失控"难题。针对非公企业党员员工流动性较大，管理粗放等现实情况，主要采取迁移组织关系、开展活动引导和组织党员员工定岗招聘等"迁"、"引"、"招"三项措施，帮助非公企业党员主动"亮身份"、自觉"回娘家"。今年以来，通过念好"三字诀"，该县新增非公企业党员 246 名。

"四个同步"解决组织"失位"难题。针对非公企业党组织建设往往落后于项目建设的现实情况，采取"四个同步"措施，即在项目立项时同步宣传党的方针政策，在规划设计时同步规划党组织活动阵地，在招聘员工时同步招收党员职工，在项目竣工投产时同步建立党组织，帮助非公企业尽快建立党的组织、开展党的活动。目前，该县通过"四个同步"，新建非公企业党组织 31 个。

"五小竞赛"解决活动"失效"难题。针对不少非公企业党组织开展活动与企业需求不同步，无法得到企业主支持的现实情况，深入调研，积极推广企业主欢迎的"小发明、小革新、小改造、小设计、小建议""五小竞赛"活动，并结合创先争优活动，命名一批"共产党员示范岗"，激励非公企业党员争作表率、争作贡献。年初以来，该县共命名党员示范岗 87 个，企业员工提出合理化建议 1368 条，开展技术革新 24 项，带来直接经济效益 3913 多万元。

"千名帮办"解决地位"失缺"难题。针对部分非公企业党组织功能发挥不明显甚至形同虚设的现实情况，从全县党务工作者、党员干部、企业帮办、大学生村官、退伍军人等群体中选派 1100 名非公企业党建工作指导员，帮助企业党组织增强活力、提升地位。此外，专门选派 23 名县委组织部机关副股级以上的年轻干部到 34 个重点企业担任党建工作指导员，打造非公企业党建示范点。

江苏宿城：建立健全干部使用三方研判机制

宿城区委组织部

近年来，江苏省宿迁市宿城区积极探索领导班子和领导干部综合分析研判制度，将干部使用由原来的组织部门单方研判，扩大为组织部门、用人单位、干部个人三方研判，把选人用人工作的重心从"决"转移到"议"上来，为发现、识别好干部提供了专业判断和科学工具方法。

组织部门"动"与"静"相结合选准、用好好干部。每两年实施一次机关事业单位"拉网式"考核。通过设置三大类 6 项考核指标，对全区 2000 余名中层及以下干部工作承载负荷量、岗位尽责履职情况、工作实绩认可程度等情况进行一次全方位、摸查式、立体化的考核评估；重视干部八小时之外考核。依托社区"16 小时党支部"，通过专项测评、张贴公示等方式，对党员干部工作时间之外德行表现进行全面考察；组织部门根据所掌握的资料，结合民主推荐、民主测评、用人单位研判结果、干部个人意愿等，静态分析干部专业和性格特点、德行表现以及班子结构和工作需要，科学统筹干部使用方向；每年遴选一定数量综合素质好、有发展潜力的干部到乡镇（街道）预任领导班子成员一年，进行二次实战研判。任职期间，身份性质、工资渠道不变。期满后，根据考核及平时表现情况，结合班子建设需要，转为正式任职。今年，该区首批 12 名干部通过预备任职走向乡镇（街道）领导岗位。

用人单位"面上分析"与"典型剖析"相结合提交研判报告。在领导班子和领导干部年度考核时，用人单位要出具领导班子、班子成员及工作绩效等综合情况分析材料。具体包括：单位整体工作效能。包括单位条线工作纵向和横向比较、年度所获奖励、重点工作完成情况等；班子成员工作效能。包括班子成员工作成绩、分管部门工作开展情况、廉政建设等情况；班子运转情况。包括对班子的结构合理度（包括班子成员专业、性格、年龄、性别等合理搭配情况）、班子调整方向、班子成员的岗位适应性等；影响工作成绩的内外因素。综合分析影响单位整体工作内外、主客观因素，并提出合理化意见和建议；组织部长和分管部长定期、不定期约谈用人单位主要领导和其他班子成员，单位主要领导和其他班子成员也可预约组织部长和分管部长交心，通过双向约谈，进一步掌握领导班子建设和领导干部表现的第一手素材。

干部个人"自画像"与"匿名画像"相结合推举贤才。探索实施"自画像"、"匿名画像"、毛遂自荐等方法，有针对性地了解领导班子和领导干部情况。在乡科级领导干部的年度考核中推行干群"匿名画像"考核法。干群通过匿名撰写的方式对领导干部的德行表现、实绩情况以及优、缺点等进行"画像"，2012年度考核中共收集"匿名画像"信件1200余份。干部个人也可以在年度考核时或随时向组织部门递交"自画像"，对近年来自己工作开展情况、优缺点及自身优势等情况进行推介。在此基础上，干部个人可以向组织申报自己愿意担任或者可以胜任的岗位，也可以推荐其他优秀干部到合适岗位。组织部门结合访谈、测评等情况进行甄别，去伪存真，去粗取精，科学识别人才。

（十七）江西省

江西龙南：立足“三项服务”实现“三大转变” 有力提升非公企业党建工作水平

徐发添

江西省龙南县围绕“为企业所需要，为党员所欢迎，为员工所拥护”的服务宗旨，立足服务企业、服务党员、服务员工在非公有制企业建立党组织，促进非公企业的和谐健康发展，实现党建工作与非公经济发展“双赢”。

立足服务非公企业，实现企业从“袖手旁观”到“交口称赞”的转变。

县委出台了《关于开展跟踪服务单位党组织与非公企业党组织结对共建的实施意见》，开展县直、驻县单位与非公企业结对共建活动，帮助企业党组织解决一个活动办公场所，帮助企业党组织加强制度建设和自身建设、帮助企业党组织开展主题活动、帮助企业党组织加强企业文化建设、每季度至少与企业党组织联合开展一次活动、每个月为企业党员上一次党课。真正达到了“厂外的事业主不费神，厂内的事我们帮着办”的服务目标，促进了非公企业健康快速稳定发展，让企业主切实感受到建立党组织给企业带来的好处。

立足服务党员，实现党员从“默默无闻”到“争先创优”的转变。

在企业开展了“党在我心中，我在员工中”、“五在前、当标兵”、“我创新、我快乐”等主题实践活动。要求企业党员业务技术钻在前，做生产技术的标兵；生产经营干在前，做完成任务的标兵；急难险重冲在前，做排忧解难的标兵；安全稳定走在前，做遵守厂规的标兵；表率奉献做在前，做服务企业的标兵。通过开展活动，使企业党员做到“平时工作能看出来，关键时刻能站出来，危急关头能豁出来”。

立足服务员工，实现员工从“要我入党”到“我要入党”的转变。

创建了“经工区党建服务中心”，下设四个站，即党群工作联络站、就业培训指导站、发展环境服务站、文体活动娱乐站，加强了非公企业党群组织建设力度，不断扩大了党在非公有制企业中的影响力和渗透力。同时，全县99个非公企业党支部充分利用宣传橱窗或宣传栏，宣传党的基本知识，包括党员基本条件、入党申请书的写法和申请入党的程序等。通过宣传，使广大青年更加了解党的性质、纲领和宗旨等，增强了他们对党的认识。近三年来，全县有308名非公企业中层以上管理人员和一线生产骨干向党组织递交了入党申请书，其中企业主18人，列为入党积极分子的有137人，被吸收为中共党员的95人。

省非公党工委党员群众路线教育实践活动挂点指导工作组来饶指导工作

（2014年5月21日）

江西省工商业联合会

5月14日，省非公有制经济组织工作委员会委员、省地税局党组成员、副局长王显和为组长的省非公党工委群众路线教育实践活动挂点指导工作组一行，在市非公党工委书记、市委统战部副部长、市工商联党组书记徐伟，市地税局局长宋智江的陪同下深入我市晶科能源有限公司、江西际洲建设工程集团有限公司指导活动开展并听取企业的意见建议。

王显和一行就非公企业党组织和党员如何开展党的群众路线教育实践活动，进一步提高思想理论水平，进一步转变作风，帮助企业解决改革中存在的问题，引导企业履行社会责任，帮助职工群众解决生活中存在的困难，维护企业和社会和谐等问题，与晶科能源有限公司党委副书记、副总经理余木森，江西际洲建设工程集团有限公司总经理郭华峰、党委副书记李佳恩，以及两个企业部分党员、群众进行了座谈。在座谈中详细了解了教育实践活动的开展情况，以及遇到的困难和存在的问题。

王显和表示，非公企业党组织开展党的群众路线教育实践活动成效如何取决于企业负责人的认识程度。非公企业党组织开展党的群众路线教育活动。一要加强学习教育，切实增强非公经济人士对中国特色社会主义的理想信念、对党和政府的信任、对非公企业发展的信心；二要以为企业服务，解决企业发展具体问题作为开展群众路线教育实践活动的突破口；三要结合非公企业自身特点，不拘泥党政机关的形式，坚持灵活、简便、实用的多种方式开展学习教育实践活动；四要加强对企业的调查研究，对反映的问题要深刻领会，结合“照镜子、正衣冠、洗洗澡、治治病”的总要求将活动深入开展，真正收到实效，避免走过场、搞形式。当得知企业近几年得到了突飞猛进的发展，以及我市非公党工委和地税部门精诚服务企业发展时，王显和非常高兴，并勉励在座的工作人员要深入企业、了解企业、帮助企业、解决企业发展中遇到的实际问题。

（十八）辽宁省

老边区将10部门“拧成一股绳”推进非公企业中党建工作深入开展

辽宁省营口市老边区党工委

老边区针对非公企业党建工作起步晚、难度大、基础薄弱的实际，确立“大党建”工作思路，开展“合十化一、强党服企”主题实践活动，组建非公企工作委员会，将区政法、工商、人社等10个部门列为成员单位，非公企业党工委牵头抓总，共同推进非公企业党建工作。

一是职能部门分工合作，齐抓共管。充分发挥10个部门的作用，建立完善非公有制企业党建工作联席会议制度，每季度召开一次会议，交流沟通非公有制企业党建工作。同时，定期到期进行调研走访，现场联合办公，充分发挥各自职能优势，帮助企业研究企业党建工作，帮助企业解决发展难题，形成推进非公有制企业党建工作的合力。

二是发挥优势群策群力，做好服务。充分发挥区直单位职能特点优势，采取党群部门帮员工思想教育、经济部门帮金融壮企、政法部门帮法律援企、科技部门帮产业助企和安监环保部门帮安全护企等措施，在将机关党组织规范运行模式运用到非公企业，引导非公企业规范党建工作、建立现代企业管理制度。如区人社局以依法维护企业与职工合法权益为着力点，在部分企业试行了内部事务管理“四议两公开”制度，引导企业做到企业决策让员工清楚、企业运营让大家明白，促进了劳工关系和谐。区公安分局在全区规模以上非公企业推行“一警一企”制度，采取领导班子每人联系2户企业、一般民警每人联系1户企业方法，深入开展向企业发送一封公开信、悬挂一块服务联系牌、建好一本联系服务登记簿、制作一张警企联心卡“四个一”活动，搭建了警企服务直通车。

三是提高企业竞争优势，共促发展。积极将企业党组织公开承诺与企业年度发展目标结合起来，协助企业党组织广泛开展员工学法、“岗位练兵”、“技术攻关”和“兴企金点子”征集评选等活动，促进企业做大做强。同时，以发挥基层党组织的战斗堡垒作用和党员的先锋模范作用、密切党群干群关系、党组织实现晋位升级为目标，扎实开展“六个一”活动：开展一次专题讲座；指导群团组织开展一次活动；开展一次企情恳谈；走访一批企业员工；开展一次志愿服务活动；搞好一次调查研究。

辽宁本溪华联坚持党建促进非公经济发展

（2014年4月27日）

张海浪

华联商厦是本溪市大型民营商业企业，多年来，华联商厦结合经营抓党建，以党员带头、公开承诺、即时激励、诚信经营、关爱员工为核心的企业文化不仅为企业的经营发展注入了强大活力，也成为非公企业党建工作的一面旗帜。特别是在党的群众路线教育实践活动中，本溪华联着力解决员工、顾客反映强烈的突出问题，努力把党的政治优势转变为公司经营管理竞争优势。

他们在日常的经营活动中，坚持党建是企业的灵魂和核心，持续优化纵向到底、横向到边、点线面相结合、全方位一体化的党建覆盖面工作体系，明确了每个部门和每名员工的“一岗双责”，既要干业务，也要抓党建，充分发挥表率示范作用。他们精心设计、积极创新活动载体，设立了“党建先锋榜、经营英雄榜、管理精英榜、服务明星榜、服务员先锋号榜”5个评比榜，坚持“先锋表率工程”走全面全员路线。近3年来共评出公司党建先锋489人次，公司经营英雄692人次，公司管理精英152人次。还扎实开展以“个人提诺、党委审诺、公开示诺、认真履诺、定期督诺、群众评诺”为主要内容的公开承诺活动，全体党员、干部进行了廉正和业务双承诺、公司级明星员工进行了服务承诺。在党员的带领下，先后有41名明星员工在自己的柜台上亮出自己的承诺，带着感情去工作，带着热情去服务，带着真情去奉献。在今年4月份开展的党的群众路线教育实践活动中，公司党委又组织开展了“身边事教育身边人”活动，成立了先进典型报告团，进行巡回报告，掀起“选树典型、学习典型、赶超典型”的活动高潮。

（十九）内蒙古自治区

我市全面提升非公企业党建工作科学化水平

内蒙古包头市组织部

加强和改进非公有制经济组织党的建设（简称非公党建），对坚持和完善社会主义基本经济制度、维护非公企业职工合法权益、引导非公有制经济健康发展有着不可替代的作用，同时也是一项增强党的阶级基础、扩大党的群众基础、夯实党的执政基础和全面推进党的建设的新的伟大工程。截至2013年，我市非公企业已达24757户，占企业总数的85.2%；注册资金总额992.4亿元，占全市企业注册总资金的59.33%，全市社会组织总数达963个。非公有制企业和社会组织已成为我市社会经济全面发展的重要力量，在助推全市经济增长、加快产业升级、增加财税收入、创造就业机会、维护社会稳定等方面发挥着不可估量的作用。为进一步加强和改进非公有制经济组织党的建设，把党组织活动有机融入企业活动的全过程并助推企业科学发展、和谐发展，现将我市部分非公企业优秀做法和非公党建指导员的工作经验摘登如下，以飨读者。

党建促发展　服务树形象

河北商会

中共内蒙古河北商会党委成立以来，始终坚持“经济工作的主战场在哪里，商会党委的工作就跟进到哪里；企业党建工作的难点在哪里，商会党委的工作就渗透到哪里”的理念，较好地发挥了商会党委政治引领作用和共产党员的先锋模范作用。今年，商会党委被自治区党委组织部确定为社会组织党建工作联系点，被市委组织部确定为社会组织党建工作示范点。商会党委结合实际，经常开展一些丰富多彩、形式多样的教育和公益活动。2011—2013年，先后组织党员、入党积极分子前往革命圣地韶山、西柏坡等地进行参观学习，并在革命圣地——西柏坡，为新党员举行了入党宣誓仪式。今年4月，商会党委带头开展“下基层，广调研，深入走访会员企业”活动。2012年商会党委与青山区赵家店党支部结成了友好帮扶单位，向村民送去5000多元的药品；2013年，商会党委又主动为包头市青山区委组织部筹建的“党建爱心基金”，以及“下基层活动”捐款20000元。商会新一届党委结合自身特点，以“服务商会、服务会员、服务党员”为宗旨，更加紧密地围绕商会的中心工作，将经济新政策、产业新动态、创业新科技，及时地向会员企业传递；积极帮助会员企业争取项目资金、优惠政策；维护商会会员的合法权益等工作，不仅营造了商会发展的良好环境，而且提高了商会党组织的威信，增强了党组织的凝聚力。

党建引领强保障　凝心聚力促发展

冶金矿山机械有限公司

包头市冶金矿山机械有限公司是一家有着62年历史的装备制造企业。近年来，公司党委不断加强党的建设，有效地发挥了党组织在职工群众中的政治核心作用和在公司发展中的政治引领作用，推动了公司健康、持续、和谐发展。今年，公司党委被自治区党委组织部确定为非公党建工作联系点和自治区级党的基层组织建设示范点。

公司党委注重发挥群团组织在民主管理和联系职工的桥梁纽带作用，召开职工代表大会和工会会员代表大会审议并通过了公司《员工劳动合同》、《工资集体协商协议》等各项方案。同时，每年组织员工进行健康体检、开展“送温暖、献爱心”、“金秋助学”等活动，让全体员工共享公司发展成果。近两年，公司党委共发放帮困、助学金额26万多元，较好地把党员凝聚在了组织周围、把群众凝聚在了党员周围。

2012年，公司党委建立了占地面积300平方米的业余党校，配备了电教设备，为党员集中学习提供了良好阵地。同时，聘任已退休原党委副书记任党校专职校长，组建了教研组、教务组工作机构，由公司党委委员、董事会董事、经理层组成师资队伍，先后对党员、入党积极分子、中层管理干部和骨干员工进行集中轮训13期，其中，党的十八大精神专题辅导班4期，提升了党员队伍素质，为公司的长远发展储备了人才。

公司党委结合生产经营特点，以“党员示范岗”、“党员责任区”等活动为载体，让每个党员岗位成为展示党员先锋模范作用的窗口，以党员的实际行动带动和影响周围的职工。在“标兵型好员工”、“优秀员工”和“工会积极分子”评比表彰中，党员所占比例达80%以上。

围绕生产抓党建　抓好党建促发展

石宝铁矿集团有限责任公司

石宝铁矿集团党委成立于2005年，现有党员279名。作为一家民营企业，在深入贯彻落实自治区“8337”发展思路的过程中，充分发挥党组织的战斗堡垒作用和党员的先锋模范作用，为企业持续发展注入了新鲜活力，奠定了坚实基础。

集团起步于乡镇企业，建矿初期仅有员工168名，党员4名，现已发展成为拥有员工近3000名，党员279名的中型民营企业。集团党委始终把发展积极分子入党作为党建工作的一项重要工作，注重在企业一线员工、管理人员和技术骨干中发展党员。对重点培养对象广泛征求党内外群众意见，并进行集中培训学习，以保证发展党员工作的公正、公开，确保了发展党员的质量。2013年，40名企业职工递交了入党申请书，确定入党积极分子49名，新发展党员8名。

与此同时，各党支部通过不定期召开民主生活会，对广大党员员工进行思想教育，使党员员工在工作中能够立足本职、爱岗敬业、尽职尽责，切实起到“传、帮、带”的模范带头作用。集团党委为了调动广大员工积极性，加强了对先进集体、先进个人、劳模、标兵等的评选和嘉奖，充分发挥了企业党员的先锋模范作用，增强了党组织的凝聚力。

随着集团不断发展壮大，集团先后招收城镇待业青年和农牧民富余劳动力2000余名，为当地经济发展、民族团结和社会稳定起到了积极的促进作用。

用心指导　倾情奉献

达茂旗委统战部　吴僧格

我是2012年初由达茂旗委选派担任孙氏鑫宝矿业公司非公党建指导员的，通过近两年来的工作和实践，我深切感受到，要当好一名非公企业党建工作指导员，必须始终坚持用心指导，倾情奉献。

一颗“爱”心

党务工作说到底是做人的工作，唯有爱心、真情才能感人动人，唯有诚意才能获得信赖和尊重，只有同企业主、员工感情密切，才能把情况摸细、找准、析透。担任企业党建指导员以来，我积极引导党支部发挥在企业生产、建设和发展中的带头引领作用，关心职工的日常生活，提高职工福利待遇，通过给予员工更多的人文关怀，使企业人情味更浓、企业的凝聚力和对优秀人才的吸引力更强。

十足“恒”心

非公党建指导员要有一颗集思广益，多层面、多途径开展工作的恒心。在刚来到企业担任党建指导员之初，业主认为成立党支部开展活动会分散企业精力、影响企业效益，经过多次拜访，交流谈心、主动服务，逐步提高业主对党建工作的认识并终于转变了观念，现在已成为我旗非公党建示范企业。

十二分“热”心

要把提高企业的生产经营管理与党建工作整体水平作为指导工作的重点，真心实意、诚心诚意地帮助非公企业想办法、出主意，实实在在地为企业提供方方面面的服务。作为工商联主席，同时兼任非公党建指导员，日常工作中，我主动加强与旗委、组织部门和市工商联、非公企业负责人的联系，积极争取各部门对非公党建工作的支持，真心实意为企业解决实际困难。

内蒙古鄂尔多斯市：给非公企业注入新的活力和动力

（2014年1月10日）

杜永亮　王桂英

这是一支不可忽视的重要力量——占内蒙古鄂尔多斯全市经济总量73%的非公企业，税收占全市财政收入的85%，吸纳就业占全市就业人数的90%，成为吸纳社会就业的主渠道，自主参与国内竞争的生力军。

这是一项不容小觑的重要任务——在量大面广、类型多样的非公企业开展党建工作，如何赢得出资人的支持？如何既做到“全覆盖”，又实现“强作用”？如何破除非公企业党建阻力，更好地整合资源，实现党建、企业发展双赢？

内蒙古鄂尔多斯市委以改革创新精神，实施“四抓四推”促“两强”工作法，破解了企业“重经济轻党建”“重建厂轻建党”的问题，加强出资人教育引导和基础保障等重点任务落实，使非公企业党建工作迸发出勃勃生机。

抓组建促覆盖　确保党建工作深入到每个企业

鄂尔多斯市委实行“未组建促覆盖、已组建促规范、已规范促提升”梯次推进法，以组织建设有形化为基础，抓组建促覆盖。

东胜区实施党建责任区制度，将30%以上的新增发展党员放到非公企业，围绕建设“双强六好”非公企业和“五好”社会组织的目标，扩大党在非公经济和社会组织中的组织和工作覆盖。

据统计，东胜区具备建立党建组织条件的117户规模以上非公企业，全部建立了党组织，共设立党员示范岗200多个，党员责任区100多个，确保党的工作覆盖到每个企业。

东方路桥集团公司是首个成立民营企业集团党委的企业。从成立之日起，该公司就提出以“党委坚强领导、追求共同富裕、构建和谐劳动关系”为主要特征的民营企业党建工作新路子，并首创支部建在联队制度，坚持让无产者变为有产者的分配理念。从2002年开始，先后组建4个子集团党委、8个党总支和62个党支部，实现党组织对集团的全覆盖，实现了民工政治上的平等、生活上的改善、技能上的提高，经济上的增收，推动了党组织和党员作用的发挥，增强了党在非公企业中的影响力、号召力，成为全区乃至全国非公企业党建的一张“名片”。

让人欣喜的是，通过分类开展组建、分类指导联系等方式，该市党员队伍不断壮大，党组织覆盖率显著提升。对全市已建党组织的非公企业，通过内部选、社会聘、上级派等途径选优配强党组织书记，实现100%有人负责。目前，全市663个非公企业党组织中，上级党组织下派和从社会上聘录的党组织负责人210名，占31.7%；对未建党组织的非公企业，通过“一员一户、一员多户、包片联系”等方式派驻党建指导员，实现100%有人指导。

目前，全市选派党建指导员1281名，指导非公企业3363户。据统计，全市2.7万户非公企业，有55万从业人员，其中党员23309名，占全市党员总数（99206名）的23.5%。

更让人欣慰的是，该市把非公企业党建工作纳入党建工作整体布局，实行目标责任管理，列为市委对旗区、开发（园）区、市直部门考核指标。依托市委组织部成立非公经济和社会组织党工委，配齐领导班子和党工委办公室工作人员，构筑了市委领导、组织部牵头抓总、党工委综合协调、相关单位履行职责、工青妇协作配合的领导体制。并安排市、旗区、开发（园）区和有关部门党员领导干部，每人每年直接联系1至2户重点、骨干非公企业，指导党建工作，帮助企业解决发展难题。截至目前，全市722户规模以上非公企业，已建立非公企业党组织437个，党组织覆盖率60.1%。

抓方向强队伍　党建与企业发展同频共振

在该市投资的企业家、久泰能源内蒙古有限公司资源部部长田向强说：“党是企业的脊梁，党是企业的旗帜。党员给企业带来团结、发展、赢利，我切身体会到非公企业党建的好处，为企业发展带来的‘双赢’作用。”

把党支部建到民工联队、项目团队、生产一线，把党小组建到工段、班组，推进“三有三无”，即关键岗位有党员、突击攻关有党员、急难任务有党员，党员身边无事故、党员身边无次品、党员身边无违纪，广泛开展党员先锋岗、党员号机车等特色活动，在该市非公企业蔚然成风。非公企业的党组织有地位，增强了发展的向心力和凝聚力。党员干事有平台、待遇有保障、干好有发展，为企业争效益、为员工谋福利、为党旗添光彩，近年来，该市累计设立党员示范岗2000多个，党员责任区2300多个。

伊泰集团董事长张双旺从集团成立就明确：公司各项费用都有预算，但党组织的费用不受预算限制，只要有利于党建工作，有利于企业发展，全力支持。他深知，正是由于“红色阵地”的壮大，越来越多员工凝聚在党委周围，与企业发展同频共振，才让集团逐渐壮大成为全区乃至全国的煤炭龙头。

科学有效的党建工作，为非公企业注入正能量。卓有成效的服务，也让党组织在非公企业里有威信，赢得了出资人的信任。正如内蒙古鼎晨集团党委书记杨耀光所说：“加强党组织建设，我们愿意投资，也值得投资，因为党组织培养了队伍，营造了正气，服务了发展，这是用钱买不来的东西。”

抓保障起作用　选优配强“领头雁”

非公企业党组织从“有形”向“有效”延伸，把“党建也是生产力”、“党建是企业资源”的理念，贯穿到非公企业各层面，融入到生产经营、发展壮大全过程。该市发展最好的非公企业，党建工作都已成为品牌，如伊泰集团“四个不变”原则、东方控股集团“强党兴企”理念和支部建在联队的做法、伊东集团“四位一体”模式和“五有”工作法、新大地集团“四大红色工程”等等，都使该市各非公企业党建呈现出欣欣向荣的景象。

业务技术站在前，引才育才思在前。为跻身企业科技创新前列，伊东集团公司党员技术攻关组组织设计，创造了20多项新纪录，荣获专利证书30多项，集团获得30多项科技成果。

把新员工培养成生产经营能手，把生产经营能手培养成党员，把党员生产经营能手培养成企业经营管理骨干，是内蒙古博宇集团党支部实施“三个培养”工程，找到的党建与企业发展“互动相融”的好办法、新途径。

乌兰集团公司党委在建设“幸福乌兰”工程中，为职工办实事好事，提高职工幸福感。投资5亿元在阿镇为职工建设住宅楼，且职工工资每年以20%的速度递增，在经济下行压力较大的情况下，企业销售额不降反升，实现“零裁员”、“零降薪”。

“党建也是生产力”，是东达蒙古王集团十几年来走向成功的法宝。集团从2004年成立党委起，就坚持“围绕发展抓党建，抓好党建促发展”，始终把党建工作与服务职工紧密结合，每年拿出近2000万元作为员工生活补贴；每年坚持不低于10%的增幅涨工资。投资35亿元实施以“生态扩镇移民，产业拉动扶贫”为核心的生态移民工程，带动12万户农牧民增收致富。该集团还以“感恩奉献，回报社会”为主题，承担社会责任。几年来，累计为各项社会公益事业捐资3亿多元，安排2000余名下岗职工再就业。目前，该市40%以上的规模以上非公企业达到“双强五好”，即党建强、发展强，生产经营好、企业文化好、劳动关系好、党组织班子好、社会评价好的要求。

党建强，则发展强；党建活，则企业活。这已成为众多非公企业成功的秘诀，也成为更多非公企业价值追求。

一组数据令人振奋。目前，该市非公企业党组织数量同比增长11.8%，近2600名党建工作者活跃在非公企业党建一线。

党组织数量增长之快，党的工作覆盖范围之广，前所未有。鄂托克旗、康巴什新区、乌审旗建立直接联系或双重管理机制，直接联系近1万户非公企业党组织，抓大带小，以点带面，提升非公企业党建工作整体水平。

非公企业党建引领方向，助力发展的双向互动工作机制，正在鄂尔多斯大地落地生根，共产党员志愿者、先锋岗、责任区、示范线、攻关组、突击队，让党旗熠熠生辉……党建工作为“企业发展聚力，为企业文化铸魂，为职工成长搭台”，已成为非公企业的共识。

（二十）宁夏回族自治区

宁夏贺兰：以标准化建设推动非公党组织晋位升级

马国峰

为进一步深化非公企业党组织“双强六好”创建活动，贺兰县开展非公党组织标准化建设活动，以标准化建设推动非公党组织晋位升级。

强化措施，规范党组织。一是组织设置标准化。开展“组织找党员、党员找组织”活动，查找“隐形党员”和“口袋党员”26名。按照“四重一优先”（重能力、重实绩、重公认、重奉献，具备党务政务工作经验的党员优先）的原则，对党组织班子不够健全的天源达公司等8家党支部进行换届选举，配强健全了党组织班子。按照规定成立纪检组织，配备了纪检书记和委员。二是阵地建设标准化。争取业主支持，在有条件的企业党组织，按照“六有”标准建设规范的党员活动阵地。对于办公活动用房紧张的企业，采取“一室多用”的方式予以解决。建立党组织管理台账，做到“五个清楚”，即：党员基本情况、党费收缴情况、党员流动情况、党组织学习情况和规章制度情况清楚。三是队伍管理标准化。选聘6名党组织书记，加强职业化党组织书记队伍建设。新发展党员98名，努力做到80人以上企业建立党组织、50人以上企业有党员。加强党员教育管理，要求党员挂牌上岗。深化“连心工程”开展县直机关党组织与非公有制企业“共建联创”活动，加强党建工作指导员队伍建设和管理，确保了党的工作在非公企业的全覆盖。四是活动开展标准化。按照“为企业所需要、为业主所理解、为职工所拥护、为党员所欢迎”原则，开展“党员示范岗”、“党员责任区”、“党员建言献策”等党建主题活动；开展以比技能、比安全、比质量、比进度、比效益、比纪律、争当业务骨干、争当示范岗位、争优秀岗位为主要内容的“六比三争”活动，营造党企和谐发展的良好氛围。五是制度建设标准化。结合企业实际情况，建立健全了企业党组织“三会一课”、民主生活会和民主评议党员、党组织负责人列席管理层会议和业主列席党组织会议等制度，形成党组织与管理层相互支持的工作机制。

评星定级，推动晋位升级。在党建工作标准化建设的基础上，结合基层党组织建设“堡垒工程”和党员“先锋工程”，开展非公经济党组织评星定级活动。企业党组织评星定级分为5个星级档次，采取逐级升级的方式进行晋级。评星定级由县委组织部结合企业党组织“五个好”目标要求制定考核细则，采取企业党组织自我考核申报和上级验收考核相结合的办法，进行星级评定，星级实行动态管理，县委组织部每年都要进行复验，对不符合评定标准的给予降星或撤销星级，对于5星级党组织作为区、市、县“双强六好”党组织申报和命名工作依据，并适时召开会议表彰命名。

（二十一）青海省

青海格尔木：QQ平台架起非公企业党建“高速路”

西　社　薛超超

为有效推进格尔木非公企业党建工作开展，创新党务工作平台，格尔木非公经济党工委结合全市非公企业“点多面广”的实际，以党建服务为载体，开通了以格尔木非公企业党员为主体的党建QQ群，为格尔木党建发展架设起了一条“高速路”。

以“实名沟通，实体化服务”为抓手，在党建QQ群中建立网上实名制度，由群主和管理员定期更新内容。同时在QQ群上向党员公布非公企业党组织党建工作动态、近期党建工作重点以及发展党员情况和各类便民服务信息。将党建QQ群作为联系沟通的桥梁，让党员展现自己的特长和技能。用网络的方式为有需要的人提供服务，同时开展帮扶结对、爱心捐赠等服务项目。

在党员QQ群运用共享平台，对党组织活动实行群公开，提高了非公企业党组织党建工作的透明度，也让党员对非公企业党建工作加深了了解。充分利用群平台信息传播速度快的特点，组织动员广大党员积极参与群活动，积极宣传创先争优、高原先锋工程和理想信念教育等活动的重要意义和先进经验，引导党员服务群众。

通过党建QQ群，搭建起全市非公经济党工委与企业党组织、企业党组织与党员、党员与党员之间的沟通平台，进一步提高了非公企业党建工作效率和广大年轻党员的学习兴趣，增加了非公企业党组织的凝聚力，为促进非公企业党建工作的科学发展增添了活力。

（二十二）山东省

山东省荣成市“三步走”工作法抓实外企党建

（2014年5月26日）

威海组工网

荣成市濒临日韩，外资企业较多。为实现党的有效覆盖，荣成市针对外企特点，探索推行了真诚服务＋示范引导＋发挥作用“三步走”工作法，收到较好成效

第一步，真诚服务，增强党组织号召力，为外企党建工作开展打好基础。依托荣成市级和各镇街外商投资服务中心，根据外商需求提供亲情化服务，用服务感染外商、赢得认可。如港西镇党委对外商投资项目全部安排专人跟盯服务，明确提出“只要来投资，手续我来办”，对所有外商提供无差别、零距离服务，让外商真正感受到了镇党委亲商爱商的热情，也树立了镇党委权威。外商们普遍表示：“镇党委这么支持我们，我们也要支持党委的工作，支部怎么建，党委说了算！”

第二步，示范引领，营造“抓党建不吃亏”良好氛围，打开外企党建工作局面。根据前期表现，每个镇街筛选确定3～6个外企党建试点单位，指导成立党支部，镇街党委对他们优先支持，一方面，组织开展“村企联建”、“党群共建促发展”等活动，引导外企逐步认识党建工作内容，消除神秘感；另一方面，积极协助外企与海关、商检等部门搞好沟通，帮助抓好生产经营，让外企尝到党建工作带来的“甜头”，提高其他急于融入本土的外企主动性。通过这种示范带动，外企增强了对党建工作的认知度，主动向党组织靠拢。截至目前，全市83％的外企已采取独立式或兼合式模式成立了党组织。

第三步，发挥作用，树立“支部就是主心骨”导向，实现外企党建工作有效覆盖。一方面，强化党支部在外商心目中的地位。在对外联系上，外企党支部积极协助外商与镇街党委、市直业务部门进行沟通联系；在企业生产中，党支部围绕企业需求开展“小革新小发明”、“党员金点子”等活动，既带动形成了良好的内部氛围，也带来了实实在在的效益。另一方面，强化党支部在职工中的影响力。外企党支部牵头建立企业与员工协商机制，及时收集职工意见建议，反馈提醒企业管理层，既保障了员工利益，维护了企业内部和谐，又增强了党组织威信，为党建工作开展奠定了群众基础。

广饶县坚持“四个双向”机制提升非公有制企业党建水平

刘志强

一是坚持“双向管理”，明确企业发展党员工作组织职责。对在企业工作时间不足1年的人员申请入党，明确要向户籍所在村党组织递交《入党申请书》；在企业工作时间1年以上且相对固定的人员申请入党，可以向企业党组织，也可以向户籍所在村党组织递交《入党申请书》。接收《入党申请书》的党组织在对申请人进行考察了解后，及时向另一方党组织通报并征求意见，根据征求意见情况，按规定程序确定入党积极分子，报上级党（工）委备案。在此基础上，采取接收入党申请的党组织为主，另一方党组织配合的办法，共同做好培养、教育、考察等工作。

二是坚持“双向查找”，不断规范完善流动党员管理措施。每年定期集中开展以“组织找党员、党员找组织”为主题的“双找”活动，对企业员工中的流动党员进行全面调查，同时通过召开车间或班组会议、座谈交流等多种形式，鼓励和引导“隐形”党员、“口袋”党员亮明身份。能够转接组织关系的，及时转到企业党组织；暂时不具备转接条件的，按照“一方隶属、多重管理”模式，及时纳入流入地“兼合式”党组织管理，确保党员接受组织管理，按时参加党组织活动。今年来已有200余名流动党员将组织关系转接

到所在企业党组织。

三是坚持“双向述职”，促进党务工作人员积极主动履职。全面推行企业党组织书记“双向述职”制度。年初，各基层党（工）委与各企业党组织签订目标责任书，明确党建工作年度目标要求。在此基础上，党组织书记向全体党员、职工作出承诺并公示。年底，企业党组织书记就党建工作开展情况分别向所属党（工）委和本企业的党员及工、青、妇负责人及职工代表进行述职，接受测评或评议。测评或评议结果作为推荐表彰优秀党务工作者和先进党组织的重要依据。

四是坚持“双向互动”，实现党建工作与企业发展互融共进。建立党组织书记参加或列席企业管理层重要会议制度、党组织与企业管理层沟通协商和恳谈制度，党组织要邀请企业出资人、经营管理人员参加相关活动，使党建工作与企业生产经营管理紧密结合在一起。同时，党组织积极组织党员开展“提合理化建议”、“创新提案”等活动，通过集思广益，向企业建言献策。据不完全统计，今年以来全县企业党组织通过各种方式为企业经营管理提出合理建议1.6万余条，90%以上被采纳实施，为推动企业转调升级发挥了重要作用。

（作者系山东省广饶县非公企业党工委副书记）

（二十三）山西省

全省非公企业党组织开展“立足岗位做贡献服务发展当先锋”活动

（2014 年 9 月 11 日）

山西省非公经济组织工委

省非公工委发出通知，要求全省非公有制经济组织党组织和广大党员：

立足岗位做贡献　服务发展当先锋

9 月 9 日，省非公工委印发了《关于开展“立足岗位做贡献，服务发展当先锋”活动的实施方案》，要求各市县非公工委，从现在起并在今后一个时期，组织全省非公有制企业党组织和党员开展“立足岗位做贡献，服务发展当先锋”活动。

非公有制企业党组织是党在企业中的战斗堡垒，在企业职工群众中发挥政治核心作用，在企业发展中发挥政治引领作用。省非公工委要求，要把开展“立足岗位做贡献，服务发展当先锋”活动，作为发挥党组织“两个作用”和党员先锋模范作用的重要载体，以设立党员责任岗（或者党员责任区、党员示范岗、党员先锋岗、党员经营户等）为基本措施，以服务企业发展、服务职工群众为主要任务，以企业需要、党员支持、群众拥护、业主认可为评判标准，推进党组织强化服务功能、改进服务作风、提高服务能力、完善服务保障，不断增强创造力、凝聚力、战斗力。

省非公工委指出，开展“立足岗位做贡献，服务发展当先锋”活动的目的，是巩固和扩大党的群众路线教育活动成果，贯彻中央《关于加强基层服务型党组织建设的意见》，落实省委组织部“基层组织提升年”活动部署，引中“双强六好”创建活动。

省非公工委指出，开展“立足岗位做贡献，服务发展当先锋”活动的主要任务，一是设岗定责，承诺践诺。指导党组织结合岗位特点设岗定责，为每个企业党组织和每名党员制定出科学合理、符合实际、便于操作的具体承诺，引导党员将承诺事项融入岗位职责、化为岗位行动，在承诺践诺中创造佳绩、多做贡献。二是开展活动，服务发展。拓宽活动内容，创新活动载体，改进活动方式，增强活动实效。围绕企业生产经营，组织党员依据岗位职责，开展技术革新、技能比武、劳动竞赛、建言献策等活动，引导广大党员职工立足岗位比学习、比思想、比技能、比贡献。广泛开展党群帮扶活动，团结和带领职工群众为企业排忧解难，维护好企业和职工合法权益，构建和谐企业。坚持用社会主义核心价值观引领企业文化建设，组织开展丰富多彩的企业文化活动，塑造积极向上的企业精神，树立高尚的职业道德，促使企业诚信守法经营。三是典型引领，完善制度。推出一批事迹站得住、经验推得开、舆论叫得响的先进典型。在实践中探索出一条能够充分发挥党组织和党员作用的有效途径和方法，将党组织和党员先进性要求标准化、具体化、制度化。

为保障活动顺利开展、取得实效，省非公工委要求，一要加强组织领导。结合当地实际，制定具体办法，做好宣传动员、安排部署、督促检查、典型培树、经验推广等工作，推动活动不断深入开展。二是分类进行指导。坚持因企制宜，根据不同行业、不同企业特点，指导和帮助企业党组织设计一个好的党建主题，制定一套切实可行的实施方案，建立一套符合实际的岗位责任标准和考评机制。三是营造浓厚氛围。全省每年评选 100 个“双强六好”党组织和 100 名岗位贡献突出的优秀党员，并通过各种媒体广泛宣传创新力强、凝聚力强、执行力强、“两个作用”发挥好的先进党组织，广泛宣传爱岗敬业讲奉献、节能增效攻难关、建言献策促发展的优秀党员，用身边人身边事教育党员，努力营造开展活动的浓厚氛围和舆论环境。

全省非公企业党组织开展党的群众路线教育实践活动座谈会召开

山西省委组织部

2014年6月4日，省非公工委组织部分大型非公企业党委（党总支）书记和部分市县非公工委专职副书记，就非公企业党组织开展党的群众路线教育实践活动进行座谈。省非公工委专职副书记、省工商局党组成员吕惠兰，省委组织部综合处处长、山西省党的群众路线教育实践活动领导小组办公室综合组组长崔巍参加座谈。

参加座谈会的同志分别介绍了本市县、本企业开展党的群众路线教育实践活动以来的基本情况、主要做法以及存在的问题，畅谈了对活动开展的切身体会，对活动的深入开展提出了意见建议。

吕惠兰希望大家按照省委教育实践活动领导小组办公室、省非公经济组织工委联合印发的《关于在全省非公有制经济组织党组织开展党的群众路线教育实践活动的指导意见》，将开展党的群众路线教育实践活动与企业的发展紧密结合，与解决党员职工群众的实际困难紧密结合，充分发挥党员的模范带头作用，使活动开展不走形式、不走过场，实实在在解决一些问题。

崔巍强调，要通过活动开展，有效增强企业党组织的凝聚力，使党组织在职工群众中的政治核心作用和在企业发展中的政治引领作用得到充分发挥，促进企业把握正确方向、依法诚信经营，负起社会责任、维护职工利益，凝聚发展力量、实现科学发展。

省大型非公企业党委（党总支）书记专题培训班圆满结束

（2014年6月6日）

山西省非公经济组织工委

6月6日下午，为期3天的全省大型非公企业党委（党总支）书记专题培训班圆满结束。省非公工委专职副书记、省工商局党组成员吕惠兰对培训情况进行总结，对今后工作作出部署。

吕惠兰指出，这次培训，学习了党的十八大、十八届三中全会精神和习近平总书记系列讲话精神，并就开展党的群众路线教育实践活动、非公党建形势政策及工作实务，企业管理知识等进行了讲座。通过学习培训，学员们深化了认识、开阔了视野、掌握了方法，收到了预期的效果。

吕惠兰指出，要围绕发展抓党建、抓好党建促发展，通过抓好党建工作、促进企业发展，赢得职工群众信任、赢得企业业主支持。当前的工作重点就是学习贯彻习近平总书记系列讲话精神，深入开展党的群众路线教育实践活动。要坚持正面教育为主、坚持讲求实效、坚持党组织书记带头的原则，紧密结合本企业党组织的特点，把规范党组织建设、发挥党组织作用、增强党组织凝聚力作为活动目标。要通过活动开展，使党组织在职工群众中的政治核心作用和在企业发展中的政治引领作用得到充分发挥，促进企业把握正确方向、依法诚信经营，负起社会责任、维护职工利益，凝聚发展力量、实现科学发展。要使活动内容丰富、活动形式新颖、活动载体多样，增强活动的针对性、实效性和吸引力。要把开展教育实践活动与建设服务型党组织结合起来，与开展“双强六好”创建活动结合起来，同完成企业生产经营任务、促进企业健康快速发展结合起来，同维护职工群众利益、解决职工群众和党员生活实际困难结合起来，使活动的每一项措施都能紧贴企业中心工作，做到两手抓、两不误、两促进。

(二十四) 陕西省

陕西省神木抓非公党建促县域经济发展

(2014 年 12 月 22 日)

王　雄　赵宏博　罗喜林

神木县锦界工业园区富瑞环保型煤开发有限公司党支部组织党员经过两年多的科技攻关，成功研发国内最先进的型煤生产工艺，于今年 6 月试制成功洁净环保型煤……这是园区非公企业党员依靠科技创新，攻克技术难关，为企业发展争得市场的一个缩影。

神木县近年来坚持“围绕经济抓党建，抓好党建促发展”的思路，努力把党建优势转化为非公有制企业竞争优势，引领县域经济健康持续发展。该县抓住“组织建设年”活动这个契机，构建起非公党建新格局，出台了《关于加强和改进非公有制企业党建工作的实施意见》，成立非公有制经济组织党建工作委员会，实现有政策保障、有机构管、有专人抓的工作格局。通过政府和市场的有效互动，构建起了政策、金融、人才和技术“四位一体”的支撑保障平台。为 21 个镇办党委配备了组织员专职负责非公党建工作，将非公党建纳入目标责任考核范围。县财政每年预算 200 万元，采取以奖代补的方式用于示范点建设。

突出扩大组织和工作覆盖这个重点，夯实非公党建基础。神木县全面深入摸排了非公企业信息并分类登记建立台账，实行动态管理更新。对有党员的企业采取“单独建、联合建、挂靠建”等形式，实现党的组织全覆盖。对没有党员的非公企业，全面推行以党组织为核心的党、工、团、妇“四位一体”共建模式，实现了党的工作在非公企业中全覆盖。

立足增强非公党建工作能力这个目标，该县选优配强了党组织书记队伍，提高并全面落实其政治待遇，邀请非公企业党委负责人参加县委相关会议，全县重要文件印发至企业党委，推荐符合条件的党组织书记参选各级党代表、人大代表和政协委员。将非公党务工作者纳入全县干部教育培训总体规划。选派 481 名熟悉党务工作的在职或退休党员干部、邻近企业的优秀党务工作者担任党建指导员。全县党员发展计划向非公企业倾斜。开展“党员示范岗”、“党员先锋队”等活动，积极引导企业党员亮明身份，变“隐身党员”为“在线党员”，严格开展党内生活，增强党员党性意识。

紧扣有形覆盖向有效覆盖转变这个根本，提升规范化水平。神木县注重用党的先进理念引领企业文化建设，县非公党建工委累计投入 10 万元用于开展“送书送文化进企业”活动，坚持用先进企业文化培育职工凝聚力和向心力。积极引导企业党组织充分发挥协调作用，化解地企矛盾纠纷，构建和谐地企关系。乌兰色太煤炭公司与生地峁村联合党支部，坚持“组织共建、发展共赢、利益共享”管理机制，通过吸纳农村剩余劳动力、帮扶困难群众、村企利益共享等方式，为企业赢得了更广阔的发展空间。引导非公企业党组织参与企业决策，紧紧围绕企业生产经营开展活动，实现党建与企业经营发展两不误、两促进。今年前三季度，神木县完成 GDP 692.39 亿元、同比增长 12%，其中，民营经济实现增加值 246 亿元，增长 37%，呈现逆势增长态势。

(作者系陕西日报记者)

陕西城固：非公党建在云端

刘志学

为了适应信息技术和互联网的发展需要，创新改进城固非公企业党建宣传，增强非公党建宣传的实效性，城固县非公有制企业党工委同中国共产党新闻网“全国党建云平台”合作，建立了“城固县非公有制企业党建云平台”。平台通过运用互联网和移动新媒体等技术手段实现非公党建宣传的数字化、信息化、智能化，为各非公企业党组织在网上搭建起了非公党建信息宣传平台、企业典型经验展示窗口、非公企业党组织服务平台，从而更好地推动了非公党建工作的创新发展。

在第二批党的群众路线教育实践活动全面启动之际，“城固县非公有制企业党建云平台”不断完善平台功能，使其成为集党务信息发布、党务工作操作、党员干部学习、互联网与移动新媒体应用、互动交流、舆情搜集和引导的综合性信息平台。为了更好地服务城固非公企业党组织开展党的群众路线教育活动，党建平台还设置了群众路线教育活动专栏，进一步方便和促进了非公企业党组织活动的开展，受到了非公企业的一致好评。

（作者系陕西城固县非公企业党工委干部）

（二十五）上海市

记通用电气药业（上海）公司生产质量和效率攻关小组

刘　立

雷锋曾说：一个人的作用，对于革命事业来说，就如一架机器上的一颗螺丝钉。我愿永远做一颗螺丝钉。在通用电气药业（上海）有限公司，提起生产质量和效率攻关小组的6名党员，2名骨干无人不知，他们坚持数年如一日，岗位学雷锋成为攻坚克难的“螺丝钉”。

几年前，当全球金融危机袭来时，以“增长、挑战与追求卓越”为主题，以“创新与发展”和“统筹兼顾”为主要内容，公司党支部发动党员开展降本增效献计献策活动，公司党员和员工根据生产质量和效率攻关小组提出的各种设想，从节能环保、发展规划、产品质量、物流储存等方面提出多条降本增益意见和建议。近年，经公司评估采纳的合理建议126条，节约成本45万美元。生产质量和效率攻关小组日常工作得到了公司高管的支持。

节能减排提升质量是攻关小组的工作重点。攻关小组采用现场精益管理方法，将公司各项开支和计划作精细化分析，从中寻找出薄弱环节。攻关小组成员对操作人员进行培训，总结分享优秀的改善案例，帮助现场操作人员建立精益生产可视化管理的理念，调动员工提改进建议的积极性，简化改善现有工作流程。Line2灯检机原卸料方式致使瓶子间的碰撞较为严重，操作人员劳动强度也很高。攻关小组经过现场多次观察，听取操作人员建议，设计安装了一个卸料辅助装置。之后，不仅减少了瓶子间的碰撞，同时大大降低操作人员的劳动强度。目前使用效果良好。

公司新引进贴签包装线运行质量一直不稳定，不仅浪费标签，造成生产成本增加，而且生产效率也较低。作为党员示范岗，攻关小组对贴签各种环节做了全面的风险评估和可行性研究后，改进方案仅对贴签机结构上做了小小的调整，弥补了设备缺陷，贴签效率提高30%，标签浪费年减少7万元。

提升生产质量和效率需要数据支撑。攻关小组研究了生产流程原有业绩的审阅环节，了解员工的困惑、不满以及建议，剔除部分不必要的内容，设置具有挑战性的指标，量化关键指标与员工业绩挂钩，从质量、生产效率、人均生产效率等多方位来衡量。通过一段时间运行，问题不断被解决，班组业绩明显提高，形成员工关心数据、分析问题、解决问题、预防问题、提高业绩、减少浪费的良好氛围。

制药行业批文件是极为重要的生产原始记录。然而，要做到相关人员校对前的填写100%正确，确实也不是件容易的事。攻关小组针对实际情况从两方面入手，一方面修改批文件使表述更清晰、结构更合理，在某些地方还设计“防呆”环节；另一方面加强操作员的培训，组织操作员互相交流正确填写、防止写错的小窍门。经过大家的共同努力，批文件的一次正确率由原来的85%提高到96.7%。

通用电气药业（上海）有限公司生产质量和效率攻关小组成员就是这样的一群人，在平凡的工作中寻找问题，在自己的岗位上结合扎实的专业技术知识和精益生产的理念，为公司做出了实实在在的贡献。攻关小组的党员说，“立足本职、履职尽责”是应该做的。党员表率作用也影响着身边的同事，2名攻关小组骨干向党组织递交了入党申请书。他们说，党内组织生活丰富多彩，党内同志团结一致，作为攻关小组的成员之一，深刻感受到党的凝聚力和向心力。攻关小组“螺丝钉”精神就是：让企业更高效，让生命更有价值。

上海市宝山区：“条块联动”推进“两新”组织党组织教育实践活动

（2014年5月22日）

上海市宝山区委组织部

宝山区“两新”组织教育实践活动自4月初启动

以来，区社会工作党委和街镇（园区）综合党委条块联动，结合“两新”组织的特点，力求贴近实际、贴近需求、贴近问题，努力使教育实践活动取得实效。

精心筹备，打牢基础

三个层面广泛征求意见。区社会工作党委召开由街镇综合党委副书记、社区专职党群工作者、“两新”组织书记等参加的5场座谈会，听取他们对区社会工作党委“四风”方面的意见和“两新”组织党组织开展教育实践活动的建议，已征集意见10条，即知即改的有4条；15个街镇（园区）综合党委通过走访、调查问卷等形式已征求到意见59条，即知即改的有11条；全区“两新”组织党组织积极加强与业主的沟通，注重听取业主和职工群众对党组织联系服务群众等方面的意见建议，从事商贸、物流等服务行业的“两新”组织党组织协调企业管理层开展听取服务对象意见建议的工作，已征集意见136条，即知即改的有50条。对照整顿开展梳理排摸。按照中央《关于在第二批党的群众路线教育实践活动中整顿软弱涣散基层党组织的通知》，对全区“两新”组织党组织进行梳理排摸，对15家因党员离职而无法开展正常活动的党组织，逐步办理撤销党支部手续。结合实际制订活动方案。区社会工作党委分阶段制定《关于本区“两新”组织开展党的群众路线教育实践活动的工作提示》，既有规定动作，也为基层党组织结合实际探索特色活动留出空间。在此基础上，15个街镇（园区）综合党委均制定了工作方案，细化各环节的时间、任务和目标，并成立了活动督导小组，负责对基层党组织进行工作指导和督促检查。

因地制宜，认真组织

针对组织特点开展教实活动。全区“两新”组织党组织根据各自单位的实际情况，采取小型、业余、联合的方式启动教育实践活动。如高境镇综合党委利用下班时间集中党员，采取分片或联片的方式召开动员会；淞南镇综合党委在基层党组织召开动员会后，张贴《告知书》，公布了镇督导组“两新”组成员的姓名、电话及单位，以方便党员、群众提出的意见有人报、有人管、有回复；城市工业园区党工委做到在册党员、流动党员、发展对象一个不遗漏，同时还邀请企业出资人一起参加动员会，让出资人了解教育实践活动意义和目的，争取理解和支持。按照不同情况加强分类指导。各街镇（园区）综合党委因地制宜地组织好“两新”组织党组织在完成规定动作的基础上，设计自选动作，并分类指导好党委、党总支、中高层管理人员担任书记的独立党支部和其他党组织开展教育实践活动。宝山工业园区党工委按照“两新”组织建制、党员人数和支部书记职务等情况进行分类，分批上门对不同建制党组织的工作提出指导意见和建议；大场镇综合党委以表式细化主要环节，让支部书记对工作内容一目了然，严格落实好规定动作。注重提高认识开展专题培训。组织全区“两新”组织党组织负责人通过党员干部远程教育平台“直播课堂”参加区委统一举办的基层党组织书记培训班，进一步要求党支部书记作为责任人思想上再重视、工作上再深化，妥善处理好工作和教育实践活动的关系，把教育实践活动与加强基层服务型党组织建设有机结合起来，夯实基层基础。

条块联动，注重实效

明要求定目标。区社会工作党委把召开“弘扬焦裕禄精神，践行三严三实”专题组织生活会、观看《郭明义》、《雷锋》专题片和党课学习列入规定动作，做到至少开展1次集中学习讨论、看1次专题教育片、上1次党课。以服务促学习。各街镇（园区）综合党委结合“两新”组织实际情况，充分了解基层党组织的需求，有针对性地帮助解决学习环节的困难，积极推动全区“两新”组织保质保量地完成各项学习任务。如：一部分“两新”组织党组织党员人数少，组织几个“两新”党组织党员集中上党课；有的党员长期驻外工作，综合党委收集整理学习资料电子版，通过支部QQ群将学习资料发至每个党员；有的“两新”组织党组织缺少场所、资源、设施，综合党委依托“红帆港”党建工作阵地，为基层党组织提供学习活动场所；有的“两新”组织党员因工作误了集中学习，综合党委组织党建指导员送教上门为这些党员授课。亮身份展风采。在教育实践活动中以“争当表率、争创佳绩”为主题，开展了新一轮“党员示范岗”、“先进示范岗”创建工作，“两新”组织党员以佩戴党徽，挂出“党员示范岗”、“党员经营户”牌子等形式，在岗位上亮明身份，在岗位上展示“两新”组织党员风采。

（二十六）四川省

泸州九支：唱响红色主旋律 构筑非公党建“新高地”

王晓梅

四川在线泸州频道消息　近年来，合江县九支镇认真贯彻落实全国非公有制企业党的建设工作会议精神，探索实施非公企业“红色引领”行动，推进全镇非公企业党建工作迈上新台阶。

实施“红色堡垒”行动，扩大非公企业党组织覆盖面。围绕发展壮大党员队伍，采取发展一批新党员、查找一批“隐性”党员、输送一批党员职工等办法，确保80人以上的非公企业都有党员。在此基础上，加大党组织组建力度，按照“以大带小、以强帮弱”的总体思路，深入开展“两先两带”活动，即党组织在落户企业中先行一步、在规模以上企业中先行一步，抓党建带群建、抓规模以上企业党建工作带规模以下企业党建工作，确保规模以上非公企业单独组建率动态保持100%，规模以下非公企业单独组建率每年提高8%以上。

实施“红色头雁”行动，建强非公企业党组织书记队伍。采取多样化选用、专业化培训、规范化管理等方式，努力建设一支素质优良、结构合理、数量充足、专兼结合的非公企业党组织书记队伍。通过内推、外聘、下派等方式，把优秀人才选拔到党组织书记岗位上来；对条件成熟的，采取“公推直选”办法，面向社会公开选拔党组织书记。积极推荐党组织书记进入企业决策层，力争通过1—2年的努力，全镇50%的非公企业党组织书记由企业决策层或经营管理层人员担任。把非公企业党组织书记纳入全镇干部培训计划，确保每人每年至少参加一次县级以上不少于3天的集中培训。探索非公企业党组织书记专职化管理办法，健全完善“薪酬激励”机制，使他们干事有平台、待遇有保障、干好有发展。

实施“红色先锋”行动，发挥非公企业党员模范作用。加强非公企业党员的教育管理服务，实施“蓝领成才计划”，通过集中培训、菜单式选学、在线学习等多种形式，引导一线党员职工学习新知识、新技能，把大批党员培养成为企业生产经营和技术骨干。积极探索非公企业党员发挥作用新途径，大力实施“三向培养”计划，把非公企业中党员培养成生产经营管理能手，把生产经营管理能手培养成党员，把经营管理层中的优秀党员培养成党组织负责人，充分发挥党员的先锋模范作用，努力形成争先创优、比学赶超的浓厚氛围。

实施“红色浪潮”行动，提升非公企业党组织影响力。按照“企业需要、党员欢迎、职工赞成”的原则，积极探索党组织发挥作用的有效途径。注重发挥党组织的政治引领作用，建立党组织书记参加或列席企业管理层重要会议、党组织与企业管理层沟通协商等制度，关心企业重大决策，促进企业健康发展。深入开展党员责任区、党员示范岗等创先争优活动，推行党员公开承诺制，激励党员在本职岗位和急难险重工作中勇挑重担。充分发挥党组织的政治核心作用，支持工会、共青团等群团组织开展工作，建立党组织联系服务员工机制，推动建立劳资平等、诚信互助、互利共赢的和谐劳动关系，不断提升非公企业党组织的凝聚力和影响力。

实施“红色引擎”行动，完善非公企业党建保障机制。加强非公企业党建基础设施建设，按照有场地、有标志、有党旗、有制度、有图书、有设施“六有”标准，采取资源整合、企业自筹、上级党组织支持等方式，帮助党员数量较多、条件具备的企业建立规范的党员活动室，鼓励有条件的企业建立区域性活动中心，力争到年底，全镇60%以上非公企业党组织建立设施齐全、功能完善的党员活动室。把非公企业党建工作经费纳入企业管理费用，建立落实税前列支制度。建立完善党费拨返制度，并采取以奖代补、企业出资等方式，多渠道解决经费问题，为党组织开展活动创造条件、提供保障。

（作者系四川在线记者）

四川着力抓好非公企业出资人教育培训　努力为企业党建工作营造良好环境

（2014年9月23日）

四川省委组织部

近年来，特别是第二批教育实践活动开展以来，四川省认真贯彻中央和中组部有关部署要求，高度重视加强非公企业出资人教育工作，省委组织部统筹组织实施，分级分类开展非公企业出资人、民企二代、党员出资人教育培训，着力增强他们与党同心同德的意识，为深入推进非公企业党建工作营造良好环境。

深入开展“中国梦”主题教育，增强企业出资人三个自信。省委实施“千名企业家”培育计划，编制了非公企业出资人教育规划。省委书记王东明同志强调，要大力培养致力产业报国、担当社会责任、诚信守法经营，与党同心同德、坚定“三个自信”的民营企业家队伍。一是开展“中国梦”主题教育。去年5月，省委启动了“实现伟大中国梦，建设美丽繁荣和谐四川”主题教育活动，组织引导非公企业出资人围绕“中国梦、民企梦、我的梦”主题，开展“推动科学发展、我该怎么办”、“感恩党、感恩祖国、感恩社会”等专题宣讲辅导和学习讨论，全省11.5万个非公企业出资人、380万党员及职工参加讨论，凝聚起出资人践行中国梦的思想共识。二是强化“理想信念”学习教育。按照全国非公经济人士理想信念教育活动的部署，各地围绕“学党史、知党情、跟党走”主题，在企业出资人中开展了熟悉一件党的光辉事件、熟知一位英雄人物、熟记一个党史故事、会唱一首革命歌曲、观看一部革命影片的“五个一”活动，组织他们到延安、小平故里等党性教育基地体验。省上组织由专家、企业家和领导干部组成“流动党校”，赴21个市（州）举办专题宣讲40多场次、覆盖1.6万名出资人。成都、宜宾等地利用新兴媒体开办了“掌上党校”“网上园地”“空中课堂”等，开展出资人教育。三是推动“奉献社会”实践教育。各地引导企业出资人围绕“致富思源、奉献社会”主题，深入开展“川商光彩助残”、进灾区“结对认亲”“百企帮百村”社区“义工服务”等活动，让他们在推动和谐社会建设中展现价值。去年以来全省非公企业出资人捐款捐物价值达2.5亿元，救助困难群众60余万人次。

实施“明日之星”培训计划，增强企业接班人对党的情感认同。针对我省非公企业掌舵人进入新老交替时期实际，省委启动实施“明日之星”培训计划，省财政每年落实200万元专项经费，重点对企业接班人加强党性教育和能力提升，增强他们对党的情感认同。一是开办“民企二代”培训班。去年省委组织部、统战部（工商联）启动了“民企二代”培训班，组织他们到中央社会主义学院、延安干部学院等集中培训，重点开展国情省情、现代企业管理等知识培训，目前已举办2期培训80多人。二是开展“国企带民企”探索。在自贡、攀枝花等地开展“国企带民企”试点，探索非公企业青年人才联系帮带制度，选拔非公企业接班人到国企实践锻炼，采取“高管带徒弟”“红师傅带蓝徒弟”等方式，帮助非公企业接班人提高能力素质。三是开展党史创业史教育。各地围绕加强企业接班人党情国情教育，重点组织非公企业接班人学习党的革命史、四川发展史、优秀企业家奋斗史、父辈创业史“四本书”，组织观看《复兴之路》等影片，教育他们爱国守法、富而思进，增强对党的认同。

开展“红领先锋”行动，搭建党员出资人发挥作用平台。结合实施培养非公企业党组织带头人“红领先锋”行动，省委组织部对党员出资人进行重点培养，为他们发挥作用搭建平台。一是引导企业出资人做“红领先锋”。各地采取内部推荐、统筹选派、上级委派等方式，选任符合条件的优秀党员出资人担任企业党组织书记，鼓励其他党员出资人进入党组织领导班子，扩大企业管理层与党组织班子成员双向进入、交叉任职。近3年全省新选任企业出资人担任党组织书记2600多人、班子成员3100多人。二是抓好出资人书记专项培训。各地把出资人书记作为基层党务干部培训的重要任务，利用党校、高校等分类集中轮训，重点帮助出资人提升抓党务、聚人才、促经营能力。近3年全省共举办出资人书记培训班38个、培训2150人次。三是实行对党员出资人企业重点联系。省委建立了非公企业党建联系点制度，重点联系一批党员出资人担任党组织负责人的企业。省委组织部建立了非公企业党建联系点30个，邀请所在企业30名党员出资人担任党建信息联络员。各级党员领导干部采取“一对一”或“一对几”方式，建立了非公企业党建联系点2.1万个，重点联系党员出资人9100多人，加强与他们沟通交流，帮助解决发展及党建上的难题，激励引导重视和支持党建工作。

注重先进典型引领，营造非公企业抓党建促发展的浓厚氛围。各地十分重视培树和宣传非公企业出资人先进典型，引导广大企业出资人走在产业报国、守法经营、奉献社会、支持党建的前头，营造抓党建促发展的浓厚氛围。一是开展“优秀民营企业家”评选活动，树立推动发展的标杆。省、市、县每年都开展“优秀民营企业”评选表彰活动，省委近3年每年都开展“四川十大杰出民营企业家”评选表彰，通过举行表彰会、巡回宣讲等方式，引导全省企业家学先进争先进。二是开展“光彩之星”表彰活动，树立履行社会责任的标杆。各地定期表彰一批扶贫助困、回馈社会、热心慈善事业的非公企业出资人，近3年来全省共表彰“光彩之星”1100多人，企业出资从开展光彩捐赠活动309次，投资扶贫项目65个，金额达560多亿元。三是开展“支持党建优秀企业家”评比活动，树立党建工作的标杆。3年来省委组织部2次表彰了“支持党建优秀企业家”50人，各地表彰2200多人，树立了十八大代表、彩虹集团董事长刘荣富，十七大代表、成都恒力磁材公司董事长张佑仁等一批出资人典型。

（二十七）天津市

天津市非公经济组织工委召开工作会议

（2014 年 2 月 18 日）

天津市非公有制经济组织党建网

天津市非公经济组织工委工作会议于 2 月 13 日下午在安达集团会议室召开。会议由天津市非公经济组织工委书记李广文主持，副书记蒋颖、耿伟和全体委员出席了会议。

本次会议主要议题有三项：一是通报 2013 年市非公经济组织工委工作；二是通过 2014 年《市非公经济组织工委工作要点》；三是参观安达集团企业党建工作。

会议讨论并原则通过了 2013 年市非公经济组织工委工作总结和《市非公经济组织工委 2014 年工作要点》。

会议一致认为，2013 年天津市非公党建在体制机制建设方面取得新突破；非公企业党组织的覆盖率得到新提高；理想信念教育实践活动取得新成效；全市非公企业党的建设得到进一步加强。其中津宝乐器党支部“四融四促”工作法和泰达蓝盾党支部的典型经验，以及天津市非公企业党组织在理想信念教育实践活动中所发挥的积极作用，得到了中组部和全国工商联领导的充分肯定。

会议决定，2014 年工委工作要围绕市委、市政府提出的大力发展民营经济、加快发展科技型中小企业和现代服务业、实施万企转型升级和深化国企改革这五项重点工作，贯彻市委常委统战部长刘长喜同志的重要批示精神，结合我市非公企业的实际，围绕中心、服务大局，组织全市非公企业党组织在实施万企转型升级、深化国企改革和美丽天津建设中，发挥积极作用。

会议充分听取了各位委员的意见与建议，对《市非公经济组织工委 2014 年工作要点》进行了进一步的修改和补充；并要求各位委员及示范点企业，要充分发挥示范带动和先进模范作用，在认真贯彻落实市委和工委要求的同时，大胆实践支部建设靠前、一线发展党员、党工团建设进班组、境外企业文化和党的外围组织建设等新的亮点工程，形成自身特色与经验，在全市进行推广。共同努力将我市非公党建工作推向一个新的水平。

天津武清区党员干部深入企业帮扶转型升级

（2014 年 5 月 12 日）

陈忠权

党的群众路线教育实践活动开展以来，武清区以干部转作风推动企业转方式，积极服务企业转型升级，帮助企业尽快实现创新发展。该区各级干部带头深入基层和企业调研座谈、征求意见、解决困难，成立工作组，切实解决好企业的困难和问题。截至目前，武清区各级党员干部累计深入企业 4800 多人次，成功推动 96 家企业实现转型升级，帮助企业走上科技创新发展之路。

武清区年内计划转型升级企业 400 家。为确保转型升级落到实处，该区专门成立了“千企改造转型升级”办公室，并从财政、国土、规划、环保、供电等职能部门抽调 22 名技术骨干，组成 5 个帮扶工作组，负责全区企业转型升级的整体工作。各镇街、园区也积极响应，以党的群众路线教育实践活动为契机，组织党员干部深入基层、深入企业，面对面协调解决辖区相关企业转型升级面临的具体问题。为此，武清区制定了干部下基层的《企业走访制度》和请企业与职能部门面对面的《联席会议制度》。据统计，一季度仅武清开发区总公司就已经帮助企业解决有关问题 286 件；其中，帮助艾默生等 7 家企业顺利通过了海关信用等级晋升认证，大幅降低了企业通关成本。

东宇顺油业有限公司是武清区一家从事香油和炒

货为主的小型企业，因为设备落后，企业发展遇到了瓶颈。武清区工业经委帮扶干部主动深入企业了解情况，找准企业发展的瓶颈。在得知企业急需更新生产设备却又缺乏资金的情况后，帮扶干部积极为企业联系贴息贷款，让企业对食用油脂灌装车间和炒货车间进行了全面升级改造，生产效率和产能大幅提高。通过引入一条食用油脂的定量灌装生产线，年灌装食用油脂达到1万吨；通过引进亚麻油生产项目，购进50台套主要设备，使年加工亚麻籽能力达到2万吨、年产亚麻油能力达到7000吨、亚麻饼达到1.3万吨，一举扭转了企业多年裹足不前的落后局面。

天津市非公有制经济组织工委组织参观“时代记忆纪念馆”

（2014年6月18日）

天津市非公有制经济组织工委

为纪念建党93周年，推动基层服务型党组织建设和万企转型升级工作，6月12日，天津市非公有制经济组织工委组织区县非公有制经济组织工委负责人、市“双强六好”党组织书记和直接联系点单位党组织书记40余人赴津南区参观了荣程集团建成的“时代记忆纪念馆”。市非公有制经济组织工委副书记、市工商联副主席耿伟，市工商联秘书长牛予其、副巡视员范学义出席活动。荣程集团党委书记柴树满陪同参观。

柴树满介绍了荣城集团实施转型升级战略的思路、做法和取得的成果。近年来，荣程集团坚持钢铁主业做精、多元发展，实施节能减排和循环经济项目，控制钢铁制造规模总量和向优特钢转型，建设工业旅游型工厂，努力打造“绿色荣钢”。同时，集团积极向互联网金融、文化健康产业领域转型，2012年取得第三方支付牌照——“融宝”，不断加快发展电子商务的步伐。

耿伟强调，要按照市委、市政府关于美丽天津建设的部署和要求，学习荣程集团转型升级、多元化发展的好经验和好做法，在京津冀一体化和万企转型升级中适应新变化、采取新举措、取得新突破；通过参观时代记忆馆，要重温老一辈革命家的奋斗历程，感受和学习先烈们一心为党、为国、为民的无私奉献精神，把党的优良传统和作风融于心、显于行，从而增强做好工作的责任心和使命感。

时代记忆纪念馆运用时空隧道、实物展、图片展、蜡像馆等形式，通过陈列丰富的纪念物品和珍贵照片，再现了中国共产党领导下的中国人民革命的光辉历程。参观者认真观摩了展馆内的老照片、文献和实物展品，仿佛置身于当年波澜壮阔的革命场景中，深切缅怀毛主席等老一辈无产阶级革命家在建党、建国和社会主义建设时期的丰功伟绩，受到了一次心灵的洗礼。

今年年初，市非公有制经济组织工委在全市非公有制企业党组织中广泛开展了“助力企业科学发展，共建美丽天津家园”主题实践活动。荣程集团党委积极响应主题实践活动的号召，坚持为企业转型升级服务，围绕“打造绿色钢城”提出了多项合理化建议，倡议开展了多种形式的技术革新活动，助力企业打造出实体经济、现代物流、电子商务平台、互联网金融联动发展的“四位一体”新模式。

（二十八）西藏自治区

不断开创我区非公经济组织党建工作新局面

（2014年4月10日）

自治区党委政策研究室

党的十八届三中全会明确指出，必须毫不动摇鼓励、支持、引导非公有制经济发展，激发非公有制经济活力和创造力。近年来，随着改革开放不断深入，我区非公经济迅猛发展，截至2013年底，全区非公经济市场主体达12.88万户、吸纳就业62.8万人，上缴税收135.5亿元，占全区总税收的91.8%，非公经济已经成为我区经济的重要组成部分和就业再就业的主渠道。为充分发挥党组织在非公经济组织中的政治核心作用，进一步引导非公经济持续健康发展，维护非公经济组织职工合法权益，扩大党的群众基础，巩固党在西藏的执政地位，必须加强我区非公经济组织党建工作，不断开创我区非公经济组织党建工作新局面。

创新组织设置，着力提高党组织的影响力。

2013年，全区非公经济党组织316个（其中企业党组织184个），党组织组建率相对较低。为了不断提高党的工作辐射力和影响力，本着党员便于参加活动和党组织发挥作用的目的，要适应新形势和新任务的要求，因地制宜、灵活多样地创新非公经济党组织的设置。对凡有3名以上正式党员应全部成立单独的党支部。对于正式党员不足3名的非公经济组织，可按地域设置和行业特点，采取分区划片的方式建立党组织：一是由多家非公经济组织联合组建，按照行业相近、地域相邻的原则，打破行业和地域界线，采取挂靠组建、区域共建、多企联建等形式，与其他非公经济组织建立联合党支部；二是以商业街区为基本单位组建，由街道党工委或便民警务站牵头，根据辖区内非公经济组织中党员人数和分布情况，将街道辖区内所有流动党员组织起来，建立商业街区党组织，实现“流动的党员、不变的组织、有效的管理”的目标；三是依托商务楼宇物业组建，充分发挥楼宇物业单位情况熟、人员清的优势，以物业单位为依托建立党支部；四是根据行业属性组建，依托行业协会（商会）、个体私营企业协会和龙头企业、专业经济合作组织，组建行业党组织。对虽属不同企业但生产经营场所比较集中，如大型市场“产、加、销”场所的党员，可由工商部门、行业协会（商会）或个体私营协会等牵头，组建党组织。对于地处偏远，仅有个别党员的非公经济组织，可把党员的组织关系挂靠到行业主管部门或村（居）党支部，实现党的组织和党的工作在非公经济组织的全覆盖。

选好配强班子，着力提高党组织的战斗力。

非公经济党组织能否发挥好作用，关键在于能否抓好非公经济党组织党务工作者队伍特别是党组织领导班子建设。一要选好配强党组织书记，采取组织推荐、双向选择或公开选聘等方式，选优配强党组织书记。要突出思想上的先进性，政治立场坚定，党性观念和组织纪律性强，在思想上政治上行动上能够同以习近平同志为总书记的党中央保持高度一致，坚决反对分裂、维护祖国统一；熟悉党和国家的改革开放政策和法律法规，能够坚决贯彻执行上级党组织和本组织决议，促进非公经济组织健康发展；要懂经营、会管理、善协调，热爱党务工作和熟悉群众工作。二要加强党务工作者队伍建设，通过多样化选用、规范化管理、专业化培训、制度化激励等途径和方式，建设一支素质优良、结构合理、数量充足、专兼职结合的非公有制经济组织党务工作者队伍，对于规模大、党员多的企业，要配备专职党务工作者，同时，加大党政机关干部、国有企事业单位经营管理人员、党务工作者和复转军人到非公经济组织任职力度，指导和督促非公经济建强基层组织、建立健全各项规章制度和工作流程。三要加大党建指导员的选派力度，对于党建工作基础薄弱和尚未建立党组织的非公有制经济组织，实行“一人一企”、“一人多企”的办法，通过选派党建工作指导员、确定党建工作联络员、建立工会和共青团组织等方式，积极开展党的工作，推动非公经济组织建立党组织。四要提升班子能力素质，按照“统一部署，分类指导，逐级负责，分级培训”的思路，采取分级、分批、分类培训办法，加强对以党组织书记为重点的党务工作者的教育培训，着力提高他们服务非公经济发展的工作能力和业务素质。

壮大党员队伍，着力提高党组织的凝聚力。

截至2013年底，全区非公经济组织共有6694名党员，与从业人员数量相比，比例偏低。要积极创新党员发展机制，及时发现、培养非公经济组织中的优秀分子，加大在科技骨干、经营管理骨干和优秀工会干部、团干部和生产一线工人中发展党员的力度，将政治立场坚定、思想觉悟高、服务意识强、员工威望高的骨干分子培养发展成党员，做到每个非公经济党组织每年都要发展新党员。实施非公经济组织“三个培养”工程，把非公经济组织中的业务骨干培养成党员，把党员培养成业务骨干，把党员中的业务骨干培养成为非公经济组织班子成员。要充分发挥工会、共青团等群团组织的作用，坚持多渠道发展、推荐入党积极分子，强化动态教育管理，落实培养措施。针对非公经济从业人员流动性大的特点，在新引进员工时要注意查找已作为入党积极分子进行过培养的人员，应及时转接前期培养档案并确定新的培养联系人，保持对入党积极分子考察培养的连续性。要开展大规模的非公经济党组织党员教育培训活动，把学习党的基本知识与非公经济组织的生产管理知识相结合，切实加强对非公经济组织中党员的宗旨意识教育、理论政策教育、国情区情教育和业务技能教育，着力提高党员带领非公经济组织职工发展经济的能力，使其为推进全区跨越式发展和长治久安贡献力量。

丰富活动内容，着力提高党组织的创造力。

“一名党员就是一面旗帜、一个支部就是一座堡垒。”非公经济党组织要教育引导党员争当推进非公经济健康发展的“带头人”，紧紧围绕非公经济组织生产经营任务，通过组织党员开展科技攻关、劳动竞赛以及“党员突击队”等活动，带头掌握新知识、带头开展技术攻坚、带头推动企业发展，做到关键岗位有党员、困难面前有党员、重点攻关有党员。争当排解非公经济发展难题的“热心人”，及时向上级组织反映非公经济发展过程中遇到的生产难题，想非公经济组织之所想，急非公经济组织之所急，及时解决非公经济组织发展中的用工、用电、用地、资金周转等问题，切实为非公经济组织排忧解难。争当非公经济组织与员工沟通联系的“知心人”，积极搭建党员、业主、员工之间的沟通协调平台，发动党员积极收集和反映员工对非公经济组织管理、市场经营、客户评议等方面意见建议，积极协调利益关系，及时化解各种矛盾，维护各方合法权益，确保非公经济组织的和谐稳定。争当非公经济群团组织建设的“引路人”，坚持“党建带工建、党建带团建”的工作思路，从思想上、组织上、工作上带领群团组织，指导他们按各自章程开展活动，最大限度把职工群众团结起来，积极带领职工投入到非公经济发展壮大中来，不断夯实党组织的群众基础。

强化制度建设，着力提高党组织的保障力。

非公经济党组织要建立健全各项工作制度，促进党组织工作规范化运行。要健全“三会一课”、党日活动、民主评议、党员联系职工、党费收缴管理等制度，严格党的组织生活，组织党员积极参加党组织活动，认真搞好民主评议党员工作，强化对党员履行义务情况的监督，对优秀共产党员进行大张旗鼓地表彰，对思想落后的党员要进行组织谈话。健全党员能进能出机制，及时处置不合格党员，纯洁队伍，健康肌体，使非公经济党组织始终充满生机活力。健全经费保障制度，将非公有制经济组织党组织活动经费纳入企业管理费用，每年由非公经济党组织根据工作需要和节约的原则，编制年度预算列入企业财务计划；建立党费拨返制度，非公经济组织党员交纳的党费可全额返还；企业党组织工作经费确有困难的，上级党组织可用留存党费中，按照一定比例，采取以奖代补等方式，支持非公有制经济组织党建工作。落实党员承诺践诺制度，制定详细的承诺内容，明确工作完成时限，由党员签订承诺践诺书，促使党员在非公经济组织生产经营的各个环节和各个岗位上有效发挥先锋模范作用，在承诺践诺中创先争优。

加强组织领导，着力提高党组织的号召力。

着力构建地方党委统一领导，组织部门牵头协调，党工委具体指导，非公经济党组织贯彻落实的齐抓共管、一级抓一级、层层抓落实的非公经济党建工作领导体制。各级党委书记要认真履行党建第一责任人的职责，树立不抓非公经济党建工作就是失职，抓不好就是不称职的责任意识，真正做到书记亲自抓，一级抓一级，层层抓落实。各级组织部门要加强对非公经济党建工作的检查指导，定期分析并通报情况，对于工作不力的，要及时督促整改，把非公经济党建列为考核地方党委领导班子及其成员工作实绩的重要内容，建立完善非公经济党建工作“联述联评联考”制度，切实做到述职述党建、评议评党建、考核考党建、任用看党建。各级非公有制经济组织党工委要充分发挥作用，经常深入非公经济组织进行实地察访、专题调研，广泛听取基层党组织和党员干部、职工群众的意见，帮助解决非公经济党建工作中存在的问题；把“培植典型，典型引路”作为抓好非公经济党建工作的重要方法，开展非公经济党建工作示范点、示范基地创评活动，通过充分发挥典型示范辐射作用，推动非公经济党建工作整体水平的提高。

（二十九）新疆维吾尔自治区

新疆乌恰：推进非公经济组织党建工作有序开展

（2014年5月22日）

乌恰非公党工委

乌恰县不断创新非公组织党建工作新思路，切实推进非公经济组织党建工作有序开展。

建好组织，配好班子。县委组织部对全县非公经济组织进行调研摸底，按照行业和《党章》规定，对符合条件的成立党组织，达不到条件的成立联合党组织，并为每个非公组织选派党建指导员。在健全党组织的同时，建立完善工青妇等群团组织，设立党员流动服务站，做好服务工作，确保组织建起来、班子搭起来、带头人选出来、活动开展起来。已组建非公企业党组织9个（1个党委），使全县非公企业组建党组织覆盖率达到92.8%。

加强管理，带好队伍。大力培养企业生产经营管理一线和重点岗位、关键岗位的优秀骨干加入党组织，做好党员后备队伍建设。将非公有制企业所有党员纳入党组织管理，使“流动党员”过上正常的组织生活，在推动企业发展中作出表率、当好先锋。

完善制度，建好机制。建立领导干部联系企业制，确定每名县级领导联系1家企业，每个部门联系2家企业，帮助企业加快技术和产业升级、拓展发展思路。实行“老企业帮带新企业，大企业帮带小企业，效益好的企业帮带效益不佳的企业”帮扶机制，实现共同发展。深入推行专职化管理，采取非公组织中“内选一批”、退居二线干部中“选派一批”、后备干部中“下派一批”、大学生村官中“调剂一批”、社会上“招聘一批”等方法，为非公企业党建提供人才支撑。2013年以来，共下派党建指导员18名，在下派党建指导员的帮助下，选举了9个党支部（党委）书记，培养了13名外来务工人员为入党积极分子。

丰富载体，开展活动。以“立足岗位比奉献”等主题实践活动为载体，大力开展“创党建特色、促业务发展”、“服务群众、奉献社会”、“化解矛盾、维护稳定”、“一名党员一面旗帜”、“为党旗添光彩、为企业作贡献”等活动，增强党员职工的发展意识、敬业精神，助推企业快速发展。

（三十）云南省

全国首家省级非公党建培训基地成立

（2014年1月6日）

朱　丹

日前，全国首家在省级工商部门挂牌建立的非公企业党建培训机构——“云南省工商行政管理局非公党建培训基地”在省工商干校成立。

近年来，省工商局积极引导非公有制经济健康发展，进一步探索推进非公有制经济组织党建工作。截至2013年10月底，经工商部门统计录入的党员人数达到11.39万人，共有1.31万户非公有制经济主体建立了党组织。

党建培训基地建立后，将大力宣传党的方针政策，加强党务知识培训，熟悉国家的法律法规，把教育培训的理论优势和非公经济组织生产经营优势有机结合起来，为非公有制经济的发展提供政策导向、业务指导和人才保障。

云南云龙：“三个三”抓实非公有制经济人士理想信念教育

（2014年12月16日）

施忠杨

在群众路线教育实践活动开展以来，云龙因地制宜，结合实际，通过坚持“三个不变”、把握“三个统筹”、深化“三个目标”的工作方法。深入开展以“信念、信任、信心、信誉”为主要内容的非公有制经济人士理想信念教育实践活动。

坚持“三个不变”，就是要做到开展理想信念活动的领导小组的工作机构不变，突出重点、讲求实效的工作方针不变，示范点建设和面上推进相结合的工作方法不变。同时要根据云龙县实际，制定好《关于深入开展云龙县非公有制经济人士理想信念教育实践活动的实施方案》，充实活动内容，保持工作力度。

把握“三个统筹”，就是要将开展理想信念活动与当前的主要工作统筹起来，与党的群众路线教育实践活动统筹起来，与开展发展中国特色社会主义学习实践活动统筹起来，使三者成为一个有机整体，互相融合，共同促进。

深化“三个目标”，是对前阶段理想信念活动成效的继续深化，一是以活动为契机，实实在在帮助民营企业解决实际问题，在解决个案的基础上，挖掘深层次因素和共性问题，从体制机制和制度保障上提出合理化建议，推动民营企业健康发展，实现民营企业的发展梦。通过健全云龙县促进民营经济发展联席会议制度，充实、调整成员单位，召开工作会议，部署工作任务，协调做好重点民营企业的重大项目推进工作。探索建立云龙县民营经济指标评价体系，全面系统地掌握云龙县民营经济的基本情况，更好地为民营经济开展管理和服务。二是在活动中发现和树立一批企业家先进典型，以典型示范和优秀案例推动民营企业家形象提升，提炼云龙县民营企业家的精神特质，实现民营企业家的成长梦。以云龙县光彩事业促进会开展活动为契机，引导民营企业建立良好的社会信誉，承担更多的社会责任。举办各类非公经济代表人士培训班，加强队伍建设。在综合评价的基础上遴选一批在理想信念活动中表现突出的非公经济代表人士进行届中增补，充实执委班子。三是通过活动，总结形成符合时代特色、云龙特征和民营企业家特点的长效工作机制和工作品牌，推动工商联和商会工作再上一个台阶，实现工商联事业的发展梦。继续加强基层商会和企业示范点的工作指导，形成工作经验，通过阶段性总结会进行面上推广。召开理想信念活动宣传工作会议，加强活动的信息宣传，扩大活动影响。

（三十一）浙江省

浙江省非公企业“双强争先”大讲坛在绍兴举行

（2014年12月11日）

浙江省两新工委

12月4日，由浙江省委两新工委主办，绍兴市委“两新”工委、《非公有制企业党建》杂志承办的非公有制企业党建强、发展强“双强争先”大讲坛暨绍兴市乡镇街道两新党建现场会在绍兴诸暨店口镇举行。浙江省委“两新”工委书记、省委组织部副部长庄跃成出席并讲话。

庄跃成强调，乡镇（街道、园区）作为一个特别着力点，是基于两新组织里青年人高度集聚的现实需要、加强党对基层治理的需要、适应两新组织分布现状的需要，因此加强乡镇两新党建工作，必须有一个科学的领导体制和运行机制。而最终如何抓好落实，则需要从乡镇实际出发，通过构筑职责体系、落实要素保障、狠抓规范提升、强化创新意识、加强示范引领这五个方面发力。

本次大讲坛暨现场会以乡镇街道两新党建为主题，来自绍兴全市的170多名乡镇街道书记集聚，共同就两新党建话题进行交流探讨。柯桥区委、诸暨店口镇党委、上虞崧厦镇党委做现场交流发言。绍兴市委常委、组织部长吴晓东表示，两新党建是新时期党的基层组织建设的重要领域，是乡村治理现代化建设的重要内容。他要求在座各位书记切实履行起两新党建主体责任，提出抓党建与抓发展是融为一体的观点。

浙江非公党建继续走在全国前列 党建更注重打“青春牌”

（2014年12月26日）

全国党建研究会非公专委会

在2014年亚太经合组织会议上，浙江非公企业达利丝绸（浙江）有限公司因生产领导人服装面料成名，企业老总认为，企业发展的背后离不开党组织和党员的强劲推动。

党建强，发展强。该企业建设了超过1000平方米的党员活动场所，确保每个支部都有固定活动室，支部将促进生产经营成效作为检验党组织开展工作的重要标准。

“当前，我国经济发展进入新常态，探讨如何增强非公企业党组织生机活力，推动党组织真正发挥实质作用，具有特殊的意义。”浙江省委常委、组织部长，全国党建研究会非公专委会主任委员胡和平在26日举行的全国非公有制企业党建论坛上提出。

浙江作为非公有制企业发展大省，也是全国“两新”组织党建工作起步最早、开展最好的地区之一，近年来大力推进党的组织和工作覆盖，两个覆盖率超过95%，各项工作继续走在全国前列。

目前，浙江共有非公企业党组织4.8万个，非公党员52.8万名，其中35周岁以下党员占总数的47.9%。

青年是非公企业从业人员的主体，是企业推进科技创新的主力军和生力军。胡和平在论坛上提出，创新增强非公企业党建工作活力，要更大程度激发党员的青春活力。

浙江坚持从非公企业的现实生态出发，进行颇具特色的实践探索。去年以来全面部署开展了“青春党建”，对如何激发和保持非公企业党组织的青春活力进行了积极探索，取得了明显成效，为非公企业党建工作的实践和理论创新提供了有益参考和借鉴。

非公企业党建工作要想最大限度吸引凝聚调动各方力量，引领推动企业健康发展，必须更好地落实以人为本的理念，更多关注和推动党员职工的全面发展，进一步增强党组织的凝聚力、职工群众的向心力。

胡和平提出，坚持党建引领先进企业文化建设，扎实推进企业转型升级，倡导以“活力和谐、合作共赢”为价值取向的“和合文化”。

全国党建研究会非公专委会于2008年设立，主任委员单位是浙江省委组织部。专委会主办了此次论坛，将主题定为“创新增强非公企业党建青春活力，充分发挥党组织在职工群众中的政治引领作用”，邀请广西壮族自治区、陕西省、新昌县、万丰奥特控股集团等6家单位和党建学者等，就非公党建的热点难点问题深入交流研讨。

全国非公有制企业党建论坛在浙江召开

（2014年12月30日）

浙江省委组织部

12月26日，全国非公有制企业党建论坛暨“万丰奥特”杯非公有制企业党建主题征文交流研讨会在浙江绍兴新昌召开。

论坛由全国党建研究会非公有制经济组织党建研究专委会主办。全国党建研究会领导，非公专委会委员单位有关领导，中国社科院和中央党校的党建专家，知名非公企业出资人和党组织负责人，主题征文获奖单位代表共130多人参加了本次论坛。

作为非公专委会主任委员单位，浙江省委组织部高度重视抓好非公企业党建的实践和理论创新，近年来坚持从非公企业的现实生态出发，全面建立“两新”工委体系，扎实开展系列“红色行动”，不断推进“两个覆盖”，特别是去年以来全面部署开展“青春党建”，对如何激发和保持非公企业党组织的青春活力进行了积极探索，取得了明显成效，为非公企业党建工作的实践和理论创新提供了有益的参考和借鉴。

会上，浙江省委常委、组织部部长，全国党建研究会非公专委会主任委员胡和平同志作了主旨发言。胡和平指出，永葆青春、永葆生机活力，始终是我们党加强自身建设的一个重大课题。在经济新常态背景下，更需要进一步找准非公企业党建工作新的着力点，最大限度激发企业党组织的生机活力，充分发挥党组织实质作用，凝聚带领各方力量推动企业转型升级、创新发展。胡和平强调，要紧紧围绕“两个作用”发挥，深入挖掘非公企业党组织的青春属性，最大限度将青年人凝聚在党组织的周围，使党的肌体始终流淌着青春血液；要积极维护职工群众合法权益，着力帮助员工成长成才，有效加强出资人队伍建设，着力构建和谐劳动关系，切实凝聚非公企业青春力量；要推动员工立足岗位创业创新，坚持党建引领先进企业文化建设，扎实推进企业转型升级，充分激发非公企业的青春活力；要积极推动企业合法经营、热心社会公益、履行社会责任，大力开展党员志愿服务，大力奉献职工群众的青春激情。最后，胡和平强调，非公企业党建工作要着力推动中央各项决策部署在非公企业的贯彻落实，积极帮助企业应对经济新常态的冲击和影响，全力服务中心工作大局，努力实现“中国梦”、“强企梦”、“个人梦”的深度融合。

全国党建研究会副会长，中组部原秘书长高世琦参加会议并讲话，充分肯定了非公专委会近年来为推动非公企业党建所做的工作，同时认为浙江省的实践创新对推动全国非公企业党建工作具有积极意义。他强调要把握大局大势，增强做好非公企业党建工作的责任感使命感；坚持“双强六好”，充分发挥非公企业党组织“两个作用”；加强探索研究，全面提升非公企业党建工作整体水平。

本次论坛的主题是“创新增强非公企业党建青春活力，充分发挥党组织在职工群众中的政治核心作用和企业发展中的政治引领作用”。为办好论坛，深化理论研讨，专门举办了“万丰奥特”杯非公企业党建主题征文活动，共收到了来自全国各地1018篇征文，最终经专家数轮评审，共有78篇文章获奖，其中特别奖1篇，一等奖5篇，二等奖10篇，三等奖和优秀奖分别为15篇和47篇。

会上，广西非公经济组织和社会组织党工委、陕西省非公有制经济组织党建工作委员会、新昌县委、万丰奥特控股集团党委、广州立白集团党委6家单位的代表和2名党建专家围绕论坛主题作了交流发言。

第十三部分　非公企业党建工作大事记

改革开放以来，非公有制经济从无到有，从小到大，从社会主义经济的“有益补充”，上升为我国社会主义市场经济的重要组成部分，在我国经济和社会发展中发挥着日益重要的作用。伴随着非公有制经济的发展，非公有制经济组织党建工作也经历了一个从起步、探索，到不断前进、深化的过程。

1984年2月，中央组织部下发了《关于加强中外合资经营企业党的工作的几点意见》（组通字〔1984〕5号），对在中外合资经营企业设立党的组织、开展党的工作提出了原则性要求。

1992年10月，党的十四大提出，在其他各种经济组织中，也要从实际出发，抓紧建立健全党的组织和工作制度。

1993年4月，中央组织部在广东省珠海市召开全国外商投资企业党的工作座谈会，总结各地的经验，提出了加强外商投资企业党建工作的具体要求。

1993年8月，中央组织部印发《关于进一步加强外商投资企业党的工作的意见》（中组发〔1993〕6号），明确了外商投资企业党组织的设置方式、职责任务、活动方式等具体要求。

1997年9月，党的十五大提出：“非公有制经济是我国社会主义市场经济的重要组成部分。对个体、私营等非公有制经济要继续鼓励、引导，使之健康发展。这对满足人们多样化的需要，增加就业，促进国民经济的发展有重要作用。”各地借鉴外资企业党建工作经验，普遍加强了对个体和私营非公有制经济组织党建工作的探索。

1999年8月，胡锦涛同志在一份反映浙江私营企业党建工作的材料上作出了重要批示，指出：“要注意总结此类经验，研究共性问题。这不仅对浙江有现实意义，对全国也有积极作用。”

2000年5月，江泽民同志在上海召开的江苏、浙江、上海党建工作座谈会上指出：“各级党委特别是主要领导同志的思想认识要跟上客观形势的发展，抓紧在非公有制经济的组织开展党的工作，加强党的建设。”

2000年9月，中央组织部下发了《关于在个体和私营等非公有制经济组织中加强党的建设工作的意见（试行）》（中组发〔2000〕14号），初步明确了非公有制经济组织党建工作的指导思想、原则和工作要求。

2000年12月，江泽民同志在全国统战工作会议上强调：“要加强非公有制经济组织中党、团和工会组织的建设，凡是条件具备的企业，都要建立党、团和工会组织。”

2000年12月，胡锦涛同志在全国“三讲”教育工作总结会议上强调：“在非公有制经济组织中开展党的工作是一个新领域，当前首先要着力抓好建立党组织的工作。要本着有利于开展党的工作的原则，从实际出发，实行分类指导，采取灵活多样的形式，积极探索有效的工作机制。”

2000年12月，胡锦涛同志在全国组织工作会议上指出：“适应新形势新情况，着力加强国有企业、农村、非公有制经济组织、城市社区等的党建工作，扩大党的工作的覆盖面，开拓党的基层工作的新领域，发展壮大党员的队伍，不断提高党的基层组织的凝聚力和战斗力。”

2001年，江泽民同志在“七一”讲话中，就新的社会阶层人员入党问题进行了论述，有力地促进了非公有制经济领域党建工作。

2001年12月，胡锦涛同志在与全国组织部长会议代表座谈时指出：“凡是具备条件单独组建党组织的非公有制企业、股份制企业、社会中介组织、社会团体等，都要抓紧建立党的组织。暂时不具备单独组建党组织条件的，可以采取联合、上挂、区域统筹等多种形式组建党支部。同时要通过积极工作，努力创造建立党组织的条件。”

2002年9月，胡锦涛同志在中央党校秋季开学典礼上指出：“加强非公有制经济组织党的建设，是增强党的阶级基础、扩大党的群众基础、提高党的社会影响力的需要，也是保护非公有制经济组织中广大职工合法权益和引导非公有制经济健康发展的需要。”

2002年10月，党的十六大第一次把非公有制经济组织中党组织的职责任务写入了《党章》，即：非公有制经济组织中的党组织要贯彻党的方针政策，引导和监督企业遵守国家的法律法规，领导工会和共青团等群众组织，团结凝聚职工群众，维护各方的合法权益，促进企业健康发展。这是对改革开放以来非公有制企业党建工作理论和实践的高度概括和科学总结。

2003年8月，中央组织部在北京召开了全国非公有制企业党建工作经验交流会，系统总结了改革开放以来非公有制企业党建工作取得的成效和经验，提出了今后五年非公有制企业党建工作目标任务和主要措施。

2005年10月，全国人大常委会修订了《中华人民共和国公司法》，《公司法》明确提出，“在公司中，根据中国共产党章程的规定，设立了中国共产党的组织，开展党的活动。公司应当为党组织的活动提供必要的条件。”2006年1月正式施行的《公司法》，为在非公有制企业开展党建工作提供了法律依据。

2006年9月，中央组织部在福建省泉州市召开部分省市非公有制企业党建工作调研座谈会，提出今后一个时期要重点做好规模以上非公有制企业党建工作。

2007年4月，胡锦涛同志对非公有制企业党建工作作出重要批示：“规模以上非公有制企业党建工作进展显著。要在继续抓好组建党组织工作的同时，努力探索和总结党组织在非公有制企业中发挥作用的经验。”同年5月，中央组织部下发了《关于贯彻落实胡锦涛同志重要批示精神　进一步加强非公有制企业党建工作的通知》（组通字〔2007〕19号）对贯彻落实胡锦涛同志批示精神，进一步做好非公有制企业党的建设工作提出了明确具体要求。

2007年10月，党的十七大进一步强调：“党的基层组织是党执政的组织基础。要落实党建工作责任制，全国推进农村、企业、城市社区和机关学校、新社会组织等基层党组织建设”，对于进一步加强新时期非公有制经济党建工作提出了要求。

2008年1月，全国党建研究会非公有制企业党建研究专业委员会在杭州成立。

2009年9月，党的十七届四中全会上通过的《中共中央关于加强和改进新形势下党的建设若干重大问题的决定》明确提出：“抓紧在非公有制经济组织建立党组织”、非公有制经济组织、新社会组织中的党组织要围绕贯彻党的方针政策、引导和监督遵守国家法律法规、团结凝聚职工群众、维护各方合法权益、促进健康发展等职能探索发挥作用的途径和方法。

2009年11月，中央组织部、中央深入学习实践科学发展观活动领导小组办公室发出通知，要求在深入学习实践科学发展观活动中进一步推动建立健全非公有制经济组织党组织工作，强调要选好配强非公有制经济党组织负责人特别是书记，注重发挥非公有制经济组织党组织的作用。

2010年5月，中央办公厅转发关于在党的基层组织和党员中深入开展创先争优活动的意见，要求非公有制经济组织中的党组织围绕发挥党组织和党员作用、促进生产经营和各项业务工作设计载体，通过开展立足岗位比奉献等活动发挥党员作用。

2011年8月，中央组织部在广泛调研的基础上形成了非公有制企业党建工作领导体制、组织覆盖、功能定位、党组织书记队伍建设、出资人队伍教育引导、经费场所保障等六个专题研究报告，系统分析了非公有制企业党建工作存在的突出问题，有针对性地提出了加强和改进非公有制企业党建工作的对策建议。

2012年2月14日，全国非公有制经济组织创先争优活动典型经验交流暨指导工作座谈会在京召开。会议学习贯彻了中央创先争优活动领导小组会议和2012年工作要点精神，总结2011年非公有制经济组织创先争优活动工作，交流典型经验，研究部署2012年指导工作任务。全国非公有制经济组织创先争优活动指导小组组长，中央统战部副部长，全国工商联党组书记、第一副主席全哲洙发表了重要讲话。

2012年3月8日，中央办公厅印发《关于加强和改进非公有制企业党的建设工作的意见（试行）》（中办发〔2012〕11号），对非公有制企业党组织的功能定位、健全党建工作领导体制和工作机制、推进党的组织和工作覆盖、壮大常务工作骨干力量、加强出资人教育引导、强化党建工作保障等提出明确要求。

2012年3月21日，经中央同意，中央组织部在北京召开全国非公有制企业党的建设工作会议，对做好新形势下非公有制企业党建工作作出全面部署。习近平同志会见与会代表并发表重要讲话，李源潮同志作了题为《以改革创新精神加强非公企业党的建设　促进企业健康发展　夯实党的执政基础》的报告。

2012年5月，中央组织部会同全国非公有制经济组织创先争优活动指导小组成员单位首次在北京举办全国非公有制企业党组织书记示范培训班，全国各地100名非公企业党组织书记参加培训。

2012年5月24日，全国工商系统推进非公有制企业党的建设工作会议在兰州召开。国家工商总局党组书记、局长周伯华，中央组织部部务委员兼组织二局局长陈向群出席会议并讲话。国家工商总局党组成员、副局长钟攸平主持会议并作工作报告。省委常委、常务副省长刘永富出席会议并致辞，省委常委、省委组织部部长吴德刚出席会议。

2012年12月21日，全国非公有制企业党建论坛在宁波举行。此次论坛由全国党建研究会非公有制经济组织党建研究专委会主办，170 多名来自全国各省（市、区）的非公企业党建战线有关领导、专家学者以及企业家代表汇聚一堂，围绕“学习贯彻党的十八大精神，充分发挥非公企业党组织实质作用”主题进行深入交流。全国人大华侨委员会副主任委员、全国党建研究会会长虞云耀，全国党建研究会非公专委会主任委员、浙江省委常委、组织部长蔡奇出席论坛并讲话。

2013 年 1 月 16 日，民政部与浙江省政府在杭签署合作协议，共建温州市民政综合改革试验区。民政部部长李立国，浙江省委副书记、代省长李强分别在签约仪式上致辞，并代表双方签订合作协议。省委常委、温州市委书记陈德荣，民政部副部长窦玉沛出席仪式，副省长陈加元主持。

2013 年 1 月 16 日，“非公有制企业党的建设工作研讨会”在湖南省株洲市召开。十届全国政协副主席李蒙，湖南省人民政府副省长、湖南省工商联主席何报翔，湖南省政协副主席张大方等领导和嘉宾出席本次研讨会。研讨会由全国工商联办公厅原主任、中国民营企业家协会执行副理事长路印林主持。

2013 年 1 月 24 日，浙江省新生代企业家联谊会成立。新生代企业家联谊会是由我省非公有制企业第二代接班人、新创业非公有制经济人士以及大学生创业者、留学归国创业者中的优秀分子自愿组成的非营利性社会团体。联谊会致力于服务党委、政府的中心工作，搭建一个服务企业健康发展和促进新一代企业家成长成才、增强创业创新意识和能力的平台，培养造就一批弘扬浙商精神、传承发展企业、履行社会责任、充满竞争活力的新一代非公有制经济代表人士队伍，为建设“两富”现代化浙江贡献力量。

2013 年 5 月 1 日，北京市石景山区工商联在北京市率先成立了非公经济服务和管理协调领导小组。该领导小组成员由石景山区工商联、区纪委、区委统战部等 25 个相关单位组成，组长由石景山区委常委、区纪委书记、统战部长李文起担任。

2013 年 5 月 6 日，中央统战部和全国工商联在北京召开全国非公有制经济人士理想信念教育实践活动电视电话会议。

2013 年 5 月 7 日，辽宁成立中共辽宁省委非公有制经济组织和社会组织工作委员会，将省工商联设立的省委非公有制经济组织工作委员会和省民政厅设立的省委社会组织工作委员会合并，进一步加强和改进全省非公有制经济组织和社会组织党的建设工作。

2013 年 5 月 16 日，中央统战部、全国工商联联合下发《关于开展非公有制经济人士理想信念教育实践活动的意见》（以下简称《意见》），部署集中开展非公有制经济人士理想信念教育实践活动。

2013 年 5 月 24 日，浙江干部选拔迈开具有突破意义的一步：今天公布的 2013 年省直单位竞争性选拔干部岗位名单上，5 个省级机关处级领导干部职位，第一次向新经济组织、新社会组织工作人员抛出“橄榄枝”，为社会优秀人才进入领导干部队伍敞开大门。这 5 个引人关注的岗位分别是：省委组织部新经济与新社会组织党建处副处长、省审计厅外资审计处副处长、省地方税务局直属二分局副局长、省安全生产监督管理局危险化学品监督管理处副处长、省机关事务管理局经营管理处副处长。

2013 年 8 月 2 日下午，陕西省非公有制经济组织党建工作委员会举行揭牌仪式。省委书记赵正永，省委常委、省委组织部部长毛万春共同揭牌。揭牌仪式按照务实简朴、注重实效的原则，以座谈会的形式进行。省非公党建工委、省工商行政管理局负责同志和非公企业代表发了言。

2013 年 8 月 13 日，山西省委组织部获要求省内企业必须按在职职工年度工资总额 5‰至 8‰的比例，为本企业的党组织划拨经费，并要求列入企业财务计划。

2013 年 10 月 26 日至 27 日，全国非公有制企业党建论坛在鄂尔多斯召开。内蒙古自治区党委常委、组织部部长、自治区党的建设研究会会长李鹏新出席会议并讲话。来自全国 25 个省市、自治区、直辖市党委组织部负责人和全国非公有制企业党建负责人 200 余人参加了会议。

2013 年 11 月 28 日，全国工商系统推进非公有制企业党建工作经验交流会在山西省太原市召开。国家工商总局党组书记、局长张茅，中央组织部部务委员兼全国基层办主任吴玉良出席会议并讲话，国家工商总局党组成员、副局长孙鸿志主持会议并作总结讲话，山西省委常委、组织部长汤涛代表山西省委、省政府出席会议并致辞。

2014 年 3 月 12 日，辽宁省委非公有制经济组织和社会组织工作委员会全体会议 3 月 12 日在沈阳举行。辽宁省委常委、组织部长辛桂梓出席会议并讲话。

2014 年 4 月 22 日，国家工商总局印发《关于推进非公有制经济组织党组织和党员开展党的群众路线教育实践活动的指导意见》，部署全系统在地方党委的统一领导下，充分发挥职能作用，积极做好非公有制经济组织党组织和党员开展党的群众路线教育实践活动指导工作。

2014 年 4 月 24 日，福建省委常委、组织部长姜信治在福州听取“非公企业党建工作调研推进月”活动情况汇报。他强调，加强非公企业党建工作是新形势下党建工作的重要任务，要按照中央和省委部署要求，以改革创新精神做好这项工作。

2014年5月2日，浙江省乡镇街道（园区）两新组织党建工作现场推进会今天上午在杭州召开，对乡镇如何抓好两新组织党建工作进行研究部署。

2014年5月22日，浙江省工商系统非公党建工作部署会在杭州举行，会议传达了全国工商系统非公有制经济组织党建工作经验交流会、浙江省“两新”工委书记会议精神，总结交流了2013年度浙江省工商系统非公党建工作，部署了2014年度非公党建工作。浙江省各市民个协会、市场协会秘书长、有关县（市、区）工商局分管副局长、浙江省民个协会联系点秘书长、各市推荐的商品交易市场党建负责人参加会议。会上，杭州市工商局、绍兴市工商局、安吉县工商局、东阳木雕城市场党组织作了交流发言。浙江省工商局党委书记、局长裘东耀，党委副书记、副局长冯水华出席会议并作讲话。

2014年6月4日，全省大型非公企业党委（党总支）书记专题培训班在太原开班，省非公工委书记，省工商局党组书记、局长周明定作动员讲话，省委党校正厅级巡视员、副校长，山西行政学院副院长高健生，省工商局党组成员、纪检组长马春生等出席，省工商局党组成员、省非公工委专职副书记吕惠兰主持。

2014年6月10日，中共中央政治局常委、全国政协主席俞正声在湖北调研时强调，要深入贯彻落实党的十八大和十八届三中全会精神，进一步深化对非公有制经济重要地位和作用的认识，紧紧抓住全面深化改革的机遇，毫不动摇鼓励、支持、引导非公有制经济发展，为促进经济持续健康发展和社会和谐稳定提供有力支撑。

2014年6月10日，中共中央办公厅近日印发了《中国共产党发展党员工作细则》，并发出通知，要求各地区各部门遵照执行。

2014年6月10日，浙江全省个体工商户和商品交易市场党建工作培训班在国家总局江西井冈山培训中心开班。中共浙江省委组织部副部长、省委“两新”工委书记庄跃成出席培训班并作专题辅导，省工商局党委书记、局长裘东耀主持专题辅导报告并作重要讲话，省工商局党委副书记、副局长冯水华全程参加培训班并作总结。来自全省各市、县（市、区）工商局担任“两新”工委副书记（委员）的副局长共计110人参加了为期4天的集中培训。

2014年6月13日，全国工商联十一届四次常委会议在哈尔滨闭幕。会议就如何深入开展非公有制经济人士理想信念教育实践活动，如何服务引导中小微企业技术创新、推动民营经济转型升级进行了深入的讨论，审议通过了有关人事事项，圆满完成各项会议议程。

2014年8月7日，达州市“两新”组织党建工作联席会议召开，市委常委、组织部长张健出席会议，并作重要指示。

2014年8月16日，第四届全国企业党建创新论坛16日上午在京召开，论坛的主题是“深化企业改革、推进党建创新”。会议现场还发布了《2014中国企业党建优秀成果》。本次论坛由中国合作贸易企业协会、中国企业党建研究中心共同举办。中央有关部门领导、知名党建学者、部分企业党委书记和党务工作者共300多人参加了本次论坛。

2014年8月28日下午，浙江全省市委“两新”工委书记工作交流会在杭州召开。会议总结了前一阶段工作情况，研究贯彻落实浙江省委常委会专门听取浙江省委“两新”工委工作汇报后提出的进一步工作意见和要求。浙江省委“两新”工委书记、省委组织部副部长庄跃成作讲话。

2014年10月25日，由全国党建研究会非公有制经济组织党建研究专业委员会、国家工商行政管理总局非公党建领导小组联合主办的全国商品交易市场党建工作研讨会在浙江义乌举行。

2014年11月25日，按照党的十八大关于鼓励和引导新的社会阶层人士为中国特色社会主义事业作出更大贡献的要求，为进一步激励他们坚定理想信念、参与改革攻坚、厉行法治建设，中央统战部、工业和信息化部、人力资源社会保障部、国家工商行政管理总局和全国工商联共同开展了第四届全国非公有制经济人士优秀中国特色社会主义事业建设者评选表彰活动，决定授予刘振东等100名非公有制经济人士和其他新的社会阶层人士“优秀中国特色社会主义事业建设者”荣誉称号。

2014年11月25日，第四届全国非公有制经济人士优秀中国特色社会主义事业建设者表彰大会在北京举行。中共中央政治局常委、全国政协主席俞正声出席大会并讲话。

2014年12月26日，全国非公有制企业党建论坛暨“万丰奥特”杯非公有制企业党建主题征文交流研讨会在浙江绍兴新昌召开。论坛由全国党建研究会非公有制经济组织党建研究专委会主办。全国党建研究会领导，非公专委会委员单位有关领导，中国社科院和中央党校的党建专家，知名非公企业出资人和党组织负责人，主题征文获奖单位代表共130多人参加了本次论坛。

后　记

《中国非公组织党建年鉴》编委会是响应党中央和习近平总书记关于加强非公有企业党建工作的指示精神而成立的。这本即将付梓面世的《中国非公组织党建年鉴》，是国内第一部关于非公有组织党建内容的年鉴类大型文献。

本年鉴力求较为全面地反映以往全国各地非公经济组织和非公社会组织党建的成功经验和创新模式，在总体架构上，主要考虑概括性和多样性特点，围绕这个主线，设置了如下十三个栏目：中央领导重要讲话和指示、部委和地方省市领导讲话、中央政策文件、省级政策文件、理论热点及难点探讨（理论层面）、理论热点及难点探讨（实践层面）、非公党建管理机构创新模式、非公企业党建创新模式、组织综述及机构总结、个人评述和观点（理论层面）、个人评述和观点（实践层面）、非公党建地方特色、非公党建大事记等等；这些内容基本上是按照从“中央”到“地方”，从“理论”到“实践”，从“宏观”到“微观”的逻辑顺序来展开的，基本上做到了较为合理的条理性和明确性。

由于是第一部年鉴，所以，关于非公组织党建方面的专题研究还没有全面展开，一些典型案例、党建先进人物和新颖党建模式，也没有得到及时的总结和深度发掘，这些将是未来年鉴重点突出的内容，把年鉴做成理论性和实战性的“双优”品牌，是我们不可推卸的历史责任。另外，本年鉴主要侧重于非公有企业的一些材料，对于非公有社会组织的党建工作，包括各类社会团体、协会、私立教育机构等，都应该在非公党建方面加大宣传力度。

本年鉴在编撰过程中，克服了诸多困难，也凝结了全体编辑人员和各地党建工作者的辛勤汗水。尤其值得庆幸的是，本年鉴得到了各级党组织、各级领导、编委和各地党建专家的大力支持和帮助。中共中央组织部组织二局、全国党建研究会、中共中央党校出版社、天津市非公组织工委、福州市委组织部、岳阳市委组织部、阜阳市委统战部、成都市温江区委组织部、山西省福建商会、天津市山西商会等领导机构都给予了大力勉励和支持。中央社会主义学院副院长蔡福金、福州市委组织部副部长郭荣贵、岳阳市委组织部常务副部长赵岳平、阜阳市委统战部副部长董晓冰、天津市山西商会会长张世伦、山西省福建商会名誉会长庄全章等领导亲自撰写了文章，或者谈了自己对非公党建的认识和看法，值得读者深入思考和借鉴。

在此，我们向各位大力支持本年鉴出版工作的领导和朋友表示由衷的感谢！希望大家能一如既往地帮助年鉴的发展和完善，不断提出批评和改进意见，使年鉴走上精品之路。

《中国非公组织党建年鉴》编委会

2015年5月8日